교부들의 성경 주해

구약성경 VII

시편 1-50편

Ancient Christian Commentary on Scripture
Old Testament VII

Psalms 1-50

Edited by Craig A. Blaising and Carmen S. Hardin

General Editor
Thomas C. Oden

Translated by Kim YeongSeon
Korean translation copyright © 2020 by Benedict Press
Waegwan, Korea

Published by arrangement with InterVarsity Press
P.O. Box 1400, Downers Grove, IL 60515-1426
USA

교부들의 성경 주해 · 구약성경 VII
시편 1-50편

2019년 12월 10일 교회 인가
2020년 1월 25일 초판 1쇄

엮은이 · 크레이그 A. 블레이징 / 카르멘 S. 하딘
옮긴이 · 김영선
펴낸이 · 박현동
펴낸곳 · 성 베네딕도회 왜관수도원 ⓒ 분도출판사
찍은곳 · 분도인쇄소

등록 · 1962년 5월 7일 라15호
04606 서울시 중구 장충단로 188 분도빌딩 102호(분도출판사 편집부)
39889 경북 칠곡군 왜관읍 관문로 61(분도인쇄소)
분도출판사 · 전화 02-2266-3605 · 팩스 02-2271-3605
분도인쇄소 · 전화 054-970-2400 · 팩스 054-971-0179
www.bundobook.co.kr

ISBN 978-89-419-2002-1 94230
ISBN 978-89-419-0850-0 (세트)

『교부들의 성경 주해』는 중세기 『성경 주해 선집』*catena* 양식에 따라 새롭게 만든 것으로, 성경 본문의 장절을 찾아보기 쉽습니다. 기도하거나 연구하거나 복음을 선포하는 데 귀중한 자료가 될 것입니다. 이 총서는 동방과 서방, 개신교와 가톨릭으로 갈라지기 전에 있었던 그리스도교의 풍부한 유산에 관심을 기울임으로써, 교파를 초월한 교회일치에 큰 도움이 될 것입니다.

에이버리 덜레스 추기경, 예수회, 포담 대학교 종교사회학 교수

종교개혁자들의 첫 외침은 "원천으로 돌아가자!"ad fontes였습니다. 『교부들의 성경 주해』는 오늘날 교회가 필요로 하는 성경의 지혜를 재발견할 수 있는 놀라운 도구입니다. 참신한 프로젝트 『교부들의 성경 주해』는 설교와 신학, 그리스도교 신심을 획기적으로 전환시킬 자료로 사용될 수 있습니다.

티모시 조지, 샘포드 대학교 신학대학 학장

오늘날 신자들은 자신이 성인들의 영적 공동체에 참여하는 줄 모르는 경우가 가끔 있습니다. 그 공동체는 먼 과거에로 거슬러 올라가고 하느님 나라가 임하시는 미래에까지 지속됩니다. 이 주해서는 그 공동체에 참여하는 이들이 자신을 돌아보도록 도와줍니다.

엘리자베스 아크테마이어, 유니언 신학대학 성서학과 설교학 명예교수

오늘날 사목자는 혼자가 아닙니다. 우리는 복음 전파에 전력을 다해 도전했던 첫 세대 설교가들이 아닙니다. 『교부들의 성경 주해』는 이러한 부르심을 받아 우리보다 앞서 힘겹게 증거했던 옛 동지들과 이야기 나눌 수 있게 해 줍니다. 이 총서는 말씀이신 분에 대해 설교하고 해석할 때 그들의 깊은 영적 통찰력과 격려와 지침을 받아들이도록 돕습니다. 어느 사목자의 장서에 이만큼 훌륭한 책을 꽂을 수 있겠습니까!

윌리엄 H. 윌리몬, 듀크 대학교 그리스도교 사목학 교수

교부들의 성경 주해
구약성경 VII

시편 1-50편

크레이그 A. 블레이징 · 카르멘 S. 하딘 엮음
토머스 C. 오든 책임 편집

한국교부학연구회
김영선 옮김

분도출판사

【일러두기】

1. 성경 본문은 2005년 한국 천주교 주교회의 성서위원회가 펴낸 『성경』을 사용했다. 교부들의 설교에서 성경 인용은 주로 암송과 기억에 의존한 바 컸고, 그들이 사용한 성경 판본 또한 우리말 『성경』의 번역 대본과 다른 그리스어나 라틴어 번역본이었으므로 일부 성경 인용 구절에 다소 차이가 있다.

2. 성경 본문에 나오는 지명 '유다'는 주해에서 로마제국의 지방명일 경우 '유대아'로, '유다인'은 '유대인'으로, '유다교'는 '유대교'로 표기했다. 교부 시대의 인명과 지명은 『교부학 인명 · 지명 용례집』(분도출판사 2008)을 따랐다.

3. 저서명은 한국교부학연구회 『교부 문헌 용례집』(수원가톨릭대학교 출판부 2014)에 근거했다.

c · o · n · t · e · n · t · s

머리말

『교부들의 성경 주해』[1]는 고대 그리스도교 시대에 활동한 교부들의 성경 주해를 발췌한 총서로 모두 29권으로 이루어져 있다. 교부 시대는 로마의 클레멘스(재위 92년경~101년)부터 다마스쿠스의 요한(650년경~750년)에 이르기까지 그 해당 시기를 말한다. 따라서 이 총서는 신약성경이 마무리되는 시기부터 존자 베다를 포함하는 8세기 중엽까지, 7세기에 걸쳐 이루어진 성경 해석을 다루고 있다.

『교부들의 성경 주해』의 연구 방법은 컴퓨터 기술과 맥을 같이하며 발전되었다. 때문에 성경 주석사를 연구하는 데 발전적이고 장래성 있으며, 실제로 쓸모가 있고 신학적으로 통합적인 방법을 추구할 수 있는 모델로 알맞다. 따라서 총서 '머리말'은 이러한 접근법을 소개하고, 총서가 방법론적으로 제안하고 있는 연구 방법을 설명하고자 한다.

고대 그리스도교 시대에 쓰인 성경 주해서에 나오는 주요 본문을 사용하기 편리하게 다시 소개하는 일은 사실 성경학과 역사학에서 오랫동안 미루어 놓은 연구 과제였다. 이를 위해 역사가와 번역가, 디지털 전문가, 성경학자, 교부학자들이 고대 그리스도교 주석사에서 수백 년 만에 처음으로 모여 본문을 다시 정리하는 연구 과제에 공동으로 참여하였다. 이들은 고대 그리스도인들이 해석하고 깊이 묵상하고 논하며 명상하고 숙고한 성경 내용을, 창세기부터 요한 묵시록까지 한 구절 한 구절씩 정리하였다. 또한 이 총서에는 교부들이 성경으로 여긴 제2경전(외경)에 관한 교부들의 주해도 함께 실려 있다. 따라서 총서는 고대 그리스도교 저자들의 작품에서 정선한 내용을 현대어로 번역한, 방대한 성경 주해서라 하겠다.

『교부들의 성경 주해』는 세 가지 목표를 추구한다. 첫째, 그리스도교의 전형적인 성경 주석에 바탕을 두고, 오늘날 위기에 빠진 '설교'에 생명력을 불어넣어 이를 쇄신하는 데 이바지하고자 한다. 둘째, 고대 교회가 성경을 어떻게 해석하였는지 알고 싶어 하는 '평신도들'이 성경을 집중적으로 공부할 수 있도록 도움을 주고자 한다. 셋째, 고대 그리스도교 저자들의 성경 해석을 더 깊이 연구하도록 그리스도교의 역사학 · 성경학 · 교의신학 · 사목과 관련된 '학문'에 동기를 부여하고자 한다.

[1] 본디 제목은 『고대 그리스도교 성경 주해』(*The Ancient Christian Commentary on Scripture: ACCS*)다.

쪽마다 성경 본문 밑에는 고대 그리스도교 주석가들의 가장 좋은 주석이 실려 있다. 이러한 형식으로 배열한 까닭은 대개 인쇄술이 발명되고 나서 출판된 탈무드 본문과, 인쇄술이 발명되기 전에 나온 『표준 주해집』*glossa ordinaria*이 전통적으로 이러한 형태로 되어 있기 때문이다.[2]

그동안 소홀했던 그리스도교 성경 주해 본문들을 복구하다

그리스도교 각 교파는 이들 본문을 정확히 복구하여 연구해야 한다는 목소리를 한층 높이고 있다. 성경학계는 최근 계몽주의 이후 나타난 역사 · 문학적 연구 방법론에 지대한 관심을 보였지만, 대개는 이러한 갈망을 채워 주지도 못하고 도움도 주지 못하였다.

처음 막막하기만 했던 교부들의 성경 주해에 관해서 우리는 몇 년 동안 계획을 세우고 현 상황을 면밀히 검토하였다. 드디어 1993년 11월, 워싱턴 D.C.에 있는 드루 대학교의 주선으로 프로젝트에 대한 초석을 놓았다. 총서는 협의와 잇따른 토의 절차를 거쳐 세상에 나오게 되었다. 1994년에도 여러 차례 모임을 가지고 총서에 관해 폭넓은 의견을 나누었으며, 그 뒤 로마와 튀빙겐 · 옥스퍼드 · 케임브리지 · 아테네 · 알렉산드리아 · 이스탄불에서 활동하는, 성경 주석사에 길이 남을 세계적 석학들의 조언을 구하였다. 초기 협의 과정에 초석을 놓은 석학은 초대교회사와 해석학, 설교학, 성경 주석사, 조직신학, 사목신학 분야에서 활발히 저술 활동을 펼치고 있던 이들이었다. 프로젝트를 구상하는 과정에 처음부터 참여한, 세계적으로 뛰어난 대가들 가운데는 옥스퍼드의 헨리 채드윅Henry Chadwick 경과 칼리스토스 웨어Kallistos Ware 주교, 몬머스의 로언 윌리엄스Rowan Williams 주교, 일리의 스티븐 사이크스Stephen Sykes 주교로, 네 분 모두 옥스퍼드와 케임브리지 대학교에서 교부학 교수로 재직한 바 있다. 그리고 로마 아우구스티누스 교부학 연구소Patristic Institute of Rome의 안젤로 디 베라르디노 Angelo Di Berardino 교수와 바실 스투더Basil Studer 교수, 프린스턴 대학교의 칼프리드 프륄리히Karlfried Froehlich 교수와 브루스 메츠거Bruce M. Metzger 교수가 있다. 이들은 각 주해서 편집자를 선정하는 데 실질적으로 많은 도움을 주었다. 우리는 특별히 그리스 정교회 콘스탄티노플의 바르톨로메오스 Bartholomew 총대주교와 교황청 그리스도인일치촉진평의회Pontificio Consiglio per la Promozione dell'Unita dei Cristiani의 에드워드 이드리스 카시디Edward Idris Cassidy 추기경께 깊은 감사를 전한다. 그들은 드루 대학교가 주관하는 교부들의 성경 주해 프로젝트에 발전과 진척이 있기를 기원하며 축복이 담긴 글을 보내 주었고, 늘 애정 어린 눈으로 지켜보며 사려 깊은 조언을 해 주었기 때문이다.

---

[2] 탈무드를 공부한 학생들이라면 이런 형식을 쉽게 이해할 수 있을 것이다. 탈무드는, 성경 이후 쓰인 유대교 최초의 율법 규범서인 미쉬나(Mishnah)와, 미쉬나를 상세히 설명하는 게마라(Gemara)에 관해 라삐들이 논의하고 토론하며 주석한 내용을 모아 놓은 책이다. 탈무드는 그 자체로 존재 이유가 있으며 연구할 가치가 있다. 탈무드에서 토라와 관련된 모든 주제는 검토하고 분석할 필요가 있다. 탈무드가 계시된 성경에서 비롯한 유대교의 지혜를 담고 있는 거대한 보고(寶庫)이듯이, 교부들의 저서 또한 계시된 성경에서 비롯한 그리스도교의 지혜를 담은 보고다. 탈무드는 주로 교부들의 활동 시기에 생겨났으며, 종종 교부들이 사용한 방법과 유사한 해석 방법이 사용되었다. 후기 유대교 전통을 따르는 주석가들은 탈무드에 미쉬나 본문을 직접 인용한다. 가장 일찍 간행된 탈무드는 중세 때 나온 『표준 주해집』의 초기 필사본을 본보기로 하여 구성되었다. 『표준 주해집』은 성경 본문을 가운데 놓고 둘레에 교부들의 주해를 싣는 방식으로 되어 있었다. 『교부들의 성경 주해』 편집진은 이 총서가 『성경 주해 선집』*catena*과 『표준 주해집』의 초기 전통, 초기 그리스도교 성경 연구 방법을 받아들인 라삐들의 성경 주석 전통과 유사한 것은 물론 그 영향을 받았음을 기꺼이 인정한다.

우리는 이러한 실질적인 협의를 통해 다음과 같은 의견 일치를 보았다. 이 프로젝트는 성경 주석사에 큰 획을 그을 만큼 필요한 일이며 중요하기에 대단한 열의로 이에 참여해야 한다. 또한 프로젝트를 완수하는 날까지 귀한 시간을 아낌없이 내야 한다는 것이었다. 아울러 성경 주해서를 해마다 서너 권씩 출간하여 2010년 안에 완간한다는 계획도 세웠다.

총서는 호교서가 아니라, 고대 그리스도교 저자들이 성경 본문을 해석한 실용적인 설교와 신심을 북돋울 수 있는 내용을 담고 있는 지침서다. 우리는 고대 그리스도교의 해석가들이 사용한 칠십인역과 옛 라틴어 성경, 신약성경 본문에 대한 다양한 해석도 요약하여 실을 예정이다. 따라서 총서는 오늘의 시각에서 해석한 주해가 아니라 오히려 오늘날 주해를 있게 한, 앞선 고대 그리스도교의 해석가들이 해석한 내용을 담고 있는 주해다.

오늘날 학계에서는 고대 그리스도교 문헌을 번역하거나 새로 발견된 단편으로 일부 내용을 편집 비평하여 비판본을 출간하는 데 상당한 노력을 기울이고 있으며, 그 성과도 대단하다. 이러한 성과물 가운데 영어권에서는 『교부들』*Fathers of the Church* (Catholic University of America Press)과 『고대 그리스도교 저술가』*Ancient Christian Writers* (Paulist), 『시토회 연구』*Cistercian Studies* (Cistercian Publications), 『교회의 성경』*The Church's Bible* (Eerdmans), 『교부들의 메시지』*Message of the Fathers of the Church* (Michael Glazier: Liturgical Press), 『문헌과 연구』*Texts and Studies* (Cambridge) 총서가 중요하다. 다른 언어권에서 출간된 주요 교부 문헌 편집본이나 번역서 총서와 데이터베이스로는 『그리스도교의 원천』*Sources Chrétiennes*과 『그리스도교 전집(그리스어 총서)』*Corpus Christianorum (Series Graeca)*, 『그리스도교 전집(라틴어 총서)』*Corpus Christianorum (Series Latina)*, 『동방 그리스도교 저술가 전집』*Corpus Scriptorum Christianorum Orientalium*, 『라틴 교회 저술가 전집』*Corpus Scriptorum Ecclesiasticorum Latinorum*, 『고대 그리스도교 문헌사를 위한 문헌과 연구』*Texte und Untersuchungen zur Geschichte der altchristlichen Literatur*, 『그리스 그리스도교 저술가 총서』*Die griechischen christlichen Schriftsteller*, 『동방 교부 총서』*Patrologia Orientalis*, 『시리아 교부 총서』*Patrologia Syriaca*, 『교부 성경 색인』*Biblioteca Patristica*, 『신앙의 아버지들』*Les Pères dans la foi*, 『교부 문헌 총서』*Collana di Testi Patristici*, 『초기 그리스도교 문헌』*Letture cristiane delle origini*, 『천년기 그리스도교 문헌』*Letture cristiane del primo millennio*, 『고대 그리스도교 문화』*Cultura cristiana antica*, 고대 라틴어 문헌의 데이터 뱅크인 Thesaurus Linguae Latinae (TLL), 고전 · 그리스도교 그리스어 문헌의 데이터 뱅크인 Thesaurus Linguae Graecae (TLG), 그리고 『그리스도교 전집(라틴어 총서)』*Corpus Christianorum (Series Latina)*을 디지털화한 Cetedoc 총서가 있다. 『교부들의 성경 주해』는 이처럼 여러 분야에서 탁월한 업적을 이룬 연구 결과를 토대로, 주로 오늘날 성직자들의 설교와 평신도의 영적 발전에 도움을 주고자 교부들이 성경에서 일구어 낸 지혜를 되찾는 데 초점을 맞추고 있다.

디지털 기술의 활용과 성과

각 주해서 편집자들은 드루 대학교 디지털 연구진의 도움을 받았다. 연구진은 그리스어와 라틴어로 되어 있는 교부 문헌 전집의 모든 컴퓨터 파일을 일일이 검색하여, 고대 그리스도교에서 이루어진 주해를 확인하였다. 편집자들은, 기원후 600년까지 그리스어로 쓰여 있는 모든 문헌을 전산 처리하여 데이터베이스로 만든 TLG와, 루뱅 가톨릭 대학교 '문헌 전산 처리 센터'가 『그리스도교 전집』 가운데 라틴어 본문을 데이터베이스로 만든 Cetedoc 판, 미뉴Migne의 『라틴 교부 모음집』*Patrologia Latina* 221권에 수록된 본문을 모두 CD롬에 담고 있는 채드윅-힐리Chadwyck-Healey가 만든 『라틴 교부 모음집』, 팩커드 인문 연구소Packard Humanities Institute가 펴낸 라틴어 문헌의 데이터베이스에 수록된 본문들을 검색하였다. 또한 『고대 교부들』*Early Church Fathers*의 주해도 CD롬에서 찾을 수 있으면 적극 활용하였다. 이 작업은 처음부터 드루 대학교와 미국 전산성경학회Electronic Bible Society가 공동으로 후원하여 이루어졌다.

이렇게 애쓴 덕분에 그리스어와 라틴어 본문 원자료를 많이 모을 수 있었다. 각 주해서 편집자들은 여기에서 유용한 자료만 가려내었다.[3] 프로젝트의 총괄 부서는 성경 본문의 각 구절이나 단락pericope에 관해 그리스어와 라틴어로 쓰여 있는 어구 주석gloss과 설명, 비평, 주해 등 실제 사용할 수 있는 정보를 각 주해서 편집자들에게[4] 제공하였다.[5] 사실, 많은 원자료 가운데 몇 퍼센트만 우리가 선정한 기준에 따라 사용할 수 있었다. 그러나 이렇게 엄격한 작업 기준을 따르는 것은 '성경 주해 선집'을 편찬하거나 일반인이 사용하는 개요집을 편집하는 이들에게는 당연히 요구되는 과정이다. 이러한 작업은 설명을 덧붙여야 하는 불필요한 자료를 배제함으로써, 짧고 간결한 표현들을 얻기 위함이다.

연구진은 이 데이터베이스에서 불리안Boolean의 정보 검색법에 따라 주요 낱말과 구를 검색하여, 그 구절에 해당하는 성경 구절의 그리스어와 라틴어 본문을 확인하였다. 옛 라틴어 역본이나 논란이 되고 있는 그리스어 본문들 가운데 이문이 있는 경우, 연구진은 암시나 유추와 같은 접근법으로 예상할 수 있는 모든 변수를 활용하여 주요 낱말을 검색하였다. 이 글을 쓰는 지금쯤이면 드루 대학교의 『교부들의 성경 주해』 연구진은 이처럼 복잡하고 엄청난 양의 컴퓨터 검색 기능 작업을 이미 얼추 마쳤으리라. 이는 컴퓨터 기술이 발전되지 않은 시대에는 상상조차 할 수 없는 작업이었다.

디지털 기술을 한껏 활용함으로써 우리는 예기치 않은 성과도 함께 거두었다. 이를테면, 데이터베이스에는 총서에 사용하지 않고도 남아 있는 자료들이 수두룩하다는 점이다. 또한 예전 같으면 '성경 주해 선집'에 들어 있지 않은 본문에 대해서는 주해를 확인하기 어려웠을 텐데, 지금은 데이터베이스로 쉽게 확인할 수 있다는 것이다. 그리고 인적 자원에 대한 비용을 절감하면서도 효율적으로 인력을 쓸 수 있으며, 앞으로 성경 주석사를 연구하는 데 토대가 될 풍부한 자료를 확보하게 되었다는 점

[3] 우리는 라틴어와 그리스어 데이터베이스를 검색하여, 고대 그리스도교 시대에 다른 언어로 성경을 주석한 모든 문헌을 찾아내어 이를 골고루 이용하고자 하였다. 그래서 콥트어와 시리아어, 아르메니아어 편집 전문가들에게 이들 문헌 가운데 오늘날 우리 시대와 가장 잘 어울리는 자료들을 선정해 주기를 청하였다. 그런 다음 이미 영어로 번역된 자료들이 있으면 각 주해서에서 활용하였다.

[4] 자기 나름대로 자료를 검색하겠다는 편집자들에게는 정보를 제공하지 않았다.

[5] 미뉴(Migne)나 그리스어와 라틴어로 출간된 다른 자료보다 TLG와 Cetedoc을 더 자주 참조했는데, 이유는 이렇다. ① 한곳에서 디지털로 본문을 더 쉽고 빠르게 찾아낼 수 있다. ② 개선된 비평본이란 점에서 더 확실한 본문이다. ③ 초보자나 전문가들은 앞으로 이들 디지털 본문을 더욱 폭넓게 사용할 수 있다. ④ 짧은 문장은 쉽게 다운로드 받는다. ⑤ 각 본문이 자리한 문맥에 관심 있는 독자들이 손쉽게 검색해 볼 수 있다.

이다. 이는 대부분 조엘 스캔드레트Joel Scandrett · 마이클 글러럽Michael Glerup · 조엘 엘로브스키Joel Elowsky 교수가 주축이 되어 이끈 유능한 대학원생들이 작업하였다. 디지털 검색과 저장 기술이 없었더라면 총서를 출간하는 데 수백 배의 노력을 기울여야 했을 것이다. 이러한 작업은 엄청난 인원의 연구원들이 세계 곳곳에 흩어져 있는 도서관에서 일일이 손으로 자료를 찾아내는 수고를 하지 않으면 이루어 낼 수 없기 때문이다.

앞으로 성경을 읽는 독자들도 새로운 형태의 컴퓨터 기술과 쌍방향으로 이루어지는 하이퍼텍스트 hypertext(특정 낱말이 다른 낱말이나 데이터베이스와 연결되어 사용자가 관련 문서를 넘나들며 검색이 가능한 텍스트 형식)를 활용하여, 고대 그리스도교 저자들이 사용한 상세한 개념이나 원문 · 주제 · 용어를 더 빨리 검색할 수 있을 것이다. 『교부들의 성경 주해』는 이러한 작업이 어떻게 이루어졌는지를 보여 주는 전형적인 본보기라 하겠다. 드루 대학교는 『교부들의 성경 주해』가 앞으로 발전 가능성이 매우 큰 연구 모델이 될 뿐 아니라, 뛰어난 연구 결과를 내리라고 기대한다. 우리는 이 총서를 책으로 출간하지만, 머지않아 대용량의 검색 기능과 기억장치를 갖춘 하이퍼텍스트 형식의 디지털 판으로 총서가 보완되기 바란다. 또한 연구 작업에 컴퓨터 기술을 적극 수용하고 발전시켜, 앞으로 역사학과 신학 연구에 필요한 과제를 수행하는 데 온 힘을 쏟고자 한다.

엄청난 자료가 빛을 보다

고대 그리스도교 저자들은 성경을 주해하는 동안 유익하거나 의미심장한 내용이 나오면 그냥 지나친 적이 없었다. 그들 대부분은 성경을 깊이 묵상하고 통찰하며 철저히 연구하였다. 본문과 본문을 비교하기도 하고, 때로는 성경의 많은 부분을 외우기까지 하였다. 총서에는 전통적으로 개신교에서 경전으로 인정하는 66권에 해당하는 모든 장章에 대해, 교부들이 의도적으로 다루었거나 아니면 특별한 이유에서 다루었던 주석과 설교나 강해도 수록되어 있다. 또한 유대 경전에는 없지만, 고대 그리스어 성경(칠십인역)에 있는 본문(외경 혹은 제2경전)을 주해한 내용도 함께 실려 있다. 이들 본문은 각 교파 전통에서 볼 때는 조금씩 다르지만, 로마 가톨릭 교회와 그리스 정교회에서는 정경으로 인정한 부분들이다.

교부들은 성경 가운데 더러, 특히 창세기와 시편, 아가, 이사야서, 마태오 복음서, 요한 복음서, 로마서의 모든 구절은 많이 주해하였지만, 고대 그리스도교 시대에는 그 밖의 다른 작품을 주해하는 데는 그다지 관심을 보이지 않았다. 따라서 우리는 교부들의 주해서에서만 자료를 검색할 게 아니라, 성경 본문과 관련이 있거나 아니면 본문을 암시하거나 유추하고 참조할 수 있는, 그들이 저술한 모든 문헌에서 자료를 찾아야 했다. 강해 · 설교 · 편지 · 시 · 찬가 · 수필 · 논문에도 진리를 깨우쳐 줄 수 있는 많은 내용이 담겨 있기에, 이런 내용을 임의적으로 '성경 주해 선집'에서 빼서는 안 되겠다. 그래서 오리게네스 · 알렉산드리아의 키릴루스 · 키루스의 테오도레투스 · 요한 크리소스토무스 · 히에로니무스 · 아우구스티누스 · 존자 베다와 같은 저자들이 쓴 주해서와, 다른 문학 유형의 작품들을 한 줄 한 줄 검색하여 간결하면서도 지혜가 번득이고 심금을 울리는 구절들을 찾아냈다. 이렇게 원전에서 찾아낸 엄청난 자료를 토대로 각 주해서 편집자들은, 고대 그리스도교 저자들의 사상을 가장 잘 반영하고 분별력 있게 전해 주며 가장 뛰어난 내용을 담고 있는, 해당 구절에 대한 주해를 엄선하였다.

누구를 대상으로 하는가

우리는 먼저 성경 전문가는 아니어도 성경을 정기적으로 연구하고, 고대 그리스도교 저자들이 성경을 어떻게 이해하였는지 참으로 알고 싶어 하는 평신도 독자들을 대상으로, 그들이 손쉽게 읽을 수 있는 본문을 선정하고 배열하였다. 오늘날의 평신도는 문화적으로 매우 다른 배경 속에 살고 있지만, 고대 교회의 위대한 인물들이 성경 본문의 의미를 어떻게 이해하였는지 알고자 한다.

일차적으로는 평신도의 관심사에 눈높이를 맞추어야 하겠지만, 성경 주석사에서 지금까지 얼마 안 되는 자료와 요약본을 활용할 수 있었던 학자층이 요구하는 엄격한 기준도 결코 무시하지 않겠다. 세계 인구 가운데 반이 넘게 사용하는 여러 언어로 번역되고 있는 총서는, 본디 전 세계 공공 도서관이나 대학교, 비교 문화를 연구하거나 역사적인 데 관심을 쏟는 이들에게 도움이 되도록 기획되었다. 우리는 총서가 서양 문학사에서 주요 자료로 자리매김하리라 확신한다.

총서는 학계를 중심으로 교부학을 전문으로 연구하는 학자들을 대상으로 하기보다는, 평신도와 사목자, 학자 모두를 대상으로 하기에 그 독자층이 훨씬 더 넓다. 그렇기 때문에 본문 전승사를 연구하는 대학 교수, 또는 본문의 형태론이나 역사 비평적 논점과 이론에 관심을 보이는 이들만을 대상으로 하지 않는다. 이러한 문제는 전문가들에게는 아주 중요한 연구거리이겠지만, 『교부들의 성경 주해』 편집자들에게는 그다지 중요한 내용은 아니었다. 총서는 일차적으로는 사목자들을 대상으로 하지만, 보통은 성경 본문의 분명한 의미와 신학적 지혜, 도덕적 · 영적 의미를 초대교회가 어떻게 숙고하였는지 알고자 하는 수많은 평신도를 그 대상으로 삼는다.

총서가 어떻게 발전되어야 하는가 하는 문제를 두고 합리적인 여러 비전이 제시되었는데, 우리는 이들 비전이 실현 가능한 측면에서 얼마나 타당한지 신중히 검토하였다. 드루 대학교가 이끄는 이 프로젝트는 무엇보다도 성경에 어느 정도 기초 지식이 있는 평신도 독자층과, 더 넓게는 개신교와 가톨릭, 그리스 정교회의 사목자들이 실제 사용할 수 있는 주해서를 만들고자 하는 중요한 의도를 담고 있기에, 여러 대안을 신중히 고려해야 했다. 또한 우리가 추구하는 방법론에 대해 교부학계 전문가들이 비판한 내용을 기꺼이 받아들이지만, 그들도 이차적인 특별한 독자층으로 생각하였음을 밝혀 둔다. 총서가 평신도와 사목자에게 실제로 큰 도움이 된다면, 예전만 하더라도 쉽게 이용할 수 없었던 교부 문헌이 대학교나 신학대학에서 가르치는 성경과 해석학, 교회사, 역사신학, 설교학을 비롯한 여러 교과과정에 널리 활용되리라 생각된다.

탈무드와 미드라쉬가 권위 있는 문헌으로 오래도록 유대인들의 삶과 정신에 자양분을 주었듯이, 총서 또한 그리스도인들에게 그러한 역할을 충분히 해 줄 수 있으리라 여겨진다. 이 주해서는 가장 중요한 일차 자료로, 학교와 교회 도서관은 물론 사목자와 교사, 평신도도 성경 곁에 나란히 꽂아 놓아야 할 작품이다. 총서는 앞으로 몇 년 안에 완간되며, 예약 출판을 실시하여 독자들이 경제적이고 실용적으로 총서를 구입할 수 있도록 하려는 것이 우리의 의도이자 출판사의 약속이기도 하다.

오늘날 가톨릭과 개신교, 정교회의 평신도들 가운데는, 성경 연구의 판도를 바꾸어 놓고 때로는 그 의미마저 퇴색게 한 '역사 비평적 연구 방법'을 뛰어넘는, 그래서 더 깊은 토대가 될 수 있는 다른 어떤 것이 필요하다고 절감하고 있다. 곧, 성경을 설교하고 가르침을 전하는 데 생명력을 불어넣어야 할 그 무엇이 절실히 필요하다는 것이다.

오늘날 기도와 섬김(위기와 관련된 사목, 도시 사목과 학교 사목, 상담 사목, 피정 사목, 수도 단체, 빈민 사목, 사회복지 등)을 중심으로 종교 공동체가 쇄신해야 한다는 목소리가 커져 가고 있다. 이들 공동체에 속한 이들은 자신들의 정체성에 관해 묵상하고 영적인 토대를 마련하기 위해 성경 말씀과 교부들의 가르침에 깊은 관심을 보이고 있다. 따라서 이들 공동체는 이용하기 쉬우며, 학문적으로 근거가 확실하고 실제 사용하여 영적 성장에 밑거름이 될 수 있는 일차 자료를 찾고 있다.

'성경 주해 선집' 전통에 대한 때 이른 불신

사실, 우리는 '성경 주해 선집'과 『표준 주해집』이라는 고대 전통에 담겨 있는 정신과 문학 형태를 빌려 왔음을 기꺼이 인정한다. 이들 작품은 고대의 성경 주석가들이 성경 본문을 해석한, 생명력 넘치는 내용들을 모아 놓은 권위 있는 해석집이다. 우리는 이러한 전통 방식을 활용하되, 오늘날 독자 수준에 맞게 새로 고쳐 총서를 편집하였다.

이처럼 독특한 고전적 접근법이 수백 년 동안 사용되지 않고, 오히려 등한시되었다는 것은 안타까운 일이 아닐 수 없다. 그러니 이런 식의 주해서를 출간하는 일은 실로 오랜만에 있는 일이라 하겠다. '성경 주해 선집'과 같은 접근법은 근대 성경학자들의 비판으로 말미암아 19세기에 이르러서는 거의 자취를 감추었으며, 지금까지도 그 이전 상황으로 되돌아가지 못하고 있는 상태다. 얄궂게도 이 '성경 주해 선집'과 같은 접근법이 그리스도교 역사 가운데 예전 그 어느 세기보다도 더 조직적으로 감추어지고 무시된 때는 진보의 시대, 열린 시대라고 하는 20세기에 이르러서다. 시대사적 상황이나 출판 여건에도 불구하고, 오늘날 현대성이라는 교조적 편견(현대의 극단적 배타주의, 자연주의, 독자적 개인주의)에 사로잡힌 이들은 유감스럽게도 교부들의 문헌에 나오는 본문들을 설교에 전혀 사용하지 않는 경향이 있다.

19세기와 20세기에 이르러 성경 주석은, 이른바 '자연주의적 환원주의'라는 철학적 편견에 자주 사로잡혔다. 『교부들의 성경 주해』 프로젝트에 참여한 사람들은 대부분 수십 년 동안 문헌 비평과 역사 비평에 몸담아 온 이들이었기에, 성경 본문을 편협한 경험주의에서 우러나온 내용으로 설명하며 해석하려고 애를 썼다. 또한 지난 수십 년 동안 성경을 가르쳐 온 교사와 사목자들도 다양한 계층의 평신도와 그들의 서로 다른 학문적 배경에 맞추어 성경을 전해야 했기에, 험난한 바다를 헤쳐 오듯 힘겨운 시기를 보냈다. 설교가들은 이런 현대적 방법론을 터득하고 활용하려고 애썼지만, 대부분 뜻을 이루지 못하였다. 계몽주의 이후에 나온 이러한 비평적 해석 방법론이 지나친 사변으로 흐르고 영적 발전을 저해하며, 설교에 아무런 도움이 되지 않는다는 자각이 최근에 일기 시작하였기 때문이다.

다른 한편, 고대 성경 주석가들이 사용한 주제와 방법, 접근법은 성직자뿐 아니라 학문적 비평 방법론을 철저히 배운, 뛰어난 전문 지식을 갖춘 성경학자들에게도 매우 낯설었다. 지난 2세기 동안 성경을 주석하려는 다양한 노력을 기울였으면서도, 고대 그리스도교 성경 주석가에 대해서는 어쩌다 한 번, 아니면 편향적 시각에서 다루어지는 게 고작이었다. 오늘날 고대의 성경 주석을 경시하는 풍조는, 고대 교회의 권위 있는 수많은 성경 주해서가 아직 현대어로 번역되어 있지 않다는 점으로 보더라도 이를 충분히 뒷받침해 준다. 중국에서도 고대 불경이나 유교 경전의 주해서들이 번역되지 않았다.

현대 학자들이 교부 문헌을 의도적으로 무시하는 현상은 개신교뿐 아니라 가톨릭과 정교회에서도 폭넓게 나타난다. 가톨릭과 정교회 신자들이 교회 전통에서 특별한 지위를 인정받은 교부들은 극진히 공경하면서도, 그들의 저서를 거의 읽지 않는다는 점은 모순이 아닐 수 없다.

평신도들이 이전의 편견과 역사주의가 전제하는 내용에서 벗어나 교부들의 성경 주석에 새삼 매력을 느끼는 데는 두 가지 명백한 이유가 있다. 첫째, 이 총서가 고대 그리스도교 성경 주석과 성경 주석사에 관한 갈망을 채워 주기 때문이며, 어느 정도는 이러한 갈망이 너무나 오랫동안 채워지지 않은 것도 한몫하였다. 둘째, 계몽주의 시대 이후, 역사주의자들과 자연주의적 환원주의자들의 비평에 근거한 성경 주석 결과들이 실제로는 그리 유익하지 않았다는 부정적 평가가 점증했기 때문이다. 이 두 가지 고무적인 내용은 로마 가톨릭과 동방 정교회, 개신교의 평신도 독자들도 똑같이 느끼는 바다.

독자들은 『교부들의 성경 주해』 각 권 부록에 실려 있는, 연대순으로 정리한 교부들 목록과 약전略傳을 활용하여, 특정 성경 구절이 언제, 어떻게 해석되었는지 알 수 있다. 특정 성경 구절에 관한 다양한 해석을 사슬catenae처럼 이어 보면, 그동안 해당 본문을 어떻게 해석해 왔는지 그 역사를 한눈에 볼 수 있다. 이 유형은 동방과 서방 교부들의 성경 주석과 중세의 성경 주석에서 이어 내려왔으며, 개신교에서도 중요하게 쓰이고 있다.

교회일치 범위와 의도

그리스도교의 여러 교파는 공통적으로 교부들의 지혜를 배워야 할 필요가 있다고 인식하고 있다. 이 과제를 공정하고도 균형 있게 성취하기 위해서는 교파가 다른 그리스도교 공동체의 학자들이 서로 협력해야 하는데, 이는 교회일치를 이루기 위한 획기적인 시도다.

교부 문헌은 그리스도교의 공동 자산이기에, 총서는 그동안 서로 갈라져 있으면서 때로는 경쟁 교회라는 부정적인 인상을 심어 주고 멀리 떨어져 있던 그리스도인들을 공동의 정신으로 일치시키는 데 이바지할 수 있다. 모든 교파를 기꺼이 받아들이는 교부 문헌이라는 큰 우산 아래에서, 보수파 개신교는 동방 정교회와, 침례교는 로마 가톨릭과, 개혁교회는 아르미니우스 교파나 카리스마파 교회와, 성공회는 오순절 교회와, 고교회파는 저교회파와, 근대 이전의 전통주의자들은 근대 이후의 고전주의자들과 함께 모이고 있다.

교파가 서로 다른 그리스도인들이 어떻게 교부 문헌에서 영감을 얻고 공동의 신앙을 찾을 수 있는가? 이들 문헌과 이에 관한 연구가 어떻게 본질적으로 초교파적이고, 다양한 문화를 뛰어넘어 보편적

일 수 있는가? 이는 그리스도교의 모든 교파가 고대 성경 주석사에서만큼은 동일한 권리를 가지고 있기 때문이다. 이들 모든 교파는 자신들의 이성적 사고를 포기하지 않은 채, 모두에게 공동의 자산이 되는 문헌을 연구하고자 모일 수 있었다. 고대 문헌들은 잇따른 성경 주석사 전체 꼴을 잡는 데 결정적인 영향을 미쳤다. 개신교 신자들도 교부들의 유산을 당연히 물려받을 권리가 있다. 콥트인들만이 아타나시우스를 소유할 수 없고, 북아프리카인들만이 아우구스티누스를 전유할 수 없다. 교부들의 정신은 온 교회의 공동 자산이다. 정교회는 바실리우스에 대해 배타적 권리를 지닐 수 없으며, 로마 가톨릭도 대 그레고리우스를 독차지할 수 없다. 모든 그리스도인은 이 보화에 대하여 동등한 권리를 지니며, 그 보화의 가치를 깨닫고 그리스도의 몸 안에서 하나가 될 수 있는 가능성을 본다.

그리스도교의 여러 교파에서 이 프로젝트에 참여한 각 주해서 편집자들은 고대 그리스도교 문헌과 성경 주석사 분야에서 국제적으로 저명한 학자들이다. 동방 정교회 학자로는 영국 더럼 대학교의 앤드루 라우스Andrew Louth 교수와, 미국 매사추세츠 주 브루클린에 있는 성 십자가 신학교 — 그리스 정교회 — 의 조지 드래거스George Dragas 교수가 참여하였다. 로마 가톨릭 학자로는 로마 성 안셀모 대학교의 베네딕도 수도회 학자 마크 셰리단Mark Sheridan과, 뉴욕 포담 대학교의 예수회원 요셉 라인하트Joseph Leinhard, 미국 가톨릭 대학교의 시토회 신부 프랜시스 마틴Francis Martin, 로마 아우구스티누스 교부학 연구소에서 가르치고 있는 시애틀 태평양 대학교의 알베르토 페레이로Alberto Ferreiro 교수, 루마니아의 합동 동방 가톨릭 교파Eastern European (Romanian) Uniate Catholic tradition의 세베르 보이쿠Sever Voicu가 있다. 총서의 신약 부분은 마태오 복음서부터 시작되는데, 마태오 복음서는 가톨릭 교회에서 성경 주석사의 권위자요 저명한 교부학자인 로마 대학교의 만리오 시모네티Manlio Simonetti가 맡았다. 성공회 학자로는 마크 에드워즈Mark Edwards(옥스퍼드)와, 케니스 스티븐슨Kenneth Stevenson(영국 햄프셔 주 패어럼) 주교, 로버트 라이트J. Robert Wright(뉴욕), 앤더스 버그퀴스트Anders Bergquist(세인트 올번스), 피터 고데이Peter Gorday(애틀랜타), 제랄드 브레이Gerald Bray(영국 케임브리지 대학교 및 미국 앨라배마 주 버밍엄)가 있다. 루터교에서는 퀜틴 베셀슈미트Quentin Wesselschmidt(세인트 루이스), 필립 크레이Philip Krey와 에릭 힌Eric Heen(필라델피아), 아서 저스트Arthur Just, 윌리엄 C. 웨인리치William C. Weinrich와 딘 웬데Dean O. Wenthe(모두 인디애나 주 포트웨인) 교수가 참여하였다. 개신교의 개혁교회와 침례교, 다른 복음주의 교회의 저명한 학자들로는 존 세일하머John Sailhamer와, 스티븐 A. 맥키니언Steven A. McKinion(노스캐롤라이나 주, 웨이크포리스트), 크레이그 블레이징Craig Blaising과 카르멘 하딘Carmen Hardin(켄터키 주 루이빌), 크리스토퍼 홀Christopher Hall(펜실베이니아 주 세인트 데이비스), 리곤 던칸 3세J. Ligon Duncan III(미시시피 주 잭슨), 토머스 매컬로Thomas McCullough(켄터키 주 댄빌), 존 프랭크John R. Franke(펜실베이니아 주 하트필드), 마크 엘리어트Mark Elliot(리버풀 호프 대학교) 교수가 있다.

편집진을 이처럼 국제적으로 편성한 것은 이 프로젝트가 교회일치 차원을 어느 정도 반영한 것이라 하겠다. 그들은 고대 그리스도교 성경 주석에서 일치된 전통을 가장 잘 반영하는 구절을 공정하게 뽑을 수 있는 적임자였을 뿐 아니라, 일치된 전통이 담겨 있는 중요한 표현들을 빠뜨리지 않겠다는 조건에서 선정되었다. 이들은 동방교회와 서방교회를 막론하고 가능한 한 고대 교회에서 가장 폭넓게 받아들여진 주해들을 찾았다.

그렇다고 해서 교부들의 견해가 늘 일치했다는 뜻은 아니다. 교회일치와 관련된 가르침을 대놓고 부인하지 않는 한, 정통 신앙이라는 테두리 안에서 선정된 이들 본문은 해당 본문이나 개념에 있어 상당한 견해차가 있는데, 이는 저자가 속한 다양한 사회 환경과 배경을 강하게 반영하고 있다는 뜻이다.

드루 대학교는 프로젝트의 각 주해서 편집자들을 위임하는 데 매우 엄격한 기준을 적용하였다. 이 기준에 따라 우리는 성경학계와 교부학계에서 저명하며, 성경 주석사에도 조예가 깊은 세계적인 학자들을 찾고자 하였다. 우리의 노력은 뜻한 바를 이루었다. 총서 편집진이 그리스도교 각 교파의 학자들로 구성되었다는 사실은, 전 세계 독자층의 호응을 얻을 수 있을 뿐 아니라 그리스도교의 주요 교파가 일치하는 데도 중요한 교량 역할을 할 것이다.

편집진은 총서를 편찬하는 내내 일관성 있게 수준을 높이고 문학적으로도 뛰어난 작품이 나오도록 애썼다. 이런 성격의 프로젝트가 대부분 그러하듯이, 편집진이 애쓴 보람으로 편집 방향과 절차는 점차 정교해지고 뚜렷해졌으며, 이는 편집 과정에 다시 반영되었다.

신학적 사고의 존중

『교부들의 성경 주해』는 하느님을 흠숭하는 공동체를 위한 것이므로, 편집진은 교회일치 차원에서 각 교파가 모두 받아들일 수 있는 주제를 편집의 중요한 구성 요소로 삼았다. 곧, 역사 안에서 드러나는 계시, 삼위일체, 역사를 통해 보여 주시는 하느님의 섭리, 그리스도교의 복음 선포, '신앙과 사랑의 규칙'regula fidei et caritatis, 성령으로 말미암아 회개하는 내용 등이다. 이 주해서는, 하느님을 흠숭하는 그리스도교 공동체가 공동으로 지니고 있는, 바로 이러한 내용을 다루고 있다.

세대를 뛰어넘는 이들 신앙 공동체는, 교회일치를 강조한 초대교회 교부들이 성령의 이끄심으로 험난한 역사 속에서도 성경을 해석하고, 그리스도교 진리를 전했다는 사실에 그 의미를 둔다. 따라서 교부 문헌에는 신자 공동체의 정신 안에 깃들어 있는 교회일치에 관한 내용이 계속적으로 담겨 있다. 이러한 교회일치에 관한 내용은 후대보다는 교부 시대에 더욱 두드러지게 나타났다. 그러므로 현대가 가정하는 선입견으로 교부 시대의 문헌을 판단한다면, 우리는 거룩한 책에 담겨 있는 내용을 올바로 파악하지 못할 것이다.

이처럼 많은 내용을 다루어야 하는 프로젝트에서는 목표를 명확히 설정하는 것이 중요하다. 그래야만 원칙을 바로 세워 나가는 데 도움이 되며, 어떤 접근법을 우선적으로 다루어야 하는지 결정할 수 있기 때문이다. 목표를 설정해야만 복잡한 상황에서 생길 수 있는 긴장을 풀 수 있다. 목표는 앞서 언급한 세 가지 내용으로 요약된다. 세 가지 목표 가운데 어느 하나라도 중간에 바꾼다면 총서 전체의 특성은 눈에 띄게 바뀌게 될 것이다. 우리는 이 작업이 학계에서 통용되는 비평을 갖춘 학술 연구라고 생각하며, 인간 앞에서coram hominibus뿐 아니라 근본적으로 하느님 앞에서coram Deo 행해져야 하는 소명으로 여긴다. 놀라운 사실은 우리가 추진하는 작업이 본디 의도한 바를 훨씬 넘어, 중국어를 비롯한 세계 주요 언어로 번역되고 있다는 점이다.

이러한 노력은, 성경이 역사 · 철학 · 과학 · 사회학적 시각이나 방법으로 이해할 수 없으며, 신학적으로 이해해야 한다는 데 바탕을 둔다. 성경을 신학적으로 이해하려면, 계시와 사도직 · 경전 · 견해가 일치된 내용 등, 교파를 초월하여 서로 숙고한 오래된 전통을 진지하게 받아들여야 한다. 여기서는 현대가 가정하는 선입견에서가 아니라, 고대 그리스도교 사상을 가장 잘 설명해 주는 전제 요소로, 신학 · 그리스도론 · 삼위일체와 같은 논증을 우선적으로 인정해야 한다. 이러한 접근법은 신학과 비평적 연구 방법론을 서로 겨루게 하려는 것이 아니다. 오히려 비평적 연구 방법론을 통합하여 무엇보다 중요한 설교 · 신학 · 사목이 서로 어울려 맡은 바 책임을 다하게 하는 데 그 목적이 있다. 그러니 이러한 노력은 오늘날 관념론에 빠져 이론만을 내세우는 것과는 사뭇 다르다 하겠다.

왜 복음주의자들은 점차 교부들의 성경 주석에 이끌리는가

더러 놀랄 수도 있겠지만, 요즈음 세계 독자들 가운데 교부들의 성경 주석을 가장 많이 읽는 이들로 복음주의자들을 꼽을 수 있다. 이들은 교회의 역사적 전승을 무시한 채 오로지 신앙부흥 운동에만 열을 올렸는데, 이제 새롭게 눈을 뜨고 있다. 이 교파는 성경을 비판적으로 연구한다는 점에서는 시대에 뒤떨어지고, 성경을 해석학적 반성 없이 이해한다고 흔히 알려져 왔다. 그런데 이제 침례교와 오순절교회파의 평신도들이 성령의 역사를 재발견하게 된 것이다. 이러한 사실 자체가 성령이 하신 일이라고 할 수 있을지도 모른다. 이 교파에 속한 사람들도 신앙이 성숙해지면서, 지금까지 경건주의나 역사비평적 전통에서 얻을 수 있었던 것보다 그 이상의 성경 해석이 필요하다는 것을 깨닫게 된 것이다.

경건주의와 계몽주의는 교부들의 성경 주석과 고전적 해석 방법을 업신여겼다. 설교와 성경 주석에 생명력을 불어넣으려면, 슈바이처 이래 꽃피운 역사 비평의 편향된 시각과 경건주의에 물든 개인적 간증 수준을 과감히 넘어서야 한다.

필자는 한동안 『크리스천 투데이』*Christianity Today*의 선임 편집자를 거쳐 편집 주간으로 일해 오면서, 급변하는, 그래서 흥분되기까지 한 신학 동향을 몸으로 느낄 수 있었다. 정통 자유주의 신학에 속하는 신학자로서, 필자는 이 시기에 필자와는 매우 다른 견해를 가진 복음주의 독자들이 무엇에 민감하게 반응하고, 무엇을 필요로 하며 갈망하는지 알게 되었다. 마치 대학에서 세미나를 통해 배우는 것과 같았다.

그런데 왜 지금에서야 복음주의 지도자와 평신도들이 교부들의 지혜가 필요하다고 느꼈는가? 왜 세계 복음주의자들이 고대의 성경 주석에 점차 매력을 느끼게 되었는가? 신앙부흥 운동이라는 개신교 전통의 유산을 물려받은 사람들이 이렇게 한순간에 밑바닥부터 바뀐 이유를 무엇으로 설명할 수 있겠는가? 완전한 답변은 아니지만, 복음주의교파 사람들은 루터와 칼뱅, 웨슬리 시대 때부터 교부들의 저서를 접할 기회가 거의 없었기 때문이다. 사실, 루터나 칼뱅, 웨슬리는 교부들의 사상을 잘 알고 있었던 터였다.

『교부들의 성경 주해』는 고대 그리스도교 성경 주석가들의 목소리를 생생하게 전하는 데 그 목적이 있다. 따라서 오늘날의 일방적인 비평적 방법론에는 그다지 신경 쓰지 않을 생각이다. 그리고 지난 2

세기 동안 평신도와 교사, 사목자들이 대하기 어려웠던 새로운 문헌을 제공할 것이다. 하지만 이 주해서는 오늘날 폭넓게 연구해 온 역사 비평의 성과를 회피하지 않으며, 고대 그리스도교의 교회일치 전통 안에 담겨 있는, 여러 나라 언어로 쓰여 있는 문헌을 다양한 문화와 세대를 뛰어넘어 오늘날 독자들에게 소개하고자 한다. 그러니 총서는, 깨어 있고 열려 있으며 의욕에 불타고 의지가 확고한 독자들을 대상으로 한다 하겠다.

지금이야말로 이러한 노력을 기울일 때다. 요즈음 복음주의 개신교 신자들 가운데 점차 많은 이가, 종교개혁 이후 정교회와 가톨릭 교회가 오랫동안 분열로 치달을 수밖에 없었던 문제점들에 대해 다시금 서로 대화의 여지를 마련하고 일치의 장을 넓히고 있기 때문이다.

교부들의 성경 주석 연구는 수백 년 동안 개신교와 가톨릭 교회를 괴롭혀 온 여러 주제, 곧 의화와 사도적 권위 · 그리스도론 · 성화 · 종말론에 관하여 더 깊은 대화를 할 수 있는 물꼬를 터 주게 될 것이다. 그리스도교의 각 교파가 종교개혁 이전에 쓰인 문헌들에서 모든 그리스도인이 향유할 수 있는 공동의 신앙을 찾을 수 있기 때문이다. 더욱이 이 분야는 개신교 신자들이 마음 놓고 따를 수 있는 성경의 권위와 해석을 다룬다.

성경 주석사를 재발견하여 설교를 쇄신하는 데 쓸 자료로 삼고자 하는 염원은 이제 복음주의자들의 가슴속에 아로새겨졌다. 이 총서는 설교에 생명력을 불어넣어 이를 쇄신하는 데 도움 되는 자료를 제공하기 위한 것이다.

선정 과정

원자료는 다음의 세 단계를 거쳐 선정되었다.

제1단계: 현존하는 그리스어 및 라틴어 주해서 재검토. 각 주해서 편집자들은 자신이 맡은 성경 각 구절에 대한 주해와 강해나 설교를 한 줄 한 줄 검토하였다. 자료는 대부분 영어로 번역되어 있지 않았고, 일부 자료는 현대어로 번역되지도 않았다.

제2단계: 디지털로 검색한 결과를 재검토. 각 주해서 편집자들은 그리스어와 라틴어 데이터베이스에서 디지털로 검색한 결과를 재검토하였다. 본문이 속해 있는 문맥의 내용을 파악하기 위해서, 보통은 원자료의 디지털 인용문 앞뒤로 나오는 구절을 열 줄씩 다운로드하여 인쇄하였다. 그러고 나서 필요한 경우, 특히 디지털로 검색한 결과가 그리 많지 않을 때는 『교부 성경 색인』*Biblia Patristica*을 참조하였다. 그런 다음, 각 주해서 편집자들은 디지털 자료와 출간된 본문에서 선정될 가능성이 높은 자료를 따로 모아 놓았다.

제3단계: 선정. 각 주해서 편집자들은, 디스크에 저장이 되어 있든 종이로 인쇄되어 있든, 그리스어와 라틴어 디지털 데이터베이스, 현존하는 주해서, 그리고 이미 영어로 번역된 자료 등에서 모은 성경 각 구절의 주해 가운데, 정해진 기준에 따라 교부들의 가장 좋은 주해와 해설을 선정하였다. 이렇게 선정한 까닭은 얼마 안 되는 문장이나 문단이라도, 신자 공동체의 정신이 가장 잘 반영되어 있는 교부들의 주해를 따로 모아 놓기 위해서다.

선정 방법

자료를 어떻게 선정하였는지 그 방법을 정확하게 밝히는 것이 독자들에게 도움이 되리라 생각한다. 우리는 다른 이들에게 특정 성경 구절에 대해 우리와 비슷한 절차를 거쳐 그 결과가 어떻게 나오는지 비교해 주기를 청하였다.[6] 이들이 우리가 선정한 본문을 재검토하고 더 나은 대안을 제시해 준다면 기꺼이 받아들이겠다. 우리는 무의식적으로라도 어느 한쪽으로 치우쳐 본문을 선정하지 않기를 원하였다. 혹시 이 의도와 어긋나는 것이 있다면 지적해 주기 바란다.

『교부들의 성경 주해』 편집자들과 간행자, 번역자, 연구진은 전체 프로젝트를 짜임새 있게 만들고자 주해를 선정하는 합의안을 공동으로 미리 정하였다. 다음은 주해를 선정하는 데 지켜야 하는 내용이다.

선정 원칙은 관련자 상호 간에 합의된 사항이다. 이는 편집자들이 방대한 교부 문헌 가운데 선택의 여지가 있고 지혜 가득한 내용이 담겨 있으며, 의미 있는 성경 주해를 선정하는 데 지침이 되고자 하는 것이다.

1. 우리는 사용 가능한 주해가 엄청 들어 있는, 방대한 데이터베이스에서 오늘의 상황과도 관련이 있고 그 의미를 이해할 수 있으며, 서로 다른 문화는 물론 실생활에도 쉽게 적용할 수 있는 구절을 선호한다.

2. 각 주해서 편집자들은 수사학적 효과가 뚜렷하고 자명하며 설득력이 있는, 그래서 어떠한 설명도 덧붙일 필요가 없는 교부들의 글을 찾고자 한다. 편집자의 주된 임무는 가장 적확한 주해를 찾아내어 그것을 정확하게 번역하도록 도와주는 것이다.

대개는 깊은 감명을 주고 기억하거나 인용하기가 쉬우며 (흔히 한두 문장이나 한 문단으로 되어 있는) 금언처럼 짧은 글을 선정한다. 길고 이해하기 어려운 설교나 강해, 상세한 논문 같은 내용은 되도록 택하지 않는다. 많은 경우, 이야기체로 쓰여 감흥을 불러일으키거나 교화적인 내용은 포함한다. 이러한 기준은 탈무드와 미드라쉬를 비롯한 유대교 라삐들의 해석 전통과 맥을 같이한다. 그러나 경우에 따라서는 중요한 내용을 담고 있는 상세한 주해 또는 장문의 강해나 설교도 선정한다.

3. 우리는 어느 시대, 어느 문화를 막론하고 신자 공동체의 정신을 가장 잘 반영하는 주해를 선정한다. 단순히 사변적으로 뛰어나거나 너무나 새로운 내용을 전해 주기보다는 모두 공감할 수 있는 내용에 더 중점을 둔다. 주석가는 독창적으로 사상을 전개하고 해석할 수 있지만, 주해는 사도 전통의 가르침과 교회의 신앙과 일치해야 한다. 개인적인 차원에서 새로운 것을 내세우다 보면, 하느님을 흠숭하는 공동체가 이미 알고 있는 것을 아직 학문적으로 체계화하지 못하여, 일치된 견해를 중시하는 전통과도 어긋나게 된다.

---

[6] 현재 특정 성경 구절의 주석사에 관한 박사 학위논문 몇 편이 준비되고 있다. 이 논문들이 새로운 학문적 방법론으로 발전되어, 앞으로 성경과 교부 문헌 연구가 역사주의나 자연주의적 환원주의 방법이 아니라 본문을 분석하고 또 본문과 본문 사이에 어떤 관련성이 있는지 분석하며, 어떤 내용이 서로 일치하는지 평가하고, 해석사를 더욱 깊이 연구하는 방향에서 이루어졌으면 한다.

그러므로 우리는 해당 성경 본문을 다르게 해석하기보다는 교회일치 관점에서 주석의 주된 흐름을 올바로 반영하는 본문 해석에 더 관심을 둔다. 교회일치 정신이 몸에 배어 있는 정교회와 개신교, 가톨릭 계통의 각 주해서 편집자들은 공정하고 전문가다운 판단력으로 가장 중도적인 주해를 선정한다. 가령 교회 신앙이라는 전통의 길에서 벗어나지 않은, 오리게네스와 테르툴리아누스의 주해는 포함시켜도, 고대 교회의 일치 정신과 크게 다르거나 지나치게 자의적으로 주해한 내용은 배제한다.

4. 일치된 견해를 펼치는 교부들 가운데는 사회적 위치와 언어, 국적 때문에 상대적으로 무시된 경우가 있다. 하지만 이들의 작품 내용이 고대 성경 주석의 주된 흐름과 맞는 경우에는 이들의 글도 선정 대상에 포함시킨다. 시리아어와 콥트어, 아르메니아어 전문가들을 찾은 까닭도 바로 이 때문이다.

5. 불쾌하고 조잡하거나 품위 없고 불합리한 우의寓意(allegory)적 주석이나[7] 인종차별에 관한 내용을 담고 있는 주석은 가려냈다. 그런데 선택한 본문이 어느 정도 이러한 논쟁거리와 관련 있다 싶으면 본문의 문맥과 저자의 의도를 더 잘 이해할 수 있도록 각주를 달았다.

6. 우리는 동방교회와 서방교회, 아프리카 교회의 문헌을 골고루 사용하려고 노력하였다. 그래서 의도적으로 알렉산드리아 · 안티오키아 · 로마 · 시리아 · 콥트 · 아르메니아 교회가 해석한 내용도 함께 다루려고 애썼다. 특히, 고대 그리스도교의 다양한 저자들의 견해를 반영함으로써, 논리적으로 옳고 다양하며 신뢰할 수 있는 성경 주석과 교훈적인 본문 해석을 제시하고자 한다.

7. 특히 여성의 의견도 가능한 한 다루려고 하였다.[8] 예를 들면 마크리나[9] · 에우독시아 · 에게리아 · 팔토니아 베티티아 프로바의 글, 「사막 여수도승의 금언집」*Sayings of the Desert Mothers*, 그 밖의 다른 여성들이 남긴 고대 그리스도교 성경 주해도 선정 대상에 포함시키고자 하였다.

8. 고대 그리스도교 저자들의 성경 주해를 직접 대하기 위하여, 우리는 교부들에 대한 현대 주석가들의 견해나 의견이 아니라 교부들의 주해 자체를 전하는 데 중점을 두었다. 고대 그리스도교의 매우 다양한 사회 환경에서, 당시 가장 뛰어난 성경 해석가들이 깨달은 가장 깊은 주석을 오늘날 독자들이 만날 수 있도록 도움을 주고자 한 것이다.

본문이 어떻게 변형되고 전승되어 왔는가를 비평적으로 검토하거나, 본문을 문화 · 사회적 배경과 관련시켜 폭넓게 설명하는 데 목적이 있지 않다. 물론 이렇게 살펴보는 일도 본문을 이해하는 데는 쓸모 있을 수 있다. 그렇지만 가능하면 설명을 덧붙이지 않고, 고대 그리스도교 저자들의 주해를 가장

[7] 우의적 해석 방법을 담고 있는 본문을 제외시키지 않았지만, 본문을 설명하는 참뜻과 전형적 요소에 관해서는 공정히, 그리고 올바르게 판단해야 한다. 고대 그리스도교 성경 주석은 우의적 해석으로 가득 차 거의 쓸모없다고 말하는 사람들도 있다. 이런 생각은 편견에 지나지 않는다. 우리가 세운 기준에 따라 선정한 문헌을 살펴보니, 우의적 해석을 담고 있는 내용이 사실 얼마 되지 않아 우리도 적잖이 놀랐다. 정확히 계산해 보니, 우의적 해석을 담고 있는 문헌은 전체의 5퍼센트도 안 되었다. 따라서 우의적 해석은 보통, 고대 그리스도교, 특히 알렉산드리아학파의 저자들과 구약성경 본문을 해석한 저자들이 사용한 주석 방식으로 인정되지만, 우리가 생각하듯 주된 주석 방식은 아니었다.

[8] 테르툴리아누스와 니사의 그레고리우스, 나지안주스의 그레고리우스, 히에로니무스, 요한 크리소스토무스, 팔라디우스, 아우구스티누스, 시리아인 에프렘, 게론티우스, 놀라의 파울리누스가 쓴 편지와 전기, 신학 · 자서전적 저술과 (이집트의 마리아의 생애와 타이스, 펠라기아의 생애를 쓴) 수많은 익명의 저자들이 전하는 여성에 관한 내용들이다.

[9] 남동생 니사의 그레고리우스가 그녀를 대변한다.

잘 이해할 수 있게 제시하는 데 목적이 있다. 이 프로젝트가 교부들의 성경 주해를 오늘날의 관점에서 재조명한 것이라고 생각한다면 이보다 더 큰 오산은 없을 것이다.

9. 실제 설교에 도움이 되고, 하느님을 흠숭하는 공동체가 본문의 분명한 의미와 저자의 의도, 영적 의미를 올바로 이해할 수 있는 주해를 의도적으로 찾아 모았다. 성경의 특정 본문에 대해 고대 그리스도교의 신앙 공동체가 깊이 성찰한 글을, 성경을 읽는 이들이나 가르치는 이들도 쉽게 접함으로써 도움을 받았으면 한다.

모든 고대 그리스도교 저자들이 성경 본문에 대하여 기록한 글을 하나도 빼놓지 않고 모두 모으려 했다면, 그 수량과 비용은 차고 넘쳐 났을 것이다. 이 어마어마한 자료 가운데 저자의 의도를 가장 잘 반영하고 설득력 있는 주해만을 신중히 추려 내어 이를 가장 정확한 영어로 번역하려고 하였다.

앞에서 말한 편집 지침을 제대로 수행하기 위하여, 각 주해서 편집자들은 설교가 어떤 것인지 잘 알고 성경 주석사에 박학한 교부학자들과, 고전 그리스어와 라틴어 문헌에 능통한 성경학자들로 구성하였다. 우리는 평신도와 사목자들이 무엇을 필요로 하는지 잘 알고 교부 문헌에 대하여 전반적인 지식을 갖추어, 오늘날 설교가 어떤 문제점을 안고 있는지 직관적으로 이해하는 사람들을 편집자로 선정하고자 하였다. 편집진이 국제적이고 여러 교파 사람들로 구성되어 있는 점은, 이 프로젝트와 독자의 범위가 그만큼 국제적이고 세계적이라는 것을 말해 준다. 따라서 이 총서가 그리스도교 주요 교파 모두를 아우를 수 있다고 확신한다.

『교부들의 성경 주해』의 유형

총서를 주해서라고 부르는 데는 그만한 이유가 있다. '주해'를 한마디로 정의하자면, "성경과 같은 주요 저서를 예증하거나 설명하는 일련의 풀이"다.[10] 주해commentary는 라틴어 콤멘타리우스commentarius에서 유래한 말로, 어떤 주제나 글, 또는 일련의 사건에 대한 '간단한 소견'이나 '메모'memoranda를 뜻한다. 신학적 의미로 말하자면, 성경의 일부 구절을 설명하고 분석하거나 해석하는 작업이다. 고대에서 주해서는, 예컨대 1세기에 율리우스 히기누스가 비르길리우스Virgil의 작품을 주해하였듯이, 이전에 쓰인 어떤 작품을 설명하는 책으로 통하였다. 히에로니무스는 예전에도 많은 이가 세속 문헌을 주해하였다고 언급한다.

주해는 서문 다음에 온다. 서문에서는 누가, 왜, 언제, 누구를 위해 이 글을 썼는지 등에 관한 내용이 제시된다. 주해는 본문에 쓰인 문법이나 어휘와 관련된 문제를 다루기도 한다. 또한 저자의 사상이나 저술 동기를 간략히 기술하며, 사회 · 문화적으로 작품에 미친 영향이나 문헌학에서 올 수 있는 뉘앙스를 다루기도 한다. 요컨대, 주해는 고전 문헌의 어느 부분을 택하여 그 본문이 의미하는 바를 독자들에게 분명히 밝혀 주거나, 더 정확하게는 저자의 의도를 올바로 이해시키는 풀이라 하겠다.

서방의 주해 문학 유형은 초기 그리스도교의 성경 주해사와 맥을 같이하며 구체적인 꼴을 갖추었

[10] *Funk & Wagnalls New "Standard" Dictionary of the English Language* (New York: Funk and Wagnalls, 1947).

다. 이 역사는 오리게네스와 힐라리우스를 비롯하여 요한 크리소스토무스와 알렉산드리아의 키릴루스를 거쳐 토마스 아퀴나스와 리라의 니콜라스에 이르기까지 이어진다. 그리스도교 성경 주해가 기존의 문학 유형을 이어받아 이를 그리스도교 문헌에 맞게끔 새로운 형태로 바꾸었다고 단순히 추론하는 것은 조심해야 한다. 오히려 서방에서 주해라고 하는 문학 유형 — 특히 성경 주해 — 은 그 원형이라 할 수 있는 교부들의 주해서를 본뜬 것이며, 이들 주해서가 주해의 유형이라는 모든 서구 사상에 상당한 영향을 주었다고 말하는 것이 더 정확한 표현이다. 지난 2세기, 근대 역사 비평 방법론이 도입된 이래, 일부 학자들은 주해의 정의를 더 엄격히 규정하며 역사주의적 관점에만 온 신경을 썼다. 곧, 문헌학 · 문법적 검토, 저자, 집필 연도와 배경, 사회 · 정치 · 경제적 상황, 문학 요소로서 유형 분석, 본문의 구조와 기능, 본문비평과 확실한 출처 등을 고려하였다. 따라서 『교부들의 성경 주해』 편집진은 고전적 의미에서 이 작업을 주해로 부르는 것을 호교적이라고 생각하지 않는다.

주해서를 읽는 오늘날의 명민한 독자들은 자신들이 매우 완고한 사고방식에 젖어 있다는 것을 잘 알고 있다. 그들은, 본문을 해석하는 데 해석자가 절대적으로 영향을 미친다는 사실과, 따라서 고대의 본문은 현대 해석자의 능력(가치, 가정, 경향, 관념론적 편견)에 좌우된다는 사실 또한 잘 알고 있다. 이러한 사고방식은 뒤에 나온 비판적 문헌이 앞서 나온 비판적 문헌보다 더 가치 있다고 여기는 현대의 쇼비니즘, 곧 배타적 맹신주의에 근거하고 있다. 이러한 편견은 성경 본문을 주로, 아니면 때로 현대성에 꿰맞추는 역사 비평이라는 렌즈를 통해서만 보려는 경향으로 나타난다.

우리도 이러한 견해를 충분히 고려하고 각 주해서 편집자들도 오늘날의 성경 비평을 철저히 알고 있는 터이지만, 『교부들의 성경 주해』 편집진은 그리스도교 경전이 교회의 거룩한 본문으로 존중되어야 한다는 생각을 기꺼이 받아들인다. 거룩한 본문에 대한 생각 자체가 오늘날 성경에 대해 생각하는 것보다 덜 중요할 리가 없다. 성경을 읽고 설교하는 일은 교회 생활에서 매우 중요하다. 『교부들의 성경 주해』가 바라는 바는 고대 교회의 성경 해석을 재발견함으로써, 교회 생활에 새로운 활력을 불어넣는 데 조금이나마 기여하고자 하는 것이다.

고대의 저자가 오늘날 생각하는 방식을 따라야 한다고 여기는 이들에게 주는 정중한 경고

누군가 오늘날 표현으로 주해는 이러이러하다고 정의하며 역사 비평 방법만이 정확한 주해라고 내세운다면, 고대 그리스도교 성경 주석가들은 당연히 늘 시대에 뒤지고 별스러우며 전근대적이고, 따라서 사회와는 동떨어진 인물로, 어느 경우에는 우스꽝스럽거나 비열하기까지 하고, 편파적이고 부당하며, 남을 억압하는 사람으로까지 보일 것이다. 그러므로 해석학적으로 공정을 기하기 위해서 독자들은 오늘날 성경에 대한 확실한 주해라고 생각하는 것들을 고대의 성경 주석가들에게 강요해서는 안 된다. 고대 그리스도교 저자들은 먼 훗날 생겨난, 오늘날 우리가 생각하는 방법들을 말한 적도 없거니와 알 수도 없으며, 때로는 눈속임으로까지 여겨 끝없이 이론을 제기할 수도 있다.

총서는 각각의 성경 본문을 놓고 고대의 주석과 현대의 주석 가운데 어느 주석이 좋은가를 따지려는 것이 아니다. 오히려 총서는 고대 해석가들의 주해를 가능한 한 있는 그대로 보여 주고자 한다. 그러니 여기서 고대와 현대의 주석 방법에 대해서는 논하지 않겠다. 그러나 이러한 토론 자체도 고대의 주석을 폭넓게 연구해야만 가능한 일이다. 사실 지금까지 성경학자들은 고대의 주석을 읽어 볼 기회가 별로 없었다. 이러한 공백을 메우려 하는 것이 총서의 목적이기도 하다.

교부 시대 성경 주석의 목적은 성경에 계시된 진리를 겸허하게 찾는 것이었다. 따라서 성경에서 가르치는 진리를 실천하려는 준비가 되어 있지 않은 이들에게는 성경 풀이를 가르치지 않은 경우가 많았다. 이 점이 현대의 성경 주석과 완전히 다르다. 현대 학자들은 성경을 주석할 때 성경의 진리를 계시로 보지 않으며, 계시된 진리를 개인적으로 꼭 지켜야 할 절대적인 윤리 규범으로 여기지도 않는다. 하느님의 말씀으로 진지하게 받아들이지 않는다는 말이다. 그러면 우리가 지금 다루려는 교부들은 이를 어떻게 생각했는가? 계시된 진리를 실천할 준비가 되어 있지 않은 사람은 본문의 의미를 제대로 이해할 수 없다고 여겼다. 고대 교회의 사람들은 보통 본문의 말씀을 귀 기울여 듣고 그대로 실천하는 것이 본문을 이해하는 길이라 생각하였다.

교부들의 전형적인 성경 주석 방법은 오늘날 생각하는 주해 방법과 종종 일치하지 않는다. 오늘날 학자들은 본문과 관련이 있는 성경 구절을 꼬리에 꼬리를 물듯이 성경의 다른 부분에서 참된 뜻을 찾아야 하는 방법을 받아들이지 않는다. 이들은 관련 구절을 찾아내는 것을 당치 않은 본문 검증이라고 여겨 무시해 버렸다. 그러나 '성경은 성경에서 가장 잘 설명된다'scripturam ex scriptura explicandum esse는 점을 근거로 본문과 본문을 비교하는 일은 고대 그리스도교 저자들에게 매우 중요한 성경 해석 방법이었다. 이들은 본문의 의미가 명확히 전달되지 않는 성경 구절은 의미가 명확히 전달되는 다른 성경 구절로 해석하는, 곧 신앙을 유추하는 성경 구절로 성경 전체의 증언과 관련시켜 본문을 해석하였다.

독자들은, 우리가 지금 근본주의라고 부르는 해석 방법을 전혀 몰랐던 고대 그리스도교 저자들에게 20세기 근본주의fundamentalism적 해석을 억지로 강요해서는 안 된다. 또한 교부들을 오늘날의 의미에서 고지식한 근본주의자들이었다고 여기는 것은 경솔한 판단이다. 교부들은 오늘날의 자연주의적 환원주의를 거스르는 이들이 아니기 때문에, 그들의 주석은 근본주의적 해석이 아니다. 그들은 본문을 글자 그대로 이해하는 문자적 또는 단순한 의미로 성경을 해석하는 데 늘 반대하였다. 오히려 영적 · 윤리적 의미와 예형론적豫型論的 의미를 찾으려 하였다. 이와 달리 오늘날 근본주의는 역사주의에 반발하여 떨어져 나온 방어적 소산물이다. 따라서 그 특성이 고대의 예형론적 사고보다는 오늘날의 역사주의와 더 비슷하다. 역설적이지만 자유주의자들과 근본주의자들 모두의 성경 주석은 고대 그리스도교 성경 주석과 유사하기보다는, 둘 사이에 유사한 점이 더 많다. 왜냐하면 자유주의와 근본주의는 둘 다 계몽주의의 산물인 합리주의 · 역사주의라는 이론에 근거하고 있기 때문이다.

성경의 각 본문은 다른 본문으로, 그리고 계시 역사 전체로 그 뜻을 밝힐 수 있다는 것이 고대 그리스도교 성경 주석의 일반 원칙이었다. 따라서 교부들은 해당 본문의 뜻을 밝히기 위해 이와 관련된 여러 다른 본문을 비교하였다. 현대의 성경 주석이 한 본문에만 집중하여 그 뜻을 밝히지만, 고대의 성경 주석은 본문을 유추하여 다른 본문들과 끊임없이 관련시켰다. 또한 라삐 전통처럼 예형론적 논증을 집중적으로 사용하였다.

신약성경을 쓴 신앙 공동체에 널리 퍼져 있었던 교회론 · 성사 · 교의론적 해석뿐 아니라 신학 · 도덕적 해석을 무시하고 신약성경을 읽으려 한다면, 오늘날 그 당시 공동체와 눈높이를 맞추려는 많은 이에게는 무척이나 무모한 시도가 아닐 수 없다. 우리가 육화와 부활을 배제한 채 신약성경의 뜻을 이해하려 한다면, 그 노력의 결과는 정도를 벗어나고 왜곡되지 않을 수 없다. 교부들이 주석한 일부 성경 구절을 편향적인 시각에서 읽는 사람은, 교부들의 주석에 놀라 이렇게 해석해도 되는가 싶어 내팽개칠 수밖에 없다. 교부들의 성경 주석은 현대의 주석 규범과 역사주의적 주해와도 맞지 않으며, 비평적 연구 방법의 모델도 분명 아니기 때문이다.

여성 혐오주의와 반유대주의

반유대주의와 여성 혐오주의에 관한 문제는 신중히 접근해야 한다. 교부들을 반유대주의자이거나 여성 혐오주의자 아니면 두 주장을 모두 옹호하는 이들이라고 싸잡아 말하는 사람들이 더러 있기 때문이다. 이에 관한 논의는 다른 사람들이 더 상세히 다루어 주기 바라면서, 필자는 고대 그리스도교 저자들을 짧게나마 조심스럽게 변론하고자 한다. 필자는 얼마 안 되는 지면에서 이 문제를 변론한다는 자체가 얼마나 무모하고 위험한 일인지 잘 알고 있다. 독자들 가운데 더러는 이 문제가 걸림돌이 되어 교회일치를 추구하는 교부들의 가르침마저 외면하기도 하였다. 따라서 이 문제는 신중히 논의될 필요가 있다.

이 문제에 관해서는 격렬한 논쟁이 일어날 수 있지만, 필자는 고대 그리스도교 저자들이 오늘날의 특정 인종을 차별하는 반유대주의를 염두에 두지 않았다고 확신한다. 교부들은 인종을 증오하는 관점에서 논거를 댄 것이 아니라, 예수 그리스도에게서 완성된 하느님과 인간이 맺은 계약의 역사 안에서 하느님께서 선택하신 백성인 유대인이란 신분에 준하여 논거를 댄 것이었다. 또한 여성들에 관한 교부들의 논거는 오늘날 기준에서 볼 때, 여성들을 부당하게 대하여 의도하지 않은 결과를 초래한 경우도 있지만, 교부들은 사도적 가르침에 따라 여성들의 역할을 이해하려고 하였다.

이렇게 변론하였다고 해서 반유대주의와 여성 혐오주의 역사에서 그리스도인들의 역할과 관련하여 뒤얽혀 있는 모든 도덕적 문제가 해결되는 것은 아니다. 반유대주의와 여성 혐오주의는 지속적이고 공정한 연구와 해명을 필요로 한다. 요한 크리소스토무스나 순교자 유스티누스가 반유대주의자인가 아닌가 하는 문제는, 반유대주의라는 용어가 인종을 의미하는 것인가 아니면 종교적 · 예형론적 의미를 지니는가 하는 문제에 달려 있다. 필자 생각으로는 오늘날 독자에게 반유대주의로 보이는 교부들의 글은 대부분 예형론적 의미를 담고 있으며, 또한 '신앙의 유추'라는 성경 해석 방법에 바탕을 둔다. 이러한 접근법은 교부들이 각 본문을 계시사라는 전체 흐름에서 평가하고 유대인과 이방인의 차이를 그리스도론적으로 해석한 것이지 단순히 유전학과 인종이란 문제에서 해석한 것은 아니다.

복음서에 위협 요소로 자주 등장하는 유대화에 대해 교부들이 매우 혹독하게 비판할 때도, 오늘날 반유대주의자들이 생각하듯이, 그들은 유대인을 인종적으로나 유전학적으로 열등한 민족이라고 여기지 않았다. 교부들은, 바오로가 여성들이 가르치는 것에 대해 혹평한 구절을 주해할 때도 여성에 대해 대개는 아무런 반감도 보이지 않았다. 오히려 여성들을 '남성의 영광'이라고까지 예찬하였다.

얽히고설킨 이 문제에 관하여 로즈마리 래드포드 류터Rosemary Radford Ruether와 데이비드 포드David C. Ford의 글을 비교해 보기 바란다.[11] 류터는 처음부터 끝까지 동등함justice이라는 오늘의 판단 기준에서 고대 그리스도교 저자들의 잘못을 지적하였다. 이와 달리 포드는 고대 그리스도교 저자들을 당시의 역사적 배경과 한계 상황, 성경 해석, 더 깊은 의도라는 관점에서 이해하려 하였다. 두 학자의 접근 방법은 독자들에게 많은 것을 시사하지만, 포드의 접근 방법이 교부들의 의도를 좀 더 공정하게 평가한 듯하다.

펠라기우스에 관한 주의 사항

펠라기우스의 주해도 선정 기준에 맞으면 포함시켰다. 우리가 합의한 기준을 철저히 따른다면, 이에 관해서는 몇 가지 설명이 필요하다.

펠라기우스의 문헌은 격렬한 논쟁거리가 될 만한 여러 요소를 담고 있다. 펠라기우스는 5세기 초에 활동한 이단자다. 그러나 그의 주해들은 후대에 정통 신앙의 학자들에 의해 철저하게 수정되어 다시 편집되었으며, 그 뒤 다른 저자의 이름으로 전해져 널리 읽혔다. 그러니 펠라기우스 전집에서 어떤 본문을 받아들여야 하는지 난감할 수밖에 없다.

1934년까지 남아 있던 펠라기우스의 문헌이라고는 바오로 서간을 주해한 변조된 본문과 아우구스티누스가 인용한 단편뿐이었다. 1934년 이후 펠라기우스의 작품들은 많이 연구되고 검토되었다. 그의 문헌은 후대의 편집자들에 의해 너무 많이 수정되어, 지금 남아 있는 문헌을 인용하는 것조차 의미가 없을 정도다. 그러나 그의 작품에는 5세기에 바오로 서간을 어떻게 주해하였는지를 보여 주는 중요한 자료가 담겨 있다. 따라서 그의 작품을 무조건 무시해서는 안 된다. 필자는, 5세기에 활동한 펠라기우스를 너무 쉽게 '펠라기우스주의 이단'이라는 후대의 고정관념으로 동일시하는 것은 현명하지 않다고 여긴다.[12]

오늘날 우리가 읽고 있는 바오로 서간을 주해한 펠라기우스의 본문은 히에로니무스의 전집에 보존되어 있으며, 6세기에 프리마시우스나 카시오도루스 또는 두 사람 모두 재편집한 것으로 생각된다. 이 주해는 여러 차례 교정되고 편집되어, 오늘날 현존하는 것은 후기 교부들의 표준이 되는 사상과 성경 주석과 많이 일치한다고 볼 수 있다. 물론 그리스도교의 모든 교파가 하나같이 '펠라기우스주의'라고 혹평하는 내용은 예외다.

펠라기우스의 원문은 어떤 점에서는 분명히 이단과 관련이 있는 내용을 담고 있다. 그러나 현존하

[11] Rosemary Radford Ruether, *Gregory of Nazianzus: Rhetor and Philosopher* (Oxford: Clarendon Press, 1969); Rosemary Radford Ruether, ed., *Religion and Sexism: Images of Woman in the Jewish and Christian Traditions* (New York: Simon and Schuster, 1974): David C. Ford, "Men and Women in the Early Church: The Full Views of St. John Chrysostom" (So. Canaan, Penn.: St. Tikhon's Orthodox Theological Seminary, 1995). John Meyendorff와 Stephen B. Clark, Paul K. Jewett가 공동으로 연구한 내용을 참조하라.

[12] Adalbert Hamman, Supplementum to PL 1: 1959, cols. 1101-1570 참조.

는 문헌은, 아우구스티누스의 견해와 서로 다른 점이 있기는 하지만 주로 일반적인 내용을 다룬다. 따라서 이 자료를 '펠라기우스'의 것이 아닌 '위-펠라기우스'와 '익명'으로 인용할 수 있다. 그러나 총서에서는 오늘날 참고문헌을 인용하는 방식 그대로 따른다.

주해서의 서문과 둘러보기, 구조

각 주해서 편집자들은 서문에서 주로 누가 성경을 썼는가 하는 교부들의 견해와 성경의 중요성, 교부 주해의 유용성이나 희소성, 교부들마다 견해를 달리하는 논쟁점, 각 주해서를 편집하는 데 특별히 다루어야 할 문제를 상세히 논한다. 그리고 주해서의 전체 구조도 설명한다. 이는 일반 독자들이 찾고자 하는 성경 본문에 관한 교부 주해의 특징과 의미를 이해하며, 주해서를 사용하는 방법을 익히도록 하는 데도 도움을 줄 것이다.

둘러보기에서는 주해를 한 주요 교부들이 누구인지 알려 주며, 해당 성경 구절의 중요하고 핵심적인 논거가 무엇인지 독자들에게 간략히 소개한다. 다시 말하자면, 교부들이 주해한 내용을 논리적으로 간추려 나열해 놓은 것이다. 교부들의 주해 출처가 다양하고 시대가 다르지만, 해당 구절에 관한 교부들의 주해를 합리적으로 일목요연하게 정리하는 것이 이상적인 둘러보기의 역할이라 할 수 있을 것이다. 둘러보기의 구조는 성경 본문의 특성에 따라 주해서마다 조금씩 다를 수 있다.

각 주해에 표제를 단 이유는 독자들을 그 주제로 빨리 이끌기 위해서다. 독자들은 표제와 둘러보기를 대충 훑어보기만 해도 주해의 내용이 무엇인지 한눈에 파악할 수 있을 것이다. 보통 주해 안에 들어 있는 문구를 표제로 정했음을 밝혀 둔다. 아니면 관련 성경 구절을 표제로 실어 본문의 의미를 이해하는 데 도움을 주고자 하였다.

고대 그리스도교 저자의 생애를 다룬 전기에 관한 정보는 다양한 참고서와 사전, 백과사전 등에서 쉽게 찾아볼 수 있으므로, 『교부들의 성경 주해』에서는 이러한 수고를 되풀이하지 않겠다. 그러나 각 주해서 부록에는 인용된 저자들이 연대순으로 간략히 정리되어 있다. 아울러 가나다순으로 저자 약전略傳도 함께 실었다. 약전에서는 저자의 교직과 활동 지역, 저술 활동, 신학적 경향 등에 관해서 대략적인 정보만 제시하였다.

성경 각 구절을 선정하고 번역하는 데는 나름대로 특수성이 있다. 검색하고 평가하여 재검토한 본문 자료의 분량은 주해서마다 매우 다르다. 교부들이 본문에 대해 통찰한 깊이도, 문화적으로 배경이 서로 달라 이해하기 힘든 내용도, 그리고 검토 자료가 오늘날 상황과 얼마나 관련이 있는지 하는 의미 또한 제각각이다. 각 주해서 편집자가 이렇게 다양한 본문에 대한 해석을 합리적이고 일목요연하게 정리하는 일은 결코 쉽지만은 않았다.

성경 본문의 의미가 모호하여 독자들이 혼란을 일으킬 수 있을 때는 각주를 달아 내용을 보충하였다. 교부 문헌 번역서와 비평본도 각주에서 제시한다.

우리는 독자들이 둘러보기와 표제, 각주로 이어지는 연결 고리를 통해 본문에서 본문으로 쉽게 넘나들기 바란다. 이것이 편집의 주된 목표다. 각주는 교부들의 주해 본문에 비하여 10퍼센트 이하로 제한하였다. 각주에서 사용된 약어는 주해서마다 그 목록을 실어 놓았다. 편집상의 연결 고리는 전체 성경마다 일률적으로 되어 있는 게 아니라 각 주해서의 특색에 따라 형태를 달리하였다.

학제 간 연구 방법의 상호 보완성

『교부들의 성경 주해』는 학제 간 연구 방법을 활용하였다. 다양하지만 서로 관련이 있는 연구 방법들을 함께 사용한 것이다. 각 방법은 의당 고유한 전문 분야에서 연구한다. 주요 연구 방법은 이렇다.

본문비평. 수사본으로 전해진 어느 문헌도 오자가 없다거나 원문과 다른 문장이 없는 경우는 거의 없다. 우리는 자주 재필사된 고대 문헌을 다루기 때문에, 고대 본문 연구에 필요한 모든 방법을 이용해야 한다. 가장 믿을 만한 연구 방법으로 본문비평을 많이 사용하였다. 이 방법은 성경 연구와 교부 문헌 연구에서도 활용된다. 이들 분야에서 본문비평 작업은 현존하는 여러 자료 가운데 가장 권위 있고 확실한 사본을 가려내는 것이기 때문에, 그 중요성은 이루 다 말할 수 없다. 그리스어로 쓰여 있는 모든 문헌을 데이터베이스로 처리한 TLG와, 『그리스도교 전집(라틴어 총서)』의 본문을 담은 Cetedoc 총서의 데이터베이스를 만드는 데 사용한 비평 분석 방법이 기꺼이 활용되었다.

성경 본문과 관련하여 데이터베이스 연구진과 총서의 각 주해서 편집자들은 종종 특정 주해에 어떤 이문異文이 사용되었는지 파악해야 하는 문제에 부닥쳤다. 고대 주석가들이 어느 번역본을, 아니면 어떻게 전승된 성경 본문을 사용했는지는 언제나 분명하지 않다. 독자들이 본문의 출처에 관심을 둘 수도 있기에 이를 각주에서 설명하였다.

사회 · 역사적 상황 설명. 각 주해서 편집자들은 고대의 본문에서 발췌한 주해에 담겨 있는 역사 · 사회 · 경제 · 정치적 상황을 이해하려고 하였다. 이러한 이해가 전제되어야만 주해의 의미와 저자의 의도를 분명히 파악할 수 있고, 어느 주해가 성경 본문에 가장 적절한지 알 수 있다. 그러나 이러한 상황을 장황하게 논하거나 관련된 참고 사항을 나열하는 것이 우리의 주된 과제는 아니다. 또한 본문의 사회적 상황이나 특정 낱말의 문헌학적 역사와 본문의 사회적 기능도, 그것들이 아무리 흥미나 관심을 불러일으켜도, 우리의 주된 관심사는 아니다. 따라서 이러한 문제들은 각 주해서 편집자들이 필요하다고 판단할 경우 각주에서 간략히 다룰 것이다.

교부 문헌에 관한 적절한 상황을 설명하는 것이 때로는 유익하고 필요한 경우도 있겠지만, 우리의 주된 목적은 각 교부 문헌의 상세한 사회 · 역사적 상황을 설명하는 것이 아니다. 이러한 상황을 설명해야 한다면 총서의 권수는 지금보다 열 배는 더 늘어날지도 모르겠다. 상황을 조금만 설명해도 되는 본문이 있는가 하면, 상세히 설명해야 하는 본문도 있다. 다른 한편으로, 어느 본문은 내용이 이해하기 쉽고 간단명료하거나 금언적이기까지 하여 굳이 장황하게 상황 설명을 하지 않아도 된다. 이런 내용이야말로 우리가 찾고자 하고, 총서에서 다루고자 하는 본문이다. 우리는 오늘날 독자들의 이해를 돕기 위해 복잡하게 설명을 많이 해야 하는 본문에는 눈길조차 주지 않았다. 특히, 명백하게 공격적인 본문(반유대주의적이거나 도덕적으로 모순되며 눈에 거슬릴 만큼 극단적으로 배타주의적인 본문 등)과 본디 모호하거나 오늘날 독자에게 너무나 낯선 본문은 제외시켰다.

성경 주석. 사회 · 역사적 상황을 설명하는 것이 『교부들의 성경 주해』의 둘째 목적이라면, 성경 본문에 대한 교부들의 의미 깊은 주석이야말로 첫째 목적이다. 각 주해서 편집자들은 교부들이 성경 본문에서 깨달은 의미를 명확히 설명하며, 상세히 논하고 해설한 글들을 찾고자 하였다. 고대 주석가들이 주해한 성경 본문 내용을 오늘의 관점에서 거슬리지 않는 표현으로 또는 너무 탈신화하여 객관적으로 해설하려는 것이 결코 아니다. 우리의 목적은 고대 주석가들의 고유한 생각을 그대로 전해 주는 주해를 총서에 싣는 것이다.

성경 주석exegesis이라는 용어는 총서에서 현대적 의미보다는 고전적 의미로 사용되는 경우가 더 많다. 고전적 의미로, 주석은 본문의 의미, 출전, 다른 본문과의 관계를 설명하고 해석하며 주해하는 모든 것을 아우른다. 성경 주석은 본문을 설명하기 위해 이용할 수 있는 모든 언어학 · 역사 · 문화적 또는 신학적 자료를 사용하여 본문을 상세히 읽는 것을 일컫는다. 이는 해석가들이 본문에 대해 자신의 개인 생각이나 견해를 강요한다는 뜻으로 쓰이는 '주관적 해석'eisegesis과는 다르다.

교부들은 본문의 정확한 어법과 문법 구조, 그리고 각 부분들과의 상호 연관성을 명확히 밝히고 확인하는, 본문의 내적 주석*intra*textual exegesis을 적극적으로 활용하였다. 아울러 본문에 쓰여 있는 지리 · 역사 · 문화적 상황을 파악하는, 본문의 외적 주석*extra*textual exegesis도 사용하였다. 그들은 본문과 다른 본문을 비교하며 본문의 의미를 파악하는, 본문의 상호 주석*inter*textual exegesis도 매우 잘 활용하였다. 이는 고대 교회에서 가장 중요한 주석 방법 가운데 하나다.

해석학. 우리는 고대 그리스도교 저자들이 자신들의 해석 과정을 어떻게 서술했는지 파악하려고 애썼다. 이러한 해석학적 자기 분석은 오리게네스와 테르툴리아누스, 히에로니무스, 아우구스티누스, 레랭스의 빈켄티우스의 작품에 많이 나온다.[13] 각 주해서 편집자 대부분은 오늘날 해석학적 방법과 문학적 방법에 대한 비판적 논의가 이루어지고 있음을 잘 알고 있다. 그렇지만 이 문제를 직접 다루는 것이 『교부들의 성경 주해』의 목적이 아님을 밝혀 둔다. 오히려 교부들이 성경을 어떻게 해석했는지 알려 주는 해석학적 지표들을 드러내는 일에 주력할 것이다. 이는 주로 교부들이 어떤 용어를 썼는지 보면 알 수 있다.

설교학. 고대 그리스도교 설교에 담겨 있는 지혜에 비추어 오늘날의 설교를 쇄신하는 것이 『교부들의 성경 주해』의 실질적인 목표 가운데 하나다. 이러한 목표를 염두에 두었기 때문에, 총서에 수록된 가장 뛰어나고 감동적인 주해 가운데 상당수가 교부들이 흔히 내는 주해서보다는 교부들의 설교에서 발췌되었다. 고대 교회의 설교가들 가운데 가장 저명한 이들이 설교 활동을 활발히 펼쳤다는 것은 그리 놀라운 일은 아니다. 설교학에 관한 방법을 가장 모범적으로 보여 준 교부로는 대 그레고리우스와 대 레오, 아우구스티누스, 예루살렘의 키릴루스, 요한 크리소스토무스, 페트루스 크리솔로구스, 아를의 카이사리우스가 있다.

---

[13] 프로젝트 가운데 우리가 관심을 보인 이 분야는 결국 『교부들의 성경 주해』 별책으로 빛을 보게 되었다. 이 책은 바로 『교부들의 성경 주해』 부편집인 크리스토퍼 홀(Christopher A. Hall, Eastern College) 교수가 집필한 ***Reading Scripture with the Church Fathers*** (Downers Grove, Ill.: InterVarsity Press, 1998)다.

사목적 배려. 『교부들의 성경 주해』는 고대 교회의 성직자들이 신자들에게 펼친 사목적 배려에 관한 전통을 독자들로 하여금 새롭게 일깨우고자 하는 데 그 목적이 있다. 위대한 교부들 가운데 사목적 지혜가 뛰어나고 성경과 사목을 잘 접목시킨 뛰어난 교부로는 나지안주스의 그레고리우스와 요한 크리소스토무스, 아우구스티누스, 대 그레고리우스가 있다. 총서의 편집자들은 현대의 심리요법과 사회학, 자연주의적 환원주의라는 근거에 물들지 않은 채 이러한 불후의 사목적 지혜를 있는 그대로 전해줄 것이다.

번역 이론. 총서의 각 주해서에는 고대 그리스도교 저자들의 글이 영어로 번역되어 있는데, 이는 가장 잘 보존된 원전에서 번역된 것이다. 번역이 과연 제대로 되었느냐 하는 문제는 언제나 비판의 여지가 있다. 번역은 본디 논란의 대상이 되게 마련이다. 우리는 '내용의 동등성'dynamic equivalence[14]이라는 이론에 따라 번역하려 애썼다. 의역에 빠지지 않고, 또한 융통성 없이 글자 그대로 번역하지 않으며 원뜻을 제대로 살리는, 중용적이며 문학적으로 번역하려 하였다. 오늘날 독자들이 고대 언어의 생생한 뉘앙스와 힘을 쉽게 느낄 수 있는 표현을 찾으려고 끊임없이 노력하였다. 가능하면 오늘날 언론계에 종사하는 이들이 통상적으로 사용하는 은유와 용어를 선택하였다.

성과

방대한 고대 그리스도교 성경 주해서를 출간하기로 계획한 것은 지난 500년 만에 처음 있는 일이다. 앞으로 그리스도교의 탈무드나 교부들의 성경 주해서를 발간하려면 우리가 구성한 이 총서의 체계를 많이 따르거나 주요 부분을 어느 정도 참고하지 않으면 안 될 것이다.

이 계획을 완성하기 위하여 최고의 능력과 명성을 겸비한 개신교 · 가톨릭 · 정교회의 학자들과 편집자들, 번역가들로 이루어진 국제적인 조직이 구축되었다.

이들 학자와 편집자, 출판인, 컴퓨터 기술자, 번역가들로 환상적인 조직을 갖추었다는 것은 경이에 찬 새로움이며, 그 자체가 교회일치를 향한 새로운 첫걸음이라고 할 수 있다. 이들은 서로 힘을 합하여 프로젝트의 기본 패턴과 방향을 정하고, 필요에 따라 이를 점차 수정하고 바로잡아 나갔다. 이는 성경 주석사 연구와 디지털 검색 기술을 통합시키는 데 학제 간 실험 연구의 모델을 제시한 셈이다.

[14] '내용의 동등성' 이론은 유진 니다(Eugene A. Nida) 등의 저서에서 가장 완전하게 전개되었다. Eugene A. Nida, *Toward a Science of Translating* (Leiden: Brill, 1964); Eugene A. Nida and Jan de Waard, *From One Language to Another: Functional Equivalence in Bible Translating* (Nashville, Tenn.: Nelson, 1986). 내용의 동등성 이론의 의도는 '영어를 의사소통 수단으로 사용하는 사람들이 널리 받아들인 낱말이나 형태로 원문의 의미를 분명하고 정확하게 옮기는 데 있다'. 이는 저자의 '의도와 메시지를 보통 사람들이 쓰는 일상 언어를 전하는, 표준 영어로 제시하는 것이다'. 이 이론은 '오늘날 독자들이 원문의 내용을 최대한 잘 이해하게 하는 데' 목표가 있다. "자연스럽고 명확하며 간단하고 모호하지 않은 언어를 사용하도록 최대한 노력을 기울이는 것이다. 따라서 원어에 나오는 품사며 문장 구조, 어순, 문법 등을 영어로 그대로 옮기지 않도록 하였다. 충실한 번역은 원문의 문화 · 역사적 특징을 충실하게 나타내는 것이지 본문을 오늘날 상황에 맞게 고치는 것이 아니다"[Preface, *Good News Bible: The Bible in Today's English Version* (New York: American Bible Society, 1976)]. 이 이론은 의역을 지향하지 않으며, 문학 번역과 문자 번역이라는 두 길 중간쯤에서 번역하는 것이다. 편집자들 모두 번역 작업을 완전히 동일한 관점에서 보지는 않았지만, 내용의 동등성 이론을 일반적 지침으로 삼았다. 이야말로 이 주해서가 지향하는 바다.

이 글을 쓰고 있는 지금 총서의 실질적인 성과물은 거의 반쯤 완성되었고, 프로젝트를 완수하기로 계획했던 햇수도 반이나 지나갔다. 프로젝트의 기본 틀이 확정되어 있기에 별다른 변경 사항은 없으리라 생각된다. 앞으로 출간될 각 주해서 편집자들과 탈고 계약도 맺었다. 이처럼 영어판『교부들의 성경 주해』는 계획대로 잘 진행되어 제때 완성될 것이다. 우리는 국제적인 전문 인력을 늘리고 보강하여 영어 외 다른 언어로 번역하기에 이르렀다. 이미 스페인어와 중국어 · 아랍어 · 러시아어 · 이탈리아어 번역판은 출간되기 시작했고, 독일어판은 준비 중에 있으며, 그 밖의 다른 언어로 번역하는 문제도 검토 중에 있다.

드루 대학교는 이 프로젝트의 학문적 후원자로서 아낌없는 협조와 지원을 해 주었다. 이 명문 대학교는 이전에도 여러 국제적인 대형 출판 프로젝트를 지원하였으며, 출판된 작품들 가운데 100년 이상 계속 인쇄되고 있는 책들도 여럿 있다. 오늘날 세계에서 가장 널리 사용되고 있는『성경 용어 색인』*Bible Concordance*과 성경 어휘 대조 방식은 드루 대학교의 제임스 스트롱James Strong 교수가 만든 것이다. 드루 대학교의 스트롱 교수가 1880년대에 용어 색인 작업을 한 연구실은 필자가 수년 동안 사용한 사무실이었다. 우연의 일치인지 몰라도 이 총서는 바로 이곳에서 구상되었다. 오늘날『스트롱의 성경 용어 색인 완결판』*Strong's Exhaustive Concordance of the Bible*은 첫 출간 이래 100년 이상 영어권 세계에서 가장 좋은 사목 도서관들에 소장되어 있다. 마찬가지로 뉴욕 타임스의 아르노 출판사는 드루 대학교의 존 매클린톡John M'Clintock 교수와 제임스 스트롱 교수가 공동으로 집필한 대전집『신학과 성경 주석 백과사전』*Theological and Exegetical Encyclopedia*을 지금도 계속 출간 중이다. 그리스도교 고전의 주요 중국어판도 50년 전 드루 대학교에서 발간되었는데, 지금도 출간 중이다. 드루 대학교는 장기간에 걸쳐 이루어지는 국제적 학술 프로젝트를 시작할 수 있도록 많은 학자와 장소, 도서관, 산학 협동 지원, 부대설비 등 다양한 분야에서 도움을 주었다.

이 프로젝트를 헌신적으로 지원해 준 후원자들은 이름을 밝히는 대신 뒤에서 묵묵히 도와준 이들로 남아 있기를 바랐다. 그들은 총서가 어떠한 의미를 지녀야 하고 어떻게 발전해 가야 하는지, 남다른 전문 지식을 갖춘 협력자로서 부단한 조언을 아끼지 않았다. 뿐만 아니라 오랜 세월 이 프로젝트에 막대한 비용을 대 주는 등 물심양면으로 기꺼운 도움을 준 고마운 분들이다. 이처럼 총서는 은인들의 지속적이고 아낌없는 후원 속에서 행운을 누릴 수 있었으며, 하느님께서 베푸시는 은총도 함께 받았음을 밝히는 바다.

토머스 C. 오든
『교부들의 성경 주해』 책임 편집인
드루 대학교 신학부 교수

일러두기

총서는 몇 가지 특징적인 내용으로 구성되었다. 아래 내용은 독자들이 이 책을 제대로 이해하는 데 도움을 주고자 쓰였다.

성경 단락

성경 본문은 단락이나 구절로 이루어지는데, 보통은 여러 절로 되어 있다. 성경 본문 표제는 성경 단락 앞에 나온다. 예를 들어, 시편 1-50편 주해의 첫 단락에는 "1,1-6 행복한 자와 악한 자"라는 성경 본문 표제가 언급된다. 표제 아래에는『성경』에서 인용한 성경 구절이 두 단 형식으로 뒤따른다. 성경 구절은 독자들의 편의를 돕기 위해서 제시하는 것이지만, 중세 교부들의 주해서와 비교하려는 의도도 들어 있다. 당시 주해서는 성경 본문을 가운데 놓고 둘레에 교부들의 주해를 실었다.

둘러보기

성경 본문 각 단락에 이어 그 본문과 관련하여 교부들이 주해한 내용을 둘러보기 형식으로 싣는다. 둘러보기는 성경 본문의 특성에 따라 주해서마다 다양한 형식으로 나타난다. 둘러보기는 뒤이어 나오는 교부들의 주해를 요약하여 알리는 역할을 한다. 교부들의 주해 출처가 다양하고 시대가 다르지만, 둘러보기는 교부들의 주해가 합리적이며 일정한 주제로 흘러가도록 이끈다. 따라서 요약한 내용은 연대순도 아니며 성경 구절 순서대로 나열하지도 않았다. 오히려 해당 성경 본문 단락에 관한 교부들의 주해를 포괄적으로 열거한 것이라 하겠다.

성경 주해가들은 일정한 주제만을 형식적으로 표현하지 않았다. 오히려 다양한 주제가 그럴듯하고 받아들일 만한 형태로 흘러가도록 두는 편이었다. 따라서 오늘날 독자들은 여러 시대와 장소를 반영하는, 다양한 성경 주석의 전승이 계속 흘러가는 것을 어렴풋이나마 알 수 있다.

주해 본문

교부들의 주해 내용이 다양하고 많기에, 본문의 의미를 이해하는 데 도움을 주고자 주해 본문 표제를 실었다. 표제는 두 가지로 나뉜다. 하나는, 표제가 성경 구절인 경우이다. 다른 하나는, 교부들이 주해한 내용 가운데 가장 중요한 내용을 요약한 경우이다. 이 경우 중요한 구나 개념을 원용하거나 은유적으로 표현했다. 이러한 특징은 오늘날 독자들이 교부들의 주해 가운데 가장 핵심이 되는 내용을 파악하기 위한 가교 역할을 한다.

교부 주해 본문 확인

해당 교부 주해 본문에는 맨 먼저 표제가 나오고, 교부들의 주해를 우리말로 옮긴 내용이 이어진다. 해당 주해 본문 저자의 이름, 작품명과 출처는 주해 본문 맨 끝에 수록된다. 해당 주해 본문 출처는 권, 장, 절로 세분하거나, 아니면 권, 절로만 표시한다. 출처를 표시한 내용이 영어 번역본과 다른 번역본에서 사뭇 다를 경우, 대괄호([ ]) 안에 서로 다른 내용을 적는다. 이문異文에 따라 성경 표현이나 장, 절에 차이가 더러 있기도 하다.

각주

이 주해서에 인용된 교부 문헌을 좀 더 깊이 공부하고 싶은 독자는 각주를 통해 아주 유용한 정보를 얻을 수 있다. 각주 번호는 독자들이 보기 쉽게 교부 주해 본문 오른쪽 단 맨 밑에 모아 놓았다. 독자는 영어 번역본과 인용된 교부 문헌의 원어 편집본에 관한 정보를 알아낼 수 있다. 번역본과 편집본은 약어로 표시하였다(보통 권과 쪽). 선정한 교부 주해 본문이 문제가 있거나 매우 모호한 경우, 『교부들의 성경 주해』 편집진은 가능한 한 가장 좋은 본문 전승을 반영하고자 하였다.

교부 주해 본문 가운데 영어로 옮겨지지 않은 원어 본문이 있을 때는 새로 옮겼다. 그러나 이미 영어로 옮겨져 현재 사용되고 있는 영어 번역본이더라도, 필요한 경우에는 문체를 다시 바꾸어 썼다. 별표 하나(*)는 예전에 쓰던 영어 번역본을 독자들이 읽기 쉽도록 고쳤거나 오늘날 사용하는 영어로 새로 옮겼음을 나타낸다. 별표 둘(**)은 새로 옮겼거나 번역본의 내용을 상당히 고쳤음을 나타낸다. 『교부들의 성경 주해』 편집진은 철자를 맞춤법에 따라 고치고, 다양한 형식으로 쓰인 문법을 통일하였다. 그래서 편집진이 고친 영어 참조문에는 이전에 나온 영어 번역본에 다양하게 쓰인 이상한 철자는 없는 셈이다. 필요 이상으로 많은 접속사는 읽기 쉽게 더러 빼기도 하였다.

컴퓨터 데이터베이스를 사용하는 독자들의 편의를 위해서, 디지털 데이터베이스로 만든 그리스어 문헌의 데이터 뱅크인 TLG(Thesaurus Linguae Graecae)나 라틴어 문헌의 데이터 뱅크인 Cetedoc은 부록 581-590쪽을 참조하기 바란다.

약어

ACTP	Ambrose. *Commentary on Twelve Psalms*. Translated by Íde M. Ní Riain. Dublin: Halcyon Press, 2000.
ACW	Ancient Christian Writers: The Works of the Fathers in Translation. Mahwah, N.J.: Paulist, 1946~.
AF	J.B. Lightfoot and J.R. Harmer, trans. *The Apostolic Fathers*. Edited by M.W. Holmes. 2nd ed. Grand Rapids, Mich.: Baker, 1989.
AHSIS	Dana Miller, ed. *The Ascetical Homilies of Saint Isaac the Syrian*. Boston, Mass.: Holy Transfiguration Monastery, 1984.
ANF	A. Roberts and J. Donaldson, eds. Ante-Nicene Fathers. 10 vols. Buffalo, N.Y.: Christian Literature, 1885~1896. Reprint, Grand Rapids, Mich.: Eerdmans, 1951~1956. Reprint, Peabody, Mass.: Hendrickson, 1994.
AnSac	J.B. Pitra, ed. Analecta sacra et classica spicilegio solesmensi. Paris: Roger et Chernowitz; Rome: P. Cuggiani, 1888~1891. Reprint, Farnsborough, U.K.: Gregg Press, 1966.
AOV	Ambrose. *On Virginity*. Translated by Daniel Callam, CSB. Toronto: Peregrina Publishing Co., 1996.
ARL	St. Athanasius. *The Resurrection Letters*. Paraphrased and introduced by Jack N. Sparks. Nashville: Thomas Nelson, 1979.
CCL	Corpus Christianorum Series Latina. Turnhout, Belgium: Brepols, 1953~.
CCOP	John Chrysostom. *Commentary on the Psalms*. Vol. 1. Translated by Robert Charles Hill. Brookline, Mass.: Holy Cross Orthodox Press, 1998.
CS	Cistercian Studies. Kalamazoo, Mich.: Cistercian, 1973~.
CSCO	Corpus Scriptorum Christianorum Orientalium. Louvain. Vienna, 1866~.
FC	Fathers of the Church: A New Translation. Washington, D.C.: Catholic University of America Press, 1947~.
GAC	*Evagrius of Pontus: The Greek Ascetic Corpus*. Translated by Robert E. Sinkewicz. Oxford Early Christian Studies. Oxford: Oxford University Press, 2003.

GNTIP Ronald E. Heine, trans. *Gregory of Nyssa's Treatise on the Inscriptions of the Psalms*. Oxford Early Christian Studies. Oxford: Clarendon Press, 1995.

JCC John Cassian. *Conferences*. Translated by Colm Luibheid. The Classics of Western Spirituality. Mahwah, N.J.: Paulist, 1985.

LALM Anthony of Egypt. *The Life of St. Anthony and the Letter to Marcellmus*. Translation and Introduction by Robert C. Gregg. The Classics of Western Spirituality. New York: Paulist Press, 1980.

LCC J. Baille et al., eds. The Library of Christian Classics. 26 vol.s. Philadelphia: Westminster Press, 1953~1966.

MFC Message of the Fathers of the Church. Edited by Thomas Halton. Collegeville, Minn.: The Liturgical Press, 1983~.

NPNF P. Schaff et al., eds. A Select Library of the Nicene and Post-Nicene Fathers of the Christian Church. 2 series (14 vols. Each). Buffalo, N.Y.: Christian Literature, 1887~1894. Reprint, Grand Rapids, Mich.: Eerdmans, 1952~1956. Reprint, Peabody, Mass.: Hendrickson, 1994.

OCC Origen. *Contra Celsum*. Translated with an Introduction and Notes by Henry Chadwick. Cambridge: Cambridge University Press, 1953.

OIP Athanasius of Alexandria, "On the Interpretation of the Psalms." In *Early Christian Spirituality*, pp, 56-77. Translated by Pamela Bright. Sources of Early Christian Thought. Philadelphia: Fortress, 1986.

OFP Origen. *On First Principles*. Translated by G.W. Butterworth. London: SPCK, 1936; Reprint, Gloucester, Mass.: Peter Smith, 1973.

OSW Origen: *An Exhortation to Martyrdom, Prayer and Selected Writings*. Translated by Rowan A. Greer with Preface by Hans Urs von Balthasar. The Classics of Western Spirituality. New York: Paulist Press, 1979.

PG J.-P. Migne, ed. Patrologiae cursus completus. Series Graeca. 166 vols. Paris: Migne, 1857~1886.

PL J.-P. Migne, ed. Patrologiae cursus completus. Series Latina. 221 vols. Paris: Migne, 1844~1864.

POG Eusebius. *The Proof of the Gospel*. 2 vols. Translated by W.J. Ferrar. London: SPCK, 1920; Reprinted, Grand Rapids, Mich.: Baker, 1981.

TTH G. Clark, M. Gibson and M. Whitby, eds. Translated Texts for Historians. Liverpool: Liverpool University Press, 1985~.

WGRW Writings from the Greco-Roman World. Atlanta: Society of Biblical Literature, 2001~.

WSA J.E. Rotelle, ed. *Works of St. Augustine: A Translation for the Twenty-First Century*. Hyde Park, NY: New City Press, 1995, 2000.

시편 1-50편 주해 서문

시편에 관한 교부들의 성경 주해는 두 권으로 편집되었으며, 『시편 제1-50편』이 그 첫 번째 책이다. '교부들의 성경 주해 전집' 가운데 구약성경의 한 권의 책에 두 권 이상의 주해서가 할당된 것은 시편 외에 단 두 권이 있을 뿐이다. 이것은 고대 그리스도교의 해설서나 현존하는 교부 문헌들에서 그만큼 그 책들이 인기가 있었다는 방증이다.

시편은 성경 중에서도 특별히 사랑받고 널리 활용된 책들 가운데 하나다. 시편은 신약성경에서도 매우 자주 인용된다. 고대 그리스도교의 저술가들은 호교론적 · 교의적 · 사목적 목적을 위하여 시편을 인용했다. 우리에게 남겨진 수많은 시편 강해와 주해들 및 짧은 해설들을 제쳐 두더라도 교부들의 문헌은 시편의 직접 인용이나 암시적인 언급, 시편을 통한 예시와 적용으로 가득 차 있다고 말할 수 있다. 바로 이런 문헌적인 보고에서 교부들의 시편 인용문들을 담고 있는 이 책이 만들어졌다. 시편에 관한 이 첫 번째 책은 65명이 넘는 저자들이 집필한 160개 이상의 작품들에 그 기반을 둔다.

이 작품들은 이 책의 끝에 있는 참고 문헌 목록이 보여 주듯이 교부 문헌의 모든 장르를 망라한다. 그런데 우리가 우선적으로 관심을 둔 것은 특별히 시편에 대한 주해나 강해들이다. 이 작품들 가운데 일부는 본문이 매우 잘 보존되어 있고, 그에 대한 최근의 비판본들도 이용 가능하다. 하지만 다른 작품들은 후기 교부들이나 중세 초기의 성경 주해 선집들(성경 본문에 대한 주석서 형태로 정리된 교부들의 인용문 선집)에 흩어져 있는 파편적인 정보들로부터 재구성해야만 했다('교부들의 성경 주해 전집'은 현대의 성경 주해 선집이라고 할 수 있다).

서론에서는 이 책에 수록되어 있는 시편 주해서들과 강해들에 대해 개관하고자 한다. 마리-조셉 론도는 『교부들의 시편 주해(3~5세기)』*Les Commentaires Patristiques du Psautier(IIIe-Ve Siècles)*라는 저서에서 이 주해서들의 본문 상태나 본문비평적인 상황들에 대해 개관하고 있다. 우리는 이 책에 실을 교부들의 주해서들을 선택하면서 론도의 책을 참조하였다. 보다 최근의 연구들은 론도와는 다른 결론을 내리기도 하고, 우리 역시 여러 가지 점에서 론도와 다른 의견을 갖고 있기는 하지만 이제부터 제시할 개관은 론도의 개관을 따른 것이며, 그것을 요약한 것이다.[1]

전체적으로 볼 때 본문비평과 관련된 상황은 그리스 저술가들과 라틴 저술가들 사이에 상당한 차이를 보인다. 라틴 저술가들의 경우에는 대부분 직접적으로 전달된 본문들이 있고, 현대적인 비판본들도 이용 가능하다. 이와 대조적으로 많은 그리스 교부들의 주석서들은 더 이상 완전한 작품으로 남아 있지 않다. 작품의 일부 단편들만 존재하고, 그것도 여러 성경 주해 선집들 안에 흩어져 있다. 단편들이 남아 있는 경우에도 그것이 누구의 작품인지 알아내기가 쉽지 않다. 어떤 인용문들은 엉뚱한 저자의 것으로 알려졌고, 또 어떤 것들은 한 사람 이상의 저자의 것으로 여겨지기도 한다. 아예 저자가 누군지 알 수 없는 것들도 있다. 그리고 성경 주해 선집마다 저자가 다르게 적혀 있는 경우도 있다. 똑같은 인용문이 어떤 성경 주해 선집에서는 특정한 저자의 이름 아래 수록되어 있는데, 다른 선집에서는 다른 저자의 것으로 되어 있거나 또 다른 선집에서는 저자 미상으로 되어 있기도 하다. 게다가 각 선집마다 고유의 역사를 갖고 있다. 어떤 선집들은 완성된 수사본들이 있었던 것으로 여겨지지만 다수의 선집들은 때로는 이전 역사를 추정할 수 없는 기존의 선집들로부터 만들어진 것들이다.[2]

16세기에서 현재에 이르기까지 현존하는 성경 주해 선집들로부터 고대의 본문들을 복원하거나 남아 있는 본문들을 재구성해 보려는 노력이 계속되어 왔다. 미뉴Migne의 '그리스 교부 총서'Patrologia Graeca나 피트라Pitra의 Analecta Sacra에서 출판된 시편 주해나 강해들은 그 이전 시대의 본문비평 방법들에 기초하여 성경 주해 선집들로부터 재구성해 낸 합성 본문들이다. 그런데 본문비평 방법들이 발전해 가면서 성경 주해 선집들이나 그 선집들 안에 남아 있는 본문들에 대한 연구도 계속되었다. 로버트 드브리스Robert Devreesse는 팔레스티나의 성경 주해 선집을 찾아냈고, 마르셀 리샤르Marcel Richard, 마르그리트 알Marguerite Harl, 에케하르트 뮐렌베르크Ekkehard Mühlenberg의 후속 연구는 이 본문들을 더 정확히 평가할 수 있게 해 주었다.[3] 팔레스티나의 성경 주해 선집은 6세기까지 거슬러 올라가는 것으로 보인다. 이 선집은 다른 성경 주해 선집들로부터 만들어진 것이 아니라 직접적인 자료들로 만들어졌다는 점에서 중요한 선집이다. 결과적으로 팔레스티나의 주해 선집은 불완전하게 남아 있는 다양한 주해 선집들에 포함된 본문들의 출처를 밝히는 데 도움이 되어 왔다. 우리는 특히 드브리스와 뮐렌베르크 덕분에 미뉴와 피트라가 수집한 본문들 일부의 출처를 밝힐 수 있었는데, 그것은 팔레스티나의 성경 주해 선집을 통해서 이루어졌다. 앞으로 더 많은 작업이 이루어져야 하기는 하지만, 우리는 드브리스와 뮐렌베르크의 연구에 상당한 신뢰를 두고, 그것을 안내자로 삼아 미뉴와 피트라의 책에서 우리의 시편 주해서를 엮는 데 필요한 자료들을 선택하였다. 개별 교부들의 시편 주해서와 관

◂1 Marie-Josèphe Rondeau, *Les commentaires patristiques du Psautier (IIIe-Ve siècles)*, vol. 1, *Les travaux des pères grecs et latins sur le Psautier: Recherches et bilan*, Orientalia Christiana Analecta 219 (Rome: Pontificum Institutum Studiorum Orientalium, 1982).

2 Gilles Dorival, "Aperçu sur l'Histoire des Chaînes Exégétiques Grecques sur le Psautier (Ve-XIVe Siècles)", *Studia Patristica* 15 [TU 128] (1984), 146-69; idem, *Les Chaînes Exégétiques Grecques sur les Psaumes; Contribution à l'Etude d'une Forme Littéraire*, vol. 1 (Louvain: Peeters, 1986), 1-33.

3 Robert Devreesse, *Chaînes Exégétiques Grecques,* in *Dictionnaire de la Bible; Supplément*, vol. 1 (Paris: Letouzey et Ane, 1928), 1084-1140; idem, *Les Anciens Commentateurs Grecs des Psaumes*, Studi e Testi 264 (Vatican City: Bibioteca Apostolica Vaticana, 1970); Marcel Richard, "Les Premières Chaînes sur le Psautier", *Bulletin de l'Institut de Recherche et d'Histoire des Textes* 5 (1956): 88-93; Marguerite Harl, *La Chaîne Palestinienne sur le Psaume* 118, SC 189, 190 (Paris: Éditions du Cerf, 1972); Ekkehard Mühlenberg, *Psalmenkommentare aus der Katenenüberlieferung*, vol. 1 (Berlin: Walter de Gruyter, 1975).

련된 상황은 다음과 같다.

그리스 저술가들

히폴리투스. 교회 역사상 시편에 관한 강해와 주해서를 썼던 것으로 알려진 가장 초기의 교부는 로마의 히폴리투스이며, 약 200년경에 이를 저술하였다.[4] 그의 작품 가운데 남아 있는 것은 불완전한 단편들 몇 가지뿐이다. 시편 제1-2편에 대한 강해(성경 주해 선집에 보존됨), 시편 제2, 22, 23편에 대한 강해들 또는 주해서 단편들 몇 개(테오도레투스의 『에라니스테스』에 보존됨), 그리고 시편 제5, 6, 8, 9, 15, 31편과 제44편의 제목에 대해 다루는 몇 개의 단편들이 남아 있다.[5] 후자는 일반적으로 히폴리투스의 저작이 아닌 것으로 여겨지며, 이것이 테오도레투스의 작품에 포함된 단편들과 동일한 시편 강해에 속하는 것인지, 아니면 주해서로 보이는 다른 작품에 해당되는지는 여전히 분명하지 않다. 노탱Nautin은 이 본문에 대한 본문비평적인 평가 결과를 출판하였으나 본문의 저자에 관한 그의 견해는 후기의 연구들에 의해 대체되었다.[6]

오리게네스. 에우세비우스는 『교회사』 6,24,2에서 오리게네스가 알렉산드리아에서 시편 제1-25편에 관한 주해서를 저술하였다고 전해 준다. 이 주해서는 아마도 222년에서 225년 사이에 저술되었을 것이다.[7] 두 번째 주해서가 245년과 249년 사이에 카이사리아에서 저술되었는데, 이 두 번째 주해서는 첫 번째 주해서를 완결짓기 위하여 쓰였을 수도 있고, 새로운 작품으로 구상되었을 수도 있다.[8] 오리게네스는 일련의 시편 강해들을 쓰기도 하였다. 아마도 239년에서 242년 사이였을 것이다.[9] 일군의 시편 발췌 주해들(scholia)도 어느 때인가 저술했던 것으로 보인다.[10] 이 주해들의 아주 작은 단편들만이 현존하는 성경 주해 선집들 안에 인용문 형태로 우리에게 전해지고 있다. 시편 36, 37, 38편에 대한 오리게네스의 강해 네 편을 루피누스가 상당히 자구적으로 라틴어로 번역해 놓은 것도 전해진다.

이 책에 실린 오리게네스의 작품들은 드브리스와 뮐렌베르크에 의존하여 미뉴의 총서(PG 12, 17, 23)

[4] 이름이 동일하거나 유사한 다른 저자가 있었는지에 대한 논란은 지속적으로 있어 왔다. 참조: Rondeau, *Les Commentaires Patristiques*, 28-32. 이런 상황의 요약에 관해서는 참조: Ronald E. Heine, "Hippolytus, Ps.-Hippolytus and the Early Canons", in *The Cambridge History of Early Christian Literature*, ed. Frances Young, Lewis Ayres and Andrew Louth (Cambridge: Cambridge University Press, 2004), 142-43.

[5] 교부들의 주석서는 칠십인역의 시편 번호를 따르고 있는데 시편 제10편부터는 히브리어 성경의 시편 번호 매김이 칠십인역과 차이를 보인다. 칠십인역의 시편 제9편은 히브리어 본문의 시편 9와 10, 둘을 합쳐 놓은 것이다. 따라서 시편 제10편부터 히브리어 성경 시편집의 번호는 그리스 시편집보다 언제나 하나가 더 많다. 교부들의 주석서들에 대한 번역은 비판본들에 나타난 시편 번호들을 그대로 따르고 있다. 하지만 이 책에서는 『성경』(한국 천주교 주교회의, 2005)을 따르고 있다는 점을 밝힌다.

[6] Pierre Nautin, *Le Dossier d'Hippolyte e de Méliton dans les Florilèges Dogmatiques et Chez les Historiens Modernes* (Paris: Éditions du Cerf, 1953).

[7] Pierre Nautin, *Origènes: Sa Vie et son Oeuvre* (Paris: Beauchesne, 1977), 368-71.

[8] Ibid., 380-84.

[9] Ibid., 53.

[10] 론도는 성경 주해 선집 Vidobonensis Theologicus Graecus 8에 있는 일련의 인용문들이 이 주석 노트의 일부분일 것이라고 생각한다: *Les Commentaires Patristiques*, 61-62. 히에로니무스는 발췌록excerpta에 관하여 말하고 있는데 그가 무엇을 두고 그렇게 표현했는지 정확히 알기는 어렵다. 참조: Ibid., 46-51.

와 피트라의 총서(AnSac 2, 3)에서 찾아낸 좀 더 신뢰할 만한 작품들이다.[11] 물론 루피누스가 보존한 강해들(PG 12)도 이 책에 포함되었다. 이 강해들의 영어 번역은 이 책에서 처음으로 소개된다.

마지막으로, 비토리오 페리Vittorio Peri는 히에로니무스의 시편 강해집 59편은 편집된 오리게네스의 강해들을 번역한 것이라고 주장하였고, 많은 학자들이 이에 동의한다는 사실을 주목할 필요가 있다.[12] 그런데 히에로니무스의 번역은 자구적 번역은 아니었다. 히에로니무스는 자신의 문체를 고수하고 있으며, 몇 군데에서는 주석을 덧붙이기도 하였다. 이 때문에 이 작품을 인용할 때 누구의 글로 표시해야 할지 난처한데, 이 책에서는 히에로니무스 작품으로 표기하기로 결정하였다. 하지만 이것이 오리게네스의 저작을 편역한 것임을 독자들에게 알려 줄 것이다. 좀 더 자세한 내용은 히에로니무스를 다룰 때 언급하겠다.

시편에 관한 오리게네스의 작품들 외에도 오리게네스가 다른 저작들에서 시편의 특정 구절에 대해 언급한 경우 그 작품도 이 책에 포함시켰다. 이것은 대부분의 다른 교부들의 경우도 마찬가지일 것이다. 말할 필요도 없이 오리게네스가 그의 뒤를 이은 이들에게 미친 영향은 막대하였다. 이 책에서 인용될 많은 교부들이 오리게네스에게서 비롯되었거나 그에게서 영감을 받은 생각들을 이런저런 방식으로 반영하고 있다.

카이사리아의 에우세비우스. 에우세비우스는 325년과 330년 사이에 시편집 전체에 대한 주해서를 썼다. 그러나 바실리우스의 작품들 가운데 보존된 시편 제37편에 대한 그의 주해를 제외하고는 시편 1-50편을 주해한 부분만 성경 주해 선집들 안에 보존되어 있다. 특히 팔레스티나 성경 주해 선집은 에우세비우스의 주해서를 많이 인용한다. 따라서 우리는 이 작품에도 드브리스와 뮐렌베르크의 본문비평적인 안내를 적용함으로써 미뉴의 총서(PG 23, 24, 30)와 피트라의 총서(AnSac 3)에서 에우세비우스의 주해서를 확인해 낼 수 있었고, 그것을 이 책에 싣게 되었다.[13] 이 작품들의 영어 번역은 이 책에서 처음으로 소개된다. 물론 우리는 에우세비우스의 다른 작품들도 선정하였다. 특히 에우세비우스의 시편 제22편에 대한 긴 주해는 그의 『사도적 설교의 논증』*Demonstration of Apostolic Preaching*에서 취한 것임을 독자들에게 알리고자 한다.

아타나시우스. 알렉산드리아의 아타나시우스의 작품으로 알려진 시편 주해의 단편들이 성경 주해 선집들 여기저기에 흩어져 있다. 이 단편들의 모음집이 미뉴 총서(PG 27)에서 아타나시우스의 『시편 해설』로 발간되었다. 하지만 론도는 이 본문에는 여러 저자들의 개작 흔적이 포함되어 있다는 사실에 주목하였고, 이 작품이 에우세비우스의 작품에 의존하고 있다고 주장하였다.[14] 많은 학자들이 아타나시우스의 저자설을 옹호하였지만, 질 도리발Gilles Dorival은 이 작품이 진품이 아니라고 판단하였다.

---

[11] 참조: Devreesse, *Les Anciens Commentateurs Grecs*, 1-88. 뮐렌베르크의 경우는 책의 형식 때문에 해당되는 교부들을 참조하려면 133-203쪽 전체를 참조해야 한다.

[12] Vittorio Peri, *Omelie origeniane sui Salmi: Contributo all'identificazione del testo latino* (Vatican City; Biblioteca Apostolica Vaticana, 1980).

[13] Devreesse, *Les Anciens Commentateurs Grecs*, 89-146.

[14] Rondeau, *Les Commentaires Patristiques*, 80-87; idem, "Une Nouvelle Prevue de l'Influence Littéraire d'Eusèbe de Césarée sur Athanase: L'Interprétation des Psaumes", *Revue des Sciences Religieuses* 56 (1968): 385-434.

오늘날 대부분의 학자들은 도리발의 견해를 따른다.[15] 하지만 이 작품은 시편 해석사에서 중요한 위치를 차지해 왔기 때문에 우리는 이 작품의 일부를 선택하여 이 책에 싣는 것이 적절하다고 판단하였다. 그리고 작품의 저자는 위-아나타시우스로 표기하였다. 이 책에 실은 본문은『시편 해설』의 짧은 시리아어 역본을 로버트 톰슨Robert Thomson이 본문비평과 번역을 한 것이다.[16] 독자들은 이 주해서의 간결하고 요약적인 성격을 알아보게 될 것이다.

그런데 우리는 시편 해석에 관한 아타나시우스의 작품을 갖고 있으며, 이는 시편에 관한 교부들의 작품 중에서도 유일무이하게 독특한 것이자, 그리스도교 역사를 통틀어 지금까지도 영향력이 있고 지속적으로 영감을 주고 있는 저서다. 그것은 바로『시편 해석에 관해 마르켈리누스에게 보낸 편지』다. 이 저서에 사용된 성경 본문은 5세기의 중요한 성경 사본인 알렉산드리아 사본을 반영하고 있음이 충분히 확인되었다. 아타나시우스의 저작은 이 사본에 담긴 시편들을 읽기 위한 안내서 역할을 했던 것으로 보인다.[17]

제목이 알려 주는 바와 같이, 이 작품은 시편의 깊은 의미를 알고 싶어 하는 마르켈리누스의 갈망에 답하는 편지 형식으로 저술되었다. 아마도 아타나시우스의 사도직과 생애의 후반기(360년과 363년 사이일 것이다)에 저술되었을 이 편지는 "자신의 연구에 정통한 원로"가 지닌 영감을 전해 준다. 그는 시편의 가르침이 성경의 나머지 부분들과 얼마나 철저하게 조화를 이루는지, 그리고 그것이 어떻게 성경 전체를 반영하고 있는지, 또 시편이 정경 전체 안에 어떻게 반영되어 있는지를 설명한다. 시편들은 그리스도를 묘사하고 있다. 특히 중요한 것은 이 시편들이 그리스도에 대해 설명할 때 예언자들의 가르침을 활용하는 방식이다. 이 편지의 가장 놀라운 특징은 영적 유익을 얻을 수 있도록 시편집을 신심 깊게 활용하는 법을 가르쳐 준다는 점이다. 시편마다 다음과 같은 정형화된 권고를 덧붙인다. "만약 [시편이 묘사하고 있는 것과 같은 상황에 처해 있다면], [이 시편의] 말을 읊조리십시오."[18] 여기에서 "상황"이란 (하느님이나 동료 인간들과의) 관계에 관한 것일 수도 있고, (기쁨에서부터 비탄에 이르기까지) 감정적인 것일 수도 있으며, 전례적인 것일 수도 있고, (교의적 진리에 대한 배움이나 묵상과 같은) 교의적인 것이 될 수도 있는데, 어떤 경우이든 해당 시편의 주제와 직접적으로 연관되어 있는 상황에서 그 시편의 말씀을 읊고, 노래하고, 그 말씀으로 기도드리는 것은 좋은 영적 훈련이 된다. 시편집 전체를 아우르는 포괄성과 표현의 간결함, 그리고 구체적인 신심을 키우는 데 도움이 되는 점 때문에 이 책에서는 각 시편의 주해를 소개하는 시작 부분에 시편 해석에 대한 아타나시우스의 설명을 하나씩 실어 놓았다. 이것이 시편에 관한 교부들의 성경 주해가 갖는 고유한 특징이며, 이러한 선택은 아타나시우스가 한 공헌에도 적절히 어울리는 일이라고 생각한다. 여기에서 사용된 번역은 포트리

[15] Gilles Dorival, "Athanase ou Pseudo-Athanase?", *Rivista di Storia e Letteratura Religiosa* 16 (1980): 80-89.

[16] R.W. Thomson, *Athanasiana Syriaca*, pt. 4, *Expositio in Psalmos*, CSCO 386-87 (Louvain: Secrétariat du Corpus, 1977).

[17] Everett Ferguson, "Athanasius' 'Epistola ad Marcellinum in Interpretationem Psalmorum'", *Studia Patristica* 16 (1985): 295-96.

[18] Ibid., 298.

스Fortress 출판사가 간행한 초기 그리스도교 사상의 원천 전집에 포함된 것을 파멜라 브라이트Pamela Bright가 번역한 것이다.

카이사리아의 바실리우스. 바실리우스의 시편 강해는 직접 전승으로 우리에게 전해지며, 그 사실은 팔레스티나의 성경 주해 선집에서도 분명하게 확인된다. 이 책에 실린 것은 바실리우스의 열 편의 시편에 대한 강해, 곧 시편 제1, 7, 14, 28, 29, 32, 33, 44, 45, 48편에 대한 강해다. 이 강해들의 영어 번역은 교부 총서*The Fathers of the Church* 시리즈에서 아녜스 클레어 웨이Agnes Clare Way가 발행한 것이다. 이 강해들은 바실리우스가 주교직에 있을 때(370~378년) 저술하고 설교했을 것이며, 그의 수사학 실력과 사목적 능력을 잘 보여 준다. 그 한 예로 고리대금의 죄에 대해 설명하는 시편 제15편 강해를 독자는 특히 주목해 보기 바란다.

니사의 그레고리우스. 우리는『시편의 제목』이라는 그레고리우스의 논고를 하나 가지고 있는데, 이 논고는 시편의 표제만 다루는 것이 아니라 시편집 전체의 해석에 대해서 더 많이 다루고 있다. 그레고리우스는 그의 형인 바실리우스에 의해 372년에 주교로 서품되었다. 사 년 뒤에 그는 유배를 가게 되었고, 그 기간 동안(아마도 376년에서 378년 사이였을 것이다) 이 작품을 저술하였다. 이 논고의 우선적인 목적은 시편집이 영적 진보의 단계에 따라 어떻게 우리를 상승하도록 이끌어 주는지를 보여 주는 데 있다. 예를 들어 독자는 시편 제1편에서 소개되는 그레고리우스의 축복에 대한 설명을 유의해서 볼 일이다. 이 본문에 대한 비평본은 브릴 출판사에서 출간된 그레고리우스의 작품에서 찾아볼 수 있다. 이 책에 실린 것은 로널드 하이너Ronald Heine가 출판한 영역본이다.

장님 디디무스. 장님 디디무스가 시편집 전체를 주해한 작품의 단편들은 팔레스티나의 성경 주해 선집을 통해 우리에게 전해지며, 뮐렌베르크의 노력을 통해 복원되었다. 이 책에 실린 디디무스의 작품은 모두 여기에서 나온 것이다. 우리는 이 작품을 영어로 새롭게 번역한 것을 제시할 것이다. 그런데 디디무스는 분명히 또 다른 주해서를 썼던 것으로 보이며, 이 주해서 가운데 시편 제20-44편에 해당되는 단편들이 1941년에 투라의 파피루스에서 발견되었다. 이 주해서 단편들은 미카엘 그로네발트Michael Gronewald, 루이 두트렐로Louis Doutreleau 등에 의해 독일어역과 함께 5권으로 발행되었다. 367년에서 387년 사이에 저술된 이 두 주해서는 문체가 서로 다르다. 첫 번째 주해서가 짧고 간결하며 거의 경구에 가까운 설명이라면, 두 번째 주해서는 좀 더 확장된 해설을 담고 있다. 론도가 지적한 것처럼, 디디무스의 관심은 시편의 문맥에 의거한 해석이 아니라 오히려 영혼의 구조와 도덕적인 기능에 대한 통찰을 제공하는 데 있다. 이 책에 실린 그의 작품을 보면 이러한 점을 쉽게 확인할 수 있다.

폰투스의 에바그리우스. 디디무스의 짧은 주해서에 나타난 경구적 문체가 에바그리우스의 저서 전체에 특징적으로 나타난다. 이 책에 실린 주해는 에바그리우스의 여러 저작에서 선별한 것으로 로버트 신케비츠Robert Sinkewicz가 발행한 최근의 번역을 채택하였다.[19] 그런데 우리는 폰 발타사르의 저서와 론도와 뮐렌베르크에 바탕을 두고 시편에 관한 에바그리우스의 발췌 주해들(scholia)도 확인해 낼 수 있었다.[20] 이 발췌 주해들은 4세기 후반에 저술된 것으로 그 단편들이 오리게네스의 이름으로, 또는

[19] Robert E. Sinkewicz, *Evagrius of Pontus: The Greek Ascetic Corpus*, Oxford Early Christian Studies (Oxford: Oxford University Press, 2003).

저자 미상으로 표시된 채 성경 주해 선집들에 보존되었다. 뮐렌베르크의 목록(index)은 피트라와 미뉴가 발간한 오리게네스의 저서집에서 에바그리우스의 작품을 분리하는 데 유용한 안내자가 되어 주기도 한다. 에바그리우스의 발췌 주해에서 선정된 본문들의 영어 번역은 이 책에서 처음으로 소개되는 것이다. 따라서 독자들은 에바그리우스의 시편 발췌 주해에 나타난 문체와 에바그리우스의 다른 작품들에서 사용된 문체를 비교해 볼 수 있을 것이다.

타르수스의 디오도루스. 20세기 초에 루이 마리에Louis Mariès는 그때까지 간행되지 않았던 시편 주해서 한 편을 타르수스의 디오도루스의 작품으로 확인하였다.[21] 이 사실은 다른 학자들에 의해서도 확인되었으며, 디오도루스의 시편 주해서 비판본이 올리버J.-M. Oliver에 의해 교부 문헌 총서 시리즈 제6권으로 출판되었다. 최근에는 고故 로버드 힐Robert Hill의 영역본이 출간되어 더 많은 이들이 이 자료를 접할 수 있게 되었다. 이 작품은 안티오키아학파의 주석 경향을 뚜렷하게 보여 주며, 더 후대의 작품들인 요한 크리소스토무스와 몹수에스티아의 테오도루스, 키루스의 테오도레투스의 작품들 안에서 그 영향을 찾아볼 수 있다. 안티오키아학파와 알렉산드리아학파의 견해를 비교해 보려면 독자들은 디오도루스와 니사의 그레고리우스가 각각 시편 3,2의 셀라를 얼마나 대조적으로 해석하고 있는지를 확인해 보면 된다.

요한 크리소스토무스. 다른 많은 그리스 저술가들과는 달리 시편에 관한 요한 크리소스토무스의 작품은 직접적으로 우리에게 전해진다. 이 작품은 (십중팔구 390년과 398년 사이에 했던) 강해 또는 강의들로 구성되어 있다. 이 작품이 강론이나 강해가 아니라 "여가 활동"의 일환으로 저술되었다고 생각하는 학자들도 있기는 하다. 이 작품에 대한 가장 최근의 비판본은 미뉴가 발간하였다(PG 55). 본서의 영역본은 로버트 힐이 서문을 덧붙여 출판하였다. 본서에 실린 요한 크리소스토무스의 작품 대부분은 이 영역본에서 발췌한 것이다. 몇몇 발췌문들은 요한 크리소스토무스의 다른 작품들에서 취했지만 이런 경우는 매우 드물다. 왜냐하면 아우구스티누스의 경우와 마찬가지로 요한 크리소스토무스의 작품은 완전한 상태로 남아 있어서 발췌가 쉽기 때문이다.

성경강해가 아스테리우스. 마르셀 리샤르Marcel Richard와 에일리브 스카드Eiliv Skard의 연구 덕분에 아스테리우스라는 이름의 저자가 쓴 현존하는 시편 강해 모음집의 일부가 확인되었다.[22] 이 가운데 일

[20] Hans Urs von Balthasar, "Die Hiera des Evagrius", *Zeitschrift für Katholische Theologie* 63 (1939): 86-106; Marie-Josèphe Rondeau, "Le Commentaire sur les Psaumes d'Evagre le Pontique", *Orientalia Christiana Periodica* 26 (1960): 307-48.

[21] Louis Mariès, "Aurions-nous le Commentaire sur leas Psaumes de Diodore de Tarse?" *Revue de Philologie* 35 (1911): 56-70. 이 책에 이어 마리에는 다수의 작품들을 출간하였다. 특히 다음의 소논문에 주목할 것. "Études Preliminaries à l'Édition de Diodore de Tarse 'Sur les Psaumes'", *Revue des Sciences Religieuses* 22 (1932): 385-408.513-40.

[22] Marcel Richard, "Les Homélies d'Astérius sur les Psaumes 4-7", *Revue Biblique* 44 (1935): 548-58; Eiliv Skard, "Asterios von Amaseia und Asterios des Sophist", *Symbolae Osloenses* 20 (1940): 86-132; Marcel Richard, "Une Ancienne Collection d'Homélies Grecques sur les Psaumes 1-15", *Symbolae Osloenses* 25 (1947): 54-73; Eiliv Skard, "Bemerkungen zu den Aesterios-Texten", *Symbolae Osloenses* 27 (1949): 54-69; Marcel Richard, "Le Recueil d'Homélies d'Astérius le Sophiste", *Symbolae Osloenses* 29 (1952): 24-33; idem, "Deux Homélies Inédites du Sophiste Astérius", *Symbolae Osloenses* 29 (1952): 93-98; Marcel Richard, ed., *Asterii Sophistae Commentariorum in Psalmos quae Supersunt Accedunt Aliquot Homiliae Anonymae* (Oslo: A.W. Brogger, 1956); Eiliv Skard, "Zu Asterios", *Symbolae Osloenses* 34 (1958): 58-66.

부 강해는 요한 크리소스토무스의 작품으로 알려져 온 덕분에 보존될 수 있었다. 왜냐하면 히에로니무스의 시대에 아스테리우스의 작품은 전통적으로 아리우스파의 작품으로 여겨졌기 때문이다. 리샤르와 스카드는 이 작품의 저자를 초기 아리우스파 논쟁에 가담하였던 소피스트인 아스테리우스로 보았다. 론도 역시 이에 동의하였다.[23] 그러나 볼프람 킨치히Wolfram Kinzig는 이 주장을 반박하였고, 그 이전에 있었던 장 바티스트 코텔리에Jean-Baptiste Cotelier의 주장, 곧 이 작품의 저자가 아마세아의 아스테리우스라는 견해도 효과적으로 반박하였다. 킨치히는 저자가 아리우스주의자가 아니라 니케아 신경 지지자였다는 결론을 내렸다.[24] 킨치히는 아스테리우스라는 이름을 지닌 모든 저자들을 재검토한 후 처음에는 이 시편 강해들을 "알려지지 않은 아스테리우스"Asterius Ignotus의 작품으로 돌렸다.[25] 하지만 후에 그는 4세기 후반 또는 5세기 초에 쓰인 이 저자의 강해들에서 뛰어난 수사학적 · 논설적 문체를 확인하고, 이 저자에게 '성경강해가 아스테리우스'라는 보다 적절한 호칭을 부여하였다.[26] 이 책에 실린 발췌문들은 새롭게 번역한 것이다. 독자들은 이 저자의 강론식 문체의 예로, 시편 제14편에 대한 아스테리우스의 글을 참조하면 좋겠다.

몹수에스티아의 테오도루스. 성경 주해 선집에 관한 로버트 드브리스의 연구가 일구어 낸 초기의 공헌 중 하나는 몹수에스티아의 테오도루스의 시편 주해서의 확실한 단편들을 찾아낸 것이다. 이 단편은 시편 제1-81편을 다룬다.[27] 그 성경 주해 선집에서 시편 제81편 이후의 해설들은 테오도루스의 친저성을 확신하기 어렵다. 드브리스의 작품은 최근에 로버트 힐의 영역 대조본으로 재출판되었다.[28] 이 주해서는 테오도루스의 초기 작품으로 보이는데, 아마도 그가 서품되기 전인 392년경 집필되었을 것이다(론도는 이 주해서가 370년에서 380년 사이에 저술되었다고 본다). 이 주해서는 발전하고 있는 안티오키아학파의 전승을 연구할 수 있는 자료이기도 하다.

키루스의 테오도레투스. 테오도루스의 『시편 주해』는 안티오키아학파의 성경 해석 전통의 발전을 연구하는 데에 더없이 좋은 자료다. 영어권의 독자들은 안티오키아학파에 속하는 또 다른 한 교부의 주해서를 훌륭하게 번역하여 출판한 로버트 힐에게 참으로 감사할 일이다. 테오도레투스의 주해서는 테오도루스의 주해서와는 달리 그의 활동 후반기에 집필된 것으로 441년에서 448년 사이, 곧 힐이 설명한 대로, "그가 20년간의 키루스의 주교직을 마쳤을 때" 완성되었다. 독자들은 두 안티오키아학파 주석가들의 유사점뿐만 아니라 차이점에도 관심을 갖게 될 것이다. 예를 들면, 테오도레투스는 디오

[23] Rondeau, *Les Commentaires Patristiques*, 78-79.

[24] Wolfram Kinzig, *In Search of Asterius: Studies on the Authorship of the Psalms* (Göttingen: Vandenhoeck & Ruprecht, 1990).

[25] Ibid., 231.

[26] Wolfram Kinzig, "Asterius the Homilist", in *Dictionary of Early Christian Literature*, ed. Siegmar Döpp and Wilhelm Geerlings, trans. Matthew O'Connell (New York: Crossroad, 2000), 53-54.

[27] Robert Devreesse, *Le Commentaire de Théodore de Mopsueste sur les Psaumes (I-LXXX)*, Studi e Testi 93 (Vatican City: Biblioteca Apostolica Vaticana, 1948).

[28] Theodore of Mopsuestia, *Commentary on Psalms 1-81*, trans. with an introduction by Robert Hill, Writings from the Greco-Roman World 5 (Atlanta: Society of Biblical Literature, 2006).

도루스나 테오도루스에 맞서서 이른바 알렉산드리아학파의 입장을 취하기도 한다. 테오도레투스의 주해서는 본문의 언어와 상징, 역사적 사실에 대한 짧고 간결한 주석이 특징이며, 동시에 본문에서 도덕적 · 신학적 성찰도 끌어낸다.

알렉산드리아의 키릴루스. 론도가 언급한 것처럼 키릴루스가 시편에 관한 학문적이고 신학적인 주해서를 저술하였다는 증거가 있다. 그러나 이 주해서는 다른 저자들의 작품들과 뒤섞여 있는 단편들로만 전해진다. 이런 단편들을 마이Mai가 편집하여 미늏의 교부 총서 한 권이 출판되었다(PG 69). 확실한 본문을 찾으려는 노력은 두 권의 보드레이안 수사본으로 작업을 한 조반니 메르카티Giovanni Mercati와 팔레스티나의 성경 주해 선집으로 작업한 드브리스와 뮐렌베르크에 의해 이루어졌다.[29] 이 책에 실린 키릴루스의 작품들은 드브리스와 뮐렌베르크의 연구를 바탕으로 선정되었으며, 선택된 발췌문들은 미뉴의 교부 총서에서 취하였다. 독자들은 키릴루스의 신학적 성찰의 특징을 뚜렷하게 보여 주는 그의 다양한 작품들에서 선택된 발췌문들에 주목하게 될 것이다. 그 훌륭한 예가 시편 22,1에 대한 키릴루스의 주석이다.

예루살렘의 헤시키우스. 헤시키우스가 시편에 관하여 집필한 세 편의 작품이 남아 있다. 『시편 대주해서』가 미뉴의 총서에 보존되어 있고(PG 93), 드브리스가 본문비평 작업을 하였다.[30] 이 책에 실린 발췌문들은 드브리스를 안내자로 삼아 선정되었고, 대부분 대주해서에서 선택되었다.[31] 그리고 이 책에서 처음으로 그 발췌문들의 영어 번역을 소개한다. 우리에게는 야긱V. Jagić이 편찬한 더 짧은 주해서도 있고, 미뉴의 총서(PG 27, 아타나시우스의 작품들 사이)에 보존된 시편의 표제에 관한 주해 작품도 있다.[32] 론도가 말한 대로, 이 짧은 두 작품은 주해 모음집인데, 후자는 시편의 표제를 비유적으로 해석하는 주해이고, 전자는 시편과 그리스도의 생애를 연결하는 주해들이다.

라틴 저술가들

푸아티에의 힐라리우스. 힐라리우스의 『시편 주해』는 히에로니무스와 아우구스티누스, 카시오도루스를 포함하여 다른 라틴 주석가들에게 널리 알려져 있었다. 그런데 그의 『시편 주해』는 모든 시편을 다룬 것은 아님이 분명하며, 우리에게 전해지는 것들 가운데 이 책에 포함된 것은 다섯 편뿐이다(시편 제1-2, 9, 13, 14편). 히에로니무스는 힐라리우스의 『시편 주해』가 오리게네스의 작품을 라틴어로 번역한 것일 뿐이라고 지적한 바 있다. 론도는 복원이 가능한 오리게네스의 작품에 바탕을 두고, 힐라리우스의 『시편 주해』가 단순한 번역에 불과하다는 지적은 근거가 없다고 주장한다. 다만 힐라리우스가 오리게네스의 저작을 잘 알고 있으며, 그의 작품을 자신의 책에서 자유롭게 활용하였다는 것은 분명하다.

[29] Giovanni Mercati, *Osservazioni a Proemi del Salterio di Origene, Ippolito, Eusebio, Cirillo Alessabdrino e Altri, con Fragmenti Inediti*, Studi e Testi 142 (Vatican City: Biblioteca Apostolica Vaticana, 1948), 133-39; Devreesse, *Les Anciens Commentateurs Grecs*, 224-38.

[30] Robert Devreesse, "La Chaine sur les Psaumes de Daniele Barbaro", *Revue Biblique* 33 (1924): 65-81; 498-521.

[31] Devreesse, *Les Anciens Commentateurs Grecs*, 250-53.

[32] V. Jagić, *Supplementum Psalterii Bononiensis: Incerti Auctoris Explanatio Psalmorum Graeca* (Vienna: A. Holzhausen, 1917).

밀라노의 암브로시우스. 암브로시우스의 『열두 시편 해설』은 일부이긴 하지만 현재까지 남아 있다. 남아 있는 부분들 중에서 다음 열한 편의 시편이 이 책의 범위에 해당된다. 시편 제1, 35-40, 43, 45, 47, 48편(열두 번째 시편은 시편 제61편이다). 이 외에도 시편 제118편에 관하여 길게 설명하는 별도의 작품이 있다. 이 해설들은 대부분이 설교였을 것으로 보이며, 그중 몇 개는 설교였다는 증거가 확실하다. 암브로시우스의 저작에는 오리게네스와 에우세비우스, 바실리우스와 디디무스의 영향이 나타난다. 그렇다고 해서 암브로시우스의 작품에 나타나는 그만의 고유한 사상이나 수사학적 기법들의 가치가 사라지는 것은 아니다. 이 책에 실을 발췌문들을 선정할 때 라이엔Íde M. Ní Riain이 최근에 번역한 영역본을 활용하였다. 이 책에 포함될 암브로시우스의 발췌문들은 그의 『열두 시편 해설』 외에도 시편 제1-50편에 관하여 언급하는 그의 다른 작품들에서도 선정되었다.

히에로니무스. 히에로니무스는 시편에 관한 간결한 주해서를 남겼다. 시편에 관한 짧은 주석과 통찰을 제공하는 『시편 주해』가 바로 그것이다. 히에로니무스는 오리게네스의 『편람』을 보충하기 위하여 이 주해서를 저술하였다고 한다. 이 책에 실린 히에로니무스의 발췌문들은 그의 『시편 주해』에서 선정한 것을 영어로 새로 번역한 것이다.

이 주해서 외에도 시편에 관한 히에로니무스의 주해서로 알려진 두 편의 다른 모음집이 있다. 둘 다 라틴 교부 총서 78로 출간되었는데, 두 번째 모음집은 첫 번째 모음집에서 택한 몇 개의 논고들과 추가된 다른 논고들을 포함하고 있다. 이 책의 범위를 고려하여 히에로니무스의 이 두 모음집에서 일곱 편의 논고만 선택하여 실었다(시편 제1, 5, 7, 9, 10, 14, 15편에 관한 논고). 최근에 페리Peri는 이 작품이 오리게네스의 『시편 강해』들을 번역한 것임을 입증할 강력한 증거를 제시하였다.[33] 론도는 페리의 논증을 재고하고 그의 결론에 동의하였지만, 히에로니무스가 자신만의 해설을 첨가하고, 고유한 문체로 본문을 다듬었으며, 역사적 배경과 관련이 있는 언급들도 덧붙였다고 주장한다. 우리는 히에로니무스의 이 작품이 오리게네스의 것을 번역한 것이라고 보는 것이 적절하다고 생각하지만 그렇다고 현대의 독자들이 생각하는 의미의 '번역'은 아니라고 본다. 히에로니무스를 저자로 표기하기는 할 것이지만 그렇다고 해서 현대의 독자들이 기대하는 의미의 저자를 말하는 것은 물론 아니다. 어찌 되었거나 두 권의 모음집에서 선택한 논고들을 소개할 때 우리는 히에로니무스의 이름으로 제시할 것이다. 하지만 이 작품의 대부분이 오리게네스가 집필한 것이며, 히에로니무스가 여기에 조금의 변화를 가하였다는 사실을 이 서문에서 독자들에게 밝히고자 한다.

아우구스티누스. 아우구스티누스의 『시편 상해』는 많은 수사본들을 통하여 우리에게 직접적으로 전해진다. 이 작품은 분량이 방대한 책으로, 아우구스티누스가 이 책을 완성하는 데 삼십 년이 넘게 걸렸다. 이 책은 시편에 관한 작품들, 곧 강해와 주석 노트, 주해들의 모음집으로, 정경에 있는 시편 순서대로 집필된 것이 아니다. 아우구스티누스는 개별 시편에 대한 작품을 쓰거나 임의로 선정한 시편 그룹들에 관하여 집필을 하였는데, 이 모든 작업을 마치고 난 후에 시편집의 순서대로 작품들을 다시

[33] 앞의 각주 11번 참조.

정리하였다. 그의 작품에는 이전의 주석가들이나 동시대 주석가들의 영향이 나타나기는 하지만 이 작품에 나타나는 심오한 독창성은 아우구스티누스의 인격에서 비롯된 것이며, 그의 사상은 후세대들에게 지대한 영향을 끼쳤다. 루터는 시편 제31편과 제32편에 대한 아우구스티누스의 해설을 읽고 나서 믿음을 통한 의화에 대하여 이해하게 되었다고 한다. 독자들은 아우구스티누스의 시편 31,2와 32,1에 대한 해설을 읽을 때 이 사실을 염두에 두면 좋겠다.[34]

이 책에 실을 아우구스티누스의 시편 해설을 선정할 때 우리는 뉴시티 출판사New City Press에서 출간한 성 아우구스티누스 작품선에 실린 마리아 불딩Maria Boulding의 새 번역을 활용하였다. 물론 아우구스티누스의 다른 저서들에서 발췌한 시편 해설들도 있기는 하지만 그것은 아주 적은 분량에 지나지 않는다. 마이클 피드로비츠Michael Fiedrowicz가 성 아우구스티누스 작품집(*WSA*)의 서문에서 지적하였듯이, "아우구스티누스의 저서 전체에서 시편이 천 번이 넘게 인용되고 있음을 확인할 수 있다. 그래서 아우구스티누스의 저서들은 시편에 관한 하나의 거대한 해설서처럼 보인다".[35] 또한 론도는 "아우구스티누스는 시편 저자들의 사상에 젖어있었다"[36]라고 더 생생하게 묘사하였다. 그렇기 때문에 아우구스티누스의 시편 해설만으로도 이 총서 전체 또는 한 권 이상을 채울 수 있을 것이다. 그렇지만 우리는 그중의 일부분만을 선정하였다. 이 책에 실린 그의 발췌문들이 아우구스티누스의 『시편 상해』와 그의 다른 저서들을 읽도록 독자들을 독려하는 것이 되었으면 좋겠다.

소少 아르노비우스. 로마에서 460년경에 저술 활동을 하였던 소 아르노비우스는 시편에 관한 주해서를 썼다. 이 주해서의 비판본이 라틴 교부 총서 25에 실려 있다. 이 책에 실은 그의 주해서 발췌문들의 영어 번역은 이 책에서 처음으로 소개하는 것이다. 소 아르노비우스는 아우구스티누스의 예정설을 반대하였기 때문에 때때로 반半펠라기우스주의자로 분류되었다. 아르노비우스의 『시편 주해』에서는 그리스도와 교회가 시편 해석의 열쇠가 되고 있다. 이는 티코니우스의 해석이 미친 영향을 나타내는 것일 수 있지만, 론도가 지적한 대로 그가 아프리카 출신임을 드러내는 표지일 수도 있다.

카시오도루스. 카시오도루스의 『시편 해설』은 540년대 후반이나 550년대 초에 집필된 것으로, 시편에 관한 교부들의 작품들 중에서 가장 이용하기 쉬운 작품들 가운데 하나다. 본문의 전승 상태도 양호하고, 라틴 교부 총서 97-98로 훌륭한 비판본도 출간되어 있기 때문이다. 그뿐 아니라 월시P.G. Walsh의 우수한 영어 번역본도 '고대 그리스도교 저술가' 총서에서 찾아볼 수 있다. 이 책은 그의 시편 해설에서 발췌한 부분만 싣고 있기 때문에 이 발췌문만으로는 카시오도루스의 문체의 특징들을 알아보기는 어려울 것이다. 그는 매 시편마다 서론과 그의 주해를 요약하는 결론을 덧붙임으로써 주해서를 매우 체계적으로 정리하였다. 카시오도루스는 주해서에서 자주 그리스어와 라틴어 단어에 대한 연구 결과를 제시한다. 우리가 선택한 그의 발췌문들 중에서 그 예를 보게 될 것이다. 그는 시편에 나타난 수

[34] 특히 다음을 참조할 것: Uuras Saarnivaara, *Luther Discovers the Gospel: New Light upon Luther's Way from Medieval Catholicism to Evangelical Faith*, reprinted ed. (St. Louis: Concordia, 2005), 60, 64, 66, 92-126.

[35] Michael Fiedrowicz, "Introduction", in *Expositions of the Psalms 1-32*, Works of Saint Augustinus 3,15 (New York: New City Press, 2000), 13

[36] Rondeau, *Les Commentaires Patristiques*, 174-75.

사학적 특징에도 주목하였다. 그는 시편 본문에 사용된 비유법을 분류하기도 하고, 시편에 나타난 수사학적 패턴을 관찰하기도 한다. 카시오도루스는 때때로 자신이 참조한 자료들을 언급하기도 하는데, 특히 아우구스티누스가 언급된다. 카시오도루스의 해설서는 전반적으로 문학적 · 신학적 · 사목적 관심의 균형이 잘 잡혀 있다고 할 수 있다.

이 책에 실린 발췌문들은 그리스어나 라틴어로 된 시편에 관한 주해서와 강해, 주석 노트들에서 인용되었을 뿐만 아니라 다양한 교부들의 저서에서 선정되기도 하였다. 이 발췌문들은 시편이 신앙 교육이나 예배를 비롯하여 신앙의 다양한 표현 영역뿐만 아니라 그리스도의 모범과 가르침에 따라 살고자 하는 실천의 영역에 이르기까지 교회의 정신에 미친 지대한 영향을 보여 주는 작은 표지에 지나지 않는다. 우리는 이 책이 고대 교회 교부들의 사상과 시각을 알려 주는 한편 시편의 의미와 용도를 통찰할 수 있게 해 주기를 희망한다. 이것이 바로 고대 교회 교부들이 시편에 관한 해설서들을 쓴 목적이며 의도이기도 하였다. 그들의 목적은 궁극적으로는 그리스도를 아는 것이었다. 만약 독자들이 이 주해서를 성찰과 신심의 목적으로 활용하여 그리스도에 대한 더 깊은 지식에 이르게 된다면, 교부들의 목적도, 우리의 목적도 이루어지는 셈이다.

시편 제1-50편에 관한 '교부들의 성경 주해'는 처음에 계획했던 것보다 훨씬 더 두꺼운 책이 되었다. 많은 이들의 도움이 없었다면 이 책은 완성되지 못했을 것이다. 무엇보다도 나의 공동 편집자인 카르멘 하딘Carmen Hardin에게 감사드리고 싶다. 그는 번역 작업을 감독해 주었고, 번역되지 않았던 많은 자료들을 직접 번역해 주었다. 그리고 이 기획의 초기에 도움을 주었던 스테파나 랭Stefana Laing과 블라디미르 카를라모프Vladimir Kharlamov에게도 감사드린다. 수많은 자료들의 입력과 문서 작업을 해 준 노리타 드레이크Norita Drake와 홀리 그로차Holly Groza, 스티븐 제임스Steven James도 많은 도움을 주었다. 스티븐 제임스는 최종 원고를 준비하는 데 엄청난 도움을 주었다. 이 프로젝트에 전념할 수 있도록 2000~2001년에 안식년을 허락해 준 남침례신학대학교의 행정팀과 이사진에게도 감사를 드린다. 그리고 현재 내가 소속되어 있는 이 신학교의 총장인 페이지 패터슨Paige Patterson에게 감사드린다. 매우 바쁜 일정에도 불구하고 그는 내가 이 일을 끝낼 수 있도록 격려해 주었다. 마지막으로, 이 프로젝트를 시작하도록 나를 초대한 토머스 오든과, 나와 나의 공동 편집자가 이 일을 끝낼 때까지 인내와 도움을 아끼지 않은 조엘 엘로브스키 그리고 이 프로젝트 팀에게 큰 감사를 드린다.

텍사스 포트워스에서

크레이그 A. 블레이징

시편 1-50편

1,1-6 행복한 자와 악한 자

만약 누군가에게 행복 선언을 하고 싶다면
누구에게, 어떻게, 어떤 말로 행복 선언을 할 수 있는지
시편 제1편을 통해 배울 수 있습니다.
아타나시우스 『시편 해석에 관해 마르켈리누스에게 보낸 편지』 15 [OIP 66]

1 행복하여라!
악인들의 뜻에 따라 걷지 않고
죄인들의 길에 들지 않으며
오만한 자들의 자리에 앉지 않는 사람,
2 오히려 주님의 가르침을 좋아하고
그분의 가르침을 밤낮으로 되새기는 사람.
3 그는 시냇가에 심겨
제때에 열매를 내며
잎이 시들지 않는 나무와 같아
하는 일마다 잘되리라.
4 악인들은 그렇지 않으니
바람에 흩어지는 겨와 같아라.
5 그러므로 악인들이 심판 때에,
죄인들이 의인들의 모임에 감히
서지 못하리라.
6 의인들의 길은 주님께서 알고 계시고
악인들의 길은 멸망에 이르기 때문일세.

둘러보기

첫 번째 시편은 시편집 전체를 이해하는 데 기초가 된다(바실리우스). 이 시편은 그리스도 안에서 상을 받는 이들이 얻게 될 최고의 행복을 보여 준다(암브로시우스). 이 축복은 다름이 아니라 참된 존재에 참여하는 것이며(니사의 그레고리우스), 참된 선에 참여하는 것이다. 참된 선은 하느님이시다(바실리우스).

이 시편이 말하는 행복한 자는 누구보다 먼저 그리스도이시며(아우구스티누스), 행복은 바로 그분에게서 나온다(에우세비우스). 행복한 자란 그리스도에 의해 구원된 이들로 그 의미가 확장된다(히에로니무스). 그리스도와 일치된 자들이 행복한 사람이며(푸아티에의 힐라리우스), 여기에는 남자와 여자 모두 해당된다(바실리우스). 행복한 이의 영혼은 죄가 일으키는 삼중의 내적 움직임을 경험하지 않는다(바실리우스, 히에로니무스). 죄가 일으키는 삼중의 내적 움직임이란 영혼의 타락이 점점 깊어지고(에우세비우스), 그것이 다른 이들에게도 영향을 미치며(히에로니무스), 이렇게 하여 개별 영혼 안에 아담의 타락이 복제되는 것이다(카시오도루스). 그들은 하느님을 거부하고(푸아티에의 힐라리우스), 악마를 따르며(디디무스), 자신의 자연적 본능을 따르기 때문에(푸아티에의 힐라리우스) 헛된 생각에 넘겨지고 만다(오리게네스). 그리하여 최종적 결과는 끝까지 악을 고집하고(바실리우스), 세속적 권력과 한통속이 되며(알렉산드리아의 클레멘스), 세상의 일에 지속적으로 물들어 가는 것이다(푸아티에의 힐라리우스).

행복한 이들은 하느님의 법 안에서 기뻐하며 전심으로 그것에 순종한다(히에로니무스). 두려움 때문에 순종하는 것이 아니라 자발적 의지로 그

렇게 한다(푸아티에의 힐라리우스). 하느님의 말씀에 대한 지속적인 묵상을 통하여 인간의 의지는 하느님께 결합된다(사도나). 이렇게 함으로써 사람은 말씀으로 양성되어 간다(몹수에스티아의 테오도루스). 묵상이 행위를 이끌게 될 때(오리게네스, 푸아티에의 힐라리우스), 아담으로 말미암아 파괴되었던 것이 다시 세워진다(소 아르노비우스). 믿는 이는 하느님의 광채로 비추임을 받은(아타나시우스) 지식으로 축복을 받는다(오리게네스). 그러므로 하느님의 말씀을 묵상하는 것을 다른 어떤 일보다 더 선호해야 한다(카이사리우스). 실제로 여유로운 저녁 시간과 같은 조용한 시간이 말씀을 묵상하기에 가장 좋은 시간이며(니케타스), 대화와 글쓰기가 묵상에 도움이 되는 경우가 종종 있다(아우구스티누스).

행복한 이는 생명과 지혜가 열리는 나무와 같고(푸아티에의 힐라리우스), 그리스도를 닮은 사람이다(히에로니무스). 그는 덧없는 것들의 홍수 한가운데서도 흔들리지 않고(아우구스티누스), 하느님의 힘을 입어 열매를 맺는다(테오도레투스). 잎과 열매들은 성경의 말씀과 그 의미를 나타낸다(디디무스, 히에로니무스). 그리스도께서 세상에 싹트게 하신 그리스도인의 삶이나 교회의 삶 안에서(아우구스티누스) 열매는 믿음과 행위로도 해석할 수 있으며(다마스쿠스의 요한), 지혜로 해석할 수도 있다(메토디우스). 또한 불사불멸로 해석할 수도 있고(푸아티에의 힐라리우스), 신자들의 영광스러운 부활로 해석할 수도 있다(카이사리우스).

그러나 악인은 실체가 없고(히에로니무스), 온갖 유혹에 끌려다니는(요한 크리소스토무스) 먼지와 같아질 것이다(푸아티에의 힐라리우스). 그들은 부활 때에 의인들 가운데 서지 못할 것이며(히에로니무스), 오직 벌을 받기 위해 되살아나고(예루살렘의 키릴루스), 저승으로 되돌아가게 될 것이다(아프라하트). 악인이 은총을 베푸시는 하느님의 기억에서 사라져 버리는 것처럼(오리게네스, 아우구스티누스), 사악함도 따라서 사라지게 될 것이다(히에로니무스).

1,1ㄱ 행복하여라!

시편집의 기초

집의 기초나 배의 용골, 몸의 심장처럼 [시편집 전체의 기초가 되는 시편 제1편]은 시편집 전체의 구조를 간략하게 보여 줍니다. 다윗은 시편 전체를 통하여 참된 종교를 위해 싸우게 될 전사들에게 헤아릴 수 없이 많은 땀과 수고를 요하는 고통스러운 임무를 주고자 합니다. 그런데 그는 그 이야기를 하기에 앞서서 먼저 그 일의 행복한 결말을 보여 줍니다. 그것은 우리가 이 세상에서 겪을 고통을 우리를 위하여 마련된 축복에 대한 희망 안에서 슬퍼하지 않고 잘 견딜 수 있게 하려는 것입니다.

• 대 바실리우스 『시편 강해』 10,3(시편 제1편).[1]

우리에게 수여될 왕관

얼마나 기분 좋고 적절한 시작인가요! 경기를 더욱 영광스럽게 만들고자 화려한 장식과 성대한 잔치를 원하는 이들은 일반적으로 상금을 내겁니다. 그리고 승리자에게 수여될 화관의 영예로움에 대해서도 몹시 강조합니다. 이 모든 것은 사람들이 더 열정적으로 경기에 참여하게 하며, 또 승리를 얻기 위해 온갖 노력을 다 쏟아붓게 만듭니다. 우리 주 예수님께서도 이렇게 하십니다. 우리에게 천상 왕국의 영광과 영원한 휴식의 달콤함, 영원한 생명의 행복을 약속하십니다.

• 암브로시우스 『열두 시편 해설』 1,13.[2]

[1] FC 46,154. [2] *ACTP* 7.

참된 존재에 참여함

모든 덕스러운 삶의 목적은 행복입니다. … 행복은 선과 관련된 모든 것의 목적이자 절정입니다. 이 숭고한 개념을 참되고 적절하게 숙고하고 이해한다면 그것은 당연히 신적 본성이라고 할 수 있습니다. 그래서 위대한 바오로는 한 서간에서 하느님에 관한 다른 모든 수식어에 앞서서 "복되신"이라는 말을 넣어 하느님을 지칭하였습니다. 그는 다음과 같이 썼습니다. "복되시며 한 분 뿐이신 통치자, 임금들의 임금이시며 주님들의 주님이신 분, 홀로 불사불멸하시며 다가갈 수 없는 빛 속에 사시는 분, 어떠한 인간도 뵌 일이 없고 뵐 수도 없는 분. 그분께 영예와 영원한 권능이 있기를 빕니다"(1티모 6,15-16). 나는 하느님에 관한 이 숭고한 개념들 전부가 복됨의 정의에 포함된다고 생각합니다. 만약 누군가에게 행복이 무엇이냐고 물었을 때, 그 사람이 바오로의 말에 따라, 모든 것을 초월하는 본성은 그 무엇보다 적절하게 행복이라고 부를 수 있는 것이라고 답하였다면 그는 훌륭한 대답을 제대로 한 것입니다. 그런데 인간들 사이에서 말하는 행복이란 인간이 그 안에 참여할 수 있는 본성을 말하며, 그러한 행복은 참된 존재에 참여하는 만큼 일어나고, 참된 존재에 참여함으로써 구체적으로 체험됩니다. 그러므로 하느님을 닮음이 인간 행복의 정의입니다.

• 니사의 그레고리우스 『시편의 제목』 1,1,5-6.[3]

참된 선

참으로 선한 것은 원칙적으로 또 우선적으로 가장 복된 것입니다. 곧, 하느님이지요. … 참으로 복된 것은 모든 것이 바라보고 갈망하는 선 자체이며, 변화하지 않는 본성이요, 신적 존엄함이고, 평온한 실존입니다. 그것은 행복한 삶의 길이며, 그 안에는 어떠한 바뀜도 없고, 어떤 변화도 그것에 가닿지 못합니다. 그것은 흐르는 샘물이며, 풍성한 은총이고, 고갈되지 않는 보화입니다. 그런데 어리석고 세속적인 사람들, 선 자체의 본성에 무지한 사람들은 아무 가치도 없는 것들, 곧 부와 건강과 명성을 찬미하곤 합니다. 그러나 이것들은 본디 선한 것이 아닙니다. 왜냐하면 이것들은 그 반대의 것으로 쉽게 바뀔 수 있을 뿐만 아니라 그것을 소유한 이들을 선하게 만들지도 못하기 때문입니다. 자신이 소유한 것 때문에 의로워지는 이가 있습니까? 자신의 건강 때문에 자제력이 있는 사람이 되는 경우가 있습니까? 사실은 그와 반대로 이런 것들을 소유한 이가 그것을 나쁘게 사용함으로써 종종 죄의 종이 됩니다. 행복한 이는 최상의 가치로 평가되는 것을 소유한 사람이며, 아무도 빼앗아 가지 못할 것들을 공유한 사람입니다. 어떻게 그런 사람을 알아볼 수 있을까요? "그는 악인들의 뜻에 따라 걷지 않"는 사람입니다.

• 대 바실리우스 『시편 강해』 10,3(시편 제1편).[4]

1,1ㄴ 악인들과 함께 걷지도, 서지도, 앉지도 않는 사람

복된 인간 그리스도

이 말씀은 우리 주 예수 그리스도, 곧 주님이시며 인간이신 분에 대해 말하는 것으로 이해해야 합니다. 그분은 지상의 사람이 뱀에게 속은 자기 아내와 짬짜미하여 하느님의 명령을 저버렸던 것과는 달리 … '그릇된 길을 걷지 않으셨습니다'. … 그리스도는 죄인들처럼 태어나심으로써 죄인들의 길로 들어오셨지만 그 안에 서 있지 않으셨습니다. 왜냐하면 세상의 유혹이 그분

[3] *GNTIP* 84.

[4] FC 46,155.

을 붙잡을 수 없었기 때문입니다.

• 아우구스티누스 『시편 상해』 1,1.[5]

그리스도에게서 오는 복됨

수많은 이들을 복된 이로 만들어 주신 우리 구원자께서는 행복을 풍성하게 베풀어 주십니다. 그분은 행복한 이라고 마땅히 불릴 수 있는 이들 가운데 단연 으뜸가는 분이십니다. 따라서 첫 번째 시편은 그분에 대해 말하는 것일 수밖에 없습니다. 그분은 당신의 신부인 교회의 신랑이시기 때문입니다. '남자'를 뜻하는 히브리어 단어에 정관사가 붙으면 '신랑'을 뜻합니다.

• 카이사리아의 에우세비우스 『시편 주해』 1,1.[6]

그리스도에게 구원받은 이

우리는 시편이 말하는 이 사람을 우리 구원자 … 한 분이시며 언제나 같으신 분, 하느님의 아드님이시자 사람의 아들이신 분, 세상이 생기기 전부터 언제나 말씀이셨던 분께서 당신의 소유로 여기시고 구원하신 사람이라고 이해합니다.

• 히에로니무스 『시편 주해』 1.[7]

육화하신 그리스도와의 일치

예언자가 여기에서 행복하다고 칭송하는 이는 정의에 대한 열정으로 모든 의로움을 완벽하게 실현함으로써, 그리스도께서 취하셨던 육체, 그리스도께서 인간으로 태어나셨던 바로 그 육체에 자신을 일치시키고자 노력하는 사람입니다.

• 푸아티에의 힐라리우스 『시편 제1-91편 강해』 1,4.[8]

여자들도 포함된다

왜 그대는 예언자가 남자만을 가리키며 그에게 행복을 선언하였다고 말합니까? 예언자가 여자를 행복에서 소외시킨 것은 아닙니까? 결코 아닙니다. 창조는 남자와 여자 모두를 똑같이 영예롭게 한 것이기에 남자의 덕이나 여자의 덕이나 같습니다. 그러므로 덕에 대한 보상도 동일합니다. 창세기의 말씀을 들어 보십시오. "하느님께서는 사람을 창조하셨다. 하느님의 모습으로 사람을 창조하시되 남자와 여자로 그들을 창조하셨다"(창세 1,27). 본성이 동일한 그들은 같은 상급을 받습니다.

• 대 바실리우스 『시편 강해』 10,3(시편 제1편).[9]

영혼의 내적 움직임

그분은 반드시 지켜야 하는 세 가지 행위를 우리 앞에 제시하셨습니다. … 주님은 당신의 말씀으로 사물의 본성에 따라 이런 질서를 세우셨습니다. 먼저, 우리는 심사숙고해야 합니다. 그다음에는 결심을 굳건히 해야 합니다. 그리고 이미 결심한 사항에 대해서는 마음을 바꾸지 않아야 합니다.

• 대 바실리우스 『시편 강해』 10,4(시편 제1편).[10]

죄를 짓는 길

성경은 죄를 범하는 세 가지 통상적인 길에 대해 설명합니다. 죄스러운 생각들을 즐기고, 행위로 죄를 범하며, 죄스러운 것을 가르치는 것입니다. 첫째, 우리는 죄스러운 생각을 즐깁니다. 그다음, 그것을 생각한 후에 행동으로 옮깁니다. 죄를 저지를 때에는 더 나아가 다른 이들도 우리와 같은 것을 하도록 가르침으로써 죄를 갑절 늘립니다.

• 히에로니무스 『시편 주해』 1.[11]

---

[5] *WSA* 3,15,67.
[6] PG 23,76.
[7] CCL 72,180.
[8] NPNF 2,9,237*.
[9] FC 46,155-56.
[10] FC 46,158.

점점 깊어지는 타락

첫 번째 무리에 속한 이들은 널리 알려져 있는 거짓된 논리로 가득 찬 사람들, 확고하고 안정되게 붙잡을 수 있는 것이란 아무것도 없는 사악한 이들, 자기들의 나쁜 생각을 확인해 보지도 않고 자기 뜻대로 그릇된 길을 가는 사람들입니다. 둘째 무리에 속한 이들은 진리를 알고 난 후에도 자주 죄로 떨어지는 사람들입니다. 셋째 무리에는 아무런 양심의 가책도 느끼지 않는 도덕적으로 타락한 사람들이 포함됩니다. 이들은 말이나 행동, 또는 그 둘 모두로 잘못된 가르침을 다른 이들에게 드러내 말하는 이들입니다. 이들은 악에 뿌리를 둔 이들입니다. 둘째 부류의 사람들은 계속해서 죄를 짓고, 첫째 부류의 사람들은 오류의 길을 걷습니다. 그러나 행복한 이로 불리는 이들은 이 모든 것에서 해방된 구원된 사람들입니다.

• 카이사리아의 에우세비우스 『시편 주해』 1,1.[12]

선고의 유형

이 구절에서 사용된 단어의 순서[걷다 → 서다 → 앉다]를 토대로 아담에게 내려진 선고의 유형을 연구해 볼 필요가 있습니다. 아담은 주님의 명령을 저버렸을 때 떠나갔습니다. 그가 죄의 즐거움을 선택하였을 때 서 있었습니다. 곧, 자신이 천국의 주인이었음에도 불구하고 선과 악을 아는 지식을 얻을 수 있다는 말에 속아 넘어갔을 때 그는 서 있었습니다. 그가 사악한 가르침의 선례를 후손들에게 물려주었을 때 그는 역병의 자리에 앉아 있었습니다.

• 카시오도루스 『시편 해설』 1,1.[13]

헛되고 근거 없는 생각

일반적으로 세 가지 유형의 사람들이 있습니다. 첫째 유형의 사람은 진리를 전혀 인정하지 않으며, 기회가 생기는 대로 마음속에서 일어나는 헛되고 근거 없는 생각에 빠져들어 들짐승처럼 되어 버립니다. 그래서 서지도 못하고, 기대지도 못하고, 앉아 있지도 못하게 됩니다. 이런 사람이 바로 악인들의 뜻에 따라 걷는 자라고 할 수 있습니다.

• 오리게네스 『시편 발췌 주해』 1,1.[14]

하느님을 거부하는 자

믿지 않는 자는 하느님에 대한 지식을 추구하는 것을 경멸하며, 불경한 마음으로 세상의 창조주는 당연히 없다고 여깁니다. 무신론자들은 우리가 보는 세상의 질서와 아름다움은 그저 우연히 그렇게 된 것일 뿐이라고 주장합니다. 또 무신론자들은 창조주에게서 의인과 죄인을 심판할 권리를 빼앗기 위하여 사람은 자연법칙의 단순한 작용에 따라 이 세상에 왔다가 가는 것일 뿐이라고 내세웁니다. 따라서 이런 사람들의 조언은 모두 확실하지 않고 불안정하며, 모호하고 늘 비슷한 길을 따라 배회하며, 제자리를 맴돌고 어디에서도 쉴 자리를 찾지 못합니다. 그들은 어떤 명확한 결정에도 이르지 못합니다. 세상이 인간을 위하여 존재합니까? 또는 인간이 세상을 위하여 존재합니까? 죽음의 이유와 그 범위와 본성은 무엇입니까? 무신론자들은 이런 질문들과 관련하여 자신들의 체계만으로는 결코 세상의 창조주에 대한 가르침에 이르지 못합니다. 그들은 무신론적 논증의 순환논리 주변을 끊임없이 맴돌 뿐입니다. 그들은 자신들이 생각해 낸 것들 안에서는 아무런 쉼도 발견하지 못합니다. 이 밖

[11] FC 48,4.
[12] PG 23,76-77.
[13] ACW 51,49.
[14] PG 12,1085.

에도 무신론자들이 제기하는 다른 의견들이 있습니다. 그것은 곧 이단에 빠진 이들이 제시하는 의견입니다. … 그들의 논리는 악순환의 과정을 따릅니다. 그들은 붙잡을 곳도 머무를 터전도 없이 끝없는 망설임의 지루한 쳇바퀴를 돌고 있습니다. 이들의 무신론적 태도는 하느님의 계시에 근거하여 하느님을 바라보는 것이 아니라 그들이 선택한 기준으로 하느님을 바라보는 데서 나옵니다. 하느님을 부인하는 것이 무신론적인 것과 마찬가지로 신을 만들어 내는 것 또한 무신론적 자세임을 그들은 잊어버리고 있습니다. 그들의 이단적 견해가 그들의 믿음과 희망에 어떤 효과를 미치느냐고 물어보면 그들은 당황하여 우물쭈물하며, 논점에서 벗어나거나 의도적으로 논점을 회피하려 듭니다. 따라서 이런 무신론자들의 의견에 따라 걷지 않는 이, 그들의 의견에 따라 걸을 생각조차 품지 않는 이는 행복합니다. 왜냐하면 한순간이라도 그런 무신론적인 것들을 생각하는 것은 죄가 되기 때문입니다.

• 푸아티에의 힐라리우스 『시편 제1-91편 강해』 1,7-8.[15]

악마

악마가 바로 죄인들의 길이라고 말할 수 있습니다. 이 길에 서 있는 자들이 있다면 그 길에 머물지 않도록 그들에게 경고를 해 주어야 합니다. 성경 말씀을 상기하십시오. "악마에게 대항하십시오. 그러면 악마가 여러분에게서 달아날 것입니다"(야고 4,7). 악마의 길에 서 있지 않는 사람들은 "나는 길이다"(요한 14,6)라고 말씀하시는 주님께로 올 것입니다. 이 길을 따르고, 끝까지 이 길을 걷는 이들에게는 분명히 상급이 주어질 것입니다.

• 장님 디디무스 『시편 단편』 1,1.[16]

자연적 본성의 길

[시편은 여기에서] 교회 안에 머물지만 교회의 법은 지키지 않는 이들[에 대하여 말하고 있습니다.] 이들은 탐욕스럽고 술에 취해 있으며, 말다툼하는 이들이고, 호색한이며, 거만하고 위선적이며, 거짓말쟁이이고 강탈하는 자들입니다. 자연적 본성의 충동으로 우리는 이런 죄에 기울게 됩니다. 하지만 서둘러 들어가려는 그 길에서 물러서는 것이 좋습니다. 그리고 그곳에서 쉽게 도망칠 수 있는 길이 우리에게 제시되어 있다는 것을 알고 그곳에 서 있지 말아야 합니다. 죄인들의 길에 서 있지 않는 이가 행복한 것은 바로 이 때문입니다. 본성은 그를 죄인들의 길로 이끌지만 신앙은 그가 돌아서도록 이끌어 주기 때문입니다.

• 푸아티에의 힐라리우스 『시편 제1-91편 강해』 1,9.[17]

악을 끝까지 고집하는 자

여기에서 "자리"라는 말은 지속적으로 끈질기게 악을 선택하려는 고집을 말합니다. 우리는 이런 고집을 경계해야 합니다. 죄와 함께 우리 안에 자리 잡게 된 고집은 쉽게 없앨 수 없는 어떤 고질적인 상태를 영혼 안에 만들기 때문입니다. 영혼의 고질적인 상태와 악한 습관은 시간과 더불어 강화되기 마련인데, 이런 상태에 이르게 되면 영혼은 완치는 둘째 치고 치유되는 것조차 어려워집니다. 왜냐하면 대부분의 경우 습관이 본성으로 바뀔 수 있기 때문입니다. 그러므로 악에 결합되지 않는 것이야말로 우리가 거듭 기도하며 청해야 할 것입니다. 제2의 길이 있기는 합니

[15] NPNF 2,9,238*.

[16] PG 39,1157.

[17] NPNF 2,9,238*.

다. 유혹을 느낀 후에 즉시 그것으로부터 도망치는 것입니다. 사악한 여인에 관한 솔로몬의 말대로 그것이 마치 독사의 침이나 되는 것처럼 도망치는 것입니다. "그 여자에게 눈을 두지 말고 재빨리 달아나라. 지체하지 마라"(잠언 9,18 칠십인역). 젊은 시절 육의 욕정에 빠졌다가 노년에 이르러서도 악한 습관 때문에 여전히 악에 머물러 있는 이들을 나는 알고 있습니다. 진창에서 뒹구는 돼지는 온통 오물을 뒤집어쓰기 마련이듯 그들은 날마다 환락으로 수치를 쌓아 올리고 있습니다. 그러므로 마음속에 악을 품지 않는 이는 행복합니다. 어쩌다가 원수의 속임수로 불경한 자의 조언을 받아들였다 하더라도 죄 속에 머물지 마십시오. 그런 경험이 있었더라도 죄 안에 자리를 잡지 마십시오. 그러니까 '악의 자리에 앉지 마십시오'.

• 대 바실리우스 『시편 강해』 10,6(시편 제1편).[18]

세상의 권력과 타협하다

"악행의 자리"란 극장이나 법정일 수도 있고, 사악한 이들이나 치명적인 권력과 타협하며 그들의 행위에 짬짜미하는 것일 수도 있습니다.

• 알렉산드리아의 클레멘스 『양탄자』 2,15.[19]

세상사에 물들다

많은 사람들이 그릇된 길로 빠져듭니다. 심지어 하느님을 두려워하는 이들조차 그러합니다. 그들은 세속의 영예를 찾아 돌아다니고, 교회의 법에 매인 사람들이면서 세속 법정에 서려는 야망을 가지고 있기 때문입니다. 그들이 세속의 임무를 종교적 지향으로 수행하는 경우도 있습니다. 그들의 자비롭고 의로운 태도가 이를 보여 줄 것입니다. 그럼에도 불구하고 세상사에 많은 시간을 쏟게 되면 세상의 일들이 일으키는 전염성 질환에서 벗어나기 어렵습니다. 세속 법정에서 진행되는 소송들은, 비록 그들이 원한다 하더라도, 그들에게 교회법의 거룩한 원칙에 충실하기 위해 애쓸 것을 요구하지 않습니다. 그들이 비록 경건한 목적을 저버리지 않았다 하더라도 그들이 차지하고 있는 자리의 요구 때문에 어쩔 수 없이 욕설이나 모독이나 징벌을 사용하지 않을 수 없게 됩니다. 그들은 자신이 맡은 직책 때문에 그들을 강제하는 어떤 요구에 응하지 않을 수 없고, 감염이나 된 것처럼 그들이 속한 체제의 지배자나 피해자가 되지 않을 수 없습니다. 따라서 예언자가 말하는 "악행의 자리"란 그들이 맡고 있는 직책의 자리를 말하는 것이며, 그 자리는 전염을 통하여 신심 깊은 이의 의지를 악으로 물들일 수 있습니다.

• 푸아티에의 힐라리우스 『시편 제1-91편 강해』 1,10.[20]

1,2 주님의 가르침을 좋아하다

충심 어린 순종

"좋아하다"라는 말은 어떤 이가 힘을 다해 주님의 명령에 순종함을 가리킵니다.

• 히에로니무스 『시편 강해』 1.[21]

두려움이 아닌 다른 동기

대부분의 사람들은 두려움 때문에 법의 경계 안에 머뭅니다. 자신의 의지로 법의 지배 아래로 들어오는 이는 거의 없습니다. 두려운 것을 어쩔 수 없이 하는 것이 두려움의 표지라면, 명령에 기꺼이 순종하는 것은 완전한 신심의 표지입니다. 두려움 때문이 아니라 자신의 의지로 하느님의 법 안에 머무는 이가 행복한 것은 바로 이런

[18] FC 46,161-62.
[19] ANF 2,362.
[20] NPNF 2,9,238.
[21] FC 48,6**.

까닭입니다.

• 푸아티에의 힐라리우스 『시편 제1-91편 강해』 1,11.[22]

하느님께 우리의 의지를 접붙이다

하느님의 일들을 계속해서 묵상함으로써 우리도 그분의 가르침을 즐거워하도록 합시다. 주님의 법을 지킴으로써 우리의 의지를 그분의 의지에 접붙입시다.

• 사도나 『완성에 관한 책』 61.[23]

말씀으로 양성되다

어떤 이들은 지속적인 묵상을 통하여 주님의 법에 결속되는 것을 배웁니다. 그렇게 함으로써 하느님의 법에 따라 자신을 양성시켜 갑니다.

• 몹수에스티아의 테오도루스 『시편 해설』 1,2.[24]

행위를 이끄는 묵상

[행복한 사람은] 주님의 법을 밤낮으로 묵상합니다. 그는 율법의 말씀을 행실로 옮기지 않고 그저 기억만 하는 사람과 달리 법에 들어맞는 행위를 실천함으로써 그 법을 묵상하는 사람입니다. 그는 법이 가르쳐 주는 행위를 규칙적으로 묵상함으로써 하느님의 법에 따른 삶을 완벽하게 살아가는 데 필요한 모든 것에 있어서 뛰어날 수 있도록 준비합니다.

• 오리게네스 『시편 발췌 주해』 1,2.[25]

묵상은 법을 실천하는 것을 의미한다

율법을 묵상한다는 것은 그 율법의 말씀을 읽는 데 있는 것이 아니라 그것이 지시하는 바를 성실히 수행하는 데 있습니다. 율법을 묵상한다는 것은 책이나 저술을 숙독하기만 하는 것이 아닙니다. 그것을 묵상하여 그 안에 담긴 내용을 실행에 옮기고, 사도의 말대로 밤낮으로 그것을 행함으로써 율법을 완성하는 것입니다. "여러분은 먹든지 마시든지, 그리고 무슨 일을 하든지 모든 것을 하느님의 영광을 위하여 하십시오"(1코린 10,31).

• 푸아티에의 힐라리우스 『시편 제1-91편 강해』 1,12.[26]

아담이 파괴한 것을 다시 세우다

[시편 저자가 말하는 행복한 이에게는] 하느님의 법에 대한 기억이 자기 의지보다 앞섭니다. 그는 밤낮으로 하느님의 법을 묵상함으로써 자신의 행위가 그 법에 따른 것이 되게 합니다. 그는 법을 수호하고, 법의 흐르는 물속에 깊이 잠기며, 영원한 생명을 주는 나무를 꼭 붙잡고 있음으로써 아담이 법을 경멸하여 파괴한 생명을 되찾고자 합니다. 그러면 그가 무엇을 하든지 다 잘될 것입니다.

• 소 아르노비우스 『시편 주해』 1.[27]

행복에 이르는 지속적인 묵상

내가 비록 모든 것을 이해할 수는 없다 하더라도 부지런히 하느님의 말씀을 접하고, "밤낮으로 하느님의 율법을 묵상하며", 가장 위대한 것이 무엇인지 묻고, 토론하고, 조사하며, 하느님께 기도하고, "사람들을 가르치시는 분"(시편 94,10)께 이해를 청하는 것을 한시도 멈추지 않는다면, 틀림없이 나는 "환시의 샘"에서 살게 될 것입니다. … 그러므로 만약 여러분이 언제나 예언적 환시를 찾으며 늘 묻고 배우기를 원한다면, 이 모든 것들을 묵상하고 그 안에 머문다면, 여러분도 주님의 축복을 받고 "환시의 샘"에서 살

[22] NPNF 2,9,239*.
[23] CS 101,227.
[24] CCL 88A,8.
[25] PG 12,1088.
[26] NPNF 2,9,239.
[27] CCL 25,4.

게 될 것입니다. 왜냐하면 주 예수님은 "그 길에서" 여러분에게도 나타나셔서 성경을 열어 보여 주실 것이기 때문입니다. 그러면 여러분은 이렇게 말하게 될 것입니다. "그분이 우리에게 성경을 풀이해 주실 때 속에서 우리 마음이 타오르지 않았던가!"(루카 24,32). 주님은 당신을 생각하고 당신에 대해 묵상하며 "밤낮으로 그분의 율법"을 실천하는 이들에게 나타나십니다.

• 오리게네스『창세기 강해』11,3.[28]

하느님의 광채로 비추임을 받다

하느님 은총의 빛나는 광휘는 결코 사라지지 않습니다. 그 광휘는 은총을 간절히 바라는 이들의 내면을 언제나 가까이서 비추어 줍니다. 하느님 은총의 빛을 받은 이들에게는 하느님의 위대한 선이 찾아와 성경의 진리를 그들의 삶에 적용하는 습관을 들이게 합니다. 그러면 그들은 시편 저자가 묘사하는 것과 똑같은 행복을 누리게 됩니다. … 그런 행복이 찾아오는 것은 하느님의 은총을 받은 사람이 태양이나 달, 또는 천체에서 나오는 빛과 같은 물리적인 빛을 받아서가 아닙니다. 오히려 그 사람 전체가 하느님의 빛나는 광휘로 반짝거리게 됩니다.

• 아타나시우스『축일 서간집』5,1.[29]

다른 그 무엇보다 묵상을 선호하다

"행복하여라! 하느님의 법을 밤낮으로 되새기는 사람." 이 시편을 노래하면서 쓸데없는 일이나 신랄한 농담, 한가하고 터무니없는 잡담 따위는 악마의 독처럼 멀리 치워 버립시다. 하느님의 가르침을 가능한 한 자주 읽고 또 읽읍시다. 만약 글을 모른다면 그것을 읽어 주는 이들에게 자주 그리고 열정적으로 귀를 기울입시다.

• 아를의 카이사리우스『설교집』75,3.[30]

밤 묵상의 이점

낮에 하는 묵상도 좋지만 밤 묵상은 더욱 좋습니다. 낮에는 우리가 처리해야 할 일들 때문에 바쁘고, 또 해야 할 일들 때문에 정신이 흐트러집니다. 이 이중의 관심사들이 우리의 집중을 방해합니다. 그런데 밤의 고요와 고독은 기도하기 좋은 시간을 마련해 주기에, 기도하려는 이들에게는 가장 적절한 때입니다. 밤에는 세상일은 뒤로 밀쳐 두고 온 존재가 전념하여 하느님 앞에 머물 수 있게 됩니다.

• 레메시아나의 니케타스『하느님 종들의 밤샘기도』8.[31]

대화와 글쓰기가 묵상에 도움이 된다

나는 하느님의 법을 묵상할 때 그것이 낮이 아니라 밤이라면, 묵상한 것이 잊히지 않도록 할 수 있는 대로 잠깐의 시간이라도 내어 그것을 적어 둡니다. 하느님께서는 당신의 자비로 내가 확신을 갖고 있는 진리 안에 항구하게 머물 수 있게 해 주실 것임을 나는 확신합니다. 반대로 내가 어떤 점에 대해 의아하게 여긴다면 하느님께서는 신비한 영감을 불어넣어 주시거나 분명한 말씀을 통하여, 또는 내 형제들과의 토론을 통해서 그것을 알게 하실 것임을 나는 또한 확신합니다. 나는 이를 위하여 기도하며, 하느님의 손에 나의 신뢰와 모든 갈망을 맡깁니다. 그분은 당신께서 이미 주신 것은 지켜 주시고, 약속하신 것은 반드시 이루어 주실 능력이 있는 분이십니다.

• 아우구스티누스『삼위일체론』1,3,5.[32]

---

[28] FC 71,174-75.

[29] *ARL* 90-91*.

[30] FC 31,351.

[31] FC 7,63.

[32] FC 45,9.

1,3 시냇가에 심긴 나무와 같다

살아 있는 지혜의 나무

창세기에 따르면 동산 한가운데에는 생명의 나무와 선과 악을 알게 하는 나무가 있습니다. 이 동산에는 강이 흐르는데 이 강은 네 줄기로 갈라집니다. 솔로몬 예언자은 지혜를 권고하는 그의 책에서 이 생명의 나무가 무엇인지에 대해 우리에게 가르쳐 줍니다. '지혜는 그것을 붙잡고 그것에 기대는 모든 이에게 생명의 나무다'(잠언 3,18 참조). 그렇다면, 이 나무는 살아 있습니다. 살아 있을 뿐만 아니라 이성의 인도를 받습니다. 이성의 인도를 받아 제때에 열매를 맺습니다. 이 나무는 하느님 나라의 영역, 곧 천국의 시냇가에 심겨 있습니다. 그곳에서 이 시내는 네 줄기의 강으로 갈라집니다. … 이 나무는 지혜이신 주님께서 돌아가신 곳에 심겼습니다. 주님께서는 당신께 믿음을 고백하는 강도를 이런 말씀으로 인도해 주셨습니다. "내가 진실로 너에게 말합니다. 너는 오늘 나와 함께 낙원에 있을 것이다"(루카 23,43). … 그러므로 행복한 이는 그 강도처럼 낙원에 옮겨 심겨 시냇가에서 자라게 된 나무와 같이 될 것입니다. 이 나무는 절대로 뽑히지 않을 행복한 새 나무가 될 것입니다. 주님께서 복음서에서 "하늘의 내 아버지께서 심지 않으신 초목은 모두 뽑힐 것이다"(마태 15,13)라며 다른 나무를 저주하셨을 때 바로 이 나무를 염두에 두고 말씀하신 것입니다. 그러므로 이 나무는 열매를 맺을 것입니다.

• 푸아티에의 힐라리우스『시편 제1-91편 강해』1,14-15.[33]

그리스도와 닮은 이

솔로몬은 "그것은 붙잡는 이들에게 생명의 나무"(잠언 3,18)라고 말하였습니다. 이때 그는 지혜에 대하여 말하고 있습니다. 지혜가 생명의 나무라면, 지혜는 그리스도입니다. 이제 여러분은 축복을 받은 거룩한 이가 이 나무에 비할 수 있음을, 곧 지혜에 비할 수 있음을 이해할 것입니다. … 다시 말해, 그는 그리스도와 닮았습니다.

• 히에로니무스『시편 강해』1.[34]

덧없는 것들의 홍수 속에서 흔들리지 않는 그리스도

무엇을 원합니까? 일시적인 것들을 소유하고 시간과 더불어 사라져 버리는 것? 또는 지나가는 세상을 사랑하지 않고 하느님과 영원히 사는 것? 일시적인 것들이 흐르는 강은 우리를 데려가 버리지만 우리 주 예수 그리스도는 시냇가에 심긴 나무와 같습니다. 그분은 육을 취하셨고, 죽으셨고, 부활하셨으며, 하늘에 오르셨습니다. 그분은 스스로 일시적인 강가에 심기기를 원하셨습니다. 그대는 거꾸로 처박힌 채 쓸려 내려가고 있습니까? 이 나무를 꼭 붙잡으십시오. 세상 것에 대한 사랑이 그대를 휘젓고 있습니까? 그리스도를 붙잡으십시오. 그분은 그대를 위하여 시간 속의 존재가 되셨지만 그것은 그대가 영원한 존재가 되게 하기 위함이었습니다.

• 아우구스티누스『요한 서간 강해』2,10,2.[35]

성령의 시내

성령으로부터 흘러나오는 시내는 강물과 비슷합니다. 강물이 강가에 심긴 나무를 잘 자라게 하는 것처럼 성령의 시내도 거룩한 열매를 맺게 합니다. 바로 이런 이유로 주 그리스도께서도 당신의 가르침을 물에 비유하셨습니다. … 그러므로 복된 다윗이 하느님의 가르침에 충실한 사람을 강둑에 심겨 늘 푸르고 제때에 열매를 맺는

[33] NPNF 2,9,239-40*.

[34] FC 48,7.

[35] FC 92,152.

나무에 비유한 것은 적절합니다.

• 키루스의 테오도레투스 『시편 주해』 1,7-8.[36]

성경의 말씀과 그 의미

여기서 "나무"는 하느님의 지혜입니다. "열매"는 성경의 신비적 · 영적 의미입니다. 그 열매를 덮고 있는 "잎"은 외적 말씀이며, 이 잎은 열매를 보호할 뿐만 아니라 적절한 행위가 무엇인지 보여 줍니다. 이 잎들은 선한 이들의 양식이 됩니다. 이 선한 이들은 그들의 순박한 특성 때문에 짐바리 짐승이라고 불립니다.

• 장님 디디무스 『시편 단편』 1,3.[37]

열매와 잎

이 나무는 두 가지를 생산합니다. 열매를 맺을 뿐만 아니라 잎을 만들어 냅니다. 이 나무가 맺는 열매는 성경의 의미를 간직하고, 잎은 말씀 자체입니다. 성경 말씀의 의미 안에 열매가 들어 있고, 잎은 말씀 안에 있습니다. … 성경을 읽는 이는 누구나 … 참된 영적 통찰력으로 열매를 거둡니다. … 이 나무의 잎은 결코 쓸모 없는 것이 아니며, [그 잎은 결코 시들지 않습니다.] 누군가 성경을 역사로만 이해한다고 해도 그는 자기 영혼에 유익한 무엇인가를 성경에서 얻습니다.

• 히에로니무스 『시편 강해』 1.[38]

믿음과 행위

성경으로 물을 댄 영혼은 자라서 제때에 열매를 맺습니다. 그 열매는 정통 신앙이며, 이 열매는 늘 푸른 잎사귀, 곧 하느님을 기쁘시게 하는 행위로 꾸며져 있습니다. 이처럼 우리는 성경에 의해 덕스러운 행위와 흐트러짐 없는 관상에 이끌리게 됩니다.

• 다마스쿠스의 요한 『신앙 해설』 4,17.[39]

지혜의 열매

"물가에 심긴 나무는 제때에 열매를 맺는다." 곧, 구원의 물가로 나아가는 이들에게는 배움과 애덕, 신중함의 덕이 제때에 주어집니다.

• 올림푸스의 메토디우스 『열 처녀의 잔치』 9,3.[40]

그리스도의 열매인 교회

그러므로 "나무"는 주님이십니다. 주님께서는 흐르는 물로부터, 곧 죄짓는 이들로부터 떨어져 나온 이들을 이끄십니다. 그들을 당신의 가르침이라는 뿌리로 이끄심으로써 주님은 열매를 맺으실 것입니다. 곧, 교회를 세우실 것입니다. 그러나 이 일은 정한 때가 되었을 때 이루어질 것입니다. 이 일은 당신이 부활로 영광스럽게 되시고 하늘로 승천하신 후에 이루어질 것입니다. 일단 성령께서 사도들에게 내려오시고, 그들이 주님께 대한 믿음 안에 확고하게 자리를 잡고, 여러 민족들에게 파견되었을 때, 그때 주님의 열매인 교회가 생겨났습니다.

• 아우구스티누스 『시편 상해』 1,3.[41]

불사불멸의 열매

우리에게 나누어 주실 열매가 무엇이냐고 그대는 물었습니다. 사도의 다음 말은 바로 이에 관한 말임이 분명합니다. "우리의 비천한 몸을 당신의 영광스러운 몸과 같은 모습으로 변화시켜 주실 것입니다"(필리 3,21). 하느님께서는 당신께서 몸소 선택하신 분 안에서 완성에 이르게 된 당신의 열매를 우리에게 주실 것입니다. 당신께서 몸소 선택하신 그분은 나무라는 표상으로 형

[36] FC 101,49.
[37] PG 39,1160.
[38] FC 48,8**.
[39] FC 37,374*.
[40] ANF 6,346.
[41] *WSA* 3,15,68-69.

상화되시는 분이십니다. 하느님께서는 그분이 당신의 불사불멸에 참여하도록 그분에게서 사멸성을 완전히 없애시고 부활시키셨습니다.

• 푸아티에의 힐라리우스 『시편 제1-91편 강해』 1,15.[42]

영광스러운 부활

사람들을 복되게 하는 오, 복된 십자가여! 위대하고 놀라운 열매를 거두어들이는 십자가여! 십자가의 열매는 영광스러운 부활입니다. 실로 이 나무의 열매는 "흐르는 물가에" 심깁니다. 왜냐하면 세례는 언제나 십자가에 연결되어 있기 때문입니다. 이 나무는 "제때에 열매"를 맺었습니다. 곧, 주님의 부활 때에 그 열매를 맺었습니다. 주님이 하늘에서 나타나실 때, "땅 위에 나타나실 때"(바룩 3,38 칠십인역), 눈부신 십자가 표지를 앞세우고 위로부터 오실 때, 이 나무는 또 다시 열매를 맺을 것입니다.

• 아를의 카이사리우스 『설교집』 112,4.[43]

1,4 악인들은 바람에 흩어지는 겨와 같다

먼지처럼 되다

믿지 않는 자들은 행복한 나무에 빗대어질 어떤 희망도 없습니다. 그들을 기다리고 있는 유일한 운명은 흔들리고 까불리며, 부서지고 흩날려 버리는 것이며, 튼튼한 육체에서 떨어져 나와 먼지로 쓸려 나가고 바람의 노리갯감이 될 것입니다. 그들은 무로 돌아가지도 못할 것입니다. 왜냐하면 심판은 그들 안에서 처벌되어야 할 것들을 찾아내어 그것을 갈아서 가볍고 실체가 없는 마른 입자들로 만들어, 이리저리 까불린 다음 바람에 날려 버려 설 자리를 못 찾게 되는 징벌을 내릴 것이기 때문입니다. 이 예언자는 다른 곳에서도 이러한 자들이 받을 심판에 대해 이야기합니다. "저는 그들을 바람 앞의 먼지처럼 갈아 부수고 오물처럼 밖으로 쏟아 버렸습니다"(시편 18,43).

• 푸아티에의 힐라리우스 『시편 제1-91편 강해』 1,19.[44]

실체가 없는 존재

먼지는 실체가 없는 것처럼 보이지만 나름대로 존재하기는 합니다. 먼지가 형체도 없이 존재한다는 사실은 일종의 징벌입니다. 여기저기로 흩어져 결코 한곳에 머무를 수 없고, 바람이 휩쓸고 지나는 곳마다 그곳에서 온 힘을 다 써 버립니다. 사악한 사람도 이와 같습니다. 그가 일단 하느님을 부인하면 악마의 숨결이 보내는 곳마다 망상에 이끌려 다니게 됩니다.

• 히에로니무스 『시편 강해』 1.[45]

온갖 유혹에 끌려다니다

온갖 유혹에 끌려다니는 죄인은 훅 하고 바람이 불면 언제든 바람결에 쉽사리 휩쓸려 버리는 겨와 같습니다. 죄인은 자기 자신과 전쟁 중에 있으면서 하느님과의 전쟁을 생각하고 있으니 그가 어떻게 안전을 바랄 수 있겠습니까? 그는 양심과 영원한 원수가 되어 버렸으니 이는 자기 집안에서 배신을 당한 것이 아닙니까?

• 요한 크리소스토무스 『(입상에 관해) 안티오키아 신자들에게 행한 강해』 8,4.[46]

1,5 악인과 심판

설 자리가 없다

이 시점에서 "악인들은 심판 때에 감히 서지 못하리라"는 말씀의 의미를 생각해 봅시다. 그

[42] NPNF 2,9,240.
[43] FC 47,154-55.
[44] NPNF 2,9,241.
[45] FC 48,10*.
[46] NPNF 1,9,397.

들은 이미 심판을 받았으니 심판받기 위해 되살아나는 것이 아닙니다. "아들을 믿지 않는 자는 이미 심판을 받았다"(요한 3,18)고 주님께서 말씀하셨고, 또 "죄인들은 의인들의 모임에 서지 못할 것"이기 때문입니다. 죄인들이 다시 살아나지 않을 것이라고 말한 것이 아니라 그들이 의인들의 모임에 서지 못할 것이라고 말하고 있습니다. 그들은 심판을 받지 않을 이들과 함께 설 수 있는 자격이 없습니다. 주님께서는 그들이 당신을 믿는다면 심판받지 않을 이들과 함께 부활하게 될 것이라고 말씀하셨습니다.

• 히에로니무스 『시편 강해』 1.[47]

징벌을 받기 위해 되살아나다

그들은 심판을 받기 위해서가 아니라 선고를 받기 위해 되살아날 것입니다. 하느님께는 긴 심의 과정이 필요 없습니다. 악인은 부활하자마자 즉각 징벌이 뒤따릅니다.

• 예루살렘의 키릴루스 『예비신자 교리교육』 18,14.[48]

저승으로 되돌아가다

선한 행위로 완전하게 된 의인이 심판을 받지 않는 것과 마찬가지로 많은 죄를 범하고 범죄 행위가 넘쳐 나는 악인도 심판대에 설 필요가 없을 것입니다. 그들도 부활을 하기는 하지만 곧바로 저승으로 되돌아갈 것입니다. … 자신의 창조주이신 하느님을 모르는 모든 민족들은 하느님께는 무로 여겨지며, 그들은 부활하자마자 저승으로 되돌아갈 것입니다.

• 아프라하트 『논증』 22,17.[49]

1,6 두 가지 길

사라지는 악

악인이 사라진다면 그들에게 회개의 기회는 없습니다. 그래서 '악인이 사라진다'가 아니라 '악인의 길이 사라진다', 악이 소멸한다고 말하고 있습니다. 악인이 아니라 악이 소멸하는 것입니다. 악인은 소멸하지 않을 것입니다. 그가 회개하면 악은 사라집니다.

• 히에로니무스 『시편 강해』 1.[50]

하느님의 지식과 무지

하느님은 악행에 대해 무지하십니다. 하느님이 전지하지 않거나 당신의 지성으로 그것을 파악할 수 없어서가 아니라(하느님을 이렇게 생각하는 것은 잘못된 것입니다) 그런 행위는 하느님의 생각 안에 들 가치가 없기 때문입니다. … 하느님은 악인의 길은 알지 못하시지만 의인의 길은 아십니다. "나는 길이다"라고 말씀하시는 분, 성부께서 아시는 그분 외에 누가 "의인들의 길"이 될 수 있겠습니까? "아버지 외에는 아무도 아들을 알지 못한다"(마태 11,27). 하느님의 지식과 무지 사이의 구분이 예언서들에서는 하느님의 "기억과 망각"으로 언급됩니다. 하느님의 기억과 망각은 기도 안에서 종종 이렇게 표현됩니다. "저를 기억하여 주십시오." "어찌하여 저의 비천함을 잊으시나이까?" 하느님께서는 죄인들을 당신의 기억에서 멀리 치워 버리시지만, 회개하는 이는 받아 주시고 기억하여 주십니다.

• 오리게네스 『시편 발췌 주해』 1,6.[51]

지식과 존재

주님은 의인들의 길은 아시지만 악인들의 길은 모르십니다. 이것은 주님께도 모르는 무엇이

[47] FC 48,12.
[48] FC 64,127.
[49] NPNF 2,13,408*.
[50] FC 48,13.
[51] PG 12,1100.

있다는 뜻이 아닙니다. 주님께서는 죄인들에게 이렇게 말씀하셨습니다. "나는 너희를 도무지 알지 못한다"(마태 7,23). "악인들의 길은 멸망에 이른다"라고 말하는 것은 '주님께서는 악인들의 길을 모르신다'고 말하는 것과 같습니다. 그런데 이 말은 주님께 알려지지 않은 것은 멸망하고, 주님께서 아시는 것은 남아 있다는 점을 분명하게 드러냅니다. 따라서 존재는 주님의 지식에 상응하고, 비존재는 주님께서 모르시는 것에 상응합니다.

• 아우구스티누스 『시편 상해』 1,6.[52]

[52] *WSA* 3,15,70.

2,1-12 주님의 기름부음받은 임금

주님을 거스른 … 음모를 비난하려면
불경한 자들과 법을 거슬러 행동하는 자들을 고발하는 … 시편 제2편을 보십시오.
아타나시우스 『시편 해석에 관해 마르켈리누스에게 보낸 편지』 14,15 [OIP 66]*

1 어찌하여 민족들이 술렁거리며
겨레들이 헛일을 꾸미는가?
2 주님을 거슬러, 그분의 기름부음받은이를 거슬러
세상의 임금들이 들고 일어나며
군주들이 함께 음모를 꾸미는구나.
3 "저들의 오랏줄을 끊어 버리고
저들의 사슬을 벗어 던져 버리자."
4 하늘에 좌정하신 분께서 웃으신다.
주님께서 그들을 비웃으신다.
5 마침내 진노하시어 그들에게 말씀하시고
분노하시어 그들을 놀라게 하시리라.
6 "나의 거룩한 산 시온 위에
내가 나의 임금을 세웠노라!"
7 주님의 결정을 나는 선포하리라.
나에게 말씀하셨다. "너는 내 아들.
내가 오늘 너를 낳았노라.
8 나에게 청하여라.
내가 민족들을 너의 재산으로,
땅 끝까지 너의 소유로 주리라.
9 너는 그들을 쇠 지팡이로 쳐부수고
옹기장이 그릇처럼 바수리라."
10 자, 이제 임금들아, 깨달아라.
세상의 통치자들아, 징계를 받아들여라.
11 경외하며 주님을 섬기고
떨며 그분의 발에 입 맞추어라.①
12 그러지 않으면 그분께서 노하시어
너희가 도중에 멸망하리니
자칫하면 그분의 진노가 타오르기 때문이다.
행복하여라, 그분께 피신하는 이들 모두!

① 수정 본문; 히브리어 본문은 11ㄴ절의 의미가 불확실하다.

둘러보기

두 번째 시편은 첫 번째 시편의 끝에 나오는 주제를 이어받아서 시작한다(테오도레투스). 사실 시편 제1편은 제2편의 제명題名으로 볼 수 있는데(니사의 그레고리우스), 그리스도에 맞서기 위해 한데 뭉친 모든 민족들의 어리석음과 무지에 관해 말하고 있다(테오도레투스, 에우세비우스). 그들은 그리스도에 맞섬으로써 성부께도 맞서고 있다(오리게네스). 그러나 성도들은 그리스도께서 미래에 승리하실 것임을 알고 있으며, 주님의 웃음에는 그런 이해가 담겨 있다(아우구스티누스). 하느님의 진노는 인간이 죄의 그릇됨을 알아차리고, 죄인의 마음이 어두워지는 것으로 드러나고(아우구스티누스), 죄인들이 당연하게 받게 될 징벌로 표현된다(카시오도루스). 하지만 우리는 하느님의 진노가 회개를 촉구하기 위한 것임을 기억해야 한다(오리게네스).

성부께서는 민족들을 그리스도에게 맡기신다(히에로니무스). 그리스도는 하느님의 말씀이시며 창조주로서 그들 위에 이미 군림하고 계셨다(몹수에스티아의 테오도루스). 그러나 인간으로서 그분은 선택을 통하여 주권을 받으셨다(테오도레투스). 어떤 이들은 성부께서 성자에게 하신 말씀이 육화를 가리키는 것이라고 생각한다(테오도레투스). 또 어떤 이들은 그 말씀이 영원한 탄생을 의미하는 것으로 이해한다(알렉산드리아의 키릴루스, 테오도레투스). 또 다른 이들은 하느님을 알게 된 이들 안에 그리스도께서 탄생하실 것을 언급하는 것으로 본다(오리게네스, 아우구스티누스, 카시오도루스, 메토디우스).

성부께서는 성자에게 민족들을 청하라고 초대하신다. 이는 성자의 구원경륜에 해당되며(아우구스티누스), 우리의 구원을 의미한다(대 레오, 디디무스). 이 구원은 유대인들과 이방인들 모두를 위한 것이다(테오도레투스). 주님께서 민족들을 쳐부수시는 것은 그들을 변화시키기 위함이며(몹수에스티아의 테오도루스), "옛 인간"을 부수어 버리고(아우구스티누스), 상속자가 되게 하기 위함이다(오리게네스). 지상의 임금들은 주님을 섬기라는 지시를 받았다(아우구스티누스). 또한 우리 모두는 언제나 그분을 경외하라는 권고를 받고 있다(에바그리우스). 강요에 의해서가 아니라 헌신적으로(몹수에스티아의 테오도루스), 오락거리를 선택할 때조차 주님을 경외할 일이다(『사도 헌장』). 이것이 바로 거룩함의 열쇠다(페트루스 크리솔로구스).

2,1-2 민족들이 술렁거리다

시편 제1편의 주제가 이어진다

악인들에 대한 언급으로 끝난 시편 제1편에 이어, 시편 제2편 역시 그들에 대한 언급으로 시작됩니다. 이는 구원자를 거슬러 들고 일어나는 임금들과 통치자들, 유대인들과 이방인들에게는 앞에서 언급된 악인들의 종말이 기다리고 있음을 우리에게 가르치려는 것입니다.

• 키루스의 테오도레투스 『시편 주해』 2,1.[1]

두 번째 시편의 제명題名

첫 번째 시편에는 제명이 없습니다. 시편 제1편이 말하고자 하는 바는 독자에게 분명하게 드러납니다. 그것은 악을 끊고 선으로 나아가며, 가능한 한 하느님을 닮으라고 충고하는 철학을 소개하는 것입니다. … 여기에 복음의 신비를 예고하는 두 번째 시편이 덧붙여졌는데, 이는 우리가 불경을 멀리하게 하려는 것입니다. 따라서 어떤 의미에서 첫 번째 시편은 두 번째 시편의 제명題名입니다. 왜냐하면 두 번째 시편은 우리 때

[1] FC 101,52.

문에 오늘 사람이 되신 분에 대해 말하고 있기 때문입니다(여기에서 '오늘'이라는 말은 한정된 시간을 말하지만 성자는 언제나 성부에게서 나오고 성부 안에 계시기 때문에 성자는 또한 하느님이십니다). 두 번째 시편은 또한 임금의 지배 아래 있지 않은 이들에 대해 말하고 있는데, 이들은 하느님을 섬기지 않았기 때문에 이방인들 가운데 포함되었습니다. 이들은 그들 자신의 법에 따라 살거나 법 없이 살았습니다. 그들은 하느님의 법을 받아들이지 않고 스스로 멍에를 던져 버렸기 때문입니다(여기에서 '멍에'란 계명을 의미합니다). 그러나 모든 것을 능가하는 나라가 그들에게 이르게 되면 한때는 주인 없이 살았던 그들이 성부께서 오늘 낳으신 분에 대한 신앙을 통하여 하느님의 상속자가 됩니다. 그분은 모든 이를 지배하도록 선택되신 임금이십니다. 그들이 새로 태어난다면 그들 역시 임금이 될 것입니다. "쇠 지팡이", 곧 변치 않는 힘이 땅과 진흙으로 된 것을 산산조각 내면, 그들은 순결한 본성으로 변모될 것이며, 그분만을 신뢰하는 이가 행복하다는 것을 배우게 될 것입니다. 이것이 우리가 이 시편을 주해하여 찾아낸 의미인데, 원한다면 우리가 말한 것이 영감받은 성경의 말씀과 일치하는지 성경 말씀으로 우리의 주석을 스스로 확인해 보십시오.

• 니사의 그레고리우스 『시편의 제목』 2,8,74-75.[2]

그리스도와 맞서는 어리석음

[이 시편 말씀은] 어리석음을 통렬히 비난하고 책망하는 이에게서 나온 것입니다. … 어리석은 자들은 함께 짬짜미하여 주님을 죽이려는 야비한 계략을 꾸미지만 그들의 계획은 아무것도 아닌 것으로 드러났습니다. 그들은 자신들이 십자가에 못 박아 죽게 하신 분을 망각 속에 잊히게 할 수 없었기 때문입니다. 죽은 지 사흘 만에 그분은 되살아나셔서 세상을 차지하셨습니다.

• 키루스의 테오도레투스 『시편 주해』 2,1.[3]

모든 민족이 함께 맞서다

온 세상 민족들의 지도자들과 여러 시대에 세상을 지배했던 지상의 임금들이 이 불경한 동맹을 맺기 위해 한데 모여들었습니다. 그들이 당한 것이 모욕이었거나 무례함이었거나 이유가 무엇이었든지 이 동맹에 가담한 그들은 배반을 도모하였고, 우주의 주님이자 임금이신 하느님을 거슬러, 그분의 기름부음받은이를 거슬러 사악한 계획에 함께 가담하였습니다.

• 카이사리아의 에우세비우스 『시편 주해』 2,2.[4]

그리스도와 성부

그들은 격노하였습니다. 그래서 쓸모없는 생각을 품고 함께 모여 뜻을 같이하였습니다. 그들은 함께 모여 나타나 군중이 그리스도를 맞서도록 이끌었을 뿐만 아니라 그 행위는 성부를 공격한 것이기도 했습니다. 그래서 '그들이 주님과 그분의 기름부음받은이를 거슬러 일어났다'고 말하는 것입니다.

• 오리게네스 『시편 발췌 주해』 2,1-2.[5]

2,4 주님께서 웃으신다

주님께서는 성도들을 통하여 웃으신다

이 말씀을 육체적 의미로 알아들어서는 안 됩니다. 곧, 하느님께서 크게 웃으신다거나 코웃음을 치신다고 이해해서는 안 됩니다. 이것은 하느님께서 당신의 성도들에게 주신 능력을 말하는 것이 틀림없습니다. 성도들은 앞으로 올 것을 내

[2] *GNTIP* 143-44**.
[3] FC 101,52.
[4] PG 23,81.
[5] PG 12,1104.

다봅니다. 곧, 그리스도의 이름과 그분의 주권이 미래 세대에게 퍼져 나갈 것이며, 민족들 가운데에서 인정을 받게 되리라는 것을 내다보았습니다. 그래서 그들은 저들이 헛된 음모를 꾸몄다는 것을 이해할 수 있습니다. 이런 일들을 내다보는 능력이 곧 하느님의 웃음이자 조롱입니다.

• 아우구스티누스『시편 상해』2,3.[6]

2,5 하느님의 진노

하느님의 진노는 의인이 느끼는 감정으로 표현된다

주 하느님의 화와 진노를 하느님의 감정이 상한 것으로 생각해서는 안 됩니다. 그것은 정의롭게 심판하시는 하느님의 능력을 말하는 것입니다. 모든 피조물이 그분 아래 있고, 그분을 섬기고 있기 때문에 하느님께서는 그들 모두를 정의롭게 심판하십니다. … 하느님의 분노는 하느님의 법을 아는 이들의 마음 안에 일어나는 감정입니다. 죄인이 하느님의 법을 어기는 것을 볼 때 그들 안에 일어나는 감정입니다. 정의로운 이들의 영혼 안에 일어나는 이 감정을 통하여 많은 것들에 대한 응징이 이루어집니다. 하느님의 진노는 또한 하느님의 법을 어기는 자들의 정신이 몹시 어두워지는 것으로도 해석할 수 있습니다.

• 아우구스티누스『시편 상해』2,4.[7]

하느님의 진노는 징벌로 드러난다

하느님은 조용히 심판하시며, 아버지다운 사랑을 저버리지 않으신 채 죄를 따지십니다. 하느님께서는 사악한 자들에게 분통을 터뜨리시는 것이 아니라 그들에게서 당신 은총의 효과를 거두어 버리십니다. 그러므로 죄인들에 대한 징벌을 하느님의 분노라고 말할 수 있습니다. 복되신 하느님께는 감정이 없습니다. 그분은 언제나 항구하시며 변함이 없으십니다. 기분의 변화는 인간의 약함과 어울립니다. 그래서 인간은 기뻤다가 슬퍼지고, 평온하다가 화를 내고, 호감을 보이다가 적대적이 되기도 합니다. "마침내 그분께서 말씀하시리라"는 구절은 그분께서 세상을 심판하러 오실 그때를 말합니다. 따라서 여기에서 "분노"와 "진노"라는 단어가 적절히 사용되었다고 할 수 있습니다. 왜냐하면 고집 센 죄인들이 그들의 행실에 어울리는 모든 것을 받게 될 것이기 때문입니다.

• 카시오도루스『시편 해설』2,6.[8]

회개는 하느님의 진노를 가라앉힌다

이 말씀들은 분노 가운데 선포된 심판의 말씀입니다. 하느님께서는 곧 당신이 말씀하셨던 악을 징벌하실 것이지만, 이 말씀을 듣는 이들이 회개한다면 징벌을 거두실 것 또한 약속하십니다. 하느님은 분노 속에서 요나를 통해 니네베인들에게 말씀하셨지만(요나 3장 참조), 그들이 재를 뒤집어쓴 채 자루옷을 입고 회개하였기 때문에 그들은 자신들이 들었던 어떤 징벌도 받지 않았습니다. 사실 하느님께서 그들의 구원을 위하여 요나를 파견하셨다면, 요나를 파견하시기 이전에 이미 그들이 회개할 것임을 아셨습니다. 지금도 마찬가지로 주님께서는 당신을 분노하게 하는 죄인들에게 구원을 말씀하고 계십니다. 왜냐하면 이 시편 구절이 다음과 같이 말하지 않기 때문입니다. '주님께서는 당신을 분노하게 하는 이들을 비록 그들이 회개할지라도 멸망시키실 것이다.'

• 오리게네스『시편 발췌 주해』2,5.[9]

---

[6] *WSA* 3,15,71*.

[7] *WSA* 3,15,72*.

[8] ACW 51,61.

[9] PG 12,1105.

2,6 시온 위에 세워진 임금

성부께서 그리스도에게 맡기신 이들

이 시편의 첫 번째 네 절은 예언자나 천사가 발설한 것입니다. 그는 왜 인간이 경솔하게도 하느님의 아들을 거슬러 들고 일어났는지에 대하여 묻습니다. 다섯째 절부터는 주님께서 직접 대답하시며, 이방인들과 당신을 믿게 될 유대인들을 비롯하여 모든 사람에게 권고하십니다. 주님께서는 그들을 묶고 있는 사슬을 풀고 그들의 조상들도 질 수 없었던 율법의 멍에를 던져 버리고 당신을 따르라고 권고하십니다. 그분의 멍에는 편하고 그분의 짐은 가볍습니다(마태 11,30 참조).

• 히에로니무스『시편 주해』2.[10]

그리스도의 왕권

[이] 구절은 … 을 인간적 방식으로 표현하고 있습니다. 하느님이신 그분은 본디 왕권을 소유하고 계시지만 인간이신 그분은 선택을 통하여 왕권을 받으셨습니다.

• 키루스의 테오도레투스『시편 주해』2,7.[11]

주권자이신 하느님의 말씀

사실 하느님께서는 그때에 말씀을 임금으로 세우신 것이 아닙니다. 말씀의 권능은 어떤 한순간에 시작된 것이 아닙니다. 그분은 권능으로 충만하셨고, 또 언제나 그러하십니다. 말씀은 본성적으로 원하는 것은 무엇이든 창조할 수 있는 힘을 지니셨고, 당연히 당신이 만드신 모든 것을 다스릴 힘을 본성 안에 정당히 가지고 계셨습니다.

• 몹수에스티아의 테오도루스『시편 해설』2,6.[12]

2,7 하느님에게서 나신 분

육화에 관한 말씀

"오늘"이라는 단어는 성자께서 육이 되신 현재의 시간을 가리킵니다. 하지만 그분은 본성으로는 만물의 주님이십니다. 요한은 이를 증언하면서, 그분은 세상을 당신의 것으로 삼으시고, 당신의 땅에 오셨다고 말합니다(요한 1,1.11 참조). 본래 지녔던 영광에 따라 왕국으로 불려 가셨을 때 그분은 이렇게 말씀하셨습니다. "그분께서 나를 임금으로 세우셨다." 여기에서 그분이란 하느님 아버지를 말합니다. 나아가 성부께서는 이미 본성상 아들이신 분을 인간이 되게 하시어 아들로 삼으심으로써 이를 성취하셨습니다. 그분은 인간의 본성이 하느님의 자녀 됨에 참여할 수 있는 길을 닦아 주셨으며, 죄의 폭정에 억압받는 이들을 당신께로 불러 주셨습니다. 우리는 저주와 죽음에 짓눌려 있기 때문에 아담의 죄가 가져온 악을 조상들로부터 온 우주로 세세 대대로 전달되는 상속 재산처럼 물려받았습니다. 이와 마찬가지로 우리는 인간의 세대를 거쳐 온 우주로 흘러 들어오는 그리스도의 빛나는 선물들도 받았습니다. 외아드님은 그 선물을 자신만을 위해서가 아니라 우리를 위하여 받으셨습니다. 그분은 본성으로는 완전한 하느님이시기에 아무것도 부족하지 않으십니다. 그분은 위로부터 오는 선한 것들과 함께 모든 피조물보다 더욱 풍요롭게 되셨습니다.

• 알렉산드리아의 키릴루스『시편 해설』2,7.[13]

말씀은 외아드님이시다

말씀이신 하느님은 세상이 있기도 전에 "외아드님"이라는 이름을 당신의 타고난 본성으로 가지고 계셨습니다. 그분은 하느님이신 성자라

[10] CCL 72,181.

[11] FC 101,55.

[12] CCL 88A,13.

[13] PG 69,721.

는 호칭을 여전히 가지고 계시지만 인간으로서도 그 호칭을 받으셨습니다. 그래서 시편 제2편의 이 구절에 이런 말씀이 첨가된 것입니다. 성령의 가르침을 믿지 않는 사람은 이 구절을 주님이신 그리스도의 신성에 적용하여 읽지 않을 것입니다. 이 점에 관하여, 다윗을 통하여 모든 것을 말씀하시는 주님께 귀를 기울여 봅시다. "새벽 별의 품에서 나는 너를 낳았다"(시편 110,3). 그분은 인간으로서 이 구절을 받아들이시고, 그 뒤에 이어 오는 말씀들에 귀를 기울이십니다.

• 키루스의 테오도레투스 『시편 주해』 2,7.[14]

영원한 탄생

하느님께는 아침도 저녁도 없다고 나는 생각합니다. 시작이 없이 영원하신 그분의 생명과 함께하는 시간은 그분께는 늘 오늘이며, 성자를 낳으신 날이라고 말할 수 있습니다. 따라서 시작도, 그분이 태어나신 날도 찾을 수 없습니다.

• 오리게네스 『요한 복음 주해』 1,204.[15]

하느님의 지혜의 영원한 탄생

영원 안에는 마치 존재하기를 멈춘 것처럼 여겨지는 과거도 없고, 아직 존재하지 않은 것처럼 여겨지는 미래도 없으며, 오직 현재만 있을 뿐입니다. 영원한 것은 언제나 있는 것이기 때문입니다. 가장 진실하고 보편적인 신앙은 "내가 오늘 너를 낳았다"라는 구절로 하느님의 힘과 지혜이신 외아드님의 영원한 탄생을 선포합니다.

• 아우구스티누스 『시편 상해』 2,6.[16]

영원으로부터 태어남

그분은 스스로 존재하는 분이시기 때문에 영원하신 아버지에게서 나셨고, 영원으로부터, 영원 안에서, 시작도 끝도 없이, 시공도 없이 나셨습니다.

• 아우구스티누스 『요한 서간 강해』 2,5.[17]

탄생

"내가 너를 낳았다"라는 말씀은 탄생을 나타냅니다. 이사야는 이에 관하여 이렇게 기록하였습니다. "누가 그분의 탄생을 선언할 것인가?"(이사 53,8). 그분은 빛에서 나신 빛, 전능하신 분에게서 나신 전능하신 분, 참하느님에게서 나신 참하느님이시며, 그분에게서, 그분을 통하여, 그분 안에서 만물이 생겨났습니다.

• 카시오도루스 『시편 해설』 2,8.[18]

하느님을 아는 이들 안에 태어나시다

세상이 있기도 전에 하늘에 계셨던 분께서 지상에 태어나시기를 원하셨습니다. 곧, 미지의 세계에 계셨던 분께서 알려지기를 원하셨습니다. 그리스도께서는 하느님의 다면적인 지혜를 알아보지 못하는 이들 안에는 결코 태어나지 않으셨다는 것이 분명합니다. 그들에게는 하느님의 다면적인 지혜가 결코 알려진 적이 없었고, 드러난 적도 없었으며, 그들 앞에 나타난 적도 없었습니다. 만약 그들이 은총의 신비를 인식하게 되어 회개하고 믿게 된다면, 그때에는 그들 안에서도 그리스도께서 지식과 이해를 통하여 탄생하실 것입니다.

• 올림푸스의 메토디우스 『열 처녀의 잔치』 8,9.[19]

---

[14] FC 101,56.

[15] FC 80,74.

[16] *WSA* 3,15,73*.

[17] FC 92,149.

[18] ACW 51,62.

[19] ANF 6,338*.

2,8 나에게 청하여라

받기 위해 청하여라

하느님의 선물을 청하고서 받지 못한 이가 없다는 것은 어쩌면 믿을 교리가 될 수도 있을 것입니다. 이 시편을 통하여 성부께서는 어떤 사람이 받고자 하는 것을 구원자에게 청하라고 재촉하십니다. 성자께서도 다음과 같이 말씀하시며 우리를 가르치십니다. '주님께서 나에게 말씀하셨다. 너는 내 아들이니 나에게 청하여라. 나는 네게 이방인들을 상속 재산으로 주고, 땅 끝까지 네 소유로 주겠다.' 그래서 구원자께서는 "청하여라, 너희에게 주실 것이다. … 누구든지 청하는 이는 받을 것이기 때문이다"(마태 7,7-8)라고 말씀하십니다.

• 오리게네스 『요한 복음 주해』 13,5.[20]

성자의 구원경륜에 관한 말

바로 앞 구절과 대조적으로 이 구절은 시간적 의미로 이해할 수 있습니다. 그리스도께서는 인간성을 취하셨고, 모든 희생 제물을 능가하는 제물로 자신을 바치셨으며, 우리 모두를 위해 여전히 간구하고 계십니다(로마 8,34 참조). "나에게 청하여라"라는 말씀은 인류의 유익을 위해 마련된 모든 시간적 섭리 전체, 곧 민족들이 그리스도의 이름에 결합되고, 죽음으로부터 구원되어 하느님의 소유가 되는 구원 계획 전체를 가리킵니다. "내가 민족들을 너의 상속 재산으로 주리라"는 말씀은 '그들의 구원을 위하여 네가 그들을 소유하게 될 것이다. 그러면 그들이 너를 위하여 영적 열매를 맺게 될 것이다'라는 의미입니다.

• 아우구스티누스 『시편 상해』 2,7.[21]

이것이 우리의 구원이다

그러므로, 사랑하는 여러분, 우리 구원의 날에 기뻐합시다. 우리는 새로운 계약을 통하여 들어 올림을 받았습니다. 이는 예언자를 통하여 성부께서 말씀하신 바로 그분과 함께하기 위함입니다. "너는 내 아들, 내가 오늘 너를 낳았노라. 나에게 청하여라. 내가 민족들을 너의 재산으로, 땅 끝까지 너의 소유로 주리라." 그러므로 우리를 자녀로 삼아 주시는 분의 자비 안에서 기뻐합시다.

• 대 레오 『설교집』 29,3.[22]

사람들에게 주어질 것

그러므로, "나에게 청하여라. 내가 너에게 주리라"는 말씀은 우리를 위한 것이지 성자를 위한 것이 아닙니다. 이 말씀은 성자에게 주어질 것이 아니라 그에게 속한 사람들에게 주어질 것을 가리킵니다.

• 장님 디디무스 『시편 단편』 2,8.[23]

유대인들과 이방인들

이제 이 예언이 합당하게 성취되었음을 발견할 수 있습니다. 신앙에 이른 유대인들의 수는 열두 사도들뿐만 아니라 일흔 제자들, 베드로가 형제들의 모임에서 설교하였을 때 그를 축복하였던 백스무 명(사도 1,15 참조), 신적 영감을 받은 바오로의 진술에 나오는, 부활하신 주님을 함께 목격한 오백 명의 사람들(1코린 15,6 참조), 사도들의 수장의 연설을 듣고 믿음에 이르게 된 삼천 명과 오천 명, 훌륭한 야고보가 "형제들이여, 믿는 유대인들의 수가 셀 수 없을 정도로 얼마나 많은지 보십시오"라고 말했던 그 무수한 사람들에 이릅니다. 분명히 주님은 이들과 이들 외에도

[20] FC 89,70.
[21] *WSA* 3,15,73*.
[22] FC 93,124.
[23] PG 39,1160.

믿음에 이르게 된 온 세상의 유대인들 모두 거룩한 백성이라고 선언하시며, 그들을 통하여 온 민족들을 차지하시고, "민족들아, 그분의 백성과 함께 기뻐하여라"라는 말씀으로 예언을 이루십니다. 이에 덧붙여 주님께서는 다음 말씀으로 유대인들에 관하여 하셨던 다른 예언도 이루십니다. "나에게는 이 우리 안에 들지 않은 양들도 있다. 나는 그들도 데려와야 한다. 그들도 내 목소리를 알아듣고 마침내 한 목자 아래 한 양 떼가 될 것이다"(요한 10,16). 시편 제2편에서도 주님께서는 이에 대해서 말씀하십니다. 그런데, 믿지 않는 유대인들의 불신앙에 대해 슬퍼하는 마음이 나에게 일어났습니다. 그들은 땅 끝까지를 특별히 언급하고 있는 예언을 들었음에도 불구하고, 그들의 임금들 가운데서는 누구도 지배권을 갖지 못하였고, 오직 육으로는 다윗의 후손이신 주 그리스도만이 지배권을 가지고 있음을 알면서도, 다음의 예언 말씀처럼 마음의 눈을 뜨지 못하고 있습니다. "우리는 눈먼 이들처럼 담을 더듬는다. 눈이 없는 이들처럼 더듬는다"(이사 59,10).

• 키루스의 테오도레투스『시편 주해』2,9,10.[24]

2,9 지팡이와 바수어진 그릇

다시 만들어지기 위해 부수어지다

그러므로 복된 다윗이 한 이 말씀은 온 세상과 땅 끝까지 이르는 나라를 가지신 주님께 적절히 적용될 수 있지 않겠습니까? 저 지팡이처럼 민족들과 유대인들의 처참한 상태를 위협하시고 심판하시는 분은 바로 주님이십니다. 그러나 그들을 파괴하시려는 것이 아니라 그들을 모두 회복시켜, 세례성사를 통해 낡은 인간이 벗겨지고 새로운 인간이 그 자리를 대신하게 되는 것처럼, 그들을 새롭게 하시려는 것입니다. 통회는 파괴가 아니라 새로움을 가져올 것이기 때문에 다윗은 그와 비슷한 것을 표현하고자 "너는 그들을 옹기처럼 바수리라"고 말하였습니다. 주님의 의도는 옹기장이의 의향에 견주어집니다. 그릇이 옹기장이의 뜻대로 만들어지지 않았을 경우, 옹기장이는 반죽이 아직은 새것이고 그릇이 가마 속에 들어가지 않았을 때, 그 그릇들을 부수어 물레에 다시 넣고 돌려서 새로 만듭니다.

• 몹수에스티아의 테오도루스『시편 해설』2,9.[25]

옛 인간을 부수어 버리다

당신은 그들 안에 있는 속된 욕망과 옛 인간(로마 6,6; 에페 4,22; 콜로 3,9)이 가지고 있는 없애기 힘든 선입견들, 그리고 죄의 더러움에 물든 것이거나 그것에 접촉하여 얻게 된 모든 것들을 산산조각 내실 것입니다.

• 아우구스티누스『시편 상해』2,8.[26]

교정의 회초리

하느님에게서 온갖 좋은 것을 받아 배가 불러져서 하느님께 불평을 늘어놓기 시작하면, 그때에는 속지도 말고 교만해지지도 말며, 교정과 훈육의 회초리를 기억하십시오. 그렇지 않으면 주님께서 진노하시어 그 회초리로 여러분을 옹기장이의 그릇처럼 바수어 버리실 것이기 때문입니다.

• 아우구스티누스『설교집』366,6.[27]

상속 재산이 되기 위해 부수어지다

성부께서는 어떤 식으로 성자에게 민족들을 상속 재산으로 주시는지, 그리고 땅 끝까지 그

[24] FC 101,57-58.
[25] CCL 88A,16.
[26] *WSA* 3,15,73.
[27] *WSA* 3,10,292*.

분의 소유가 되게 하시는지를 살펴볼 필요가 있습니다. 성부께서는 성자에게 "너는 그들을 옹기그릇처럼 바수리라"고 말씀하십니다. 성부께서 민족들을 상속 재산으로 주시려면 상속자가 그것들을 바수어야만 합니까? 어떤 사람들의 통회가 어떻게 해서 그토록 큰 유익을 가져오게 되는지 성경을 통해 보여 줄 필요가 있습니다. 시편 제51편에서 그것을 찾아볼 수 있습니다. "하느님께 드릴 영적 제사를 가져온다면 하느님께서는 부서지고 꺾인 마음을 업신여기지 않으신다"(시편 51,19). 또 다른 예언은 이런 가르침을 줍니다. "너희는 넋이 부서져 통곡하리라"(이사 65,14). 우리 안에 있는 넋이 하느님께 드리는 참회의 제사가 되려면 부서져야만 합니다.

• 오리게네스 『시편 발췌 주해』 2,9.[28]

2,10-12 세상의 임금들에게 주어진 경고

임금들은 어떻게 주님을 섬겨야 하나?

이해와 가르침을 주시는 분께 굴복하는 것이 그대들[세상의 임금들]에게 유익합니다. 주권을 무책임하게 행사하지 않고, 만민의 주님을 공경하고 섬기며, 가장 확실하고 순수한 행복 안에서 기뻐하며, 동시에 교만으로 인하여 그 행복에서 떨어져 나가지 않도록 마땅한 주의와 조심을 하는 것 또한 그대들에게 유익합니다.

• 아우구스티누스 『시편 상해』 2,9.[29]

임금은 하느님의 명령을 받들어야 한다

그렇다면 임금들이 주님의 명령에 어긋나는 모든 행위를 금지하고 제한하는 것 외에 달리 어떻게 주님을 경외하며 섬길 수 있을까요? 군주는 한편으로는 인간으로서 주님을 섬기고, 다른 한편으로는 임금으로서 그렇게 합니다. 그는 신앙에 부합되게 삶으로써 인간으로서 주님을 섬기고, 선을 명하고 악을 금지하는 법률을 제정하는 데 필요한 힘을 행사함으로써 임금으로서 주님을 섬깁니다. 히즈키야는 우상들의 신전과 숲, 주님의 명령을 거슬러 세워진 산당들을 파괴함으로써 주님을 섬겼습니다. 요시야도 비슷한 행위를 함으로써 주님을 섬겼습니다. 니네베인들의 임금은 온 도시가 회개하여 주님의 분노를 가라앉히도록 명령함으로써 주님을 섬겼습니다. 다리우스는 다니엘에게 우상을 파괴할 권한을 주고, 그의 원수들이 사자의 밥이 되게 함으로써 주님을 섬겼습니다. 네부카드네자르는 … 그의 신하들이 하느님을 모독하지 않도록 끔찍한 벌로 막음으로써 주님을 섬겼습니다. 이렇게 임금들은 임금만이 행할 수 있는 직책을 수행함으로써 임금으로서 주님을 섬깁니다.

• 아우구스티누스 『서간집』 185,19.[30]

한결같은 섬김

만약 그대가 곤란 중에 있을 때에만 그 재판관을 두려움을 자아내는 청렴결백한 분으로 기억한다면, 그대는 아직 "경외하며 주님을 섬기고 떨며 그분 안에서 즐거워하라"는 말씀을 배우지 못한 것입니다. 이 점을 잘 이해해야 합니다. 영적 휴식을 취할 때나 기분이 좋을 때에는 더 큰 신심과 존경으로 주님을 섬겨야 합니다.

• 폰투스의 에바그리우스 『기도에 관한 단상』 143.[31]

강요가 아닌 헌신

주님은 강요가 아니라 헌신을 원하십니다. … 순종하는 것은 단순히 의무를 행하는 것보다 훨

[28] PG 12,1109.

[29] *WSA* 3,15,74.

[30] FC 30,160*.

[31] CS 4,78.

씬 더 숭고하기 때문입니다.

• 몹수에스티아의 테오도루스 『시편 해설』 2,11.[32]

오락거리를 선택하는 데 주의할 점

그러므로 유흥을 즐길 때조차 두려움과 떨림으로 그렇게 해야 합니다. 충실한 그리스도인은 이교인의 찬가나 외설적인 노래를 불러서는 안 됩니다. 이교인의 찬가를 노래하게 되면 성령의 이름 대신에 우상과 마귀들의 이름을 불러야 하고, 그렇게 함으로써 그 사악한 자가 그 사람 안에 들어갈 수 있기 때문입니다.

• 『사도 헌장』 5,2,10.[33]

거룩함의 열쇠

하느님을 경외하는 사람은 거룩함 안에 머물게 됩니다.

• 페트루스 크리솔로구스 『설교집』 80.[34]

[32] CCL 88A,17.

[33] ANF 7,442.

[34] FC 17,130.

3,1-9 구원을 위한 기도

동족이 그대를 박해하고 온 군중이 그대를 적대한다면
시편 제3편을 낭송하십시오.
아타나시우스 『시편 해석에 관해 마르켈리누스에게 보낸 편지』 15 [OIP 66]

1 [시편. 다윗. 그가 자기 아들 압살롬에게서
달아날 때]
2 주님, 저를 괴롭히는 자들이
어찌 이리 많습니까?
저를 거슬러 일어나는 자들이
많기도 합니다.
3 "하느님께서 저자를 구원하실 성싶으냐?"
저를 빈정대는 자들이 많기도 합니다. 셀라
4 그러나 주님, 당신은 저를 에워싼 방패,
저의 영광, 저의 머리를 들어 올려 주시는
분이십니다.
5 내가 큰 소리로 주님께 부르짖으면
당신의 거룩한 산에서 응답해 주시네. 셀라
6 나 자리에 누워 잠들었다 깨어남은
주님께서 나를 받쳐 주시기 때문이니
7 나를 거슬러 둘러선
수많은 무리 앞에서도
나는 두려워하지 않으리라.
8 일어나소서, 주님.
저를 구하소서, 저의 하느님.
정녕 당신께서는
제 모든 원수들의 턱을 치시고
악인들의 이를 부수십니다.
9 주님께만 구원이 있습니다.
당신 백성 위에 당신의 복을
내려 주소서. 셀라

둘러보기

시편 제3편에서 다윗이 언급되고 있기는 하지만, 내용상 이 시편은 많은 인물에게 해당한다고 보는 것이 좋을 것이다(히에로니무스). 이 시편의 일부 말씀은 주님의 수난과 부활을 아주 적절히 묘사하고 있다(아우구스티누스). 집안의 불화는 죄의 결과라는 것을 다윗의 예는 잘 보여 준다(성경 강해가 아스테리우스). 그런데 그리스도를 위해 사는 이들에게는 이유 없이 원수들이 생기는 일이 잦다(디디무스). 과거와 마찬가지로 현재에도 그리스도를 반대하는 가르침이 때때로 나타나 그분의 가르침에 맞선다(오리게네스). 이 시편에서 우리는 "셀라"라는 단어를 처음으로 접하게 된다. "셀라"는 사고의 흐름이 달라지는 것을 나타내거나(니사의 그레고리우스), 리듬이나 형식의 변화를 나타낸다(디오도루스).

주님은 성도들의 영광이며(오리게네스), 성도들은 하느님만 신뢰한다(테오도레투스). 주님은 높이 현양되신 우리의 "머리"이시다(디디무스). 우리는 그분을 희망하며 힘을 얻는다(몹수에스티아의 테오도루스). 시편 제2편을 기억한다면, 지금 주님께서는 당신의 거룩한 산에서 듣고 계시며(에우세비우스), 믿음은 지체 없이 하느님께로 향한다(몹수에스티아의 테오도루스). 시편은 계속해서 그리스도의 부활에 관하여 말하고 있으며(아우구스티누스), 그분의 부활과 함께 우리의 부활에 관해서 말하고 있다(에우세비우스). 그리스도를 부활시키신 분은 성부이시다. 그러나 그리스도의 의지가 배제된 것은 아니다(아우구스티누스).

체험이 있는 신앙은 하느님의 도움을 체념하지 않는다(몹수에스티아의 테오도루스). 신앙은 두려움을 던져 버리며(오리게네스), 수난과 부활을 미리 아신 주님께서 모범으로 보여 주셨듯이(카시오도루스), 승리를 막는 장애물이 없으리라는 것을 확신한다(에우세비우스). 시편 저자는 비유법을 사용하여(카시오도루스) 하느님께 일어나시라고 말씀드린다. 시편 저자는 믿음을 통하여 은총으로 구원받았음을 확신한다(에우세비우스). 하느님께서 악인들의 이를 부수심으로써 그의 옳음을 입증해 주실 것임을 그는 확신한다. 여기에서 "악인들의 이"는 그들의 말과 행위를 가리키며(알렉산드리아의 암모니우스), 그들의 세속적인 생각을 가리킨다(에바그리우스). 곧, 그들의 모든 힘을 의미한다(테오도레투스). 특별히 그들의 지도자들에게 보여 준 대로, 교회는 그들에 맞서 '이에는 이'로 논박한다(아우구스티누스). 하느님은 우리의 구원이시며, 우리에게 구원을 주신다(아우구스티누스). 우리는 믿음으로 구원을 받는다(카시오도루스). 하느님의 아드님의 오심과 그분이 주시는 평화는 곧 우리가 누릴 축복이다(디디무스, 몹수에스티아의 테오도루스).

3,1 표제: 시편. 다윗. 그가 자기 아들 압살롬에게서 달아날 때

많은 이에게 적용되는 내용

이 시편은 다윗이나 그리스도께 해당되는 것일 수 있고, 또 그분을 통하여 모든 성도에게 해당되는 것일 수도 있습니다.

• 히에로니무스 『시편 주해』 3.[1]

주님의 수난과 부활

이 시편의 저자는 그리스도의 인격을 빌려 말하고 있다고 보아야 합니다. 다음 말씀이 이를 잘 보여 줍니다. "나 자리에 누워 잠들었다 깨어남은 주님께서 나를 받쳐 주시기 때문이니"(시편 3,6). 이 말씀은 다윗이 자신을 거슬러 반역한 아

[1] CCL 72,183.

들 앞에서 도망칠 때의 상황보다는 그리스도의 수난과 부활에 더 잘 들어맞는 듯합니다.

• 아우구스티누스 『시편 상해』 3,1.[2]

3,2-3 적대자들이 많기도 하다

죄는 문제들을 일으킨다

성경의 말씀과 예들이 보여 주는 것처럼, 하느님께서는 죄를 징벌하시기 위하여 가족들 간의 분쟁이나 반역, 이중 삼중으로 몰려오는 재앙들을 이용하십니다. 다윗의 목적은 이 시편을 통하여 잘못을 응징하고 교화함으로써 누구도 죄를 짓거나 하느님의 법을 위반하지 않게 하며, 또 죄인들에게 닥쳐올 불행을 경험하지 않게 하려는 것입니다. 다윗은 혼인의 정결을 위반하였기 때문에 자식에게 쫓기게 되었습니다. "살인해서는 안 된다. 간음해서는 안 된다"(탈출 20,13-14)고 말씀하신 하느님의 법에서 멀어졌기 때문에 그는 자식으로부터 달아나고 있는 것입니다. … 오늘날 많은 이들이 가정 안에서 전쟁을 벌이고 있습니다. 어떤 이는 아내의 반대를 받고, 또 어떤 이는 자식한테 포위를 당합니다. 누구는 형제의 지배를 받고, 또 다른 누구는 노예한테 지배를 당합니다. 모두가 괴롭고 고통스럽습니다. 맞서 싸우고, 침략하고, 침략을 당하지만 아무도 왜 그런지 이해하지 못합니다. 그런데 만약 죄의 씨앗을 심지 않았더라면 가정에서 가시덤불과 쐐기풀이 자라는 일은 결코 없었을 것입니다. 만약 그가 자기 죄의 빛을 숨기지 않았다면 그의 가정은 불타지 않았을 것입니다.

• 성경강해가 아스테리우스 『시편 강해』 3,2.[3]

이유 없이 생기는 원수들

증오와 반목의 원인을 전혀 제공하지 않는 사람에게도 이유 없이 원수가 생길 수 있습니다. 예수 그리스도를 위하여 경건하게 사는데 박해를 받는 이들이 바로 그런 경우입니다(2티모 3,12 참조). 구원자께서는 이들에게 말씀하십니다. "사람들이 나 때문에 너희를 모욕하고, 너희를 거슬러 거짓으로 온갖 사악한 말을 하면, 너희는 행복하다!"(마태 5,11). 다윗에게도 이런 일이 일어났습니다. 아무런 이유 없이 그의 원수들이 많이 생겨났는데, 사울과 압살롬 그리고 그들에게 가담한 이들과 같은 원수들입니다. 의로운 사람이었고, 종종 그들에게 큰 선과 친절을 베풀었던 다윗을 그들은 아무런 이유 없이 공격했습니다.

• 장님 디디무스 『시편 단편』 3,8.[4]

그때나 지금이나 그리스도와 맞서다

이 시편의 표제가 말하는 대로 우리는 이 시편이 다윗에게서 나온 것임을 기꺼이 받아들입니다. 역사에 따르면, 어떤 사람들이 다윗을 괴롭혔는데, 그 수가 늘어나면서 그 가운데 많은 이가 압살롬의 편에 섰습니다. … 구원자를 반대하던 이들은 "없애 버리시오. 그를 없애 버리시오"(요한 19,15)라고 외쳤던 유대인들이었습니다. 그들은 그분에게 구원이 없다고 말하였습니다. 바로 이들이 그분이 수난을 겪으실 때 그 곁을 지나가면서 "지금 십자가에서 내려와 보시지. 그러면 우리가 믿을 터인데"(마태 27,42; 마르 15,32)라고 말하였습니다. 그런데 이 구절은 또 이렇게 이해할 수도 있습니다. 그리스도의 법을 모르는 백성들의 통치자들과 교사들은 그리스도에게 적대적이었습니다. 그들의 통치자들에게 충성하고 그들의 가르침을 따르는 백성들은 그

[2] *WSA* 3,15,76.

[3] TLG 2061.001, 3.2.7.

[4] PG 39,1164.

리스도를 재판에 회부하였습니다. 어떤 이들은 그리스도와 반대되는 것을 가르치지도 않고 거짓된 가르침의 인도를 받지도 않았지만 그리스도의 가르침에는 신적 특성이 없다고 생각하고, 또 하느님 안에는 영혼의 구원이 없다고 말합니다. 그들은 그리스도의 재림에 관한 가르침이나 역사적 표징 안에 구원을 약속하는 것은 아무것도 없다고 주장합니다.

• 오리게네스 『시편 발췌 주해』 3,2-3.[5]

3,3 셀라

"셀라"의 의미에 관한 추론

위대한 다윗이 성령의 해석자 역할을 했을 때, 그는 이전에 알았던 것들을 노래로 이야기하였습니다. 그런데 말하고 있는 동안에 무엇인가 새로운 것을 배우게 되면 그는 성령께 굴복하여 음악을 멈추었습니다. 성령께서는 그의 영혼이 듣고 있는 것을 반복해서 들려주셨습니다. 그래서 그가 새로운 생각들로 충만하게 되면 그것을 이야기하기 위하여 다시 가락에 말을 맞추었습니다. "셀라"라는 말의 정의를 알고 있는 사람은 "셀라"(diapsalma)는 시편을 노래하는 중간에 갑자기 등장하는 쉼표이며, 하느님께서 주시는 새로운 생각을 받아들이기 위해 멈추는 시간이라고 말합니다. 또는 "셀라"를 다음과 같이 정의할 수도 있습니다. "셀라"는 한 영혼 안에 신비한 방법으로 주어지는 성령의 가르침인데, 이 새로운 생각에 주의가 집중되면 노래의 흐름은 중단됩니다. … 시편 제3편에서 다윗은 먼저 그의 원수들이 그를 "거슬러 일어났을" 때 겪었던 고뇌와 시련에 대해 말합니다. 이어서 그 단락은 "셀라"로 분리됩니다. 그다음에 다윗은 그의 내면에 신비롭게 구원의 소리를 들려주시는 분께 신뢰를 드러내며 이렇게 말합니다. "그러나 주님, 당신은 저를 에워싼 방패, 저의 영광, 저의 머리를 들어 올려 주시는 분이십니다." 그리고 잘 다듬은 우아한 목소리로 "내가 큰 소리로 주님께 부르짖으면 당신의 거룩한 산에서 응답해 주시네"라고 노래한 후에 다시 음악을 멈춥니다. 이 잠깐의 침묵 동안 그는 인간이 겪는 공통된 불행 중의 하나인 시련을 이겨 낼 수 있는 해결책이 무엇인지를 배웁니다. 성령의 갑작스러운 비추임을 받아 주님의 수난과 연관된 신비를 배우고 난 후에 그는 주님의 입이 되어 이렇게 말합니다. "나 자리에 누워 잠들었다 깨어남은 주님께서 나를 받쳐 주시기 때문이니."

• 니사의 그레고리우스 『시편의 제목』 2,10,115-16.121-22.[6]

리듬과 형식의 변화

간주(diapsalma)와 간주곡間奏曲이라는 두 용어의 차이를 지적할 필요가 있습니다. 간단히 말해서 두 용어의 의미가 무엇인지 밝혀야 합니다. 간주, 곧 "셀라"는 음조나 리듬이 바뀌는 것을 의미하지, 어떤 주석가들이 생각하는 것처럼 생각의 변화를 의미하지 않습니다. 간주곡도 마찬가지입니다. 보통 가수들은 사용되는 악기에 따라 음조를 바꾸기 때문입니다. 따라서 "셀라"는 리듬이나 곡의 형식의 변화를 말하는 것이지, 생각의 변화를 의미하지 않습니다. 어떤 주석가들은 "셀라"와 관련하여 매우 이상한 설명을 제시하곤 합니다. 예를 들어, "셀라"는 성령이 저자의 내면을 왔다 갔다 하시는 것을 가리키며, 이런 일이 일어나지 않으면 생각도 사라져 버린다는 것입니다. 사실 음조나 음악의 형식 변화 외

[5] PG 12,1120.

[6] *GNTIP* 158-60.

에 다른 설명들은 다 터무니없습니다. 마귀들이 자기가 무엇을 말하는지도 모르고 이들에게 하는 것과 같은 방법으로 성령께서 저자들에게 성경 본문을 전달할 은총을 주실 것 같지는 않습니다. 오히려 성령께서는 그들의 정신이 완전히 이해할 수 있도록 이끌어 주시고, 그들은 받은 지식을 자신의 역량에 따라 소리 내어 노래합니다. 점쟁이들처럼 자신들도 이해하지 못하는 말을 내뱉는 것이 아니라 그 말이 지닌 힘을 온전히 이해하고서 노래합니다. 그러므로 앞에서 말한 대로, 간주나 간주곡은 리듬이나 음악 형식의 변화를 말하는 것이지 생각의 변화를 의미하지 않습니다. 한 시편 안에서 어떻게 생각의 흐름이 바뀌는지를 관찰해 보면 다음 사실이 드러납니다. "셀라"가 언급될 때, "셀라" 이전에 언급된 것과 정반대되는 생각이 "셀라" 다음에 따라오는 경우는 없습니다. 대신에 앞의 것과 일관되거나 연결되는 생각들이 이어집니다. 따라서 시편 중간에 나오는 "셀라"는 본문의 사고의 흐름을 방해하는 것이 아님이 분명합니다. 그보다는 이미 사용되고 있던 음악이나 리듬에 조화를 유지하면서 리듬을 변경하는 것을 의미할 것입니다.

• 타르수스의 디오도루스 『시편 주해』 3.[7]

3,4 저의 영광

성도들의 영광

사람들은 분명히 다양한 곳에서 자신의 영광을 찾습니다. 어떤 이들은 국가에서, 어떤 이들은 가문에서, 어떤 이들은 미모에서 자신의 영광을 찾습니다. 또 어떤 이들은 자신의 체력과 경기에 이기는 기술에서 영광을 찾으며, 그래서 격투로 다른 이들을 이겼을 때 의기양양해집니다. 모든 경우를 일일이 나열할 필요가 있겠습니까? 알려지지 않은 신들은 이런 것들을 통하여 영광을 얻으며, 그래서 사도는 "그들은 자기네 수치를 영광으로 삼는다"(필리 3,19)고 하였습니다. 그러나 하느님을 신뢰하는 성도의 영광은 하느님입니다. 이 영광은 아무에게나 주어지지 않습니다. 이 영광은 의롭다고 여겨지는 믿음, 하느님 현존의 표지를 알아보고 그 힘으로 살게 하는 믿음을 통하여 주어집니다. 모세의 영광은 하느님이었습니다. 하느님은 히브리인들과 이집트인들 앞에서 모세에게 당신을 계시하시고 당신의 얼굴을 보여 주실 정도로 이 예언자를 사랑하셨습니다. 엘리야는 과부의 아들을 되살렸고, 비가 내리지 않도록 간청하였습니다. 그리고 하느님께서는 계속해서 그의 기도를 들어주셨습니다. 이런 엘리야의 영광도 하느님이셨습니다. 하느님께서는 이렇게 말씀하셨습니다. "나를 영광스럽게 하는 이들은 나도 그들을 영광스럽게 한다"(1사무 2,30). 과연 그렇습니다. 하느님은 성부께서 주신 힘으로 위대하게 된 이들의 영광이시며, 영적 생명을 유지하기 위하여 하느님께 자신을 맡긴 이들의 영광이십니다.

• 오리게네스 『시편 발췌 주해』 3,4.[8]

하느님만을 신뢰하다

온갖 종류의 원수들이 사방에서 저를 공격합니다. 그들의 수는 많습니다. 그런데 저를 조롱하며 괴롭히는 이들의 수는 더 많습니다. 그들은 당신의 섭리가 저를 떠났다고 내세웁니다. 하지만 당신께서는 저의 온갖 잘못에도 불구하고 저를 계속해서 버려두지 않으실 것임을 저는 압니다. 오히려 반대로 당신께서는 자신이 지은 죄 때문에 겸손해진 이를 들어 올려 주시고, 그를 원수들보다 더 굳세게 해 주실 것입니다. … 저

[7] WGRW 9,11.

[8] PG 12,1121-24.

는 어떤 왕권이나 주권도 신뢰하지 않습니다. 오직 저의 영광이 되어 주실 당신만을 신뢰합니다. 그리고 당신의 오른손이 어서 빨리 저를 들어 올려 주시기를 기대합니다.

• 키루스의 테오도레투스 『시편 주해』 3,2.[9]

우리의 머리가 들어 올려진다

이 시편은 주님의 입에서 직접 발설된 것이기 때문에, 여기에서 들어 올려진 머리는 하느님의 머리를 말합니다. 믿는 이들에게 하느님의 신성은 외적인 표현을 통하여 드러납니다. 여기에서 머리는 "우두머리"를 가리킵니다. 그리스도는 거룩한 백성의 머리이십니다. 따라서 그리스도는 당연히 그들의 임금이시고, 그렇다면 들어 올려진 머리는, 곧 그분의 머리입니다.

• 장님 디디무스 『시편 단편』 3,4.[10]

희망에서 나오는 힘

역경 속에서 단련된 확고한 정신력은 희망을 간직하고 있어서 극심한 고통 속에서도 절대 굴복하지 않기 때문에 중시되어야 합니다. 조롱하는 이들은 저를 더욱 슬프게 만들려고 이런 말로 저는 놀려 댑니다. 하지만 주님, 저는 제가 믿고 있는 것을 희망합니다. 저는 그 희망을 멈추지 않으렵니다. 주님, 당신께서는 제가 노력할 때 저를 도와주시기 때문입니다. 당신은 악의 위험에서 제 발걸음을 지켜 주시고, 제 명예와 가치를 회복시켜 주십니다.

• 몹수에스티아의 테오도루스 『시편 해설』 3,4.[11]

3,5 하느님께서 당신의 거룩한 산에서 응답해 주신다

둘째 시편의 주님

바로 앞의 시편에 이런 구절이 있었습니다. "나의 거룩한 산 시온 위에 내가 나의 임금을 세웠노라!" 이 구절에서 하느님의 거룩한 산이 언급되었습니다. 여기에서 하느님은 그리스도에 관하여 말씀하고 계십니다. 따라서 다윗은 거룩한 산에서 이 말씀을 들으신 분은 그리스도이셨다고 증언합니다. 다윗은 이어서 이렇게 말합니다. '하느님께서 당신의 거룩한 산 시온 위에 임금으로 세우신 주님 외에 누가 그분의 말씀을 들을 것입니까?' 그런데 이제 홀로 시온 산 위에 있게 된 다윗은 이 시편의 말씀(3,4 참조)을 통하여 자신이 용서를 받을 것이며, 영광을 돌려받고, 자신의 머리가 들어 올려지리라는 것을 믿게 되었습니다.

• 카이사리아의 에우세비우스 『시편 주해』 3,5.[12]

신앙은 지체하지 않는다

가장 위대한 신앙은 하느님의 도움을 청하기를 주저하지 않으면서, 청하는 것은 꼭 들어주시리라는 확신을 가지고 하느님께 다가가는 것입니다.

• 몹수에스티아의 테오도루스 『시편 해설』 3,5.[13]

3,6 누워 잠들었다 깨어남은

그리스도에 관한 말씀이다

예언적인 시편들은 [그리스도의] 부활이라는 주제에 관하여 결코 침묵하지 않습니다. … 그리스도의 인격으로 노래하는 시편 제3편의 이 말씀에서 달리 무슨 의미를 읽어 낼 수 있겠습니까? … 이 잠과 깨어남이 그리스도의 죽음과 부활을 예언하는 것이 아니라면, 예언자가 자신이 잠들었다가 깨어났다는 전혀 놀랍지도 않은 소

[9] FC 101,60-61.
[10] PG 39,1164.
[11] CCL 88A,18.
[12] PG 23,96.
[13] CCL 88A,19.

식을 우리에게 전하려 했다는 어리석은 가정을 하는 수밖에 없습니다.

• 아우구스티누스 『신국론』 17,18.[14]

부활에 대한 계시

바로 앞의 시편과 마찬가지로 이 시편에서도 미래가 예언됩니다. … "나는 자리에 누워 잠이 들었다"라는 말씀은 앞으로 일어날 일을 알려 주는 예언적인 말씀입니다. 곧, 이런 의미이지요. '저는 누워 잠이 들 것입니다. 오, 주님, 당신은 저를 받쳐 주시는 이요 저의 영광이십니다. 당신은 제 머리를 들어 올려 주시는 분이기 때문에 저는 일어날 것입니다.' … 여기에서 '잠'이란 죽음을 의미합니다. 곧, 이 시편에는 죽음과 관련하여 미래가 예언되어 있습니다. 그 미래란 구원자가 사는 시절을 말하며, 구원자의 생애가 끝날 때 예언도 종결됩니다. 곧, 사람의 아들 그리스도께서 저승으로 내려가셔서, 포로로 잡혀 멸망을 기다리던 이들에게 분명하게 나타나실 때 예언도 끝이 납니다. 그분께서 죽음에서 부활하실 때, 잠들어 있던 성도들의 몸도 그분과 함께 되살아날 것입니다. 이때에 예언은 성취됩니다. 그분 안에는 다윗의 영과 닮은 것이 깃들어 있었습니다.

• 카이사리아의 에우세비우스 『시편 주해』 3,6.[15]

그리스도의 의지가 배제된 것이 아니다

"주님께서 나를 받쳐 주시기 때문이다"라는 말씀이 그리스도는 스스로 자신의 육체를 일으키지 않았다는 것을 의미한다고 생각해서는 안 됩니다. 성부께서 그를 일으키셨지만 성자도 스스로 일어났습니다. 그분이 스스로 일어났음을 어떻게 증명할 수 있을까요? 그분께서 유대인들에게 하신 말씀을 기억하십시오. "이 성전을 허물어라. 그러면 내가 사흘 안에 다시 세우겠다" (요한 2,19).

• 아우구스티누스 『설교집』 305,3.[16]

3,7 두려워하지 않으리라

체험이 있는 신앙

시편 저자는 자신이 겪는 시련 때문에 하느님의 도움을 체념할 만큼 좌절하지 않으며, 자신을 비난하는 소리에 믿음을 포기하지도 않습니다. 이전의 체험을 통해 주님의 도움을 익히 알고 있는 그는 깊은 확신을 가지고 주님의 사랑을 청하며 울부짖습니다. 그리고 그는 주님의 도우심으로 자신을 둘러싼 모든 시련에서 벗어납니다. "나를 거슬러 둘러선 수많은 무리 앞에서도 나는 두려워하지 않으리라."

• 몹수에스티아의 테오도루스 『시편 해설』 3,7.[17]

믿음은 두려움을 쫓아 버린다

시편의 이 구절은 크나큰 확신을 주시고, 최고의 덕에 이르신 주님께서 하느님께 대한 믿음 때문에 오신다는 것을 분명하게 가르쳐 줍니다. … 구원자께서는 할례를 받은 수천 명의 사람들이 당신을 십자가형에 처하라고 요구할 것이며, 그렇지만 당신의 영은 전혀 두려움을 느끼지 않을 것임을 아시는 까닭에(나는 인간적인 의미로 이런 말을 하고 있습니다), 이런 말씀도 하실 수 있으셨습니다.

• 오리게네스 『시편 발췌 주해』 3,7.[18]

---

[14] FC 24,68-69.

[15] PG 23,96.

[16] *WSA* 3,8,321.

[17] CCL 88A,19.

[18] PG 12,1129.

주님께서 미리 아신 것

그분은 죽음을 두려워하지 않으셨습니다. 죽음은 사흘간만 지속되리라는 것과 그 죽음은 세상을 위한 것임을 미리 알고 계셨기 때문입니다.

• 카시오도루스『시편 해설』3,7.[19]

그 무엇도 방해물이 되지 못한다

그는 수천의 적수들이 성도들의 구원을 질투하여 그들의 부활을 방해하려 들 것임을 예언하였습니다. 하지만 그는 '나는 그 적수들을 아무것도 아닌 것으로 여기리라'고 합니다. 이런 뜻이지요. '나는 죽음을 이기신 나의 변호인을 신뢰한다. 그분은 청동 대문을 부수시고 철 빗장을 완전히 파괴하시어 오랜 세월 닫혀 있던 죽음의 문을 활짝 열어젖히시고, 그분께 알려진 사람들과 더불어 부활의 삶을 준비하셨다. 그분께 알려진 사람들 가운데 하나가 다윗이었다.'

• 카이사리아의 에우세비우스『시편 주해』3,7.[20]

3,8 일어나소서, 주님

비유적 표현

이 말은 하느님께서 잠이나 휴식에서 일어나신다는 것을 의미하지 않습니다. 성경은 하느님에 관해 설명할 때 은유적 표현을 사용합니다. 곧, 하느님을 우리의 행동 양식에 따라서 표현합니다. 은유란 어떤 것을 그것이 속하지 않은 다른 영역의 말로 표현하는 것입니다.

• 카시오도루스『시편 해설』3,8.[21]

믿음을 통한 은총으로 구원받다

죽음 이후에 구원이 있을 것임을 내다본 시편 저자는 자신이 은총으로 구원을 받을 것이며 사랑을 받게 되리라는 것을 믿었습니다. 그는 구원자의 부활에 대한 믿음이 그에게 올 것임을 확신하며, 주님의 부활이 어서 일어나 그것을 통하여 결과적으로 그도 구원을 체험할 수 있기를 기원합니다. … 그는 이렇게 말합니다. '당신께서는 죄인들의 이를 부수십니다.' 죄인들의 이(齒)란 곧 그들이 나를 향해 던지는 신성모독의 말들과 수군거림인데, 당신께서 그것을 모두 없애 버리셨다는 뜻입니다.

• 카이사리아의 에우세비우스『시편 주해』3,8.[22]

죄인들의 말과 행위

그분은 그의 적수들을 치시고, 죄인들의 이를 부러뜨리십니다. 그렇게 하여 그들을 다시 치유하시려는 것입니다. "나는 치고, 또한 고쳐 주리라." 그분은 죄인들의 이, 곧 그들의 사악한 말과 관능적 행위를 부수시는데, 그들의 가장 깊은 속내를 부수시고자 하시기 때문입니다. 아마도 그분은 이런 이들을 적수들과 죄인들이라고 하셨을 것입니다. 그분은 그리스도와 맞서는 모든 죄인들의 이를 부러뜨리셨습니다. 특히 유대인들에게는 그들의 불충실 때문에 그렇게 하셨습니다. 또 다른 시편은 이들의 이(齒)에 관하여 이렇게 말합니다. "저들은 내 백성을 빵 먹듯 집어삼키고, 주님을 부르지 않는다"(시편 14,4). 그분은 죽은 이들 가운데서 부활하실 때 … 이들의 이를 부수셨습니다.

• 알렉산드리아의 암모니우스『시편 단편』3,8.[23]

육적 생각들

"죄인들의 이"란 우리의 본성 때문에 우리에게 일어나는, 이성과는 거리가 먼 생각들입니다.

[19] ACW 51,71.
[20] PG 23,97.
[21] ACW 51,71.
[22] PG 23,97.100.
[23] PG 85,1364.

우리 원수들은 이런 생각들을 통하여 우리에게 접근합니다. 또한 그들은 우리의 육체를 집어삼키기 위하여 거듭하여 그들의 이를 사용합니다. 그것은 육에서 솟아 나오는 것들입니다. 사도가 말하듯이, "육의 행실은 자명합니다"(갈라 5,19).

• 폰투스의 에바그리우스『시편 발췌 주해』3,8.[24]

힘의 상실

"악인들의 이를 부수신다"라는 구절은 악인들의 힘을 전부 빼어 버린다는 뜻입니다. 이 구절은 악인을 들짐승에 비유하는데, 들짐승은 이가 빠져 버리면 전혀 위협적이지 않을뿐더러 쉽게 공격을 당합니다.

• 키루스의 테오도레투스『시편 주해』3,4.[25]

이에는 이로

"악인들의 이"라는 구절은 죄 많은 지도자들로 이해할 수 있습니다. 타락한 삶을 사는 이들과는 얼굴을 맞대지 않으며 올바르게 살아가는 사람들의 공동체에서 권위를 잘못 사용하는 이런 지도자는 잘려 나갑니다. 이들의 "이"에 반대되는 것이 교회의 '이'입니다. 신자들은 교회의 권위를 통하여 이단의 오류에서 완전히 벗어나 그리스도의 몸을 이루는 공동체에 속하게 됩니다. 베드로는 짐승을 죽여 이로 뜯어 먹으라는 말씀을 들었습니다. 이 말씀은 이방인들 안에서 현재 그들의 모습을 죽여 없애고, 대신 그것을 베드로와 같은 상태로 변화시키라는 뜻입니다. … 그러므로 "당신께서는 악인들의 이를 부수십니다"라는 말씀은 '당신께서는 합당한 이유 없이 저를 반대하는 모든 이들을 치심으로써 큰 죄인들을 아무것도 아닌 것이 되게 하셨습니다'라는 의미로 이해해야 합니다.

• 아우구스티누스『시편 상해』3,7.[26]

3,9 주님께만 구원이 있다

주님은 구원이시며 구원을 주신다

구원을 주시는 분은 "구원의 주님"이라 불립니다. 마찬가지로 그분은 당신을 믿는 우리의 구원이십니다.

• 아우구스티누스『삼위일체론』5,14,15.[27]

믿음을 통하여 받다

그는 이 한 문장에 사람들이 믿어야 할 것과 그들이 그분을 통하여 받게 될 것을 모두 담았습니다.

• 카시오도루스『시편 해설』3,9.[28]

성자의 오심

환난을 이겨 낸 사람들에게 주어질 축복이 세상에 성자를 보내신 성부의 뜻 아니고 무엇이겠습니까?

• 장님 디디무스『시편 단편』3,9.[29]

평화

주님께서 주시는 복이란 무엇입니까? 두말할 것도 없이 그것은 평화입니다. 성경 여러 곳에서 "이스라엘에 평화가 있기를!"(시편 125,5) 하고 말하는 대로입니다. 시편 저자는 이런 말씀들을 통하여, 축복이 있는 곳에 평화가 주어진다는 것을 보여 주고자 합니다.

• 몹수에스티아의 테오도루스『시편 해설』3,9.[30]

[24] PG 12,1132.
[25] FC 101,62.
[26] *WSA* 3,15,80-81.
[27] FC 45,193.
[28] ACW 51,72*.
[29] PG 39,1164.
[30] CCL 88A,20-21.

4,1-9 구원과 감사

극심한 고통을 겪고서 주님께 부르짖었는데
그 기도가 이루어져 하느님께 감사를 드리고 싶다면 시편 제4편을 노래하십시오.
아타나시우스『시편 해석에 관해 마르켈리누스에게 보낸 편지』15 [OIP 66]

1 [지휘자에게. 현악기와 더불어.① 시편.
다윗]
2 제 의로움을 지켜 주시는 하느님
제가 부르짖을 때 응답해 주소서.
곤경에서 저를 끌어내셨으니
자비를 베푸시어 제 기도를 들으소서.
3 사람들아, 언제까지 내 명예를 짓밟고
헛된 것을 사랑하며
거짓을 찾아다니려 하느냐? 셀라
4 주님께서는 당신께 충실한 이에게
기적을 베푸심을 알아라.②
내가 부르짖으면
주님께서는 들어 주신다.
5 너희는 무서워 떨어라, 죄짓지 마라.
잠자리에서도 마음속으로 생각하며
잠잠하여라. 셀라
6 의로운 희생 제물을 봉헌하며
주님을 신뢰하여라.
7 많은 이가 말합니다.
"누가 우리에게 좋은 일을 보여 주랴?"
주님, 저희 위에 당신 얼굴의 빛을
비추소서.
8 저들이 곡식과 햇포도주로 푸짐할 때보다
더 큰 기쁨을 당신께서는 제 마음에
베푸셨습니다.
9 주님, 당신만이 저를 평안히 살게 하시니
저는 평화로이 자리에 누워 잠이 듭니다.

① 칠십인역은 '마지막을 위하여'다.
② 히브리어 본문은 '따로 구분해 놓으심을 알아라'다.

둘러보기

"현악기와 더불어"라는 표제는 이 시편이 생각과 행위가 잘 조화된 찬미가임을 말해 준다(디디무스). "마지막을 위하여"란 우리가 그리스도 안에서 얻게 될 승리를 가리킨다(오리게네스, 니사의 그레고리우스).

우리가 어떻게 기도하고 있는지 주의를 기울일 필요가 있으며(요한 크리소스토무스), 기도란 신앙의 문제라는 것을 알아야 한다(오리게네스). 의로운 이들은 그리스도와 함께하는 이들이며(오리게네스), 이들은 결코 기도를 충분히 하였다고 생각하지 않는다(테오도레투스). 다윗은 기도로 위안을 얻었고, 이중의 은총을 체험하였다. 곧, 그의 기도가 기꺼이 받아들여졌고, 그것도 아주 빨리 응답을 받았다(성경강해가 아스테리우스). 하느님의 풍요로움으로 그의 요구가 채워졌고(요한 크리소스토무스), 기대했던 것보다 더 관대한 섭리로 그의 요구가 채워졌다(디오도루스). 어려움이 여전히 남아 있다면 하느님께서는 그것을 직면할 수 있는 용기를 주시고(디디무스), 그 상황을 더 잘 이해할 수 있게 해 주시며(에바그리우스), 마음을 확장시켜 주시고(아우구스티누스), 당신 말씀의 현존을 통하여 기쁨으로 가득 차게 해 주신다(오리게네스). 하느님의 이러한 자비는 우리의 공로 때문이 아니라 하느님의 선하심으로 말미암아 주어진다(몹수에스티아의 테오도루스).

그런데 많은 이들이 하느님의 섭리에 대한 그릇된 생각으로 쉽게 기울어진다(디오도루스). 그들은 비현실적인 것에 초점을 두거나(요한 크리소스토무스), 거짓 가운데서 행복을 추구한다(아우구스티누스). 거짓은 그리스도인들에게는 어울리지 않는다(성경강해가 아스테리우스). 참된 행복은 오직 진리 안에서만 발견할 수 있다(아우구스티누스). 따라서 환란 중에 참으로 행복할 수 있는 유일한 길은 주님께로 돌아가는 것이며(에우세비우스), 죽으셨다가 복된 생명으로 부활하신 그리스도와 하나 되는 것이다(아우구스티누스). 우리는 그리스도 안에서 승리할 뿐만 아니라 아주 뛰어난 승자가 될 것이다(테오도레투스).

하느님께서는 우리의 마음속 깊은 곳에서 나오는 소리, 하느님의 것을 찾는 소리에 귀를 기울이신다(오리게네스). 우리가 기도할 때마다 하느님께서는 바로 그 소리를 들으신다(몹수에스티아의 테오도루스). 하느님께서는 부적절한 요청은 듣지 않으신다. 우리는 이것을 오히려 기뻐해야 하며, 기도에 대한 응답이 지연된다고 해서 결코 낙담해서는 안 된다(요한 크리소스토무스). 언제나 기도 안에서 죄를 뉘우치고 하느님을 추구하는 것을 우리의 원칙으로 삼아야 한다(성경강해가 아스테리우스).

우리가 느끼는 분노에 대해 자신을 성찰해야만 하며(몹수에스티아의 테오도루스), 하느님의 섭리는 자주 우리의 이해를 넘어선다는 사실을 인정해야 한다(디오도루스). 분노가 정당한 것처럼 여겨질 때조차 온화함을 유지해야 하며, 그것이 인간 사회를 위해 도움이 된다(락탄티우스). 지배자의 위치에 있는 이들은 특히 주의해야 한다(암브로시우스). 정당한 분노와 그릇된 분노가 있다(요한 크리소스토무스). 시편 저자의 금지명령은 두 가지로 이해할 수 있다. 곧, 분노를 다른 이를 향해 쏟음으로써 죄를 짓지 말고, 그 분노가 자신을 향하게 함으로써 회개하라는 것이다(아우구스티누스, 카시오도루스). 침묵을 지킬 필요가 있으며(암브로시우스), 침묵이 더 나은 지혜임을 알아차려야 한다(암브로시우스). 침묵은 분노를 소멸시킨다. 그리스도인이 해야 할 응답이 바로 침묵이다(히에로니무스).

밤기도의 습관은 미래의 죄를 피하는 데 특히 도움이 된다(바실리우스). 우리의 침상은 자문회의의 장소이며(요한 카시아누스), 우리가 하는 행위의 이유를 성찰하는 자리다(오리게네스). 우리가 하느님께 드릴 수 있는 최상의 선물은 올바른 의향과 희망에 찬 신뢰다(요한 크리소스토무스). 이 희망은 우리가 상속받게 될 것에 대한 희망이다(오리게네스). 우리가 바칠 제사는 그리스도를 본받는 것이다(카시오도루스).

많은 이들이 별 생각 없이 일상의 삶에 무슨 좋은 일이 있겠느냐고 질문한다(아우구스티누스). 하지만 그들은 하느님의 섭리라고 하는 한낮의 태양을 보지 못하고 있는 것이다(요한 크리소스토무스). 우리에게는 하느님의 선하심을 보여 주시는 확실한 분이 계시며(디디무스), 그분은 우리에게 하느님의 형상이 주는 빛을 되찾아 주신다(베다). 우리가 그 '빛'에 참여할 때 우리의 이해력은 더욱 커지며(오리게네스), 그 빛은 우리의 마음을 기쁨으로 채운다(오리게네스). 하느님께서 매일 섭리로 베풀어 주시는 축복 안에서 우리는 즐거워한다(디오도루스). 우리가 느끼는 큰 기쁨은 하느님의 섭리를 통해 받는 물질적 축복 그 이상이다(요한 크리소스토무스). 그것은 오직 그리스도 안에서만 발견되는 기쁨과 평화이며(아우구스티누스), 무죄한 평화이고(요한 크리소스토무스), 무덤을 넘어서는 평화다(에우세비우스, 디디무스).

4,1 표제: 다윗의 시편

아름다운 조화

시편은 수금이나 양금과 같은 현악기의 반주에 맞추어 부르는 찬가입니다. 영적 의미나 신비적 의미에서 볼 때, 이 시는 진리에 대한 관상입니다. 진리에 대한 관상은 정신 안에서 이루어질 뿐만 아니라 아름답게 조화를 이룬 음악을 통해서도 이루어집니다. 시편 저자는 자신이 효과적인 삶의 길을 따르고 있다고 노래하고, 또 관상의 삶을 따르고 있다고 노래합니다. 그렇게 함으로써 올바른 이성에 따라 행하여지는 행위가 무엇인지를 보여 줍니다. … 그리고 "마지막을 위하여"라는 구절은 최상으로 여겨지는 것을 가리킵니다. 우리를 즐겁게 하는 모든 것은 매력적이고, 바람직하기 때문입니다.

• 장님 디디무스『시편 단편』4, 서론.[1]

그리스도 안에서 승리하는 이들

그리스도께서 다윗으로 불리고 있으므로, "마지막을 위하여"라는 표제가 붙은 시편들은 그리스도의 마지막과 승리를 선포합니다. … 승리는 그리스도께서 정복하신 사람에게 주어집니다. 어떤 사람이 그리스도에게 복종하면, 그는 자신 안에서 일어나는 모든 악을 극복하고, 악으로부터 들어 올려집니다. 그리스도께서는 원하지 않는 이들은 정복하지 않으십니다. 그분은 하느님의 말씀이시기 때문에 오직 설득을 통해서만 그들을 굴복시키십니다. … 사실 다윗의 노래들뿐만 아니라 아삽의 노래들, 그리고 코라의 후손들의 노래에도 "마지막을 위하여"라는 표제가 붙어 있는데, 우리로서는 그것을 이해하기 어렵지 않습니다. 왜냐하면 이 시편들은 모두 그리스도의 형상을 받은 성도들에 대하여 쓴 것이기 때문입니다.

• 오리게네스『시편 발췌 주해』4,1.[2]

연이은 승리

그는 알맞은 때에 그를 거슬러 일어난 이(본래는 하나였지만 악의 동맹을 통해 다수가 된 이)에게서 도망친 후 이렇게 말하였습니다. "저를 괴롭힌 이들이 많고, 다수가 저를 거슬러 일어났습니다"(시편 3,2). 이어서 시편의 다른 내용이 이어지고, 마침내 그의 승리가 시작됩니다. … 승리는 모든 경쟁의 끝입니다. … 일단 승리를 맛보고 나면 원수들을 거슬러 연이은 승리를 거두게 됩니다.

• 니사의 그레고리우스『시편의 제목』2,11,143-44.[3]

4,2 제가 부르짖을 때 응답해 주소서

어떻게 기도할까

기도는 하느님과 사랑으로 결합되는 것이며, 결코 사소한 일이 아닙니다. 기도를 통하여 하느님과 대화하는 습관이 생겨나고 지혜를 추구하도록 격려를 받게 됩니다. … 그런데 우리는 이런 기도의 혜택을 알아차리지 못합니다. 그 때문에 부지런히 기도하지 않고, 하느님의 법에 따라

[1] PG 39,1165.

[2] PG 12,1133.

[3] *GNTIP* 167.

기도에 의지하지도 않습니다. 우리보다 높은 계층의 사람들과 만나 대화할 때 보통 우리는 외모나 걸음걸이, 복장에서 그들과 어울리는 모습이 되려고 신경을 쓰고, 또 그들의 수준에 맞는 대화를 하려고 애를 씁니다. 이와 반대로 하느님께 나아갈 때는 하품을 하거나 긁적거리고, 이리저리 둘러보며 제대로 집중하지 않은 채, 바닥에 뒹굴거나 딴짓을 합니다. 만약 우리가 적절한 공경심으로 하느님께 나아가 그분과 대화를 하기 위한 준비를 갖춘다면, 우리가 청한 것을 얻기도 전에 이미 우리가 얼마나 많은 혜택을 받고 있는지를 알게 될 것입니다. … 하느님께서는 [우리의 기도를 들으실 때] 우리가 하는 말의 아름다움이나 표현력을 보시는 것이 아니라 영의 새로움을 보십니다. 비록 그 자리에서 떠오른 생각을 말씀드린다 하더라도 우리의 간청이 성공적으로 이루어지는 경우가 있습니다. … 굳이 소리 내어 말할 필요가 없을 때도 많습니다. 마음속으로 속삭이듯 그분을 불러도 그분은 기꺼이 귀를 기울여 주실 것입니다. 모세도 한나도 이런 식으로 기도의 응답을 얻었습니다. 어떤 병사도 그분께 다가가는 사람들을 쫓아낼 수 없고, 어떤 호위군사도 하느님을 위하여 그분의 알현 시간을 제한할 수 없습니다. 그분은 '지금은 좋은 때가 아니니 나중에 다시 와라' 하고 말씀하시는 분이 아니십니다. 오히려 여러분이 다가가면 언제나 들어주시는 분이십니다. 점심시간이든 저녁시간이든, 최악의 시간이든, 시장에서나 여행 도중에나, 바닷가나 법정에서나, 재판관 앞에 서 있거나 어느 때라도 그분을 부르면, 그분은 여러분의 간청을 들어주실 것이며, 그것을 방해할 수 있는 것은 아무것도 없습니다. 여러분이 맑은 정신과 뉘우치는 마음으로 눈물을 흘리며 그분께 다가간다면, 세상살이에 관한 것을 추구하기보다는 다가올 것을 갈망하며 영적 유익을 위해 간청한다면, 원수에 대한 저주를 쏟아 내거나 원한을 품지 않는다면, 영혼의 모든 불안을 멀리하고 부서진 마음으로 다가간다면, 겸손하게 온유함을 실천하면서 좋은 소식을 전하기 위해 혀를 사용한다면, 사악한 계획에 가담하지 않고, 세상의 공통 적수인 악마와 어떤 거래도 하지 않는다면, 이렇게 하는 한 하느님께서는 여러분의 간청을 들어주실 것입니다. 이것이 바로 우리가 의롭게 되는 길입니다. 우리가 의롭게 된다면 하느님께서는 우리의 간청을 들어주실 것입니다. 우리에게는 의로운 변호인이 계시기 때문입니다.

• 요한 크리소스토무스 『시편 해설』 4,2-3.[4]

신앙의 문제

청원은 목소리로 바치는 것이 아니라 신앙의 확고함으로 바치는 것입니다.

• 오리게네스 『시편 발췌 주해』 4,1.[5]

결코 충분하지 않은 기도

의로운 이들은 결코 충분히 기도하였다고 생각하지 않습니다. 대신에 그들은 언제나 주님의 도우심을 필요로 하며, 선한 의지의 안내를 받아 기도의 열매를 거두고, 계속해서 청원의 제물을 드립니다. 그들은 기도로부터 오는 혜택이 무엇인지 알기 때문입니다.

• 키루스의 테오도레투스 『시편 주해』 4,2.[6]

그리스도의 삶에 참여하는 자

주님을 부르는 이는 참된 의로움을 지녀야 합

[4] *CCOP* 1,47-49*.

[5] PG 12,1136.

[6] FC 101,64.

니다. 그리스도는 의로운 분이시기 때문에 의로운 사람, 의로움에 참여하는 이는 그리스도의 삶에 참여합니다. "제 의로움의 하느님"이라는 말씀이 교만을 낳게 하지 않으려면 다음과 같이 말할 수 있어야 합니다. 그분은 우리를 위하여 지혜와 의로움이 되셨고, 그분은 우리의 구원자이십니다. 따라서 "제 의로움의 하느님"이라고 말할 때는 "제 주님의 하느님"이란 뜻으로 말해야 합니다.

• 오리게네스 『시편 발췌 주해』 4,1.[7]

이중의 은총

"당신은 고통 중에 있는 저에게 쉼터를 마련해 주셨습니다"(시편 4,1 칠십인역). 하느님께서는 시편 저자에게 두 가지 방법으로 쉼터를 마련해 주셨습니다. 첫째는 그의 기도를 들어주심으로써, 둘째는 그의 기도를 재빨리 들어주심으로써 그렇게 하셨습니다. 기도를 듣기만 하신 것이 아니라 재빨리 들어주셨으므로 이중의 은총이라 할 수 있습니다. 곤경 중에 있을 때 재빨리, 그리고 즉각적으로 그의 기도가 응답된 것을 두고 그는 "쉼터"라고 부릅니다. "당신은 고통 중에 있는 저에게 쉼터를 마련해 주셨습니다." 밀려오던 재앙이 예기치 않았던 고요로 멈춥니다. 풍랑이 이는 바다가 잔잔한 호수가 되고, 폭풍우가 이슬로 바뀌며, 청원을 하는 이는 찬미를 하는 이로 변화됩니다. "당신은 고통 중에 있는 저에게 쉼터를 마련해 주셨습니다." 나는 더 이상 어린아이처럼 입을 벌리지 않습니다. 하느님의 섭리가 어머니처럼 나에게 음식을 주시기 때문입니다. "당신은 고통 중에 있는 저에게 쉼터를 마련해 주셨습니다." 내가 음식을 간절히 원할 때 땅의 열매로, 곡식과 포도주와 기름으로 나를 배불리셨습니다. 그리하여 나뿐만 아니라 나에게 속한 모든 이들이 그것으로 즐거워합니다.

• 성경강해가 아스테리우스 『시편 주해』 5,13.[8]

하느님의 지략

하느님의 창의성과 지략은 이럴 때 특히 더 잘 드러납니다. 시련을 불러오실 때나 사라질 기미가 보이지 않는 시련으로부터 큰 위안을 주실 때에 그러합니다. 이것은 또한 하느님의 권능을 드러냅니다. 하느님의 권능은 낙담한 정신을 위로해 줄 여지가 있을 때에 고통받는 이를 더욱 체념하게 만듭니다. 그러면 그의 고통은 줄어들지 않습니다. 하느님은 느슨해진 정신을 다룰 때처럼 그를 긴장하게 만들고, 그에게서 평정심을 앗아 가 버리십니다.

• 요한 크리소스토무스 『시편 해설』 4,3.[9]

더욱 관대한 섭리

시련에는 두 가지 형태가 있습니다. 우리 자신의 잘못 때문에 자초하는 시련과 고통이 있고, 최선의 의향을 가지고 있음에도 불구하고 맞닥뜨리게 되는 시련이 있습니다. 앞의 시련은 인내와 끈기를 요구합니다. 이런 고통을 받는 이들은 하느님에게서 오는 것은 어떤 해악도 없음을 알아야 합니다. 그들은 바로 자기 자신이 개인적으로 뿌린 가시를 거두고 있습니다. 이와는 대조적으로 좋은 지향에도 불구하고 맞게 되는 시련의 경우는 정당한 탄원의 대상이 됩니다. 강도의 희생자가 되거나 배가 난파한 경우, 또는 질병으로 인해 죽음이 임박한 경우에 정당한 탄원은 기쁨을 가져옵니다. 다윗은 본의 아니게 곤란에 처

[7] PG 12,1136.

[8] TLG 2061.001, 5.13.3.

[9] *CCOP* 1,49.

하여 하느님의 도움을 간청했을 때, 그 곤란에서 구출되었을 뿐만 아니라 하느님의 더욱더 관대한 섭리를 체험하게 되었다는 것을 자주 확인하였습니다. 비록 시련이 영혼을 제약하고 낙담하게 하지만, 위안과 기쁨은 영혼을 확장시키고 기운차게 하기 때문입니다.

• 타르수스의 디오도루스 『시편 주해』 4.[10]

용기

하느님께서는 재난을 완화시켜 주시거나 악한 행위를 막아 주시는 대신에 때로는 재난을 굳건히 견디어 낼 수 있는 용기를 주십니다.

• 장님 디디무스 『시편 단편』 4,2.[11]

더 깊어진 이해

고통과 시련을 받는 이유를 깨달을 때마다 우리의 정신은 더욱 활짝 열립니다.

• 폰투스의 에바그리우스 『시편 발췌 주해』 4,2.[12]

더 넓어진 마음

내 의로움의 근원이신 하느님을 불렀을 때 하느님께서 나에게 응답해 주셨다고 시편 저자는 말합니다. … 하느님은 슬픔으로 답답하던 상황에서 나를 끌어내시어 기쁨과 즐거움이 넘치는 너른 들판으로 인도하셨다고 합니다. … 박해하는 자들이 그를 둘러싸고 구석진 곳으로 내몰아도 [시편 저자의] 마음은 칙칙한 작은 방에 머물러 있지 않습니다. 시편 저자는 "그분은 들어주셨다"라고 말할 때는 3인칭 주어를 사용하였는데, 이어서 "당신은 저를 너른 해방 공간으로 이끄셨다"고 할 때는 2인칭 주어를 사용함으로써 갑작스러운 인칭의 변화를 보이고 있습니다. 만약 이것이 다양성과 문체의 우아함을 위한 것이 아니라면 왜 첫 번째 경우에는 그의 기도가 응답되었다는 것을 모든 사람에게 말하고, 두 번째 경우에는 그의 기도를 들어주신 분께 이야기하고자 하였는지 의아스럽습니다. 어쩌면 그는 기도가 응답되었을 때 얼마나 그의 마음이 넓어졌는지에 대해 먼저 말한 후에 하느님과 대화하고자 하였는지 모릅니다. 이것은 우리의 마음이 넓어진다는 것이 무엇을 의미하는지를 보여 주는 또 하나의 방법입니다. 마음이 넓어진다는 것은 우리 마음에 하느님이 부어졌다는 것을 의미하며, 하느님과 내적으로 대화할 수 있게 되었다는 것을 의미합니다.

• 아우구스티누스 『시편 상해』 4,2.[13]

말씀을 통하여 얻은 기쁨

여기에서 "쉼터"는 우리를 격려하시고 구원하시는 하느님 말씀의 도움과 현존을 통하여 결정적인 순간에 하느님에게서 우리에게 오는 기쁨과 환희를 의미합니다.

• 오리게네스 『기도론』 30,1.[14]

우리의 공로 때문이 아니다

하느님의 자비를 구하는 이는 자신의 공로로 맺은 열매나 자신의 열정의 결과를 요구하는 것이 아니라 하느님의 인내와 친절에서 솟아나는 도움을 바란다는 것을 분명하게 보여 줍니다.

• 몹수에스티아의 테오도루스 『시편 해설』 4,2.[15]

4,3 헛된 것들

잘못된 생각

사실 그들의 오류는 하느님께서 섭리를 행사

[10] WGRW 9,13-14.
[11] PG 39,1165.
[12] AnSac 2,452.
[13] *WSA* 3,15,85-86.
[14] *OSW* 162.
[15] CCL 88A,22.

하지 않으신다고 주장하는 데 있습니다. 그들의 헛된 생각은 심판관이 심문을 하지 않으리라는 확신에서 나옵니다. 죄인들은 언제나 이런 생각에 사로잡힙니다. 그들은 벌을 받지 않으리라고 생각하고, 재판관의 역할도, 섭리도 부정합니다. 그러나 사실은 그렇지 않습니다. 하느님께서는 절대로 그렇지 않다고 말씀하십니다.

• 타르수스의 디오도루스 『시편 주해』 4.[16]

사실이 아니다

"헛된 것"이라는 말은 이름은 있으나 실체가 없는, 텅 빈 무엇을 가리킬 때 사용됩니다. 그리스인들에게는 이름은 있으나 실체가 없는 신들이 많습니다. 그 외에도 많은 것들이 그러합니다. 부富란 이름은 있으나 실체가 없으며, 영광 역시 이름은 있지만 그 실체는 흔적조차 없습니다. 힘 역시 이름을 가지고 있으나 그 이름을 뒷받침해 줄 실체는 없습니다. 빈 이름만 있는 것들을 찾아다니고 당연히 피해야 할 허황된 것들을 추구할 만큼 부주의한 자들은 누구입니까? 인생의 쾌락과 번영이 바로 그런 허황된 것들 아닙니까? 그것들은 모두 잘못된 길로 이끌고 속이는 것들 아닙니까? 영광과 부와 권세 역시 모두 헛됩니다. 그래서 코헬렛은 말하였습니다. "허무로다, 허무! 모든 것이 허무로다!"(코헬 1,2). 영감 받은 저자가 삶의 부조리함을 보고 낙심한 것도 바로 이 때문입니다. 만약 빛을 피하고 어둠을 찾는 사람을 본다면 우리는 그에게 이렇게 말 할 것입니다. '왜 당신은 그런 이상한 짓을 하는 거요?' 영감 받은 저자도 "왜 당신은 헛된 것을 사랑하며 거짓을 찾아다니려 하는가?"라며 똑같은 말을 하고 있습니다.

• 요한 크리소스토무스 『시편 해설』 4,6.[17]

사람들이 좇는 거짓

당신이 찾아다니는 거짓은 무엇입니까? 내가 말해 주겠습니다. 여러분 모두는 행복하길 원합니다. 행복한 삶을 살기 원하지 않는 이가 어디에 있습니까? 말해 보십시오. 강도도, 악당도, 간음한 자도, 마법사도, 상상할 수 있는 모든 악에 물든 자도, 온갖 종류의 비행과 범죄에 빠져 있는 자도 모두 행복하기를 바랍니다. 여러분 모두 행복한 삶을 살고자 한다는 것을 잘 알고 있습니다. 그런데 무엇이 사람의 인생을 행복하게 합니까? 그것은 여러분 모두가 찾고 있지 않은 어떤 것입니다. 여러분은 황금으로 행복할 수 있다고 생각하여 황금을 찾아다닙니다. 하지만 황금이 여러분을 행복하게 하지 않습니다. 왜 거짓을 찾아다닙니까? 왜 이 세상에서 최고의 위치에 오르고자 합니까? 사람들에게서 받는 영예와 세속적인 승리로 행복할 수 있다고 생각하기 때문입니다. 그러나 세속적인 승리가 사람을 행복하게 하지 않습니다. 왜 거짓을 찾아다닙니까? 무엇을 찾아다니든 세속적 방법으로 그것을 추구하고, 세상을 사랑함으로써 그것을 얻고자 한다면, 행복하기 위하여 그것을 찾아다닐지라도 지상의 어느 것도 당신을 행복하게 해 주지 않습니다. … 당신이 찾고 있는 것은 속임수이며, 거짓입니다.

• 아우구스티누스 『설교집』 231,4.[18]

그리스도인에게 어울리지 않는 것

형제들이여, 영혼을 찌르는 칼이나 되는 것처럼 거짓에서 도망칩시다. … 전쟁터에서 암호로 전우와 적군을 구별하는 것처럼 인간사의 전쟁

[16] WGRW 9,14. [17] *CCOP* 1,55-56.
[18] *WSA* 3,7,21*.

터에서도 하느님의 친구들은 진실성으로 그리고 거짓을 퍼뜨리지 않는 것으로 구별됩니다. 거짓 말쟁이들은 혀라는 칼로 스스로를 죽입니다. 위증이나 거짓을 말하지 않는 입은 말로 하느님을 기쁘시게 합니다. 우리는 거짓말하지 않는 친구와 가족을 존경하고, 그가 부탁할 때 기꺼이 들어줍니다. 그렇다면, 거짓을 거들떠보지 않으시는 하느님께서는 더욱더 기꺼이 들어주실 것입니다. 하느님께서는 어떤 사람의 혀가 순수하며 흠 없고 진실한 것을 보시면, 그의 말이라면 쟁반에 담긴 선물이라도 되는 양 받아 주십니다. … 자색 옷과 왕관이 임금에게 어울리는 것이라면 거짓은 그리스도인에게 어울리지 않습니다. 거짓이 없는 그리스도인은 가까운 이들, 곧 친구와 이웃, 동업자들에게 존경을 받습니다. 마귀들은 그를 두려워하고 천사들은 그를 사랑합니다. 천사들은 즐거워하며 그에게 천상 왕국의 문을 열어 줍니다.

• 성경강해가 아스테리우스 『시편 주해』 5,24.[19]

참된 행복

왜 당신은 가장 값없는 것으로 행복하고자 합니까? 진실만이 사람들을 복되게 하고, 진실을 통해서만 모든 것이 참된 것이 됩니다. 허무를 행하는 이들에게는 허무만 남습니다. "모든 것이 허무로다! 태양 아래에서 애쓰는 모든 노고가 사람에게 무슨 보람이 있으랴?"(코헬 1,2-3)고 하였습니다. 그런데 왜 당신은 일시적인 것에 대한 사랑에 묶여 있습니까? 왜 중요하지도 않은 것을 최고로 중요한 것이나 되는 듯이 추구합니까? 그것은 다름 아닌 허무와 거짓일 뿐입니다. 그런데 당신은 그림자처럼 지나가 버릴 그 모든 것이 당신과 함께 영원히 머물기를 바랍니다.

• 아우구스티누스 『시편 상해』 4,3.[20]

주님께로 돌아서라

여기에서 다윗은, 시험을 받고 여러 가지 시련을 겪을 때 하느님 안에서 피신처를 찾기보다 다른 것을 찾는 이들에 관하여 말하고 있는 것 같습니다. 다윗은 묻습니다. '시련의 때에 동요하고 분노하는 것이 왜 필요한가요? 고집스러운 자들아, 무엇이 그대들을 헛됨에 굴복하게 만드는가? 왜 거짓을 추구하고 진실을 외면하는가? 이런 것들에 귀를 기울이는 대신에, 주 하느님은 모든 것을 지켜보시고 조정하시는 분이시며, 의인을 결코 저버리지 않으시고 그들을 위해 기적을 행하시는 분임을 알라. 그대가 올바르다면, 주님께서는 그대가 부를 때마다 그대와 내게 다가오시는 분이심을 아시오.'

• 카이사리아의 에우세비우스 『시편 주해』 4,3.[21]

참된 행복에 이르는 법

행복하고 싶습니까? 그렇다면 행복하기 위해 가져야 할 것이 무엇인지 보여 주겠습니다. "언제까지 고집스러운 마음을 가지려느냐? 왜 헛된 것을 사랑하며 거짓을 찾아다니려 하느냐?" 그리스도는 우리의 비참함 안으로 들어오셨습니다. 그분은 배고프시고 목마르셨으며, 피곤하셨고, 잠드셨으며, 기적을 행하셨고, 고통을 겪으셨으며, 매 맞으셨고, 가시관을 쓰셨으며, 침 뱉음을 당하셨고, 뺨을 맞으셨으며, 나무에 못 박히셨고, 창에 찔리셨으며, 무덤에 안장되셨습니다. 그러나 사흗날에 다시 살아나셨습니다. 모든 수고가 끝났고 죽음이 죽었습니다. 네, 그분의 부활에 주목하십시오. 하느님께서는 당신의 거룩한 이를 죽은 이들 가운데에서 되살리시고

[19] TLG 2061.001, 5.24.1.

[20] *WSA* 3,15,86-87.

[21] PG 23,105.

하늘에서 당신 오른편에 앉게 하실 만큼 영광스럽게 하시지 않았습니까? 정녕 행복하고 싶다면 무엇을 음미해야 하는지 하느님께서 보여 주셨습니다. 보십시오. 여러분은 행복할 수 없습니다. 이 세상에서는 행복할 수 없습니다. 아무도 그럴 수 없습니다. … 그런데 그리스도께서 이 세상에 오시어 … 우리의 나쁜 것들을 취하셨습니다. … 그분은 우리에게 당신의 생명을 약속하셨습니다. 그분께서 하신 일은 도저히 믿기 어려운 것입니다. 그분은 당신의 죽음으로 우리를 되사셨습니다. 마치 이렇게 말씀하시는 것 같습니다. '나는 너를 내 생명에로 초대한다. 그곳에서는 아무도 죽지 않고 삶은 참으로 행복하며, 음식은 상하지 않고, 충분한 양식이 제공되며, 약해지는 일도 없다. 천사들이 사는 곳, 성부와 성령과 우정을 나누는 곳으로 너를 초대한다. 나의 형제, 자매가 되도록, 곧 나 자신이 되도록 너를 초대한다. 나는 너를 내 생명에로 초대한다. …' 그러니 썩어 없어질 육체로 사는 동안 습관을 바꿈으로써 그리스도와 함께 죽고, 의로움을 사랑함으로써 그리스도와 함께 삽시다. 우리에게 오신 분께 다가가고, 우리를 위하여 죽으신 분과 함께한다면 우리는 행복하고 복된 생명을 누리게 될 것입니다.

• 아우구스티누스 『설교집』 231,5.[22]

4,4 충실한 이들을 따로 세우시다

빼어난 승리

하느님께서는 지금 내가 겪고 있는 곤란에서 나를 벗어나게 해 주실 뿐만 아니라 눈에 띄는 빼어난 승리를 하게 해 주신다는 것을 너는 보게 되리라. 이것이 바로 "기적을 베푸신다"라는 말의 뜻입니다.

• 키루스의 테오도레투스 『시편 주해』 4,3.[23]

하느님께서 부르짖음을 들어 주신다

이것은 하느님께 이르는 큰 부르짖음입니다. 사람들이 목청껏 내지르는 소리를 말하는 것이 아니라 내면에 담긴 말을 순수하게 쏟아 내는 것을 말하며, 이 소리는 하느님에게까지 이릅니다. 사람에게는 마음의 가장 깊은 곳에서 울려나오는 소리가 있음을 깨달아야 합니다. 마음의 가장 깊은 곳, 곧 심연은 신체의 기관이 아닙니다. 침실에 들어가 마음을 고요히 가라앉힌 후에 자신의 신체를 초월하여 깊이 감추어 둔 감정의 문으로부터 부르짖으며, 이 소리를 들으실 수 있는 유일하신 분께 말씀을 드립니다. 하느님께서는 모세에게 이렇게 말씀하셨습니다. "너는 어찌하여 나에게 부르짖느냐?"(탈출 14,15). 그런데 이 구절의 문맥 어디에서도 모세가 들을 수 있는 소리로 외쳤다는 언급이 없습니다. 이것은 모든 유배민들이 부르짖었던 소리입니다. 하지만 그들은 이 지상의 가변적인 것들에 대하여 하느님께 부르짖었습니다. 다음 말씀을 통해 알 수 있듯이 구원자께서는 성부께 부르짖으실 때 그런 지상적인 것들에 대한 호소는 제쳐 두셨습니다. '위대한 것들을 추구하여라. 그러면 사소한 것들도 곁들여 받게 될 것이다. 천상의 것을 추구하여라, 그러면 지상의 것들도 곁들여 받게 될 것이다'(마태 6,33 참조).

• 오리게네스 『시편 발췌 주해』 4,4.[24]

자주 기도하라

큰 걱정이 있을 때마다 나는 하느님을 부릅니다. 아무리 자주 불러도 그분께서는 지체 없이

[22] *WSA* 3,7,22-23*.

[23] FC 101,65.

[24] PG 12,1141.

들어 주십니다. 따라서 이 경험은 하느님의 섭리에 관한 예라고 할 수 있는데, 나와 다른 이들을 위하여 주어진 예입니다. 그런데 자신의 비참함에 매여 있는 자들은 습관적으로 불평의 늪에 빠져서 하느님께 투덜거리며, 하느님은 인간사에 아무런 관심을 기울이지 않으시고 올바르게 인간 세상을 다스리지도 않으신다고 내세웁니다.

• 몹수에스티아의 테오도루스 『시편 해설』 4.4.[25]

하느님께서 기도를 들어주지 않으실 때

많은 이들의 기도가 왜 가납되지 않느냐고 그대는 묻고 있습니까? 그들이 부적절한 탄원을 드리기 때문입니다. 이 경우에는 하느님께서 기도를 들어주시지 않는 편이 더 낫습니다. 설령 하느님께서 우리 기도를 들어주셨다 해도 우리는 그것으로 별로 행복하지 않았을 것입니다. 대신에 하느님께서 기도를 들어주시지 않았다면 그 때문에 찬미를 드리게 될 것입니다. 다시 말하면, 우리가 부적절한 청원을 드렸을 때는 그것을 얻지 못하는 편이 더 낫습니다. 다른 한편, 우리가 좋지도 나쁘지도 않은 것을 청한다면 하느님께서는 그 응답을 미루심으로써 우리가 그분께 지속적으로 간청하도록 우리를 꾀어내십니다. 이로써 적지 않은 것을 얻게 됩니다. … 그러므로 우리 기도가 들어지지 않았다 하더라도 포기하거나 동요하지 말고 무감각해지지도 마십시오. 오히려 지속적으로 간청하십시오. 결국 하느님께서는 최선의 것을 주시기 위해 모든 것을 하십니다.

• 요한 크리소스토무스 『시편 해설』 4,7.[26]

우리를 위한 원칙

바로 앞의 시편에서 [다윗은] 압살롬에게서 박해를 받았습니다. 그는 아들로부터 도망치고 있었기 때문에 수치스러웠고, 아들과 전쟁을 할 내적 힘을 갖지 못했습니다. 그래서 그는 기도하였습니다. 기도는 폭군의 목을 매달고, 폭군의 억압을 받는 이를 보호합니다. 만약 여러분이 그에게 어떻게 압살롬을 골리앗처럼 쳐부수고 이길 수 있었느냐고 묻는다면, 그는 '기도로 무장하여'라고 대답할 것입니다. "내가 부르짖을 때 내 의로움의 하느님께서 응답해 주셨다." 그의 기도가 발설되자 그 폭군은 나무에 매달리게 되었습니다. 이와 같이, 내가 죄를 지으면 하느님께서는 나를 거슬러 들고 일어나시며, 내가 회개하면 나를 고쳐 주시기 위하여 짓눌리고 짓밟힌 당신을 보여 주십니다. 마찬가지로 우리가 죄를 지으면 하느님께서는 우리를 거슬러 원수들을 일으키실 것입니다. 그러니 그 원수와 맞서 싸울 때 우리가 해야 할 유일한 것은 그 싸움의 이유를 찾는 것입니다. 우리가 죄를 지었다면 그것을 바로잡아야 합니다. 그렇게 한다면 우리 눈앞에서 원수들이 쓰러지는 것을 보게 될 것입니다. 그러므로 원수에게 직접 복수하지 않는 것을 우리의 원칙으로 삼아야 합니다. 우리의 죄 때문에 하느님께서 그들이 우리를 거슬러 일어나게 하신 것이기 때문입니다. 여러분에게 맞서는 자들의 파멸을 보고 싶은가요? 죄를 뉘우치십시오. 그러면 원수들이 쓰러질 것입니다.

• 성경강해가 아스테리우스 『시편 주해』 5,8.[27]

4,5 화를 내더라도 죄짓지는 마라

질문

다윗은 "화를 내어라"라고 말한 뒤에 "죄짓지

---

[25] CCL 88A,22-23.

[26] *CCOP* 1,58.

[27] TLG 2061.001, 58.1.

마라"라고 덧붙였습니다. 나는 그가 말한 것을 의문문의 형태로 제시합니다. '화가 나는가? 죄 짓지 마라.' 비록 당장의 문제로 격해진 마음 때문에 혼란스럽고 덫에 걸린 듯이 느껴질 때라도, 분개해야 할 숱한 이유가 있다 해도, 이성과 자제력의 지배에서 벗어난 것을 사실이라고 생각하지 마십시오. 그것은 분노로 격해진 정신이 우리에게 강요하는 것일 뿐입니다. 이에 대한 가장 확실한 증언은 그대가 흥분한 상태에서 알고 말하는 것은 이성이 아니라 경험에서 나온 것이기 때문에 그대의 의견에는 진리가 결핍되어 있다는 사실입니다.

• 몹수에스티아의 테오도루스 『시편 해설』 4,5.[28]

우리의 이해를 넘어서다

화가 날 때, 하느님의 섭리가 없다고 생각하며 더 죄를 짓는 일이 없도록 하십시오. 대신, 일어난 일들의 대부분이 그대의 이해를 넘어선다는 사실을 깨달으십시오. 모든 것을 알고 행하실 수 있는 분께 맡겨 드리는 편이 더 낫습니다. 우리는 외과의사에게 그들이 가진 기술 때문에 환자를 지지거나 칼을 대도록 맡기고, 환자가 아파서 소리를 지르더라도 외과의사에게 화를 내지 않습니다. 훌륭한 외과의사가 환자의 상처를 지지거나 칼을 대는 것처럼 하느님께서도 우리가 중대하고 괴로운 사건에 말려들게 하십니다. 그럴 때에 우리는 하느님께서 우리의 유익을 위하여 모든 것을 하시고, 좋은 결과만 일어나리라는 것을 확신하며, 그분의 뛰어난 기술에 우리 자신을 더욱더 맡겨야 하는 것 아닙니까? 그래서 시편 저자는 "화가 나는가?" 하고 물으며 "죄 짓지 마라"라고 합니다.

• 타르수스의 디오도루스 『시편 주해』 4.[29]

인간 사회에 유익한 온화함

화가 나더라도 죄짓지 말라고 주님께서 명령하셨을 때, 그분 역시 화를 뿌리째 뽑아 버리신 것이 아니라 억제하셨음이 분명합니다. 따라서 우리도 모든 노력을 다해 온화함과 공평을 유지해야 합니다. … 주님께서는 세상의 유익을 위하여 올바르고 도움이 되는 것을 하도록 명하셨습니다.

• 락탄티우스 『하느님의 진노』 21.[30]

통치자들이 각별히 새겨야 할 말씀

이 말씀으로 주님께서 우리에게 화를 내라고 명령하신 것이 아닙니다. 인간의 본성 때문에 그것을 허락하신 것입니다. 우리는 화를 느끼지 않을 수 없지만 적어도 그것을 누그러뜨릴 수는 있습니다. 따라서 화가 났을지라도, 곧 본성에 따라 감정이 자극되었을 때라도, 죄를 짓지 않아야 합니다. 본성을 거스를 수 있어야 합니다. 자신을 다스릴 수 없는 사람이라면, 다른 사람들을 다스리는 일은 더욱더 힘들 것입니다.

• 암브로시우스 『서간집』 63,60.[31]

정당한 분노와 그릇된 분노

시편 저자는 화를 쫓아 버리지는 않았습니다. 왜냐하면 그것도 쓸모가 있기 때문입니다. 격분도 없애지 않았는데, 이 또한 잘못하는 자들과 태만한 자들을 다루는 데 도움이 되기 때문입니다. 한편, 그릇된 화와 부당한 분노에 대해서도 말합니다. … 좋은 이유로 화를 내는 것은 괜찮습니다. 예를 들어, 바오로가 엘리마스에게 화를 낸 것이나 베드로가 사피라에게 화를 낸 경우

[28] CCL 88A,23.
[29] WGRW 9,14-15*.
[30] ANF 7,277.
[31] LCC 5,274*.

처럼 말입니다. 그것은 순수하고 단순한 화라기보다는 올바른 사고와 숙고와 훌륭한 처신이 동반된 화입니다. 아버지는 아들에게 화를 내도 되는데, 아들에 대한 염려에서 나오는 것이기 때문입니다. 순수하고 단순한 화의 경우에는 보복을 하려 드는 이가 쉽게 화에 굴복당합니다. 그러나 올바른 사고와 처신이 동반된 화의 경우, 다른 이의 잘못을 바로잡으려는 이는 누구보다 온화한 사람이라 할 수 있습니다. 성경에는 하느님께서 화를 내셨다는 언급이 종종 있습니다. 이때에 하느님께서는 개인적 복수를 하려고 화를 내시는 것이 아니라 우리를 바로잡기 위하여 화를 내십니다. 그러니 우리도 이를 본받읍시다. 다른 사람들의 행동에 대하여 하느님처럼 반응한다면 이 화는 하느님과 닮은 화입니다. 그렇지 않다면 그것은 인간적 대응일 뿐입니다. 하느님께서 우리와 다른 점은 하느님께서는 좋은 이유로 화를 내신다는 것이며, 하느님 안에 있는 화는 격정이 아니라는 점입니다.

그러니 우리도 성급히 화내지는 맙시다. 물론 화는 어떤 목적이 있어서 우리에게 일어난 것입니다. 죄를 짓기 위해서가 아니라 다른 이들의 죄를 저지하기 위함이며, 격정과 고통을 낳으려는 것이 아니라 그 격정을 치유하기 위함입니다. … 이런 화는 굼뜬 정신을 자극하고 영혼에 힘을 불어넣는 유익한 도구로서, 학대받은 이들의 운명에 좀 더 관심을 기울이고, 음모를 꾸미는 자들과는 맞설 수 있도록 우리를 돕습니다. 바로 이 때문에 시편 저자는 "화가 나더라도 죄짓지 마라"라고 말하는 것입니다.

• 요한 크리소스토무스 『시편 해설』 4,7-8.[32]

이 말씀을 이해하는 두 가지 길

"화를 내어라. 그러나 죄짓지 마라"라는 말씀은 두 가지 뜻으로 이해할 수 있습니다. 첫째, 화가 나더라도 죄짓지 마십시오. 우리의 죄스러운 유산 때문에 어쩔 수 없이 강한 감정이 솟구친다고 하더라도 이 감정이 이성과 정신에 어긋나게 하지 말라는 뜻입니다. 그렇게 하면 정신은 안으로부터 새로워져서 하느님과 일치됩니다. 실로 우리는 아직은 육체 안에 있으면서 죄의 법을 따르지만 정신으로는 하느님의 법을 섬기는 이들이기 때문입니다. 둘째, 가서, 회개하라! 곧, 과거의 죄에 대하여 자신에게 화를 내고, 미래에는 다시 죄짓지 마십시오.

• 아우구스티누스 『시편 상해』 4,6.[33]

화의 종류

분노가 폭발하는 데까지 이르지 않은 화는 용서받을 수 있습니다. 성경에 따르면 "화를 정복한 이는 성읍을 정복한 자보다 낫다"(잠언 16,32)고 합니다. 따라서 화를 조절하라는 명령이 추가되어야 합니다. 그래야 이미 화가 났다 하더라도 충동적인 성급함으로 죄를 짓지 않게 됩니다. 인간의 약함으로 인하여 우리는 자신의 뜨거운 감정을 온전히 지배하지는 못합니다. 그러나 하느님 은총의 도움으로 이성의 단련을 통해 그것을 다스릴 수 있습니다. 그래서 복된 예언자는 정상적 행위는 허용하지만 비난받을 만한 행위는 금지하였습니다. 왜냐하면 만약 우리가 주님을 묵상함으로써 화를 완전히 억제하는 데 실패하여 분노를 드러냈지만 어떤 피할 수 없는 장애로 인하여 우리의 목적이 좌절되었다면, 원하는 결과도 얻지 못하였을 뿐만 아니라 죄책감까지 안게 되는 것이 분명하기 때문입니다. 어떤 이들은 현

[32] *CCOP* 1,59-60.

[33] *WSA* 3,15,88*.

재의 악을 피하기 위하여 과거의 죄에 대하여 분노해야 한다는 의미로 이 구절을 해석합니다. 과거의 잘못을 정당하게 비난하지 않는다면 새로운 잘못을 피할 수 없기 때문입니다. 자신에게 화를 내는 것이 회개 아니고 무엇이겠습니까? 자신의 행위에 대경실색하고 스스로 고문을 가함으로써, 분노한 심판관이 우리를 치지 않도록 하는 것이 회개가 아닙니까?

• 카시오도루스 『시편 해설』 4,5.[34]

입을 다물어라

그대의 입에 문을 달아 필요할 때에는 닫을 수 있게 하십시오. 주의 깊게 그대의 입에 빗장을 걸고, 아무도 그대가 화가 나서 목소리를 높이거나 폭력을 폭력으로 갚게 만들도록 하지 마십시오. 그대는 오늘 이런 말씀을 들었습니다. "화가 나더라도 죄짓지 마라." 그러므로 화가 나더라도(이 감정은 우리 본성 때문에 일어나는 것이지 우리의 의지로 일어나는 것이 아닙니다) 죄에 떨어지지 않도록 우리 입에서 나쁜 말이 새어 나오지 않게 합시다. 그대의 말에 멍에와 저울을 다십시오. 곧 겸손과 온유를 더하여 그대의 정신이 그대의 혀를 다스리게 하십시오. 고삐를 바짝 매어 혀를 억제하십시오. 스스로 자신을 억제할 수 있게 하는 수단을 만들어, 그대의 혀가 절제를 상기하게 하십시오. 공평의 저울에 달아 본 말들만 하십시오. 그러면 그 말에는 진지한 의미가 담기고 말투에는 무게가 있으며 단어는 적절히 선택된 것일 것입니다.

• 암브로시우스 『성직자의 의무』 1,3,13.[35]

더 나은 지혜

철학자들 가운데 가장 위대한 이는 분노로 인한 범죄로 벌 받을 일이 없는 사람이라는 말이 있습니다. 성경에는 이보다 더 훌륭한 말씀이 있습니다. "화를 내더라도 죄짓지 마라." 죄에 대해 변명을 하기보다는 죄를 짓지 않는 것이 더 좋습니다. 분노로 흥분하여 복수하려 드는 것보다 분노 대신 자비를 찬미하게 하는 것이 더 낫습니다.

• 암브로시우스 『테오도시우스의 죽음』 14.[36]

그리스도인의 응답

화를 내는 것은 인간적이고, 그 화를 끝내는 것은 그리스도인다운 것입니다.

• 히에로니무스 『서간집』 130,13.[37]

밤기도

하루의 일과가 끝났을 때, 우리에게 주어진 것들에 감사드리고, 또 우리에게 주어진 것들 가운데 우리가 올바르게 행할 수 있었던 것들에 대해 감사드리며, 자발적이든 비자발적이든 우리가 하지 못했던 일들을 고백하고, 말과 행위나 마음으로 범한 우리가 알지 못하는 잘못까지도 고백해야 합니다. 이러한 기도로써 우리의 모든 잘못에 대하여 하느님과 화해하게 됩니다. 같은 잘못에 다시 떨어지지 않으려면 과거의 행동을 성찰하는 것이 큰 도움이 됩니다. 그래서 시편 저자는 이렇게 말합니다. "잠자리에서 네 귀에 네가 한 말들을 한탄하여라."

• 대 바실리우스 『대 수덕집』 (긴 규칙서) Q37.[38]

성찰의 잠자리

갑작스럽고 조급한 흥분이 마음에 밀려올 때

[34] ACW 51,76.
[35] NPNF 2,10,3*.
[36] FC 22,313.
[37] NPNF 2,6,268.
[38] FC 9,310.

는, 그대의 마음이 무엇을 생각하든 그것을 행동에 옮겨서는 안 됩니다. 먼저, 잠자리에 들 때처럼 누워서, 모든 시끄러운 소리들이 하는 권고나 분노로 인한 혼란의 영향으로부터 벗어나십시오. 그리고 건강한 통회의 마음으로 그 모든 생각을 고치고 바로잡으십시오.

• 요한 카시아누스 『공주 수도승 규정집』 8,9.[39]

행위의 이유

시편 저자는 이 말씀으로 잠자리에 들 때 자신이 하루 동안 행한 모든 행위의 이유를 찾아보라고 가르치는 것 같습니다. 만약 그 행위들 가운데 이성에 어긋나게 행한 것이 있다면 그것이 무엇인지 보고 그 행위가 잘못되었음을 인정하며, 그에 대한 아픔을 느껴야 합니다. 잠자리에서 이런 성찰을 제대로 행하게 되면 정직한 행위로부터 멀어지는 일은 없을 것입니다.

• 오리게네스 『시편 발췌 주해』 4,5.[40]

4,6 주님을 신뢰하라

최상의 선물, 최선의 지향

의로움을 추구하고, 의로움의 제물을 바치시오. 이것이 하느님께 드리는 최상의 선물이며, 주님께서 기쁘게 받으시는 희생 제물입니다. 최상의 제물은 양이나 소가 아니라 올바른 일을 행하는 것입니다. … 이 희생 제물은 돈도 칼도 제단도 불도 필요로 하지 않으며, 연기와 재와 냄새로 사라지지도 않습니다. 오히려 제물을 바치는 이의 지향만으로 충분합니다. 이러한 봉헌에는 가난이 아무런 장애도 문제도 되지 않습니다. 장소도 문제가 되지 않습니다. 여러분이 있는 곳 어디서나 제물을 바칠 수 있습니다. 여러분이 곧 사제요 제단이며, 칼이요 희생 제물입니다. 마음과 정신에 속한 것은 이와 같습니다. 그것은 훨씬 더 사용하기 쉽고, 외부의 자극을 필요로 하지도 않습니다. … 하느님이 여러분 편이신데 다른 누구를 두려워할 것입니까? 아무도 없습니다. 주님을 신뢰하고 주님 안에서 확신을 갖는 것은 결코 사소한 덕이 아닙니다. 하느님께서는 의로움과 함께 우리에게 이런 덕을 요구하십니다. 곧, 하느님을 신뢰하며 그분께 희망을 두고, 이 세상의 것에 신뢰를 두지 않고 모든 것에서 이탈하여 우리의 마음을 그분께 두는 덕을 지니기를 바라십니다. 결국 현세의 것은 그림자나 꿈과 같으며, 금방 나타났다가 사라져 버리는 꿈이나 그림자보다 더 실체가 없습니다. 현세의 것은 그것을 가진 자들을 불안하게 할 뿐입니다. 반대로 하느님께 대한 희망은 불멸하고 확고부동합니다. 올바른 지향과 근면한 정신으로 이런 희망을 가진 자는 흔들리지 않으며, 확고하고 꾸준하여, 누구도 무너뜨리지 못합니다.

• 요한 크리소스토무스 『시편 해설』 4,9.[41]

우리의 상속에 대한 희망

우리가 희망하는 것이 무엇이냐고 묻는다면, 우리는 다름이 아니라 하늘 나라의 상속자가 되어 위안을 받고, 하느님의 자녀라 불리는 것이라고 대답할 것입니다. 또, 하느님을 직접 뵙는 것, 우리가 굶주리고 목말랐던 의로움으로 흡족하게 되는 것, 하느님의 넘치는 자비를 누리고, 참하느님이시며 우리 주님이시고 구원자이신 예수 그리스도께서 약속하신 모든 것 안에서 살아가는 것이라고 대답할 것입니다.

• 오리게네스 『시편 발췌 주해』 4,5.[42]

---

[39] NPNF 2,11,260.
[40] PG 12,1144.
[41] *CCOP* 1,62-63.
[42] PG 12,1149.

그리스도를 본받음

그리스도께서 우리를 위하여 희생하셨다면, 그분을 위하여 우리 자신을 희생 제물로 바침으로써 우리의 임금이신 분을 본받는 것을 즐거워하는 것보다 더 합당한 일이 있겠습니까!

• 카시오도루스 『시편 해설』 4,6.[43]

4,7 하느님 얼굴의 빛

어리석은 질문

"누가 우리에게 좋은 일을 보여 주랴?" 이것은 어리석고 불의한 사람들이 던지는 평범한 질문이자 잡담입니다. 그들 가운데 더러는 이 지상 삶에서 평화와 고요를 바라지만 그것을 찾는 일에 쉽게 지치기 때문에 찾지 못합니다. 그들은 현재 일어나고 있는 일에 눈이 멀어서, 당연히 그렇게 되어야 하는 것을 두고 트집을 잡습니다. 자신이 좋다고 여기는 것에 사로잡힌 나머지 현재가 과거보다 더 나쁘다고 생각합니다. 또는 우리에게 약속된 미래의 삶에 대하여 의심이나 절망을 일삼기도 합니다. 그들은 이렇게 말하곤 합니다. '그게 사실일지 어떻게 아는가? 우리에게 이런 것들에 대해 이야기해 주기 위하여 죽음에서 되살아난 이가 누가 있는가?' … "누가 우리에게 좋은 일을 보여 주랴?" 이런 질문을 던지는 이들에게 답하기 위하여 … 시편 저자는 이렇게 말합니다. "주님, 저희 위에 당신 얼굴의 빛을 비추소서." 이 빛은 인간을 위한 참되고 완전한 선입니다. 이 빛은 눈이 아니라 마음으로만 볼 수 있습니다. 시편 저자가 "저희 위에 비추소서"라고 말할 때, 이는 동전에 임금의 얼굴을 새겨 넣듯이 그렇게 하느님의 얼굴을 우리에게 새겨 달라는 뜻으로 말한 것입니다. 각 사람은 하느님의 모상으로 창조되었는데 죄로 인하여 그것이 일부 손상되었습니다. 그러므로 우리가 다시 태어남으로써 하느님의 모습이 다시 한번 우리에게 새겨진다면 참되고 영원한 선이 우리의 것이 됩니다.

• 아우구스티누스 『시편 상해』 4,8.[44]

한낮의 태양에 눈이 멀다

이런 질문을 던지는 자들은 하느님의 섭리를 왜곡하는 자들이거나, 쾌락과 탐닉, 사치와 악평, 독재적 권력에 굴복한 사람들입니다. 이것이 바로 그들이 추구하는 것들입니다. 하느님에게서 나오는 선은 어디에 있습니까? 나는 가난하고 병들었고, 고난을 받고 죽음의 문턱에 서 있으며, 모욕과 착취를 당하고 있는데, 내 이웃은 안락하고 사치한 삶을 살면서 영향력과 명성과 부를 누리고 있습니다. 어떤 사람들은 내가 말한 덕과 지혜에 대한 사랑 같은 정말로 가치 있는 것들은 지나쳐 버리고 이러한 것들만 추구합니다. 그런가 하면 또 어떤 이들은 내가 앞에서 말한 것처럼 하느님의 섭리가 어디에 있느냐고 물으면서 하느님의 섭리를 왜곡합니다. 우리의 삶은 이처럼 혼란스럽고, 우리 대부분은 가난과 결핍 속에 기력이 쇠진해 있습니다. 사랑 어린 돌봄이 있다는 증거는 무엇입니까? 알다시피 이런 말을 하는 이들은 한낮의 눈부신 빛 속에서 태양을 찾으려고 애쓰며 빛이 어디에 있느냐고 묻는 사람처럼 행동합니다.

• 요한 크리소스토무스 『시편 해설』 4,9.[45]

어떤 사람

많은 이들이 이 구절을 이런 식으로 읽습니다. '어떤 사람이 우리에게 좋은 것을 보여 줄 것

---

[43] ACW 51,77*. [44] *WSA* 3,15,89-90.
[45] *CCOP* 1,63.

이다.' 왜냐하면 좋은 것을 보여 줄 사람은 많은 사람이 아니라 하느님의 외아드님이시기 때문입니다. 이 말을 이런 식으로 이해하는 이들에게 '누구'라는 단어는 뛰어난 본성을 제공하는 이, 한 개인, 단수인 존재를 의미합니다. 이러한 사용의 예는 "어떤 귀족"(루카 19,12)입니다. 이 구절에서 '어떤'이란 단어는 특히 뛰어난 누군가를 가리킵니다.

• 장님 디디무스 『시편 단편』 4,7.[46]

그리스도 안에서 회복된 빛

인간은 죄를 범함으로써 하느님의 얼굴에서 나오는 이 빛을 잃어버렸습니다. 그 때문에 하느님께서는 우리가 성령 안에서 새로 태어나야 한다는 것을 가르치시기 위하여 인간으로 태어나심으로써 인간의 조건을 취하시는 것을 기뻐하셨습니다. 하느님께서는 죄가 없으시면서도 죄스러운 육체의 모습을 지니게 되신 것을 기뻐하셨습니다. 이는 모든 죄로부터 우리를 철저히 정화하시어 우리 안에 당신 모상이 다시 뚜렷하게 새겨지게 하시려는 것이었습니다.

• 존자 베다 『복음서 강해』 1,6.[47]

그 빛에 참여함

태양 광선은 그것을 바라보는 이의 얼굴을 간지릅니다. 이처럼 태양 가까이 서 있는 이가 그것을 느끼지 않는 것은 불가능합니다. 마찬가지로 하느님 안에 온전히 참여하는 이는 거룩한 말씀의 법을 묵상하는 사람이며, 하느님을 알기 위해 자신의 온 정신을 쏟은 사람임을 알아야 합니다. 이것이 바로 예언자가 "주님, 저희 위에 당신 얼굴의 빛을 비추소서"라는 말로 전하려는 뜻이라고 생각합니다. 하느님의 얼굴에 빛나는 빛이 우리에게 오면 우리에게 그 빛을 새겨 주며, 그 빛은 곧 하느님 얼굴의 표현입니다. 따라서 드러난 신적 빛의 표지를 알아볼 수 있는 이는 하느님의 빛이 우리 안에 있음을 즉시 인정합니다. 내 생각에 이 신비는 탈출기에서도 선포됩니다. 모세가 하느님과 친밀하게 이야기를 나눌 때 모세의 얼굴은 이스라엘 백성이 그의 영광을 맨눈으로 바라볼 수 없을 정도로 영광스럽게 되었습니다. 그래서 하느님의 종 모세는 얼굴을 너울로 가린 후에 백성들에게 말씀을 선포하였습니다. 따라서 하느님께 온전히 이끌린 모든 영혼, 다수에게 드러나지 않은 하느님의 진실에 승복한 영혼은 하느님의 신적 본성에 참여하며, 이들은 다수가 이해할 수 있는 것을 초월하여 앞으로 나아갑니다. 그리하여 그들은 너울을 쓰고, 그들보다 더 잘 알지 못하는 이들에게 그들이 이해할 수 있는 것들을 제공함으로써 그들을 안내합니다. 나아가 이 사실은 하느님의 얼굴에 대해 말하고 있는 시편 제67편의 말씀을 통해서도 분명하게 드러납니다. 이 시편은 하느님의 빛살을 받아들일 수 있는 이의 정신을 비추는 것은 하느님의 얼굴이며 우리의 이해력은 거기에서 온다는 것을 알려 줍니다. "하느님께서는 저희에게 자비를 베푸시고 강복하소서. 당신 얼굴을 저희에게 비추소서. 그리하여 세상에 당신의 길이, 만민에게 당신의 구원이 알려지게 하소서"(시편 67, 2-3).

• 오리게네스 『시편 발췌 주해』 4,7.[48]

4,8 더 큰 기쁨을 제 마음에 베푸셨다

마음의 기쁨

이 짧은 구절의 의미는 앞서 나온 구절들과

[46] PG 39,1168.
[47] CS 110,55.
[48] PG 12,1164-65.

밀접히 연결됩니다. '마음을 가득 채운 기쁨'이 의인들을 굽어보시는 주님의 얼굴 빛 아니고 무엇이겠습니까? 그러므로 그 기쁨을 통하여 우리가 맛보게 되는 것은 하느님을 관상함으로써 그분의 신성에 참여하게 되는 것입니다.

• 오리게네스 『시편 발췌 주해』 4,7.[49]

매일의 섭리

하느님의 섭리는 각 사람의 마음에 지울 수 없게 각인되어 있듯 새겨져 있습니다. 생명을 위해 필요한 것을 밖에서 제공하고 공급해 주시는 분은 누구입니까? 사실 우리가 무엇인가를 필요로 하는 상태가 되게 하신 이유는 어쩌면 우리에게 필요한 것, 우리가 받고 있는 것을 주시는 분을 잊지 않게 하시려는 뜻일 것입니다. 어쨌거나 하느님은 처음부터 우리가 아무것도 필요로 하지 않도록 만드시고 며칠간을 충분히 지낼 수 있는 양식을 주실 수도 있는 분이셨습니다. 그러나 그리하지 않으셨습니다. 대신에 하느님은 우리가 매일 양식을 찾게 만드심으로써 그것을 채워줄 수 있는 기회를 갖고자 하셨고, 매일 그것을 받는 이들이 그것을 베푸시는 분을 잊지 않기를 바라셨을 것입니다. 그러므로 하느님 섭리의 드러난 표징을 무시하거나 그것을 전혀 생각하지 않는 자는 누구냐고 시편 저자는 묻고 있습니다.

• 타르수스의 디오도루스 『시편 주해』 4.[50]

매일의 섭리를 초월하는 기쁨

시편 저자는 단순히 "당신은 제게 더 큰 기쁨을 베푸셨습니다"라고 말하지 않고 "제 마음의 기쁨"이라고 말하였는데, 이는 그 기쁨이 외적인 것, 곧 … 금이나 은, 옷이나 상다리가 휘어지도록 차린 식탁, 높은 권세나 큰 집에 있는 것이 아님을 의미합니다. 외적인 것에서 오는 기쁨은 마음의 기쁨이 아니라 눈의 기쁨일 따름입니다. 어쨌거나 많은 부유한 이들이 인생을 살 만한 가치가 있는 것으로 여기지 않습니다. 그들의 영혼은 낙심의 용광로를 품고 있으며, 숱한 걱정으로 지치고, … 사라지지 않는 두려움에 짓눌려 있습니다. 당신이 현실에 만족하고 기쁨을 느낀다면 이는 현실에 주어진 하느님의 섭리를 알고 있다는 것이며, 미래에 주어질 것에서 그 섭리를 더 깊이, 더 크게 깨닫게 될 것입니다. 왜냐하면 미래의 것들은 더 좋고, 안정되며 항구한 것이기 때문입니다. 만약 당신이 하느님의 섭리가 부와 번영을 누리는 당신의 모습으로 드러난다고 생각한다면, 천국에서 당신이 누리게 될 부를 생각하십시오. 당신의 확신이 더욱더 커질 것입니다. 그런데 만약 당신이 '왜 이런 것들이 즉시 이루어지지 않고 다만 희망해야만 하는가?'라고 묻는다면, 나는 당신에게 이렇게 대답할 것입니다. 우리 믿는 이들은 희망의 대상을 지금 당장 눈에 보이는 것보다 더 확실한 것으로 생각합니다. 결국 믿음의 확실성이란 이런 것입니다. 당신이 다시 '왜 우리가 보상을 지금 여기에서 얻지 못하는가?'라고 묻는다면, 나는 이렇게 대답할 것입니다. '현재는 노고와 투쟁의 때이나 미래는 화관과 영광의 때입니다. 이것이 하느님 섭리의 효과입니다. 한편으로는 이 짧고 지나가는 생애의 노고와 땀으로 거두어들인 것이지만, 다른 한편으로는 영원하고 항구하게 지속될 영예와 화관입니다.'

• 요한 크리소스토무스 『시편 해설』 4,10.[51]

[49] PG 12,1165.

[50] WGRW 9,15-16.

[51] *CCOP* 1,64-65.

4,9 평화로이 잠이 들다

그리스도 안에서만 발견되는 기쁨과 평화

기쁨이란 고집 센 마음으로 허무를 사랑하고 거짓을 좇는 자들이 자신의 바깥에서 찾을 수 있는 것이 아닙니다. 오히려 기쁨은 하느님의 얼굴빛이 새겨진 자신 안에서 발견됩니다. 왜냐하면 사도가 말한 대로, 그리스도는 내적 인간 안에 살고 계시며 진리를 보는 능력은 그리스도께 속한 것이기 때문입니다. … 일시적인 것을 좇는 이들은 분명히 많을 것이며, 이들은 "누가 우리에게 좋은 것을 보여 주랴?"라고 말하는 것 외에는 달리 아무것도 알지 못합니다. 그들은 참되고 확실한 좋은 것들을 자신 안에서 보지 못합니다. … 일시적인 쾌락에 탐닉하고 늘 욕망으로 불타지만 결코 만족하지 못하며 온갖 종류의 모순되고 비참한 생각에 이리저리 끌려다닐 때는 복잡하지 않고 단순한 좋은 것을 보지 못합니다. … 셀 수 없는 우상으로 가득 찬 마음은 일시적인 것들의 오르내림으로 분산되어, 곧 밀과 포도주와 올리브에 대한 지속적인 생각들로 말미암아 분산되어 다음의 명령을 실천할 수 없습니다. "선량한 마음으로 주님을 생각하고 순수한 마음으로 그분을 찾아라"(지혜 1,1). 이런 분산된 정신은 단순성의 정반대쪽에 있는 것이기 때문입니다. 바로 이 때문에 일시적인 것들에 대한 욕망으로 완전히 분열되어 "누가 우리에게 좋은 것들을 보여 주랴?"라고 묻는 많은 이들을 제쳐 두고, 믿음의 사람은 "평화 속에서, 스스로 있는 그분 안에서,[52] 나는 쉬고 잠들리라"라고 말합니다. 그들이 찾는 좋은 것들이란 자신의 밖에서 눈으로 찾을 것이 아니라 자신의 내면에서 단순한 마음으로 찾아야 합니다. 믿는 이들은 그들의 정신이 사멸할 것들로부터 완전히 분리되기를 바라며, 세상의 비참함을 잊을 수 있는 기회를 올바르게 희망합니다. 이것이 "잠"과 "휴식"이라는 말로 적절하게, 그리고 예언적으로 묘사되고 있습니다. 여기에서 잠과 휴식이란 어떤 소동도 방해할 수 없는 최고의 평화가 깃든 곳을 말합니다. 그런데 이런 평화는 지금 이 세상에서 우리가 누릴 수 있는 것이 아닙니다. 그것은 이 생애가 끝난 후 누릴 수 있기를 희망해야 할 어떤 것입니다. 시편에서 동사의 시제가 미래형으로 사용되고 있는 점도 이것을 잘 보여 줍니다. '나는 쉬고 잠들었다'도 아니고, '나는 쉬고 잠든다'도 아니며, "나는 쉬고 잠들 것이다"로 되어 있습니다. 이 부패할 본성은 부패되지 않을 본성을 입어야 하고, 이 사멸할 본성은 불사의 옷을 입어야 할 것입니다. 그러면 죽음은 소멸될 것입니다. 이것이 바로 다음 말씀에 담긴 의미입니다. "우리는 보이지 않는 것을 희망하기에 인내심을 가지고 기다립니다"(로마 8,25).

• 아우구스티누스 『시편 상해』 4,8-9.[53]

불편한 양심은 쉼을 앗아 간다

하느님을 아는 지식과 덕을 소유하는 것보다 더 큰 평화를 주는 것은 없습니다. 그것은 우리 안에서 서로 다른 격정들이 충돌하는 것을 막아 주며, 격정이 자신을 불편하게 만드는 것을 허락하지 않습니다. 만약 … 이 같은 평화를 누리고 있지 않다면, 아무리 외적 평화를 누리고 원수

---

[52] "In pace, in idipsum, obdormiam et requiescam …"이라는 구절에 관하여 *WSA*에는 이런 각주가 달려 있다. "이 라틴어 구절은 '평화 속에서, 동일함 안에서 …'를 의미하는 것 같다. 그런데 『고백록』 9,4,8-11에서 말하고 있듯이, 아우구스티누스는 회개한 후 이 시편에 대해 묵상하고, '동일함'이라는 단어를 탈출 3,14의 하느님의 이름에 대한 계시와 연관 지어 하느님의 신비스러운 이름인 '그 자체로 존재하시는 분'으로 이해한다"(*WSA* 3,15,91, 각주 106).

[53] *WSA* 3,15,90-91*.

가 공격하는 일이 없다 하여도 당신은 여전히 세상에서 가장 많은 전쟁을 치른 백성들보다 더 비참합니다. 보다시피 스키티아인들도 트라키아인들도, 인도인들도 무어인들도 다른 어떤 적대적인 민족들도 영혼을 좀먹는 불편한 양심이나 길들여지지 않는 욕망, 금전에 대한 사랑, 권세에 대한 욕망, 세상사에 대한 탐닉과 같은 내적 갈등을 극복하지는 못하였습니다. … 질투심이 강하고, 남을 모욕하며, 탐욕스럽고, 남을 착취하는 이들은 그들 안에 매복한 원수들을 품고 있으며, 어디를 가나 그들 주변에는 전쟁이 일어납니다. 그들이 아무리 후퇴하려고 해도 갈등을 피할 길은 없습니다. 집에 머물며 잠자리에 들어도 그들은 구름같이 쏟아지는 화살의 공격을 피할 수 없고, 바다를 뒤엎는 풍랑보다 더 험악한 혼란을 겪으며, 전쟁터에서 일어나는 것보다 더 끔찍한 대량 학살과 소동, 비탄과 재앙을 겪습니다. 이와 반대로 의인은 이런 곤경을 당하지 않습니다. 오히려 그들은 깨어 있는 시간에는 삶을 즐기고, 밤에는 깊이 만족하며 안식을 취합니다.

• 요한 크리소스토무스 『시편 해설』 4,11-12.[54]

무덤을 초월하는 기쁨

이 현세의 삶에서 슬픔과 재앙, 유혹과 재난이 없지 않지만 나에게는 이 육체를 떠나 평화 속에 잠들 미래가 있습니다.

• 카이사리아의 에우세비우스 『시편 주해』 4,9-10.[55]

희망 속에 누리는 휴식

나는 미래와 올바른 삶에 대한 보상을 기다리며, 그리고 희망 때문에 모든 불안을 초월하여 안심한 가운데 누워서 쉴 것입니다.

• 장님 디디무스 『시편 단편』 4,9-10.[56]

[54] *CCOP* 1,68.70*.
[55] PG 23,109.112.
[56] PG 39,1168.

5,1-13 정의를 위한 탄원

악을 행하는 자들이 계략을 꾸미고 그대를 기다리고 있음을 알게 되어
그대의 기도가 가납되기를 바란다면 새벽에 일어나 시편 제5편을 낭송하십시오.
아타나시우스 『시편 해석에 관해 마르켈리누스에게 보낸 편지』 15 [OIP 66]

1 [지휘자에게. 피리에 맞추어.① 시편. 다윗]
2 주님, 제 말씀에 귀를 기울이소서.
제 탄식을 살펴 들어 주소서.
3 저의 임금님, 저의 하느님
제가 외치는 소리를 귀여겨들으소서.
당신께 기도드립니다.
4 주님, 아침에 제 목소리 들어 주시겠기에
아침부터 당신께 청을 올리고
애틋이 기다립니다.
5 당신은 죄악을 좋아하시는 하느님이
아니시기에
악인은 당신 앞에 머물지 못하고
6 거만한 자들은
당신 눈앞에 나서지 못합니다.
당신께서는 나쁜 짓 하는 자들을
모두 미워하시고⤴

↱[7] 거짓을 말하는 자들을 멸망시키십니다.
피에 주린 자와 사기 치는 자를
주님께서는 역겨워하십니다.
8 그러나 저는 당신의 크신 자애에 힘입어
당신 집으로 들어가
경외하는 마음으로
당신의 거룩한 궁전을 향하여
경배드립니다.
9 주님, 저의 원수들 때문이니
당신의 정의로 저를 이끄소서.
제 앞에 당신의 길을 바르게 놓아 주소서.
10 그들 입에는 진실이 없고
그들 속에는 흉계만이 들어 있으며
그들 목구멍은 열린 무덤이고
그들 혀는 아첨하기 때문입니다.
11 하느님, 그들이 죗값을 받게 하소서.
자기들의 음모에 빠지게 하소서.
그들의 죄악이 많으니 그들을 내치소서.
정녕 그들이 당신을 거역하였습니다.
12 그러나 당신께 피신하는 이들은
모두 즐거워하며
영원토록 환호하리이다.
당신 이름 사랑하는 이들을
당신께서 감싸 주시니
그들은 당신 안에서 기뻐하리이다.
13 주님, 당신께서는 의인에게 복을 내리시고
큰 방패 같은 호의로 그를 덮어 주십니다.

① 칠십인역은 '상속받은 그녀에 관하여'다.

둘러보기

시편들의 표제는 뜻 없이 덧붙여진 것이 아니라 신적 영감을 받아 붙여진 것이다(히에로니무스). 이 시편의 경우에 "그녀"는 마침내 상속을 받게 될 자인데, 이는 교회를 내다본 것이다(히에로니무스). 여기에서 "상속"이란 하느님을 소유하는 것이며(아우구스티누스), 은총으로 신자 개인에게 주어진 축복이자 전체로서 교회에 주어진 축복이다(디디무스).

하느님께서는 우리가 한 말의 무게를 달아 보실 것이다. 그러니 우리 역시 그렇게 해야 한다(성경강해가 아스테리우스). 우리는 반드시 그리스도인다운 태도로 말해야 하며, 악마처럼 말해서는 안 된다(요한 크리소스토무스). 그리고 신실한 삶을 살기 위하여 하느님의 도우심을 간청해야 한다(테오도레투스). 하느님께서는 숱한 목소리들 가운데서도 당신 자녀의 울부짖음을 알아차리신다(성경강해가 아스테리우스). 그들은 세 위격을 구별할 줄 알지만 한 분이신 하느님께 진리 안에서 말씀드린다(아우구스티누스).

우리의 기도는 우리 영혼에 새벽 빛처럼 다가온 그 빛에 대한 감사로 시작된다(디디무스). 우리는 또한 하느님이 들으실 수 있는 목소리를 가져다준 아침에 감사드린다(히에로니무스). 하지만 세상은 다가올 세상의 새벽을 기다리며 어둠 속에 잠겨 있다(아우구스티누스, 베다). 우리는 그분의 면전에 나아가고자 우리의 영혼을 씻으며(요한 크리소스토무스), 우리의 기도와 행위를 매일의 첫 열매로 하느님께 바친다(에우세비우스).

악은 하느님에게서 오지 않는다(디디무스). 회개하지 않는 자는 하느님 앞에 머물지 못하고 그분의 증오를 견뎌야 할 것이다(히에로니무스). 우리는 본디 거짓말쟁이이며(아우구스티누스), 거짓을 말하는 입에서 나오는 속임수, 특히 이단의 거짓은 사람을 죽인다(히에로니무스). 그러나 우리는 하느님의 은총으로 구원을 받았다(요한 크리소스토무스). 우리는 하느님의 자비로 그분 앞에 서게 되며, 하느님을 두려워할 줄 알게 된다(오리게네스). 우리는 그리스도 안에서 하느님을 예배하며(에바그리우스), 완덕을 향해 나아간다. 이 완덕 안에서 사랑은 모든 두려움을 몰아낸다(아우구스티누스). 우리는 하느님에게서 오는 힘을 얻기 위하여 기도하며(오리게네스), 하느님의 의로움이 우리를 이끌어 주시기를 청하고(요한 크리소스토무스), 하느님의 말씀을 올바로 이해할 수 있는 은혜를 구한다(히에로니무스).

그리스도는 이단자들의 마음에는 계시지 않는다(히에로니무스). 그들의 입은 죽어 있어서 하느님을 찬미할 수 없다(카이사리우스). 그들의 입은 열린 무덤과 같고(테오도레투스, 요한 크리소스토무스), 죽음을 가져오는 가르침의 악취를 풍긴다(에우세비우스). 그 가르침은 다른 이들을 무덤으로 끌어들임으로써 묘지를 붐비게 만든다(아우구스티누스). 하지만 악인들은 완전히 쫓겨날 것이다(아우구스티누스).

그러나 우리는 우리 자신에게서가 아니라 하느님에게서 오는 복을 찾고 있다(요한 크리소스토무스). 그래서 우리는 우리 자신이 아니라 하느님을 자랑한다(요한 크리소스토무스). 우리는 그리스도를 따름으로써 그 축복을 얻는다(히에로니무스). 우리는 또 그리스도를 살아 계신 동반자로 모심으로써 그 축복을 얻는다(에우세비우스). 왜냐하면 그리스도는 파멸로부터 우리를 보호하는 방패이시며 우리가 받을 축복의 화관이시고(히에로니무스), 유일하게 가치 있는 축복이시기 때문이다(요한 크리소스토무스). 이렇게 우리는 자비와 의로움의 왕관을 받고(요한 크리소스토무스), 우리의 장점 때문이 아니라(카시오도루스), 거저 주어지는 구원으로 보호받는다(아우구스티누스).

5,1 표제: 상속받는 그녀에 관하여

표제는 뜻 없이 덧붙은 것이 아니다

시편의 표제는 시편에 속하지 않는다고 주장하는 이들이 많은데, 사실 그들은 자기들이 왜 그런 주장을 하는지도 잘 모르고 있습니다. 만약 시편의 표제가 모든 성경 사본, 곧 히브리어와 그리스어, 그리고 라틴어 수사본들에 다 있는 것이 아니라면 그들의 주장은 설득력이 있을 수도 있습니다. 그런데 히브리어 성경에 시편의 표제들이 있고, 특히 시편 제5편에 표제가 붙어 있기 때문에, 만약 그들의 주장이 옳다면 성경에 아무 이유 없이 기록된 무엇인가가 있다는 결론을 내려야 할 터인데 나는 이것이 놀랍기만 합니다. "율법에서 한 자 한 획도 없어지지 않을 것이다"(마태 5,18)라는 말씀이 사실이라면, 하물며 한 단어나 한 음절이 어떻게 사라질 수 있겠습니까?

• 히에로니무스 『시편 강해』 5.[1]

교회를 염두에 둔 시편

"상속을 받게 될 그녀"는 누구입니까? 나는 교회라고 생각합니다. 왜냐하면 교회가 상속을 받을 것이기 때문입니다. … 교회가 결국에는 상속을 받게 될 것임을 다윗은 처음부터 노래하고 있습니다. … 그런데 몇 가지 다른 해석들도 있습니다. 많은 이들이 이 시편은 바빌론에서 유대아로 귀향하기를 고대하는 이스라엘 백성의 역사와 일치한다고 말합니다. 하지만 그들은 "끝까지"와 "상속을 받을 그녀에 관하여"라는 구절

[1] FC 48,15.

을 해석하지 못하였습니다. 그래서 우리는 '영적인 것에 영적인 것을 합함으로써' 여러분의 기도에 힘입어 이 시편을 교회에 적용시킬 수 있는 것으로 고려해 보고자 합니다.

• 히에로니무스 『시편 강해』 5.[2]

하느님의 소유

이 시편의 표제는 "상속을 받을 그녀에 관하여"입니다. 여성대명사는 교회를 지칭하며, 교회는 우리 주 예수님을 통하여 영원한 생명을 상속 재산으로 받습니다. 그렇게 하여 교회는 하느님을 소유하고, 그리스도와 단단히 결합되어 축복을 받게 됩니다. … 이 시편의 목소리는 상속을 받기 위해 불리운 교회의 목소리이며, 교회가 상속을 받음으로써 이제 교회가 주님의 상속 재산이 됩니다.

• 아우구스티누스 『시편 상해』 5,1.[3]

은총으로

하느님의 상속 재산, 곧 자연적인 것이 아니라 영적인 상속 재산을 차지하도록 부름 받은 교회와 개인의 영을 위하여 은총으로 이 시편을 노래할 수 있습니다.

• 장님 디디무스 『시편 단편』 5,1.[4]

5,2 주님, 제 말씀에 귀를 기울이소서

하느님은 우리가 한 말의 무게를 달아 보시니 우리도 그렇게 해야 한다

처음부터 하느님은 그대가 한 모든 말을 검토하십니다. 그 말이 수치스러운 것인지, 신성을 모독하는 말인지, 아니면 거짓말인지, 악의에서 나온 것인지, 해롭거나 남을 속이는 것은 아닌지, 또는 남의 체면을 손상시키는 것인지 살펴보십니다. 이런 말들은 거짓이기에 속아 넘어가는 이들에게 해를 입힐 수 있습니다. "너는 파괴의 말들, 속이는 혀를 사랑하는구나"(시편 52,6). … "사람들은 자기가 지껄인 쓸데없는 말을 심판 날에 해명해야 할 것"(마태 12,36)이라고 쓰여 있습니다. 그러니 그대가 남의 마음을 상하게 하는 말을 하면, 그 말들이 그대의 정신에는 얼마나 더 큰 손상과 상해를 입히겠습니까! 하느님은 그대의 외침을 심판하십니다. 다른 이를 거슬러 불의하게 외친 것인지, 부당하게 화를 내고 소리친 것인지, 분노에 사로잡혀 스테파노에게 돌을 던진 사람들처럼 무죄한 이를 치는 데 가담하였는지 심판하십니다. "그들은 큰 소리를 지르며 귀를 막았다. 그리고 일제히 스테파노에게 달려들었다"(사도 7,57). 그들의 큰 소리는 살인의 수단이 되었습니다. 그러므로 하느님께서는 그대의 말을 시험하실 것입니다. … 이처럼 하느님께서 우리의 말을 심판하실 것이니 하느님께 영가와 찬가, 찬송가와 시편을 노래합시다. 술집으로 달려갈 것이 아니라 서둘러 교회에 감으로써 하느님께 올리는 달콤한 향내가 됩시다. 술독에 빠지는 대신 맑은 정신으로 꾸미고 갑시다. 유대인들처럼 춤추고 흥청거림으로써가 아니라 사도들처럼 영광스럽게 삶을 삶으로써 그렇게 합시다. … 아무도 절뚝거리며 왕궁에 걸어 들어가지 못합니다. 누구도 임금 앞에 술에 취한 채 서 있지 못합니다. 지상에서 이런 것들을 주의해야 한다면 하늘과 그곳에 있는 왕국에서는 얼마나 더 조심을 해야 하겠습니까? 하늘 나라에 합당한 삶을 살고 우리 주 예수 그리스도의 은총과 자비 안에서 즐거워하며 행복을 누립시다. 우리 주 예

[2] FC 48,15-16.

[3] *WSA* 3,15,93*.

[4] PG 39,1168.

수 그리스도께 이제와 영원히 힘과 영광이 있나이다.

• 성경강해가 아스테리우스 『시편 주해』 9,2.[5]

그리스도인답게 말하라

"제 말씀에 귀를 기울이소서"라고 말하려면 친절하고 사랑스러운 사람에게서 나올 수 있는 말을 하고, 악마에게 속한 것은 어느 것도 말하지 말아야 합니다. … 사실 청원하는 사람은 고발하는 자의 언어를 발설해서는 안 됩니다.

• 요한 크리소스토무스 『시편 해설』 5,2-3.[6]

우리에게 하느님의 도우심이 필요하다

하느님의 교회는 사방에서 몰려오는 거대한 물결과 싸우고 있습니다. 신실한 삶을 살기로 작정한 사람도 이와 같습니다. 그들은 늘 하느님의 도움을 간청함으로써 인생에 밀어닥치는 큰 파도를 헤치고 나아갑니다. 이것이 바로 영감 받은 말씀이 가르치고자 하는 바입니다. 하느님이시며 모든 이의 임금이신 분께 간청하고 탄원하는 것이 참으로 마땅한 일이라는 것이지요.

• 키루스의 테오도레투스 『시편 주해』 5,2.[7]

5,3 하느님께 외치는 소리

하느님은 당신 자녀들의 외침을 알아들으신다

동물들은 엄청나게 큰 무리가 모여 있을 때에도 그중에서 자기 새끼의 울부짖는 소리를 알아차립니다. 비록 천 마리의 송아지가 울고 있어도 어미 소는 자기 새끼를 알며, 천 마리의 새끼 양이 울음소리를 내고 있어도 어미 양은 자기 새끼의 울음소리에 달려갈 수 있음을 인정한다면, 하물며 하느님께서는 천 명의 죄인들이 울부짖고 있다 하더라도 의인의 소리를 알아듣고, 당신의 자녀가 내는 순수한 목소리 때문에 그를 더욱더 잘 알아보시지 않겠습니까?

• 성경강해가 아스테리우스 『시편 주해』 10,5.[8]

한 분이신 하느님을 부르다

성자는 하느님이시며, 성부도 하느님이십니다. 성부와 성자는 함께 한 분 하느님이십니다. 성령에 대해 묻는다면, 그분도 하느님이시라는 것 외에 달리 대답할 길은 없습니다. 성부와 성자와 성령을 함께 말한다면 한 분 하느님이시라는 것 외에 달리 이해할 수 있는 길은 없습니다. 그런데 성경은 성자에 대하여 "임금"이라는 호칭을 사용하곤 합니다. 따라서 임금이라는 성자의 호칭과 "나를 통하지 않고서는 아무도 아버지께 갈 수 없다"(요한 14,6)고 하신 성경 말씀을 나란히 놓고 보면, "저의 임금님" 다음에 "저의 하느님"이 언급되는 것이 맞습니다. 한편, 시편 저자는 "귀여겨들으소서"라고 말할 때 복수형 동사가 아니라 단수형 동사를 사용합니다. 가톨릭 신앙은 둘 또는 세 신이 아니라 삼위일체이신 한 분 하느님을 가르치기 때문입니다. 이것은 사벨리우스가 생각하는 것처럼 삼위일체이신 하느님께서 때로는 성부로서, 때로는 성자로서, 때로는 성령으로서 말씀하신다는 뜻이 아닙니다. 성부 홀로 성부이시고, 성자 홀로 성자이시며, 성령 홀로 성령이신데, 이 삼위일체가 다름 아닌 한 분 하느님이십니다.

• 아우구스티누스 『시편 상해』 5,3.[9]

---

[5] TLG 2061.001, 9.2.2.

[6] *CCOP* 1,82-83.

[7] FC 101,68-69.

[8] TLG 2061.001, 10.5.9.

[9] *WSA* 3,15,93-94.

5,4 아침에 하느님께서 들어 주신다

하느님에게서 오는 빛에 대한 감사

빛의 창조주께 감사하는 마음으로 찬미드리며, "의로움의 태양"(말라 3,20)이 떠오르게 하시는 분을 생각하십시오. 시편 저자는 말합니다. "아침에 당신은 제 목소리를 들어 주시겠기에" 저를 더없이 환하게 비추는 빛을 가져다주신 주님 당신께가 아니면 그토록 큰 선에 대해 누구에게 감사를 드려야 하겠습니까?

• 장님 디디무스 『시편 단편』 5,4.[10]

우리 마음의 아침

어둠이 제 마음에서 물러가고 참된 태양의 빛이 떠오르면 그때 당신은 제 소리를 들으실 것이며, 저는 종으로서 당신 앞에 설 수 있을 것입니다.

• 히에로니무스 『시편 주해』 5.[11]

세상이 어둠 속에 머무는 동안

바로 위 구절에서 교회는 마치 자신의 소리가 당장 들어지기를 원하는 것처럼 "들으소서"라고 말하였는데, 여기서는 "들으소서"가 아니라 "아침에 당신은 제 소리를 들어 주실 것입니다"라고 말하고, 또 "당신께 기도드립니다" 대신에 "당신께 기도드릴 것입니다"라고 하는 것은 어찌 된 일입니까? 뒤에 이어지는 부분도 마찬가지입니다. "저는 당신 앞에 서서 바라봅니다" 대신에 "아침에 저는 당신 앞에 서서 바라볼 것입니다"라고 말하고 있습니다. 이러 변화의 요지는 무엇입니까? … 이 시대의 폭풍우 가운데 어둠에 둘러싸인 교회는 자신이 고대하는 바를 보지 못할 것임을 알고 있습니다. … 하지만 교회는 왜 그것을 볼 수 없는지 이해하고 있습니다. 아직 밤이 끝나지 않았기 때문입니다. 밤이란 우리의 죄 때문에 생긴 어둠입니다. … "너는 아침에 들을 수 있을 것이다"라고 말할 때, 이는 교회가 '아침에 나는 … [내 기도가] 들어졌다는 것을 알게 될 것이다'라고 말하는 것입니다. … 밤은 불의와 악의, 거짓과 살인, 속임수 같은 것들로 이루어집니다. 이 밤이 지나고 나면 아침이 오고, 그러면 하느님을 뵙게 될 것입니다.

• 아우구스티누스 『시편 상해』 5,4-5.[12]

세상의 아침

세상의 밤이 끝나면 세상의 아침이 밝아 올 것입니다. … 그러면 우리에게는 더 이상 책들로부터 오는 빛이 필요하지 않을 것입니다. 세상의 참빛이 나타나 우리를 비출 것이기 때문입니다.

• 존자 베다 『성막과 제구』 3,27,21.[13]

그날의 첫 열매로 축성되다

(이 시편의 표제에서 말하는) "상속받는" 이는 매일의 행위의 첫 열매인 기도와 하느님께 드리는 봉사로 축성됩니다. 순수한 기도로 정화되어 자기 방을 나서고, "아침 일찍 당신께 봉사하고 애틋이 기다립니다"라고 하느님께 말씀드릴 수 있는 것이야말로 그의 순결함의 표지입니다.

• 카이사리아의 에우세비우스 『시편 주해』 5,1-5.[14]

매일 아침 일찍 네 영혼을 씻어라

셀 수 없을 만큼 많은 행위를 하고 난 뒤에야 기도하러 오는 이들에게 이 말을 들려 주어라. … "당신께 감사하기 위하여 해 뜨기 전에 일어나야 하고 동틀 녘에 당신께 기도해야 함을 알

---

[10] PG 39,1169.
[11] CCL 72,185.
[12] *WSA* 3,15,94-95.
[13] TTH 18,108.
[14] AnSac 3,377.

라"(지혜 16,28)고 성경이 말하고 있다는 것을 기억하십시오. 그대는 그대보다 지위가 낮은 이가 황제에게 먼저 경의를 표하는 것을 참지 못할 것입니다. 그런데 그대의 영혼이 경의를 표하는 동안 그대가 졸고 있다면, 그대는 영예의 자리를 피조물들에게 내주고, 그대를 위해 만들어진 모든 피조물들을 앞지르지 못합니다. 그대는 그분께 감사드리지 않습니다. 아침에 일어나서 얼굴과 손은 씻으면서 그대의 영혼을 씻어야 한다는 사실은 무시합니다. 몸이 물로 깨끗해지듯이 영혼은 기도로 깨끗해진다는 것을 모릅니까? 그러니 그대의 몸을 씻기 전에 영혼부터 씻으십시오. 수많은 악의 얼룩들이 영혼을 더럽히고 있습니다. 기도로 그것들을 깨끗이 닦아 내십시오. 만약 우리가 이와 같은 방식으로 우리 입 주변에 울타리를 잘 친다면 매일의 삶을 위한 좋은 기초를 놓을 수 있을 것입니다.

• 요한 크리소스토무스 『시편 해설』 5,3.[15]

5,5 악은 하느님 앞에 머물 수 없다

악은 하느님에게서 오지 않는다

악이 실체를 지녔다고 말하는 이들이 주장하는 것과 달리, 악은 하느님에게서 오지 않는다는 것이 사실입니다. 오직 선만이 있기를 바라시는 분, 지극히 전능하신 분의 입에서는 선과 악이 동시에 나오지 않습니다.

• 장님 디디무스 『시편 단편』 5,6.[16]

5,6 하느님께서는 나쁜 짓 하는 자들을 미워하신다

회개하지 않는 자들

하느님은 누구를 미워하십니까? 악행을 하는 자들을 미워하십니다. 우리 모두가 죄인이고 하느님께서는 모든 죄인들을 미워하신다면, 결과적으로 하느님께서 우리 모두를 미워하신다고 보아야 합니다. 그런데 만약 우리 모두가 하느님의 미움을 받는다면, 어떻게 은총으로 구원을 받을 수 있었겠습니까? … 시편 저자는 악행의 죄를 범한 자들을 말하고 있는 것이 아니라 악을 행하고 있는 자들에 대해 말하고 있습니다. 하느님께서는 고집스럽게 죄를 거듭하여 짓는 이들을 싫어하시며, 죄의 길에서 돌아선 이들은 사랑하십니다. … 이 말씀은 죄를 고집하고 있는 죄인들을 두고 한 것입니다.

• 히에로니무스 『시편 강해』 5.[17]

5,7 거짓을 말하는 자들

타고난 거짓말쟁이들

본디 우리는 거짓말쟁이들입니다. 그럼에도 불구하고 진실되고자 한다면, 하느님께 의탁해야 합니다. 하느님의 도우심으로 우리는 진실할 수 있습니다. 본디 우리는 거짓말쟁이들입니다.

• 아우구스티누스 『설교집』 257,2.[18]

이단의 속임수

성경은 "당신은 거짓을 말하는 자들을 멸망시키십니다"라고 말하고 있는데, 이는 이단자들을 언급하는 것으로 해석해야 합니다. 이 시편이 나아가고 있는 방향을 보아서도 그렇고, 내적인 구조를 보아서도 그러합니다. 사실 악을 행하는 자는 자기의 영혼을 죽입니다. 그러나 거짓말쟁이인 이단자는 그가 꾀어낸 많은 사람을 죽입니다. … 모든 이단자는 피에 굶주려 있습니다. 그들 때문에 영혼들이 매일 피를 흘리고 있습니다. … 사기를 친다는 말은 꼭 맞는 말입니다. 그는 살인자이자 사기를 치는 자입니다. 그는 어떻게 사

---

[15] *CCOP* 1,83.
[16] PG 39,1169.
[17] FC 48,18-19.
[18] FC 38,363.

기를 칩니까? 의도적으로 하느님의 말씀을 부정확하게 전함으로써 그렇게 합니다. … 이단자의 상태를 생각해 보십시오. 주님은 그를 싫어하십니다!

• 히에로니무스 『시편 강해』 5.[19]

5,8 하느님의 한결같은 사랑

구원은 오직 은총으로만

보다시피 교회는 이방인들과 점쟁이들, 살인자들과 마술사들, 거짓말하는 자들과 속이는 자들과 같은 사람들 가운데서 선택된 이들로 이루어져 있습니다. 이들은 "하느님께서 미워하시고 싫어하십니다"라는 말을 듣는 사람들입니다. 따라서 우리가 선택받음은 우리 자신의 의로움이나 선행 덕분이 아니고 죄인들로부터 우리를 구원하셔서 당신의 집으로 인도해 주신 하느님의 자애 덕분입니다. 그래서 [교회는] 이런 말을 덧붙입니다. "그러나 저는 당신의 크신 자애에 힘입어 당신 집으로 들어갈 것입니다." 만약 누군가가 '당신은 이런저런 죄를 지었으면서 어떻게 구원받았다고 할 수 있느냐?'고 묻는다면, 이 말씀은 구원의 방법에 대해 말해 주고 있습니다. 그것은 하느님의 놀라운 자애, 그분의 형언할 길 없는 선하심 덕분이었습니다.

• 요한 크리소스토무스 『시편 해설』 5,4.[20]

자비와 경외

악과 부정은 당신과 함께 살 수 없고, 그것들은 당신의 시선 아래 머물 수 없기에 저는 당신의 자비로 당신의 집에 들어갈 것입니다. 그리고 저는 이렇게 말할 수 있습니다. "아침 일찍 나는 당신 앞에 서서 당신을 뵈올 것입니다." 당신을 두려워하는 큰 경외심을 지니고 당신의 자비를 입지 않는다면 저는 결코 당신의 집에 들어갈 수 없기에 영과 진리 안에서 걸으며 당신을 섬길 것입니다.

• 오리게네스 『시편 발췌 주해』 5,8-9.[21]

그리스도 안에서 드리는 예배

그리스도는 하느님의 성전이시며, "하느님은 그리스도 안에서 세상과 화해하셨습니다." 각 사람은 하느님을 경외함으로써 죄로부터 돌아섭니다. 그는 경외심을 갖고 그리스도이신 하느님의 성전에서 예배합니다.

• 폰투스의 에바그리우스 『시편 발췌 주해』 5,8.[22]

완덕을 향한 전진

시편 저자는 '저는 당신의 성전에서 경배드립니다'라고 하지 않고, "저는 당신의 성전을 향하여 경배드립니다"라고 하였습니다. 이는 완덕 자체가 아니라 완덕을 향한 전진을 말하려는 것으로 이해해야 합니다. "저는 당신 집으로 들어가리이다"라는 구절은 완덕을 의미합니다. 그런데 이런 일이 이루어지기 위해서 시편 저자는 먼저 이렇게 말합니다. "당신의 성전을 향하여 경배하리이다." 그가 "당신을 경외하는 마음으로"라는 구절을 덧붙인 이유는 아마도 이것이야말로 구원을 향해 나아가는 이들에게 완덕의 중요한 원천이 되기 때문일 것입니다. 우리 각자가 완덕에 도달할 때 "완전한 사랑은 두려움을 쫓아냅니다"(1요한 4,18)라는 성경 말씀이 우리 안에서 이루어질 것입니다.

• 아우구스티누스 『시편 상해』 5,9.[23]

---

[19] FC 48,19-20.

[20] *CCOP* 1,85*.

[21] PG 12,1169.

[22] AnSac 2,455.

[23] *WSA* 3,15,98.

5,9 주님, 당신의 정의로 저를 이끄소서

하느님의 힘

제대로 알고 올바르게 행동하기를 바라는 이들에게는 적수가 많습니다. 올바르게 행동하는 이들의 선행으로 괴로워하는 질투심 가득한 사람들과 마귀들이 있습니다. 이를 아는 예언자는 그를 거슬러 일어난 자들과 자기 힘으로 싸우려 들지 않습니다. 오히려 그는 하느님께서 당신의 손을 뻗어 주시기를 청합니다. 이렇게 함으로써 그는 수많은 원수들로부터 아무런 해도 입지 않고 빠져나올 수 있게 됩니다. 그는 이렇게 기도합니다. "오, 주님, 당신 정의로 저를 이끄소서. 그러면 저의 길이 당신 앞으로 인도되리이다."

• 오리게네스 『시편 발췌 주해』 5,11.[24]

하느님의 인도하심

외적인 법에 근거한 인간의 의로움이 있습니다. … 그러나 인간의 의로움은 완전하지도 완벽하지도 않으며, 인간의 숙고에서 나온 것으로 하위의 것입니다. 반대로 내가 추구하는 하느님의 의로움은 하느님에게서 나와 하늘로 이끕니다. … 보다시피 현세의 삶은 높은 곳에서 오는 안내가 필요한 길입니다. 우리가 어떤 도시로 들어가고자 할 때도 그 도시로 안내해 줄 사람이 필요한데, 하물며 하늘로 여행하고자 한다면 하늘로 가는 길을 가리키고 방향을 결정하며 안내해 줄, 위로부터 오는 은총이 더욱더 필요하지 않겠습니까? 우리를 그릇된 곳으로 이끄는 많은 길들이 있습니다. 그러므로 하느님의 오른손을 꼭 잡읍시다.

• 요한 크리소스토무스 『시편 해설』 5,4-5.[25]

성경에 대한 참된 이해

당신의 이 길은 어떤 길입니까? 성경을 읽는 것입니다. 저는 당신 말씀을 통하여 교회에 들어가길 원하오니, 제가 하느님의 말씀을 읽을 때 걸려 넘어지지 않도록 제 발걸음을 인도하여 주소서. 성경을 그릇되게 이해하는 사람은 모두 하느님의 길에서 떨어져 나갈 것이기 때문입니다.

• 히에로니무스 『시편 강해』 5.[26]

5,10ㄱ 그들의 입에는 진실이 없다

그리스도는 그들의 마음에 계시지 않는다

이단자들의 입은 그리스도도 진리도 담고 있지 않습니다. 그들의 마음에 그리스도가 없기 때문입니다. … 이단자들은 불행한 사람들이며, 죽은 자들의 뼈로 가득 찬 회칠한 무덤입니다. … 아리우스와 에우노미우스를 비롯한 이단자들의 혀는 화살과 같고, 그들의 턱은 벌어진 무덤과 같습니다. … "벌어진" 이라는 말은 아주 적절한 표현인데, 누구든지 그 무덤으로 들어갈 만큼 그들에게 속아 넘어가면 이단자들은 그들을 즉시 그 무덤 속으로 끌고 들어가기 때문입니다. 이단자들은 언제나 크게 입을 벌리고 있습니다. … 그들은 딴마음을 품고 있으면서도 입술로는 다른 것을 약속합니다. 그들은 신심 깊은 듯이 말하지만 불신앙을 감추고 있습니다. 그들은 그리스도를 말하고 있지만 '그리스도의 적'을 숨기고 있습니다. 그들이 '그리스도의 적'을 드러냈다가는 그들의 유혹이 결코 성공하지 못할 것임을 잘 알기 때문입니다. 그들은 어둠을 감추기 위해서 빛을 드러낼 뿐입니다. 그들은 빛을 통하여 어둠으로 이끕니다.

• 히에로니무스 『시편 강해』 5.[27]

[24] PG 12,1171.

[25] *CCOP* 1,86-87*.

[26] FC 48,20.

[27] FC 48,20.

죽은 자들의 입

사실 그들의 턱은 죽은 자의 턱과 같습니다. 그들은 하느님을 찬미하는 말을 아예 하지 않거나 아주 힘들게 그렇게 할 수 있을 뿐이기 때문입니다.

• 아를의 카이사리우스 『설교집』 68,2.[28]

5,10ㄴ 열린 무덤

열린 무덤

무덤이 닫혀 있으면, 지독한 냄새가 그 안에 갇혀 있지만 무덤이 열리면 끔찍한 냄새가 풍겨 나옵니다. 이 사람들도 그와 같습니다. … 그들은 완전한 불신과 악한 냄새를 풍기는 말들을 뱉어 냅니다. 그런데 … 그런 말들은 하느님께 대한 신성모독과 음담패설을 연상하게 합니다.

• 키루스의 테오도레투스 『시편 주해』 5,7.[29]

무덤도 보물 곳간도 될 수 있는 입

네 입이 무덤이 아니라 보물 곳간이 되게 하십시오. 알다시피 보물 곳간은 무덤과 뚜렷이 다릅니다. 무덤은 받아들인 것을 부패시키지만 곳간은 그것을 간직합니다. 따라서 영원히 지속될 부富, 지혜에 대한 탐구와 같이 썩지도 악취도 피우지도 않을 것을 그대 자신을 위하여 간직하십시오.

• 요한 크리소스토무스 『시편 해설』 5,5.[30]

죽음을 낳는 가르침

낯선 생각들을 전하는 철학자들의 마음은 헛됩니다. 그들을 두고 성경은 이렇게 말합니다. “주님께서는 지혜롭다는 자들의 생각을 알고 계십니다. 그들은 입김일 뿐임을”(시편 94,11). 하느님의 말씀이 살아 있지 않다고 가르치는 그들의 목구멍은 죽음을 낳는 가르침을 뱉어 냅니다. 그들은 거짓과 죽음의 말들을 쏟아 냅니다.

• 카이사리아의 에우세비우스 『시편 주해』 5,10-11.[31]

분주한 묘지

그들은 거짓을 말하고 아첨하는 말을 뱉어 냄으로써 사람들이 죄로 기울도록 꾀어내고, 그들을 제 편으로 끌어들이며, 자기들의 생활 태도를 따르도록 이끎으로써 그들을 삼켜 버립니다. 이런 일이 일어나면, 그 아첨하는 이들은 자기들의 죄 때문에 죽을 것입니다. 그러므로 다른 이들을 죄로 이끄는 이들을 “열린 무덤”이라고 부르는 것은 옳습니다. 그들은 참된 생명이 없는 자들이므로 어쨌든 생명 없는 존재들입니다. 그들은 자신들의 거짓말과 공허한 마음으로 죽인 자들을 그들 곁으로 모아들이며, 그들의 피해자들을 그들과 똑같은 존재로 만들어 버립니다.

• 아우구스티누스 『시편 상해』 5,12.[32]

5,11 그들이 죗값을 받게 하소서

이단의 죄

성부를 알아보기를 거부하는 자들은 스스로 심판관이신 분을 대면하게 하십시오. … 어떻게? 답은 이러합니다. “그들이 자기들의 음모에 빠지게 하소서.” … 훌륭한 답변입니다. 왜냐하면 이단자들은 그들의 가르침을 매일 바꾸기 때문입니다. 만약 성경을 공부한 신학자가 그들과 논쟁하며 성경에서 나온 증거로 그들을 제압한다면 곧바로 새로운 가르침을 찾으려고 주위를 두리번거리는 것 외에 그들이 무엇을 할 수 있습니까? 그들은 구원을 얻기 위하여 지혜를 찾

[28] FC 31,323*.
[29] FC 101,71*.
[30] *CCOP* 1,87.
[31] PG 23,117.
[32] *WSA* 3,15,99-100.

는 것이 아니라 적을 이기기 위하여 새로운 가르침을 찾아 두리번거립니다. … 그들이 자신들의 헤아릴 수 없이 많은 계략에 걸려 넘어지게 하십시오. 저의 하느님, 그들이 당신 아닌 온갖 것에 의지하게 내버려 두소서. … 오, 주님, 당신은 본디 다정하신 분이신데 죄인들과 이단자들은 당신 본성의 달콤함을 그들의 악한 술책의 쓰라림으로 바꾸었습니다.

• 히에로니무스 『시편 강해』 5.[33]

완전히 쫓겨나다

"그들의 죄악이 많으니"라는 구절의 요점은 그들이 완전히 쫓겨나게 되리라는 것입니다. 악인들은 상속을 받지 못합니다. 상속을 받은 이들은 그들의 상속지에서 이해와 환시를 통해 하느님을 소유하게 됩니다. 이것은 눈병이 나면 눈부신 햇살에 노출될 때 눈을 감아야만 하는 것과 같은 이치입니다. 다른 이들에게 즐거움을 안겨주는 것이 그들에게는 징벌이 됩니다. 따라서 그들은 아침에 일찍 일어나서 그분을 뵙지 못할 것입니다. 보상이 "하느님께 가까이 있음이 저에게는 좋습니다"(시편 73,28)라는 말로 표현된다면, 추방은 그만큼 위중한 벌이 됩니다.

• 아우구스티누스 『시편 상해』 5,14.[34]

5,12 하느님 안에서 환호하다

하느님에게서 나오는 축복

다른 기쁨들은 왔다가 금방 흘러가 버리는 시냇물보다 나을 것이 없습니다. 이와 달리 하느님에게서 오는 행복은 항구하고, 확고하며, 풍요롭고 지속적입니다. 이 행복은 예측하지 못한 상황으로 방해받지 않으며, 바로 그 장애로 인하여 더욱 커집니다.

• 요한 크리소스토무스 『시편 해설』 5,5.[35]

하느님 안에서 자랑하다

현세의 것들을 자랑하는 사람은 꿈속에서 즐거워하는 이와 다를 것이 없습니다. 말해 보십시오. 인간이 가진 것 가운데 사람이 자랑할 만한 것이 무엇입니까? 육체의 힘입니까? 하지만 그것은 우리의 의지로 얻은 것이 아니기 때문에 자랑할 만한 것이 못 됩니다. 특히 육체란 허약해지고 결국 허물어지게 마련이며, 강한 이들은 육체의 힘을 잘못 사용함으로써 생기는 부정적 효과를 감당해야 하기 때문에 그러합니다. 꽃다운 청춘과 아름다운 외모, 부, 권력, 사치, 그리고 현세의 모든 것에 대해 같은 평가를 할 수 있습니다. 이와 반대로 하느님 안에서 자랑하며 하느님에 대한 사랑을 자랑하는 것은 그 누가 누릴 수 있는 것보다 더 큰 영예이며, 사람들이 생각할 수 있는 어떤 왕관보다 더 빛나는 명예입니다. 이런 자랑을 하는 이가 비록 감옥에 갇혀 있다 하더라도 그러합니다. 이 영예는 질병이나 많은 나이로 인해 줄어들지 않으며, 임무에 대한 압박감이나 계절의 변화, 나아가 죽음에 의해서도 줄어들지 않습니다. 오히려 죽음의 때에 그 영예는 더욱 밝게 빛납니다.

• 요한 크리소스토무스 『시편 해설』 5,5-6.[36]

행복에 이르는 길이신 그리스도

우리의 참행복은 미래에 있으며, 약속은 바로 이 미래에 관하여 말합니다. 누군가는 권력으로 다스리고, 어떤 이들은 부를 누리며, 또 어떤 이들은 영예와 사람들의 인정을 받습니다. 그러나 우리는 다음 생애에서 행복하기 위하여 이 생애에서는 비참합니다. 우리는 우리의 주님이신 그

[33] FC 48,21-22.
[34] *WSA* 3,15,101.
[35] *CCOP* 1,88.
[36] *CCOP* 1,89.

리스도를 따릅시다. 그리스도를 믿는다고 말하는 이는 "그리스도께서 살아가신 것처럼 그렇게 살아가야 합니다"(1요한 2,6). 하느님의 아들이신 그리스도는 "섬김을 받으러 오신 것이 아니라 섬기러 오셨습니다"(마르 10,45). 그분은 명령하러 오신 것이 아니라 순종하러 오셨고, 발 씻김을 받으러 오신 것이 아니라 제자들의 발을 씻어 주기 위하여 오셨습니다. 그분은 사람들을 때리러 오신 것이 아니라 맞으러 오셨고, 사람들을 십자가에 못 박기 위해서가 아니라 십자가에 못 박히기 위하여 오셨으며, 파괴하러 오신 것이 아니라 파멸을 겪기 위해 오셨습니다. 그분은 가난하게 되심으로써 우리를 부요하게 하셨고, 우리를 위하여 매를 맞으셨습니다. 그러니 우리도 우리를 때리려는 이들에게 뺨을 내어 주고, 채찍으로 때리는 이들에게 등을 내어 줌으로써 그리스도를 본받읍시다. 매질을 당하는 이는 그리스도를 본받는 것이요, 때리는 이는 '그리스도의 적'을 본받는 것입니다.

• 히에로니무스 『시편 강해』 5.[37]

우리 안에 계신 그리스도

선한 이들의 목표는 그들에게 약속된 상속을 받고, 주님을 따르며, 약속된 대로 동반자이신 주님과 함께 사는 것입니다. 그 약속은 이렇게 말합니다. "나는 그들과 함께 살며 그들 가운데에서 거닐리라. 나는 그들의 하느님이 되고 그들은 나의 백성이 되리라"(2코린 6,16).

• 카이사리아의 에우세비우스 『시편 주해』 5,12.[38]

5,13 큰 방패로 덮어 주시다

하느님은 우리 방패이시다

하느님은 우리의 방패요 왕관이십니다. 하느님은 방패처럼 우리를 보호하시고, 우리에게 왕관을 씌워 주십니다. 그분은 우리 방패요 왕관이십니다. … 그러니 하느님께 감사드립시다. 당신의 자애로 우리의 방패요 왕관이 되어 주시고, 우리가 결코 그분을 떠나지 않고 그분을 따르며 예레미야 예언자와 함께 다음과 같이 선언할 수 있게 해 주십사고 하느님께 간청합시다. "저는 당신을 따르기에 지치지 않습니다"(예레 17,16 칠십인역).

• 히에로니무스 『시편 강해』 5.[39]

방패로 된 왕관을 쓰다

방패로 된 왕관을 쓸 수 있는지 묻습니까? 그렇습니다. 왕관을 쓴 자는 꽃으로 만든 왕관을 쓸 수도 있고, 금으로 만든 왕관이나 다른 재료들로 만든 왕관을 쓸 수도 있습니다. 그럼 어떻게 방패로 된 왕관을 쓸 수 있습니까? 주님의 방패는 왕관입니다. 왜냐하면 주님은 당신의 보호로 우리를 에워싸시고 우리를 지켜 주시며 우리에게 왕관을 씌워 주시기 때문입니다.

• 히에로니무스 『시편 강해』 5.[40]

주님의 축복만이 중요하다

천사들의 주님께서 그대를 칭찬하고 칭송하시는데, 다른 사람들의 조롱, 더 나아가 온 세상이 조롱한다 해도 그대에게 무슨 해를 끼칠 수 있겠습니까? 역으로, 주님께서 그대를 축복하시지 않는다면, 온 세상과 바다의 주민들이 그대를 칭송한다 한들 그것이 무슨 소용이 있겠습니까? 그러니 그분의 칭찬과 그분께서 주실 왕관에 온 주의를 집중하십시오. 그렇게 한다면 비록 우리가 가난하고 병들어 죽음의 문턱에 서 있다 하더

[37] FC 48,23*.
[38] AnSac 3,379.
[39] FC 48,24*.
[40] FC 48,29.

라도 우리는 세상에서 가장 고귀한 사람들일 것입니다.

• 요한 크리소스토무스 『시편 해설』 5,6.[41]

자비와 의로움의 왕관을 쓰다

다윗은 다른 곳에서 "너에게 자애와 자비로 관을 씌워 주시는 분"(시편 103,4)에 관하여 말하였는데, 이처럼 승리의 화관은 자비로 만들어집니다. 바오로가 "이제는 의로움의 화관이 나를 위하여 마련되어 있습니다"(2티모 4,8)라고 말하였듯이 그것은 또한 의로움으로 만들어집니다. 다른 저자가 "지혜는 은총의 화관으로 너를 지켜 주리라"(잠언 4,9)고 말한 대로, 그 왕관은 또한 은총의 화관입니다. 또 그것은 이사야가 "영예로 만든 희망의 화관이 있을 것이다"(이사 28,5 참조)라고 말하였듯이 영예의 화관이기도 합니다. 보다시피 이 화관은 이 모든 속성들, 곧 자애와 의로움, 은총, 영예, 아름다움과 같은 속성을 지니고 있습니다. 이 은사는 여러 종류의 은총을 주시는 하느님에게서 옵니다. 그것은 또한 "그들은 썩어 없어질 화관을 얻으려고 그렇게 하지만, 우리는 썩지 않을 화관을 얻으려고 하는 것입니다"(1코린 9,25)라고 바오로 사도가 말하였듯이, 썩지 않을 화관입니다.

• 요한 크리소스토무스 『시편 해설』 5,12.[42]

은총으로 주어진 구원의 방패

축복이란 바로 이것입니다. 하느님 안에서 영광스럽게 되고 하느님께서 그 사람 안에 사시게 되는 것이지요. 이런 성화는 의인에게 주어집니다. 그런데 의인이 되기 위해서는 먼저 부르심이 있어야 합니다. 이 부르심은 불린 사람의 장점이 아니라 하느님의 은총에 근거합니다. 왜냐하면 "모든 사람이 죄를 지어 하느님의 영광을 잃었"(로마 3,23)기 때문입니다. 그러나 하느님께서는 "[당신께서] 부르신 이들을 의롭게 하셨으며, 의롭게 하신 이들을 또한 영광스럽게 해 주셨습니다"(로마 8,30). 이처럼 부르심은 우리의 공로에 근거를 둔 것이 아니라 하느님의 자애와 자비에서 나온 것이기 때문에 시편 저자는 다음 말씀을 덧붙입니다. "주님, 당신께서는 큰 방패 같은 호의로 우리를 감싸 주셨습니다." 하느님의 호의가 우리의 호의를 앞서며, 이는 모든 죄인들을 회개로 이끄시기 위함입니다.

• 아우구스티누스 『시편 상해』 5,17.[43]

우리의 공로에 근거하는 것이 아니다

이 시편이 얼마나 다정하게, 그리고 적절하게 끝을 맺고 있는지 유의하여 봅시다. 어떤 책도 다 설명할 수 없는 하느님의 자애를 당신의 "호의"라는 한 단어로 표현하고 있습니다. 주님의 부르심은 모든 공덕에 앞서 옵니다. 주님은 그렇게 하실 만한 이유를 인간에게서 찾지 못하셨지만 그렇게 하셨습니다. 바로 이 때문에 그 부르심을 '거저 주어진 것'이라고 합니다. 그렇지 않다면 그것은 정당한 부르심이라고 해야 할 것입니다. 그러므로 우리를 부르시고 이끄시는 것은 하느님의 호의입니다. 우리는 선의 창조주이신 분에게서 도움을 입지 않고는 우리에게 도움이 되는 어떤 것도 생각하거나 수행할 수 없습니다. 왜냐하면 우리는 바오로 사도가 말했듯이, 우리가 무슨 자격이 있어서 스스로 무엇인가 해냈다고 여길 수 없으며 우리의 자격은 하느님에게서 오기 때문입니다(2코린 3,5 참조).

• 카시오도루스 『시편 해설』 5,13.[44]

---

[41] *CCOP* 1,89-90.
[42] *CCOP* 1,90.
[43] *WSA* 3,15,101-2.
[44] ACW 51,88.

6,1-11 치유를 위한 기도

주님의 진노하심을 느끼고 그 때문에 힘들어하고 있다면
시편 제6편을 읊어 보십시오.
아타나시우스『시편 해석에 관해 마르켈리누스에게 보낸 편지』 15 [OIP 66]

1 [지휘자에게. 현악기와 더불어 제8도로.[①]
시편. 다윗]
2 주님, 당신의 진노로 저를 벌하지 마소서.
당신의 분노로 저를 징벌하지 마소서.
3 저에게 자비를 베푸소서, 주님, 저는
쇠약한 몸입니다.
저를 고쳐 주소서, 주님, 제 뼈들이
떨고 있습니다.
4 제 영혼이 몹시도 떨고 있습니다.
그런데도 주님, 당신께서는 언제까지나 …?
5 돌아오소서, 주님, 제 목숨을 건져 주소서.
당신의 자애로 저를 구원하소서.
6 죽으면 아무도 당신을 기억할 수 없습니다.
저승에서 누가 당신을 찬송할 수
있겠습니까?
7 저는 탄식으로 기진하고
밤마다 울음으로 잠자리를 적시며
눈물로 제 침상을 물들입니다.
8 저의 눈은 시름으로 멀어지고
저의 모든 적들 때문에 어두워집니다.
9 내게서 모두 물러들 가라,
나쁜 짓 하는 자들아.
주님께서 나의 울음소리를 듣고 계신다.
10 주님께서 나의 간청을 들어주시고
주님께서 나의 기도를 받아들이신다.
11 내 원수들은 모두 부끄러워 몹시 떨리라.
부끄러워하며 순식간에 물러가리라.

① 칠십인역; 히브리어 본문에는 '제8도로'라는 말이 없다.

둘러보기

칠십인역에는 이 여섯 번째 시편의 표제에 "여덟째"라는 말이 들어 있다. 이는 심판의 날(아우구스티누스), 또는 부활의 날(니사의 그레고리우스), 영적 할례를 받을 새로운 시대(디디무스) 등의 다양한 의미로 이해된다. 어쩌면 그것을 해석하기보다는 설명할 수 없는 신비로 남겨 두는 것이 최선일 수 있다(디오도루스).

이 시편은 하느님의 진노에 대한 언급으로 시작된다. 하느님의 진노는 자구적으로 우리가 본받아야 할 열정으로 이해해서는 안 되며(요한 카시아누스), 비유적 표현으로 이해해야 한다(요한 크리소스토무스). 교육적 효과를 꾀한 말이라고 보아야 할 것이다(오리게네스). 우리는 하느님께서 심판관이 아니라 아버지로서 우리를 대하시는 것을 더 좋아한다(테오도레투스). 우리는 신적인 의사요(에우세비우스) 우리 영혼의 의사이며(헤시키우스) 우리 이성의 의사이신(테오도레투스) 분께로 향한다. 우리는 그 의사를 기다려야 할지도 모른다(아우구스티누스). 하지만 그분은 정녕 우리의 최고의 희망이시다(요한 크리소스토무스).

하느님께서 우리를 보아 주시기를 청하는 기도는 우리가 그분을 향해 돌아설 것을 요구한다(디디무스, 아우구스티누스). 왜냐하면 구원은 우리의 회개를 요구하며(히에로니무스), 우리의 공로 때문에 주어지는 것이 아니라 하느님의 자비에 의해 주어지는 것이기 때문이다(테오도레투스). 구원은 곧 하느님과 같아지는 것이다(디오도루스). 지금이 회개의 때이며, 회개는 죽음 이후에는 가능하지 않다(요한 크리소스토무스, 테오도레투스, 아우구스티누스, 히에로니무스). 지금은 정화의 때이자 징벌의 때다(나지안주스의 그레고리우스). 하느님을 생각하는 이는 지금 여기에서 하느님을 알고 있다(디디무스). 저승에서는 그런 열정이 아예 일어나지 않기 때문이다(니사의 그레고리우스).

이러한 회개는 복된 탄식이다(요한 크리소스토무스). 그것은 누구의 죄도 용서받을 수 없을 만큼 크지 않음을 인정하는 것이다(카이사리우스). 그것은 그리스도 안에서 회개하는 것이며(다마스쿠스의 요한), 마음이 변화되는 것이요(놀라의 파울리누스), 그 사람의 갈망이 이 세상에서 다음 세상에로 옮겨지는 것이다(대 레오). 회개는 영혼을 병상에서 일어나게 한다(아우구스티누스). 의인은 밤새워 기도하며, 밤기도는 큰 힘을 지니고 있다(니네베의 이사악).

분노는 영혼을 흐리게 한다(카이사리우스). 분노는 좋은 지향의 빛을 차단하는데(대 그레고리우스), 합당하게 여겨지는 분노일지라도 그러하다(대 그레고리우스). 원수들에게서 오는 반대는 인간적인 것도 있고(아우구스티누스) 영적인 것도 있다(요한 크리소스토무스). 지혜는 죄의 상처에 재빨리 반응하도록 우리를 가르친다(요한 크리소스토무스). 한편, 우리 원수들이 변하도록 기도하자(히에로니무스). 지금 우리에게 해를 끼치려는 그들은 금방 닥쳐올 심판의 때에(아우구스티누스), 영원히 수치를 당할 것이기 때문이다(아우구스티누스). 그들은 지금 우리를 조롱하지만 그리스도인들은 하느님의 자비를 확신한다(테오도레투스).

6,1 표제: 제8도로

심판의 날

이 표제의 나머지 부분들의 의미는 명확한데, "여덟째"라는 구절의 의미는 모호해 보입니다. 어떤 이들은 이 구절을 심판의 날, 곧 산 이와 죽은 이를 심판하러 오시는 주님의 두 번째 오심의 때라고 해석합니다. … 그때, 숫자 여덟, 곧 심판의 날이 올 것입니다. 이날에 각자는 자신이 한 일에 따라 보상이나 징벌을 받을 것입니다. 그때에 성도들은 일시적 활동이 아니라 영원한 삶으로 인도되고, 악인은 영원히 벌 받을 것입니다.

• 아우구스티누스 『시편 상해』 6,1-2.[1]

부활의 날

덕스러운 삶을 사는 이들은 온 주의를 기울여 다음 시대를 기다립니다. 7일 주기로 반복되는 상당한 시간이 지난 후에 새로운 시대가 시작됩니다. 그런데 이 새로운 시대의 시작은 제8일로 표시됩니다. 그러므로 "여덟째"라는 표제는 현재의 시간을 바라볼 것이 아니라 제8일을 고대하라고 우리에게 조언합니다. 이 순간적이고 일시적인 시간이 끝날 때마다 하나는 사라지고 또 다른 것이 옵니다. 오는 것은 사라지기 위하여 오며, 사라진 것은 더 이상 존재하지 않습니다. 우리가 고대하는 부활은 우리의 본성을 변화시

[1] *WSA* 3,15,103.105.

킬 것이며, 시간의 찰나성은 사라지고 이 세대에 속한 활동과 부패는 더 이상 존재하지 않습니다. 시간을 측정하는 수단인 7일 주기도 마찬가지로 존재하지 않을 것입니다. 그러면 제8일, 곧 다음 시대가 이어질 것입니다. 다음 시대는 그 전체가 하루입니다. 예언자들 중의 하나는 이 위대한 날을 보기를 고대한다고 말하였는데, 이날이 바로 그날입니다. 이 때문에 그날은 눈에 보이는 태양이 아니라 참된 빛, "의로움의 태양"(말라 3,20)에 의해 밝아 올 것입니다. 그 예언자는 의로움의 태양이 "떠오른다"고 말하였는데, 그 이유는 이 태양은 결코 지지 않을 것이기 때문입니다.

• 니사의 그레고리우스『시편의 제목』2,5,52-53.[2]

영적 할례

이 시편은 제8일에 관한 가장 완벽한 명상이기 때문에 "마지막에" 노래해야 합니다. … 육의 할례를 받는 이가 신체의 일부를 잘라 내는 것과 마찬가지로 마음으로 할례받은 이들은 삶의 모든 근심을 던져 버린 이들이며, 이들이야말로 주님을 열렬히 생각하며 사는 참으로 순수한 이들입니다. 제8일에 할례가 완전히 이루어집니다.

• 장님 디디무스『시편 단편』6,1.[3]

신비

우의로 해석하는 이들은 "여덟째"라는 표제를 수비학數秘學에 비추어 해석합니다. 수비학이란 상업적 거래에서 발전된 것으로, 그들은 완전수와 불완전수에 관해 씨름하면서 독자들까지 머리가 하얘지게 만듭니다. 이렇게 되어서는 안 됩니다. "여덟째"라는 말에 대해 보다 분별 있는 생각을 가진 이들은 여덟째 날이란 곧 주님의 날이라고 주장합니다. 왜냐하면 제8일은 곧 첫날과 같기 때문입니다. 그런데 이런 주장이 맞다면, 여전히 이해되지 않는 점은 왜 이 시편이 찬가의 형식을 유지하지 않고 죄에 대한 고백과 인정, 현재의 불행에서 벗어나게 해 달라는 청원을 포함하고 있는가 하는 점입니다. 시편의 표제는 "찬가, 다윗의 시편"이라고 되어 있음에도 불구하고 말입니다. 이 때문에 우리는 표제 전체를 그것을 이해하도록 준비된 이들에게 맡겨 둘 작정입니다.

• 타르수스의 디오도루스『시편 주해』6.[4]

6,2 분노로 징벌하지 마소서

본받아야 할 열정이 아니다

어떤 이들은 영혼의 가장 해로운 병[분노]에 대한 변명을 만들어 내기 위하여 그것을 아무것도 아닌 것처럼 보이게 하려 듭니다. 또 그것을 위하여 성경을 이상하게 해석합니다. 우리는 이런 이들에 대하여 듣고 있는데, 그들에 따르면 우리에게 잘못하는 형제들에게 화를 낸다고 해도 그것은 아무런 해도 끼치지 않습니다. 왜냐하면 다음 성경 구절이 말하고 있듯이, 하느님께서도 당신을 알지 못하거나 알면서도 업신여기는 이들에게 분노하고 화를 내시기 때문입니다. "주님의 분노가 당신 백성을 거슬러 타오른다"(시편 106,40). 이 시편의 예언자는 또 이렇게 기도하며 말합니다. "주님, 당신의 진노로 저를 벌하지 마소서. 당신의 분노로 저를 징벌하지 마소서." 이런 해석을 통하여 그들은 사람들에게 가장 해로운 죄에 대한 변명거리를 제공하고 있음을 알지 못합니다. 그리고 인간의 열정이 지닌 해악을 신적인 무한성과 모든 순수함의 샘이신 분의 탓으로 돌리고 있습니다.

• 요한 카시아누스『공주 수도승 규정집』8,2.[5]

[2] *GNTIP* 136-37. [3] PG 39,1173.1176.
[4] WGRW 9,19. [5] NPNF 2,11,258*.

하느님에 관한 비유적 표현

하느님의 분노와 진노에 관한 말을 들을 때, 그것을 인간의 정감과 동일한 것으로 생각하지 마십시오. 그 말들은 우리의 이해를 돕기 위한 것입니다. 하느님의 본성은 이 모든 격정으로부터 자유롭습니다.

• 요한 크리소스토무스 『시편 해설』 6,1.[6]

하느님의 훈육

우리가 하느님의 진노에 대해 이야기할 때, 그것은 하느님의 감정적 반응을 말하는 것이 아닙니다. 그것은 끔찍한 죄를 많이 지은 이들을 엄격한 방법으로 바로잡기 위하여 하느님께서 사용하시는 그 무엇을 말하는 것입니다. 이른바 하느님의 진노와 분노는 교정의 목적을 가지며, 이것이 바로 시편 제6편의 말씀에 분명히 나타나는 성경의 가르침입니다. "주님, 당신의 진노로 저를 벌하지 마소서. 당신의 분노로 저를 징벌하지 마소서."

• 오리게네스 『켈수스 반박』 4,72.[7]

심판관이 아니라 아버지처럼

시편 저자는 견책당하지 않게 해 달라고 기도하는 것이 아니라 분노로 견책하지 말아 달라고 청합니다. 그는 훈육을 피하고자 간청하는 것이 아니라 진노로 훈육하시지 말아 달라고 청합니다. 그는 심판관이 아니라 아버지로서 훈육해 달라고 간청합니다. 고문관이 아니라 의사로서 그렇게 해 달라고 간원합니다. 죄에 맞추어 징벌하지 마시고 자애로써 처벌을 누그러뜨려 달라고 요청합니다.

• 키루스의 테오도레투스 『시편 주해』 6,2.[8]

6,3 저를 고쳐 주소서

신적인 의사

모든 잘못은 약함에서 나옵니다. 정신은 언제나 사악한 성향에 이끌리기 때문입니다. 바로 이 때문에 정신은 구원자이시며 치유자이신 분, 곧 하느님의 아드님께로 달려가야 합니다. 사람은 하느님의 말씀과 이성을 만나게 되면 비논리적 행위를 포기하게 됩니다. 지혜가 정신을 어리석음에서 풀려나게 하고, 불의에서 정의를, 거짓에서 진실을 해방시켜 주기 때문입니다.

• 카이사리아의 에우세비우스 『시편 주해』 6,2-4.[9]

영적인 뼈들

영적 의미에서 "뼈들"은 식별을 가능하게 하는 합리적 정신에 동반되는 덕들입니다. 그것은 항구함과 신중함, 하느님에게서 오는 힘인 절제와 정의 같은 것으로, 한마디로 말해서 모든 종류의 뛰어난 덕들입니다. 그런데 이 덕들이 우리 안에 없을 때(적절하게 자리 잡고 있지 않을 때) 우리 정신은 자신을 제어할 적당한 힘을 지니지 못하기에 우리 안에 있는 무질서한 열정에 철저히 휘둘리게 됩니다.

• 헤시키우스 『시편 단편』 6,2.[10]

이성적인 뼈들

허약함이 지배하면 죄가 설치게 됩니다. 우리의 이성이 약해지지 않으면 열정은 반역하지 못합니다. 달리 말하자면, 병거를 끄는 사람이 튼튼하여 말들을 잘 부린다면 말이 날뛰는 일이 없을 것입니다. … 뼈들은 치밀하게 결합되어 신체

[6] *CCOP* 1,95. [7] *OCC* 241.
[8] FC 101,74*. [9] PG 23,120.
[10] PG 93,1181.

를 지지하고 있기 때문에 시편 저자는 이성의 작용을 "뼈들"이라 부릅니다. 비유적으로 이성을 "뼈들"이라 표현한 것입니다. 살아 있는 존재는 이성의 지배를 받습니다. 이 이성의 작용에 장애가 발생할 때 정신이 혼란해지고 떨린다고 시편 저자는 말합니다. 그래서 하느님의 자애를 누리며 그 자애로 치유를 받을 수 있게 해 달라고 간청합니다.

• 키루스의 테오도레투스 『시편 주해』 6,3.[11]

의사를 기다리다

여기에서 병과 씨름하고 있는 영혼은 오랫동안 의사의 치료를 받지 못했음이 분명합니다. 따라서 죄를 지음으로써 이 영혼에 자리 잡게 된 악이 얼마나 큰 것인지 분명히 드러납니다. … 하느님은 … 그 영혼이 스스로 불러일으킨 악과 관련하여 영혼을 잘 설득하시는 분이십니다. …

• 아우구스티누스 『시편 상해』 6,4.[12]

우리의 가장 큰 희망

시편 저자는 계속해서 주님의 이름을 부르고 있는데, 용서와 은총을 간청하려는 것처럼 보입니다. 주님의 자애가 말뿐이 아니라는 것, 그리고 주님은 언제든 용서를 베푸시는 분이시라는 사실이 우리의 가장 큰 희망입니다.

• 요한 크리소스토무스 『시편 해설』 6,5.[13]

6,5 돌아오소서, 주님

하느님의 돌아오심의 두 가지 의미

우리는 "돌아오소서"라는 말의 의미를 두 가지로 이해할 수 있습니다. 때로 이 말은 이런 의미를 갖습니다. '당신께서 저에게서 얼굴을 돌리셨기에 저는 당신의 자비가 돌아오기를 바라며, 그 자비를 보여 주시기를 간청합니다.' 그 말이 다음의 의미를 가질 때도 있습니다. '제 영혼이 악으로 돌아섰기에 제 영혼이 당신께로 돌아올 수 있도록 저에게 돌아오시어 저를 불러 주소서 ("당신께서는 당신에게서 돌아서는 이들을 되돌이키셨습니다"[참조: 예레 3,14.22 칠십인역]). 그리하여 반복되는 죄악을 불러일으키는 세력으로부터 제 영혼을 구원하여 주소서.'

• 장님 디디무스 『시편 단편』 6,4-5.[14]

하느님의 돌아오심은 우리의 돌아옴이다

돌아오는 행위 그 자체로 영혼은 하느님께서 자신에게 돌아오시도록 기도합니다. 이는 다음 성경 말씀대로입니다. "너희는 나에게 돌아와라. 그러면 나도 너희에게 돌아가리라. 주님께서 말씀하신다"(즈카 1,3). 아니, 어쩌면 "돌아오소서, 주님"은 '저를 돌아서게 하소서'를 의미하는 것으로 이해해야 할지도 모릅니다. 왜냐하면 영혼은 돌아서는 그 행위로 인하여 어려움과 수고를 경험하기 때문입니다. … 우리가 돌아서려고 할 때, 세속적 욕망의 어둠에서 빠져나와 신적인 빛의 고요와 평온으로 돌아가는 것이 힘들고 어려운 일임을 알게 됩니다. 이런 어려운 상황에서 우리는 이렇게 말해야 합니다. "돌아오소서, 주님." 이 말은 곧 회개가 우리 안에서 완전히 이루어질 수 있도록 우리를 도와주시라는 뜻입니다. 회개란 하느님께서 당신을 사랑하는 것을 즐거움으로 삼는 이들을 기다리고 계시며, 그들에게 당신 자신을 기꺼이 주신다는 것을 발견하는 것입니다. 바로 이 때문에 시편 저자는 "돌아오소서, 주님"이라는 말 뒤에 바로 "제 목숨을 건져 주소서"라는 말을 덧붙입니다. 시편 저자의

[11] FC 101,74.
[12] *WSA* 3,15,106.
[13] *CCOP* 1,101.
[14] PG 39,1177.

외침은 마치 온갖 곤혹스러운 상황에 사로잡힌 채 자기 영혼을 찢어 놓는 욕망의 가시들 때문에 괴로워하는 이의 외침과 같습니다. 영혼이 하느님께 돌아서려고 할 때에도 이런 고통을 겪습니다. 시편 저자는 또 "당신의 자애로 저를 구원하소서"라고 말합니다. 그가 치유받은 것은 자신의 공로 때문이 아님을 그는 알고 있습니다. 하느님의 계명을 어긴 자에게는 그에 합당한 정당한 심판이 내려지기 마련이기 때문입니다. 그래서 시편 저자는 자신이 마땅히 받아야 하는 대로가 아니라 하느님의 풍부한 자비에 따라 자신을 치유해 달라고 청합니다.

• 아우구스티누스 『시편 상해』 6,5.[15]

회개의 필요성

하느님께서 내 영혼을 회개하도록 이끄시지 않는다면 그분은 내 영혼을 위험에서 건져 내실 수 없습니다.

• 히에로니무스 『시편 주해』 6.[16]

하느님의 자애로

시편 저자가 "당신의 자애로"라는 구절을 덧붙인 것은 적절합니다. 시편 저자는 자신을 신뢰하지 않고, 하느님의 도우심을 자신의 의로움으로 돌리지도 않는다고 말합니다. 대신에 그는 하느님의 자애로 그것이 주어지기를 바랍니다.

• 키루스의 테오도레투스 『시편 주해』 6,4.[17]

하느님다운 것

저를 사랑스럽게 대해 주십시오. 제가 그럴 만한 가치가 있어서가 아니라 그렇게 하시는 것이 당신답기 때문입니다. … 이 일이 신속히 그리고 온전히 이루어지게 해 주십시오. 이 일을 가능하게 하시는 분은 당신이시고, 당신은 자비로우시며, 저를 언제나 당신 자애의 수혜자로 생각해 주시기 때문입니다.

• 타르수스의 디오도루스 『시편 주해』 6.[18]

6,6 죽으면 너무 늦다

지금이 바로 회개의 때다

"죽으면 아무도 당신을 기억할 수 없습니다"라는 [시편 저자의 말은] 우리의 존재가 현세에서만 지속된다는 뜻이 아닙니다. 그런 생각은 하지도 마십시오. 시편 저자는 부활의 가르침에 대해 알고 있습니다. 이 말은 우리가 이곳에서 떠난 후에는 회개할 시간이 없다는 뜻입니다. 부자는 하느님을 찬미하고 후회하였지만 너무 늦어서 아무것도 할 수 없었습니다. 처녀들은 기름을 구하려 하였지만 아무도 그들에게 기름을 주지 않았습니다. 그러므로 시편 저자가 요청하는 것은 두려운 심판관의 법정에서 확신을 가지기 위하여 이 세상에서 자신의 죄가 씻기는 것입니다.

• 요한 크리소스토무스 『시편 해설』 6,4.[19]

살아 있는 사람만이 회개할 수 있다

하느님을 부를 수 있는 이는 죽은 사람이 아니라 살아 있는 사람입니다. 마찬가지로, 고백과 개심도 저승의 죽은 이들에게 속한 것이 아닙니다. 하느님께서는 생명과 활동을 이 세상에 국한시키셨습니다. 그리고 각 사람이 한 행위를 심판하십니다. 이 심판은 제8일에 일어날 것인데, 이 날에 이른 이들에게는 선한 행위나 악한 행위로써 심판받을 준비를 할 기회가 더 이상 주어지지 않습니다. 대신에 뿌린 대로 거두어들이게 될 것

---

[15] *WSA* 3,15,106-7.
[16] CCL 72,187.
[17] FC 101,74.
[18] WGRW 9,20-21.
[19] *CCOP* 1,102.

입니다. 바로 이런 이유로 시편 저자는 이승에서 회개하라고 요구합니다. 저승에서는 회개를 위한 아무런 노력도 할 수 없기 때문입니다.

• 키루스의 테오도레투스 『시편 주해』 6,5.[20]

다음 생에서는 회개할 수 없다

시편 저자는 바로 지금이 회개의 때라고 생각합니다. 이 생이 끝나고 나면 우리가 행한 대로 받게 될 심판만이 남아 있기 때문입니다. … 시편 저자가 사용한 "저승"이라는 말은 죄짓는 사람, 곧 죽어 가는 사람의 정신의 어둠을 의미합니다. … 영혼은 하느님께로 회개하기로 작정하고 그 과정에서 만나는 온갖 어려움들을 체험하면서 죽음과 저승으로부터 그를 구해 주시도록 간절히 기도해야 합니다.

• 아우구스티누스 『시편 상해』 6,6.[21]

할 수 있을 때에 회개하라

그대가 아직 이 세상에 있는 동안 회개하기를 간절히 바랍니다. 하느님께 죄를 고백하고 감사를 드리십시오. 그분은 이 세상에서만 자비로우시기 때문입니다. 이승에서 하느님은 회개하는 자에게 자비를 베푸실 수 있지만 저승에서 그분은 심판관이시기 때문에 자비롭지 않습니다. 이승에서 하느님은 자애로운 분이시지만 저승에서는 심판관이십니다. 이승에서 그분은 넘어지는 이들에게 손을 내미시지만 저승에서는 심판관으로서 주재하십니다.

• 히에로니무스 『시편 강해』 105[106].[22]

정화의 때

닥쳐올 고통에 넘겨지는 것보다는 차라리 지금 이승에서 벌을 받고 정화되는 것이 더 낫습니다. 왜냐하면 미래는 징벌의 때이지 정화의 때가 아니기 때문입니다. 이 세상에서 하느님을 기억하는 자가 (다윗이 가장 뛰어나게 노래한 것처럼) 죽음을 정복한 자라면, 죽은 자는 중대한 범죄에 대한 고백을 할 수도 없고, 회복될 수도 없습니다. 왜냐하면 하느님께서는 생명과 활동을 이 세상에 국한시키셨고, 미래에는 이미 행해진 것에 대한 정밀한 심사가 이루어질 것이기 때문입니다.

• 나지안주스의 그레고리우스
『침묵하시는 성부』(연설 16) 7.[23]

죽음과 하느님에 대한 지식

성인들은 이 세상에 살아 있을 때에 하느님을 생각할 뿐만 아니라 이 썩고 말 육체에서 분리된 후에는 더욱더 하느님을 생각합니다. 시편 저자는 무엇이라고 합니까? 하느님을 생각하는 이는 아무도 죄가 가져온 죽음에 떨어지지 않으며, 죄짓는 영혼을 덕스러운 삶에서 분리시키는 죽음을 겪지 않습니다. 그래서 그는 하느님의 자애를 향해 돌아서서 그분을 생각하기를 갈망합니다. '주님, 저를 구하소서. 그렇지 않으면 제가 가진 허약함이 저를 거슬러 돌아서며 제 정신은 온통 혼미해지는 죽음에 삼켜지고 말 것입니다. 당신을 생각하지 않는 자는 죽지만 당신을 생각하는 이는 죽음에 떨어지지 않는다는 말도 있습니다. 이에 관하여 구원자께서 이렇게 말씀하셨습니다. "내 말을 지키는 이는 영원히 죽음을 보지 않을 것이다"(요한 8,51).

• 장님 디디무스 『시편 단편』 6,6.[24]

---

[20] FC 101,75.

[21] *WSA* 3,15,107-8.

[22] FC 48,234-35*.

[23] NPNF 2,7,249-50.

[24] PG 39,1177.

저승에서는 방법이 없다

우리가 받을 상속이 무엇인지를 알려 준 그는 제8일에 대해서도 언급하였습니다. 제8일이란 현재와 다가올 시대의 경계입니다. 제8일의 특징은 일단 그날을 맞이한 이들은 더 이상 선한 일이나 악한 일을 선택할 수 없으며, 자신을 위하여 뿌린 씨를 일구어 얻은 수확을 제시할 수 있을 뿐이라는 것입니다. 이 때문에 이승에서 그는 승리를 거두어 온 이에게 회개하라고 촉구하고 있습니다. 왜냐하면 저승에서는 그런 열정이 일어나지 않기 때문입니다.

• 니사의 그레고리우스 『시편의 제목』 2,11,146-47.[25]

6,7 눈물로 침상을 물들이다

복된 탄식

은으로 된 침상을 가진 이들은 저 임금의 침상은 어떤 것인지 들어 보십시오. 그것은 보석이 박혔거나 금박을 입힌 것이 아니라 눈물로 씻긴 침상입니다. 그의 밤은 휴식의 밤이 아니라 탄식과 애도의 밤이었습니다. 밤에도 그는 많은 걱정에 휩싸였고, 모든 사람이 쉬는 밤에 더욱 간절하게 애원하며 죄를 고백하였습니다. 통회의 눈물을 흘리는 것은 언제나 좋은 일이지만 특히 아무도 이 놀라운 체험을 제지하지 않는 밤에는 더욱 그러합니다. 선한 의지를 가진 이는 온 힘을 다하여 그렇게 할 수 있습니다. 내가 말하는 것을 시도해 본 이들은 눈물의 홍수에서 솟아나는 흔연한 기분을 알 것입니다. 이처럼 눈물은 끌 수 없는 불을 끄고, 우리를 심판으로 휩쓸어 가는 홍수를 막아 낼 수 있습니다. 그래서 바오로 사도도 부적절한 열정을 바로잡기 위하여 삼 년 동안 밤낮으로 눈물을 흘렸습니다. 우리는 자신의 잘못을 바로잡기는커녕 오히려 환락과 탐닉에 빠져서 철저한 무감각 상태로 밤을 묻어 버립니다. 어떤 이들은 죽음과 같은 잠에 빠져들고, 또 어떤 이들은 기만과 착취와 같은 술책을 꾸미느라 죽음보다 끔찍한 불면의 밤을 보냅니다. 그러나 깨어 있는 이들은 그렇지 않습니다. 그들은 영혼의 안위를 돌보며 소나기처럼 눈물을 쏟고 덕의 성장을 위해 노력합니다. 이와 같은 눈물을 흘린 침상에는 어떤 악이나 환락도 접근하지 못합니다. 이런 눈물을 흘린 이는 지상의 것에 가치를 두지 않으며, 그의 영혼은 어디에도 묶여 있지 않고, 그의 정신은 태양보다 더 맑습니다. 내가 이 말을 수도자들에게만 하고 있다고 생각하지 마십시오. 이 권고는 세상 사람들을 위한 것이기도 하며, 다른 누구보다 그들을 위한 것입니다. 결국 그들 모두 회개라는 치료제가 필요하기 때문입니다. 이처럼 자신의 죄에 대한 통회로 신음하는 이들은 모든 걱정을 내쫓고 고요한 항구보다 더 나은 상태의 정신으로 일어나게 될 것입니다. 이런 사람은 큰 기쁨과 확신에 차 하느님의 집에 다가가며, 이웃들과 유쾌하게 대화를 나눌 것입니다. 그들 안에는 어떤 분노도 숨어 있지 않고, 어떤 탐욕도 타오르지 않으며, 재산에 대한 부러움도 없고, 질투도 없으며, 이런 종류의 것들 가운데 그 어떤 것도 그들 안에 자리를 잡지 못합니다. 보다시피 이 모든 걱정들은 동굴 속에 숨어 있는 들짐승과 같으며, 밤에 흘리는 통회의 눈물로 이 들짐승들을 길들일 수 있습니다.

• 요한 크리소스토무스 『시편 해설』 6,4.[26]

용서받지 못하는 죄란 없다

어떤 사람들은 하느님의 자비로도 용서될 수

[25] *GNTIP* 167,68.

[26] *CCOP* 1,103-4.

없을 만큼 큰 죄를 지었다고 생각합니다. 모든 죄인의 마음에서 이런 생각이 사라지게 하십시오. 오, 인간이여, 그대가 누구이든, 그대는 그대의 죄가 많음만을 보고 신적 의사의 전능한 힘을 보지 못하는구려. 하느님은 선하시기에 자비를 베풀고 싶어 하시며, 전능하신 분이시기 때문에 그렇게 하실 수 있습니다. 그런데 그대는 하느님께서 그대에게 자비를 보여 주시기를 꺼리시거나 그렇게 하실 수 없다고 생각하고 그대의 영혼을 향하여 열린 하느님의 자비의 문을 닫아 버립니다. 그대는 하느님의 선하심도 전능하심도 믿지 않습니다. 수백 번 죄를 짓거나, 아니 수천 번 죄를 지었다 하더라도 누구도 하느님의 자비에 대해 절망해서는 안 됩니다. 오히려 그는 지체 없이 하느님의 호의를 다시 얻기 위하여 서두름으로써 자신의 확신을 드러내야 합니다. … 하느님의 자비를 통하여 임금이자 예언자가 된 다윗은 … 간통과 살인을 저지를 정도로 죄에 사로잡혔었습니다. 하지만 그는 노년에 이르면 회개의 치유를 얻어 안식을 누리자 생각하지 않았습니다. 그는 즉시 자루옷을 뒤집어쓰고, 머리에 재를 뿌리며, 큰 소리와 눈물로써 회개하였습니다. 이렇게 하여 그가 여러 시편에서 말한 것이 이루어졌습니다. "밤마다 울음으로 잠자리를 적시며 눈물로 제 침상을 물들입니다."

• 아를의 카이사리우스 『설교집』 65,2.[27]

그리스도 안에서 회개함

이 모든 것과 셀 수 없는 다른 모든 예들을 통하여 우리는 눈물과 회개의 덕을 배웁니다. 그 가운데서 회개의 방법에 주목할 필요가 있습니다. 다윗 예언자가 말한 것처럼 회개는 죄를 미워하고 슬퍼하는 마음으로부터 우러나야 합니다. … 죄의 정화는 그리스도의 위대한 연민과 하느님께서 말씀하신 자비 안에서 그리스도의 피를 통하여 이루어질 것입니다. "너희의 죄가 진홍빛 같아도 눈같이 희어지리라"(이사 1,18).

• 다마스쿠스의 요한

『바를람과 요사팟의 생애』 11,97-98.[28]

변화된 마음

돌 같은 내 마음에는 흘릴 눈물도 없었습니다. … 나는 산해진미를 즐겼지만 내 영혼은 굶주리고 있었습니다. 내가 지난 시절의 행위에 대해 슬퍼할 수 있도록 누가 나에게 눈물이 흘러내리는 샘을 줄 수 있겠습니까? 나에게는 죄로 물들었던 나의 지난 삶에 맞갖은 깊은 통회를 할 수 있는 강이 필요합니다. 구원하시는 예수님, 돌 같은 제 마음을 부수시어 저의 내적 자아를 부드럽게 하시고, 깊은 신심의 물이 흘러나오게 하소서.

• 놀라의 파울리누스 『시가집』 31,407.[29]

갈망의 대상을 바꾸자

지옥에서는 교정이 불가능합니다. 다윗이 예언하였듯이, 의지의 행위가 불가능한 곳에서는 만족도 없습니다. "죽으면 아무도 당신을 기억할 수 없는데, 지옥에서 누가 당신께 감사를 드릴 수 있겠습니까?" 유해한 쾌락과 위험한 기쁨, 금방 사라져 버릴 갈망에서 달아납시다. 이런 것들을 끊임없이 바란다고 한들 그것에서 얻을 수 있는 열매가 무엇이며, 무슨 소용이 있습니까? 그것들은 우리를 포기하지 않아도 우리는 그것들을 반드시 버려야만 합니다. 지나가 버릴 것들

[27] FC 31,312-13*.

[28] LCL 34,165*.

[29] ACW 40,322*.

에 대한 사랑을 썩지 않을 것들에 대한 사랑으로 변화시킵시다. 숭고한 것에로 부름 받은 마음이 천상의 기쁨 안에서 즐거움을 찾게 합시다.

• 대 레오 『설교집』 35,4.[30]

영혼의 병상

이 문맥에서 "침상"은 아프거나 허약한 정신이 육체적 쾌락이나 모든 지상적인 쾌락을 즐기며 쉬는 곳을 말합니다. 이런 쾌락에서 벗어나고자 하는 이는 쾌락을 눈물로 씻어 내야 합니다. 왜냐하면 그는 이미 육체적 갈망을 단죄하고 있어도 그의 약함으로 인하여 여전히 쾌락에 사로잡혀 있고, 그것에 기꺼이 굴복하기 때문입니다. 정신은 치유되지 않는 한 쾌락에서부터 일어나지 못합니다.

• 아우구스티누스 『시편 상해』 6,7.[31]

밤기도

밤에 바치는 기도는 낮에 바치는 기도보다 더 큰 힘을 지니고 있습니다. 그래서 모든 의인은 육체의 무게와 잠의 달콤함과 싸우고 육체적 본성과 다투며 밤에 기도하였습니다. … 그들은 밤샘기도로 무장한 채로 하느님께 간절하게 청원을 드렸고, 그 결과 즉시 기도의 응답을 받았습니다.

• 니네베의 이사악 『수덕 강해집』 75.[32]

6,8 적들 때문에 눈이 어두워진다

분노는 영혼을 흐리게 한다

분노가 어떻게 마음의 눈을 흐리게 하는지 시편 저자의 말을 들어 봅시다. 시편 저자는 이렇게 말합니다. "저의 눈은 시름으로 멀어집니다."

• 아를의 카이사리우스 『설교집』 148,2.[33]

좋은 지향의 빛

영혼의 빛, 좋은 의향의 빛은 싸움 때문에 차단됩니다. 그래서 시편 저자는 "제 눈은 분노로 어두워집니다"라고 합니다.

• 대 그레고리우스 『서간집』 11,46.[34]

합당한 분노도 문제가 될 수 있다

합법적이고 허용된 것이기는 하지만 그것을 행할 때 얼마간 우리를 부정하게 만드는 것들이 많이 있습니다. 다른 이의 잘못에 화를 내고 지적할 때 우리는 정신의 안정을 잃게 됩니다. 우리가 행한 바가 옳다고 하더라도 그것을 행함으로써 정신이 혼란스럽게 되었다면 좋은 것이 아닙니다. 예를 들어, 누군가 죄인들의 악 때문에 화가 나서, "내 눈은 분노로 흐려졌다"고 말한다고 합시다. 정신은 고요하지 않은 한 명상의 빛 속으로 올라갈 수 없기 때문에, 그의 눈이 분노로 흐려진 것을 슬퍼할 것입니다. 왜냐하면 비록 악에 대한 공격이 저 위에서 온 것이라 할지라도 그는 가장 높은 것을 관상하는 일에 방해를 받았기 때문입니다. 따라서 악에 대한 그의 분노는 칭송할 만한 것이지만 그는 그것으로 인하여 혼란스럽게 됩니다. 자신이 고요를 잃게 된 것에 대해 죄책감을 느끼기 때문입니다.

• 대 그레고리우스 『서간집』 11,64.[35]

인간 원수

"저의 모든 적들 때문에"라는 시편 저자의 말은 누군가 하느님을 향해 돌아서려 할 때 그것을 방해하는 사람들을 가리킵니다. 비록 이 사람들

---

[30] FC 93,154.
[31] *WSA* 3,15,108.
[32] *AHSIS* 372.
[33] FC 47,317.
[34] NPNF 2,13,68.
[35] NPNF 2,13,79.

이 의식하고 있지 않다 하더라도, 또 그들이 친절하며 아무런 명백한 적개심을 보이지 않고 우리와 함께 식사를 나누고, 같은 가정과 도시에 사는 이들이며, 애정으로 자주 만나는 이들이라 할지라도, 하느님께로 돌아서려는 이들을 방해하려는 야심을 품고 있다면, 이들은 원수들입니다. 한 집단은 이 세상을 사랑하고 갈망하며, 다른 집단은 이 세상에서 해방되기를 원한다면, 앞의 집단은 뒤 집단의 원수가 된다는 것을 누가 모르겠습니까? 그들은 할 수 있다면 다른 이들을 그들의 운명으로 끌어들이고자 할 것입니다. 하지만 이것은 하느님 계명을 따라 걷는 길에 주어진 매우 특별한 선물입니다. 정신은 하느님을 향해 나아가고자 하지만 종종 도중에 호된 대접을 받고 기가 꺾이곤 합니다. 좋은 의향이 있지만 그것을 자주 실현하지 못하게 되는 이유는 바로 함께 살고 사랑하는 이들, 좋기는 하지만 멸망해 버릴 것, 일시적인 것을 추구하는 이들을 화나게 할지도 모른다는 두려움 때문입니다. 사리분별이 있는 사람이라면 그들을 떠나야 합니다. 지리적으로가 아니라 정신적으로 그리해야 합니다. 몸은 특정한 장소에 국한되어 있지만 정신은 그것이 사랑하는 곳에 있게 마련입니다.

• 아우구스티누스 『설교집』 6,9.[36]

영적 원수

우리의 삶은 투쟁이요 우리의 실존은 셀 수 없는 원수들로 둘러싸여 있습니다. 이 원수들은 우리가 죄에 떨어질수록 더욱 강해집니다. 따라서 우리는 그들의 손아귀에서 벗어나고자 최선을 다해야 하고 결코 그들과 타협해서는 안 됩니다. 타협이야말로 위험으로 떨어지는 가장 확실한 길입니다. 바오로 사도는 이런 원수의 무리에 대해 이렇게 말하고 있습니다. "우리의 전투 상대는 인간이 아니라, 권세와 권력들과 이 어두운 세계의 지배자들과 하늘에 있는 악령들입니다"(에페 6,12). 원수의 무리가 이러하므로, 우리는 늘 깨어 있으면서 죄의 공격을 피해야 합니다.

• 요한 크리소스토무스 『시편 해설』 6,5.[37]

6,11 부끄러워하며 순식간에 물러가리다

죄의 상처를 즉시 돌보다

만약 절벽으로 떨어질 것 같은 사람을 보면, 우리는 다음과 같이 말하며 그를 붙잡을 것입니다. '여보시오, 어디로 가는 거요? 바로 앞이 절벽이라오.' 마찬가지로 이 시편의 저자는 악한 이들에게 가던 길에서 돌아서라고 말합니다. 뛰는 말을 재빨리 막지 않으면 그 말을 잃고 맙니다. 뱀의 독이 온몸에 퍼지고 있다면, 의사는 즉시 해독을 해서 독이 퍼지는 것을 멈추어야 합니다. 마찬가지로 우리 안에 있는 악을 확인하면 이와 똑같은 방식으로 행동해야 합니다. 악이 더 커져서 병을 키우지 않도록 즉시 제지해야만 합니다. 알다시피 죄의 상처는 무시하면 악화되며, 이 상처로 인하여 얻은 병과 약해진 건강은 금방 회복되지 않고, 죽지도 못하는 죽음에 떨어질 수 있습니다. 같은 이치로 악의 작은 씨앗이 싹 텄을 때 처음부터 제대로 다룬다면 그것은 더 큰 결과를 불러오지 않습니다. … 그러므로 가장 사소한 죄라도 무심하게 넘기지 말고 아주 진지하게 다루어야 합니다.

• 요한 크리소스토무스 『시편 해설』 6,6.[38]

원수들을 위한 기도

그는 원수들을 거슬러 기도하는 것이 아니라,

[36] *WSA* 3,15,110.
[37] *CCOP* 1,104-5.
[38] *CCOP* 1,106-7.

원수들이 변화되어 자기 죄를 부끄러워하도록 그들을 위하여 기도합니다. 그러면 그들은 잠깐이 아니라 강하게 부끄러움을 느끼게 될 것이며, 나중이 아니라 지금 즉시 수치로 얼굴을 붉히게 될 것입니다.

• 히에로니무스 『시편 주해』 6.[39]

미래에 겪게 될 수치

시편 저자는 "그들이 부끄러워 얼굴을 붉히며 어쩔 줄 몰라 하게 하소서"라고 말하는데, 나는 이 일이 의인들의 보상과 죄인들의 심판이 드러나는 그날이 아니라면 어떻게 일어나게 될지 모르겠습니다. 지금으로서는 우리를 끊임없이 모욕하는 저 불신자들이 자신들이 한 일에 대해 부끄러워 낯을 붉힐 날이 언제 올지 요원해 보이기만 합니다. 오히려 그들은 약한 이들이 그리스도의 이름 때문에 낯을 붉히도록 아주 성공적으로 그들을 놀려댑니다. … 자신의 의로움이 영원히 지속될 수 있도록 가난한 이들을 돕고, 그리스도를 따르기 위하여 지상의 재물을 모두 팔아 필요한 이들에게 나누어 주며, 가진 바를 나눔으로써 하느님 계명의 숭고한 기대를 채우기를 원하는 이가 여기에 있다고 칩시다. … 그런 사람은 불경한 자들의 천박한 조롱거리가 되고, 건전한 정신으로 되돌아오기를 거부하는 이들로부터 미쳤다는 소리를 듣습니다. 그는 희망을 벗어나 있는 이들로부터 미쳤다는 소리를 듣지 않으려고 모든 의사들이 가장 가치 있고 강력하다고 처방한 것을 행하기를 두려워하고 뒤로 미루기도 합니다. 그런데 이 불경한 자들은 현세에서는 부끄러움을 느끼지 못합니다. 우리는 이들이 우리를 그만 부끄럽게 하고, 우리가 이미 떠나기로 결정한 그 길에서 돌아서려는 우리를 방해하지 않았으면 합니다. 그런데 그들이 수치스럽게 여길 때가 올 것입니다.

• 아우구스티누스 『시편 상해』 6,12.[40]

심판은 순식간에 이루어질 것이다

시편 저자가 "순식간에"라는 말을 덧붙인 이유는 모두가 심판의 날이 오지 않을 것이라고 생각하기 시작했기 때문입니다. 그러나 사람들이 "'평화롭다' 할 때, 갑자기 그들에게 파멸이 닥칠 것"(1테살 5,3)입니다. 우리가 더 이상 기대하지 않게 된 바로 그것, 곧 심판은 언제든 올 것이며, 사실상 순식간에 닥쳐올 것입니다. 우리가 인생이 길다고 여기는 것은 우리의 희망이 이 세상 삶에 고정되어 있을 때뿐입니다. 하지만 지나간 삶을 돌이켜 보면 그것보다 더 빨리 가 버린 것이 없습니다. 이처럼, 심판의 날이 오면 그제야 죄인들은 이 일시적인 삶 전체가 얼마나 짧은 것인지를 깨닫게 될 것입니다. 그들이 맞이하고 싶지 않았고, 아니 올 거라고 믿지 않았던 바로 그것이 오면, 그것이 결코 느리게 오는 것이 아니었음을 그들은 알게 될 것입니다.

• 아우구스티누스 『시편 상해』 6,13.[41]

하느님의 자비에 대한 확신

자신의 죄악을 보지 못한 채 나의 실패를 조롱하는 이들은 더 이상 나를 놀리지 마십시오. 사실 나는 하느님의 자비를 입었고, 나의 간청으로 하느님께서 내 잘못을 못 보신 체하시며, 나를 당신 용서의 수혜자로 만들어 주시리라는 것을 나는 확신합니다.

• 키루스의 테오도레투스 『시편 주해』 6,8.[42]

---

39 CCL 72,188.

40 *WSA* 3,15,111.

41 *WSA* 3,15,112.

42 FC 101,76.

7,1-18 의로운 재판관이신 하느님

아히토펠이 다윗에게 행한 것처럼 누군가 그대를 거슬러 흉계를 꾸민다는 것을 알게 되었다면 시편 제7편을 노래하십시오. 그리고 그대를 구원하실 하느님을 신뢰하십시오.
아타나시우스 『시편 해석에 관해 마르켈리누스에게 보낸 편지』 15 [OIP 66]

1 [시까욘. 다윗. 그가 벤야민 사람 쿠스 일로
주님께 부른 노래]
2 주 저의 하느님, 당신께 피신하니
뒤쫓는 모든 자들에게서 저를 구하소서,
저를 구해 주소서.
3 아무도 구해 주는 이 없이
사자처럼 이 몸 물어 가지도 끌어가지도
말게 하소서.
4 주 저의 하느님
만일 제가 그런 짓을 했다면
만일 제 손에 불의가 있다면
5 만일 제가 친구에게 악을 저지르고
원수를 빈털터리 되게 강탈했다면
6 원수가 저를 뒤쫓아 붙잡고
제 목숨을 땅에다 짓밟으며
제 명예가 흙먼지 속에 뒹굴게 하소서. 셀라
7 주님, 진노하며 일어나소서.
제 원수들의 광포①에 맞서
몸을 일으키소서.
깨어나 저에게② 다가오소서.
당신께서는 심판을 내리곤 하셨습니다.
8 겨레들이 무리 지어 당신 주위에
둘러서게 하소서.
그 위 높은 곳에 앉으소서.③
9 주님께서 백성들을 심판하신다!
주님, 저의 의로움에 따라,
저의 결백함에 따라
저의 권리를 되찾아 주소서.
10 이제 악인들의 죄악은 다하고
의인은 당신께서 굳세게 하소서.
마음과 속을 꿰뚫어 보시는 분
하느님께서는 의로우시다.
11 나의 방패가④ 하느님께 있으니
그분은 마음 바른 이들을 구하시는 분.
12 하느님은 의로우신 심판자
날마다 위협하시는 하느님이시다.
13 그런데도 악인은⑤ 여전히 칼을 갈고
활을 당기어 겨누는구나.
14 이는 자신에게 살생의 무기를 들이대고
자기 화살을 불화살로 만드는 것.
15 보라, 죄악을 잉태한 자가 재앙을 임신하여
거짓을 낳는구나.
16 함정을 깊숙이 파 놓고서는
제가 만든 구렁에 빠진다.
17 제가 꾸민 재앙이 제 머리 위로 되돌아오고
제가 휘두른 폭행이 제 정수리로 떨어진다.
18 나는 주님을 찬송하리라,
그분의 의로움에 따라.
지극히 높으신 주님의 이름에
찬미 노래 바치리라.

① 칠십인역은 '경계선'이다. ② 또는 '나를 위하여'. ③ 히브리어 본문은 '돌아오소서'다.
④ 칠십인역은 '도움이'다. ⑤ 히브리어 본문은 대명사 '그는'이다.

둘러보기

일곱째 시편에는 압살롬이 다윗을 거슬러 반역하던 때임을 알려 주는 표제가 붙어 있다. 그런데 다윗의 생애는 그리스도의 신비를 담고 있으며(아우구스티누스), 이 시편은 덕스러운 삶을 살기 위한 투쟁에 대해 이야기한다(니사의 그레고리우스).

이 시편은 하느님께 대한 희망으로 시작되며(요한 크리소스토무스), 우리의 으뜸가는 원수인 악마에 대해 숙고한다(아우구스티누스, 요한 크리소스토무스). 하느님만이 우리를 구원하신다(디디무스). 그분은 우리의 참된 구원자이시며(위-아타나시우스), 진정 도움이 되는 유일한 분이시다(요한 크리소스토무스).

우리가 하느님께 구원을 요청할 때 우리의 간청을 들어주시도록 기도해야 하며(요한 크리소스토무스), 그리스도를 본받음으로써 드러나는 덕으로써 기도해야 한다(아우구스티누스). 죄인들의 영혼은 악마에게 짓밟히며(바실리우스), 그들의 자만은 헛된 것으로 드러난다(아우구스티누스). 하느님께서는 그들의 자만을 거슬러 일어나신다(디디무스). 당신의 비밀스러운 계획 속에 숨겨져 계시던 그분께서(아우구스티누스) 신자들의 믿음 안에서 일어나신다(히에로니무스). 하느님께서는 그리스도의 부활을 통하여 말 그대로 일어나셨다(니사의 그레고리우스). 이로써 많은 이들이 개종을 하였고(바실리우스), 하느님을 찬미하는 합창단이 되었다(에우세비우스).

다윗은 압살롬과 관련하여 자신의 의로움에 대해 이야기한다. 그렇다고 다윗이 자신이 완벽하게 의롭다고 내세우는 것은 아니다(테오도레투스). 그는 자신이 예외적인 의로움을 지녔다고 자랑하지 않는다(바실리우스). 그는 더 높은 의로움에 관하여 이야기하며(아우구스티누스), 그 의로움은 구원을 의미한다(디디무스).

하느님께서는 우리의 생각과 갈망, 지향을 시험하신다(아우구스티누스). 그분은 우리의 도움이시며(바실리우스), 우리를 구원하시고 지켜 주신다(아우구스티누스). 하느님의 특성은 그분의 심판을 통하여 드러난다(아우구스티누스, 테오도레투스). 그분은 의로우신 심판자이시다(에우세비우스). 그분의 인내를 오해해서는 안 된다(바실리우스, 디오도루스).

회개하지 않는 자에게는 하느님의 심판이 경고되어 있다(테오도레투스, 바실리우스). 주님은 당신의 섭리 안에서 사도들과 이단자들을 다른 목적을 위한 무기로 사용하신다(아우구스티누스). 그런데 어떤 이들은 이 시편이 악마와 그의 도구에 대해 말하고 있다고 여긴다(히에로니무스, 에바그리우스).

사악한 자는 자신이 멸망할 구덩이를 열고 판다(아우구스티누스). 성경에는 구덩이를 파는 것과 우물을 파는 것이 언급되는데, 그 둘의 차이에 주목할 필요가 있다(바실리우스). 죄는 죄인에게 해롭다(디디무스). 압살롬과 관련한 이야기에 나오는 아히토펠이 실례다(에우세비우스). 죄인은 죄에 묶여 있게 될 것이다(아우구스티누스). 악마조차 스스로에게 되돌아오는 악의 효과에서 벗어날 수 없다(히에로니무스).

죄악의 구덩이를 파지 않는 사람은 구원에 감사하며 즐거워할 것이다(에우세비우스). 그리고 우리는 사악한 이들조차 하느님께서 다스리시는 질서 안에서 그 자리를 찾게 하시는 하느님의 섭리를 찬미한다(아우구스티누스).

7,1 표제: 쿠스 일로 주님께 부른 노래

다윗의 생애는 그리스도의 신비를 담고 있다

이 예언이 나오게 된 사건은 열왕기 제2권[1]에

서 쉽게 찾아볼 수 있습니다. 거기에서 다윗 임금의 벗인 후사이는 자기 아버지를 거슬러 반역을 꾀한 다윗의 아들 압살롬의 진영으로 넘어갔습니다. 이는 압살롬의 술책을 염탐하여 압살롬이 아히토펠의 지시로 자기 아버지를 거슬러 계획하고 있는 바를 다윗에게 보고하기 위함이었습니다. 이 시편이 염두에 둔 것은 이 이야기 자체가 아닙니다. 예언자는 이 이야기에서 신비의 장막을 벗겨 내고 있습니다. 우리가 그리스도에게로 건너간다면 그 장막은 제거될 것입니다.

• 아우구스티누스 『시편 상해』 7,1.[2]

덕스러운 삶을 위한 투쟁

이 적수 압살롬이 마치 우리 자신에게서 다시 태어난 것처럼 우리를 거슬러 전쟁을 준비합니다. 피에 굶주린 그는 우리가 건전한 판단을 하거나 하느님 편에 서게 된 것을 보며 우리에게서 돌아섭니다. 다윗은 자신이 "쿠스의 말"을 듣고 행한 좋은 일들이 하느님 덕분에 이루어졌다 여기며 이 감사의 노래를 지었습니다. … 이 이야기의 등장인물들을 덕스러운 삶에 적용시켜 생각해 볼 만합니다. 우리를 구원하는 충고가 어떻게 적수의 목을 조르게 되는지 보십시오. 구원을 가져온 이 충고는 역사서에도 기록되었고, 이 시편에도 기록되었습니다.

• 니사의 그레고리우스 『시편의 제목』 2,11,148-49.[3]

7,2 하느님께 피신하다

하느님께 희망을 두다

다윗은 하느님께 바치는 감사의 노래로 이 시편을 지었습니다. … 다윗은 "오직 당신께 제 희망을 두었습니다"라고 말합니다. 그는 후사이에게도, 그의 영리함에도, 어떤 인간적인 지혜에도, 그 자신의 생각에도 의지하지 않았습니다. 그러므로 우리도 이와 같이 해야 할 것입니다. 사람들을 통하여 얼마간의 성취를 이룰 수 있었다 하더라도 그것에 대해 하느님께 감사드립시다. 다른 이들을 통해서건 우리가 가진 수단을 통해서건 우리가 얻게 된 유익에 대하여 감사드립시다. … 다윗이 보여 준 훌륭한 사고방식에 주목하십시오. 이 사고방식이 그에게는 습관이 된 것으로 보입니다. 그는 하느님을 부를 때 "오, 주 하느님"이라고 하지 않고, "오, 주 저의 하느님"이라고 말합니다. 다른 곳에서도 "오, 하느님, 저의 하느님, 새벽부터 당신을 찾나이다"(시편 63,1)라고 말합니다. … 이것이 바로 하느님께서 의인을 대하시는 방식입니다. 하느님은 의인들을 개별적으로 대하심으로 모두에게 똑같이 하느님이 되십니다. "나는 아브라함의 하느님, 이사악의 하느님, 야곱의 하느님이다"(탈출 3,6).

• 요한 크리소스토무스 『시편 해설』 7,3.[4]

숫자와 힘은 믿을 수 없다

제 아들은 숫자와 무기와 기마, 그리고 무엇보다 그의 편에 선 이들의 용맹함과 열광을 믿지만 저는 당신께만 희망을 둡니다. 당신은 제 아들과, 저를 거슬러 그와 함께 음모를 꾸미고 있는 모든 이로부터 저를 구해 주실 수 있으십니다.

• 타르수스의 디오도루스 『시편 주해』 7.[5]

7,3 사자처럼 물어뜯는 원수

우리의 으뜸가는 원수

시편 저자는 "저를 박해하는 모든 자들에게서

[1] 현대 성경의 사무엘기 하권이다.

[2] *WSA* 3,15,113.

[3] *GNTIP* 168*.

[4] *CCOP* 1,115.

[5] WGRW 9,22.

저를 구하소서"라고 말할 때는 원수를 복수형으로 표현하였는데, "그가 사자처럼 내 영혼을 물어뜯지 않게 하소서"라고 말할 때는 단수형으로 표현합니다. 그는 "그들이 물어뜯을 때"라고 말하지 않았습니다. 왜냐하면 그의 길목에 서서 완벽한 영혼을 난폭하게 저지하는 원수가 누구인지를 그는 정확히 알고 있기 때문입니다.

• 아우구스티누스『시편 상해』7,2.[6]

악마인 "사자"

성경에서 악마가 "사자"로 불린다는 것은 다음 말씀을 통해 알 수 있습니다. "여러분의 적대자 악마가 으르렁거리는 사자처럼 누구를 삼킬까 하고 찾아 돌아다닙니다"(1베드 5,8). 성령의 영감을 받은 이 저자도 어딘가에서 이렇게 말하였습니다. "너는 사자와 독사 위를 거닐리라"(시편 91,13). 이 짐승은 알다시피 교활합니다. 그러나 우리가 깨어 있다면 이 사자와 독사는 땅의 먼지보다 더 하잘것없으며, 우리를 공격하지도 못하고 짓밟힐 것입니다. "뱀과 전갈을 밟아라"(루카 10,19)라고 하신 성경 말씀을 기억하십시오. 그는 사자처럼 무시무시한 분노에 사로잡혀 돌아다닙니다. 하지만 그가 그리스도를 마음에 품고 이마에 십자 표시가 되어 있으며 절대로 꺼지지 않는 성령의 불과 등잔을 지닌 이들을 공격한다면, 그는 감히 그들의 눈을 마주보지도 못한 채, 뒤도 돌아보지 않고 도망치고 말 것입니다. 말씀이 허황된 것이 아님을 알고 있는 그대는 바오로 사도가 보여 준 본보기를 생각하고 기도하십시오. 그도 역시 인간이었지만, 이 사자는 그의 옷과 그림자마저 피할 만큼 그를 존경하였습니다. 마땅히 그러해야 했습니다. 그는 바오로에게서 흘러나오는 그리스도의 향기를 감당할 수 없었고, 바오로의 덕으로 빛나는 등불을 눈을 들어 감히 바라볼 엄두도 내지 못했습니다.

• 요한 크리소스토무스『시편 해설』7,3.[7]

하느님만이 구원하신다

그분이 "구원을 베푸는 하느님 나 말고는 아무도 없다"(이사 45,21)고 말씀하시는 분 아니면 누구입니까? 잃은 이들을 찾아 구원하러 오신 분(루카 19,10 참조), 많은 이들의 몸값으로 자기 목숨을 바치러 오신 분(참조: 마태 20,28; 마르 10,45)이 아니면 누구란 말입니까? 이 말씀들은 성부 하느님께서 성자 하느님을 통하여 구원하신다는 것을 보여 줍니다. 따라서 위의 말씀들을 가지고 성부와 성자의 신성을 구분해서도 안 되고, 서로 다른 것으로 여겨서도 안 됩니다.

• 장님 디디무스『시편 단편』7,2.[8]

참된 구원자이신 하느님

쿠스는 반역자로 위장하고 압살롬에게 가서 아히토펠의 조언을 무력화시킴으로써 다윗을 죽음에서 구해 낸 사람입니다. 다윗이 이 일에 들었을 때, 그는 자신의 구원자가 사람이 아니라 하느님이심을 알았습니다.

• 위-아타나시우스『시편 해설』7.[9]

진정 도움이 되는 유일하신 분

분명히 다윗은 군대를 소집하였고, 많은 이들이 그와 함께하였습니다. 그런데 왜 그는 "아무도 구해 주는 이가 없다"고 말합니까? 만약 위로부터 오는 도움을 받지 못한다면 온 세상이 그를 돕는다 하더라도 그는 그것을 도움이라 생각하지 않았고, 그가 비록 혼자라고 하더라도 하느님

[6] *WSA* 3,15,115. [7] *CCOP* 1,116-17.
[8] PG 39,1180. [9] CSCO 387,5.

에게서 오는 도움을 받고 있다면 자신이 고독하다고 생각하지 않았기 때문입니다.

• 요한 크리소스토무스 『시편 해설』 7,3.[10]

7,4 주 저의 하느님

네 기도가 기꺼이 받아들여지도록 기도하라

우리가 어디서나 염두에 두어야 할 것은 그저 기도할 것이 아니라 우리 기도가 기꺼이 받아들여질 수 있는 방법으로 기도해야 한다는 것입니다. 우리가 지향하는 바를 하느님께 직접 호소하듯이 말씀드리지 않는다면, 기도 자체만으로는 그것이 이루어지게 하는 데 충분하지 않습니다. 바리사이도 기도하였지만 아무것도 얻지 못하였습니다. 유대인들도 기도하였지만 하느님께서는 그들의 기도를 듣지 않으셨습니다. 알다시피 그들은 제대로 기도하지 않았습니다. 그러므로 우리는 하느님께서 기도를 들어주실 수 있도록 기도해야 합니다. … 우리의 기도가 이루어지게 하려면 이렇게 기도해야 합니다. 첫째, 무엇인가를 받기에 합당해야 합니다. 둘째, 하느님의 법에 맞갖게 기도해야 합니다. 셋째, 끈기 있게 청해야 합니다. 넷째, 지상적인 것은 아무것도 청해서는 안 됩니다. 다섯째, 우리 자신에게 정말 유익한 것을 청해야 합니다. 여섯째, 우리 전부를 바쳐서 기도해야 합니다.

• 요한 크리소스토무스 『시편 해설』 7,3.[11]

7,5 제가 악으로 되갚는다면

그리스도를 본받음

완벽한 영혼이 예미니의 아들 후사이의 말로 기도할 때, 그는 배신자의 음모를 견디고, 최고의 인내로 그들을 참아 주면서, 자비롭고 선하신 하느님께서 우리의 구원을 위하여 주시는 신비와 침묵에 대한 지식을 주시도록 기도합니다. 시편 저자는 이 신비의 의미를 설명하면서 마치도 이 완벽한 영혼에게 말을 건네고 있는 것 같습니다. '내가 깊은 침묵과 지치지 않는 인내로 나의 배신자를 참아 주는 것은 불경한 죄인인 그대를 위해서입니다. 내가 피를 흘림으로써 그대의 불경을 씻어 없애기 위함입니다. 그러니 그대는 나를 본받아 악을 악으로 되갚기를 삼가야 하지 않겠는가?' 시편 저자는 주님께서 그를 위하여 해 주신 일을 알고 이해하며, 그리스도를 본받음으로써 완덕으로 나아가고 있습니다. 그렇기에 그는 이렇게 말합니다. "만약 제가 사람들이 나에게 가한 악을 악으로 되갚는다면", 곧, 그렇게 함으로써 주님의 가르침대로 행하지 않는다면, "저의 원수들 앞에서 빈털터리가 되게 하소서".

• 아우구스티누스 『시편 상해』 7,3.[12]

7,6 제 영혼이 흙먼지 속에 뒹굴게 하소서

땅에다 짓밟다

의로운 이의 영혼은 육신에 대한 애착을 끊고 하느님 안에서 그리스도와 함께 감추어진 삶을 삽니다. 그래서 이런 영혼은 바오로 사도처럼 말할 수 있습니다. "이제는 내가 사는 것이 아니라 그리스도께서 내 안에 사시는 것입니다. 내가 지금 육신 안에서 사는 것은, 믿음으로 사는 것입니다"(갈라 2,20). 하지만 죄인의 영혼과, 육에 따라 살며 육신의 쾌락으로 부정하게 된 이의 영혼은 진흙탕에 빠진 것처럼 육신의 격정에 사로잡혀 있습니다. 그러면 원수가 이 영혼을 짓밟고 그것을 더 더럽히려고 애씁니다. 곧, 원수는 죄에 떨어진 영혼을 밟아 누르고, 흙먼지 속에 짓밟아 묻어 버리려고 합니다.

• 대 바실리우스 『시편 강해』 11,3(시편 제7편).[13]

---

[10] *CCOP* 1,116*.
[11] *CCOP* 1,117.
[12] *WSA* 3,15,115.
[13] FC 46,169*.

교만의 허영

바람이 불러일으키는 "흙먼지"는, 곧 교만한 자들의 허영과 어리석은 자랑입니다. 그들은 허세를 부리지만 그것은 바람에 날려 가는 한 줌의 먼지처럼 아무것도 아닙니다. … 터무니없는 자랑이라는 악은 완전한 이들이 피해야 할 유일한 악, 아니 최대의 악입니다. 나머지 모든 악을 정복한 자가 이 한 가지 악으로 인하여 제일 먼저 떨어질 수 있습니다. "모든 죄의 시작은 교만"(집회 10,13 참조)이고 "인간의 교만은 주님을 저버리는 데서 시작된다"(집회 10,12).

• 아우구스티누스 『시편 상해』 7,4.[14]

7,7 원수들의 광포

원수들의 교만

그래서 그는 높은 곳에 계신 하느님께서 그와 원수들의 경계에 나타나 주시기를 청합니다. 그러면 그가 그들을 원수로 여기는 이유인 그들의 사악함이 사라지게 될 것이기 때문입니다. 여기에서 원수들의 "경계"란 그들이 으스대게 하는 교만을 말합니다. 그들은 그 경계의 끝자락에서 안정을 누리며 살 수 있을 것으로 생각합니다.

• 장님 디디무스 『시편 단편』 7,6.[15]

하느님의 잠, 우리의 무지

시편 저자는 "일어나소서"라고 말합니다. 이 말은 '나타나소서'라는 뜻입니다. 그는 마치 하느님께서 잠들어 계시거나 하는 것처럼 인간적인 표현을 사용합니다. 이는 하느님께서 당신의 비밀스러운 계획에 따라 인간이 알아차릴 수 없도록 숨어 계심을 의미합니다.

• 아우구스티누스 『시편 상해』 7,5.[16]

많은 이들의 믿음 안에서 일어나소서

엄청나게 많은 사람이 당신을 믿도록 일어나소서. 당신께서 부활하시고 나면 우리가 달리 무엇을 기도하겠습니까? 성부께로 돌아가시어 "그 위 높은 곳에 앉으소서"(시편 7,8). 이것은 누구를 위해서입니까? 겨레들의 무리를 위해서입니다. 당신께서 수난을 겪으신 것은 우리를 위해서였고, 당신께서 부활하신 것도 우리를 위해서였습니다. 당신께서 성부께로 올라가신 것도 우리를 위하여 그렇게 하신 것입니다. "그 위 높은 곳에 앉으소서." "하늘에서 내려온 이, 곧 사람의 아들 말고는 하늘로 올라간 이가 없다"(요한 3,13).

• 히에로니무스 『시편 강해』 7.[17]

주님의 부활과 그분의 원수들의 죽음

주님께서 우리를 위하여 부활하시지 않으셨다면 원수들의 무리는 파멸하지 않았을 것입니다. 그런데 부활에 앞서서 반드시 죽음이 있어야 했습니다. 주님의 부활을 계시하신 그분께서는 부활과 묶여 있는 수난의 신비도 보여 주셨습니다. 그래서 성령의 영감을 받은 시편 저자는 이렇게 말합니다. "주님, 진노하며 일어나소서. 제 원수들의 죽음으로 찬양받으소서." "진노"라는 말로 시편 저자는 악을 응징하는 의로우신 재판관의 권한을 나타내며, 나머지 말들은 원수의 파멸을 의미합니다. 선과 반대되는 것으로 여겨지며 그 본성상 선에 적대적인 악의 끝은 멸망이며, 비존재로 떨어지는 것입니다. 그래서 시편 저자는 또 이렇게 말합니다. "제 원수들의 죽음으로 찬양받으소서." 이는 그의 원수들의 악이 '끝장나게 됨으로써', 악이 그의 삶에 더 이상 존

---

[14] *WSA* 3,15,116-17.
[15] PG 39,1180.
[16] *WSA* 3,15,117.
[17] FC 48,31.

재하지 않게 될 것임을 예언하는 말입니다.

• 니사의 그레고리우스 『시편의 제목』 2,10,125-26.[18]

7,8 겨레들이 둘러선다

한 사람의 심판으로 많은 이가 회개하다

"겨레들이 무리 지어 당신 주위에 둘러서게 하소서." 불의한 한 사람이 벌을 받으면 많은 이가 회개하게 될 것이 분명합니다. 그러니 이 사람의 사악함을 벌하십시오. 그러면 수많은 무리가 당신 주위에 둘러서게 될 것입니다.

• 대 바실리우스 『시편 강해』 11,4(시편 제7편).[19]

찬양의 합창단

[주 예수님] 당신이 당신의 원수들을 제거하시면, 악마의 거짓말이 사라진다면, 선택된 이들의 모임이 만들어지고 그 모임이 겨레라 불릴 수 있는 것이 된다면, "큰 군중이 당신을 둘러쌀 것입니다". 그러면 마치 합창단과 같은 그 모임 한가운데에 서 계시는 당신은 성부께 합당한 그 교회에 찬미가를 주실 것입니다. 오, 주님, 당신께서 말씀하신 대로입니다. "저는 당신 이름을 제 형제들에게 전하고, 모임 한가운데에서 당신을 찬양하오리다"(시편 22,23; 히브 2,12). 다윗은 그 자신만을 위한 것이 아니라 온 인류를 위해 전해진 것들, 곧 구원자의 신현을 가리킴으로써 성령을 통하여 이 모든 것을 예언하고 있습니다.

• 카이사리아의 에우세비우스 『시편 주해』 7,7-8.[20]

7,9 저의 의로움과 결백함

완전한 의로움은 아니다

이 말은 신심 깊은 다윗이 자신의 의로움에 대해 증언한 것이 아닙니다. 오히려 우리는 그와 반대되는 증언을 듣습니다. "저의 죄악을 제가 알고 있으며, 저의 잘못이 늘 제 앞에 있습니다"(시편 51,5). "주님께 제 죄를 말씀드립니다." 그런데 지금 우리가 살펴보고 있는 문제에 관하여 그는 자신이 의롭다고 말하고 있습니다. 사실 그는 압살롬이나 아히토펠, 또 그를 거슬러 이들과 함께 싸움을 걸어온 이들에게 아무런 잘못을 저지르지 않았다고 말하고 있습니다. 그래서 그는 과거에 그가 행한 잘못이 아니라 지금 현재의 의로움과 결백함에 따라 심판해 달라고 청하고 있습니다. 다른 죄들에 대한 죗값은 지금 묻지 마시고, 지금 현재의 문제에 대한 심판을 내려 주시기를 그는 청하고 있습니다.

• 키루스의 테오도레투스 『시편 주해』 7,5.[21]

자랑이 아니다

이 말들은 자만이 섞인 것으로 보이고, 스스로를 드높이는 바리사이의 기도같이 보이기도 합니다. 그러나 이 말들을 잘 생각해 보면, 예언자는 그것과는 거리가 아주 먼 것을 이야기하는 것으로 보입니다. … "저의 의로움에 따라"라는 말은 사람들이 이룰 수 있는, 육체를 가지고 사는 사람들에게 가능한 의로움을 의미합니다. "저의 결백함에 따라"라는 말에서 "결백함"이란 잠언의 다음 말씀처럼 알면 유용한 것들에 대한 무지와 단순성을 의미합니다. "어수룩한 자는 아무 말이나 믿는다"(잠언 14,15). 우리는 무지로 인하여 무방비한 상태로 숱한 죄에 떨어지므로, 다윗은 하느님께 자신의 무지를 호소하여 용서를 청합니다. 따라서 이 말은 저자의 오만함이 아니라 겸손함을 보여 주는 것이 분명합니다.

• 대 바실리우스 『시편 강해』 11,6(시편 제7편).[22]

---

[18] *GNTIP* 161.
[19] FC 46,170-71.
[20] AnSac 3,386.
[21] FC 101,79.
[22] FC 46,173-74.

더 높은 차원의 의로움

"주님, 제 위에 있는 저의 의로움과 제 결백함에 따라 저를 심판하소서." … "제 위에 있는"이라는 첨가어는 … 의로움을 말하는 것으로 이해할 수 있습니다. … 이 부가어를 통하여 시편 저자는 영혼이 그 자체로 의로움이나 결백함을 갖는 것이 아니라 빛과 밝음을 주시는 하느님을 통하여 그것을 갖게 됨을 보여 줍니다. 그는 다른 시편에서 그 영혼에 대해 이렇게 말합니다. "주님, 정녕 당신께서 저의 등불을 밝히십니다"(시편 18,29). 세례자 요한에 관해서는 이렇게 쓰여 있습니다. "그 사람은 빛이 아니었다. 빛을 증언하러 왔을 따름이다"(요한 1,8). 또 다른 곳에는 이렇게 쓰여 있습니다. "요한은 타오르며 빛을 내는 등불이었다"(요한 5,35). 영혼의 등불이 타오를 수 있는 것은 요한이 증언한 바로 그 빛 때문입니다. 이 빛은 누군가에게서 그 빛을 빌려 온 것이 아니라 스스로 눈부신 빛을 냅니다. 이 빛은 진리 자체입니다. 그러므로 시편 저자가 "제 위에 있는 저의 의로움과 제 결백함에 따라"라고 말할 때, 그것은 마치 타오르며 빛을 내는 등불과 같이 이렇게 말하는 것입니다. "제 위에 있는 불꽃, 곧 저 자신에게서 나온 것이 아니라 당신께서 붙여 주신 불로 인하여 제가 빛나게 되는 그런 불꽃에 따라 저를 심판하소서."

• 아우구스티누스 『시편 상해』 7,8.[23]

구원을 의미하는 심판

인간의 의로움과 하느님의 의로움 사이에는 중요한 차이가 있습니다. 시편 저자는 주님의 의로움에 따라 심판받고자 합니다. 그는 이것이 구원을 의미한다는 것을 확실히 알고 있기 때문입니다.

• 장님 디디무스 『시편 단편』 7,9.[24]

7,10 마음과 속을 꿰뚫어 보시다

생각과 갈망과 지향

하느님께서는 모든 이의 생각을 아십니다. 이것이 바로 "마음"이라는 단어가 의미하는 바입니다. 하느님은 또한 무엇이 사람들에게 쾌락을 주는지 알고 계십니다. 그것들이 바로 "속"이라는 표현이 의미하는 것입니다. … 따라서 하느님은 하늘에서 우리의 마음을 살피시며, 우리의 보물이 어디에 있는지 알기 위하여 그것을 샅샅이 탐색하십니다. 그분은 또한 우리의 속을 꿰뚫어 보시며, 우리가 살과 피에 굴복하지 않고 하느님 안에서 즐거워하는지 자세히 살피십니다. 이렇게 함으로써 하느님께서는 아무도 보지 못하는 곳인 당신의 면전으로 의인의 양심을 인도하십니다. 그분 홀로 누가 자신의 생각과 기쁨의 이유에 관해 식별하는지를 보십니다. 기쁨은 우리가 기울이는 노력의 목표이기 때문입니다. 우리 각자는 기쁨을 얻기 위하여 심사숙고합니다. 그러므로 마음을 살피는 이는 우리가 정말로 마음을 쓰고 있는 것이 무엇인지를 아십니다. 우리의 속을 꿰뚫어 보시는 분은 우리 노력의 목적도 보시고, 우리가 어디에서 기쁨을 얻고자 하는지도 보십니다. 그래서 우리의 노력이 구름처럼 지나가 버릴 육체적 탐욕이나 우리 눈이 추구하는 것, 또는 세속적 야심으로 기울지 않고, 대신에 어떠한 변화에도 흔들리지 않는 영원한 것들에 대한 기쁨을 향해 고정되어 있음을 보시면, 사람의 마음과 속을 살피시는 하느님께서는 의인을 지도하십니다. 말과 행위로 표현된 우리의 업적은 사람들도 잘 알 수 있지만, 우리 행위의 지향과, 그 행위를 통하여 우리가 얻고자 하는 바는

[23] *WSA* 3,15,120.

[24] PG 39,1181.

마음과 속을 살피시는 하느님만이 아십니다.

• 아우구스티누스 『시편 상해』 7,9.[25]

7,11 나의 방패는 하느님께 있다

주님에게서 오는 도움

나의 도움은 부나 유형적인 자원, 나 자신의 힘과 능력, 또는 혈육에게서 오는 것이 아닙니다. "나의 도움은 주님에게서 옵니다"(시편 121,2). 주님께서 당신을 경외하는 이들에게 주시는 도움이 무엇인지는 다음 시편의 구절을 통해 알 수 있습니다. "주님의 천사가 그분을 경외하는 이들 둘레에 진을 치고 그들을 구출해 준다"(시편 34,8). 또 다른 곳에서는 이렇게 말합니다. "주님의 천사가 저를 구해 주셨습니다"(창세 48,16).

• 대 바실리우스 『시편 강해』 11,7(시편 제7편).[26]

구원과 지킴

약에는 두 가지 기능이 있습니다. 하나는 병을 치유하는 것이고, 다른 하나는 건강을 유지하는 것입니다. … 다음 말씀은 앞의 경우에 해당됩니다. "주님, 당신의 자비로 저를 구원하소서." 둘째 경우에 관한 말씀은 이러합니다. "나의 도움은 마음이 올바른 이를 구하시는 주님에게서 온다." 두 경우 모두 우리를 구원하는 것이지만 먼저 것은 병에서 건강으로 나아가는 효과를 나타내고, 뒤의 것은 건강 상태를 유지하게 하는 효과를 말합니다. 첫 번째 경우의 도움은 자비롭다고 할 수 있습니다. 죄인은 이런 자비를 입을 자격이 전혀 없지만 불경한 자를 의롭게 해 주시는 분을 믿음으로써 그 또한 의롭게 되기를 갈망할 수 있기 때문입니다. 둘째 경우의 도움은 정당하다고 할 수 있는데, 이미 의로움을 인정받은 이에게 주어지기 때문입니다. 그러므로 "저는 약합니다"라고 고백한 죄인은 "주님, 당신의 자비로 저를 구원하소서"라고 말하는 것이 옳습니다. "만약 제가 악을 행한 자에게 악으로 되갚았다면" 하고 이전에 말했던 의인은 "나의 도움은 마음이 올바른 이를 구하시는 주님에게서 온다"고 말할 수 있습니다. 하느님께서 우리의 허약함을 고칠 수 있는 약을 주시는 분이시라면, 우리의 건강을 유지할 수 있는 수단은 더욱 기꺼이 주시지 않겠습니까? 우리가 아직 죄인이었을 때 그리스도께서 우리를 위하여 돌아가셨다면, 우리가 의롭게 된 지금은 그분을 통하여 우리가 하느님의 진노로부터 구원되리라는 것은 더욱 확실하지 않습니까?

• 아우구스티누스 『시편 상해』 7,10.[27]

7,12 의로우신 심판자

하느님의 성품

하느님은 우리 각자가 한 일에 따라 보상하시는 의로운 분이십니다. 그분은 가장 강력하신 분이면서도 우리의 구원을 위하여 불경한 박해자들을 참아 주실 만큼 강하십니다. 그분은 부활하신 후 즉시 당신을 박해한 이들을 벌하시려고 그들을 체포하지 않으시고, 오히려 그들이 불경함에서 돌아서서 결국에는 구원으로 나아갈 수 있도록 그들을 참아 주실 만큼 참을성 있는 분이십니다. 그분은 최후의 심판 때까지 최종 판결을 미루심으로써 여전히 그들을 기다려 주십니다. 그리고 지금까지도 죄인에게 회개할 기회를 주십니다.

• 아우구스티누스 『시편 상해』 7,12.[28]

---

[25] *WSA* 3,15,121.

[26] FC 46,176.

[27] *WSA* 3,15,122.

[28] *WSA* 3,15,123.

하느님께서 얼마 동안 진노를 참으신다

"하느님은 의로우신 심판자, … 날마다 분노를 터뜨리시는 분이 아니십니다." 대신에 주님은 한결같은 사랑을 보여 주시고, 그 사랑으로 사람들의 잘못을 더 오랫동안 참아 주십니다. 그런데 당신의 이 인내로부터 아무런 유익도 얻어내지 못하는 이들을 보실 때마다 주님께서는 추가의 위협을 주시거나 심판을 연기하심으로써 그들에게 또 기회를 주십니다. 하지만 그들이 그 기회를 업신여기고 계속해서 죄를 지으면 그분은 즉시 정의에 따라 그들을 파멸시키십니다.

• 키루스의 테오도레투스 『시편 주해』 7,6.[29]

의로우신 심판자이신 하느님

하느님만이 의로우신 심판자이시며, 그분만이 마음을 보시는 분이십니다. 그분은 각자에게 자신이 한 행위에 따라 되돌려 주십니다. 사실, "사람들은 눈에 들어오는 대로 보지만"(1사무 16,7) 주님은 마음과 생각을 보시는 재판관이십니다. 그분께 감추어진 것은 아무것도 없습니다.

• 카이사리아의 에우세비우스 『시편 주해』 7,10-11.[30]

오해하지 마라

하느님께서 너무 인자하셔서 응징을 하지 않으실 것으로 잘못 생각하지 마십시오. 그분은 강한 분이기도 하시기 때문입니다. 그렇다면 죄인을 곧장 응징하지 않으시는 것은 무슨 연유입니까? 그분은 인내로우시기 때문에 "매일 분노를 터뜨리시지는 않으시는" 것입니다.

• 대 바실리우스 『시편 강해』 11,7(시편 제7편).[31]

하느님의 인내를 존중하라

하느님의 정의가 참을성과 연결되어 있지 않다면 그분께서 매일 심판하시는 것을 막을 수 있는 것은 없습니다. 사실 죄인들은 정당한 심판을 내려야 할 이유를 늘 제공하기 때문입니다. 그렇다고 해서 죄인들이 무관심에 빠져서는 안 됩니다. 올바른 정신을 가진 이들은 하느님의 인내를 위협으로, 분노에 더디심을 더 강력한 심판으로 여기고 존중합니다. 즉시 심판이 이루어져 멸망하지 않으려면 이런 태도를 지녀야 합니다.

• 타르수스의 디오도루스 『시편 주해』 7.[32]

7,13-14 하느님의 무기는 준비되었다

하느님의 경고

이 말씀은 심판의 말씀이 아니라 위협의 말씀입니다. 그는 칼을 '휘두른다'고 말하였지, '찌른다'고 말하지 않았습니다. 활시위를 당겼으나 화살을 쏘지는 않았습니다. 그가 누구에게 화살을 쏠 것인지를 우리에게 가르치기 위하여 그는 즉시 이 말을 덧붙입니다. "그는 자기 화살을 불화살로 만들었다." 곧, 불에 타기 쉬운 재료로 죄를 지은 이들과, 나무와 건초, 그루터기로 집을 지은 이들은 이 불화살을 맞게 될 것이라고 이 신심 깊은 사도는 말하고 있습니다.

• 키루스의 테오도레투스 『시편 주해』 7,7.[33]

응징의 칼을 갈다

무기를 벼리는 것이 전쟁에서 공격 준비를 의미하는 것과 마찬가지로, 성경은 하느님께서 응징을 위해 나서신다는 것을 말하기 위하여 그분께서 칼을 벼리신다고 말합니다. "그분께서 활을 당기셨다." … 이것은 하느님의 활을 당기는 활시위를 말하는 것이 아니라, 굳건해졌다가 다

[29] FC 101,80.
[30] PG 23,125.
[31] FC 46,177.
[32] WGRW 9,23.
[33] FC 101,80.

시 느슨해지는 하느님의 심판 의지를 말합니다. 성경은 죄인이 계속해서 죄에 머물러 있다면 미래의 심판이 마련되어 있다고 그를 위협합니다.

• 대 바실리우스 『시편 강해』 11,7(시편 제7편).[34]

사도들과 이단자들

나는 이 구절의 "활"을 성경으로 이해합니다. 구약성경의 엄격함은 구부러졌고, 신약의 힘, 곧 신약의 활시위 앞에 굴복하였습니다. 사도들은 화살처럼 이 활시위 위에 놓여졌고, 이 활시위로부터 말씀의 선포가 나왔습니다. 이 화살은 그것에 맞은 이들을 하느님의 사랑으로 불타오르게 합니다. … 일단 이 화살에 맞아서 불이 붙었다면, 그대가 가는 길을 막고 굳은 결심을 돌이키게 만들려는 이들의 말을 경멸할 만큼 하느님 나라에 대한 사랑으로 불타올라야 합니다. … 그런데 주님께서는 화살만을 준비하신 것이 아니라 "당신의 활에 살생의 무기"도 준비하셨습니다. "살생의 무기"가 무엇인지 묻고 싶을 것입니다. 아마도 그들은 이단자들이 아닐까요? 그들은 같은 활, 곧 같은 성경에서 나왔지만, 사랑으로 불이 붙지도 않고 오히려 독으로 죽을 운명에 처한 영혼들 속으로 뛰어든 자들입니다. 이런 일이 일어난 것은 오직 그들이 이런 심판을 받기에 마땅하기 때문입니다. 그래서 이런 조처조차도 하느님의 섭리로 볼 수 있는데, 섭리가 그들을 죄인으로 만들었기 때문이 아니라 그들이 죄를 지은 후 마땅히 가야 할 곳으로 섭리가 그들을 가게 하였다는 점에서 그러합니다. 그들은 죄로 인하여 숨겨진 왜곡된 의도에 따라 성경을 읽음으로써 그것을 그릇되게 이해할 수밖에 없었습니다. 이 자체가 죄에 대한 심판입니다. 그러나 가톨릭 교회의 자녀들은 죽음을 통하여 부활할 것입니다. 그들은 마치 가시에라도 찔린 듯 잠에서 깨어나, 성경을 더욱 깊이 이해하게 될 것입니다.

• 아우구스티누스 『시편 상해』 7,14-15.[35]

악마의 무기

많은 이들이 이 시편의 이 구절들은 악마에 대한 말이라고 주장합니다. 당신이 개종하지 않으면, 회개하지 않으면 악마의 세력 안에 들어갈 것이라고 그들은 해석합니다. "그는 활을 당기어 겨눈다." 악마는 늘 활시위를 당기고 있으며, 언제든 활을 쏘아 우리를 쓰러뜨릴 준비가 되어 있습니다. 악마는 탐욕과 격정으로 마음이 불타는 이들을 정복합니다. … 이 시편은 곧 불타오르게 될 자들, 곧 악마의 화살로 불타게 될 자들에 대해 말하는 것이 아닙니다. 그들이 누구이건 간에 악마가 보기에 이미 마음이 불타고 있는 자들이 그의 목표물입니다.

• 히에로니무스 『시편 강해』 7.[36]

악마의 불화살

불타는 자들은 악마의 불화살을 맞은 자들입니다.

• 폰투스의 에바그리우스 『시편 발췌 주해』 7,14.[37]

7,16 구렁에 빠지다

구렁을 열고 파다

세속적인 갈망을 불러일으키는 악에 동의하면 [세속적인 것들로 빠지는] 구렁이 열리는 것입니다. 악에 동의한 후에 그것을 실행에 옮기기 시작하면 구렁을 파는 것입니다.

• 아우구스티누스 『시편 상해』 7,17.[38]

[34] FC 46,177-78.
[35] *WSA* 3,15,124-25*.
[36] FC 48,32.
[37] AnSac 2,458.
[38] *WSA* 3,15,126-27.

구렁 대 우물

성경이 좋은 것을 두고 "구렁"이라고 부르는 경우나 나쁜 것을 두고 "우물"이라고 부르는 경우는 없습니다. 구렁이 나쁜 것들 가운데 있고, 우물은 좋은 것들 가운데 있는 이유는 이렇게 생각해 볼 수 있습니다. 구렁에 있는 물은 하늘에서 떨어진 것이지만 우물의 물은 땅속 깊은 곳에서 흐르는 물로, 그 위를 덮고 있는 두터운 토양층이 제거되고 난 뒤에야 비로소 드러나는 것입니다. 이와 마찬가지로 영혼 안에 구렁이 생겼다면 이는 그 사람의 영혼에는 본래 더 좋은 것들이 있었지만 그것들이 변하고 추해졌으며 타락하였음을 의미합니다. 이런 일은 선하고 고귀한 것을 마음에 품지 않고, 자신 안에 스며들어온 선하고 고귀한 생각들을 날려 버리며, 그것을 악행으로, 진리와 모순된 것으로 변질시킬 때에 일어납니다. 그런데 다음의 경우에는 영혼 안에 우물이 생깁니다. 영혼 안에 말과 가르침에 있어서 어떤 흠도 없는 반짝이는 물이 흐르고 있는데, 그 물을 덮고 있는 상스러운 것들이 제거된 경우입니다. 그러므로 각자가 자신을 위한 우물을 준비할 필요가 있습니다. 그렇게 함으로써 그 사람은 앞에서 언급된 명령을 지킬 수 있습니다. 그 명령은 이것입니다. "네 저수 동굴에서 물을 마시고 네 샘에서 솟는 물을 마셔라"(잠언 5,15). 이렇게 할 때 우리는 우물을 팠던 이들, 곧 아브라함과 이사악과 야곱의 자녀라 불릴 수 있을 것입니다. 이 시편 구절이 말하듯이 구렁에 빠지지 않으려면, 죄인들을 질책하는 예레미야서의 말씀을 귀담아들으려면 구렁을 파는 일이 있어서는 안 될 것입니다. 예레미야서에서 하느님께서는 우리가 앞에서 간략하게 언급한 말로 죄인들을 꾸짖으십니다. "그들은 생수의 원천인 나를 저버렸고 저 자신을 위해 저수 동굴을, 물이 고이지 못하는 갈라진 저수 동굴을 팠다"(예레 2,13).

• 대 바실리우스 『시편 강해』 11,8(시편 제7편).[39]

죄의 해악

사실 죄는 먼저 자신에게 악영향을 미치며, 그다음에는 다른 이들에게 해를 끼칩니다. 죄는 해롭고 파괴를 가져오는 것이기에, 죄를 짓는 자에게 먼저 해악을 끼치고 그를 가혹하게 다룹니다. … "눈먼 이가 눈먼 이를 인도하면 둘 다 구덩이에 빠질 것이다"(마태 15,14). 이 말씀에서 우리는 교사든 학생이든 누구나 어리석음과 방자함 때문에 눈이 멀 수 있다는 사실을 깨달아야 합니다.

• 장님 디디무스 『시편 단편』 7,15.[40]

7,17 폭행이 죄인의 정수리로 떨어진다

아히토펠의 예

이 말씀은 아히토펠에게 글자 그대로 이루어진 것으로 보입니다. 쿠스의 반란 때 질투를 마음에 품었던 그는 오명을 남기고 떨어져 나갔습니다. 그는 파수꾼이었기에 앞일을 내다볼 수 있었고, 압살롬의 반역이 실패하리라는 것을 예측할 수 있었습니다. 그는 그의 자리가 다윗의 사람들로 교체되기 전에 스스로 물러나 목을 매고 죽었습니다. 그는 생각으로 악의 씨를 모아들였고, 자신이 생각해 낸 것으로 다윗에 대한 반역을 꾀하였지만 결국 그 악의 씨앗들은 자기 자신을 파괴하는 결과를 낳았습니다. … 시편의 이 말씀은 자기 이웃을 거슬러 악을 도모하고, 다른 사람들에게 해를 끼치려고 하며, 그들을 파멸시키기 위해 함정을 파는 이는 결국 자신을 거슬러

[39] FC 46,179-80. [40] PG 39,1184.

그 모든 행위를 하는 것이며, 그가 꾸민 악들이 그의 머리 위로 되돌아온다는 일반적 견해입니다. 심판의 날에 받을 형벌은 각자의 행위로 결정되며, 각자 제 수고의 열매를 거둘 것입니다.

• 카이사리아의 에우세비우스 『시편 주해』 7,15-17.[41]

죄의 속박

그 자신이 죄로부터 벗어나길 원하지 않으므로 그는 노예처럼 죄에 굴복하였습니다. … 그는 자신의 사악함의 노예이기 때문에 그의 사악함이 "그의 머리 위에" 있습니다. … 그 죄는 그를 억압하고 내리누르며, 그가 성인들과 함께 쉬기 위하여 다시 돌아가는 것을 허락하지 않습니다. 이런 일은 사악한 사람 안에서 이성이 노예가 되고 욕정이 우세해질 때 일어납니다.

• 아우구스티누스 『시편 상해』 7,18.[42]

악이 되돌아오다

어떤 이가 돌을 공중으로 똑바로 던진 후에 그 자리를 피하지 않을 만큼 어리석다면 그 돌이 그의 정수리로 떨어져 머리에 상처를 입게 되는 것과 마찬가지로 악마는 자신의 오만으로 인하여 스스로에게 해를 입히게 됩니다. 그를 드높이는 교만은 그를 멸망하게 하는 교만이기도 합니다. "제가 꾸민 재앙이 제 머리 위로 되돌아온다." 악마가 원하는 것은 머리를 높이 쳐드는 것이겠지만 그렇게 하지 못합니다. 왜 못합니까? 그의 "악행이 제 정수리로 떨어져서" 그의 머리를 부수어 버릴 것이기 때문입니다.

• 히에로니무스 『시편 강해』 7.[43]

7,18 주님께 감사드리리라

함정을 파지 않는 자

그는 누구를 위해서도 덫을 놓지 않았고, 함정도 파지 않았습니다. 그는 악행을 경멸하였습니다. 그는 심판 때에 사악한 자들이 멸망할 것을 알기에 이렇게 말하였습니다. 법정에서 내 올바른 행위가 드러나게 하셨으니, "나는 주님을 찬송하리라, 그분의 의로움에 따라." 주님을 통한 구원, 주님의 은덕으로 이루어질 구원에 들어갈 이들의 합창대에 나를 받아 주시리라는 희망으로 나는 "지극히 높으신 주님의 이름에 찬미 노래 바치리라".

• 카이사리아의 에우세비우스 『시편 주해』 7,18.[44]

하느님의 섭리

하느님께서 각자에게 해당되는 몫을 주시며, 전체의 아름다움이 조금도 손상되지 않는 방식으로 각 영혼에게 합당한 것을 배정하신다는 사실을 아는 사람이라면 모든 일에 대해 하느님을 찬미하게 됩니다. 이 찬미는 죄인이 아니라 의인의 고백입니다. … 시편 저자는 마치 어둠이 하느님에 의해 창조되지는 않았지만 섭리에 따른 질서 안에 자리잡고 있음을 보기나 한 것처럼 말합니다. "나는 그분의 의로움에 따라 주님께 고백하리라." … 어둠 속에 존재하는 것이란 없습니다. 모든 자연은 그 본성상 존재하는 것이기 때문입니다. … 따라서 자신을 만드신 하느님을 저버리고 자신을 만든 재료, 곧 아무것도 아닌 것으로 기울어진 이는 죄로 어두워진 사람입니다. 그러나 그는 완전히 멸망한 것은 아니며 존재의 위계질서 중 가장 낮은 단계에 자리 잡고 있습니다.

• 아우구스티누스 『시편 상해』 7,19.[45]

[41] AnSac 3,388.
[42] *WSA* 3,15,127.
[43] FC 48,32-33.
[44] PG 23,125.
[45] *WSA* 3,15,127-28.

8,1-10 주님의 영광

구원자의 은총이 사방으로 뻗어 나가 많은 이들이 구원받는 것을 보고
주님께 찬양드리고 싶다면 시편 제8편을 노래하십시오.
포도 수확을 감사드릴 때 시편 제84편과 이 시편을 노래해도 좋습니다.
아타나시우스 『시편 해석에 관해 마르켈리누스에게 보낸 편지』 16 [OIP 67]

1 [지휘자에게. 기팃에 맞추어.① 시편. 다윗]
2 주 저희의 주님,
온 땅에 당신 이름,
이 얼마나 존엄하십니까!
하늘 위에 당신의 엄위를 세우셨습니다.
3 당신의 적들을 물리치시고
대항하는 자와 항거하는 자를 멸하시려
아기와 젖먹이들의 입에서 나오는 것으로
당신께서는 요새를 지으셨습니다.
4 우러러 당신의 하늘을 바라봅니다,
당신 손가락의 작품들을
당신께서 굳건히 세우신 달과 별들을.
5 인간이 무엇이기에
이토록 기억해 주십니까?
사람이 무엇이기에
이토록 돌보아 주십니까?
6 신들보다 조금만 못하게 만드시고
영광과 존귀의 관을 씌워 주셨습니다.
7 당신 손의 작품들을 다스리게 하시고
만물을 그의 발아래 두셨습니다.
8 저 모든 양 떼와 소 떼
들짐승들하며
9 하늘의 새들과 바다의 물고기들
물속 길을 다니는 것들입니다.
10 주 저희의 주님,
온 땅에 당신 이름,
이 얼마나 존엄하십니까!

① 칠십인역은 '포도 확을 위하여'다.

둘러보기

칠십인역에서 여덟 번째 시편의 표제는 "포도 확을 위하여"다. 이 확은 곧 교회인데, 이 확으로 구원받은 이들과 구원을 상실한 이들이 구분된다(아우구스티누스). 하느님 말씀도 이 포도 확을 통과하여 전달된다(아우구스티누스). 전에는 이 확이 예루살렘에 하나밖에 없었는데, 이제는 세계 곳곳에 많이 있다(위-아타나시우스). 일상의 삶 안에서 진리를 짜내는 확도 있다(디디무스).

시편 저자는 먼저 경탄하올 하느님을 부르며(헤시키우스), 그분의 놀라우신 이름을 언급하는 것으로 시작한다(요한 크리소스토무스). 그러나 우리가 보는 하느님의 영광은 그분의 뒷모습일 뿐이다(나지안주스의 그레고리우스). 하느님께서는 신앙의 원수들을 비웃으시기 위하여(아우구스티누스) 신앙 안에서 어린아이와 같은 이들에게 찬미를 나누어 주신다(카시오도루스). 어디에도 담을 수 없는 하느님(예루살렘의 키릴루스)께서 이루신

업적은 힘들이지 않은 신비다(요한 크리소스토무스). 하느님은 우주의 질서를 정립하시고(다마스쿠스의 요한), 당신의 현존에 대한 증거를 주시며(나지안주스의 그레고리우스), 철학자들의 오류를 보여 주신다(알렉산드리아의 클레멘스). 그런데 그분은 지상적 관점으로 보나 천상적 관점으로 보나(아우구스티누스) 인간에게 특별한 영예를 주신다(에우세비우스). 이로 인하여 우리는 감탄한다(요한 크리소스토무스). 우리는 비천하지만 고귀하고(나지안주스의 그레고리우스), 육이면서 영이기도 하다(히에로니무스).

우리의 영광은 겸손한 영광이다(카시오도루스). 하지만 하느님의 섭리는(프루덴티우스) 비천한 이를 높이시고(테오도레투스), 당신의 힘을 하늘 위에 펼치신다(에우세비우스). 찬양받으실 성부와 성자를 제외하고는(암브로시우스) 이 힘의 지배를 받지 않는 것이 없다(카시오도루스, 디오도루스). 사람은 죽어 버릴 동물이지만 하느님께서 찾아오시면 참된 인간이 된다(암브로시우스). 오직 눈먼 자만이 그분께 복종하기를 거부한다(베다). 그러므로 이 시편의 표제는 시편의 내용과 어울린다. 포도 확 안에 들어간 포도가 껍질을 벗고 즙이 짜내어지듯이 하느님의 확에 들어간 영혼들은 그리스도에게 복종하게 된다(아우구스티누스).

8,1 표제: 포도 확을 위하여

포도 확인 교회

우리는 "포도 확"을 교회라 생각합니다. … 같은 이유로 "타작 마당" 역시 교회로 이해합니다. 타작 마당이든 포도 확이든 그 안에서 과일이나 열매는 껍질이 벗겨지기 때문입니다. 껍질은 두 가지 이유로 필요했습니다. 껍질은 곡식이나 열매가 만들어지고 익기 위해 필요합니다. 그러므로 다 익은 곡식은 그 껍질, 곧 보호대가 벗겨져야 합니다. 곡식은 타작마당에서 겨와 분리됩니다. 포도는 포도 확에서 껍질과 분리됩니다. 같은 과정이 교회 안에서도 일어납니다. 하느님의 사목자들은 한데 모여 있는 세상 사람들의 무리 중에서 선한 이들을 걸러 냅니다. 그런데 선한 이들이 태어나고 그들이 하느님의 말씀을 받을 준비를 하기 위해서 이 무리가 필요하였습니다.

• 아우구스티누스 『시편 상해』 8,1.[1]

하느님 말씀의 전달

하느님의 말씀을 포도로 이해해 볼 수 있습니다. … 하느님의 말씀이 선포되고 듣는 이들의 귀에 가닿으려면 인간의 목소리를 입어야 합니다. 하느님 말씀의 내용은 포도주처럼 인간의 목소리에 담겨 있고, 이 목소리는 포도의 껍질과도 같습니다. 하느님의 말씀이라는 포도는 이런 모양으로 우리 귀에 와닿게 됩니다. 마치 포도를 밟으면 포도 알맹이가 빠져나오는 것과 같습니다. 소리가 귀에 들어오면 그 의미는 듣는 이의 기억에 남게 됩니다. 이런 방식으로 말씀은 전달됩니다. 이렇게 기억에 남은 말씀은 마치 커다란 통에 담겨진 것처럼 행동의 법칙과 사고의 습관에 따라 조금씩 흘러나오게 됩니다.

• 아우구스티누스 『시편 상해』 8,2.[2]

확이 많아졌다

과거에는 제사에 관한 율법에 따라 단 하나의 포도 확, 곧 예루살렘의 제대만 있었습니다. 그러나 이방인들이 부르심을 받게 된 이후로 포도 확이 많아졌습니다. 이 확은 민족들 가운데 있는 교회들이며, 선한 일을 하는 이들이 거둔 열매를

[1] *WSA* 3,15,129.

[2] *WSA* 3,15,129-30.

받아들이고 있습니다. … 따라서 유다에서뿐만 아니라 태양 아래 모든 지역에서 하느님은 찬미받으십니다.

• 위-아타나시우스 『시편 해설』 8.[3]

일상생활을 짜는 확

포도를 가꾸고 포도나무에 달린 진리의 다발들을 즐기는 이는 때가 되면 그것을 수확하여 포도 확에 넣어야 합니다. 그래야 거기에서 나온 포도즙으로 많은 이의 마음을 즐겁게 할 수 있습니다(시편 104,15 참조). 어떤 확은 진리의 가르침을 짜내고, 어떤 확들은 영적 업적을 짜냅니다. 포도 확은 하나만 있는 것이 아닙니다. 유용한 덕들이 많이 있으며, 각자가 맺는 개별적인 열매를 위한 확이 마련되어 있습니다. 독신인 사람은 정결의 확에 맞는 열매를 맺고, 정숙한 결혼생활을 하는 사람은 그에 맞는 열매를 맺습니다. 일상생활의 열매들을 짜낼 수 있는 확들이 많이 있는데, 가르침들을 확에 넣으면 진리의 다양한 원칙들을 짜낼 수 있습니다.

• 장님 디디무스 『시편 단편』 8,1.[4]

8,2 주님의 이름은 존엄하다

경탄하올 하느님

교회는 "주 저희의 주님"이라고 말합니다. 우상 숭배의 종살이에서 해방되어 그리스도를 인정하게 된 사람은 하느님이자 주님이신 분을 부르기 시작합니다. 온 세상은 하느님의 업적인 놀라운 피조물로 가득 차 있습니다. 더욱더 놀라운 것은 그리스도의 이름입니다. 그리스도는 당신을 믿는 모든 민족들과 이방인들 사이에서 경탄하올 분이 되셨습니다.

• 헤시키우스 『시편 단편』 8,2.[5]

하느님의 놀라운 이름

"당신 이름이 얼마나 존엄하십니까!" 사실 이 이름을 통하여 죽음이 사라지고, 마귀가 결박되었으며, 하늘이 열리고, 천국의 문이 활짝 열렸으며, 성령께서 내려오시고, 종들이 풀려났으며, 원수들이 자녀가 되고, 이방인들이 상속자가 되었으며, 인간이 천사가 되었습니다. 천사들에 관하여 말할 것이 뭐가 있습니까? 하느님께서 사람이 되셨고, 사람이 하느님이 되었습니다. 하늘이 땅의 본성을 받아들였고, 땅이 천사의 무리와 함께 커룹들 위에 좌정하신 분을 받아들였습니다. 벽이 제거되었고, 분리대가 사라졌으며, 나뉘었던 것들이 합쳐졌고, 어둠은 사라지고 빛이 비치며, 죽음은 삼켜졌습니다.

• 요한 크리소스토무스 『시편 해설』 8,1.[6]

하느님의 뒷모습만

존엄하신 분, 아니 거룩한 다윗이 부른 대로 "영광"이신 분께서 당신께서 만드시고 다스리시는 피조물들 가운데 나타나셨습니다. 이것은 마치 그림자나 물에 반사된 해처럼 하느님께서 남기신 그분의 뒷모습입니다. 우리의 약한 눈은 오직 물에 반사된 모습으로만 해를 볼 수 있습니다. 우리가 해를 직접 보지 못하는 것은 해의 순수한 빛이 너무 강해서 우리의 인식 능력을 넘어서기 때문입니다.

• 나지안주스의 그레고리우스 『신학』(연설 28) 3.[7]

---

[3] CSCO 387,6.

[4] PG 39,1184-85.

[5] PG 93,1181.

[6] *CCOP* 1,155.

[7] NPNF 2,7,289*.

8,3 요새를 지으셨다

찬미를 나누어 주시다

이 말씀의 의미는 이러합니다. 하느님은 당신을 잘 아는 원숙한 이들의 찬미를 받기에 합당한 분이신 동시에 아기와 젖먹이들의 입을 통해서도 선포되는 분이십니다. … "아기와 젖먹이들"이란 새로 신앙을 받아들여 주님께 나아가기 시작한 이들입니다. 따라서 이들이 가진 지혜는 인간의 노력으로 쌓은 것이기보다는 하늘에서 주어진 것으로 볼 수 있습니다.

• 요한 크리소스토무스 『시편 해설』 8,3.[8]

신앙의 적들

"적들"이란 일반적인 의미로 이해해야 하는데, 이들은 경험을 초월하는 것들을 믿지 말라고 하면서 스스로 확실한 지식을 지녔다고 장담하는 사람들입니다. 이단자들이 바로 이렇게 하고 있습니다. 미신을 추종하는 이방인들 사이에서 철학자로 통하는 이들도 마찬가지입니다. 지식에 대한 약속 자체가 비난받을 만한 것은 아닙니다. 문제는 그들이, 구원에 가장 도움이 되며 우리에게 필수불가결한 신앙의 단계를 무시할 수 있다고 생각하는 점입니다. 하지만 우리는 바로 이 신앙의 단계를 통하여 실제적인 확실성으로 올라갈 수 있으며, 그것은 다름이 아니라 영원한 것입니다. 이로써 그들은 그들이 장담하는 지식조차도 갖고 있지 못함이 분명히 드러납니다. 그들은 신앙이 지식에 이르는 중요하고 필수적인 단계임을 전혀 알지 못하기 때문에 신앙을 조롱합니다. 그래서 "우리 주님께서는 아기와 젖먹이들의 입에서 나오는 것으로 찬미를 완전하게 하셨습니다". 첫째는 예언자를 통하여 "너희가 믿지 않으면 정녕 이해하지 못하리라"(이사 7,9 칠십인역)는 원칙을 말씀하심으로써 그렇게 하셨습니다. 그다음으로는 당신의 입으로 직접 이렇게 말씀하셨습니다. "보지 않고도 믿는 사람은 행복하다"(요한 20,29).

• 아우구스티누스 『시편 상해』 8,6.[9]

8,4 하느님 손가락의 작품들

힘들이지 않은 신비

왜 시편 저자는 "당신의 손"이라고 하지 않고 "당신의 손가락"이라고 하였을까요? 눈에 보이는 모든 것들이 최소한의 힘만을 요구하는 업적임을 보여 주기 위함입니다. 창조의 놀라운 측면, 곧 별들이 떨어지지 않고 하늘에 달려 있는 것도 마찬가지입니다. 창조의 토대가 되는 자연의 특성을 고려할 때, 별들은 공중에 매달려 있을 것이 아니라 땅에 누워 있어야 마땅합니다. 그런데 훌륭한 건축가인 창조주께서는 눈에 보이는 대부분의 것이 자연의 이치를 넘어서게 만드심으로써 놀라움을 자아내십니다.

• 요한 크리소스토무스 『시편 해설』 8,6.[10]

담을 수 없는 하느님

우리 주 예수 그리스도의 아버지는 어떤 장소에 국한될 수 있는 분이 아니시며, 그분을 넘어서는 하늘도 없습니다. 오히려 "하늘은 그분 손가락의 작품"이며, 그분의 손바닥에 온 땅이 담깁니다(이사 40,12 참조). 그분은 모든 것 안에 계시지만 어떤 것도 그분을 담을 수 없습니다. 하느님께서 태양보다 작거나 그분이 태양만 하다고 생각하지 마십시오. 그분은 태양을 만드신 분이시므로 태양과 비교할 수 없을 정도로 크셔야 하고, 태양보다 더 밝게 빛나셔야 하기 때문입니

[8] ACW 51,111*.

[9] *WSA* 3,15,131-32*.

[10] *CCOP* 1,165.

다. 그분은 무슨 일이 일어날지 아시며, 그분의 힘과 맞먹는 것은 아무것도 없습니다. 그분은 모든 것을 아시며, 당신께서 원하시는 대로 무엇이든 하십니다. 그분은 인과론이나 생성, 또는 운수나 운명에 종속된 분이 아니십니다. 그분은 어떤 기준으로 보나 완벽하십니다. 그분은 모든 덕을 항구하게 지니시며, 줄어들지도 늘어나지도 않게, 언제나 동일한 정도와 방법으로 갖고 계십니다.

• 예루살렘의 키릴루스『예비신자 교리교육』4,5.[11]

우주의 안정성

이 구절에 언급된 '세우셨다'는 말은 하느님께서 우주 질서에 불어넣으신 안정성과 불변성, 연속성을 의미합니다.

• 다마스쿠스의 요한『신앙 해설』2,7.[12]

하느님께서 존재하신다는 증거

우리는 하느님께서 존재하시며, 모든 것이 작용하고 유지될 수 있는 원인이심을 우리 자신의 눈과 자연법칙을 통하여 배웁니다. 우리의 눈이라고 한 이유는 우리가 가시적 대상을 바라볼 때 우리의 눈은 아름답게 고정되어 있으면서도 앞으로 나아가고, 이동하지 않고도 움직이고 회전하며 그 대상을 바라보기 때문입니다. 또 자연법칙이라고 한 이유는 가시적인 것들과 그것들의 질서가 드러내는 법칙이 저절로 그 법칙을 만드신 분을 생각하게 만들기 때문입니다. 하느님께서 이 우주를 존재하고 유지되도록 하지 않으셨다면 도대체 그것이 어떻게 생겨나고 유지되었겠습니까? 훌륭하게 제작된 수금을 보고 그것을 만들고 조합한 이의 기술을 생각하는 이라면, 또는 수금 가락을 듣는 이라면 누구나 수금을 만든 이나 수금 연주자를 생각하게 됩니다. 비록 눈으로 직접 본 적이 없다 하더라도 마음속으로 그 사람을 떠올리게 됩니다. 창조된 모든 것을 만드시고 움직이시고 보존하시는 분이 우리에게 나타나는 것도 이와 같습니다. 비록 우리가 그분을 지성으로 이해하지 못한다 하더라도 말입니다.

• 나지안주스의 그레고리우스『신학』(연설 28) 6.[13]

철학자들의 오류

하느님의 힘은 얼마나 위대합니까! 그분의 드러난 원의는 우주를 창조하는 것이었습니다. 하느님 홀로 우주를 만드셨는데, 그분 홀로 참된 하느님이시기 때문입니다. 그분은 의지를 드러나게 행사하심으로써 창조하십니다. 단순히 원하시기만 하면 그분께서 원하시는 존재가 솟아 나옵니다. 그러므로 철학자들의 무리는 오류에 빠져 있습니다. 그들은 인간이 하늘을 관조하도록 만들어졌다고 가장 우아하게 고백합니다. 그러나 실상 그들은 하늘에 나타난 대상들, 눈으로 볼 수 있는 것들을 숭배합니다. … 여러분 중의 누구도 태양을 숭배하지 마십시오. 오히려 여러분의 마음의 갈망을 그 태양을 만드신 분께 두십시오. 우주를 신화神化할 것이 아니라 우주의 창조주를 추구하십시오.

• 알렉산드리아의 클레멘스『권고』4.[14]

인간에게 부여된 영예

당신은 인간을 돌보십니다. 당신은 인간을 작고 쓸모없는 동물처럼 만들지 않으셨고, 아기와 젖먹이들의 입에 찬미를 담아 주실 만큼 큰 영예를 받을 수 있는 존재로 만드셨습니다. 그렇기

[11] LCC 4,101-2.

[12] FC 37,217.

[13] LCC 3,139-40.

[14] ANF 2,190.

때문에 당신은 그에게 관심을 쏟으십니다.

• 카이사리아의 에우세비우스 『시편 주해』 8,4-5.[15]

지상적인 것과 천상적인 것

사람의 아들이 아닌 지상적인 인간의 모습을 지닌 이들은 "인간들"이라 불릴 수 있고, 천상적인 인간의 모습을 지닌 이들은 "사람의 아들들"이라 불리기에 합당합니다. 전자는 "옛 인간"이라 불리고 후자는 "새 인간"이라 불립니다. "새 인간"은 "옛 인간"에게서 태어납니다. 영적 재생은 지상적이고 세속적인 생명이 변화됨으로써 시작되기 때문입니다. 이런 이유로 "새 인간"은 사람의 아들이라 불립니다. 따라서 이런 맥락에서 "인간"이란 지상적 존재이고, 반면에 "사람의 아들"은 천상적 존재입니다. 전자는 하느님과 멀리 떨어져 있지만 후자는 하느님과 함께 있습니다. 하느님께서 전자는 멀리에서 기억하시지만, 후자의 경우는 찾아오셔서 당신의 현존으로 그를 빛나게 하시는 것은 바로 이러한 까닭입니다. "악인들에게는 구원이 멀리 있지만"(시편 119,155) [사람의 아들들에게는] '주님의 얼굴 빛이 찍혀 있기'(시편 4,7 참조) 때문입니다.

• 아우구스티누스 『시편 상해』 8,10.[16]

우리를 놀라게 하는 것

"인간이 무엇이기에 …." … 시편 저자는 하느님께서 주시는 놀라운 돌보심과 훌륭한 섭리, 그리고 인간의 구원을 위하여 베푸신 모든 조처들을 전부 헤아려 보면서, 하느님께서 도대체 왜 인간이 그런 관심을 받을 만하다고 여기시는지에 대해 큰 감탄과 경이를 느낍니다. 보이는 모든 것이 인간을 위한 것임을 생각해 보십시오. 아담의 때부터 그분께서 오실 때까지 인간을 위한 모든 계획이 실행되었습니다. 낙원과 계명, 심판과 기적, 응보와 율법에 따른 사랑이 모두 그들을 위한 것이었습니다. 그리고 그들을 위하여 하느님의 아들이 사람이 되셨습니다. 그들이 향유하도록 의도된 미래에 관하여 누가 무슨 말을 할 수 있겠습니까? 시편의 저자가 '인간이 무엇이기에 이런 놀라운 특권을 누릴 자격이 있는가' 하며 감탄하였을 때, 이 모든 것이 그의 마음을 스쳐 지나갔을 것입니다. 인간을 위하여 이미 이루어졌고 이루어지고 있는 것, 그리고 나중에 그들이 누리게 될 것을 고려한다면, 그대는 경이에 사로잡힐 것이며, 인간존재가 하느님의 그런 관심을 받는 대상이라는 사실을 분명하게 알게 될 것입니다.

• 요한 크리소스토무스 『시편 해설』 8,6-7.[17]

비천하지만 고귀한

지상에 속한 나의 지체를 극복할 수만 있다면! 넓고 쉬운 길이 아니라 소수의 사람들만이 걸었던 좁은 길을 걸으며 내 모든 것을 영적인 일을 위해 쏟을 수 있다면! 이 세상 다음에 오는 것은 빛나고 위대하며, 우리가 희망하는 것은 내가 마땅히 받을 수 있는 것보다 더 크기 때문입니다. "인간이 무엇이기에 이토록 기억해 주십니까?" 이 새로운 신비는 나와 어떤 관련이 있습니까? 나는 작지만 크고, 비천하지만 고귀하고, 죽을 존재이지만 불사하고, 지상적이지만 천상적입니다. 나는 아래 세상과 연결되어 있으나 하느님과도 연결되어 있습니다. 나는 육과 연관되어 있으나 영과도 연관되어 있습니다. 나는 그리스도와 함께 묻혀야 하고 그리스도와 함께 부활

[15] PG 23,129.

[16] *WSA* 3,15,134.

[17] *CCOP* 1,167*.

해야 합니다. 나는 그리스도와 함께 공동 상속자가 되어 하느님의 아들, 아니 하느님 자신이 되어야 합니다.

• 나지안주스의 그레고리우스
『형제 카이사리우스 추도사』(연설 7) 23.[18]

육과 영

시편 저자는 여기에서 육체의 허약함과 인간의 나약함에 대해 말하고 있습니다. 그는 무슨 말을 합니까? 인간의 육을 생각할 때 인간이란 무엇일까요? 인간의 영을 생각하면 인간은 고귀합니다. 육을 경멸하지는 말되 육이 하는 일은 거부합시다. 그리스도와 함께 하늘에서 다스리게 될 육체를 무시하지는 맙시다. "살과 피는 하늘 나라에서 아무 자리도 차지하지 못한다." 아니, 살과 피 자체가 그렇다는 것이 아니라 육이 하는 일이 그러합니다. "살과 피는 하늘 나라에서 아무 자리도 차지하지 못한다." 그렇다면 어떻게 그것이 그리스도와 함께 다스리게 됩니까? 우리가 어떻게 그리스도와 함께 하늘 나라를 차지할 수 있습니까?

• 히에로니무스 『시편 강해』 143.[19]

8,6 천사들보다 조금 못하다

겸손한 영광

여기에서 구원자 주님의 겸손과 영광이 언급됩니다. 그분은 섬기실 필요가 없었지만 신실한 사랑으로 자발적으로 자신을 낮추셨습니다. 바오로가 말한 것처럼, "오히려 당신 자신을 비우시어 종의 모습을 취하셨습니다"(필리 2,7). 그다음 말씀은 "천사들보다 조금 못하셨다"인데, 이는 그분께서 모두의 구원을 위하여 십자가를 지셨기 때문입니다. 천사들의 창조주께서 천사들보다 조금 못하게 되셨다는 것은 이런 의미입니다. 그분은 죽을 육체를 취하셨지만 죄가 없으셨기 때문입니다. 가장 놀라운 부활 사건 이후 하느님께서는 그분을 높이 들어 올리시고 온 세상의 신앙의 대상이 되게 하심으로써 그분에게 "영광과 존귀의 관을 씌워 주셨습니다".

• 카시오도루스 『시편 해설』 8,6.[20]

8,7 당신 손의 작품들을 다스리게 하시다

하느님의 섭리로

하느님의 섭리로부터 인간은
오만한 손으로 잡을 수 있는
모든 것을 받았다.
하늘과 땅, 바다가
공기와 물과 땅으로부터 얻을 수 있는
모든 것을 받았다.
이로써 하느님은 나를 섬기시고,
나는 그분을 섬긴다.

• 프루덴티우스 『매일 찬가집』 3,36-40.[21]

비천한 이를 들어 높이시다

하느님은 인간의 비천한 품성에 지혜를 불어넣으시어 인간이 지상의 피조물뿐 아니라 하늘을 나는 동물들과 헤엄을 치는 동물들, 그리고 둘 다 할 수 있는 피조물들을 지배하게 하시며, 인간의 기술로 높은 곳과 깊은 곳에 있는 동물들을 사냥하고, 공중을 날거나 물속 깊이 숨어 있는 피조물들을 다스리게 하셨습니다. 이런 식으로 하느님께서는 당신의 사랑과 힘을 드러내십니다. … 알다시피 창조되지 않은 본성은 자유로

[18] FC 22,24.
[19] FC 48,181.
[20] ACW 51,113.
[21] FC 43,16.

우며, 이런 지배에서 벗어나 있습니다. 그러나 창조되지 않은 본성으로부터 존재를 받은 본성은, 보이는 것이든 보이지 않는 것이든, 하느님이시며 인간이신 주 그리스도께 종속됩니다. 모든 것을 만드신 하느님에게서 인간이 받은 영예는 바로 이것입니다. 그래서 시편 저자는 첫 구절과 동일한 말씀으로 결론을 내립니다. "주 저희의 주님, 온 땅에 당신의 이름, 이 얼마나 존엄하십니까!"

• 키루스의 테오도레투스『시편 주해』8,6-7.[22]

하늘 위에서 다스리다

"당신 손의 작품들을 다스리게 하셨다"라는 말씀은 우주의 하느님께서 인간을 하늘 위에 세우셨음을 드러냅니다. 하느님께서 주신 약속과, "하느님의 상속자와 그리스도의 공동 상속자"(로마 8,17 참조)에 관하여 사도가 한 말대로 하늘 나라를 상속 재산으로 받게 될 때가 아니라면, 이런 미래의 일들은 언제 어떻게 일어난다는 말입니까? 이 세대에서는 황소와 암소, 짐바리 짐승들과 새들과 물고기와 같은 지상의 피조물들이 인간의 지배를 받습니다. 그런데 인간에게는 하느님의 천상 도시에서 천사들이 누리는 생명이 약속되어 있습니다. 사람들이 하늘 나라에 받아들여지고 하느님의 손이 만드신 작품들 위에 임명되면, 그때 그들은 하늘의 모든 것들, 곧 달과 별들, 천상의 모든 것들의 지배자요 보호자가 될 것입니다. 히브리서에서는 "만물을 그의 발아래 두셨습니다"라는 말을 미래 세대를 위한 것으로 간주합니다. 이 세상 삶이 지나고 난 후 하늘 나라가 도래할 새로운 세대가 오면 구원자께서 영광스럽게 나타나실 것이고, 모든 것이 그분께 굴복할 것입니다. 이는 성부께서 성자께 하신 약속이 증언한 대로입니다. "내 오른쪽에 앉아라. 내가 너의 원수들을 네 발판으로 삼을 때까지"(시편 110,1).

• 카이사리아의 에우세비우스『시편 주해』8,6.[23]

예외가 없다

"당신은 만물을 그의 발아래 두셨습니다." … 하느님의 작품이 아닌 것은 아무것도 없듯이 그리스도의 힘에서 벗어나는 것은 아무것도 없다는 사실이 강조됩니다. 그분은 세상을 심판하실 것이기 때문입니다. "만물"이라는 표현은 지상 것도 천상 것도 예외가 없음을 의미합니다.

• 카시오도루스『시편 해설』8,7.[24]

주님의 권위

한 분이신 약속된 주님의 권한 아래 있지 않은 하느님의 작품은 없습니다.

• 타르수스의 디오도루스『시편 주해』8.[25]

성부와 성자를 제외하고

성부는 만물에 속하지 않습니다. 그분에 대해서는 "만물이 당신의 종들입니다"(시편 119,91)라고 고백하기 때문입니다. 성자도 만물에 속하지 않습니다. "만물은 그분을 통하여 생겨났고", "만물은 그분 안에 존재하며, 그분은 하늘 위에 계시기" 때문입니다. 그러므로 성자는 만물 "가운데"가 아니라 만물 "위"에 존재하십니다. 육으로는 사람에게서, 유대인에게서 나신 존재이지만 동시에 만물 위에 계신 하느님이시며, 모든 이름 위에 뛰어난 이름을 지니시고, 모든 것 위에 영원히 찬미받으십니다. 성경은 그분에 대해

[22] FC 101,85-86.

[23] AnSac 3,390-91.

[24] ACW 51,113-14*.

[25] WGRW 9,28.

이렇게 말합니다. "당신은 만물을 그의 발아래 두셨습니다." 만물을 그분께 굴복시키심으로써, 사도가 말하였듯이 "그 아래 들지 않는 것은 하나도 남겨 놓지 않으셨습니다"(히브 2,8).

• 암브로시우스 『신앙론』 4,11,140.[26]

주님께서 찾아오시다

무지로 인하여 짐승의 특징인 무감각과 무지를 자랑하던 자가 하느님의 은총을 입으면 인간이 되기 시작합니다. 그가 이성과 은총에 따라 살 수 있다면 바로 그 사실로 인하여 인간이 되었음이 입증됩니다. 그리고 그는 어리석은 짐승들로부터 떨어져 나와, 하느님께서 찾아오시고 보호해 주시는 인간들의 무리에 속하게 되었음을 기뻐하게 됩니다. 주님께서 인간을 생각하시고 그들을 찾아주시지 않는다면 인간이란 무엇일까요?

• 암브로시우스 『욥과 다윗의 탄원』 3,9,26.[27]

눈먼 이

시편 저자는 주님을 죽은 이들에게서 부활시키신 성부에 대하여 이렇게 말합니다. "당신은 만물을 그의 발아래 두셨습니다." 이 말씀은 우리 주님께서 부활하신 뒤 제자들에게 하신 말씀과 동일합니다. "나는 하늘과 땅의 모든 권한을 받았다"(마태 28,18). 사실 그분께서 죽은 이들 가운데에서 부활하시기 전에도 하늘의 천사들은 그들을 만드신 분께서 특별히 취하신 인간의 본성에 자신들이 마땅히 종속되어 있다는 것을 알고 있었습니다. 그런데 지상의 눈먼 인간들은 그들과 똑같이 죽을 본성을 취하신 분께 굴복하기를 거부하였습니다. 그들은 그분께서 행하신 기적들 안에서 신적 능력을 알아보려 들지 않았습니다. 그들은 그분의 수난을 단지 인간의 허약함이 드러난 것으로만 이해했기 때문입니다.

• 존자 베다 『복음서 강해』 2,8.[28]

8,8 양 떼와 소 떼

맥락이 의미를 결정한다

포도 확의 비유에 따르면, 포도뿐만 아니라 곡식의 껍질도 그의 발에 짓밟힙니다. 이는 양 떼와 소 떼, 곧 일반 신자들이나 성직자들 안에 있는 거룩한 영혼에만 해당되지 않습니다. 쾌락의 짐승이나 자만의 새들, 호기심의 물고기는 더욱더 그러합니다. 교회 안의 이곳저곳에서 볼 수 있는 이 모든 종류의 죄인들은 선한 이들과 거룩한 이들 가운데 섞여 있습니다. 그러므로 하느님께서 당신의 교회 안에서 일하시며, 포도껍질에서 포도즙을 분리하시게 합시다. 하느님께 협력함으로써 우리는 껍질이나 들짐승, 바닷속 깊은 곳을 두루 다니는 물고기가 되기보다는 포도즙이나 양 떼, 또는 소 떼가 됩시다. 이 단어들을 오직 이런 식으로만 이해하고 설명할 수 있다고 말하려는 것은 아닙니다. 그러나 이것이 현재의 문맥이 뜻하는 의미입니다. 이 단어들이 다른 곳에서는 다른 의미를 지닐 수 있습니다. 경험으로 얻은 이 원칙은 모든 우의(알레고리)에 적용할 수 있습니다. 비유를 통해 표현된 바는 직접 관련이 있는 문맥을 통해 결정되어야 합니다. 우리 주님과 사도들의 가르침이 그러합니다.

• 아우구스티누스 『시편 상해』 8,13.[29]

[26] NPNF 2,10,280.

[27] FC 65,384*.

[28] CS 111,71.

[29] *WSA* 3,15,138.

9,1-21 하느님에 대한 확신

원수가 고발되고 피조물이 구원되면 그것을 네 영광으로 삼지 마십시오.
이것이 하느님의 아드님의 승리임을 알고
시편 제9편의 말씀을 그분께 노래하십시오.

아타나시우스 『시편 해석에 관해 마르켈리누스에게 보낸 편지』 16 [OIP 67]

1 [지휘자에게. 알뭇 라뻰.① 시편. 다윗]
2 (알렙) 주님, 제 마음 다하여 찬송하며
당신의 기적들을 낱낱이 이야기하렵니다.
3 지극히 높으신 분이시여,
저는 당신 안에서 기뻐하고 즐거워하며
당신 이름에 찬미 노래 바칩니다.
4 (베트) 제 원수들이 뒤로 물러가고
당신 앞에서 비틀거리며 쓰러져 갔으니
5 당신께서 제 권리와 이익을 되찾아 주시고
정의의 판관으로 어좌에 앉으셨기
때문입니다.
6 (기멜) 당신께서는 민족들을 꾸짖으시고
악인을 멸하셨으며
그들의 이름을 영영 지워 버리셨습니다.
7 원수들은 영원히 폐허 속으로 사라져 가고②
그들의 성읍들은 당신께서
짓부수어 버리시어
그들에 대한 기억마저 사라졌습니다.
8 (헤) 그러나 주님께서는
영원히 좌정하여 계시고
심판하시려 어좌를 든든히 하셨네.
9 그분께서 누리를 의롭게 심판하시고
겨레들을 올바로 다스리시네.
10 (와우) 주님께서는 억눌린 이에게 피신처,
환난 때에 피신처가 되어 주시네.
11 당신 이름을 아는 이들이 당신을 신뢰하니
주님, 당신을 찾는 이들을
아니 버리시기 때문입니다.
12 (자인) 너희는 시온에 좌정하신 주님께
찬미 노래 불러라.
그분의 업적을 백성들에게 전하여라.
13 피 갚음하시는 분께서
그들을 기억해 주시고
가련한 이들의 울부짖음을 아니 잊으신다.
14 (헤트) 주님, 저에게 자비를 베푸소서.
저를 미워하는 자들에게 당하는 고통을
굽어보시어
저를 죽음의 성문에서 끌어 올려 주소서.
15 그러면 저는 당신의 찬양받을 행적을
낱낱이 이야기하고
딸 시온의 성문에서
당신의 구원으로 환호하오리다.
16 (테트) 민족들은 자기들이 파 놓은
함정에 빠지고
자기들이 숨겨 놓은 그물에
제 발이 걸리네.
17 주님께서 당신을 드러내시어 심판하시니
악인은 자기 손이 한 일에 걸려드네.
히까욘 셀라
18 (요드) 악인들은 저승으로 물러가라.
하느님을 잊은 민족들은 모두 물러가라.
19 (카프) 그러나 가난한 이는⤴

영원히 잊혀지지 않고
가련한 이들의 희망은 영원토록
헛되지 않으리라.
20 주님, 일어나소서.
인간이 우쭐대지 못하게 하소서.
민족들이 당신 앞에서 심판받게 하소서.
21 주님, 민족들을 공포에 떨게 하시어
그들이 인간일 뿐임을 깨닫게 하소서. 셀라

① 칠십인역은 '아들의 감추어진 일들에 관하여'다.
② 칠십인역은 '원수의 칼들은 결국 꺾이고'다.

둘러보기

아홉 번째 시편의 표제는 히브리어 본문과 그리스어 본문에서 다르게 나타난다. 히브리어 표제는 "죽음에 관하여"로 읽을 수 있으며, 이는 성자의 죽음을 말한다(히에로니무스). 칠십인역의 표제는 "아들의 감추어진 일들에 관하여"이다. 이는 성자의 죽음의 비밀을 가리킨다(테오도레투스). 그리스어 본문에서는 시편 제9편과 제10편이 하나의 시편으로 되어 있지만 히브리어 본문에서는 둘로 나뉜다(디오도루스).

이 시편은 온 마음에서 우러나온 고백으로 시작하며(아우구스티누스) 나뉘지 않는 마음의 특성이 드러난다(테오도레투스). 시편 저자는 하느님 안에서 행복을 발견하고(요한 크리소스토무스), 그리스도 안에서 즐거워하며(아우구스티누스), 사랑에 빠진 이의 노래를 부른다(요한 크리소스토무스). 하느님은 힘찬 눈길만으로(요한 크리소스토무스) 시편 저자의 원수들을 파멸시키신다(요한 크리소스토무스). 최종적인 원수인 죽음도 파멸한다(에우세비우스).

하느님만이 의로운 심판을 하신다(요한 크리소스토무스). 이 시편은 이것을 미래가 아니라 현재 사건으로 언급한다(살비아누스). 하느님께서는 말씀으로 민족들의 불경함을 꾸짖으신다(요한 크리소스토무스). 현세에서만이 아니라 영원히(아우구스티누스) 불경한 나라들을 심판하여 그들의 이름을 지워 버리신다(카시오도루스). 물론 은총으로 지워 주신 이름도 있음을 우리는 알고 있다(오리게네스). 원수의 칼들은 악마가 퍼뜨린 그릇된 견해이며(아우구스티누스), 복음에 의해 부러졌고(다마스쿠스의 요한), 참된 종교로 개종하게 되었다(테오도레투스). 원수, 곧 악마(아우구스티누스)의 "성읍들"은 파괴되었다(요한 크리소스토무스). 악마는 우리를 거슬러 어떤 힘도 행사하지 못한다(대 안토니우스). 하느님의 심판은 그리스도 안에 우선 감추어졌고, 미래에 공개적으로 드러날 것이다(아우구스티누스). 이 시편은 사악한 자들에게 경고한다(디디무스). 심판은 미래에서뿐만 아니라 현재에도 이루어지기 때문이다(요한 크리소스토무스). 그러나 의인에게는 하느님이 피신처다(에우세비우스). 그분은 의인이 가질 수 있는 최고의 피신처다(요한 크리소스토무스). 의인들은 그분을 인격적으로 알게 되고(아우구스티누스), 그분만으로 온전히 충분하다는 것을 발견한다(요한 크리소스토무스). 그분은 당신을 열심히 찾는 이들을(요한 크리소스토무스) 결코 저버리지 않으신다(디디무스).

하느님은 시온에 좌정해 계시며(요한 크리소스토무스), 시온에서 부르는 노래들은 사물의 상태를 변화시키시는 주님의 행위를 선포한다(테오도레투스). 특히 복음을 믿음으로써 인간의 본성이 바뀌는 것에 대해 선포한다(알렉산드리아의 클레멘스). 하느님은 살인죄를 정확히 되갚으시며(요한 크리소스토무스), 순교자들의 올바름을 밝혀 주실 것이다(이레네우스). 하느님은 영으로 가난한 이들의 울부짖음을 들으시고(위-아타나시우스) 끊임없이 기도하는 이들의 소리를 들으신다(요한 크리소스토무스). 그리스도께서 죽은 이들 가운데에서 일으켜지신 것처럼(에우세비우스), 자비를 구하며 기도하는 이는 죽음의 문턱에서 일으켜질 것이다(디디무스). 그는 시온의 성문으로 옮겨질 것이다(오리게네스). 시온의 성문들은 찬미의 성문들이다(디디무스). 우리는 하느님의 구원을 즐거워한다(요한 크리소스토무스). 그리스도는 구원이시며, 우리는 그 안에서 즐거워한다(카시오도루스). 우리의 행위가 신앙에 일치할 때 우리는 그 기쁨을 더 깊이 체험하게 된다(베다).

사악한 자들은 그들 자신의 죄에 사로잡히고(디디무스), 자신의 덫에 걸리며(에우세비우스), 그들 자신의 타락 속에 빠지게 된다(아우구스티누스). 악덕은 사악한 자들의 약함에서 나온다(요한 크리소스토무스). 그들은 악덕으로부터 스스로 벗어나지 못한다(카시오도루스). 주님은 그들에게 외적인 징벌을 주실 것이다(카시오도루스). 여기에서 "셀라"는 새로운 시편이 시작되려 함을 표시한다(디디무스). 끔찍하고 영원한 치욕이 사악한 자들을 기다린다(파코미우스). 그들은 하느님을 잊었다(알렉산드리아의 클레멘스). 그들은 그리스도를 거부하였고(아타나시우스), 자신 안에서 하느님을 보지 못한다(오리게네스). 하지만 하느님은 당신의 사람들을 잊지 않으신다(디오도루스). 교만한 자들은 질책을 받고 겸손한 이들은 축복을 받을 것이다(카이사리우스). 저질러진 악은 바로잡힐 것이다(에우세비우스). 완덕은 인내를 통하여 온다(카시오도루스). 인내는 하느님의 섭리에 따른 계획의 중요한 한 특성이다(대 레오). 시편 저자의 마지막 호소는 하느님께서 그리스도의 적을 심판하시고(카시오도루스) 민족들 위에 그리스도의 법을 세워 주십사 하는 것이다(에우세비우스).

9,1 표제: 아들의 감추어진 일들

히브리어 표제

히브리어 본문에는 다른 표제가 있습니다. 히브리어로는 "죽음에 관하여"로 읽을 수 있는데, 이는 성자의 죽음에 관한 것입니다.

• 히에로니무스 『시편 강해』 9.[1]

성자의 죽음의 비밀

이 시편은 … 주 그리스도의 죽음에 대한 승리를 예언합니다. 죽음이 그를 사로잡을 수 있는 어떤 기회도 허용하지 않고, 용감하고 맹렬하게 죄를 정복하심으로써 그리스도는 죽음의 지배를 끝장내셨습니다. 칠십인역은 이 신비를 "비밀"이라고 합니다. 이는 누구도, 심지어 사도들조차도 이 신비를 알아차리지 못하였기 때문입니다. 복음사가는 주님께서 사도들에게 자주 하셨던 말씀을 전해 줍니다. "보다시피 우리는 예루살렘으로 올라가고 있다. 사람의 아들은 십자가에 못 박히도록 넘겨질 터인데, 그들은 그를 죽일 것이다. 그러나 사람의 아들은 사흘 만에 다시 살아날 것이다." 복음사가는 덧붙입니다. "이 말씀의 뜻이 그들에게 감추어져 있었다"(루카 18,31-34 참조). … 그러므로 칠십인역에서 아들의 죽음을 비밀이라고 지칭한 것은 적절했습니다.

• 키루스의 테오도레투스 『시편 주해』 9,1.[2]

---

[1] FC 48,35-36.

[2] FC 101,87-88.

히브리어 본문에서는 두 개의 시편

이 아홉 번째 시편이 히브리어 본문에서는 둘로 나뉩니다. 이 시편에 두 가지 주제가 나타나기 때문에 그렇게 된 것 같습니다. 시편의 첫째 부분은 하느님께서 서로 다른 시기에 강하게 저항하는 이웃들과 원수들로부터 그들을 구해 주신 것에 대해 감사드립니다. 반면에 시편의 나머지 부분은 백성들 가운데 가난한 사람들에 대한 부자들의 멸시를 줄곧 고발합니다.

• 타르수스의 디오도루스 『시편 주해』 9.[3]

9,2 진심 어린 감사

진심에서 우러나온 고백

특정한 것에 대한 하느님의 섭리를 의심하는 자는 하느님께 진심 어린 고백을 드리지 않습니다. 진심에서 우러나온 고백은 하느님의 감추어진 지혜를 이미 식별한 이의 표지입니다. 그가 받는 보이지 않는 보상이 얼마나 큰지 그는 이렇게 말하기까지 합니다. '우리는 환난 속에서도 즐거워합니다'(로마 5,3 참조). 이런 이들은 그들 몸에 닥친 모든 시련이 하느님께로 돌아선 이에게 주어진 단련의 기회이거나 하느님께로 돌아서라는 경고, 또는 고집 센 이들에게 주는 최후 심판에 대한 경고라고 여깁니다. 따라서 어리석은 이라면 하느님이 예비하신 어떤 방향성도 없이 그저 우연히 일어난 일이라고 생각하는 모든 것을 그들은 하느님의 섭리가 마련하신 일이라 봅니다.

• 아우구스티누스 『시편 상해』 9,2.[4]

나뉘지 않는 마음

완전한 이의 특성은 하느님께 온 마음을 바치며, 온 정신을 하느님께 봉헌하는 것입니다. 성경은 그것을 이렇게 말합니다. "네 마음을 다하고 네 목숨을 다하고 네 힘을 다하고 네 정신을 다하여 주 너의 하느님을 사랑하라"(루카 10,27; 참조: 신명 6,5). 맘몬과 하느님 사이에, 그리스도와 황금 사이에, 현재와 미래의 삶 사이에 생각이 갈라진 이들은 진실되이 이렇게 아뢸 수 없습니다. "오, 주님, 제 마음을 다하여 당신께 고백할 것입니다."

• 키루스의 테오도레투스 『시편 주해』 9,2.[5]

9,3 기쁨과 즐거움

하느님 안에서 누리는 행복

이것이야말로 고유한 의미의 기쁨입니다. 다른 모든 기쁨은 이름만 그러할 뿐 실질적인 내용은 없습니다. 이 기쁨은 인간을 이 세상 위로 들어 올리며, 영혼을 육체로부터 해방시키고, 하늘로 날아오를 수 있는 날개를 줍니다. 이 기쁨은 영혼을 세상적인 것들 위로 날아오르게 하며, 악으로부터 자유롭게 합니다. … 다른 것을 사랑하는 이들은 원하지 않아도 금세 잊히고 마는데, 그들이 사랑하는 것들이 닳아 없어져 버리기 때문입니다. 반대로 이 사랑은 영원히 지속되며, 더 큰 기쁨과 유익을 가져다줍니다. 나아가 사랑하는 이는 그 사랑이 결코 소멸되지 않으리라는 사실로 힘을 얻습니다.

• 요한 크리소스토무스 『시편 해설』 9,2.[6]

그리스도 안에서만

저는 이 세대나 육체적 애무가 주는 쾌감, 혀와 입천장을 즐겁게 하는 맛이나 달콤한 향기, 사라져 버리는 유쾌한 소리들, 아름답게 채색된 물건들, 인간의 찬사를 받는 허황된 것들, 언젠

[3] WGRW 9,30.
[4] *WSA* 3,15,140-41.
[5] FC 101,88.
[6] *CCOP* 1,181-82.

가 죽게 될 자식이나 부부 관계, 일시적인 부가 주는 풍요, 공간적으로 확장되는 것이든 시간적으로 연속되는 것이든 이 세상에서 얻는 것들 안에서가 아니라 "오직 당신 안에서 기뻐하고 즐거워합니다". 곧, "성자의 감추어진 것들" 안에서 기뻐합니다. 주님, 그곳에서는 저희 위에 당신의 얼굴빛이 찍혀 있습니다. 시편 저자는 이렇게 말합니다. "당신은 당신 앞의 피신처에 그들을 감추시어 구해 내십니다"(시편 31,21).

• 아우구스티누스『시편 상해』9,3.[7]

사랑에 빠진 이의 노래

이것은 사랑에 빠진 이의 독특한 습관입니다. 알다시피 사랑에 빠진 이는 연인에게 노래를 불러 줍니다. 연인이 눈앞에 없어도 노래로 자기 마음을 달랩니다. 이것이 바로 영감 받은 저자가 하고 있는 것입니다. 하느님을 볼 수는 없지만 그분께 노래를 지어 드리고, 노래로 그분과 대화하며, 그분을 보고자 하는 갈망을 불러일으키고, 그분을 만날 때의 감동을 얻으려 합니다. 아니, 오히려 찬미가와 노래를 부름으로써 많은 이들의 마음에 하느님을 보고자 하는 갈망을 일으키려 합니다. 다시 말해서, 사랑하는 이들이 연인에 대한 찬사를 읊고, 연인의 이름을 외치고 다니는 것처럼 시편 시인도 그렇게 하고 있습니다.

• 요한 크리소스토무스『시편 해설』9,2.[8]

9,4 원수들이 하느님 앞에서 쓰러진다

하느님의 힘찬 눈길

시편 저자가 하느님의 힘을 어떤 식으로 선포하고 있는지 주목하십시오. "그들은 당신[의 얼굴] 앞에서 용기를 잃고 쓰러질 것입니다." 여기에서 다시 한번 "얼굴"이 언급되는데, 그것이 육체의 일부라는 인상은 주지 않습니다. 시편 저자는 여기에서 하느님의 힘, 하느님의 현현, 하느님의 힘이 드러나는 기관에 대해 말하고자 합니다. 그가 다른 곳에서 "주님께서 땅을 굽어보시니 땅이 뒤흔들리고"(시편 104,32)라고 한 것처럼 여기에서도 같은 것을 말하고 있습니다. 알다시피 하느님의 원수들을 파멸시키려면 하느님의 눈길만으로도 충분합니다.

• 요한 크리소스토무스『시편 해설』9,3.[9]

죽음의 파멸

"내 원수들이 뒤로 물러날 때" 내가 반드시 이것들을 하겠노라고 주님께서 말씀하셨는데, 여기에서 "원수"가 죽음이 아니고 무엇이겠습니까? 생명의 원수인 죽음에 관하여 이런 말씀도 있습니다. "당신은 원수인 죽음이 파멸될 것을 아셨습니다." 죽음의 끝이 될 파멸은 죽음이 다시 돌아올 때 일어납니다. 여기에서 '돌아옴'이란 죽음이 존재하지 않던 원래의 상태가 아니겠습니까? 하느님께서 죽음을 창조하신 것이 아니라 악마의 시기로 죽음이 세상에 들어왔습니다(지혜 2,24 참조). 그러므로, 죽음이 돌아올 때 그것은 더 이상 존재하지 않게 될 것이며, 이어서 나머지 다른 모든 원수들이 쇠약해지고, 당신 말씀의 원수들은 당신 앞에서 파멸할 것입니다.

• 카이사리아의 에우세비우스『시편 주해』9,3-4.[10]

9,5 어좌에 앉으셨다

하느님만이 하시는 심판

시편 저자는 "어좌"와 '자리'라는 인간적인 용어를 사용합니다. 그러나 '올바른 심판을 하신다'는 구절은 하느님께만 쓸 수 있는 것이며, 하

[7] *WSA* 3,15,141. [8] *CCOP* 1,182.
[9] *CCOP* 1,183. [10] AnSac 3,393.

느님의 본질의 두드러진 특성을 표현합니다. 이 '심판'은 인간과 관련하여 말할 수 있는 그 무엇이 아니라는 뜻입니다. 알다시피 인간은 제아무리 올바르다 하더라도 무능함이나 게으름으로 말미암아 의로움이 무엇인지에 대해 무지하기 때문에 일관되게 의로운 판결을 하지 못합니다. 반대로 하느님은 이 모든 제약에서 자유로우시며, 의로운 평결이 무엇인지 아시고, 또 기꺼이 하고자 하시기 때문에 의로운 판결을 내리십니다. "당신의 어좌에 앉으셨다"라는 구절은 하느님께서 심판하시고, 기소하시며, 응징하셨다는 것을 의미합니다.

• 요한 크리소스토무스 『시편 해설』 9,3.[11]

현재의 심판

같은 예언자가 다른 곳에서 하느님의 현재의 심판과 미래의 심판 사이의 차이에 대해 보여 주었습니다. 그는 즉시 이루어질 심판의 평결에 관하여 주님께 뭐라고 말씀드립니까? "당신께서 정의의 판관으로 어좌에 앉으셨다"고 합니다. 하느님의 미래의 영원한 심판에 관해서는 어떻게 말합니까? "주님은 백성을 정의로 심판하실 것입니다"(시편 96,13 칠십인역). 그는 이렇게 현재의 심판과 미래의 심판 사이의 시간적 요소를 구분하고 있습니다. 그는 현재의 심판을 가리켜서는 "당신은 심판하십니다"라고 하고, 미래의 심판을 현재의 심판과 구분하기 위해서는 "그분은 심판하실 것입니다"라고 덧붙입니다.

• 사제 살비아누스 『하느님의 다스림』 2,6.[12]

9,6 민족들을 꾸짖으셨다

하느님의 말씀만으로

왜 하느님은 칼이나 활, 화살과 같은 무기를 사용하실 필요가 없는지가 드러납니다. 이런 것들은 인간적인 수단입니다. 하느님은 단지 책망만 하시는데, 심판받기로 되어 있는 이들은 망하고 맙니다.

• 요한 크리소스토무스 『시편 해설』 9,3.[13]

일시적인 것과 영원한 것

'영원'은 현시대가 그 그림자요 상에 불과한 그 어떤 것이 아니면 무엇이겠습니까? 달은 이울고 다시 차오르며, 태양은 해마다 다시 최상의 높이에 이르고, 봄과 여름, 가을, 겨울은 되돌아오기 위하여 지나갑니다. 시간의 주기들은 이렇게 이어집니다. 이 모든 것은 영원을 흉내 냅니다. 그런데 이 시대는 변화하지 않는 영원성 안에 있습니다. 이것은 마음속에 있는 말과 발설한 말의 관계와 같습니다. 마음속에 있는 말은 이해할 수 있지만 발설된 말은 들을 수 있습니다. 마음속에 있는 말이 발설된 말을 규정합니다. 바로 이 때문에 마음속에 있는 말은 예술로 더 잘 표현되며 지속됩니다. 반면에 발설된 말은 소리로 들을 수 있지만 사라져 버립니다. 마찬가지로 이 변화하는 세상의 존재 양식은 변화하지 않는 세계의 존재 양식에 의해 규정됩니다. '영원'이라는 말은 바로 이 변화하지 않는 세계를 말합니다. 이런 이유로 영원은 예술을 통해 지속되며, 하느님의 지혜와 힘 안에서 지속됩니다. 변화하는 세계는 창조된 질서의 섭리적인 운영을 통해 유지됩니다.

• 아우구스티누스 『시편 상해』 9,7.[14]

---

[11] *CCOP* 1,184*.

[12] FC 3,66.

[13] *CCOP* 1,184.

[14] *WSA* 3,15,144*.

영영 사라지는 벌

여기에서부터 주님의 두 번째 오심이라는 가장 거룩한 사건이 설명됩니다. 주님께서 다시 오실 때, 믿지 않는 민족들은 책망을 듣고, 악마는 그 속임수와 더불어 영원히 멸망할 것입니다. 주님의 도움으로 모든 것이 평화롭게 될 때 악마의 격렬한 파괴는 지속되지 못할 것입니다. … "영영"이라는 말의 의미는 "그 세상까지"라는 말로도 적절히 설명됩니다. 여기에서 "그 세상"은 주님의 미래 왕국을 의미합니다. 이 세상은 절대로 끝나지 않을 것입니다. … 그러므로 이단자들이 악마와 그의 추종자들이 언젠가는 은총의 지위를 되찾게 되리라고 말하지 못하게 하십시오. 악마와 그 추종자들은 "이 세상 이후의 그 세상까지 영원히" 심판받을 것이라고 분명히 선언되었기 때문입니다. 따라서 그들의 이름은 그 흔적조차 남지 않을 것입니다.

• 카시오도루스『시편 해설』9,6.[15]

자비로운 삭제

"당신께서 꾸짖으셨습니다"라는 표현은 '바로잡음'을 의미합니다. "당신은 그들의 이름을 지워 버리셨습니다." 하느님께서는 '아브람'이라는 이름을 지워 버리시고, 그것을 '아브라함'으로 고쳐 주셨습니다. '사라이'라는 이름을 지워 버리시고 '사라'로 부르셨습니다. '시몬'이라는 이름을 지우시고 '베드로'라 부르셨습니다. 이처럼 하느님께서는 당신께서 책망하신 자들의 이름을 지워 버리셨습니다. … 그런데 잘 생각해 보면, 하느님께서 생명의 책에서 그들의 이름을 지워 버리신 것이 아니라, … 사악한 자들의 집안에 있는 채권자의 책에 적힌 담보 목록이나 죽은 자의 책에서 그 이름을 지우신 것입니다. 하느님께서는 죽은 자들의 이름을 새기고, 그들의 이름을 지상에 등록하십니다. 구원자는 당신 제자들의 이름을 천국에 새기실 것입니다.

• 오리게네스『시편 발췌 주해』9,6.[16]

9,7 영원한 폐허

그릇된 견해

"원수들의 칼은 결국 꺾이고 말았습니다." 이 "칼"은 악마가 영혼을 파괴하기 위해 퍼뜨린 여러 가지 그릇된 견해들이라고 볼 수 있습니다.

• 아우구스티누스『시편 상해』9,8.[17]

복음으로 쳐부수다

주님의 은총으로 [사도들은] 그곳에서 세상 모든 민족들 가운데로 흩어져 나아갔습니다. 그들은 정통 신앙을 전파하고, 성부와 성자와 성령의 이름으로 세례를 베풀었으며, 구원자의 모든 계명을 지키도록 가르쳤습니다. 이렇게 하여 그들은 어둠 속에 방황하는 이들에게 빛을 전해 주었고, 우상 숭배라는 미신적인 오류를 제거하였습니다. 원수는 자신의 패배 때문에 약이 올라, 우상 숭배에 집착하는 어리석은 이들과 바보들을 설득하여 우리 믿는 이들을 대적하는 전쟁을 일으키려고 합니다. 하지만 그의 힘은 약해졌고, 그리스도의 힘으로 그의 칼은 마침내 부러지고 말았습니다.

• 다마스쿠스의 요한『바를람과 요사팟의 생애』7,55.[18]

회개

[불신자는] 그의 불신앙을 지지하는 이들이 없기 때문에 무기를 잃고 말았습니다. 대신에 그의 도구가 되겠다고 스스로 나섰던 이들이 그 지

[15] ACW 51,119.
[16] PG 12,1188.
[17] *WSA* 3,15,145.
[18] LCL 34,97*.

지를 철회하여 그와 맞서 싸우게 되었습니다. 이전에 그들이 행하였던 불신앙을 던져 버림으로써 그 "성읍들"은 참된 종교의 건물을 세우게 되었습니다. 그들이 불신앙을 먼저 던져 버리지 않았다면 참된 종교를 세울 수는 없었을 것입니다.

• 키루스의 테오도레투스 『시편 주해』 9,5.[19]

원수의 성읍들

"당신께서는 그들의 성읍들을 짓부수어 버리셨습니다." 이 "성읍들"은 분명 악마가 다스리던 성읍들이며, 부정직하고 기만적인 목적이 이 성읍의 통치권을 잠식하고 있었습니다. 각 성읍의 주권은 추종자들이나 앞잡이 역할을 하는 몸의 여러 지체의 봉사를 통해 유지됩니다. 눈은 호기심을 위하여, 귀는 음란함이나 사람들이 즐겨 듣고자 하는 악평을 위하여, 손은 약탈이나 분노 또는 잔학 행위를 위하여 봉사합니다. 이 독재적인 왕국에 등록된 신체의 다른 부위들 또한 비슷한 방식으로 사악한 목적을 위해 봉사합니다. 이 성읍의 이른바 보통 사람들은 모두 제멋대로의 욕망에 이끌리며, 마음 안에 폭풍을 일으키는 소란스러운 감정의 소요를 날마다 경험합니다. 국가에는 임금과 궁정, 대신들과 일반 백성이 있습니다. 그런데 도시국가의 씨앗이요 구성 요소에 해당되는 개개인 안에 이런 인물들이 존재하지 않는다면, 이런 인물들로 이루어진 악한 국가도 존재하지 않을 것입니다. 하느님께서는 이 악한 국가의 통치자를 내쫓으심으로써 이런 국가들을 파괴하셨습니다. 이 성읍의 통치자에 관해서는 이렇게 말씀하셨습니다. "이제 이 세상의 우두머리가 밖으로 쫓겨났다"(요한 12,31). 이 왕국들은 진리의 말씀으로 파괴되었고, 사악한 목적들은 침묵 속에 묻혔고, 비열한 욕망들은 가라앉았으며, 사지와 감각의 활동들은 옥에 갇혀 정의와 선을 적극적으로 실천하는 데 사용되었습니다. 이것은 사도가 말한 다른 모든 것들처럼, 지금 여기에서 "죄가 여러분의 죽을 몸을 더 이상 지배하지 않게 될 것"(로마 6,12)임을 확실히 보여 줍니다. 그러면 영혼은 평화를 누리고, 그 사람은 제자리로 돌아와 평온함과 축복을 누리게 됩니다.

• 아우구스티누스 『시편 상해』 9,8.[20]

완전한 파멸

보다시피 하느님의 분노는 이러합니다. 모든 것을 파멸시키고 파괴합니다. 어떤 번역자는 이를 "저버리신다"라고 번역하는데, 이는 사람들이 살고 있는 곳뿐만 아니라 사람들이 살고 있지 않은 곳까지 파괴하심으로써 그 성읍들을 폐허로 만드신다는 의미입니다. 사실 이것이 바로 의인이 전쟁을 하는 방식이며, 그가 원수들을 굴복시키는 방식입니다. 그는 가볍거나 무거운 무기를 사용하는 대신 하느님에게서 오는 은총에 의존합니다. 따라서 그에게 전쟁이란 영광스럽고 명예로운 것이며, 그의 승리는 압도적입니다.

• 요한 크리소스토무스 『시편 해설』 9,3.[21]

우리를 이길 세력은 없다

한번은 누군가 내 방문을 두드렸습니다. 방 밖으로 나가자, 굉장히 건장하고 키가 큰 사람이 보였습니다. 내가 "누구냐?" 하고 묻자 그는 "사탄이다"라고 응답하였습니다. 내가 "여기서 무엇을 하고 있느냐?" 하고 묻자, 그는 "왜 수도승들을 비롯한 그리스도인들은 까닭 없이 나

[19] FC 101,90.

[20] *WSA* 3,15,145.

[21] *CCOP* 1,184.

를 비난하는가? 왜 그들은 때때로 나를 저주하는가?" 하고 물었습니다. "너는 왜 그들을 괴롭히느냐?" 하고 내가 되묻자, 그는 말하였습니다. "내가 그들을 괴롭히는 것이 아니라 그들 스스로 혼란스럽게 되는 것입니다. 나는 약하기 때문입니다. '원수의 칼은 완전히 꺾이고 당신께서는 그들의 성읍을 파괴하셨습니다'라는 말씀을 읽어 보지 못하였습니까? 나는 더 이상 있을 곳이 없습니다. 무기도 없고, 성읍도 없습니다. 사방에 그리스도인들이 있고, 심지어 사막도 수도승들로 가득 차 있습니다. 그들은 자신이나 돌보고 까닭 없이 나를 비난하지 말라 하십시오!" 나는 그때 주님의 은총에 감탄하며, 그에게 이렇게 말하였습니다. "너는 언제나 거짓말만 하며 결코 진실을 말하지 않지만 이번만은 네가 비록 그러려고 한 것은 아니겠지만 제대로 말하였다. 그리스도의 오심으로 인하여 너는 약해졌고, 그분께서 너를 내쫓으심으로써 너는 무력하게 되었다." 구원자의 이름을 듣자마자 그 이름의 뜨거움을 견딜 수 없게 된 사탄은 사라졌습니다. 이제 사탄조차 자기가 아무것도 할 수 없음을 고백하였다면, 우리는 사탄과 그의 하수인인 마귀들을 철저하게 경멸해야 합니다. 원수는 그의 개들과 더불어 내가 앞에서 말한 종류의 기만을 행할 수 있지만 그들의 약함을 알게 된 우리는 이제 그들을 업신여길 수 있습니다. 그러므로 우리는 사탄에 대해 절망에 빠져들거나 공포를 느껴서는 안 되며, 그것을 두려워해서도 안 됩니다. … 주님께서 우리와 함께 계시며, 우리의 원수들을 패배시키시고 그들을 쓸모없는 것으로 만드셨음을 생각합시다. 주님께서 우리와 함께 계시며, 원수들은 우리에게 아무것도 할 수 없다는 사실을 늘 명심합시다.

• 아타나시우스 『성 안토니우스의 생애』 41-42.[22]

9,8 주님께서 좌정하시다

감추어진 심판과 공개된 심판

주님은 심판받으심으로써 당신의 자리를 마련하셨습니다. 그분의 인내와 고통으로 인간은 하늘을 얻었으며, 인간이 되신 하느님은 믿는 이들을 얻으셨기 때문입니다. 이것이 성자의 감추어진 활동입니다. 그런데 그분은 또한 산 이와 죽은 이를 심판하시기 위하여 모든 이가 분명히 볼 수 있도록 공개적으로도 오실 것입니다.

• 아우구스티누스 『시편 상해』 9,9.[23]

9,9 주님께서 누리를 심판하신다

사악한 이들에게 주는 경고

이 말씀은 우리가 악과 불신앙을 멀리하고 탁월한 덕과 의로움을 추구해야 한다고 경고합니다. 이것을 믿는다면 신중한 이는, 비난받아 마땅한 행위와 사악한 생각들로 말미암아 마땅히 심판의 손에 떨어질 일을 두려워하지 않아도 될 것입니다. 사실 그런 심판에 떨어지는 자는 저주를 피할 수 없을 것입니다.

• 장님 디디무스 『시편 단편』 9,8.[24]

현재와 미래의 심판

공심판은 그때에 이루어질 것이지만 사심판은 지금 이루어집니다. 부주의한 이들이 현재는 하느님의 섭리 안에 포함되어 있지 않다는 인상을 받는 일이 없도록, 하느님께서는 많은 것이 지금 여기에서 효력을 발하게 만드셨습니다. 반대로, 모든 사람이 이 세상에서 자신의 상급을 받지 못한다 하더라도 놀라지 마십시오. "그분께서 세상을 심판하시려 날을 준비하셨다"라

[22] *LALM* 62-63*.
[23] *WSA* 3,15,146.
[24] PG 39,1192.

는 말씀을 기억하십시오. 하지만 현재에는 갈등과 경쟁, 싸움이 있고, 각 사람이 정당한 보상을 받는 것은 아닙니다. 대신에 훌륭하게 산 이들의 상급과 실패한 이들에 대한 벌이 마련되어 있습니다.

• 요한 크리소스토무스 『시편 해설』 9,4.[25]

9,10 피신처

주님은 우리의 피신처

지금 당신을 찾는 의인은 심판 때에 버림받지 않으리라는 것임을 알고 있습니다. 그들이 모든 것에 인내하고 그들을 위해 마련된 보상을 기다리며 당신을 굳건히 희망하게 하소서.

• 카이사리아의 에우세비우스 『시편 주해』 9,10-11.[26]

최고의 피신처

그가 이렇게 말하지 않았음에 주목하십시오. “내 군대가, 돈이, 또는 성벽이 너의 피신처.” 대신에 그는 이렇게 말하였습니다. “주님께서는 가난한 이들의 피신처가 되어 주시네.” 그는 주님께서 몸소 자신을 든든하게 세워 주셨다고 말합니다. 사실 편안함에 있어서나 안정성에 있어서나 이 피신처와 같은 곳은 없습니다. 다른 피신처들은 흉계가 있기 쉽고, 금방 쉽게 찾을 수도 없으며, 시간이나 장소, 다양한 정황의 제약을 받기 마련입니다. 반대로 이 피신처는 부지런히 찾기만 한다면 가까이에서 발견할 수 있습니다. “내가 너에게 말을 건네고 있을 때조차도 내가 가까이 있다”라는 말씀을 기억하십시오. “나는 가까운 곳의 하느님”(예레 23,23)이라는 말씀도 있습니다. 따라서 이곳저곳으로 달려가거나 여행을 떠날 필요가 없습니다. 집에 앉아서도 이 피신처를 얻을 수 있습니다.

• 요한 크리소스토무스 『시편 해설』 9,5.[27]

9,11 하느님의 이름을 아는 이들

참지식

하느님의 이름은 널리 퍼져 있지만 이 이름에 대한 지식은 그분께서 알려지신 곳에서만 존재합니다. 누군가의 이름이란 그런 것입니다. 이름은 그것 자체로는 이름이 되지 못하며, 오직 그것이 나타내는 바를 위해 존재합니다. 성경은 말합니다. “그분의 이름은 주님이시다”(예레 33,2; 참조: 아모 5,8). 이는 자신을 낮추어 기꺼이 하느님의 종이 되고자 하는 이들이 이 이름을 알게 된다는 뜻입니다.

• 아우구스티누스 『시편 상해』 9,11.[28]

모든 면에서 충분하다

시편 저자는 말합니다. 당신을 아는 이들, 당신의 도움과 돌보심을 아는 이들은, 튼튼한 닻이요 충분한 도움이며 난공불락의 탑이고 문제의 해결을 약속하실 뿐만 아니라 문제 한가운데서도 우리가 그것 때문에 놀라지 않게 해 주시는 당신께 희망을 둡니다.

• 요한 크리소스토무스 『시편 해설』 9,5.[29]

하느님은 결코 우리를 버리시지 않는다

하느님의 이름에 대한 완전한 지식을 지닌 이들은 다른 아무것도 신뢰하지 않습니다. 하느님은 그들을 저버리지 않으십니다. 하느님은 매일의 삶을 올바르게 사는 이를 저버리지 않으신다는 것을 생각하며 이 말씀을 지혜와 존경을 다해 이해해야 합니다. 만약 하느님께서 의인을 저버릴 것이라고 생각하는 이가 있다면 그는 속은 것

[25] *CCOP* 1,186.
[26] PG 23,133.
[27] *CCOP* 1,187.
[28] *WSA* 3,15,147.
[29] *CCOP* 1,188.

입니다. 사실 몇몇 불경한 자들은 그렇게 생각합니다. 어떤 이는 살해당한 아벨은 예언자들이나 사도들처럼 버림받았다고 말합니다. 왜냐하면 이들은 계속해서 고통을 받았고, 그들 가운데 많은 이가 사람들 손에 죽었기 때문입니다. 분명히 말하건대, 마지막 숨을 내쉴 때까지 하느님과 함께하는 사람은 그의 원수들이 제아무리 많은 상처를 입힌다 하더라도 하느님께서 그를 저버리지 않으십니다.

• 장님 디디무스 『시편 단편』 9,11.[30]

부지런히 하느님을 찾아라

하느님을 어떻게 찾을 수 있습니까? 우리 마음이 열렬히 그곳을 향하게 하고 세상의 관심사들에서 벗어날 때 그렇게 할 수 있습니다. 영혼에서 다른 모든 것을 내쫓는 구도자는 자신이 찾는 바를 향해 나아갑니다. 우리는 하느님을 그냥 찾을 것이 아니라 주의를 다해 찾아 나서야 합니다. 주의 깊게 찾아 나서는 이들은 그것을 찾기 위해 온 힘을 기울일 뿐만 아니라 그들이 추구하는 것을 찾는 데 도움이 되는 것을 활용합니다. 세속적인 것들의 경우에는 우리가 찾는 바를 찾지 못할 때가 자주 있지만 영적인 것들의 경우에는 그렇지 않습니다. 찾는 자는 그것을 반드시 발견하도록 되어 있습니다. 사실 우리가 찾으려는 노력을 기울이기만 해도 하느님은 우리가 헛수고하도록 내버려 두지 않으십니다. 그래서 이렇게 말씀하신 것입니다. "누구든지 찾는 이는 얻는다"(마태 7,8).

• 요한 크리소스토무스 『시편 해설』 9,6.[31]

9,12 시온에 좌정하신 주님

시온에 계신 하느님

무슨 의미입니까? 하늘이 그분의 어좌이고, 땅은 그분의 발판이며, 세상의 끝이 그분의 손안에 있는데 어떻게 그분께서 시온에 계시다는 말입니까? 시편 저자가 시온이 그분의 거처라고 말한 것은 하느님을 제한하려는 것이 아니라(사실 그분의 위대하심은 끝이 없습니다) 시온이라는 장소에 대한 하느님의 친밀함을 나타냅니다. 하느님께서 시온을 편안하게 여기시는 것은 이런 배려를 통하여 유대인들이 당신을 따르게 하시려는 것입니다. … 영적 의미에서 시온은 교회를 말합니다. '여러분은 맏아들들의 모임이 이루어지는 곳인 시온 산에 나아왔다'(히브 12,22-28 참조)는 것을 기억하십시오. 교회는 튼튼하고 확고하며 흔들림이 없으므로 산이라 불려 마땅합니다. 알다시피 산을 흔드는 것은 불가능합니다. 하느님의 교회도 그러합니다.

• 요한 크리소스토무스 『시편 해설』 9,6.[32]

하느님의 위업 — 현실의 변화

실제로 상황이 극적으로 변했습니다. 오랜 원수가 친구가 되었고, 멀어졌던 이들이 가까워졌습니다. 종이 아들이 되었으며, 무지한 이들이 유식하게 되었고, 어둠 속에 있던 이들이 빛 속에 있게 되었습니다. 죽었던 이들이 삶을 희망하며, 가난한 이들이 하늘 나라의 상속자가 되었습니다. 유대인들은 멀어졌고 이방인들이 가까이 왔으며, 아들들은 개가 되었고 개들이 아들들이 되었습니다. 간단히 말해서, 구원자의 방책은 고상합니다. 불사의 선물이 사멸死滅을 통해 주어졌고, 생명이 죽음을 통하여 왔으며, 치욕을 통하여 영예가 주어졌습니다. 축복이 저주를 통해

[30] PG 39,1192-93.

[31] *CCOP* 1,189.

[32] *CCOP* 1,189-90.

왔고, 십자가를 통하여 구원이 왔습니다. 이것이 구원자의 방책이며, 우리 하느님의 위업입니다.

• 키루스의 테오도레투스『시편 주해』9,8.[33]

복음 선포

신앙에 길들여지지 않고 타락한 삶을 살며, 율법에 따른 의로움으로 정화되지 못한 이들은 들짐승이라 불립니다. 주님께 대한 신앙으로 들짐승에서 변모된 이들은 하느님의 백성이 되며, 단지 소원하던 것에서 실제적 변화로 나아갑니다. 주님은 어떤 이들에게는 권고하시고, 이미 마음을 정한 이들에게는 손을 뻗어 이끌어 주십니다. "주님께서는 누구 앞에서도 움츠러들지 않으시고 누가 위대하다고 하여 어려워하지도 않으신다. 작거나 크거나 다 그분께서 만드셨고 모두 똑같이 생각해 주신다"(지혜 6,7). 그리고 다윗은 이렇게 말하였습니다. "민족들은 자기들이 파 놓은 함정에 빠지고 자기들이 숨겨 놓은 그물에 제 발이 걸리네"(시편 9,16). 그러나 "주님께서는 억눌린 이에게 피신처, 환난 때에 피신처가 되어 주시네"(시편 9,10). 그때에 환난 중에 있었던 이들은 복음이 제때에 선포되게 하였습니다. 그래서 이렇게 쓰여 있습니다. "그분의 업적을 백성들에게 전하여라." 이는 그들이 부당하게 심판받는 일이 없게 하려는 것이었습니다.

• 알렉산드리아의 클레멘스『양탄자』6,6.[34]

9,13 하느님께서는 고통받는 이들을 아니 잊으신다

응징

여기에서 그는 중요한 진리에 대해서도 이야기합니다. 처벌과 응징을 당하지 않는 살인이란 없습니다. 모세는 창세기에서 이렇게 말하였습니다. "나는 너희 각자의 피에 대한 책임을 물을 것이다"(창세 9,5). 이것은 하느님의 가없는 섭리, 그분의 집중적인 돌보심의 증거입니다. 하지만 그분께서 즉시 응징하지 않으시더라도 놀라지 마십시오. 그분은 죄인들에게 회개의 기회를 주십니다.

• 요한 크리소스토무스『시편 해설』9,6.[35]

순교자들의 옳음이 밝혀지다

어떤 이들은 … 순교자들을 모욕하고, 주님을 고백하였다는 이유로 살해당한 이들과 주님께서 예언하신 모든 고통을 겪는 이들, 고통받으신 그분의 순교자가 되어 주님의 수난의 발자취를 따르고자 애를 쓰는 이들을 비난하는 무모함에까지 이르렀습니다. 하지만 우리는 그들을 순교자들의 반열에 올립니다. 그들이 흘린 피에 대한 심문이 이루어질 때 그들은 영광을 얻을 것이며, 순교자들을 조롱한 자들은 모두 그리스도에 의해 난처한 상황을 맞게 될 것입니다.

• 이레네우스『이단 반박』3,18,5.[36]

9,14 저에게 자비를 베푸소서

영적으로 가난한 이의 울부짖음

주님은 가난한 이의 울부짖음을 잊지 않으십니다. 특히 마귀들이 불러온 해악에 대해 응징하여 주시기를 영으로 청하는 이들의 울부짖음을 잊지 않으십니다. 우리를 거슬러 점점 강해지는 둘째 독재자를 억압하고 복음의 영적인 법을 우리에게 부과하기 위하여 구원자께서 지상에 있는 이들을 위하여 일어나실 것입니다. 이성적인 사람들은 복음의 영적인 법을 배워 더 이상 어리석은 동물들을 흉내 내지 않을 것입니다. 그들은 구원자의 오심을 맞이하기 위하여 구원을 희망

[33] FC 101,91-92.
[34] ANF 2,492.
[35] *CCOP* 1,190.
[36] ANF 1,447.

하며 서둘러 준비합니다.

• 위-아타나시우스 『시편 해설』 9.[37]

항구한 기도

늘 기도하는 그를 보십시오. 그는 온갖 곤란에서 자유롭고 안전하게 된 뒤에도 "저에게 자비를 베푸소서"라는 말로 기도하기를 그치지 않으며, 미래의 은혜를 위해 하느님께 간청하였습니다. 보다시피 우리는 언제나 하느님의 섭리를 필요로 합니다. 특히 아무 곤란을 겪지 않을 때 그러합니다. 이전보다 더 어려운 전쟁이 뒤따를 것이기 때문입니다. 무관심과 둔감함에 대한 투쟁 말입니다. 악마는 더욱 공격적으로 숨을 헐떡이며 다가옵니다. 그래서 곤란에서 해방된 후에 우리는 더욱 은총이 필요합니다. 그래야만 그 좋은 시기를 잘 지낼 수 있기 때문입니다.

• 요한 크리소스토무스 『시편 해설』 9,6.[38]

자비를 청하는 기도

이런 종류의 죽음 안에서 살펴, 우울한 정신으로 세상의 탐욕에 젖어 있는 자들이 만약 자신의 잘못과 신적인 선함의 특성을 알게 된다면 다음과 같이 기도하게 하십시오. "제가 원수들로부터 고통을 겪고 있으니, 제게 자비를 베푸시고 제 비천함을 굽어보소서." 그들은 저를 모욕하고 저를 끌어내렸습니다. 당신만이 당신의 선성善性으로 인하여 죽음의 성문에서 저를 끌어 올리실 수 있습니다.

• 장님 디디무스 『시편 단편』 9,15.[39]

9,15 성문에서 찬미하다

그리스도의 부활

다윗은 어딘가에서 … 그리스도의 입이 되어 예언하며, 죽음 이후의 그의 부활에 관하여 이렇게 말하였습니다. "저를 죽음의 성문에서 끌어올려 주시어 제가 당신의 찬양받을 행적을 낱낱이 이야기하게 하소서." 가장 둔한 자라도 이것은 놓칠 수 없으며 [무시할 수 없을 것]이라고 나는 생각합니다.

• 카이사리아의 에우세비우스 『복음의 논증』 3,2,101.[40]

죽음에서 시온으로

시편들에서 예언자는 감사를 드리며 이렇게 말합니다. "저를 죽음의 성문에서 끌어 올려 주시면, 저는 딸 시온의 성문에서 당신의 찬양받을 행적을 낱낱이 이야기하리이다." 죽음의 성문에서 들어 올려져 시온의 성문에 이르지 않고는 누구도 하느님께 찬미를 드릴 자격이 없음을 우리는 이 말씀에서 배웁니다.

• 오리게네스 『마태오 복음 주해』 12,13.[41]

찬미의 성문들

"딸 시온의 성문"은 "죽음의 성문"과 반대되며, 찬양받을 행적들이고, 하느님께서 지혜와 탁월함으로 행하신 일들을 관상하는 것입니다.

• 장님 디디무스 『시편 단편』 9,15.[42]

하느님의 구원으로 환호하다

"저는 당신의 구원으로 환호하오리다." 이것이 저의 왕관이요 화관입니다. 당신 덕분에 전승비를 세우고, 구원을 즐거워합니다. 이처럼 우리도 달리 구원받고자 애쓰지 말고 다른 방법으로 구원되기를 바라지도 말며, 오직 하느님의 방법으로 그리되기를 바랍니다.

• 요한 크리소스토무스 『시편 해설』 9,7.[43]▸

---

[37] CSCO 387,7.
[38] *CCOP* 1,191.
[39] PG 39,1193.1196.
[40] *POG* 1,116.
[41] ANF 9,457.
[42] PG 39,1196.

우리가 환호하는 구원

성부의 구원은 주 그리스도이시며, 우리에게 영원한 안식과 구원을 주시는 그분의 '힘'이요 '지혜'이십니다. 그래서 예언자는 자신이 주님 안에서 즐거워한다고 올바르게 선포합니다. 그곳에서 기쁨은 끝이 없습니다.

• 카시오도루스 『시편 해설』 9,15.[44]

더 심오한 기쁨

친애하는 형제 여러분, 우리는 신앙의 신비를 배우는 데 우리의 온 지향을 두어야 합니다. 그리고 우리가 하는 일이 신앙과 일치하는지도 살펴야 합니다. 온전히 깨어 있으면서 지옥의 성문들이 만들어 놓은 다양하고 교묘한 덫에 유의해야 합니다. 그렇게 한다면 시편 저자의 말대로 우리는 주님의 도움으로 이 덫에서 빠져나와 딸 시온의 성문에서 하느님께 찬미를 드릴 수 있습니다. 곧, 천상 도시가 주는 기쁨 안에 들어가게 됩니다. 우리는 신앙으로나 행위로나 식견 없고 무지한 군중의 수준에 이르면 충분히 구원받을 수 있다고 생각해서는 안 됩니다. 왜냐하면 성경은 믿음과 실천에 관한 한 가지 원칙만 규정하고 있기 때문입니다. 잘못된 길을 걸었던 이들의 많은 예를 우리가 익히 알고 있으니, 헛된 것을 보지 않도록 그것에서 재빨리 우리 마음의 눈을 돌립시다(시편 119,37 참조). 대신에 베드로 사도의 모범을 따라, 진리가 보여 주는 것을 주의 깊게 관찰합시다. 베드로는 오류에 빠진 이들의 그릇된 생각을 물리치고, 자기가 알게 된 신앙의 감추어진 신비를 주저 않고 고백하였습니다. 그는 아무도 그 신비를 앗아 가지 못하도록 그것을 마음 속에 간직하였습니다.

• 존자 베다 『복음서 강해』 1,20.[45]

9,16 자기들이 파 놓은 함정에 빠지다

사악한 자는 자기 죄에 걸려 넘어진다

다른 이의 죄나 불의 때문에 사로잡히는 이는 아무도 없습니다. 오히려 각자는 자기 죄 때문에 죽을 것입니다. 사악한 자는 다른 이들을 속여 동일한 저주에 떨어지도록 이끎으로써 자신에게 해를 끼칩니다. 그들은 말과 꿍꿍이로 몰래 속임수의 덫을 만들어 의심하지 않는 이들을 사로잡으려 합니다. 하지만 그들은 그들이 숨긴 바로 그 덫에 걸려 벌을 받을 것입니다. 왜냐하면 변호인들이 그들이 사로잡을 이들을 지켜 줄 것이기 때문입니다. 이 심판은 하느님의 섭리로 이루어집니다. 죄인이 자신의 행위에 걸려 넘어지기 때문이 아니라 이 심판이 하느님의 판결에 따라 이루어지기 때문입니다. 불의하게 산 자들을 징벌하시는 이유가 하느님께 있기 때문입니다. 이것은 앞에서 말한 것과 일치합니다. "제 이웃을 위해 함정을 깊숙이 파 놓고서는 제가 만든 구렁에 빠진다"(시편 7,16).

• 장님 디디무스 『시편 단편』 9,16.[46]

자기 올가미에 걸리다

그들이 신자들의 무리를 무찌르고 소멸시키고자 할 때마다 그들 스스로 재앙에 빠져들게 됩니다. 그들은 하느님의 백성을 잡으려고 숨겨 놓은 바로 그 올가미에 "발이 걸려 넘어지게 될 것입니다".

• 카이사리아의 에우세비우스 『시편 주해』 9,16-17.[47]

부패에 물들다

죄인에게는 그의 행위에 맞갖은 심판이 마련

◂43 *CCOP* 1,192. [44] ACW 51,123.
[45] CS 110,203. [46] PG 39,1195-96.

되어 있음을 주목합시다. … "자기들이 숨겨 놓은 그물에 제 발이 걸리네." 이 숨겨진 덫은 남을 속이려는 계획입니다. 영혼의 "발"은 '사랑'으로 이해하는 것이 적절합니다. 발이 비뚤어지면, 그것을 음란함이나 음탕함이라고 부릅니다. 발이 잘 생긴 경우는 그것을 사랑이나 애덕이라 부릅니다. 사랑은 그것이 원하는 방향으로 이끌어 갑니다. 영혼의 거처란 육체가 머무르는 물리적 공간에 있는 것이 아니라 기쁨 안에 있습니다. 영혼은 기쁨 안에서 사랑을 통하여 그곳에 이르게 되었음을 즐거워합니다. 파괴적인 쾌락은 탐욕에서 나오고, 결실 풍성한 기쁨은 사랑에서 나옵니다. … 죄인들의 발, 곧 그들의 사랑은 그들이 숨겨 놓은 덫에 걸립니다. 이런 일은 기만적 행위에서 쾌락이 나올 때, 곧 그들이 마음의 욕망에 따라 행하도록 하느님께서 그들을 내버려 두실 때 일어납니다. 그때에는 쾌락이 이미 그들을 묶고 있어서 그들은 그 쾌락에서 사랑을 떼어내지도 못하고 유익한 대상을 사랑할 수도 없기 때문입니다. 만약 그들이 사랑하고자 한다면 그들은 자신의 발을 그 덫에서 빼낼 수 있기를 간절히 바라면서 엄청난 내적 고통을 겪게 될 것입니다. 이 고통 앞에서 포기한 이들은 그들이 사랑하는 해로운 것들로부터 벗어나려 하지 않습니다. "그들이 놓은 덫", 곧 속임수에 "그들의 발이 걸린다". 이는 그들의 사랑이 그들을 허무한 쾌락으로 이끌기 때문이며, 바로 그 때문에 고통이 생깁니다.

• 아우구스티누스 『시편 상해』 9,15.[48]

사악한 자들의 약함

악덕보다 더 파괴적인 것은 없습니다. … 사실 사악한 자들보다 더 약한 것도 없습니다. 그들은 그들이 가진 무기로 망합니다. 쇠는 녹으로, 양모는 좀으로 상합니다. 마찬가지로 사악한 자는 악덕으로 파멸합니다.

• 요한 크리소스토무스 『시편 해설』 9,15.[49]

스스로 헤어날 수 없다

"민족들이 함정에 빠진다"라는 시편 저자의 말은 죄라는 못에 박힌 이들을 말합니다. 이들은 단단하게 박혀 있어서 스스로 그곳에서 빠져나올 수 없습니다. … 여기에서 '사로잡힌 이들'이란 복잡한 속임수에 묶여 있는 자들을 말합니다. 여기에서 "발"은 정신적인 계단을 나타냅니다. 천한 욕망은 악을 향하도록 그들을 이끕니다. 이는 솔로몬이 잠언에서 말한 바와 같습니다. "그들의 발은 악을 저지르러 줄달음치고 남의 피를 쏟으려고 서두른다"(잠언 1,16).

• 카시오도루스 『시편 해설』 9,16.[50]

9,17 자기 손이 한 일에 걸려드네

영원한 심판

죄인들에게 영원한 고문의 고통이 주어질 때, 주님께서 심판을 행사하신다는 사실이 분명하게 드러납니다. 이 세상에서 그들의 범죄는 제지되지 않았습니다. 그래서 그들은 심판받지 않으리라 생각하였을 것입니다. 그러나 구원자 주님께서 오셔서 당신의 장엄한 어좌에 앉으실 때에는 그분의 심판의 때가 되었다는 것을 모두가 알게 될 것이며, 그분의 판결로 인류는 오른편과 왼편으로 나뉠 것입니다. 심판을 행사하신다 함은 어떤 혼란도 없이 개인의 공과를 조사한다는 것을 의미합니다. 이어서 판결문이 공적으로 선포될 것입니다. 주님께서는 참으로 심판을 집행하신

---

47 AnSac 3,394.

48 *WSA* 3,15,150*.

49 *CCOP* 1,192.

50 ACW 51,123*.

다는 것이 어떻게 드러나게 될지 말씀해 주신 바 있습니다. 곧, 죄인은 자기 행위들로 엮인 올가미에 매이고, 자기가 행한 짓의 특성에 따라 마땅한 응징을 당하게 됩니다.

• 카시오도루스 『시편 해설』 9,16.[51]

새로운 시편이 시작된다

시편은 그 음조와 강세 때문에 노래로 불립니다. 그리고 "노래"라는 말은 여러 시편들에서 볼 수 있듯이 보통 그 시편의 서두에 나타납니다. 그런데 이 시편에서는 그렇지 않습니다. "셀라" 다음에 노래가 시작되고, 제목이 셀라와 노래 사이에 있습니다. 따라서 여기서부터 새로운 시편이 시작된다고 보는 것이 합리적입니다.[52]

• 장님 디디무스 『시편 단편』 9,16.[53]

9,18 악인들은 물러가라

끔찍한 수치

오, 얼마나 끔찍한 수치입니까! 세상에서는 선택받은 이로 칭송받았으나 심판 장소인 여호사팟 골짜기에 도착했을 때에 벌거벗은 채 하느님과 사람들 앞에 낱낱이 드러난 그대의 죄와 추함을 보게 된다면. 불행하여라, 그 순간의 당신! 어디로 얼굴을 돌릴 것입니까? 입을 열 수나 있겠습니까? 무슨 말을 하겠습니까? 그대의 죄가 그대 영혼에 새겨져 있고, 그대의 영혼은 머리카락으로 짠 옷처럼 검지 않습니까! 그때 무엇을 하겠습니까? 울 것입니까? 그대의 눈물을 받아 줄 이는 아무도 없을 것입니다. 기도할 것입니까? 아무도 그대의 기도를 들어주지 않을 것입니다. 그대를 맞이한 이들은 동정심이라고는 눈곱만큼도 없을 테니까요. 다음과 같이 두렵고 신랄한 소리를 듣게 된다면 얼마나 끔찍한 순간이 되겠습니까! "죄인들아, 지옥으로 가라." "저주받은 자들아, 나에게서 떠나 악마와 그 부하들을 위하여 준비된 영원한 불 속으로 들어가라"(마태 25,41). "죄짓는 이들을 나는 미워하였다"(시편 101,3). "나쁜 짓 하는 자들을 모두 주님의 성읍에서 잘라 내리라"(시편 101,8).

• 파코미우스 『교리교육』 1,33.[54]

과거의 지식

그들은 과거에 그들이 잘 알고 있었던 그분을 잊었고, 그분을 잊어버림으로써 그들이 이전에 알았던 분을 버렸습니다. 과거에는 민족들에게도 하느님에 관한 희미한 지식이 있었습니다.

• 알렉산드리아의 클레멘스 『양탄자』 6,8.[55]

그리스도를 거부하다

주님의 백성은 신앙과 지식으로 참된 삶을 받아들였을 때 천상의 기쁨을 맛보았습니다. 하지만 사악한 자들은 주님의 삶에 대해서는 전혀 상관하지 않기 때문에 그 축복을 누리지 못합니다. "악인들이 주님의 위엄을 보지 못하도록 그들을 없애 버리자"(이사 26,10). 마지막에 그들은 다른 모든 사람과 마찬가지로 그 약속이 온 세상에 선포되는 것을 듣게 될 것입니다. "잠자는 사람아, 깨어나라. 죽은 이들 가운데에서 일어나라"(에페 5,14). 그들은 되살아나서 "문을 열어 주십시오"(마태 25,11)라고 말하며 천국의 문을 두드릴 것입니다. 하지만 주님께서는 주님께 대한 지

---

[51] ACW 51,123-24.

[52] 시편 9,17 히브리어 본문은 "히까욘 셀라"로 끝나는데, 불가타역은 이를 "canticum diapsalmatis"로 번역한다. 이는 '노래 셀라'로 번역된다. 디디무스는 이것을 보고 여기서부터 새로운 시편이 시작되는 것으로 본 것 같다(역자 주).

[53] PG 39,1196-97.

[54] CS 47,28.

[55] ANF 2,495.

식을 거부한 그들을 꾸짖으시며 "나는 너희를 모른다"(루카 13,25) 하고 대답하실 것입니다. 그리고 성령께서도 그들을 거슬러 말씀하실 것입니다. "악인들은 저승으로 물러가라. 하느님을 잊은 민족들은 모두 물러가라."

• 아타나시우스 『축일 서간집』 7,2.[56]

보지 못하다

그들은 그 안에서 반대 방향으로 서 있기 때문에 하느님의 성령이 오르락내리락하는 것을 보지 못합니다. 바로 이 때문에 시편 저자는 그들의 시선이 가려졌다고 말합니다.

• 오리게네스 『시편 발췌 주해』 9,18.[57]

9,19 영원히 잊혀지지 않다

잊혀지지 않다

하느님은 당신의 백성이 고통을 당하고 모욕을 겪는 것을 허락하실지언정 당신 백성을 영원히 잊지 않으실 것입니다. "가난한 이들의 끈기는 영원토록 헛되지 않으리라." 아니, 오히려 하느님께서 그들이 인내할 수 있도록 단련시키시고, 그들이 충분히 끈기를 발휘하고 있는지를 보십니다. 하느님의 도우심으로 그들이 갖게 된 인내는 목적이 없는 것이 아닙니다.

• 타르수스의 디오도루스 『시편 주해』 9.[58]

거만한 자들을 꾸짖다

모든 거만한 자들은 세상이 생겨난 이래로 그들이 줄곧 거만하였고 지금도 여전히 거만함을 깨달아야 하며, 모든 종류의 글을 통해 책망을 받아야 합니다. 그러나 신구약성경에 따르면, 겸손하고 온순한 이들은 축복을 받아 왔고 지금도 받고 있으며, 칭찬을 받아야 합니다. "하느님께서는 교만한 자들을 대적하시고 겸손한 이들에게는 은총을 베푸신다"(야고 4,6)라는 하느님의 말씀은 거짓말이 아니기 때문입니다.

• 아를의 카이사리우스 『설교집』 49,2.[59]

악인들의 운명의 역전

이 세상에서 악인들은 승승장구하며, 자기들이 행한 사악한 짓의 의미를 알지도 못합니다. 하지만 하느님의 심판의 때가 올 것이며, 그때에는 그들이 행한 범죄가 세상에 드러날 것입니다. [칠십인역에 따르면, 그들은 저승에서 벌을 받을 것입니다.] 하느님께 속한 사람들은 이 세상에서는 보잘것없습니다. 영으로 가난한 이들은 악인들에게 짓밟히고 그래서 하느님께서 그들을 잊으신 것처럼 보이지만 하느님께서는 결코 그들을 물리치지 않으십니다. "왜냐하면 가난한 이는 영원히 잊혀지지 않으며" 그가 이 세상에서 쌓은 인내와 평온한 정신은 열매를 맺지 않고는 사라지지 않을 것이기 때문입니다.

• 카이사리아의 에우세비우스 『시편 주해』 9,18-19.[60]

인내

시련 가운데 있을 때 인내가 부족하면 영혼은 완전해질 수 없습니다. 인내는 힘겨운 세상일 가운데서 죽을 때까지 주님을 경외함으로 지속적으로 드러나는 감사의 행위입니다.

• 카시오도루스 『시편 해설』 9,19.[61]

---

[56] *ARL* 116.

[57] PG 12,1189.

[58] WGRW 9,33.

[59] FC 31,251.

[60] AnSac 3,394-95.

[61] ACW 51,125.

하느님의 섭리적인 계획

사랑하는 형제 여러분, 여러분 안에서 그리스도인의 친절이 흘러넘치게 하십시오. 해마다 계절이 돌아오면 풍성한 결실을 고대하는 것처럼 여러분의 마음도 가난한 이들을 돌보는 일에 관대해지십시오. 틀림없이 하느님께서는 … 가난한 이들에게 필요한 것들을 마련하실 수 있습니다. 모든 것이 그분의 것이기 때문입니다. 하느님께서 직접 그들에게 풍부하게 베풀어 주심으로써 그들이 여러분의 관대함에 의존하지 않게 하실 수 있습니다. 그런데 만약 그들이 그들의 결핍으로 인내의 왕관을 받아 쓰는 일이 없고, 여러분이 여러분의 풍요로 연민의 영예를 얻게 되는 일이 없다면, 그들에게도 여러분에게도 덕이 부족하게 됩니다. 하느님의 섭리는 모든 것을 놀랍게 안배하여 교회 안에서 가난한 이들도, 부유하고 선한 이들도 서로의 다양성 덕분에 서로 혜택을 입을 수 있게 하십니다. 영원하며 썩지 않을 상급을 얻기 위하여, 도움을 받는 이들도 하느님께 감사를 드리고 베푸는 이들도 하느님께 감사를 드립니다. 왜냐하면 성경에 다음과 같이 적혀 있기 때문입니다. "가난한 이들의 인내는 영원히 헛되지 않으리라." 그리고 "하느님께서는 기쁘게 주는 이를 사랑하십니다"(2코린 9,7).

• 대 레오 『설교집』 89,6,1.[62]

9,20 인간이 우쭐대지 못하게 하소서

'그리스도의 적'

예언자는 세상의 종말에 대해 이야기할 때 '그리스도의 적'이 올 것임을 명철한 마음의 빛으로 내다보았습니다. 그리고 그것이 가져올 엄청난 위험에 놀라 소리쳤습니다. "주님, 일어나소서. 인간이 우쭐대지 못하게 하소서." '그리스도의 적'은 인간의 조건이 견뎌 낼 수 없는 가장 사악한 인간이며 힘과 속임수가 체화된 존재로서 하느님의 힘만 그를 제압할 수 있습니다.

• 카시오도루스 『시편 해설』 9,20.[63]

9,21 민족들이 깨닫게 하소서

그리스도의 새로운 법

그는 자신을 괴롭히는 이들에게 긴 시련의 시간을 주시기를 주님께 간청합니다. 자비와 인내에서 솟아나는 힘과 관용으로 그렇게 해 달라고 합니다. 전에는 그가 민족들이 하느님 앞에서 심판받게 되기를 간구하였다면 지금은 미래의 심판을 위하여 민족들에게 새로운 법 제정자를 보내 주시기를 청합니다. 그러면 그들은 자신이 야만적인 동물이 아니라 인간임을 알게 될 수도 있습니다. 왜냐하면 법은 야만적인 동물들에게 주어지는 것이 아니기 때문입니다. 이 법은 과거에 백성들에게 법을 전해 주었던 모세에게서 나온 것이 아닙니다. 이 법은 유대인들에게만 주어진 것도 아니요, 또 다른 법을 기다려야 하는 것도 아닙니다. 신약성경의 법은 온 세상에 적용되기 때문입니다. 그리스도가 바로 이 법을 주신 분이며, 복음의 메시지는 모든 민족들에게 적용됩니다(이사 42,1-4 참조).

• 카이사리아의 에우세비우스 『시편 주해』 9,20-21.[64]

[62] FC 93,378.

[63] ACW 51,125.

[64] PG 23,133.

10,1-18 하느님의 심판을 간청함

이 시편에서 우리는 왜 고통을 겪을 수밖에 없는지를 보게 되며
고통을 겪는 동안, 그리고 그 고통이 지난 후
무슨 말을 해야 하는지 보게 됩니다.

아타나시우스 『시편 해석에 관해 마르켈리누스에게 보낸 편지』 10 [OIP 62]

1 (라멧) 주님, 어찌하여 멀리 서 계십니까?
어찌하여 환난의 때에 숨어 계십니까?
2 가련한 이는 악인의 교만으로 애가 타고
그들이 꾸며 낸 흉계에 빠져듭니다.
3 악인은 제 탐욕을 뽐내고
강도는 악담하며 주님을 업신여깁니다.
4 악인이 콧대를 높여
"하느님은 벌하지 않는다.
하느님은 없다!" 하니
이것이 그의 생각 전부입니다.
5 그의 길은 언제나 성공에 이르고
당신의 심판은 높이 있어
그에게 미치지 않으니
그는 자기 반대자들을 모두 조롱하며
6 마음속으로 말합니다.
'나는 영원히 흔들리지 않으리라!'
재앙을 모르는 그자
7 저주만을 퍼붓습니다.
(페) 그 입은 사기와 억압으로 가득 차 있고
그 혓바닥 밑에는 재앙과 환난이
도사리고 있습니다.
8 마을 으슥한 곳에 숨어 앉아
죄 없는 사람을 몰래 죽이려
(아인) 그의 눈은 힘없는 이를 살핍니다.
9 그는 덤불 속의 사자처럼
은밀한 곳에서 노립니다.
가련한 이를 잡아채려 노리다가
그물로 끌어당겨 잡아챕니다.
10 이렇듯 가련한 이는 두들겨 맞아 쓰러지고
힘없는 이들은 그의 폭력에 넘어집니다.
11 악인은 제 마음속으로 말합니다.
'하느님은 잊고 있다.'
'얼굴을 감추어 영영 보지 않는다.'
12 (코프) 주님, 일어나소서.
하느님, 손을 쳐드소서.
가련한 이들을 잊지 마소서.
13 악인이 어찌 하느님을 업신여기며
당신께서는 벌하지 않으신다고
마음속으로 말할 수 있습니까?
14 (레시) 당신께서는 정녕
재앙과 재난을 보시고
손수 처리하시려 살피고 계십니다.
힘없는 이, 당신께 몸을 맡기고
당신께서는 고아에게 친히
보호자가 되십니다.
15 (쉰) 죄인과 악인의 팔을 부러뜨리소서.
그의 죄악을 징벌하시면
죄악이 자취를 감추리이다.
16 주님은 영영세세 임금이시니
민족들이 그분 땅에서 없어지리라.
17 (타우) 주님, 당신께서는 가난한 이들의
소원을 들으시고⤴

↱그들의 마음을 굳세게 하시며
당신의 귀를 기울여 주시니
18 고아와 억눌린 이의 권리를 되찾아 주시고
다시는 세상의 인간이 을러대지 못하게
하시려는 것입니다.

둘러보기

시편 제10편은 하느님께서 부재하시는 듯이 보이는 상황에 대해 말한다(카시오도루스). 악이 칭송을 받는 상황이다(요한 크리소스토무스). 사악한 자는 인간의 찬사에 속아(카시오도루스) 자기가 하느님의 축복을 받은 줄 안다(디디무스). 바로 이런 조건에서 교만이라는 병이 생긴다(마르티누스). 사악한 자는 하느님을 모르며(디오도루스), 죄스러운 자기기만에 사로잡혀(테오도레투스), 악덕에 빠진다(요한 크리소스토무스). 이것이 바로 아첨이 가져오는 위험이다(요한 크리소스토무스). 사악한 자는 무지에 사로잡혀 타락하고(에우세비우스), 완전히 더러워져(아우구스티누스), 악마의 행실을 따라 한다(디디무스). 그의 입은 신성을 모독하는 거만한 말로 가득 차 있고(에우세비우스), 그의 정신은 환상에 사로잡혀 있다(요한 크리소스토무스). 사악한 자는 들짐승에 비유해 마땅하며(요한 크리소스토무스), 먹잇감을 노리는 사자에 비유함이 적절하다(디디무스). 이 표상은 '그리스도의 적'이 행할 최종적인 박해를 묘사하는 데 적절하다(카시오도루스). '그리스도의 적'의 입은 크게 두 가지 죄를 저지르는데, 신성모독과 신랄한 말이 그것이다(카시오도루스). 이는 늘 하느님을 찬미하는 의인들과 대비된다(에바그리우스). 사악한 자는 하느님에 대한 맹목적인 무지 속에 제 길을 간다(아우구스티누스).

이제 시편 저자는 하느님의 의로운 심판을 청한다. 하느님의 쳐든 손은, 곧 이 심판을 상징한다(에우세비우스). 진리가 승리할 것이다(카시오도루스). 하느님께서 인간의 행위를 기록하신다는 것을 우리는 신앙으로 안다(테오도레투스). 이 기록이 하느님의 손안에 있다는 것이 좋은 일임을 우리는 안다(카시오도루스). 영적으로 가난한 이들과 고아들은 자신을 하느님께 맡긴다(디디무스). 그러나 하느님의 인내에도 불구하고 회개하지 않을 경우 심판이 따른다(요한 크리소스토무스). 죄인도, 사악한 자도 끝장날 것이다(에바그리우스). 교만한 자는 인간의 힘이 위태로운 것임을 배우게 될 것이다(요한 크리소스토무스). 하느님은 시작이 있기도 전에 계셨고, 마지막 이후에도 계속 계시며(니사의 그레고리우스), 인간의 마음을 지배하시고(디디무스), '그리스도의 적'이 패배한 이후의 미래에도 계신다(카시오도루스). 하느님의 힘이 미치는 효과가 만천하에 드러날 것이며(카시오도루스), 하느님만이 찬양받으실 것이다(에우세비우스).

10,1-2 멀리 서 계시는 듯하다

표면적인 부재不在

시편 저자는 고통받는 이들이 안쓰러워 나약한 인간의 모습으로 하느님께 호소합니다. "주님, 어찌하여 멀리 서 계십니까?" 하느님께서 어떤 곳을 떠나시어 다른 구역으로 가신다는 뜻이 아닙니다. 하느님은 어디에나 계시기 때문입니다. 하느님께서 즉시 도움을 주시지 않을 때 '멀리 서 계신다'고 표현하는 것입니다. … 하느님께서 아주 짧은 시간동안만 도움을 늦추셔도 우리는 자신이 잊혔다고 여기곤 합니다. 하지만 하느님께서 우리가 오래 인내한 뒤에 위로를 주실 때 그 도움은 더 큰 열매를 맺습니다.

• 카시오도루스 『시편 해설』 10,22.[1]

10,3 악인이 뽐낸다

악이 칭송받다

영감 받은 저자는 악이 세상에 널리 퍼져 자랑거리요 공개적으로 떠벌릴 거리나 되는 듯이 대접받는 상황을 한탄합니다. 더욱 유감스러운 것은, 악이 몰염치하며 자기의 업적을 자랑할 뿐만 아니라 다른 이들까지 그것을 칭송하게 한다는 점입니다.

• 요한 크리소스토무스 『시편 해설』 10,9.[2]

인간의 찬사에 속다

악인은 찬사를 받으면 기분이 들뜨고, 아부꾼을 찾는 자는 자기를 바로잡을 생각이라고는 하지 않습니다. 악인으로 알려진 자가 복을 누리고 있으면 사악함이 칭송을 받게 됩니다. 그런 사람은 위선적인 아첨꾼들에게 속아서 폭군처럼 거만하게 자기를 내세웁니다. 이것은 특히 '그리스도의 적'에 관해 말하는 것으로 여겨야 합니다. '그리스도의 적'은 속이는 자들의 무리 때문에 눈이 멀어 자기가 지상의 임금일 뿐만 아니라 만물의 하느님이라고 선포합니다.

• 카시오도루스 『시편 해설』 10,24.[3]

축복에 대한 오해

[악인]은 주로 지혜와 영적 자산이 부족한 사람들인데, 신앙에 대한 가르침도 제대로 갖고 있지 않습니다. 그들은 자신의 욕망을 채우는 죄인을 칭송함으로써 현명한 섭리의 심판을 불러들입니다. 죄인은 분명히 더 나은 것을 추구하기보다는 더 쾌락적이고 만족스러운 것을 찾습니다. 이 잘못 외에도 그들은 부와 인간적 영예를 가진 자가 축복을 누린다고 생각합니다. 따라서 그들은 악인이 하느님의 축복을 받는다고 주장합니다. 그러나 하느님의 축복은 신실한 이들에게 주어진다는 것을 믿어야 합니다.

• 장님 디디무스 『시편 단편』 10,3.[4]

교만의 병

이 교만함에서 비롯된 병은 심각합니다. 그것은 모든 면에서 해롭고 예상치 못할 때 상처를 입히기도 합니다. 어떤 사람들은 자신이 선하기 때문에 스스로를 자랑하지만, 어떤 사람들은 자신이 악하기 때문에 자랑하기도 합니다. 자기 선을 자랑하는 이들에 관하여 이런 말씀이 있습니다. "하느님께서는 자만하는 이들의 뼈를 사방에 흩으셨다." 자기들의 악을 자랑하는 이들에 대해서는 이런 말씀이 있습니다. "악인이 제 영의 욕망으로 찬사를 받고 불의를 행하는 자가 복을 받는 듯 보이지만 …."

• 브라가의 마르티누스 『허영심을 몰아냄』 4.[5]

10,4 악인은 하느님을 찾지 않는다

하느님을 알지 못하다

[악인]은 자신의 분노와 욕망을 드러낼 때 지나치게 격정에 사로잡힌 나머지 인간의 행위를 굽어보시는 분이 계심을 인식하지 못합니다. … 그는 하느님께서 세상에 일어나는 일을 보시지 않는 것처럼 행동합니다.

• 타르수스의 디오도루스 『시편 주해』 10.[6]

---

[1] ACW 51,126.
[2] *CCOP* 1,201.
[3] ACW 51,127*.
[4] PG 39,1200-1.
[5] FC 62,38-39.
[6] WGRW 9,34.

자기를 속이는 죄

불신자와 죄인은 결코 하느님께 눈길을 두지 않습니다. 오히려 심판이 있으리라는 것을 믿지 않고 매일 매 순간 자신의 길을 더럽히고 오염시킵니다. 왜 그럴까요? … 그는 하느님의 법을 철저하게 업신여깁니다. 불법적인 일에 자신의 온 시간을 쏟아붓습니다. 사실 불신자들은 하느님의 법을 하찮게 여기고 헐뜯습니다.

• 키루스의 테오도레투스 『시편 주해』 10,2.[7]

악덕에 완전히 빠지다

악덕의 결과가 무엇인지 보입니까? 그들의 빛은 사라지고, 사고는 왜곡되며, 악에 사로잡힙니다. 장애를 가진 이들이 구덩이에 떨어지곤 하는 것처럼 하느님을 두려워하지 않고 악에 완전히 사로잡힌 이 사람들 또한 그러합니다. 이들은 덕이 아니라 악덕에 완전히, 항구하게 사로잡혀 지옥도 상관하지 않고, 다가올 심판이나 하느님 앞에서 보고해야 할 결산서는 신경도 쓰지 않습니다. 대신 그들은 이 모든 도움들을 멍에와 재갈이나 되는 듯 거부하고, 바람과 무서운 파도에 흔들리는, 바닥짐이 없는 배와 같습니다. 이들에게는 그들의 생각을 이끌어 줄 수 있는 그 무엇도 없습니다. 이런 실제적인 악의 조건에 있는 악인들이 결산서를 보고하는 장면이 보입니까? 고삐 풀린 말이나 바닥짐 없는 배, 불구인 사람보다 더 나쁜 것이 있습니까? 이 모든 것보다 더 비참한 것은 하느님을 경외하는 데서 나오는 빛을 꺼 버리고 자신을 종살이에 넘긴 채 악을 실천하는 사람입니다.

• 요한 크리소스토무스 『시편 해설』 10,9-10.[8]

10,5 하느님의 시선을 벗어나다

아첨의 위험

어리석은 자가 보입니까? 말로 표현할 길 없는 폐허가 보입니까? 파멸이 점점 더 커지고 있는 것이 보입니까? 지각없는 이들이 얻은 것이 무엇인지 보입니까? 그들은 참담한 불행 가운데 시야에서 사라지고 있습니다. 이들은 죄로 칭송받고 악행으로 칭찬받았습니다. 이것이야말로 경솔한 이들이 걸려들게 하는 데 충분한 첫 번째 위험입니다. 따라서 우리가 파멸에 이르도록 우리를 칭송하고 아첨하는 이들보다는 우리를 책망하며 바로잡으려는 이들을 더욱더 환영해야 합니다. 사실 아첨하는 이들은 어리석은 자들을 파멸시키고, 그들이 더욱 악을 행하게 만듭니다. 그들은 다만 이 죄인들이 우쭐거리게 만든 것이었지만 그것으로 그들을 어리석음의 길로 인도하였습니다.

• 요한 크리소스토무스 『시편 해설』 10,10.[9]

타락에 이르는 무지

자기 죄에 단단히 묶인 이는 쉽게 분노로 폭발합니다. 올가미에 걸려들지 않으려면 하느님을 추구해야 하건만 그가 그렇게 하지 않는 까닭입니다. 이런 말씀이 있습니다. "그는 분노가 너무 커서 하느님을 찾지 않는다." "하느님이 그의 안중에 없다." 사실 그의 온 정신을 채우고 있는 분노의 힘이 너무 커서 하느님에 대한 자연적인 생각을 그의 사고에서 없애 버립니다. … 하느님을 눈앞에 두지 않는 자는 그의 모든 행위를 더럽고 오염된 길로 만들어 버립니다. "하느님이

[7] FC 101,95.

[8] *CCOP* 1,202.

[9] *CCOP* 1,202.

그의 안중에 없기 때문이다." 하느님 없이 사는 악인이 그의 원수들을 제압하여 이 세상에서 성공적으로 살았다면, 그럴 때에도 원수를 이긴 그 사악함은 벌을 받습니다.

• 카이사리아의 에우세비우스 『시편 주해』 10,25-26.[10]

완전한 부정不淨

영혼에게 기쁨이나 즐거움을 주는 것이 무엇인지를 아는 이는 누구나 악이 진리의 빛으로 내침을 받을 것임을 압니다. 사람들은 대낮의 빛을 보지 못하는 신체적인 시각 상실을 심각한 악으로 생각합니다. 그렇다면 자기 죄로 인해 크게 성공하여 하느님이 더 이상 눈에 보이지 않고 그들의 모든 수단이 늘 부정하여 생각이나 계획이 완전히 부도덕하게 된 지경까지 이른 사람들이 겪게 될 심판은 얼마나 더 심각하겠습니까!

• 아우구스티누스 『시편 상해』 10,23.[11]

악마의 행실

죄인들이 주님을 화나게 하는 이유는 그들이 하느님을 안중에 두지 않고 하느님에게서 돌아섰기 때문입니다. 죄를 짓는 자는 그렇게 합니다. 이 모든 것에 관하여 하느님은 이렇게 말씀하십니다. "그들은 나에게 얼굴이 아니라 등을 보였다"(예레 18,17 참조). 이런 사악함의 후손인 카인은 "주님 앞에서 물러 나왔다"(창세 4,16)고 쓰여 있습니다. 곧, 그는 하느님에게서 돌아섰습니다. 이 말씀들은 죄인들에 대한 말씀이므로, 악마에게는 더욱더 잘 들어맞습니다. "그의 길은 언제나 신성을 모독한다." 악인이라 하더라도 정직하게 사는 때가 있기는 하니, 줄곧 신성을 모독하는 길을 가는 자들은 어떤 사람들일까요? 그런 자는 허락도 없이 사람들을 타락한 행실로 끌어들이고 하느님의 섭리를 부정하기까지 합니다. 그는 많은 이들이 이 세상은 하느님과 관계없다고 믿게 만들며, 결국 하느님의 다스림에 관한 올바른 생각과 심판에 대한 지식으로부터 떨어져 나갑니다.

• 장님 디디무스 『시편 단편』 10,5.[12]

10,6 마음속 생각

교만한 신성모독

하느님을 우러러보지 않고 하느님의 심판을 인식하지 않는 자는 너무 뻔뻔스러워진 나머지 영원히 자신의 부를 누릴 수 있으리라 믿고, 자신의 무례하고 사악한 행위들에 관해 성찰하지 않습니다. 그의 입은 신성모독과 불경한 말로 부풀어 있습니다. 거만한 자는 셀 수 없이 많은 신성모독과 저주를 열렬한 확신으로 쏟아 냅니다. 그리고 하느님이 없고, 우리를 굽어보지도 않으며, 심판하지도 않으실 것이라고 주장합니다.

• 카이사리아의 에우세비우스 『시편 주해』 10,27-31.[13]

환상에 사로잡히다

죽음의 종이 되어 일시적인 일에 사로잡히고, 변하는 것들에 매달려 환상을 만들어 내는 인간의 이런 태도보다 어리석은 것이 무엇입니까? 이런 것은 어디에서 나옵니까? 어리석음에서 나옵니다. 보다시피 부주의한 자가 큰 부를 누리고 그의 원수들보다 우세해져서 칭찬과 찬미를 받게 되면, 그는 다른 누구보다 더 불쌍한 자가 되고 맙니다. 사실 그는 어떤 변화도 예상하지 않기에 자신의 부도 잘 관리하지 못합니다. 시련이 닥쳐오면 그는 불안과 혼란 속에서 안절부절 못하며 정신을 차리지 못합니다. … 이런 이들

[10] AnSac 3,398.
[11] *WSA* 3,15,153.
[12] PG 39,1202.
[13] AnSac 3,399.

은 … 타락을 경험했음에도 불구하고 인간의 한계를 고려하지 않습니다. 그들의 성공 때문에 현재의 상태가 변화하지 않을 것이라 생각합니다. 이것이야말로 궁극적인 어리석음과 파멸의 기초요, 완전한 폐허에 이르는 길입니다.

• 요한 크리소스토무스 『시편 해설』 10,10.[14]

10,7-10 사자처럼 은밀한 곳에서 노리다

들짐승

악인들을 들짐승으로 묘사했던 영감 받은 저자는 여기에서도 그들의 속임수와 매복, 음모를 같은 식으로 표현합니다. 가난한 이들이 가진 것을 원하는 것보다 더 가련하고 한심한 일이 있을까요? 이런 사람들을 부자라고 부를 수 있겠습니까? … 그들의 도덕적 파탄과 잔인성을 봅니까? 그들은 가난한 이들이 가진 것을 탐하므로 도덕적 파탄자이고, 가난한 이들의 처지를 불쌍히 여기고 그들의 형편이 개선될 수 있게 도와야 함에도 불구하고 그들의 처지에 마음이 움직이기는커녕 그들을 더욱더 가난하게 만드니 잔인합니다. 하지만 그들은 벌을 면하지 못합니다. 그들이 힘을 행사하고 승리한 것처럼 여겨지며 그 무엇도 그들을 공격하지 못한다고 생각할 때, 그들은 망할 것입니다. 그리하여 하느님의 창의성과 가난한 이들의 인내, 이 악한 자들의 오류와 하느님의 고통스러운 오랜 인내가 다 드러나게 될 것입니다. 정의가 그들의 뒤를 바짝 뒤따르지 않은 것은 하느님께서 오랫동안 고통스럽게 인내하시면서 그들이 회개하도록 부르셨기 때문입니다. 그러나 그들이 하느님의 이 오랜 인내에서 아무런 유익도 찾지 못하면, 하느님께서는 그들에게 심판을 경고하십니다.

• 요한 크리소스토무스 『시편 해설』 10,10.[15]

숨어 노리는 사자

굴속에 있는 사자나 으슥한 곳에 숨어 있는 포악한 사자처럼 그는 숨어서 기다립니다. 솜씨 좋은 언변과 행위로 가련한 이를 끌어내기 위함입니다. 그는 그들이 덫에 걸리게 만든 뒤에 배교하도록 이끌 것입니다. 들짐승들은 위협적인데, 특히 사자가 그러합니다. 그들은 종종 숨어서 기다립니다. 단식에 대해 이야기하다가 사람들이 탐욕에 빠지도록 이끌고, 소박함에 대해 말하다가 사치스러운 외양에 대해 언급합니다. 그는 동산에서 하와에게 하느님과 같게 될 것이라고 말하면서 그를 속여 죄를 짓게 만들었습니다. 또 그는 탐욕으로 유다를 꾀어냈습니다.

• 장님 디디무스 『시편 단편』 10,8.[16]

'그리스도의 적'의 마지막 박해

처음에 교회에 대한 박해는 단순히 폭력적이었습니다. 이교인들이 그리스도인들에게 강제로 우상에게 제사를 바치게 하였을 때 그들은 추방과 고문, 매질을 하였습니다. 두 번째 종류의 박해는 속임수에 의한 것으로 이단자들과 거짓 그리스도인들이 지금 이 방법을 사용하고 있습니다. 마지막 형태의 박해가 일어날 터인데, 그것은 '그리스도의 적'을 통하여 올 것임을 예측할 수 있습니다. 이보다 더 위험한 것은 없을 것입니다. 이 박해는 이 독특한 왕국의 힘을 통해 지극히 폭력적인 것이 될 것이며, 이 박해는 "속이기 위하여" 기적적인 사건들을 통해 많은 이들을 잘못 인도할 것입니다. 주님께서 복음서에서 말씀하신 것처럼 그들은 "선택된 이들까지 속이려

---

[14] *CCOP* 1,203.

[15] *CCOP* 1,203-204.

[16] PG 39,1204-5.

고 할 것"(마태 24,24)입니다. 따라서 여기서 "사자"는 폭력을 나타내며, "은밀한 곳에서"라는 말은 속임수를 의미합니다. '그리스도의 적'의 두 가지 악덕이 다 이 표현들을 통하여 제시됩니다.

• 카시오도루스 『시편 해설』 10,29-30.[17]

이중의 타락

그의 사악함은 이중의 타락을 기꺼이 선택한 것으로 묘사됩니다. 그는 자신이 하느님의 아들이라고 그릇되게 주장하면서 입술로 신성을 모독하는 저주를 쏟아 낼 것입니다. 그는 신랄하게 자신에게 저항하는 이들에게 사형을 선고하고, 그를 신으로 흠숭하기를 거부하는 이들을 처형할 것입니다. 그는 공적인 연설을 통해 입술로 거짓을 말하지만, 시편 저자가 말한 것처럼 가장 포악한 생각은 혀 밑에 감출 것입니다. 그도 파멸할 것이므로 그는 서둘러 모든 것을 파괴하려 들 것입니다.

• 카시오도루스 『시편 해설』 10,28.[18]

의인과 대비되다

[반면에] 의인은 언제나 하느님을 찬미합니다.

• 폰투스의 에바그리우스 『시편 발췌 주해』 9[10],28-29.[19]

10,11-12 하느님께서 잊으셨다

하느님에 대한 완전한 무지

죄 한가운데 있을 때 인간의 정신은 자기가 잘될 것이며 심판을 면할 수 있다고 생각합니다. 제때에 이루어질 최후의 심판을 보지 못하고 그것을 저지하려 듭니다. … 하느님께서 최후의 순간까지 그들을 보지 않으실 거라고 주장하는 자들은 하느님께서 인간들과 지상의 일에는 관여하지 않으신다고 단언하는 이들입니다. 이 세상은 마지막과 같습니다. 이 마지막 요소 안에서 남녀는 정해진 질서에 따라 일합니다. 비록 그들이 하는 일의 정해진 패턴을 그들은 볼 수 없지만 말입니다. 그것은 특별히 성자의 신비에 속하기 때문입니다.

• 아우구스티누스 『시편 상해』 10,29.[20]

10,12 당신의 손을 쳐드소서

하느님의 쳐들린 손

시편 저자는 이 말로써, 하느님의 인내와 친절이 주된 작용인이 될 때마다 악한 자들을 벌하여 주십사고 하느님께 간청합니다. 하느님께서는 당신의 쳐들린 손으로 각 사람을 심판하실 것입니다. 시편 저자는 쳐들린 손의 비유로 하느님 심판의 권능을 가리킵니다. 그런데 하느님께서 악인을 거슬러 정의를 세우실 때까지는 하느님 심판의 권능이 쉬고 있는 것처럼, 보잘것없는 것처럼 여겨질 수 있습니다. 그러나 일단 그 힘이 행사되기 시작하면 각자에게 그가 행한 바에 따라 주실 것이며, 그때에는 찬양을 받을 것입니다. 그러므로 그대는 그대의 가난한 이들, 영으로 가난한 이들을 잊지 않아야 할 것입니다. 모든 것이 그대 손 아래 있고, 아무것도 거기에서 빠져나가지 않을 것임을 아십시오. … 사랑하는 이여, 그대 스스로 복수하려 들지 말고 그대의 분노에 거리를 두십시오. "복수는 내가 할 일, 내가 보복하리라"(로마 12,19; 참조: 신명 32,35) 하고 주님께서 말씀하십니다.

• 카이사리아의 에우세비우스 『시편 주해』 10,33-35.[21]

[17] ACW 51,129.
[18] ACW 51,128.
[19] AnSac 2,463.
[20] *WSA* 3,15,156.
[21] AnSac 3,400.

10,14 하느님께서 살피고 계신다

진리가 승리할 것이다

그는 잊히기를 바랐던 것들이 전혀 잊히지 않았음을 발견하게 되고, 죄가 너무 많아서 다 기억될 수 없으리라고 생각했던 수많은 행위들이 낱낱이 헤아려진다는 것을 깨닫게 될 것입니다.

• 카시오도루스 『시편 해설』 10,34.[22]

우리는 신앙으로 안다

불신 속에 사는 이들은 하느님이 인간사에 관여하지 않으신다고 수없이 주장하지만, 우리는 하느님께서 그들의 범죄를 조사하고 심의하시며 그에 맞갖은 벌을 주심을 알고 있습니다.

• 키루스의 테오도레투스 『시편 주해』 10,6.[23]

하느님께 위임하다

하느님께 권한을 양도한 이들은 손해 보는 일이 없습니다. 신실하신 임금께 의탁하는 것은 모든 축복을 누릴 수 있게 되는 것과 같기 때문입니다.

• 카시오도루스 『시편 해설』 10,35.[24]

영적으로 가난한 이와 고아

가난한 이는 당신께 자신을 맡깁니다. 그러면 당신께서는 천상 재화로 그를 부유하게 만드심으로써 그의 구원을 돌보십니다. 마찬가지로 고아는 아들처럼 도움을 받고 보호와 양육을 받습니다. 여기에서 "고아"란 악행으로 악마가 된 아버지를 회개의 행위를 통해 떨쳐 버린 이를 말함을 알아야 합니다.

• 장님 디디무스 『시편 단편』 10,12-15.[25]

하느님의 인내에도 회개하지 않을 때

"그들이 당신의 손에 넘겨지기까지"란 무엇을 의미합니까? 이것은 인간적인 표현이긴 하지만 그 의미는 이러합니다. 하느님은 때를 기다리시며, 지나친 허약함으로 떨어진 이들을 참아 주십니다. 물론 하느님은 처음부터 그들을 멸망시키거나 제압하실 수 있습니다. 하지만 하느님의 인내는 바다처럼 한없이 넓어서 그들을 살피시며, 뒤쫓는 대신 회개하도록 기다리십니다. 그러나 그들이 전혀 응답하지 않음이 확실해지고, 그들이 하느님의 고통스럽고 오랜 인내로부터 아무런 유익을 얻어 내지 못할 때, 그들을 벌하실 것입니다.

• 요한 크리소스토무스 『시편 해설』 10,11.[26]

10,15 죄인과 악인

죄인과 악인

죄인은 탐욕과 약함으로 인해 죄를 짓는 자이고, 악인은 치밀한 계획을 가지고 악을 뒤따르는 자입니다.

• 폰투스의 에바그리우스 『시편 발췌 주해』 9[10],36.[27]

인간적 힘의 위태로움

권력의 정점에 있을 때 자랑하지 말고 잘난 체하지 마십시오. 그것은 위태롭고 위험한 자리이며, 부주의한 자를 아주 쉽게 끌어내립니다.

• 요한 크리소스토무스 『시편 해설』 10,11.[28]

---

[22] ACW 51,130.

[23] FC 101,96-97.

[24] ACW 51,131.

[25] PG 39,1205.

[26] *CCOP* 1,205.

[27] AnSac 2,464.

[28] *CCOP* 1,206.

10,16 영영세세 임금이시다

시작이 있기 전

그러므로 우리는 하느님을 '시작이 있기도 전에 계셨고, 마지막이 온 이후에도 계속 계시는 분'으로 정의합니다.

• 니사의 그레고리우스 『에우노미우스 반박』 1,42.[29]

마음이라는 땅

하느님의 "땅"은 선한 마음입니다. 파괴적인 정신과 온갖 악한 생각에 이끌린 민족들은 이 땅에서 멸망합니다. … 어떤 죄인도 이 땅에 걸어 들어 올 수 없습니다. 의인들만이 이곳을 소유하기 때문입니다. 선한 이는 이렇게 말합니다. "저는 산 이들의 땅에서 주님의 선하심을 보리라 믿습니다"(시편 27,13).

• 장님 디디무스 『시편 단편』 10,16.[30]

미래의 왕국

시편 저자는 우주적 재앙으로 민족들이 사라지고 난 뒤에 일어날 일들에 대해 이야기합니다. '그리스도의 적'이 살해되었으므로 영원하고 거룩하며 관대한 주님 나라가 올 것입니다. 우리가 간절히 바랐던 하느님 나라를 잘 맞이할 수 있도록, 사악한 악은 멀리 달아났고, 주님의 나라에서 축복받은 이들은 이제 조용히 쉴 수 있습니다. 이 세상에서 거룩한 이가 견뎌 내야만 하는 덫도 이제는 더 이상 두려워하지 않아도 됩니다.

• 카시오도루스 『시편 해설』 10,37.[31]

10,17 하느님께서 귀를 기울여 주실 것이다

하느님 권능의 효력

"당신의 귀를 기울여 주신다." 하느님께 신체 부위들이 있는 것은 아니지만, 들을 수 있는 그분의 신적 권능의 효력을 그분의 "귀"라고 부르고, 볼 수 있는 신적 권능은 "눈"이라 부르며, 행하는 능력은 "손"이라 부른다는 사실을 자주 되새길 필요가 있습니다. 이 말을 기억 속에 잘 담아 두어, 이미 몇 번이고 되풀이했던 이 말을 우리가 또 반복함으로써 여러분을 지치게 하는 일이 없었으면 합니다.

• 카시오도루스 『시편 해설』 10,38.[32]

하느님만이 찬양받으신다

주님께서는 가난한 이들의 소원을 들으셨습니다. … 그들은 이 세상에서 불행을 겪고 고통을 견뎌 내었습니다. 하지만 시대의 임금이요 재판관이신 분께서 그들의 권리를 되찾아 주실 것입니다. "세상의 인간이 을러대지 못하게 하시려는 것입니다."

• 카이사리아의 에우세비우스 『시편 주해』 10,38-39.[33]

---

[29] NPNF 2,5,98.

[30] PG 39,1205.

[31] ACW 51,132*.

[32] ACW 51,132.

[33] AnSac 3,400.

11,1-7 주님을 신뢰하라

누군가 그대를 혼란시키려 든다면
하느님께 굳건한 신뢰를 두고 시편 제11편을 읽으십시오.
아타나시우스 『시편 해석에 관해 마르켈리누스에게 보낸 편지』 16 [OIP 67]

1 [지휘자에게.① 다윗]
주님께 나 피신하는데
너희는 어찌 나에게 말하느냐?
“새처럼 산으로 도망쳐라.②
2 보라, 악인들이 활을 당기고
화살을 시위에 메겨
마음 바른 이들을 어둠 속에서 쏘려 한다.
3 바탕까지 허물어지는데
의인인들 무엇을 할 수 있으랴?”
4 주님께서는 당신의 거룩한 궁전에 계시고
주님의 옥좌는 하늘에 있어
그분 눈은 살피시고
그분 눈동자는 사람들을 가려내신다.
5 주님께서는 의인도 악인도 가려내시고
그분의 얼은 폭행을 사랑하는 자를
미워하신다.③
6 그분께서 악인들 위에 불과 유황의 비를
그물처럼 내리시어
타는 듯한 바람이 그들 잔의 몫이 되리라.
7 주님께서는 의로우시어 의로운 일들을
사랑하시니
올곧은 이는 그분의 얼굴을 뵙게 되리라.

① 칠십인역은 ‘끝까지’다.
② 그리스어역, 시리아어역, 히에로니무스, 타르굼; 히브리어 본문은 ‘새야, 너의 산으로 도망쳐라’다.
③ 칠십인역은 ‘폭행을 사랑하는 자는 자신의 얼을 미워한다’다.

둘러보기

시편 제11편은 부당한 대우를 받는 사람들에게 하느님께 희망을 두라고 격려한다(테오도레투스). 이 시편은 우리 마음을 하느님께로 드높이라는 초대이며(소 아르노비우스) 영웅적인 영적 태도를 가지라는 권고다(위-아타나시우스). 우리는 어떤 피신처를 선택할지 결단해야 한다(요한 크리소스토무스). 우리는 오직 주님 안에서만 안전하다(디오도루스). 주님께 대한 희망은 큰 힘이 된다(요한 크리소스토무스). 사실 달리 갈 곳도 없다(요한 크리소스토무스). 요동치는 마음에 굴복해서는 안 되며(카시오도루스) 영혼의 날갯짓을 연습해야 한다(암브로시우스). 원수의 전술에 맞서려면 믿음이 필요하다(히에로니무스, 예루살렘의 키릴루스).

악인은 영혼 안에 있는 하느님께 대한 타고난 지식마저 없애 버린다(에우세비우스). 이단자는 그릇된 해석으로 하느님의 말씀을 파괴한다(카시오도루스). 하지만 그 어느 것도 하느님의 눈길에서 벗어나지 못한다(테오도레투스). 하느님은 모든 것을 보신다(요한 크리소스토무스). 하느님은 자비를 위해서든 심판을 위해서든 모든 것을 보고 계신다(에우세비우스). 하느님의 호의를 입을 수 있는 자리를 선택하자(에바그리우스). 우리의 겸손으로 하느님 성전의 일치를 유지하자(아우구스티누스). 사악함은 자신을 파멸시킨다(요한 크리소스토무스). 그것은 분노의 불꽃이 타오르게 하며(카이사리우스) 자신을 죽일 살해자를 향해 돌아서게 만든다(풀겐티우스). 참으로 자신을 존중하는 것은 부정을 미워하고(에바그리우스) 하느님의 말씀을 받아들이는 것이다(카이사리우스).

이어서 시편 저자는 신성을 모독하는 자들이 받게 될 벌에 대해 이야기한다(아우구스티누스). 그들은 자비가 아니라 정의의 심판을 받는다(풀겐티우스). 그들은 축복의 잔 대신에 심판의 잔을 마신다(디디무스). 하느님은 의로우시기에 그분의 심판은 바뀔 수 없다(『사도 헌장』). 하느님 앞에서 인간이 의로울 수 있으려면 하느님께서 그것을 선물로 주셔야만 한다(카시오도루스). 각 사람의 의로움은 궁극적인 정의이신 그리스도에게서 나온다(오리게네스).

11,1ㄱ 표제: 끝까지

하느님께 대한 희망

사울에게 쫓기던 거룩한 다윗은 구원을 위해 도망가라고 그를 재촉하던 이들에게 이 시편을 읊어 주었습니다. 부당한 대우를 받는 이라면 누구나 하느님께 희망을 두는 것이 좋습니다. 시편의 표제에 "끝까지"라고 되어 있는 것은 무법한 자들에게 내려질 하느님의 의로운 심판과 징벌에 대한 예언이 이 시편에 담겨 있기 때문입니다.

• 키루스의 테오도레투스 『시편 주해』 11,1.[1]

마음을 들어 올리자

이 시편은, 참새 같은 신세가 되어 근접하기 어려운 산속에서 숨을 곳을 찾는 다윗에 대해 이야기합니다. 죄인들, 곧 사울과 압살롬 같은 수많은 원수들이 다윗을 향해 활을 겨눌 때였지요. 우리는 성인들이 조언하는 대로, 희망을 굳건히 하라는 이 말을 들읍시다. 그리고 우리의 마음을 들어 올려 "눈물의 골짜기에서"(시편 84,7) 저 산으로 올라갑시다.

• 소 아르노비우스 『시편 주해』 11.[2]

영웅적인 영적 자질

[시편 저자]는 원수의 세력을 눌러 이긴 후 이 시편을 노래합니다. 성인들은 주님께 대한 신뢰로 죄인들, 곧 사악한 마귀들의 화살을 무디게 만듭니다. 이 시편은 이런 성인들에게 어울리는 영웅적인 자질을 권고합니다.

• 위-아타나시우스 『시편 해설』 11.[3]

11,1ㄴ 주님께 피신하다

피신처를 선택하다

이 세상 것들에 의지하는 자들은, 광야에 의지하여 살며 모든 것의 먹잇감인 참새의 형편과 별반 다르지 않습니다. 돈에 희망을 거는 자도 마찬가지입니다. 새 잡는 끈끈이나 올가미, 그 밖의 여러 장치들로 어린이의 손에 잡히는 참새처럼 부자도 친구와 원수의 손에 잡히고 맙니다. 사실 그들은 참새보다 더 취약합니다. 수많은 이들이 그들을 잡을 올가미를 놓기 때문입니다. 그런데 그보다 먼저 그들은 자신의 악한 성향에 걸려 넘어집니다. 그들은 정세에 따라 이리저리 반응하는 철새들이며, 법률의 강력한 힘과 황제의 분노, 아첨꾼들의 책략과 친구들의 속임수를 두려워합니다. 전쟁 때에 그들은 누구보다 더 두려워하고, 평화 때에는 배신을 의심합니다. 그들

[1] FC 101,99.

[2] CCL 25,13.

[3] CSCO 387,7.

의 부는 결코 안전하지 못해서 손실을 방지할 수 없습니다. 그래서 그들은 늘 이리저리 날아다니며 광야와 높은 둥지를 찾아 헤매고 어둠을 좋아하며 낮에도 밤의 어둠을 찾습니다. 이를 위해 변장을 하기도 합니다. 반대로 선한 이들은 매우 다릅니다. "의인들의 길은 태양처럼 빛난다"(잠언 4,18)는 것을 기억하십시오. 책략이나 불법과는 거리가 먼 의인들의 영혼은 평안합니다. … 그렇다면 이 어둠은 어떻게 사라집니까? 열 번도 넘게 넘어진 죄인이라 하더라도 이 모든 것들을 떠나 주님께 대한 희망에 의존하게 될 때 어둠은 사라집니다. … 놀라운 것은 비록 죄인이었다 하더라도 이 닻에 의지하면 무적의 상태가 될 수 있다는 사실입니다. 하느님을 우선적으로 선택한 사람들의 특별한 표지는 보다시피 끔찍한 악이 그들을 끌어내리고 있음에도 불구하고 하느님의 사랑으로 그들이 여전히 위로 떠오른다는 것입니다. 다시 말해, 인간을 의지하는 자가 이중으로 저주를 받았다면 하느님을 신뢰하는 이는 그만큼 축복을 받습니다. 그러므로 이 모든 것을 떠나 이 닻에 의지하십시오. … 그분 앞에 나아가 우리 시선을 그분께 고정합시다.

• 요한 크리소스토무스 『시편 해설』 11,3.[4]

하느님 안에서만 안전하다

설사 이동이 필요한 것이라 할지라도 그는 이렇게 말합니다. '그래도 나는 어디에서든 나에게 은신처를 마련해 주시는 하느님께 희망을 두는 것 외에 다른 선택은 하지 않겠습니다. 늘 나와 생각이 다른 이들이 주는 피신처에서 안전을 구할 마음이 없음을 그들에게 알려 주고자 합니다.'

• 타르수스의 디오도루스 『시편 주해』 11.[5]

주님께 대한 희망이 지닌 힘

주님께 대한 희망은 큰 힘입니다. 그것은 난공불락의 요새요, 공격하기 힘든 성벽, 무적의 보강물, 평온한 항구, 흔들리지 않는 탑이며, 저항할 수 없는 무기이자 정복할 수 없는 힘입니다. 그리고 아무도 찾을 수 없는 곳에서도 피신처를 발견해 낼 수 있는 힘입니다.

• 요한 크리소스토무스 『시편 해설』 11,1.[6]

달리 갈 곳이 없다

우주의 주님께서 내 편이십니다. 모든 것을 적재적소에 창조하시는 데 아무 어려움도 없으신 분이 나의 지도자요 지지자이십니다. 당신은 나를 광야로 보내어 그곳에서 내 피신처를 마련해 줄 수 있습니까? 설사 그렇다 하더라도 광야에서 얻는 도움도 모든 것을 손쉽게 하실 수 있는 분을 능가하지 못합니다.

• 요한 크리소스토무스 『시편 해설』 11,1.[7]

요동치는 마음

시편 저자는 몹시 무질서한 성향으로 말미암아 세상의 가장 높은 곳으로부터 서서히 떨어져 나가는 사람들에 관하여 이야기합니다. 요동치는 마음의 변덕으로 가장 나쁜 가르침에 빠져든 이들도 그들과 비슷하다고 볼 수 있습니다.

• 카시오도루스 『시편 해설』 11,2.[8]

영혼의 날개

영혼은 날개가 있어서 세상으로부터 자유롭게 날아오를 수 있습니다. 그런데 영혼의 날갯짓

---

[4] *CCOP* 1,213-14*. [5] WGRW 9,36. [6] *CCOP* 1,209. [7] *CCOP* 1,210. [8] ACW 51,135.

은 깃털을 움직여 만드는 것이 아니라 지속적으로 선한 일을 행함으로써 이루어집니다. 주님의 날개에 관한 말씀이 있습니다. "당신의 날개 그늘에 피신하고 싶습니다"(시편 61,5). 우선, 십자가에 못 박히신 주님의 손은 날아가려는 새처럼 양쪽으로 펼쳐져 있습니다. 둘째, 주님의 활동은 우리 세상에 불어닥친 대화재를 진압할 수 있는 영원한 구원의 서늘한 그늘과 같습니다.

• 암브로시우스 『동정』 18,116.[9]

11,2 악인들이 활을 당긴다

믿음이 필요하다

죄인들과 반역자들은 불화살을 겨누고 있는데, 이 불화살은 믿음의 방패로 막아 내야 합니다. 그들의 화살통에는 의인에게 쏘려는 화살들이 들어 있습니다. 그들은 대낮이나 달빛이 편안히 어둠을 누그러뜨리고 있는 흐릿한 밤이 아니라 밤이 깊어 어둠조차 더듬거리며 움직일 때 화살을 쏩니다.

• 히에로니무스 『시편 강해』 10[11].[10]

믿음이 우리를 튼튼히 보호한다

사도의 말에 따르면, 그 원수가 보이지 않아도 믿음이 우리를 튼튼히 보호합니다. "무엇보다도 믿음의 방패를 잡으십시오. 여러분은 악한 자가 쏘는 불화살을 그 방패로 막아서 끌 수 있을 것입니다"(에페 6,16). 악마는 천박한 즐거움을 탐하게 하는 불화살을 자주 쏘아 댑니다. 하지만 믿음은 우리에게 심판을 떠올리게 하고, 정신을 차분히 가라앉힘으로써 그 화살을 꺼 버립니다.

• 예루살렘의 키릴루스 『예비신자 교리교육』 5,4.[11]

11,3 바탕까지 허물어지다

타고난 지식의 파괴

그들은 당신께서 만드신 것을 파괴하였습니다. 그것은 곧 자연이 우리에게 심어 준 가장 좋은 생각들의 씨앗입니다. 이것은 하느님께서 우리 각자에게 심어 주시고 우리 정신 안에 넣어 주신 지식입니다. 그래서 그것은 타고난 지식이라 불립니다.

• 카이사리아의 에우세비우스 『시편 주해』 11,4-6.[12]

잘못된 해석

이단자들은 … 우리의 구원을 위하여 하느님에게서 온 예언적 말씀을 담고 있는 성경을 잘못된 해석으로 갈기갈기 찢어 내려고 애씀으로써 하느님의 법을 파괴하였습니다.

• 카시오도루스 『시편 해설』 11,4.[13]

11,4 하느님의 눈은 백성들을 살피신다

하느님께서는 모든 것을 아신다

그들이 저를 거슬러 악을 행할 때, 의로운 심판관이신 당신께서는 천상 어좌에 앉아 계시면서 지상의 성전에도 당신의 특별한 모습을 보여 주심으로써 온 세상을 살피십니다. 눈길 한 번만으로 모든 인간사를 파악하시기에 충분하시지만 그렇게 하십니다. 당신은 의인과 불의한 자들의 행위를 정확히 알고 계시며, 그들이 한 일에 따른 응보를 당신의 생각대로 헤아려서 처리하셨습니다.

• 키루스의 테오도레투스 『시편 주해』 11,3.[14]

---

[9] *AOV* 51*.
[10] FC 57,5-6.
[11] FC 61,141.
[12] AnSac 3,402.
[13] ACW 51,136.
[14] FC 101,100.

하느님께서 모든 것을 보고 계신다

여러분은 기꺼이 여러분의 편이 되어 주시는 분, 언제든 도움을 주시고자 준비되어 계신 분을 압니까? 여러분은 어디에나 계시고, 모든 것을 보시며, 모든 것을 살피시고, 누가 도움을 청하지 않더라도 섭리와 돌봄을 베푸시며, 악한 일을 하는 자를 뒤쫓으시고, 불행을 당한 이들을 도우시며, 덕스러운 이에게 상급을 주시고, 죄인들에게 벌을 주시는 것을 당신의 특별한 역할로 여기시는 분을 봅니까? 그분은 모르시는 것이 없습니다. 사실 그분의 눈은 늘 온 세상을 주의 깊게 살피십니다. 일을 알기만 하시는 것이 아니라 그것을 바로잡고자 하십니다. … 그분이 의로우신 분이라면 이런 일들을 그저 허투루 넘기지는 않으실 것입니다. 그분은 악인은 물리치시고 의인은 칭찬하십니다.

• 요한 크리소스토무스 『시편 해설』 11,2.[15]

자비 또는 심판

그분 홀로 모든 것의 심판관이시며 유일하고 참된 재판관이십니다. 주님께서 당신을 거슬러 전열을 갖춘 이들에게, 의인들을 거슬러 일어선 악인들에게 어떻게 하셨습니까? 그분께서는 성전에서, 천상의 거처에 서서, 그리고 당신 어좌에 꿈쩍도 않고 앉으셔서 지상의 피조물 가운데 그 어느 것도 놓치지 않고 두루 보십니다. 그리고 가난한 이를 보실 때는 은총의 눈길을 보내십니다. 그 눈길은 자비로운 보상을 의미합니다. 주님은 그 눈길로 가난한 이들을 관대하게 바라보십니다. 그분의 눈꺼풀은 섭리이며, 바로 이 섭리로 판단하시고 식별하시며 행위들을 철저하게 살펴보십니다. 모두가 이 심판 앞에 서 있으므로, “주님께서는 의인도 악인도 가려내신다” (시편 11,5)고 말하는 것입니다.

• 카이사리아의 에우세비우스 『시편 주해』 11,4-6.[16]

주님의 호의를 입을 자리를 선택하라

하느님의 눈은 가난한 이들 위에 있으니, 가난한 이들 가운데 속하도록 합시다. 그래야 주님의 눈이 우리를 굽어보실 것입니다. 부자가 가난한 자가 되지 않는다면 주님의 눈길이 그들 위에 머물게 될 가능성은 매우 적습니다.

• 폰투스의 에바그리우스 『시편 발췌 주해』 10[11],4.[17]

주님의 성전

주님은 이 거룩한 성전에 계십니다. 성전은 많은 지체로 이루어졌고, 각 지체는 고유한 임무와 기능을 수행하면서 사랑으로 하나가 됩니다. 자신의 탁월함을 내세우고자 이 공동체에서 떨어져 나가는 이는 일치를 깨뜨리는 자입니다.

• 아우구스티누스 『시편 상해』 11,7.[18]

11,5 폭행을 사랑하는 자를 미워하시다

사악함은 자기파괴적이다

결국 사악함은 영혼의 원수이며, 적이요, 파멸의 원인입니다. 그래서 악인은 심판이 내리기도 전에 이미 형벌을 받습니다. 악인은 그의 적수들이 그들의 무기 위에 쌓아 올린 모든 흔적을 다 보여 주고 있음을 봅니까? 그들은 그 무기로 자신을 보호하지만 그것에 사로잡혀 스스로를 해치지 않습니까?

• 요한 크리소스토무스 『시편 해설』 11,2.[19]

[15] *CCOP* 1,212.

[16] AnSac 3,402.

[17] AnSac 2,464-65.

[18] *WSA* 3,15,166.

[19] *CCOP* 1,212-13.

분노의 불꽃

값비싼 옷을 큰 궤 안에 잘 보관하는 이라면 그 궤 안에 불타는 석탄이나 불씨를 밀봉하여 함께 넣어 두는 데 동의하지는 않을 것입니다. 형제들이여, 왜 그런가요? 축제 때 입으려고 보관한 그 의상이 불에 탈까 봐 두렵기 때문입니다. 형제들이여, 옷궤 안에 불씨는 넣어 두려 하지 않으면서 왜 자기 영혼에 분노의 불을 붙이는 것은 두려워하지 않습니까? 우리는 왜 이런 일이 일어나는지 분명하고 명확하게 압니다. 우리가 옷궤에 불을 넣지 않는 것은 옷을 사랑하기 때문입니다. 우리가 분노의 불꽃을 꺼 버리지 않는 것은 우리가 자신의 영혼을 사랑하지 않기 때문입니다. 심지어 자기 영혼을 미워하기까지 하기 때문입니다. 이것이 바로 다음 말씀이 의미하는 바입니다. "폭력을 사랑하는 이는 자기 영혼을 미워한다."

• 아를의 카이사리우스 『설교집』 227,5.[20]

자신을 죽이는 사람

자기 형제를 미워하는 사람이 살인자라면 악행을 사랑함으로써 자기 영혼을 미워하는 자는 뭐라고 불러야 합니까? 자기 형제를 미워하는 자는 자신에게 남아 있는 영원한 생명을 누리지 못한다는데, 악행을 사랑하고 자기 영혼을 미워함으로써 이 생애를 끝내는 자가 죄의 용서를 얻을 수 있겠습니까? 죄의 용서를 통하여 생명을 얻을 수 있겠습니까?

• 루스페의 풀겐티우스 『죄의 용서에 관해 에우티미우스에게』 2,7,1.[21]

참된 자기 존중

악행을 중요하게 여기는 자는 자기 생명을 미워하는 자이고, 악행을 싫어하는 이는 자기 생명을 존중하는 이입니다.

• 폰투스의 에바그리우스 『시편 발췌 주해』 10[11],5.[22]

악행을 사랑하는 영혼

그대는 악행을 사랑함으로써 자기 영혼을 미워하면서, 그대가 그대 영혼의 안녕을 바라는 하느님의 말씀을 미워하는 것이 이상합니까?

• 아를의 카이사리우스 『설교집』 145,1.[23]

11,6 불과 유황

설교를 통한 축복과 심판

"비"란 하늘로부터 쏟아지는 설교자의 말씀입니다. 이 말씀은 참된 신심을 지닌 이들에게는 단비이고, 불충실한 자들에게는 불타는 올가미가 됩니다. 참된 신심을 지닌 이들은 말씀을 잘 이해함으로써 열매를 맺고, 불충실한 자들은 말씀을 잘못 해석함으로써 옹고집이라는 올가미로 자기 영혼의 목을 조릅니다.

• 카시오도루스 『시편 해설』 11,7.[24]

신성을 모독하는 자들에게 내릴 심판

하느님의 이름을 모독하는 자들에게 내릴 심판과 죽음은 이러합니다. 먼저, 그들은 탐욕의 불로 망합니다. 그다음, 그들은 그들의 악행에서 나오는 악취로 말미암아 축복받은 이들의 무리에서 떨어져 나갑니다. 마지막으로, 그들은 제거되어 파멸함으로써 형언하기 힘든 심판을 겪게 됩니다. 이것이 그들의 몫이 될 "잔"입니다. 그러나 의인들의 잔은 "넘칠 듯한 잔으로 사람의 기분을 좋게 하는 즐거운 잔입니다". 의인들은 하

---

[20] FC 66,167*.
[21] FC 95,156.
[22] AnSac 2,465.
[23] FC 47,306.
[24] ACW 51,137.

느님 집의 풍요와 풍성함에 취하게 될 것입니다.

• 아우구스티누스『시편 상해』11,11.[25]

자비가 아니라 정의

영원한 생명은 미래에 주어지며, 이 세상에서 죄의 용서를 받은 사람에게만 주어집니다. 죄를 끊어 버리고 진실한 마음의 회개를 통해 지극히 높으신 참하느님께로 서둘러 돌아가는 이들만 이 세상에서 죄의 용서를 받을 것입니다. 그 후에는 용서가 아니라 응보의 시간이 이어집니다. 저세상에서는 죄인이 자비 덕분에 의롭게 되는 일이 없으며, 정의가 의인과 죄인을 갈라놓을 것입니다. 시편에도 이렇게 기록되어 있습니다. "주님은 의인과 악인을 시험하신다." 이렇게 하여 악행에는 영혼의 구원이 아니라 심판이 따른다는 것이 분명히 드러납니다. 시편 저자는 또 이렇게 말합니다. "악행을 사랑하는 자는 자기 영혼을 미워한다." 현세의 끝 날까지 악행을 지속한 자들이 자비를 기대하지 못하도록 하느님에 관한 이런 말씀이 또 이어집니다. "그분께서는 악인들 위에 불타는 석탄과 유황의 비를 내리시어 타는 듯한 바람이 그들 잔의 몫이 되리라. 주님께서는 의로우시어 의로운 일들을 사랑하시니 올곧은 이는 그분의 얼굴을 뵙게 되리라"(시편 11,7). … 이 말씀을 듣고 현세에서 회개를 통하여 하느님의 자비를 기꺼이 추구하려 들지 않는다면 미래에 결코 그것을 찾지 못할 것입니다.

• 루스페의 풀겐티우스
『죄의 용서에 관해 에우티미우스에게』6,1-2.[26]

심판의 잔과 축복의 잔

성경에서 가혹한 심판은 종종 "잔"이라는 단어로 표현됩니다(참조: 이사 51,17; 예레 25,15). … 따라서 시편의 이 구절에서도 "잔"은 쏟아져 내릴 심판을 의미합니다. 특히 이 잔은 불과 유황, 폭풍으로 가득 차 있습니다. 창세기에서도 주님께서 소돔과 고모라 사람들에게 내리신 심판을 묘사하는 데 이런 상징들이 사용되었습니다. 불과 유황 외에 폭풍이 담긴 잔도 있습니다. "불"은 위협적인 불꽃을 나타내며, "유황"은 불이 더 활활 타오르게 하는 힘입니다. 마지막으로 "폭풍"은 유혹의 회오리바람을 나타냅니다. 우리는 이에 관하여 이사야서에서 배울 수 있습니다(이사 21,1-2 참조). … 불신으로부터 달아납시다. 그래야 우리에게 이런 잔이 돌아오지 않고, 의롭게 살 수 있을 것입니다. 그리고 최상의 것을 마시며 취할 수 있을 것입니다. 이에 관한 말씀도 있습니다. "주님은 제가 받을 몫이며 제가 마실 잔입니다"(시편 16,5). 주님은 올바르시고 정의를 사랑하시니 올곧은 이에게 당신의 얼굴을 보여 주십니다.

• 장님 디디무스『시편 단편』11,7.[27]

11,7 주님은 의로우시다

변경 불가능한 심판

당신이 비록 온 세상을 가난한 이들에게 준다 해도 당신은 불경한 자를 위하여 아무런 도움도 얻어 줄 수 없을 것입니다. 그가 살아 있는 동안 신은 그의 원수였으니 그가 세상을 떠날 때에도 마찬가지일 것이 분명합니다. 왜냐하면 주님께는 불의가 전혀 없기 때문입니다. "주님께서는 의로우시어 의로운 이들을 사랑하시기" 때문입니다.

•『사도 헌장』8,4,43.[28]

[25] *WSA* 3,15,168.
[26] FC 95,154*.
[27] PG 39,1209-12.
[28] ANF 7,498*.

하느님께서 주시는 의로움

"그분의 얼굴은 의로움을 바라보신다." 이 의로움은 하느님께서 당신의 사랑으로 몸소 주신 것입니다. 왜냐하면 인간이 본디 지닌 것은 하나도 가치가 없기 때문입니다. 이 의로움은 만물의 수여자이신 주님에게서 받은 것일 뿐입니다.

• 카시오도루스『시편 해설』11,8.[29]

궁극적인 정의

그리스도는 궁극적 정의 그 자체이시며, "우리에게 하느님에게서 오는 지혜가 되시고, 의로움과 거룩함과 속량이 되셨습니다"(1코린 1,30). 각 사람에게 있는 정의는 바로 이 정의에서 나온 것입니다. 그리하여 다양한 정의들이 구원받은 이들 안에 자리하게 된 것입니다. 그래서 이런 말씀이 있습니다. "주님께서는 의로우시며 정의를 사랑하신다."

• 오리게네스『요한 복음 주해』6,40.[30]

[29] ACW 51,138.

[30] FC 80,179.

12,1-9 보호를 청하는 기도

군중의 교만과 사방으로 퍼져 가는 악을 보고,
하느님을 기쁘시게 하려는 이가 아무도 남아 있지 않은 것처럼 여겨진다면
주님께 피신하며 시편 제12편을 낭송하십시오.
아타나시우스『시편 해석에 관해 마르켈리누스에게 보낸 편지』16 [OIP 67]

1 [지휘자에게. 제8도로.① 시편. 다윗]
2 주님, 구원을 베푸소서.
충실한 이는 없어지고
진실한 이들은 사람들 사이에서
사라져 버렸습니다.
3 저마다 제 이웃에게 거짓을 말하고
간사한 입술과 두 마음으로 말합니다.
4 주님께서는 간사한 모든 입술과
허황된 것을 말하는 혀를 잘라 버리시리라.
5 그들은 "혀로 우리가 힘을 떨치고
입술이 우리에게 있는데
누가 우리의 주인이랴?" 하는구나.
6 "가련한 이들에 대한 핍박과
가난한 이들의 신음 때문에
이제 내가 일어서리라."
주님께서 이르신다.
"그가 갈망하는 대로 나 그를 구원으로
이끌리라."
7 주님의 말씀은 순수한 말씀
흙 도가니 속에서
일곱 번이나 정제된 순은이어라.
8 주님, 당신께서 저희를 지켜 주시고
저희를 이 세대로부터 영원히 보호하소서.
9 악인들이 사방으로 쏘다니고
사람들 사이에서 야비함이 판을 칠지라도.

① 칠십인역은 '끝을 위하여. 제8도로'다.

둘러보기

시편 제12편은 여드렛날의 구원에 대하여(카시오도루스), 악인으로부터의 구원과 그리스도의 구원에 관한 계시에 대하여 이야기한다(위-아타나시우스). 주님만이 참된 구원자이시다(카시오도루스, 에우세비우스). 그런데 진리에 대한 존중이 사라질 위험에 처해 있다(테오도레투스). 의로움이 없기 때문이다(에바그리우스). 문제는 마음에 있다(발레리아누스). 표리가 부동한 마음이 문제이다(아우구스티누스). 거짓은 영혼을 위험에 처하게 만든다(발레리아누스). 시편 저자는 죄인들이 회개하도록 이 죄에 대해 기도한다(요한 크리소스토무스, 카시오도루스). 영혼의 저속한 부분들은 구원의 은혜를 통해 파괴된다(오리게네스). 문제는 모든 것이 하느님에게서 온다는 것을 인정하지 않으려는(요한 크리소스토무스) 지각없는 오만이다(테오도레투스). 모든 축복은 그리스도 안에 있다(아우구스티누스). 성부는 성자 안에 계시된다(카시오도루스). 주님의 말씀은 참되며, 빼어나게 순수하고(디오도루스), 어떤 잘못도 없으며(에우세비우스), 아무런 거짓도 없다(오리게네스). 주님의 말씀은 시험과 시련을 통해 단련되어 그 참됨을 입증하였다(아우구스티누스). 하느님의 말씀은 영혼을 정화하여 하느님께 다가갈 수 있게 한다(아타나시우스). 하느님의 보호는 전적인 은총이며, 영원하다(테오도레투스). 하느님은 이승에서는 우리를 도우시고, 저승에서는 우리를 영광스럽게 하신다(카시오도루스). 어떤 반대도 이를 막지 못한다(디오도루스). 악인은 여드렛날에 배제될 것이나(카시오도루스) 의인은 하느님의 돌보심으로 드높아질 것이다(디오도루스).

12,1 표제[칠십인역]: 끝을 위하여. 제8도로

여드렛날의 구원

시편 제6편에서 이미 설명한 대로, "여덟째" 날은 우리의 영원한 안식을 말합니다. 이 세상은 이 여덟째 날을 경험하지 못합니다. 일곱째 날이 끝나면 다시 첫날로 돌아갑니다. 이 일곱 날들의 경우 그 수가 복수라면 여덟째 날은 단수로 표시합니다. 여덟째 날은 그 뒤에 이어지는 날에 의해 변화되지 않기 때문입니다. 시편 저자의 취지를 설명할 필요가 있는데, 그래야만 그 목적이 실현되었을 때 표제의 말씀을 훨씬 더 쉽게 이해할 수 있을 것입니다. 이어서 예언자는 이 세상의 사악함이 멸망하도록 간청합니다. 그래야만 미래의 약속에 관한 위대한 진리가 이루어질 것입니다.

• 카시오도루스 『시편 해설』 12,1.[1]

악한 세대로부터의 구원

이 시편에서 예언자는 악한 세대로부터 구원해 달라고 기도합니다. 우리 구원자 그리스도의 섭리의 때에 주님은 이 세대에 관하여 이렇게 말씀하셨습니다. "심판 때에 니네베 사람들이 이 세대와 함께 다시 살아나 이 세대를 단죄할 것이다"(마태 12,41; 루카 11,32). 그들은 진리를 거슬러 헛되이 음모를 꾸몄습니다. 그러므로 그들이 어떻게 죄가 없다고 할 수 있으며, 그들의 죄를 없애 달라고 할 수 있습니까? … 악인의 비참한 상황과 영으로 가난한 이들의 신음 때문에 그분은 부활하실 것을 약속하시고, 당신의 구원을 모든 사람에게 분명히 드러내시겠다고 약속하십니다. 흙으로 정제되고 단련된 은처럼 그분의 순수한 말씀은 일곱 번 정화되었습니다. 주님은 우리를

[1] ACW 51,139.

둘러싼 불경한 자들로부터 우리를 구원하실 뿐만 아니라, 기록된 대로, 우리의 수치스러운 몸을 당신의 영광스러운 몸처럼 변모시키신 후, 우리를 위하여 불사의 생명을 당신의 언덕처럼 커지게 하실 것입니다.

• 위-아타나시우스 『시편 해설』 12.[2]

12,2 주님, 도와주소서

나의 주님, 나의 구원자

시편 저자는 이 세상이 다양한 방법으로 영혼들을 억압하고 있음을 보았기에 주님께 구원해 달라고 청합니다. 그는 진정한 치유는 하느님의 힘으로 일어난다는 것을 알고 있습니다.

• 카시오도루스 『시편 해설』 12,2.[3]

유일한 구원자

시편 저자는 이렇게 말합니다. '어디에도 의인은 없습니다. 누가 저를 구원할 수 있겠습니까. 참으로 저에게는 구원자가 없습니다. 이렇게 아무도 없으니, 주님, 당신께서 저의 구원자가 되어 주소서.'

• 카이사리아의 에우세비우스 『시편 주해』 12.2-3.[4]

하나의 진리에 대한 다양한 표현

성도들의 영혼에 빛을 비추는 진리는 하나입니다. 그런데 영혼들은 많기 때문에 그들 안에서 진리는 다양하게 표현될 수 있습니다. 이는 거울이 많은 방에서 한 얼굴의 다양한 면모를 볼 수 있는 것과 같습니다.

• 아우구스티누스 『시편 상해』 12,2.[5]

12,3 두 마음

진리에 대한 존중이 위기에 처하다

진리에 대한 존중이 사라질 위험에 처해 있습니다. 모두가 서로를 불신하고 있기 때문입니다. … 그들은 우정을 가장하지만 원수들이 하는 행동을 합니다. … 어떤 이들은 입술로 이웃에게 거짓을 말하고, 다른 이들은 찬사로 답합니다.

• 키루스의 테오도레투스 『시편 주해』 12,2.[6]

의로움도, 진리도 없다

먼저 의인이 사라지고, 그다음에는 진리가 소멸됩니다. 의인들 가운데도 진리가 없고, 정직한 사람들 가운데도 거룩함이 없습니다. 의인들이 사라졌으니 이제 진리가 소멸되리라. 수많은 이단이 나오는 이유는 어쩌면 의인들이 부족하기 때문일 것입니다.

• 폰투스의 에바그리우스 『시편 발췌 주해』 11[12],2.[7]

마음의 문제

마음에서 나오는 천박한 것들, 입술로 옮겨 다니는 신성모독, 생각에 머물고 있는 해로운 것들. 우리는 이런 것들 가운데 어느 것도 키우지 않도록 조심해야 합니다. 예언자는 귀를 더럽히는 것들을 비난할 뿐만 아니라 어떤 이들이 지닌 마음속의 자세에 대해서도 비난합니다. "저마다 제 이웃에게 거짓을 말하고 간사한 입술과 두 마음으로 말합니다." 꿍꿍이속도 오만한 혀가 저지르는 잘못 가운데 하나로 여겨야 합니다. 마음속으로 하는 모든 말은 주님께 고백하는 것입니다. 하느님은 마음을 보시는 분이기 때문입니다. 그대의 생각조차 그분께 감출 수 없는데, 그대가 큰 소리로 말한 것이 그분께 알려지지 않을 수 있겠습니까? 그분의 심판을 받지 않을 수 있

[2] CSCO 387,8. [3] ACW 51,140.
[4] AnSac 3,403. [5] *WSA* 3,15,170.
[6] FC 101,102. [7] AnSac 2,466.

겠습니까? 잘 생각해 보십시오.

• 시미에의 발레리아누스 『강해집』 5,7.[8]

두 마음

단순하지 않고 겉과 속이 다른 두 마음이 있습니다. 밖으로 하는 말과 마음속 생각이 다릅니다. 옛날에 이런 두 마음에는 끔찍한 심판이 선고되었습니다. "마음을 드러내는 거짓된 입술과 속마음이 모두 악을 내뱉었다." 어떻게 입술이 거짓될 수 있습니까? "거짓"이란 무엇입니까? 겉으로 드러난 것과 속에 감추어진 것이 다른 것입니다. "거짓된 입술"은 단순한 마음이 아닙니다. 단순한 마음이 아니기 때문에 "속마음과 드러나는 마음"이 있는 것입니다. 이 때문에 마음이 두 번이나 언급됩니다. 두 마음이 있는 까닭입니다.

• 아우구스티누스 『설교집』 133,4.[9]

12,4 간사한 입술

위험한 속임수

같은 대화를 하더라도 달콤한 말에다 이따금씩 독을 섞고, 평화로이 설득하는 체하지만 갈등을 야기하는 이들을 많이 볼 수 있습니다. 남을 속이는 혀로 열과 성을 다하여 다른 이들의 생명을 해칠 음모를 꾀하는 이들보다 더 불행하고 위험한 것이 있겠습니까? 왜 그들은 다음과 같이 말하는 예언자의 시편을 염두에 두지 않는 것입니까? "주님께서는 죄스러운 입술을 파멸시키시리라." 마음속으로는 음모를 꾸미면서 입술로는 다른 말을 하는 자에게 내려질 저주가 무엇인지 알고 있습니까?

• 시미에의 발레리아누스 『강해집』 5,5.[10]

죄를 피하기 위한 기도

이 시편 구절에서 영감 받은 저자가 염려하는 바가 무엇이며, 이 저자가 어떻게 기도하고 있는지 알겠습니까? 저자는 죄인들을 거슬러 기도하는 것이 아니라 그들을 위하여 기도합니다. 그는 죄인들이 멸망하게 해 달라고 청하는 것이 아니라 악을 없애 달라고 청합니다. 그가 "주님께서 그들을 멸망시키시리라"고 말하지 않고 "거짓된 입술"을 없애 달라고 말하는 사실에 주목하십시오. 그는 죄인들의 존재를 파멸시켜 달라고 청하지 않고 그들의 혀와 어리석음, 그들의 거짓을 없애 달라고 청하였고, 그들의 오만함이 사라지게 되기를 청하였습니다.

• 요한 크리소스토무스 『시편 해설』 12,1-2.[11]

악을 비난하다

이런 말을 하고 있는 시편 저자의 신심에 주목하십시오. 그는 사람들을 거슬러 독설을 한 것이 아닙니다. 그들 가운데 많은 이들이 회개한 이들이기 때문입니다. 오히려 그는 악 자체를 맹렬히 비난하고 있습니다.

• 카시오도루스 『시편 해설』 12,4.[12]

구원을 가져오는 파괴

주님께서 저속한 것들을 없애고자 하신다면 오직 그런 것들만을 파괴하실 것입니다. 따라서 어떤 사람에게 예기치 않게 들어오게 된 저속한 것들이 파괴되면 그 저속한 것들이 지배하던 하느님의 최고의 피조물은 더욱 고상한 것들을 취할 수 있게 될 것입니다.

• 오리게네스 『시편 발췌 주해』 12,4.[13]

[8] FC 17,335*.
[9] *WSA* 3,4,334.
[10] FC 17,333*.
[11] *CCOP* 1,218*.
[12] ACW 51,141*.
[13] PG 12,1200.

12,5 우리가 힘을 떨치는데

지각없는 오만

그들은 활짝 열린 입으로 생각나는 대로 아무렇게나 지껄입니다. 하느님의 오랜 인내를 비웃고, 하느님의 주권 아래 몰락하게 될 것은 전혀 생각하지 않습니다.

• 키루스의 테오도레투스 『시편 주해』 12,3.[14]

모든 것은 하느님에게서 온다

"입술이 우리에게 있는데 누가 우리의 주인이랴?" 이는 제정신이 아닌 미친 사람들의 말입니다. 바오로는 바로 이런 사람들에게 정반대로 대꾸합니다. "여러분은 여러분 자신의 것이 아닙니다. 하느님께서 값을 치르고 여러분을 속량해 주셨습니다"(1코린 6,19-20). 그러면서 그들에게 자신을 위해서 살지 말라고 명령합니다. 바오로는 말합니다. '여러분의 입술은 여러분의 것이 아니라 주님의 것입니다.' 여러분에게 입술을 만들어 주고 숨결을 불어넣어 주신 분이 바로 그분이십니다. 그런데 무엇이 여러분 것이라는 말입니까? 우리가 가진 것 모두 다 우리 것이 아닙니다. 우리가 가진 재산도 다른 이들이 우리에게 맡긴 것이며, 우리가 빌린 땅도 다른 사람들이 우리에게 준 것입니다. 더 정확히 말하자면 우리가 잠시 사용할 수 있도록 하느님께서 이 모든 것들을 내어 주신 것입니다. 가시덤불이나 자라게 하라고 주신 것이 아니라 씨앗이 유익한 것으로 자라게 하라고 주신 것입니다. 어리석음이나 거짓을 풍성하게 키우라고 주신 것이 아니라 겸손과 축복과 사랑을 풍성히 키우라고 주신 것입니다. 하느님께서 여러분에게 눈을 주신 것은 아무것도 자제하지 말고 마음껏 보라고 주신 것이 아니라 시선을 절제로 장식하라고 주신 것입니다. 손도 남을 때리라고 주신 것이 아니라 자선을 베풀라고 주셨습니다.

• 요한 크리소스토무스 『시편 해설』 12,2.[15]

12,6 주님께서 일어서시리라

모든 축복은 그리스도 안에 있다

이 말씀은 … 가난하고 불쌍한 이들을 위하여, 곧 영적으로 좋은 것들을 갖지 못한 채 가난과 궁핍으로 고생하는 이들을 위하여, 당신의 아들을 보내시기로 작정하신 성부 하느님께서 직접 말씀하신 것으로 받아들여야 합니다. … 하느님은 가난한 이들의 비참함을 없애고 빈곤으로 신음하는 이들을 구제하는 것과 관련된 것은 무엇이나 그리스도 안에 두시고자 한 것으로 이해할 수 있습니다.

• 아우구스티누스 『시편 상해』 12,6.[16]

성자 안에 계신 성부

"내가 일어서리라." 이는 엎드린 자세, 곧 굴복의 자세에서 일어선다는 표현입니다. 하느님은 굴복이라는 인간적인 약함과는 거리가 먼 분이시므로, 이 표현은 은유적 진술로 이해해야 합니다. "내가 일어서리라"는 말은 하느님께서 아들 안에서 나타나 아들임을 드러내시리라는 것을 의미합니다. 성부와 성자의 권능은 하나이고, 그들의 위엄도 나뉨이 없습니다. 그리스도께서 복음서에서 "나를 본 사람은 곧 아버지를 뵌 것이다"(요한 14,9)라고 하셨듯이, 성부는 성자의 모습으로 나타납니다.

• 카시오도루스 『시편 해설』 12,6.[17]

---

[14] FC 101,102.

[15] *CCOP* 1,218*.

[16] *WSA* 3,15,171.

[17] ACW 51,142.

12,7 흙에서 정제된 순은

빼어나게 순수한

시편 저자는 주님의 말씀이 순수하고 아무런 거짓이 없다고 말하였습니다. 또 이어서 그는 말합니다. '불과 접촉한 은은 모든 불순물이 정제된 것으로 드러나는 것처럼, 하느님의 말씀도 마찬가지로 꾸밈없고 거짓에 전혀 물들지 않은 것으로 드러납니다.' "일곱 번"이라는 말은 하느님의 말씀이 빼어나게 순수하고 거짓에 물들지 않았음을 강조합니다.

• 타르수스의 디오도루스 『시편 주해』 12.[18]

거짓이 전혀 없다

은은 불꽃 속에 두세 번 집어넣어 불로 정제합니다. 만약 그것으로 충분하지 않으면 도가니 속에서 반복적으로 정제하여 아무런 불순물도 남지 않게 합니다. 이와 마찬가지로 진실하게 선포된 하느님의 말씀도 순수하고 오염되지 않았으며 아무런 거짓도 들어 있지 않기에 진리로 충만합니다.

• 카이사리아의 에우세비우스 『시편 주해』 12,7.[19]

거짓이 없다

그리스도와 결합되어 있지 않은 이들의 말은 아름다울 수는 있으나 순수하지 않고 셀 수 없는 거짓이 뒤섞여 있습니다. 주님의 말씀만이 순수합니다. 거기에는 어떤 거짓도 섞여 있지 않으며 그 말씀은 도가니에서 정제된 은처럼 참됩니다. 무엇이든 하느님의 말씀과 함께 선포된다면 그것은 의심하여 거부할 필요가 없습니다.

• 오리게네스 『시편 발췌 주해』 12,7.[20]

시련으로 단련되다

"주님의 말씀은 순수한 말씀." 여기에서 "순수"라는 말은 어떠한 속임수도 뒤섞여 있지 않음을 의미합니다. 주님의 이 말씀들은 시련을 통하여 확인되고 입증된, "일곱 번 정제된" 말씀입니다. 하느님에 대한 경외와 신심, 지식과 용기, 심사숙고와 이해, 지혜로 정제된 말씀입니다.

• 아우구스티누스 『시편 상해』 12,7.[21]

하느님께 다가가다

이스라엘이 이집트를 떠났을 때, 하느님께서는 율법을 주시던 그 산을 백성들이 건드리지도 못하게 하셨습니다. 그래서 그들은 주님을 위해 "타오르는 불"에서 멀리 떨어져 있어야 했습니다. 하지만 주님께서는 복된 모세를 그 산으로 부르셨습니다. 모세는 하느님께 온전히 헌신하였고 그분의 은총에 결합되어 있었습니다. 그래서 하느님께서는 모세에게 "너 모세만 가까이 와라"(탈출 24,2) 하셨습니다. 그래서 모세는 산을 올라 구름 속으로 들어갔습니다. 그 산은 주님의 열기와 현존으로 연기를 내고 있었지만 모세는 아무런 해도 입지 않았습니다. 오히려 "도가니에서 정제된 순은인 하느님의 말씀" 덕분에, 그는 산을 올랐을 때보다 더 순수하게 되어 산에서 내려왔습니다.

• 아타나시우스 『축일 서간집』 3,4.[22]

12,8 주님, 저희를 지켜 주소서

은총으로 모든 것을

하느님의 은총으로 보호를 받는 우리는 현세대의 모든 속임수에서 벗어날 수 있을 뿐만 아니라 영원한 구원도 받게 됩니다.

• 키루스의 테오도레투스 『시편 주해』 12,4.[23]

---

[18] WGRW 9,39.
[19] AnSac 3,405.
[20] PG 12,1201.
[21] *WSA* 3,15,171.
[22] *ARL* 73.
[23] FC 101,103.

이승에서는 도움을, 저승에서는 영광을

하느님께서는 시련 중에 있는 우리를 이승에서는 위로하시고, 하늘에서는 모든 불안에서 영원히 해방되어 살 수 있게 하십니다. 이승에서는 우리를 도와주시고, 저승에서는 우리를 영광스럽게 하시고 관을 씌워 주십니다. 그러니까 더없이 헌신적인 창조주께서 이 세상에서는 우리가 멸망하지 않도록 지켜 주시고, 다음 세상에서는 우리가 모든 비참함에서 완전히 해방될 수 있도록 우리를 축복하시는 것입니다.

• 카시오도루스 『시편 해설』 12,8.[24]

모든 반대에도 불구하고

비록 불경한 자들과 마귀들, 선동자들이 우리를 둘러싸고 있어도, 그들이 우리를 포위하고 고립시켰다 해도, 당신께서는 우리를 도와주시고 들어 높여 주실 것입니다.

• 타르수스의 디오도루스 『시편 주해』 12.[25]

12,9 악인들이 쏘다닌다

여드렛날에 배제될 악인들

"악인들이 사방으로 쏘다닙니다." 바로 이 때문에 그들은 결코 바른길로 들어서지 못합니다. 굽은 길에는 언제나 악한 수단들이 널려 있는 까닭입니다. … 그들은 여드렛날의 안식을 얻지 못합니다. 그들은 늘 거꾸로 굴러가는 바퀴와 같기 때문입니다.

• 카시오도루스 『시편 해설』 12,9.[26]

더 나은

당신께서 우리를 돌보시면, 우리가 적의에 차 음모를 꾸미는 죄인들 가운데 버려진 것처럼 보일지라도, 우리는 지극히 높으신 분의 돌봄 때문에 더 우월한 존재임이 드러납니다.

• 타르수스의 디오도루스 『시편 주해』 12.[27]

24 ACW 51,143.
25 WGRW 9,40.
26 ACW 51,144.
27 WGRW 9,40.

13,1-6 주님을 기다림

원수들의 음모가 상당히 오래 지속될지라도
마치 하느님께서 그대를 잊으시기나 한 것처럼 용기를 잃어서는 안 됩니다.
오히려 주님을 부르며 시편 제13편을 노래하십시오.

아타나시우스 『시편 해석에 관해 마르켈리누스에게 보낸 편지』 16 [OIP 67]

1 [지휘자에게. 시편. 다윗]
2 주님, 언제까지 마냥 저를 잊고
계시렵니까?
언제까지 당신 얼굴을 제게서
감추시렵니까?
3 언제까지 고통을① 제 영혼에,
번민을 제 마음에 날마다 품어야 합니까?
언제까지 원수가 제 위에서
우쭐거려야 합니까?
4 살펴보소서, 저에게 대답하소서,
주 저의 하느님.
죽음의 잠을 자지 않도록
제 눈을 비추소서.
5 제 원수가 "나 그자를 이겼다." 하지

못하게,
제가 흔들려 저의 적들이 날뛰지 못하게
하소서.

6 저는 당신 자애에 의지하며
제 마음 당신의 구원으로 기뻐 뛰리이다.
제게 은혜를 베푸셨기에
주님께 노래하오리다.

① 시리아어역; 히브리어 본문은 '조언을'이다.

둘러보기

시편 제13편은 다윗이 밧 세바와 죄를 지은 후 화해의 기도로 바친 것이다(디오도루스). 그는 하느님께서 그를 잊으실 때 오는 위험에 대해 숙고한다(헤시키우스). 이 시편은 인간적인 방식으로 하느님에 관하여 이야기한다(아우구스티누스). 그는 그리스도께서 나타나시기를 고대한다(카시오도루스). 가장 중요한 것은 하느님께서 나를 잊으신다는 것이 무엇을 의미하는지 아는 것이다(요한 크리소스토무스). 그것은 불안과 슬픔에 찬 삶을 초래한다(요한 크리소스토무스). 반대로 우리는 하느님의 계획을 신뢰하는 법을 배워야 한다(오리게네스).

하느님의 저버리심은 훈육의 한 형태다(요한 크리소스토무스). 하느님의 도우심의 빛은 어둠을 쫓아 버린다(테오도레투스). 이 빛의 권능은 주님에게서 나온다(에우세비우스). 하느님은 나뉨이 없는 빛이시다(나지안주스의 그레고리우스). 그 빛은 잠들어 있는 마음을 깨운다(카시오도루스). 그분은 마음의 눈을 열어 주시며(아우구스티누스) 정신의 눈도 열어 주시고(오리게네스), 올바른 시력을 회복시켜 주신다(알렉산드리아의 키릴루스, 디오도루스). 죄는 영을 반대한다(에우세비우스). 죄는 원수의 덫에 발을 들여놓게 한다(카시오도루스). 죄는 우리의 원수를 강하게 만든다(요한 크리소스토무스). 시편 저자는 자신의 공로가 아니라 하느님의 자비를 신뢰한다(테오도레투스). 그는 구원이 믿음을 통하여 온다는 것을 알고 있다(위-아타나시우스). 이것은 교만에서 나오는 자랑이 아니다(아우구스티누스). 희망으로 가득 찬 영혼이(요한 크리소스토무스) 하느님의 사랑으로 들여 높여진 것이다(카시오도루스). 감사한 마음으로 확신에 찬 희망을 지닌 이들은 하느님의 사랑을 받는다(요한 크리소스토무스).

13,2 마냥 저를 잊고 계시렵니까?

화해의 기도

사실 이 시편의 주제는 명확합니다. 이 시편은 다윗이 밧 세바와 죄를 짓고 그 죄의 결과 때문에 괴로워할 때 그가 직접 바친 것입니다. 그 일로 인하여 다윗은 모든 가혹하고 비통하며 고통스러운 사건이 가져오는 온갖 불쾌한 것들을 경험하면서 죄가 이 모든 것의 원인임을 알아차렸습니다. 특히 "주님께서 임금님의 죄를 용서하셨습니다"(2사무 12,13)라는 말씀을 들었을 때 그러하였습니다. 알다시피 다윗은 사랑하시는 주님이 주시는 선물을 받았지만 자신의 죄를 잊어서는 안 된다고 생각을 하였습니다. 그래서 그는 그토록 좋으신 주님을 거슬러 다시는 죄를 짓지 않으려는 굳은 결심으로 덕으로 나아가고자 하였습니다. 특히 그는 압살롬이 연루된 사건에 휘말렸을 때, 하느님께서 그를 저버리셨기 때문에 이런 일이 일어났다고 생각하였고, 가장 비난 받아야 할 것은 죄라는 것을 깨달았습니다. 그렇기에 그는 하느님과 완전히 화해할 수 있게 해 달라고 청하였으며, 자신을 저버리지 마시고, 고통받는 이가 자기 힘만으로 감당하기에는 너무 힘겨운 불행의 무게를 줄여 주십사고 간구하였습니다.

• 타르수스의 디오도루스『시편 주해』13.[1]

잊히는 것의 위험

하느님께서 누군가를 잊으신다는 것은 제아무리 일시적인 것이라 할지라도 매우 심각한 것이 [될 것입니다.] 그것은 죽음, 불사不死의 상실을 의미할 것입니다.

• 헤시키우스『시편 단편』13,1.[2]

인간적인 방식의 말

"언제까지 당신 얼굴을 제게서 감추시렵니까?" 하느님은 잊지도 않으시고, 얼굴을 감추시지도 않습니다. 성경이 인간적인 표현 방식을 채택한 것일 뿐입니다. 하느님은 영적인 눈이 아직은 순수하지 않은 영혼에게 당신에 대한 지식을 허락하지 않으시는데, 이를 두고 성경은 '당신의 얼굴을 돌리신다'고 표현합니다.

• 아우구스티누스『시편 상해』13,1.[3]

육화하실 분의 얼굴

시편 저자는 그리스도의 나타나심을 청합니다. 그는 성령 안에서 오랫동안 그리스도의 오심을 예견하였습니다. 그리스도의 얼굴은 육안으로 볼 수 있게 나타나실 것이므로 그 얼굴을 뵙고 싶다는 당연하고 일반적인 심정을 이 거룩한 사람은 표현하고 있습니다. 이 얼굴이 하늘에서 나타날 때, 그 얼굴은 세상을 구원할 것이기 때문입니다.

• 카시오도루스『시편 해설』13,1.[4]

잊힘의 의미

시편 저자는 하느님께서 그를 잊으셨다고 말하는데, 그 지식은 어디에서 온 것입니까? 그는 하느님께서 그를 기억하셨을 때를 알기 때문에 하느님께서 잊으신다는 것과 기억하신다는 것의 의미를 알 만큼 충분히 현명합니다. 대다수 사람들은 그들이 부유할 때, 사람들로부터 좋은 평판을 받을 때, 온갖 일이 잘되어 갈 때, 그들이 적수들보다 더 뛰어날 때 하느님께서 그들을 기억하신다고 생각합니다. 따라서 이들은 언제 하느님께서 그들을 잊으시는지 알지 못합니다. 보다 시피 그들은 하느님께서 기억하실 때의 표지도, 잊으실 때의 표지도 알아차리지 못합니다. … 선을 행하는 것, 맑은 정신으로 깨어 있는 것, 덕을 실천하는 것보다 더 하느님의 기억을 불러일으키는 것은 없습니다. 마찬가지로 죄 중에 살면서 탐욕에 자신을 내맡기는 것보다 더 하느님의 망각을 촉진시키는 것은 없습니다. 그러므로 진실로 사랑하는 그대여, 곤란 가운데 있을 때 "하느님께서 나를 잊으셨다"고 말하지 마십시오. 오히려 죄 중에 살고 있는데 모든 것이 다 잘되어 간다면 그때 그렇게 말하십시오. 그대가 이것을 안다면, 재빨리 나쁜 짓을 그만두게 될 것입니다.

• 요한 크리소스토무스『시편 해설』13,1.[5]

---

[1] WGRW 9,40-41.

[2] PG 93,1184.

[3] *WSA* 3,15,173.

[4] ACW 51,146.

[5] *CCOP* 1,224-25*.

13,3 제 마음의 번민

불안과 슬픔

항구를 떠난 항해사가 사방으로 헤매고, 빛을 잃은 사람이 여기저기에 부딪치는 것과 마찬가지로 하느님의 잊음을 경험하는 이들은 늘 걱정과 근심, 슬픔에 사로잡히게 됩니다.

• 요한 크리소스토무스 『시편 해설』 13,1.[6]

하느님의 계획을 신뢰하는 것을 배워라

이 사람은 처음에는 자기 안에 많은 계획을 가지고 있었지만 마지막에는[6절을 보라] 모든 이를 위한 하느님의 위대한 계획에 의탁합니다. 그의 영은 이새의 뿌리에 있습니다.

• 오리게네스 『시편 발췌 주해』 13,2.[7]

13,4 제 눈을 비추소서

훈육의 한 형태인 저버림

하느님께서 우리를 변호하시고 우리 옆에 서 계시면, 우리에게 해악을 끼치는 모든 것이 사라집니다. 반대로 하느님께서 우리와 거리를 유지하시고 우리를 잊으시면, 우리 영혼은 둘로 쪼개지고, 마음은 슬픔에 빠져들며, 해를 끼치는 이들이 우리에게 달려들고, 삶은 험한 절벽과 같아집니다. 그런데 이런 일이 허락되는 것은 우리의 유익을 위해서입니다. 이 모든 것을 통하여 냉담했던 사람들이 더욱 열정적이 되도록 자극을 받고, 타락하기 이전의 상태로 되돌아가게 하려는 것입니다. 성경은 말합니다. "네 악행이 너를 가르치고 네 배반이 너를 징계할 것이다"(예레 2,19). 그러므로 하느님의 저버리심조차도 섭리의 한 형태입니다. 알다시피, 섭리와 돌봄을 베푸시는 분을 무시하면, 그분도 우리를 모른 체하시며, 우리가 무관심을 쫓아 버릴 때까지, 태만한 자가 더욱 열정적인 자로 변화될 때까지 우리를 저버리십니다.

• 요한 크리소스토무스 『시편 해설』 13,1.[8]

어둠을 쫓아 버리다

밤중에 저는 제 문제로 어찌할 줄 몰라 실망이 잠처럼 저를 사로잡았습니다. 하지만 당신의 도움의 빛이 비치면 저를 힘들게 하는 어둠은 흩어지고 실망의 잠도 사라질 것입니다. 당신께서 도움을 늦추시면 잠이 죽음으로 바뀔까 봐 두렵습니다. 번민이 제 의지보다 더 강해지고 있기 때문입니다.

• 키루스의 테오도레투스 『시편 주해』 13,3.[9]

하느님의 빛이 지닌 힘

빛으로 가득한 하느님의 얼굴은 은사를 베푸는 것으로 여겨지는 어떤 힘을 가지고 있습니다. 이 빛에 참여하는 이들은 마치 태양빛을 쬐는 것처럼 빛을 받습니다. 하지만 이 빛에서 멀어지면 그의 정신은 빛이 없는 그늘 속에 살게 됩니다. 내적인 눈, 곧 정신의 생각들이 아무것도 보지 못하기 때문입니다. 사람이 지속적으로 죄를 지으면 그 그늘은 점점 더 짙어집니다. 하느님의 얼굴이 그의 내면 깊은 곳을 비추지 않기 때문입니다. 하느님께서 얼굴을 돌리신 채로 계시기 때문입니다.

• 카이사리아의 에우세비우스 『시편 주해』 13,3-5.[10]

나뉘지 않는 빛

그대가 눈이 멀어 빛을 받지 못한다면, 죽음

[6] *CCOP* 1,225.

[7] PG 12,1204.

[8] *CCOP* 1,225-26.

[9] FC 101,105*.

[10] PG 23,144.

속에 잠들지 않도록 그대의 눈을 밝히십시오. 하느님의 빛으로 빛을 보고, 하느님의 성령 안에서 성자의 비추임을 받으십시오. 나뉘지 않는 이 삼중의 빛을 받으십시오.

• 나지안주스의 그레고리우스 『거룩한 세례』(연설 40) 34.[11]

잠자는 마음

신앙의 빛이 묻혀 있을 때 마음의 눈은 죽음의 잠을 잡니다. 이 눈은 육체의 쾌락으로 닫혀 있습니다. 이것이야말로 원수가 기뻐하는 잠입니다.

• 카시오도루스 『시편 해설』 13,4.[12]

마음의 눈

여기에서 우리는 마음의 눈이 무엇인지 이해해야 합니다. 시편 저자는 쾌락을 주는 죄가 눈을 근시로 만들어 눈이 그것만 보게 되지 않도록 기도하고 있습니다.

• 아우구스티누스 『시편 상해』 13,3-5.[13]

정신의 눈

하느님은 육체의 눈을 밝히는 빛입니까, 지성의 눈을 밝히는 빛입니까? 예언자는 후자라고 말합니다. "죽음의 잠을 자지 않도록 제 눈을 비추소서." 이 말씀이 하느님께서 태양이 할 일을 하신다거나, 죽음의 잠을 자지 않도록 눈을 밝히는 일을 다른 누군가에게 맡기신다는 의미가 아님을 모두 아시리라고 생각합니다. 하느님께서는 빛을 받을 자격이 있다고 여기시는 이들의 정신을 비추십니다. 그런데 만약 하느님께서 "주님은 나의 빛"(시편 27,1)이라는 말씀대로 정신을 비추어 주신다면, 그분은 지성으로 이해될 수 있고, 보이지 않는 영적인 분이라고 생각해야 합니다. 그분은 정신의 빛이시기 때문입니다.

• 오리게네스 『요한 복음 주해』 13,135-37.[14]

좋은 시력

내적인 눈의 시력이 좋다면 하느님의 말씀과 관련된 것은 무엇이든지, 볼 수 있도록 허락된 것이라면 무엇이든지 분명하고 섬세하게 볼 수 있어야 합니다. "우리가 지금은 거울에 비친 모습처럼 어렴풋이 보지만"(1코린 13,12) "어둠에서부터 은밀한 것을 드러내시는 분"(욥 12,22)께서 당신에 관하여 올바른 지식을 얻고자 하는 이들에게 진리의 빛을 보내 주십니다. 그러므로 하느님 앞에 엎드려 이렇게 말씀드려야 합니다. "죽음의 잠을 자지 않도록 제 눈을 비추소서." 거룩한 교리의 정확함에서 벗어나는 것은 죽음의 잠을 자는 것과 다를 바 없으며, 하느님의 영감을 받은 성경을 따르지 않을 때 교리의 정확함에서 멀어지게 됩니다.

• 알렉산드리아의 키릴루스 『서간집』 55,3.[15]

시련 뒤에 있는 선善을 바라보다

시편 저자는 이렇게 말합니다. '불행과 시련이 들이닥쳐 모든 사람에게 기쁨의 원천이 되는 태양마저 저에게는 희미하고 흐리게 여겨집니다. 그러니 제 불행을 치워 주시어 좋은 것들을, 시련의 옷을 입고 있는 모습으로가 아니라, 있는 그대로 볼 수 있게 해 주소서.'

• 타르수스의 디오도루스 『시편 주해』 13.[16]

---

[11] NPNF 2,7,372.

[12] ACW 51,147.

[13] *WSA* 3,15,174.

[14] FC 89,96.

[15] FC 77,16.

[16] WGRW 9,41.

13,5 적들이 날뛰지 못하게 하소서

죄는 영을 적대한다

우리가 죄를 지으면, 그 원수는 교만해져서 우리를 지배합니다. 그러면 우리는 죄에 짓눌리게 됩니다. 영을 쫓아내고 억압하는 것이 죄의 특성입니다.

• 카이사리아의 에우세비우스 『시편 주해』 13,1-4.[17]

악마의 덫에 발을 들여놓다

사람은 주님의 힘으로부터 한 발자국 멀어지면 악마의 덫에 발을 들여놓게 됩니다.

• 카시오도루스 『시편 해설』 13,5.[18]

원수를 돕다

"나 그자를 이겼다"라는 말은 무슨 뜻입니까? 적이 절대적인 강자는 아니지만 나보다 더 강한 것으로 드러났음을 의미합니다. 우리가 지면 그는 힘을 받아 더 강해지고, 강력하여 이길 수 없는 존재가 됩니다. 우리는 죄를 지음으로써 수치를 당하고 자신을 파괴하며 죽음으로 곤두박질 칠 뿐만 아니라, 우리를 이긴 그 적수가 힘 있고 강력한 자임을 선언하게 된다는 것을 알겠습니까? 이뿐만이 아닙니다. 또한 우리는 그 적수들을 기뻐 날뛰게 만듭니다. 이런! 얼마나 어리석은 일입니까! 얼마나 미친 짓입니까! 우리가 스스로 원수의 협력자가 되어, 그들이 우리에게 끼친 고통과 번민 때문에 그들이 기뻐 날뛰게 만들다니요! 이것이 얼마나 말도 안 되는 것인지 보십시오. 우리가 원수를 이겨야 함에도 불구하고 ["그의 칼은 결국 꺾이고 악인은 멸망하였다"(시편 9,7 참조)는 것을 기억하십시오] 우리가 졌습니다. 그것으로 그치지 않고 우리는 그가 힘세고 강해 보이게 만들었습니다. 우리의 정신 나간 미친 짓은 여기서 그치지 않습니다. 우리는 원수가 기뻐 날뛰게 만듭니다. 사실 죄는 광기와 극한의 악이 절정에 이른 것입니다. … 그러니 우리는 원수가 교만해지지 못하도록, 그가 강해 보이지 않도록, 그에게 기쁨을 가져다주지 않도록 잘 생각하고 노력합시다. 오히려 그 반대가 되도록 합시다. 그가 보잘것없고, 비천하며, 약하고, 의기소침하며, 우울해지게 만듭시다. 알다시피, 원수가 죄인들이 회개하는 것을 본다면 이 모든 일이 한꺼번에 일어날 것입니다.

• 요한 크리소스토무스 『시편 해설』 13,1-2.[19]

13,6ㄱ 하느님의 자애에 의지하며

공로가 아니라 자비

시편 저자가 죄를 지은 후에 이 시편을 읊었다는 것이 여기에서 분명히 드러납니다. 그는 자신의 의로움이 아니라 자비에 의지하며, 하느님의 자애에 신뢰를 둔다고 말합니다.

• 키루스의 테오도레투스 『시편 주해』 13,4.[20]

믿음을 통한 구원

저는 저의 죄가 용서받으리라는 것을 믿습니다. 당신께서는 자비로 온 민족을 구원하셨으니, 당신의 자비에 제 희망을 둡니다.

• 위-아타나시우스 『시편 해설』 13.[21]

교만으로 잘난 체하지 않다

의인이 흔들리지 않고 주님 안에 확고하게 서 있을 때, 그 또는 그녀는 그 확신을 자기 것으로 여겨서는 안 됩니다. 그것에 대해 자만할 때 그는 흔들리게 될 것이며, 흔들리지 않는다고 잘난

[17] AnSac 3,405.
[18] ACW 51,147.
[19] *CCOP* 1,226-27.
[20] FC 101,105.
[21] CSCO 387,8.

체할 때도 그렇게 될 것입니다.

• 아우구스티누스 『시편 상해』 13,6.[22]

희망에 찬 영혼

희망에 찬 영혼을 보십니까? 그는 청하고, 청한 것을 받기도 전에 마치 이미 그것을 받은 것처럼 감사를 드리며, 하느님을 찬미합니다. 그리고 그가 기대하였던 모든 것을 얻습니다.

• 요한 크리소스토무스 『시편 해설』 13,2.[23]

하느님의 사랑

하느님의 사랑은 덕을 뿌려 주는 봄철의 소나기와 같습니다. 이 소나기로 복된 갈망이 싹을 틔우고, 거룩한 행위가 열매를 맺습니다. 이 세상에서 그 사랑은 불운 가운데에서는 인내하고, 번영 속에서는 절제하며, 겸손하면서도 힘이 있고, 사랑 안에서 특히 기뻐하며, 원수들에게 친절하고, 축복으로 모든 악한 사람을 이깁니다. 하늘의 피조물들도 이 사랑으로 불타올라 모든 것을 새롭게 하는 불꽃이 되며, 구원을 가져오는 갈망이 됩니다.

• 카시오도루스 『시편 해설』 13,1.[24]

13,6ㄴ 주님께 노래하오리다

감사로 충만한 희망 찬 확신

하느님의 자비에 희망을 두면 의심이 사라집니다. 그리고 청한 것은 모두 얻게 될 것입니다. 청한 것을 얻게 되면, 받은 사랑에 대해 고마워할 줄 모르거나 그것을 잊어버리지 마십시오. 대신에 받은 사랑을 잘 기록하고 하느님께 감사의 노래를 바치시오.

• 요한 크리소스토무스 『시편 해설』 13,3.[25]

[22] *WSA* 3,15,174.
[23] *CCOP* 1,228.
[24] ACW 51,145*.
[25] *CCOP* 1,229*.

14,1-7 하느님을 찾는 이가 없다

하느님의 섭리를 거슬러 불손한 말을 하는 자들의 말을 들을 때
불경한 그들의 말에 고개를 끄덕이지 말고
대신 하느님께 기도하며 시편 제14편을 읊으십시오.

아타나시우스 『시편 해석에 관해 마르켈리누스에게 보낸 편지』 16 [OIP 67]

1 [지휘자에게.① 다윗]
어리석은 자 마음속으로
'하느님은 없다.' 말하네.
모두 타락하여 악행을 일삼고
착한 일 하는 이가 없구나.
2 주님께서는 하늘에서
사람들을 굽어 살피신다,
그 누가 깨달음 있어
하느님을 찾는지 보시려고.
3 모두 빗나가
온통 썩어 버려
착한 일 하는 이가 없구나.
하나도 없구나.
4 어찌하여 깨닫지 못하는가?
나쁜 짓 하는 모든 자들
내 백성을 빵 먹듯 집어삼키는 저들⤴

↱주님을 부르지 않는 저들.
5 거기에서 그들은 겁에 질려 소스라치리니
하느님께서 의인의 무리와
함께 계시기 때문이다.
6 가련한 이의 뜻을 너희가 수치스럽게
만들지만
주님께서 그의 피신처이시다.
7 아, 시온에서 이스라엘의 구원이
베풀어졌으면!
주님께서 당신 백성의 운명을 되돌리실 때
야곱이 기뻐하고
이스라엘이 즐거워하리라.

① 칠십인역은 '끝까지'다.

둘러보기

칠십인역 시편 제14편의 표제는 "끝까지"다. 여기에는 그리스도론적 의미가 담겨 있다(아우구스티누스). 하지만 어떤 이들은 이것이 이스라엘의 후기 역사와 연관성이 있다고 본다(디오도루스). 무신론은 비논리적이다(성경강해가 아스테리우스). 무신론에는 여러 형태가 있다(에우세비우스). 성경은 어리석은 자들의 역사를 기록하였다(성경강해가 아스테리우스). 그리스도는 당신의 권능과 은총으로 하느님께서 계심을 계시하셨다(다마스쿠스의 요한). 그런데 어떤 이들은 하느님의 심판을 경험함으로써 비로소 하느님을 알게 된다(테오도레투스). 하느님을 거부하면 타락이 그 뒤를 따른다(아타나시우스). 하느님을 거부하는 것은 곧 그분의 말씀을 거부하는 것이다(카시오도루스). 그들은 병이 들었지만 약을 거부한다(성경강해가 아스테리우스). 이 약은 오직 그리스도를 통해서만 받을 수 있다(카시오도루스).

이 시편은 비유적으로 "하느님께서 하늘에서 굽어 살피신다"고 말하는데, 이는 당신을 계시하시는 하느님의 은총을 가리킨다(성경강해가 아스테리우스). 인간은 심각한 무지로 인하여(성경강해가 아스테리우스) 하느님에게서 돌아섰다(성경강해가 아스테리우스). 이것이야말로 인간이 얼마나 그리스도를 필요로 하는지를 보여 준다(에우세비우스). 하느님의 은총을 결코 알지 못하는 이들은 두려움에 사로잡힐 것이다(디오도루스). 그러나 하느님은 의로운 이들 위에 계신다(성경강해가 아스테리우스). 이스라엘도 하느님의 말씀이 실현될 때에는(아우구스티누스) 이전의 무지 상태에서 회개하게 될 것이다(에우세비우스).

14,1ㄱ 표제: 끝까지

끝이신 그리스도

"끝까지"라는 말이 무엇을 의미하는지는 반복해서 설명할 필요가 없습니다. "그리스도는", 바오로 사도가 말한 것처럼, 믿는 모든 이를 의롭게 만드시는 "율법의 끝"(로마 10,4)이십니다.

• 아우구스티누스 『시편 상해』 14,1.[1]

실제 사건

이 시편의 주제는 산헤립이 랍 사케를 보내어 예루살렘 주민들을 위협하고, 그들과 전쟁을 벌여 모두 포로로 잡은 다음, 그들을 아시리아 임

[1] *WSA* 3,15,175.

금, 곧 산헤립의 노예가 되게 하려던 때와 연관됩니다.

• 타르수스의 디오도루스『시편 주해』14.[2]

14,1ㄴ 어리석은 자는 하느님을 부인한다

비논리적이다

"하느님은 없다"니. 기초가 없는데 어떻게 건물이 서 있습니까? 용골이 없는데 어떻게 배가 서 있습니까? 선장이 없는데 어찌 배가 떠날 수 있습니까? 집 짓는 이가 없는데 어떻게 집을 짓습니까? 설계자 없이 어떻게 도시를 세웁니까? 농부가 없는데 어떻게 들판에서 곡식 다발을 얻을 수 있습니까? 음악이 없다면 수금이 가락을 낼 수 있습니까? 예견하는 이가 없다면 어떻게 예지가 만물에 충만해 있습니까? 병거를 모는 이가 없이 네 바퀴 달린 병거가 달릴 수 있습니까? 조각가가 없는데 어떻게 사람들의 상을 만듭니까? 아치를 세우는 이가 없다면, 여러분을 위하여 저 하늘의 아치는 누가 세웠습니까? 금을 세공하는 자가 없다면, 누가 황금 원반인 저 태양을 책상 위에 올려놓듯 하늘에 올려놓았습니까? 횃불을 가져온 이가 없다면, 누가 여러분에게 밤의 달을 은횃불로 주었습니까? 빛을 가져온 이가 없다면, 누가 여러분에게 찬란히 빛나는 저 빛을 주었습니까? 위대한 저 빛들을 홀로 만드신 분이 없다면, 누가 여러분을 위하여 저 하늘로 올라가는 별의 등불을 밝혀 놓았습니까? … 피조물들이 자신의 창조주에 대해 증언하지 않습니까?

• 성경강해가 아스테리우스『시편 주해』25,8.[3]

무신론의 다양한 형태

어떤 이들은 하느님의 영이 있다는 사실을 전부 부인합니다. 그들은 하느님이 만물의 지배자가 아니며, 그분의 이름은 허무에 불과하고, 하느님은 실체가 없다고 내놓고 말합니다. 어떤 이들은 한 분이신 하느님을 거부하고 존재하지 않는 신들을 섬깁니다. 또 어떤 이들은 신이 존재하기는 하지만 그것은 이름일 뿐이며, 신은 세상일에 관여하지도, 인간사를 살피지도 않는다고 주장합니다. 간단히 말하자면, 이 모든 사람들을 신이 없다고 믿는 무신론자의 범주 아래 모을 수 있습니다. 이들은 자기의 신념을 공개적으로 발표할 만큼 대범하지는 않기 때문에, 하느님이 존재하지 않는다고 스스로를 설득하며, 진리의 문제에 있어서 어리석고 지각이 없는 모습을 드러냅니다. (하느님에 대한 자연적인 이해와 내적 본성의 씨앗은 모든 사람들이 하느님을 알아보고 고백하도록 이끕니다. 무신론자들은 이 사실을 그들의 입술로 부인할 만큼 담대하지는 않습니다. 그래서 그들은 유일하신 하느님을 인정하는 대신에 헤아릴 수 없이 많은 신들을 인정하는 체합니다.) … 그들의 무신론적 입장은 그들의 악행과 악행을 좋아하는 삶의 방식과 더불어 (나무를 그 열매를 통해 알아볼 수 있는 것처럼) 그들의 일을 통해 드러납니다. 그들은 자신들의 영을 더럽힘으로써 영이 그들의 육체를 배반하여 온갖 타락을 행하게 합니다. 또 그들은 미친 사람처럼 행동하며, 기괴하고 혐오스러운 온갖 행동으로 스스로를 더럽힙니다. 비록 그들이 일만이 넘는 신들을 불러 모으고, 만물을 지배하시는 하느님을 그들의 입술로 제아무리 떠들어 대고 마음과 정신으로 고백한다 해도, 그들이 하느님을 조금도 인정하지 않는다는 사실을 이런 식으로 드러냅니다. 이것이야말로 우리 구원자께

[2] WGRW 9,41-42.

[3] TLG 2061.001, 25.8.2.

서 오시기 이전에 사람들이 살았던 삶입니다.

• 카이사리아의 에우세비우스 『시편 주해』 14,1.[4]

어리석은 자들의 역사

파라오를 통하여 "나는 이 하느님을 모른다"고 말한 자는 어리석은 자였습니다. 그래서 바닷속 깊은 곳이 그의 무덤이 되었습니다. 어리석은 자는 산헤립을 통하여 "하느님은 히즈키야를 내 손에서 빼내실 수 없다"고 말하였습니다. 하지만 그는 자기 아들들의 손에 죽었습니다. 어리석은 자는 네부카드네자르를 통하여 "너를 내 손에서 빼낼 수 있는 이 하느님은 누구냐? 누가 가장 강력한 존재인가?" 하고 말하였습니다. … 하느님을 부인한 유다는 올가미에 매달려 죽었습니다. 하느님을 배반당할 수 있는 인간으로 여긴 까닭입니다.

• 성경강해가 아스테리우스 『시편 주해』 25,17.[5]

그리스도를 통하여 계시되다

성경, 곧 구약성경과 신약성경을 받아들이는 이들은 하느님께서 존재하신다는 사실을 의심하지 않습니다. 이미 말한 것처럼 하느님의 존재에 대한 지식은 자연을 통해 우리에게 계시되었기 때문에 대다수 그리스인들도 하느님의 존재에 대해 의심하지 않습니다. 그런데 악의 사악함이 인간의 본성보다 훨씬 더 우세해졌기 때문에 일부 사람들은 말할 수 없을 정도로 지독히 사악한 타락의 심연으로 끌려 들어갔고, 마침내 하느님이 없다고 부정하기까지 하였습니다. 거룩함 자체이신 성령으로 지혜롭게 된 주님의 사도들과 제자들은 성령의 권능과 은총으로 하느님에게서 오는 표징을 보여 주었고, 그들의 기적의 그물로 살아 있는 사람들을 하느님께 대한 무지의 심연으로부터 그분을 아는 지식의 빛으로 끌어 올렸습니다.

• 다마스쿠스의 요한 『신앙 해설』 1,3.[6]

경험을 통해 배우다

[히즈키야 시대의 아시리아 군대처럼] 모든 이가 그들과 맞서 싸우시는 분을 경험을 통해 알게 될 것입니다. 그들이 예상하지 못했던 원천으로부터 공포가 그들을 칠 것입니다. 천사들이 그들을 파멸시킬 것이라고 누가 상상이나 했겠습니까? 하느님께서 유다인들을 돌보시리라는 것을 누가 생각했습니까? 가난하고 비천한 히즈키야가 군대보다는 하느님을 신뢰하라고 충고하였을 때 그 조언을 조롱했던 이들은 하느님을 신뢰했던 그가 좌절을 모르는 희망을 지녔음을 깨닫게 될 것입니다.

• 키루스의 테오도레투스 『시편 주해』 14,2.[7]

타락이 그 뒤를 따른다

[어리석은 자들에 관한] 이 말씀 바로 뒤에 그들의 행위가 그들의 생각과 일치한다는 지적이 나옵니다. "그들은 타락하여 악행을 일삼는다." 불의한 자는 가능한 모든 방법으로, 곧 도둑질, 간통, 저주, 만취와 같은 악행을 행함으로써 자신의 육체를 타락의 길로 이끕니다. … 생각이 어리석은 자들은 사악한 행위를 할 것입니다. 주님께서 [바리사이들에게] 말씀하신 대로입니다. "너희가 악한데 어떻게 선한 말을 할 수 있겠느냐?"(마태 12,34). 그들은 정녕 악합니다. 그들의 생각이 사악하기 때문입니다.

• 아타나시우스 『축일 서간집』 9,8; 12,6.[8]

[4] AnSac 3,407-8. [5] TLG 2061.001, 25.17.3.
[6] FC 37,168. [7] FC 101,107.
[8] *ARL* 155.193.

성경에서 떨어져 나가다

"그들은 타락하여 역겨운 것들을 바라게 된다." 그들은 성경의 건전함을 포기하고 죄스러운 생각으로 분명히 떨어졌기 때문에 타락하였습니다. 죄에 대한 벌이 따를 것입니다. 그들은 가장 악랄하게 믿기를 거부함으로써 모습이 변형되고 말았습니다. 이제 그들은 자신들의 오류로 말미암아 주님께 혐오스러운 자들이 되었습니다.

• 카시오도루스 『시편 해설』 14,1.[9]

병들었는데 약을 거부하다

그들은 타락하였습니다. 상처가 나서 썩어 들어가며 악취를 풍기고 오물과 독이 스며 나오는데 약을 찾지 않습니다. 그들은 죄의 진흙 속에 뒹구는 돼지처럼 혐오스럽습니다. 토한 것을 다시 먹는 개처럼 미쳐 날뜁니다. … 그들이 하느님을 생각하는 것을 경멸하기 때문에 신심 깊은 이들은 그들을 경멸합니다. 그들은 좀이 슨 옷처럼, 녹슨 쇠처럼 타락하였습니다. 그들은 죽음과 썩은 뼈의 재를 만진 사람들처럼 타락하였습니다. … "착한 일 하는 이가 하나도 없구나"(시편 14,3). 헤로데는 무죄한 아기들을 죽이지 않았습니까? 예수님께서 마귀들을 쫓아내셨을 때 유대인들은 그분을 베엘제불이라고 부르지 않았습니까? 율법을 온전히 지키려고 애쓰는 사람이 없지 않았던가요? 사제들은 불명예스럽게 행동하지 않았습니까? 율법 학자들은 헛되이 글을 쓰지 않았던가요? 바리사이들은 율법 규정들만 밀어붙이지 않았습니까? 사두가이는 논쟁만 일삼지 않았습니까? 유다는 예수님을 팔아넘기지 않았던가요? 주인은 노예의 귀를 때리지 않았습니까? 빌라도는 예수님에게 유죄 선고를 내리지 않았던가요? 사람들은 그분을 죽이라고 외치지 않았습니까? … 제자들이 모두 예수님을 버리고 도망쳤을 때 "선한 말을 하는 이는 하나도 없었습니다". 요한은 맨몸으로 달아났습니다. 베드로는 예수님을 부인하였고, 제자들은 달아났으며, 의심의 창이 마리아의 영혼을 꿰뚫었습니다. 예수님의 수난 때 사랑의 열매를 보여 준 이는 하나도 없었습니다. … 그분께서 돌아가신 뒤에도 병사들이 그분의 옆구리를 창으로 찌르기까지 했습니다. … 예수님은 우리를 찾아오셔서 구원하시고자 하셨지만 아무도 약을 찾지 않았습니다.

• 성경강해가 아스테리우스 『시편 주해』 25,19.[10]

그리스도를 얻어야 한다

그리스도의 자비를 통하여 그분을 얻지 않는 한 우리는 선한 일을 할 수 없습니다. 우리가 그분께 다가가고 그분을 버리지 않을 때 모든 선을 확실하게 행할 수 있게 됩니다. 이것이 바로 이 시편의 첫머리에서 약속한 "끝"입니다.

• 카시오도루스 『시편 해설』 14,1.[11]

14,2 주님께서 사람들을 굽어살피신다

주님께서 어떻게 굽어살피시는가?

하느님께서 하늘에서 "굽어살피신다"고 말할 때, 그분의 신적이고 영적인 본성이 고개를 숙여 내려다보신다거나 무릎을 꿇는다거나 고개를 끄덕이신다고 생각하지 마십시오. 대신에 그분의 찾아오심과 용서와 사랑에 대해 생각하십시오. 하느님의 머리와 귀, 눈, 입과 손에 대해 말하고, 그분께서 앉으시거나 일어서신다고 말하지만, 그분은 신체의 부위나 지체들로 이루어진 분이

[9] ACW 51,150. [10] TLG 2061.001, 25.19.6.
[11] ACW 51,150*.

아니십니다. 이는 그분께서 물리적으로 굽어보신다는 뜻이 아니라 당신의 자비를 보여 주심을 의미합니다. 그분께서 하늘에서 굽어보신다는 것은 그분께서 하늘에 있는 담장이나 대문을 통해 보신다는 것이 아니라 그분께서 하늘에서 인간을 찾아오심을 의미합니다. … 하느님은 인간에게 봉사하시기 위해 그들을 바라보시며, 친구로서 그들을 끌어안으십니다. … 그분은 당신을 믿는 이들에게 나타나시는데, 누가 아픈지, 누가 의사를 필요로 하는지 보시기 위함입니다. 누가 가난한지, 누가 성부의 곳간인 그리스도를 필요로 하는지 보시려는 것입니다. … 그들은 예언자들의 하느님께서 하늘에서 굽어보셨다는 것을 알고 난 후 … 이렇게 말씀드립니다. "주님, 하늘에서 굽어살피시는 것으로 충분하지 않습니다. 내려오십시오. … 오십시오, … 성부의 아드님. 당신의 모상으로 지어진 것을 찾아 주십시오."

• 성경강해가 아스테리우스 『시편 주해』 25,25.[12]

14,3 타락하고 빗나가다

돌아서다

저들 모두가 온 사방에서 독재자한테로 돌아섰습니다. 그들은 더 이상 예언자들의 말을 듣지 않습니다. 오소서, 임금님, 나타나십시오. 그러면 그들이 당신의 권위를 두려워할 것입니다. 모두가 예언자들의 길에서 돌아섰습니다. 오십시오, 길이시여, 빗나간 이들을 돌려 세우십시오. … 인간은 하느님께서 직접 창조하셨습니다. … 그런데 그들은 돌아서서 악을 선택합니다. … 그들은 자신들의 올바른 본성에서 빗나갔습니다. … "착한 일 하는 이가 없구나. 하나도 없구나." 머리끝에서 발끝까지, 부자에서 가난한 자들까지, 온 세상이 병들어 있습니다.

• 성경강해가 아스테리우스 『시편 주해』 25,27.[13]

그들이 모르고 있는 것

그들이 아는 것이 무엇입니까? 하느님은 복수하시는 분이심을 그들은 압니다. 그분은 산 이와 죽은 이의 심판관으로 오실 것입니다. 그들은 하느님께서 각자에게 그가 행한 대로 되돌려 주실 것임을 알고 있습니다. … 그러면 그들이 모르고 있는 것이 무엇입니까? 하느님께서 하늘에서 굽어보신다는 것입니다. 그들이 모르는 것이 무엇입니까? 악을 행하는 자는 그분을 언짢게 한다는 것입니다. 그들이 모르는 것은 무엇입니까? 그들은 하느님의 길을 알고 싶어 하지 않습니다. … 지금 전쟁과 전염병, 화산[지진]이 일어나고 있습니다. 많은 이들이 자신의 죄에 대해 전혀 알아차리지 못하지만 그들은 가공할 만한 악으로 벌을 받습니다. 그들이 모르는 것이 무엇입니까? 하느님의 뜻, 그분의 선하신 천상적 약속들, 그분의 보화와 천국의 기쁨, 영원한 생명을 그들은 모릅니다.

• 성경강해가 아스테리우스 『시편 주해』 25,33.[14]

그리스도의 필요성

구원자께서 오시기 전에 사악한 목적으로 떠돌아다니던 질병의 심각성이 모든 사람에게 공개적으로 드러난 것은 옳은 일이었습니다. 그것이 모두에게 알려졌기 때문에 구원자께서 지상에 머무르신 것이 얼마나 필요한 것인지가 분명하고 확실해졌습니다. 모두가 죄를 지었고, 하느님의 영광이 결여되어 있었지만 이제 구원자의 은총으로 그들 모두 의롭게 되었습니다.

• 카이사리아의 에우세비우스 『시편 주해』 14,3.[15]

[12] TLG 2061.001, 25.25.1.

[13] TLG 2061.001, 25.27.6.

[14] TLG 2061.001, 25.33.5.

[15] PG 23,145.

14,5 겁에 질려 소스라치다

무서운 일이 닥치다

그런 사람들은 주님의 백성에게 잘못하는 것이 얼마나 무서운 일인지 결코 경험으로 깨닫지 못할 것입니다. 그들은 우리가 마치 그들의 밥인 양 함부로 대합니다. … 그들은 우리를 산 채로 삼키려 들고, 주님은 안중에도 없습니다. 바로 그 때문에 전혀 예상하지 못했던 곳에서 무서운 일이 그들을 덮칠 것입니다.

• 타르수스의 디오도루스 『시편 주해』 14.[16]

14,6 주님께서 그의 피신처이시다

의인 위에 계신 하느님

병사들 위에 있는 장군처럼, 원로원 위에 있는 임금처럼, 하느님은 의인들의 세대 위에 계십니다. … 둘이나 셋이 모인 곳에 하느님께서 계시다면 의인들의 세대가 있는 곳에는 하느님께서 얼마나 더 확실히 계시겠습니까? 그곳에는 전쟁과 슬픔이 없는 삶, 안식과 상속, 끝없는 왕국이 있습니다.

• 성경강해가 아스테리우스 『시편 주해』 25,40.[17]

구원자에 대한 무지

내 생각에는 여기에 나온 이 말씀들은 유대인들에 비추어 이해해 볼 수 있습니다. 그들은 구원자의 권능이 충분하지 않다고 생각하였기 때문에 그의 계획을 뒤엎고자 하였습니다. 유대인들은 구원자의 신성이 갖는 보화를 주의 깊게 고려하지 않았습니다. 그래서 그들은 늘 그분의 가르침을 반박하였고, 그분의 기적의 힘이 신적 권능에서 나온 것이 아니라 다른 원천에서 나온 것으로 오해하였습니다.

• 카이사리아의 에우세비우스 『시편 주해』 14,6.[18]

14,7 이스라엘의 구원

이스라엘의 구원

"누가 시온에서 이스라엘의 구원을 베풀 것인가?" 우리는 여기에 다음 말을 덧붙여야 합니다. "여러분이 경멸했던 바로 그 겸손하신 분이 아니고 누구겠습니까?" 그분이 몸소 산 이와 죽은 이를 심판하러 오실 것이며, 의인들의 왕국의 도래를 알릴 것입니다. 이것은 곧 다음을 의미합니다. 그분께서 겸손하게 오셨을 때 이스라엘의 눈은 가리워졌습니다. 이는 이방인들의 수가 찰 때까지 지속될 것입니다. 이어서 그분의 영광스러운 재림으로 예언의 나머지가 성취되어 모든 이스라엘이 구원될 것입니다. 사도는 다음 이사야서의 말씀을 유대인들에게 적용합니다. "시온에서 구원자가 오시어 야곱에게서 불경함을 치우시리라"(로마 11,26; 참조: 이사 59,20). 이 말씀은 마치 "누가 시온에서 이스라엘에게 구원을 베풀 것인가?"라는 이 시편의 질문에 답변을 제시하는 것 같습니다.

• 아우구스티누스 『시편 상해』 14,8.[19]

---

[16] WGRW 9,43.

[17] TLG 2061.001, 25.40.3.

[18] PG 23,148.

[19] *WSA* 3,15,178.

15,1-5 흠 없는 이

어떤 사람이 하늘 나라의 시민인지 알고 싶다면 시편 제15편을 노래하십시오.

아타나시우스 『시편 해석에 관해 마르켈리누스에게 보낸 편지』 16 [OIP 67]

1 [시편. 다윗]
주님, 누가 당신 천막에 머물 수 있습니까?
누가 당신의 거룩한 산에서
지낼 수 있습니까?
2 흠 없이 걸어가고
의로운 일을 하며
마음속으로 진실을 말하는 이,
3 혀로 비방하러 쏘다니지 않고
제 친구에게 악을 행하지 않으며
제 이웃에게 모욕을 주지 않는 이라네.
4 그는 악인을 업신여기지만
주님을 경외하는 이들은 존중한다네.
손해나는 맹세라도 그는 바꾸지 않고
5 이자를 받으려고 돈을 놓지 않으며
무죄한 이에게 해되는 뇌물을
받지 않는다네.
이를 실행하는 이는
영원히 흔들리지 않으리라.

둘러보기

시편 제15편은 십계명을 모방하여 열 가지 덕을 제시한다(카시오도루스). 하느님의 천막은 믿음의 천막이며(아우구스티누스), 정화의 천막이다. 이 열 가지 덕은 정화의 천막에 머무는 이의 삶의 특징을 드러낸다(소 아르노비우스). 이것이 바로 구원된 이들이 사는 길이다(테오도레투스). 이 시편에 언급된 흠 없음은 먼저 그리스도 안에서 발견된다(카시오도루스). 흠 없음은 하느님께서 우리 영혼 안에서 일하실 때 생긴다(베네딕도). 따라서, 우리는 행위가 아니라 믿음으로 의롭게 되지만, 믿는 이들의 삶에는 행위가 의로움을 뒤따른다(아우구스티누스).

시편 저자는 먼저 정의에 초점을 둔다. 정의가 모든 덕행의 어머니이기 때문이다(히에로니무스). 그다음인 진실된 말은 마음 안에 있는 진실로부터 나온다(아우구스티누스). 이 시편에서 우리는 마음에서 혀로, 그다음은 행위로 나아가는 움직임에 주목한다(테오도레투스). 순수하게 하느님의 말씀을 전해 주신 그리스도는 우리의 모범이시다(카시오도루스). 그런데 우리는 다른 이들의 말에서 어떻게 진실을 알아보는가? 우리가 겸손을 실천한다면 아첨과 진실을 구분할 수 있게 된다(마르티누스).

이웃에게 악을 행하지 않는다는 것은 포괄적 선언이다. 이것은 사업과 사생활에 관련된 모든 것을 포함한다(암브로시우스). 오직 은총으로만 그렇게 할 수 있다(히에로니무스). 덕에 대한 완전한 가르침을 받은 이는 하느님을 경외하는 비천한 이들도 존중한다(디오도루스). 그런 사람의 말은 하느님의 맹세와 같아서 그는 반드시 약속을 지킨다(카시오도루스). 성경은 두 종류의 주고받음에 대해 이야기한다. 곧, 응답을 기대하고 선포하는 설교와 이자를 받으려고 빌려주는 돈에 대해 이야기한다(카시오도루스). 이자를 받으려고 돈을 빌려주는 것의 문제는 애덕의 결핍에 있다(대 레오). 빚은 채무자의 삶도 채권자의 삶도 파괴한다(바실리우스). 그 때문에 온 민족이 의로움을 얻는 데 실패했다(암브로시우스). 마지막으로 이 시편은 완전한 삶, 곧 큰일뿐만 아니라 작은 일에도 충실한 삶에 관해 이야기한다(아우구스티누스).

15,1 당신의 천막

십계명

[이 시편은] 심오함으로 둘러싸인 몇몇 시편과는 다릅니다. 예언자가 던진 질문에 주님께서 십계명의 양식에 따라 답변을 주십니다. 사람은 열 가지 덕을 통하여 하느님 축복의 전당에 이르게 된다고 말씀하십니다. … 이것은 하느님의 위대한 십계명이며, 열 개의 줄로 된 영적 현악기입니다. 십(10)은 성부와 더불어 세상의 죄를 없애 주신 분만이 채울 수 있는 으뜸가는 수입니다. 그러니 우리에게 부과되긴 하였으나 우리 힘만으로는 행할 수 없는 이 덕행들을 하느님의 은사로 부요해짐으로써 행할 수 있도록 하느님의 전능하심에 지속적으로 의탁하며 기도합시다.

• 카시오도루스 『시편 해설』 15,1.5.[1]

정화의 천막

모든 부정한 이들이 주님의 성막에 다가가면 그곳에서 그들은 정결하게 됩니다. 더러워지지 않은 채 성막으로 들어가실 수 있는 분은 정결하신 예수님뿐이십니다. 그분은 성막에 들어가심으로써 우리를 육의 부정不淨에서 해방시키시고 우리에게 거룩함을 안겨 주셨습니다.

• 소 아르노비우스 『시편 주해』 15.[2]

믿음의 천막

"천막"이라는 단어가 영원한 거처를 가리키기 위해 사용될 때도 있지만 엄격히 말해서 천막은 전쟁과 연관된 단어입니다. 그래서 병사들을 천막 동료라고도 말하는데, 그들의 천막이 한데 모여 있기 때문입니다. 이런 해석에 대한 근거는 "누가 머물 것인가?"라는 말에서도 발견됩니다. 우리가 어떤 때 악마와 전쟁을 벌이는데, 그때 힘을 회복하기 위해 머물 수 있는 천막이 필요합니다. 이 천막은 특별히 우리 주님의 육화를 통하여 우리를 위하여 세워진 믿음의 천막을 가리킵니다. 이 믿음의 천막은 시간적인 섭리의 계획 아래 서 있습니다.

• 아우구스티누스 『시편 상해』 15,1.[3]

구원된 자의 삶

이 시편 바로 앞의 시편이 예루살렘 주민들의 구원에 대해 예언하였고, 포로로 사로잡힌 이들이 돌아오게 될 것을 예고하였으므로, 이 시편에서 시편 저자가 하느님의 명령에 따라 살며 하느님의 놀라우신 도움을 누리는 이들에게 적절한 삶의 양식을 제안하고 권고를 주는 것은 적절합니다.

• 키루스의 테오도레투스 『시편 주해』 15,1.[4]

15,2 흠 없이 걸어가다

그리스도 안에서 발견되다

주 그리스도는 … 완전히 죄 없는 상태로 예루살렘 성전으로 들어가셨습니다. 다른 이들은 정화되기 위하여 하느님의 집으로 들어갔지만 예수님은 흠 없이 아버지의 면전에 서 있기 위해 그곳에 들어가신 유일한 분이셨습니다. 그래서 율법은 그분에게 아무것도 부과하지 않았습니다. 그분은 최고의 법 제정자로서 율법을 완성하

---

[1] ACW 51,156.160. [2] CCL 25,16.
[3] *WSA* 3,15,179. [4] FC 101,111.

셨습니다.

• 카시오도루스 『시편 해설』 15,2.[5]

하느님께서 영혼 안에 하시는 일

형제들이여, 시편 저자가 던진 질문에 하느님께서 주신 답변을 들어 봅시다. 이 답변은 천상 성막으로 들어가는 길을 보여 줍니다. … 유혹자와 그가 불러일으키는 유혹으로부터 자신의 마음을 멀리하는 사람은 악의를 물리치고, 바위이신 그리스도를 거슬러 일어나는 생각들을 내던져 버립니다. 그는 자신의 덕으로 교만해지지 않고 하느님을 경외하며, 자신 안에 있는 좋은 것이 자신에게서 비롯된 것이 아님을 겸손되이 인정합니다. 그는 하느님께 드려야 할 것을 그분께 돌려드립니다. 그리고 예언자와 함께 하느님께서 자신 안에 이루신 일에 대해 찬미합니다. "주님, 저희에게가 아니라, 저희에게가 아니라, 오직 당신 이름에 영광을 돌리소서"(시편 115,1). 바오로 사도는 설교할 때 자신에 대해서는 자랑할 것이 아무것도 없다고 말하였습니다. "하느님의 은총으로 지금의 내가 되었습니다"(1코린 15,10). 그리고 또 이렇게 말하였습니다. "자랑하려는 자는 주님 안에서 자랑해야 합니다"(2코린 10,17).

• 베네딕도 『수도 규칙』 서론.[6]

행위가 믿음을 따른다

바오로 사도가 사람은 율법에 따른 행위가 아니라 믿음으로 의로움을 인정받는다고 말할 때, 신앙고백을 통하여 계명이나 정의에 따른 행위를 무시하려는 의도로 그런 말을 한 것은 아닙니다. 그것보다는 어떤 사람이 이전에 율법에 따른 행위들을 완수하지 못했다고 하더라도 믿음으로 의롭게 될 수 있음을 알려 주려는 것이었습니다. 왜냐하면 율법에 따른 행위는 사람이 의롭게 되고 난 다음에 오는 것이지 그 전에 오는 것이 아니기 때문입니다.

• 아우구스티누스 『신국론』 14,21.[7]

모든 덕행의 어머니

시편 저자의 다음 말을 주의 깊게 살펴봅시다. "의로운 일을 하는 이." 성령께서는 여기에서 정결을 실천하는 이나 지혜를 적용하는 이, 용기를 실천하는 이에 관해 말하지 않습니다. 그런데 이것들은 모두 뛰어난 덕입니다. 예를 들어 지혜는 우리에게 매우 유익하며, 용기는 박해에 저항할 수 있게 하는 귀중한 덕입니다. 마지막으로 절제와 정결은 영혼을 잃지 않도록 예방하는 데 없어서는 안 되는 덕입니다. 하지만 가장 위대한 덕이며 모든 덕행의 어머니는 정의입니다. 누군가는 질문할 것입니다. "왜 정의가 다른 모든 덕들보다 위대합니까?" 다른 모든 덕들은 그 덕을 소유한 이들을 만족시킵니다. 그러나 정의는 그것을 소유한 이에게 기쁨을 주는 것이 아니라 다른 이들을 기쁘게 합니다. 내가 지혜롭다면 지혜가 나를 기쁘게 합니다. 내가 용감하다면 나의 용기가 나를 위로합니다. 내가 정결하였다면 나의 정결은 나의 기쁨입니다. 반대로 정의는 그것을 가진 이에게 혜택을 주는 것이 아니라 그것을 갖지 않은 모든 불쌍한 이들에게 혜택을 줍니다. 만일 어떤 가난한 사람이 나의 형제와 싸웠는데, 내 형제가 권세가 있어서 자신의 힘으로 상대방, 곧 내가 모르는 그 가난하고 불쌍한 사람을 억압하였다고 합시다. 나의 지혜가 그 가난한 사람에게 무슨 소용이 있습니까? 나의 용기

[5] ACW 51,157.

[6] LCC 12,292*.

[7] FC 27,247*.

는 무슨 소용이 있습니까? 나의 정결이 그 가난한 사람을 어떻게 도울 수 있습니까? 정의는 그에게 도움이 되는 덕입니다. 왜냐하면 나는 내 형제를 편드는 대신 진리에 따라 판단할 것이기 때문입니다. 정의 앞에서는 형제든, 아버지든, 타인이든 아무도 다르지 않습니다. 정의는 진리만을 고려합니다. 정의는 사람에 따라 달라지지 않습니다. 정의는 하느님을 본받습니다.

• 히에로니무스 『시편 강해』 14[15].[8]

마음속의 진실

어떤 이들은 입술로는 진실을 말하지만 마음속에는 진실이 없습니다. 만약 어떤 사람이 문제의 길로 가면 강도떼가 있다는 것을 알면서도 다음과 같이 말하면서 의도적으로 누군가에게 잘못된 길 안내를 했다고 합시다. "이쪽으로 가면 강도떼로부터 안전할 것이네." 그런데 실제로 그 길에 강도떼가 없었다고 합시다. 그렇다면 그 사람은 비록 그의 마음에는 진실이 없었지만 진실을 말한 셈이 됩니다. 그는 자신의 생각과는 달리 의도하지 않게 진실을 말한 것입니다. 하지만 마음속에 진실이 없다면 이런 식으로 진실을 말하는 것으로는 충분하지 않습니다. "혀로 비방하러 쏘다니지 않는 이." 마음속에는 이것을 품고 있으면서 입술로는 저것을 말하는 것이 바로 "혀로 비방하러 쏘다니는" 것입니다.

• 아우구스티누스 『시편 상해』 15,3.[9]

마음과 혀, 행위

자신에게서 악을 없애고, 비난받을 일을 하지 않으며, 모든 덕행을 꾸준히 실천하는 것이 필요하다고 시편 저자는 말하고 있습니다. … 사람은 혀뿐만 아니라 마음으로도 어떤 거짓을 간직해서는 안 되며, 이중의 기만을 완전히 제거함으로써 이웃에게 어떤 해도 끼치지 않아야 합니다. 그러므로 시편 저자가 마음을 먼저 언급하고, 그다음에 혀, 그다음에 행위를 언급한 것은 매우 논리적입니다. 말은 행위에 앞서고, 생각은 말에 앞섭니다.

• 키루스의 테오도레투스 『시편 주해』 15,2.[10]

하느님의 말씀을 순수하게 전달하다

예수님은 복음서에서 다음 말씀을 통하여 당신께서 말씀하신 모든 것에는 어떤 거짓도 없음을 증언하셨습니다. "내가 내 아버지에게서 들은 것을 너희에게 모두 알려 주었다"(요한 15,15). 변경될 수 없는 진리를 아무것도 첨삭하지 않고 있는 그대로 충실하게 사람들의 귀에 전해 주는 것보다 더 순수하고 단순한 것이 있을까요? "제 이웃에게 악을 행하지 않는 이라네." … [이러한 덕이] 주님에게서 드러납니다. 그분은 아무에게도 해를 끼치지 않으셨을 뿐만 아니라 모든 것을 인내롭게 견디어 내셨습니다.

• 카시오도루스 『시편 해설』 15,3.[11]

아첨에서 지켜 주는 겸손

다윗 예언자는 아첨꾼의 찬사를 받는 것보다 의인의 꾸지람이나 조언을 듣는 것이 더 낫다고 말하였습니다. 그가 아첨꾼에게 "죄인"이라는 이름을 붙인 것은 적절하였습니다. 아첨은 하느님이 보시기에 가장 크고 혐오스러운 범죄이기 때문입니다. 아첨은 곧 마음으로는 이것을 생각하면서 입술로는 다른 것을 말하는 것입니다. 다윗은 다른 시편에서 아첨에 관하여 또 이렇게 말합니다. "그의 말은 기름보다 매끄러우나 실은

[8] FC 48,40*.
[9] *WSA* 3,15,179-80.
[10] FC 101,111.
[11] ACW 51,157-58.

빼어 든 칼이라네"(시편 55,22). 이처럼 사람들이 건네는 미묘한 말마디는, 비록 그것이 기분을 좋게 하는 찬사가 아니라 하더라도, 속기 쉬운 그대의 마음이 그것에 동의하도록 이끌 수 있습니다. 그럴지라도 복음서들에 소개된 주 예수 그리스도의 행위로 시선을 돌리십시오. 그러면 주군들의 주님이신 분께서 사람들의 칭송을 받으시는 중에도 신성한 겸손의 위대한 본보기를 우리에게 남겨 주신 것을 발견하게 될 것입니다. 겸손을 실천하고, 겸손을 네 여주인으로 삼으십시오. 아첨꾼들이 그대를 유혹할 때 겸손을 그대의 안내자로 세우십시오. 겸손은 사람들이 그대에게 건네는 찬사들 가운데 너의 것이 얼마나 되는지, 그리고 그 찬사가 얼마나 지속될 것인지를 알려 줄 것입니다. 겸손은 그대가 거짓에 주의를 기울이지 않게 할 것입니다. 다윗 예언자는 아첨꾼의 찬양보다 의로운 사람의 조언이나 바른 말이 더 낫다고 얘기합니다. 아첨꾼은 겉과 속이 다른 말을 하기 때문에, 하느님 보시기에 가장 나쁘고 혐오스러운 범죄자라고 여겨집니다. 그러므로 다윗이 아첨꾼을 죄인이라고 부르는 것은 맞는 말입니다. 그는 또 다른 시편에서 그러한 사람에 대해 이렇게 이야기합니다. "그의 입은 기름보다 부드러우나 마음에는 싸움만이 도사리고 그의 말은 기름보다 매끄러우나 실은 빼어 든 칼이라네"(시편 55,22), 의로운 사람에 대해서는 "혀로 비방하러 쏘다니지 않고 제 친구에게 악을 행하지 않으며 제 이웃에게 모욕을 주지 않는 이라네"(시편 15,3)라고 하였습니다. 심지어 사람들은 칭찬할 만한 것도 없으면서, 여러분이 받아들일 수 있도록 설득할 수도 있으니, 복음 속의 우리 주 예수 그리스도의 본보기로 돌아가십시오. 그러면 "임금들의 임금, 주님들의 주님"(묵시 19,16)께서 남기신, 사람들로부터 찬양받았던 그 거룩한 겸손의 좋은 본보기를 우리도 발견하게 될 것입니다. 겸손을 익히십시오. 그래서 아첨이 여러분을 현혹할 때 여러분의 겸손을 마음을 다스리는 지침으로 삼으십시오. 겸손은 사람들이 여러분을 찬양할 때, 그것이 진실로 여러분을 위한 것인지, 얼마나 지속될 수 있을 것인지 알려 줄 것입니다. 겸손은 여러분이 거짓말에 현혹되도록 내버려 두지 않을 것입니다.

• 브라가의 마르티누스 『겸손 권면』 3.[12]

사업을 할 때도 진실해야 한다

그러므로 훌륭한 신앙은 모든 일에 적절하며, 정의는 모든 일을 만족스럽게 하고, 공평하게 적용되는 공정한 척도는 모든 일에 기쁨을 줍니다. 그런데 계약과 관련하여, 특히 토지 매매에 관하여, 또는 약정이나 계약에 대해서는 무슨 말을 할까요? 모든 거짓된 속임수를 방지하기 위한 정당한 규칙들이 있지 않은가요? 속임수가 드러나면 이중의 처벌을 받게 하는 정의로운 규정이 있지 않았습니까? 덕스러운 것을 존중하는 마음이 세상을 이끌게 되면, 속임수와 사기는 자리를 잡지 못합니다. 다윗 예언자는 자신이 내린 판단이 대체적으로 어떠하였는지에 관하여 다음과 같이 올바르게 진술하였습니다. "그는 제 이웃에게 모욕을 주지 않았다." 사기란 계약서상의 결함이 있어야 성립합니다. 계약서에는 판매할 물건이 지닌 결함들이 모두 명시되어야 합니다. (물건을 파는 사람이 그 결함을 언급하지 않았다면 그가 그 물건을 구입하는 이에게 넘겨주었다 하더라도 사기 행위이기 때문에 그 계약은 무효가 됩니다.) 사기는 그 밖의 다른 것에 결여 사항이 있을 때에도 성립됩니다. 정직함을 보여야 하

[12] FC 62,53.

고, 진실을 알려야 합니다.

• 암브로시우스 『성직자의 의무』 3,10,66.[13]

은총으로만

이렇게 말할 수 있다면 그것은 훌륭한 것입니다. 시편 저자는 '그는 그를 거슬러 불평하는 이웃이 없었고, 누군가를 경멸한 적도 없었다'고 말합니다. 이런 덕은 … 인간의 능력을 넘어서는 것입니다. 그것은 오직 하느님의 은총으로만 얻을 수 있습니다. "그는 하느님께 버림받은 이를 업신여긴다." 이 말씀에 주의를 기울이십시오. "그는 하느님께 버림받은 이를 업신여긴다." 그가 황제나 총독, 주교나 사제라 할지라도, … 그가 누구이든지 그가 악한 사람이라면 성인들의 눈에는 아무것도 아닙니다.

• 히에로니무스 『시편 강해』 14[15].[14]

15,4 주님을 경외하는 이들을 존중하다

비천한 자라도

제아무리 부자라 해도 그들이 악인이라면 미워하고, 비천하고 가난하더라도 "주님을 경외하는 이들을 존중하는" 사람은 누구나 영예와 존경을 받으며 살 것입니다. 그러므로 하느님의 이 명백한 대답 안에서 덕에 대한 완전한 가르침이 어떤 식으로 나타나는지 주목할 필요가 있습니다. 먼저 신심과 의로움을 얻고자 주의를 기울이려는 마음이 생깁니다. 그다음, 모든 악행을 멀리하고자 합니다. 그다음에는 신심에 부요함이 따르지 않는다 하더라도 부자들의 행위를 감탄하지 않습니다. … 가난한 사람이 가난의 결과로 생긴 더 큰 불행에도 불구하고 마음을 바꾸지 않고 계속해서 신심 깊은 삶을 열심히 살아간다면 우리는 이 가난한 사람들을 특히 존중해야 합니다.

• 타르수스의 디오도루스 『시편 주해』 15.[15]

하느님의 맹세

인간의 언어에서 '맹세'란 하느님을 증인으로 부르면서 무엇인가를 약속하는 것을 의미합니다. 그런데 하느님께서 … 약속을 하실 때, 그 약속에는 맹세가 포함되어 있다고 보아야 합니다. 왜냐하면 여기에서 "맹세"라는 말은 '정의롭게 말한다'는 뜻이기 때문입니다. 사람은 그가 한 약속이 실현될 때 정의롭게 말한 것이 됩니다. 하느님의 맹세는 약속과 그 약속의 실현 모두를 의미합니다.

• 카시오도루스 『시편 해설』 15,4.[16]

15,5 이자를 받으려고 돈을 놓지 않는 이

돈을 빌려주는 두 종류의 행위

성경에서 돈은 두 가지 의미로 이해됩니다. 하나는 금속으로 만든 돈으로, 이 돈으로 고리대금을 하는 것이 엄격하게 금지되어 있습니다. 내가 빌려준 것이 아니라고 알고 있는 것을 남에게 요구하는 것은 탐욕의 악덕을 추구하는 것이기 때문입니다. 주 그리스도께서는 이 돈을 가지고 계셨는데, 이 돈을 유다에게 주어 가난한 이들에게 주게 하셨습니다. 이것은 고리대금을 위해 준 것이 아니라 큰 관대함으로 가난한 이들에게 주신 것입니다. 이는 우리를 가르치시기 위함이었습니다. 또 다른 종류의 돈은 지극히 거룩한 설교와 신적인 가르침입니다. 복음의 가르침은 우리에게 그것을 주고 이자를 받아 오라고 권유하고 있습니다.

• 카시오도루스 『시편 해설』 15,5.[17]

---

[13] NPNF 2,10,78.
[14] FC 48,41-42.
[15] WGRW 9,45.
[16] ACW 51,158-59*.
[17] ACW 51,159.

사랑이 배제된 이익

고리대금의 악은 멀리해야만 하며, 모든 인간적인 친절이 배제된 이익은 피해야 합니다. 부당하고 사악한 이득을 얻는 수단이 늘어나면 영혼의 본질은 닳아 없어집니다. 고리대금은 영혼을 망치기 때문입니다. 거룩한 예언자 다윗은 다음 말씀을 통하여 하느님께서 이렇게 하는 이들을 어떻게 생각하시는지를 보여 주었습니다. "주님, 누가 당신 천막에 머무르겠습니까? 누가 당신의 거룩한 산에서 지낼 수 있습니까?"(1절). 그들은 하느님께서 주신 응답으로 가르침을 받은 이들입니다. 그들은 거룩한 삶을 위한 여러 가지 규칙들 가운데 "이자를 받으려고 돈을 놓지 않는다"라는 규칙을 실천한다면 영원한 안식에 참여할 수 있다는 것을 아는 이들입니다. 만약 그들이 고리대금으로 돈을 빌려주고 속임수로 이익을 얻었다면, 그들은 하느님의 "천막"에서 낯선 이로, 그분의 "거룩한 산"에서 이방인 취급을 받게 될 것입니다. 만약 그들이 다른 사람의 손해를 통해서 부자가 되고 싶어 한다면 그들은 영원한 빈곤의 벌을 받아 마땅합니다. 그러나 전심으로 주님의 약속을 믿어 온 사랑하는 여러분은 탐욕의 더러운 나병으로부터 달아나 하느님의 선물을 거룩하고 지혜롭게 사용하십시오. 여러분은 하느님의 관대하심을 누리고 있으니 여러분의 기쁨을 함께 나눌 동료들이 생길 수 있도록 처신하십시오. 많은 이들이 여러분에게는 주어진 것들을 갖지 못하였고, 하느님의 선하심을 본받으라고 여러분에게 주어진 물건들이 그들에게는 필요합니다. 그러므로 여러분을 통하여 하느님의 선하심이 다른 이들에게 전달될 수 있게 하십시오. 여러분이 현세의 재화를 잘 내어 준다면 영원한 재화를 얻을 것입니다.

• 대 레오『설교집』17,3-4.[18]

고리대금은 삶을 파괴한다

우리는 가난한 이들에게 … 돈을 빌려 이자를 갚느라고 고생하지 말고 삶이 비참하더라도 인내하라고 조언합니다. 그런데 [부유한] 그대가 주님께 순종한다면, 이런 말을 할 일이 뭐가 있습니까? 주님의 조언은 무엇입니까? "되돌려 받을 희망이 없는 이에게 꾸어 주어라"(루카 6,35 참조). 누군가는 물을 것입니다. "되돌려 받을 희망이 없는데 빌려주는 것이 무슨 대여입니까?" 주님의 말씀에 담긴 힘을 생각해 보십시오. 그러면 율법 제정자의 사랑에 감탄하게 될 것입니다. 주님을 위하여 가난한 사람에게 무엇인가를 줄 마음을 가질 때마다 선물과 대여는 동일한 것이 됩니다. 그것이 선물이 되는 것은 되갚기를 기대하지 않기 때문이고, 대여가 되는 이유는 주님께서 그를 대신하여 위대한 선물로 갚아 주시기 때문입니다. … "가난한 이에게 자비를 베푸는 사람은 주님께 꾸어 드리는 이"(잠언 19,17). 우주의 주님께서 그대에게 대신 갚아 주시기를 바라지 않으렵니까? … 아무것도 하지 않은 채 그저 보관되어 있는 돈을 내주십시오. 이자를 물리지 말고 내주십시오. 그것이 돈을 주는 이에게도, 받는 이에게도 모두 좋습니다. 돈을 받는 이가 그 돈을 지키고 있으니 그대의 돈은 안전합니다. 또 돈을 받는 이는 그것을 활용하여 도움을 얻습니다. 그대가 추가의 지불을 원한다면 주님께서 주시는 것으로 만족하십시오. 주님께서 직접 가난한 이를 위하여 이자를 갚으실 것입니다. 참으로 친절하신 그분께서 베푸실 친절을 기대하십시오. 그대가 이자를 받는다면, 그것은 최고로 잔혹한 행위입니다. 그것은 불행에서 이익을 취하고, 눈물에서 돈을 모으며, 벌거벗은 이의 목

[18] FC 93,65-66.

을 조르고, 굶주린 이들에게 폭행을 가하는 것입니다. 자비는 어디에도 없고, 고통받은 이와의 관계는 안중에도 없습니다. 그런데도 그대는 이렇게 얻은 이익을 자애라고 부릅니까! 불행하여라, 쓴 것을 달다고 말하고, 단것을 쓰다고 말하는 그대! 불행하여라, 잔혹함을 자애라고 여기는 그대! … "가시나무에서 어떻게 포도를 거두어들이고, 엉겅퀴에서 어떻게 무화과를 거두어들이겠느냐?"(마태 7,16). 이자에서 어떻게 자애를 거두어들이겠습니까? 모든 "나쁜 나무는 나쁜 열매를 맺는다"(마태 7,17)고 하였습니다. 어떤 이들은 백 배를 거두어들이고, 또 어떤 이들은 열 배를 거두어들입니다. 과연 듣기만 해도 끔찍합니다. 달마다 이자를 거두어들이는 이들은 간질 발작을 일으키는 마귀들처럼 달마다 가난한 이들을 공격합니다. 이렇게 돈을 빌려주는 것은 주는 이에게도 받는 이에게도 모두 악합니다. 한편은 돈을 잃고, 다른 편은 영혼을 잃습니다. … 그런데 그대가 누구를 위하여 돈을 모으고 있는지가 분명하지 않습니다. 이자 때문에 우는 이가 누구인지는 분명합니다. 하지만 그 이자로부터 오는 풍요를 즐기는 이가 누구인지는 분명하지 않습니다. 사실, 그대가 부유함의 선물을 다른 이들에게 넘겨줄 수 있는지 아닌지도 확실하지 않습니다. 그럼에도 불구하고 그대는 불의의 악을 쌓아 올렸습니다. "꾸려는 자를 물리치지 마라"(마태 5,42). 그러니 이자 때문에 돈을 빌려주지는 마십시오. 신구약성경으로부터 무엇이 선한 일인지 가르침을 받았으니, 그렇게 한다면, 그대는 우리 주님이신 주 그리스도에게서 그대의 선행에 대한 이자를 받으리라는 좋은 희망을 품고 주님께로 떠나갈 수 있을 것입니다. 주님께 영광과 권능이 영원히 있나이다. 아멘.

• 대 바실리우스 『시편 강해』 12,5(시편 제15편).[19]

민족들의 실패

아무것도 없는 이에게 돈을 빌려주고 그것의 두 배를 요구하는 것보다 더 잔인한 일이 무엇입니까? 그가 원금도 갚을 수 없다면 어떻게 두 배를 갚을 수 있겠습니까? … 민족들은 종종 고리대금 때문에 망하였습니다. 그것이 공적인 재앙의 원인이 되어 왔습니다.

• 암브로시우스 『서간집』 19.[20]

작은 일들에 성실하다면

이런 것들은 위대한 업적이 아닙니다! 그런데 이런 것도 행하지 못하는 사람들은 다음의 것들은 더 행하기 어렵습니다. 마음으로 진실을 말하고, 혀로 속임수를 행하는 것을 삼가는 것, 마음속에 있는 그대로의 진실을 겉으로도 고백하고, "'예' 할 것은 '예' 하고, '아니요' 할 것은 '아니요'라고만 말"(마태 5,37)하는 것, 제 이웃에게(곧, 누구에게나) 해를 끼치지 않고, 이웃에 대한 비방을 거부하는 것, 이런 것들 말입니다. 이런 것은 완전한 이들의 특성인데, 악의적인 이들의 눈에는 아무것도 아닌 것처럼 여겨집니다. 하지만 시편 저자는 이 작은 행위들을 열거하고, 다음의 선언으로 결론을 맺습니다. "이를 실행하는 이는 영원히 흔들리지 않으리라." 이들은 더 위대한 것들을 행하게 될 것이며, 그 위대한 일들 안에서 흔들리지 않는 확고한 안정을 얻게 될 것입니다.

• 아우구스티누스 『시편 상해』 15,5.[21]

---

[19] FC 46,190-91*.

[20] FC 26,175(편집본에서는 서간 35로 번호가 매겨져 있다).

[21] *WSA* 3,15,180.

16,1-11 주님께 충실한 이

시편 제16편은 [구원자께서] 죽은 이들로부터 부활하실 것을 계시합니다.

아타나시우스『시편 해석에 관해 마르켈리누스에게 보낸 편지』26 [OIP 72]

1 [믹탐. 다윗]
하느님, 저를 지켜 주소서.
당신께 피신합니다.
2 주님께 아뢰니다. "당신은 저의 주님.
저의 행복 당신밖에 없습니다."①
3 이 땅에 있는 거룩한 이들과
위대한 이들에게 저의 온 마음이 쏠립니다.
4 다른 신들을 붙좇는 자들의 고통이 크기에②
저는 그 신들에게 피의 제사를
바치지 않으며
그 이름들을 제 입술에 올리지도 않습니다.
5 제가 받을 몫이며 제가 마실 잔이신 주님
당신께서 저의 제비를 쥐고 계십니다.
6 저의 차지로 좋은 땅 위에 측량줄 내려지니
저의 재산에 제 마음 흐뭇합니다.
7 저를 타일러 주시는 주님을 찬미하니
밤에도 제 양심이 저를 일깨웁니다.
8 언제나 주님을 제 앞에 모시어
당신께서 제 오른쪽에 계시니
저는 흔들리지 않으리이다.
9 그러기에 제 마음 기뻐하고
제 영혼이 뛰놀며
제 육신마저 편안히 쉬리이다.
10 당신께서는 제 영혼을 저승에
버려두지 않으시고
당신께 충실한 이는 구렁을 아니 보게
하십니다.
11 당신께서 저에게 생명의 길을 가르치시니
당신 면전에서 넘치는 기쁨을,
당신 오른쪽에서 길이 평안을 누리리이다.

① 히에로니무스, 타르굼; 히브리어 본문은 의미가 불확실하다; 칠십인역은 '저의 재화는 당신께는 아무것도 아닙니다'다.
② 수정 본문; 히브리어 본문은 의미가 불확실하다.

둘러보기

시편 제16편은 그리스도에 대한 예언으로(위-아타나시우스) 구원과 감사라는 두 가지 주제가 나타난다(카시오도루스). 우리는 구원의 선물에 대한 응답으로 하느님께 감사드린다(카시오도루스). 이 시편은 보호를 요청하는 말과(테오도레투스) 모든 좋은 것들이 주님에게서 온다는 것을 인정하는 말로 시작한다(카시오도루스, 테오도레투스). 우리의 재화는 주님께는 아무것도 아니다. 주님께서는 우리의 것은 그 어떤 것도 필요로 하지 않으신다(암브로시우스). 우리의 모든 선은 본디 그분의 것이다(아우구스티누스). 우리가 그분께 드리는 것은 무엇이나 우리에게 되돌려 주신다(히에로니무스). 우리가 그분께 예배를 드릴 때 혜택을 입는 것은 그분이 아니라 우리다(아우구스티누스).

우리의 상속 재산은 하느님을 아는 것이다(에바그리우스). 더 정확히 말하자면, 주님이 우리의 상속 재산이시다(아우구스티누스). 우리는 주님을 소유하기 위해 산다(히에로니무스). 그분이 우리의 모든 것이시다(레안데르). 그분에 대한 우리의 사랑을 표현하자(아우구스티누스). 우리가 받을 상속 재산의 크기는 하느님에 대한 우리의 수용 능력에 달려 있다(에바그리우스). 그리스도의 상속 재산의 크기는 구원받은 모든 사람의 모임이다(카시오도루스). 그들의 구원을 위한 그리스도의 열정은 수난을 겪으시던 그 밤에도 여전히 강렬하였다(히에로니무스). 의인의 길은 하느님께 시선을 고정하는 것이다(카시오도루스). 언제나 주님을 우리 앞에 모실 책임이 우리에게 있다(히에로니무스). 그리스도께서 성부 오른편에 계신 것은 그분께서 성부와 동등한 분이심을 알려 준다(헤시키우스).

시편은 이어서 육의 부활에 대해 말한다(오리게네스). 그분의 영혼만이 아니라 육체도 희망을 가지고 있었다(히에로니무스). 여기에서 그분은 하느님으로서가 아니라 인간으로서 말씀하신다(알렉산드리아의 키릴루스). 말씀의 현존을 통하여 그분의 인간성이 구원된 것에 관하여 말씀하신다(아타나시우스). 그분은 당신께서 취하신 것을 구원하셨다(니사의 그레고리우스). "부패"라는 단어의 의미를 제대로 이해함으로써, 그리스도의 육체에 대한 그릇된 견해를 피해야 한다(다마스쿠스의 요한). 그리스도는 계속해서 부활에 대한 당신의 희망을 표현하신다(테오도레투스). 그리고 당신께서 인간의 영혼을 지니셨다는 사실을 계시하신다(카시오도루스). 이 시편의 화자는 다윗만이 아님이 분명하다(아우구스티누스). 이 구절들이 다른 것들을 가리킬 가능성을 배제할 수 없지만 주님께 적용하는 것이 가장 적절하다(디오도루스). 중요한 이단들을 반박할 때 이 구절들을 사용할 수 있다(테오도레투스).

이 시편은 넘쳐흐르는 기쁨에 대한 표현으로 끝난다(카시오도루스, 테오도레투스). 길이신 분께서 길을 배우셨다(히에로니무스). 이 길은 그분에게서 나와 우리에게 이른다(막시무스).

16,1 저를 지켜 주소서

시편에 나타난 그리스도에 대한 개관

[이 시편의] 구절들은 마치 그리스도께서 직접 노래하시는 것 같습니다. 그분은 본성으로 주님이신 존귀한 분이시며 피조물을 시녀로서 당신의 발아래 두신 분이시면서도, 한 몸인 교회의 머리로서 성부께 자신을 지켜 달라고 청하십니다. … 그분은 조언을 주는 권능의 천사로서 성령으로 성화된 이들에게 성부의 뜻을 가르치심으로써 이 땅, 곧 당신의 교회 안에서 그들이 하나의 놀라운 사건이 되게 하셨습니다. 그들은 설교를 듣기 위하여 서둘렀고, [희생 제사의] 피나 율법의 실천을 통해서가 아니라 찬미와 무혈의 제사를 통하여 하느님을 기쁘시게 해 드리려고 하였습니다. 그분은 그들이 이전에 했던 일에 어울리는 이름으로 그들을 부르시지 않았습니다. 나라면 그들을 우상 숭배자, 다신 숭배자, 그리고 무신론자라 불렀으련만, 그분께서는 그들을 '거룩하고 신심 깊은 이', '주님 안에서 한몫을 나누어 가질 이'들이라 부르셨습니다. 주님은 죽기까지 성부께 순종하셨습니다. 주님은 이 죽음을 "잔"이라고 부르셨습니다. 바로 이 때문에 성부께서는 그분에게 이방인들을 그의 몫, 상속 재산으로 주셨습니다. 그래서 주님께서는 당신의 상속 재산을 끈으로 묶어 당신께 매어 두십니다. 이 끈은 곧 영적 생명을 묶는 족쇄입니다. … 그분은 [성부의] 오른편에 계십니다. 그 덕분에 우리는 그분의 손을 통하여 천상 아버지를 조력자로 얻습니다. 그분은 권능의 홀처럼 우리의 약함을 떠받쳐 주십니다. 그러므로 그분은 성부께 또한 이렇게 말씀드립니다. '나의 육은 희망 속에 머물 것입니다.' 여기서 "희망"이란 그의 육이 그

의 일부였던 영혼을 다시 취하게 되리라는 것입니다. 그의 영혼은 저승에 남아 있지 않았고, 그의 육체도 무덤 속에서 썩는 일이 없었습니다. … 머리이시며 부활의 첫 열매이신 그분을 통하여 우리에게도 이 모든 것이 허락되었습니다. 그분의 가난으로 우리가 부요하게 되었기 때문입니다. 그리고 우리는 사라지지 않는 기쁨, 성부 오른편에 계시는 그분께서 나타나시는 날에 성인들이 받게 될 그 기쁨 가운데 머물 것입니다.

• 위-아타나시우스 『시편 해설』 16.[1]

두 가지 주제 안에 나타난 그리스도

이 시편을 통하여 구원자 주님이 소개됩니다. 첫 번째 주제는 구원을 요청하는 것으로, 인간의 모습을 취하신 그분께서 … 성부께 구해 달라고 간청하십니다. 그분은 늘 성부께 희망을 두시기 때문입니다. 이렇게 하심으로써 그분은 당신의 신성을 조금도 약화시키지 않으신 채 당신의 인간성을 드러내십니다. … 두 번째 주제는 감사인데, 그리스도는 당신의 오른편에 나타나셔서 전능하신 힘으로 세상의 악함을 이기신 성부께 감사를 드리십니다. 그리스도는 바로 이 때문에 자신의 영혼이 저승에서 풀려났다고 하시며, 부활의 영광을 받으신 후에는 기쁨 속에서 성부의 오른편에 좌정하신다고 말씀하십니다.

• 카시오도루스 『시편 해설』 16,1.[2]

구원의 선물

이 시편이 우리를 가르치기 위해 제시하는 구원의 위대한 선물에 관하여 묵상해 봅시다. 이 구원의 선물은 고통 가운데서도 확신을 갖게 해주고, 미래의 영광을 약속하며 희망하게 합니다. 그래서 우리는 미래의 행복에 관한 이 가르침 덕분에 현재의 고난을 두려워하지 않습니다. 이것은 천상의 교육이자 생명을 위한 가르침이며, 진리를 가르치는 강의실이고, 빈말로 하는 아첨이 아니라 열매를 맺는 생각으로 학생들을 채워 주는 가장 확실하며 유일무이한 훈육입니다.

• 카시오도루스 『시편 해설』 16,11.[3]

육화하신 주님의 보호

이 시편은 복음서의 말씀과 마찬가지로 구원자의 입을 통하여 발설된 것이며, 그의 인성의 관점에서 선포된 것입니다. … 이 시편에서 그분은 보호를 간청하시며, 보호를 받으십니다. 인간으로서 간청하시며, 하느님으로서 요청한 바를 허락하십니다. 물론 성부는 이를 기뻐하며 협력하십니다.

• 키루스의 테오도레투스 『시편 주해』 16,2.[4]

16,2 하느님을 떠나서는 좋은 것이 없다

좋은 것을 받는 이

그는 모든 것을, 다만 주어진 것을 받기만 하는 자신이 아니라 그것을 주신 분의 것으로 생각합니다.

• 카시오도루스 『시편 해설』 16,2.[5]

은총

'풍성하게 주어지는 모든 좋은 것이 당신의 은총을 통해 저에게 왔습니다'라고 그는 말합니다.

• 키루스의 테오도레투스 『시편 주해』 16,3.[6]

---

[1] CSCO 387,10.

[2] ACW 51,161.

[3] ACW 51,167.

[4] FC 101,113-14.

[5] ACW 51,162.

[6] FC 101,114.

16,2 나의 재화는 당신께는 아무것도 아닙니다[칠십인역 본문]

필요 없다

누가 그분께 무엇을 드린 적이 있습니까? 만물이 "그분에게서 나와, 그분을 통하여 그분을 향하여"(로마 11,36) 있는 것이 아닙니까? 생명의 샘은 만물에 생명의 본질을 주시는 최고선입니다. 최고선 안에는 생명이 머물고 있기 때문입니다. 최고선은 마치 무엇이 부족하기나 한 것처럼 누군가로부터 무엇을 받지 않습니다. 그것은 만물에 선을 풍성히 베풀지만 자신을 위해서는 아무것도 빌려 오지 않습니다. 우리의 것을 필요로 하지 않기 때문입니다. 그는 인간의 인격으로 이렇게 말씀하십니다. "당신께는 저의 재화가 필요 없습니다." 그러므로 그분께 다가가 그분께 매달리는 것보다 더 좋은 일이 있습니까? 어떤 기쁨이 이보다 크겠습니까? 이 생명수의 샘을 거저 보고 마시는 것 외에 달리 무엇을 바라겠습니까? 어떤 영역과 어떤 힘을 바라겠습니까? 어떤 부를 원하겠습니까? 그분께서 보실 때 임금들의 처지는 얼마나 불쌍하고, 그들의 지위란 얼마나 변하기 쉬우며, 수명은 또 얼마나 짧은가요? 통치자들이라 하더라도 얼마나 매여서 살아야 합니까? 그들은 자신의 뜻대로가 아니라 다른 이들의 뜻에 따라 살아야 하니 말입니다.

• 암브로시우스『서간집』29.[7]

나의 모든 재산은 하느님의 선물이다

나의 소유물 가운데 당신께서 주시지 않은 것이 무엇이 있습니까? 모든 좋은 것을 주시는 분께서 그 가운데 어떤 것이 필요하시겠습니까?

• 아우구스티누스『설교집』331,2.[8]

하느님께서 우리에게 돌려주신다

전능하신 하느님께서는 우리의 재화를 필요로 하지 않으시며, 우리의 덕행도 하느님의 완전하심에 아무런 기여를 하지 못합니다. 그분께는 무엇인가가 더해지는 일이 있을 수 없기 때문입니다. 그런데 주님께서는 우리가 수고와 노동으로 만들어 내는 것은 무엇이든지 거두어 가십니다. 당신께서 받으신 것을 우리에게 되돌려 주시려는 것입니다.

• 히에로니무스『시편 강해』15[16].[9]

우리가 수혜자다

예배라는 섭리에서 혜택을 입는 것은 하느님이 아니라 인간입니다.

• 아우구스티누스『신국론』10,5.[10]

우리를 위하여

우리가 하느님을 예배할 때 하느님께서 거기에서 무슨 이익을 얻으시는 것이 아니라 우리가 얻습니다. 하느님께서 당신을 어떻게 흠숭해야 하는지 가르치시거나 드러내신다면 그것은 우리의 유익을 위한 것이지 당신에게 무엇이 필요해서가 아닙니다. 모든 희생 제사는 상징적 의미를 갖습니다. 제사는 그것을 통하여 드러나는 실재를 우리가 연구하고, 이해하며, 또는 숙고하도록 우리의 주의를 상기시킬 수 있는 어떤 것을 표현합니다.

• 아우구스티누스『서간집』102,3.[11]

---

[7] FC 26,444-45(이 편집본에서는 서간 79로 번호가 매겨져 있다).

[8] *WSA* 3,9,191.

[9] FC 57,18*.

[10] FC 14,123.

[11] FC 18,160.

16,5 주님은 제가 받을 몫

하느님을 이해하는 것

상속 재산이란 현재와 미래의 시대를 내다보는 것입니다. 그리스도의 상속 재산은 하느님을 이해하는 것입니다.

• 폰투스의 에바그리우스 『시편 발췌 주해』.[12]

우리의 상속 재산은 주님이시다

다른 이들은 지상적이고 일시적인 것들을 자신들이 누릴 몫으로 선택하게 두십시오. 성인들의 몫은 영원하신 주님이십니다. 다른 이들은 죽음을 가져오는 쾌락에 깊이 취하게 두십시오. 제 몫의 잔은 주님이십니다. 제가 "저의"라고 말할 때 교회도 여기에 포함됩니다. 머리가 있는 곳에 몸도 있게 마련이기 때문입니다. 저는 교회들을 한데 모아 나의 상속 재산이 되게 할 것입니다. 내가 그 잔을 마실 때 나는 그들의 옛 이름을 잊게 될 것입니다. "당신이 바로 제 상속 재산을 저에게 되돌려 주실 분이십니다." 그러면 제가 해방시킨 이 사람들이 제가 세상이 있기도 전에 당신과 함께 누리던 그 영광을 알게 될 것입니다. 당신은 제가 결코 잃어버리지 않았던 것을 저에게 회복시켜 주시는 것이 아니라 그 빛나는 영광에 대한 지식을 잃어버린 이들을 회복시켜 주실 것입니다. 그러나 저는 그들 가운데 있기에 또한 "당신은 저에게 그것을 회복시켜 주실 것입니다".

• 아우구스티누스 『시편 상해』 16,5.[13]

주님을 소유하다

그 자신이 주님의 몫이 되거나 주님이 그의 몫이 된 사람은, 주님을 소유하고 주님께 소유되기 위하여 그런 사람답게 처신해야 합니다. 주님을 소유하고, 이 예언자(시편 저자)와 함께 "주님은 제가 받을 몫"이라고 말하는 이는 주님 외에는 아무것도 붙잡지 말아야 합니다. 만일 그가 주님 외에 다른 무엇인가를 부여잡고 있다면 주님은 그의 몫이 아닐 것입니다.

• 히에로니무스 『서간집』 52,5.[14]

하느님은 당신의 모든 것이십니다

나의 친애하는 누이여, 네가 얼마나 많은 것을 성취하였는지 보아라. 네가 얼마나 높은 곳에 올랐는지 보아라. 네가 한 분이신 그리스도 안에서 얼마나 많은 도움의 은총을 입었는지 보아라. 그분은 정녕 너의 신랑이시고, 너의 오라버니이며, 너의 친구이기도 하시다. 그분이 너의 상속 재산이요, 네가 받을 보상이며, 하느님이시자 주님이시다. 너는 그분 안에서 네가 사랑할 신랑을 찾았다. "그분은 어떤 사람보다 수려하시기"(시편 45,3) 때문이다. 그분이야말로 네가 붙잡아야 할 진짜 오라버니이시다. 그리스도를 아들로 두신 분께서 너를 입양하시어 딸로 삼으셨기 때문이다. 그분은 네가 전혀 의구심을 품을 필요가 없는 친구이시다. … 너는 그분 안에서 네가 받을 상속 재산을 발견하였다. 그분이야말로 상속 재산으로 주어진 너의 몫이시기 때문이다. 너는 그분 안에서 네 상급을 알아보게 될 것이다. 너는 그분의 피로 구원받았기 때문이다. 너는 너를 다스리시는 하느님, 네가 경외해야 할 하느님을 그분 안에서 발견하였다.

• 세비야의 레안데르 『동정녀 교육과 세상 경멸』 서론.[15]

주님, 당신을 사랑합니다

[시편 저자는 이렇게 말합니다.] "오, 주님,

[12] PG 12,1213.
[13] *WSA* 3,15,183.
[14] NPNF 2,6,91.
[15] FC 62,185.

왜 저에게 다른 상속 재산을 주십니까? 당신께서 무엇을 주시든지 그것은 별로 중요하지 않습니다. 당신이 저의 상속 재산입니다. 저는 당신을 사랑합니다. 저는 저의 모든 것을 다하여, 온 마음과 온 영혼을 다하여, 온 정신을 다하여 당신을 사랑합니다. 당신 자신이 아니시라면 당신께서 저에게 주시는 것들이 무슨 의미가 있겠습니까?" 이것이 바로 주님을 자유롭게 사랑하는 것이고, 하느님을 하느님으로서 희망하는 것이며, 하느님으로 충만해지기 위해 서두르는 것이요, 하느님으로 만족하는 것입니다. 마침내 여러분은 그분으로 충분하게 됩니다. 그분 외에는 그 무엇도 충분하지 않습니다.

• 아우구스티누스 『설교집』 334,3.[16]

16,6 좋은 땅

우리 수용 능력의 크기

측량줄이 이미 내려졌다면 어떻게 요한 복음에서 다음과 같이 말할 수 있습니까? "하느님께서 한량없이 성령을 주시기 때문이다"(요한 3,34). 또 이 말씀은요? "나는 너에게 내 영을 부어 주리라"(요엘 3,1). 아마도 "측량"되었다는 말은 지식 자체를 두고 하는 말이 아니라 그것을 받아들이는 이들 때문에 사용된 말일 것입니다. 그것을 수용하는 능력은 더 커질 수 없기 때문입니다. 내리는 비를 측정할 수는 없지만 그것을 담는 용기 안에 든 비는 측정할 수 있는 것과 같습니다.

• 폰투스의 에바그리우스 『시편 발췌 주해』 15[16],6.[17]

구원받은 이들의 모임

옛날 방식에 따르면 상속 재산은 땅에 금을 그어 분배하였습니다. 그래서 각 개인은 자신의 지위와 분배받은 양에 맞게 측량된 토지를 받았습니다. 구약성경에서 모세는 여호수아에게 이스라엘의 약속의 자녀들에게 상속 재산인 땅을 분배하라는 명령을 내렸습니다. 여기에서 모세는 "측량줄"이라는 단어를 적절하게 사용하였습니다. 그때 그는 자신의 상속 재산의 넓이와 영광에 대해 이야기하고 있었기 때문입니다. … 그리스도의 상속 재산은 성도가 되도록 예정된 수많은 이들입니다.

• 카시오도루스 『시편 해설』 16,6.[18]

16,7 밤에도

밤에도

주님께서 … 말씀은 이런 뜻입니다. '나의 지식과 가장 심오한 생각, 나의 내면 깊숙한 곳의 갈망은 내가 천상에 머무는 동안에도 나와 함께 있었고, 내가 이 세상의 밤과 어둠 가운데 머물 때에도 나와 함께 있었다. 그것은 인간인 나에게 머물러 있었고, 나를 가르쳤으며, 나를 결코 떠나지 않았다. 그래서 육의 허약함으로는 결코 이룰 수 없는 모든 것, 곧 신적인 사고와 권능이 성취되었다.'

• 히에로니무스 『시편 강해』 15[16].[19]

16,8 주님을 언제나 제 앞에 모시다

의로움의 길

그는 자신이 한 일을 설명함으로써, 죄를 피할 수 있는 유일한 처방을 전해 줍니다. 내적인 눈을 늘 주님께 고정하고 있는 사람은 죄를 향하여 눈길도 돌리지 않기 때문입니다. 진리가 정신 안에 머물 때 진리는 거짓이 들어오지 못하게 합니다.

• 카시오도루스 『시편 해설』 16,8.[20]▸

---

[16] *WSA* 3,9,206. [17] PG 12,1213.
[18] ACW 51,164. [19] FC 57,28.

우리의 책임

주님을 언제나 우리 앞에 모시는 일은 우리에게 달려 있다고 생각하십시오. 전심으로 구원자를 닮고자 하는 이는 하느님을 자신의 오른편에 모시고서, '그분은 내 오른편에 계시면서 내가 항구할 수 있도록 지켜 주신다'고 말합니다. 의로운 이는 자기가 따르는 분께 시선을 고정하기 때문에 주님을 자기의 오른편에 모십니다. 그러나 죄인은 주님의 말씀을 자기 등 뒤로 던져 버립니다. … 하느님은 구원자이신 주님을 위하여, 또는 구원자이신 주님을 통해 성도들을 위하여 늘 오른편에 서 계십니다. 사실 의로운 사람에게는 왼편이 없습니다. 그래서 그가 어느 편으로 고개를 돌리든 "주님의 천사가 그분을 경외하는 이들 둘레에 진을 치고 그들을 구출해 준다"(시편 34,8)고 쓰여 있습니다.

• 히에로니무스『시편 강해』15[16].[21]

오른쪽

성자께서 성부와 동등하시다는 것을 아시겠습니까? 성자는 성부의 오른편에 서 있거나 앉아 계신다고들 말합니다. 그런데 여기서는 성부께서 오른쪽에 계시다고 합니다. 이는 지금은 비록 성자께서 육을 취하심으로써 비천하게 되셨지만, 성부(낳으신 분)의 권능과 성자(아버지에게서 나신 분)의 권능이 하나라는 것을 여러분이 알게 하려는 것입니다.

• 헤시키우스『시편 단편』16,7.[22]

16,9 기쁨과 평안

육의 부활

"제 육은 희망 속에서 편히 쉴 것입니다." 이 말씀을 하신 분은 주 예수 그리스도이십니다. 그분의 육은 먼저 희망 속에 잠이 들었습니다. 십자가에 못 박히신 그분은 죽은 이들의 첫 열매가 되시어 부활하신 후 하늘로 올라가셨습니다. 이때 그분은 지상의 육체를 지니신 채로 하늘로 가셨습니다. 그래서 천상의 권세들조차 하늘로 오르는 육을 보고 깜짝 놀라고 두려워하였습니다. 엘리야에 관해 기록된 바에 의하면, 그는 하늘에 들어 올려졌습니다. 에녹도 하늘로 옮겨졌다고 합니다. 그런데 이제 예수님이 하늘에 오르셨다고 합니다. 우리의 말을 듣고 화를 낼 사람은 그렇게 하도록 두십시오. 그러나 나는 그리스도께서 죽은 이들 가운데 첫 열매이신 것과 마찬가지로 육을 지닌 채 하늘로 오르신 첫 번째 분이심을 믿고 그 믿음을 고수할 것입니다.

• 오리게네스『시편 발췌 주해』16,9.[23]

그의 육체는 희망을 가지고 있었다

주님께서 닫힌 문으로 들어가셨다는 사실을 증거로 제시하며, 그분께서 돌아가셨을 때의 육체와는 다른 육체로 부활하셨다고 우기는 이들이 있습니다. 이런 이단자들은 주님께서 이 구절에서 말씀하시는 것을 들으라고 하십시오. … 구원자께서 수난을 받으시고 돌아가신 후, 그분의 주검이 무덤에 안치된 것은 틀림없는 사실입니다. 이 주검은 살아 있을 때의 바로 그 육체입니다. 그리고 무덤 속에 생명 없이 죽은 채로 안치되었던 바로 그 육체가 죽은 이들 가운데에서 부활하였습니다. 주님 안에서 그 동일한 육체가 죽은 이들 가운데에서 부활하였다면, 어찌하여 어떤 이들은 비록 그것이 경이롭고 영적이기는 하지만 인간의 육체는 아니었다는 결론을 내립니까? 물론 우리는 그리스도의 육체가 우리가 성

◂20 ACW 51,165.
21 FC 57,29.
22 PG 93,1186.
23 PG 12,1215-16.

도로서 받게 되리라고 믿는 그 영광을 취하셨다는 사실을 부인하지 않습니다. 그때에는 이 썩을 몸이 썩지 않는 몸을 입을 것이고, 이 죽을 몸이 불사의 몸을 입을 것입니다(1코린 15,53 참조). 주님께서 수난을 당하시기 전에 산에서 영광스럽게 변모하셨을 때 그분은 분명히 그 전까지 가지고 계셨던 동일한 육체를 지니셨습니다. 비록 다른 영광을 입기는 하였지만 동일한 육체였습니다. 마찬가지로, 부활하신 후에도 그분의 육체는 수난 전의 당신 육체와 같은 본성을 지녔습니다. 다만 더 높은 영광의 상태에 놓인 몸, 더욱 위엄 있는 모습의 몸이었습니다.

• 히에로니무스 『시편 강해』 15[16].[24]

하느님이 아니라 인간으로서

[예수님은] … 하느님으로서가 아니라 인간으로서 수난을 겪으셨다는 사실을 생각해 봅시다. 그분은 육으로 죽으셨습니다. 하지만 그분은 죽음보다 더 위대하십니다. 그분은 우리처럼 무덤 속에 … 머물러 계시지도 않고, 다른 죽은 이들과 함께 지하세계의 성문 안에 갇혀 계시지도 않았습니다. … 그분은 다시 부활하심으로써 죽음의 권세를 빼앗으시고, "갇힌 이들에게는 '나와라' 하고 어둠 속에 있는 이들에게는 '모습을 드러내어라' 하고 말씀"(이사 49,9)하셨습니다. 우리 죄를 짊어지시고 우리 죄를 위한 속죄 제물이 되신 그분은 인간은 다가갈 수 없는 하늘 위에 계신 성부께로 오르셨습니다.

• 알렉산드리아의 키릴루스 『서간집』 41,13.[25]

말씀 때문에

우리는 죽음을 선택하지 못합니다. 인간 본성의 필연성에 따라 의지와 무관하게 죽게 됩니다. 그러나 불사의 존재이면서 죽을 육을 지니신 주님은 하느님으로서 당신이 원하신다면 육체를 떠나고, 또 그것을 되찾을 수 있는 능력을 지니고 계셨습니다. … 그분 안에서는 부패할 육이 더 이상 본성에 따라 죽을 존재로 머물지 않을 수 있으며, 말씀께서 육을 입으셨기 때문에 육이 부패되지 않은 채로 남아 있을 수 있습니다. 그분께서 인간의 조건에 따라 우리의 육체를 취하신 덕분에 우리는 그분을 받아들임으로써 그분에게서 오는 불사에 참여하게 됩니다.

• 아타나시우스 『아리우스파 반박 연설』 3,28,57.[26]

당신께서 취하신 것을 구원하신 그리스도

[그리스도의] 신성은 그분께서 육을 취하시기 이전에도, 육 안에 계실 때도, 그리고 수난 후에도 변함없이 동일하며, 언제나 원래 있었던 그대로이며 영원히 지속됩니다. 그러나 그분의 인성은 수난을 겪었고, 이를 통하여 그분의 신성은 우리를 위한 섭리의 계획을 완성하셨습니다. 그분의 영혼은 잠시 동안 육체에서 분리되었지만 본래 하나로 결합되었던 요소들 중의 어느 것과도 완전히 분리되지 않았고, 흩어졌던 요소들과 곧 다시 결합되었습니다. 이는 죽은 이들의 부활이 시작되었음을 모든 인간 본성에게 알리고 그것을 따라야 할 모범으로 제시하기 위함입니다. 또한 모든 썩을 몸이 썩지 않을 몸을 입고, 모든 죽을 몸이 불멸의 몸을 입게 될 것임을 알려 주기 위함입니다(1코린 15,53 참조). 우리의 첫 열매들은 주님이신 하느님과 결합됨으로써 신적 본성으로 변화되었습니다. … 그리스도의 인성으로 주님은 세상을 당신과 화해시키셨고, 그분의

[24] FC 57,33-34.

[25] FC 76,175-76*.

[26] NPNF 2,4,425**.

영혼과 육체 사이에 있는 이들에게 당신 자비의 일을 나누어 주셨습니다. 당신의 영혼을 통하여 원하시고, 당신의 육체를 통해 그들을 만지심으로써 그렇게 하셨습니다.

• 니사의 그레고리우스 『에우노미우스 반박』 2,13.[27]

'부패'의 의미

'파괴'[*phthora*(프토라)]라는 말에는 두 가지 의미가 있습니다. [첫째,] 굶주림과 목마름, 권태, 못에 찔림, 영혼이 육체에서 분리되는 죽음과 같은 인간의 고통을 의미합니다. 이런 의미에서 주님의 육체는 파괴될 수 있는 것이었다고 말할 수 있습니다. 왜냐하면 주님은 이 모든 고통들을 거리낌 없이 견디어 내셨기 때문입니다. 그런데 파괴는 또한 육체가 완전히 분해되어 그것을 구성하던 요소들로 돌아가는 것을 의미하기도 합니다. 많은 이들은 이러한 파괴를 보다 일반적으로 '부패'[*diaphthora*(디아프토라)]라고 표현합니다. 다윗 예언자가 [이 시편에서] 말한 것처럼 주님의 육체는 부패를 경험하지는 않았습니다. … 그러므로 제정신이 아닌 율리아누스와 가이아누스처럼, 부활하기 이전의 주님의 육체는 첫 번째 의미로 파괴될 수 없다고 말하는 것은 불경한 일입니다. 만약 주님의 육체가 파괴될 수 없는 것이었다면 그것은 우리와 동일한 실체일 수 없습니다. 그렇다면 복음서가 실제로 일어났다고 증언하는 그분의 굶주림과 목마름, 못에 박히심, 옆구리를 찔리심, 죽음은 실제로 일어난 것이 아니라 그렇게 보였을 뿐인 것이기 때문입니다. 만약 그것이 일어난 것처럼 보였을 뿐이라면 육화의 신비는 무대에서나 볼 수 있는 속임수요 장난에 불과합니다. 하느님이 사람이 되셨다는 것도 겉으로만 그럴 뿐 진실이 아니며, 우리가 구원되었다는 것도 겉으로만 그럴 뿐 진실이 아닌 것이 됩니다. 그러나 절대로 그렇지 않습니다. 이렇게 말하는 자는 구원에 참여하지 못하게 될지어다! 그러나 우리는 참된 구원을 얻었고, 얻게 될 것입니다. 나아가 '부패'라는 말의 두 번째 의미로, 주님의 육체는 파괴될 수 없는 것, 곧 부패할 수 없는 것이었다고 우리는 고백합니다. 이는 성령의 영감을 받은 교부들이 우리에게 전해 준 것입니다.

• 다마스쿠스의 요한 『신앙 해설』 3,28.[28]

16,10 저승에 버려두지 않으신다

부활에 대한 희망

여기에서도 그리스도 주님은 인간의 방식으로 말씀하십니다. '언제나 신적 본성의 지지를 받는 나는 구원을 가져오는 수난 중에 있으며, 부활에 대한 희망 안에서 기쁨을 발견한다. 알다시피 내 영혼은 저승에 버려지지 않을 것이며 나의 육은 자연적인 부패를 경험하지 않을 것이다. 나는 재빨리 부활하여 생명을 회복할 것이다. 이렇게 함으로써 모든 사람이 이 길을 일별할 수 있게 할 것이다.'

• 키루스의 테오도레투스 『시편 주해』 16,7.[29]

그리스도의 인간적 영혼

주 그리스도께서 이성적 영혼을 지니지 않으셨다고 주장하는 오류에 빠진 아폴리나리스파들은 어디에 있습니까? 그분께서 어떻게 울부짖으셨고, 또 그분의 영혼을 저승에 버려두지 않으시고 신속한 부활로 영광스럽게 하시며 하늘 나라로 올라가게 하신 성부께 어떻게 감사드리고 계

[27] NPNF 2,5,127.

[28] FC 37,333-34.

[29] FC 101,117.

신지를 보십시오.

• 카시오도루스『시편 해설』16,10.[30]

다윗이 아니다

사흘 만에 부활하신 분이 아니시라면, 자신의 육이 희망 속에서 쉬었고, 자신의 영혼은 저승에 머물지 않고 육을 되살리기 위해 재빨리 육으로 돌아갔으며, 그의 육은 다른 시체들이 썩는 것처럼 부패하지 않았다고 말씀하실 수 있는 위치에 있는 분은 누구입니까? 임금이요 예언자인 다윗에게서 이 모든 것이 확인되었다고 주장할 수 있는 이는 아무도 없습니다.

• 아우구스티누스『신국론』17,18.[31]

이단은 논박되었다

이 시편은 아리우스와 에우노미우스, 아폴리나리스의 오류를 반박합니다. 아리우스와 에우노미우스는 말씀이신 하느님께서 영혼 없이 육체만 취하셨다고 말하였고, 반면에 아폴리나리스는 그분께서 영혼이 있는 육체를 취하셨다고 말하긴 하였지만 그 영혼이 이성적 영혼이라는 것을 부정하였습니다. 나는 그가 어디에서 이런 두 종류의 영혼에 대한 교리를 찾아내었는지 알지 못합니다. 성경에는 그런 가르침이 없습니다. 성령께서는 복된 다윗을 통하여 영혼에 대해 분명하게 언급하셨고, 이로써 이런 이단들은 분명하게 논박되었습니다.

• 키루스의 테오도레투스『시편 주해』16,8.[32]

사도행전에서 베드로가 인용한 말씀

복된 베드로는 사도행전에서 주님과 관련하여 이 말씀을 인용하였습니다. … 그런데 베드로는 사실적 근거를 약화시키려고 이 말씀을 인용한 것이 아니라, 이 말씀이 본래 언급한 사람들보다 주님께 더 잘 적용될 수 있도록 인용하였습니다. 얼마간 살다가 나중에 죽음에 넘겨진 이들, 곧 고대 이스라엘 사람들의 경우보다 주님의 경우에 그분께서 경험하신 사건들의 결과가 이 말씀들과 더 잘 맞아떨어지기 때문이었습니다. 따라서 이 말씀의 사실적인 근거를 보존하는 것이나 이 말씀으로 주님의 사건을 이해하는 것을 막는 것은 아무것도 없습니다.

• 타르수스의 디오도루스『시편 주해』16.[33]

16,11 충만한 기쁨

넘치는 기쁨

그분은 충만함에 더하여 잔이 흘러 넘치도록 이미 채워진 그릇에 더 부어 주십니다. 이 기쁨은 모든 것이 영원히 간직되는 방식으로 채워집니다. 이 구절은 또한 모든 의로운 이들이 복된 상태에서 주님의 현존이 주는 기쁨으로 충만하게 될 것임을 보여 줍니다. 그리고 그분은 주님이시기 때문에 그들 가운데에서 그분 역시 충만하게 되실 것이라고 말씀하십니다. 그런데 왜 그분이 앞에서는 "당신께서 제 오른쪽에 계시니 저는 흔들리지 않으리이다"(8절) 하고 말씀하신 반면에 여기에서는 "당신 오른쪽에서 기쁨으로 충만하게 되리라"고 말씀하시는지 좀 더 주의 깊게 살펴봅시다. 사실 그분은 이 세상에서 고통을 겪으셨습니다. 당신께서 취하신 육에 매를 맞으셨고, 뺨을 맞았으며, 침 뱉음을 당하셨습니다. 하지만 그분은 어떤 고난에도 굴복하지 않으셨습니다. 그러므로 주님은 늘 그분의 오른쪽에 계셨다고 하는 것은 옳습니다. 그분은 성부께 대한 관상에서 조금도 움직이지 않으셨기 때문에 세

[30] ACW 51,165.
[31] FC 24,71.
[32] FC 101,118.
[33] WGRW 9,48.

상의 반대를 극복하셨습니다. 성부 오른쪽에서 이제 그분은 이 세상의 고난을 내려놓고, 그분의 인간성은 영광으로 충만하게 되었습니다. 그분의 영광은 성부와 성령과 함께 영원히 말씀에 결합된 완전한 위엄과 통치권입니다. "길이"라는 말은 완전함과 영원성을 가리킵니다. 그분의 영광은 완전하고 시간의 제한이 없기 때문입니다.

• 카시오도루스『시편 해설』16,11.[34]

고통을 겪지 않게 되다

그분은 인간의 본성을 지니셨어도 고통과 변화, 죽음을 겪지 않으시며 중단 없는 기쁨 속에 계실 것입니다. 알다시피 그분은 하느님으로서는 언제나 이러하십니다. 물론, 어머니의 모태에서 형성된 그분의 인간적인 본성도 처음부터 이런 특성을 갖는 것이 어려운 일은 아니었습니다. 하지만 그분은 고통이라는 여정을 거쳐야만 하는 본성을 취하는 것을 허락하셨습니다. 이를 통하여 죄의 지배력을 무력화하고, 악마의 독재를 중단시키며, 죽음의 권세를 없애고, 모든 이에게 새로운 생명의 기초를 제공해 주시려는 뜻이었습니다. 그렇게 함으로써 그분은 인간으로서 불멸과 불사, 둘 다를 취하셨습니다.

• 키루스의 테오도레투스『시편 주해』16,8.[35]

그는 길을 배우셨다

길이요 생명이신 분께서 생명으로 가는 길을 배우셨다고 말씀하십니다. 사람들이 길이요 생명이신 분을 어떤 길로 따를 수 있는지 그분은 배우셨습니다. … 그분은 육체를 받아들이셨고, 이 육체를 통하여 온 인류를 받아들이셨으며, 이로써 성자의 신성이 인류에게 알려지는 것을 기뻐하셨습니다. 그래서 그분은 '기쁘시다'고 말씀하십니다. 그분은 성부와 함께 충만한 기쁨을 누리십니다. … 그분의 기쁨은 충만하고 완전하며, 그분의 행복은 형언할 수 없습니다. 성부의 오른쪽에 앉아 계시기 때문입니다. … 이것이 그분의 기쁨이며, 이것이 하느님의 뜻이 정하신 끝 날까지 지속될 그분의 행복입니다. … 주님은 수난을 겪으셨고 죽은 이들 가운데에서 부활하시어, 승리자로서 하늘에 들어가셨기 때문입니다. 이는 주님의 오른쪽에 온 인류가 설 수 있게 하시려는 것이었습니다.

• 히에로니무스『시편 강해』15[16].[36]

그분에게서 우리에게로

이것은 정녕 부활하신 그리스도의 인격에 관한 말입니다. 그분께서 죽으신 뒤 지하세계에서 높은 곳으로 돌아가셨을 때, 그 전에는 알려지지 않았던 생명의 길이 알려지게 되었습니다. 생명의 길은 그리스도 이전에는 알려지지 않았습니다. 왜냐하면 그 길은 그 전에는 누구도 밟아본 적이 없는 길이었기 때문입니다. 그 길은 죽음에서 부활한 이들만이 걸을 수 있는 길입니다. 주님께서 부활하시자 그 길은 알려지게 되었고, 이제 그 길은 많은 이들의 발길로 편편하게 되었습니다. 이 길을 걸었던 이들에 대하여 복음사가는 이렇게 말합니다. "많은 성도들의 몸이 그분과 함께 되살아나 거룩한 도성으로 들어갔다"(마태 27,52-53). 따라서 주님께서 당신의 부활로 "당신께서 저에게 생명의 길을 가르치셨습니다"라고 말씀하실 때 우리는 주님께 이렇게 말씀드릴 수 있습니다. "당신은 우리에게 생명의 길을 가르치셨습니다." 생명의 길을 우리에게 보여 주

[34] ACW 51,166-67.

[35] FC 101,117-18.

[36] FC 57,35-36.

신 그분께서 직접 우리에게 생명의 길을 가르치셨습니다. 그분께서 나에게 신앙과 자비, 정의와 정결에 대해 가르치셨을 때 나에게 생명의 길을 알려 주셨습니다. 이 길로 사람은 구원에 이르게 됩니다. 우리의 육체가 분해될 때 죽음의 그림자가 우리를 둘러싸겠지만 생명은 그 발걸음을 포기하지 않을 것이며, 우리는 그리스도의 힘으로 지옥의 아가리를 재빨리 통과해 나오게 될 것입니다. 이것이 거룩한 예언자가 다음과 같이 말한 이유입니다. "제가 비록 어둠의 골짜기를 간다 하여도 재앙을 두려워하지 않으리니 당신께서 저와 함께 계시기 때문입니다"(시편 23,4). 주님은 당신을 믿는 이들에 관하여 말씀하실 때 이것에 대해 더욱 분명하게 말씀하십니다. "나를 믿는 사람은 죽지 않을 것이며, 죽더라도 살 것이다"(요한 11,25).

• 토리노의 막시무스 『설교집』 14,1.[37]

[37] ACW 50,248*.

17,1-15 보호를 청하는 기도

원수들이 그대를 둘러싸고 그대의 생명을 위협하는 어려움에 처했다면
시편 제17편을 읊으십시오.
아타나시우스 『시편 해석에 관해 마르켈리누스에게 보낸 편지』 17 [OIP 67]

1 [기도. 다윗]
주님, 의로운 사연을 들어 보소서.
제 부르짖음을 귀여겨들으소서.
거짓 없는 입술로 드리는
제 기도에 귀 기울여 주소서.
2 당신 앞에서 저에게 승소 판결이
내려지게 하소서.
당신 눈으로 올바른 것을 보아 주소서.
3 당신께서 제 마음을 시험하시고
밤중에도 캐어 보시며
저를 달구어 보셔도 부정을 찾지
못하시리이다. 저의 입은
4 사람들이 하는 것처럼 하지 않고
저는 당신 입술에서 나온 말씀에
주의를 기울였습니다. 계명의 길을
5 저는 꿋꿋이 걷고
당신 길에서 제 발걸음 비틀거리지
않았습니다.
6 하느님, 당신께서 제게 응답해 주시겠기에
제가 당신께 부르짖습니다.
당신의 귀를 기울이시어
제 말씀을 들어 주소서.
7 당신 자애의 기적을 베푸소서.
당신 오른쪽으로 피신하는 이들을
적에게서 구해 주시는 분이시여!
8 당신 눈동자처럼 저를 보호하소서.
당신 날개 그늘에 저를 숨겨 주소서,
9 저를 억누르는 악인들에게서
저를 미친 듯 에워싼 원수들에게서.
10 그들의 마음은 비계로 닫혀 있고⤴

그들의 입은 오만을 내뿜습니다.
11 그들은 이제 달려들어 저를 둘러싸고서
땅바닥에 넘어뜨리려 노려봅니다.
12 그 모습 사자처럼 약탈하려 노립니다.
으슥한 곳에 도사린 힘센 사자 같습니다.
13 주님, 일어나소서.
다가가 그를 내던지소서.
악인에게서 제 영혼을 당신 칼로
구해 주소서.
14 주님, 당신의 손으로 저 사내들에게서,
세상살이를 제 몫으로 삼는 사내들에게서
저를 구해 주소서.
당신께서 숨겨 놓으신 벌로
그들의 배를 채우시어
아들들도 배불리고
나머지는 자기네 어린것들에게
물려주게 하소서.
15 저는 의로움으로 당신 얼굴을 뵙고
깨어날 때 당신 모습으로 흡족하리이다.

둘러보기

시편 제17편은 하나의 연속적인 기도이며, 그리스도께서 이 기도를 바쳤다고 생각하면 상당히 교육적인 기도다(카시오도루스). 이 시편은 자신의 말을 주의 깊게 들어 달라는 간청으로 시작된다. 저자는 성경 말씀을 인용하여 이 간청을 드린다(에우세비우스). 저자는 승소 판결이 내려졌던 사건에 기초하여 하느님께 호소한다. 첫 번째 소송은 다윗의 경우다(테오도레투스). 두 번째 소송은 예수 그리스도의 경우다. 사실 예수 그리스도는 완전히 결백한 것으로 입증된 유일한 분이다(에우세비우스). 시편 저자는 하느님께서 모든 상황을 아시며 그의 갈망이 무엇인지도 알고 계신다는 것에 대한 확신을 표현한다(디오도루스). 우리는 다른 사람의 결점을 찾지 않도록 주의해야 한다(바실리우스). 죄를 피하기는 어렵지만 그리스도께서 그 길을 보여 주셨다(카시오도루스). 제자로서의 고된 삶은 사랑 때문에 쉬워진다(아우구스티누스). 하느님의 말씀은 우리가 따라야 할 길이며(카시오도루스), 하느님의 도우심으로 그 길을 따를 수 있다(요한 카시아누스). 우리는 미래의 보상을 확신한다(에바그리우스). 하지만 우리가 그런 확신을 갖게 되는 것은 우리의 기도를 들어주시는 하느님의 은총을 통해서만 가능하다(카시오도루스).

주님은 그분 안에서 피신처를 찾는 이들의 구원자이심을 이해한다면 우리는 그분께 충실해야 하며(암브로시우스), 우리 자신이 아니라 하느님을 신뢰해야 한다(위-아타나시우스). 이렇게 함으로써 우리는 눈동자가 받는 것과 같은 보호를 누리게 된다(테오도레투스). 우리는 자비와 사랑의 날개로 둘러싸여 있다(카시오도루스). 이는 하느님의 도우심에 대한 적절한 비유다(요한 크리소스토무스). 이것이야말로 우리가 일상의 삶에서 갖는 용기의 원천이다(대 레오). 우리는 악마와 불순한 생각의 유혹을 조심해야 한다(헤시키우스, 에바그리우스). 우리는 악마에 대항하여 하느님의 말씀이라는 칼과(에우세비우스) 올바른 영혼이라는 칼을 휘둘러야 한다(위-아타나시우스). 불의한 자들은 하느님의 계획과 지혜에 따라 벌을 받을 것이다(디오도루스). 왜냐하면 그들은 자기 자녀들에게 잘못된 상속 재산을 물려주기 때문이다(헤시키우스). 그러나 우리는 하느님으로 만족하게 될 것이다(아우구스티누스). 완전히 흡족하게 될 것이다(베다). 이런 만족을 예상할 때 과연 하느님은 참으로 어떤 분이실지 우리를 경탄하게 만든다(아우구스티누스).

17,1 제 기도에 귀 기울여 주소서

하나의 연속적인 기도

다른 시편들에는 도움을 청하는 짧은 기도가 다양한 주제들과 섞여 있다면 이 시편은 전체가 사실상 하나의 청원기도입니다. 따라서 이 시편은 하나의 연속적인 기도라고 볼 수 있습니다. 이 시편의 목적도 기도에 대한 열정을 강조하는 것이기 때문입니다.

• 카시오도루스 『시편 해설』 17,1.[1]

성경의 말씀으로 드리는 기도

성경에서 인용한 말씀들을 사용할 때 우리는 충분하고 분명하게 말할 수 있습니다. … 의인은 상스러운 말을 사용하지 않도록 혀와 입술과 목소리를 정화합니다. 그는 다음 말씀을 잘 알고 있기 때문입니다. "사람들은 자기가 지껄인 쓸데없는 말을 심판 날에 해명해야 할 것이다"(마태 12,36). 하느님은 거짓된 입술로 바치는 말에는 귀를 기울이지 않으십니다. 하느님의 말씀을 묵상하는 데 익숙한 사람들의 정화된 입술에서 나오는 말만 들으십니다.

• 카이사리아의 에우세비우스 『시편 주해』 17,1.[2]

17,3 하느님께서 제 마음을 시험하신다

다윗은 시험받았고 참됨을 인정받았다

[다윗은] 여러 번 사울을 잡을 수 있었지만 그를 죽이지 않고 오히려 악을 선으로 갚았습니다. 다윗은 한밤중에 잠든 사울을 죽음에서 구하였고 아무도 그를 죽이지 못하게 하였는데, 그는 지금 그날 밤을 회상하고 있습니다. 한편 다윗은 여기에서 "밤"이라는 단어를 비유적으로 사용하기도 하는데, 자신이 겪은 환난을 "밤"이라 부릅니다. 그때 그는 절망의 어둠에 덮여 있었기 때문입니다. 마찬가지로 그는 자신이 겪은 시험을 "불"로 지칭합니다. 그는 이렇게 말합니다. "저를 불로 달구어 보셔도 부정을 찾지 못하시리이다." 이 말을 달리 표현하면 이러합니다. '당신께서 금을 정련하시듯 저를 정련하신다면, 오, 주님, 저에게는 어떠한 불순물도 섞여 있지 않음을 아시게 될 것입니다. 저는 원수를 거슬러 욕하는 것을 삼갔고, 그가 계속해서 하려는 일을 언급하는 것조차 피하였습니다. 그러니 제가 원수에게 해를 끼쳤을 리가 없습니다.'

• 키루스의 테오도레투스 『시편 주해』 17,2.[3]

그리스도 홀로 결백하시다

누가 "나는 죄에서 결백하다"고 자신 있게 말할 수 있겠습니까? 그리스도 홀로 진실하게, 그리고 타당하게 이 말씀을 하실 수 있습니다. … 금이 불로 정련되면 순수해지고 빛이 납니다. 이사야에 따르면, 세상이 시작된 이래로 사람들 가운데 오직 그리스도만이 "죄를 짓지 않았고, 거짓을 입에 담지도 않았"(이사 53,9)습니다.

• 카이사리아의 에우세비우스 『시편 주해』 17,3.[4]

하느님은 이미 아신다

제가 청을 드리기도 전에 당신께서는 이미 저의 곤경을 아시며, 밤낮으로 제 마음에 떠오른 온갖 생각을 모르지 않으십니다.

• 타르수스의 디오도루스 『시편 주해』 17.[5]▸

---

[1] ACW 51,167. [2] PG 23,159.
[3] FC 101,119-20. [4] PG 23,161.

결점을 찾지 마라

아무런 도움도 되지 않는 쓸데없는 대화에 끼어들지 마십시오. 다른 이들에 대해 불평하는 마음을 품지 않도록 조심하십시오. 그들은 그대의 형제들이며, 그대의 불평이 그대 자신에게 되돌아올 수도 있기 때문입니다. 다른 이들의 결점을 찾으려 하지 말며, 이웃을 고발하여 그대의 혀가 불결하게 되는 일이 없게 하십시오. "저는 사람들의 행위를 두고 옳다 그르다 하지 않았습니다"라는 말을 명심해야 합니다.

• 바바이 『키리아쿠스에게 보낸 편지』 55.[6]

17,4 말씀에 주의를 기울였다

그리스도께서 가신 길

죄를 피하는 길은 힘들고, 올라가는 길은 늘 어렵습니다. 반면에 악덕으로 미끄러지는 길은 쉬운 내리막길입니다. 주 그리스도께서는 이 세상에 사시면서 완전한 온순함과 자기 수양의 규범을 제시하셨습니다. 따라서 그분은 주님의 명령에 따라 사람들이 어려워하는 길을 흠 없는 발걸음으로 걸으셨다고 정당하게 말씀하실 수 있습니다.

• 카시오도루스 『시편 해설』 17,4.[7]

사랑 때문에 쉬워지다

주님께서 명령하신 바는 힘겹고 가혹해 보입니다. 주님을 따르고자 하는 이는 자신을 부정해야 한다고 하니 말입니다. 하지만 당신께서 명령하신 것을 우리가 행할 수 있도록 도와주시는 분께서 명령하신 것 가운데 힘겹고 가혹한 것은 아무것도 없습니다. 보다시피 다음 두 가지는 모두 사실입니다. 하나는 이 시편에서 주님께 말씀드린 것입니다. "당신 입술의 말씀 때문에 저는 고된 길을 걸어왔습니다"(칠십인역). 다른 하나는 주님께서 직접 말씀하신 것입니다. "내 멍에는 편하고 내 짐은 가볍다"(마태 11,30).

• 아우구스티누스 『설교집』 96,1.[8]

17,5 하느님의 길을 꿋꿋이 걷다

하느님 말씀의 길

"길에서"란 곧 "당신의 계명 안에서"라는 의미입니다. 이것이야말로 참으로 올바른 길입니다. 우리가 성실하게 이 길을 따라간다면 하늘 나라에서 보상을 받게 될 것입니다.

• 카시오도루스 『시편 해설』 17,5.[9]

하느님의 도우심으로

자신의 근면이나 열정, 또는 부단한 노력만으로는 우리는 결코 완전함에 이르지 못합니다. 인간의 열정은 진복이라는 숭고한 보상을 얻기에 충분하지 않습니다. 주님께서 우리를 도와주셔야만 하며, 우리의 마음이 선한 것을 향하도록 이끌어 주셔야 합니다. 우리는 매 순간 다윗의 기도를 함께 바쳐야 합니다. "당신의 길을 따라 제 발걸음을 인도하시어 당신 길에서 제 발걸음이 비틀거리지 않게 하소서." "주님은 반석 위에 내 발을 세우시고 내 발걸음을 든든하게 하셨네"(시편 40,3). 보이지 않게 인간의 정신을 인도하시는 분께서 선에 대한 무지와 격정에 대한 집착으로 죄를 향해 곤두박질치기 십상인 우리의 자유의지가 덕에 대한 사랑으로 돌아서도록 인도해 주시기를 청해야 합니다.

• 요한 카시아누스 『담화집』 3,12.[10]

◂5 WGRW 9,49.
6 CS 101,155.
7 ACW 51,170*.
8 *WSA* 3,4,29.
9 ACW 51,170.
10 JCC 93.

미래의 보상

지금 [이 길은] 고통으로 가득 차 있고 기쁨도 없지만, 이 길에서 단련된 이들은 나중에 의로움의 열매를 맺게 될 것입니다.

• 폰투스의 에바그리우스 『시편 발췌 주해』 16[17],3-4.[11]

17,6 하느님께서 응답해 주시리라

응답의 은총

인간은 그 허약함 때문에 자신의 힘만으로는 성부께 이를 수 없습니다. 성부께서 먼저 자비롭게 당신의 관대함과 온유함을 보여 주심으로써, 청하는 이들의 기도를 들어주십니다.

• 카시오도루스 『시편 해설』 17,6.[12]

17,7 피신처를 찾는 이들의 구원자

충실하게 머물다

그리스도인들은 평화와 고요를 위해 기도하지만 죽음의 위험에 처해서도 한결같은 믿음과 진리를 포기하지 않습니다. 주님은 우리의 지도자이시며, "당신께 희망을 두는 이들을 구해 주시는 분"이시기 때문입니다.

• 암브로시우스 『서간집』 20,14.[13]

전적으로 하느님을 신뢰하라

시편 저자는 다음과 같이 하도록 우리를 가르칩니다. 우리가 덕스러울 때에도 우리는 자신이 아니라 하느님을 신뢰해야 합니다. 그리고 주님께서 우리를 반대하는 세력의 악에서 우리의 정신을 눈동자처럼 지켜 주시기를 기도해야 합니다. 우리 정신은 우리 영혼의 눈에 해당됩니다.

• 위-아타나시우스 『시편 해설』 17.[14]

17,8 저를 보호하소서

눈의 보호

시편 저자는 이 기도에서 마치 눈이 눈동자를 보호하는 것과 같은 보호를 요청하고 있습니다. 눈꺼풀은 성벽이 되어 눈을 보호하고, 속눈썹은 방어벽이 됩니다. 눈썹은 제방이 되어 땀이 관자놀이로 흘러가게 하여 시야가 흐려지는 일이 없게 합니다.

• 키루스의 테오도레투스 『시편 주해』 17,3.[15]

자비와 사랑의 날개

성부의 보호는 "날개"에 비유할 수 있습니다. 시편 저자는 마치 자비와 사랑이 성부의 날개나 되는 것처럼 그 날개로 지켜 달라고 청하고 있습니다. 이 비유는 하느님의 사랑을 날개를 펼쳐 새끼를 보호하는 새에 빗대어 말하고 있습니다.

• 카시오도루스 『시편 해설』 17,8.[16]

도움에 대한 은유

시편의 이 구절은 하느님께서 "날개"를 지니셨다고 말합니다. … 그렇다고 해도 우리는 하느님의 영적이고 파괴될 수 없는 본질이 날개를 가지고 있다고 말하지는 않습니다. … 그렇다면 "날개"는 무엇으로 이해할 수 있을까요? 하느님께서 우리에게 주시는 도움과 안전, 은신처, 보호, 그리고 누구도 저지할 수 없는 도움을 말합니다.

• 요한 크리소스토무스 『비유사파 반박』 8,4.[17]

---

[11] PG 12,1217.
[12] ACW 51,171.
[13] LCC 5,212.
[14] CSCO 387,11.
[15] FC 101,120.
[16] ACW 51,172.
[17] FC 72,214.

용기의 원천

이 세상의 날들은 짧고 시간은 불확실하기 때문에, 죽을 존재인 인간에게 죽음이 예상하지 못한 사건이 되어서는 안 된다는 것을 염두에 두어야 합니다. 자신이 죽을 존재임을 아는 이라면 준비되지 않은 종말을 맞아서는 안 됩니다. 그러므로 기도하는 이들은 예언자의 목소리로 선포된 이 사실을 명심해야 합니다. 그리고 입술로만 이 기도를 할 것이 아니라 마음으로 기도해야 합니다. … 왜냐하면 우리는 언제나 하느님의 도우심을 필요로 하기 때문입니다. 우리에게는 언제나 보호자가 있습니다. 우리는 이 보호자 없이 용감할 수 없습니다. 바로 여기에서 인간의 기도는 불굴의 용기를 끌어냅니다.

• 대 레오 『설교집』 90,4,1.[18]

17,12 사자처럼

불순한 생각의 유혹

마귀들은 우리의 정신을 둘러싸고 들짐승처럼 걸려들게 만듭니다. … 가장 유혹적인 미끼는 욕망에 넘어간 죄인들입니다.

• 헤시키우스 『시편 단편』 17,9.[19]

불손한 생각이라는 위험

우리의 적수는 불손한 생각을 통하여 사자처럼 우리의 정신을 제압합니다.

• 폰투스의 에바그리우스 『시편 발췌 주해』 16[17],12.[20]

17,13 당신 칼로

하느님의 말씀이라는 칼

여기서 "칼"은 "살아 계시며 어떤 쌍날칼보다도 날카로운 하느님의 말씀"(히브 4,12)일 것입니다. 이 시편에서는 쌍날칼 대신 곧은 칼이 언급되지만 어찌 되었거나 이 "칼"은 원수를 내쫓기 위하여 내 영이 간직하고 있는 하느님의 말씀입니다.

• 카이사리아의 에우세비우스 『시편 주해』 14.[21]

의로운 영혼의 칼

의인의 영혼은 악한 영들을 거슬러 싸우는 날카로운 칼과 같습니다. 그래서 의인은 죄인들을 불신앙에서 신앙으로 끌어냅니다. 오, 저희의 주님, 당신께서 원수들을 거슬러 날카롭게 벼리신 이 칼을 당신의 원수들로부터 구하소서.

• 위-아타나시우스 『시편 해설』 17.[22]

17,14 하느님께서 숨겨 놓으신 벌

하느님께서 보시기에 가장 적당한 벌

저는 저들이 분명히 벌을 받기를 원합니다만 그것을 어떻게 기도해야 할지 모릅니다. 그러나 당신은 아십니다. 당신께서는 감추어진 지혜의 보화를 가지고 계시니, 당신께서 보시기에 가장 적당하다고 여기시는 벌을 그들에게 내리소서.

• 타르수스의 디오도루스 『시편 주해』 17.[23]

잘못된 상속 재산

어떤 이들은 시편 저자가 여기에서 어린이들의 음식에 대해 비판한다고 생각하지만 그렇지 않습니다. [입으로 들어가는 것들은 사람을 더럽히지 않기 때문입니다(마태 15,17-18 참조).] 시편 저자가 염두에 둔 이들은 다음과 같은 이들입니다. 후손들에게 탁월한 덕이 아니라 악을 상속 재산으로 물려주는 자들이지요. 그런 자들은 지혜롭지 않은 후손들을 많이 얻게 되는데, 이는

---

[18] FC 93,382.
[19] PG 93,1185.
[20] PG 12,1221.
[21] PG 23,164.
[22] CSCO 387,11.
[23] WGRW 9,51.

하느님께서 그리하신 것입니다.

• 헤시키우스 『시편 단편』 17,14.[24]

17,15 하느님을 뵙고 흡족해질 것이다

우리는 흡족하게 될 것이다

지혜와 지식의 보화와 하느님의 부요함이 우리를 흡족하게 하는 것이 아니라면 왜 그것에 대해 이야기하겠습니까? 여러 가지 단맛이 우리를 만족시키는 것이 아니라면 왜 그것에 대해 이야기하겠습니까? … 어떤 시편에서 누군가가, 우리 가운데 한 사람이, 우리 안에서 또는 우리를 위하여 그분께 이렇게 말씀드립니다. "당신의 영광이 드러날 때 저는 흡족하리이다." … 그분은 우리를 변화시켜 주시고 당신의 얼굴을 보여 주실 것입니다. 그러면 "저희가 구원되리이다"(시편 80,4). 우리는 흡족할 것이며, 그것으로 충분할 것입니다.

• 아우구스티누스 『설교집』 194,3.[25]

그리스도께서 나타나실 때 우리는 흡족하게 되리라

언제 우리는 흡족하게 될까요? … "당신의 영광이 드러날 때." 지금은 우리 하느님의 영광, 그리스도의 영광이 감추어져 있습니다. 우리의 영광도 감추어져 있습니다. 그러나 "여러분의 생명이신 그리스도께서 나타나실 때, 여러분도 그분과 함께 영광 속에 나타날 것입니다"(콜로 3,4).

• 아우구스티누스 『설교집』 255,5.[26]

완전히 흡족하게 되다

[현재의] 삶에서 우리는 성경의 빛을 필요로 하며, 천상의 성사로 기운을 회복해야 합니다. 하지만 미래에는 그런 도움이 더 이상 필요하지 않을 것입니다. 시편 저자의 말에 따르면, 주님의 영광이 나타날 때 모든 사람이 정의로 완전히 흡족하게 될 것입니다.

• 존자 베다 『복음서 강해』 2,25.[27]

하느님은 어떤 분이신가

우리가 미래의 영광에 대해 찬미의 노래를 부르기는 하지만 우리는 이 미래의 영광이 어떤 것일지, 그것이 얼마나 풍요롭고 얼마나 빛나는 것일지 설명할 수 없습니다. 왜 그런가요? "어떠한 눈도 본 적이 없고 어떠한 귀도 들은 적이 없으며 사람의 마음에도 떠오른 적이 없는 것들을 하느님께서는 당신을 사랑하는 이들을 위하여 마련해 두셨기"(1코린 2,9) 때문입니다. 하늘의 영원한 좋은 것들에 대해 이처럼 말할 수 없다면, … 하물며 이런 위대하고 놀라운 것들을 마련하신 하느님께서 어떤 분이실지 어떻게 말할 수 있겠습니까? 다시 말하건대 전능하신 하느님께서 무엇과 같으실 수 있을까요? 헤아릴 수 없고, 표현할 수 없으며, 이해할 수도 없고, 모든 것을 능가하시며, 모든 것 너머에 계시고, 모든 것과 떨어져 계신 분[이라고밖에 말할 수 없습니다.] 그분은 당신의 모든 피조물보다 뛰어나시고, 당신이 만드신 모든 것 훨씬 너머에 계시며, 전 우주를 초월하십니다. 만약 여러분이 위대함을 찾고 있다면 하느님은 그보다 더 크십니다. 아름다움을 찾고 있다면 하느님은 그보다 더 아름다우십니다. 기쁨을 찾는다면 하느님은 그보다 더 기쁨을 주시는 분이십니다. 빛을 찾고 있다면 하느님은 그보다 더 빛나십니다. 정의를 찾고 있다면 하느님은 그보다 더 정의로우시며, 힘을 찾고 있다면 하느님은 그보다 더 강력하시고, 부성애를 찾는

[24] PG 93,1188.
[25] *WSA* 3,6,54.
[26] *WSA* 3,7,161.
[27] CS 111,265.

다면 그분은 그보다 더 자애로우십니다. 결국 어떤 물건과 그것을 만든 이, 어떤 작품과 그것을 만든 장인은 동등하게 볼 수 없습니다.

• 아우구스티누스 『설교집』 384,1.[28]

[28] *WSA* 3,10,383*.

18,1-51 감사

그대의 원수들로부터 구출되고 그대를 뒤쫓는 이들로부터 구조되었을 때 시편 제18편을 노래하십시오.

아타나시우스 『시편 해석에 관해 마르켈리누스에게 보낸 편지』 17 [OIP 67]

1 [지휘자에게. 주님의 종 다윗.
주님께서 그의 모든 원수들의 손아귀와
사울의 손에서 그를 건져 주신 날,
그가 이 노래로 주님께 아뢰었다.
2 그는 말하였다.]
저는 당신을 사랑합니다,
주님, 저의 힘이시여.
3 주님은 저의 반석, 저의 산성, 저의 구원자
저의 하느님, 이 몸 피신하는 저의 바위
저의 방패, 제 구원의 뿔,
저의 성채이십니다.
4 찬양받으실 주님을 불렀을 때
나는 원수들에게서 구원되었네.
5 죽음의 오랏줄이 나를 두르고
멸망의 급류가 나를 들이쳤으며
6 저승의 오랏줄이 나를 휘감고
죽음의 올가미가 나를 덮쳤네.
7 이 곤경 중에 내가 주님을 부르고
내 하느님께 도움을 청하였더니
당신 궁전에서 내 목소리 들으셨네.
도움 청하는 내 소리 그분 귀에 다다랐네.
8 이에 땅이 흔들리며 떨고
산의 뿌리까지 소스라쳐 흔들렸으니
그분께서 진노하신 까닭이네.
9 그분 코에서는 연기가 오르고
입에서는 삼킬 듯 불길이 치솟았으며
그분에게서 숯불이 타올랐네.
10 그분께서 하늘을 기울여 내려오시니
먹구름이 그분 발밑을 뒤덮었네.
11 커룹 위에 올라 날아가시고
바람 날개 타고 떠가셨네.
12 어둠을 가리개 삼아 당신 주위에
둘러치시고
시커먼 비구름과 짙은 구름을
덮개로 삼으셨네.
13 그분 앞의 빛에서 뿜어 나오는 것
우박과 불타는 숯덩이들이었네.
14 주님께서 하늘에 우렛소리 내시고
지극히 높으신 분께서
당신 소리 울려 퍼지게 하셨네.
우박과 불타는 숯덩이들을 내리셨네.
15 당신 화살들을 쏘시어 그들을 흩으시고
수많은 번개로 그들을 혼란에 빠뜨리셨네.
16 바다의 밑바닥이 보이고⤴

땅의 기초가 드러났네.
주님, 당신의 질타로,
당신 노호의 숨결로 그리되었습니다.
17 그분께서 높은 데에서 손을 뻗쳐
나를 붙잡으시고
깊은 물에서 나를 끌어내셨네.
18 나의 힘센 원수에게서,
나보다 강한 적들에게서 나를 구하셨네.
19 환난의 날에 그들이 나를 덮쳤지만
주님께서 나에게 의지가 되어 주셨네.
20 넓은 곳으로 이끌어 내시어
나를 구하셨으니
내가 그분 마음에 들었기 때문이네.
21 주님께서 내 의로움에 따라
나에게 행하시고
내 손의 결백함에 따라
나에게 갚아 주셨으니
22 내가 주님의 길을 지키고
나의 하느님을 배반하지 않았으며
23 그분의 모든 법규를 내 앞에 두고
그분의 규범을 내게서 물리치지 않았기
때문이네.
24 나 그분께 결백하게 지내 왔고
죄에 떨어질까 조심하였네.
25 주님께서 내 의로움에 따라
나에게 갚아 주셨네.
그분 앞에서 지켜 온
내 손의 결백함에 따라 갚아 주셨네.
26 당신께서는 충실한 이에게는
충실하신 분으로,①
결백한 사람에게는 결백하신 분으로
당신을 나타내시고
27 깨끗한 이에게는 깨끗하신 분으로
그를 대하시지만
그릇된 자에게는 비뚤어지신 분으로
당신을 드러내십니다.
28 정녕 당신께서는 가련한 백성은
구원하시지만
거만한 눈들은 끌어내리십니다.
29 주님, 정녕 당신께서 저의 등불을
밝히십니다.
저의 하느님께서 저의 어둠을
밝혀 주십니다.
30 정녕 당신의 도우심으로
제가 무리 속에 뛰어들고
제 하느님의 도우심으로
성벽을 뛰어넘습니다.
31 하느님의 길은 결백하고
주님의 말씀은 순수하며
그분께서는 당신께 피신하는 모든 이에게
방패가 되신다.
32 정녕 주님 말고 그 누가 하느님이며
우리 하느님 말고 그 누가
반석이 되어 주겠는가?
33 하느님께서 나에게 힘을 매어 주시고
나의 길을 온전하게 놓아 주셨네.
34 내 발을 암사슴 같게 하시고
높은 곳에 나를 세워 주셨으며
35 내 손에 전투를 익혀 주시고
내 팔이 청동 활을 당기게 하셨네.
36 당신께서는 구원의 방패를 제게 주시고
당신 오른손으로 저를 받쳐 주시며
손수 보살피시어②
저를 크게 만드셨습니다.
37 제 발걸음 닿는 곳을 넓히시어
제 발목이 흔들리지 않았습니다.

38 저는 제 원수들을 뒤쫓아 붙잡고
그들을 무찌르기 전에는
돌아오지 않았습니다.
39 제가 그들을 내리치자
그들은 일어서지 못하고
제 발아래 쓰러졌습니다.
40 당신께서는 저에게 싸울 힘을 매어 주시어
저에게 맞서 일어선 자들을
무릎 꿇게 하셨습니다.
41 제 원수들을 달아나게 하시고
저를 미워하는 자들을
제가 멸망시키게 하셨습니다.
42 그들은 도와달라 외쳤으나
도와주는 이 없었고
주님께 청하였으나 그들에게는
응답하지 않으셨습니다.
43 저는 그들을 바람 앞의 먼지처럼
갈아 부수고
오물처럼 밖으로 쏟아 버렸습니다.
44 당신께서 저를 백성[3]의 다툼에서 구하시어
민족들의 우두머리로 세우셨으니
제가 알지 못하던 백성이 저를 섬기고
45 제 말을 듣자마자 저에게 복종하며
이방인들이 저에게 아양 부렸습니다.
46 이방인들이 기진맥진하여
그들의 성곽에서 떨며 나왔습니다.
47 주님께서는 살아 계시다!
나의 반석께서는 찬미받으시리니
내 구원의 하느님께서는 드높으시다.
48 하느님께서 내 원수를 갚아 주시고
백성들을 내 발아래 굴복시키셨다.
49 당신께서는 제 원수들에게서
저를 구하시고
저를 거슬러 일어선 자들에게서
들어 높이셨으며
포악한 자에게서 해방시켜 주셨습니다.
50 그러기에 주님, 제가 민족들 앞에서
당신을 찬송하고
당신 이름에 찬미 노래 바칩니다.
51 주님께서는 당신 임금에게 큰 구원을
베푸시고
당신의 기름부음받은이 다윗과
그 후손에게
영원토록 자애를 베푸신다.

① 칠십인역은 '거룩한 이에게는 거룩하신 분으로'다.
② 또는 '친절로'.
③ 그리스어역, 타르굼; 히브리어 본문은 '백성'(단수)이다.

둘러보기

시편 제18편은 승리의 찬가이며(에우세비우스) 다윗이 자기 생애의 끝 무렵에 지은, 하느님의 사랑을 기억하는 노래다(디오도루스).

이 시편은 하느님께 대한 사랑을 고백하며 시작한다. 저자는 하느님이 자신의 전부라고 느낀다(디오도루스). 그리스도께서는 주님을 사랑하는 이는 그분의 말씀을 듣고 행하는 이라고 말씀하셨다(소 아르노비우스). 저자는 자신을 신뢰하지 않고 전적으로 하느님을 신뢰한다(아우구스티누스). 다윗은 하느님의 도움으로 자신의 원수들을 이겼다(에우세비우스). 우리 구원의 뿔은 그리스도의 십자가일 뿐이라는 사실을 이 시편은 상기시킨다(히에로니무스). 하느님께 드리는 찬미는 강한 힘을 가지고 있으며(니케타스) 미래의 신앙에 도움이 된다(소 아르노비우스). 우리는 자신이 아니라 하느님을 찬미해야 함을 기억해야 한다(아우구스티누스). 신앙은 삶의 폭풍우 속에서 우리를 안내하는 나침반이다(에우세비우스). 하느님께서는 믿음으로 바치는 기도를 들어주신다(소 아르노비우스). 이 시편의 나머지 부분에서 다윗은 하느님께서 그의 모든 필요를 어떻게 채워 주셨는지에 대해 이야기한다(디오도루스).

이 시편의 구절들은 그리스도께서 세상의 체제를 어떻게 뒤흔드셨는지를 생각나게 한다(에우세비우스). 하느님께서 분노하는 결과는 전율과 혼란이다(디오도루스). 어두운 연기는 하느님 섭리의 신비를 가리킨다(위-아타나시우스). 하느님은 당신의 자애로운 사랑으로(히에로니무스) 우리의 구원을 위하여 우리에게로 내려오셨다(기적가 그레고리우스). 하늘로 올라가심은 그분의 승천을 가리킨다(에우세비우스). 하느님께서 하늘로 오르셨다는 것은 그분이 우리의 지식 너머에 계신 분이라는 뜻이며, 우리는 사랑이 아니고는 그분을 알 수가 없다(아우구스티누스). 하느님께서 어둠으로 당신을 가리셨다는 것은 하느님의 무한한 신비가 알려지지 않았음을 가리킨다. 하지만 성부께서는 그리스도 안에서 당신을 계시하셨다(오리게네스). 하느님께서 어둠으로 당신을 가리셨다는 것은 그분의 육화를 의미한다(아우구스티누스). 육화의 이유가 여전히 모호한 채로 남아 있기 때문이다(오리게네스, 히에로니무스). 따라서 우리는 그분을 완전하게 바라볼 수는 없다(히에로니무스).

구름과 우박은 하느님 말씀의 선포를 가리킨다(아우구스티누스). 주님은 승천하신 후에 당신의 말씀을 내려보내셨는데, 이 말씀으로 악마의 망상을 쫓아내신다(에우세비우스). 주님은 복음사가들을 파견하셨고(아우구스티누스), 이해력의 번갯불을 보내셨다(에바그리우스). 두려워해야 할 분은 한 분뿐이심을 보여 주심으로써 주님은 세상의 비밀을 드러내셨다(디오도루스). 그분은 당신의 은총으로만 우리를 구원하시며(에우세비우스), 그리스도 안에서 우리가 흠 없게 되게 해 주신다(소 아르노비우스). 그분은 우리를 거룩하게 하심으로써 당신의 거룩하심을 드러내신다(아우구스티누스). 그분은 거룩한 이들과 더불어 거룩하시다(소 아르노비우스). 그러니 우리는, 특히 하느님의 말씀을 다루는 주교인 우리는 거룩하게 되어야 한다(『사도 헌장』). 주님은 비뚤어진 자들을 바로잡기 위하여 그들을 호되게 다루신다(알렉산드리아의 키릴루스).

인간의 본성이 이러하기 때문에 참된 비추임은 하느님에게서 와야 한다(아우구스티누스). 참된 빛이 다윗의 등불로 들어왔을 때 그 비추임이 왔다(에우세비우스). 우리 안에서 그분의 빛이 타오르게 하는 것은 주님의 은총이라는 기름이다(소 아르노비우스). 이 빛을 잃지 않도록 주의해야 한다(타벤네시의 테오도루스). 하느님의 힘으로 나는 원수의 성벽과 하늘의 성벽을 뛰어넘었다(에우세비우스). 죄의 장벽도(아우구스티누스), 인간 의지의 벽도 뛰어넘었다(포이멘). 주님은 최고의 보호자이시며(에우세비우스), 나를 강하게 하시고 단련시키시는 분이시다(에우세비우스). 그분은 나를 천국으로 이끄신다(아우구스티누스). 천국이 우리가 속해 있는 영역이다(에우세비우스). 주님은 나를 단련시키신다(에바그리우스). 주님은 질책으로 나를 단련시키시고(아우구스티누스), 올바로 걷게 하신다(에우세비우스). 나는 내 원수들을 뒤쫓을 수 있다(소 아르노비우스). 주님께서 당신 은총으로(에우세비우스) 나를 뒤쫓으시기 때문이다(히에로니무스). 이 은총은 겸손하게 믿는 이에게 주신 약속이다(에바그리우스). 주님은 우리가 욕망의 방해를 받지 않도록 우리의 욕망을 붙들어 매어 주신다(아우구스티누스). 우리를 공격하는 자들은 그들이 거꾸로 공격을 받는다는 것을 알게 된다(에바그리우스). 우리는 승리를 보게 될 것이다(소 아르노비우스).

다윗은 지금 이방인들의 존경을 받는다(에우세비우스). 그들은 전에는 하느님을 모르던 백성이었다(테르툴리아누스). 그들 중의 많은 이들이 믿음으로 하느님의 백성이 되었다(이레네우스). 선포된 말씀을 듣고(아우구스티누스) 그리스도의 무기인 십자가에 굴복하게 되었다(소 아르노비우스). 다윗의 찬가는 더 위대하신 성자에게 영예를 돌리기에 이른다(에우세비우스). 다윗의 축복은 그의 많은 후손들에게 전해졌지만 오직 한 분만이 그것을 영원히 간직하신다(디오도루스).

18,2 저는 당신을 사랑합니다, 주님

승리의 찬가

다윗은 원수와 적수들을 이겼을 때 이 승리의 찬가를 모든 승리의 주인이신 분께 바쳤습니다. 다윗이 승리를 거두었기 때문에 그는 승자라 불립니다. 곧, "그를 승자로 만드셨다". … 이 시편은 "마지막을 위하여" 기록되었습니다. 다윗의 생애 말년에, 그가 모든 역사적인 업적들을 이룬 후에 이 노래를 지었기 때문이기도 하고 또한 이 노래가 미래 세대에 일어날 일들에 대한 예언을 선포하고 있기 때문입니다. 또는 세 번째 이유로, 이 시편의 마지막 부분에서 독자들은 이방인들에 대한 초대와 그리스도에 관한 예언을 듣게 되기 때문입니다.

• 카이사리아의 에우세비우스 『시편 주해』 18,1.[1]

하느님의 사랑에 대한 기억

이 시편은 주제와 일치하는 표제를 가지고 있습니다. 이 주제는 [사무엘기 하권]에서도 찾아볼 수 있습니다. 복된 다윗은 그의 생애 말년에 감사하는 마음으로 이 시편을 읊으며, 그의 전 생애 동안 하느님께서 베풀어 주신 온갖 호의들을 회상합니다. 알다시피 신심 깊은 사람들은 하느님께서 베푸신 사랑을 늘 염두에 두려고 합니다. 특히 죽음에 임박하였을 때 그가 하느님께서 해 주신 일들을 되돌아보며 감사드리고, 하느님께서 당신께 희망을 두는 이들에게 얼마나 큰 섭리와 사랑을 베푸시는지를 후세대에게 가르치는 것은 옳은 일입니다.

• 타르수스의 디오도루스 『시편 주해』 18.[2]

저에게는 주님이 전부입니다

"저는 당신을 사랑합니다"라는 구절은 '당신께서 언제나 제게 많은 것들을 베풀어 주셨으니 지금부터 당신을 사랑하겠습니다'라는 의미가 아닙니다. 시제가 다릅니다. 이는 '제 주인이신 당신께 저의 사랑과 애정을 드리는 것이 언제나 마땅하고 올바르다'는 뜻입니다. '사실 저는 하느님께 대한 사랑과 갈망을 느낍니다. 당신이 필요한 때에 저에게 전부가 되어 주셨기 때문입니다. 전쟁 때에는 힘이, 인내의 때에는 항구함이, 불행의 때에는 피신처가 되어 주셨고, 모든 음모에서 구출해 주신 분이시기 때문입니다.' 이 시편은 시작 부분만으로도 완벽한 찬미의 노래가 되기에 충분합니다. 하느님에 대한 사랑을 지닌 이는 누구나 하느님의 은총을 회상할 때마다 이 시편에 언급된 것 같은 종류의 열렬한 감사의 정을 거듭 느끼게 됩니다. 본문 전체에 걸쳐서 저자는 어린 시절부터 노년에 이르기까지 하느님께서 도움과 지지를 주셨던 모든 사건을 회상하

[1] PG 23,168.

[2] WGRW 9,51-52.

면서 감사의 정을 거듭 되뇌고 있는 것처럼 보입니다.

• 타르수스의 디오도루스 『시편 주해』 18.[3]

주님을 사랑하는 이

주님께 여쭈어봅시다. "누가 당신을 사랑하는 자입니까?" 그러면 주님은 복음 말씀을 통하여 이렇게 대답하실 것입니다. "내 계명을 받아 지키는 이야말로 나를 사랑하는 사람이다"(요한 14,21).

• 소 아르노비우스 『시편 주해』 18.[4]

하느님을 전적으로 신뢰하는 이

그대 자신의 힘을 신뢰하지 않도록 주의하십시오. 그대는 인간이며, "사람에게 의지하는 자는 저주를 받을 것"(예레 17,5 참조)이기 때문입니다. 대신 하느님을 힘을 다해 신뢰하십시오. 그러면 그분께서 그대의 힘이 되어 주실 것입니다. 사랑으로, 기꺼이 주님을 신뢰하며, 겸손하고 충실하게 그분께 말씀드리십시오. "저는 당신을 사랑합니다, 주님, 저의 힘이시여." 주님의 사랑이 우리 안에서 완성되면 "완전한 사랑은 두려움을 쫓아냅니다"(1요한 4,18).

• 아우구스티누스 『서간집』 218.[5]

18,3 주님은 저의 반석

하느님의 도움으로

그리스도는 바위이십니다. 다윗은 바위 위에 집을 짓는 슬기로운 사람처럼(마태 7,24-27 참조) 그리스도라는 바위 위에 자기 집을 지었습니다. … 그리하여 그는 그의 모든 원수들보다 뛰어나게 되었습니다. 희망이나 훈련을 통해서가 아니라 하느님의 도움으로 그는 충실하게 되었고, 온갖 종류의 "성채"와 "구원의 뿔" 안에 자리를 잡았습니다.

• 카이사리아의 에우세비우스 『시편 주해』 18,2-3.[6]

십자가라는 뿔

원수를 무찌를 수 있는 "뿔"을 갖추지 못한 이는 주님께 봉헌되기에 합당하지 않습니다. 그 때문에 주님은 당신을 믿는 이들에게 "뿔"이 되신다고 말하는 것입니다. 주님은 십자가라는 "뿔"로 원수를 물리치셨습니다. 십자가 위에서 주님은 악마와 그의 전 군대를 무찌르셨습니다. 분명히 그리스도의 몸은 십자가에 못 박혔습니다. 그러나 십자가에 악마를 못 박으신 분은 주님이셨습니다. 그것은 십자가가 아니라 승리의 상징이요 승리의 깃발이었습니다. 그분이 십자가에 오르신 목적은 우리를 지상에서 끌어올리시기 위함이었습니다. 내 생각에 구원자의 십자가는 야곱이 보았던 층계였습니다. 그 층계, 곧 십자가에서 유대인들은 내려오고, 이방인들은 올라가고 있습니다. … 다른 사람들은 여러 개의 뿔을 가지고 있는지 몰라도 나에게는 오직 하나의 뿔만 있습니다. "그러나 나는 우리 주 예수 그리스도의 십자가 외에는 어떠한 것도 자랑하고 싶지 않습니다. 그리스도의 십자가로 말미암아, 내 쪽에서 보면 세상이 십자가에 못 박혔고 세상 쪽에서 보면 내가 십자가에 못 박혔습니다"(갈라 6,14).

• 히에로니무스 『시편 강해』 91[92].[7]

18,4 찬양받으실 분

찬미의 힘

순수한 양심에서 나오는 찬미는 하느님을 기

[3] WGRW 9,52.
[4] CCL 25,20-21.
[5] FC 32,87-98*.
[6] PG 23,168.
[7] FC 48,170-71.

쁘시게 합니다. 그래서 시편 저자는 우리에게 이렇게 권고합니다. "좋기도 하여라, 우리 하느님께 찬미 노래 부름이. 즐겁기도 하여라, 그분께 어울리는 찬양을 드림이"(시편 147,1). 이처럼 하느님을 찬미하는 일이 그분을 얼마나 기쁘시게 하는지를 아십시오. 시편 저자는 또 이렇게 선언합니다. "하루에도 일곱 번 당신을 찬양합니다"(시편 119,164). 여기에 이어서 그는 이런 약속을 드립니다. "저의 혀도 당신의 의로움을, 당신 찬양을 날마다 전하오리다"(시편 35,28). 의심할 여지 없이 시편 저자는 하느님을 찬미하는 데서 오는 유익을 체험하였습니다. 그가 이 시편에서 다음 말로 그것을 회상하고 있기 때문입니다. "찬양받으실 주님을 불렀을 때 나는 원수들에게서 구원되었네." [다윗이] 소년으로서 거대한 힘을 지닌 거인 골리앗을 물리치고, 또 외적을 수차례 물리쳤을 때 그를 보호해 주었던 것은 바로 이 찬미의 방패였습니다.

• 레메시아나의 니케타스
『시편 송독의 유익 또는 찬가의 유익』 8.[8]

현재의 찬미, 미래의 신앙

그분은 나의 피신처이고 나의 해방자이십니다. 찬미하며 그분의 이름을 부를 때 나는 내 원수들로부터 안전해질 것입니다. 내가 지금 이 말을 하는 것은 미래에 그것을 의심하지 않기 위함입니다.

• 소 아르노비우스 『시편 주해』 18.[9]

너 자신이 아니라 하느님을 찬미하라

여러분이 할 수 있는 일이 있습니다. 찬미하며 부르는 것입니다. 더불어, 여러분이 찬미하며 불러야 할 분이 주님이심을 기억하십시오. 만약 자신을 찬양한다면 여러분은 원수들로부터 구원되지 않을 것이기 때문입니다. 찬미하며 주님을 부르십시오. 그러면 원수들에게서 구원될 것입니다.

• 아우구스티누스 『설교집』 67,6.[10]

18,7 주님을 부르다

우리를 안내하는 나침반인 신앙

그는 불의의 급류가 밀어닥치고 위에서 언급한 악들로 둘러싸인 채 위험에 놓여 있음을 깨닫게 되면 구원의 성문으로 도망을 갑니다. 그래서 이렇게 말합니다. "이 곤경 중에 내가 주님을 부르고 내 하느님께 도움을 청하였다." 저자는 이 말을 통하여, 신앙으로 충만해 있으면 삶의 길에서 덜 방황하게 된다는 것을 가르치고 있습니다. "희망은 우리를 부끄럽게 하지 않기"(로마 5,5) 때문입니다.

• 카이사리아의 에우세비우스 『시편 주해』 18,5-7.[11]

믿음으로 바치는 기도는 들어주신다

죽음의 신음소리와 불의, 슬픔과 유혹들이 나를 둘러쌌을 때 나는 믿음으로 주님을 불렀습니다. 그러자 주님께서 당신의 거룩한 성전에서 내 소리를 들으셨고, 내 부르짖음은 그분의 귀에 가 닿았습니다.

• 소 아르노비우스 『시편 주해』 18.[12]

하느님은 모든 필요를 채워 주신다

이렇게 도입부를 시작한 후 시편 저자는 여기서부터 그가 얼마나 많은 위험에 맞닥뜨렸는지, 그리고 어떻게 하느님께서 그를 음모를 꾸미는

[8] FC 7,71.
[9] CCL 25,21.
[10] *WSA* 3,3,218*.
[11] PG 23,168-69.
[12] CCL 25,21.

자들보다 늘 더 뛰어나게 만들어 주셨는지 자세히 묘사합니다. 또한 그는 자신이 겪은 위험들을 비유적으로 이야기합니다. 하느님의 도우심에 관해서도 그렇게 합니다. 어려움이 크면 클수록 그런 지독한 곤란에서 그를 구해 주시는 하느님의 사랑은 그보다 더 컸습니다.

• 타르수스의 디오도루스 『시편 주해』 18.[13]

18,8 땅이 흔들리다

그리스도께서 세상의 체제를 뒤흔드셨다

하느님의 아드님께서 육화하시어 이 세상에서 사셨을 때 세상의 자연적인 요소들을 섬기는 이들은 흔들리며 떨었습니다. 그리스인들에게나 야만인들에게나 성자의 명성이 알려진 곳 어디에서나 그러하였습니다. 시편 저자가 "산의 뿌리"라고 부르는 것들이 소스라쳐 흔들렸습니다. … 여기에서 "산"은 하느님에 관한 지식을 거스르는 모든 교만한 생각들, 곧 오랜 세월 동안 지상에 사는 이들을 오류로 이끌고 수많은 신들을 숭배하게 만든 악의적인 힘들을 말합니다. "산의 뿌리"는 더욱 교만한 생각과 계획들을 말합니다. 이 "산의 뿌리"가 주님의 힘에 대해 들었을 때, 그것들은 "소스라쳐 흔들렸는데, 주님께서 그들에 대해 진노하신 까닭입니다".

• 카이사리아의 에우세비우스 『시편 주해』 18,8.[14]

하느님께서 분노하신 결과

하느님께서 귀 기울여 들으시고 분노하신 결과, 모든 것이 공포와 혼란에 빠지게 되었습니다. 그들 모두의 주님께서 격분하신 까닭입니다.

• 타르수스의 디오도루스 『시편 주해』 18.[15]

18,9 연기가 오르다

신비로운 섭리의 계획

이 구절과 그다음 구절에서 시편 저자는 "연기"라는 표징을 사용합니다. 주님께서는 하늘에서 내려오실 때 연기가 먹구름이 되어 당신 발밑을 덮게 하셨습니다. 하늘로 오르실 때는 성령의 날개를 커룹들처럼 타고 오르셨습니다. 커룹은 그분을 맞이한 구름입니다. 주님은 당신의 성막인 교회 안에서 신비롭게 거주하며 일하십니다. 그래서 시편 저자는 말합니다. "그분은 어둠을 가리개 삼아 당신 주위에 둘러치셨네." 거룩한 예언자들도 주님께 대해 모호하게 말하였으므로 시편 저자는 또 이렇게 말합니다. 그분께서 공개적으로 지상에 오셨을 때 "시커먼 비구름과 짙은 구름"이 분명하고 확실하게 나타났다고 합니다.

• 위-아타나시우스 『시편 해설』 18.[16]

18,10 하느님께서 하늘을 기울이셨다

하느님의 자애로운 사랑으로

우리는 보잘것없고 비천하며 우리 자신을 주님께로 들어 올릴 수 없습니다. 바로 이 때문에 주님께서 우리에게 몸을 기울여 당신의 자애로운 사랑으로 우리의 말을 들으려 하십니다. 사실 우리는 사람이며, 신이 될 수 없습니다. 그래서 "그분께서 하늘을 기울여 내려오시다"라는 성경 말씀대로 하느님께서 인간이 되시고, 당신 자신을 낮추셨습니다.

• 히에로니무스 『시편 강해』 114[116A].[17]

---

[13] WGRW 9,52.
[14] PG 23,169.
[15] WGRW 9,53.
[16] CSCO 387,12.
[17] FC 48,286.

우리의 구원을 위하여

인류를 구원하고 우리 조상들과 맺으신 계약을 실현하려는 목적으로 그리스도는 "하늘을 기울여 내려오셨습니다". 이렇게 그리스도는 우리가 당신을 맞아들일 수 있도록 우리에게 당신 자신을 보여 주십니다. 우리가 당신을 보고, 만지며, 말씀을 들을 수 있는 힘을 가질 수 있게 하시려는 것입니다. 이 때문에 하느님께서는 말씀이 육을 취하는 것, 곧 말씀이 거룩한 처녀인 여인을 통하여 온전한 인간이 되는 것이 적절하다고 생각하셨습니다. 그리하여 그는 인간이 되었습니다. 이는 우리의 빚을 청산하고, 할례 의식을 통하여 아브라함과 맺은 계약의 규정들과 그와 연결된 그 밖의 다른 모든 법적인 약속들을 당신 안에서 완성하시기 위함이었습니다.

• 기적가 그레고리우스

『거룩한 동정 마리아에게 전한 탄생 예고에 관한 강해』 2.[18]

18,11 하느님께서 날아가시다

그리스도의 내려오심과 올라가심

시편 저자는 어둠과 먹구름[이라는 표상을] 통하여 그리스도의 육화가 비밀스럽고 신비스럽게 이루어졌다고 묘사합니다. 마지막에 그가 정한 시간에 그는 왔던 곳으로 되돌아갑니다. 그는 커룹들을 타고 하늘로 오릅니다. 내려올 때는 커룹들을 타고 오지 않았습니다. 커룹 없이 직접 하늘을 기울여 내려오셨습니다. 그분의 되돌아가심에 대해서는 이렇게 말합니다. 당신이 취하셨던 육체와 함께 "그분은 커룹 위에 올라 날아가셨다".

• 카이사리아의 에우세비우스 『시편 주해』 18,11-13.[19]

사랑이 아니면 알 수 없는

그분은 지식이 가닿을 수 있는 영역 너머로 올라가셨습니다. 그래서 사랑이 아닌 다른 수단으로는 아무도 그분께 이를 수 없습니다. 사랑은 율법의 완성이기 때문입니다. 주님은 당신을 사랑하는 이들이 육체를 지닌 상태에서 가질 수 있는 종류의 사고로 그분을 이해하려는 생각을 갖지 않게 해 주심으로써 당신이 궁극적으로 알 수 없는 분이심을 지체 없이 알게 하셨습니다.

• 아우구스티누스 『시편 상해』 18,11.[20]

18,12 어둠을 가리개 삼으시다

그리스도 안에서 계시되다

시편 제18편은 하느님에 관하여 이렇게 말합니다. "하느님은 어둠을 가리개 삼아 …." 이는 인간적인 가치에 의거한 하느님에 대한 개념이 모호하고 불완전함을 보여 주는 히브리어식 표현입니다. 하느님은 당신께 대한 지식의 빛을 견딜 수 없는 사람들과 당신을 볼 수 없는 사람들한테는 당신을 어둠 속에 감추십니다. 한편으로는 정신이 인간의 "비천한 몸"(필리 3,21)에 결합되어 더럽혀졌기 때문이요, 다른 한편으로는 인간의 정신이 하느님을 이해할 수 있는 제한된 능력만을 가지고 있기 때문입니다. … 나아가 하느님의 로고스이며, 우리 구원자이신 주님께서는 성부께서 지니신 지식의 깊이를 보여 주십니다. 신적 로고스의 비추임을 받은 정신을 지닌 이들이 그 비추임으로부터 얻은 지식을 가졌다고 하더라도 성부께 대한 절대적인 이해와 지식은 오직 그분만이, 그분의 품위에 따라 소유하십니다. 그래서 주님은 이렇게 말씀하십니다. "아버지 외에는 아무도 아들을 알지 못한다. 또 아들 외

[18] ANF 6,65*.

[19] PG 23,172.

[20] *WSA* 3,15,191.

에는, 그리고 그가 아버지를 드러내 보여 주려는 사람 외에는 아무도 아버지를 알지 못한다"(마태 11,27; 루카 10,22). 성자를 낳으신 성부께서 성자를 아시는 것과 같이, 창조되지 않으신 분, 모든 피조물의 맏이(콜로 1,15)이신 분을 알기에 합당한 이는 아무도 없습니다. 하느님의 지혜요 진리이시며 살아 계신 로고스가 성부를 아는 것과 같이 성부를 알 수 있는 이는 아무도 없습니다. 성자는 성부께서 "당신의 숨을 곳"으로 만드신 어둠과 덮개로 삼으신 "심연"을 거두어 내심으로써 성부를 계시하십니다. 성자를 아는 능력을 지닌 이는 누구나 성자에게 참여함으로써 그렇게 할 수 있습니다.

• 오리게네스 『켈수스 반박』 6,17.[21]

육체의 가리개

하느님께서 사람들이 당신을 볼 수 있도록 나타나고자 하셨을 때, 그리고 첫 번째 율법을 사람들에게 직접 가르치고자 하셨을 때, 하느님은 인간의 모습을 취하심으로써 신적 권능의 힘을 누그러뜨리셨습니다. 그리고 "어둠을 가리개 삼아 당신 주위에 둘러치셨습니다". 육체의 천막 안에 당신 자신을 감추셨을 때도 그렇게 하셨습니다.

• 아우구스티누스 『설교집』 371,2.[22]

모호한 이유

하느님 섭리의 계획이 왜 그렇게 펼쳐지는지에 대한 이유는 매우 모호합니다. "하느님께서 어둠을 당신이 숨을 곳으로 삼으셨기" 때문입니다. 과감하고 성급하게 이 어둠을 조사해 보려는 이들과 이것저것을 제멋대로 취하는 이들은 오류의 짙은 "어둠" 속으로 곤두박질치게 됩니다.

• 오리게네스 『탈출기 강해』 4,7.[23]

하느님은 파악할 수 없다

이 구절은 파악할 수 없는 하느님 섭리의 계획과, 하느님의 지혜를 이해할 수 없는 우리의 무능력에 대해 이야기합니다. 우리의 눈이 그 깊이를 잴 수 없는 심연을 들여다볼 수 없는 것처럼 우리는 하느님의 위엄이나 지혜를 있는 그대로 보지 못합니다.

• 히에로니무스 『시편 강해』 103[104].[24]

보지 못한다

그분 주변에 있는 구름과 어둠은 분명히 구원자 주님께서 취하고자 하신 몸이었습니다. … 그분은 당신께서 원하신 모습대로 나타나셨지만 신적 본성에 따른 것은 아니었습니다. "그분은 어둠을 당신의 가리개로 삼으셨다." 만약 하느님께서 빛이시라면, 어떻게 빛이 어둠 속에 머물 수 있습니까? 이 구절에서 "어둠"이란 우리의 불완전한 지식과 우리의 허약함을 나타냅니다. 우리는 하느님의 엄위하심을 쳐다볼 수 없기 때문입니다. 사실 인간의 눈으로는 이 세상을 비추는 태양의 빛살조차 직접 보지 못합니다. 그런데 태양은 우리와 같은 피조물이자 종입니다. 그렇다면 우리가 직접 볼 수도 관찰할 수도 없는 "의로움의 태양" 주변에는 더욱더 그늘과 어둠이 있어야 하지 않겠습니까?

• 히에로니무스 『시편 강해』 96[97].[25]

18,13 구름과 우박, 불타는 숯덩이들

하느님 말씀의 선포

"그분 앞의 빛에서 뿜어 나오는 것." 그분께서 찬란히 나타나시도록 준비하며, "그분의 구름

---

[21] *OCC* 330-31.
[22] *WSA* 3,10,313.
[23] FC 71,270*.
[24] FC 48,224*.
[25] FC 57,110*.

이 지나갔다". 말씀의 선포자들이 더 이상 유대아 지역에 국한되어 있지 않고 다른 민족들에게로 건너갔기 때문입니다. "우박과 불타는 숯덩이들"은 비유로서, 완고한 마음을 우박처럼 두들기는 책망의 말씀으로 이해할 수 있습니다. 하느님께 순종하는 정신을 지닌, 잘 가꾸어진 수용적인 영혼이 책망을 들으면, 우박의 단단함은 녹아서 물이 됩니다. 번개와 단단한 얼음으로 가득 찬 책망에 대한 두려움은 녹아서 영혼의 양식이 되는 가르침이 됩니다. 사랑의 불이 붙으면 마음은 생명으로 되돌아갑니다.

• 아우구스티누스 『시편 상해』 18,13.[26]

그분은 악마의 망상을 쫓아내신다

주님은 내려오셨습니다. 그리고 하늘에 우렛소리를 내며 커룹들을 타고 올라가셨습니다. … 커룹들 위로 날아오르신 주님께서는 이집트의 마술사들을 거슬러 우박과 불타는 숯덩이들을 보내십니다. 기량이 뛰어난 이런 악한 세력들을 치시는 주님의 복수 행위를 두고 "우박과 불타는 숯덩이"라고 부르는 것 같습니다. 심판과 복수를 위한 이런 행위들과 수많은 신들에 대한 미신이 생겨나게 한 마귀들을 치시기 위하여 하느님의 뜻이 비밀스럽게 기획한 행위들이 그 모든 마귀들을 쫓아내고 있습니다. 그리하여 마귀들의 모든 신탁은 멈추고, 그들의 예언은 거부되며, 그들의 신전은 버려지고, 그들의 성물들은 보이지 않는 숨겨진 힘이 빼앗아 갑니다. 주님께서 하늘로 오르신 후에 이 모든 것을 행하십니다.

• 카이사리아의 에우세비우스 『시편 주해』 18,14.[27]

18,15 하느님께서 화살들을 쏘셨다

주님께서 복음 선포자들을 파견하시다

주님은 복음 선포자들을 파견하시어 그들이 힘찬 날개를 타고 똑바로 날아가게 하셨습니다. 그들 자신의 힘이 아니라 그들을 파견하신 분의 힘으로 그렇게 합니다. 주님은 복음 선포자들을 다양한 사람들에게 파견하셨습니다. 그들 가운데 어떤 사람들에게는 복음 선포자가 생명으로 이끌어 주는 생명의 향기가 될 것입니다. 또 어떤 이들에게는 복음 선포자가 죽음으로 이끄는 죽음의 악취가 될 것입니다.

• 아우구스티누스 『시편 상해』 18,15.[28]

이해의 번갯불

영적인 것들을 영적인 것들과 비교할 때 "번개"가 번쩍입니다. 이는 그 영적인 것들로부터 나오는 지식을 가리킵니다.

• 폰투스의 에바그리우스
『시편 발췌 주해』 17[18],15.16.[29]

18,16 기초가 드러났다

두려워해야 할 유일한 분

저자는 여기에서 하느님을 자신의 군사들을 돕기 위해 출정하는 장군처럼 제시합니다. 그 장군이 쏘는 "화살들"은 날아가는 각종 무기들을 두루 이르는 것으로, "우박과 불타는 숯덩이", 그 밖에 자연에서 탄환으로 사용될 수 있는 것들을 포함합니다. … 날아오는 무기들과 번쩍이는 번갯불과 함께 오시는 분에 대한 공포로 "땅은 사방에서 그 기초를 드러내었습니다". 심지어 땅은 숨겨 둔 비밀과 샘들, 그 속에 감추어 두었던 모든 것을 다 드러내기까지 하였습니다. "주님, 당신의 질타로" 그렇게 하셨습니다! 이 느낌표는 다음 사실을 멋지게 강조합니다. 피조물은

[26] *WSA* 3,15,191-92. [27] PG 23,173.
[28] *WSA* 3,15,192. [29] PG 12,1229.

조물주를 제외하고는 그 누구도 이렇게까지 두려워할 필요가 없습니다.

• 타르수스의 디오도루스 『시편 주해』 18.[30]

18,20 주님께서 나를 구하셨다

그분의 은총으로

"주님께서 나를 구하셨으니 내가 그분 마음에 들었기 때문이네." 사실 내가 구원된 것은 내가 회개했기 때문도 아니고, 내 죄에 대한 잘못을 깨달았기 때문도 아닙니다. 나에게 예언자가 파견되었기 때문도 아닙니다. 내가 구원된 것은 하느님께서 그렇게 하는 것을 기뻐하셨기 때문입니다. 그리고 나는 압니다. 내가 비참하던 시절에 범하였던 내 죄와 잘못이 의인들의 심판 날에 결코 입에 올려지지 않을 것임을 나는 절대적으로 확신합니다.

• 카이사리아의 에우세비우스 『시편 주해』 18,20-21.[31]

18,24 하느님 앞에서 결백하다

그리스도 안에서 흠 없음

나는 그분과 함께 흠 없게 될 것입니다. 결백하시지만 우리의 죄 때문에 십자가에서 수난을 겪으셨던 바로 그분과 함께 나는 흠 없게 될 것입니다.

• 소 아르노비우스 『시편 주해』 18.[32]

18,26 거룩한 이에게는 거룩하신 분으로

은총으로 거룩해진

이 구절에는 심오한 의미가 들어 있습니다. 하느님께서 거룩한 이들과 더불어 거룩한 분으로 드러나는 것은 하느님께서 그들을 거룩하게 만드시기 때문입니다.

• 아우구스티누스 『시편 상해』 18,26.[33]

거룩한 이와 함께 거룩한

"사람은 함께 어울리는 사람들과 같아진다"는 일반적인 견해에 우리는 동의합니다. 사실 이 말은 맞기는 하지만 이 시편 구절의 해석에는 적용되지 않습니다. 이 구절에서 이 찬가의 분명한 의미를 얻고자 한다면, 주님께서 예언자를 통해 하신 말씀을 기억해야 합니다. '네가 내 앞에서 올바로 걷는다면, 나도 너와 함께 올바로 걸을 것이다. 네가 나의 길에서 돌아서면 나도 너로부터 돌아설 것이다.' 시편 저자는 바로 이 말씀을 적용합니다. "당신께서는 거룩한 사람에게는 거룩하신 분으로 당신을 나타내시고 결백한 사람에게는 결백하신 분으로 나타나십니다."

• 소 아르노비우스 『시편 주해』 18.[34]

그러므로 거룩해져라

그러므로 주교여, 그대에게 속한 성직자들과 함께 진리의 말씀을 나누기 위하여 열심히 노력하십시오. "네가 나에게 완고하다면 나도 너에게 완고해질 것이다"라고 주님께서 말씀하셨기 때문입니다. … 그러므로 거룩하게 사십시오. 그러면 적수들의 불평을 듣는 일 없이 주님의 찬사를 받기에 합당한 이로 보이게 될 것입니다.

• 『사도 헌장』 2,6,43.[35]

18,27 그릇된 자에게는

바로잡기 위하여

저자는 "비뚤어지신 분"이라는 말로, 주님께서 죄인들을 책망하실 것임을 말하고자 합니다. 하느님의 본성적인 의로움은 변할 리 없고, …

---

[30] WGRW 9,54.
[31] PG 23,176-77.
[32] CCL 25,21-22.
[33] *WSA* 3,15,194.
[34] CCL 25,22.
[35] ANF 7,416*.

순종적으로 믿는 이들을 향한 주님의 사랑 또한 변함없고 흔들리지 않습니다. … 그러므로 주님께서는 죽음을 향한 그들의 충동에 고삐를 달 수 있으리라는 희망으로 그들을 엄히 다루십니다.

• 알렉산드리아의 클레멘스『교육자』85-86.[36]

18,29 하느님께서 어둠을 밝혀 주신다

하느님의 비추임을 받다

저희의 빛은 저희에게서 나온 것이 아니니, 제 등불을 밝히는 분은 주님, 당신이십니다. … 저희 죄 때문에 저희는 어둠일 뿐이지만 저의 하느님이신 당신은 "저의 어둠을 밝혀 주십니다".

• 아우구스티누스『시편 상해』18,29.[37]

비추임의 은총

인간의 본성을 살펴보십시오. 인간의 본성은 태어나서 점점 커지고, 사람의 관습들을 배웁니다. [이 본성이] 세상을 제외하고 아는 것이 무엇이며, 세상에 관하여 아는 것은 또 무엇입니까? 그것은 인간적인 것들을 말하고, 인간적인 것들을 알고 이해합니다. [이 본성은] 육적이기에 육적으로 판단하고, 육적으로 추측합니다. 하느님의 은총이 오시게 합시다. [시편 저자가] 말한 대로, 하느님의 은총이 인간의 어둠을 비추시게 합시다. … 은총이 인간의 정신을 차지하여 그것을 자신의 빛으로 바꾸게 합시다. 그러면 인간의 정신은 즉시 사도의 말을 따라 하게 될 것입니다. "그것은 내가 아니라 나와 함께 있는 하느님의 은총이 한 것입니다"(1코린 15,10). "이제는 내가 사는 것이 아니라 그리스도께서 내 안에 사시는 것입니다"(갈라 2,20).

• 아우구스티누스『요한 복음 강해』14,6,2.[38]

다윗의 등불을 밝히는 참된 빛

"내가 다윗에게 뿔이 돋게 하고 나의 기름부음받은이에게 등불을 갖추어 주리라"(시편 132,17). 이 등불은 다윗의 후손에게서 나신 그리스도를 위해 준비되었습니다. 육으로 다윗의 후계자에게서 나신 후손이신 이분이 아니라면 누구를 위한 것이겠습니까? 다른 한편으로, 다윗의 태 안으로 들어오신 그리스도께서 어떻게 하여 자신의 탁월함으로 빛나는 광채요 모든 민족을 위해 찬란히 빛나는 빛이 될 수 있습니까? 왜 다윗은 앞서 다음과 같은 예언적인 말을 하였습니까? "주님, 당신께서는 저의 등불을 밝히시기 때문입니다." 그는 또 이렇게 말합니다. "주님, 당신이야말로 참된 빛이시며, 어떤 신비한 방법으로 저에게 온 등불과 하나가 되시어 이제 그 등불을 밝히십니다. 한때 저를 덮었던 그림자조차도 당신은 완전히 흩으시어 그에 대한 기억이 제 머리에 떠오르지도 않게 하실 것입니다."

• 카이사리아의 에우세비우스『시편 주해』18,29-30.[39]

은총의 기름

눈이 육체의 등불이듯이 영혼의 등불은 정신입니다. 이 정신에 그리스도께서 은총의 기름을 부어 주시지 않는다면 그 안에는 빛이 없을 것입니다. 그래서 예언자는 주님께서 자신의 등불을 밝혀 주셨다고 선포합니다.

• 소 아르노비우스『시편 주해』18.[40]

그 빛을 끄지 마라

육적인 것이 영적인 것을 박해하지 않게 합시

[36] FC 23,76.
[37] *WSA* 3,15,194.
[38] FC 79,69*.
[39] PG 23,178.180.
[40] CCL 25,22.

다. 육체를 핑계로 우리 안에 밝혀진 등불을 꺼 버리는 일이 없게 합시다. 그러므로 우리는 생각하는 것이나 말하는 것이 성경에 대한 믿음과 모순되지 않게 해야 합니다. 그런데 "주님께서는 사랑하시는 이를 훈육"(히브 12,6)하십니다. 주님은 그들에게 시련을 주시고, 매사에 있어서 "그들이 당신의 계명을 지키는지 지키지 않는지"(신명 8,2) 시험하십니다. 하느님께서 우리한테서 찾으시는 것은 "성령의 열매"(갈라 5,22)입니다. 우리는 그 열매들을 소홀히 해서는 안 됩니다. 나중에 주님께서 그것에 관해 우리에게 질문하실 것이기 때문입니다.

• 타벤네시의 테오도루스 『교리교육』 3,40.[41]

18,30 하느님께서 힘을 주신다

원수의 성벽

저는 당신의 힘과 능력으로 세워진 천상의 성벽을 제가 넘어갈 것임을 확실히 알았습니다. 그러면 그 안전한 곳에서 당신에게서 오는 구원을 받을 것입니다. 또는 이렇게 될 것입니다. 원수들은 내가 가지 못하도록 나를 포위하고 막아서려 하겠지만 저는 원수들의 모든 요새를, 그들의 담장과 성벽 모두를 뛰어넘어 갈 것입니다.

• 카이사리아의 에우세비우스 『시편 주해』 18,29-30.[42]

죄의 장벽

저는 저의 노력에 의해서가 아니라 당신 덕분에 구원될 것입니다. … 죄는 인간과 하늘의 예루살렘 사이에 장벽을 세웠습니다. 저는 제 힘이 아니라 저의 하느님이신 당신 안에서 그 죄의 장벽을 뛰어넘을 것입니다.

• 아우구스티누스 『시편 상해』 18,30.[43]

인간 의지의 벽

인간의 의지는 인간과 하느님 사이에 끼어 있는 놋쇠와 돌로 된 벽입니다. 그 벽을 치워 버릴 수 있다면 그 사람은 시편 저자처럼 말할 수 있게 됩니다. "제 하느님의 도우심으로 성벽을 뛰어넘습니다." "하느님의 길은 결백합니다." 이 의지가 의로움의 도움을 받을 때 그 사람은 선을 행하게 됩니다.

• 포이멘 『사부들의 금언집』 10,60.[44]

18,31 하느님께서 방패가 되시다

최상의 보호자

주님의 불로 정련된 이 신탁들이 가르치는 것은 무엇입니까? 주님이야말로 당신께 희망을 두는 모든 이의 보호자이시며, 주님 외에는 다른 신이 없다는 것입니다. 우리의 하느님을 제외하고는 힘 있는 자가 없다는 것입니다. 또 이렇게 말하는 것도 타당합니다. 이토록 위대한 보호자를 거슬러 설 수 있는 자가 아무도 없기 때문에 주님은 당신께 희망을 두는 모든 이의 보호자이십니다.

• 카이사리아의 에우세비우스 『시편 주해』 18,31-32.[45]

18,33 힘을 매어 주시다

하느님께 힘과 단련을 받다

하느님은 나를 당신의 힘과 무기로 세워 주십니다. 하느님은 당신의 은총으로 죽음을 면할 수 없는 인간인 나의 힘을 강하게 해 주십니다. 그래서 사지의 힘을 보강한 사람처럼 나는 원수들에게 맞설 수 있습니다. 나는 앞에서 "저의 하

[41] CS 47,116.
[42] PG 23,180.
[43] *WSA* 3,15,194*.
[44] LCC 12,117*.
[45] PG 23,180.

느님, 당신의 길은 완전합니다"라고 말하였습니다. 그런데 그 하느님께서는 내가 당신의 모습을 닮기를 원하십니다. 그래서 하느님께서는 가르침과 훈계, 당신이 원하시는 종류의 단련을 통하여 나의 길을 흠 없게 만드셨고, 나의 길과 삶을 정화하시고 완전하게 해 주셨습니다.

• 카이사리아의 에우세비우스 『시편 주해』 18,33-34.[46]

18,34 높은 곳에 세워 주시다

하늘을 향하도록 이끄시다

"내 발을 암사슴처럼 완벽하게 만들어 주시는 분"은 나의 사랑을 완전하게 하시어 괴롭고 암울하기 짝이 없는 복잡한 세상사를 훌쩍 뛰어넘게 하시며, "높은 곳에 나를 세워 주실 것이다". 그 분은 나의 시선을 천상 거처로 향하게 하시어 내가 하느님의 온갖 충만함으로 가득 차게 하실 것입니다.

• 아우구스티누스 『시편 상해』 18,34.[47]

우리가 속한 영역

이 사슴이 재빨리 달리는 것처럼, 고귀한 것을 추구하며 동쪽이 아니라 하늘을 바라보는 하느님의 의인들도 마찬가지로 빨리 달립니다. 이 힘은 천상 왕국에 대한 한결같은 사랑에서 나옵니다. 다윗은 "높은 곳에 나를 세워 주셨다"라는 말을 덧붙였는데, 이는 그가 하느님의 은총으로 힘을 받은 의인들과 같은 상태에 있다는 말입니다. 물론 우리를 불의의 골짜기로 끌어들이고 그릇된 길로 빠지게 하는 자들이 있습니다. 하지만 우리의 투쟁을 굽어보시는 하느님께서는 우리가 잘 달리고 있다고 생각하시면 우리를 자극하시어 합당한 탁월함에 도달하게 하시고, 당신의 은총으로 그것을 이룰 수 있게 해 주십니다. 우리가 서 있게 될 "높은 곳"은 우리의 탁월함이 아닙니다. 영혼의 거처는 본래 천상에 있습니다. 따라서 "높은 곳"이란 우리에게 낯선 곳이 아니라 우리가 속해 있는 곳입니다.

• 카이사리아의 에우세비우스 『시편 주해』 18,33-34.[48]

18,36 하느님께서는 오른손으로 받쳐 주신다

바른 손길로 단련되다

성부 오른편에 앉아 계신 주님께서는 우리를 단련시켜 바로잡으시고, 우리를 가르치십니다. 그리고 우리의 영이 올바른 기초 위에 서 있도록 이끄십니다. 우리는 참된 이해를 통해 완전함에 도달하기 때문입니다.

• 폰투스의 에바그리우스 『시편 발췌 주해』 17[18],36.[49]

하느님의 질책

당신은 저를 질책하시어 그릇된 길을 가지 않게 하셨습니다. 당신의 질책으로 저는 제가 무엇을 하든 그것을 당신과의 일치라는 목적에 연관시키게 되었습니다.

• 아우구스티누스 『시편 상해』 18,36.[50]

18,37 넓은 곳

걸을 수 있는 능력

"당신은 제 발걸음 닿는 곳을 넓히셨습니다." 발걸음, 곧 부도덕에서 도덕적 탁월함으로 건너가는 발걸음, 감각적인 것에서 지성적인 것으로 건너가는 발걸음, 현세에서 미래로 건너가는 발걸음이 처음에는 힘겹고 좁아 보였습니다. 내가 비뚤어진 길을 걷고 있었기 때문입니다. 그러나 그것을 넘어 계속 나아가자 넓은 곳을 보게 되었

[46] PG 23,180.
[47] *WSA* 3,15,195.
[48] PG 23,181.
[49] PG 12,1237.
[50] *WSA* 3,15,195.

습니다. 넓은 곳으로 이끌린 뒤 계속해서 앞으로 나아가 그 끝에 도달한 사람은 지나오는 과정에서 경험하였던 협소함이나 고단함, 슬픔을 더 이상 느끼지 않게 될 것입니다. … 예수님을 따르는 이는 예수 그리스도께서 이미 자주 지나가셔서 다져진 길로 나아갈 것이기 때문에 "발목이 흔들리지 않을 것"입니다.

• 카이사리아의 에우세비우스 『시편 주해』 18,37.[51]

18,38 원수들을 뒤쫓다

원수들을 뒤쫓다

우리는 뒤쫓는 자들을 피하여 도망갈 때도 있지만 원수들을 뒤쫓아 가서 그들을 붙잡기도 합니다. 우리는 원수들을 무찌르기 전에는 돌아서지 않습니다.

• 소 아르노비우스 『시편 주해』 18.[52]

하느님께서 나를 뒤쫓으셨다

약속된 축복을 믿지 못하여 그대의 정신이 절망에 빠지도록 두어서는 안 됩니다. 그대의 영혼이 멸망하도록 예정되어 있다 하더라도, 잘 낫지 않는 상처에 약을 바르는 것을 거부해서는 안 됩니다. … 보라, 나는 그분이 이렇게 약속하시는 것을 들었습니다. "나는 내 원수들을 뒤쫓아 붙잡고, 그들을 무찌르기 전에는 돌아오지 않겠다." 그러므로 당신은 한때 당신의 원수였고 당신에게서 달아난 도망자였던 저를 붙잡으실 것입니다. 저의 사악함이 없어질 때까지 저를 뒤쫓는 것을 멈추지 마소서.

• 히에로니무스 『서간집』 122,1.[53]

은총으로 뒤쫓다

이것은 당신의 은총이 제게 해 주신 일입니다. 그래서 저의 발이 덫에 걸리지 않았고, 저는 원수들이 던진 그물에 걸리지도 않았으며, 그들의 공격으로 죽지도 않았습니다.

• 카이사리아의 에우세비우스 『시편 주해』 18,38.[54]

믿어야 할 약속

만약 그대가 격정을 억제하기 위해 기도하거나 그대를 공격하는 마귀들에 맞서서 기도하고 있다면 [이 구절을] 명심하십시오. … 적절한 순간에 이 구절을 읊으십시오. 그대의 원수와 맞설 수 있도록 겸손으로 무장하게 됩니다.

• 폰투스의 에바그리우스 『기도론』 135.[55]

18,40 싸울 힘을 매어 주시다

하느님께서 우리의 욕망을 붙들어 매어 주신다

하느님께서는 저의 육에서 방종하게 흘러나오는 욕망을 단단히 꼭 매어 주셨습니다. 그리하여 저는 전투에서 이 욕망의 방해를 받지 않을 것입니다.

• 아우구스티누스 『시편 상해』 18,40.[56]

공격하는 자들을 공격하다

투사가 자신이 공격받고 있음을 알 때 맞서 공격하는 것처럼, 마귀들이 우리와 싸울 때 우리를 공격한다면 우리 역시 그들에 맞서 공격할 것입니다. 성경은 이렇게 말합니다. "제가 그들을 공격하면 그들은 일어서지 못할 것입니다." 그리고 또 이렇게 말합니다. "나를 공격하는 적이요 원수인 그들은 비틀거리다 쓰러지리라"(시편 27,2).

• 폰투스의 에바그리우스 『프락티코스』 72.[57]

---

51 PG 23,181.184.
52 CCL 25,23.
53 NPNF 2,6,226*.
54 PG 23,184.
55 CS 4,77.
56 *WSA* 3,15,196.
57 *GAC* 109-10*.

18,41 원수들이 달아나다

승리를 보다

우리는 우리를 뒤쫓는 이들의 얼굴이 아니라 도망가는 원수들의 등을 볼 것입니다.

• 소 아르노비우스 『시편 주해』 18.[58]

18,44 제가 알지 못하던 백성

다른 민족들의 존경을 받는 다윗

참으로 그는 정신의 눈으로 다음 사실을 내다봅니다. 야만인이든, 그리스인이든, 어떤 언어를 사용하는 사람이든 세상의 모든 민족들이 다윗을 존경스럽게 기억할 것이며, 그의 이름을 영예롭게 여기고, 그리스도의 모든 교회를 통해 그의 말들을 칭송할 것입니다. 다윗이 전혀 몰랐던 나라들에서 모여 온 사람들이 다윗의 노래와 찬가로 예배를 드리고, 오래전에 쓰여 다윗에게 위탁된 시편들을 받아들여 그 노래들을 반복해서 듣고 낭독한다는 사실을 진지하게 고려한다면 위의 말씀들이 진리를 담고 있음을 부정하지 못할 것입니다.

• 카이사리아의 에우세비우스 『시편 주해』 18,44-46.[59]

전에는 무지하였던 백성

그는 "백성"이라고 단수로 말합니다. … 그런데 하느님에 대해 무지했던 이 "백성"이 우리 아니고 누구겠습니까? 우리도 옛날에는 하느님을 모르지 않았던가요? 그리고 그분의 말씀에 귀를 기울여 우상을 버리고 하느님께로 돌아선 이 백성은 바로 우리 아닙니까?

• 테르툴리아누스 『유대인 반박』 3.[60]

믿음의 백성

우리 모두가 하느님의 자녀인 것은 아닙니다. 하느님을 믿고 그분의 뜻을 행하는 이들만이 하느님의 자녀입니다. 하느님을 믿지도 않고 그분의 뜻에 순종하지도 않는 자들은 악마의 아들이요 심부름꾼입니다. 그들은 악마의 일을 하기 때문입니다. 이사야서가 바로 이런 경우에 대해 선포하고 있습니다. "내가 아들들을 기르고 키웠더니 그들은 도리어 나를 거역하였다"(이사 1,2). 또 그분은 이런 자녀들은 이방인들이라고 말씀하십니다. "이방인들이 저에게 거짓말을 하였습니다"(시편 18,45 칠십인역). 그들은 본성에 따르면 [그분의] 자녀들입니다. 그분께서 그들을 창조하셨기 때문입니다. 그러나 그들이 한 일에 따르면 그들은 그분의 자녀들이 아닙니다.

• 이레네우스 『이단 반박』 4,41,2.[61]

18,45 그들이 복종하였다

선포된 하느님의 말씀을 듣다

비록 그들은 나를 직접 보지는 못하였지만 나의 선포자들을 받아들임으로써 내 말을 듣고 나에게 복종하였습니다.

• 아우구스티누스 『시편 상해』 18,45.[62]

18,49 원수들에게서 구하셨다

주님의 무기인 십자가

하늘에 걸려 있는 무지개처럼 십자가 위에 당신의 팔을 올려놓으신 주님을 통하여 이 모든 일이 우리에게 일어났습니다. 이제 주님은 우리를 위하여 날마다 중재하십니다.

• 소 아르노비우스 『시편 주해』 18.[63]

---

58 CCL 25,23.

59 AnSac 3,415.

60 ANF 3,154-55.

61 ANF 1,525.

62 *WSA* 3,15,196.

63 CCL 25,23.

다윗의 찬미와 성자께 드리는 영예

우리 구원자께서 오신 후에 다윗이 마치 살아 있는 것처럼, 백성들 가운데 살고 있는 것처럼, 자신이 쓴 글과 찬가와 노래들을 통하여 모든 민족들 가운데에서 우주의 하느님께 찬양의 노래를 드리는 모습으로 드러나게 되었듯이, 다윗의 후손에게서 나신 분이요, 지금 우리가 설명하는 이 시편의 말씀들이 지칭하는 분도, 당신을 기다리며 잠든 이들 가운데에서 일어나실 때 틀림없이 이렇게 말씀하실 것입니다. "저를 거슬러 일어선 자들에게서 저를 들어 높이셨습니다." 주님은 그들을 뒤에 남겨 두시고 당신의 진리와 은총을 모든 민족들에게 나누어 주십니다. 지금도 그분은 세상 어디에나 현존하시며, 당신께 희망을 두는 이들 가운데에 계시면서, 당신의 교회를 통하여 알려지고 있습니다.

• 카이사리아의 에우세비우스 『시편 주해』 18,50-51.[64]

18,51 다윗과 그 후손에게

다윗의 후손

다윗은 하느님의 약속이 그에게만 주어진 것이 아니라 그의 후손에게도 전달된다는 것을 성령을 통하여 알게 되었기 때문에 지금 이 같은 노래를 읊은 것입니다. 그런데 이 구절에는 특별히 그리스도의 삶이 언급되어 있습니다. 이 시편의 결구는 다윗의 후손과 축복, 그리고 민족들을 거룩하게 하는 것이 만민의 주님이신 분 외에 달리 다른 사람을 일컫는 것이 아님을 보여 줍니다. 이 축복은 그 후손에게 아무런 제한 없이 영향을 미칩니다. 다윗에 이어서 그의 후손들 가운데는 각 세대마다 유명한 사람들이 많이 있었음을 기억하십시오. (그리스도도 유명하고 위대한 분들 가운데 한 분으로 생각되었습니다.) 예를 들면, 먼저 솔로몬, 그다음에 우찌야, 히즈키야, 그리고 요시야. 그런데 이 가운데 누구도 그리스도보다 더 충만하게 약속의 효력을 실현시킨 이는 없습니다. 그리고 그리스도 이후에도 아무도 없었습니다. 약속의 축복을 거론할 만한 사람도 없었습니다. 유다 왕국이 유배를 겪으면서 결국 지파들은 뒤섞이게 되었고, 누가 누구의 후손인지 분명히 알 길이 없어졌습니다. 그래서 이제 이 약속의 실현이 예수님께 달려 있다는 것이 분명해졌습니다. "다윗과 그의 후손에게 영원히"라는 이 시편의 기도와 예언이 암시하는 분이 예수님이라는 것도 분명해졌습니다. 히즈키야와 같은 위인들이 얼마간 하느님의 은총을 얻어 누리기는 하였지만 그것은 영원히 지속되지 않았습니다. 그들은 영원한 축복을 누릴 수 있는 이가 아니었기 때문에 모두 죽음을 맞은 것입니다.

• 타르수스의 디오도루스 『시편 주해』 18.[65]

[64] PG 23,185.

[65] WGRW 9,58-59*.

19,1-15 하느님의 자기 계시

창조질서와 섭리의 은총, 율법의 신성한 규정들에 대해 감탄할 때
시편 제19편을 노래하십시오.

아타나시우스『시편 해석에 관해 마르켈리누스에게 보낸 편지』17 [OIP 67]

1 [지휘자에게. 시편. 다윗]
2 하늘은 하느님의 영광을 이야기하고
창공은 그분 손의 솜씨를 알리네.
3 낮은 낮에게 말을 건네고
밤은 밤에게 지식을 전하네.
4 말도 없고 이야기도 없으며
그들 목소리조차 들리지 않지만
5 그 소리[①]는 온 땅으로,
그 말은 누리 끝까지 퍼져 나가네.
그곳에 해를 위하여 천막을 쳐 주시니
6 해는 신방에서 나오는 신랑 같고
용사처럼 길을 달리며 좋아하네.
7 하늘 끝에서 나와
다시 끝으로 돌아가니
아무것도 그 열기 앞에서 숨을 수 없네.
8 주님의 가르침은 완전하여
생기를 돋게 하고
주님의 법은 참되어
어수룩한 이를 슬기롭게 하네.
9 주님의 규정은 올발라서
마음을 기쁘게 하고
주님의 계명은 맑아서
눈에 빛을 주네.
10 주님을 경외함은 순수하니
영원히 이어지고
주님의 법규들은 진실이니
모두가 의롭네.
11 금보다, 많은 순금보다
더욱 보배로우며
꿀보다 생청보다
더욱 달다네.
12 당신의 종도 이에 주의를 기울이니
이를 지키면 큰 상급을 받으리이다.
13 뜻 아니한 허물을 누가 알겠습니까?
숨겨진 잘못에서 저를 깨끗이 해 주소서.
14 또 오만한 자들에게서
당신 종을 보호하소서.
그들이 제 위에 군림하지 못하게 하소서.
그러면 제가 결백해지고
커다란 죄악에서 깨끗해지리이다.
15 주님, 저의 반석, 저의 구원자시여
당신 앞에 드리는 제 입의 말씀과
제 마음의 생각이 당신 마음에
들게 하소서.

① 그리스어역, 히에로니무스; 시리아어역과 비교; 히브리어 '줄, 끈'이다.

둘러보기

시편 제19편은 서로 조화를 이루는 세 가지 법을 제시한다(테오도레투스). 이 시편은 또한 무신론자에 대한 질책도 담고 있다(디오도루스).

이 시편은 하느님은 하늘을 만드신 분으로서 그분께서 만드신 것을 통하여 알 수 있다는 선언으로 시작된다(테오도레투스). 창조는 우연히 이루어진 것이 아니다(에우세비우스). 피조물들은 우리의 교육을 돕는 종들이다(대 레오). 자연의 웅장한 광경은 우리에게 말을 건네고(요한 크리소스토무스), 창조주를 찬미하려는 마음을 불러일으킨다(다마스쿠스의 요한). 그렇지만 많은 이들이 우상 숭배에 빠진다(요한 크리소스토무스). 창조를 통해 드러나는 계시는 우상 숭배자들을 질책하고 있음에도 불구하고 말이다(아타나시우스). 이 메시지를 놓치는 사람은 신앙의 첫째 조항에서 실패하게 된다(오리게네스). 그러나 사도들처럼 스스로 천상의 존재가 된 이들은 이 증언을 받아들이고(오리게네스), 더욱 뛰어난 창공이 된다(암브로시우스). 하느님은 특히 사물의 질서 안에 계시된다(테오도레투스, 디오도루스). '이성'이 자연 질서를 통하여 다스린다는 것은 분명하기 때문이다(에우세비우스). 이 질서가 우주 최초의 음악을 구성한다(니사의 그레고리우스). 이 자연 계시에는 메시지가 담겨 있다(니사의 그레고리우스). 그 메시지는 주님의 위대하심에 관한 것이다(오리게네스). 주님의 섭리는 그분의 사랑을 전해 주는 메시지이고(요한 크리소스토무스), 이 메시지는 모든 이를 향해 펼쳐진 책에 적혀 있다(요한 크리소스토무스). 또한 이 메시지는 보편적 언어로 선포된다(디오도루스). '태양에 쳐진 천막'이란 주님께서 햇빛 아래 드러나는 형상을 취하셨다는 사실을 상기시켜 준다(아우구스티누스). 또는 다른 관점에서 이야기하자면, 주님은 "의로움의 태양"에서 나오는 빛으로 드러날 수 있는 형상을 취하셨다(소 아르노비우스). 하늘의 태양은 창조주에 대한 중요한 증거자다(예루살렘의 키릴루스, 요한 크리소스토무스). 그런데 이 시편에서 태양에 관한 구절들은 특별히 신랑이신 그리스도, 육화하신 하느님으로서 마리아의 태에서 나신 분을 언급한다(노바티아누스, 아우구스티누스, 풀겐티우스). 성자에 대한 증언은 세상 곳곳으로 퍼져 나갔다(에우세비우스, 암브로시우스). 거룩한 지식의 씨앗이 모든 사람에게로 퍼져 나갔다(히에로니무스). 우리 모두는 하느님 은총의 열기를 필요로 한다(카이사리우스). 주님은 끌 수 없는 빛이시다(아우구스티누스).

이제 시편은 모세의 율법에 대해 언급한다(테오도레투스). 모세의 율법은 자연법에 해당된다(디오도루스). 하느님의 말씀은 그분이 걸으신 길과 일치한다(카시오도루스). 이 말씀은 우리가 주님을 경외하도록, 올바르게 두려워하도록 이끈다(카시오도루스). 올바른 두려움은 좋은 결과를 낳는다(알렉산드리아의 클레멘스). 그것은 또한 지속적인 두려움이다(아우구스티누스). 그래서 그분이 주시는 빛은 바람직하고(알렉산드리아의 클레멘스), 정신에 달콤하다(카시오도루스). 하지만 그것을 즐기려면 건강한 욕구를 가져야만 하며(요한 크리소스토무스), 덜 좋은 것들은 포기해야 한다(바실리우스). 고통은 우리가 얻게 될 보상에 비하면 아무것도 아니다(소 아르노비우스). 시편 저자는 고의적인 죄와 무심결에 저지른 죄에 대해 경고한다(디오도루스). 그는 원죄에 관하여(카시오도루스), 그리고 악한 생각과(히에로니무스) 셀 수 없는 소죄에 대해 말하고(카이사리우스), 자랑에 대해 경고한다(아우구스티누스, 대 레오). 하느님의 시험만이 이 죄들을 드러낸다(아우구스티누스). 하느님의 성령에 의해서만 이 죄들을 극복할 수 있는 희망이 있다(니사의 그레고리우스). 이 시편의 세 부분을 결론지으면서(테오도레투스), 시편 저자는 은총이라는 주제로 끝을 맺는다(카시오도루스, 히에로니무스).

19,2 하늘은 하느님의 영광을 이야기한다

세 가지 법의 조화

우리는 하느님께서 주신 세 종류의 법에 대해서 복된 바오로 사도로부터 배웠습니다. 하나는 기록되지 않은 법으로서 피조물과 자연을 통하여 인간에게 주어진 법입니다. 바오로는 이 법에 관하여 이렇게 말합니다. "세상이 창조된 때부터, 하느님의 보이지 않는 본성을 조물을 통하여 알아보고 깨달을 수 있게 되었습니다"(로마 1,20). "다른 민족들이 율법을 가지고 있지 않으면서도 본성에 따라 율법에서 요구하는 것을 실천하면, 율법을 가지고 있지 않은 그들이 자신들에게는 율법이 됩니다"(로마 2,14). … 또 다른 법은 위대한 모세를 통하여 기록된 책에 나오는 것입니다. 바오로는 이 법에 대해서 다음과 같이 말합니다. "율법은 사람들의 범법 때문에 덧붙여진 것입니다. 율법은 천사들을 통하여 중개자의 손을 거쳐 공포되었습니다"(갈라 3,19). 바오로는 또한 이 법 이후에 주어진 세 번째 법, 곧 은총의 법에 대해서도 알고 있었습니다. 그 법에 대해서는 이렇게 말합니다. "생명을 주시는 성령의 법이 나를 죄와 죽음의 법에서 해방시켜 주었기 때문입니다"(로마 8,2). 이 시편에서 복된 다윗은 이 법들 간의 조화에 대해 가르치고 있습니다. 그도 제가 제시한 순서대로 이 법들을 소개합니다. 첫째는 창조주께서 피조물을 통하여 설교하시는 법이며, 둘째는 모세를 통하여 주신 법으로, 이 법은 주의를 기울이는 이들에게 창조주에 대한 더 확실한 지식을 가르쳐 줍니다. 그다음은 은총의 법인데, 이 법은 영혼을 완벽하게 정화하고, 현재의 파멸로부터 그들을 구해 줍니다. 사실, 이것이 바로 이 시편이 끝에서 새 계약에 대해 말하면서 "제 마음의 생각이 끝까지 당신 마음에 들게 하소서"라고 하는 이유입니다.

• 키루스의 테오도레투스『시편 주해』19,1.[1]

무신론자들에 대한 질책

시편 제19편은 교리적 가르침을 줍니다. 마찬가지로 교리적 가르침을 주는 시편 제4편이 존재하는 것들은 섭리의 혜택에서 벗어나 있다고 주장하는 이들을 비판하고 있듯이, 현재의 시편도 존재하는 것들은 누군가에 의해 창조된 것이 아니라 저절로 있게 된 것이라고 … 주장하는 이들을 고발합니다. 이 견해에 필연적으로 따라오게 되는 것은 존재하는 것에 섭리가 작용할 이유가 없다는 견해입니다. 창조주를 인정하지 않게 되면, 피조물이 존재할 수 있도록 부양해 주는 존재도 부정될 수밖에 없습니다.

• 타르수스의 디오도루스『시편 주해』19.[2]

설계사가 있음을 말해 주는 설계

더없이 훌륭하고 놀라운 어떤 건물을 보게 되면 그 건물의 건축가에게 감탄하게 됩니다. 솜씨 좋고 아름답게 건조된 배를 보면 그 배를 만든 이를 생각하게 됩니다. 그림을 보면 그 그림을 그린 화가를 떠올리게 됩니다. 그렇다면 창조된 세상을 볼 때 창조주를 떠올리게 되는 것은 당연한 일 아닙니까!

• 키루스의 테오도레투스『시편 주해』19,2.[3]

[1] FC 101,133.

[2] WGRW 9,59.

[3] FC 101,134.

창조는 우연히 이루어진 것이 아니다

이 구절은 하느님의 위대한 업적이 어떻게 나타나는지에 대한 교훈이 될 수 있습니다. 정신의 눈이 먼 사람들은 감추어져 보이지 않는 신적 본질을 자연의 질서로부터 내쫓아 버립니다. 이 신적 본질은 형체가 없고 창조되지 않았으며, 만질 수도 없고, 육적인 눈으로 알아볼 수도 없습니다. 그들은 불경하고 사악한 입으로 하느님이 없다고 말합니다. 그들은 또한 형체를 지닌 자연에는 겉으로 보이는 것을 초월하는 어떤 탁월한 것도 없으며, 우주 전체는 순간적이고 우연한 응집으로 한데 모였고, 아무런 목적 없이 우연히 존재하던 것들이 합쳐진 것이라고 주장합니다. 그래서 시편 저자는 이 시편을 통하여 하느님의 전능하심과 창조의 능력을 분명히 제시함으로써 이들이 틀렸음을 입증하고자 합니다. 죽을 존재의 본성은 보잘것없고 허약하며, 사람들의 생각은 어리석습니다. 그리고 우리의 논증은 불확실합니다. 그러므로 우리는 신적 영광을 선언할 만한 주체가 되지 못합니다. 하느님에 관한 이런 중요한 말과 생각은 인간의 목소리나 혀나 입술로 선포될 수 없습니다. 강한 정신력을 가진 사람이 하늘로부터 오는 힘 있고 가장 가치 있는 가르침을 듣게 된다면, 그는 이 가르침을 듣기 위하여 그의 정신을 들어 올릴 것이며, 그 가르침을 완전히 받아들이고, 그의 창조주이며 우주를 만드신 분을 찬가와 노래로 찬미할 것입니다. 우리 위에 있는 하늘들과 그 궁창에 있는 요소들은 감각을 통하여 이해하고 깨달을 수 있는 본성을 증거합니다. 그것들은 하느님께 영광을 드리는데, 인간의 언어를 통해서가 아니라 그들의 치장을 통하여, 창조됨을 통하여 그렇게 합니다. 그것들은 질서 있는 움직임을 통하여 하느님의 측량할 길 없는 장엄함을 가르칩니다. … 그러므로 그런 아름다움과 장엄함이 저절로 만들어졌거나 하늘이 스스로를 창조하였다고 생각하는 사람, 그들의 질서 있고 조화로운 움직임이 하느님의 어떤 힘도 작용하지 않는 하나의 과정에 지나지 않는다고 여기는 사람은 누구나 어리석고 사악합니다. 따라서 건전한 정신을 지닌 사람은 부분은 통일된 전체의 일부라고 고백합니다. 그들은 하늘이 외치는 소리를 들을 뿐만 아니라 하늘이 하고 있는 일, 곧 그것을 만들고 창조하신 하느님의 영광을 선포하는 소리임을 알고 듣고 있습니다.

• 카이사리아의 에우세비우스 『시편 주해』 18[19],2.[4]

자연은 우리의 교육을 돕는 종

모든 자연은 하느님의 말씀을 섬기고 있는데, 이는 우리를 교육하기 위한 것입니다. 네 복음서에서와 마찬가지로, 한 해의 모든 전환점을 통하여, 우리는 무엇을 설교하고 무엇을 행해야 하는지를 배웁니다. 이는 중단 없는 나팔소리를 듣는 것과 같습니다. … 그것을 통하여 진리가 우리에게 말하지 않은 것이 있습니까? 우리는 진리의 목소리를 밤낮 듣습니다. 한 분이신 하느님의 업적이 이루신 만물의 아름다움은 우리 마음의 귀에 통치의 질서를 알려 주기를 멈추지 않으며, "우리가 알 수 있게 된 것들을 통하여 하느님의 보이지 않는 본성"(로마 1,20)을 보게 합니다. 이 본성은 피조물에 속한 것이 아니라 만물의 창조주에 속한 것입니다.

• 대 레오 『설교집』 19,2.[5]

[4] PG 23,185.188.

[5] FC 93,70.

장엄한 광경

그들은 … 어떻게 선언합니까? 그들은 목소리도, 입도, 혀도 없습니다. 그런데 어떻게 선포합니까? 빼어난 장관을 통하여 선포합니다. 멋진 경관의 아름다움과 넓이, 높이와 위치, 형상과 꽤 오랫동안 지속되는 안정성을 바라볼 때, 마치 그것이 목소리라도 되는 듯이 듣고 있을 때, 그리고 그 장관으로부터 교훈을 얻을 때, 여러분은 그토록 아름답고 진기한 것을 만드신 분을 흠숭하게 됩니다. 하늘은 침묵하지만 그것을 바라보면 나팔소리보다 더 큰 소리가 울려 나옵니다. 하늘은 귀가 아니라 눈을 통하여 우리를 가르칩니다. 눈은 귀보다 더 확실하고 분명한 감각이기 때문입니다.

• 요한 크리소스토무스
『(입상에 관해) 안티오키아 신자들에게 행한 강해』 9,4.[6]

우리의 응답

"하늘은 하느님의 영광을 보여 준다." 하늘은 귀로 들을 수 있는 목소리로 말하는 것이 아니라 자신의 위대함을 통하여 창조주의 능력을 우리에게 보여 줌으로써 그렇게 합니다. 우리가 하늘의 아름다움에 대해 이야기할 때, 우리는 모든 발명가들 가운데 최고의 분이신 창조주를 찬양합니다.

• 다마스쿠스의 요한 『신앙 해설』 2,6.[7]

많은 이들이 비틀거렸다

그럼에도 불구하고 많은 이들이 이것 앞에서 비틀거리며, 서로 반대되는 방향으로 나아갔습니다. 어떤 이들은 지나치게 감탄한 나머지 그것을 신으로 여겼고, 반면에 다른 이들은 그것의 아름다움을 알아보지 못하고, 그것이 하느님의 창조의 손길을 받을 만한 가치가 없으며, 그것의 많은 부분이 악한 물질이라고 주장하였습니다. 그런데 하느님께서는 그것을 아름답고 위대하게 만드셔서 당신의 지혜와 동떨어진 것이 되지 않게 하셨고, 또 그것이 신으로 여겨지지 않도록 완벽하지 않게, 결점이 있게 창조하심으로써 이 두 가지 견해의 접점을 마련해 주셨습니다.

• 요한 크리소스토무스 『코린토 2서 강해』 21,4.[8]

우상 숭배자들에 대한 질책

피조물은 … 그것의 조물주인 하느님, 피조물 위에 그리고 만물 위에 다스리시는 하느님, 또한 우리 주 예수 그리스도의 아버지이신 분을 가리킵니다. 사이비 철학자들은 이 하느님을 예배하는 것으로부터 돌아서서 피조물을 신으로 여기곤 하였습니다. 그런데 피조물은 그들이 거부한 하느님에게서 나왔으며, 그 피조물들이 바로 하느님을 예배하고, 철학자들이 피조물 때문에 부인한 하느님을 고백합니다. 만약 사람들이 피조물의 일부에 경외심을 느낀 나머지 그것들을 신으로 생각한다면, 그들은 피조물들이 갖는 상호 의존성 때문에 비난받아 마땅합니다. 피조물들은 [이 시편에서] 신법이 규정하는 대로 하느님께 대한 복종의 법을 어기지 않음으로써 주님이시며 조물주이신 분, 말씀의 아버지를 알려 주고 증거합니다. … 이 모든 증거는 모호하지 않으며, 완전히 이해할 수 있는 이들의 눈에는 충분히 명확합니다.

• 아타나시우스 『이교인 반박』 27,3-5.[9]

[6] NPNF 1,9,401*.

[7] FC 37,214.

[8] NPNF 1,12,378*.

[9] NPNF 2,4,18.

신앙의 첫 번째 조항

만약에 누군가가 예수님은 믿는 것처럼 보이지만 율법의 하느님과 복음의 하느님이 한 분이심을 믿지 않는다고 칩시다. "하늘은" 하느님께서 그것을 만드셨기에 "하느님의 영광을 이야기하고, 창공은" 하느님의 손이 만드신 작품이기에 "그분의 솜씨를 알립니다". 따라서 그 사람은 신앙의 가장 중요한 조항에서 결함이 있는 것입니다.

• 오리게네스 『요한 복음 주해』 32,190.[10]

하늘에 속한 이들

하늘에 속한 이들이 되었거나 하늘의 [일부가] 된 완전한 사람은 누구나 이 시편에서 말하는 바와 같이 "하느님의 영광을 알립니다". 바로 이런 이유로 하늘에 속한 사도들도 하느님의 영광을 알리기 위하여 파견되었고, "천둥의 아들들이라는 뜻의 보아네르게스라는 이름을"(마르 3,17) 얻었습니다. 이는 우리가 그 천둥의 능력 때문에 그것이 참으로 하늘에 속함을 믿게 하려는 것입니다.

• 오리게네스 『창세기 강해』 1,13.[11]

또 하나의 창공

하늘이 별빛으로 빛나는 것처럼 사람은 자신의 선행의 빛으로 빛납니다. 그들의 선행은 하늘에 계신 그들의 아버지 앞에서 빛납니다. 하나는 높은 하늘에 있는 창공입니다. 또 하나는 그와 비슷한 창공인데, 이 창공에 대해 성경은 이렇게 말합니다. "내가 이 반석 위에 내 교회를 세울 것이다"(마태 16,18). 첫 번째 창공이 원소들로 이루어진 창공이라면 두 번째 창공은 덕행으로 이루어진 것으로, 이 둘째 것이 더 뛰어납니다.

• 암브로시우스 『서간집』 43.[12]

19,3 낮은 낮에게, 밤은 밤에게

자연 질서를 통하여 계시되는 하느님

정해진 질서에 따라 밤과 낮이 연속되는 것은 창조주께서 정해 놓으신 경계들을 보여 줍니다. … 눈에 보이는 무생물은 일종의 가면과 같습니다. 이 가면은 모든 사람을 가르쳐, 보이는 것에서 보이지 않는 하느님을 보도록 이끌어 주고 하느님께 찬미의 노래를 바치게 합니다. … 말이나 언어적 표현이 아니라 일종의 규범을 제시함으로써 그렇게 합니다. 그들의 고유한 질서를 보여 줌으로써 온 땅과 바다를 불러 하느님께 찬미의 노래를 드리게 합니다.

• 키루스의 테오도레투스 『시편 주해』 19,3.[13]

질서와 그 질서를 만드신 분

질서가 있는 곳에는 그 질서를 정해 놓으신 분에 대한 증거가 있고, 그것이 저절로 만들어졌음을 부정하는 증거도 있습니다. 누군가가 질서를 만들지 않았다면 그것이 질서를 보여 줄 수 없기 때문입니다. 보이는 모든 것들은 분명히 질서를 보여 줍니다. 그래서 시편 저자는 이렇게 말합니다. '그것들은 어떤 양식을 알려 주며, 질서를 만든 분의 질서를, 그리고 저절로 만들어졌다는 개념의 어리석음을 큰 소리로 외칩니다.'

• 타르수스의 디오도루스 『시편 주해』 19.[14]

'이성'이 질서를 통하여 다스린다

하느님의 형언할 길 없는 지혜와 측량할 수

---

[10] FC 89,378.

[11] FC 71,64-65.

[12] FC 26,258(이 편집본에서는 서간 49로 번호가 매겨져 있다).

[13] FC 101,134-35.

[14] WGRW 9,60.

없는 힘이 어떠한 것인지 알고자 하는 이들에게 밤과 낮은 누가 그들을 위하여 시간 간격을 정해 놓았는지를 가르쳐 줍니다. 공간과 계절의 주기를 정하신 분이 없었다면, 그것들이 그저 우연히 되는 대로 존재하게 되었다면 여러 시대에 걸쳐서 낮이 일정한 간격을 갖도록 정해지지 않았을 것이며, 큰 혼란이 일어났을 것입니다. 마찬가지로 밤의 시간도 우연히, 또는 어쩌다가 생겨났을 것입니다. 그렇게 되면 밤과 낮과 연관된 물질의 상태 또한 되는대로의 우연으로 무질서하게 되었을 것이며, 그 결과 큰 혼란이 일어났을 것입니다. 그러나 … 이성은 올바른 질서를 관장하고, 지혜는 조화와 질서를 가져옵니다. 서로에 맞추어 변화와 차이가 일어납니다. 밤이 양보하면 낮이 길어지고, 그다음에는 적당한 때가 되었을 때 밤이 그들의 공간을 요구합니다. 이렇게 서로 주고받음으로써 밤의 길이는 겨울이 오면 길어집니다. 이런 자연의 주기는 사람들에게 하느님에 관한 지식을 소리 내어 알려 줌으로써 하느님께서 만물의 가장 지혜로운 질서를 만드셨음을 선언합니다. 이렇게 밤과 낮은 그들의 임무를 다함으로써 큰 소리로 들을 수 있는 사람들을 불러 모읍니다. 그리고 그들의 가르침이 모두에게 가닿게 합니다. 그래서 사람들이 살고 있는 우주는 이런 종류의 노래와 합창으로 가득 차 있습니다.

• 카이사리아의 에우세비우스 『시편 주해』 19,3.[15]

19,4 말도 없다

최초의 음악

만물이 서로 간에 나누는 일치와 친화는 질서 있게, 순차적으로 조절되고 있는데, 이 일치와 친화야말로 최초의, 원형적인, 참된 음악입니다. 이것은 우주의 지휘자가 계속되는 움직임을 통하여 무언의 지혜로 솜씨 좋게 지휘하는 음악입니다.

• 니사의 그레고리우스 『시편의 제목』 1,3,21.[16]

19,5 누리 끝까지

메시지

그런데 어떻게 말이 없이 그런 선포와 예시를 할 수 있습니까? 어떻게 귀에 가닿는 목소리 없이 그렇게 할 수 있습니까? 예언자가 소리 없는 말을 하고 언어 없이 선포하며, 목소리 없이 발표한다고 할 때, 그는 자기모순적인 말을 하고 있습니까? 아니면 불가능한 말을 하는 것입니까? 아니면 그의 가르침 안에 오히려 완전한 진리가 있는 것은 아닙니까? 예언자는 내가 인용했던 말씀 안에서 우리에게 이렇게 말하고 있습니다. 하늘이 선언하고 낮이 외치는 말은 발음이 또렷한 목소리도 없고 입술로 뱉어 내는 언어도 없지만, 소리가 없어도 들을 수 있는 능력이 있는 사람에게 하느님의 능력을 계시하며 … 하늘은 그것을 만드신 분의 지혜를 드러낸다고 말합니다. 그런데 바로 이 하늘이 소리 내어 크게 외칩니다. 비록 목소리는 없지만 창조주의 지혜를 선포합니다. 그래서 우리는 우리를 가르치는 말이 있기나 한 것처럼 들을 수 있습니다. '오, 죽을 존재야, 우리를 바라보고, 질서정연하고 조화롭게 움직이며, 동일한 방향과 동일한 방법으로 일하는 우리의 아름다움과 장엄함과 끊임없는 순환을 볼 때, 우리의 체계를 주관하시는 분께로 네 생각을 돌려라. 네가 보는 아름다움의 도움으로 보이지 않는 절대 원형의 아름다움을 상상해 보아라. 우리에게는 그것을 만든 주인이 없는 것

[15] PG 23,189.

[16] *GNTIP* 90*.

이 아무것도 없고, 스스로 움직일 수 있는 것도 아무것도 없기 때문에, 보이는 모든 것이나 우리에게 인지될 수 있는 모든 것은 신비스럽고 숭고한 힘에 의존한다.' 이 말은 분명하게 알아들을 수 있는 말이나 보여지는 것들을 통하여 주어진 것이 아니지만, 소리로 선포된 말보다 하느님의 힘에 대한 지식을 우리 정신에 더 많이 넣어 줍니다.

• 니사의 그레고리우스『에우노미우스[의 제2권] 반박』.[17]

주님의 위대하심

주님의 위대함을 보십시오. "그분의 가르침의 소리는 온 땅으로 퍼져 나가네." 우리 주 예수님은 온 세상으로 뻗어 나가셨습니다. 그분이 하느님의 힘이시기 때문입니다. … 구원자 주님의 능력은 우리의 세상에서 퍼져 나가 브리타니아에 있는 이들과 함께 있고, 마우레타니아에 있는 이들과 함께하며, 태양 아래 당신의 이름을 믿는 모든 이들과 함께 있습니다. 구원자의 위대함을 보십시오. 그것은 온 세상으로 뻗어 나갑니다.

• 오리게네스『루카 복음 강해』6,9.[18]

하느님의 섭리와 사랑

하느님의 섭리는 태양과 그 햇살보다 더 분명합니다. 모든 경우와 모든 장소에서 그대는 이 섭리의 분명하고 풍부한 증거를 볼 것입니다. 사막에서, 경작지에서, 불모지에서, 육지와 바다에서, 그대가 가는 곳 어디에서나 그것을 볼 수 있습니다. 이 증거는 오래된 동시에 새롭습니다. 온 사방에서 들려오는 목소리는 우리 이성의 소리보다 더 명확하게 들립니다. 그 소리는 듣고자 하는 이들에게 하느님의 돌보심에 대해 이야기합니다. … 우리의 말은 그 언어를 아는 이들만 알아들을 수 있고, 그 말을 모르는 이들은 알아듣지 못합니다. 그러나 피조물이 내는 소리는 사람이 사는 곳에 있는 모든 이가 들을 수 있습니다. 올바로 판단을 하는 이들은 피조물들이 구체적인 선포의 행위를 하지 않더라도 그것으로 충분히 하느님을 선포하는 것이라 여깁니다. 피조물의 소리는 하느님의 섭리뿐 아니라 우리를 위한 하느님의 넘치는 사랑도 드러냅니다. 하느님은 그저 우리를 생각하시는 정도가 아니라 이루 헤아릴 수 없는 사랑으로 우리를 가없이 사랑하시기 때문입니다. 이 사랑은 감정적인 사랑이 아니지만 가장 따뜻하고 깊고 귀한 사랑이며, 녹아 없어지지도, 끌 수도 없는 사랑입니다.

• 요한 크리소스토무스『걸려 넘어진 아들에게』5,2.[19]

모든 이를 위해 펼쳐진 책

스키티아인들과 야만인들, 인도인들과 이집트인들, 그리고 지상에 사는 모든 이가 이 목소리를 들을 수 있습니다. 우리는 귀를 통해서가 아니라 시각을 통하여 이 소리를 이해하게 됩니다. 사람은 시각을 통하여 하나의 통일된 인식을 얻습니다. 언어가 달라도 아무런 차이가 없습니다. 이 소리는 무식한 자나 현명한 자나 똑같이 바라볼 수 있습니다. 부자나 가난한 사람이나 같은 것을 봅니다. 누구든지 하늘을 바라보면 자기가 보는 것을 통하여 충분한 교훈을 얻을 수 있습니다.

• 요한 크리소스토무스
『(입상에 관해) 안티오키아 신자들에게 행한 강해』9,5.[20]

[17] NPNF 2,5,272-73.

[18] FC 94,27.

[19] MFC 17,49.

[20] NPNF 1,9,401*.

보편적인 언어

눈에 보이는 피조물들이 내는 소리는 … 모든 이에게 똑같이 분명하게 들립니다. 그리스인에게도 이방인에게도 똑같이 들립니다. 이 소리는 모든 사람에게 한 가지 메시지를 전합니다. 곧, 그들은 누군가에 의해 만들어졌고, 그들은 스스로 존재하지 못한다는 것입니다.

• 타르수스의 디오도루스『시편 주해』19.[21]

태양의 빛에 드러난

태양을 만드신 분은 태양의 빛으로만 볼 수 있습니다. 그분은 "해를 위하여 천막을 쳐 주신" 분이시기 때문입니다. 그분은 당신께서 만드신 태양보다 먼저 계셨고, 모든 별보다, 모든 천사보다 먼저 계셨습니다. "모든 것이 그분을 통하여 생겨났고 그분 없이 생겨난 것은 하나도 없기"(요한 1,3) 때문에 참된 창조주이신 분께서 태양에 당신의 천막을 치심으로써 태양을 보는 육적인 눈이 당신을 볼 수 있게 해 주셨습니다. 그분은 이 빛으로 드러난 당신의 육을 볼 수 있게 해 주셨습니다.

• 아우구스티누스『요한 서간 강해』1,2.[22]

의로움의 태양

주님은 태양에 당신의 천막을 치셨습니다. 날들을 배정하고, 계절에 따라 시간의 길이를 정하는 저 태양 안에 당신의 천막을 치신 것이 아니라 "의로움의 태양"(말라 3,20) 안에 당신의 천막을 치셨습니다. 이 "의로움의 태양"은 영원한 생명의 빛으로 동정녀의 태에서 태어나셨으며, 참된 빛을 정신에 비추어 주셨습니다. 그분은 신방에서 나오는 신랑처럼 동정녀에게서 나오셨습니다. 그분은 용사처럼 길을 달리며 즐거워하셨고, 모든 면에서 주님의 법에 따라 흠 없이 걸으셨으며, 가장 높은 하늘에서 걸어 나오셨습니다. 그분은 사람에게서 나신 분이 아니라 성부의 말씀에서 나오신 분으로, 가장 높은 하늘에 계시고, 그분의 길은 가장 높은 곳에 있습니다. 그 길은 동쪽에서 떠오르는 것도 아니요, 가장 높은 곳에서 가장 낮은 곳으로 이르는 것도 아닙니다. "의로움의 태양"은 가장 높은 곳에서 높은 곳으로, 탁월함에서 탁월함으로 움직입니다. 그의 열기로부터 자신의 몸을 감출 수 있는 자는 아무도 없을 것입니다.

• 소 아르노비우스『시편 주해』19.[23]

19,6 신랑 같다

태양의 증언

태양의 적절한 배치에 대해 생각해 보십시오. 아니, 오히려 당신의 명령으로 태양의 궤도를 정해 놓으신 분을 생각해 보십시오. 어떻게 하여 태양이 여름에는 더 높이 떠오르고, 낮은 길어지며, 그리하여 사람들에게 일하기 좋은 시간을 주는지에 대해 생각해 보십시오. 반면에 겨울에는 그 주기가 짧아져서 추위가 너무 길어지지 않게 하고, 밤은 길어져서 사람들이 쉴 수 있게 하고, 땅의 수확이 풍성해지도록 준비하게 하는지 생각해 보십시오. 또 날들이 정해진 질서에 따라 어떻게 이어지는지를 보십시오. 여름에는 낮이 길어지고, 겨울에는 짧아집니다. 그러나 봄과 가을에는 밤낮의 길이가 동일합니다. 마찬가지로 밤도 그렇습니다. 그래서 시편 저자는 이렇게 말합니다. "낮은 낮에게 말을 건네고, 밤은 밤에게 지식을 전하네." 들을 귀가 없는 이단자들에

[21] WGRW 9,61.

[22] LCC 8,260-61*.

[23] CCL 25,24-25.

게 그것들 모두는 줄곧 외칩니다. 그것들의 경계를 정하시고 우주를 기획하신 창조주 외에는 다른 신이 없다고, 그것들의 훌륭한 질서를 통하여 이야기합니다.

• 예루살렘의 키릴루스 『예비신자 교리교육』 9,6.[24]

태양과 그 창조주

태양은 낮을 더 밝게 하며, 번쩍이는 빛처럼 햇살을 보내고, 날마다 그 아름다움을 활짝 꽃피워 냅니다. 태양은 새벽에 나타나자마자 제각각의 임무를 행하도록 온 인류를 깨웁니다. … [이 시편에서] 저자가 우리에게 태양의 아름다움과 재빠른 움직임을 어떻게 묘사하고 있는지 봅니까? 곧, "태양은 하늘 끝에서 나와 다시 하늘 끝으로 돌아간다"라는 말씀은 태양이 어떤 식으로 한순간에 온 세상을 가로지르며, 이 끝에서 저 끝으로 햇살을 흩뿌리고, 또 태양의 위대한 에너지를 쓸 수 있게 하는지에 대해 말합니다. 태양은 땅에 열기를 줄 뿐만 아니라 그것을 건조하게 하고, 그뿐만 아니라 불이 붙게 하며, 우리에게 다양한 자원들을 제공합니다. 이처럼 태양은 참으로 놀라운 천체로서 우리 능력으로는 그것을 적절하게 묘사할 수 없습니다. 내가 그대에게 이 말을 하고, 이 천체를 찬양하는 노래를 하는 것은, 사랑하는 이여, 그대가 여기에서 멈추지 않고 더 나아가 그 천체를 지으신 창조주를 감탄하게 하려는 것입니다. 결국 태양이 위대하게 보이면 보일수록 창조주에 대한 계시도 더욱더 놀라운 것이 됩니다.

• 요한 크리소스토무스 『창세기 강해』 6,10-11.[25]

신랑이신 그리스도

그분은 "신방에서 나오는 신랑 같으신 분"이십니다. 그분은 높은 곳으로 [돌아가십니다.] "하늘에서 내려온 이, 곧 사람의 아들 말고는 하늘로 올라간 이가 없기"(요한 3,13) 때문입니다. 그분은 다음 말씀을 하실 때 이 사실을 반복하여 언급하십니다. "아버지, 세상이 생기기 전에 제가 아버지 앞에서 누리던 그 영광으로 저를 영광스럽게 해 주십시오"(요한 17,5). 우리의 육을 취하기 위하여 신랑으로서 하늘에서 내려오신 이 '말씀'께서 사람의 아들로서 육을 취한 채로 하늘에 오르십니다. 하느님의 아들로서 내려오셨던 바로 그곳으로 다시 올라가셨습니다. 그렇다면 분명 상호 결합으로 인하여 육은 하느님의 말씀을 담고 있고, 하느님의 아드님은 육의 나약함을 취하십니다. 그분은 자신의 배우자인 육과 함께, 육 없이 내려오셨던 바로 그곳으로 올라가셨고, 이제 그분께서 창조 이전부터 누리셨던 그 영광을 누리십니다. 이러한 사실은 의심의 여지 없이 그분이 곧 하느님이심을 입증합니다. 그런데 세상은 그분 다음에 창조되었다고 하니, 세상이 그분을 통하여 창조된 것이 분명합니다. 이 사실 자체가 그분 안에 있는 신성의 영광과 권위에 대한 증거가 됩니다. 세상은 그분을 통하여 만들어졌습니다.

• 노바티아누스 『삼위일체론』 13,4-5.[26]

우리의 회개를 요구하시는 육화하신 분

그런데 우리의 생명이신 분께서 세상에 내려오셔서 우리의 죽음을 받아 지셨습니다. 그리고 당신의 풍성한 생명으로 죽음을 죽이셨습니다. 그분은 당신께로 돌아오라고, 당신이 오셨던 바로 그 비밀스러운 곳으로 오라고 천둥처럼 우리

[24] FC 61,188.

[25] FC 74,83.

[26] FC 67,53.

를 부르셨습니다. 그분은 먼저 처녀의 태중으로 들어오셨습니다. 그곳에서 인간은, 우리의 죽을 육은, 영원히 죽을 존재로 남지 않도록 그분과 결합되었습니다. 그리고 그분은 "신방을 나오는 신랑처럼, 용사처럼 길을 달리며 좋아하셨습니다". 그분은 조금도 지체하지 않고 세상을 두루 다니시며 말씀과 행위로, 죽음과 삶으로, 내려오심과 올라가심으로 외치셨습니다. 당신께로 돌아오라고 큰 소리로 우리에게 외치셨습니다. 이어서 그분은 우리 시야에서 사라지셨습니다. 이는 우리가 제정신이 들어 그분을 찾게 하시려는 것이었습니다. 그분을 우리를 떠나셨습니다. 그러나 보라, 그분은 여기에 계십니다. 그분은 우리와 함께 오래 계실 수 없지만 우리를 떠나신 것은 아닙니다. 그분은 결코 떠나신 적이 없었던 그곳으로 돌아가셨습니다. 왜냐하면 "세상이 그분을 통하여 생겨났기"(요한 1,10) 때문입니다. 그분은 이 세상에 계셨고, 죄인을 구하시기 위하여 이 세상으로 오셨습니다. 내 영혼이 그분께 고백하자 그분을 내 영혼을 치유하십니다. 내 영혼이 그분을 거슬러 죄를 지었기 때문입니다. 오, 죽을 존재여, 너는 얼마나 오랫동안 꾸물거릴 것이냐? 생명 자체이신 분께서 네게 내려오셨는데도 너는 올라가서 살지 않으려느냐?

• 아우구스티누스 『고백록』 4,12,19.[27]

나눌 수 없는 두 본성의 결합

하느님의 외아드님께서는 당신 안에 신성과 인성을 결합시키셨습니다. 그 두 본성은 그분에게서 결코 떨어질 수 없는 방식으로 결합되었습니다. "신방에서 나온 신랑과 같은" 하느님의 외아드님 안에서 이 두 본성의 결합은 나뉠 수 없는 상태로 남아 있습니다.

• 루스페의 풀겐티우스 『서간집』 14,11.[28]

진흙을 입으신 그분께서 진흙인 우리를 치유하신다

그분은 육의 악을 정화하시려는 목적으로 육으로 오셨습니다. 그분은 인간을 치유하는 진흙을 입고 오셨습니다. 이는 진흙으로 된 겉옷으로 인해 멀어 버린 우리의 내적인 눈을 고쳐 주시기 위함입니다. 이렇게 하여 건강한 시력을 회복함으로써 전에는 어둠이었던 우리가 주님 안에서 빛나는 빛이 됩니다. 또 그 빛은 더 이상 어둠 속에서 빛나지 않고 그것을 아는 이들은 그 빛을 분명히 알아봅니다. 이런 목적으로 그는 신랑처럼 신방을 나와서 "달리기를 하는 운동선수처럼 즐거워하였습니다". 신랑처럼 보기 좋고, 거인처럼 강하며, 사랑스럽고 무시무시하며, 진지하고 평화로우며, 선한 이들에게는 아름답고, 악한 이에게는 준엄한 그는 성부의 가슴에 기댄 채, 그의 어머니의 태중을 차지하였습니다. 이 신방, 곧 처녀의 태중에서, 그는 인간을 신성에 결합시켰습니다. 말씀이 우리를 위하여 사람이 되셨습니다. 이는 어머니에게서 태어나 우리 가운데에 사시기 위함이며, 성부께로 돌아가셔서 우리가 지낼 곳을 마련하시기 위함입니다.

• 아우구스티누스 『설교집』 195,3.[29]

19,7 아무것도 그 열기 앞에서 숨을 수 없네

태양의 증언

구원의 '말씀'께서는 천상의 능력과 협력을 통하여 햇살처럼 재빨리 온 세상을 비추셨습니다. 영감을 받은 복음사가들과 사도들의 목소리는 성경 말씀대로 곧바로 "온 땅으로, 그 말은 누리 끝까지 퍼져 나갔습니다". 그래서 교회가 모

[27] LCC 7,87*.

[28] FC 95,511.

[29] FC 38,42-43*.

든 도시와 마을들에 서둘러 세워졌고, 비옥한 타작마당처럼 수많은 사람들로 가득 찼습니다. 그리스도의 제자들의 가르침과 그들의 놀라운 업적을 통하여, 원초적인 오류와 유전을 통하여 우상 숭배적인 미신이라는 오래된 질병에 묶여 있던 모든 영혼들이 그리스도의 권능으로 끔찍한 주인에게서 풀려나듯이 해방되었고, 그들을 묶고 있던 가장 단단한 결박에서 풀려나게 되었습니다. 그리하여 그들은 모든 귀신 숭배를 거부하고 만물의 창조주이신 하느님 한 분만 존재하심을 고백하게 되었습니다. 또 그들은 우리 구원자께서 사람들에게 가르쳐 주신, 영감을 받은 합당한 예배를 통하여 신심 깊은 전례로 하느님을 흠숭하게 되었습니다.

• 카이사리아의 에우세비우스 『교회사』 2,3.[30]

그리스도의 인자한 빛

그리스도는 당신의 세상을 풍부한 빛으로 채우십니다. “그분은 하늘 끝에서 나와 다시 끝으로 돌아가시고, 아무것도 그 열기 앞에서 숨을 수 없기” 때문입니다. 그분은 인자하게 모두에게 빛을 주시며, 어리석은 자를 내쫓기보다는 교화하기를 원하시며, 마음이 완고한 자들을 교회에서 배제하기보다는 그들이 마음을 풀게 되기를 원하십니다. 그래서 … 그리스도께서는 복음서에서 그들을 이렇게 초대하십니다. “고생하며 무거운 짐을 진 너희는 모두 나에게 오너라. 내가 너희에게 안식을 주겠다. 나는 마음이 온유하고 겸손하니 내 멍에를 메고 나에게 배워라”(마태 11,28-29).

• 암브로시우스 『형 사티루스의 죽음』 2,117.[31]

거룩한 지식의 씨앗

“아무것도 그 열기 앞에서 숨을 수 없네.” 사실 하느님에 관한 지식의 씨앗을 가지고 있지 않은 이는 아무도 없습니다.

• 히에로니무스 『시편 주해』 19.[32]

하느님 은총의 열기

물은 추위가 극심하면 얼지만, 태양의 열기가 그것에 가닿으면 녹습니다. 태양이 사라지면 물은 다시 얼어붙습니다. 이와 마찬가지로 사람들의 애덕도 그들의 죄로 인한 극심한 냉담함으로 얼어붙습니다. 그러면 그들은 얼음처럼 차갑게 됩니다. 그러나 하느님 자비의 온기가 닿으면 그것은 녹습니다. 이 온기가 바로 “아무것도 그 열기에서 벗어나지 못한다”는 말씀이 가리키는 것입니다.

• 아를의 카이사리우스 『설교집』 101,4.[33]

끌 수 없는 빛

어떤 사람이 등불을 켭니다. … 이 등불에 빛을 내는 작은 불꽃이라도 있는 한 그 불은 스스로 빛을 냅니다. … 등불이 그곳에 없으면 여러분의 눈은 무력해져서 아무것도 보지 못합니다. 여러분의 눈도 빛을 가지고 있기는 하지만 그 자체가 빛은 아닙니다. 따라서 등불에서 눈을 돌리면 눈은 어두워집니다. 하지만 눈이 등불로 향하면 다시 밝아집니다. 불은 존재하는 한 빛을 냅니다. 여러분이 불에서 빛을 없애고자 한다면 불 자체를 꺼야 합니다. 왜냐하면 불은 빛이 없이 존재할 수 없기 때문입니다. 그런데 빛이신 그리스도는 끌 수 없는 빛으로서 성부와 함께 영원히

[30] FC 19,91*.

[31] FC 22,252.

[32] CCL 72,196.

[33] FC 47,101.

존재하시며, 언제나 이글거리며 환하게 타오르십니다. 그분께서 불타오르시는 분이 아니시라면, 이 시편에서 이렇게 말했겠습니까? "아무것도 그 열기 앞에서 숨을 수 없네."

• 아우구스티누스 『요한 복음 강해』 22,10,1.[34]

19,8 주님의 법

모세의 율법

시편 저자는 모세의 율법을 법, 증언, 규정, 계명, 법규 등으로 부릅니다. 그것은 최상의 삶의 양식을 규정하고 지시하기 때문에 법이라 불립니다. 죄인들을 거슬러 증언하고 잘못에 대한 벌을 부각하기 때문에 증언이라고 합니다. 올바른 것을 가르치고 잘못된 것을 금하며, 덕이 있는 사람들을 의인이라고 선언하기 때문에 규정이라고 부릅니다. 무엇을 행하여야 하는지 명령하고 권위적으로 지시를 내리기 때문에 계명이라고 합니다. 하느님의 평결을 드러내고, 법을 지키는 이들이 누리게 될 축복이 무엇이며 법을 어긴 이들에게 부과될 벌이 무엇인지를 규정하기 때문에 법규라고 부릅니다. … 하느님의 법은 어떠한 오류도 없으며, 사람들의 영혼을 교화하고, 흠이 없게 만듭니다. 증언은 미성숙하고 어수룩한 이들을 놀라게 함으로써 지혜를 주고, 규정은 심판의 근거를 드러냄으로써 마음을 기쁘게 합니다. 계명은 무엇이 만민의 하느님을 섬기는 것인지를 가르침으로써 정신의 눈에 빛을 줍니다. 신심과 하느님을 경외함은 이 법들을 지키도록 제안함으로써 영원한 선을 향유하게 해 줍니다. 그런데 "하느님을 경외함은 순수하다"라는 시편 저자의 말은 맞습니다. 여기서 "순수함"은 비난받을 것이 없음을 의미합니다. 인간적인 두려움은 비난받을 만하며, 공포와 비슷한 의미를 갖기 때문입니다. 이어서 시편 저자는 "주님의 법규들은 진실하고 의롭다"고 말합니다. 이 법규들은 사람들에게 영예를 주거나 합당한 처벌을 내리기 때문에 의롭습니다. 결론적으로 시편 저자는 하느님의 법이 금이나 보석보다 더 보배로우며, 꿀보다 더 달다고 말합니다. 하지만 모든 사람에게 이러한 것은 아닙니다. 진실한 사람들에게만 이러할 것입니다. 이들의 삶은 야만적인 짐승의 삶과는 전혀 다릅니다.

• 키루스의 테오도레투스 『시편 주해』 19,5-6.[35]

상응하는 법들

성문법이 문자를 아는 사람들에게 법의 지향을 가르친다면, 자연법은 이해력의 눈을 가진 이들에게 보이는 실재들에게는 창조주가 계심을 가르칩니다.

• 타르수스의 디오도루스 『시편 주해』 19.[36]

은총

영적인 사람이 아니면 율법을 완수할 수 없으며, 은총이 없이는 영적인 사람이 될 수 없습니다. 영적인 법에 동화되면 될수록 그는 더욱더 영적인 기질을 얻게 되고, 그렇게 되면 율법을 더 잘 지킬 수 있게 됩니다. 그가 그 법 안에서 기뻐하면 할수록 법이 주는 부담은 줄어들고 법이 주는 빛을 받아 더 쉽게 법을 지키게 됩니다. … 은총이 죄를 용서하고 애덕의 정신을 불어넣으면 의로움은 더 이상 어렵지 않고 즐거운 것이 됩니다.

• 아우구스티누스 『심플리키아누스에게』 1,1,7.[37]

---

[34] FC 79,206*.

[35] FC 101,136-37.

[36] WGRW 9,62.

[37] LCC 6,379.

19,9 올바른 규정

하느님의 말씀과 행위

그분은 가르치신 그대로 행동하신 분으로 알려졌기 때문에 그분의 말씀은 참으로 올바릅니다. 반면에 말과 행동이 다른 이들은 참된 의로움을 드러내지 못합니다.

• 카시오도루스 『시편 해설』 19,9.[38]

19,10 주님을 경외함

올바른 경외

하느님을 경외함은 공포에 찬 경악이 아니라 흐트러짐이 없는 헌신입니다. 이 경외심은 일시적인 변화에 흔들리지 않으며, 선한 양심에서 우러나오는 진지함 가운데 지속적으로 유지됩니다. 인간적인 두려움은 때에 따라 변하며 생산적이지 않기 때문에 거룩하지도 않습니다. 반면에 하느님을 경외함은 어떤 혼란도 내포하지 않습니다. 자신을 만드신 분을 마땅히 경외하는 사람은 그 재판관께서 간구하는 이들에게 참으로 자비로운 분이시라는 것도 알고 있습니다. 그래서 경외와 사랑 둘 다를 발견한 사람은 온갖 거룩함 안에서 살아갑니다. 주님을 경외함은 조심스러움이 섞인 사랑입니다. 세속적인 맥락에서 그것은 존경이라 할 수 있습니다.

• 카시오도루스 『시편 해설』 19,10.[39]

올바른 결과

그래서 [이 시편은 이렇게] 말합니다. … 경외에서 신앙과 의로움으로 돌아오는 이는 영원히 남기 때문입니다.

• 알렉산드리아의 클레멘스 『양탄자』 7,12.[40]

영원히 이어지는 두려움

거룩하고 영원히 이어진다는 이 두려움이 다가올 세상에서도 존재할 수 있는 것이라면 — 그런데 "영원히 지속된다"는 말을 어떻게 해석할 수 있을까요? — 그것은 우리에게 떨어질지도 모를 악을 우리가 피하도록 막아 주는 두려움이기보다는 결코 상실할 수 없는 선 안에 우리를 보존시켜 주는 두려움일 것입니다. 왜냐하면 선을 간직한 사랑이 전혀 흔들리지 않게 된 상태에 있을 때에야 비로소 모든 악에 대한 두려움은 절대적인 평화에 이르게 될 것이기 때문입니다. "거룩한 두려움"이 정말로 의미하는 바는 실패하지 않으려는 조바심이나 허약함 때문이 아니라 완전한 평화에 이른 우리의 사랑 때문에 죄를 철저히 거부하고 죄를 범하지 않도록 조심할 만큼의 확고한 의지입니다.

• 아우구스티누스 『신국론』 14,9.[41]

19,11 보배롭다

바람직한 빛

"우리에게 빛을 주는 말씀은, 금보다 보석보다 더 보배로우며, 꿀보다 생청보다 더욱 달다네." 말씀은 어둠 속에 묻혀 있던 정신에 빛을 가득 채워 주고, 영혼에 "빛을 주는 눈"을 날카롭게 해 줍니다. 그러니 이보다 더 바람직한 것이 있을까요? 태양이 존재하지 않는다면 하늘의 다른 빛 물체들이 있다 해도 밤이 우주를 내리덮었을 것입니다. 마찬가지로 우리가 말씀을 몰랐고, 말씀의 빛을 받지 않았다면, 우리는 어둠 속에서 모이를 먹고 살이 찌고, 죽기 위해 커 가는 가금류와 조금도 다르지 않았을 것입니다. 그러

[38] ACW 51,199.

[39] ACW 51,200.

[40] ANF 2,546.

[41] FC 14,371-72.

니 하느님을 인정하기 위하여 그 빛을 인정합시다. 그 빛을 인정하고 주님의 제자가 됩시다.

• 알렉산드리아의 클레멘스 『권고』 11.[42]

정신에 달콤하다

꿀과 생청은 입에만 달지만 하느님의 심판은 사람들 정신에 충만한 달콤함을 가져다줍니다.

• 카시오도루스 『시편 해설』 19,11.[43]

건강한 욕구

[하느님의 말씀은] "금보다 보석보다 더 보배로우며, 꿀보다 생청보다 더욱 달다"고 [예언자는 말합니다.] 하지만 건강한 사람들에게만 그러합니다. 그래서 시편 저자는 "당신의 종도 이에 주의를 기울인다"고 덧붙입니다. 또 다른 곳에서 시편 저자는 '하느님의 말씀이 달콤하다'라는 말에 "제 혀에"라고 덧붙입니다. "당신 말씀이 제 혀에 얼마나 감미롭습니까!" 그는 계속해서 다음의 말로 하느님 말씀의 탁월함을 강조합니다. "그 말씀 제 입에 꿀보다도 답니다"(시편 119,103). 그는 아주 건강한 상태에 있었기 때문에 이렇게 말할 수 있었습니다. 그러므로 건강이 좋지 않을 때에 이 말씀에 다가가지 맙시다. 우리 영혼이 건강을 회복한 후에 이 말씀에게서 영양분을 취합시다.

• 요한 크리소스토무스 『요한 복음 강해』 1.[44]

최상의 선이 아닌 것은 포기한다

'포기'란 … 이 물질적이고 일시적인 삶과의 결속을 끊어 버리고 모든 인간사로부터 자유롭게 되는 것입니다. 그럴 때 우리는 하느님께로 이르는 길로 들어서기에 더욱 적합하게 됩니다. 그것은 값을 매길 수 없는 선, 곧 "꿀보다 생청보다 더 단" 선을 소유하고 향유하려는, 아무도 막을 수 없는 충동입니다. 간단히 말해서, 그것은 인간의 마음이 천상의 삶의 양식으로 옮겨 가는 것입니다. 그래서 "우리는 하늘의 시민입니다"(필리 3,20)라고 말할 수 있습니다. 이것은 또한 "부유하시면서도 우리를 위하여 가난하게 되신"(2코린 8,9) 그리스도를 닮는 첫 단계입니다. 이것이 가장 중요한 점입니다. 우리가 그리스도를 닮지 못한다면 그리스도의 복음에 일치하는 삶의 양식에 이르는 것은 불가능합니다.

• 대 바실리우스 『대 수덕집』(긴 규칙서) Q. 8.[45]

19,12 큰 상급

보상에 비하면 고통은 아무것도 아니다

하느님의 계명을 지키면 큰 상급이 주어집니다. "장차 우리에게 계시될 영광에 견주면, 지금 이 시대에 우리가 겪는 고난은 아무것도 아닙니다"(로마 8,18).

• 소 아르노비우스 『시편 주해』 19.[46]

19,13 숨겨진 잘못

자발적인 자아와 비자발적인 자아

앞에서 신심에 대하여 가르친 시편 저자는 이제 인간과 관련된 죄에 관하여 이야기합니다. 그는 자발적인 죄와 비자발적인 죄가 무엇이며, 그것이 서로 어떻게 다른지, 그리고 비자발적인 죄는 어떤 종류로 나눌 수 있는지를 알려 줌으로써 사람들이 죄에 대한 경계심을 갖게 합니다. 그는 감탄할 만한 구분법을 적용하는데, 먼저 죄를

[42] ANF 2,203.

[43] ACW 51,201*.

[44] FC 33,8-9*.

[45] FC 9,256-57.

[46] CCL 25,25.

자발적인 죄와 비자발적인 죄, 두 종류로 나눕니다. 그다음엔, 비자발적인 죄를 세 종류로 구분합니다. 예를 들면, 우리는 강요에 의해서나 약함 때문에, 또는 그릇된 인도를 통하여 죄에 떨어지기 때문입니다. 선한 지향보다 더 영향력이 있는 어떤 사건이 발생하여 죄를 짓게 될 때도 있습니다. 또는 너무 허약하여 탐욕의 힘을 극복하지 못하고 죄에 떨어지는 경우도 있습니다. 또 많은 경우에 있어서 최선의 지향으로 판단을 하기는 하지만 무엇인가에 속아서 정반대되는 것을 행하기도 합니다.

• 타르수스의 디오도루스『시편 주해』19.[47]

원죄

인간은 생각과 말과 행위, 세 가지 방법으로 죄를 짓습니다. 그런데 이 시편의 저자는 죄라고 하는 이 끝없는 바다를 하나의 영역으로 묶고, 그것이 두 가지 원천에서 솟아 나온다고 입증합니다. "숨겨진 잘못"은 '원죄'를 말하는 것으로, 우리는 바로 이 죄 안에서 잉태되고 태어났습니다. 우리는 원죄로 인하여 다음과 같은 숨겨진 욕망을 갖고 죄를 범하게 됩니다. 이웃의 재산을 탐하거나 원수에게 복수하려고 할 때, 다른 사람들보다 더 뛰어나고 싶거나 더 육즙이 많은 음식을 찾을 때 우리는 죄를 짓게 됩니다. 그런데 이런 욕망들이 효과를 드러내기 전에는 많은 이들의 눈에 감추어져 있습니다. 죄는 이런 방식으로 우리 안에 몰래 숨어 들어와 싹을 틔웁니다. 만약 이 욕망들이 누구에게나 분명한 것으로 드러나게 된다면 … 우리가 전혀 알지 못한 죄들이 많으며, 이 죄들이 어디에서 왔는지, 그리고 어떤 속임수를 쓰는지 알 수 없다는 사실을 우리는 깨달아야 합니다. 그러므로 "뜻 아니한 허물을 누가 알겠습니까?"라는 구절에서 "허물"은 모든 죄를 가리키는 것으로 이해해야 합니다.

• 카시오도루스『시편 해설』19,13.[48]

악한 생각

죄를 잉태하는 것은 내 의지가 아닙니다. 나는 악한 생각을 품고 싶지 않은데 그렇게 합니다. 나는 악을 생각하고 싶지 않은데, 의지와는 달리 마치 포로가 된 것처럼 악한 생각에 빠져듭니다. 악을 생각하거나 생각하지 않는 것이 내 마음대로 되지 않기 때문에 나는 이렇게 말합니다. "틀림없이 이것들은 내 마음에 들어온 부정한 죄들이다." 하지만 그것들을 피할 수 없기 때문에 나는 간청합니다. "제가 알지 못하는 잘못에서 저를 깨끗이 해 주소서." 그것들이 까닭 없이 내게 왔지만 내가 그것들을 품고 있으니 나는 주님께 간청합니다. "당신의 종이 부정한 죄를 짓지 않게 지켜 주소서." 내가 이런 말을 왜 하겠습니까? 예언자가 "나는 주님을 기쁘시게 할 것이다"라고 말하였기 때문입니다. 그는 "나는 기쁘시게 한다"고 말하지 않고 "나는 기쁘시게 할 것이다"라고 말하였습니다. 제아무리 노력한다 하더라도 나는 완전한 사람, 의로운 사람이 될 수 없기 때문입니다. 그래서 사도도 이렇게 말합니다. "우리는 부분적으로 알고 부분적으로 예언합니다." 그래서 "우리가 지금은 거울에 비친 모습처럼 어렴풋이 봅니다"(1코린 13,9.12).

• 히에로니무스『시편 강해』114[116A].[49]

셀 수 없는 소죄들

죄는 매우 자주 생각이나 갈망, 말이나 행위

---

[47] WGRW 9,63.

[48] ACW 51,201-2.

[49] FC 48,291.

를 통하여 우리에게 숨어 들어옵니다. 그것은 필연적 결과로 일어나기도 하고, 우리의 약함이나 망각 때문에 발생하기도 합니다. 어떤 사람이 대죄에 대해서만 생각하고 그것만 피하려고 애쓰며 소죄에 대해서는 거의 또는 전혀 신경을 쓰지 않는다면, 그는 더 심각한 위반 행위를 범한 것 못지않은 위험을 초래하게 됩니다. 그러므로 우리의 죄가 비록 가벼운 것이라 할지라도 그것을 하찮게 생각해서는 안 됩니다. 오히려 소죄들은 많기 때문에 두려워해야 합니다. 빗방울은 작지만 아주 많기 때문에 강을 채우고, 집이 잠기게 할 수 있습니다. 때로는 빗방울의 힘으로 산이 쓸려 가기도 합니다. 이에 관하여 다음과 같은 말씀이 있습니다. "작은 것을 무시하는 자는 조금씩 망하리라"(집회 19,1). "뜻 아니한 허물을 누가 알겠습니까?" 허튼소리가 한마디도 입 밖으로 새어 나가지 않을 만큼 부지런히 경계하면서 자기 마음을 지키는 자가 누가 있습니까? 그렇지만 심판 날에는 자기가 한 말에 대해 셈을 치러야만 합니다. 거짓말하지 않는 자가 어디에 있습니까? … 가끔씩이라도 악한 말을 내뱉지 않은 자가 누가 있습니까? … 비록 성경은 우리가 그 때문에 큰 벌을 받게 될 것이라고 증언하고 있지만, 보잘것없다고 여기거나 거의 존재하지 않는 것처럼 여기는 죄들을 헤아릴 수 있는 자가 누가 있습니까? 그러므로 우리는 하느님의 도우심을 받아, 그리고 "의인은 하루에 일곱 번 쓰러져도 다시 일어난다"(잠언 24,16)는 솔로몬의 말에 따라, 경계하고 또 경계하며 우리 마음을 지켜야 할 것입니다.

• 아를의 카이사리우스 『설교집』 234,4.[50]

자랑에 대한 경고

어떤 사람의 의로움이 제아무리 크다 하여도 의로우신 임금께서 심판하시러 옥좌에 앉으실 때 자신도 몰랐던 비난거리가 발견되지 않도록 그는 깊이 생각하고 자기를 돌아보아야 합니다. 그 의로우신 임금의 눈을 벗어날 수 있는 죄는 없습니다. "누가 자신의 허물을 알겠는가?"라고 쓰여 있지만, 그 허물조차도 하느님의 인식을 벗어날 수 없습니다. "재판석에 좌정한 임금은 제 눈으로 모든 악을 가려낸다. '나는 내 마음을 깨끗이 보존하여 죄 없이 결백하다'고 누가 말하랴?"(잠언 20,8-9). 재판관의 자비로 얻게 될 영광이 아니라 자신의 의로움을 자랑하려는 이들이 아마도 이럴 것입니다.

• 아우구스티누스 『인간 의로움의 완성』 14,33.[51]

조심하여라

순결한 삶을 산 이들과 늘 선행을 함으로써 하느님께 자신을 봉헌한 이들이 어느 시대에나 많이 있었습니다. 하지만 여러 가지 소문과 유혹들 가운데 사는 우리가 인간적인 허약함에 해를 끼칠 수 있는 어떤 것도 만나지 않으리라고 생각할 정도로 우리 양심의 온전성을 신뢰해서는 안 됩니다. 예언자들 가운데 으뜸가는 분이 이렇게 말하였습니다. '나는 내 마음을 깨끗이 보존하여 죄 없이 결백하다.'고 누가 말하랴?"(잠언 20,9). [이 시편의 저자]는 이렇게 말합니다. "숨겨진 잘못에서 저를 깨끗이 해 주소서, 오, 주님. 위험한 자들에게서 당신 종을 보호하소서."

• 대 레오 『설교집』 44,1.[52]

[50] FC 66,203.

[51] NPNF 1,5,171*.

[52] FC 93,190.

시험

사랑하는 여러분, 하느님의 시험은 당신께서 그때까지 알지 못하셨던 것을 알아내고자 하심이 아니라, 어떤 사람 안에 감추어진 것을 시험으로, 곧 일종의 심문을 통해 밝히 드러내는 데 그 목적이 있음을 알아 두어야 합니다. 사람들은 그들의 창조주께서 그들을 아시는 것만큼 자신에 대해 잘 알지 못합니다. 환자도 의사가 그를 아는 것만큼 자신에 대해 잘 알지 못합니다. 어떤 사람이 아프고 고통을 겪을 때 의사는 고통을 겪지 않습니다. 환자는 자신이 무엇 때문에 아픈지, 고통을 겪지 않는 사람에게서 듣기를 기다립니다. 한 시편에서 어떤 사람이 이렇게 울부짖는 것은 바로 이런 까닭입니다. "오, 주님, 숨겨진 잘못에서 저를 깨끗이 해 주소서." 사람에게는 그 자신에게조차 숨겨져 있는 것들이 있습니다. 그것들은 시험이나 시련, 유혹을 통하지 않고서는 나오지도, 드러나지도, 발견되지도 않을 것입니다. 하느님께서 시험을 멈추신다면, 그것은 스승이 가르치기를 그만두었다는 뜻입니다.

• 아우구스티누스 『설교집』 2,3.[53]

성령으로

우리 영혼의 깊은 곳에 자리 잡은 것들은 너무 악하고 치유되기 어려우며 강력해서 인간적 노력과 덕행만으로 그것을 닦아 내거나 없애는 것이 가능하지 않습니다. 기도를 통하여 성령의 힘을 빌리지 않는 한 불가능합니다. 성령께서 다윗의 목소리를 통하여 우리를 가르치시는 대로 이렇게 기도한다면, 우리는 우리 안에서 독재자처럼 구는 악을 이길 수 있습니다. "숨겨진 잘못에서 저를 깨끗이 해 주소서."

• 니사의 그레고리우스 『그리스도인의 생활양식』.[54]

19,15 저의 반석, 저의 구원자시여

세 부분으로 구성된 시편

[이 시편은] 먼저 우리에게 창조와 섭리에 대해 가르칩니다. 중간 부분은 법에 대하여, 마지막 부분은 은총에 대하여 가르칩니다.

• 키루스의 테오도레투스 『시편 주해』 19,9.[55]

은총

시편 저자는 훌륭한 것들과 관련해서는 하느님을 그의 "조력자"라고 부르고, 악한 것들과 관련해서는 하느님을 그의 "구원자"라 부릅니다. 이처럼 그는 하늘의 관대함으로 얻게 된 그 어떤 것도 자신의 공로로 돌리지 않습니다.

• 카시오도루스 『시편 해설』 19,15.[56]

복음의 은총

이 시편의 셋째 부분은 율법의 불가능성에 대해 가르치는 찬미의 부분입니다. 율법을 어김으로써 더 많은 죄가 세상에 들어왔기 때문에, 복음의 은총은 완전하게 되었습니다. 성령의 오심을 통하지 않고는 그 누구도 추잡한 생각에서 해방될 수 없습니다.

• 히에로니무스 『시편 주해』 19.[57]

---

[53] *WSA* 3,1,177-78*.

[54] FC 58,137.

[55] FC 101,138*.

[56] ACW 51,203.

[57] CCL 72,196.

20,1-10 승리를 위한 기도

고통 중에 있는 사람들을 보거든
시편 제20편의 말씀으로 그들과 함께 기도함으로써 위로하십시오.
아타나시우스『시편 해석에 관해 마르켈리누스에게 보낸 편지』17 [OIP 67]

1 [지휘자에게. 시편. 다윗]
2 환난의 날에 주님께서 당신께 응답하시고
야곱의 하느님 이름이
당신을 보호하시기를 빕니다.
3 성소에서 당신께 도움을 보내시고
시온에서 당신을 받쳐 주시며
4 당신의 모든 제물을 기억하시고
당신의 번제를 즐거이 받으시기를
빕니다. 셀라
5 당신 마음이 바라는 대로 당신께 베푸시고
당신의 모든 소망을 채워 주시기를 빕니다.
6 우리가 당신 구원에 환호하며
우리 하느님의 이름으로
깃발을 높이 들리니
주님께서 당신 소원을 모두 채워 주시기를
빕니다.
7 나는 이제 안다네,
주님께서 당신의 기름부음받은이에게
구원을 베푸심을.
그분께서 당신의 거룩한 하늘에서
당신 오른손의 구원 위업으로
그에게 응답하시리라.
8 이들은 병거를, 저들은 기마를 믿지만
우리는 우리 하느님이신
주님의 이름을 부르네.
9 그들은 넘어지고 쓰러지지만
우리는 일어나 굳건히 서 있으리라.
10 주님, 임금에게 구원을 베푸소서.
저희가 부르짖는 날
저희에게 응답하소서.①

① 칠십인역; 히브리어 본문은 "오, 주님, 승리를 주소서. 저희가 부르짖을 때 임금님은 응답하소서"다.

둘러보기

시편 제20편은 그리스도를 통하여 하느님께 바치는 기도라고 할 수 있다(에우세비우스). 이 시편은 깨끗한 마음으로 바치는 청원으로 시작된다(카시오도루스). 하느님께서 기억해 주시기를 호소할 때 우리의 기억도 되살아난다(아우구스티누스). 우리는 그리스도의 지향에 우리 정신을 일치시킨다(아우구스티누스). 그러면 그분의 승리가 곧 우리의 승리가 되며(아우구스티누스), 주님 안에서 의롭게 된 우리는 하느님의 구원을 즐거워한다(에바그리우스). 우리는 늘 기도드리며(아우구스티누스), 겸손한 마음은 우리를 하느님의 산으로 들어 올린다(아우구스티누스). 우리는 하느님의 구원으로 힘을 얻었다(카시오도루스). 우리가 신뢰하기로 선택한 대상 덕분이다(테오도레투스). 그래서 우리는 일반적으로 승리라고 하는 것보다 더 큰 승리를 거두게 된다(카시오도루스). 다른 이들은 욕망의 덫, 죽음의 구렁으로 떨어질 것이다(카시오도루스). 그러나 우리는 은총으로 되살아날 것이다(카시오도루스). 구원자께서 돌아오실 때 우리는 승리할 것이다(에우세비우스). 주님께서 부활하셨으므로 우리도 부활할 것이다(소 아르노비우스). 주님은 그리스도 안에서 우리의 기도를 들어주신다(아우구스티누스).

20,2 주님께서 당신께 응답하시기를

그리스도를 통하여 드리는 기도

이 시편은 전체가 성도들이 그리스도께 드리는 기도입니다. 그리스도께서 사람이 되셨을 때, 그분은 우리를 위하여 그리고 우리를 대신하여 모욕을 받으셨습니다. 그리고 우리를 향한 보이거나 보이지 않는 공격을 물리치시는 분으로서, 주님께서는 우리를 대신하여 성부께 기도하시고 간청하실 때, 주님의 기도에 우리의 기도를 합하라고 가르쳐 주셨습니다.

• 카이사리아의 에우세비우스 『복음의 논증』 4,16,5.[1]

깨끗한 마음으로 드리는 간청

시편 저자가 말하는 "환난의 날"은 극심한 시련의 때를 말합니다. 우리는 이러한 때에 간절한 마음으로 주님께 간청합니다. 우리의 기도가 이루어지기를 바라며 입술로만이 아니라 깨끗한 마음으로 간청합니다.

• 카시오도루스 『시편 해설』 20,2.[2]

20,4 하느님께서 기억해 주시기를

하느님의 기억, 우리의 기억

"주님께서 당신의 모든 제물을 기억하시기를 빕니다." 그리고 당신께서 저희를 위하여 겪으신 모든 고문과 모욕을 저희가 기억하게 하소서. … 당신은 십자가 위에서 당신의 전부를 하느님께 바치셨습니다. 하느님께서 그 십자가를 부활의 기쁨으로 바꾸어 주시기를 바랍니다.

• 아우구스티누스 『시편 상해』 20,4.[3]

20,5 당신의 모든 소망을 채워 주시기를

그리스도의 지향

그렇습니다. 하느님께서 벗을 위하여 목숨을 내어 놓으려는 당신의 지향을 이루어 주시길 바랍니다. 씨앗은 죽음으로써 더욱 풍성하게 싹을 틔우게 될 것입니다. 또한 모든 이방인들의 세계로 들어가려는 … 당신의 지향도 이루어 주시길 바랍니다.

• 아우구스티누스 『시편 상해』 20,5.[4]

20,6 승리의 기쁨

하느님의 승리, 우리의 승리

"우리는 당신의 구원에 환호할 것입니다." 죽음이 당신을 해치지 못할 것이기에 우리는 즐거워합니다. 그 죽음이 우리도 해치지 못한다는 것을 당신께서 우리에게 보여 주실 것이기에 또한 즐거워합니다.

• 아우구스티누스 『시편 상해』 20,6.[5]

기쁨의 대상

사람들은 부나 영광, 고귀한 신분을 두고 즐거워하지만 의인은 주님의 구원을 즐거워합니다.

• 폰투스의 에바그리우스 『시편 발췌 주해』.[6]

---

[1] *POG* 1,205*.
[2] ACW 51,204.
[3] *WSA* 3,15,215.
[4] *WSA* 3,15,215.
[5] *WSA* 3,15,216.
[6] PG 12,1247.

지속적인 기도

"주님께서 당신의 소원을 모두 채워 주시기를 빕니다." 하느님께서 모든 소원, 곧 당신께서 지상에서 드린 청원들뿐만 아니라 하늘에서 우리를 위하여 중재해 주시는 모든 청원도 채워 주시기를 바랍니다.

• 아우구스티누스 『시편 상해』 20,7.[7]

20,7 하느님께서 하늘에서 응답하시다

겸손한 마음

사람들은 때로는 기도하기 위하여 산으로 달아납니다. 마치 하느님께서 그곳에서 기도를 더 잘 들어주시기나 하는 것처럼 말입니다. 기도 안에서 하느님을 만나고 싶습니까? 자신을 낮추십시오. 내가 "기도 안에서 하느님을 만나고 싶은가? 자신을 낮추어라"라고 한 말을 문자적으로나 물질적으로 이해하여 지하실로 내려가 하느님께 간청하지는 마십시오. 동굴도, 산도 찾아 나서지 마십시오. 여러분의 마음을 낮추십시오. 그러면 하느님께서 여러분이 바라는 높이에 계셔 주실 것입니다. 그분께서 여러분에게 오실 것이며, 여러분의 침실에서 여러분과 함께 계셔 주실 것입니다.

• 아우구스티누스 『설교집』 45,7.[8]

구원의 힘

성자께서 이루신 구원은 우리 힘이라고 이해할 수 있습니다. 왜냐하면 그 구원은 질병으로 약해지지도, 고통으로 상처를 입지도 않을뿐더러, 영원한 현존으로 우리를 지켜 줌으로써 우리를 강하게 만들기 때문입니다.

• 카시오도루스 『시편 해설』 20,6-7.[9]

20,8 하느님의 이름을 자랑하다

신뢰의 대상

시편 저자는 저들이 말과 병거를 믿고 있지만 그것들이 주는 어떤 혜택도 누리지 못한 채 보이지 않는 덫에 걸려 무너지고 말았다고 말합니다. 반대로 우리는 하느님의 도움을 청함으로써 확실한 구원을 얻었고, 적들보다 뛰어나게 되었습니다.

• 키루스의 테오도레투스 『시편 주해』 20,4.[10]

더 큰 승리

고대인들에게는 두 종류의 승리가 있었습니다. 하나는 병거를 타고 경축하며 대규모의 개선식을 갖는 큰 승리이고, 다른 하나는 소규모의 개선식을 갖는 작은 규모의 승리입니다. 그런데 시편 저자는 그런 승리는 세속적인 사람들이나 누리라고 하며, 자기는 주님의 이름으로 드높여졌다고 주장합니다. 사람을 드높여 주는 것은 말이나 병거가 아닙니다. 비록 이 세상에서는 그들이 뛰어난 영광을 받는 것으로 보이겠지만, 마지막에 영원한 보상을 얻게 하는 것은 주님의 이름입니다.

• 카시오도루스 『시편 해설』 20,8.[11]

20,9 그들은 쓰러지리라

죽음의 구렁

인간적인 탁월함을 신뢰하는 이들은 비천한 욕망의 올가미에 걸려 죽음의 구렁으로 떨어지고 맙니다.

• 카시오도루스 『시편 해설』 20,9.[12]

[7] *WSA* 3,15,216.
[8] *WSA* 3,2,256.
[9] ACW 51,206.
[10] FC 101,140.
[11] ACW 51,207.
[12] ACW 51,207.

우리는 은총으로 부활한다

그리스도인은 두 가지 의미에서 부활한다고 말합니다. 첫째, 그가 은총을 통하여 이미 이 세상에서 악덕으로 인한 죽음에서 해방되고 하느님에 의해 의롭게 될 때입니다. … 둘째, 의인들이 영원한 보상을 받는 만인 부활 때입니다. 이 시편에서는 이 두 가지 부활의 의미가 다 적용됩니다. 시편 저자는 "우리는 굳건히 서 있다"고 말하는데, 신자는 어떤 부활에서든지 비천한 상태에서 일어나 거룩한 보상으로 칭송을 받게 되기 때문입니다.

• 카시오도루스 『시편 해설』 20,9.[13]

미래의 부활과 몰락

그들은 구원자의 재림 때에 이런 일들이 일어날 것이라고 말합니다. 그때에 구원자께 등을 돌렸던 적수들의 모든 힘과 드러나지 않은 채 숨겨져 있던 하느님의 원수들이 쇠락하게 될 것입니다. 그러나 구원자를 맞아들인 이들은 모두 첫 번째 죽음에서 부활하게 될 것입니다. 그래서 시메온은 이렇게 말합니다. "보십시오, 이 아기는 이스라엘에서 많은 사람을 쓰러지게도 하고 일어나게도 하는 표징이 되도록 정해졌습니다"(루카 2,34). 그는 그분의 원수와 적수들의 몰락과, 한 번 죽었지만 그분에 의해 구원된 이들의 부활에 대해 말하고 있습니다.

• 카이사리아의 에우세비우스 『시편 주해』 20,8-10.[14]

그분께서 부활하셨으니 우리도 부활하리라

다른 이들이 넘어질 때 우리는 똑바로 일어나리라. 우리의 임금께서 구원되어 죽은 이들 가운데에서 부활하셨고, 하늘로 오르시어 성부 오른편에 앉으셨으므로, 우리가 그분을 부르는 날에 그분께서 우리의 기도를 들어주실 것이기 때문입니다. 그분께 영광이 영원히 있으소서. 아멘.

• 소 아르노비우스 『시편 주해』 20.[15]

20,10 저희가 부르짖는 날 응답하소서

그리스도 안에서 저희에게 응답하소서

"저희가 부르짖는 날, 저희에게 응답하소서." 그리스도께서 지금 저희를 대신하여 희생 제사를 바치시니, 저희가 당신을 부르는 날에 저희에게 응답하소서.

• 아우구스티누스 『시편 상해』 20,10.[16]

---

[13] ACW 51,207*.

[14] PG 23,197.

[15] CCL 25,26.

[16] *WSA* 3,15,217*.

21,1-14 승리에 대한 감사

시편 제21편은 그리스도의 나라와 심판하시는 그분의 권능, 육으로 우리에게 다시 오심, 그리고 민족들을 불러 모으시는 것에 대해 계시합니다.

아타나시우스 『시편 해석에 관해 마르켈리누스에게 보낸 편지』 26 [OIP 72]

1 [지휘자에게. 시편. 다윗]
2 주님, 임금이 당신의 힘으로 기뻐합니다.
당신의 구원으로 그가 얼마나
크게 즐거워합니까!⤴

3 당신께서는 그 마음의 소원을
이루어 주시고
그 입술의 소망을
물리치지 않으셨습니다. 셀라
4 그를 은혜로운 복으로 맞으시고
그의 머리에 순금의 왕관을 씌우셨습니다.
5 그가 당신께 생명을 빌었더니
영영세세 긴긴 날을 그에게 베푸셨습니다.
6 당신의 구원으로 그 영광이 크며
당신께서 그에게 존귀와 영화를
내리십니다.
7 그를 영원한 복으로 만드시고
당신 앞에서 기쁨으로 흥겹게 하십니다.
8 임금이 주님을 신뢰하니
지극히 높으신 분의 자애 안에서
흔들리지 않습니다.
9 당신 손이 원수들을 모두 찾아내시리이다.
당신 오른손이 적들을 찾아내시리이다.
10 당신 얼굴이 드러날 때에
주님께서 그들을 불가마처럼
만드시리이다.
그들을 당신 분노로 없애고
불이 그들을 삼켜 버리게 하시리이다.
11 당신께서 그들의 자손을 땅에서,
그들의 후손을 사람들 사이에서
멸하시리이다.
12 그들이 당신께 불행을 쏟으려 할지라도,
흉계를 꾸밀지라도 그들은 성사시키지
못하리이다.
13 당신께서 그들을 도망치게 하시고
당신 활로 그들의 얼굴을 겨누시겠기
때문입니다.
14 주님, 당신의 힘을 떨치며 일어나소서.
저희가 당신의 권능을 노래하며
찬미하오리다.

둘러보기

시편 제21편은 장차 올 구원에 대해 이야기한다(위-아타나시우스). 또 이 시편은 그리스도의 신적이며 인간적인 측면에 대해 이야기한다(카시오도루스). 다윗은 "주님 안에서 기뻐한다"라는 말로 이 시편을 시작한다(에우세비우스). 희망은 자비 안에서 태어난다(에우세비우스). 성부께서는 그리스도의 소망을 들어주신다(아우구스티누스). 주님의 왕관은 교회이며(히에로니무스), 주님은 이성의 왕관이시다(에바그리우스). 그분을 통하여 우리는 은총의 왕관을 받았다(아우구스티누스, 카시오도루스). 그리스도께서는 당신 자신을 위해서만 아니라 교회를 위해서도 기도하셨다(아우구스티누스). 그리고 그분의 기도는 응답을 받았다(소 아르노비우스). 우리는 영원한 생명을 은총의 선물로 받는다(이레네우스). 우리의 구원은 그분의 영광이며(소 아르노비우스), 그분의 축복은 영원하다(아우구스티누스). 그 축복은 그분의 믿음에 대한 응답이다(소 아르노비우스).

이어서 이 시편은 그리스도의 심판에 대해 이야기한다(소 아르노비우스). 그리고 아직은 우리의 원수들이 회개할 수도 있다는 사실을 상기시킨다(카시오도루스). 구원받지 못한 이들은 안팎의 불에 탈 것이다(아우구스티누스). 그들은 지옥에 떨어지는 벌을 받는다(카시오도루스). 그들의 말과 가르침, 저서는 모두 파기될 것이다(에우세비우스). 그리스도에 대한 흉계는 실패하였다(카시오도루스). 그리스도께서 의인들을 부르실 때 죄인들은 그분에게서 떨어져 나갈 것이다(암브로시우스). 그리스도의 영광이 드러날 것이며(테오도레투스, 디오도루스), 우리는 말과 행위로 그것을 선포한다(카시오도루스).

21,2 임금이 기뻐합니다

장차 올 구원

구원은 다윗의 후손에게서 나올 것이며, 이는 온 세상을 위한 것입니다. 그런데 이 시편에서 다윗의 벗들은 다윗이 이미 그 구원을 누리고 있는 것처럼 말합니다. 이 구원은 그에게 주어진 영광스러운 왕관이요, 영영세세 긴긴 날이며, 영광이요 존귀이며, 환희와 기쁨이고, 희망이요 흔들리지 않는 은총입니다.

• 위-아타나시우스 『시편 해설』 21.[1]

그리스도의 신적 측면과 인간적 측면

우리의 믿음은 구원으로 이끕니다. 이 믿음은 예수 그리스도 안에는 신적 본성과 인간적 본성이 있으며, 이 두 개의 본성이 하나의 위격 안에 불변한 채로 끝없이 지속된다는 믿음입니다. 우리는 이 진술을 자주 되풀이해야 합니다. 그것을 계속해서 듣고 믿으면 생명을 얻기 때문입니다. … 이 시편의 초반부에서 예언자의 말은 그리스도의 육화에 관하여 성부이신 하느님께 드리는 말입니다. 둘째 부분은 그리스도의 수난에서 시작하여, 그리스도께서 당신 자신의 은사로써 만물에 대한 지배권과 수위권을 지니게 된 부분까지 다루면서 그리스도의 다양한 덕과 영광에 대해 묘사합니다. 셋째 부분에서 예언자는 눈을 주 그리스도께로 향합니다. 그리스도께서는 염원을 지닌 다른 사람들처럼, 장차 일어나리라고 당신께서 알고 계시는 일들이 심판 때에 이루어지기를 기도합니다.

• 카시오도루스 『시편 해설』 21,1.[2]

주님 안에서 즐거워하는 다윗

제 생각에 이 말씀은 다윗보다 훨씬 오래전의 사람들이 예언한 말씀으로 보입니다. 다윗은 그가 지금 체험한 구원의 힘뿐만 아니라 앞으로 그의 후손에게서 나오게 될 구원의 능력도 보여 주는 그 숭고한 신탁을 들었기 때문에 이 말씀에 대하여 기뻐하며 열렬히 찬미한다고 말하였습니다. 이 모든 것을 확고하게 하고 강력한 힘으로 다윗의 원수들을 그에게 굴복시켜 주신 분은 하느님, 당신이십니다. 다윗은 승리의 주관자이신 당신께 자기 승리의 영광을 돌립니다. 원수의 올무에서 풀려난 그는 즐거워하며 찬미를 드립니다. 그는 자신이 이루어 낸 구원보다 당신에게서 오는 구원을 더욱더 기뻐합니다. 그는 자기 입으로 엄숙한 맹세까지 하며 당신께서 구원해 주시기를 바라기에 그 구원이 오게 해 달라고 자주 당신께 간청할 것입니다. 그는 빈번히 기도하였고, 희망하기를 멈추지 않으니 그의 간청은 헛되지 않을 것입니다.

• 카이사리아의 에우세비우스 『시편 주해』 21,2.[3]

21,3 마음의 소원

자비 안에서 태어난 희망

저자는 일찍이 다윗에게 주어진 약속에 관해 예언한 후에, 이런 일들이 왜 일어나게 되는지 그 이유에 대해 설명합니다. 하느님께 자비를 입

[1] CSCO 387,14.

[2] ACW 51,208-9.

[3] PG 23,197.200.

은 이가 그 희망 안에서 흔들리지 않고, 지극히 높으신 하느님께서 주신 바로 그 희망 안에서 그가 확고하고 튼튼한 기초 위에 서서 비틀거리지 않기 때문 아니겠습니까?

• 카이사리아의 에우세비우스 『시편 주해』 21,3-7.[4]

성부께서 그리스도의 소원을 들어주시다

그리스도께서는 파스카 음식을 먹고 싶어 하셨고, 당신께서 원하시는 때에 목숨을 내어놓고, 원하시는 때에 그 목숨을 되찾고 싶어 하셨습니다. 당신께서는 그분에게 이 모든 것을 허락하셨습니다.

• 아우구스티누스 『시편 상해』 21,3.[5]

21,4 순금의 왕관

주님의 왕관

주님의 왕관은 여러 민족들 가운데에서 모여온 교회입니다. 이 교회에 관하여 바오로는 믿는 이들의 입이 되어 "나의 기쁨이며 화관"(필리 4,1)이라고 말합니다.

• 히에로니무스 『시편 주해』 21.[6]

최고의 이성

그리스도는 이성적인 본성의 왕관이십니다.

• 폰투스의 에바그리우스 『시편 발췌 주해』.[7]

은총의 왕관

"순금의 왕관"이란 지금 우리가 말하고 있는 선에 대한 갈망이라고 이해하는 것보다 더 적절한 해석이 있겠습니까? 선이 자라서 단맛을 갖기 시작하면 우리는 그것을 간절히 바라게 됩니다. 그런데 의로움에 대한 사랑이 아니라 벌에 대한 두려움으로 선을 행하려 하면 그 선은 잘 이루어지지 않습니다. 만약 선을 행하지 않아도 벌을 받지 않는다고 합시다. 어떤 사람이 그 때문에 선을 행하려 하지 않으면, 그는 마음으로도, 행위로도 선을 행할 수 없을 것입니다. 따라서 "은혜로운 복"이란 하느님의 은총입니다. 우리는 하느님의 은총으로, 하느님께서 우리를 기쁘게 하시려고 지시하시는 바를 행하려는 마음이 생기며, 또 그것을 갈망하게 됩니다. 곧 그것을 사랑하게 됩니다. 하느님께서 우리를 앞서가지 않으신다면 우리의 선은 완성되지 않을 뿐만 아니라 아예 시작되지도 않았을 것입니다. 그분 없이는 우리는 아무것도 할 수 없으며, 시작할 수도 완성할 수도 없기 때문입니다. 그래서 시편 저자는 시작에 관하여 이렇게 말합니다. "나의 자애로우신 하느님께서 나에게 마주 오시리라"(시편 59,11). 그리고 완성에 대해서는 "그분의 자애가 저를 따르리니"(시편 23,6)라고 합니다.

• 아우구스티누스 『펠라기우스파 두 서간 반박』 2,21.[8]

하느님께서 은총으로 꾸며 주신다

하느님은 언제나 먼저 당신의 은총으로 인간을 꾸며 주십니다. 누구도 하느님께 먼저 무엇을 드릴 수는 없기 때문입니다. 모든 좋은 것은 하늘의 자애로 우리에게 주어진 것입니다.

• 카시오도루스 『시편 해설』 21,4.[9]

21,5 하느님께 생명을 빌었더니

주님은 자신과 교회를 위하여 기도하셨다

주님은 자신의 부활을 위하여 기도하셨습니

[4] PG 23,200.

[5] *WSA* 3,15,218.

[6] CCL 72,197.

[7] PG 12,1249.

[8] NPNF 1,5,401*.

[9] ACW 51,210*.

다. … 그리고 하느님 당신은 그분의 기도에 응답하셨습니다. … 주님은, 현세에서도 영원의 시간에서도, 교회를 위하여 굳건한 인내를 청하셨습니다.

• 아우구스티누스 『시편 상해』 21,5.[10]

그리스도의 기도는 응답받았다

주님은 생명을 추구하셨습니다. 그리고 인간으로 사셨습니다. 그분은 제한된 삶을 사셨지만 죽음으로 "긴긴 날"을 받으셨습니다. 그 "긴긴 날"은 노년까지만 지속되는 것이 아니라 영원으로 이어집니다.

• 소 아르노비우스 『시편 주해』 21.[11]

은총의 선물

구원받은 모든 이에게 영원한 영속성을 선물하시는 분은 만민의 아버지이신 성부이십니다. 생명은 우리 자신이나 우리 자신의 본성에서 나오는 것이 아니라 하느님의 은총으로 주어지는 것이기 때문입니다.

• 이레네우스 『이단 반박』 2,34,3.[12]

21,6 큰 영광

구원이 곧 영광

그분의 영광은 위대합니다. 그런데 어떤 의미에서 위대하다는 말입니까? 그 위대함은 신성에 전제된 것을 말하는 것이 아니라 인류의 구원에 관하여 말하는 것입니다.

• 소 아르노비우스 『시편 주해』 21.[13]

21,7 영원한 복

그리스도께 주어진 복

이것은 당신께서 주님께 영원히 주실 복입니다. … 주님은 자신의 인성을 당신께 들어 올렸고, 당신은 그 얼굴의 빛으로 그분의 인성을 즐겁게 하실 것입니다.

• 아우구스티누스 『시편 상해』 21,7.[14]

21,8 임금이 주님을 신뢰합니다

복된 믿음

그런 이유로 당신께서는 영광과 커다란 영예를 그에게 주셨습니다. 그리고 영원한 복도 주셨습니다. 그가 주님을 희망하였고, 지극히 높으신 분의 자애 안에서 흔들리지 않았기 때문입니다.

• 소 아르노비우스 『시편 주해』 21.[15]

21,9 원수들을 모두 찾아내시리라

그리스도의 심판

[영광의] 자리에서 성부께서는 성자께 이렇게 말씀하십니다. '너의 모든 원수들이 네 손을 보게 하여라. 십자가에 못 박혔던 네 오른손이 너를 미워한 이들을 찾아내게 하여라. 네가 나타날 때에 그들을 질그릇처럼 불 속에 던져 버려라. 네가 분노에 차서 그들을 혼란 속에 던져 넣으면, 불이 그들을 집어삼킬 것이다.'

• 소 아르노비우스 『시편 주해』 21.[16]

원수들이 회개할 수도 있다

이 사람들이 악마의 꾐에 속아 넘어간 동안에는 '원수들'이라고 불립니다. 그러나 일단 그들이 주 그리스도께로 돌아오면 '종이나 자녀, 벗'

---

[10] *WSA* 3,15,218.
[11] CCL 25,27.
[12] ANF 1,411.
[13] CCL 25,27*.
[14] *WSA* 3,15,219.
[15] CCL 25,27.
[16] CCL 25,27.

이라고 불립니다.

• 카시오도루스 『시편 해설』 21,9.[17]

21,10 불이 그들을 삼켜 버리리라

안팎의 불

당신은 그들의 내면에 불을 질러 그들의 불경한 의식이 불타 없어지게 하십니다. 그들은 자기 양심의 평결을 받고 주님의 복수로 혼돈 속에 던져진 다음, 그들을 집어삼킬 영원한 불 속에 던져질 것입니다.

• 아우구스티누스 『시편 상해』 21,10.[18]

지옥 벌

불가마는 청동으로 된 잘 꾸며진 용기로, 원형이며 빵을 굽는 데 사용됩니다. … 죄인들을 이 빵에 비유하는 것은 적절한데, 심판의 때가 오면 정신적 슬픔과 벌이 주는 고통으로 괴로워할 것이기 때문입니다. 그들은 완고한 마음으로 주님의 법에 반대되는 삶을 산 탓입니다. 주님의 분노의 때는 심판 날입니다. 그때 사람의 아들은 모두가 볼 수 있게 나타나실 것이며, 의로운 이들만이 그분의 신성을 관상함으로써 그분을 바라보게 됩니다. … 시편 저자는 앞에서 은총의 다양한 본성들로 그분의 탁월하심과 영광에 대해 묘사하며 … 주 그리스도를 찬미하였습니다. 이제 … 저자는 주님의 원수들이 다양한 벌을 받게 될 것이라고 말합니다. 주님께서 놀라우신 분으로 드러나는 바로 그만큼 원수들이 받게 될 벌은 무시무시할 것입니다. … 그들이 받게 될 선고는 꺼지지 않는 불꽃에 삼켜지는 것입니다. 주님의 결정은 즉시 이루어지고 명령은 지체없이 집행될 것입니다.

• 카시오도루스 『시편 해설』 21,10.[19]

21,11 그들의 자손을 멸하시리라

말과 가르침과 저서들

불경한 자들의 "자손"과 사악한 자들의 "후손"은 그들의 말과 가르침, 그리고 불의한 저서들입니다. 그들이 잊혀진 후에 사람들이 이것들을 유포하였습니다. 선하신 하느님께서는 그것들을 제각각 흩으시고 한가운데서부터 그것들을 파괴하여 사악한 이들의 열매나 씨앗은 그 어느 것도 남지 않게 하십니다.

• 카이사리아의 에우세비우스 『시편 주해』 21,11.[20]

21,12 그들은 성공하지 못하리라

그리스도를 거슬러 꾸민 흉계가 실패하다

어떤 무리를 위협하는 악을 사악함을 전혀 모르는 다른 무리에게로 돌리는 것을 표현하기 위하여 우리는 '방향을 전환하다'(divert)라는 동사를 사용합니다. 그런데 이런 일은 그런 운명을 겪기에 합당하다고 여겨지는 이들에게 일어납니다. 주님의 수난이 바로 이런 경우에 해당합니다. 유대인들은 구원자이신 주님을 임금으로 맞아들이면 로마제국이 그들을 파괴하려고 그들을 포위할 것이라고 생각하였습니다. 그래서 그들은 로마인들의 복수로 그들에게로 떨어질지도 모르는 악을 그분께로 돌리기로 하였습니다. "한 사람이 백성을 위하여 죽는 것이 여러분에게 더 낫다"(요한 11,50 참조)고 말하면서 "그들은 흉계를 꾸몄습니다". 하지만 "그들은 이 흉계를 성사시킬 수 없었습니다". 다시 말해서 그들은 그 계획을 완수하지 못하였습니다. 이로써 그들은

[17] ACW 51,212.

[18] *WSA* 3,15,219.

[19] ACW 51,212-13.

[20] PG 23,201.

알지도 못한 채 진리를 선포한 셈입니다. 과연 한 사람이 모두를 위하여 죽어야만 하였습니다. 이 말은 맞는 말이기는 하였지만 악한 욕망에서 나온 말이었습니다. 그들의 양심이 순수하지 않았던 까닭에 그들은 이런 행위에 걸맞은 벌을 받게 될 것입니다.

• 카시오도루스 『시편 해설』 21,12.[21]

21,13 도망치게 하시다

죄인은 구원받지 못한다

"고개를 돌렸다"라는 표현은 죄인들에게 들어맞는 말입니다. 왜냐하면 "카인은 주님 앞에서 물러 나왔고"(창세 4,16) 시편 저자는 "당신께서 그들을 도망치게 하실 것"이라고 말하기 때문입니다. 그러나 의인은 주님 앞에서 얼굴을 돌리지 않고 그분을 만나러 달려 나가며 이렇게 말합니다. "내 눈은 언제나 주님을 향해 있네"(시편 25,15). 주님께서 "내가 누구를 보낼까?"라고 말씀하셨을 때, 이사야는 "제가 있지 않습니까? 저를 보내십시오"(이사 6,8)라고 말하며, 자발적으로 자신을 봉헌하였습니다.

• 암브로시우스 『요셉』 3,9.[22]

21,14 주님, 당신을 찬미하오리다

영광에 대한 계시

비천하신 하느님께서 높아지신 것도 아니고, 주님께서 갖지 않으신 무엇인가를 받으신 것도 아닙니다. 그분이 당신께서 소유하신 것을 드러내시고, … 형언할 길 없는 권능으로 당신의 영광을 드러내시는 것을 말합니다. 우리는 계속해서 주님의 영광을 경축하고 노래하며, 그분의 놀라우신 업적을 되풀이하여 이야기할 것입니다.

• 키루스의 테오도레투스 『시편 주해』 21,8.[23]

찬양받으시다

당신은 이미 찬양을 받으셨지만 당신의 권능을 통하여 더욱더 찬양받으실 수 있음을 보여 주셨습니다. 당신은 모든 교만한 자들을 높은 곳에서 치심으로써 그들을 패배시키셨습니다. 그러므로 저희는 당신께 찬미 노래 바치기를 멈추지 않겠습니다.

• 타르수스의 디오도루스 『시편 주해』 21.[24]

말과 행위

"노래"한다는 것은 주님의 말씀을 입술로 선포하는 것을 포함합니다. 또 "찬미"한다는 것은 선한 행위를 통하여 하느님의 명령을 한결같이 완수하는 것을 의미합니다. 이 두 가지가 모든 면에서 우리에게 요구됩니다. 곧, 우리의 입술로 주님께 대한 찬미를 성실하게 노래하는 것과 우리의 행위로 주님의 명령을 실천하는 것입니다.

• 카시오도루스 『시편 해설』 21,14.[25]

---

[21] ACW 51,213*.

[22] FC 65,193*.

[23] FC 101,144.

[24] WGRW 9,69.

[25] ACW 51,214.

22,1-32 고통 중에 드리는 탄원

> 시편 제22편에서 저자는 구원자의 입이 되어 말하며,
> 주님께서 어떻게 돌아가실 것인지에 대해 이야기합니다. …
> 시편 저자가 이 모든 가르침을 우리 앞에 제시하는 이유는
> 주님께서 당신 때문이 아니라 우리를 위하여 이 모든 고통을 겪으셨기 때문입니다.
> 아타나시우스 『시편 해석에 관해 마르켈리누스에게 보낸 편지』 7 [OIP 59]

1 [지휘자에게. '새벽 암사슴' 가락으로.
시편. 다윗]
2 저의 하느님, 저의 하느님,
어찌하여 저를 버리셨습니까?
소리쳐 부르건만 구원은 멀리 있습니다.
3 저의 하느님, 온종일 외치건만
당신께서 응답하지 않으시니
저는 밤에도 잠자코 있을 수 없습니다.
4 그러나 당신은 거룩하신 분
이스라엘의 찬양 위에 좌정하신 분.
5 저희 선조들은 당신을 신뢰하였습니다.
신뢰하였기에 당신께서 그들을
구하셨습니다.
6 당신께 부르짖어 구원을 받고
당신을 신뢰하여 부끄러운 일을 당하지
않았습니다.
7 그러나 저는 인간이 아닌 구더기
사람들의 우셋거리, 백성의 조롱거리.
8 저를 보는 자마다 저를 비웃고
입술을 비쭉거리며 머리를 흔들어 댑니다.
9 "주님께 맡겼으니 그분께서 그자를
구하시겠지.
그분 마음에 드니 그분께서
구해 내시겠지."
10 그러나 당신은 저를 어머니 배 속에서
이끌어 내신 분
어머니 젖가슴에 저를 평화로이
안겨 주신 분.
11 저는 모태에서부터 당신께 맡겨졌고
제 어머니 배 속에서부터
당신은 저의 하느님이십니다.
12 제게서 멀리 계시지 마소서.
환난이 다가오는데 도와줄 이 없습니다.
13 수많은 수소들이 저를 에워싸고
바산의 황소들이 저를 둘러싸
14 약탈하고 포효하는 사자처럼
저를 향하여 입을 벌립니다.
15 저는 물처럼 엎질러지고
제 뼈는 다 어그러졌으며
제 마음은 밀초같이 되어
속에서 녹아내립니다.
16 저의 힘은 옹기 조각처럼 마르고
저의 혀는 입속에 들러붙었습니다.
당신께서 저를 죽음의 흙에 앉히셨습니다.
17 개들이 저를 에워싸고
악당의 무리가 저를 둘러싸
제 손과 발을 묶었습니다.
18 제 뼈는 낱낱이 셀 수 있게 되었는데
그들은 저를 보며 좋아라 합니다.
19 제 옷을 저희끼리 나누어 가지고

제 속옷을 놓고서는 제비를 뽑습니다.
20 그러나 주님,
당신께서는 멀리 계시지 마소서.
저의 힘이시여, 어서 저를 도우소서.
21 저의 생명을 칼에서,
저의 목숨①을 개들의 발에서 구하소서.
22 사자의 입에서,
들소들의 뿔에서 저를 살려 내소서.
당신께서는 저에게 대답해 주셨습니다.
23 저는 당신 이름을 제 형제들에게 전하고
모임 한가운데에서 당신을 찬양하오리다.
24 주님을 경외하는 이들아,
주님을 찬양하여라.
야곱의 모든 후손들아,
주님께 영광드려라.
이스라엘의 모든 후손들아,
주님을 두려워하여라.
25 그분께서는 가련한 이의 가엾음을
업신여기지도 싫어하지도 않으시고
그에게서 당신 얼굴을 감추지도 않으시며
그가 당신께 도움 청할 때 들어 주신다.
26 큰 모임에서 드리는 나의 찬양도
그분에게서 오는 것이니
그분을 경외하는 이들 앞에서
나의 서원을 채우리라.
27 가난한 이들②은 배불리 먹고
그분을 찾는 이들은 주님을 찬양하리라.
너희 마음 길이 살리라!
28 세상 끝이 모두 생각을 돌이켜
주님께 돌아오고
민족들의 모든 가문이 그분③ 앞에
경배하리니
29 주님께 왕권이 있고
민족들의 지배자시기 때문이다.
30 세상의 모든 권세가들이 오직 그분께④
경배하고
흙으로 내려가는 모든 이들이
그분 앞에 무릎을 꿇으리라.
내 영혼은 그분을 위하여 살고
31 후손은 그분을 섬기리라.
장차 올 세대에게 주님의 이야기가 전해져
32 그들은 태어날 백성에게
그분의 의로움을 알리리니
주님께서 이를 행하셨기 때문이다.

① 히브리어 본문은 '나의 유일한 것'이다.
② 또는 '고난받는 이들'.
③ 그리스어역, 시리아어역, 히에로니무스; 히브리어 본문은 '당신'이다.
④ 수정 본문; 히브리어 본문은 '오직 그분께' 대신에 '먹고 그리고'다.

둘러보기

시편 제22편의 표제는 공허한 어둠의 끝인 새벽에 대해 말한다(막시무스). 새벽은 구원의 때다(히에로니무스). 이 시편은 파스카 예식 때 낭송된다(카시오도루스). 이 시편은 예언적 어법으로 하느님의 계획에 대해 알려 주며(대 레오), 그리스도에 관하여 예언한다(에우세비우스). 그리스도께서는 이 시편 안에서 우리를 위하여 말씀하신다(위-아타나시우스). 우리는 이 시편 안에서 그리스도와 함께 못 박힌 우리 자신의 낡은 자아를 본다(아우구스티누스).

이 시편은 육으로 고통을 겪으신 하느님의 아드님에 대한 소개로 시작된다(알렉산드리아의 키릴루스, 암브로시우스). 그분은 우리를 대신하여 버림을 받으셨다(나지안주스의 그레고리우스, 에우세비우스, 테오도레투스). 하느님께서는 알맞은 때에 그분의 부르짖음을 들으셨다(에우세비우스). 우리는 성조들의 이야기를 통하여 하느님의 성실하심을 알게 되었다(아우구스티누스). 성조들은 자신이 아니라 하느님을 신뢰하였다(아우구스티누스). 그리스도께서는 우리를 위하여 바로 그러한 신뢰의 모범이 되신다(암브로시우스), 위대하신 우리의 하느님께서 비천하게 되셨다(아우구스티누스). 이 본문은 그리스도의 유일무이한 탄생을 이야기하는 것으로 볼 수도 있다(에프렘). 또는 그분의 비천함을 가리키는 것일 수 있다(테오도레투스). 지금도 많은 이들이 주님을 함부로 대한다(에우세비우스). 하지만 주님은 우리의 약함을 취하셨고(알렉산드리아의 키릴루스), 복음서의 말씀 그대로(카시오도루스) 겸손의 모범을 보여 주셨다(로마의 클레멘스). 주님은 인간으로서 말씀하시며(암브로시우스) 하느님의 섭리에 호소하셨다(디오도루스). 성부처럼 성자께서도 도움 받을 길 없는 이들을 돕는 분이 되셨다(에우세비우스).

이어서 이 시편은 십자가의 고통에 관하여 분명하게 언급한다. 시편은 그리스도의 원수들의 뻔뻔스러움과 광분을 묘사한다(테오도레투스). 그리스도의 뼈는 모두 어긋나게 되었지만 이 뼈들은 다시 결합될 것이다. 그분의 경우에도, 또 우리의 경우에도 그렇게 될 것이다(오리게네스). 우리는 참혹한 고난에 대해 듣고 있다(디오도루스). 이 극심한 고통은 오히려 그분을 더욱 강하게 만들 뿐이다(소 아르노비우스). 먼지 속에 누워 있는 것은 사자다(예루살렘의 키릴루스). 주님의 주변에서는 어린아이들도 개로 변한다(테오도레투스). 그리스도를 향해 으르렁거리는 사나운 개들로 변한다(에우세비우스). 이 모든 장면들은 더러운 악취를 풍기지만 바로 그 더러움에서 아름다움이 나온다(아우구스티누스). 주님은 냉혹한 눈길을 받으셨다(카시오도루스). 그것은 텅 빈 시선이었다(아우구스티누스). 이 예언은 주님의 옷이 어떻게 나누일 것인지에 대해서도 알려 준다(요한 크리소스토무스). 이로써 미래가 하느님 앞에 펼쳐져 있다는 사실이 드러난다(암브로시우스). 이것은 또한 이단자들과 그리스도의 원수들이 성경을 찢어 나누리라는 것도 상징한다(막시무스, 에우세비우스).

당신의 목숨을 구해 달라는 기도는 그리스도의 몸 전체에 대한 기도이기도 하다(아우구스티누스). 주님은 우리에게 은총에 의한 형제로서 말씀하신다(암브로시우스). 주님은 찬양에 대해 알려 주신다(에우세비우스). 그것은 주님을 경외하는 이들에게 어울리는 아름다운 찬양이다(카시오도루스). 이 찬양은 은혜로운 경청을 경험한 이들을 위한 것이다(베다). 그들은 하느님의 칭찬을 받을 것이다(아우구스티누스). 참으로 가난한 자는 행복하다(카시오도루스). 하느님에게서 생명이라는 놀라운 선물을 받기 때문이다(알렉산드리아의 클레멘스). 이 선물은 온 세상에 미친다(테오도레투스). 세상을 지배하는 것은 거만한 자들이 아니다(아우구스티누스). 모든 민족들이(에우세비우스) 그분의 나라가 될 것이다(카시오도루스). 뛰어난 교사들이(베다) 성부의 의로움이신 그리스도를 선포할 것이다(카시오도루스). 이 시편이 우리에게 소개하는 이는 참으로 그리스도, 오직 그분이시다(테오도레투스).

22,1 표제: '새벽 암사슴' 가락으로

공허한 어둠의 끝

해가 떠오르기 전에 언제나 새벽이 먼저 옵니다. 태양의 찬란한 빛이 땅 위에 그 빛살을 비추기 전에 새벽이 밤의 어둠을 끝맺습니다. 공허한 어둠이 점차 걷히면 어렴풋한 빛이 만물을 비춥니다. 세상은 거대한 어둠의 덮개로 덮인 것처럼 혼돈 속에 있지만 새벽이 오면 사물은 제 형태를 드러내기 시작합니다. 곧, 눈이 멀었던 만물이 이제 그 시력을 회복합니다. 밤은 세상의 눈을 앗아 가지만 새벽은 그 눈을 되찾습니다.

• 토리노의 막시무스 『설교집』 29,1.[1]

새벽의 구원

셋째 날 새벽에 당신의 아드님께서 죽은 이들 가운데에서 부활하셨을 때 저희는 당신의 사랑으로 충만해졌습니다. 그날 저녁에 성자께서는 저희를 위하여 죽음의 그늘로 내려가셨습니다. 이는 새벽에 우리를 이끌어 내시기 위함이었습니다. 그리하여 저희는 새벽에 당신의 충만한 사랑을 체험하였습니다. 바로 이런 의미에서 시편 제22편에는 "새벽의 구원을 위하여"라는 표제가 붙어 있습니다. 주님, 당신은 언제나 당신의 충실한 종들에게 당신 사랑을 드러내 보이셨습니다. 그러나 만민의 구원자께서 각 사람의 구원을 위하여 죽은 이들 가운데에서 부활하셨을 때만큼 당신의 사랑이 그렇게 분명하고 풍성하게 드러난 적은 없었습니다.

• 히에로니무스 『시편 강해』 89[90].[2]

파스카 시편

이 시편은 교회가 파스카 예식 때 장엄하게 낭송하는 시편입니다. … 수난은 '진리'께서 명명백백하게 자신을 드러낸 사건입니다. 이 시편만으로도 그 수난에 대한 믿음을 불러일으키기에 충분합니다.

• 카시오도루스 『시편 해설』 22,32.[3]

예언적 어법

무슨 일이 일어날지 인간의 귀는 아직 한 번도 들어 보지 못한 것을 성령께서는 이미 일어난 일처럼 발표하십니다. 다윗 임금은 1100년을 앞질러 육으로 다윗의 후손이신(로마 1,3 참조) 그리스도께서 십자가에 못 박히신 날에 대해 말합니다. 이 시편의 저자가 겪었다고 말하는 모든 고문을 다윗은 겪은 적이 없습니다. 다윗의 후손으로서 이 모든 고통을 겪으실 그리스도께서 다윗의 입을 통하여 말씀하신 것입니다. 그리하여 십자가의 역사가 다윗의 인격을 통하여 미리 형상화된 것입니다. 구원자의 육에 따른 기원은 다윗에게 있습니다. 예수님은 다윗에게서 물려받은 육으로 십자가에 못 박히셨습니다. 그러므로 다윗도 그리스도 안에서 고통을 겪었습니다. "영광의 주님"(1코린 2,8)께서 유대인들의 사악함으로 인하여 받게 된 모든 고통이 이 시편에 다 예고되어 있습니다. 사실 예언적 어법은 미래에 대한 것이기보다는 과거에 관한 것입니다. 예언적 어법이 과거의 것들을 통하여 우리에게 알려 주는 바는 하느님의 영원한 계획에 따라 이루어지는 불변의 질서 아니겠습니까? 하느님의 시각에서는 장차 일어날 미래의 일들은 이미 결정된 일이고, 이미 이루어진 일입니다.

• 대 레오 『설교집』 67,1-2.[4]

[1] ACW 50,70.

[2] FC 57,81**.

[3] ACW 51,234*.

[4] FC 93,291.

그리스도에 관한 예언

이 시편은 다른 사람이 아니라 바로 그리스도에 대한 이야기입니다. 그리스도 이외에 이 시편의 내용에 들어맞는 이는 없기 때문입니다. … 누군가 이 시편을 어떤 임금이나 예언자, 또는 유대인들 가운데 어떤 경건한 이에게 적용하고자 한다면, 그는 이 시편의 내용이 그 사람의 삶에 어떻게 부합하는지를 입증해야 합니다. 여인의 몸에서 태어난 이 가운데 누가 흔들림 없는 이성과 침착한 영혼, 그리고 건전한 정신으로 하느님께 대한 지식을 얻을 수 있을 만큼 그토록 높은 덕과 능력에 이르렀습니까? 그리고 하느님께 대한 신뢰를 굳건히 하여 다음과 같이 말할 수 있었습니까? "당신은 저를 어머니 배 속에서 이끌어 내신 분, 어머니 젖가슴에 저를 평화로이 안겨 주신 분. 저는 모태에서부터 당신께 맡겨졌고 제 어머니 배 속에서부터 당신은 저의 하느님이십니다"(10-11절). 하느님에게서 지극한 사랑을 받은 이들 가운데 누가 "사람들의 우셋거리", "백성의 조롱거리"(7절)가 되었단 말입니까? 그런 사람이 황소와 송아지들에 둘러싸였다는 것을 상상이나 할 수 있습니까? 그가 어떤 고통으로 "물처럼 엎질러졌고"(15절) 어찌하여 "그의 모든 뼈가 다 어그러졌습니까?"(15절). 어떻게 그가 "죽음의 흙 속에 있게" 되었습니까? 이런 말을 한 사람이 어떻게 여전히 살아서 말을 할 수 있단 말입니까? 그를 에워싼 "개들"(17절)은 누구입니까? 그들은 앞에서 언급한 "황소들과 수소들"(13절)과는 다른가요? 어떤 악당의 무리가 그의 손과 발을 찌르고, 옷을 벗기고, 저희끼리 그 옷을 나누어 가지고, 나머지 옷을 놓고는 제비를 뽑았습니까? "칼"과 "개"와 "사자"는 무엇입니까? … 그가 죽음의 흙 속으로 내려간 후 어떻게 … 자기 아버지의 이름을 모든 이에게가 아니라 오직 제 형제들에게만 전하겠다고 약속할 수 있습니까? "형제"들은 누구입니까? 이 고통받은 이는 "모임 한가운데에서 당신을 찬양하오리다"(23절)라고 하였는데, 이 "모임"은 무엇입니까? 저자는 유대인들의 나라뿐만 아니라 "민족들의 모든 가문이 그분 앞에서 경배하리니"(28절)라고 덧붙였습니다. 그러니 이 시편에 나오는 모든 말씀을 그에게 직접 적용해 보십시오. 그리고 그 가능한 인물에게 이 말씀들을 적용하는 것이 가능한지 보십시오. 그러면 이 말씀들이 오직 우리 구원자에게만 해당된다는 것을 발견하게 될 것입니다. 우리 구원자는 가장 진실하시고 가장 신뢰할 만한 분이시며, 복음사가들이 증언하듯이, 이 시편의 모든 말씀을 실현하신 분이십니다.

• 카이사리아의 에우세비우스

『복음의 논증』 10,8,491-92.[5]

우리를 위하여

이 시편은 그리스도께서 온 인류를 대신하여 노래하신 것입니다. 이 시편은 주님께서 우리를 위하여 십자가를 지셨을 때 유대인들에게서 어떤 고난을 겪으셨는지에 관하여 이야기합니다. 주님은 우리를 위하여 성부께 간청하셨습니다. 성부께서 당신의 얼굴을 우리에게로 돌리시고, 우리에게서 죄와 저주를 없애 주시며, 주님께서 우리를 위하여 당신을 낮추신 것처럼 우리도 겸손한 마음을 갖도록 가르쳐 주십사고 청합니다. 그리고 우리가 어머니의 모태와 젖가슴에서부터 우리 자신을 하느님께 맡겨 드리며, 곤란이 다가오면 하느님께 도움을 청하게 해 달라고 간청합니다.

• 위-아타나시우스 『시편 해설』 22.[6]

---

[5] *POG* 2,216-17*.

[6] CSCO 387,14-15.

우리의 낡은 자아

이 시편의 말씀은 십자가에 못 박히신 분의 인격을 통해 발설됩니다. … 그분은 우리의 낡은 자아의 특성을 입으신 채로 시종일관 말씀하십니다. 그분께서 우리의 죽을 운명을 받아 지심으로써 우리의 낡은 자아는 그분과 함께 십자가에 못 박혔습니다.

• 아우구스티누스 『시편 상해』 22,1.[7]

22,2 저의 하느님, 저의 하느님, 어찌하여 저를 버리셨습니까?

육신으로

하느님이신 성부의 아드님이시며, 외아드님이신 성자 하느님은 본성상 고통을 받을 수 없는 분이시지만, 성경 말씀대로 우리를 위하여 육으로 고통을 겪으셨다는 것을 우리는 고백합니다. 그분은 십자가에 못 박힌 육체 안에서 육의 고통을 고스란히 겪으셨습니다. 주님은 하느님의 은총으로 모든 사람을 위하여 죽음을 겪으셔야 했기 때문입니다(히브 2,9 참조). 주님은 비록 본성으로는 생명이요 부활이셨지만 당신의 육체를 죽음에 굴복시키셨습니다. 주님은 먼저 육 안에서 죽음을 짓밟으셨고, 그 후에 형언할 길 없는 능력으로 "죽은 이들 가운데에서 맏이"(콜로 1,18)가 되시고, "죽은 이들의 맏물"(1코린 15,20)이 되시기 위하여, 그리고 하느님의 은총으로 "사람들의 죽을 본성이 죽지 않는 것을 입을 수 있는"(1코린 15,53) 길을 마련하시기 위하여, 방금 우리가 말한 대로, 모든 이를 위하여 죽음을 맛보셨고, 사흗날에 저승의 힘을 탈취하시고 생명으로 되돌아오셨습니다.

• 알렉산드리아의 키릴루스 『서간집』 17,11.[8]

주님은 인간으로서 고통을 겪으셨다

주님은 영혼을 취하셨기 때문에 영혼의 모든 정서 또한 받아들이셨습니다. 하느님이 하느님으로 머물러 계시는 한 고뇌를 겪으실 수도 없고 죽으실 수도 없기 때문입니다. … 우리는 위험 한가운데 있을 때면 하느님께서 우리를 버리셨다고 생각합니다. 그래서 주님께서는 '인간으로서 나의 공포를 함께 지고 간다'고 말씀하십니다. 주님은 인간으로서 고통을 겪으셨고, 인간으로서 우셨으며, 인간으로서 십자가에 못 박히셨습니다.

• 암브로시우스 『신앙론』 2,7,56.[9]

우리의 대리자

주님은 성부나 그분 자신의 신성에게 버림받으신 것이 아니었습니다. 어떤 사람들은 그분의 신성이 수난을 두려워하여 그분이 고통을 당하실 때에 신성이 그분을 떠난 것처럼 생각합니다. (누가 그분께 세상에 태어나기를 강요하였습니까? 누가 그분께 십자가에 매달리라고 강요했습니까?) 그런데 … 주님은 당신의 인격으로 우리를 대표하십니다. 왜냐하면 우리가 바로 버림받은 자들이요, 조롱받는 자들이었기 때문입니다. 고통을 겪으실 수 없는 주님께서 고통을 당하심으로써 우리는 속량되었고 구원을 받았습니다. 마찬가지로 주님은 우리의 어리석음과 죄를 당신의 것으로 삼으시고, 이 시편에 나오는 말씀들을 선포하십니다. 그러므로 시편 제22편이 그리스도에 관한 것임은 매우 분명합니다.

• 나지안주스의 그레고리우스 『성령』(연설 30) 5.[10]

---

[7] *WSA* 3,15,221.

[8] FC 76,85-86*.

[9] NPNF 2,10,230.

[10] NPNF 2,7,311.

왜 성부는 주님을 저버리셨는가?

주님께서 "어찌하여 저를 버리셨습니까?" 하고 말씀하시니, 왜 성부께서 주님을 버리셨는지 우리는 묻지 않을 수 없습니다. 그 대답은 온 인류를 속량하기 위해서입니다. 인간을 옛 종살이에서 해방시키기 위하여 보이지 않는 독재자들과 부정한 마귀들, 그리고 악한 영과 지배자들에게 주님의 값진 피를 주고 인간을 되사기 위함이었습니다. 성부께서는 또 다른 이유로 그분을 저버리셨습니다. 곧, 인간을 위한 그리스도의 사랑의 드러나게 하기 위함이었습니다. 아무도 그분의 생명을 빼앗을 수 없지만 그분은 인간을 위하여 당신의 생명을 기꺼이 내어놓으셨습니다. 이는 그리스도께서 "아무도 나에게서 목숨을 빼앗지 못한다. 내가 스스로 그것을 내놓는 것이다. 나는 목숨을 내놓을 권한도 있고 그것을 다시 얻을 권한도 있다"(요한 10,18)라고 우리에게 가르쳐 주신 대로입니다.

• 카이사리아의 에우세비우스 『복음의 논증』 10,8,495-96.[11]

주님은 우리를 위하여 말씀하신다

의로움의 샘이신 분께서 우리의 죄를 맡아 지셨고, 축복의 바다이신 분께서 우리 위에 내린 저주를 받아 지셨으며, 수치를 경멸하시는 분께서 십자가를 견디어 내셨습니다. 마찬가지로 주님은 이 말씀도 우리를 위하여 하셨습니다.

• 키루스의 테오도레투스 『시편 주해』 22,3.[12]

22,3 당신께서 응답하지 않으시니

알맞은 때에

주님은 여기에서 성부께서 당신의 기도를 들어주시지 않은 것에 대한 놀라움을 분명하게 드러내십니다. 주님은 이 상황을 뭔가 이상하고 일상적이지 않은 것으로 여기십니다. 그러나 성부께서는 그 기도에 응답해야 할 알맞은 때가 올 때까지 응답을 유보하십니다. 그 시간은 새벽이요, 죽은 이로부터 부활하는 시간이며, 다른 누군가가 아니라 바로 그분께 다음 말씀을 드리는 것이 알맞은 때입니다. "'은혜로운 때에 내가 너의 말을 듣고 구원의 날에 내가 너를 도와주었다.' 지금이 바로 매우 은혜로운 때입니다. 지금이 바로 구원의 날입니다"(2코린 6,2).

• 카이사리아의 에우세비우스 『복음의 논증』 10,8,496.[13]

22,5 과거의 본보기들

성자께서는 성부께 희망을 두신다

하느님께 희망을 두었던 여러 성조들을 어떻게 하느님께서 구하셨는지를 우리는 알고 있습니다. 우리는 그들에 관한 이야기를 읽었습니다. … 그렇다면 어찌하여 성부께서 당신의 외아드님을 구하시지 못하겠습니까? 성자께서 십자가에 매달리셨을 때 그분의 기도를 들어주시지 않겠습니까?

• 아우구스티누스 『시편 상해』 22,6.[14]

22,6 그들은 당신을 신뢰하였습니다

자기 자신이 아니라

그들은 당신께 희망을 두었고, 희망은 그들을 속이지 않았습니다. 그들은 자신에게 희망을 두지 않았기 때문입니다.

• 아우구스티누스 『시편 상해』 22,6.[15]

---

[11] *POG* 2,221*.

[12] FC 101,147.

[13] *POG* 2,222*.

[14] *WSA* 3,15,231*.

[15] *WSA* 3,15,222.

22,7 저는 인간이 아닌 구더기

우리를 위하여

주님께서 이 모든 것이 되신 이유는 죽음의 독침을 무디게 만드시고, 우리의 종살이를 끝나게 하시며, 우리의 저주와 죄와 치욕을 없애시기 위함(1코린 15,55 참조)입니다.

• 암브로시우스 『서간집』 46.[16]

우리의 하느님

여러분의 하느님을 아십시오. 그분은 참으로 위대하시지만 동시에 "인간이 아닌 구더기"가 되실 만큼 보잘것없는 분이십니다. 그런데 바로 그분을 통하여 온 인류가 생겨났습니다.

• 아우구스티누스 『설교집』 380,2.[17]

주님의 유일무이한 탄생

성령께서는 "구더기"라는 단어를 통해 주님에 대해 비유적으로 미리 보여 주십니다. 주님 탄생은 혼인과는 무관한 유일무이한 것이었습니다.

• 시리아인 에프렘 『성탄 찬미가』 1.[18]

주님의 비천함

'나는 구더기와 같고, 쓸모없는 사람이 되었으며, 남들에게 조롱거리가 되었다'고 주님께서 말씀하십니다. 어떤 사람들은 "구더기"라는 단어가 동정녀 잉태, 곧 성적 결합을 통하지 않고 탄생하였음을 말한다고 주장하였습니다. 그러나 나는 이 단어는 비천함을 나타낼 뿐이라고 생각합니다.

• 키루스의 테오도레투스 『시편 주해』 22,6.[19]

지금도

시편의 이 말씀은 구원자의 수난에 관한 것이며, 주님의 수난으로 실현되지 않았나 생각합니다. 왜냐하면 지금도 주님께서는 당신을 믿기를 거부하는 모든 이들 사이에서는 경멸의 대상이시기 때문입니다.

• 카이사리아의 에우세비우스 『복음의 논증』 10,8,499.[20]

22,8 보고 비웃다

우리의 약함을 받아 지셨다

우리는 말씀께서 사람이 되셨다고 말합니다. 하나가 된다는 말의 의미가 내포하는 바로 그대로 그분께서 인간의 모든 허약함을 실제로 받아들이셨다는 의미로 그렇게 말합니다. 그러니 주님께서는 "죄 외에는 모든 점에서 형제들과 같아지셨다"(히브 2,17)거나 주님께서 육과 더불어 육의 허약함도 모두 취하셨다는 말에 놀라지 마십시오. 주님께서는 유대인들이 그분을 거칠게 다루었을 때 당신에게 일어났던 외적인 분노마저 당신의 것으로 받아들이셨습니다. 그 분노는 시편 저자의 목소리를 빌려 이렇게 표현됩니다. "그들은 제 겉옷을 나누어 가지고, 제 속옷을 놓고서는 제비를 뽑습니다"(시편 22,19). 또 이렇게도 말씀하십니다. "저를 보는 자마다 저를 비웃고, 입술을 비쭉거리며 머리를 흔들어 댑니다."

• 알렉산드리아의 키릴루스 『그리스도의 일치』.[21]

22,9 주님께 맡기다

주님께서 보여 주신 본보기

친애하는 벗들이여, 우리에게 어떤 본보기가

---

[16] FC 26,138(이 편집본에서는 서간 27로 번호가 매겨져 있다).

[17] *WSA* 3,10,362*.

[18] NPNF 2,13,223.

[19] FC 101,148.

[20] *POG* 2,224*.

[21] *OUC* 107*.

주어졌는지 보십시오. 주님께서 이토록 자신을 낮추셨다면, 주님을 통하여 은총의 멍에 아래 모인 우리는 어떻게 해야 하겠습니까?

• 로마의 클레멘스『코린토 신자들에게 보낸 첫째 편지 = 클레멘스의 첫째 편지』16.[22]

복음서 본문

이 시편의 말씀들은 사실 복음서 본문 그대로입니다. 그리스도께서 십자가에 매달리셨을 때 유대인들은 이렇게 말하였습니다. "하느님을 신뢰한다고 하니, 하느님께서 저자가 마음에 드시면 지금 구해 내 보시라지"(마태 27,43). 하느님의 섭리에 따른 계획은 얼마나 흔들림 없습니까! 우리는 여기서 시편이 아니라 복음서를 읽고 있는 것 같습니다. 모든 일이 이 말씀 그대로 이루어졌기 때문에 이 시편의 말씀들은 아직은 오지 않은 현실이 아니라 이미 지난 일을 이야기하는 것처럼 여겨집니다.

• 카시오도루스『시편 해설』22,9.[23]

22,11 당신은 저의 하느님이셨습니다

인간으로서 말씀하시다

성자와 성부는 하나이시며, 성부께서는 성자와 같은 본성을 지니신 그의 아버지이십니다. … 아들로서 말할 때 그분은 하느님을 "아버지"라 부르십니다. 나중에 인간으로 말씀하실 때는 하느님을 "하느님"이라 부르십니다. 성경에서 그리스도가 하느님을 '저의 하느님'이라고 부를 때면 인간으로서 말씀하시는 것입니다. "저의 하느님, 저의 하느님, 어찌하여 저를 버리셨습니까?" 그리고 "제 어머니 배 속에서부터 당신은 저의 하느님이십니다". 첫 번째 말씀에서 주님은 인간으로서 고통을 겪으셨습니다. 두 번째 말씀에서 어머니의 모태에서 태어나신 분은 인간이셨습니다. 그래서 그분은 "제 어머니의 모태에서부터 당신은 저의 하느님이십니다"라고 말씀하셨는데, 이는 하느님은 언제나 그분의 아버지이셨지만 그분께서 어머니의 태중에서 태어나시던 순간부터 그의 하느님이 되셨다는 것을 의미합니다.

• 암브로시우스『신앙론』1,14,91-92.[24]

22,12 도와줄 이 없습니다

섭리에 호소하다

주님께서 이렇게 물으시며 하느님의 섭리에 주목하신 것은 당연한 일이었습니다. … "어머니의 태중에서 저를 만드신 분은 누구이십니까? 어머니 배 속에서 저를 이끌어 내신 분은 누구십니까? 어머니의 젖가슴에 저를 안겨 주시고, 여기까지 오도록 이끌어 주신 분은 누구십니까?" 제 필요를 미리 아시고, 제가 아무것도 하지 않았음에도 불구하고 저를 은혜로 채워 주셨습니다. 그래서 제가 당신의 사랑을 알게 되었고 그 사랑에 감사드릴 수 있게 되었는데, 이제 저를 잘라 내시렵니까? 그럼 저는 어찌해야 합니까? "제게서 멀리 계시지 마소서. 환난이 다가오는데 도와줄 이 없습니다." 그러니 … 이 모든 은혜를 베풀어 주셨던 것처럼 지금도 그렇게 하여 주십시오. 저들 모두가 저를 거슬러 음모를 꾸미고 있는데 저를 구원하실 이는 당신 밖에 없사오니 도와주소서.

• 타르수스의 디오도루스『시편 주해』22.[25]

[22] LCC 1,51-52.

[23] ACW 51,220-21.

[24] NPNF 2,10,216*.

[25] WGRW 9,71.

도와줄 이 없는 이들을 도우시는 분

아무도 도와주는 이가 없는 바로 그때가 고통의 최고 절정의 순간입니다. 그리스도께서는 영혼들의 구원을 위하여 저승으로 내려가셨습니다. 저승은 그분이 오시기를 간절히 기다리고 있었습니다. 그분은 저승으로 내려가 청동으로 된 대문을 부수고 철로 된 빗장을 부수어 그곳에 사로잡혀 있던 이들을 풀어 주셨습니다. 이 일은 잠들었던 수많은 성인들의 육체가 부활하여 주님과 함께 참으로 하느님의 거룩한 도성으로 들어갔을 때 이루어졌습니다.

• 카이사리아의 에우세비우스 『복음의 논증』 10,8,501.[26]

22,13 수소들이 저를 에워싸고

뻔뻔스러움과 광분

이 시편은 대사제들과 율법 학자들, 바리사이파들의 공격을 앞서서 묘사하고 있는데, 이들은 뻔뻔스러운 "수소들"과 광분한 "사자들"처럼 그리스도를 둘러쌌습니다.

• 키루스의 테오도레투스 『시편 주해』 22,8.[27]

22,15-16 고통과 죽음

다시 일으켜지다

박해를 통해 성전聖殿의 일치를 해치는 전쟁을 일으키려는 자들이 음모를 꾸미고 있습니다. 그들의 박해와 공격을 받아 그리스도의 모든 뼈가 산산이 흩어지는 것처럼 보인다 하더라도, 그 성전은 다시 일으켜질 것이며 그분의 육체가 사흗날에 부활하리라는 것을 [우리는 압니다.]

• 오리게네스 『요한 복음 주해』 10,229.[28]

극심한 고통

시편 저자는 걱정과 번민에 사로잡힌 이들의 전형적인 경험에 대해 이야기합니다. 그때에는 마음이 온통 걱정으로 가득 차 있으므로 시편 저자가 "제 마음은 밀초처럼 녹아내립니다"라고 말하는 것은 당연합니다. 내 정신은 안정이나 고요를 찾지 못하고 건전한 희망을 품을 수도 없습니다. 오히려 위협과 암울한 예상으로 인한 압박감으로 내 생각은 밀초처럼 녹아내립니다. 그다음 구절 역시 극심한 고통을 겪는 이들이 경험하는 바입니다. "저의 힘은 옹기 조각처럼 말라붙었습니다." 현재 경험하는 이 모든 상태로 인한 우울함으로 나는 완전히 메말라 버리고 말았습니다.

• 타르수스의 디오도루스 『시편 주해』 22.[29]

더 강하게 만들었다

그의 처참한 상태는 도저히 치유될 길이 없어 보였습니다. 그랬던 만큼 그의 회복은 더욱더 찬양받을 만합니다. 이는 도공의 작품이 불 속에서 단련되면 될수록 더 단단해지고 좋아지는 것과 마찬가지입니다.

• 소 아르노비우스 『시편 주해』 22.[30]

먼지 속의 사자

"당신께서 저를 죽음의 흙 속으로 내려가게 하셨습니다." 여러분은 이 시편의 말씀을 자주 들어 보았을 것입니다. 또 성경에 나오는 야곱의 예언도 생각해 보십시오. "유다가 사자처럼, 암사자처럼 웅크려 엎드리니 누가 감히 그를 건드리랴?"(창세 49,9). 민수기에도 비슷한 말씀이 있습니다. "웅크리고 엎드린 모습이 수사자 같고

[26] *POG* 2,226-27*.

[27] FC 101,149.

[28] FC 80,305.

[29] WGRW 9,71.

[30] CCL 25,28.

암사자 같다"(민수 24,9).

• 예루살렘의 키릴루스 『예비신자 교리교육』 14,3.[31]

22,17 악당의 무리에 둘러싸여

개와 아들

전에는 "개"였던 이들이 그리스도의 수난 후에 신앙으로 "자녀"의 지위에 올랐습니다. 반대로, 자녀들이 받는 사랑을 누렸던 이들이 주님께 맞서 분노함으로써 "개"라는 이름을 얻게 되었습니다. … 복된 바오로 사도는 이들에 대해 이렇게 말합니다. "개들을 조심하십시오. 나쁜 일꾼들을 조심하십시오. 거짓된 할례를 주장하는 자들을 조심하십시오"(필리 3,2).

• 키루스의 테오도레투스 『시편 주해』 22,10.[32]

그리스도를 반대하는 개들

주님을 둘러싼 "개들"과 "악당의 무리"는 유대인 통치자들과 율법 학자들, 대사제들과 바리사이파들입니다. 그들은 군중을 부추겨 그리스도의 피를 요구하게 하였습니다. 하지만 이런 행위는 그들 자신과 그들의 후손들을 거스르는 행위가 됩니다. 이사야는 "너희는 짖을 줄 모르는 어리석은 개들이다"(이사 56,10)라고 말하였습니다. 이때 그는 이런 이들을 일컬어 "개"라고 말한 것입니다. 그들은 비록 목자의 인품은 갖추지 못했을지언정 적어도 양 떼를 지키는 훌륭한 개처럼 주인의 영적인 양 떼와 이스라엘 집안의 양들을 지켜야 했었습니다. 양 떼가 위험에 처하면 짖어서 경고를 하고, 양 떼의 주인을 알아보고 따라야 했었습니다. 언제나 깨어서 그들에게 맡겨진 무리들을 지키고, 우리 밖의 원수들을 보면 필요할 때 짖어야 하는 것이 그들의 의무였습니다. 그런데 그들은 지각없는 개들처럼, 미친 개들처럼 너무 짖어서 양들을 흥분시키는 것을 더 좋아하였습니다. 다음 말씀이 꼭 들어맞는 경우였습니다. "개들이 저를 에워싸고, 악당의 무리가 저를 둘러쌌습니다." 따라서, 지금 하느님의 그리스도를 보고 모욕하고 짖음으로써 저들처럼 행동하는 자들은 모두 그들과 같은 부류로 여겨질 것입니다. 그들은 하느님의 아드님을 못 박고 모욕을 준 불경한 군사들이 지녔던 특징을 고스란히 지니고 있습니다. 그렇습니다. 오늘날 그리스도의 몸인 교회를 모욕하는 자들과 교회의 손과 발, 뼈를 부수려 드는 자들은 모두 그들과 같은 부류입니다.

• 카이사리아의 에우세비우스 『복음의 논증』 10,8,505-6.[33]

하느님의 지혜

구원자 주님의 육체가 십자가에 못 박히고 창으로 찔렸을 때 우리는 그 육체에서 영원히 남을 열매를 얻게 되었습니다. 그러므로 우리는 하느님께서 육으로 고통을 겪으셨고, 모든 이의 구원을 위하여 죽으셨다고 말하기를 두려워해서는 안 됩니다. 그래서 교부 아우구스티누스는 특유의 훌륭한 언변으로 이렇게 말하였습니다. "인간이 죽어야 한다는 것은 불변의 사실입니다. 그러나 하느님께서 죽으셨다는 것은 인간에게 늘 일어날 수 없는 새로운 사건이 일어난 것입니다."[34] 바오로도 이렇게 말합니다. "그러나 우리는 십자가에 못 박히신 그리스도를 선포합니다"(1코린 1,23). 그러므로 여러분은 어떤 미친 사람들처럼 동정녀의 아드님은 무엇인가 다른 존재라고 생각해서는 안 됩니다. 바오로는 덧붙여 말

[31] FC 64,33**.

[32] FC 101,150*.

[33] *POG* 2,231*.

하였습니다. 그리스도는 “하느님의 힘이시며 하느님의 지혜이십니다. 하느님의 어리석음이 사람보다 더 지혜롭고 하느님의 약함이 사람보다 더 강하기 때문입니다”(1코린 1,24-25). 비신자들이 하느님의 아드님, 곧 하느님께서 십자가에 못 박히고 묻히셨다는 말을 들으면, 이것이 그들에게는 얼마나 어리석고 약한 신으로 보이겠습니까? “그래서 그분께서는 복음 선포의 어리석음을 통하여 믿는 이들을 구원하기로 작정하셨습니다”(1코린 1,21). 주님의 육화는 그분 자비의 놀라운 절정이요, 측량할 수 없는 선물이며, 이해를 초월하는 신비입니다. 제대로 생각을 하는 이들에게는 여기에서 구원이 나온다면, 비뚤어진 지성을 가진 이들에게는 여기에서 죽음이 나옵니다.

• 카시오도루스 『시편 해설』 22,17.[35]

22,18 저를 보고 비웃나이다

더러움에서 아름다움이 나오다

주님의 수난은 지금 여기에서 우리가 울고 있는 이 시대를 상징합니다. 매질과 결박, 모욕과 침 뱉음, 가시관, 쓸개즙이 섞인 포도주, 신 포도주를 적신 해면, 욕설과 독설, 마침내 십자가에 못 박힘, 거룩한 사지가 [십자가] 나무에 매달림. 이 모든 고통들이 지금 우리가 살고 있는 이 시대, 고통의 시기, 필멸의 시기, 시련의 시기에 관한 것이 아니라면 그 모든 것이 우리에게 무엇을 의미한단 말입니까? 이 시기는 더러움의 시기입니다. 똥의 악취는 집 안이 아니라 들판에서 풍기게 하십시오. 슬픔은 좌절된 욕망 때문이 아니라 우리의 죄 때문에 일어나게 하십시오. 더러운 시기도 잘 이용하면 비옥한 시기가 됩니다. 똥으로 뒤덮인 들판에서 나는 악취보다 더 불쾌한 것이 무엇입니까? 그 밭은 이 거름을 뿌리기 전에는 아름다운 밭이었습니다. 먼저 그 밭의 더러움이 사라져야 거기에서 비옥함이 생겨납니다. 그러므로 더러움은 이 시기의 표지입니다. 하지만 그 더러움이 우리를 위하여 비옥함의 시기가 되게 합시다. 더 나아가 “우리는 그분을 보았소”라고 말하는 예언자와 함께 바라봅시다. 그분은 무엇과 같은가요? “그에게는 우리가 우러러볼 만한 풍채도 위엄도 없었다”(이사 53,2). 왜 이러합니까? 다른 예언자에게 물어보십시오. “그들은 제 뼈를 낱낱이 세어 보았습니다.” 그들은 그분을 십자가에 매달았을 때 그분의 뼈를 세어 보았습니다. 그것은 불결한 시선, 십자가에 못 박은 자의 시선이었습니다. 그러나 그 더러움에서 아름다움이 나왔습니다. 어떤 아름다움입니까? 부활의 아름다움입니다. 그분은 “어떤 사람보다 수려하시기”(시편 45,3) 때문입니다.

• 아우구스티누스 『설교집』 254,5.[36]

냉혹한 시선

그들은 순간적으로 행동한 것도 아니고 즉흥적으로 그렇게 한 것도 아니었습니다. 시편 저자는 그들이 “쳐다보고 노려보았다”고 말합니다. 그들의 돌 같은 마음은 기적으로도 부드러워지지 않았습니다. 바위는 갈라지고 땅은 흔들렸으며, 태양마저 끔찍한 범죄를 목격하지 않으려고 어둠 속에 숨었건만 슬프게도 그들의 사악함은 이런 신성모독 앞에서도 꿈쩍하지 않았고, 눈길조차 돌리지 않았습니다.

• 카시오도루스 『시편 해설』 22,18.[37]

---

[34] 아우구스티누스 『설교집』 350,1 (PL 39,1533).

[35] ACW 51,225-26*.

[36] FC 38,346*.

[37] ACW 51,226.

텅 빈 시선

그들은 보았지만 이해하지 못했습니다. 그들은 주의 깊게 살펴보고서도 보지 못했습니다. 그들에게는 그분의 몸을 볼 수 있는 눈이 있었지만 말씀에 이를 수 있는 현명한 마음은 없었습니다.

• 아우구스티누스 『시편 상해』 22,19.[38]

22,19 옷을 나누어 가지다

상세한 예언

이제 군사들은 저희끼리 그분의 옷을 나누어 가졌습니다. 그러나 속옷은 그렇게 하지 않았습니다. 그들이 얼마나 자주 그들의 사악한 행위를 통하여 예언 말씀이 이루어지게 하는지 주목해 보십시오. 내가 이 말을 하는 것은 이런 자세한 내용들이 이미 아주 오래전에 선포되었기 때문입니다. 사실 십자가에 못 박힌 이가 셋이었습니다. 하지만 이 예언은 그리스도에게서만 이루어졌습니다. 왜 군사들은 나머지 두 사람에 대해서는 그렇게 하지 않았습니까? 왜 그리스도만 그렇게 다루었습니까? 예언의 정확성에 대해서도 주목하십시오. 예언자는 그들이 "저희끼리 옷을 나누어 가졌다"고만 하지 않고 그들이 또한 그것을 가르지 않았다고 말하였습니다. 이처럼, 군사들은 그리스도의 옷 가운데 일부는 나누어 가졌지만 속옷은 나누지 않았습니다. 속옷을 놓고서는 제비를 뽑았습니다.

• 요한 크리소스토무스 『요한 복음 강해』 85.[39]

미래가 현재이신 하느님

하느님께는 앞으로 일어날 일이 현재이며, 모든 것을 미리 아시는 그분께는 그것들이 이미 지난 일이요 끝난 일로 여겨집니다. 성경에 기록된 대로, 그분은 "있게 될 것을 만드신 분이시다".

• 암브로시우스 『신앙론』 1,15,97.[40]

성경의 예언과 교훈

이 "옷"들은 거룩한 성경의 예언과 교훈들입니다. 이 성경의 말씀으로 주 그리스도의 성사가 선포되었습니다. 구원자의 적수들[곧, 군사들처럼 매일 주님께 불경한 손을 대는 사악한 이단자들(마태 26,50 참조)]은 … 이 예언 말씀들을 의도적으로 멋대로 나누고 한 분이신 주님의 옷을 여기저기 흩어 놓습니다. 그리고 주님의 옷을 벗겨 내고, 그들의 그릇된 가르침의 옷을 그분께 입힙니다.

• 토리노의 막시무스 『설교집』 29,4.[41]

골고타 언덕에서 벗겨진 그리스도의 옷

누구든지 주님 말씀의 영광, 곧 거룩한 성경의 말씀을 이리저리 찢고 파괴할 때, 불경한 이단자들이 만드는 학파처럼 오류로 이끄는 학파들로부터 주님에 관한 견해를 이끌어 낼 때, 주님의 옷을 나누어 갖고, 그분의 속옷을 두고는 제비를 뽑습니다.

• 카이사리아의 에우세비우스 『복음의 논증』 10,8,506.[42]

22,21 저의 목숨을 구하소서

그리스도의 몸의 한 영혼

곧 지나가 버릴 사적인 애정을 싫어하고 일치와 나눔을 더 사랑하게 되도록 각자의 삶에 비추어 이것을 생각하여 봅시다. 그 일치와 나눔에 관하여 성경은 이렇게 말합니다. "그들은 하느님을 향하여 한마음 한뜻이 되었다"(사도 4,32). 이렇게 되면, 그대의 영혼은 그대 개인의 것이 아니라 모든 형제가 공유하는 것입니다. 또 그들

---

[38] *WSA* 3,15,234.

[39] FC 41,430-31.

[40] NPNF 2,10,217*.

[41] ACW 50,72.

[42] *POG* 2,231-32.

의 영혼은 그대의 영혼이기도 합니다. 아니 오히려, 그들의 영혼이 그대의 영혼과 합해져 여러 영혼들이 아니라 한 영혼, 곧 그리스도의 영혼을 이룹니다. 이 시편에서 "개들의 발에서 구하소서"라고 한 것은 바로 이 영혼을 두고 한 말입니다. 그렇게 되고 나면 죽음을 경멸하기란 쉬운 일입니다.

• 아우구스티누스 『서간집』 243.[43]

22,23 제 형제들에게

은총에 의한 형제

그분은 본성으로는 주님이시고 은총으로는 형제이십니다.

• 암브로시우스 『성조』 4,17.[44]

형제들의 찬양

주님께서는 당신께서 형제라고 부르시는 사도들에게 먼저 성부의 이름을 알려 주시겠다고 말씀하십니다. 사도들 다음으로는 온 세상 도처에 주님의 이름으로 신속히 세워진 교회에게 성부를 찬양하는 노래를 가르쳐 주실 것을 약속하십니다. 마치 뛰어난 철학 교사가 학생들 가운데에서 그들이 알아듣고 이해하도록 가르침을 펼치는 것과 같이 교회 한가운데에서 그분은 말씀하십니다. "저는 당신을 찬양하오리다." 그분의 말씀을 듣고 배우는 교회는 그 찬양에 어울리게 화답합니다. 더 이상 마귀들을 찬양하지 않고 주님께서 설교하신 유일하시고 전능하신 하느님을 찬양할 것입니다.

• 카이사리아의 에우세비우스 『복음의 논증』 10,8,508.[45]

22,24 주님을 찬양하여라!

아름다운 찬양

시편 저자는 주님의 수난에 대해 꽤 길게 이야기했기 때문에 신자들이 계속된 슬픔으로 말미암아 낙담하지 않도록 셋째 부분으로 옮겨 갑니다. 여기에서 그는 신심 깊은 이들에게 이야기합니다. 주님께서 이 모든 사건이 일어나도록 안배하셨음을 인정하고 그분을 찬양하라고 권고합니다. 온 우주에 미치는 기쁨으로 주님을 선포하기 위해 몰려오라고 말합니다. 왜냐하면 주님의 수난으로 신자들이 구원을 얻었고 의로운 이들이 생명을 얻었기 때문입니다. 그러니 이제 주님을 경외하는 마음을 선포하는 것이 얼마나 아름다운지 살펴봅시다. 인간적 두려움은 찬양이 아니라 욕설을 낳지만 주님께 대한 경외는 올바르고 의로우며, 찬양을 불러일으키고, 사랑을 고백하게 하며, 애덕의 불꽃이 타오르게 합니다.

• 카시오도루스 『시편 해설』 22,24.[46]

22,25 주님께서 들어 주신다

은혜로운 경청

그분이 사랑하시는 것을 위해 우리가 그분께 간청할 때, 주님은 가난한 이들의 기도를 거절하지도 하찮게 여기시지도 않으십니다. 오히려 은혜로이 들어 주십니다. 그리고 주님은 우리가 "산 이들의 땅에서 주님의 선하심을 보게"(시편 27,13) 해 주실 것입니다. 우리 주 예수 그리스도께서는 성령과 하나 되어 성부와 함께 하느님으로서 세세 영원히 살아 계시며 다스리시나이다.

• 존자 베다 『복음서 강해』 2,25.[47]

[43] FC 32,221-22*.

[44] FC 65,251.

[45] *POG* 2,234*.

[46] ACW 51,229-30.

[47] CS 111,267-68*.

22,26 큰 모임에서 드리는 찬양

하느님의 칭찬

마음의 할례는 모든 불법적 욕망에서 순수하게 된 의지를 [말합니다.] [그런 순수한 의지]는 주입식 교육이나 협박으로 생겨나는 것이 아니라 도우시며 치유하시는 성령을 통해 생겨납니다. 그런 마음으로 율법을 실천하는 이는 칭찬을 받습니다. … 사람들의 칭찬이 아니라 하느님의 칭찬을 받습니다. 하느님께서는 은총으로 그들이 칭찬을 받을 수 있는 근거를 제공하십니다. 그래서 그런 이들은 이렇게 말합니다. "내 영혼이 주님을 자랑하리니"(시편 34,3). 또 이렇게 말합니다. "저는 당신을 찬양하오리다."

• 아우구스티누스 『서간집』 13.[48]

22,27 가난한 이들이 배불리 먹으리라

복된 가난한 이들

"가난한 이들"이란 이 세상의 유혹을 철저하게 경멸하는 이들을 두고 가리키는 말임을 깨달으십시오. 이 세상의 행복으로 배부른 부자들이 아니라 하느님의 나라에 굶주려 있는 가난한 사람들입니다. … 가난한 이들은 주님을 찬양합니다. 부자는 자신을 들어 높입니다. 부자는 땅에 보화를 쌓아 두지만 가난한 이들은 천상의 풍요로 부자가 됩니다. 부자와 가난한 이는 재산에서 다를 뿐만 아니라 정신도 완전히 다릅니다. 간단히 말해서, 부자는 세상에서 그들의 부를 끌어내지만 가난한 이들은 하느님에게서 얻습니다. … 가난한 이들은 결코 잃어버리지 않을 것들을 소유하지만 부자는 죽은 자는 물론이고 산 이들마저 잃을 수 있는 것들을 부여잡습니다.

• 카시오도루스 『시편 해설』 22,27.[49]

하느님께서 주시는 선물

하느님을 경외하는 가운데, 어떤 것이 분쟁이 아니라 발견에 도움이 되는 것인지 그 여부를 묻는 것은 유익합니다. 다윗의 시편에 이렇게 쓰여 있기 때문입니다. "가난한 이들은 배불리 먹고 그분을 찾는 이들은 주님을 찬양하리라. 너희 마음 길이 살리라." 주님을 찬양하면서 진지한 탐구의 자세로 주님을 찾는 이들은 하느님에게서 오는 선물인 지식으로 충만해질 것입니다. 그리고 그들의 영혼은 살 것입니다. 왜냐하면 "마음"은 비유적으로 생명에 봉사하는 영혼을 나타내며, 성부는 성자를 통하여 알려지기 때문입니다.

• 알렉산드리아의 클레멘스 『양탄자』 5,1.[50]

22,28 세상 끝

온 세상

세상의 한두 나라가 아니라 셀 수 없이 많은 나라들이 주님께 달려올 것입니다. 그리고 하느님에 관한 지식이라는 빛을 열렬히 받아들이게 될 것입니다.

• 키루스의 테오도레투스 『시편 주해』 22,16.[51]

22,29 주님께 왕권이 있다

교만한 자들의 것이 아니다

주권은 주님께 속한 것이지 교만한 자들에게 속한 것이 아닙니다. 온 세상의 주권은 주님의 것입니다.

• 아우구스티누스 『시편 상해』 22,29.[52]

---

[48] NPNF 1,5,88*.

[49] ACW 51,231.

[50] ANF 2,447*.

[51] FC 101,153.

[52] *WSA* 3,15,226.

모든 민족들

시편 저자는 이 말로 주님께서 부활하신 후에 행하신 영광스러운 업적을 아주 적절하게 선포하고 있습니다. 주님께서는 모든 나라에서 민족들을 불러 모으시고, 땅 끝에서부터 사람들을 선택하셨으며, 모두가 그 선택의 결과를 볼 수 있게 하심으로써 이 시편의 말씀이 옳다는 것을 입증해 주셨습니다. 우리 역시 하느님의 것, 곧 우리 영혼에 생명을 주는 음식인 영적인 빵, 구원의 말씀을 구걸하는 거지와 같은 가난한 자들입니다. 이 구원의 말씀은 우리를 성장시켜 영원한 생명을 얻게 해 줍니다.

• 카이사리아의 에우세비우스 『복음의 논증』 10,8,510.[53]

주님의 나라

하느님은 모든 민족들의 지배자이십니다. 그 나라는 주님의 것이기 때문입니다. 왕국은 민족들에게 속한 것이 아니라 주님께 속한 것입니다. 주님은 당신의 권능으로 임금들을 그 자리에서 내치시거나 들어 올리십니다. 모두가 분명하게 세상의 주님으로 알고 있는 이분은 어디에서나 흠숭받으셔야 할 분입니다.

• 카시오도루스 『시편 해설』 22,29.[54]

22,32 그분의 의로움을 알리리라

뛰어난 교사들

천상 것들에 대한 갈망으로 불타는 성인들은 시편 저자가 말한 대로 "하늘"이라고 불릴 만합니다. "하늘은 태어날 백성에게 그분의 의로움을 알리리라." 이 말씀은 곧, "가장 유명한 교사들이 정신과 목소리와 행동으로, 최근에 믿음을 얻게 되어 하느님 안에서 새로 태어나기를 갈망하는 이들에게 하느님의 의로움을 알려 줄 것"이라는 뜻입니다.

• 존자 베다 『복음서 강해』 2,17.[55]

그분을 알리리라

하느님의 성자는 성부의 의로움입니다. 따라서 의로움은 하느님을 믿는 이들에게 선포될 것입니다. 그들은 죄가 가져온 죽음을 버리고 생명으로 나아간 이들이며, 영원한 삶을 누릴 수 있도록 하느님의 사랑을 통하여 신앙으로 태어난 이들입니다.

• 카시오도루스 『시편 해설』 22,32.[56]

오직 그리스도에게만 해당하는 말씀

이 시편 저자가 말한 것들 가운데 그 어느 것도 다윗이나 그의 후계자들 가운데 누군가에게 일어나지 않았다는 것을 우리는 보았습니다. 반대로 육으로는 다윗에게서 나오신 분이시며, 사람이 되신 말씀이신 하느님, 주 그리스도에게만 그 모든 일이 일어났습니다. 주 그리스도는 다윗의 후손이면서도 종의 모습을 취하셨습니다. 그분은 온 땅과 바다를 하느님에 관한 지식으로 채우셨고, 한때 오류에 빠져 우상을 섬기던 이들이 거짓 신들 대신에 참된 하느님을 흠숭하도록 그들을 납득시키셨습니다.

• 키루스의 테오도레투스 『시편 주해』 22,18.[57]

---

[53] *POG* 2,235*.

[54] ACW 51,232.

[55] CS 111,166.

[56] ACW 51,233*.

[57] FC 101,155.

23,1-6 하느님의 보호

주님께서 그대의 목자가 되셔서 그대를 안전하게 이끄셨음을 알았다면
시편 제23편의 말씀으로 즐거워하십시오.
아타나시우스 『시편 해석에 관해 마르켈리누스에게 보낸 편지』 17 [OIP 67]

1 [시편. 다윗]
주님은 나의 목자, 나는 아쉬울 것 없어라.
2 푸른 풀밭에 나를 쉬게 하시고
잔잔한 물가①로 나를 이끄시어
3 내 영혼②에 생기를 돋우어 주시고
바른길③로 나를 끌어 주시니
당신의 이름 때문이어라.
4 제가 비록 어둠의 골짜기④를 간다 하여도
재앙을 두려워하지 않으리니
당신께서 저와 함께 계시기 때문입니다.
당신의 막대와 지팡이가
저에게 위안을 줍니다.
5 당신께서 저의 원수들 앞에서
저에게 상을 차려 주시고
제 머리에 향유를 발라 주시니
저의 술잔도 가득합니다.
6 저의 한평생 모든 날에
호의와 자애⑤만이⑥ 저를 따르리니
저는 일생토록⑦
주님의 집에 사오리다.

① 히브리어 본문은 '휴식의 물가'.
② 또는 '생명'.
③ 또는 '의로움의 길'.
④ 또는 '죽음의 그늘진 골짜기'.
⑤ 또는 '자비'.
⑥ 또는 '확실히'.
⑦ 또는 '영원토록'.

둘러보기

시편 제23편은 부활한 생명의 기쁨에 대해 이야기한다(소 아르노비우스). 이 시편은 우리가 주님에게서 받는 자애의 예를 꼽으며(카시오도루스), 천상 성사들을 관상하도록 초대한다(암브로시우스). 올바른 목자이신 주님께 주의를 집중해야 한다(아우구스티누스). 그분은 양 떼를 돌보시는 분이시다(테오도레투스). 주님을 인정하는 것은 그분께 전적으로 의존하는 것이다(아우구스티누스). 주님께서는 영혼을 살찌우는 풀밭으로(아우구스티누스), 세례의 물가로 인도하신다(아우구스티누스, 테오도레투스, 카시오도루스). 이는 주님께서 십자가 위에서 우리를 위하여 행하신 바로 그 행위 때문이다(소 아르노비우스). 우리는 우리의 공로 때문이 아니라 그분의 이름으로 의로움을 입게 되었다(아우구스티누스). 주님은 우리의 어둠을 비추어 주시며(아우구스티누스), 우리가 어둠 속에 머물러 있지 않고 그것을 지나갈 수 있게 하신다(오리게네스). 우리는 그리스도 안에서 구원에 대한 확신을 갖는다(카시오도루스). 신앙은 두려움을 없애 준다(에바그리우스). 그리스도께서 우리 안에 계시기 때문이다(아우구스티누스).

이 시편은 계속해서 주님께서 우리에게 주시는 도움과 인도에 대해 말한다(테오도레투스). 주

님께서는 사랑으로 우리를 바로잡아 주신다(히에로니무스). 주님은 우리가 교정으로 인한 고통 가운데 있을 때조차 우리를 위로해 주신다(카시오도루스). 우리는 하느님의 심판의 위협을 느낄 때 주님의 자비를 고대한다(오리게네스). 이 시편은 주님께서 우리에게 주시는 양식에 대해 말한다(아우구스티누스). 주님은 우리가 시련의 한가운데 있을 때에도 영적인 식탁을 차려 주신다(오리게네스). 이 시편은 상징적으로 주님의 식탁에 대해 보여 준다(에우세비우스). 우리는 주님의 식탁에서 하느님의 말씀이라는 참된 음식을 먹는다(오리게네스, 암브로시우스). 주님의 잔은 정신과 영을 맑게 하며(키프리아누스, 카시오도루스), 우리에게 사랑의 은총을 준다(풀겐티우스). 주님은 기름부음을 받은 우리의 머리이시다(카시오도루스). 주님의 식탁은 우리에게는 축복이지만 저들에게는 징벌이 된다(테오필루스). 주님의 자애는 우리가 부탁할 때까지 기다리지 않는다(테오도레투스). 주님의 자비는 우리를 앞서가고 또 뒤따른다(아우구스티누스, 카시오도루스). 주님의 자비는 우리가 언제나 그분의 은총을 받을 수 있는 자리에 있게 한다(암브로시우스). 우리는 교회 안에서 그분의 축복을 발견한다(소 아르노비우스). 그리고 다가올 나라에서도 그것을 발견한다(카시오도루스).

23,1 주님은 나의 목자

부활의 기쁨

우리는 바로 앞의 시편에서 수난의 시련을 겪었습니다. 이제 이 시편에서는 부활의 기쁨을 누립시다.

• 소 아르노비우스 『시편 주해』 23.[1]

열 가지 자애에 대한 감사

이 시편의 화자는 물과 성령으로 새로 태어난 매우 충실한 그리스도인입니다. 그는 첫 인간의 낡은 시대를 벗어 버렸습니다. 그는 죄의 사막에서 푸른 풀밭과 새로 남의 물가로 이끌어 주신 주님의 관대하심에 감사드립니다. 그가 전에는 율법의 열 가지 계명을 받아들였다면 여기에서는 열 가지 자애를 받아 풍요롭게 되었음을 즐거워하고 있다는 것을 우리는 알아차려야 합니다. 이 열 가지 자애는 개개의 절로 표현되지 않고 짧은 구절들로 표현되어 있습니다.

• 카시오도루스 『시편 해설』 23,1.[2]

천상의 성사들

얼마나 자주 이해하지도 못한 채 시편 제23편을 들었습니까! 이 시편이 어떻게 천상의 성사들에 적용되는지를 보십시오. “주님께서 저를 먹여 주시니 저는 아쉬움이 없습니다. 주님은 저를 풀밭에 앉게 하셨고, 신선한 물을 길어다 주셨으며, 제 영혼이 회개하게 하셨습니다. 주님은 당신의 이름을 위하여 정의의 길로 저를 이끌어 주셨습니다. 제가 비록 죽음의 그늘진 골짜기를 걸어야 한다 하더라도 저는 아무 악도 두려워하지 않을 것입니다. 당신께서 저와 함께 계시기 때문입니다. … 당신의 막대는 힘이요, 고통받는 지팡이입니다. 곧, 그리스도의 영원한 신성인 동시에 육체적 고통입니다. 하나는 창조하였고, 다른 것은 구원하였습니다. 당신은 저를 공격하는 이들에 맞서서 제 앞에 상을 차려 주셨습니다. 당신은 제 머리에 기름을 발라 주셨습니다. 또 저의 잔을 그득 채워 주시니 이 또한 얼마나 좋습니까!”

• 암브로시우스 『성사론』 5,3,13.[3]

[1] CCL 25,29-30. [2] ACW 51,235.
[3] FC 44,312*.

올바른 목자

나의 목자는 주 예수 그리스도이시니 나는 아무런 부족함이 없을 것입니다.

• 아우구스티누스 『시편 상해』 23,1-2.[4]

양 떼를 돌보시는 분

바로 앞의 시편에서 시편 저자는 이렇게 말하였습니다. "가난한 이들은 배불리 먹고 그분을 찾는 이들은 주님을 찬양하리라." 그리고 "세상의 모든 권세가들이 먹고 그분께 경배하였다"(시편 22,27.30). 그런데 이 시편에서 저자는 그런 음식을 주시는 분이 누구이신지를 밝히며, 그분을 "목자"라 부릅니다. 사실 이것이 바로 주 그리스도의 이름입니다. 그리스도 몸소 당신을 이렇게 부르셨습니다. "나는 착한 목자다. 나는 내 양들을 알고 내 양들은 나를 안다"(요한 10,14). 주님은 에제키엘 예언자를 통해서도 당신을 그렇게 부르셨습니다(에제 34,23). 이 시편에서도 구원의 음식을 먹고 즐거워하는 모든 이가 소리칩니다. "주님은 나의 목자, 나는 아쉬울 것 없어라." 이 목자는 온갖 종류의 산해진미로 당신께서 돌보시는 이들을 대접하십니다.

• 키루스의 테오도레투스 『시편 주해』 23,1.[5]

전적인 의존

"주님은 나의 목자"라고 말할 때, 우리 자신에게 의존할 어떤 근거도 없어지게 됩니다.

• 아우구스티누스 『설교집』 366,2.[6]

23,2 푸른 풀밭과 잔잔한 물가

영혼을 위한 음식

이 착한 목자는 여러분을 위하여 풀밭을 마련하시고 여러분이 배불리 먹을 수 있도록 그곳에 데려다주셨습니다. 그런데 이 풀밭은 여러 종류의 푸성귀들이 자라는 곳이 아닙니다. 그런 곳에서는 어떤 풀들은 맛이 좋지만 어떤 것들은 지독히 쓴맛이 납니다. 또 계절에 따라 이 풀, 저 풀이 자라기 때문에 어떤 때는 풀이 있고 또 어떤 때는 없습니다. 그런데 여러분이 있는 풀밭은 하느님의 말씀과 계명이 있는 곳으로, 온통 맛있는 풀들이 심긴 풀밭입니다. 이 풀밭은 하느님께 이렇게 말씀드린 이가 맛보았던 바로 그 풀밭입니다. "당신 말씀이 제 혀에 얼마나 감미롭습니까! 그 말씀 제 입에 꿀보다도 답니다"(시편 119,103).

• 아우구스티누스 『설교집』 366,3.[7]

새로 남의 물

시편 저자는 새로 남의 물에 대해 암시하고 있습니다. 세례를 받는 사람은 새로 남의 물 안에서 은총을 갈망하며 죄의 낡은 시대를 벗어 버립니다. 그리고 그곳에서 낡음 대신에 새로움을 입습니다.

• 키루스의 테오도레투스 『시편 주해』 23,2.[8]

세례의 물

주님은 나를 세례의 물가에서 양육하셨습니다. 건강과 힘을 잃었던 이들이 그 물가에서 새롭게 됩니다.

• 아우구스티누스 『시편 상해』 23,1-2.[9]

세례의 신선한 물

"생기를 돋우어 주는 물"이란 세례의 샘을 말하며, 죄로 바싹 말라 버린 황폐한 영혼이 그 샘

[4] *WSA* 3,15,244.

[5] FC 101,156.

[6] *WSA* 3,10,289*.

[7] *WSA* 3,10,290.

[8] FC 101,156.

터에서 거룩한 은사의 물을 받아 좋은 열매를 맺게 됩니다.

• 카시오도루스 『시편 해설』 23,2.[10]

주님께서 우리를 위하여 행하신 것 때문에

주님은 교회를 풀밭에 쉬게 하시고, 성찰의 물가로 이끌어 주셨습니다. 주님께서 나를 인도하십니다. 이는 교회가 받아 모신 바로 그분의 말씀이며, 고통을 통하여 완전하게 되신 분의 말씀입니다. 시내는 흘러가면서 깊은 수맥으로부터 나온 신선함과 상쾌함, 새로움을 흘려 보냅니다. 주님께서 당신의 고통으로 내 영혼을 변모시키셨기 때문에 나에게도 이런 일들이 일어날 것입니다.

• 소 아르노비우스 『시편 주해』 23.[11]

23,3 당신의 이름이 나를 바른길로 이끈다

우리의 공로 때문이 아니라

"주님은 내 영혼을 변화시켜 주셨다." 이것은 마땅히 자랑할 만한 고백입니다. … 여러분은 … 흔들리지 않을 굳건한 양심으로 이 고백이 참된 것이 되게 만들 것입니다. 굳이 말한다면, 여러분의 공로 때문이 아니라 주님의 이름을 위하여 그렇게 할 것입니다.

• 아우구스티누스 『설교집』 366,4.[12]

좁은 길을 따라 인도하다

주님께서는 나를 당신의 의로움이라는 좁은 길을 따라 인도하셨습니다. 이 길을 걷는 이는 얼마 되지 않습니다. 내가 이 좁은 길을 걷게 된 것은 나의 공로 때문이 아니라 주님의 이름 때문입니다.

• 아우구스티누스 『시편 상해』 23,3.[13]

23,4 안내와 위안

어둔 곳의 등불

이 현세의 삶에 머물러 있는 한 여러분은 악의 한가운데에서, 세속적인 압박감 속에 살 수밖에 없습니다. 이것이 바로 "죽음의 그늘"입니다. 그리스도께서 여러분의 마음을 비추게 하십시오. 그분은 하느님에 대한 사랑과 이웃에 대한 사랑으로 우리 정신의 등불을 밝혀 주십니다. 주님께서 여러분과 함께 계시니 여러분은 어떤 악도 두려워하지 않게 될 것입니다.

• 아우구스티누스 『설교집』 366,5.[14]

앉아 있는 이와 걷는 이

죽음의 그늘 속을 걸어가는 것은 죽음의 그늘 속에 앉아 있는 것과는 다릅니다. 죽음의 그늘 속에 앉아 있는 이는 그 그늘 가운데 단단히 고착되고 악으로 굳어집니다.이 때문에 그는 어둠 속에 있습니다. 빛이 그를 위해 떠오르게 하려면 자비가 필요합니다. 그런데 죽음의 그늘 속에 앉아 있지 않고 그곳을 지나가거나 걸어 나가는 이는 가만히 서 있지 않고 서둘러 가로질러 갑니다. 그는 혼자서 걷지 않습니다. 주님께서 줄곧 그와 함께 걸어가시기 때문입니다.

• 오리게네스 『시편 발췌 주해』 23,4.[15]

구원에 대한 확신

죽음의 그늘은 악마입니다. … 악마는 어둠 속에 덫을 놓아 우리가 안개 속에서 길을 잃고 헤매게 만듭니다. 악마는 그 안개 속에서 우리를 둘러싸고 우리가 영원한 죽음으로 곤두박질치게

[9] *WSA* 3,15,244.
[10] ACW 51,236.
[11] CCL 25,30.
[12] *WSA* 3,10,290-91.
[13] *WSA* 3,15,244.
[14] *WSA* 3,10,291-92.
[15] PG 12,1260.

만듭니다. 하지만 참으로 충실한 이들은 이런 운명을 두려워할 필요가 없습니다. 주님의 자비를 신뢰한다면 그 덫 속으로 걸어 들어간다 하더라도 두려워할 필요가 없습니다.

• 카시오도루스 『시편 해설』 23,4.[16]

신앙은 두려움을 없애 준다

순수한 기도를 지속적으로 바치는 이는 마귀들로부터 나오는 소음과 부딪치는 소리, 목소리와 괴로운 비명 소리들을 들을 수 있습니다. 하지만 그가 하느님께 "악을 두려워하지 않으리니 당신께서 저와 함께 계시기 때문입니다"라고 말씀드린다면 그는 좌절하는 일도, 자기 생각을 포기하는 일도 없을 것입니다.

• 폰투스의 에바그리우스 『기도론』 97.[17]

내 안의 그리스도

당신께서 신앙을 통하여 제 마음 안에 살고 계시므로 저는 악한 일이 일어나는 것을 두려워하지 않을 것입니다. 이 죽음의 그늘이 사라질 때 당신께서 저와 함께 계실 것임을 보증해 주시기 위하여 당신께서는 지금 저와 함께 계십니다.

• 아우구스티누스 『시편 상해』 23,4.[18]

도움과 위안

"당신의 막대와 지팡이가 저에게 위안을 줍니다." 주님께서는 "막대"로는 나의 약함을 떠받쳐 주시고, "지팡이"로는 나를 바른길로 인도하십니다. 이것을 구원의 십자가에 적용한다고 해도 틀리지 않을 것입니다. 십자가 인장과 십자가에 대한 기억으로 적대적인 마귀들이 제거되고 우리는 바른길로 인도됩니다. 이것이 바로 "당신의 막대와 지팡이가 저에게 위안을 줍니다"의 의미입니다. 십자가는 두 개의 막대가 모여서 된 것으로, 세로 막대는 주님을 믿는 이들에게 위안을 주고 그들을 안내하며, 약한 이들을 굳건하게 하는 지팡이입니다. 가로 막대는 마귀들을 막아 주는 막대입니다.

• 키루스의 테오도레투스 『시편 주해』 23,3.[19]

사랑의 표지인 교정

주님께서는 사랑하는 이들을 교정하십니다.

• 히에로니무스 『시편 주해』 23.[20]

위로

"막대"는 구원자이신 주님의 정의와 힘을 나타냅니다. 다른 시편에서 저자가 말한 대로 "당신의 왕홀은 공정의 홀입니다"(시편 45,7). "지팡이"는 주님께서 우리에게 주시는 도움을 말합니다. 발은 지팡이의 도움으로 땅을 단단히 딛고, 그것에 기댄 이들의 온몸은 균형을 유지합니다. … 시편 저자는 이 두 가지로 위안을 받았다고 말합니다. … 지팡이가 위로를 준다는 것은 의심의 여지가 없습니다. 지팡이는 늘 인간의 약함을 돕기 위해 사용되기 때문입니다. 그런데 심판관의 엄격함으로 우리의 악을 치고 때리며 교정하는 막대에 대해서는 뭐라고 해야 할까요? 막대로 인하여 사람들의 삶이 개선되고, 또 사람들이 주님의 길로 인도된다면, 막대 또한 분명히 신자들을 위로합니다. 우리를 도와주는 모든 것은 우리를 위로한다고 마땅히 말할 수 있습니다. 비록 그것이 우리를 교정하기 위하여 일시적인 고통을 준다고 하더라도 말입니다.

• 카시오도루스 『시편 해설』 23,4.[21]

---

[16] ACW 51,237-38*.
[17] *GAC* 203.
[18] *WSA* 3,15,244.
[19] FC 101,157.
[20] CCL 72,200.
[21] ACW 51,238*.

주님의 자비를 바라보라

성경의 증언에 따르면, "막대"는 징벌과 매질을 의미합니다. 여러분이 죄를 짓고 나서 여러분을 위협하는 하느님의 막대를 본다면, 하느님의 자비가 멀리 있지 않음을 아십시오.

• 오리게네스『시편 발췌 주해』23,4.[22]

23,5 주님께서 차려 주신 상

주님의 돌보심의 단계

"막대"가 필요했을 때에 저는 보잘것없었고 짐승 같았습니다. 그때 저는 풀밭에 있는 양 떼들 가운데에서 가르침을 받았습니다. "막대"가 필요한 시기가 지나자 저는 당신 "지팡이"의 인도를 받기 시작했습니다. 그리고 이제 당신은 제 앞에 상을 차려 주셨습니다. 그래서 저는 더 이상 아기처럼 젖을 먹지 않고 어른으로서 단단한 음식을 먹게 되었고, 저를 반대하는 이들과 맞설 수 있을 만큼 튼튼해졌습니다.

• 아우구스티누스『시편 상해』23,5.[23]

시련 한가운데 놓인 식탁

큰 규모의 경주에 참가하는 이들에게는 보상이 주어집니다. 이와 마찬가지로, 괴롭히는 이들이 가까이 있고, 힘센 적수가 재앙을 불러일으키는 그런 시련의 한가운데 있는 사람에게도 이 시련 때문에 영적이고 지적인 식탁이 차려진다는 사실을 아십시오. 그러므로 그대가 아무리 많은 고난을 겪는다 하더라도, 똑같은 수의 영적인 식탁이 그대 앞에 차려질 것입니다. 그러니 그대의 눈을 그분의 식탁에 단단히 고정시키고 감사드리며, 사도와 함께 이렇게 말하십시오. "나뿐만 아니라 우리도 환난 가운데 영광스럽게 되었습니다"(로마 5,3 참조).

• 오리게네스『시편 발췌 주해』23,5.[24]

주님의 식탁

고대의 희생 제사와 번제물의 자리에 육화하신 그리스도께서 놓이셨습니다. … 주님께서는 바로 이것을 예언자의 음성으로 당신의 교회에 위대한 신비로 선포하셨습니다. … 우리는 새로운 계약의 법에 따라 그분의 몸과 구원하시는 피의 상징을 통하여 식탁에서 경축되는 이 희생 제사를 기억하라는 말씀을 받아들였습니다. 우리는 이 사실을 다윗 예언자의 이 말을 통하여 다시 배웁니다. "당신은 제 앞에 상을 차려 주셨습니다." … 이 구절이 의미하는 것은 신비의 향유와 그리스도의 식탁에 차려진 거룩한 희생 제사가 분명합니다. 이 말씀은 우리의 위대한 대사제를 통하여 전능하신 하느님께 일생 동안 피흘림이 없고 합당한 희생 제사, 주님을 기쁘시게 해 드리는 희생 제사를 바쳐야 한다는 것을 우리에게 가르칩니다.

• 카이사리아의 에우세비우스『복음의 논증』1,10,39.[25]

참된 음식

말씀이신 하느님께서 당신의 몸이라고 선언하시는 이 "빵"은 영혼들을 먹이시는 말씀이며, 말씀이신 하느님께로부터 오는 말씀이고, 천상 빵에서 나온 빵입니다. 이 빵은 시편의 다음 말씀이 언급하는 바로 그 식탁 위에 차려져 있습니다. "당신께서 저의 원수들 앞에서 저에게 상을 차려 주셨습니다." 말씀이신 하느님께서 당신의 "피"라고 선언하시는 이 음료는 그것을 마시는 이들의 마음을 놀랍도록 취하게 만드는 말씀입니다. 이것은 바로 다음 말씀이 가리키는 그 잔입니다. "취하게 하는 당신의 이 술잔은 얼마나

[22] PG 12,1260.1261.
[23] *WSA* 3,15,244-45.
[24] PG 12,1261.
[25] *POG* 1,60-61*.

영광스럽습니까!" 이 음료는 또한 "나는 참포도나무"(요한 15,1)라고 말씀하신 바로 그 참포도나무에서 나온 열매이며, 이 음료를 만든 바로 그 포도의 피입니다. 포도가 수난의 포도 확에 던져질 때 이 음료가 만들어집니다. 마찬가지로 "빵"은 그리스도의 말씀이며, "땅에 떨어져 … 많은 열매를 맺는"(요한 12,24-25) 바로 그 밀에서 나옵니다. 말씀이신 하느님께서는 당신의 손에 들고 계신 눈에 보이는 그 빵이 당신의 몸이라고 말씀하신 것이 아니라 말씀이 당신의 몸이라고 말씀하신 것입니다. 이 말씀의 신비 안에서 빵이 쪼개집니다. 그분은 눈에 보이는 음료가 당신의 피라고 말씀하신 것이 아닙니다. 그것은 말씀이 곧 피라는 뜻이며, 이 말씀의 신비 안에서 음료가 쏟아부어졌습니다. 말씀이신 하느님의 몸과 피가 우리를 키우고 "마음을 즐겁게 하는"(시편 104,15) 말씀이 아니라면 달리 무엇이겠습니까?

• 오리게네스 『마태오 복음 주해』 26,26-28.[26]

잔치의 빵과 잔

"당신은 제 앞에 잔치를 차려 주셨습니다." 이 "잔치"는 "살아 있는 빵"(요한 6,51), 곧 하느님 말씀의 잔치입니다. 이 잔치에는 의로운 이의 머리 위에 풍성하게 부어지는 성화의 기름이 있습니다. 이 기름은 내적인 감각을 강화시킵니다. 이 성화의 기름은 머리를 기름지게 하는(시편 141,5 참조) 죄인의 기름을 없애 버립니다. 이 잔치에서 여러분은 취하게 하는 잔도 받을 것입니다. "얼마나 뛰어난가!" 또는 "얼마나 강력한가!" 그리스어 '크라티스톤'*kratiston*은 '더없이 막강한', '강한' 또는 '강력한'을 의미합니다. 분명히 그 잔은 죄의 모든 얼룩을 없애 버리는 강력한 잔입니다.

• 암브로시우스 『열두 시편 해설』 35,19.[27]

정신을 깨어나게 하는 잔

그리스도의 피와 잔이 취하게 만드는 것은 이 세상의 포도주가 취하게 만드는 것과 다릅니다. 이 시편에서 성령께서는 "취하게 하는 당신의 잔은"이라는 말 다음에 이렇게 덧붙이시기 때문입니다. "얼마나 뛰어난가!" 주님의 잔은 사람들의 정신을 깨어나게 하고 정신에 영적 지혜를 가져다주며, 각 사람이 이 세상의 맛에서 하느님에 대한 지식으로 돌아가게 만드는 방식으로 취하게 하기 때문입니다. 일반 포도주는 정신을 느슨러지게 하고 영혼을 편안하게 하며, 모든 슬픔을 잊게 만듭니다. 마찬가지로 주님의 피와 생명을 주는 잔을 마시면 "옛 인간"(에페 4,22)의 기억은 잊혀집니다. 이전의 것들, 곧 세속적 행위와 불안을 일으키는 죄로 억눌려 있던 고통스럽고 슬픈 마음이 잊혀지고, 하느님의 자비가 주는 즐거움으로 편안해집니다. 그래서 주님의 교회 안에서 마시는 이들은 즐거워질 수 있습니다. 그러나 마신 것이 주님의 진리를 벗어나지 않을 때만 그러합니다.

• 키프리아누스 『서간집』 63,11.[28]

주님의 피

[이 잔]은 주님의 피입니다. 이 잔은 마음을 깨끗하게 하고 잘못을 행하지 않게 하며 죄로 이끌지 않는 방식으로 우리를 취하게 합니다. 이 잔에 취하면 우리의 정신은 맑게 깨어납니다. 가득 찬 이 잔은 우리에게서 악을 제거합니다. 이 잔으로 채워지지 않은 사람은 영원히 궁핍 속에서 굶게 됩니다.

• 카시오도루스 『시편 해설』 23,5.[29]

---

[26] MFC 7,187-88.
[27] *ACTP* 47.
[28] FC 51,210**.
[29] ACW 51,239.

축복으로 배부르게 되다

이것은 축복을 가져오는 취함이요, 구원을 가져오는 배부름입니다. 이 잔은 마시면 마실수록 사람들의 정신에 더 큰 포만감을 안겨 줍니다.

• 카시오도루스 『시편 해설』 64[65],10.[30]

사랑의 잔

"잔"이라는 말은 완전한 은총인 사랑이라고 이해해야 합니다. 이 사랑으로 그리스도의 이름을 위하여 고통을 겪을 수 있는 힘이 생깁니다. 그리스도를 위하여 고통을 겪을 기회가 주어지지 않더라도 이 사랑은 마음에 굳건한 힘이 생기게 합니다. 이 힘은 신적 선물입니다. 이 같은 신적 선물을 받은 마음은 그리스도의 이름을 위하여 벌을 견디어 내고, 생명을 가볍게 여기며 죽음을 기꺼이 받아들입니다. "거의 잔이 가득합니다"라는 이 시편의 본문이 이것을 잘 보여 줍니다. 시편 저자는 또 이 말에 앞서서 "당신은 제 머리에 향유를 발라 주시니"라고 말했습니다. "향유가 발라진 머리"란 성령의 선물로 튼튼해진 정신이 아니고 무엇이겠습니까? 이 향유의 빛나는 특성은 영적 은총의 제압할 수 없는 힘입니다. 이 영적 은총으로 거룩한 취기가 마음의 심연 속에 쏟아부어지면 마음의 모든 애정은 극복되어 망각에 이르게 됩니다. 이 취기로 충만한 영은 주님 안에서 기뻐하는 법을 배우고, 그가 세상에서 사랑한 것은 무엇이든 경멸하게 됩니다. 성령을 받아 두려움을 쫓아내는 완전한 사랑의 은총을 받으면 우리도 이런 취기를 들이마시게 됩니다.

• 루스페의 풀겐티우스 『서간집』 14,42.[31]

그리스도께서 우리에게 향유를 발라 주신다

신자들의 "머리"는 주 그리스도이십니다. 그리스도는 죄인의 메마름으로도 메마르게 되지 않으시므로 신자들의 머리는 향유가 발라졌다고 마땅히 말할 수 있습니다.

• 카시오도루스 『시편 해설』 23,5.[32]

여러분에게는 축복이요, 저들에게는 벌이다

나는 … 아담에게서 싹튼 슬픔에 대한 가장 강력한 해독제인 기쁨처럼 너희를 취하게 만드는 "참포도나무"(요한 15,1)다. 보라, 내가 너를 괴롭히는 이들에 맞서서 너를 위하여 식탁을 차려 놓았다. 나는 아담을 에덴 반대편에 살게 하였다. 아담이 그 거룩한 장소를 모독하였기 때문이다. 그는 더 이상 허락되지 않는 즐거움을 바라봄으로써 끊임없이 속을 태우는 불안에 시달리게 되었다. 나는 너희를 괴롭히는 이들을 거슬러 다시 한번 너희에게 생명을 주고 기쁨을 자아 내는 식탁을 차려 주었다. 너희를 부러워하는 이들 앞에 차려진 이 식탁은 불안 대신에 말할 수 없는 기쁨을 주는 식탁이다. 너희의 본성을 새롭게 해 주는 빵을 먹어라. 불사불멸의 환희인 포도주를 마셔라. 오래된 쓰라림을 치워 없애는 빵을 먹고, 상처의 고통을 누그러뜨리는 포도주를 마셔라. 이것은 너희 본성에게는 치유제요, 해를 끼친 자들에게는 벌이다.

• 알렉산드리아의 테오필루스
『신비로운 만찬에 관한 강해』.[33]

23,6 호의와 자애

주님의 자애

이토록 좋은 것을 베풀어 주시니 이는 표현할 길 없는 당신의 자애입니다. 당신은 우리가 청하

[30] ACW 52,102*.
[31] FC 95,557-58.
[32] ACW 51,239.
[33] MFC 7,152.

기를 기다리지 않으시고, 우리가 도망자나 되는 듯이 바짝 뒤따르시면서 우리의 필요를 예상하시며 우리에게 구원의 한몫을 주시고, 천상 거처를 마련해 주십니다. 하나는 이 현세 세상에서, 또 하나는 미래에 올 세상에서 마련해 주십니다.

• 키루스의 테오도레투스『시편 주해』23,4.[34]

우리를 앞서고 뒤따르는 자비

성경에서 우리는 이런 말씀을 읽습니다. "그분의 자비가 나를 앞서간다." 그리고 "그분의 자비가 나를 뒤따른다". 하느님의 자비는 어떤 사람이 바라기도 전에 먼저 그에게 어떤 의향을 심어 주십니다. 그리고 그 자비는 그 사람의 의지의 행위를 뒤따르며, 그의 의지가 좌절되지 않게 하십니다. 그렇지 않다면 왜 우리가 원수를 위하여 기도하라는 권고를 듣겠습니까? 하느님께서 우리 원수들 안에서, 그리고 그들의 의지 안에서 일하시지 않는다면 그들은 경건한 삶을 살려 하지 않을 것입니다. 우리가 바라는 것을 주시는 분이 그분이 아니시라면, 우리가 바라는 것이 그분을 통하여 일어나는 것이 아니라면, 왜 우리가 받기 위하여 청하라는 권고를 듣겠습니까? 그래서 우리는 하느님의 자비가 우리를 앞서가듯이 원수들을 앞서가도록 그들을 위하여 기도합니다. 우리는 하느님의 자비가 우리를 뒤따르도록 우리 자신을 위하여 기도합니다.

• 아우구스티누스『믿음 희망 사랑의 길잡이』9,32.[35]

자비의 보호

주님의 자비는 언제나 우리를 앞서가는데, 시편 저자는 여기에서 하느님의 자비가 "저를 따르리니"라고 합니다. 자비는 특히 보호하기 위하여 뒤따르며, 은총을 내리기 위해 앞서갑니다. 만약 뒤따르기만 한다면 아무도 그 은사를 보지 못할 것이며, 만약 앞서가기만 한다면 아무도 받은 것을 간직하지 못할 것입니다. 악마가 숨겨놓은 매복꾼들은 … 아주 위협적이고 주님의 자비가 없다면 허약한 인간은 쉽게 속아 넘어갑니다. 어떤 사람이 악을 무찔렀다고 생각하는 순간이 바로 이런 때입니다. 그는 이때에 성급한 무지로 인하여 더 쉽게 유혹에 넘어가게 됩니다. 그러므로 반드시 주님의 은총이 늘 우리를 앞서고 뒤따라야만 합니다.

• 카시오도루스『시편 해설』23,6.[36]

우리는 늘 받고 있다

언제 하느님께 빚지지 않은 것을 가진 적이 있습니까? 또는 하느님의 선물 없이 지낸 적이 있습니까? 일상의 즐거움도 하느님에게서 오는 것이니 말입니다. "그대가 가진 것 가운데에서 받지 않은 것이 어디 있습니까?"(1코린 4,7). 늘 받고 있으니 언제나 하느님을 부르십시오. 여러분이 가진 것은 하느님에게서 온 것이므로 여러분이 채무자임을 늘 마음에 새기십시오. 나는 여러분이 강제로가 아니라 사랑으로 여러분의 빚을 갚는 것을 더 좋아합니다.

• 암브로시우스『테오도시우스의 죽음』22.[37]

교회에 주어진 축복

지금 그가 가진 것이 무엇인지 교회 안을 둘러봅시다. 태만한 자를 경고하는 "막대"가 있고, 회개자를 구조하는 "지팡이"가 있습니다. 믿는 이들에게 빵을 주는 "식탁"이 있으며, 양심의 자유를 위해 사는 이들의 머리에 바를 "향유"가 있습니다. 베드로가 아침 아홉 시에 설교를 하였

[34] FC 101,158.
[35] LCC 7,359*.
[36] ACW 51,239-40.
[37] FC 22,317*.

을 때, 그의 설교를 듣는 이들은 그가 취하였다고 생각하였습니다(사도 2,13-15 참조). 바로 이와 같은 방법으로 말씀을 설교하며 그가 마시게 될 "잔"이 있습니다. 그의 생애의 모든 날에 그를 뒤따르는 자비가 있습니다. 그래서 그는 영원히 지배하시는 주 예수 그리스도를 찬미하며, 주님의 집에서 그의 나날을 보냅니다.

• 소 아르노비우스 『시편 주해』 23.[38]

영원한 축복

이것은 모든 축복의 완성형입니다. … "주님의 집"은 다가올 예루살렘을 나타내며, "일생토록" 흔들림 없이 지속됩니다. 그것은 끝없는 기쁨이요 지속되는 축복이기 때문입니다.

• 카시오도루스 『시편 해설』 23,6.[39]

[38] CCL 25,30.

[39] ACW 51,240*.

24,1-10 다가오시는 하느님

창조 질서와 섭리의 은총, 거룩한 법 규정에 대해 경탄할 때에는 … 시편 제24편을 노래하십시오.

아타나시우스 『시편 해석에 관해 마르켈리누스에게 보낸 편지』 17 [OIP 67]

1 [시편. 다윗]①
주님 것이라네,
세상과 그 안에 가득 찬 것들
누리와 그 안에 사는 것들.
2 그분께서 물 위에 그것을 세우시고
강 위에 그것을 굳히신 까닭일세.
3 누가 주님의 산에 오를 수 있으랴?
누가 그분의 거룩한 곳에 설 수 있으랴?
4 손이 깨끗하고 마음이 결백한 이
옳지 않은 것에 정신을 쏟지 않는 이
거짓으로 맹세하지 않는 이라네.
5 그는 주님께 복을 받고
자기 구원의 하느님께 의로움을
인정받으리라.
6 이들이 그분을 찾는 이들의 세대,
그분 얼굴을 찾는 이들의 세대
야곱이라네.② 셀라
7 성문들아, 머리를 들어라.
오랜 문들아, 일어서라.
영광의 임금님께서 들어가신다.
8 누가 영광의 임금이신가?
힘세고 용맹하신 주님,
싸움에 용맹하신 주님이시다.
9 성문들아, 머리를 들어라.
오랜 문들아, 일어서라.③
영광의 임금님께서 들어가신다.
10 누가 영광의 임금이신가?
만군의 주님
그분께서 영광의 임금이시다. 셀라

① 칠십인역에는 '주간 첫날에'라는 말이 더 들어 있다.
② 그리스어, 시리아어 본문은 '야곱의 하느님의 얼굴을 찾는 세대라네', 히브리어 본문은 '오, 야곱, 너의 얼굴을 찾는'이다.
③ 히브리어 본문; 그리스어, 시리아어, 히에로니무스, 타르굼은 '들어 올려져라'다.

둘러보기

칠십인역 시편 제24편에는 "주간 첫날에"라는 표제가 붙어 있다. 첫째 날은 주님의 날, 곧 주님께서 부활하신 날이다(아우구스티누스, 카시오도루스). 그날은 주님께서 승천하신 날로 여겨지기도 한다(위-아타나시우스). 세상은 주님의 것이지 우리의 것이 아니다(니사의 그레고리우스). 주님께서 세상을 창조하셨으므로 세상은 주님의 것이다(테오도레투스). 주님께서 복음을 선포하심으로써 세상은 다시 그분의 것이 되었다(아우구스티누스). 다가올 왕국에서도 세상은 주님의 것임이 계시될 것이다(위-아타나시우스).

이 시편의 다음 단락은 하느님께 속한 이들의 특성을 제시한다(카시오도루스). 여기에 언급된 "주님의 산"은 주님의 의로움을 말한다(아우구스티누스). 오직 그리스도 덕분에 우리는 그곳에 서 있을 수 있다(오리게네스). 주님의 산에 서 있는 이는 자신의 영혼을 영원을 향해 고정시킨 사람이다(아우구스티누스). 그는 지향과 행위로 순수함을 드러낸다(테오도레투스). 그는 유다와 같지 않으며(에바그리우스), 그의 말에는 거짓이 없다(카시오도루스). 그는 말을 신중하게 골라서 해야 한다는 사실을 우리에게 상기시켜 준다(칼리스투스). 우리에게 오는 하느님의 축복은 하느님의 자비의 바탕을 둔 것이다(테오도레투스, 카시오도루스). 하느님의 은총으로 변화된 이들이 바로 그런 사람들이다(오리게네스). 그들은 다시 태어난 이들이다(아우구스티누스).

이어서 이 시편은 영광의 임금님께서 '들어가시는' 것에 관하여 말한다. 이것은 솔로몬에 관한 말일 리가 없다(순교자 유스티누스). 영원하신 말씀께서 성전 입구로 들어가신다(프루덴티우스). 그분과 함께 있는 천사들이 이를 알린다(히폴리투스). 이것은 하늘의 천사들에게 계시된 것이다(테오도레투스). 인간은 하늘에 속하도록 구속되었다(테르툴리아누스). 주님께서는 우리를 위하여 길을 열어 주셨다(아타나시우스). 우리는 주님 안에서 들어 높여졌다(아타나시우스). 그러니 그리스도와 함께 올라가자(나지안주스의 그레고리우스). 주님과 함께 하늘 문으로 들어가자(히에로니무스). 그리고 그분처럼 되자(소 아르노비우스). 주님은 권능의 주님으로 하늘에 들어가신다(에우세비우스). 영적인 승리자로서(테르툴리아누스) 진홍색 옷을 입고 들어가신다(오리게네스). 덕분에 이제 우리를 위한 길이 열렸다(아우구스티누스). 죽음에서 빠져나오는 길과 하늘로 들어가는 길, 두 길이 열렸다(아우구스티누스). 이렇게 오시는 분은 바로 주님이시다(베다). 그분은 하느님의 아드님이신 그리스도이시며(소 아르노비우스), 우리를 영광스럽게 해 주시는 분이시다(카시오도루스).

24,1ㄱ 표제: 다윗의 시편

주님의 날

이 시편은 다윗을 위한 시편으로, 우리 주님의 영광과 부활에 대해 이야기합니다. 주님의 부활은 주간 첫날 이른 아침에 일어났습니다. 그래서 그날을 주님의 날이라 부릅니다.

• 아우구스티누스 『시편 상해』 24,1.[1]

주간 첫날

"주간 첫날"은 주님의 날, 안식일 다음 날, 주님께서 죽은 이들 가운데에서 부활하신 날을 가리킵니다. 부활 기적의 특별한 성격으로 인하여, 또는 바로 이날에 주님께서 세상을 안정되게 하셨기 때문에, 이날을 주님의 날이라 부르는 것은 적절합니다. 이날에 부활하심으로써 주님께서

[1] *WSA* 3,15,246.

는 세상에 도움의 손길을 보내시는 분으로 드러났고, 세상을 만드신 분으로 선언되었습니다. 이 시편 전체는 부활 후에 노래할 것이기 때문에, 신자들에게 그것을 적절한 표시로 알려 주기 위하여 이런 표제가 붙었습니다.

• 카시오도루스 『시편 해설』 24,1.[2]

승천

이 시편에서 저자는 우리 주님의 승천에 관하여 설교하고, 이방인들에게 어떻게 하면 하늘의 성막에 합당한 자가 될 수 있는지 가르칩니다.

• 위-아타나시우스 『시편 해설』 24.[3]

24,1ㄴ 세상은 주님의 것이라네

우리의 것이 아니라 주님의 것

어리석은 자는 단 한 번도 그에게 실제로 속한 적이 없는 것을 제 것으로 생각합니다. 그는 탐욕 때문에 "세상과 그 안에 가득 찬 것들이 주님의 것"임을 모르고 있는 것 같습니다. "하느님은 온 세상의 임금님"이신데 말입니다. 결코 자신에게 속한 적이 없는 것들을 자신의 것이라고 잘못 주장하게 되는 것은 소유에 대한 열정 때문입니다. 지혜로운 설교자는 말합니다. "땅은 영원히 그대로다"(코헬 1,4). 땅은 그 위에서 태어난 첫 세대와 그다음 세대, 이어지는 온 세대에게 이바지합니다. 그러나 사람은 자신이 원하지도 않는 때에 땅에서 불려갈 만큼 보잘것없는 존재이며, 자신을 만드신 분의 뜻도 모르는 채 존재하게 되었음에도 불구하고 과도한 허영심으로 자신들이 땅의 주인이라 여깁니다. 땅의 주인이라 하더라도 보잘것없기는 마찬가지입니다. 그들은 태어나고 죽는 존재이면서도 계속해서 남아 있는 것을 자기들이 지배한다고 생각합니다.

• 니사의 그레고리우스 『동정』 4.[4]

창조주

그분은 온 세상의 주님이십니다. 그분은 억지로 빼앗은 권위나 남의 주권을 탈취하여 세상의 주님이 되신 것이 아니라 세상을 직접 창조하시고 비존재를 존재로 이끄심으로써 세상의 주님이 되셨습니다.

• 키루스의 테오도레투스 『시편 주해』 24,2.[5]

온 민족에게 전해지다

영광스럽게 되신 주님께서 모든 민족이 믿음을 갖고, 온 세상이 그분의 교회가 되도록 전해지셨다는 것은 사실입니다.

• 아우구스티누스 『시편 상해』 24,2.[6]

다가올 왕국

시편의 이 구절은 다가올 하느님 나라에 관하여 가르칩니다. 이 나라에서는 주님께서 모든 것을 다스리십니다. 주님께서 세상의 창조주요 군주로서 세상을 다스리실 것임을 알려 주기 위하여 [다음 절에서] 시편 저자는 "주님은 세상의 기초이시다"라고 말합니다.

• 위-아타나시우스 『시편 해설』 24.[7]

24,3 누가 설 수 있으랴?

둘째 단락

주님께서 세상을 만드셨기 때문에 모든 피조물이 주님의 것이라는 것을 간략하게 가르친 후 시편 저자는 질문으로 둘째 단락을 시작합니다. 그리고 이 질문에 대한 답변으로 스스로 주님의 것이라 불리기를 원하는 이들의 필수적인 특성

[2] ACW 51,241. [3] CSCO 387,16.
[4] NPNF 2,5,349*. [5] FC 101,159.
[6] *WSA* 3,15,246. [7] CSCO 387,16.

에 대하여 설명합니다.

• 카시오도루스『시편 해설』24,3.[8]

의로움의 언덕

누가 주님의 의로움이라는 높은 산 위에 오를 수 있겠습니까?

• 아우구스티누스『시편 상해』24,3.[9]

그리스도 위에 서다

하느님께서 거룩하게 해 주시기를 청하는 그대는 어디에 서 있어야겠습니까? 시편 저자는 "당신은 제 발을 바위 위에 세워 주셨습니다"라고 말합니다. "그리스도는 바위이십니다." 이 약속을 믿고 따르는 사람에 관하여 배웁시다.

• 오리게네스『시편 발췌 주해』24,3.[10]

24,4 깨끗한 손과 결백한 마음

영원을 향해 고정된

그렇다면 누가 그곳에 올라가 머물 수 있겠습니까? 행동에 있어서 순수하고 생각이 결백한 이들만이 그럴 수 있습니다. "옳지 않은 것에 정신을 쏟지 않는 이"는 지나가 버릴 것에 마음을 두지 않는 사람이며, 불사불멸하는 것을 깨달아 알고, 안정되고 변함없는 영원성을 갈망하는 사람입니다. 이웃에게 "거짓으로 맹세하지 않는 이"도 주님의 산에 오릅니다. 영원에 속한 것들이 단순하고 솔직하듯이, 그런 사람들은 이웃을 대할 때 속임수를 쓰지 않습니다.

• 아우구스티누스『시편 상해』24,4.[11]

순수한 지향과 행위

그는 자신의 정신을 정화하여 게으른 생각들을 물리치고, 그의 손이 그런 일들을 추구하지 않도록 노력함으로써 주님의 산에 오르기를 갈망한다고 말하고 있습니다. 이는 매우 적절한 말입니다. 시편 저자는 "추구"라는 말과 "손"을, "갈망"이라는 말과 "마음"을 연결시킵니다. 갈망은 우리의 지향을 형성하고, 추구는 행동을 낳습니다.

• 키루스의 테오도레투스『시편 주해』24,4.[12]

유다와 같지 않다

유다는 정녕 주님의 산에 올랐습니다. 하지만 그는 그분의 거룩한 곳에 서 있지 않았습니다. 그는 깨끗한 손과 결백한 마음을 지니지 못했습니다. 그는 돈을 훔친 도둑이었습니다.

• 폰투스의 에바그리우스『시편 발췌 주해』23[24],4.[13]

거짓이 없다

구약성경에서는 정직하게 맹세하는 것이 금지되지 않았습니다. 그러나 인간은 정신적 허약함으로 인하여 자주 거짓에 대한 핑계를 대기 때문에 신약성경은 전혀 맹세를 하지 않는 것이 더 낫다고 말합니다. … 만약 자신을 잘못 믿고 있는 이를 의도적으로 그릇된 방향으로 인도하려 하면서 그것을 거짓이라고 생각하지 않고 약속한 것과 다르게 행동하고자 한다면 그것은 거짓으로 맹세하는 행위입니다.

• 카시오도루스『시편 해설』24,4.[14]

말을 신중하게 골라서 하라

아무도 이웃을 속이는 말을 해서는 안 됩니다. 악행을 하는 자의 입은 깊은 구렁입니다. 남을 쉽게 믿는 순박한 이들은 쉽게 그곳에 떨어질

---

[8] ACW 51,242.
[9] *WSA* 3,15,246.
[10] PG 12,1265.
[11] *WSA* 3,15,246.
[12] FC 101,160.
[13] PG 12,1268.
[14] ACW 51,243*.

니다. 하지만 그는 떨어져서 다시 일어납니다. 온갖 기술로 사기를 치는 자는 멸망의 길로 곤두박질칠 것이며, 거기에서 결코 일어나지도 도망가지도 못합니다. 그러므로 말을 신중하게 골라서 합시다. 자신에게 하지 않을 말이라면 다른 사람에게도 하지 맙시다.

• 로마의 칼리스투스

『갈리아의 모든 주교에게 보낸 편지』 2,5.[15]

24,5 축복과 의로움을 인정받음

자비에 근거한 축복

시편 저자가 자비와 축복을 연결시킨 것은 매우 적절합니다. 보상이라고 생각되는 것조차도 하느님의 자애 때문에 인간에게 주어진 것입니다. 인간의 온갖 의로움도 하느님께서 주신 선물을 받기에 충분하지 않으며, 앞으로 주어질 선물, 곧 인간의 상상을 초월하는 선물을 받기에는 더욱 그러합니다.

• 키루스의 테오도레투스 『시편 주해』 24,4.[16]

하느님의 자애를 통하여 오는 축복

축복하시는 분은 미래의 재판관이십니다. 돌이킬 수 없는 저주를 내릴 수 있으셨던 분께서 용서하십니다. 그래서 주님께서는 우리가 주님의 이 관대한 특전에 담긴 자애를 알아보기를 원하십니다. … 그다음에 자비가 옵니다. 이는 축복이 인간의 장점 때문에 오는 것이 아니라 주님의 자애를 통하여 오는 것임을 드러내시기 위함입니다. 주님의 자비를 필요로 하지 않는 사람은 아무도 없기 때문입니다. 노예 신분에서 먼저 풀리지 않으면 자유가 주어질 수 없는 것과 마찬가지로, 왕관이 주어지기 위해서는 먼저 죄가 인정되어야 합니다. 따라서 우리 주 그리스도는 축복을 주시고 죄를 풀어 주시는 구원자이십니다. 사건의 순서로는 주님께서 먼저 우리 죄를 용서하시고, 그다음에 주님의 축복의 은사가 뒤따름에도 불구하고, 시편 저자가 "그는 주님께 복을 받고"라고 먼저 말하고, "자기 구원의 하느님에게서 오는 자비로"라는 말을 나중에 했다고 해서 혼란을 느낄 필요는 없습니다. 먼저 나오는 자비와 관련하여 이런 변화는 종종 만날 수 있습니다. … 표현하고자 하는 생각을 역순으로 말할 때, 이런 비유법을 도치법(anastrophe)이라고 부릅니다.

• 카시오도루스 『시편 해설』 24,5.[17]

24,6 하느님을 찾는 이들

변화된 사람들

하느님의 얼굴을 찾는 이들 가운데 누구도 … 변화되지 않고는 하느님의 얼굴을 뵙고 살 수 없습니다.

• 오리게네스 『시편 발췌 주해』 24,6.[18]

새로 태어난 사람들

시편 저자는 그들을 "세대"라고 표현합니다. 주님을 찾는 이들이 "야곱의 하느님의 얼굴을 찾는 이들"로 새로 태어났기 때문입니다. 그들은 나중에 태어난 이에게 첫째 자리를 주셨던 하느님의 얼굴을 찾는 이들입니다.

• 아우구스티누스 『시편 상해』 24,6.[19]

24,7 성문들아, 머리를 들어라!

솔로몬에 관하여 말한 것이 아니다

솔로몬은 만군의 주님이 아니었습니다. 우리

---

[15] ANF 8,617*.
[16] FC 101,160.
[17] ACW 51,243-44.
[18] PG 12,1268.
[19] *WSA* 3,15,247.

그리스도께서 죽은 이들 가운데에서 부활하시어 하늘에 오르셨을 때, 하느님께서 선택하신 하늘의 권세들은 영광의 임금님께서 들어오시도록 천국의 문을 열라는 명령을 받았습니다. 그 임금님은 당신의 원수들을 발판으로 삼기까지 성부 오른쪽에 앉아 계실 것입니다(시편 110,1 참조). 천상의 권세들은 그분이 아름다움도, 영예도, 영광도 없는 모습인 것을 보고 그분을 알아보지 못한 채 "누가 영광의 임금님이신가?" 하고 물었습니다. 그러자 성령께서는 당신의 이름으로, 또는 성부의 이름으로 이렇게 대답하셨습니다. "만군의 주님, 이분이 영광의 임금님이시다." 예루살렘 성전의 문지기든 계약 궤의 문지기든 어느 누구도 솔로몬을 두고 "이 영광의 임금님은 누구이신가?" 하고 말하지 않았음을 모든 사람이 인정하리라고 나는 확신합니다.

• 순교자 유스티누스『유대인 트리폰과의 대화』36.[20]

성전 입구

알고 싶다면 우리의 성전이 무엇인지 배워라,
그것은 여느 건축가가 세운 건물이 아니다.
전나무나 소나무 목재로 지은 구조물도
아니며,
채석장에서 다듬은 대리석으로 덧댄 건물도
아니다.
육중한 무게를 지탱할 높은 기둥도 없다.
그것은 하느님의 음성이 아니라
하느님의 말씀으로 지어졌고,
사람이 되신 말씀(요한 1,14 참조),
영원하신 말씀으로 이루어졌다.
이 성전은 끝없이 영원하다.
네가 매질하고 십자가에 매달았으며,
쓸개를 마시게 한 것은 바로 이 성전이었다.
이 성전은 쓰라린 고통으로 허물어졌다(참조:
마르 14,58; 요한 2,19-21).
이 성전의 형상은 모태에서부터 약하였다.
덧없는 죽음으로 모태에서 받은 허약함이
사라졌을 때
성부의 권능이 사흘 만에 그것을 복원하였다.
내 구원의 성전이 천사들의 무리에 둘러싸여
높은 곳으로 오르는 것을 너는 보았다(사도 1,
10 참조).
영원한 문들이 그 천장을 떠받치고
높은 탑들을 통하여 영광스러운 계단들이
올라가며
꼭대기에는 빛나는 길이 보인다.

• 프루덴티우스『그리스도의 신성』518-36.[21]

천사들이 알려 주다

그분이 천상 성문에 이르시자 천사들이 그분을 맞이하고 천상 성문은 닫혔습니다. 그때까지 그분은 하늘로 오르시지 않았던 까닭입니다. 이제 그분은 육으로서 하늘에 오르셔서 먼저 하늘의 권세들 앞에 나타나십니다. 구원자 주님을 수행하는 천사들이 이 권세들에게 말합니다. "권세들아, 네 성문을 열어 올려라. 영원한 문들아, 활짝 열려라. 영광의 임금님께서 들어가신다."

• 히폴리투스『시편 단편』24.[22]

천사들에게 주어진 계시

당부하는데, 보이지 않는 권세들의 무지에 관하여 들을 때 놀라지 마십시오. 그들은 예지도 완전한 지식도 없습니다. 그런 지식은 오직 신적 본성에게만 있습니다. 천사들과 대천사들, 보이지 않는 권능을 가진 다른 무리들은 그들이 배

---

[20] FC 6,203.
[21] FC 52,22-23.
[22] ANF 5,170*.

운 만큼 압니다. 그래서 거룩한 사도들도 그들에 관하여 이렇게 말하였습니다. "그리하여 이제는 하늘에 있는 권세와 권력들에게도 교회를 통하여 하느님의 매우 다양한 지혜가 알려지게 되었습니다"(에페 3,10). 만약 그들이 교회의 삶을 통하여 하느님의 지혜를 더 정확하게 배우게 된다면, 그리스도의 인성만을 보고 그 안에 감추어진 신성을 알아차리지 못함으로써 그리스도 승천의 신비를 알지 못할 정도로 높은 곳에 있는 권세들에 관하여 잘못 아는 일은 없을 것입니다. … 어떤 인간도 [그 영원한 문]을 통과한 적이 없습니다. 말씀이신 하느님께서 인간이 되셔서 우리의 첫 열매들을 취하셨을 때, 그분은 하늘에까지 이르는 길을 가셨고, 가장 높은 곳에 계신 엄위하신 분의 오른쪽에 앉으셨습니다. 그리하여 그분은 모든 권세와 권력, 주권과 모든 이름들 위에 계시며, 이 세대뿐만 아니라 다가올 세대에도 그러하십니다.

• 키루스의 테오도레투스 『시편 주해』 24,6-7.[23]

하늘에 들어갈 수 있도록 구속되다

당신의 친아드님마저 아끼지 않으시고 우리 모두를 위하여 내어 주신 하느님(로마 8,32 참조)께서는 우리를 위하여 그 아드님이 저주를 받은 자가 되게 하셨습니다. 왜냐하면 "나무에 매달린 사람은 모두 저주받은 자"(갈라 3,13)이기 때문입니다. … 이는 그분께서 우리의 죄를 구속하게 하시려는 것이었습니다. 우리 구원의 날에 태양은 빛을 잃었습니다(마태 27,45 참조). 저승은 우리에 대한 권한을 잃었고, 우리는 하늘에 등록되었습니다. 영광의 임금님, 권능의 주님께서 들어가실 수 있도록 영원한 문들이 들어 올려졌고, 지상에서 태어나 저승으로 가도록 운명 지어진 인간이 하늘에 들어갈 수 있도록 그 값이 치러졌습니다.

• 테르툴리아누스 『박해에서 도피』 12,2.[24]

주님께서 우리를 위하여 길을 열어 주셨다

성문이 열려야 했던 것은 '말씀'을 위해서가 아니었습니다. 그분은 만민의 주님이시기 때문입니다. 그분의 작품들 가운데 자신을 만드신 분을 향해 닫혀 있는 것은 아무것도 없습니다. 문이 열릴 필요가 있었던 것은 우리 때문이었습니다. 그래서 그분은 당신의 몸으로 우리를 받아 지셨습니다. 모든 사람을 위하여 당신의 몸을 죽음에 내주심으로써 그분은 하늘로 이르는 길을 다시 한번 마련해 주셨습니다.

• 아타나시우스 『말씀의 육화』 25.[25]

주님 안에서 들어 올려지다

성부의 모상이며 불사불멸하는 존재이신 '말씀'께서 종의 모습을 취하셨고, 우리를 위하여 인간으로서 육의 죽음을 겪으셨습니다. 그분은 우리를 위하여 돌아가심으로써 당신을 성부께 바치셨습니다. 마찬가지로 그분은 인간으로서, 우리 때문에, 우리를 위하여 드높여지셨다고 합니다. 그분의 죽음을 통하여 우리 모두는 그리스도 안에서 죽었고, 그렇게 하여 우리 모두는 그리스도 안에서 들어 올려져, 죽은 이들 가운데에서 부활하여 하늘에 오를 것입니다. "우리의 선구자이신 예수님께서는 우리를 위하여 하느님 앞에 나타나시려고 참성소의 모조품에 지나지 않는 곳이 아니라 바로 하늘에 들어가신 것입니다"(히브 6,20; 9,24). 그리스도께서는 이전에도 그리고 언제까지나 하늘의 주님이시며, 하늘을 만

[23] FC 101,161-62.

[24] FC 40,299*.

[25] LCC 3,80.

드신 분이셨습니다. 그런 그리스도께서 하늘에 들어가신 것은 바로 우리를 위해서입니다. 지금 이 구절의 찬양이 기록된 것도 바로 우리를 위해서입니다. 모든 것을 거룩하게 하시는 분께서 우리를 위하여 성부께 자신을 거룩하게 바치셨다고 말씀하셨는데, 이는 말씀께서 거룩하게 되셨다는 뜻이 아니라 그분이 우리를 위하여 당신 안에서 거룩하게 되셨다는 말입니다. 우리는 다음 말씀도 같은 식으로 받아들여야 합니다. "그분께서 자신을 높이 들어 올리셨다." 그분은 이미 가장 높으신 분이시기에 들어 올려질 필요가 없습니다. 그분이 들어 올려진 것은 우리를 위하여 의로움이 되시기 위함이었고, 우리도 그분 안에서 들어 올려져 하늘의 문으로 들어갈 수 있게 하기 위함이었습니다. 이 하늘의 문을 그분께서 우리를 위하여 열어 주셨습니다. 선구자들은 말합니다. "오, 너희 군주들아, 네 성문을 들어 올려라. 영원한 문들아, 활짝 열려라. 영광의 임금님께서 들어가신다." 주님이시며 모든 것을 만드신 분이신 그분께는 이 성문들이 닫혀 있지 않습니다. 이 말이 기록된 것은 우리 때문입니다. 우리에게는 천국에 이르는 문이 닫혀 있었기 때문입니다. 그러므로 인성과 관련해서는, 그분이 육을 취하셨기 때문에 마치 인간이 들어갈 때처럼, 그분을 두고 "그분이 들어가실 수 있도록 네 성문을 들어 올려라"라고 말합니다. 다른 한편으로 "말씀은 하느님"이시기 때문에, 신성과 관련해서는, 그분을 두고, "주님"이시며 "영광의 임금님"이라고 말합니다. 시편 제89편에서 성령께서는 우리가 들어 올려질 것임을 미리 선포하셨습니다. "그들은 당신 정의로 일어섭니다. 정녕 당신은 그들 힘의 영광이시기"(시편 89,17-18) 때문입니다. 만약 성자께서 의로움이시라면, 그분은 당신의 필요 때문에 들어 올려지신 것이 아닙니다. 의로움이신 그분 안에서(1코린 1,30 참조) 들어 올려지는 것은 우리입니다.

• 아타나시우스 『아리우스파 반박 연설』 1,41.[26]

그리스도와 함께 올라가자

그분께서 하늘로 오르시면 그분과 함께 올라가십시오. 그분을 호위하거나 그분을 맞이하는 천사들 가운데 하나가 되십시오. 수난 후에 영광스럽게 되신 주님을 맞이하도록 성문들이 더 높이 들어 올려지도록 간청하십시오. 그분께서 육체와 더불어, 이 세상에 오실 때는 지니지 않으셨던 수난의 표지들을 지니신 채 올라가셨기 때문에, 의심을 품고서 "누가 영광의 임금님이신가?"라고 묻는 이들에게 답하십시오. 때때로 행하셨던 모든 일에서도 그러하셨듯이, 인류를 위한 전투와 승리에서도 마찬가지로 그분은 강력하고 전능하신 주님이십니다. 이 질문에 대해 의구심을 품는 이들에게 이 이중의 답변을 제시하십시오. 만약 그들이 감탄하면서 이사야서의 말씀처럼 "에돔에서 오시는 이분", 세상의 것들로부터 오시는 "이분은 누구이신가?"(이사 63,1), 또는 "어찌하여 당신의 의복이 붉습니까? 어찌하여 포도 확을 밟는 사람의 옷 같습니까?"(이사 63,2)라고 말한다면, 고통을 당하신 그 몸의 치장의 아름다움을 이야기하십시오. 그분의 육체는 수난으로 꾸며지고 신성으로 빛나며, 그 무엇도 이보다 더 아름답고 사랑스러울 수 없습니다.

• 나지안주스의 그레고리우스
『거룩한 부활절』(연설 45) 25.[27]

이 문을 통해 들어가자

우리 주님께서 승리하셔서 성부께로 오르셨

[26] NPNF 2,4,330**.

[27] NPNF 2,7,432*.

을 때 그분은 천사들에게 명령을 내리셨습니다. "내게 열어라, 정의의 문을. 그리로 들어가서 나 주님을 찬송하리라"(시편 118,19). 이 문들이 바로 시편 제24편에서 천사들이 주님을 맞을 준비를 하면서 말한 문들입니다. "성문들아, 머리를 들어라. 오랜 문들아, 일어서라. 영광의 임금님께서 들어가신다." 하느님 섭리의 계획과 육의 신비에 따라, 십자가의 승리에 어울리게, 주님께서는 세상에 내려오셨을 때보다 더 힘차게 하늘로 다시 들어가십니다. 그렇기 때문에 성문들이 높이 들어 올려지고 활짝 열리라는 명령을 받는 것은 적절합니다. "이것이 주님의 문이니 의인들이 그리로 들어가네"(시편 118,20). 이 문으로 베드로와 바오로, 모든 사도들과 순교자들이 들어갔고, 오늘날 성인들이 계속해서 들어가고 있습니다. 이 문을 그 강도가 주님과 함께 맨 먼저 통과하였습니다. 그러므로 믿음을 가지고 이 문으로 들어가게 될 것을 희망하십시오.

• 히에로니무스 『부활 주일에 관한 강해』 94.[28]

그분처럼 되자

이제 그 사람에게 이런 말이 내립니다. '너의 지도자들을 위하여 문을 열어라. 육에 따른 너의 지도자인 아담의 본보기는 던져 버려라. 그리고 영원한 문들을 들어 올려라. 이 문들은 힘세고 용맹하신 영광의 임금님, 싸움에 용맹하시고, 잘못과 그 잘못의 결실인 쓸모없는 영 위에 승리하시는 분을 모시고 있다. 그러니 너의 지도자들을 위하여 이 문들을 들어 올려라.' "우리가 흙으로 된 그 사람의 모습을 지녔듯이, 하늘에 속한 그분의 모습도 지니게 될 것입니다"(1코린 15,49).

• 소 아르노비우스 『시편 주해』 24.[29]

24,8 힘세고 용맹하신 주님

권세들의 주님

"만군의 주님"은 "권세들의 주님"으로 번역됩니다. 시편 제24편에서도, 천상의 권세들이 그분을 만군의 주님으로 맞이하며 인사드리는데, 주님께서 땅에서 하늘로 돌아가실 것을 미리 알려 주는 존재가 바로 이 권세들의 우두머리입니다. … 히브리어 시편은 여기에서 그분을 "만군의 주님"이라 부릅니다. 그분은 영광의 임금님이시기 때문에 그분께서 여기에 머무시는 동안 온 땅은 그분의 영광으로 가득 찰 것입니다. 시편과 예언서는 그것이 지금 여기에서 실현되었다고 말합니다. 예언서에서는 "온 땅에 그분의 영광이 가득하다"(이사 6,3)고 말하고 있습니다. 그리고 이 시편의 도입부에서는 이렇게 말합니다. "세상과 그 안에 가득 찬 것들, 누리와 그 안에 사는 것들은 주님의 것이라네"(1절).

• 카이사리아의 에우세비우스
『복음의 논증』 7,1,311-12.[30]

영적 승리자

그리스도는 영적 원수들을 파멸시키신 분으로 이해해야 합니다. 그분은 영적 무기를 휘두르시며 영적 싸움을 벌이십니다. … 이 시편이 분명하게 말하고 있는 것은 바로 이런 영적 전쟁입니다. "힘세고 싸움에 용맹하신 주님." 그분께서 마지막으로 싸우셨던 원수는 죽음이었고, 십자가라는 전리품을 얻으시며 승리하셨습니다.

• 테르툴리아누스 『마르키온 반박』 4,20.[31]

---

[28] FC 57,251*.

[29] CCL 25,31.

[30] *POG* 2,50-51.

[31] ANF 3,379.

24,9 오랜 문들아, 일어서라

진홍색 옷

싸움에 용맹하시고 힘세신 주님께서는 당신의 수난으로 원수들을 파멸시키셨습니다. 그 뒤 죽은 이들 가운데에서 부활하신 당신의 육체를 지니신 채 승리와 전리품을 안고 가십니다. … 어떤 권세들은 말합니다. "에돔에서 오시는 이 분은 누구이신가? 진홍색으로 물든 옷을 입고 보츠라에서 오시는 그토록 아름다우신 이분은 누구이신가?"(이사 63,1). 그분을 호위하는 이들은 천국 문을 지키는 이들에게 말합니다. "네 성문들을 들어 올려라. 영광의 임금님께서 들어가신다."

• 오리게네스『요한 복음 주해』6,287-88.[32]

길이 열렸다

땅에서 하늘로 이르는 길이 이제 열렸습니다. 예언자의 나팔이 다시 한번 울려 퍼지게 하십시오. 천상의 군주들아, 천상 군대를 숭배하는 이들의 마음에 성문을 세웠던 이들아, 네 성문들을 치워 버려라. "그러나 너, 영원한 문들아, 너를 들어 올려라." 영원한 의로움의 문이요, 사랑과 순결의 문들아, 한 분이신 참하느님을 사랑하고, 수많은 신들에게 매춘을 거부한 영혼이 너를 통하여 들어갈 수 있도록 너를 들어 올려라. "영광이 임금님께서 들어가신다." 영광의 임금님께서 성부의 오른쪽에서 우리를 위하여 중재하시기 위하여 들어가십니다.

• 아우구스티누스『시편 상해』24,9.[33]

24,10 누가 영광의 임금님이신가?

두 개의 문

같은 시편 안에 "누가 영광의 임금님이신가?"라는 말이 두 번 나옵니다. … 같은 말을 두 번씩이나 하는 것은 불필요하거나 쓸데없는 것으로 여겨질 수 있습니다. 그러나 같은 말이 반복될 때 그것이 어떻게 끝나는지 주목하고 왜 반복되는지 주의 깊게 살펴보아야 합니다. 성문은 부활하신 분에게 한 번, 승천하신 분께 한 번, 두 번 열린 것처럼 보입니다. 먼저, 저승의 성문들이 열렸고, 그다음에는 천국의 성문들이 열렸습니다. 하느님께서 저승에 가신 것은 전에는 없었던 새로운 일이요, 인간이 하늘에 오른 것도 새로운 일입니다. 그때마다 권세들은 겁에 질렸습니다. "누가 영광의 임금님이신가?" 이에 대해 어떻게 말할 수 있겠습니까? 각 질문에 주어진 대답에 귀 기울여 보십시오. 첫째 질문을 한 자들에게는 이런 답변이 주어졌습니다. "힘세고 용맹하신 주님, 싸움에 용맹하신 주님이시다." 어떤 종류의 싸움입니까? 죽을 운명에 처한 이들을 위하여 죽음을 겪고, 모든 사람을 위하여 고통을 당하시며, 전능하신 분께서 저항하지 않으시고 죽음으로써 죽음을 이기신 전쟁입니다. 그러므로 영광의 임금님은 지하세계에서도 위대하십니다. 이 대답이 천상의 권세들에게도 똑같이 주어집니다. … 주님께서 당신과 함께 인간을 하늘로 들어 올리셨기 때문에, 하늘의 권세들은 그분을 알아보지 못한 듯이 "누가 영광의 임금님이신가?"라고 묻습니다. 그러나 그곳에서 주님은 더 이상 경쟁자가 아니라 승자이시며, 싸움을 하시는 분이 아니라 승리를 경축하시는 분이시기 때문에 여기에서 주어진 답변은 "싸움에 용맹하신 주님"이 아니라, "만군의 주님, 그분께서 영광의 임금이시다"입니다.

• 아우구스티누스『설교집』377,1.[34]

---

[32] FC 80,246.

[33] *WSA* 3,15,247-48.

[34] *WSA* 3,10,352.

주님께서 직접 알려 주시다

이미 이루어진 주님의 부활에 관한 소식은 부활하신 주님의 발현보다 앞서 전달되었습니다. 그 후 만군의 주님이신 영광의 임금님께서는 상당 기간 동안 제자들에게 나타나셔서 당신께서 일시적으로 맛보셨던 죽음을 참으로 위대한 권능으로 이기셨다는 것을 직접 분명하게 알려 주셨습니다.

• 존자 베다 『복음서 강해』 2,9.[35]

하느님의 아드님이신 그리스도

“누가 영광의 임금이신가?” 하느님의 아드님이신 그리스도가 수치스러운 군주를 내쫓으신 “영광의 임금님”이십니다. 그분은 거룩한 보편 교회의 영원한 문을 높이 들어 올리셨고, 우상들의 신전을 그들의 군주인 악마의 문들과 마찬가지로 무너뜨리셨습니다. 만약 여러분이 “누가 만군의 주님이신가?”라고 묻는다면, 사도들은 이렇게 대답할 것입니다. “모든 이를 구원하시는 만민의 임금님, 영원히 다스리시는 하느님의 아드님이신 그리스도이시다.”

• 소 아르노비우스 『시편 주해』 24.[36]

우리를 영광스럽게 하시는 분

“영광의 임금님”은 다름 아니라 그분을 영광스럽게 하는 이들을 영광스럽게 하시는 분이십니다. 그분께서 직접 이렇게 말씀하셨습니다. “나를 영광스럽게 하는 이들을 나는 영광스럽게 할 것이다.” 그분은 당신께서 원하시는 대로 각자에게 권능과 힘, 은사들을 나누어 주시는 분이십니다.

• 카시오도루스 『시편 해설』 24,9.[37]

[35] CS 111,78.

[36] CCL 25,31-32.

[37] ACW 51,245-46.

25,1-22 용서를 구하는 기도

원수들이 그대를 둘러싸고 있다면,
시편 제25편을 바치며 그대의 영혼을 하느님께 들어 올리십시오.
그러면 악행을 저지르는 자들이 달아나는 것을 보게 될 것입니다.
아타나시우스 『시편 해석에 관해 마르켈리누스에게 보낸 편지』 17 [OIP 67]

1 [다윗]
(알렙) 주님, 당신께
제 영혼을 들어 올립니다.
2 저의 하느님
(베트) 당신께 의지하니
제가 수치를 당하지 않게 하소서.
제 원수들이 저를 두고
기뻐 날뛰지 못하게 하소서.
3 (기멜) 당신께 바라는 이들은 아무도
수치를 당하지 않으나
까닭 없이 배신하는 자들은
수치를 당하리이다.
4 (달렛) 주님, 당신의 길을 제게 알려 주시고
당신의 행로를 제게 가르쳐 주소서.

[5] (헤) 당신의 진리 위를 걷게 하시고
저를 가르치소서.
당신께서 제 구원의 하느님이시니
날마다 당신께 바랍니다.
[6] (자인) 기억하소서, 주님,
먼 옛날부터 베풀어 오신
당신의 자비와 당신의 자애를.
[7] (헤트) 제 젊은 시절의 죄악과 저의 잘못은
기억하지 마소서.
주님, 당신의 자애에 따라,
당신의 선하심을 생각하시어
저를 기억하여 주소서.
[8] (테트) 주님께서는 선하시고 바르시니
죄인들에게 길을 가르쳐 주신다.
[9] (요드) 가련한 이들이 올바른 길을
걷게 하시고
가련한 이들에게 당신 길을 가르치신다.
[10] (카프) 당신의 계약과 법규를 지키는
이들에게
주님의 길은 모두 자애와 진실이라네.
[11] (라멧) 주님, 저의 죄가 크니
당신 이름 생각하시어 용서하소서.
[12] (멤) 주님을 경외하는 이 누구인가?
그가 선택할 길을 가르쳐 주시리라.
[13] (눈) 그의 영혼은 행복 속에 머물고
그의 후손은 땅을 차지하리라.
[14] (사멕) 주님께서는
당신을 경외하는 이들과 사귀시고
당신 계약을 그들에게 알려 주신다.
[15] (아인) 내 발을 그물에서 빼내 주시리니
내 눈은 언제나 주님을 향해 있네.
[16] (페) 저를 돌아보시어 자비를 베푸소서.
외롭고 가련한 몸입니다.
[17] (차데) 제 마음의 곤경을 풀어 주시고①
저를 고난에서 빼내 주소서.
[18] 저의 비참과 고생을 보시고
저의 죄악을 모두 없이 하소서.
[19] (레시) 저의 원수들을 보소서,
많기도 한 그들.
저를 모질게도 미워합니다.
[20] (쉰) 제 영혼을 지키시고 저를 구원하소서.
당신께 피신하니 수치를 당하지
않게 하소서.
[21] (타우) 당신께 바라니
결백함과 올곧음이 저를 지키게 하소서.
[22] 하느님, 모든 곤경에서
이스라엘을 구하소서.

① 또는 '제 마음의 곤경이 더욱 커졌사오니'.

둘러보기

시편 제25편은 알파벳 시편이다(카시오도루스). 다윗은 하느님만을 신뢰하게 해 달라고 기도드린다(소 아르노비우스). 여기에는 자신에서 하느님으로 신뢰의 대상이 바뀌는 것도 포함된다(아우구스티누스). 다윗은 원수들의 비웃음의 대상이 되지 않게 해 달라고 기도한다(카시오도루스). 신앙의 여러 본보기들을 생각하면서(테오도레투스), 다윗은 주님을 기다린다(카시오도루스). 다윗은 하느님의 길, 곧 하느님의 계획과 행위를 알게 해 달라고 청한다(몹수에스티아의 테오도루스). 그것이 곧 인생의 올바른 선택이며(암브로시우스), 주님의 좁은 길이다(아우구스티누스). 다윗은 우리에게 믿고 기다리라고 가르친다(카시오도루스). 자비를 기다리며(아우구스티누스), 그가 걸었던 길을 걸어가라고 한다(소 아르노비우스). 주님의 자비는 언제나 우리와 함께 있으며(아우구스티누스), 우리가 은총을 받는 것도 우리의 공로 때문이 아니라 바로 이 자비 때문이다(카시오도루스). 하느님의 생각은 곧 그분의 현존이며, 그 현존은 우리에게까지 이른다(에바그리우스). 다윗은 하느님께서 그의 죄가 아니라 그를 기억해 주시기를 청한다(테오도레투스). 다윗은 하느님께서 그가 되갚아야만 하는 것이 아니라 하느님의 선하심을 기억해 주시기를 청한다(아우구스티누스, 디오도루스).

하느님의 법은 당신의 선하심을 나누어 주시는 선물이며(카시오도루스), 우리에게 도움이 되라고 주신 것이다(디오도루스). 이 법으로 온유한 이들은 가르침을 받는다(에바그리우스). 하느님께서는 늘 우리를 자비로 대하신다(몹수에스티아의 테오도루스). 주님은 겸손한 자들(아우구스티누스), 온순하고 온화한 이들을 가르치신다(카시오도루스). 이것이 바로 그분의 길이며(몹수에스티아의 테오도루스), 성경이 우리에게 알려 준 길이다(테오도레투스). 하지만 하느님께서는 죄인이 얼마 동안 자신의 약함대로 살도록 내버려 두시기도 한다(히에로니무스).

이 시편의 셋째 부분은 주님께 대한 경외심을 강조한다(카시오도루스). 주님을 경외하는 이는 영적 상속을 받고(위-아타나시우스), 부활 이전에도 축복을 받는다(카시오도루스). 경외심은 희망을 낳는다(카시오도루스). 하느님을 고대하는 것이 참된 앎의 자세다(에바그리우스). 바로 이런 지식으로 위험을 피하게 된다(카시오도루스). 과거에 대해서뿐만 아니라 현재에 대해서도 용서는 필요하다(아우구스티누스). 원수들은 사방에 있다(아우구스티누스). 그러나 교회는 타락한 자들을 위해 기도한다(카시오도루스). 인내는 희망의 샘이며(에바그리우스), 구원은 믿음을 통하여 온다(아우구스티누스). 희망으로 온전한 삶을 살려는 원의를 품고(몹수에스티아의 테오도루스), 하느님의 힘으로 다른 이를 사랑하며(카시오도루스) 안팎으로 구원될 때(아우구스티누스) 다윗의 평화는 온 이스라엘로 뻗어 나간다(테오도레투스).

25,1 주님, 당신께

알파벳 시편

이 시편은 히브리어 알파벳 순서에 따라 쓰인 두 번째 시편입니다. … 시편집 전체에는 두 종류의 알파벳 시편들이 있습니다. 첫째 종류는 히브리어 알파벳 전부를 분명하게 포함하고 있는 것으로, 시편 111, 112, 119편과 같은 것들입니다. … 둘째 종류는 히브리어 알파벳 가운데 몇 가지가 빠져 있는 시편들입니다. 예를 들면, 시편 25, 34, 37, 145편 등입니다. … 현재의 시편에는 여섯 번째와 열아홉 번째 알파벳이 빠져 있다는 사실을 알아야 합니다. … 이처럼 알파벳 순서에 따른 배열은 성경에서 낯선 것이 아닙니다. 예레미야는 예루살렘이 포위된 상황을 통곡하며 애가를 지었는데, 이 애가 중 첫 네 편이 알파벳 시편입니다. 이처럼 예레미야는 히브리어 자음을 거룩하게 사용함으로써 천상의 것들에 대한 신비를 열어 보일 수 있다는 사실을 우리에게 가르쳐 줍니다. … 이 시편 전체를 통하여 교회는 시인이 창조한 인물, 곧 '에토포에이아'ethopoeia와 함께 놀라운 청원기도를 드립니다. 원수들에게 경멸당한 인물로 하느님의 눈앞에 나타나지 않을 수 있게 해 달라고 기도합니다. 이 시편의 제1부에서 [교회는] 하느님의 의향과 길을 알게 해 달라고 청합니다. 제1부는 히브리어 알파벳 첫 다섯 글자에 해당됩니다. 제2부에서 [교회는] 태초부터 하느님께서 성조들에게 주셨던 그 자애를 요청합니다. 제2부는 히브리어 알파벳 여섯 글자로 이루어집니다. 제3부에서 [교회는] 주님의 계명을 지키는 이들은 영원한 보상을 받을 만하다고 말하며, 교회는 이 한 가지 갈망을 항구하게 지켜 왔다고 증언합니다. 제3부는 히브리어 알파벳 아홉 글자를 포함합니다.

• 카시오도루스 『시편 해설』 25,1.[1]

하느님만을 신뢰하다

주님, 제가 세상의 모든 이득에서, 이 세상의 좋아 보이는 모든 것에서 제 영을 들어 올려 당신께 나아가게 하소서. 저는 저 자신을 들어 올려, 돈이나 집이나 일, 군대의 힘이나 제 능력을 믿지 않고 오직 당신을 신뢰하면서 찾고 있습니다. 그래서 저는 이 육체를 떠날 때 부끄러움을 당하지 않을 것입니다. … 저는 제 영이 좋은 것들에 머물 수 있도록 제 영을 당신께로 들어 올립니다.

• 소 아르노비우스 『시편 주해』 25.[2]

25,2 수치를 당하지 않게 하소서

신뢰의 대상이 바뀌다

오, 저의 하느님, 저는 자신을 신뢰했던 탓에 이토록 심한 육체적 나약함에 이르게 되었습니다. … 하지만 지금은 당신을 신뢰하오니 제가 더 이상 수치를 당하지 않게 하소서.

• 아우구스티누스 『시편 상해』 25,2.[3]

원수의 조롱

원수들은 의로운 이들의 신뢰가 좌절되는 것을 보면 비웃습니다. … 보통 웃음은 마음씨 좋은 이들의 특징이지만 사람을 비웃는 것은 언제나 원수의 특징입니다.

• 카시오도루스 『시편 해설』 25,2-3.[4]

25,3 하느님을 받드는 이들

믿음의 본보기

그는 당신을 믿으며 당신의 도우심을 누리는 이들에게서 희망의 충분한 근거를 발견한다고 말합니다. 당신은 당신의 법을 무시하는 이들은 좌절시키시지만 당신을 믿는 이들은 늘 돌보아 주십니다.

• 키루스의 테오도레투스 『시편 주해』 25,2.[5]

용기 있게 주님을 받들다

용기 있게 주님을 받드는 것은 악을 견디어 내면서 주님께 기대를 거는 것을 말합니다. 그러면 주님께서 심판하러 오실 때 헌신적인 사람의 영이 찾고 있는 것을 주실 것입니다.

• 카시오도루스 『시편 해설』 25,4.[6]

25,4 주님의 길과 행로

주님의 계획과 행위

(시편 저자는 '저는 당신의 명령을 행하고 지키기로 결심했습니다'라는 뜻으로 "저는 당신의 계명의 길을 달려왔습니다"라고 말합니다. 바로 이 구절에서처럼) 시편 저자는 사람들의 행적을 "길"로 지칭합니다. 저자는 또한 하느님께서 창조하시거나 배열하심으로써 행하고자 하시는 모든 것을 하느님의 "길"이라고 부릅니다. 그래서 "당신의 길을 제게 가르쳐 주소서"라는 말은 '제가 당신의 행하심과 계획하심을 기뻐하게 하소

---

[1] ACW 51,246-48*. [2] CCL 25,32.
[3] *WSA* 3,15,249. [4] ACW 51,248*.
[5] FC 101,163. [6] ACW 51,248*.

서'를 의미합니다.

• 몹수에스티아의 테오도루스 『시편 해설』 25,4.[7]

올바른 선택

주님의 "길"이란 "나는 길이요 진리요 생명"(요한 14,6)이라고 말씀하시는 그리스도께서 인도하시는, 좋은 삶에 이르는 어떤 과정이라고 말할 수 있습니다. 따라서 "길"이란 곧 하느님의 놀라운 힘입니다. 그리스도께서 우리의 길이시고, 좋은 길이란 바로 그분이시기 때문입니다. 그 길은 신자들에게 하늘 나라를 열어 주었습니다. 나아가 주님의 길은 올곧습니다. 그래서 "오, 주님, 당신의 길을 제게 알려 주소서"라고 말합니다. 정결도 길이고, 믿음도 길이며, 절제도 길입니다. 실제로 덕의 길이 있고, 사악함의 길이 있습니다. "제게 사악함의 길이 있는지 보시어 …"(시편 139,24 참조)라는 말씀이 있기 때문입니다.

• 암브로시우스 『신앙론』 3,7,51.[8]

좁은 길

주님의 길은 많은 이들을 지옥으로 이끄는 그런 넓은 길이 아닙니다. 적은 수의 사람들에게만 알려진 당신의 좁은 길 안에서 저를 단련시켜 주소서.

• 아우구스티누스 『시편 상해』 25,4.[9]

25,5 하느님께 바라다

믿고 기다리다

훌륭한 그리스도인을 만드는 두 가지 요소가 있습니다. 첫째는 하느님께서 우리의 구원자이심을 믿는 것이고, 둘째는 우리의 한평생 인내롭게 그분의 보상을 기다리는 것입니다.

• 카시오도루스 『시편 해설』 25,5.[10]

자비를 바라다

제가 오류를 피하게 하시고, "저를 가르치소서". 저 혼자서는 거짓밖에 알 수 없기 때문입니다. … 저는 천국에서 쫓겨나 먼 지방에서 헤매고 있습니다. 제가 헤맬 때 당신께서 저를 찾아 주시지 않으면 제 힘으로는 돌아갈 수 없습니다. 이 지상에서 보내는 시간 내내 돌아가기 위하여 당신의 자비를 기다립니다.

• 아우구스티누스 『시편 상해』 25,5.[11]

하느님께서 걸으셨던 길을 걸으며

주님, 당신께서 걸으셨던, 생명에 이르는 당신의 길은 당신께서 이끄실 때만 찾을 수 있으므로, 제게 그 길을 알려 주시어 그 길을 따라 걸을 수 있게 하여 주소서. 그리고 제게 당신의 행로를 알려 주시어 그것을 따라가게 하소서. 제가 그렇게 할 때 당신께서는 저를 당신의 진리로 인도하시고, 이끌어 주십니다. 당신은 제 구원의 하느님이시기 때문입니다.

• 소 아르노비우스 『시편 주해』 25.[12]

25,6 주님, 당신의 자비를 기억하소서

늘 주시는 자비

당신은 한 번도 자비를 거두신 적이 없습니다. 당신은 죄 많은 인간이 좌절을 체험하게도 하시지만 희망을 갖게 하기도 하십니다. 당신은 그들을 저버리지 않으시고 당신께서 창조하신 많고 큰 위안들로 그들을 도와주십니다.

• 아우구스티누스 『시편 상해』 25,6.[13]

---

[7] WGRW 5,249*.
[8] NPNF 2,10,250*.
[9] *WSA* 3,15,249.
[10] ACW 51,249.
[11] *WSA* 3,15,249.
[12] CCL 25,32.
[13] *WSA* 3,15,250.

우리의 공로 때문이 아니라

이 말씀들 안에는 정통적인 고귀한 생각이 빛나는 듯합니다. 왜냐하면 누구도 자신의 공로로는 하느님의 은총을 얻을 수 없기 때문입니다. '세상의 시초부터 있었던 하느님의 자비'에 대하여 말함으로써 교회는 계속해서 자비를 주시는 주님을 찬미합니다. 하느님은 사람들의 행위를 자비를 받기 위한 요구 조건으로 취하지 않으시고 먼저 당신의 은사를 베푸십니다. 사실 모든 이단들은 보잘것없는 어떤 개념을 근거로 시작됩니다. 여기에서 우리는 은총에 대한 펠라기우스 이단의 주장이 얼마나 파괴적인 악인지, 그리고 그것을 분명하게 반박할 수 있다는 것을 이해하게 됩니다.

• 카시오도루스 『시편 해설』 25,6.[14]

하느님의 기억

사람들은 무엇인가를 기억하려 할 때 자기가 이전에 알았던 것들을 떠올리려 애씁니다. 하지만 하느님은 이성적인 본성을 떠올리시면 바로 그 본성 안에 계십니다. 하느님께서 어떤 사람을 기억하시면, 바로 그 사람 안에 들어가 계신다고들 합니다.

• 폰투스의 에바그리우스 『시편 발췌 주해』.[15]

25,7 제 젊은 시절의 죄악을 기억하지 마소서

제 죄가 아니라 저를 기억해 주소서

시편 저자는 이 표현으로 다음의 것을 청합니다. 당신의 크신 자비에 따라 저를 기억하소서. 제 죄가 아니라 저를 사랑으로 기억하소서.

• 키루스의 테오도레투스 『시편 주해』 25,3.[16]

제가 마땅히 받아야 할 것이 아니라

제발 저를 기억하여 주십시오. 제가 받아 마땅한 분노가 아니라 당신께 어울리는 자비로 저를 기억해 주소서. 제가 받기로 되어 있는 것 때문이 아니라, 주님, 당신의 선하심 때문에, "오, 주님, 당신의 선하심을 생각하시어" 저를 기억하여 주소서.

• 아우구스티누스 『시편 상해』 25,7.[17]

이스라엘이 이집트에서 지은 젊은 시절의 죄악

시편 저자가 "젊은 시절의 죄악"이라고 말한 것은 백성들이 이집트에서 지은 죄를 말합니다. 이집트에서 그들이 우상 숭배를 저질렀음을 기억하십시오. 그래서 저자는 이렇게 말합니다. 그 죄들을 기억하지 마시고 당신의 자애를 기억하소서. 당신은 그 자애로 그들이 무지할 때에도 그들에게 친절하셨고, 그들이 청하지 않았음에도 불구하고 나서서 그들에게 자비를 베푸셨습니다. 그러니 지금도 당신을 위하여 그런 돌보심과 자애를 베풀어 주소서.

• 타르수스의 디오도루스 『시편 주해』 25.[18]

25,8 하느님께서는 죄인들을 가르치신다

하느님의 선하심의 선물

주님은 자애로움에 있어서 그 누구보다 뛰어나시지만 여전히 죄인들의 회개를 기다리시니 과연 주님은 다정하십니다. 그분은 "의로운 이에게나 불의한 이에게나 똑같이 비를 내려 주시는"(마태 5,45) 분이시기에 없어져야 마땅한 사람들에게도 삶을 허락하십니다. … 주님께서는 수차례의 꾸짖음과 오랜 인내 끝에 악한 이들을 대적하시고, 교만하고 사악한 이들을 낮추셔서 마침내 그들이 지혜롭게 되어 죄에서 돌아서게 하

[14] ACW 51,249-50*.
[15] PG 12,1272.
[16] FC 101,164.
[17] *WSA* 3,15,250.
[18] WGRW 9,78.

시니, 과연 주님은 의로우십니다. 주님께서 법을 제정하신 것은 주님의 다정하심과 의로우심의 특별한 표지였습니다. 주님께서는 사람들이 죄를 짓는 것을 바라지 않으시고 율법을 선포하여 그들을 바로잡고자 하셨기 때문입니다. 아무도 이 법이 엄격함에서 나온 처벌이라고 생각하지 않도록, 주님께서는 당신께서 주신 법, 곧 선함과 다정함에서 나온 법의 목적을 상세히 설명하셨습니다. "길에서"라는 말은 현세의 삶을 의미하는데, 정의롭게 살도록 우리를 경고하는 법은 바로 이 현세의 삶을 위해 제정된 것입니다.

• 카시오도루스 『시편 해설』 25,8.[19]

우리의 유익을 위하여

하느님이 본성상 사랑과 자비를 베푸시는 분이시라면, 어째서 어떤 사람들은 심판에 넘겨지도록 허락하십니까? 다윗은 정의는 사랑을 수반한다는 것을 명백히 하기 위하여 "바르시다"는 말을 덧붙였습니다. 그는 계속해서 "주님께서는 죄인들에게 길을 가르쳐 주신다"고 말합니다. 정의 또한 하느님의 속성이기에 "주님께서는 죄인들에게 길을 가르쳐 주십니다". 곧, 주님께서는 죄인들이 올바름으로 돌아설 수 있도록 그들을 바로잡아 주십니다. 시편 저자는 하느님께서 죄인들에게는 정의의 증거를 보여 주시고, 다른 이들에게는 선하심을 보여 주신다고 말합니다. … 사람들이 벌을 받든지 아니면 행복한 결과를 누리든지 정신을 하느님께 고정시키고 흔들리지 않는다면 그들은 모든 것이 그들의 유익을 위하여 일어난다는 것을 알게 될 것입니다.

• 타르수스의 디오도루스 『시편 주해』 25.[20]

온유한 자들을 가르치시다

누군가 자신의 급한 성격을 다스릴 수 있게 되었다면, 그는 마귀를 다스리게 된 것입니다. 그러나 만약 누군가 격정의 노예가 되었다면, 그는 구원자의 길에서 완전히 멀어진 자입니다. … 주님은 온유한 이들에게 당신의 길을 가르쳐 주시기 때문입니다.

• 폰투스의 에바그리우스 『악한 생각』 13.[21]

하느님의 관행인 자비

자비는 하느님의 관행이고 의로움은 하느님의 항구한 관심사입니다. 사실, 하느님은 종종 당신의 선하심을 보여 주심으로써 죄를 가려 주시고 개인의 행위를 엄격하게 감시하지 않으십니다. 실수를 고치지 않고 고집하는 이들을 보시면 정의의 잣대를 엄밀하게 적용하시고 그들을 벌하시지만, 이는 그들을 바로잡기 위함이며, 따끔한 매질로 잘못한 이들이 절제의 삶으로 되돌아오게 하기 위함입니다.

• 몹수에스티아의 테오도루스 『시편 해설』 25,8.[22]

25,9 하느님은 겸손한 이들을 가르치신다

겸손한 이들을 가르치신다

어떤 이들은 하느님보다 더 자신을 잘 다스릴 수 있다고 생각하기라도 하는 것처럼 앞서서 달려가기를 원합니다. 하느님께서는 이런 이들에게는 당신의 길을 가르쳐 주시지 않습니다. 오히려 으스대거나 과시하지 않으며, 고집스럽게 자신의 주장을 고수하지 않는 이들에게 당신의 길을 가르쳐 주십니다. 그리고 이들에게 당신의 편한 멍에와 가벼운 짐을 메어 주십니다.

• 아우구스티누스 『시편 상해』 25,9.[23]

[19] ACW 51,251*.
[20] WGRW 9,78-79*.
[21] *GAC* 162*.
[22] WGRW 5,251.
[23] *WSA* 3,15,250*.

온순하고 온화한

"온순하다"는 말은 교만하거나 자만하는 이들한테는 해당되지 않습니다. … "온순한 이들"은 교만한 자들과 반대됩니다. 교만한 자들은 자신들에게 해악을 가져오는 자유로 부드러운 멍에와 가벼운 짐을 발로 차 버립니다. 하느님께서는 명령받은 바를 불평하지 않고 행하는 이들을 가르치십니다. 온화한 이들과 온순한 이들의 차이는 이것입니다. 온화한 이들은 광야의 불꽃에도 흔들리지 않고 마음의 평정 상태에 늘 머무는 이들입니다. 반면에 '온순한 이들'(mansueti)은 '손으로 길들여진'(manu sueti) 이들이기 때문에 그렇게 불립니다. 다시 말해, 그들은 손해를 입더라도 악을 악으로 갚지 않습니다.

• 카시오도루스 『시편 해설』 25,9.[24]

25,10 자애와 진실

이것이 하느님의 길이다

이것이 주님이 길입니다. 선택하신 이들에게 참되고 확실한 구원을 주시는 것이 당신의 일이요 길이며 행위임을 말하시려는 듯이 주님께서는 늘 진실과 자비를 연결시키십니다.

• 키루스의 테오도레투스 『시편 주해』 25,10.[25]

성경을 통해 배우다

늘 성경 말씀에서 가르침을 얻는 이들은 우리 구원자 하느님의 모든 다스림이 자애와 진실로 조율되어 있다는 것을 성경에서 배워서 잘 알고 있습니다. 하느님께서는 범한 죄를 뉘우치는 이들에게는 자비와 용서를 베푸십니다. [죄에] 정복되지 않은 이들에게는 진리로써 당신의 판단을 내리시며 그들을 덕의 우승자로 선포하시고 화관을 씌워 주십니다. 죄에 사로잡혀 있는 것이 분명한데도 회개의 혜택을 입으려 들지 않는 이들에게는 진리의 기준에 따라 벌을 내리십니다.

• 키루스의 테오도레투스 『시편 주해』 25,5.[26]

25,11 죄가 크다

얼마 동안 내버려 두다

하느님의 자비가 하느님 심판의 진리를 약화시키기는 합니다. 그럼에도 불구하고 다윗은 이런 말을 할 만큼 대담했기 때문에 하느님께서는 다윗이 얼마 동안 자신의 약함대로 살도록 내버려 두셨습니다. 곧 자기 의지의 자유를 따르도록 내버려 두셨습니다.

• 히에로니무스 『펠라기우스파 반박 대화』 2,19.[27]

25,12 주님을 경외하는 이

주님을 경외함

이 시편의 셋째 단락에서 특별히 강조되고 있는 것은 주님을 경외하는 이와 그가 받게 될 주님의 축복입니다.

• 카시오도루스 『시편 해설』 25,12.[28]

25,13 땅을 차지하다

영적 유산

주님을 경외하는 이는 그의 씨앗, 곧 그의 선행으로 인하여 영적인 땅을 상속받게 될 것입니다. 그는 겸손과 노력으로 죄를 용서받고 영적인 땅을 얻게 될 것입니다.

• 위-아타나시우스 『시편 해설』 25.[29]

---

[24] ACW 51,251.

[25] WGRW 5,251.

[26] FC 101,165.

[27] FC 53,324-25.

[28] ACW 51,252*.

[29] CSCO 387,17.

부활 전에

부활 때에 성인들에게 주어질 것으로 약속된 완전한 행복은 그들이 육체를 막 벗어날 때 바로 주어지지 않습니다. 하지만 … 그의 영혼은 "좋은 것들 가운데 머물" 수 있습니다. 비록 "어떠한 눈도 본 적이 없고 어떠한 귀도 들은 적이 없으며 사람의 마음에도 떠오른 적이 없는"(1코린 2,9) 그 보상이 미루어질지라도, 그들은 미래의 보상으로 주어질 집에 대한 흔들리지 않는 기쁨으로 잔치를 벌입니다.

• 카시오도루스 『시편 해설』 25,13.[30]

25,14 당신을 경외하는 이들과 사귀신다

두려움은 희망을 낳는다

사람에 대한 두려움은 신뢰를 사라지게 하지만 하느님을 경외함은 희망의 힘을 낳습니다.

• 카시오도루스 『시편 해설』 25,14.[31]

25,15 내 눈은 주님을 향해 있다

참된 앎의 자세

하느님을 알기 위하여 모든 것을 말하고 행하는 이는 언제나 영혼의 눈을 하느님께로 향합니다. 만약 그가 하느님의 자녀가 되게 하는 성령을 받지 않았다면, 그는 그리스도의 형제가 아니며 성령의 힘이 그 사람 안에서 발휘되지도 않습니다. 지식을 갖지 못한 그런 이는 풍요로움이 없는 가난한 자이며 외동이라고 할 수 있습니다.

• 폰투스의 에바그리우스 『시편 발췌 주해』 24[25],16.[32]

위험을 피하는 법

발을 내딛기 전에 땅을 잘 살펴보지 않는 사람은 덫에 빠지거나 우물 속으로 떨어지기 쉽습니다. 늘 눈을 주님께로 들어 올린다면 신중하게 발걸음을 내디딜 수 있습니다. 이 말은 사실이며 새길 만합니다. 우리의 시선이 늘 하느님을 향할 때, 우리는 걸려 넘어질 일이 없습니다.

• 카시오도루스 『시편 해설』 25,15.[33]

25,18 제 죄악을 모두 없이하소서

현재에 대한 용서

제가 당신께 청하는 것은 제 젊은 시절의 죄악과 제가 믿기 전에 범하였던 무지만이 아닙니다. 믿음으로 살고 있는 지금에도 제 약함이나 또는 이 삶을 흐리게 하는 어둔 구름으로 인하여 제가 범하고 있는 죄들을 용서해 주십사는 것입니다.

• 아우구스티누스 『시편 상해』 25,18.[34]

25,19 저의 원수들을 보소서

사방에 있는 원수들

바깥뿐 아니라 안에도, 곧 교회의 한가운데에도 원수들은 적지 않습니다. "그들은 모질게도 저를 미워합니다." 저는 그들을 사랑하는데도 그들은 저를 미워합니다.

• 아우구스티누스 『시편 상해』 25,19.[35]

타락한 자들을 위한 기도

"제 원수들을 보소서"라는 말로, 교회는 그들의 회개를 위하여 기도합니다. 하느님께서는 당신께서 '보시는' 이들을 지체 없이 회개시키시기 때문입니다. 예를 들면, 복음서에서 주님께서 베드로를 바라보시자 베드로는 슬피 울었습니다(루카 22,54-62 참조). … 몇몇 사람의 타락은 그다지 중요하게 여겨지지 않을 수도 있습니다. 그러

---

[30] ACW 51,253*.
[31] ACW 51,253*.
[32] PG 12,1272.
[33] ACW 51,253*.
[34] *WSA* 3,15,252.
[35] *WSA* 3,15,252.

나 많은 사람의 타락은 엄청난 슬픔 없이는 견뎌 낼 수 없습니다.

• 카시오도루스 『시편 해설』 25,19.[36]

25,20 저를 구원하소서

희망의 원천

"희망은 우리를 부끄럽게 하지 않습니다"(로마 5,5). 희망은 올곧음의 딸이며, 올곧음은 인내의 자손입니다. 원수들은 하느님에 대한 지식을 잘라 버리려 합니다. 덕행이 이 원수들이 주는 시련을 견디어 낼 때 그 시련 속에서 인내가 태어납니다.

• 폰투스의 에바그리우스 『시편 발췌 주해』 24[25],20.[37]

믿음으로 구원되다

제 영혼이 미끄러져 그들을 흉내 내지 않도록 지켜 주소서. 저들이 저와 함께 뒤섞여 있는 이 혼란한 상황에서 저를 구하소서. … 저는 저 자신이 아니라 당신을 신뢰하오니 만약 저들이 저를 거슬러 일어나는 일이 생기더라도 제가 수치를 당하지 않게 하소서.

• 아우구스티누스 『시편 상해』 25,20.[38]

25,21 하느님께 바라다

주님의 힘이 주시는 사랑

결백한 이들과 올곧은 이들은 주님께 바라기 때문에, 교회는 그들이 교회에 결합되어 있다고 말합니다. 만약 교회가 주님의 힘에 대한 확신이 없다면 교회는 그런 사람들을 사랑할 수 없을 것입니다.

• 카시오도루스 『시편 해설』 25,21.[39]

희망의 재촉을 받아

저는 당신께 제 희망을 두고, 결백한 이들이 어울리고 싶어 하며, 저와 함께하는 것을 즐거워하는 그런 사람이 되고자 애를 씁니다.

• 몹수에스티아의 테오도루스 『시편 해설』 25,21.[40]

25,22 모든 곤경에서 구하소서

안팎으로 구원된

오, 하느님, 당신은 이 백성들이 당신을 바라볼 수 있도록 준비시키셨습니다. 그러니 그들을 구원하소서. 그들은 안팎에서 오는 시련들을 견디고 있습니다. 그러니 그들을 이 모든 시련에서 구원하소서.

• 아우구스티누스 『시편 상해』 25,22.[41]

임금의 구원을 통해 오는 평화

임금이 하느님께 기도를 드리는 것은 당연한 일입니다. 나라를 다스리도록 임명된 이가 자신의 백성을 철저히 돌보는 것 역시 마땅한 일입니다. 특히 온 백성의 복지가 현명하게 잘 다스리는 지도자의 구원에 달려 있다면 더욱더 그러합니다. 복된 다윗이 자신과 자신에게 맡겨진 백성을 위하여 기도하는 것은 바로 이런 까닭입니다. 그런데 시편의 이 구절은 다른 의미도 지닙니다. 사울과 므피보셋, 압살롬 때에 이스라엘은 분열되어 있었습니다. 그래서 다윗은 이렇게 말합니다. '만약 제가 당신의 호의를 입고 있다면 제가 저의 적수들보다 강하다는 것을 입증해 주십시오. 그러면 이스라엘은 내전이 끝나고 평화가 올 것이며, 당신께서 주시는 좋은 것들 안에서 기뻐할 것입니다.'

• 키루스의 테오도레투스 『시편 주해』 25,10.[42]

---

[36] ACW 51,254-55*.
[37] PG 12,1273.
[38] *WSA* 3,15,252.
[39] ACW 51,255*.
[40] WGRW 5,255.
[41] *WSA* 3,15,253*.
[42] FC 101,168.

26,1-12 정당함을 밝혀 주시기를 청하는 기도

[원수들이] 피 묻은 손으로 집요하게 그대를 끌어내리고 죽이려 한다면
올바른 재판관은 하느님이심을 기억하고(인간은 한계가 있으며 하느님 홀로 의로우십니다)
시편 제26편을 읊으십시오.

아타나시우스『시편 해석에 관해 마르켈리누스에게 보낸 편지』17 [OIP 67]

1 [다윗]
주님, 제 권리를 되찾아 주소서.
저는 결백하게 살아왔고
주님께 의지하여
흔들리지 않았습니다.
2 주님, 저를 시험하시고 살펴보시며
제 속과 마음을 달구어 보소서.
3 정녕 당신 자애가 제 눈앞에 있었고
당신 진실에 따라 제가 걸어왔습니다.①
4 저는 옳지 않은 자들과 함께 앉지 않았고
음흉한 자들과 함께 다니지 않았습니다.
5 악인들의 모임을 싫어하고
무도한 자들과 함께 앉지 않았습니다.
6 주님, 결백함으로 제 손을 씻고
당신 제단을 돕니다.
7 큰 소리로 감사 노래 부르고
당신의 기적들을 알리기 위함입니다.
8 주님, 저는 당신께서 계시는 집과
당신 영광이 깃드는 곳을 사랑합니다.
9 제 영혼을 죄인들과 함께,
제 생명을 살인자들과 함께 거두지 마소서.
10 그들의 두 손에는 부정이,
그들의 오른손에는 뇌물이 가득합니다.
11 그러나 저는 결백하게 살아가니
저를 구하소서, 자비를 베푸소서.
12 제 발은 올바른 곳에 서 있습니다.
예배 모임에서 저는 주님을 찬미하오리다.

① 또는 '저는 성실하게 당신을 향해 걷고 있습니다'.

둘러보기

시편 제26편은 다윗의 생애가 배경이다(테오도레투스). 그런데 이 시편은 이상적인 완전한 그리스도인에게 적용시켜 볼 수도 있다(카시오도루스). 시편 저자는 하느님께 대한 신뢰를 드러내면서 청원을 드린다(테오도레투스). 그는 어떤 의심도 품고 있지 않으며(몹수에스티아의 테오도루스) 하느님의 자비를 확신한다(카시오도루스). 그리스도인의 신앙의 원천은 바로 여기에 있다(소 아르노비우스). 삶에는 슬픔이 있기 마련이다(오리게네스). 하느님께서는 우리를 치유하실 목적으로 이런 슬픔을 활용하신다(카시오도루스). 시편 저자는 자신의 모습을 보게 해 달라고 하느님께 청한다(아우구스티누스). 그는 믿음으로 하느님을 기쁘시게 한다(카시오도루스). 시편 저자는 자신의 공로 때문이 아니라 자비의 인도를 받아(아우구스티누스) 하느님 안에서 하느님을 기쁘시게 한다(에바그리우스). 그는 현재의 은총과 미래의 은총을 모두 보고 있다(풀겐티우스). 시편 저자는 자비를 위하여 정의를 찾고 있다(히에로니무스). 그는 악한

자들의 모임을 피한다(카시오도루스). 허영심이 있는 자들의 모임도 싫어한다(카시오도루스). 그렇게 함으로써 악마와 맞선다(카이사리우스). 그는 이성의 제단으로 나아가며(에바그리우스), 영적 정결례를 치른다(카시오도루스). 씻음은 순결함의 상징이다(알렉산드리아의 키릴루스). 이 시편은 주님의 집의 아름다움에 대한 묵상으로 끝난다(카시오도루스). 우리가 주님의 집의 아름다움을 즐길 수 있도록 주님은 당신의 피로써 우리의 몸값을 치러 주셨다(아우구스티누스, 카시오도루스).

26,1ㄱ 표제: 다윗의 시편

다윗의 생애라는 맥락

내가 보기에 거룩한 다윗은 자신에 대해 생각하며 이 시편을 읊은 것 같습니다. … 나는 그가 사울에게 쫓겨 다니며 이민족들 가운데 살아야만 하였을 때 이 말을 하였을 것으로 생각합니다. 자신이 불신앙과 미신, 온갖 종류의 불법적 상황에 둘러싸여 있다는 것을 알고 그는 그 이민족들의 모임을 멀리하고, 마귀들에게 바치는 그들의 축제를 피하였습니다.

• 키루스의 테오도레투스 『시편 주해』 26,1.[1]

완전한 그리스도인

이 본문 전체에 '완전한 그리스도인'이라는 제목을 붙일 수 있습니다. 완전한 그리스도인은 주님의 관대하심 덕분에 계속해서 교회에 헌신하며, 자신의 다양한 공로로 사람들의 칭찬을 받고, 하느님의 자애로 위안을 받습니다. 이 시편이 바로 이러한 것을 설명하고 있기 때문에 우리는 우리의 이해력에 바탕을 두고 이 시편을 주 그리스도의 것으로 여겨야 합니다.

• 카시오도루스 『시편 해설』 26,1.[2]

26,1ㄴ 제 옳음을 입증해 주소서

하느님을 신뢰하며

오, 주님, 제 소송에 의로운 재판관으로 나서 주시기를 청합니다. 저는 당신이 하느님이심을 알고 있으며, 당신의 섭리에 제 희망을 둡니다. 저는 저를 뒤쫓는 이들의 손에 떨어지지 않을 것임을 확신합니다.

• 키루스의 테오도레투스 『시편 주해』 26,2.[3]

하느님의 자비를 확신하며

하느님의 심판을 요청하는 것은 다소 위험해 보입니다. 하지만 죄인들로부터 멀어지게 해 달라는 요청은 하느님의 응답을 받을 만한 이들이 청하기에 적절한 것으로 보입니다. 그래서 우리는 여기에서 그가 마땅히 받아야 할 것에 대해 자랑하지 않는 것을 봅니다. 만약 그가 자랑했다면 그것은 가증스러운 것입니다. 그는 그저 충실한 종으로서 매우 사악한 자들에게서 자신을 분리시켜 줄 것을 정당하게 청합니다. 그는 사악한 이들이 받을 몫을 받고 싶지 않기 때문입니다. 시편 저자는 주님의 자비를 확신하기 때문에 심판을 요청합니다. 바오로가 말하였듯이, "이제는 의로움의 화관이 나를 위하여 마련되어 있습니다. 의로운 심판관이신 주님께서 그날에 그것을 나에게 주실 것입니다. 나만이 아니라, 그분께서 나타나시기를 애타게 기다린 모든 사람에게도 주실 것입니다"(2티모 4,8). 그는 결백한 사람으로 삽니다. 나중에 그가 말하겠지만 그는 주님께 신뢰를 두고 있기 때문입니다. 그가 보여 주는 확신은 자신의 힘이 아니라 하느님의 관대하심에 기초한 것입니다. 이런 선언에 대한 아름

[1] FC 101,169.
[2] ACW 51,256.
[3] FC 101,169.

다운 증거가 이어서 제시됩니다. 그는 주님께 대한 신뢰로 약해지지 않는다고 주장합니다. 이것이 바로 그가 앞에서 말한 "결백함"입니다. 달리 말하자면 주님의 힘에 대한 확신입니다. 그래서 죄로 인한 어떠한 약함도 그를 내리누를 수 없습니다.

• 카시오도루스 『시편 해설』 26,1.[4]

아무런 의심 없이

이 구절은 일부 주석가들이 주장하는 대로 "주님, 저를 판단하소서"라고 읽어서는 안 됩니다. "저를 판단하소서"라고 읽으면 전혀 다른 의미가 되기 때문입니다. 그렇게 해석하면, 시편 제5편에서 저자가 "주님, 그들이 죗값을 받게 하소서"라고 말하는 것처럼 심판을 청하는 말로 들립니다. 이런 말은 자신의 소송을 위해 청원을 드리는 이에게는 적절하지 않습니다. 이 구절은 "저에게 정당한 판결을 내려 주소서"라는 의미로 읽어야 합니다. … 저자는 자신이 결백한 목적에서 벗어나지도 않았고, 주님께 대한 희망에 어떤 의심도 품지 않았으니 정당한 판결을 내려 달라고 청합니다.

• 몹수에스티아의 테오도루스 『시편 해설』 26,1.[5]

그리스도인의 믿음

그리스도인에게 믿음을 갖게 하는 두 가지는 하느님의 자비를 늘 눈앞에 떠올리는 것과 보편적 신앙의 진리를 받아들이는 것입니다.

• 소 아르노비우스 『시편 주해』 26.[6]

26,2 저를 시험하소서

예정된 슬픔

필요하다면 우리는 인생의 축복을 누리는 동시에 우리 영혼에 시련이 될 예정된 슬픔을 견뎌야 할 것입니다. 성경은 이런 식으로 인간의 고통에 관하여 말하곤 합니다. 황금이 불 속에서 정련되듯이 인간의 정신도 단련을 받아 징벌에 합당한지 칭찬을 받기에 합당한지 드러납니다. … 따라서 우리는 준비를 갖추고 이렇게 말할 수 있어야 합니다. "주님, 저를 시험하시고 살펴보시며 제 속과 마음을 달구어 보소서."

• 오리게네스 『켈수스 반박』 8,56.[7]

치유를 바라는 요청

"시험하고 살펴보라"는 말은 자신만만함에서 나온 것이 아니라 자신의 영혼을 향상시키려는 원의에서 나온 요청입니다. 하느님께서 우리를 시험하시고 살펴보실 때, 하느님께서는 우리가 우리의 죄를 알아차릴 수 있게 해 주시고, 회개의 보상을 얻도록 도와주시기 때문입니다.

• 카시오도루스 『시편 해설』 26,2.[8]

저 자신을 보게 하소서

저의 어떤 비밀스러운 죄도 저의 시선에서 벗어나지 못하도록 주님 저를 시험하시고 살피소서. 당신께는 아무것도 감추어진 것이 없으니 저를 당신이 아니라 저에게 그리고 다른 이들에게 드러나게 해 주소서. "제 속과 마음을 달구어 보소서." 제 갈망과 제 생각에 불을 대어 주시어 치유의 정화가 일어나게 하소서. "당신의 자애가 제 눈앞에 있기 때문입니다."

• 아우구스티누스 『시편 상해』 26,3.[9]

---

[4] ACW 51,257*.

[5] WGRW 5,257.

[6] CCL 25,33.

[7] ANF 4,661*.

[8] ACW 51,257*.

[9] *WSA* 3,15,254.

26,3 하느님의 자애와 진실

믿음으로 하느님을 기쁘시게 하다

시편 저자는 하느님의 자비를 잊지 않습니다. 그는 하느님의 자비가 늘 그를 돕고 있음을 압니다. 그래서 그는 하느님의 자애에서 눈을 떼지 않습니다. … "당신 진리에 따라"라는 말은 "당신의 그리스도 안에서"를 의미합니다. 그리스도께서 "나는 길이요 진리요 생명"이라고 말씀하셨기 때문입니다. 만약 그가 이런 믿음으로 힘을 받지 않았다면 그는 주님 마음에 드는 이가 될 수 없습니다.

• 카시오도루스 『시편 해설』 26,3.[10]

자비의 인도를 받다

저를 이런 삶으로 이끌어 준 것은 저의 공로가 아니라 당신의 자비입니다. 당신의 자비를 언제나 바라보게 하시어 제가 당신의 정화의 불에 타서 없어지지 않게 하소서. "당신의 진리 안에서 저는 당신 마음에 들게 되었습니다." 저의 거짓은 저를 슬프게 하지만 당신의 진리는 제게 기쁨을 줍니다. 당신의 진리와 더불어, 그 진리 안에서 저는 당신 마음에 드는 괜찮은 사람이 되었습니다.

• 아우구스티누스 『시편 상해』 26,3.[11]

하느님 안에서 하느님을 기쁘게 해 드리다

"나는 진리이다"(요한 14,6)라고 말씀하신 대로 우리 하느님이신 그리스도께서 진리이시고 다윗이 진리 안에서 하느님을 기쁘시게 하였다면, 참으로 그는 하느님 안에서 하느님을 기쁘게 해 드린 것이 됩니다.

• 폰투스의 에바그리우스 『시편 발췌 주해』 25[26],3.[12]

현재의 은총과 미래의 은총

의로움을 인정받는 은총은 현재에 주어집니다. 그러나 영광스럽게 되는 은총은 미래의 은총입니다. 의롭게 되는 것은 믿음으로 주어지는 은총이고, 영광은 보이는 것으로 주어지는 은총입니다. 바오로는 "우리는 보이는 것이 아니라 믿음으로 걷습니다"(2코린 5,7)라고 말합니다. 성인들이 지금 믿고 있는 바를 그때가 되면 보게 될 것입니다. … 믿음으로 사는 의로운 사람은 확신에 찬 믿음으로 이렇게 말합니다. "나는 산 이들의 땅에서 주님의 선하심을 보리라 믿습니다"(시편 27,13). 따라서 하느님의 구원이 먼저 오고 그 다음에 보상이 주어질 것입니다. 그래서 의롭게 된 사람은 그가 영광스럽게 되면 받게 될 것을 지금 여기에서 믿습니다.

• 루스페의 풀겐티우스 『모니무스에게』 1,11,5.[13]

자비를 위하여 정의를

그가 정의를 추구하는 것은 자비에 관하여 말하기 위함입니다.

• 히에로니무스 『시편 주해』 25[26].[14]

26,4 악인들을 피하다

악인들의 모임

이제 시편 저자는 하느님의 자애를 통해 그가 이루게 된 것을 나열합니다. 이것은 그가 하느님께 인정받았다고 주장하는 근거가 되기 때문입니다. "저는 옳지 않은 자들과 함께 앉지 않았습니다." 그는 사악한 이들의 계획에 연루되지 않았고, 그들의 토론에 동의한 적도 없었습니다.

[10] ACW 51,258*.
[11] *WSA* 3,15,254.
[12] PG 12,1273.
[13] FC 95,202*.
[14] CCL 72,200.

거룩한 사람이 어쩌다 사악한 이들의 모임에 참석하는 경우가 생길 수 있습니다. 그런 모임에서는 부당하거나 헛된 제안들이 제시되기 마련인데 그는 이를 의식하고 그들의 토론에 가담하지 않고, 그 안에서 느끼는 어떤 기쁨 때문에 꾸물거리지도 않았습니다. 대신 그는 악한 제안을 반박하거나 아예 토론을 중단하였습니다. 앞에서 시편 저자는 무도한 자들과 함께 앉지 않았다고 말하였는데, 여기에서는 음흉한 자들에게 동조하지도 않았다고 주장합니다. 먼저 그는 그들의 토론을 피하였고, 그다음에는 그들의 행위를 거부하였습니다. 범죄 "속으로 들어가는 것"은 부주의한 행위를 시작하는 것을 의미합니다. 그러한 행위는 자신의 도덕적 감각에 낯선 것이라고 이 거룩한 사람은 말합니다.

• 카시오도루스 『시편 해설』 26,4.[15]

26,5 악인들의 모임

허영에 찬 자들과 악인들

거룩한 사람이 모든 면에서 기만하려 드는 자들의 모임을 싫어하지 않고 그들의 모임을 피하기만 한다면, 그것으로는 충분하지 않을 것입니다. 사랑이 우정을 내포하는 것처럼 증오는 분리를 내포합니다. 시편 저자는 앞에서 "허영에 찬 자들과 함께 앉지 않았다"고 말하였는데, 여기에서는 "악인들의 모임에 함께 앉지 않았다"고 말하고 있습니다. 왜냐하면 그 둘 다 철저하게 물리쳐야 하기 때문입니다. 허영에 찬 자들과 사악한 자들은 서로 다릅니다. 허영에 찬 자들은 일시적인 이익에 관심을 기울이고 헛된 대화에 시간을 소모하는 이들입니다. 사악한 자들은, 베드로 사도가 "말씀을 곡해하여 스스로 멸망을 불러오는 자들"(2베드 3,16)이라고 말하였듯이, 변덕스러운 질문으로 성경의 가치를 떨어뜨리려 드는 이단자들입니다. 그래서 시편 저자는 이 두 종류의 사람들을 피하라고 옳은 경고를 하고 있습니다. 첫 번째 사람들은 헛된 것들을 사랑하고, 두 번째 사람들은 멸망에 이르게 하는 무기를 심습니다.

• 카시오도루스 『시편 해설』 26,5.[16]

악마에 맞서다

서로에게 악의를 품지 마십시오. 시편 저자가 "나는 악인들의 모임을 싫어한다"고 말한 것처럼 주님께서 그것을 싫어하시기 때문입니다. 그러니 사랑하는 형제 여러분, 우리의 영혼은 그리스도의 모습을 간직하고 있으니 영혼의 아름다움을 위하여 육의 악덕을 고칩시다. 형제 여러분, 나는 진실을 말하고 있습니다. 우리가 이 모든 것들을 지키고자 한다면 우리를 유혹하는 자에게 이렇게 말해야 할 것입니다. 악마야, 네 말을 듣고 내 하느님의 모습을 더럽히자고 나를 설득하려 들지 마라. 주님은 나를 위하여 고난을 받으셨고, 나를 위하여 침 뱉음을 당하셨으며, 나를 위하여 뺨을 맞으셨고, 나를 위하여 채찍질을 당하셨으며, 나를 위하여 십자가에 매달리셨다. 하느님의 종이라면 자신을 유혹하는 자에게 이렇게 말해야 할 것입니다. "너는 네가 졸라 대는 그 일을 하도록 결코 나를 설득할 수 없을 것이다."

• 아를의 카이사리우스 『설교집』 238,2.[17]

26,6 제단 앞에 나아가다

영적인 씻음

다른 이들과 더불어 선한 삶을 살고자 열망하

---

15 ACW 51,258-59*.

16 ACW 51,259*.

17 FC 66,222*.

며 자신의 행위를 어떤 결함도 없게 만들고자 하는 이들은 결백한 이들 가운데서 자신의 손을 씻습니다. 시편 저자가 "결백한 이들 가운데서"라는 말을 덧붙인 것은 타당합니다. 죄인들도 손을 씻기는 하기 때문입니다. 본시오 빌라도는 주님을 사악하게 배신함으로써 자신의 영혼을 더럽힌 후에 손을 씻었습니다. … 그러나 만족감을 주는 눈물로 자신의 손을 씻는 이들은 영적 의미에서 손을 씻는 이들입니다.

• 카시오도루스 『시편 해설』 26,6.[18]

이성의 제단

우리의 정신은 이성의 제단입니다. 우리는 이 제단 위에서 모든 비이성적인 생각들을 하느님께서 보내신 불로 태워 버립니다. … 영혼이 자신에 대해 성찰할 때 부패한 모퉁이를 찾는 것이 아니라 하느님의 제단을 에워쌉니다. … 관상은 유형적인 것과 비유형적인 것으로 이루어진 제단입니다. 나의 정신은 이 제단에서 정화됩니다. 이러한 가르침을 받아들이는 이는 하느님의 모든 놀라운 일들을 선포합니다.

• 폰투스의 에바그리우스 『시편 발췌 주해』 25[26],6.[19]

순결함의 상징

여러분은 하느님의 제단 주변에 서 있는 원로들과 사제에게 손 씻는 물을 주는 부제를 보았을 것입니다. 부제가 그들에게 물을 주는 것은 그들의 신체가 더러워졌기 때문이 아닙니다. 우리는 더러운 몸으로 교회에 들어갈 수 없기 때문에 그것은 이유가 되지 않습니다. 손을 씻는 것은 여러분이 모든 죄스럽고 불법적인 행위에서 정화되어야 한다는 것을 보여 주는 상징입니다. 손은 행위의 상징이기 때문에 손을 씻음으로써 우리 행위의 순결함과 흠 없음을 드러냅니다. 여러분은 복된 다윗이 바로 이 신비를 드러내며 이렇게 말하는 것을 듣지 않았습니까? "주님, 결백함으로 제 손을 씻고, 당신 제단을 돕니다." 그러니까 손을 씻는 것은 죄에 물들지 않았음을 드러내는 상징입니다.

• 예루살렘의 키릴루스 『신비 교리교육』 5,2.[20]

26,8 하느님께서 계시는 집

하느님 집의 아름다움

"당신 집의 아름다움"은 이 집의 찬란한 벽이나 값비싼 식탁 용구를 말하는 것이 아닙니다. 이는 온 교회가 행하고 있는 행위들, 곧 기쁘게 시편을 바치고 정성껏 기도를 드리는 것, 그리스도인들의 지극히 겸손한 신심 같은 행위들의 지극히 복된 특성을 두고 하는 말입니다. 앞에서 교회에 대하여 말한 시편 저자는 여기에서는 하느님의 영광이 머물고 있는 성도들에 대하여 이야기합니다. 바오로는 그들에 대하여 이렇게 말하였습니다. "하느님의 성전은 거룩하며, 여러분이 바로 하느님의 성전입니다"(1코린 3,17). 시편 저자가 말하는 "[하느님께서] 계시는 집"은 인간 마음의 비밀스러운 곳을 가리킵니다. 그는 여기에 "당신의 영광이 깃드는 곳"이라는 구절을 덧붙입니다. 하느님께서 머무시는 곳은 어디에서나 영광이 있기 때문입니다. 하느님께서는 당신께서 머무실 곳을 영광스럽게 만드시기 때문에 그러합니다. 거처의 장엄함은 머무는 이의 가치만큼 커집니다.

• 카시오도루스 『시편 해설』 26,8.[21]

[18] ACW 51,259.

[19] PG 12,1273.1276.

[20] FC 64,191-92**.

[21] ACW 51,260.

26,11 저를 구하소서

주님의 피

주님의 피는 엄청난 몸값의 가치를 지니니 그 몸값으로 저에게 완전한 자유를 얻게 하소서. 이 세상 삶의 위험 가운데에서 당신의 자비가 저를 버리지 않게 하소서.

• 아우구스티누스 『시편 상해』 26,11.[22]

구원의 피

"저를 구하소서." 다시 말해, 당신께서 오실 때 당신의 귀하신 피로 저를 속량하소서. 세상이 죄에 사로잡혀 있었을 때 바로 그 피로 세상은 구원되었습니다. "그리고 저에게 자비를 베푸소서." 곧, 당신께 충실하게 간청하는 이들을 당신은 이 세상에서 살려 주셨으니, 바로 이 세상에서 제게 자비를 베풀어 주소서.

• 카시오도루스 『시편 해설』 26,11.[23]

[22] *WSA* 3,15,256.

[23] ACW 51,261.

27,1-14 깊은 신심으로 드리는 기도

원수가 사정없이 맹렬히 그대를 공격할 때,
그대를 에워싸고 그대가 기름부음받은이가 아니라고 경멸하며
이런 이유로 그대와 싸우려 든다면,
그 공격에 굴복하지 말고 시편 제27편을 노래하십시오.

아타나시우스 『시편 해석에 관해 마르켈리누스에게 보낸 편지』 17 [OIP 67]

1 [다윗]①
주님은 나의 빛, 나의 구원.
나 누구를 두려워하랴?
주님은 내 생명의 요새.②
나 누구를 무서워하랴?
2 악인들이 내 몸을 집어삼키려③
달려들지라도
내 적이요 원수인 그들은
비틀거리다 쓰러지리라.
3 나를 거슬러 군대가 진을 친다 하여도
내 마음은 두려워하지 않으리라.
나를 거슬러 전쟁이 일어난다 하여도
그럴지라도 나는 안심하리라.
4 주님께 청하는 것이 하나 있어
나 그것을 얻고자 하니
내 한평생
주님의 집에 살며
주님의 아름다움을 우러러보고
그분 궁전을 눈여겨보는 것이라네.
5 환난의 날에
그분께서 나를 당신 초막에 숨기시고
당신 천막 은밀한 곳에 감추시며
바위 위로 나를 들어 올리시리라.
6 나를 둘러싼 원수들 위로
이제 내 머리를 치켜들어
나 그분의 천막에서
환호의 희생 제물을 봉헌하고
주님께 노래하며 찬미드리리라.⤴

7 들으소서, 주님,
제가 큰 소리로 부르짖습니다.
자비를 베푸시어 제게 응답하소서.
8 "너희는 내 얼굴을 찾아라." 하신
당신을 제가 생각합니다.
주님, 제가 당신 얼굴을 찾고 있습니다.
9 당신 얼굴을 제게서 감추지 마시고
분노하며 당신 종을 물리치지 마소서.
당신은 저의 도움이십니다.
제 구원의 하느님
저를 내쫓지 마소서, 저를 버리지 마소서.
10 내 아버지와 어머니가 나를 버릴지라도
주님께서는 나를 받아 주시리라.
11 주님, 당신의 길을 저에게 가르쳐 주소서.
저의 원수들 때문이니
바른길로 저를 인도하소서.
12 제 적들의 탐욕에 저를 넘기지 마소서.
거짓 증인들이 저를 거슬러 일어나
폭력을 내뿜습니다.
13 그러나 저는 산 이들의 땅에서
주님의 선하심을 보리라 믿습니다.
14 주님께 바라라.
네 마음 굳세고 꿋꿋해져라.
주님께 바라라.

① 칠십인역의 일부 수사본들에는 '그가 기름부음 받기 전에'라는 말이 덧붙어 있다.
② 또는 '피난처'.
③ 또는 '나를 비방하며'.

둘러보기

칠십인역에는 시편 제27편에 "다윗이 기름부음을 받기 전에"라는 표제가 붙어 있다. 이 표제는 이 시편이 다윗의 어떤 기름부음에 관하여 언급하고 있는가 묻게 한다(카시오도루스). 어떤 이들은 후대에 이루어진 기름부음에 관한 것으로 여긴다(디오도루스). 빛이신 주님은 우리의 깨달음의 원천이시며(니사의 그레고리우스), 우리가 환난이라는 어둠 속에 있을 때 우리의 도움이 되신다(디오도루스). 주님을 경외할 때 다른 모든 두려움을 쫓아낼 수 있다(카시오도루스). 마귀들에 대한 두려움도 쫓아낸다(오리게네스). 우리는 하느님의 도우심을 통해 확신을 갖는다(대 레오).

다윗은 자신의 적수들이 몰락하는 것에 대해 감사드린다(디오도루스, 테오도레투스). 그들은 그의 영혼이 아니라 육의 적수들이다(암브로시우스). 그에게는 경험에 바탕을 둔 확신이 있으며(테오도레투스), 그것은 창조되지 않은 자유에 대한 확신이고(오리게네스), 그리스도께서 보여 주신 확신이다(오리게네스). 이 본문에서는 두 종류의 전쟁, 곧 활동가의 전쟁과 관상가의 전쟁을 상정해 볼 수 있다(에바그리우스). 구원은 주님의 집에서 찾을 수 있다(테오도레투스). 우리는 다윗처럼 주님의 집에 머물기를 갈망해야 한다(베다). 동시에 현재의 집인 교회를 잊어서는 안 된다(베다). 은총을 주시는 우리의 머리이신 주 예수님은 들어 올려져야 한다(베다). 다른 어떤 희생 제사도 하느님을 기쁘게 해 드릴 수 없다(디오도루스). 우리는 그분에게서 자비의 얼굴을 찾는다(소 아르노비우스). 우리는 그분에게서 버려지기보다는 우리를 바로 잡으시려는 얼굴을 보기 원한다(디오도루스).

우리는 주님께 우리를 가르치고 인도해 달라고 간청한다(테오도레투스). 우리는 율법이 우리를 위하여 주어진 것임을 알고 있다(소 아르노비우스). 우리는 주님께서 우리를 원수들에게 넘겨 주시지 말고 우리를 향상시켜 주시기를 간청한다(디오도루스). 우리는 하느님의 약속이 이루어지기를 간절히 기다리며(테오도레투스), 참된 가르침의 힘을 간직한다(에바그리우스). 우리 힘이 아니라 하느님께서 주신 힘으로 그렇게 한다(풀겐티우스). 성령께서 우리의 힘을 북돋아 주신다(예루살렘의 키릴루스). 그래서 우리는 주님 안에서 노력한다(알렉산드리아의 키릴루스).

27,1ㄱ 표제: 다윗의 시편

다윗의 두 번째 기름부음받음

이 표제가 말하는 것은 사무엘기에서 더 자세한 역사적 내용을 볼 수 있습니다. 사울이 하느님께 죄를 지었을 때, 다윗은 자기 아버지 앞에서 거룩한 예언자 사무엘에게 임금으로 기름부음을 받았습니다(1사무 16,13 참조). 그러나 이 표제는 이때의 기름부음이 아니라 다윗의 두 번째 기름부음을 기념하는 것으로 보입니다. 다윗은 사울의 박해가 끝난 후 백성들의 기도로 왕권을 받게 되었습니다(2사무 5,2 참조). 그는 이 사건들에 대한 증언으로 이 시편을 썼음이 분명합니다. 여러분이 첫 번째 기름부음에 대해 자세히 알아보면 다윗이 그 사건 이전에는 어떤 시편도 짓지 않았음을 알게 될 것입니다. 따라서 이 표제는 두 번째 기름부음받음을 가리키는 것으로 이해할 수밖에 없습니다.

• 카시오도루스『시편 해설』27,1.[1]

히즈키야

시편 제27, 28, 29, 30편은 주제가 같은 시편들이며, 아시리아 군대와 맞서고자 했던 복된 히즈키야의 관점에서 서술되었습니다. 영감 받은 저자인 다윗은 히즈키야에 관한 주제를 채택하여 자신의 말로 자신의 감정을 드러내면서 예언하였습니다. 이 네 개의 시편은 다소 차이와 변화를 보이긴 합니다. 각 시편을 주석할 때 그것을 언급할 것입니다. 시편 제27편과 29편이 아시리아 군대의 파멸에 대해서만 언급하는 승리의 찬가라면, 시편 제28편과 30편은 히즈키야의 병과 회복에 대해서도 이야기합니다.

• 타르수스의 디오도루스『시편 주해』27.[2]

27,1ㄴ 빛과 구원

빛의 원천

다윗은 주님을 "빛"이라고 부릅니다. 빛이신 주님에게서 진리의 빛이 나옵니다. 진리의 빛은 깨달은 사람들 안에서 반짝입니다.

• 니사의 그레고리우스『에우노미우스 반박』2,15.[3]

하느님의 도움의 빛

이스라엘 백성은 환난 때문에 어둠 속에서 살았습니다. 그래서 주님의 도우심은 그들에게는 "빛"이었고 "구원"이었습니다.

• 타르수스의 디오도루스『시편 주해』27.[4]

두려움을 쫓아내는 두려움

"나 누구를 두려워하랴?"라는 말은 '나는 아무도 두려워하지 않으리라'는 뜻입니다. 주님을 두려워한다면 아무도 두려워하지 않을 수 있게 됩니다.

• 카시오도루스『시편 해설』27,2.[5]

[1] ACW 51,262.

[2] WGRW 9,82.

[3] NPNF 2,5,133*.

[4] WGRW 9,82.

[5] ACW 51,264*.

마귀도 두려워하지 않는다

그리스도인들은 아무것도 두려워할 필요가 없습니다. 마귀들이 그들에게 앙심을 품고 있어도 그러합니다. 그들은 가장 높으신 하느님의 보호를 받고 있기 때문입니다. 하느님께서는 그들의 신심을 기꺼워하시며 당신의 보호를 받을 자격이 있는 이들에게 천사들을 보내시어 그들을 지키게 하시기 때문에 그들은 마귀들로부터 어떤 괴롭힘도 당하지 않을 것입니다. 신앙으로 지극히 높으신 분의 호의를 입은 이는 "놀라운 경륜의 천사"(이사 9,5)이신 예수님의 인도를 받습니다. 그는 예수님을 통하여 받는 하느님의 호의에 매우 흡족해하며, 마귀들의 온 무리가 달려든다 해도 어떤 괴롭힘도 당하지 않을 것이라고 확신을 가지고 말할 것입니다.

• 오리게네스『켈수스 반박』8,27.[6]

하느님께서 주시는 힘

우리가 하느님의 은총을 위하여 진력할 때, 우리는 순종을 통하여 우리 임금님의 종이 될 뿐만 아니라 우리의 의지를 통하여 그분과 결합되고자 합니다. 우리가 (그분께서 원하시는 것을 바라고, 그분이 찬성하지 않는 것을 찬성하지 않으며) 그분과 한 정신이 된다면, 그분께서는 우리가 하는 모든 전쟁에서 우리가 승리할 수 있게 해 주실 것입니다. 우리에게 그런 "의지"를 불어넣으신 분께서 그것을 할 수 있는 능력 또한 주실 것입니다. 이런 식으로 우리는 그분의 일에 "협력"할 수 있습니다. 그리고 신앙의 환희에 차서 예언자처럼 이렇게 말할 수 있습니다. "주님은 나의 빛, 나의 구원. 나 누구를 두려워하랴? 주님은 내 생명의 요새. 나 누구를 무서워하랴?"

• 대 레오『설교집』26,4,2.[7]

27,2 악인들

나의 적수들이 쓰러지다

저자는 시편의 도입부에서 승리에 대해 언급할 때 산문체로 된 두 개의 절로 이것을 진술합니다. 그는 쓸데없이 감사를 드리는 것처럼 보이지 않으려고 감사를 드리는 이유에 대해 말합니다. "악인들이 내 몸을 집어삼키고 가차 없이 맹렬히 달려들었을 때 나는 주님의 도우심을 분명하게 느꼈다. 그리고 그들은 쓰러지고 우리가 승리할 것임을 알았다."

• 타르수스의 디오도루스『시편 주해』27.[8]

스스로의 음모에 희생되다

들짐승처럼 나를 뒤쫓고, 나를 산 채로 잡아먹으려 들던 이들이 나에게 해를 끼치기는커녕 스스로 완전한 파멸의 희생자가 되고 말았습니다.

• 키루스의 테오도레투스『시편 주해』27,3.[9]

육의 원수들

다윗은 그의 원수들이 그의 영혼이 아니라 육을 잡아먹으려 들기 때문에 그들이 두렵지 않다고 말합니다.

• 암브로시우스『참회론』1,14,77.[10]

27,3 하느님께 대한 확신

경험에 바탕을 둔 확신

하느님의 돌보심에 대한 참으로 놀라운 체험이 있었기 때문에, 비록 그 수가 두세 배가 넘는 원수들이 달려든다 하더라도 희망으로 무장하고 어려움에 용감히 맞설 것이라고 저자는 말하고

[6] ANF 4,649. [7] FC 93,108.
[8] WGRW 9,82. [9] FC 101,174.
[10] NPNF 2,10,342.

있습니다.

• 키루스의 테오도레투스 『시편 주해』 27,3.[11]

창조되지 않은 자유

하느님의 계명을 지키고 창조되지 않은 자유에 대한 확신을 지닌 영혼의 한결같음과 활기를 여러분은 보고 있습니다.

• 오리게네스 『레위기 강해』 16,6,1.[12]

그리스도에 대한 확신

이 말씀들은 다른 어떤 예언자가 한 말이기보다는, 성부께서 주신 빛과 구원 때문에 그 누구도 무서워하지 않으며, 성부께서 주시는 보호로 인하여 누구도 두려워하지 않으셨던 구원자께서 하신 말씀이라고 볼 수 있습니다. 사탄의 부자들 전부가 그를 둘러쌌어도 그의 마음은 조금도 두려워하지 않았습니다. 그를 거슬러 전쟁이 일어났을 때 거룩한 가르침으로 충만한 그의 마음은 하느님을 신뢰하였습니다.

• 오리게네스 『순교 권면』 29.[13]

활동과 관상의 전쟁

활동적 삶을 사는 사람은 자신의 덕으로 낯선 덕들과 싸움을 벌입니다. 관상적 삶을 따르는 이는 참된 가르침을 활용하여 하느님의 지식에 반대되는 모든 생각을 무찌릅니다.

• 폰투스의 에바그리우스 『시편 발췌 주해』 26[27],3.[14]

27,4 주님의 집에 살다

주님의 집의 구원

시편 저자는 이렇게 말합니다. '이와 같은 은혜를 누리면서, 나는 나의 후원자로부터 부나 영향력, 왕권이나 영광을 추구하지 않고, 언제나 성전에서 봉사하며 그곳에서 신적 아름다움을 관상하고 법에 따라 이루어지는 모든 것을 살펴볼 수 있기를 청합니다. 나는 이미 … 그분에게서 구원을 얻었고 나를 뒤쫓는 이들의 손에서 벗어났습니다.' 위대한 다윗은 바로 이 두 가지를 청하였고, 관대하신 하느님에게서 그것을 받았습니다. 다윗은 거룩한 궤를 가져왔고, 또 하나의 훌륭한 성막을 세웠으며, 찬양대를 꾸렸습니다. 이에 관해서는 역대기에서 더 자세한 내용을 알 수 있습니다(역대 16장 참조).

• 키루스의 테오도레투스 『시편 주해』 27,4.[15]

하느님의 집에 대한 갈망

우리 영혼의 온 힘을 다하여 거기에 도달하려 노력합시다. 우리 마음의 내적인 애정을 다하여 거기에 가도록 합시다. 거기[에 도착하기]를 갈망합시다. 한평생 그 집에서 살게 해 달라고, 그 집을 만드신 분께 다 함께, 그리고 개인적으로 간청합시다.

• 존자 베다 『복음서 강해』 2,4.[16]

현세의 집을 기억하라

인간들 가운데에 인간으로 태어나신 주님은, 하느님께서 모든 인간이 실천하도록 [당신의] 천사들을 통하여 신적 영감으로 명하신 것을 행하셨습니다. 주님은 하느님께서 명하신 모든 것을 지켜야 한다는 것을 순박하고 단순한 인간인 우리에게 보여 주시기 위하여 당신이 주셨던 율법을 지키셨습니다. 만약 우리가 그분 신성의 영광을 바라보는 것을 기뻐하고, 한평생 하늘에 있는 그분의 영원한 집에 머물기를 원한다면, 주님의

[11] FC 101,174.
[12] FC 83,272.
[13] *OSW* 60.
[14] PG 12,1277.
[15] FC 101,174*.
[16] CS 111,40*.

뜻을 알고 그분의 거룩한 성전의 보호를 받는 것을 즐거워한다면, 그분께서 인간으로서 사셨던 삶의 길을 따라갑시다. 사악한 바람에 영원히 시달리지 않으려면 필요한 봉헌물과 순수한 청원을 가지고 현세의 집인 교회에 자주 가야 한다는 것을 기억합시다.

• 존자 베다 『복음서 강해』 1,19.[17]

27,6 희생 제물과 노래

은총을 베푸시는 우리의 머리

주 그리스도는 모든 성도들의 머리이시며, 그분 안에서 그들은 언제나 동등하고 나뉠 수 없게 존재합니다. 또한 주님은 선택된 각 지체에게 그들이 받아들일 수 있는 역량에 따라 성령의 은총을 나누어 주십니다. 그러므로 전체적으로는 온 교회가, 또 개별적으로는 각 지체가 확신을 가지고 다음 예언의 말을 외칠 수 있습니다. "그분께서 나를 둘러싼 원수들 위로 이제 내 머리를 치켜들어 주셨다."

• 존자 베다 『성막과 제구』 2,9.[18]

찬미는 하느님을 흡족하시게 한다

하느님께서는 짐승을 살라 바치는 희생 제물보다는 찬미의 제사를 더 좋아하십니다.

• 타르수스의 디오도루스 『시편 주해』 27.[19]

27,8-9 하느님의 얼굴을 찾다

자비의 얼굴

이 구절에서 하느님을 사랑하는 이는 다른 종류의 순수함을 찾고 있는 것이 아니라 그리스도의 아름다움만을 갈망하고 있습니다. 연인들이 사랑하는 이에게 건네곤 하는 말들을 빌려, 그는 마음으로 이렇게 외칩니다. "제 마음이 당신께 말합니다. 마치 당신 얼굴을 보고 있는 듯이 말합니다. 당신 얼굴을 제게서 감추지 마시고 분노하며 당신 종을 물리치지 마십시오." 제가 그런 일을 저질렀으니 당신께서 분노하시는 것도 당연하고, 제 욕망 때문에 화가 나시어 저에게서 돌아서시는 것도 당연합니다. 하지만 자비롭게 저를 도와주시어 제게서 돌아서지 마시고 저를 물리치지 마십시오, 제 구원의 하느님.

• 소 아르노비우스 『시편 주해』 27.[20]

바로잡아 주시기를 청하다

제가 청하는 것이 무엇이겠습니까? 인간인 제가 죄를 짓는다면 당신께서는 침묵만 지키고 계시지 말라는 것입니다. 또는 제 상황을 고려하지 않고 저를 내쫓으심으로써 더 나은 길을 배우지도 못하게 버려두시지 말라는 것입니다. 대신에 저를 바로잡으시고 사랑으로 저를 고쳐 주소서. … 저를 당신의 돌보심에서 벗어나게 하지 마소서.

• 타르수스의 디오도루스 『시편 주해』 27.[21]

27,11 당신의 길을 저에게 가르쳐 주소서

인도와 가르침

"바른길로 저를 인도하소서"를 아퀼라와 테오도시온은 "빛을 비추소서"라고 번역하였고, 반면에 심마쿠스는 "제가 당신의 길을 엿보게 해 주십시오"라고 번역하였습니다. … 당신이 저를 위하여 법을 주시고 그 법으로 인도하는 분이 되어 주십시오. 그리하여 당신께로 가는 길을 엿보게 해 주십시오.

• 키루스의 테오도레투스 『시편 주해』 27,7.[22]

[17] CS 110,188-89.
[18] TTH 18,84*.
[19] WGRW 9,83.
[20] CCL 25,34-35.
[21] WGRW 9,84.
[22] FC 101,176.

나의 유익을 위하여

당신의 길을 알 수 있도록 저에게 법을 주소서. 당신께서 원하시는 것과 원하시지 않는 것, 당신께서 사랑하시는 것과 미워하시는 것을 보여 주소서. 제가 해야만 할 것들에 대해 배우지 못한다면 저는 그것을 하지 않게 될 것입니다. 제 원수들은 제가 당신을 거역하는 것을 그 무엇보다 간절히 바라므로 제 원수들 때문에라도 저를 바른길로 이끌어 주시기를 청합니다.

• 소 아르노비우스 『시편 주해』 27.[23]

27,12 저를 넘기지 마소서

저를 향상시켜 주소서

당신은 두 가지를 한꺼번에 하셨습니다. 저를 더 나은 사람으로 만들어 주셨고, 적이 저를 조롱하거나 당신의 뜻을 거슬러 저에게 해를 끼치려고 할 때 그런 기회를 허락하지 않으셨습니다.

• 타르수스의 디오도루스 『시편 주해』 27.[24]

27,14 굳세어져라

하느님의 약속을 기다리며

남성다움을 갖춘 정신은 불행을 당하면 그것을 극복하면서 점점 굳세어지고, 승리를 거두며, 하느님의 약속을 기다립니다. 그러한 정신은 하느님의 약속의 상속자가 되고, 육체 또한 그것에 협력합니다. 이제 그는, 죽음으로부터 분리되어 부패와 슬픔에서 자유로운 "산 이들의 땅"에서 기대할 수 있는 생명을 청합니다.

• 키루스의 테오도레투스 『시편 주해』 27,8.[25]

굳센 마음

굳센 마음은 거짓된 가르침이나 불순한 생각으로 가득 차 있지 않습니다.

• 폰투스의 에바그리우스 『시편 발췌 주해』 26[27],14.[26]

하느님께서 주시는 힘

선한 일에 열정을 갖고 인간의 찬사를 경멸하되, 그대가 행한 선을 주님의 은총이 아니라 그대의 힘으로 돌리지 않도록 조심하십시오. 하느님의 자비로 거저 주어진 선물이 없었다면 선한 의지나 선한 일을 할 능력이 그대에게는 없다는 것을 분명히 기억하십시오. 그러므로 그대가 선의를 바라고 행할 때마다 하느님께서 그대 안에서 일하고 계심을 아십시오. 마찬가지로 두려움과 떨림으로 그대의 구원을 위하여 노력하십시오. 하느님께서 그대를 들어 높여 주시도록 하느님 앞에서 자신을 낮추십시오. 그대 안에 선한 의지를 일으켜 주시도록 그분께 청하십시오. 그대가 행한 선한 일이 효과를 발휘하도록 하느님께 청하십시오. 항구함의 선물을 그분께 구하십시오. 하느님께서 당신의 도우심을 거두셔도 그대가 좋은 일을 원하거나 행할 수 있다고 생각하지 마십시오. 헛된 것을 보지 않도록 그대의 눈을 돌려 달라고 청하십시오. 그대가 걸어야 할 길을 보게 해 달라고 청하십시오. 당신의 말씀에 따라 걷도록 인도하여 주십사고 그분께 간청하십시오. 어떤 사악함도 그대를 지배하지 못하도록, 그대 손이 하는 일을 이끌어 주시도록 그분께 기도하십시오. "네 마음 굳세고 꿋꿋해져라. 주님께 바라라."

• 루스페의 풀겐티우스 『서간집』 2,36.[27]

성령으로 굳세어지다

[성령은] '위로자'라 불립니다. 성령께서는 우리를 위로하시고 격려하시며, "나약한 우리를

---

[23] CCL 25,35.
[24] WGRW 9,84.
[25] FC 101,177.
[26] PG 12,1281.1284.
[27] FC 95,309.

도와주십니다. 우리는 올바른 방식으로 기도할 줄 모르지만, 성령께서 몸소 말로 다 할 수 없이 탄식하시며 우리를 대신하여 간구해 주십니다”(로마 8,26). 곧, 하느님께 간구하여 주십니다. 사람들은 종종 그리스도 때문에 모욕적인 대접을 받거나 부당한 대우를 받습니다. 순교도 눈앞에 있고, 고문이 도처에서 일어나며, 불과 칼, 사나운 짐승과 심연이 멀리 있지 않습니다. 그러나 성령께서는 부드럽게 속삭이십니다. “주님께 바라라.” 미래에 주어질 큰 보상에 비하면 현재의 고통은 가벼운 것이기 때문입니다. 잠시만 견디어 내면 여러분은 천사들과 영원히 함께하게 될 것입니다. “장차 우리에게 계시될 영광에 견주면, 지금 이 시대에 우리가 겪는 고난은 아무것도 아니라고 생각합니다”(로마 8,18). 성령께서는 이런 사람에게 하늘 나라에 대해 설명하시며, 기쁨의 낙원을 엿보게 해 주십니다. 자기 몸을 재판관에게 내어 주어야 하는 순교자들은 영으로는 이미 천국에 있기에 고난으로 여겨지는 것을 하찮게 여깁니다.

• 예루살렘의 키릴루스 『예비신자 교리교육』 16,20.[28]

주님 안에서 노력하라

위대하고 뛰어난 성공은 노력 없이 이루어지지 않습니다. 무엇이든 좋은 것을 위해서는 먼저 땀을 흘려야만 합니다. 흔하고 보잘것없는 일도 이루어지려면 애를 쓰고 수고해야 하는데, 하물며 중요한 일들의 경우는 더욱더 그러한 것이 당연합니다. 그런데 인간의 노력에 대해서도 우리는 이렇게 말하도록 배웠습니다. “네 마음 굳세고 꿋꿋해져라. 주님께 바라라.” 우리는 덕을 목표로 한 열성적인 활동에는 영광스러운 결과가 따른다는 것을 명심하였습니다. 우리는 하느님께서 우리에게 주시는 보상이 영적 용기라는 선물임을 발견하게 될 것입니다.

• 예루살렘의 키릴루스 『예비신자 교리교육』 25,1.[29]

[28] FC 64,88*.

[29] FC 76,108.

28,1-9 하느님의 도우심을 청하는 탄원

그대에 대한 음모가 점점 구체적으로 드러나
그대가 잠시도 쉴 수 없을 만큼 본성에서 오는 약함으로 고통을 받고 있다면
시편 제28편의 말을 주님께 부르짖으십시오.

아타나시우스 『시편 해석에 관해 마르켈리누스에게 보낸 편지』 17 [OIP 67-68]

1 [다윗]
주님, 당신께 제가 부르짖습니다.
저의 반석이시여,
제 앞에 말없이 계시지 마소서.
당신께서 제 앞에서 침묵하시어
제가 구렁으로 내려가는 이들처럼
되지 않게 하소서.
2 당신께 도움을 청할 때
당신의 지성소 향해 제 두 손 들어 올릴 때
간청하는 저의 소리를 들으소서.
3 저를 죄인들과 함께,
나쁜 짓 하는 자들과 함께⤴

↱잡아채지 마소서.
그들은 자기 이웃들에게 평화를 말하지만
마음에는 악이 도사리고 있습니다.
4 그들의 행동대로,
그들의 악한 행실대로 그들에게 갚으소서.
그들 손의 소행대로 그들에게 갚으시고
그들의 행위대로 되돌리소서.
5 그들이 주님의 업적과
주님 손이 이루신 위업에 마음 쓰지 않으니
그들을 허물어뜨려 다시는 일으키지
않으시리라.
6 주님께서는 찬미받으시리니
내가 간청하는 소리를 들어 주신
까닭이라네.
7 주님은 나의 힘, 나의 방패.
내 마음 그분께 의지하여
도움을 받았으니
내 마음 기뻐 뛰놀며
나의 노래로 그분을 찬송하리라.
8 주님은 당신 백성에게 힘이시며
당신의 기름부음받은이에게
구원의 요새이시다.
9 당신 백성을 구원하시고
당신 소유에 강복하소서.
그들의 목자 되시어
그들을 영원히 이끄소서.

둘러보기

많은 이들이 시편 제28편은 수난의 시간을 겪고 계신 그리스도에 관하여 말하고 있다고 본다(에우세비우스, 아우구스티누스, 소 아르노비우스). 어떤 이들은 히즈키야에 관한 후대의 언급이라고 여긴다(디오도루스). 또는 다윗이나 우리에게 믿음의 본보기가 되는 누군가를 가리키는 것으로 여기기도 한다(테오도레투스). 이 시편은 우리의 승리의 원천이 되시는 하느님께 호소하는 말로 시작된다(디오도루스). 시편은 "하느님의 말씀"을 추구할 것을 우리에게 상기시킨다(오리게네스). 그것은 그리스도 안에 늘 현존하시는 '말씀'이시다(아우구스티누스). 하느님의 침묵의 결과는 죽음이기 때문이다(테오도레투스). 시편 저자가 자신의 손을 하느님께 들어 올리듯이, 우리는 우리의 행위의 손을 들어 올린다(오리게네스). 하느님의 계시가 이루어진 곳을 향하여 들어 올린다(테오도레투스). 우리는 마음에 없는 말은 하지 않는다(테오도레투스). 단순함이 성령으로 충만한 이들의 특징임을 알기 때문이다(베다). 시편 저자는 복수가 아니라 정의를 위해 기도한다(테오도레투스). 이는 매우 힘든 방식으로 배우는 것으로, 쉬운 방법으로는 배우지 못한 이들을 위하여 마련된 것이다(히에로니무스). 우리는 우리 안에 살아 계시는 그리스도를 통하여 주님을 찬미한다(아우구스티누스). 주님은 당신께서 새롭게 되셨듯이 우리도 새롭게 만드신다(막시무스). 주님은 당신을 신뢰하는 이들의 힘이시며(아우구스티누스), 그 힘은 당신의 말씀에서 나온다는 것을 입증하셨다(소 아르노비우스). 성부께서 그분의 힘이신 것과 마찬가지다(에우세비우스). 주님 안에 있는 우리는 주님의 축복을 받는다(히에로니무스). 다윗은 우리에게 본보기다(테오도레투스). 주님은 우리를 다시 일으키시며 당신의 백성을 영원히 구원하신다(위-아타나시우스).

28,1ㄱ 표제: 다윗의 시편

그리스도

지금 우리가 살펴보고 있는 이 시편도 그리스도에 관하여 이야기합니다. 수난 때에 그리스도께서 바치셨던 기도도 포함하여 말합니다.

• 카이사리아의 에우세비우스『복음의 논증』4,16,185.[1]

중개자

여기에서 화자는 그 자신이 수난이라는 싸움을 벌이고 있는 … 굳건한 중개자입니다.

• 아우구스티누스『시편 상해』28,1.[2]

완전한 인간이며 완전한 신이신 성자

우리는 하느님 아드님께서 완전한 인간이며 완전한 신이시라고 고백합니다. 우리는 이 시편이 성자의 내적 인간에 대해 이야기한다고 생각합니다. 여기에서 성자의 내적 인간은 아무 죄도 짓지 않은 그가 죄인들과 함께 넘겨지지 않게 해 달라고 부르짖습니다.

• 소 아르노비우스『시편 주해』28.[3]

히즈키야

시편 제28편은 히즈키야의 질병과 회복에 대해서 언급합니다. 그가 인간이면서도 성공으로 자만에 빠지자 병에 걸리게 되었습니다. 병에서 회복되자 그는 병과 회복 둘 다에 대해 감사드립니다.

• 타르수스의 디오도루스『시편 주해』28.[4]

신앙의 본보기인 다윗

그는 그리스도 신앙에 이르게 된 이들의 입을 빌려 이 시편을 노래합니다. 그는 그리스도를 부르며 그분의 도우심을 간청합니다. … 이 시편은 다윗이 사울에게 쫓겨 다닐 때 바쳤던 것입니다. 한때는 친구라 여겼지만 그를 배반하고 도엑(1사무 22,9 참조)이나 지프인들(1사무 23,19-20 참조) 같은 다른 많은 사람들처럼 사울에게 다윗의 은신처를 알려 주려 했던 이들이 꾸민 음모의 대상이 되었을 때 다윗이 바쳤던 시편입니다. 이 시편은 … 앞서 나왔던 시편들과 마찬가지로, 이런 종류의 재앙에 맞닥뜨린 사람 누구에게나 들어맞는 노래입니다. 그런 사람이라면 복된 다윗처럼 끈질기게 하느님께 청원을 드리며 하느님의 섭리 안에서 안전을 얻고자 할 것입니다.

• 키루스의 테오도레투스『시편 주해』28,1.[5]

28,1ㄴ 주님, 당신께 제가 부르짖습니다

승리의 원천이신 하느님

제 승리의 원천이심을 입증하신 하느님, 저는 승리를 저의 공로가 아니라 당신께 돌립니다.

• 타르수스의 디오도루스『시편 주해』28.[6]

하느님의 말씀을 추구하라

성경은 자주 '의인들이 하느님께 부르짖었다'고 말합니다. 저마다 하느님께 큰 소리로 간청하겠지만 나는 더욱더 큰 소리로 말씀드리리라. 그는 침실 안 쪽방으로 들어가 문을 잠그고 하느님께 외칩니다. "제 앞에 말없이 계시지 마소서." 이것은 모세와 아론, 눈의 아들 여호수아에 관하여 기록된 것입니다. 사실 그들은 하느님께서 말씀을 건네실 만한 사람들이었습니다. 하느님께서는 사람들이 당신 앞에 서 있을 때마다 예언자들을 통하여 말씀하셨습니다. 하느님께서 우리에게 외적으로 말씀하실 것이라고 생각하지 맙

[1] *POG* 1,206*.
[2] *WSA* 3,15,291.
[3] CCL 25,35.
[4] WGRW 9,85.
[5] FC 101,178.
[6] WGRW 9,85.

시다. 우리 마음속에 있는 올바른 생각들이 우리가 하는 말이며, 하느님께서 우리에게 말씀하시는 목소리입니다. 성경에서 하느님께서 이것 또는 저것을 말씀하신다고 할 때 이렇게 이해하십시오. 그래서 성경은 증언합니다. "행복하여라, … 하느님을 도움으로 삼는 이"(시편 146,5). 우리에게는 이런 도움이 있고, 바로 이 도움을 통하여 하느님의 말씀을 받습니다. 주님의 말씀을 듣고 행하는 이는 … 행복합니다.

• 오리게네스 『시편 발췌 주해』 28,1.[7]

그리스도 안에 늘 현존하시는 말씀

주님, 저는 당신께 부르짖습니다. 오, 저의 하느님, 당신의 말씀을 저와 결합시키는 그 일치를 저의 인간성으로부터 잘라 내지 마소서. … 제가 다른 인간들과 같지 않음은 당신의 말씀이 지닌 영원성이 늘 저와 결합되어 있기 때문입니다. 저들은 이 세상의 더할 수 없는 비참함 안으로 태어났습니다. 그곳에는 당신의 말씀이 알려지지 않아 당신께서 마치 침묵하고 계신 듯합니다.

• 아우구스티누스 『시편 상해』 28,2.[8]

하느님의 침묵의 결과

당신께서 저에게 침묵하시고 당신의 도우심을 거두신다면, 저는 즉시 죽음에 넘겨질 것입니다. 시편 저자는 죽음을 "구렁"이라고 부릅니다. 무덤은 구렁처럼 파인 곳이기 때문입니다.

• 키루스의 테오도레투스 『시편 주해』 28,1.[9]

28,2 두 손 들어 올릴 때

우리는 손을 들어 올립니다

모세가 팔을 들어 올렸을 때 이스라엘이 승리한 것처럼, 우리는 종종 손을 들어 올리는 행위를 통하여 의사를 전달합니다. 모세의 손이 내려지자 아말렉족이 승리하였습니다. … 우리의 손은 우리의 신심 행위를 나타냅니다. 우리가 하늘에 보화를 쌓아 두려면, 하느님께 손을 들어 올리고 원수를 이겨야 합니다. 따라서 내가 하느님께 손을 들어 올릴 때, 나는 그 들어 올린 손을 통하여 나의 정신을 그분께 들어 올립니다. 그러면 나는 아말렉을 제압할 수 있습니다. 그래서 여러분의 손을 하느님께 들어 올릴 필요가 있습니다. 여기서 말하는 하느님의 "성전"은 그분의 영광을 가리킵니다.

• 오리게네스 『시편 발췌 주해』 28,2.[10]

계시의 장소

비록 성전은 아직 지어지지 않았지만, [저자]는 그가 기도하던 성막을 "성전"이라고 표현합니다. 그는 기도할 때 몸은 비록 성전에서 멀리 떨어져 있지만 정신은 그곳을 향하게 합니다. 마찬가지로, 복된 다니엘도 바빌론에서 기도할 때 예루살렘 쪽으로 난 창문을 열어 놓았습니다(다니 6,11 참조). 하느님께서 그곳에만 계신다고 생각해서가 아니라 하느님께서 그곳에서 당신을 드러내셨다는 것을 알기 때문이었습니다.

• 키루스의 테오도레투스 『시편 주해』 28,2.[11]

28,3 악인들의 말

이중성

복된 다윗은 이중성을 보이는 이들과는 관계를 맺지 않게 해 달라고 기도합니다. 그는 앞에서는 이 말을 하고 뒤에서는 딴 생각을 품는 이들을 혐오스러운 자들이라 여깁니다.

• 키루스의 테오도레투스 『시편 주해』 28,2.[12]

[7] PG 12,1284.
[8] *WSA* 3,15,291.
[9] FC 101,178.
[10] PG 12,1285.
[11] FC 101,179.
[12] FC 101,179.

단순성

성령께서 비둘기 형상으로 주님 위에 내려오신 것은 좋은 일입니다. 단순하지 않으면, 형제들과 더불어 참된 평화를 이루지 않는다면 성령으로 충만해질 수 없다는 것을 신자들이 배울 수 있기 때문입니다. 이것이 바로 비둘기의 입맞춤이 의미하는 바입니다. 까마귀도 입맞춤을 합니다. 그러나 그들은 살을 찢습니다(비둘기는 결코 이런 일을 하지 않습니다). "이웃들에게 평화를 말하지만 마음에는 악이 도사리고 있는" 이들이 까마귀들입니다. 본성상 살을 찢는 것과는 무관한 비둘기는 모든 이와 더불어 평화와 거룩함을 추구하는 순결한 이들에게 가장 잘 어울리는 표상입니다.

• 존자 베다 『복음서 강해』 1,15.[13]

28,4 그들에게 갚으소서

복수가 아니라 정의

누구도 이 의인이 그의 원수들을 저주하고 있다고 생각해서는 안 됩니다. 이 말씀은 저주가 아니라 정의로운 판결의 표지입니다. "그들의 행위대로 되돌리소서." 시편 저자가 한 이 말은 그들이 서로를 거슬러 꾸민 음모에 저 스스로 걸려들게 해 달라는 뜻입니다. 시편 제7편에도 이런 말이 나옵니다. "그들이 꾸민 재앙이 그들의 머리 위로 되돌아오고 그들이 휘두른 폭행이 그들의 정수리로 떨어진다"(시편 7,17).

• 키루스의 테오도레투스 『시편 주해』 28,3.[14]

힘들게 배우다

그들은 축복을 통해서는 이해하지 못하였기에 고통을 통하여 이해하게 될 것입니다.

• 히에로니무스 『시편 주해』 28.[15]

28,6 주님은 찬미받으시리니

그리스도께서 우리 안에서 고백하신다

그토록 심한 고통 가운데에서 주님은 나를 도우십니다. 내가 부활할 때 그분께서는 불사불멸로 나를 보호하십니다. … 죽음에 대한 두려움이 사라졌기 때문에, 나를 믿는 사람들은 율법 아래에서 두려움에 짓눌리지 않고 자유롭게 되어 율법과 조화를 이룬 가운데 주님께 고백할 것입니다. 내가 그들 안에 있으므로 내가 그분께 고백할 것입니다.

• 아우구스티누스 『시편 상해』 28,6-7.[16]

28,7 주님은 힘이요 방패

새로워진 힘

그가 자신에 대해 어떻게 표현하는지 주목하십시오. 그는 "번성하였다"고 말하지 않고 "다시 번성하였다"고 말하였습니다. 무엇인가가 전에 번성하지 않았다면 "다시 번성하였다"고 말할 수 없습니다. 그런데 주님의 몸은 "이사이의 그루터기에서 햇순이 돋아나고 그 뿌리에서 새싹이 움트리라"(이사 11,1)라고 이사야 예언자가 말한 대로, 동정 마리아의 순결한 모태에서 나왔을 때 처음 번성하였습니다. 그러나 유대인들이 그분의 육체라는 꽃을 잘라 버렸습니다. 하지만 그 육체는 부활의 새로운 영광을 입고 무덤에서 다시 움터 나왔습니다. 이때 그분의 육체는 "다시 번성하였습니다". 이 육체는 꽃처럼 모든 이에게 불사불멸의 빛과 향기를 내뿜었습니다. 달콤함과 함께 선업의 향기를 퍼뜨리고, 영원히 썩지 않는 신성의 광채를 드러내었습니다.

• 토리노의 막시무스 『설교집』 55,2.[17]

---

[13] CS 110,151. [14] FC 101,179.
[15] CCL 72,201-2. [16] *WSA* 3,15,292.
[17] ACW 50,134.

28,8 백성에게 힘이신 주님

하느님을 신뢰하는 백성

이것은 "하느님에게서 오는 의로움을 알지 못한 채 자기의 의로움을 내세우려고 힘을 쓰는"(로마 10,3) 백성에 관한 말이 아닙니다. 이 세상의 곤란에 처해 악마와 싸울 때 자기 힘을 믿는 대신 주님께서 힘이 되어 주실 것임을 아는 이들을 두고 하는 말입니다.

• 아우구스티누스 『시편 상해』 28,8.[18]

하느님의 말씀의 힘

그분은 당신의 의지에 따라 이 모든 고통을 겪으셨습니다. 이렇게 말씀하셨던 대로입니다. "나는 목숨을 내놓을 권한도 있고 그것을 다시 얻을 권한도 있다"(요한 10,18). 그분은 또 자신이 자유롭게 주님을 고백할 것이라고 말씀하셨습니다. 이처럼 그분은 당신의 말씀을 실행하시기 때문에 당신 백성에게 힘이 됩니다. 그분은 당신께서 수난을 겪게 될 것이라고 하셨고 실제로 수난을 겪으셨습니다. 그분은 죽게 될 것이라고 말씀하셨고, 죽으셨습니다. 그분은 당신이 부활하실 것이라고 말씀하셨고, 두려움에서 오는 약함을 극복하고 굳건한 의지를 더욱 굳게 하면서 죽은 이들 가운데에서 부활하셨습니다. 그분은 당신의 기름부음받은이의 보호자이시고, "세상을 당신과 화해시키시는 그리스도 안에 계신 하느님"(콜로 1,20)이십니다. 그렇기 때문에 그분은 영과 육체의 구원을 가져오시고, 당신의 상속 재산인 민족들을 축복하시며, 마귀의 지배에서 그들을 해방시키심으로써 당신의 백성을 구원하십니다. 이렇듯 하느님의 아드님께서는, 성부와 성령과 함께, 영원히 칭송받으시며 다스리시나이다.

• 소 아르노비우스 『시편 주해』 28.[19]

그리스도와 성부께서 하신 일

이것은 우리에게 다음 사실을 가르쳐 줍니다. 성경에 기록된 그리스도의 모든 기적들은 우리의 구원을 위하여 행해졌다는 것입니다. 가르침이든 저술이든, 또는 지금 말하고 있는 그분 부활의 신비든, 모두가 성부의 뜻과 권능에 의해 이루어진 것입니다. 성부께서는 당신의 놀라운 구원의 말씀과 행위 안에서 방패로서 당신의 아들 그리스도를 지켜 주십니다.

• 카이사리아의 에우세비우스 『복음의 논증』 4,16,185.[20]

우리에게 주어진 축복

그리스도 안에서 세례를 받은 이는 누구나 그분의 "기름부음받은이"입니다.

• 히에로니무스 『시편 주해』 28.[21]

28,9 당신 백성을 구원하소서

우리의 본보기인 다윗

백성을 위해 드리는 기도는 다윗 임금과 아주 잘 어울립니다. 바로 이것이 위대한 다윗에게서 감탄할 만한 점입니다. 사울과 함께 그와 전쟁을 벌이던 사람들이 그를 추격하였지만 다윗은 그들 편에서, 그들의 미래를 위하여, 하느님께 청원을 올렸습니다. 다윗은 그들이 장차 회개할 것임을 내다보았고, 그들이 저지른 불의보다는 그들이 장차 바칠 섬김을 생각하였습니다.

• 키루스의 테오도레투스 『시편 주해』 28,5.[22]

당신 백성을 구원하시는 하느님

그분은 이 백성을 돕고 구원하십니다. 이 백

---

[18] *WSA* 3,15,292**.
[19] CCL 25,36.
[20] *POG* 1,206-7*.
[21] CCL 72,202.
[22] FC 101,180.

성은 상속을 받고 사제적인 왕국을 이루도록 기름부음을 받은 이들입니다. 그분은 이들을 돌보시며 영원히 드높여 주심으로써, 우리가 미래의 영원한 시대에 부활하여 영광스럽게 될 것임을 보여 주십니다.

• 위-아타나시우스 『시편 해설』 28.[23]

[23] CSCO 387,18.

29,1-11 하느님의 힘

그대가 감사한 마음이 들어
주님께 어떻게 영적 제물을 드려야 하는지 가르치고자 한다면
시편 제29편을 노래하십시오.

아타나시우스 『시편 해석에 관해 마르켈리누스에게 보낸 편지』 17 [OIP 68]

1 [시편. 다윗]①
하느님의 아들들아, 주님께 드려라.
영광과 권능을 주님께 드려라.
2 그 이름의 영광을 주님께 드려라.
거룩한 차림 하고 주님께 경배하여라.
3 주님의 소리가 물 위에 머물고
영광의 하느님께서 천둥 치시네.
주님께서 크나큰 물 위에 계시네.
4 주님의 소리는 힘차고
주님의 소리는 장엄도 하여라.
5 주님의 소리가 향백나무들을 부러뜨리네.
주님께서 레바논의 향백나무들을
부러뜨리시네.
6 레바논을 송아지처럼,
시르욘을 들송아지처럼 뛰게 하시네.
7 주님의 소리가 불꽃을 내뿜으며
8 주님의 소리가 사막을 뒤흔드네.
주님께서 카데스 사막을 뒤흔드시네.
9 주님의 소리가
암사슴들을 몸서리치게 하고
숲들을 벌거숭이로 만드니
그분 궁전에서 모두 외치네. "영광이여!"
10 주님께서 큰물 위에 좌정하셨네.
주님께서 영원하신 임금님으로
좌정하셨네.
11 주님께서 당신 백성에게 권능을 주시리라.
주님께서 당신 백성에게 평화로
강복하시리라.

① 어떤 칠십인역 일부 수사본들에는 '장엄한 초막절 집회 때에'라는 말이 덧붙어 있다.

둘러보기

시편 제29편의 주제는 완전함 또는 완벽함에 관한 것인데, 이는 교회의 완벽함(아우구스티누스) 또는 하느님의 성전의 완전함을 가리킨다(소 아르노비우스). 이 시편은 사물의 본성에 대해 올바로 생각하라는 권고로 시작된다(바실리우스). 사물은 하느님의 메시지를 담고 있기 때문에 사물의 본성을 제대로 생각한다면 하느님께 영광을 드리

게 되며(테오도레투스) 다른 이들을 주님께로 이끌게 된다(베다). 올바른 예배란 우리가 신자들과 더불어(위-아타나시우스) 성화된 마음으로(아우구스티누스) 분심 없이 드리는 예배다(바실리우스).

예수님께서 세례를 받으실 때 하느님의 음성이 물 위에서 들렸다(소 아르노비우스). 그 음성은 그리스도의 소리로 민족들 위로 퍼져 나갔고(아우구스티누스, 테오도레투스), 그들을 영원한 생명이 솟아나는 영적인 물로 바꾸어 놓았다(바실리우스). 성령의 힘을 받아(테오도레투스) 허약한 사람들이 훌륭하게 되었다(바실리우스). 그들은 우상들을 내던졌다(테오도레투스). 그것은 거짓된 영광이기 때문이다(바실리우스). 교만한 자들은 비천하게 되었다(아우구스티누스). 참되게 믿는 이들은 신앙에서 확고하다(테오도레투스). 주님의 소리는 인간의 증오의 불을 통과하여 나아가며(아우구스티누스) 불타는 악의 화살을 꺼뜨린다(에바그리우스). 하느님의 불은 현세에서는 빛이고 미래에는 심판이다(바실리우스).

주님의 소리는 인간 영혼의 광야를 뒤흔들고(바실리우스), 믿지 않는 이들을 뒤흔들어 믿음에 이르게 한다(아우구스티누스, 히에로니무스). 우상들이 쫓겨나고 교회가 그 자리를 차지한다(테오도레투스). 우리는 하느님의 영광에 관하여 올바로 말하기 위해 주의를 기울여야 하고(바실리우스), 영적 은사들에 대해 그분을 찬미해야 한다(아우구스티누스). 우리는 개인적으로도, 공동체적으로도 하느님의 성전이다(아우구스티누스). 주님은 죄를 씻어 없애신다(소 아르노비우스). 새로운 피조물을 만드시기 때문이다(테오도레투스). 하느님은 영혼을 당신의 거처로 삼기 위하여 새롭게 하시며(바실리우스), 당신의 백성 가운데 좌정하신다(위-아타나시우스).

29,1ㄱ 표제: 다윗의 시편

교회의 완벽함

이 시편은 이 세상에서 악마와 전쟁을 벌이는 교회의 완벽함을 가능케 하는 강력한 중개자에 대한 시편입니다.

• 아우구스티누스 『시편 상해』 29,1.[1]

성전의 완성

이 시편의 주제는 성전의 완성입니다. 성전의 완성은 세상 종말에 이루어집니다. 그때에 하느님의 자녀들은 하느님께 숫양의 새끼들을 데려올 것입니다. 숫양의 새끼들이란 오른쪽에 서 있는 어린양들입니다. 이들은 그들이 행한 의로운 일들로 주님의 이름에 영광과 영예를 드리며, 더 이상 인간의 손으로 만든 건물이 아니라 그분의 거룩한 뜰에서 하느님을 경배할 것입니다. 하느님의 거룩한 뜰은 "온전히 충만한 신성이 머무르고 있는"(콜로 2,9) 예수 그리스도 안에 있습니다.

• 소 아르노비우스 『시편 주해』 29.[2]

29,1ㄴ 주님께 영광을 드려라

올바른 생각

언제나 성부와 외아드님의 신성, 성령의 영광에 대한 올바른 견해를 갖기 위하여 신적인 문제에 관하여 논리적으로 토론하려 드는 이는 누구나 주님께 영광과 영예를 드리게 됩니다. 하느님의 섭리는 가장 사소한 것까지도 꿰뚫기 때문에 하느님께서는 만물이 무엇을 위하여 창조되었고, 무엇을 위하여 보존되고 있으며, 또 왜 그들이 이 현세의 집사 임무를 끝낸 후에는 심판을 받게 되는지 그 이유를 설명할 수 있는 이의 영광을 크게 하십니다. 명철한 사고로 각 개별 피

[1] *WSA* 3,15,294.

[2] CCL 25,36.

조물을 명상할 수 있는 이는 하느님의 선하심과 그분의 의로운 심판에 관하여 다른 이들에게 설명할 수 있습니다. 그가 바로 하느님께 영광과 영예를 드리는 자이며, 관상과 조화를 이루며 삶을 사는 이입니다. 그의 말과 일, 그리고 온갖 종류의 위대한 행위들을 통하여 하늘에 계신 성부께서 영광을 받으십니다. 그런 까닭에 그런 사람의 빛은 다른 이들 앞에서 빛납니다.

• 대 바실리우스 『시편 강해』 13,2(시편 제29편).[3]

하느님이 말씀을 전하다

시편 저자는 이렇게 말합니다. '하느님의 말씀을 맡아서 간직하고 있으며 하느님의 자녀라 불리는 너희는 열정을 다하여 하느님의 말씀을 사방으로 가져가 전하고, 몰상식한 자들을 이성적인 사람으로 변모시켜 그들을 하느님께 먼저 봉헌하고, 그들을 통하여 신적 거처에서 은혜를 베푸시는 분을 찬양하며 경배와 찬가를 바쳐라.' 이것은 구원자께서 거룩한 사도들에게 말씀하신 것과 비슷합니다. "너희는 가서 모든 민족들을 제자로 삼아, 아버지와 아들과 성령의 이름으로 세례를 주어라"(마태 28,19).

• 키루스의 테오도레투스 『시편 주해』 29,4.[4]

다른 이들을 주님께로 이끌다

"숫양"이라는 단어는 거룩한 교사를 지칭하는 것으로 종종 이해됩니다. 교사들은 주님을 따르는 양 무리의 지도자이기 때문입니다. 그래서 시편 저자는 즐거워하며 말합니다. "하느님의 자녀들아, 숫양의 새끼들을 주님께로 데려오라, 주님께로 이끌어 오라." 이것은 분명히 이런 의미입니다. '이 일에 대한 책임이 위임된 하느님의 천사들아, 신자들의 영을 하늘에 계신 주님께로 데려와라. 복된 사도들의 삶과 신앙을 본받아 그들의 후손이 될 자격이 있다고 인정받은 이들을 주님께로 데려와라.'

• 존자 베다 『성막과 제구』 2,4.[5]

29,2 거룩한 차림 하고 주님께 경배하여라

신자들 가운데에서 경배하여라

시편 저자는 주님의 거룩한 뜰에서 그분을 경배하라고 우리에게 명령합니다. 그리고 정통 신앙을 간직하고 있는 교회 바깥에서 예배하는 것은 허락되어 있지 않다고 가르칩니다.

• 위-아타나시우스 『시편 해설』 29.[6]

마음으로 경배하라

여러분의 마음으로 주님을 경배하십시오. 넓고 거룩한 마음으로 경배하십시오. 왜냐하면 여러분은 그분의 거룩하고 고귀한 거처이기 때문입니다.

• 아우구스티누스 『시편 상해』 29,2.[7]

분심 없이 경배하라

많은 이들이 기도의 자세를 취하기는 하지만 주님의 뜰 안으로 들어가지 못합니다. 그들의 정신은 방황하고, 그들의 생각은 헛된 근심에서 생기는 분심으로 흩어지기 때문입니다. … 자기 배를 신으로 여기거나 영광으로 여기는 이, 돈이나 다른 무엇을 그 어떤 것보다 더 높이 여기는 이는 주님을 흠숭하지도 못하고, 거룩한 뜰에 들어가지도 못합니다. 비록 그가 눈에 보이는 집회에 들어갈 자격이 있는 것처럼 보인다 하더라도 그렇습니다.

• 대 바실리우스 『시편 강해』 13,3(시편 제29편).[8]

[3] FC 46,196.
[4] FC 101,183*.
[5] TTH 18,63.
[6] CSCO 387,19.
[7] *WSA* 3,15,294.
[8] FC 46,198.

29,3 주님의 소리가 물 위에 머문다

예수님의 세례

예수님께서 세례를 받으실 때 하늘이 열리고 성령이 비둘기 모양으로 내려온 후에 성부께서는 물 위에서 말씀하셨습니다. "너는 내 아들이다"(루카 3,22). 영광의 하느님께서 천둥을 치셨습니다. '천둥을 치셨다'는 것은 심오하게 말씀하셨다는 의미입니다. '물 위에서 말씀하셨다'는 것은 곧 민족들 위에서 말씀을 하셨다는 뜻입니다. 이는 그들이 덕행 안에서, 그리고 예수 그리스도의 영광 안에서 완전하게 되게 하시려는 것입니다. 그러자 각 사람은 반역하는 자들로부터 떨어져 나와 즐거워하였습니다.

• 소 아르노비우스 『시편 주해』 29.[9]

민족들 위에 계신 그리스도

"주님의 소리가 물 위에 머물고." 이것은 그리스도의 소리가 민족들 위에 머문다는 뜻입니다. … 존엄하신 하느님께서는 그분의 육의 구름으로부터 회개를 설교하심으로써 공포를 불어넣으셨습니다. "주님께서 크나큰 물 위에 계시네." 민족들 위에서 선언하시며 그들을 크게 두렵게 하신 바로 이 주 예수님께서 그들이 당신께 돌아오게 만드시고, 그들을 당신의 거처로 삼으셨다는 뜻입니다.

• 아우구스티누스 『시편 상해』 29,3.[10]

복음의 천둥소리

시편의 이 구절은 요르단 강에서 하늘로부터 들려온 소리에 대해 예고합니다. "너는 내가 사랑하는 아들, 내 마음에 드는 아들이다"(루카 3,22). 시편 저자는 이 소리를 "천둥"이라고 부르는데, 그 소리가 거룩한 복음서들을 통하여 온 세상으로 펴져 나가기 때문입니다.

• 키루스의 테오도레투스 『시편 주해』 29,4.[11]

영적인 물

"물"은 성인들이기도 합니다. 그들 안에서 강물, 곧 듣는 이들의 영혼을 새롭게 하는 영적 가르침이 흘러나오기 때문입니다. 영적 가르침을 듣는 이들은 영원한 생명을 샘솟게 하는 물을 받습니다. 이 물은 그것을 올바로 받아들인 이들 안에서 "영원한 생명을 누리게 하는 물이 솟는 샘"(요한 4,14)이 됩니다. 바로 이런 물 위에 주님께서 계십니다.

• 대 바실리우스 『시편 강해』 13,4(시편 제29편).[12]

29,4 힘찬 소리

성령의 힘을 받아

시편 저자는 이 말로 사도들에게 주어진 힘에 대하여 예언을 합니다. … 사도행전은 이와 통하는 이야기를 우리에게 전해 줍니다. 사도행전에서 우리는 그리스도의 승천 때 주님께서 당신의 거룩한 제자들에게 다음과 같은 말씀을 하셨다는 것을 배웁니다. "너희는 높은 데에서 오는 힘을 입을 때까지 예루살렘에 머물러 있어라"(루카 24,49). 열흘 후 오순절에 "갑자기 하늘에서 거센 바람이 부는 듯한 소리가 났다"(사도 2,2). … 시편 저자는 사도들을 힘과 권능으로 가득 차게 하고 보잘것없는 이들을 훌륭하게 만드는 성령의 은총을 "소리"라고 표현합니다.

• 키루스의 테오도레투스 『시편 주해』 29,5.[13]

훌륭한 사람들

주님의 소리는 약하고 무절제한 영혼이 아니

[9] CCL 25,36-37. [10] *WSA* 3,15,294.
[11] FC 101,183. [12] FC 46,201-2.
[13] FC 101,183-84*.

라 열렬하고 힘차게 선을 수행하는 이들 안에 머뭅니다. … 훌륭함은 놀랍도록 위대한 덕입니다. 위대한 일을 수행하는 이는 … '훌륭하다'는 평가를 듣게 됩니다. 영혼이 육체의 자만에 사로잡히지 않고, 하느님에게서 받은 자신의 속성을 잘 알고 있는 까닭에 그에 합당한 위대함과 존엄함을 취하게 될 때 이런 영혼 안에는 주님의 소리가 머뭅니다. 그러므로 하느님에 관한 고귀한 생각들을 즐기고, 창조의 이유를 숭고하게 관상하며, 적어도 하느님 섭리의 선하심을 어느 정도는 이해할 수 있고, 그 밖에도 형제들의 필요를 채워 주는 데 관대하며 지출을 아끼지 않는 이런 이들이야말로 주님의 소리가 머물고 있는 훌륭한 이들입니다. … 어떤 어려운 조건도 이 훌륭한 이를 슬프게 만들지 못합니다. 간단히 말해서 어떤 고통도 그를 크게 흔들지 못하고, 천박하고 비열한 하찮은 이들의 죄가 그를 움직이지 못하며, 육의 어떤 불순함도 그를 모욕하지 못할 것입니다. 그는 굴욕적인 열정에 거의 다가가지 않으며, 그의 정신의 고상함으로 인하여 그런 열정들은 감히 그를 쳐다보지도 못합니다. … 따라서 하느님께 큰 영광을 드리는 이들은 하느님의 훌륭하심을 드높이게 됩니다.

• 대 바실리우스『시편 강해』13,4(시편 제29편).[14]

29,5 주님께서 향백나무들을 부러뜨리신다

우상의 파괴

시편 저자의 이 말은 우상이 파괴될 것임을 알려 줍니다. 고대에 우상은 높은 곳에 있으면서, 우상을 숭배하는 이들에게 아무런 열매도 맺어 주지 못하였기 때문에 시편 저자는 우상을 높이 자라기는 하지만 먹을 수 있는 열매를 맺지 않는 "레바논의 향백나무"에 비유합니다.

• 키루스의 테오도레투스『시편 주해』29,5.[15]

거짓된 영광

성경에서 향백나무는 때때로 튼튼한 나무, 썩지 않고 향기로운 나무, 피신처로 삼기에 적절한 나무로 칭송을 받습니다. 그러나 때로는 열매를 맺지 않고, 잘 구부러지지 않는 나무로 공격을 받기도 합니다. 그래서 향백나무는 불신앙의 상징이 되기도 합니다. … 주님은 헛되이 자랑하는 이들과 이 세상에서 칭송받는 것들, 곧 부와 영광과 권세, 육체의 아름다움과 영향력 또는 세력과 같은 것으로 스스로를 드높이는 이들을 부수실 것이라고 합니다. … 향백나무는 주로 높은 산에서 자라기 때문에 그 산보다 더 높이 자랍니다. 그러므로 향백나무가 스스로 잘난 체하는 것처럼 이 세상의 멸망할 것들에 기대는 자들은 그들의 거짓된 영광과 헛된 정신으로 인하여 향백나무와 다르지 않습니다. 그들은 다른 이에게 속한 높은 곳에서 영광을 누리고 있고, 땅과 지상의 환경이 만들어 준 거짓된 영광을 받고 있기 때문에 "레바논의 향백나무"라 불립니다.

• 대 바실리우스『시편 강해』13,5(시편 제29편).[16]

주님께서는 교만한 자들을 낮추신다

주님께서는 이 지상의 계층 가운데 뛰어나게 탁월한 계층으로 자신을 들어 높인 이들을 회개로 끌어내리십니다. 그들을 당황스럽게 만드시기 위하여 주님께서는 이 세상에서 가장 보잘것없는 이들에게 당신의 신성을 드러내시기로 작정하셨습니다.

• 아우구스티누스『시편 상해』29,5.[17]

[14] FC 46,202-3*.

[15] FC 101,184.

[16] FC 46,203.

[17] *WSA* 3,15,295.

29,6 주님께서는 레바논을 뛰게 하신다

확고한

오류[우상 숭배]에서 벗어났기 때문에 사랑받는 이로 불리는 믿는 이들은 다신주의를 버리고 한 분 하느님을 섬기는 데 있어서 확고하며 요지부동입니다.

• 키루스의 테오도레투스『시편 주해』29,6.[18]

29,7 주님의 소리가 불꽃을 내뿜는다

소리가 불을 통과하다

이것은 주님을 밀어내려는 이들의 맹렬히 타오르는 증오를 견뎌 내신 분의 소리입니다. 그러나 이 증오의 불꽃은 그분에게 어떤 해도 끼치지 못합니다. 이 소리는 그분을 박해하는 이들의 극렬한 분노를 통과하여 나아갔습니다. 그들 가운데 더러는 말하였습니다. "어쩌면 이분이 정말 메시아일까?" 더러는 이렇게 말하였습니다. "아니야, 그럴 리가 없어. 그는 사람들을 잘못 이끌고 있어"(요한 7,12.26.41 참조). 주님께서는 이런 식으로 광분한 사람들의 법석을 헤쳐 나아가셨습니다. 그들 가운데 일부를 당신의 사랑이 미치는 곳으로 이끄시기 위함이었습니다. 그리고 나머지는 자신의 악의에 따라 살도록 내버려 두셨습니다.

• 아우구스티누스『시편 상해』29,7.[19]

불을 끈 소리

주님의 소리는 타고 있는 악의 화살이 내뿜는 불을 끕니다. 이 "소리"는 그리스도를 믿는 이들이 지혜에 발을 딛고 서도록 요구하는 영적 가르침입니다.

• 폰투스의 에바그리우스『시편 발췌 주해』28[29],7.[20]

나뉜 불

인간의 지성으로 보면 불은 자르거나 나눌 수 없는 것입니다. 그러나 불은 주님의 명령으로 잘릴 수도 있고, 나뉠 수도 있습니다. 악마와 그의 부하들을 벌하기 위하여 마련된 불은 주님의 소리로 나뉠 수 있다고 나는 생각합니다. 사실 불에는 두 가지 능력, 곧 태우는 능력과 빛을 비추는 능력이 있습니다. 따라서 불의 맹렬하고 가혹한 속성은 불에 타 버려 마땅한 이들을 기다리고 있고, 반면에 빛을 비추며 찬란한 속성은 환호하는 이들의 기쁨을 위해 마련되었습니다. 그렇기 때문에 주님의 소리는 불을 나누고 할당합니다. 그래서 심판의 불은 어둡지만, 반대쪽의 빛은 꺼지지 않습니다.

• 대 바실리우스『시편 강해』13,6(시편 제29편).[21]

29,8 주님의 소리가 사막을 뒤흔드시네

영혼의 광야

깊은 숲, 곧 나무가 울창한 영혼에는 들짐승과 같은 다양한 죄의 욕정들이 숨어 있습니다. 그런데 이 욕정들은 "쌍날칼보다 더 날카로운"(히브 4,12) 그 말씀으로 깨끗해집니다.

• 대 바실리우스『시편 강해』13,7(시편 제29편).[22]

믿음에 이르도록 흔들리다

예언자도 없었고, 하느님의 말씀을 설교하는 이도 찾아볼 수 없어서 어떤 인간도 살지 않을 것처럼 여겨지던 세상이었습니다. 한때 희망도 없이, 하느님도 없이 이런 세상에서 살던 사람들을 이 소리가 흔들어 신앙에 이르게 하였습니다.

• 아우구스티누스『시편 상해』29,8.[23]

[18] FC 101,184.
[19] *WSA* 3,15,295.
[20] PG 12,1292.
[21] FC 46,206.
[22] FC 46,208.
[23] *WSA* 3,15,295-96.

하느님께서 거처하시는 영혼들

잘못에 굴복하여 사막에 살게 된 영혼들이 회개의 말씀으로 나아갑니다. 그 잘못을 버림으로써 그들은 하느님께서 거처하시는 곳이 됩니다.

• 히에로니무스 『시편 주해』 29.[24]

사막의 교회가 결실 풍성한 곳이 되다

자녀가 없었던 교회는 처음에는 "사막"이었습니다. 그리스도의 설교로 이 사막은 "흔들렸고" "산고를 겪고 출산하자 하루 만에 한 민족이 태어났습니다"(이사 66,8 참조). 이 교회는 전에는 "카데스 사막"이라고 불렸습니다. 덕행을 낳지 못하였기 때문에 거룩함이 사막 같았던 교회가 "수사슴들을 낳기" 시작하며, 거룩한 사람들을 무리 지어 파견하고 있습니다. 이 거룩한 이들은 지상의 뱀들이 지닌 독을 무시하며 그들을 죽입니다. 그들이 세상으로 달려 나가 그리스도의 복음을 선포하는 동안 "하느님의 성전에서 모두가 하느님께 '영광이여!' 하고 외칩니다".

• 히에로니무스
『공현일과 시편 제28편에 관한 설교』 28.[25]

29,9 모두 외치네, "영광이여!"

우상들이 뽑힌 자리에 들어선 교회들

시편 저자는 아무런 열매를 맺지 못하는 우상들의 구역을 "숲들"이라고 표현합니다. 이것은 일종의 잡목림이나 수풀 같은 것인데, 최상의 나무꾼들은 그곳에 들어가 익숙하게 나무를 잘라내어 맨땅이 드러나게 한 후 그곳에 열매를 맺는 나무들을 심고, 먹을 수 있는 곡식의 씨앗을 뿌립니다. 이 세상의 경작자들도 그렇게 하였습니다. 그들은 우상의 구역을 뿌리째 뽑아내고 그곳에 하느님의 교회를 심었습니다.

• 키루스의 테오도레투스 『시편 주해』 29,8.[26]

하느님의 영광에 대해 이야기하라

하느님의 성전에 있는 이는 독설이나 어리석은 말이나 수치스러운 것들로 가득한 말을 하지 않습니다. "하느님의 성전에서는 모두 다 하느님의 영광을 이야기할 것입니다." … 창조주께 영광을 돌리는 이 의무는 모든 천상 피조물들의 큰 무리에게 있습니다. 소리를 내거나 내지 못하는 모든 피조물, 천상이나 지상에 있는 모든 피조물은 창조주께 영광을 돌립니다. 하지만 무엇인가를 얻을 양으로 자기 집을 떠나 성전으로 달려가는 딱한 자들은 하느님의 말씀에 귀를 기울이지 않습니다. 그들은 자기 본성에 대해 알지 못합니다. 그들은 죄를 지었으면서도 괴로워하지 않습니다. 죄를 기억하며 슬퍼하지도 않고, 심판을 두려워하지도 않습니다. 오히려 웃으며 서로 악수를 나누고, 기도의 집을 수다스러운 대화의 장소로 만듭니다. 그리고 "하느님의 성전에서 모두가 그분의 영광을 이야기할 것이다"라고 엄숙하게 선포하는 시편 말씀을 들어 보지 못한 체합니다. 여러분은 그분의 영광을 이야기하지 않을 뿐만 아니라 다른 이의 시선을 자기에게 집중시키고 아우성으로 영의 가르침을 익사시킴으로써 다른 이들에게 걸림돌이 됩니다. 하느님을 찬양하여 보상을 받는 대신 그분의 이름을 모독한 자들과 더불어 심판받는 날을 맞지 않도록 주의하십시오. 여러분에게는 시편과 예언, 복음 가르침과 사도들의 설교가 있습니다. 혀가 노래하게 하고, 정신이 자기가 들은 것의 의미를 해석하게 하십시오. 그러면 여러분은 자신의 영으로 노래하고, 자신의 정신으로 노래하게 될 것입니다. 하느님께 찬양이 필요하셔서가 아닙니다.

[24] CCL 72,203.
[25] FC 57,230-31*.
[26] FC 101,186.

하느님께서는 여러분이 영광을 얻기에 합당한 이가 되기를 바라십니다. "사람은 자기가 뿌린 것을 거두는 법입니다"(갈라 6,7). 영광을 뿌리십시오, 그러면 여러분은 하늘 나라에서 화관과 영예와 칭찬을 거두게 될 것입니다. "하느님의 성전에서 모두 그분의 영광을 노래할 것이네"라는 말은 주제에서 벗어난 생뚱맞은 말이 아닙니다. 하느님의 성전에서 어떤 사람들은 혀가 아플 때까지 끝없이 떠들기 때문입니다. 그런 이들은 성전에 들어가지만 아무 소득도 얻지 못합니다.

• 대 바실리우스『시편 강해』13,8(시편 제29편).[27]

영적 은사에 대한 찬미

주님의 교회에서 영원한 희망으로 다시 태어난 모든 이는 성령께 받은 은사에 대하여 하느님께 찬미를 드립니다.

• 아우구스티누스『시편 상해』29,9.[28]

29,10 주님께서 좌정하셨네

주님의 성전

그러므로 하느님께서는 성전에 계신 것처럼 각 사람 안에 홀로 계시기도 하고, 함께 모여 있는 모든 이 안에 거처하시기도 합니다. 이 성전이 노아의 방주처럼 세상에서 풍랑으로 흔들리는 한 이 시편의 말씀이 옳다는 것이 입증됩니다. "주님께서 큰물 위에 좌정하셨네." 묵시록은 모든 종족에서 나온 수많은 믿는 이들의 무리를 "물"(묵시 17,15)로 표현합니다. "주님께서 큰물 위에 좌정하셨네"라는 말도 바로 그런 의미입니다. 시편은 이어서 이렇게 말합니다. "주님께서 영원하신 임금으로 좌정하셨네." 이 세상의 폭풍우가 사라진 후 영원한 생명 안에 세워진 당신의 바로 그 성전에서 주님께서는 틀림없이 그렇게 하실 것입니다. 따라서 어디에나 계시며, 어디서나 충만히 현존하시는 하느님은 아무 곳이나 머무시는 것이 아니라 당신의 성전에만 머무십니다. 하느님은 당신의 은총으로 이 성전을 다정히 대하시고 은혜를 베푸십니다. 그런데 하느님의 거처에서 어떤 이들은 하느님을 충만히 모셔 들이지만 어떤 이들은 그만큼 모셔 들이지 않습니다.

• 아우구스티누스『서간집』187,38.[29]

주님께서는 죄를 씻어 없애신다

주님께서는 "큰물 위에", 모든 잘못을 씻어 없애는 "물" 위에 거처하십니다. 바로 이 물 위에 "영원하신 임금님으로 좌정"하십니다. 그곳에서 주님은 "당신 백성에게", 곧 당신을 믿는 이들에게 "권능을" 주십니다. 주님은 "당신 백성에게 평화로 강복"하십니다.

• 소 아르노비우스『시편 주해』29.[30]

새로운 창조

주님께서는 세상을 만드실 것입니다. 그런데 이 세상은 불의라는 격류로 물에 잠길 것입니다. 하지만 주님께서는 그 세상을 회복시켜 새로이 창조하실 것입니다. 그래서 복된 바오로는 큰 소리로 외칩니다. "누구든지 그리스도 안에 있으면 그는 새로운 피조물입니다"(2코린 5,17).

• 키루스의 테오도레투스『시편 주해』29,9.[31]

새로워진 영혼

하느님께서는 영혼을 당신의 옥좌로 만드시려는 듯이 영혼을 깨끗이 씻어서 빛나게 하시고,

[27] FC 46,209-10*.
[28] *WSA* 3,15,296.
[29] FC 30,252*.
[30] CCL 25,37.
[31] FC 101,186.

그 빛나는 영혼 안에 좌정하십니다.

• 대 바실리우스『시편 강해』13,8(시편 제29편).[32]

당신의 백성 가운데 좌정하시다

하느님께서는 "큰물", 곧 그리스도를 믿는 수많은 무리 안에 좌정하십니다. [그다음 구절에서 말하듯이] 그리스도는 "당신 백성에게 권능을 주시고 평화로 그들에게 강복하십니다". 그래서 우리는 우리에게 당신의 평화를 주신 그리스도 안에서 힘을 얻습니다.

• 위-아타나시우스『시편 해설』29.[33]

[32] FC 46,211.

[33] CSCO 387,19.

30,1-13 치유에 대한 찬미

그대의 집, 곧 하느님을 맞아들이는 그대의 영혼과
그대가 육적으로 머무는 육체의 집을 하느님께 봉헌하고 즐거워하며
시편 제30편을 노래하십시오.
아타나시우스『시편 해석에 관해 마르켈리누스에게 보낸 편지』17 [OIP 68]

1 [시편. 성전 봉헌 노래. 다윗]
2 주님, 제가 당신을 높이 기립니다.
당신께서는 저를 구하시어
원수들이 저를 두고 기뻐하지 못하게
하셨습니다.
3 주 저의 하느님
제가 당신께 애원하자
저를 낫게 하셨습니다.
4 주님, 당신께서 제 목숨을 저승에서
건지시고
저를 구렁에 떨어지지 않게 살리셨습니다.①
5 주님께 찬미 노래 불러라,
주님께 충실한 이들아.
거룩하신 그 이름을 찬송하여라.
6 그분의 진노는 잠시뿐이나
그분의 호의는 한평생 가니
저녁에 울음이 깃들지라도
아침에는 환호하게 되리라.
7 평안할 때 저는 말하였습니다.
"나는 영원히 흔들리지 않으리라."
8 주님, 당신 호의로 저를 튼튼한 산성에
세워 주셨습니다.
그러나 당신께서 얼굴을 감추시자
저는 겁에 질렸습니다.
9 주님, 제가 당신께 부르짖고
저의 주인이신 당신께
자비를 간청하였습니다.
10 "제 피가, 제가 구렁으로 떨어지는 것이
무슨 이득이 됩니까?
먼지가 당신을 찬송할 수 있으며
당신의 진실을 알릴 수 있습니까?
11 들으소서, 주님, 저에게 자비를 베푸소서.
주님, 저의 구원자가 되어 주소서."
12 당신께서는 저의 비탄을 춤으로 바꾸시고
저의 자루옷 푸시어
저를 기쁨으로 띠 두르셨습니다.⤴

13 이에 제 영혼이② 당신을 노래하며
잠잠하지 않으오리다.
주 저의 하느님,
제가 당신을 영원히 찬송하오리다.

① 또는 "구렁으로 떨어지는 자들 가운데서 저를 살리셨습니다".
② 히브리어 본문은 '그 영광이'다.

둘러보기

이 시편은 바로 앞의 시편과 이어지는 것으로, 하느님의 거처가 완성되어 그것을 영원한 평화로 봉헌하는 데까지 생각이 뻗어 나간다(아우구스티누스). 이 시편은 성전 봉헌이라는 역사적 사건을 예형으로 삼아, 영혼을 새롭게 하여 교회에 적합하게 만드는 그리스도의 활동을 예고한다(테오도레투스, 위-아타나시우스, 히에로니무스, 바실리우스). 이 시편의 화자는 완전하신 그리스도이시다(아우구스티누스). 거룩한 이들은(암브로시우스) 하느님의 자비가 베푸신 생명의 선물을 즐거워한다(테오도레투스). 우리는 그리스도 안에서 드높아졌다(오리게네스). 가장 비천한 상태에서 드높아졌다(아우구스티누스). 참으로 올바른 사람만이 하느님을 참되게 찬미하며, 마음으로부터 그분을 찬양하는 노래를 부른다(바실리우스). 그들은 하느님의 자비를 기억한다(에바그리우스).

성경은 심판이라는 표상을 사용하여 하느님의 분노에 대해 이야기한다(몹수에스티아의 테오도루스). 하느님께서 분노하신 결과는 하느님께서 모르시는 이가 되는 것이다(에바그리우스). 우리는 하느님께서 우리가 살기 바라심을 알고 있다(위-아타나시우스). 성경은 반전의 예형론을 제시하기도 한다(테오도레투스). 우리에게는 부활의 기쁨이 기다리고 있기에(소 아르노비우스) 우리의 슬픔은 일시적인 것에 지나지 않는다(아우구스티누스). 물질적 번영이 있는 것처럼, 영혼에게도 다가올 번영이 있다(바실리우스). 그것을 얻기 위해서는 하느님의 은총이 필요하다(위-아타나시우스, 바실리우스). 하느님께서 당신 섭리의 얼굴을 돌리실 때 우리는 고통을 겪는다(아우구스티누스). 그래서 우리는 하느님의 얼굴이 우리를 비추기를 기도한다(바실리우스). 우리는 모든 좋은 것은 하느님에게서 온다는 것을 안다(디오도루스). 우리는 위대하고 천상적인 것들을 얻기 위해 간청한다(바실리우스). 그리고 그리스도께서 우리를 위하여 간구하고 계심을 알고 있다(아우구스티누스). 우리는 그리스도 안에서 안전하며(암브로시우스), 그리스도의 은총이 가져오는 유익을 증대시킬 책임이 있다(아타나시우스). 죄와 탄식의 옷은 부활의 기쁨으로 대체되었고(아우구스티누스, 바실리우스), 그것을 알면 행동이 따른다(에바그리우스). 우리는 우리에 대한 하느님의 사랑에 안심하며(테오도레투스), 결코 잊을 수 없는 자비에 대한(바실리우스) 영원한 증언을 간직하고 있다(아우구스티누스).

30,1 표제: 성전 봉헌 노래

바로 앞의 시편과 이 시편

바로 앞의 시편에서는 우리가 살고 있는 전쟁의 시기에 성막의 완성을 경축하였다면, 지금 이 시편에서는 영원한 평화 속에 머물게 될 성전을 봉헌합니다.

• 아우구스티누스 『시편 상해』 30,1.[1]▸

솔로몬과 그리스도, 그리고 교회

복된 다윗은 성전을 짓지 못하였습니다. 이 시편의 구절들이 말하는 내용은 그 성전을 세운 이와도 맞지 않습니다. 시편 저자는 "성전 재축성"이라는 말로 인간 본성의 회복에 대해 말하고 있습니다. 이는 주님이신 그리스도께서 우리를 위하여 죽음을 받아들이시어 파괴하셨고, 또 우리에게 부활의 희망을 주심으로써 이루신 것입니다.

• 키루스의 테오도레투스 『시편 주해』 30,1.[2]

죄에서 구원된 뒤 노래한 시편

시편 저자는 죄에서 구원되어 영혼이 회개로 새롭게 된 후에 이 시편을 노래합니다. … 그는 감사를 드리며 미래를 위하여 기도합니다. 그는 자신의 안위를 위해 기도하며, 다른 이들을 위한 덕행의 본보기가 되게 해 달라고 기도합니다.

• 위-아타나시우스 『시편 해설』 30.[3]

수난과 부활, 시대의 완성에 관한 노래

다윗의 집이 봉헌된 것은 구원자의 부활로 이해할 수 있습니다. 구원자의 부활로 모든 이가 봉헌되었습니다. … 이 시편은 수난과 부활의 때, 그리고 시대의 완성에 관한 것입니다.

• 히에로니무스 『시편 주해』 30.[4]

육체와 음악

비유적으로 말한다면, 육체의 물리적인 구조는 하느님께 바치는 찬가를 반주하는 데 알맞은 악기인 수금이라 할 수 있습니다. 또 하느님의 영광을 드러내는 육체의 활동은 시편에 비길 수 있습니다. 우리가 적절한 행위만을 한다면 우리의 행위는 조화로운 음조에서 벗어나지 않습니다. 고상한 관상과 신학에 속한 것은 무엇이나 찬가에 비길 수 있습니다. … 이 시편에는 "찬미의 시편"이라는 제목이 붙어 있습니다. 따라서 이 표현은 관상에 따라오는 활동을 의미한다고 생각됩니다. 이 찬미의 시편은 표제에 어울리게 성전 봉헌에 관하여 언급하고 있습니다. 이 시편에 언급된 인용구들은 성전이 건축되었던 솔로몬의 때에 발설된 것으로 보이며, 수금 가락에 맞추어 노래하도록 손본 것 같습니다. 하지만 영적 의미에서 볼 때 이 시편의 표제는 하느님의 말씀의 육화를 의미하며, 새롭고 놀라운 방법으로 건설된 집의 봉헌을 알리는 것처럼 보입니다. 우리는 이 시편에서 그리스도께서 직접 선포하신 것으로 여겨지는 말씀들을 많이 발견할 수 있습니다. 또 이 집을 그리스도께서 세우신 교회로 보는 것도 적절합니다. 이는 바오로가 티모테오에게 보낸 편지에서 말한 것과 같습니다. "그대가 하느님의 집에서 어떻게 처신해야 하는지 알게 하려는 것입니다. 이 집은 살아 계신 하느님의 교회입니다"(1티모 3,15). 교회의 봉헌은 정신의 쇄신으로 이해해야 합니다. 정신의 쇄신은 그리스도의 교회라는 몸을 이루는 각 개인들 안에서 개별적으로 활동하시는 성령을 통하여 이루어집니다. 이것이 바로 거룩한 음악이 만들어 내는 조화입니다. 이 조화는 귀를 즐겁게 하는 말이 아니라 해악에 노출된 영혼들을 혼란스럽게 하는 사악한 영들을 가라앉히고 부드럽게 하는 말들을 담고 있습니다.

• 대 바실리우스 『시편 강해』 14,1(시편 제30편).[5]

◀1 *WSA* 3,15,297.

2 FC 101,187.

3 CSCO 387,19-20.

4 CCL 72,203.

5 FC 46,213-14.

30,2 주님을 높이 기리다

완전하신 그리스도

지금 말씀하시는 분은 완전하신 그리스도이십니다. … 당신께서는 세상 곳곳에서 온갖 종류의 박해로 늘 저를 부수어 버리려 하는 이들이 저를 두고 기뻐하지 못하게 하셨습니다.

• 아우구스티누스 『시편 상해』 30,2.[6]

30,3 주님께서 낫게 하시다

거룩한 사람

주님을 향해 나아가려는 사람은 노력하면 할수록 더욱더 주님을 드높이고, 그 자신도 드높아집니다. 그래서 시편 저자는 이렇게 말합니다. "주님, 제가 당신을 높이 기립니다. 당신께서 저를 세워 주셨기 때문입니다." 거룩한 이는 주님을 찬양하지만 죄인은 주님을 깎아내립니다.

• 암브로시우스 『이사악 또는 영혼』 7,57.[7]

하느님의 자비로

인간 본성은 하느님께 간청하지도 않았고, 파멸에서 벗어날 수 있는 길을 찾지도 않았습니다. 오히려 타락하여 죽음을 바라보며 부활에 대한 기대도 없이 통곡하고 울부짖었습니다. 시편 저자가 아픈 이들과 죽어 가는 이들의 눈물과 탄식을 언급하는 이유는 이루 말할 수 없는 하느님의 사랑을 보여 주려는 것입니다. … 그들은 하느님께 간청하지 않았고, 다만 울부짖기만 하였습니다. 그러나 하느님께서는 그것을 보시고 [사랑으로] 그 상황을 가엾이 여기시어 그들을 죽음에서 벗어나게 해 주셨습니다.

• 키루스의 테오도레투스 『시편 주해』 30,2.[8]

30,4 하느님께서 살리시다

그리스도 안에서 드높아지다

하느님께서 드높여 주시지 않으면 아무도 하느님을 찬양할 수 없습니다. 그리스도께서는 이렇게 말씀하셨습니다. "나는 땅에서 올려지면 모든 사람을 나에게 이끌어 들일 것이다"(요한 12,32). 이렇게 말씀하신 그리스도의 십자가를 통하여 우리는 높이 올려졌습니다. 그래서 우리는 성부를 찬양하신 주님을 찬양합니다. 성자께서는 성부 안에 계시는 만큼, 믿는 이들에게 성부를 보여 주십니다. 성자께서는 인간 정신의 보이지 않는 원수들이 있음을 가르쳐 주십니다. 이 원수들은 하느님께서 인간에게 주신 구원을 부러워합니다. 그들은 숨어서 기다리며, 실수나 타락, 사고가 일어나는지 지켜봅니다. 만약 그런 일이 일어나면, 그들은 잘못이 무슨 즐거운 일이나 되는 양 곧바로 구원을 조롱합니다. 만약 믿는 이가 원수들이 구원을 조롱하는 것을 굳건히 견디어 낸다면 그 원수들은 천상 계단으로 장식된 구원을 보게 될 것입니다. 그러면 그 믿는 이는 하느님께 감사드리게 됩니다. 하느님께서는 그가 내던져지는 것을 허락하지 않으시고 그의 잘못을 바로잡아 주셨기 때문입니다. 이것을 분명히 깨달은 사람은 하느님을 찬양하고 하느님께서 주신 이 귀한 가르침을 간직합니다. 그런 사람은 지혜로운 삶을 살고 훌륭한 정신을 유지합니다. 그는 자신 안에 살고 계신 분을 찬양합니다.

• 오리게네스 『시편 발췌 주해』 30,2.[9]

---

[6] *WSA* 3,15,297.

[7] FC 65,47*.

[8] FC 101,188.

[9] PG 12,1292.

가장 비참한 조건에서

썩어 버릴 육체가 처한 조건인 심각한 무지와 가장 비참한 진창에서 당신은 저를 구원하셨습니다.

• 아우구스티누스 『시편 상해』 30,4.[10]

30,5 주님께 찬미 노래 불러라

마음으로 노래하며

주님께 노래를 부른다는 것은 시편 말씀을 입으로 그저 읊조리는 것이 아닙니다. 깨끗한 마음으로 시편을 바치며 하느님 앞에서 의로움을 유지하는 거룩한 모든 사람은 영적인 리듬의 안내에 따라 조화롭게 하느님께 노래를 바칠 수 있습니다. 간음한 자들 가운데 몇이나 그렇게 할 수 있을까요? 도둑질한 자들, 마음에 거짓을 감추고 있는 자들, 거짓말하는 자들 가운데 몇이나 그렇게 할 수 있을까요? 사실 그들은 노래하고 있지 않지만 노래하고 있다고 생각합니다. 성경은 성도들에게 시편을 노래하라고 초대합니다. "나쁜 나무가 좋은 열매를 맺을 수 없고"(마태 7,18) 나쁜 마음은 생명의 말씀을 발설할 수 없습니다. 그렇기에 "나무가 좋으면 그 열매도 좋다"(마태 12,33)고 하였습니다. 여러분의 영이 열매를 맺을 수 있도록, 그리고 성도가 되어 주님께 훌륭히 시편을 바칠 수 있도록, 여러분의 마음을 깨끗이 하십시오.

• 대 바실리우스 『시편 강해』 14,3(시편 제30편).[11]

하느님의 자비를 기억하라

하느님의 자비를 기억하는 이는 누구나 하느님을 고백합니다.

• 폰투스의 에바그리우스 『시편 발췌 주해』 29[30],5.[12]

30,6 아침에는 환호하게 되리라

진노의 징벌

시편 저자가 사용한 "진노"라는 말은 처벌과 징벌을 의미합니다. 성경에서 "진노"는 초기의 반응뿐만 아니라 지속적인 분노를 의미합니다. 그러므로 여기서 "진노"는 응징이라는 무서운 과정을 가리킵니다. 그리고 "분노"는 그것이 죄인들에게 응당 미치는 효과를 가리킵니다. 그래서 보통 이 두 용어는 구별 없이 사용됩니다. … 주님은 분노하시면 응징을 하시지만 그 목적과 지향에 있어서는 은혜로우십니다.

• 키루스의 테오도레투스 『시편 주해』 30,6.[13]

지식의 결여

하느님의 의분에서는 진노가 나오고, 하느님의 의지에서는 생명이 나옵니다. "생명"은 지식을 가리키고 … 진노는 이 지식의 결여를 의미합니다. 죽음은 생명에서 돌아서는 것입니다. 그렇다면 진노는 죽음, 곧 하느님을 볼 수 없게 됨을 가리킵니다.

• 폰투스의 에바그리우스 『시편 발췌 주해』 29[30],6.[14]

하느님의 의지가 생명이다

하느님의 진노에는 분노가 있고, 하느님의 의지에는 생명이 있습니다. 하느님은 생명을 바라시기 때문입니다. … 하느님은 우리의 죄 때문에 분노에 이르십니다. 우리의 비탄은 밤새도록 계속되겠지만, 우리가 회개로 악의 멍에를 벗어 버리면 하느님께서는 우리가 아침에 환호할 수 있게 해 주십니다.

• 위-아타나시우스 『시편 해설』 30.[15]

---

[10] *WSA* 3,15,297.
[11] FC 46,217-18.
[12] PG 12,1293.
[13] WGRW 5,273.
[14] PG 12,1293.
[15] CSCO 387,20.

성서적 유형들

히즈키야의 경우에도 모든 이가 구원받은 일에서 바로 이런 상황이 펼쳐졌습니다. 아시리아 군대가 무시무시한 위협을 하자 온 도시가 울부짖었고, 군대는 밤에 계속 공격을 가하였습니다. 하지만 아침이 되자 통곡할 수밖에 없었던 이들이 환호하게 되었습니다. 거룩한 이사야는 저녁에 히즈키야에게 그가 곧 죽을 것이라는 선고를 전해 주었습니다. 그러나 아침 무렵에 그는 히즈키야에게 회복의 기쁜 소식을 전하였습니다. 모든 이가 구원받은 일도 이러했습니다. 거룩한 사도들과 그들과 함께 있는 믿는 이들은 주님의 수난을 슬퍼하였습니다. 하지만 아침 무렵에 여자들이 와서 부활의 기쁨을 전해 주었습니다.

• 키루스의 테오도레투스『시편 주해』30,3.[16]

일시적인 슬픔

우리는 주님께서 부활하신 이른 새벽에 피어났던 그 기쁨을 고대하면서, 기쁜 부활의 아침이 올 때까지만 슬퍼합니다.

• 아우구스티누스『시편 상해』30,6.[17]

부활의 기쁨

아담으로 인한 죽음으로 세상이 저주를 받았지만 죽은 이들로부터의 부활로 생명이 계시되었습니다. 울음은 저녁때까지만 지속될 것입니다. … 아침에는 우리가 기뻐할 것입니다. 이른 새벽 땅 그림자가 사라지고 아침 해가 떠오를 때 우리의 믿음은 찬란하게 일어설 것입니다.

• 소 아르노비우스『시편 주해』30.[18]

30,7 평안할 때

영혼의 번성

한 도시의 번영은 시장에서 판매될 상품이 제때에 공급되는 것에 달려 있습니다. 열매를 많이 생산하는 지방을 번성하다고 말하듯이, 영혼도 온갖 종류의 업적으로 충만할 때 번성하다고 할 수 있습니다. 그러기 위해서는 영혼이 먼저 열심히 경작을 해야 하고, 그다음에는 하늘의 넉넉한 물줄기로 풍부해져야 서른 배, 예순 배, 백 배의 열매를 맺으며 다음 말씀이 이야기하는 축복을 얻을 수 있습니다. "너희 광주리와 반죽 통도 복을 받을 것이다"(신명 28,5). 그러므로 자신의 굳건함을 자각하고 있는 사람이라면 주님께서 축복하신 풍성한 들판처럼, 어떤 적수도 그를 돌아서게 할 수 없음을 분명한 확신을 가지고 말하고, 또 강력히 주장할 것입니다.

• 대 바실리우스『시편 강해』14,5(시편 제30편).[19]

30,8 주님의 호의로

은총의 필요성

당신의 힘이 없이는 저는 넘어진 곳에서 일어날 수 없습니다. 당신의 얼굴을 전처럼 돌리지 마시고 제 영혼의 은총이 다시 빛나게 하소서.

• 위-아타나시우스『시편 해설』30.[20]

아름다움과 복된 본성

덕의 근거에 대해 고찰해 본 적이 있는 이들은 어떤 덕은 관상에서 솟아 나오고, 어떤 덕은 비관상적이라고 말합니다. … 아름다움과 힘은 관상적인 덕에 따라오는 것이기 때문에 비관상적인 덕입니다. … 영혼 안에 아름다움이 존재하고, 그 아름다움을 실현하기 위한 힘이 존재하려면 하느님의 은총이 있어야 합니다. … 나는 본

[16] FC 101,189*.
[17] *WSA* 3,15,298.
[18] CCL 25,38.
[19] FC 46,220.
[20] CSCO 387,20.

성적으로 아름다웠으나 약하였습니다. 나는 뱀에게 속아 죄로 죽었기 때문입니다. 내가 처음 창조되었을 때 하느님께서는 당신께서 나에게 주신 아름다움에 더하여 그 아름다움에 어울리는 힘도 주셨습니다. 모든 영혼은 그 영혼이 지닌 고유한 덕의 기준에 근거하여 볼 때 아름답습니다. 그런데 자신의 정신을 정화한 사람만이 관상할 수 있는 진실하고 가장 사랑스러운 아름다움은 신적이고 복된 본성에서 나오는 아름다움입니다. 그 아름다움의 빛과 은총을 꾸준하게 응시하는 사람은 그 아름다움의 일부를 받게 됩니다. 그 아름다움에 잠김으로써 그의 얼굴은 마치 눈부신 빛에 물든 것 같아집니다. … 모세도 하느님과 대화할 때 그분의 아름다움을 일부 나누어 받음으로써 얼굴이 빛나게 되었습니다. 그래서 자신의 고유한 아름다움을 자각하게 된 사람은 이런 감사의 말씀을 드리게 됩니다. "오, 주님, 당신은 은총으로 제 아름다움에 힘을 더하여 주셨습니다."

• 대 바실리우스 『시편 강해』 14,5(시편 제30편).[21]

섭리를 베푸시는 하느님의 얼굴

당신께서 죄 중에 있는 저로부터 간간히 얼굴을 돌리셨을 때 저는 고통스러웠습니다. 당신을 알아볼 수 있게 하는 빛이 제게서 사라졌기 때문입니다.

• 아우구스티누스 『시편 상해』 30,8.[22]

하느님의 얼굴을 저희 위에 비추소서

시련의 때를 당하면 우리는 하느님께서 얼굴을 돌리셨다고 말합니다. 이때에 하느님께서 우리에게 시련을 허락하시는 것은 그로써 그 사람의 힘이 어느 정도인지를 드러나게 하시려는 것입니다. … 거룩한 사람이 되고, 선을 행하려는 기꺼운 마음 때문에 온화하고 모든 면에서 흔들리지 않는 상태가 될 수 있도록, 우리는 하느님의 얼굴이 언제나 우리를 비추어 주시기를 기도합니다. 그런 사람은 말할 것입니다. "저는 준비되어 있고, 흔들리지 않습니다"(시편 119,60-61 참조).

• 대 바실리우스 『시편 강해』 14,6(시편 제30편).[23]

30,9 주님께 부르짖다

하느님을 인정하다

저는 신뢰할 수 있는 분을 인정하고, 제가 가진 모든 좋은 것이 당신에게서 왔음을 시인하는데 주저하지 않을 것입니다.

• 타르수스의 디오도루스 『시편 주해』 30.[24]

큰 소리로 위대한 것들을 간청하다

주님께 큰 소리로 간청하는 것은 위대하고 천상적인 것들을 갈망하는 이들만 누릴 수 있는 특권입니다. 하찮고 지상적인 것들을 위하여 하느님께 간청하는 이는 작고 낮은 목소리로 말합니다. 그 소리는 높은 곳에 이르지도, 주님의 귀에 다다르지도 못합니다.

• 대 바실리우스 『시편 강해』 14,6(시편 제30편).[25]

그리스도께서 우리를 위하여 기도하신다

저는 저를 위하여 돌아가실 저의 머리이신 분, 당신의 맏아들께서 이렇게 기도하시는 소리를 듣습니다. "주님, 제가 당신께 부르짖고, 저의 하느님께 간청할 것입니다."

• 아우구스티누스 『시편 상해』 30,9.[26]

---

[21] FC 46,220-21*.
[22] *WSA* 3,15,298.
[23] FC 46,222.
[24] WGRW 9,90.
[25] FC 46,222*.
[26] *WSA* 3,15,298.

30,10 저의 죽음이 무슨 이득이 됩니까?

그리스도 안에서 누리는 안전

하느님은 미리 예정하신 대로 우리를 부르셨습니다. … 상을 주실 정도로 큰 은혜를 베푸시어 영예롭게 만드신 이들을 하느님께서 저버리실 수 있을까요? … 여러분을 죽음에서 구하시고 여러분을 위하여 자신을 바치신 그리스도께서 여러분을 단죄하실 수 있을까요? 여러분의 생명이 당신의 죽음으로 얻은 것임을 아시는데, 그러실 수 있겠습니까? 내가 구원한 자를 내가 단죄한다면 "내 피가 무슨 이득이 되는가?" 하고 그분이 말씀하시지 않겠습니까? … 성부와 화해하는 은총이 우리에게 내리도록 지속적으로 기도하시는 분이신데 매우 가혹한 선고를 내리시겠습니까?

• 암브로시우스 『야곱과 행복한 삶』 1,6,26.[27]

은총의 유익을 증가시키다

주님의 강생은 쓸데없는 일이 아니었습니다. 주님은 강생으로 온 세상을 얻으셨습니다. 하지만 그분이 육으로 이 세상에 오신 후에도 죄인들은 주님의 강생으로 인한 유익보다는 그것 없이 지내기를 원하였습니다. 알다시피 주님은 우리의 구원을 기뻐하셨고, 그것을 뛰어난 승리로 여기셨습니다. [이와 반대로] 주님은 우리의 파멸을 슬픈 손실로 생각하셨습니다. … 주님은 당신께서 주신 은총을 두 배로 만든 이들, 곧 다섯 탈렌트로 열 탈렌트를 만든 사람과 두 탈렌트로 네 탈렌트를 만든 사람을 칭찬하셨습니다. 이들은 모두 올바른 일을 하였고, 그것에서 이득을 얻었습니다. 하지만 주님은 탈렌트를 숨긴 이는 내쫓으셨습니다(마태 25,26-30 참조).

• 아타나시우스 『축일 서간집』 6,4-5.[28]

30,12 자루옷을 풀어 주시다

옷을 바꾸어 입다

당신은 제 죄를 둘러싸고 있는 자루, 제 사멸의 상태라는 슬픔의 옷을 찢어 버리시고 저에게 첫 번째 옷, 곧 영원한 행복의 옷을 입혀 주셨습니다.

• 아우구스티누스 『시편 상해』 30,12.[29]

비탄이 기쁨으로

아무 영혼에서나 하느님의 기쁨을 발견할 수 있는 것은 아닙니다. 자신의 죽음을 비통해하듯이 큰 비탄과 지속적인 눈물로 자신의 죄를 깊이 슬퍼하는 이라면, 이런 사람의 비탄은 기쁨으로 바뀌게 됩니다. … 자신의 죄에 대해 통곡할 때 입었던 비탄의 옷은 찢어지고 그는 기쁨의 겉옷을 입게 됩니다. 구원의 겉옷, 곧 눈부신 혼례복을 입은 사람은 혼인 잔치에서 쫓겨나지 않을 것입니다.

• 대 바실리우스 『시편 강해』 14,7(시편 제30편).[30]

이해에서 행동으로

비탄은 기쁨으로, 하느님에 대한 이해는 행동으로 바뀝니다.

• 폰투스의 에바그리우스 『시편 발췌 주해』 29[30],12.[31]

30,13 하느님을 영원히 찬송하오리다

우리에 대한 하느님의 사랑

하느님께서 우리를 얼마나 사랑하시는지는 잘 알려져 있습니다. 우리는 이 높은 명성의 근거를 하느님께서 우리에게 주신 증거 안에서 발

[27] FC 65,136*.
[28] *ARL* 103*.
[29] *WSA* 3,15,299.
[30] FC 46,224*.
[31] PG 12,1297.

견합니다. 성경에 따르면, "하느님께서는 세상을 너무나 사랑하신 나머지 외아들을 내주시어, 그를 믿는 사람은 누구나 멸망하지 않고 영원한 생명을 얻게 하셨다"(요한 3,16)고 합니다. "주 저의 하느님, 제가 당신을 영원히 고백하오리다." 현세의 삶에서뿐만 아니라 부활 후에도 저는 당신께 찬미가를 바치고, 당신의 형언할 길 없는 특별한 선물에 대해 늘 이야기할 것입니다.

• 키루스의 테오도레투스 『시편 주해』 30,6.[32]

영원한 증언

주 저의 하느님, 제가 가진 것 중에 저에게서 비롯한 것은 아무것도 없으며, 모든 좋은 것은 모든 것 안에서 모든 것(1코린 15,28 참조)이신 하느님 당신에게서 왔다고 영원토록 고백하는 것이 저의 영광입니다.

• 아우구스티누스 『시편 상해』 30,12.[33]

결코 잊지 못할 자비

제가 회개하자 저를 용서하시고, 저에게 영광을 돌려주셨으며, 제 죄의 수치를 없애 주셨으니, 저는 영원토록 당신을 찬양하오리다. 제아무리 긴 세월이 흐른다 해도 당신께서 베푸신 이 크신 은혜를 잊게 하지는 못할 것입니다.

• 대 바실리우스 『시편 강해』 14,8(시편 제30편).[34]

[32] FC 101,191.
[33] *WSA* 3,15,299.
[34] FC 46,225.

31,1-25 구조를 요청하는 기도

진리 때문에 친척들과 친구들로부터 미움과 박해를 받을 때
그들 때문이든, 그대 자신 때문이든 낙담하지 마십시오.
모든 친지가 등을 돌리더라도 겁먹지 말고
그들로부터 물러나 그대의 눈을 미래에 고정시키고 시편 제31편을 노래하십시오.

아타나시우스 『시편 해석에 관해 마르켈리누스에게 보낸 편지』 18 [OIP 68]

1 [지휘자에게. 시편. 다윗]
2 주님, 제가 당신께 피신하니
다시는 수치를 당하지 않게 하소서.
당신의 의로움으로 저를 구하소서.
3 제게 당신의 귀를 기울이시고
어서 저를 구하소서.
이 몸 보호할 반석 되시고
저를 구원할 성채 되소서.
4 당신은 저의 바위, 저의 성채이시니
당신 이름 생각하시어 저를 이끌고
인도하소서.
5 그들이 숨겨 놓은 그물에서 저를 빼내소서.
당신은 저의 피신처이십니다.
6 제 목숨을 당신 손에 맡기니
주 진실하신 하느님,
당신께서 저를 구원하시리이다.
7 저는① 허황된 우상 섬기는 자들을 미워하고
오로지 주님만 신뢰합니다.
8 당신의 자애로 저는 기뻐하고 즐거워하리니
당신께서 저의 가련함을 굽어보시어⤴

↱제 영혼의 곤경을 살펴 아시고
9 저를 원수의 손에 넘기지 않으시며
제 발을 넓은 곳에 세우셨기 때문입니다.
10 주님, 저에게 자비를 베푸소서.
제가 짓눌립니다.
제 눈이 시름에 짓무르고
저의 넋과 몸도 그러합니다.
11 정녕 저의 생명은 근심으로,
저의 세월은 한숨으로 다해 가며
저의 죄로② 기력은 빠지고
저의 뼈들은 쇠약해졌습니다.
12 제 모든 원수들 때문에
저는 조롱거리가 되고
이웃들에게는 놀라움이,③
저를 아는 이들에게는 무서움이 되어
길에서 보는 이마다 저를 피해 갑니다.
13 저는 죽은 사람처럼 마음에서 잊혀지고
깨진 그릇처럼 되었습니다.
14 정녕 저는 많은 이들의 비방을 듣습니다.
사방에서 공포가 밀려듭니다.
저를 거슬러 그들이 함께 모의하여
제 목숨 빼앗을 계교를 꾸밉니다.
15 그러나 주님, 저는 당신을 신뢰하며
"당신은 저의 하느님!" 하고 아룁니다.
16 당신 손에 제 운명이 달렸으니
제 원수들과 박해자들의 손에서
저를 구원하소서.
17 당신 얼굴을 당신 종 위에 비추시고
당신 자애로 저를 구하소서.
18 주님, 제가 당신을 불렀으니
수치를 당하지 않게 하소서.
악인들이나 수치를 당하여
말없이 저승으로 사라지게 하소서.
19 거만하여 업신여기고 의인을 거슬러
파렴치하게 지껄이는
거짓된 입술들을 잠잠하게 하소서.
20 얼마나 크십니까!
당신을 경외하는 이들 위해 간직하신
그 선하심이.
당신께 피신하는 이들에게
사람들 보는 앞에서 이를 베푸십니다.
21 당신 앞의 피신처에 그들을 감추시어
사람들의 음모에서 구해 내시고
당신 거처 안에 숨기시어
사나운 입술들의 공격에서 구해 내십니다.
22 포위된 성읍에서
내게 당신 자애의 기적을 베푸셨으니
주님께서는 찬미받으소서.
23 질겁한 나머지 제가 말씀드렸습니다.
"저는 당신 눈앞에서 잘려 나갔습니다."④
그러나 당신께 도움 청할 때
당신께서는
애원하는 저의 소리를 들어 주셨습니다.
24 주님께 충실한 이들아,
모두 주님을 사랑하여라.
주님께서는 진실한 이들은 지켜 주시나
거만하게 구는 자에게는
호되게 갚으신다.
25 주님께 희망을 두는 모든 이들아
힘을 내어 마음을 굳세게 가져라.

① 히브리어 본문; 그리스어 본문과 시리아어 본문, 히에로니무스의 번역과 1편의 히브리어 수사본에는 '당신께서는'이다.
② 히브리어 본문; 그리스어 본문과 시리아어 본문은 '비참함으로'다.
③ 수정 본문; 히브리어 본문은 '몹시' 또는 '매우'.
④ 또는 '멀리 쫓겨났습니다'.

둘러보기

시편 제31편에서 다윗은 자신의 체험에 대해 이야기하면서 그리스도에 관한 예언을 하고 있다(히에로니무스). 그는 특히 주님의 수난과 부활에 초점을 맞춘다(카시오도루스). 이 시편은 의로움의 선물에 대한 뛰어난 표현으로 시작된다(아우구스티누스). 이 선물은 놀라운 천상적 교환을 통하여 주어진 것이다(카시오도루스). 여기에서 의로움이란 그리스도 안에서 이루어진 모든 덕을 다 포함하는 말이다(에바그리우스). 하느님께서는 당신의 자비로 들어 주시고(아우구스티누스), 당신께 희망을 두는 이들을 구하신다(소 아르노비우스). 시편 저자는 자신을 위해서가 아니라 하느님을 위해서 간청한다(테오도레투스). 자신의 힘과 피신처가 하느님께 있음을 알기 때문이다(아우구스티누스). 그는 믿음과 행위를 통하여 인도된다(에바그리우스).

우리는 원수가 놓는 이중의 덫을 조심해야 한다(아우구스티누스). 우리는 여기에서 다윗의 구원을 본다(테오도레투스). 또한 그리스도의 구원도 본다(카시오도루스). 그리스도께서 십자가 위에서 하셨던 말씀이 여기에 나온다(몹수에스티아의 테오도루스). 여기서 말하는 "영"은 정신으로 이해할 수 있다(에바그리우스). 그런데 그리스도께서 십자가 위에서 성부께 맡기신 그 영은 비교를 초월한다(카시오도루스). 하느님보다 하위의 것에 대한 믿음은 아무런 소용이 없다(아우구스티누스). 그런 믿음은 하느님께서 거절하신다(테오도레투스). 그러나 주님께 희망을 두는 이는 안전하다(카시오도루스). 주님은 육화에 어울리는 비천함과 더불어 기뻐하신다(카시오도루스).

유혹의 이유를 알면 자유의 "넓은 곳"을 얻게 된다(에바그리우스). 애덕 역시 사람의 영혼에 자유의 "넓은 곳"을 제공한다(아우구스티누스). 어렴풋이 보이는 위험은 영혼을 혼란하게 할 수는 있어도 절망에 이르게 하지는 않는다(카시오도루스). 우리는 분노를 조심해야 한다(아우구스티누스, 요한 카시아누스). 진노도 마찬가지이다(에바그리우스). 우리의 조건으로부터 겸손을 배워야 한다(로마의 클레멘스). 그리스도께서는 우리를 위하여 조롱거리가 되셨다(카시오도루스). 많은 이들의 눈에 그분은 사라지고 잊힐 운명에 처한 이로 보였다(테오도레투스). 그분은 버림을 받으셨고(카시오도루스), 쓸모없는 존재로 여겨지셨다(아우구스티누스). 그러나 그분은 주님께 대한 희망을 간직하셨다(카시오도루스). 우리의 희망은 그리스도께 고정되어 있다(아우구스티누스). 우리의 때는 주님의 손에 있다(디오도루스). 우리는 어떤 원수들을 위해서는 기도하지만 어떤 원수들의 경우에는 그들을 거슬러 기도한다(아우구스티누스). 주님께서는 우리에게 당신의 등이 아니라 얼굴을 보여 주신다(위-아타나시우스). 우리가 믿음으로 주님을 부를 때(카시오도루스), 우리는 주님의 시선만으로도 충분히 구원받는다(디오도루스). 침묵은 거짓말을 피하는 길이다(에바그리우스). 모든 신성모독자들은 결국 침묵하게 될 것이다(아우구스티누스).

이어서 이 시편은 하느님의 축복에 대한 계시에 관하여 이야기한다(테오도레투스). 하느님의 자상함이 어떻게 드러나는지에 대해 이야기한다(카시오도루스). 하지만 이 드러남은 하느님의 때에 맞추어 일어난다(아우구스티누스). 믿음이 필요하며(아우구스티누스), 신앙은 하느님의 자비가 우리의 죄보다 훨씬 크다는 것을 발견한다(예루살렘의 키릴루스). 우리에게 올 축복이 지금은 감추어져 있다(소 아르노비우스). 그때까지 하느님은 사람들이 알지 못하는 방법으로 우리를 도우신다(니사의 그레고리우스). 주님은 당신의 사랑으로 우리를 에워싸신다(테오도레투스). 주님의 자비는 인간 사회의 가장 넓은 반경까지 뻗어 나간다(아우구스티누스). 주님은 특별히 예루살렘에 당신의 축복을 보여 주셨고, 그곳에서 가장 먼저 그 축복을 드러내셨다(카시오도루스). 여기에 언급된 다윗의 상황은 그가 의로움에서 돌아섰을 때 겪었던 것이다(테오도레투스). 우리는 주님의 말씀을 들어야만 한다는 것을 배운다(테오도레투스). 우리는 주님을 사랑하고 서로를 벗으로 사랑해야 한다(카시오도루스). 하느님께서는 교만을 다른 어떤 죄보다 더 크게 벌하신다는 것을 알아야 한다(디오도루스). 우리는 하느님 심판의 확실성에서 위안을 얻으며(소 아르노비우스), 주님의 힘 안에 굳건히 머문다(카시오도루스).

31,1 표제: 다윗의 시편

다윗과 주님

이 시편 전체는 역사로 보자면 다윗에 관한 것이지만, 예언으로 보자면 주님에 관한 것으로 이해됩니다.

• 히에로니무스『시편 주해』31.[1]

주님의 수난과 부활

이 시편 전체의 화자는 구원자이신 주님이십니다. 처음에 주님은 당신을 위협하는 불행으로부터 구해 달라고 성부께 간청하십니다. 그리고는 성부께서 그의 기도를 분명하게 들어주신 것에 대해 기뻐하십니다. 이 시편의 둘째 단락에서 주님은 다시 수난의 주제로 돌아가서 훌륭한 문체로 다양한 암시를 통하여 일어난 일들에 대해 묘사하십니다. 셋째 단락에서는 전반적으로 당신 자신에 관하여, 그리고 믿는 이들에 대하여 감사를 드리십니다. 하느님께서 온 교회에 자비의 선물을 주셨기 때문입니다. 성도들은 선한 이들에 대한 보상과 악한 이들의 심판에 관하여 전에 들은 적이 있으므로 주님께서는 그들이 계속해서 주님의 사랑 안에 머물도록 경고하십니다.

• 카시오도루스『시편 해설』31,1.[2]

31,2 당신의 의로움으로 저를 구하소서

의로움의 선물

정의는 하느님께 속한 것이지만 우리에게 주어지면 우리의 것이 되기도 합니다. 하지만 인간이 정의가 자신에게서 나온다고 생각하지 않도록 그 정의는 하느님의 정의라 불립니다. … 그런데 유대인들은 자신의 노력으로 완전한 정의에 이를 수 있다고 생각하였습니다. 그 결과 그들은 걸림돌, 불명예의 바위에 걸려 넘어졌고, 그리스도의 은총을 알아보지 못하였습니다. … 그들이 하느님의 은총을 알아보지 못한 이유는 무상으로 구원받은 자가 되기를 원하지 않았기 때문이었습니다. 무상으로 구원된 자는 누구입니까? 구원자께서 영예를 주실 만한 것은 아무것도 없고, 오직 심판하셔야 할 것만 있는 이들, 보상을 받을 만한 것은 아무것도 없고 고통의 벌을 받을 수밖에 없는 이들입니다. … 왜 이것을 "은총"이라고 합니까? 거저 주시는 것이기 때문입니다. 왜 거저 주십니까? 그것을 받기에 합당한 어떤 선행하는 공로도 없기 때문입니다. 하느님의 은혜가 먼저 있었습니다. … 이것을 생각하며, "오, 주님, 저는 제가 아니라 당신을 신뢰합니다". 제가 수치를 당하지 않게 하시는 당신을 저는 신뢰하오니 "제가 결코 수치를 당하지 않게 하소서". "당신의 정의로 저를 풀어 주시고 구원하소서." 제 안에는 저의 것이라 여길 수 있는 정의가 없음을 아시오니 당신의 정의로 저를 풀어 주소서. 저를 정의롭게 하시고, 불경한 자를

[1] CCL 72,203.

[2] ACW 51,290.

경건한 자로 만드시며, 눈먼 이를 보게 하시고, 넘어지는 이를 일으켜 세우시며, 슬퍼하는 이를 기쁘게 하는 바로 그것으로 저를 해방시켜 주소서. 저를 해방시키는 것은 바로 그것입니다. 저는 저를 해방시킬 수 없습니다. "당신의 의로움으로 저를 풀어 주시고 구하소서."

• 아우구스티누스 『시편 상해』 31,6.[3]

거룩한 교환

그분께서 주님의 정의를 간청하신 것은 마땅한 일이었습니다. 자신이 불의한 이들 때문에 고통을 겪을 것임을 아셨기 때문입니다. 이 얼마나 놀라운 거룩한 교환인가요! 그분은 죽음을 받아들임으로써 대신에 구원을 주셨습니다. 불의를 견디어 내심으로써 명예를 주셨고, 고통을 짊어지심으로써 안전을 주셨습니다. 쓰라림을 얻고 달콤함을 주셨으니 그분은 참으로 완전하고 유일무이하게 자신을 바치신 분이십니다.

• 카시오도루스 『시편 해설』 31,2.[4]

그리스도와 모든 덕

하느님께서는 의로움으로 우리를 구하실 뿐만 아니라 인내와 용기, 사랑으로도 그렇게 하십니다. 시편 저자가 사용한 "의로움"이라는 단어는 이 모든 덕을 다 포함하는 말입니다. 어쩌면 그는 "그리스도"를 "의로움"으로 이해하였을 것입니다. 하느님께서는 그리스도가 우리에게 지혜이자 의로움이며, 성화요 구원이 되게 하셨습니다.

• 폰투스의 에바그리우스 『시편 발췌 주해』 30[31],2.[5]

31,3 저를 구하소서

하느님은 어떻게 우리에게 귀 기울이시는가

하느님께서는 당신의 자비를 우리에게 쏟아주실 때 우리에게 귀를 기울이십니다. 하느님은 당신의 외아드님을 우리와 함께 살게 하시려고 보내신 것이 아니라 우리를 위해 죽게 하시려고 보내셨습니다. 이보다 더 큰 자비가 있을 수 있겠습니까?

• 아우구스티누스 『시편 상해』 31,7.[6]

하느님께 희망을 두는 사람

하느님께서는 당신께 희망을 두는 이를 구하시고 해방시키십니다. 그들에게 당신의 귀를 기울이시고 그들이 구원될 수 있도록 … 그들을 잡아채십니다.

• 소 아르노비우스 『시편 주해』 31,3.[7]

31,4 하느님은 저의 바위

하느님을 위하여

이 구절들을 보면 시편 저자가 얼마나 현명한지 알 수 있습니다. 그는 자신의 공로 때문이 아니라 하느님의 이름과 의로움 때문에, 그리고 그가 하느님께 희망을 두고 있으니 도와주십사고 하느님께 호소합니다.

• 키루스의 테오도레투스 『시편 주해』 31,3.[8]

힘과 피신처

당신은 제가 박해자들을 견디어 낼 수 있는 용기와 그들에게서 벗어날 수 있는 피신처를 저에게 주실 것입니다.

• 아우구스티누스 『시편 상해』 31,4.[9]

---

[3] *WSA* 3,15,325-27. [4] ACW 51,290-91*.
[5] PG 12,1297.1300. [6] *WSA* 3,15,327*.
[7] CCL 25,39. [8] FC 101,193.
[9] *WSA* 3,15,316.

하느님의 인도

그분은 올바른 믿음과 행위를 통하여 인도하시고 당신의 이해력을 통하여 길러 주십니다.

• 폰투스의 에바그리우스 『시편 발췌 주해』 30[31],4.[10]

31,5 그물에서 빼내소서

원수들의 이중 덫

원수들은 재빨리 덫을 놓습니다. 이 덫에는 이중의 고리, 실수와 공포의 고리가 있습니다. 실수는 유혹하기 위한 고리이고, 공포는 우리를 통제하고 파괴하는 고리입니다. 실수에 저항하려면 탐욕의 문을 닫아야 하고, 공포에 저항하려면 두려움의 문을 닫아야 합니다. 그렇게 하면 덫에서 벗어나게 될 것입니다.

• 아우구스티누스 『시편 상해』 31,10.[11]

다윗의 구원

다윗의 다음 말은 아히토펠의 음모를 가리킵니다. 앞에서도 이야기했듯이, 아히토펠은 다윗을 거슬러 음모를 꾸몄습니다(시편 7,1 참조). … '숱한 재난을 만났지만 저는 당신의 도움으로 그것에서 벗어났습니다. 그래서 저는 제 영혼을 당신의 섭리에 맡깁니다.' 여기에서 그는 다시 한 번 섭리를 "손"으로 표현합니다.

• 키루스의 테오도레투스 『시편 주해』 31,4.[12]

그리스도의 구원

원수는 올가미를 숨겨 놓았지만 그리스도에게는 그것이 다 보였습니다. 그리스도는 속임수 때문에 돌아가신 것이 아니라 우리를 해방시키기 위하여 의도적으로 그것을 선택하셨습니다. 유대인들은 그리스도께서 한낱 인간에 지나지 않는다고 생각했기 때문에 그분을 겨냥한 올가미를 숨겨 놓았고, 은밀한 매복 공격으로 그분을 죽이려는 음모를 꾸몄습니다. 그래서 그분은 당신을 그 올가미에서 빼내 달라고 말씀하십니다. 다시 말해서, 부활의 선물로 재빨리 하늘의 영역으로 올라가게 해 달라고 청하십니다.

• 카시오도루스 『시편 해설』 31,5.[13]

31,6 당신 손에 맡깁니다

십자가 위에서 하신 말씀

주님께서 십자가 위에서 이 시편 구절을 인용하셨다는 사실에 주목해야 합니다. 일부 주석학자들이 생각하는 대로 시편 저자가 이 구절에서 주님에 관한 예언을 하였기 때문이 아닙니다. 그보다는 이 시편 구절이 수난과 죽음의 위기에 처한 당신의 상황에 맞았기 때문에 인용하신 것입니다. 그리스도는 당신의 영혼이 육체와 분리되는 바로 그때에 이 말씀을 인용하셨습니다. 그리고 [그분은] 부활 때에 영혼이 당신의 육체와 재결합될 수 있도록 성부께 당신의 영혼을 맡기셨습니다.

• 키루스의 테오도레투스 『시편 주해』 31,6.[14]

정신을 의미하는 영

여기에서 "영/목숨"은 정신을 가리킵니다. 하느님께 결합된 정신은 하나의 영입니다.

• 폰투스의 에바그리우스 『시편 발췌 주해』 30[31],6.[15]

그와 같은 영

복음서에 언급된 말씀이 왜 여기에 나오는지를 생각해 봅시다. … 이는 수세기 후에 십자가 위에서 같은 말씀을 하게 되실 바로 그분이 여기

[10] PG 12,1300.
[11] *WSA* 3,15,329.
[12] FC 101,193.
[13] ACW 51,292.
[14] WGRW 5,275-77*.
[15] PG 12,1300.

에서 말씀하고 계시다는 것을 여러분이 깨닫게 하려는 것이 분명합니다. "당신의 손에"란 "당신은 진리 안에서 언제나 자상하고 정의로운 행위를 하시니, 바로 그 진리 안에"를 의미합니다. 주님은 값을 따질 수 없는 보화, 곧 성부의 뜻을 성부와 같은 마음으로 행하셨던 그 영혼을 성부께 맡기십니다. 영을 다시 일으키실 수 있는 위대하신 분께 그와 같은 영을 맡기는 것은 올바른 일이었습니다. 이어서 그분은 자신이 구원되었음을 증언하십니다. 어떤 값을 치르고 그리되었는지 봅시다. 바오로는 이렇게 말합니다. "그분께서는 당신 자신을 비우시어 종의 모습을 취하셨습니다"(필리 2,7). 보다시피 얼마나 비싼 값이 치러졌습니까. 그분은 인간이 되실 정도로 자신의 존엄함을 낮추셨습니다. 그분은 인간적인 것을 천상적인 것으로 채워 주시려고 자신을 비우셨습니다.

• 카시오도루스 『시편 해설』 31,6.[16]

31,7 주님만 신뢰합니다

쓸데없는 신뢰

여러분이 돈을 신뢰한다면 그것은 헛된 것에 쓸데없는 존경을 표하는 것입니다. 여러분이 높은 직책이나 고귀한 신분에 있는 자를 신뢰한다면 그 역시 헛된 것에 존경을 표하는 것입니다. … 만약 이런 것들에 신뢰를 두고 있다면, 그 모든 것들을 남겨 두고 여러분이 죽게 되거나 여러분이 살아 있다 하더라도 그것들이 허물어지고 말 것입니다. 여러분이 믿고 있는 것들이 여러분을 실망시킬 것입니다. … 나는 그들처럼 헛된 것들을 신뢰하지 않으며, 그것들에게 쓸데없는 존경을 표하지도 않습니다. 나는 주님을 신뢰합니다.

• 아우구스티누스 『시편 상해』 31,12.[17]

하느님께서 물리치신다

악을 행하는 데 온통 정신을 쏟는 이들을 당신께서는 미워하시고 물리치십니다. 그들은 갑작스러운 결정에 악을 행하는 것이 아니라, 그것이 마치 의무라도 되는 듯이 ("늘 주의를 기울이며") 습관처럼 악을 실천합니다. 시편 저자가 "우상"이라고 한 말은 악행을 의미하고, "허황된"이라는 말은 악행에 가담하기는 하지만 아무 이익도 얻지 못하는 것을 말합니다. 이는 하느님께서 그들을 싫어하시고 벌하시며, 그들의 노력이 결실을 맺지 못하게 하시기 때문입니다.

• 몹수에스티아의 테오도루스 『시편 해설』 31,7.[18]

주님 안에서 안전한

"저는 주님을 신뢰합니다." 주님 안에는 헛된 것이 없습니다. … 그분 안에서는 모든 것이 안전하고 온전합니다.

• 카시오도루스 『시편 해설』 31,7.[19]

31,8 주님 안에서 즐거워하다

그리스도의 겸손

주님께서 자신의 가련함을 굽어보셨다고 말씀하시는 분에 대하여 알아봅시다. 그분은 하늘과 땅을 창조하시고 유지하시는 분이시며, 천상의 군대들이 떠받드는 분이십니다. 그런데 이 지극히 높으신 분 안에 가련함이 있었습니다. 잉태의 바로 그 순간에 온전한 인간성이 그분께 참으로 결합되었기 때문입니다.

• 카시오도루스 『시편 해설』 31,8.[20]

16 ACW 51,292.

17 *WSA* 3,15,331.

18 WGRW 5,277.

19 ACW 51,293.

20 ACW 51,293.

31,9 넓은 곳에 세우시다

유혹을 이해하다

유혹의 이유를 이해하게 되면 영혼을 위한 "넓은 곳"이 마련됩니다.

• 폰투스의 에바그리우스 『시편 발췌 주해』 30[31],9.[21]

자유의 넓은 품

당신은 해방될 희망이 전혀 없는 곳에 저를 가두시지도 않았고, 악마의 무한한 힘에 저를 넘기시지도 않았습니다. … 그리하여 좌절시키는 두려움으로부터 제 안에 있는 사랑이 풀려났습니다. 이제 그 사랑은 아무런 방해를 받지 않고 영원토록 자유의 "넓은 곳"으로 걸어갈 수 있게 되었습니다. 저는 제 주님의 부활과 저의 부활에 대한 약속을 알기 때문입니다.

• 아우구스티누스 『시편 상해』 31,9.[22]

31,10 짓눌립니다

고통스럽지만 절망하지 않다

육肉은 자신을 위협하는 위험에 직면하면 공포에 사로잡힙니다. 그분은 종종 괴롭다는 말씀은 하셨지만 절망하셨다는 언급은 어디에도 없습니다. 천상의 스승께서는 우리가 본받아야 할 원칙을 제시하시기 위해 이런 말씀을 하셨습니다. 불안은 인류를 서로 가까워지게 합니다. 하지만 절망은 신적 거룩함에서 나올 수 없습니다.

• 카시오도루스 『시편 해설』 31,10.[23]

분노를 조심하라

우리가 완전한 어둠 속에 빠져들기 전에 우리 눈이 먼저 분노로 혼란스러워집니다. 바로 이때 분노가 증오로 진전하여 우리 눈을 멀게 하지 않도록 주의해야 합니다.

• 아우구스티누스 『시편 상해』 31,4.[24]

분노라는 독

우리 영혼의 내밀한 곳에서 분노라는 치명적인 독을 철저하게 뿌리 뽑아야 합니다. 이 독이 우리 마음에 남아 있으면 그 독은 해로운 어두움으로 우리 영혼의 눈을 멀게 합니다. 그러면 우리는 올바른 판단과 결정을 내릴 수 없고, 정직한 시선이나 충분한 숙고에서 나온 통찰을 얻을 수 없으며, 생명에 참여할 수도 없고, 의로움을 간직할 수도 없습니다. 또한 영적이고 참된 빛을 받아들일 수도 없습니다. 그래서 그는 이렇게 말합니다. "제 눈은 분노로 인하여 흐려졌습니다."

• 요한 카시아누스 『공주 수도승 규정집』 8,1.[25]

분노를 조심하라

제어하지 못한 분노만큼 정신을 어둡게 하는 것은 없습니다.

• 폰투스의 에바그리우스 『시편 발췌 주해』 30[31],10.[26]

31,11 근심과 한숨

겸손을 배워라

여러분의 자녀가 그리스도께서 보여 주신 가르침을 따르게 하십시오. 겸손이 하느님께 얼마나 큰 힘을 발휘하는지를 그들이 배우게 하십시오. 순수한 사랑이 얼마나 강력한지, 주님을 경외함이 얼마나 아름답고 위대한지 배우게 하십시오. 주님을 경외함은 순수한 정신으로 주님을 경외하며 거룩하게 사는 이들을 구원한다는 것을 그들이 배우게 하십시오. 주님은 마음속 생각과 원의를 살피시는 분이십니다. 주님의 숨결이 우리 안에 있고, 주님께서 원하실 때 그것을 거

[21] PG 12,1300.
[22] *WSA* 3,15,317.
[23] ACW 51,295.
[24] *WSA* 3,15,337.
[25] NPNF 2,11,257*.
[26] PG 12,1301.

두어 가실 것이기 때문입니다.

• 로마의 클레멘스 『코린토 신자들에게 보낸 첫째 편지 = 클레멘스의 첫째 편지』 21.[27]

31,12 조롱거리

조롱거리가 되신 그리스도

주 그리스도는 순결하고 흠이 없는 분이셨지만 사악한 죄에 물든 이들 사이에서 조롱거리로 여겨지셨습니다. … 보통 조롱은 매우 싫어할 만한 어떤 행위를 대상으로 합니다. 사악한 자들은 구원자이신 주님께서 확실히 그런 행위를 했다고 여기며 이렇게 말합니다. "그는 안식일을 지키지 않으므로 하느님에게서 온 사람이 아니오" (요한 9,16). 또 다른 곳에서는 이렇게 말하였습니다. "당신은 사마리아인이고 마귀 들린 자요"(요한 8,48).

• 카시오도루스 『시편 해설』 31,12.[28]

31,13 마음에서 잊혀지다

잊힌 존재

모두가 그를 잘못 놓인 그릇이나 무덤이나 차지하고 있는 시체와 같은, "죽은 사람"으로 여겼다고 그는 말합니다. 그는 "깨진 그릇"이라는 말로 잊힘의 정도를 표현하고 있습니다. 물건을 잃어버렸을 때 그것이 가치가 없다면 잃어버린 이의 기억에서 사라져 버리듯이 그 역시 다른 사람들에게 존재하지 않는 자로 평가되었고, 존경받을 가치가 전혀 없는 사람으로 여겨졌다고 그는 말합니다.

• 키루스의 테오도레투스 『시편 주해』 31,7.[29]

버림받은 그리스도

성경을 믿지 않던 사람들은 십자가에 못 박혀 신적인 풍모를 잃어버린 주님을 보고서 그들이 품었던 기대가 주님의 죽음으로 끝났기를 바랐습니다. 마찬가지로, 교회에서 성경 말씀을 듣고 영광스러운 사건들을 목격한 이단자들은 사악한 가르침을 좇아 떨어져 나가고 진리로부터 달아납니다. 그들은 그 진리를 계속해서 따르기를 전적으로 거부하였습니다. … "버려진 그릇"은 깨어지고 쓸모없는 그릇으로, 그런 그릇은 버려지기 마련입니다. 불신자들은 예수님께서 돌아가셨을 때 그분을 깨진 그릇처럼 버릴 수 있다고 생각하였습니다. 전능하신 분을 깨지기 쉬운 그릇에 비교하는 것보다 더 모욕적인 말이 있습니까? 제정신이 아닌 사람들만 이렇게 생각할 수 있다는 것을 아십시오. 사실 주님께서는 고유한 전능하심과 놀라운 신적 충만함을 언제나 지니고 계셨습니다.

• 카시오도루스 『시편 해설』 31,13-14.[30]

쓸모없는

저는 이 세상에 살고 있기는 하지만 사람들이 모두 저와 어울리는 것을 두려워하여 주님께 나아가도록 아무도 설득하지 못하고 있습니다. 그래서 저 자신이 주님의 목적에 아무런 쓸모도 없는 존재로 여겨집니다.

• 아우구스티누스 『시편 상해』 31,13.[31]

31,15 당신은 저의 하느님!

그리스도의 희망

이 구절들이 배열된 순서는 매우 놀랍고 지극히 거룩합니다. 그분의 원수들이 … 자신들의 힘에 희망을 두고 있을 때, 그분은 주님을 신뢰하

27 FC 1,28.
28 ACW 51,296*.
29 FC 101,194.
30 ACW 51,296-97*.
31 *WSA* 3,15,318.

고 있다고 말씀하십니다. 왜냐하면 그분은 그들의 힘이란 존재하지 않으며, 그들의 음모는 그분이 아니라 그들 자신을 죽일 것임을 아시기 때문입니다. … 주 그리스도는 "당신은 저의 하느님!"이라고 말씀하십니다. 당신께서 취하신 인성 안에서 하신 말씀입니다. 나중에 말씀하신 대로 그분은 시간과 죽음의 지배를 받으셨습니다. 그분은 원수들 생각대로 당신의 생명이 그들의 박해로 끝날 것이라고 말씀하지 않으셨습니다. 오히려 당신의 생명의 때를 주님의 주권에 맡기셨습니다. 우리는 주님의 창조를 통하여 존재하고, 그분의 섭리로 굳건히 성장하며, 그분의 명령으로 세상을 떠나기 때문입니다. 그분이 자신의 희망을 주님께 둔 것은 반드시 필요하였습니다. 그분은 자신의 생명과 죽음이 주님의 힘에 달려 있음을 아셨기 때문입니다.

• 카시오도루스 『시편 해설』 31,15-16.[32]

나의 희망 그리스도

당신은 어떤 변화도 겪지 않으셨습니다. 그러므로 당신은, 비록 저를 단련시키실지언정 저를 구원하시지 못할 리가 없습니다.

• 아우구스티누스 『시편 상해』 31,15.[33]

31,16 당신 손에 달렸습니다

주님의 손에

시편 저자가 "제 운명"이라고 말할 때 이 운명은 그의 온갖 안위와 시련을 의미합니다. 누구에게나 곤란할 때와 행복할 때가 있기 마련입니다. 그러므로 "제 운명"이란 기뻐하도록 마련된 시간과 곤란을 겪도록 마련된 시간을 의미합니다. 이 모든 것이 "주님의 손에" 있으며, 주님께서는 원하시는 대로 이것들을 바꾸실 수 있습니다.

• 타르수스의 디오도루스 『시편 주해』 31.[34]

원수들을 위하여, 그리고 원수들을 거슬러 기도하다

우리는 우리가 기도를 해 주어야 하는 원수들과 그들을 거슬러 기도해야 하는 원수들을 구별해야 합니다. 그 원수가 인간이라면 어떤 인간도 미워해서는 안 됩니다. 선한 사람이 문제를 일으키는 나쁜 사람을 미워한다면 그 결과는 나쁜 사람이 둘이 되기 때문입니다. 선한 사람은 그가 견디고 있는 나쁜 사람도 사랑해야 합니다. 그렇게 한다면 어쨌거나 나쁜 사람은 한 사람입니다. 우리가 거슬러 기도해야 하는 원수들은 악마와 그의 부하들입니다. … 인간 원수들이 우리를 공격할 때에도 그들은 악한 영들의 도구일 뿐입니다. 바오로 사도가 이 원수들로부터 우리를 지키기 위하여 조심해야 한다고 경고할 때, 그가 말을 건네는 이들은 분열과 부정직, 적대감으로 괴롭힘을 당하고 있는 하느님의 종들입니다. 그는 그들에게 이렇게 말합니다. "여러분이 싸워야 할 대상은 살과 피가 아닙니다." 곧 인간 원수들이 아니라는 것입니다. "그러나 권세와 권력들과 이 어두운 세계의 지배자들입니다"(에페 6,12).

• 아우구스티누스 『시편 상해』 31,2.[35]

31,17 하느님의 자애

당신의 등이 아니라 얼굴

당신의 등을 제게서 감추시고 당신의 얼굴을 제 위에 비추신다면, 그것으로 제가 구원될 것임을 저는 믿습니다.

• 위-아타나시우스 『시편 해설』 31.[36]

---

[32] ACW 51,297-98*.

[33] *WSA* 3,15,318.

[34] WGRW 9,96.

[35] *WSA* 3,15,347-48.

[36] CSCO 387,20.

구원을 위해 충분하다

마치 하느님께서 그들에게서 돌아서시고, 그들에게 화를 내시는 것 같았습니다. 그래서 그는 화해를 간청합니다. '저를 바라보시는 것만으로도 제 구원을 위해서는 충분하다'고 그는 말하고 있습니다.

• 타르수스의 디오도루스 『시편 주해』 31.[37]

31,18 주님을 부릅니다

믿음으로 부르다

"당신 자애로 저를 구하소서"(17절). 그분은 이 말씀으로 자신의 공로를 부인하십니다. 우리를 가르치시기 위하여 그분은 계속 같은 것을 말씀하십니다. 그리고 사랑한다는 고백을 하는 데 결코 물리지 않으십니다. 진리의 다정함은 결코 포만감을 모르기 때문입니다. 그리고 덧붙여 말씀하십니다. "주님, 제가 당신을 불렀으니 수치를 당하지 않게 하소서." 겸손의 기도와 믿음의 불가해한 항구성 두 가지를 다 포함한 얼마나 놀랍고 완벽한 선언인가요! 그분은 무시를 당하지도 수치를 당하지도 않게 해 달라고 요청하십니다. 그런데 그분은 자신의 기도가 가납될 것임을 어떻게 믿고 있습니까? "제가 당신을 불렀으니"가 이유입니다. 믿음으로 주님을 부르는 것은 해로운 것이기는커녕 가치 있는 행위입니다. 그분은 주님께서 자신의 기도를 들어주실 것으로 믿고 있고, 이 믿음은 결코 배반당하지 않을 것이기 때문입니다.

• 카시오도루스 『시편 해설』 31,18.[38]

31,19 거짓된 입술

거짓말하는 입을 닫아라

거짓을 말하는 자는 침묵함으로써, 곧 속임수를 포기함으로써 자비를 입게 됩니다.

• 폰투스의 에바그리우스 『시편 발췌 주해』 30[31],19.[39]

미래의 침묵

그 입술들이 언제나 잠잠하게 될까요? 이 시대에? 결코 아닙니다. 그들은 매일 그리스도인들, 그중에서도 비천한 이들을 거슬러 폭언을 하고, 신성을 모독합니다. 날마다 모욕을 해 댑니다. … "네 하느님은 어디에 있는가? 너는 무엇을 흠숭하는가? 무엇을 보는가? 너는 믿는다지만 고생을 면치 못하지 않느냐? 네가 고생하는 것은 분명하지만 네가 믿고 있는 것은 분명한 것과는 거리가 멀다." 우리가 희망하는 바가 현실이 될 때 그제야 저 거짓말하는 입술들이 잠잠해질 것입니다.

• 아우구스티누스 『시편 상해』 31,5.[40]

31,20 주님의 크디큰 선하심

하느님의 축복에 대한 계시

이 구절의 의미는 이렇습니다. '오, 주님, 당신은 당신을 경외하는 이들을 위한 보상과 상급을 감추십니다. 그 상급은 많고 크고 놀라운 것이지만 당신은 그들이 땀과 눈물로 고생하게 하십니다. 그러나 당신께서 선수들에게 환호를 보내시며 상급을 드러내실 때가 다가옵니다.' … 시편 저자는 그때 그들에게 주어질 섭리에 대해 자세히 묘사하였습니다. … 이렇게 말합니다. '주님께서 얼굴을 보여 주시는 것만으로도(시편 저자는 이것을 "보는 앞에서"라고 표현합니다) 그들이 모든 인간적인 소동과 소란에서 벗어나게 하는 데 충분합니다. 그들이 성전 구역 안으로 들어간 듯이 보이지 않게 되는 데는 당신의 얼굴만으로

---

37 WGRW 9,96.

38 ACW 51,298*.

39 PG 12,1301.

40 *WSA* 3,15,351.

충분합니다.'

• 키루스의 테오도레투스 『시편 주해』 31,10.[41]

하느님의 다정하심에 대한 계시

하느님의 다정하심은 다양한 보상으로 드러납니다. 우리를 바로잡고 지켜 주실 때 하느님은 다정하십니다. 믿는 이들에게 영원한 보상을 약속하실 때 그분은 다정하십니다. 하지만 하느님은 당신의 맛을 체험한 이들에게만 다정하시다는 것을 깨달아야 합니다. 그 다정함은 그분을 맛볼 자격이 없는 이들에게는 미치지 않습니다.

• 카시오도루스 『시편 해설』 31,20.[42]

하느님의 때

오, 주님, 이것은 당신의 다정하심이 얼마나 풍부하고 다양하게 드러나는지를 알고 감탄하며 외치는 예언자의 소리입니다. 당신은 당신께서 단련시키시는 이들도 참으로 사랑하십니다. 하지만 경계를 풀고 부주의하게 행동하지 않도록 당신을 두려워하는 것이 더 유익할 이들에게는 당신 사랑의 다정함을 감추십니다. … 당신을 신뢰하는 이들에게는 그 다정하심의 극치를 보여 주셨습니다. 당신의 다정하심을 끝까지 희망하며 인내하는 이들에게는 그것을 거두지 않으십니다.

• 아우구스티누스 『시편 상해』 31,20.[43]

믿음이 필요하다

하느님에 대한 경외는 율법에서 나오고, 하느님께 대한 우리의 희망은 믿음에서 나옵니다. 징벌을 두려워하는 이들에게는 은총이 감추어져 있습니다. 두려움 때문에 노력하기는 하지만 악한 탐욕을 이겨 내지 못하고 두려움의 가혹한 감옥에 여전히 사로잡혀 있는 영혼은 믿음으로 하느님의 자비에 피신해야 합니다. 그러면 하느님께서는 그가 당신께서 명하신 바를 할 수 있게 해 주시고, 은총의 달콤한 맛을 보게 해 주십니다. 그리고 당신의 성령을 통하여 하느님의 계명을 지키는 기쁨이 그것을 어기도록 만드는 유혹보다 더 크게 만들어 주십니다. 신앙의 법은 우리 마음에 새겨져 있으며, 우리 마음에서 사방으로 넘쳐흐르는 하느님의 사랑이며, "하느님의 다정하심의 헤아릴 수 없는 총합"입니다. 그런데 이 법은 하느님을 희망하는 이들 안에서 완성됩니다. 따라서 치유된 영혼은 벌에 대한 두려움 때문이 아니라 의로움에 대한 사랑으로 선을 행하게 됩니다.

• 아우구스티누스 『영과 문자』 51.[44]

우리의 죄보다 더 큰 자비

여러분의 죄를 다 합친다 하여도 그것은 하느님의 자비보다 크지 않습니다. 위대하신 의사의 의술로 낫게 할 수 없는 상처는 없습니다. 신앙으로 그분께 승복하십시오. 여러분의 병을 그 의사에게 알리십시오. 다윗이 했던 말을 따라 하십시오. "제 잘못을 자백하며 말씀드렸습니다, '주님께 저의 죄를 고백합니다.'" 그렇게 한다면 이 구절의 뒷부분도 입증될 것입니다. "그러자 제 허물과 잘못을 당신께서 용서하여 주셨습니다" (시편 32,5).

• 예루살렘의 키릴루스 『예비신자 교리교육』 2,6.[45]

[41] FC 101,195-96.

[42] ACW 51,300.

[43] *WSA* 3,15,319.

[44] LCC 8,235-36.

[45] FC 61,99-100.

31,21 하느님 앞의 피신처에 안전하게

지금은 감추어진

의인들은 비록 현 시대에서 고통을 받고 있지만 만약 그들이 미래에까지 견디어 낸다면 더 큰 자애가 그들을 기다리고 있을 것입니다. 주님께서는 당신을 경외하는 이들을 위하여 그것을 얼마간 감추어 두셨습니다. 주님은 그것을 이 시대에 보여 주려 하지 않으십니다. 주님은 자신을 조롱하는 이들 앞에서 주님께 희망을 둔 이들을 위하여 그것을 완전히 드러내실 것입니다. 사람들의 애가 탄다 하더라도 지금은 그것을 당신의 비밀로 감추어 두십니다. … 천사들이 둘러싼 요새 도시, 곧 거룩한 예루살렘의 모성母城을 세우실 때 당신의 자비를 크게 드러내실 것입니다.

• 소 아르노비우스 『시편 주해』 31.[46]

감추어진 도움

하느님의 풍성한 선하심은 감추어진 방법으로 우리를 돕습니다. 현재의 삶에서 그것은 분명하게 드러나지 않습니다. 불신자들의 온갖 반대가 사라지면 우리가 희망하기만 했던 것을 실제로 보게 될 것입니다. 우리의 희망은 다가올 시대를 기다립니다. 지금은 신앙으로만 이해할 수 있을 것이 그때에는 모두 드러나게 될 것입니다.

• 니사의 그레고리우스 『대 교리교육』 17.[47]

31,22 주님께서는 찬미받으소서

사랑으로 둘러싸여

시편 저자는 이렇게 말하고 있습니다. '주님께서는 마치 도시의 주민들이 튼튼한 요새로 도성을 둘러싸는 것처럼 그렇게 저를 당신의 본성인 자애로 둘러싸고 에워싸셨습니다.'

• 키루스의 테오도레투스 『시편 주해』 31,11.[48]

인간 사회의 가장 넓은 반경

교회가 그토록 쓰라린 박해의 시련을 겪고 난 후, 주님께서는 당신의 자비를 인간 사회의 가장 너른 반경까지, 세상 곳곳에 훌륭하게 드러내셨으니 주님은 찬미받으소서.

• 아우구스티누스 『시편 상해』 31,22.[49]

예루살렘

"둘러싸인 도성"은 민족들 한가운데에 세워졌으며, 믿음의 성전이 서 있는 곳으로 알려진, 물질적인 도성 예루살렘으로 이해해야 합니다. 예루살렘 주변에 있는 민족들은 그리스도교 교리가 주는 지침을 예루살렘으로부터 얻을 자격이 있습니다. 그것은 마치 가장 맑은 샘의 물길이 열린 것과 같으며, 그들은 그 샘에서 나오는 천상 생명의 선물로 적셔졌습니다. 주님은 이 도성에서 "당신 자애의 기적을 베푸셨습니다". 주님은 은혜롭게도 이 도성에서 가르치셨고, 기적을 행하셨으며, 사람들의 구원을 위해 고통을 받고자 하셨기 때문입니다. 주님은 또한 이곳에서 당신 부활의 영광을 드러내셨습니다. 그렇기 때문에 '주님께서는 예루살렘에서 당신의 놀라운 힘을 보여 주신다'고 말하는 것이 타당합니다. 주님은 이곳에서 당신의 위대한 신비를 드러내기로 정하셨습니다.

• 카시오도루스 『시편 해설』 31,21.[50]

31,23 하느님 눈앞에서 잘려 나가다

다윗의 상황

이 시편은 복된 다윗이 압살롬에게 쫓기던 때

[46] CCL 25,39-40.
[47] LCC 3,294-95.
[48] FC 101,196.
[49] *WSA* 3,15,320.
[50] ACW 51,301-2*.

에 읊었던 것 같습니다. … 그는 죄에 떨어졌을 때 이렇게 말하였을 것입니다. '저는 당신의 돌보심에서 멀어져 버렸습니다. 당신은 저의 가련한 탄원을 들으시고 위급한 상황에 처한 저를 저버리지 않으셨습니다.' 여기에서 그는 자신의 죄를 "잘려 나감"이라고 말하는데, 이 표현은 적절합니다. 그는 의로움의 길을 걷다가 그것에서 돌아섰습니다. 하지만 그는 비틀거리다가 피에 굶주린 강도들과 마주치게 되었습니다. 바로 이것이 다윗의 덕을 드러내 보여 줍니다. 그는 죄의 습관에 빠지지 않았습니다. 그는 다만 자신이 선택한 길에서 약간 벗어났을 뿐이었지만 끔찍한 추락을 경험하였습니다.

• 키루스의 테오도레투스 『시편 주해』 31,1,11.[51]

31,24 주님을 사랑하여라

주님의 말씀을 들어라

거룩한 희망을 가지고 현세의 삶을 지나가고 있는 그대는 용기로 그대의 영혼을 굳건히 하고, 안내인이 인도하는 곳으로 나아가면서 그의 지시를 따르십시오.

• 키루스의 테오도레투스 『시편 주해』 31,12.[52]

벗으로서 사랑하라

자신이 받은 사랑에 대한 답례로 이 찬가를 노래하며 그분은 성도들에게 주님을 사랑하라고 재촉하십니다. 이는 당신의 지체들이 그들의 머리이신 분께 큰 사랑이 주어졌음을 인정하고 그 사랑을 주신 분을 사랑할 수 있게 하려는 것입니다. 그분은 그들에게 종이 아니라 친구로서 사랑하라고 명하십니다. 종의 역할은 두려워하는 것이고, 벗의 역할은 사랑하는 것입니다.

• 카시오도루스 『시편 해설』 31,24.[53]

거만한 자에 대한 벌

하느님께서는 교만의 죄를 다른 어떤 죄보다 더 싫어하신다는 것을 보여 주시기 위하여 거만한 자들에게 엄청난 벌을 내리십니다.

• 타르수스의 디오도루스 『시편 주해』 31.[54]

31,25 굳세어져라

위안을 받아라

주님께서 진실을 요구하시며 교만한 자들에게 벌을 주시는 심판이 있을 것입니다. 마음을 굳게 먹고, 기운을 잃지 마십시오. 마음을 편히 가지십시오. 주님께 희망을 둔 여러분은 안심하십시오.

• 소 아르노비우스 『시편 주해』 31.[55]

마음을 굳세게 가져라

이 시편 전체의 힘은 바로 이 구절에 있으며, 거룩한 수난의 효과 역시 이 구절에 요약되어 있습니다. … 다시 말해, 그분은 믿는 이들에게 예고된 고통에 놀라지 말고 마음을 굳건히 하여 당신을 영광스럽게 본받으라고 재촉하십니다. 이 일이 세상의 치유와 구원을 위하여 시작되었음을 그들은 알고 있습니다. … 이것은 선한 이들에게 주는 권고로서, 육의 나약함 때문에 선한 길에서 돌아서지 말라고 권면합니다. … 자신의 영을 지키는 이들은 주님의 힘에 대한 희망을 굳건히 함으로써 힘을 얻습니다.

• 카시오도루스 『시편 해설』 31,25.[56]

---

[51] FC 101,192-96.
[52] FC 101,197.
[53] ACW 51,302.
[54] WGRW 9,97.
[55] CCL 25,40.
[56] ACW 51,303*.

32,1-11 고백과 용서

세례를 받아, 멸망할 세대로부터 속량된 사람들을 보고
인류를 위한 하느님의 사랑에 경탄한다면
그들을 위하여 시편 제32편을 노래하십시오.

아타나시우스 『시편 해석에 관해 마르켈리누스에게 보낸 편지』 18 [OIP 68]

1 [다윗. 마스킬]
행복하여라, 죄를 용서받고
잘못이 덮여진 이!
2 행복하여라, 주님께서
허물을 헤아리지 않으시고
그 얼에 거짓이 없는 사람!
3 제가 입 밖에 내지 않으려 하였더니
나날이 신음 속에 저의 뼈들이
말라 들었습니다.
4 낮이고 밤이고
당신 손이 저를 짓누르신 까닭입니다.
저의 기운은 여름날 한더위에
다 빠져 버렸습니다.① 셀라
5 제 잘못을 당신께 자백하며
제 허물을 감추지 않고 말씀드렸습니다.
"주님께 저의 죄를 고백합니다."
그러자 제 허물과 잘못을
당신께서 용서하여 주셨습니다. 셀라
6 그러므로 당신께 충실한 이들이 모두
곤경의 때에② 기도드립니다.
큰물이 닥친다 하더라도
그에게는 미치지 못하리이다.
7 당신은 저의 피신처.
곤경에서 저를 보호하시고
구원의 환호로③
저를 에워싸십니다. 셀라
8 나 너를 이끌어 네가 가야 할 길을 가르치고
너를 눈여겨보며 타이르리라.
9 지각없는 말이나 노새처럼 되지 마라.
재갈과 고삐라야 그 극성을 꺾느니.
그러지 않으면 네게 가까이 오지 않는다.
10 악인에게는 고통이 많으나
주님을 신뢰하는 이는 자애가 에워싸리라.
11 의인들아, 주님 안에서
기뻐하고 즐거워하여라.
마음 바른 이들아, 모두 환호하여라.

① 히브리어 본문은 뜻이 분명하지 않다.
② 수정 본문; 히브리어 본문은 '단지 발견할 때에'.
③ 수정 본문; 히브리어 본문은 '구원으로'.

둘러보기

시편 제32편은 주의 깊게 살펴볼 필요가 있다(카시오도루스). 이 시편이 새로운 계약을 고대하며(테오도레투스), 은총에 대한 이해를 제시해 주기 때문이다(아우구스티누스, 몹수에스티아의 테오도루스).

시편 저자는 죄의 용서라는 큰 축복에 대하여 이야기한다(테오도레투스). 용서로 죄는 완전히 사라지고(암브로시우스), 우리는 자유롭게 하늘에 들어갈 수 있게 된다(예루살렘의 키릴루스). 용서의 은총을 받으려면 먼저 죄를 인정해야 한다(카시오도루스). 이 은총은 누구도 하느님 앞에서 숨을 수 없다는 사실을 알고(카시오도루스) 하느님만을 신뢰할 때 주어진다(아우구스티누스). 하느님을 부름으로써 영은 그 젊음을 유지한다(에바그리우스). 하느님께서 다 알고 계심을 알기에(카시오도루스) 시편 저자는 자신의 죄를 인정한다(에바그리우스). 자신이 스스로 지은 죄임을 인정하고(아우구스티누스, 에바그리우스), 그 죄를 드러내며(오리게네스) 고백한다(카이사리우스). 이에 대한 즉각적인 응답으로(디오도루스) 그는 하느님에게서 죄 사함을 받는다(카시오도루스). 하지만 그가 지은 죄의 결과는 여전히 일부 남아 있다(테오도레투스). 기도를 바칠 때 죄를 고백할 수도 있다(카시오도루스). 죄를 고백할 수 있는 기회는 한정되어 있으므로(아우구스티누스) 기회가 있을 때 고백해야 한다(디오도루스). 그리스도의 길이 유일한 길이다(아우구스티누스). 하느님은 우리의 피신처이시며(아우구스티누스, 카시오도루스), 진정한 기쁨의 길이시다(아타나시우스).

죄에 대한 참된 이해는 하느님께서 주시는 선물이다(카시오도루스). 우리는 죄에 대한 이러한 이해를 가져야만 한다(위-아타나시우스, 디오도루스). 인간의 정신은 비합리적으로 움직일 수 있기 때문이다(에바그리우스). 죄는 사람들을 야만적인 무지 상태에 이르게 한다(암브로시우스, 아우구스티누스, 카이사리우스). 그래서 사람들은 시련과 심판으로 단련을 받아야 한다(소 아르노비우스). 하느님께서는 다른 신들을 따르는 자들을 쫓아다니신다(에프렘). 우리는 하느님께서 그들의 습관을 고쳐 바로잡아 주시기를 기도한다(아우구스티누스). 그런데 어리석은 자들에게는 더 많은 매가 필요하다(암브로시우스). 그래서 우리는 자신이나 다른 신들을 믿는 자들에 대한 심판과 주님을 신뢰하는 이들을 감싸는 자비 사이의 큰 차이를 보게 된다(소 아르노비우스). 은총은 모든 사람에게 필요하다(위-아타나시우스, 아우구스티누스). 우리는 우리 자신이 아니라 주님 안에서 즐거워한다(테오도레투스, 카시오도루스). 선물로 주신 올바른 마음으로 우리는 주님을 찬미한다(소 아르노비우스).

32,1ㄱ 표제: 다윗의 시편

주의 깊게 살펴보아야 할 시편

[이 시편을] 주의 깊게 읽고, 깊이 뉘우치며 슬퍼합시다. 위대하신 재판관의 말씀으로 죄를 용서받았다고 말하는 이 시편보다 더 열심히 숙고해 보아야 할 시편이 있을까요? 이 시편은 빼어나며 독특한 면모를 지니고 있습니다. 회개에 관한 다른 시편들이 결문에서 하늘이 보내 준 뉘우침의 충동을 통하여 기뻐한다면, 이 시편에서는 간절한 갈망이 담긴 하소연을 들으신 주님께서 직접 자비와 기쁨을 약속하십니다.

• 카시오도루스 『시편 해설』 32,11.[1]

새로운 계약의 은총

이 시편은 새로운 계약의 은총을 고대합니다.

• 키루스의 테오도레투스 『시편 주해』 32,1.[2]

은총을 이해하기 위하여

이 시편은 하느님의 은총에 관한 시편이며, 우리 편의 공로가 아니라 우리 하느님이신 주님의 자비를 통해서만 가능한 우리의 의화에 관한 시편입니다. … 이 시편의 표제는 "다윗을 위하여, 이해를 위하여"입니다. 따라서 이 시편은 이

[1] ACW 51,313.

[2] FC 101,198**.

해를 촉진하는 시편입니다. 이해의 첫 단계는 자신이 죄인임을 인정하는 것입니다. 이해의 둘째 단계는 신앙의 선물을 받고 사랑을 선택함으로써 선을 행하기 시작하는 것입니다. 그리고 이것을 자기 자신의 능력이 아니라 하느님의 은총 덕분이라 여기는 것입니다.

• 아우구스티누스 『시편 상해』 32,1,9.[3]

자신의 공로를 믿지 마라

[복된 다윗은] 사람들에게 비록 그들이 의롭다 하더라도 자기 행위의 가치를 신뢰하지 말며, 어떤 선한 일도 자신의 것으로 돌리지 말라고 가르칩니다. 오히려 어떤 선한 일을 행했든지 그것을 하느님의 은총 덕분으로 돌리고 하느님의 자비가 필요함을 고백해야 합니다. 그리고 만일 그들이 하느님의 호감을 얻을 만하다면 그들은 자신을 복되다고 여겨야 합니다.

• 몹수에스티아의 테오도루스 『시편 해설』 32,1.[4]

32,1ㄴ 잘못이 덮여진 이

용서의 축복

나는 주님의 사랑으로 죄를 용서받은 이들을 복되다고 생각하며 그들을 부러워합니다. 사실 하느님께서는 그들의 죄를 용서하실 뿐만 아니라 그 죄의 어떤 얼룩도 남지 않도록 죄를 덮어 주시는 관대함도 보여 주십니다.

• 키루스의 테오도레투스 『시편 주해』 32,1.[5]

죄가 완전히 사라지다

"잘못이 덮여진"이라는 표현을 그들이 받은 용서에 적용할 수 있습니다. 주님께서 그들의 죄를 모두 없애 주셨고, 그 죄가 있지도 않았던 것처럼 그것을 기억하지 않으시기 때문입니다.

• 암브로시우스 『서간집』 70.[6]

자유롭게 하늘에 들어가다

하느님께서 여러분에게 어둠이 낮으로 바뀌는 그러한 밤을 충분히 볼 수 있게 하여 주시기를 빕니다. 그 밤과 관련하여 이런 말씀이 있습니다. "어둠도 당신께는 어둡지 않고 밤도 낮처럼 빛납니다"(시편 139,12). 그렇게 된다면 여러분 각자에게 천국 문이 열릴 것입니다. 또 여러분은 그리스도와 그분의 달콤한 맛이 나는 물을 즐길 수 있게 되고, 그리스도인이라는 이름과 천상 것을 받아들일 수 있는 능력을 받게 됩니다. 지금도 저는 여러분을 위하여 기도합니다. 여러분이 정신의 눈을 들어 올려, 당신 오른쪽에 앉아 계신 외아드님과 성령과 함께 우주의 지배자로서 옥좌에 앉아 계시는 하느님과 천사들의 합창대들을 생각하시기를 빕니다. 마찬가지로 구원의 상태에 있는 여러분 각자를 생각해 보시기를 빕니다. 그리고 천사들이 구원받은 이들과 함께 외치는 사랑스러운 선율을 여러분의 귀로 듣고 있다고 상상하여 보십시오. 여러분이 교회의 별로서 영광스러운 육체와 빛나는 영혼으로 천국에 들어갈 때, "죄를 용서받고 잘못이 덮여진 이들은 과연 복됩니다!"

• 예루살렘의 키릴루스 『교리교육 서론』 15.[7]

32,2 거짓이 없는 사람

죄를 인정하는 이

그는 죄인이기 때문에 자신이 가장 거룩하다고 말하지 않습니다. 죄는 인간 본성이 쉽게 걸

---

[3] *WSA* 3,15,362.371.

[4] WGRW 5,279*.

[5] FC 101,198*.

[6] FC 26,240(이 편집본에서는 서간 45로 번호가 매겨져 있다).

[7] LCC 4,74-75*.

리는 병입니다. 오히려 그는 자신의 죄를 인정하고 겸손되이 죄를 보상하기 위해 지속적으로 애를 씁니다. 자신을 흡족해하지 않는 이는 주님을 기쁘시게 합니다. 우리는 자신을 비난할 때는 진리를 추구하지만, 자신을 추켜세우려 할 때는 거짓을 말하기 쉽기 때문입니다.

• 카시오도루스 『시편 해설』 32,2.[8]

하느님만을 신뢰하다

성자이신 하느님의 위격은 성경이 다음과 같이 복되다고 선언한 이들 가운데 한 분이십니다. "행복하여라, 주님께서 허물을 헤아리지 않으시고 그 얼에 거짓이 없는 사람." 그분은 의인들이 자신의 정의를 믿기보다는 하느님의 자비에 희망을 둔다고 하시면서도 의인들의 죄를 고백하시기 때문에 그분의 입에는 어떤 거짓도 없습니다. 또한 그분께서 참으로 겸손하다고 증언하신 사람들이나 겸손한 진리를 지녔다고 증언하시는 이들의 입에도 어떠한 속임수도 없습니다.

• 아우구스티누스 『율리아누스 반박』 2,8,29.[9]

32,3 죄를 고백하지 않았더니

우리는 하느님으로부터 숨을 수 없다

아무도 자신의 양심 깊은 곳에 묻어 둔 것이 주님의 눈을 피할 수 있다고 생각해서는 안 됩니다.

• 카시오도루스 『시편 해설』 32,3.[10]

영은 어떻게 시드나?

튼튼한 영은 지속적으로 하느님을 부름으로써 시들지 않고 나날이 새로워집니다. 하느님을 찾지 않을 때 영은 시들며, 그릇된 욕망으로 얽혀 들어 타락하게 됩니다.

• 폰투스의 에바그리우스 『시편 발췌 주해』 31[32],3.[11]

32,4 하느님의 손이 짓누르다

짓누르는 손

벌을 주는 손은 죄인을 억누르며, 응징하는 손은 무겁습니다. "밤이고 낮이고"란 계속되는 시간을 의미하며, 손이 무겁게 느껴지는 것은 당연합니다. 그 손이 심판으로 억누르기를 그치지 않기 때문입니다. 하지만 하느님의 손이 그를 짓누르지 않으면 그가 기꺼운 마음으로 겸손해지지는 않을 것입니다.

• 카시오도루스 『시편 해설』 32,4.[12]

32,5 하느님께서 용서하여 주셨다

하느님께서 알고 계심을 알기에

어리석은 이들은 … 하느님께서 그들의 행위에 대해 모르실 거라고 생각합니다. … 하느님께서 모든 것을 분명히 알고 계신다는 것을 아는 이들은 자신을 낮추어 겸손되이 죄를 고백하고 회개의 기도를 바칩니다. 그들은 무서운 심판관을 그들의 자비로운 변호인으로 모심으로써 그 무서운 심판관을 두려워하지 않아도 되게 하려는 것입니다.

• 카시오도루스 『시편 해설』 32,5.[13]

인정

의로운 사람은 말을 시작할 때 먼저 자신을 책망합니다(잠언 18,17 칠십인역 참조).

• 폰투스의 에바그리우스 『시편 발췌 주해』 31[32],5-6.[14]

---

[8] ACW 51,306.

[9] FC 35,90-91*.

[10] ACW 51,307*.

[11] PG 12,1301.

[12] ACW 51,307.

[13] ACW 51,308.

[14] PG 12,1304.

나 자신

하느님께서 나를 창조하실 때 자유의지를 주셨습니다. 만일 내가 죄를 지었다면, 죄를 지은 것은 바로 나 자신입니다. 그러므로 내가 할 일은 주님께 대한 나의 불의를 선언하고 더불어 나 자신을 거슬러 행한 불의 또한 선언해야 합니다. … 이 본문은 왜 '나 자신'을 강조합니까? "내가 했다"고 말하는 것으로 충분할 수도 있습니다. 하지만 '나 자신'이 그것을 했다고 강조하는 것은 의도적입니다. 나, 곧 나의 운명이나 별자리 때문이 아니라 '나 자신'이 했다는 것입니다. 악마 때문도 아닙니다. 악마가 나를 그렇게 하도록 만든 것이 아니라 내가 악마의 꼬임에 넘어간 것입니다.

• 아우구스티누스 『시편 상해』 32,16.[15]

눈물과 용서

눈물의 은총을 받기 위하여 먼저 기도하십시오. 그래야 양심의 가책을 통하여 그대 영혼 안에 자리한 난폭함을 가라앉힐 수 있을 것입니다. 그리고 그대가 저지른 잘못을 주님께 고백하면 그분의 용서를 얻을 수 있을 것입니다.

• 폰투스의 에바그리우스 『기도론』 5.[16]

공개하다

사람들이 악한 생각을 가졌을 때 그것을 공개하여 드러내면 그 생각은 파괴됩니다. 일단 그 생각을 죽이고 나면 더 이상 존재하지 않게 됩니다. 우리를 위하여 돌아가신 분께서 그것을 없애 주십니다. 악한 생각들이 드러나지 않고 감추어진 채로 있으면 그것을 없앨 수가 없습니다. 우리가 죄를 지었다면 이렇게 말해야 합니다. "제 죄를 당신께 고백하며 저의 부정을 감추지 않고 이렇게 말씀드렸습니다. '저를 거슬러 저는 주님께 제 부정을 고백합니다.'"

• 오리게네스 『루카 복음 강해』 17,8.[17]

고백

우리에게는 죄의 상처가 없을 수 없기 때문에 고백이라는 치료약이 반드시 있어야 합니다. 하느님께서는 우리가 죄를 고백하기를 바라십니다. 이는 하느님께서 그것을 모르시기 때문이 아니라, 악마가 영원한 재판관의 법정에서 우리를 고발할 구실을 찾으려 하고, 또 우리가 죄를 인정하기보다는 변명하기를 더 원하기 때문입니다. 그런데 우리의 하느님은 선하시고 자비로우시기 때문에 우리가 이 세상에서 죄를 고백하여 다가올 세상에서 그 죄 때문에 난처하게 되는 일이 없기를 바라십니다. 우리가 죄를 고백한다면 그분께서 우리를 용서해 주실 것입니다.

• 아를의 카이사리우스 『설교집』 59,1.[18]

죄 사함

주님은 갑자기 그의 죄를 용서해 주셨습니다. 주님은 신심 깊은 기도를 어떤 행위의 결과라도 되는 듯이 눈여겨보시기 때문입니다. 회개하는 이는 주님 앞에서 자신의 과거 행위에 대해 침묵하지 않을 것임을 마음으로 고백하였습니다. 그러자 마치 그가 모든 것을 드러내기나 한 것처럼 그가 고백하려던 것에 대한 용서를 받았습니다. 이처럼 의지만으로 죄 사함을 얻을 수도 있고 벌을 받을 수도 있습니다. "[저의 죄를] 고백합니다"라는 말은 '나의 신심 깊고 신실한 고백이 다른 이들도 저를 본받도록 이끌게 될 것임을 저

[15] *WSA* 3,15,378.

[16] *GAC* 193.

[17] FC 94,74*.

[18] FC 31,290.

는 공개적으로 선언합니다'라는 뜻입니다. 그의 자기 고발에 뒤따라오는 것은 구원을 가져다주는 치료약입니다. 죄를 지은 사람이 자기 목숨을 구한 것이 아니라 심판관이 그를 구해 준 것이기 때문입니다.

• 카시오도루스 『시편 해설』 32,5.[19]

즉각적인 반응

제가 죄를 지어 벌을 받았던 것처럼 죄를 인정함으로써 구원을 받았습니다. … 시편 저자는 다음 말씀으로 하느님 사랑의 즉각성을 표현하고자 합니다. '저는 고백할 것입니다, 곧, 주님께 제 잘못을 고백하기로 결심하였습니다. 그러자 당신의 용서가 저의 고백보다 먼저 왔습니다.'

• 타르수스의 디오도루스 『시편 주해』 32.[20]

죄의 결과 가운데 일부는 남아 있다

다윗이 "내가 주님께 죄를 지었소" 하고 말하였을 때 나탄은 이렇게 대답하였습니다. "주님께서 임금님의 죄를 용서하셨으니 임금님께서 돌아가시지는 않을 것입니다"(2사무 12,13). 그러나 나탄은 다윗의 집안에 온갖 종류의 재앙이 내릴 것이라는 위협을 전해 주었습니다. "당신께서는 제 허물과 잘못을 용서하여 주셨습니다"라는 말씀의 경우에도 마찬가지입니다. 다윗은 그런 끔찍한 범죄를 저지른 후 이렇게 말하였습니다. '저는 율법에 따르면 당연히 사형에 처해져야 했습니다. 하지만 당신은 자애를 베푸시어 덜 가혹한 견책으로 저를 다루시고 사형에 넘기지는 않으셨습니다.'

• 키루스의 테오도레투스 『시편 주해』 32,3.[21]

32,6 기도를 드리다

기도

죄에 낯설지 않은 사람이라면 열심히 간청의 기도를 바쳐야 합니다. 이 얼마나 위대한, 구원을 가져오는 치료제인가요! 모든 죄인들의 병을 감당하려면 아픈 그들에게 다양한 치료제를 제공해야 합니다. 만약 이 해독제를 순수한 마음으로 취하게 되면 모든 죄의 독을 이겨 낼 수 있습니다.

• 카시오도루스 『시편 해설』 32,6.[22]

고백을 위한 시간

고백을 하기에 적절한 때는 죄를 짓자마자입니다. … 죄를 짓고 꾸물거리면 그 죄는 점점 굳어집니다.

• 타르수스의 디오도루스 『시편 주해』 32.[23]

제한된 시간

노아의 때처럼 종말이 갑자기 닥쳐올 때 죄를 고백할 시간이 남아 있을 것이라고 생각해서는 안 됩니다. 죄를 고백하면 하느님 가까이 갈 수 있습니다.

• 아우구스티누스 『시편 상해』 32,6.[24]

한길

다양한 가르침들은 여러 물길입니다. 하느님의 가르침은 하나입니다. 세례수를 생각해 보든 또는 건전한 가르침의 물을 생각해 보든 다양한

[19] ACW 51,308.

[20] WGRW 9,99.

[21] FC 101,199.

[22] ACW 51,309*.

[23] WGRW 9,99.

[24] *WSA* 3,15,360.

물길이 있는 것이 아니라 오직 하나의 물만 있습니다. … 다른 많은 물길들은 인간의 영혼을 더럽히는 가르침들입니다. … 이 다양한 물길들이 모여드는 "큰물"에서 헤엄치는 사람은 하느님께 가까이 다가가지 못합니다. … 무엇이 참된 물입니까? 가장 심오한 내적 샘에서 솟아나는 물, 진리의 순수한 수로에서 나오는 물은 무엇입니까? 형제자매 여러분, 그 물은 무엇입니까? 그것은 우리에게 죄를 고백하도록 재촉하는 물, 구원으로 이끄는 생명의 길인 물, 자신을 낮추는 이들, 조금도 주제넘게 나서지 않는 이들, 자신이 성취한 것을 거만하게 자신의 힘으로 돌리기를 거부하는 이들의 물입니다. 에피쿠로스학파나 스토아학파, 마니교도나 플라톤학파와 같은 이교인들의 책들에서는 이 물을 발견할 수 없습니다. 그런 책들에서 여러분은 도덕성과 자기 향상에 관한 훌륭한 가르침들을 발견할 수 있을지 모르지만 그 책들 어디에도 이와 같은 겸손은 없습니다. 겸손의 길은 다른 원천에서 나오지 않습니다. 그것은 오직 그리스도에게서만 나옵니다. 이 길은 그분이 시작하신 길입니다. 그분은 지극히 높으신 분이셨지만 비천한 모습으로 오셨습니다. 자신을 낮추시어 죽음에 이르기까지, 십자가 죽음에 이르기까지 순종(필리 2,8)하심으로써 그분께서 우리에게 가르치신 것이 달리 무엇이겠습니까? 우리를 빚에서 풀어 주시려고 당신이 지지도 않은 빚을 갚으심으로써 그분께서 가르치신 것이 달리 무엇이겠습니까? 죄가 없으면서도 세례를 받으시고, 무죄하시지만 십자가에 처형되심으로써 그분께서 가르치신 것은 달리 무엇이겠습니까? 이와 같은 겸손이 아니라면 달리 무엇입니까? 그분께서 "나는 길이요 진리요 생명이다"(요한 14,6)라고 말씀하신 것은 적절하였습니다. 바로 이런 겸손으로 우리는 하느님께 가까이 나아갑니다. 주님께서는 마음이 부서진 이들을 가까이하시기 때문입니다. 많은 물길이 모여드는 큰물 한가운데서는, 하느님을 반대하고 스스로를 내세우며 신성을 모독하는 거만한 말들을 퍼뜨리는 이들의 급류 한가운데에서는 아무도 하느님께 가까이 다가가지 못합니다.

• 아우구스티누스 『시편 상해』 32,18.[25]

32,7 피신처

하느님 나의 피신처

다른 이들은 다른 신들이나 그들의 마귀들에게 피신하라고 하십시오. 자기들 힘을 믿거나 자기 죄를 변호하는 곳으로 피하라고 하십시오. 제게는 저를 괴롭히는 고통으로부터 피할 곳인 당신밖에 없습니다. 이 "큰물" 어디에도 저의 피신처는 없습니다.

• 아우구스티누스 『시편 상해』 32,19.[26]

곤경에서 보호하심

"피신처"는 위험을 피하기 위하여 사람들이 도망가는 곳입니다. 이 회개자는 길 없는 광야나 요새화된 막사, 또는 인간의 도움을 찾아 달아나지 않고, 그를 둘러싼 영적 원수들을 쫓아 주실 수 있는 하느님께로 달아납니다.

• 카시오도루스 『시편 해설』 32,7.[27]

참된 기쁨

시편 저자는 "저의 기쁨이시여, 저를 둘러싼 이들로부터 저를 구원하소서"라고 기도하였고, 주님은 이 기도에 빛을 비추어 주셨습니다. 이것

[25] *WSA* 3,15,380-81.

[26] *WSA* 3,15,381.

[27] ACW 51,309.

이야말로 참된 기쁨이자 진정한 축제이며, 사악함으로부터의 구원입니다. 이는 한 인간이 하느님과 정직한 대화를 성심껏 나누고, 자신의 정신을 독실하게 하느님께 굴복시켰다고 인정받을 때 도달할 수 있는 경지입니다.

• 아타나시우스『축일 서간집』14,1.[28]

32,8 하느님께서 가르치실 것이다

지각의 선물

주님께서 회개한 이들에게 자비로운 사랑으로 지각을 주시지 않는 한, 죄인들은 지각을 갖지 못합니다. 왜냐하면 지각은 선행을 낳고, 그들의 기도가 하느님의 명령에 부합되도록 하기 때문입니다. 이것이 바로 이 시편의 서두가 담고 있는 진리가 말하는 지각이며, 주님의 권능이 회개한 사람들에게 자비롭게 쏟아부어 주시는 지각입니다.

• 카시오도루스『시편 해설』32,8.[29]

32,9 지각없는 자가 되지 마라

지각의 필요성

사람들에게는 특히 [지각이] 필요합니다. 지각이 없다면 그들은 말이나 노새와 같기 때문입니다. 그래서 시편 저자는 이렇게 말합니다. '가시덤불이 나를 찔러 대어 나는 비참하게 되었습니다. 곧, 죄가 나를 괴롭혔습니다.' 그래서 그는 하느님께 말씀드립니다. '저는 당신께 제 죄를 자백하며, 제 허물을 감추지 않았습니다. 그러자 당신께서는 제 사악함을 없애 주셨습니다.' 회개의 첫 번째 일은 [이 말씀]대로 죄를 고백하는 것입니다. 하느님께서는 죄를 고백하며 그 죄를 벗어 버리는 이에게 자비를 베푸십니다.

• 위-아타나시우스『시편 해설』32.[30]

이성의 중요성

지각과 이성을 갖춘 이는 죄를 인식하지만 지각이 없는 자는 그것을 알아차리지 못하고, 그것을 알기를 바라지도 않습니다.

• 타르수스의 디오도루스『시편 주해』32.[31]

비이성적 움직임

시편 저자는 영의 비이성적 움직임을 "말"과 "노새"로 표현합니다. 지성은 이성적 사고와 판단을 합니다.

• 폰투스의 에바그리우스『시편 발췌 주해』31[32],9.[32]

지각없는 짐승

왜 그대는 육체의 유혹에 굴복하고, 변덕스러운 입맛의 노예가 됨으로써 그대 자신을 불명예롭게 합니까? 왜 그대는 창조주께서 주신 지성을 없애려 합니까? 왜 스스로 짐승의 수준으로 내려가려 합니까? 이런 것들과 아주 갈라서는 것이 하느님의 뜻입니다. 그래서 시편 저자는 이렇게 말합니다. "지각없는 말이나 노새처럼 되지 마라."

• 암브로시우스『육일 창조』6,3,10.[33]

영혼은 지각을 필요로 한다

영혼이 있지만 지각이 없다면, 또는 영혼이 지각을 사용하지 않거나 지각에 따라 살지 않는다면, 그것은 짐승의 삶과 다를 바 없습니다. 우리 안에는 동물적 요소가 있어서 그것에 따라 살

[28] NPNF 2,4,542*.

[29] ACW 51,310*.

[30] CSCO 387,21.

[31] WGRW 9,99.

[32] PG 12,1304.

[33] FC 42,233.

면 육 안에서 살게 됩니다. 따라서 우리는 지각으로 그것을 다스려야 합니다. 영혼이 육에 따라 움직이고 육적 쾌락 속에 무절제하게 빠져들고자 할 때 지각은 위로부터 영혼의 충동을 다스립니다.

• 아우구스티누스 『요한 복음 강해』 15,19,2.[34]

방탕한 영혼의 운명

주님께서는 예언자를 통하여 우리에게 권고하십니다. “지각없는 말이나 노새처럼 되지 마라.” … 당나귀나 노새는 분노로 약해지거나 감긴 눈으로 맷돌에 묶여 있습니다. 이처럼 방탕한 영혼도 부패한 삶으로 인하여 정신의 눈이 빛을 잃은 채 잘못된 생각의 인도를 받고 있습니다. 방탕한 영혼은 제대로 보지도 못하고, 볼 수 있는 다른 이들과 함께 일하지도 못한 채, 돌아가는 맷돌 주변을 서성이는 것 같습니다. [방탕한 영혼은] 욕정의 족쇄에 발이 묶인 채 죄인들의 길에 서 있습니다. 그는 오류의 어둠으로 가득 찬 자기의 감옥에 갇혀 있으며, 비열한 양심으로 굳어 있고, 방앗간에서 수인이 된 상태를 견디고 있습니다. 그는 지속적인 불의로 굳어진 자기 마음의 바위를 맷돌처럼 돌리며 원수를 위해 자기 영혼의 부패한 곡식을 갈아 가루로 만들고 있습니다.

• 아를의 카이사리우스 『설교집』 120,3.[35]

시련과 심판

주님께서는 우리에게 교훈을 주시고, 걸어야 할 길을 가르치십니다. 우리가 그 길을 걸을 때 주님께서는 당신의 시선을 우리에게 두시고, 우리가 말이나 노새처럼 되지 않게 하십니다. 주님께 가까이 가기를 싫어하는 이들의 경우에는 그들의 턱에 시련의 고삐와 심판의 재갈을 물리실 것입니다.

• 소 아르노비우스 『시편 주해』 32.[36]

하느님께서 쫓아다니시다

하느님이신 그분께서는 전혀 신이라 할 수 없는 존재들을 붙좇는 민족들을 쫓아다니셨습니다. 하느님께서는 당신의 말씀을 굴레처럼 [사용하시어] 그들이 많은 신들로부터 돌아서서 한 분이신 분께로 [돌아오게 하셨습니다.]

• 시리아인 에프렘 『우리 주님에 관한 설교』 5,1.[37]

잘못을 고치고 바로잡다

재갈이 물리고 채찍이 사용된다 하더라도 놀랄 필요가 없습니다. 죄인은 길들여지지 않은 짐승처럼 되려고 합니다. 그래서 재갈과 채찍으로 그들을 굴복시켜야 합니다. 그러니 그들의 잘못이 고쳐지기를 바랍시다. 두려워해야 할 것은 그들이 너무 고집스럽게 저항하여 길들여지지 않은 상태로 버려두어야 하거나 제멋대로 가도록 두어야 하는 것입니다. … 시편 저자는 자신도 길들여졌다고 말합니다. 죄인들이 매질을 당하여 그들 역시 시편 저자처럼 바로잡히고 순종하게 되기를 기원합니다.

• 아우구스티누스 『시편 상해』 32,23.[38]

많은 매질

그들의 사악함을 제어하려면 매질이 많이 필요합니다. 매질하는 이가 가혹해서가 아니라 훈련에 필요합니다. 게다가 [죄인을 그냥 놓아두면] 각자가 자기 죄로 인하여 더 극심한 벌을 받

[34] FC 79,89.
[35] FC 47,196*.
[36] CCL 25,41.
[37] FC 91,280*.
[38] *WSA* 3,15,383.

을 터이므로 "매를 아끼는 이는 자식을 미워하는 자"(잠언 13,24)입니다. 죄의 무게는 무겁고, 범죄에 대한 매질도 무겁습니다. 그것들은 육중한 짐처럼 무겁습니다. 그것들은 영혼에 상처를 남기고, 정신의 상처를 곪게 합니다(시편 38,5-6 참조).

• 암브로시우스 『서간집』 37.[39]

32,10 자애

벌과 자비

죄인에게는 많은 벌이 주어질 것이나 주님께 희망을 두는 이는 주님께서 자비로 감싸 주실 것입니다.

• 소 아르노비우스 『시편 주해』 32.[40]

주님 안에 있는 자비

죄인은 받을 벌이 많겠지만 주님을 신뢰하는 이들은 자비가 그들을 에워쌀 것입니다. 의로운 이들은 주님을 자랑하였기에 기뻐할 것입니다.

• 위-아타나시우스 『시편 해설』 32.[41]

고백과 신뢰

주님께 죄를 고백하기를 거부한 이들과 스스로가 지배자가 되기를 원한 이들은 그들에게 많은 벌이 내려질 것임을 알게 됩니다. … 주님을 신뢰하고 그분의 다스림에 자신을 맡긴 이들은 자비가 그들을 에워쌀 것임을 알게 됩니다.

• 아우구스티누스 『시편 상해』 32,10.[42]

은총의 필요성

모든 사람은, 덕행으로 꾸며진 사람이라 하더라도, 하느님의 은총을 필요로 합니다. 그래서 거룩한 사도도 큰 소리로 외칩니다. "여러분은 믿음을 통하여 은총으로 구원을 받았습니다. 이는 여러분에게서 나온 것이 아니라 하느님의 선물입니다"(에페 2,8).

• 키루스의 테오도레투스 『시편 주해』 32,6.[43]

32,11 주님 안에서 기뻐하라

우리 자신이 아니라 주님 안에서 기뻐하라

아무도 자기가 이룬 것을 두고 기뻐하지 말고 주님 안에서 환호하며 그 안에서 만족을 찾으십시오. 사도의 이 말도 같은 뜻입니다. "자랑하려는 자는 주님 안에서 자랑해야 합니다"(2코린 10,17).

• 키루스의 테오도레투스 『시편 주해』 32,7.[44]

주님 안에서 기뻐하다

의인은 자신이 아니라 "주님 안에서 기뻐해야 합니다". 자기를 두고 기뻐하는 자는 그릇된 확신에 속한 것이기 때문입니다. … 그러나 주님 안에서 기뻐하는 이는 끝없는 환희를 누립니다.

• 카시오도루스 『시편 해설』 32,11.[45]

주님을 찬미하라

선의를 지닌 여러분은 주님께 올 것입니다. 의로운 여러분은 주님 안에서 기뻐하고 즐거워하십시오. 올바른 마음으로 우리 주님이신 예수 그리스도를 찬미하십시오.

• 소 아르노비우스 『시편 주해』 32.[46]

---

[39] FC 26,301*(이 편집본에서는 서간 54로 번호가 매겨져 있다).

[40] CCL 25,41.

[41] CSCO 387,21.

[42] *WSA* 3,15,360.

[43] FC 101,201.

[44] FC 101,201*.

[45] ACW 51,312*.

[46] CCL 25,41.

33,1-22 하느님의 주권

의롭고 올곧은 삶을 사는 이들과 함께 모일 때
그들과 함께 시편 제33편을 노래하십시오.
아타나시우스 『시편 해석에 관해 마르켈리누스에게 보낸 편지』 18 [OIP 68]

1 의인들아, 주님 안에서 환호하여라.
올곧은 이들에게는 찬양이 어울린다.
2 비파로 주님을 찬송하며
열 줄 수금으로 그분께 찬미 노래 불러라.
3 그분께 노래하여라, 새로운 노래를.
환성과 함께 고운 가락 내어라.
4 주님의 말씀은 바르고
그분의 행적은 모두 진실하다.
5 그분은 정의와 공정을 사랑하시는 분.
주님의 자애가 땅에 가득하네.
6 주님의 말씀으로 하늘이,
그분의 입김으로 그 모든 군대가
만들어졌네.
7 그분께서는 제방으로 모으듯
바닷물을 모으시고
대양을 곳집에다 넣으신다.
8 온 땅이 주님을 경외하고
세상에 사는 이들이 모두
그분을 두려워하리니
9 그분께서 말씀하시자 이루어졌고
그분께서 명령하시자 생겨났기 때문이네.
10 주님께서 민족들의 결의를 꺾으시고
백성들의 계획을 좌절시키신다.
11 주님의 결의는 영원히,
그분 마음의 계획들은 대대로 이어진다.
12 행복하여라,
주님을 하느님으로 모시는 민족
그분께서 당신 소유로 뽑으신 백성!
13 주님께서는 하늘에서 살피시며
모든 사람들을 바라보신다.
14 당신 머무시는 곳에서 굽어보신다,
땅에 사는 모든 이들을.
15 그들의 마음을 다 빚으시고
그들의 모든 행위를 헤아리시는 분이시다.
16 병력이 많다고 임금이 승리하지 못하며
근력이 세다고 용사가 제 몸을 살리지
못하네.
17 기마로 승리한다 함은 환상이며
그 힘이 세다고 구원을 이루지 못하네.
18 보라, 주님의 눈은
당신을 경외하는 이들에게,
당신 자애를 바라는 이들에게 머무르신다.
19 그들의 목숨을 죽음에서 구하시고
굶주릴 때 그들을 살리시기 위함이라네.
20 우리의 영혼은 주님을 기다리니
그분은 우리의 도움, 우리의 방패이시다.
21 그분 안에서 우리 마음이 기뻐하고
그분의 거룩하신 이름을
우리가 신뢰한다네.
22 주님, 저희가 당신께 바라는 그대로
저희 위에 당신의 자애를 베푸소서.

둘러보기

인간의 조건이 아니라 주님 안에서 즐거워하라(바실리우스). 이같이 즐거워하기 위해 의지를 하느님께 복종시켜라(아우구스티누스). 주님 안에서 즐거워하는 것은 지혜 안에서 즐거워하는 것이다(에바그리우스). 그 목적은 영원한 기쁨이다(아우구스티누스). 우리가 하느님께 가락을 들려드리기 위해 연주하는 "수금"은 우리 자신이다(카시오도루스). 사랑의 힘을 받아(아우구스티누스) 우리가 몸으로 하는 행위가 "수금"이다(바실리우스). "새로운 노래"는 새 백성이 노래하는 새 계약이다(아우구스티누스). 성령에 의해 그들이 일치와 조화를 이룰 때 환성이 터져 나온다(바실리우스). 하느님의 일은 바르고 항구하다(몹수에스티아의 테오도루스). 우리는 모든 것을 하느님의 섭리로 돌린다(바실리우스). 사랑과 정의를 다 보여 주는 것이 하느님의 특징이다(디오도루스, 몹수에스티아의 테오도루스). 우리는 회개하지 않은 이들의 경우에는 사랑이 먼저 오고, 정의가 뒤따르는 순서를 보게 된다(헤시키우스, 바실리우스). 사랑과 정의는 하느님 안에 있는 두 가지 실재다(아우구스티누스). 하지만 우리는 하느님께서 자비로 충만하시다는 것에 특히 주목하고자 한다(카시오도루스). 그리고 현재는 자비의 때다(아우구스티누스).

주님은 모든 것을 당신의 말씀과 성령으로 창조하셨다(테오도레투스, 푸아티에의 힐라리우스). 어떤 이들은 이것을 비유적 표현으로 본다(몹수에스티아의 테오도루스). 그러나 대부분은 삼위일체에 대한 분명한 언급이라고 여기며(히에로니무스, 카시오도루스, 니케타스), 사실 이것이 바로 하느님의 창조 행위에 관한 진리의 원칙이다(이레네우스). 특히 우리는 성령의 동등한 존귀함을 본다(바실리우스, 다마스쿠스의 요한, 오리게네스). 하지만 많은 이들이 우상 숭배의 오류에 떨어졌다(알렉산드리아의 클레멘스). 신적 섭리의 원리는 하느님의 심연 속에 감추어져 있지만(바실리우스), 모든 것 안에서 우리가 하느님을 찬미할 때 그분께 대한 이해에 조금 더 가까워진다(에바그리우스). 인간성은 특히 신적 의지 아래 놓일 필요가 있다(카시오도루스).

민족들의 결의는 주님의 의지와 반대된다(에바그리우스). 주님의 수난과 관련된 문제에서 특히 그러하였다(바실리우스). 그리스도의 신비에 대해서도 그러하였다(카시오도루스). 주님의 결의가 승리한다(몹수에스티아의 테오도루스). 주님의 계획은 변하지 않으며(아우구스티누스, 풀겐티우스), 그것은 당신의 백성에게 축복이다(테오도레투스, 몹수에스티아의 테오도루스). 주님이야말로 우리의 참된 행복이다(아우구스티누스). 주님은 높은 곳에서 바라보시며, 모든 것을 보고 아신다(바실리우스). 특히 은총으로 우리를 바라보신다(카시오도루스). 인간성을 지닌 분이시기에 탁월한 관점에서 우리를 바라보신다(아우구스티누스). 이는 그분께서 모르시는 것이 있다는 뜻이 아니다(테오도레투스). 오히려 그분은 당신의 목적에 따라(카시오도루스) 우리 각자를 만드신 분(몹수에스티아의 테오도루스)이시기에, 우리의 마음속 지향까지 속속들이 아신다(아우구스티누스, 몹수에스티아의 테오도루스). 하지만 마귀들에게는 이런 지식이 없다(에바그리우스). 따라서 오직 주님만이 우리를 참으로 도우실 수 있다(오리게네스, 요한 크리소스토무스).

진실한 도움은 하늘로부터만 온다(헤시키우스, 바실리우스). 그러므로 우리는 하느님을 하느님으로 알아 모실 필요가 있다(아우구스티누스). 하느님을 떠나서는 아무도 안전할 수 없기 때문이다(소 아르노비우스). 특히 우리는 그분의 자비에 희망을 둔다(소 아르노비우스, 바실리우스, 아우구스티누스). 주님께서 우리와 맺는 관계를 정확히 표현하자면 '지켜보심'이라 할 수 있다(살비아누스). 주님은 현재와 미래에 우리에게 구원을 베푸신다(위-아타나시우스, 카시오도루스). 주님은 우리를 당신의 보호로 감싸 주시면서(몹수에스티아의 테오도루스) 우리에게 인내의 덕을 가르치신다(카시오도루스). 주님은 더 높은 차원의 기쁨으로(에바그리우스) 우리를 지탱하여 주신다(소 아르노비우스). 우리는 우리 자신이 아니라 주님 안에서 즐거워한다(아우구스티누스).

33,1 주님 안에서 환호하여라

하느님 안에서 즐거워하라

"의인들아, 주님 안에서 환호하여라." 여러분의 집안이 한껏 잘나가거나 여러분의 몸이 건강할 때, 여러분의 밭이 온갖 과실로 풍성할 때가 아니라, 측량할 수 없는 아름다움이며 선이고 지혜이신 주님을 모셨을 때 그렇게 하십시오. 주님 안에 있는 기쁨을 누릴 수 있다면 그것으로 충분하다고 여기십시오. … 의로운 사람에게는 신적이고 천상적인 기쁨이 지속됩니다. 성령께서 그 사람 안에 영원히 머무시기 때문입니다. "성령의 첫 열매는 사랑, 기쁨, 평화"(갈라 5,22)입니다. 그래서 "의인들아, 주님 안에서 환호하여라"라고 하는 것입니다. 주님은 의로운 이들을 품을 수 있는 공간과 같으시며, 그분 안에 있는 이들이 기뻐하고 즐거워할 이유는 얼마든지 있습니다. 나아가 의로운 사람은 하느님을 자신 안에 맞아들일 때 주님을 위한 공간이 됩니다. … 그러므로 주님 안에 있으며, 주님의 기적을 할 수 있는 한 많이 가까이서 지켜본 우리는 주님의 기적을 명상함으로써 우리 마음에 기쁨을 펴올립시다.

• 대 바실리우스 『시편 강해』 15,1(시편 제33편).[1]

올곧은 사람의 의지

"올곧은 이들"은 누구입니까? 주님의 뜻에 자기 마음을 일치시키는 이들입니다. 인간의 나약함은 마음을 불안하게 하지만 하느님의 평안은 마음을 위로합니다. 올곧은 이들은 비록 인간적인 마음에서 현재의 목적에 맞는 무엇인가를 원하거나 어떤 일을 진척시키려 하고, 또는 그들의 즉각적인 필요를 채우려 하다가도 하느님께서 그와 다른 무엇인가를 원하신다는 것을 깨달으면, 그들은 그 즉시 자기들보다 더 훌륭하신 분의 뜻을 자신의 뜻보다 앞세웁니다. 약한 자의 뜻보다는 전능하신 분의 뜻을, 인간의 뜻보다는 하느님의 뜻을 앞세웁니다. 하느님께서 당신의 피조물인 인간보다 한없이 위에 계시듯이 하느님의 뜻도 남녀 인간의 뜻보다 훨씬 위에 있습니다. 바로 이 때문에 그리스도께서 인간의 겉옷을 입으셨고, 모범을 보여 주셨으며, 사는 법을 우리에게 가르쳐 주셨고, 당신께서 가르치신 대로 살 수 있는 은총을 주셨습니다. 이런 목적으로 그분은 당신의 인간적인 뜻이 드러나게 하셨습니다. 그리스도께서는 당신의 인간적인 뜻 안에 우리의 뜻을 미리 구현하셨습니다. 알다시피 그분은 우리의 머리이시고, 우리 모두는 그분의 지체로서 그분께 속합니다. 그리스도께서는 말씀하셨습니다. "아버지, 하실 수만 있으시면 이 잔이 저를 비켜 가게 해 주십시오"(마태 26,39). … '내 안에 반사된 너 자신을 보라'고 그리스도께서 말씀하십니다. 여러분에게 하느님의 뜻과 다른 무엇인가를 원할 수 있는 능력이 있기 때문입니다. 이것은 허약한 인간성에게는 당연한 것이며, 인간의 약함의 특징이자 피하기 어려운 것입니다. 하지만 그런 일이 일어날 때 여러분 위에

[1] FC 46,227-28*.

누가 있는지를 즉시 생각하십시오. 여러분 위에 계신 하느님을 생각하고, 여러분이 그분 아래 있음을, 그분은 주님이시며, 여러분은 그분의 종이고, 그분은 전능하시지만 여러분은 약하다는 사실을 생각하십시오. 여러분 자신을 바로잡고 여러분을 그분의 뜻에 맡기십시오. 그리고 "제가 원하는 대로 하지 마시고 아버지께서 원하시는 대로 하십시오"(마태 26,39) 하고 말씀드리십시오.

• 아우구스티누스『시편 상해』33,2.[2]

지혜 안에서 즐거워하라

주님은 지혜로우십니다. 그러므로 의인은 주님 안에서 즐거워함으로써 지혜 안에서 즐거워합니다.

• 폰투스의 에바그리우스『시편 발췌 주해』32[33],1.[3]

영원한 기쁨

불의한 자들은 단연코 이 세상에서 기뻐하며 춤추라고 하십시오. 하지만 이 세상이 끝날 때 그들의 춤도 끝날 것입니다. 의인은 주님 안에서 기뻐 춤추게 하십시오. 주님은 영원히 계시니 의인의 환희도 그러할 것입니다.

• 아우구스티누스『시편 상해』33,1.[4]

33,2 열 줄 수금

우리가 수금이다

수금과 현악기는 우리 안에 있습니다. 아니, 우리가 바로 악기입니다. 우리가 이 악기들처럼 주님의 은총으로 고귀한 행위를 통하여 노래할 때 우리가 바로 악기입니다.

• 카시오도루스『시편 해설』33,2.[5]

수금인 우리의 몸

수금에 가락 맞춰 주님께 찬미를 드리는 것이 필요합니다. 곧, 몸의 행위들을 조화롭게 할 필요가 있습니다. '우리가 우리의 지체를 더러움과 불법에 종으로 넘겼을 때'(로마 6,19 참조) 우리는 몸으로 죄를 지었습니다. 그러니 죄를 없애기 위하여 동일한 도구를 사용하여, 곧 우리 몸으로 찬미를 드립시다. 욕설을 하였습니까? 그럼 축복하십시오. 남의 것을 사취하였습니까? 배상해 주십시오. 술에 취하였습니까? 단식하십시오. 근거 없이 우쭐거렸습니까? 겸손해지십시오. 시기하였습니까? 위로하십시오. 살해하였습니까? 증언을 하거나 죄를 고백함으로써 순교에 버금가는 것으로 그대의 몸을 괴롭히십시오. 죄를 고백한 연후에야 그대는 열 줄 수금으로 하느님께 연주할 자격이 있습니다. 먼저 우리 몸의 행위를 바로잡는 것이 필요합니다. 그래야 우리는 하느님의 말씀과 조화롭게 행동할 수 있고, 지성적인 것을 관상하는 경지에까지 이를 수 있습니다. … 그러므로 모든 규정을 지키고, 그것으로부터 조화와 일치를 만들어 내는 사람, 바로 이런 사람이 하느님을 위하여 열 줄 수금을 연주한다고 나는 말하겠습니다.

• 대 바실리우스『시편 강해』15,2(시편 제33편).[6]

사랑으로 힘을 받아

수금을 드십시오. 열 줄 수금에 맞춰 하느님께 시편을 노래하십시오. 율법에는 열 가지 계명이 있습니다. 이 열 가지 계명 안에서 여러분은 그 수금을 발견할 수 있습니다. … 이 모든 계명들은 하느님에게서 나왔습니다. 그것들은 모두

[2] *WSA* 3,15,392-93.

[3] PG 12,1304.

[4] *WSA* 3,15,392.

[5] ACW 51,316.

[6] FC 46,229-30*.

하느님의 선물로서 우리에게 주어졌고, 하늘에서 큰 소리로 선포되었습니다. 그러므로 여러분의 수금을 집어 들고 법을 지키십시오. 여러분의 하느님이신 주님은 그것을 폐지하러 오신 것이 아니라 오히려 완성하러 오셨기 때문입니다(마태 5,17 참조). … 주님께서 사랑을 내려 주시면 땅은 열매를 맺습니다. 그러므로 여러분의 동기가 두려움이었을 때는 어렵다고 생각되던 것을 여러분은 사랑으로 완수하게 될 것입니다.

• 아우구스티누스 『시편 상해』 33,6.[7]

33,3 노래하여라, 새로운 노래를

새로운 백성이 노래하리라

여러분의 낡음을 벗어 버리십시오. 여러분은 새로운 노래를 알고 있습니다. 새사람, 새 계약, 새로운 노래. 옛 생활을 고수하는 이들은 이 새로운 노래와 아무 연관이 없습니다. 새사람만이 그것을 배울 수 있고, 은총으로 새로워져서 낡은 것을 벗어 던진 이들만이 새 계약에 참여합니다. 새 계약은 곧 하늘 나라입니다. 우리의 모든 사랑이 하늘 나라를 열망하고, 그 나라에 대한 열망으로 우리의 사랑은 새로운 노래를 부릅니다. 혀가 아니라 우리의 삶으로 이 새로운 노래를 부릅시다.

• 아우구스티누스 『시편 상해』 33,8.[8]

환성

전쟁터에서 함께 싸우는 이들은 서로 일치하여 함성을 지릅니다. 이때 내는 큰 소리는 표현이 정제되지 않은 소리입니다. 그렇다면 여러분은 사랑으로 하나 되어 조화와 일치를 이루며 노래하십시오.

• 대 바실리우스 『시편 강해』 15,3(시편 제33편).[9]

33,4 하느님의 모든 행적

바르고 영원하다

[하느님께서] 행하신 모든 것은 바르고 영원합니다. 앞의 내용에 비추어 볼 때 이 두 구절은 꼭 들어가야 하는 것이었습니다. 시편 저자는 앞에서 하느님께 감사와 찬미를 노래하라고 초대하였는데, 그는 이 초대가 이 두 가지, 곧 올바른 도우심과 항구한 은혜를 베푸신 것에 대한 응답으로 솟아 나오게 하려고 감사를 권하며, 승리로 드러난 정의와 선물의 영원성을 보여 주려고 했습니다. 이어서 시편 저자는 이 두 가지가 다 하느님께서 하시는 일의 특징이며, 이 둘 중 어느 하나가 빠진다면 감사가 이처럼 크지는 않을 수 있다고 말합니다. 다시 말해서, 만약 도움이 올바르지 않았다면, 받은 것에 감사하기는 하지만 그에 대해 감사를 드리는 것이 적절하지 않을 것이고, 또 도움이 급격히 변해 버렸다면 지속되지도 않는 좋은 것에 감사를 드릴 필요가 없을 테기 때문입니다.

• 키루스의 테오도레투스 『시편 주해』 33,4B.[10]

하느님의 섭리

시편 저자는 "만약 네가 하늘과 하늘에 나타난 질서를 바라본다면", 그것은 신앙으로 이끄는 안내자가 되고, 그것을 만드신 분을 보여 준다고 말합니다. 만약 여러분이 땅의 질서정연한 배열을 보게 되면 그것을 통해서도 하느님께 대한 여러분의 신앙은 깊어집니다. 사실 우리가 하느님을 믿는 것은 육적 눈으로 하느님에 대한 지식을 얻기 때문이 아닙니다. 그보다는 정신의 능력으로 보이는 것들을 통하여 보이지 않는 하느

---

[7] *WSA* 3,15,398-99.
[8] *WSA* 3,15,400*.
[9] FC 46,231.
[10] WGRW 5,289-91.

님을 인식하기 때문입니다. 그러므로 "하느님의 행적은 모두 진실"합니다. 심지어 돌 하나를 보더라도 그 돌은 그것을 만드신 분의 능력에 대한 증거를 가지고 있습니다. 개미나 하루살이나 벌을 보더라도 마찬가지입니다. 종종 가장 보잘것없는 것들 안에서 창조주의 지혜가 빛납니다. 하늘을 펼치시고 가없는 바다의 광활한 공간을 채우시는 분께서 벌의 아주 섬세한 침을 구멍이 있는 관처럼 만드시어 벌의 독이 그 관을 통해 쏟아져 나오게 하십니다. 그러므로 "하느님의 행적은 모두 진실"합니다. "이런 일은 우연히 일어났고" "부수적으로 생겨났다"고 말하지 마십시오. 우발적이거나 모호한 것은 아무것도 없으며, 무작위로 생겨난 것도 없고, 우연히 존재하게 된 것도 없습니다. "그건 불운이었어" 또는 "나쁜 때였어"라고 말하지 마십시오. 이런 것들은 배우지 못한 사람들이 하는 말입니다. "참새 두 마리가 한 닢에 팔리지 않느냐?" 그러나 신적 의지 없이는 "그 가운데 한 마리도 땅에 떨어지지 않는다"(마태 10,29). 여러분 머리의 머리카락의 수는 몇 개입니까? 그 가운데 어느 하나도 잊히지 않을 것입니다(마태 10,30 참조). 가장 하찮은 것들 중 하나도 하느님의 눈에서 벗어나지 않는다는 것을 아시겠습니까?

• 대 바실리우스 『시편 강해』 15,3(시편 제33편).[11]

33,5 정의와 공정

하느님의 전형적 특징

자애를 보이시는 것과 심판하시는 것, 이 둘은 하느님의 전형적 특징입니다. 하느님은 당신께 희망을 두는 이들에게는 자애를 보이시고 자기 자신을 믿는 이들은 심판하십니다.

• 타르수스의 디오도루스 『시편 주해』 33.[12]

은총과 의로움

은총과 의로움은 하느님께서 행하시는 일의 특징입니다. 달리 말해서, 시편 저자는 사랑이 하느님의 특징이라고 다소 과하게 말하는 것 같지만 그 의미는 이러합니다. 하느님께서 과거에 행하신 일들에 이 두 가지 특징이 나타날 뿐만 아니라 하느님께서는 이 두 가지 특징을 드러내는 일을 하시기를 매우 좋아하신다는 것입니다.

• 몹수에스티아의 테오도루스 『시편 해설』 33,5A.[13]

사랑을 먼저 보이신다

시편 저자는 심판보다 사랑을 먼저 언급합니다. 하느님께서는 먼저 사랑을 보이시고, 그래도 계속해서 죄를 짓는 이들을 심판하시기 때문입니다.

• 헤시키우스 『시편 단편』 33,5.[14]

자비로운 재판관께서는 회개를 원하신다

이 심판관은 여러분에게 자비를 베풀고 당신의 연민을 나누어 주고 싶어 하십니다. … 하지만 그분께서 여러분의 뉘우치지 않는 마음과 교만한 정신, 미래의 삶에 대한 불신, 그리고 심판을 두려워하지 않는 태도를 보신다면 심판을 내리려 하실 것입니다. 이성적이며 친절한 의사가 종양을 작게 하기 위해 처음에는 온열요법과 부드러운 습포제를 사용하지만 종양 덩어리가 단단하고 치료에 내성을 보이면 올리브기름과 부드러운 요법 대신 수술칼을 택하는 것과 같습니다. 그러므로, 하느님께서는 회개하는 이들의 경우에는 자비를 사랑하시지만 완고한 이들의 경

[11] FC 46,232.

[12] WGRW 9,101.

[13] WGRW 5,291.

[14] PG 93,1188.

우에는 심판을 좋아하기도 하십니다.

• 대 바실리우스 『시편 강해』 15,3(시편 제33편).[15]

하느님 안에 있는 두 가지 실재

형제자매 여러분, 착각하지 마십시오. 하느님 안에서 이 두 가지 실재는 분리될 수 없습니다. 우리는 그 두 가지를 상호 배제되는 것으로 생각할 수 있습니다. 그래서 자비로운 사람은 심판이 지닌 권리를 인정하지 않고, 심판을 주장하는 이는 자비를 잊어버립니다. 그러나 하느님은 전능하시며, 자비를 베푸실 때도 심판을 잊지 않으시고, 심판을 내리실 때에도 자비를 저버리지 않으십니다. 하느님은 당신의 모상을 자비롭게 바라보시며, 우리의 약함과 실수, 무지를 고려하십니다. 그분은 우리를 부르시며, 우리가 당신께 돌아가면 우리 죄를 용서하십니다. 그러나 하느님은 돌아가기를 거부하는 이들은 용서하지 않으십니다. 하느님은 불의한 이들에게도 자비로우신가요? 하느님께서 심판을 잊어버리신 것 아닙니까? 그분이 회개한 이들과 회개하지 않은 이들을 구별하셔야 옳지 않습니까? 회개한 이들이 회개하지 않은 이들과 똑같은 대접을 받는 것이 여러분 눈에는 정당해 보입니까? 죄를 고백한 자와 거짓말하는 자들, 겸손한 자들과 교만한 자들이 아무런 차별 없이 다 받아들여져야 합니까? 하느님께서는 비록 자비를 베푸시지만 그분께는 심판의 자리도 있습니다.

• 아우구스티누스 『시편 상해』 33,11.[16]

자비로 가득한

시편 저자는 하느님께서 행하신 일 또는 그분이 날마다 하시는 일을 이야기하면서 주님을 찬미합니다. 우리는 우리가 규칙적으로 행하는 일들을 사랑한다고 말합니다. 여기에서는 주님에 관하여 말하기를, 그분은 자비를 사랑하신다고 합니다. … 그분께서 자주 우리에게 자비를 베푸시기 때문입니다. … 그래서 이 세상에서 "하느님은 자비를 사랑하십니다". 왜냐하면 하느님께서는 당신의 자비를 넓고 멀리 펼치시기 때문입니다. 죄인들을 참아 주실 때, 신성을 모독하는 자들을 인내로 기다려 주실 때, 자격이 없는 이들에게 생명을 주시고, 확실히 하느님의 사랑으로밖에 돌릴 수 없는 그런 행위를 하실 때 분명히 그렇습니다. … 그 결과 "땅에는 주님의 자애가 가득합니다". 우리가 악마의 공격을 받아 고생할 때, 육의 나약함 때문에 하느님의 명령을 저버렸을 때 우리가 비참함 가운데서도 버틸 수 있게 해 주는 것은 바로 하느님의 자비입니다. … 그러니 온 세상을 가득 채운 자비를 추구합시다.

• 카시오도루스 『시편 해설』 33,5.[17]

자비의 때

현재는 자비의 때입니다. 심판의 때는 나중에 올 것입니다. 왜 지금을 자비의 때라고 합니까? 지금은 하느님께서 당신에게서 돌아선 이들을 부르시고, 그들이 돌아오면 죄를 용서해 주시기 때문입니다. 하느님께서는 죄인들이 회개할 때까지 그들을 인내하십니다. 그들이 마침내 회개하면 하느님께서는 그들이 과거에 행한 모든 것을 잊고 그들에게 미래를 약속하십니다. 게으른 이들을 독려하시고, 곤란에 처한 이들을 위로하시며, 열심한 이들을 인도하시고, 싸우는 이들을 도우십니다. 주님은 애써 노력하며 당신을 부르

[15] FC 46,233*.

[16] *WSA* 3,15,403.

[17] ACW 51,317*.

는 이는 누구도 저버리지 않으십니다. 주님은 우리가 당신께 희생 제사를 바칠 수 있도록 제물을 마련해 주시고, 당신의 호의를 얻을 수 있는 수단도 손수 주십니다. 형제자매 여러분, 이 자비의 때를 놓치지 맙시다. 이 시간이 그냥 지나쳐 가게 하지 맙시다. 심판이 다가오고 있습니다.

• 아우구스티누스 『시편 상해』 33,10.[18]

33,6 주님의 말씀으로

즉각적인 창조

장인이 들이는 노력이나 시간은 필요하지 않았습니다. 하느님께서 창조하시는 데는 말씀만으로 충분하였습니다. 궁창이 생기라고 말씀하시자 그렇게 되었습니다. 하늘의 궁창에 빛물체들이 생기라고 하시자 그렇게 되었습니다(창세 1,6-7.14-15 참조). 이 본문의 표면적 의미는 이것입니다. 하지만 진정한 신학은 이 본문에서 하늘과 천상의 군대들을 만드신 성령과 함께 말씀이신 하느님을 보게 합니다. 영감을 받은 책인 구약성경은 복음 가르침을 예고합니다. 천둥의 아들이며 신적인 영감을 받은 요한이 온 세상에게 가르쳤던 대로입니다. "한처음에 말씀이 계셨다. 말씀은 하느님과 함께 계셨는데 말씀은 하느님이셨다. 모든 것이 그분을 통하여 생겨났고 그분 없이 생겨난 것은 하나도 없다"(요한 1,1.3).

• 키루스의 테오도레투스 『시편 주해』 33,4.[19]

신적 명령의 입김

하느님께서 하늘을 만드실 준비를 갖추는 것이 시간이 걸리는 문제일까요? 마치 그 전에는 활성이 전혀 없이 흐릿하기만 하던 어떤 생각이 갑자기 주님의 지각 안으로 들어오게 되었고, 그래서 주님은 인간이 하는 것처럼 세상을 짓기 위한 재료와 도구를 찾았다는 말입니까? 그런데 예언자는 하느님의 작업 과정을 다르게 설명합니다. 하늘이 만들어지려면 하느님의 명령이 필요합니다. 하늘의 확고한 본성이 지닌 안정성 안에 깃든 광채와 힘은 여러 재료들을 적절히 뒤섞은 것에서 나온 것이 아니라 하느님의 입김으로 만들어진 것입니다.

• 푸아티에의 힐라리우스 『삼위일체론』 12,39.[20]

비유

보다시피 여기에서 말하는 "입"은, 성경에서 "손"이나 "발" 등이 언급될 때와 마찬가지로, 눈에 보이는 창조가 일어날 수 있게 하는 작용을 가리킵니다. 성경은 다른 곳에서도 이렇게 말합니다. "이는 주님의 입에서 나온 말씀이다." 이는 하느님께서 우리에 관하여 결정하신 바를 드러내셨다는 의미입니다. 우리가 습관적으로 쓰는 표현인 "당신의 손이 나를 만들었다"와 같은 경우처럼, 이런 신체적 표현을 사용하여 주님의 본성을 묘사하거나 천사들과 같은 보이지 않는 본성의 창조를 묘사하는 경우는 성경 어디에도 없습니다. 그러므로 "그분의 입김으로"라는 시편 저자의 말은 '그분의 결정으로'라는 뜻입니다.

• 몹수에스티아의 테오도루스 『시편 해설』 33,6B.[21]

삼위일체

여기에서 삼위일체, 곧 주님과 말씀, 주님의 성령이 분명하게 선포됩니다.

• 히에로니무스 『시편 주해』 33.[22]

---

[18] *WSA* 3,15,402.

[19] FC 101,203-4*.

[20] FC 25,527.

[21] WGRW 5,95.

[22] CCL 72,204.

삼위일체의 창조 활동

성부와 성자, 성령이 만물의 창조주이심이 이 구절에서 분명하게 드러납니다.

• 히에로니무스『복음사가 요한 강해』1,1-14.[23]

삼위일체가 나타나다

이 구절을 좀 더 주의 깊게 살펴보면, 이 구절이 거룩한 삼위일체를 나타낸다는 사실이 드러납니다. 여기에서 "말씀"은 성자를 가리키고, 말씀이라는 단어에 "주님의"라는 어구를 덧붙임으로써 시편 저자는 성부를 언급합니다. "그분의 입김으로"가 시간이 시작되기 전에 성부로부터 나온 성령이 아닌 다른 것으로 해석되는 것을 시편 저자는 바라지 않습니다. 또한 여러분이 세 위격 안에 분명한 일치를 볼 수 있도록 시편 저자는 '그들의 입김'이라고 하지 않고 "그분의 입김"이라고 합니다.

• 카시오도루스『시편 해설』33,6.[24]

말씀은 성자이시다

여기에서 "말씀"은 성자로 이해해야 합니다. 복음사가 요한은 그분을 통하여 "만물이 생겨났다"고 선언합니다. 그리고 "그분의 입김"이 우리가 거룩하다고 믿는 성령이 아니고 무엇이겠습니까? 그러므로 이 구절 안에서 삼위일체의 충만한 신비를 이루는 주님과 주님의 말씀, 그리고 성령을 모두 보게 됩니다.

• 레메시아나의 니케타스『성령의 능력』7.[25]

진리의 원칙

우리가 내세우는 진리의 원칙은 이것입니다. 전능하신 한 분 하느님이 계시며, 그분은 당신의 말씀으로 만물을 창조하셨습니다. 하느님은 만물을 무에서 마련하시고 창조하셨습니다. … 이 "모든 것"에서 예외가 되는 것은 없습니다. 말씀을 통하여 만물을 만드신 분은 성부이십니다. 보이는 것이나 보이지 않는 것, 지각이 있는 것이나 없는 것, 하느님 섭리의 계획을 위해 일시적으로 존재하는 것이나 영원한 것, 모두 성부에 의해 창조되었습니다. 성부는 이것들을 천사를 통해서나 또는 당신의 생각에서 떨어져 나간 어떤 힘들을 시켜 창조하신 것이 아닙니다. 만물을 만드신 하느님은 아무것도 필요로 하지 않으시기 때문입니다. 그분은 당신의 말씀과 성령으로 만물을 만드셨고, 그것을 적절히 배치하고 다스리시며, 그것들 모두에게 존재를 주셨습니다. 이분이 바로 만물로 구성된 세상을 만드신 분이십니다. 이분이 바로 인류를 지으신 분이십니다. 이분이 바로 아브라함과 이사악과 야곱의 하느님이시며, 어떤 다른 신들도, 시작도, 힘이나 충만함도 이분 위에 있지 않습니다.

• 이레네우스『이단 반박』1,22,1.[26]

성령

성령을 무시하는 이들은 어디에 있습니까? 성령을 창조적인 힘이 아닌 다른 것으로 보는 이들은 어디에 있습니까? 성령을 성부와 성자의 일치에서 잘라 내는 이들은 어디에 있습니까? 그들에게 시편의 이 말씀을 들으라고 하십시오. "주님의 말씀으로 하늘이, 그분의 입김으로 그 모든 군대가 만들어졌네." 여기에서 "말씀"을 명칭들과 표현법으로 이루어지는 일반적인 형태의 말로 생각하면 안 됩니다. 또한 성령을 공중에 흩어지는 증기처럼 생각해서도 안 됩니다. 여기에서 "말씀"은 한처음에 하느님과 함께 계셨

---

[23] FC 57,214.

[24] ACW 51,317-18.

[25] FC 7,30.

[26] ANF 1,347**.

던(요한 1,1) 바로 그 '말씀'입니다. 마찬가지로 성령도 그 자체로서 고유한 이름을 갖습니다. 창조주인 말씀께서 하늘을 공고히 세우셨을 때, 하느님에게서 나온 성령은 성부에게서 좇아 나왔습니다. 하느님의 입에서 나온 성령은(성령을 하느님에게서 본질을 얻어서 하느님을 영광스럽게 하는 피조물이나 어떤 외적인 대상으로 생각해서는 안 됩니다) 성부 안에 있는 모든 힘을 가지고 있습니다. … 구원자는 주님의 말씀이고, 성령은 주님의 입에서 나온 영이기 때문에 이 둘은 하늘과 그 안에 있는 군대들이 창조될 때 성부와 함께하셨습니다. 그래서 다음과 같은 진술이 나온 것입니다. "주님의 말씀으로 하늘이, 그분의 입김으로 그 모든 군대가 만들어졌네." 성령의 현존 없이는 아무것도 거룩하게 될 수 없습니다.

• 대 바실리우스 『시편 강해』 15,4(시편 제33편).[27]

성령은 하느님이시다

파견된 영, 활동하고 굳세게 하며 유지시키는 영은, 하느님의 입이 신체적 지체가 아닌 것과 마찬가지로 흩어져 버리는 입김이 아닙니다. "입"과 "입김"은 둘 다 하느님을 지칭하는 적절한 말로 이해됩니다.

• 다마스쿠스의 요한 『신앙 해설』 1,7.[28]

삼위일체의 각 위격은 동등하다

삼위일체 안에는 더 크고 작음이 없다고 해야 합니다. 당신 말씀과 이성으로 만물을 품으시고, 당신 입의 영으로 성화에 합당한 존재들을 만드시는 신성의 유일한 원천이 있을 뿐이기 때문입니다.

• 오리게네스 『원리론』 1,3,7.[29]

우상 숭배의 오류

그런데 어떤 이들은 오류로 떨어집니다. 어떻게 그렇게 될 수 있는지 나는 알지 못하지만, 그들은 하느님 대신에 하느님께서 만드신 것들, 곧 해와 달과 별들의 무리를 숭배합니다. "주님의 말씀으로 하늘이, 그분의 입김으로 그 모든 군대가 만들어졌네." 따라서 이런 것들은 시간을 측정하는 도구들에 불과합니다. 하지만 그들은 어리석게도 이것들을 신으로 생각합니다.

• 알렉산드리아의 클레멘스 『권고』 4.[30]

33,7 하느님께서는 바닷물을 모으신다

하느님의 심연

하느님은 당신의 판단력에 따라서 만물을 개별적으로 판결하시는데, 이 판단력은 오직 하느님의 지식 안에 저장되어 있습니다. 다른 시편에 이런 말씀이 나옵니다. "당신의 공정은 깊은 바닷속 같아"(시편 36,7). 이 구절을 통해 우리는 각자에게 내려진 심판을 "심연"이라 부른다는 사실을 배웁니다. 따라서 만약 여러분이 왜 죄인들의 삶은 계속되고 의인들이 머무는 날은 그리도 짧은지 알고 싶다면, 왜 불의한 자는 번성하고 의로운 사람은 고통을 겪는지, 왜 어린 아기를 다 자라기도 전에 데려가시는지, 전쟁은 어디에서 오는지, 왜 파선과 지진, 기근과 폭우가 있는지, 왜 사람들을 파괴하는 것들이 창조되었는지, 왜 어떤 사람은 노예이고 다른 사람은 자유인인지, 왜 누구는 부유하고 누구는 가난한지 (그리고 죄나 덕행에 있어서 차이가 그토록 큰지, 포주에게 팔린 여아는 강제로 죄를 짓게 되고, 좋은 주인을 만난 여아는 동정을 지키며 자라게 되

[27] FC 46,234-35*.
[28] FC 37,176.
[29] *OFP* 37.
[30] ANF 2,189.

는지) 왜 이 사람은 자애로 대하시고, 저 사람은 심판하시는지 알고 싶다면, 그리고 이들 각각의 경우에 심판관이 내리실 보상이 무엇인지 알고 싶다면, 이 모든 질문들을 염두에 두고, 하느님의 공정은 심연이라는 사실을 기억하십시오. 하느님의 공정은 하느님의 "곳집"에 들어 있기 때문에 우리가 그것을 접한다 하더라도 쉽게 파악할 수 없습니다. 하느님께서는 믿는 이들에게 한 가지 약속을 주셨습니다. "내가 어둠 속에 있는 보화와 숨겨진 보물을 너에게 줄 것이다"(이사 45,3). 우리가 얼굴을 마주 보듯이 진리를 볼 수 있는 자격이 있다고 여겨질 때 우리는 하느님의 "곳집"에 보관된 그 심연을 보게 될 것입니다.

• 대 바실리우스 『시편 강해』 15,5(시편 제33편).[31]

성령의 움직임

무지를 덕행과 지식으로 바꾸어 주신 영의 움직임을 찬미할지어다.

• 폰투스의 에바그리우스 『시편 발췌 주해』 32[33],8.[32]

33,8 주님을 경외하라

인간성

예언자는 만물이 주님에 의해 움직여지게 해 달라고 올바르게 요청하고 있습니다. 하느님의 결정에 따라 배열된 모든 것은 늘 유용한 목적에 쓰이기 때문입니다. 그는 일반적인 만물에 대해 먼저 말하고, 이어서 사람에 대해 말합니다. 만물도 하느님의 명령에 따라 다스려져야 할 필요가 있지만 특히 인간은 그 안에 숨어들어온 악덕으로 말미암아 본성이 타락하였기 때문에 죄의 지배를 받기 쉬운 까닭입니다.

• 카시오도루스 『시편 해설』 33,8.[33]

33,9 하느님께서 말씀하시자

하늘에서 오신 분

이 시편은 하늘에서 땅으로 오신 분 안에서 기뻐하라고 명합니다. 그분은 만물을 지배하시고, 존재하지 않던 만물을 존재하게 만드십니다. 그분의 명령은 현실이 됩니다. 이것이 바로 이 시편 구절이 의미하는 바입니다. "그분께서 말씀하시자 이루어졌고, 그분께서 명령하시자 생겨났기 때문이네."

• 니사의 그레고리우스 『시편의 제목』 2,8,79.[34]

33,10 민족들의 결의

하느님의 결의와 반대되는

주님께서 민족들의 계획과 지도자들의 결의, 그리고 사람들의 이해를 시험해 보시자 그것들은 주님의 뜻과는 반대되는 것으로 드러났습니다. 주님은 모든 백성들이 구원과 진리에 이르기를 바라십니다.

• 폰투스의 에바그리우스 『시편 발췌 주해』 32[33],10.[35]

주님을 보라

시편의 이 구절은 예수님의 수난의 때, 곧 사람들이 영광의 임금을 십자가형에 처하려고 생각했던 때를 언급하는 것으로 볼 수 있습니다. 하지만 그분은 십자가의 구원경륜으로 인류를 새롭게 하셨습니다. 민족들의 결의와 빌라도와 병사들의 결의, 그 밖의 다른 이들의 결의는 십자가와 관련해서는 효력이 있었지만 부활로 말미암아 아무것도 아닌 것이 되었습니다. 군주들의 결의는 좌절되었고, 대사제들과 율법 학자들,

[31] FC 46,236-37*.
[32] PG 12,1305.
[33] ACW 51,318*.
[34] *GNTIP* 145.
[35] PG 12,1305.

그리고 백성들의 임금들의 결의도 마찬가지였습니다. 사실 부활은 그들의 모든 음모를 괴멸시켰습니다. … 그러니 누군가 여러분에게 엄청난 협박을 하며, 온갖 종류의 만행과 손실, 매질이나 죽음을 가할 것이라고 선언한다면, 민족들의 결의를 꺾으시고 백성들의 계획을 좌절시키신 주님을 바라보십시오.

• 대 바실리우스 『시편 강해』 15,6(시편 제33편).[36]

33,11 주님의 결의

그리스도의 신비

여기에서 "주님의 결의"란 육화의 비밀로 이해하는 것이 좋겠습니다. 육화의 비밀은 인간의 유익을 위하여 주어진 것으로 알려져 있습니다. 이것은 시간이 흐르면 없어지는 것이 아니라 영원히 서 있습니다. 주님의 죽음이 가져온 승리가 악마가 부과한 파괴를 영원히 없애 버렸기 때문입니다.

• 카시오도루스 『시편 해설』 33,11.[37]

주님께서 승리하시다

제아무리 많은 수의 사람들이 계획을 꾸밀지라도 하느님께서 그와 반대되는 것을 원하신다면 사람들의 수는 그 계획이 이루어지는 데 아무런 영향을 미치지 못합니다. 통치자들이 무엇인가를 계획한다 하더라도 그들의 관심의 대상이 아무것도 아닌 것이 될 수 있고, 좋은 통치 구조나 많은 수의 신하들이 있어도 아무런 이익을 얻지 못할 수 있습니다. 그러므로 더욱 중요하게 고려해야 할 것은 … [하느님께서는] 사람들의 계획을 헛일로 만드실 수 있을 뿐만 아니라 당신의 계획이 더욱더 현실이 되게 만드실 수 있다는 사실입니다. 여기에서 "그분 마음의 계획들"이란 신체적 표현인데, 시편 저자는 이 표현으로 하느님께서 설정하신 한계와 권위적인 명령을 가리킵니다. 저자는 이 표현으로 하느님의 결정은 취소 불가능하다는 것을 말하는 듯합니다.

• 몹수에스티아의 테오도루스 『시편 해설』 33,10B.C-11.[38]

주님의 변하지 않는 계획

주님의 계획은 영원히 이어집니다. 이 계획에 따라 주님은 당신께 승복하는 이들에게만 행복을 주십니다. … 하느님의 지혜에서 나온 생각들은 바뀔 수 있는 것이 아니며 영원히 지속됩니다. … 세상이 생겨나기 전에 하느님께서는 우리를 보셨고, 만드셨으며, 우리를 바로잡으셨고, 우리에게 보내셨고, 우리를 구원하셨습니다. 이것이 그분의 계획이고, 이 계획은 영원히 지속됩니다. 이것이 "대대로 이어지는 그분 마음의 계획"입니다.

• 아우구스티누스 『시편 상해』 33,11.14.[39]

영원히 이어지는 주님의 결의

주님 안에 있는 생각 가운데 시간이 지남에 따라 달라지는 것은 없습니다. 하느님께서 인간처럼 세상을 만드시기 전에는 이런 생각을 하셨다가 세상을 만드신 후에는 다른 생각을 하실 리가 없습니다. 이 세상의 모습이 지나간 후에라도 달리 생각하지 않으실 것입니다. "주님의 결의는 영원히 이어지기" 때문입니다.

• 루스페의 풀겐티우스 『빅토르에게 보낸 아리우스파 파스티디오수스의 설교 반박』 6,1.[40]

---

[36] FC 46,239-40*.
[37] ACW 51,319*.
[38] WGRW 5,303.
[39] *WSA* 3,15,389.415.
[40] FC 95,401.

33,12 주님을 하느님으로 모시는 민족

복된 백성

시편 저자는 '자신의 부로 자만하고 있는 이들이 아니라 주님을 신뢰하고 그분의 도우심을 누리는 이들이 행복하다고 선포해야 한다'고 말합니다.

• 키루스의 테오도레투스 『시편 주해』 33,6.[41]

변함없는 자애

하느님께서 선택하신 백성인 여러분은 여러분에 대한 주님의 자애가 변함없기 때문에 행복합니다.

• 몹수에스티아의 테오도루스 『시편 해설』 33,12.[42]

참된 행복

사람들이 무엇을 하든, 좋은 일이든 나쁜 일이든, 그들의 동기는 언제나 그들의 불행을 없애 버리고 행복을 얻는 것입니다. 예외 없이 그들은 행복하기를 원합니다. 착한 삶을 산 사람들이나 악한 삶을 산 이들이나 모두 행복을 바랍니다. 그러나 모두가 바라는 일이 모든 사람에게 일어나는 것은 아닙니다. 그들은 모두 행복을 원하지만 그것을 얻게 되는 이들은 의롭게 되기를 바라는 이들뿐입니다. 나쁜 짓을 함으로써 행복해지기를 원하는 이들이 있을 수도 있습니다. 그런데 사람들은 어디에서 행복을 찾습니까? 돈, 금과 은, 토지, 농장, 집, 노예, 세속적인 허식, 특권은 모두 금방 사라지고 없어질 것들입니다. 그들은 이런 것들을 소유함으로써 행복해지려고 합니다. … 그대에게 온갖 선물을 쏟아부어 주시고 그대를 존재하게 하신 분, 그대의 이웃들이 비록 악하다 하더라도 그대와 더불어 그들에게도 햇빛과 비를 내려 주시는 분, 그대에게 곡식과 샘, 생명과 건강, 엄청난 위로를 주시는 분, 그분께서 그대를 위하여, 다른 이들이 아니라 오직 그대에게만 주실 무엇인가를 간직하고 계십니다. 그대를 위하여 간직하고 계신 것이 무엇일까요? 바로 그분 자신입니다. 그보다 더 나은 것을 생각할 수 있다면 다른 것을 청해 보십시오. 하느님께서는 그대를 위하여 당신 자신을 간직하고 계십니다. … 우리의 행복은 하느님을 소유하는 데 있습니다. 이것을 어떻게 이해할 수 있을까요? … 하느님은 소유하시는 분이시자 소유되시는 분이십니다. 이 모든 것은 우리의 이익을 위한 것입니다. 우리가 행복해지기 위하여 그분을 소유하기는 하지만 그 역은 참이 아니기 때문입니다. 그분은 당신이 행복해지시기 위하여 우리를 소유하지 않으십니다. 그분은 우리를 소유하시고, 우리는 그분을 소유합니다. 여기에는 우리의 행복 이외에는 다른 목적이 없습니다.

• 아우구스티누스 『시편 상해』 33,15.16.18.[43]

33,13 주님께서는 하늘에서 살피신다

높은 데서 살피시는 분

높은 데서 우리를 살피시는 분을 생각하십시오. 인간의 일을 굽어보시는 분을 생각하십시오. 여러분이 어디를 가든, 무엇을 하든, 어둠 속이든 대낮이든 하느님의 눈은 여러분을 지켜보십니다. "당신 머무시는 곳에서" 지켜보십니다. 문이 닫혀 있고 커튼이 드리워져 있어도 하느님은 당신의 거처에서 언제든 보실 수 있습니다. 그분은 모든 사람을 굽어보십니다. 아무도 그분의 시선을 벗어날 수 없습니다. 어둠도, 둘러친 벽도, 아무것도 하느님의 눈에는 장애물이 되지 않습

[41] FC 101,205.

[42] WGRW 5,305.

[43] *WSA* 3,15,415.417.418*.

니다. 하느님은 각 사람을 개별적으로 보시는 데서 그치지 않고 각 사람의 마음까지도 들여다보십니다. 인간의 마음은 하느님께서 어떤 악도 섞지 않고 만드신 것입니다. 인간의 창조주이신 하느님은 구원을 가져다주는 당신의 모상에 따라 마음을 단순하게 만드셨지만 우리는 그 마음에 육체의 욕정을 결합시킴으로써 복잡하고 다중적인 마음으로 만들었고, 하느님의 모상성을 파괴하였으며, 단순성과 완전한 상태를 잃어버렸습니다. 하느님은 마음을 만드신 분이시기에 우리가 한 모든 일을 알고 계십니다. 그런데 우리는 각 사람의 말과 생각, 그리고 움직임을 그의 일이라고 부릅니다. 그 일이 어떤 느낌과 어떤 목적을 가지고 있는지, 그리고 그 일이 사람들을 기쁘게 하는 것인지, 또는 하느님께서 우리에게 주신 명령에 따른 의무를 수행한 것인지는 하느님만이 아십니다. 하느님은 우리의 일을 모두 아십니다. 그래서 우리는 자기가 지껄인 쓸데없는 말에 대해 해명해야 할 것입니다(마태 12,36 참조). 우리가 준 시원한 물 한 잔에 대해서도 상급을 잃지 않을 것입니다(마태 10,42 참조). 주님께서 우리가 행한 모든 일을 알고 계시기 때문입니다.

• 대 바실리우스 『시편 강해』 15,8(시편 제33편).[44]

주님의 은총

사람들은 주님을 바라보지 않았지만 주님은 사람들을 바라보셨습니다. … "바라보셨다"라는 말에는 불쌍히 여기시는 주님의 은총이라는 의미가 담겨 있습니다. 왜냐하면 우리가 누군가를 바라본다고 말할 때, 무엇인가를 받았다고 여겨지는 이들을 바라보기 때문입니다. 주님께서 죄를 바라보신다고 하지 않고 사람들을 바라보신다고 말한 점에 주목하십시오. 주님께서 잘못을 바라보시면 벌을 주시지만 사람들을 바라보실 때는 용서를 주십니다.

• 카시오도루스 『시편 해설』 33,13.[45]

33,14 하느님께서 굽어보신다

인간성을 지니셨기에 더 잘 보신다

당신께서 인간 본성을 취하신 바로 그 거처에서, 당신을 위하여 몸소 만드신 그 거주지에서 … 주님은 육 안에 살고 있는 모든 이를 자애로 바라보시며, 기꺼이 그들의 지도자가 되어 그들을 다스리고자 하셨습니다.

• 아우구스티누스 『시편 상해』 33,14.[46]

33,15 빚으시고 헤아리시는 분

하느님은 모르지 않으신다

만민의 하느님은 굽어보십니다. … 모르거나 배우고 싶어서가 아니라 심판하고 선고하시려고 굽어보십니다. 영혼을 만드신 분께서 어떻게 영혼의 움직임을 모르실 수 있겠습니까?

• 키루스의 테오도레투스 『시편 주해』 33,7.[47]

다 빚으셨다

어떤 주석가들은 여기에서 복된 다윗이 말하고자 한 바는 하느님께서 육체와는 별도로 사람들의 영혼을 개별적으로 만드셨다는 것이라고 생각하였습니다. 그들은 이 구절에 언급된 "마음"이 '영혼'을 의미한다고 보았습니다. 이 주석가들의 해석이 옳든지 그르든지(이 주제는 따로 더 깊이 다룰 필요가 있습니다) 여기에서 "마음"은 그런 의미가 아닙니다. 오히려 "그들의 마음"이란 "그

[44] FC 46,242*.

[45] ACW 51,320*.

[46] *WSA* 3,15,389.

[47] FC 101,206.

들"을 의미합니다. 부분으로써 전체를 가리키는 것입니다. 그래서 "그분께서 그들의 마음을 다 빚으셨다"는 것은 그 전에는 어떤 인간도 존재하지 않았다는 것을 의미합니다. 어떤 인간도 존재하지 않았는데 하느님께서 그들을 만들어 내셨다는 말과 같습니다.

• 몹수에스티아의 테오도루스 『시편 해설』 33,15.[48]

하느님의 목적에 따라

하느님께서는 당신께서 이해력의 선물을 주신 이들의 "마음을 빚으셨습니다". 우리는 견본 제작자들이 모형을 빚는다고 말합니다. 그들은 자기 일의 목적을 달성하기 위해 특정한 견본을 만들기 때문입니다. 마찬가지로 주님께서는 의인들을 자비의 선물로 이끄시기 위하여 그들의 정신을 빚으십니다.

• 카시오도루스 『시편 해설』 33,15.[49]

지향

인간은 다른 사람의 행위를 그의 신체의 움직임을 관찰함으로써 봅니다. 그러나 하느님은 마음속을 보십니다. 하느님은 내면을 보시기 때문에 시편은 이렇게 말합니다. "주님은 그들의 모든 행위를 헤아리시는 분이시다." 두 사람이 가난한 사람에게 자선을 베푼다고 가정해 봅시다. 한 사람은 자선을 하면서 천상 상급을 바라고, 다른 사람은 인간의 인정을 바랍니다. 두 경우 모두 같은 행위를 하는 것이지만 하느님께서는 두 사람을 다르게 보십니다. 하느님은 사람의 내면을 보시고, 내면을 평가하십니다. 그분은 그들의 목적을 보시고, 그들의 지향을 보십니다.

• 아우구스티누스 『시편 상해』 33,22.[50]

창조주께서는 우리 생각을 아신다

인간이 행한 일 중에 [하느님의] 시선을 피할 수 있는 것은 아무것도 없습니다. 그분은 생각이 들어 있는 내실, 곧 "마음"을 창조하신 분이시기 때문입니다. 사실 이것은 앞서 나온 말씀, 곧 '사람의 모든 행위를 헤아리시는 분께 헌신하는 이는 행복하다'는 말씀과 완전히 일치하는 의미입니다. 그 어느 것도 하느님의 눈길을 피할 수 없을 뿐만 아니라, 그분은 모든 것에 대한 정확한 지식을 갖고 계십니다.

• 몹수에스티아의 테오도루스 『시편 해설』 33,15.[51]

마귀의 지식

어떤 사람들이 생각하는 것처럼 마귀들이 우리 마음을 아는 것은 아닙니다. 주님만이 "사람의 마음을 아시는 분"(참조: 사도 1,24; 15,8)이시며, "인간의 생각을 아시는 분"(욥 7,20 참조)이시고, "홀로 그들의 마음을 빚으신 분"(시편 33,15 칠십인역)이시기 때문입니다. [마귀들은] 표현된 말과 신체의 움직임에 기초하여 마음속에 들어 있는 여러 가지 정신적 표상들을 알아볼 따름입니다.

• 폰투스의 에바그리우스 『악한 생각』 37.[52]

하느님만이 우리를 도우실 수 있다

우리 각 사람을 모태에서 빚으시고, 우리의 마음을 다 빚으셨으며, 우리가 하는 모든 일을 알고 계시는 분을 우리가 기억하지 못한다면, 우리는 하느님께서 비천하고 낮은 이들을 돕는 분이시며, 약한 자들의 보호자이시고, 절망에 지친 이들의 피신처이시며, 아무런 희망이 없는 이들

[48] WGRW 5,308.
[49] ACW 51,321.
[50] *WSA* 3,15,420.
[51] WGRW 5,309.
[52] *GAC* 179.

의 구원자이심을 알아보지 못합니다.

• 오리게네스 『요한 복음 주해』 13,168.[53]

마음의 창조주께서 그들을 치유하시다

우리 마음을 다 빚으시고 우리의 모든 행위를 헤아리시는(시편 33,15 참조) 그분께서만 우리 마음을 치유하실 수 있기 때문입니다. 그분만이 우리 양심에 들어가시어 우리 생각을 어루만지시고 우리 영혼을 위로하실 수 있으십니다. 그분께서 우리 마음을 위로하지 못하신다면, 인간이 할 수 있는 모든 일은 쓸데없고 무익한 일이 될 것입니다. 하느님께서 우리를 위로하시고 다시 평화롭게 하실 때, 인간이 수많은 문제로 우리를 괴롭힌다 해도 우리를 조금도 해코지할 수 없을 것입니다. 그분께서 우리 마음에 힘을 주실 때에는 누구도 그것을 흔들 수 없기 때문입니다.

• 요한 크리소스토무스 『참회에 관한 설교』 4,3,17.[54]

33,16 임금은 승리하지 못한다

오직 하늘에서 오는 도움으로

임금은 강한 힘을 통해 구원되는 것이 아닙니다. 우리는 우리 육체의 힘을 키우고자 헛되이 애씁니다. 그리고 친구나 돈과 같은 우리 주변의 것들에 견주어 성급하게 우리의 힘을 판단합니다. 하늘로부터 오는 도움 이외에는 아무것도 우리를 구할 수 없습니다. 골리앗과 파라오의 경우를 보십시오. 거인 골리앗은 가장 강한 사람이었지만 순박한 소년 다윗에게 우습게 지고 말았습니다. [파라오는] 거대한 병거들과 수많은 말을 이끌고 이스라엘을 뒤쫓았지만 바다에 수장되고 말았습니다.

• 헤시키우스 『시편 단편』 33,16.[55]

인간은 약하다

인간적인 것은 무엇이나 참된 힘과 비교하면 약하고 결함이 있습니다.

• 대 바실리우스 『시편 강해』 15,9(시편 제33편).[56]

하느님을 하느님으로 알아 모셔라

우리 모두는 하느님을 바라보아야 하고, 하느님 안에 기초를 두어야 합니다. 하느님이 여러분의 생명이 되고, 여러분의 힘이 되게 하십시오. 하느님이 여러분의 충절의 대상이 되고, 여러분이 가장 열렬하게 바치는 간청의 초점이 되게 하십시오. 하느님이 여러분의 찬미의 대상이 되고, 여러분이 안식을 누릴 목적지가 되게 하십시오. 여러분이 고된 일로 씨름할 때, 여러분을 돕는 분이 되게 하십시오.

• 아우구스티누스 『시편 상해』 33,23.[57]

33,17 기마

하느님을 떠나서는 안전하지 않다

여러분은 자기 기마를 믿는 사람처럼 안전하지 못할 것입니다. 그런 사람에 대해 성경은 이렇게 노래합니다. "주님께서 말과 기병을 바다에 처넣으셨네"(탈출 15,1). 말은 그를 구해 내지 못하였습니다. 여러분이 비록 거인과 같은 용기를 지녔을지라도 여러분 자신의 힘으로는 안전할 수 없습니다.

• 소 아르노비우스 『시편 주해』 33.[58]

[53] FC 89,104*.

[54] FC 96,51*.

[55] PG 93,1188.

[56] FC 46,243.

[57] *WSA* 3,15,420.

[58] CCL 25,43.

33,18 주님의 눈

하느님의 자비를 바라라

주님의 눈은 자기 힘을 믿는 이들이 아니라 당신의 자비를 바라는 이들을 바라보십니다. 주님은 그들의 영혼을 죽음에서 빼내시고 그들을 보호하십니다.

• 소 아르노비우스 『시편 주해』 33.[59]

너 자신의 선행에 의지하지 마라

자신의 선행에 의지하지 않고 자기가 한 일로 의롭게 될 것을 기대하지 않는 이는 하느님의 자비를 구원을 얻기 위한 유일한 희망으로 여깁니다. "보라, 그분의 상급이 그분과 함께 온다"(이사 40,10). 그가 이 말씀을 각자가 한 일에 따라 상급이 주어진다는 뜻으로 여기고, 자신이 행한 악한 행위들을 곰곰이 생각한다면, 그는 벌을 두려워하며, 닥쳐올 벌의 위협 아래 위축되고 말 것입니다. 좋은 희망은 슬픔에 잠식당하지 않도록 하느님의 자비와 사랑을 지속적으로 바라보는 것입니다. 그는 하느님께서 그의 "목숨을 죽음에서 구하시고 굶주릴 때 살려 주시기를"(19절) 희망합니다.

• 대 바실리우스 『시편 강해』 15,10(시편 제33편).[60]

구원을 바라며

그대가 찾는 것이 구원이라면, 주님께서 사랑하시기로 선택하시는 이들은 자기 힘을 믿는 이들이 아니라 하느님을 경외하며 "당신의 자애를 바라는 이들"이라는 것을 아십시오.

• 아우구스티누스 『시편 상해』 33,18.[61]

지켜보심

하느님께서는 의인을 지켜보신다고 합니다. 그분은 의인을 지켜 주시고 보호하십니다. '자비로운 신성으로 지켜보심'은 하느님께서 당신 백성과 맺는 관계의 특징입니다.

• 사제 살비아누스 『하느님의 다스림』 2,1.[62]

33,19 하느님께서 그들의 목숨을 구하신다

현재와 미래의 구원

주님께서는 당신을 경외하는 이들, "당신의 자애를 바라는 이들"을 영적 죽음에서 구하시고, 영적 방법으로 양육하십니다. 그래서 그들은 "주님 저희가 당신께 바라는 그대로 저희 위에 당신의 자애를 베푸소서"(22절)라고 말합니다.

• 위-아타나시우스 『시편 해설』 33.[63]

신자들의 두 가지 기도

지극히 충실한 그리스도인들이 바치는 두 가지 기도는 미래의 심판 때에 그들을 영원한 죽음에서 구해 달라는 것과, 그들이 이 지상에서 영적 양식으로 살 수 있게 해 달라는 것입니다. 주님께서는 의인들의 영혼을 악마의 힘으로부터 빼내시고, 죄의 지배에 사로잡힌 그들을 당신의 자애로 풀어 주심으로써, 그들을 죽음에서 구해 내십니다. 주님은 그들이 선한 것들이 결핍된 이 세상에 사는 동안 그들의 배고픔을 채워 주시고, 당신께서 구원하신 이들을 영적 양식으로 키워 주시는 일을 그치지 않으십니다.

• 카시오도루스 『시편 해설』 33,19.[64]

---

[59] CCL 25,43.

[60] FC 46,244-45.

[61] *WSA* 3,15,390.

[62] FC 3,56*.

[63] CSCO 387,22.

[64] ACW 51,322.

33,20 주님을 기다리는 영혼

인내

시편 저자의 '기다린다'는 말은 그리스도인들의 인내를 의미합니다. … 인내는 영광스러운 순교자들을 만들고, 우리 신앙의 축복을 지켜 주며, 모든 역경을 맞서 싸우기보다는 견디어 냄으로써, 불평하기보다는 감사함으로써 정복할 수 있게 합니다. 인내는 우리를 미혹시키는 방종을 억제합니다. 인내는 분노를 극복하게 하고, 인간을 파괴하는 질투를 제거하며, 사람을 온화하게 합니다. 인내는 친절한 이들에게 다정한 미소를 보내며, 정화된 이들에게는 다가올 보상을 얻으라고 지시합니다. 인내는 모든 쾌락의 찌꺼기를 제거하고, 영혼을 순수하게 만듭니다. 그리스도의 병사들인 우리는 인내로 악마를 쳐부수고, 인내를 통하여 하늘 나라를 얻는 복을 누립니다. 그래서 성경은 이렇게 말합니다. "너희는 인내로써 생명을 얻어라"(루카 21,19).

• 카시오도루스 『시편 해설』 33,20.[65]

보호하는 방패

[하느님은] 언제나 우리를 도우시며 우리를 구원하십니다. "그분은 우리의 방패"라는 말은 하느님을 원수들 사이에서 자기들의 방패를 밀어붙여 다른 이들을 보호해 주고, 그들이 모든 재앙에서 벗어날 수 있게 해 주는 이들에 비유한 것입니다.

• 키루스의 테오도레투스 『시편 주해』 33,20A.[66]

33,21 주님 안에서 기뻐하다

주님께서 우리를 떠받쳐 주신다

지금 이 시간에도 우리는 굶주리고 목마르고 헐벗었지만 우리의 영은 인내롭게 행동하며 불안해하지 않습니다. 주님께서 우리를 떠받쳐 주시기 때문입니다. 이 시편의 앞 구절이 말하는 것처럼 주님은 "우리의 도움"이시며 "방패"이십니다. 그래서 시편은 "의인들아, 주님 안에서 기뻐하며, 그분 안에서 네 마음을 기쁘게 하고, 그분의 거룩하신 이름에 희망을 두어라"라고 우리에게 명합니다. 주님은 우리가 그분께 바라는 그대로 우리 위에 자비를 베풀어 주십니다.

• 소 아르노비우스 『시편 주해』 33.[67]

더 높은 차원의 기쁨

의인의 마음은 음식이나 음료를 두고 기뻐하는 것이 아니라 정의와 지식, 지혜를 두고 기뻐합니다.

• 폰투스의 에바그리우스 『시편 발췌 주해』 32[33],20.[68]

하느님 안에서 기뻐하라

하느님이 계시지 않다면 우리 마음은 지독한 결핍 이외에 그 무엇도 아니기에, 우리 마음은 우리 자신이 아니라 그분 안에서 즐거워할 것입니다. … 그런 까닭에 우리는 주님께 이를 수 있으리라고 바랐던 것입니다. 우리는 여전히 그분과 멀리 떨어져 있지만 그분께서는 우리의 신앙을 통하여 우리에게 당신의 이름을 새겨 주셨습니다.

• 아우구스티누스 『시편 상해』 33,21.[69]

---

[65] ACW 51,323*.

[66] WGRW 5,313.

[67] CCL 25,43.

[68] PG 12,1305.

[69] *WSA* 3,15,390*.

34,1-23 구원에 대한 찬미

만약 그대가 뜻하지 않게 원수들과 마주쳤다가
그들과 그들의 음모에서 지혜롭게 벗어날 수 있었다면
온화한 사람들을 불러 모아 시편 제34편의 말씀으로 감사를 드리십시오.

아타나시우스 『시편 해석에 관해 마르켈리누스에게 보낸 편지』 18 [OIP 68]

1 [다윗. 그가 아비멜렉 앞에서
정신이 나간 체하여 아비멜렉이 내쫓자
그가 떠나갈 때에]
2 (알렙) 나 언제나 주님을 찬미하리라.
내 입에 늘 그분에 대한 찬양이 있으리라.
3 (베트) 내 영혼이 주님을 자랑하리니
가난한 이들은 듣고서 기뻐하여라.
4 (기멜) 너희는 나와 함께 주님을
칭송하여라.
우리 다 함께 그분 이름을 높이 기리자.
5 (달렛) 주님을 찾았더니 내게 응답하시고
온갖 두려움에서 나를 구하셨네.
6 (헤) 주님을 바라보아라. 기쁨에 넘치고
너희① 얼굴에 부끄러움이 없으리라.
7 (자인) 여기 가련한 이가 부르짖자
주님께서 들으시어
모든 곤경에서 그를 구원하셨네.
8 (헤트) 주님의 천사가
그분을 경외하는 이들 둘레에 진을 치고
그들을 구출해 준다.
9 (테트) 너희는 맛보고 눈여겨보아라,
주님께서 얼마나 좋으신지!
행복하여라, 그분께 피신하는 사람!
10 (요드) 주님을 경외하여라,
그분의 거룩한 이들아.
그분을 경외하는 이들에게는
아쉬움이 없어라.
11 (카프) 사자들도 궁색해져
굶주리게 되지만
주님을 찾는 이들에게는
좋은 것 하나도 모자라지 않으리라.
12 (라멧) 아이들아, 와서 내 말을 들어라.
너희에게 주님 경외함을 가르쳐 주마.
13 (멤) 생명을 갈망하고
좋은 것 보려고 장수를 바라는 이는
누구인가?
14 (눈) 네 혀는 악을,
네 입술은 거짓된 말을 조심하여라.
15 (사멕) 악을 피하고 선을 행하며
평화를 찾고 또 추구하여라.
16 (아인) 주님의 눈은 의인들을 굽어보시고
그분의 귀는 그들의 부르짖음을 들으신다.
17 (페) 주님의 얼굴은
악을 행하는 자들에게 맞서시니
그들에 대한 기억을
세상에서 없애시기 위함이라네.
18 (차데) 그들이 울부짖자
주님께서 들으시어
모든 곤경에서 구해 주셨네.
19 (코프) 주님께서는
마음이 부서진 이들에게 가까이 계시고
넋이 짓밟힌 이들을 구원해 주신다.⤴

↱20 (레시) 의인의 불행이 많을지라도
주님께서는 그 모든 것에서
그를 구하시리라.
21 (쉰) 그의 뼈들을 모두 지켜 주시니
그 가운데 하나도 부러지지 않으리라.
22 (타우) 악인은 불행으로 죽고
의인을 미워하는 자들은 죗값을 받으리라.
23 주님께서 당신 종들의 목숨을 건져 주시니
그분께 피신하는 이는 아무도
죗값을 받지 않으리라.

① 그리스어, 시리아어, 히에로니무스 본문; 히브리어 본문은 '그들의'다.

둘러보기

시편 제34편은 상황이 어떠하든 늘 주님께 찬미를 드리라고 우리에게 권고한다(아타나시우스, 아우구스티누스). 이것이 평화를 간직한 사람의(카이사리우스) 정신적 자세다(바실리우스). 그것은 겸손의 표지다(아우구스티누스). 우리는 우리 마음 안에서 주님을 찾으려 한다(카시오도루스). 주님의 은혜를 받고자 그분을 찾을 뿐만 아니라 주님 바로 그분을 찾는다(아우구스티누스). 하느님은 당신의 성도들을 구원하시기 때문이다(바실리우스). 주님은 그들을 모든 두려움에서 구해 주신다(카시오도루스). 우리는 신앙으로 그분께 다가가고, 그 결과로 주님의 빛을 받는다(테오도레투스). 우리는 부끄러움 없이(아우구스티누스) 접근할 수 없는 빛에 다가갈 수 있게 된다(카시오도루스). 그분을 바라봄으로써 우리는 그분을 닮는다(사도나).

다윗이 주님께 부르짖었을 때 주님께서는 그의 소리를 들어 주셨다(테오도레투스). 주님께서 그리스도의 소리를 들어 주신 것과 같다(소 아르노비우스). 우리는 가난한 사람처럼 하느님께 다가가야 한다(아우구스티누스). 영으로 가난하고(바실리우스), 악덕에 있어서도 가난하며(카시오도루스), 모든 것이 결핍된 사람처럼 다가가야 한다(디오도루스). 주님은 당신의 종들에게 보다 나은 힘을 주신다(막시무스). 주님은 우리를 무엇에도 비할 수 없는 잔치에 초대하신다(대 레오). 그분 자신이 생명을 주는 음식이시며, 이 음식은 믿음으로 맛보고 지식으로 즐길 수 있다(에바그리우스). 주님은 얼마나 달콤하신가!(소 아르노비우스). 오직 하느님만 신뢰하자(아우구스티누스). 직접적인 체험을 통하여 그분을 알자(바실리우스). 하느님의 말씀으로 살자(히에로니무스). 그리스도 안에 모든 것이 있기 때문이다(암브로시우스). 하느님을 경외하는 이에게는 아무것도 부족하지 않다(소 아르노비우스). 우리는 주님을 경외하는 신앙을 이해하고 실천해야 한다(아우구스티누스). 그리고 하느님을 경외하는 훈련을 해야 한다(바실리우스). 그러면 우리는 하느님을 경외함으로써 얻게 되는 성공을 알게 된다(디오도루스). 우리는 하느님에게서 부를 얻게 되고, 이 부는 언제나 유지된다(소 아르노비우스). 참된 부는 하느님 자신이다(바실리우스). 올바른 경외심은 우리를 사랑하게 하고 하늘을 열리게 한다(카시오도루스). 구원을 받기 위해 서두르자(알렉산드리아의 클레멘스). 하느님 안에서 누릴 좋은 날들을 고대하자(아우구스티누스).

우리의 혀가 죄의 협력자가 되지 않도록(요한 크리소스토무스) 혀를 다스려야 한다(베다, 암브로시우스). 오히려 우리의 혀가 선을 위한 것이 될 수 있도록 그것을 단련해야 한다(바실리우스). 우리는 평화로운 사람이 되어야 한다(테오도레투스, 키프리아누스). 그것은 단지 악을 끊어 버리는 것만을 요구하는 것이 아니라(바실리우스), 선한 일을 추구할 것을 요구한다(카시오도루스). 이 세상에서 평화를 추구하는 이들은 저 세상에서 평화를 알게 된다(아우구스티누스). 하느님은 모든 이를 바라보시지만, 의인은 호의로 바라보신다(몹수에스티아의 테오도루스). 그리고 그들을 위하여 그들의 소리를 들어 주신다(아우구스티누스). 악한 이들은 다른 시선으로 바라보신다(카시오도루스). 의인은 하느님께 영적으로 울부짖으며(바실리우스), 계속하여 하느님을 믿고 하느님께 순종한다(아우구스티누스). 하느님께서는 영원토록 그들의 소리를 들어 주신다(카시오도루스). 의식적으로 자신을 낮추는 것이(몹수에스티아의 테오도루스) 회개하는 마음의 자세이고(바실리우스), 하느님께 이르는 길이다(아우구스티누스). 운동선수들처럼(바실리우스) 의인은 시련을 겪을 것이다(히에로니무스). 사실 그들은 악인들보다 더 많은 고통을 겪는 것처럼 보인다(카시오도루스). 하지만 하느님의 도움이 언제나 그들과 함께 있다(테오도레투스, 몹수에스티아의 테오도루스).

"그의 뼈들"을 지켜 주신다는 말은 그리스도에 관한 예언이었다(아우구스티누스). 인내함과 항구함은 신앙의 뼈대와 같다(아우구스티누스). 튼튼한 영적 뼈를 지닌 이들이 교회의 뼈대를 이룬다(바실리우스). 의인을 미워하는 이들은(아우구스티누스) 실패하게 될 것이다(몹수에스티아의 테오도루스). 악인들의 진정한 종말은 그들의 추도사와는 완전히 반대가 될 것이다(아우구스티누스). 그러나 의인들이 희망하는 것은 영원히 지속된다(카시오도루스).

34,2 언제나 주님을 찬미하리라

어떤 상황에서든지

주님께서는 감사하는 이들을 사랑하십니다. 그들은 하느님을 찬미하기를 그치지 않습니다. 그들은 어김없이 주님께 감사드립니다. 좋을 때나 나쁠 때나 하느님께 찬미와 감사를 드립니다. 때가 어떠하든 그들은 시간의 하느님이신 주님을 흠숭합니다.

• 아타나시우스 『축일 서간집』 3,5.[1]

언제나 주님을 찬미하리라

여러분은 언제 "주님을 찬미"할 것입니까? 주님께서 여러분에게 축복을 쏟아부어 주실 때입니까? 지상의 재화가 풍부할 때입니까? 곡식과 기름, 포도주, 금과 은, 노예와 가축이 넉넉할 때입니까? 여러분의 죽을 몸이 건강하고 아무런 해도 입지 않으며, 어떤 질병에도 걸리지 않았을 때입니까? 여러분의 자손이 날로 불어나며, 아무도 때 이른 죽음으로 빼앗기지 않는 동안입니까? 온갖 종류의 행복이 여러분의 집안에 밀려들고 원하는 것은 무엇이나 넘치도록 가질 수 있는 동안입니까? 오직 그런 때에만 주님을 찬미하렵니까? 아닙니다. "언제나" 주님을 찬미해야 합니다. 이런 때나 저런 때나 똑같이 주님을 찬미해야 합니다. 그렇지 않으면 이런 좋은 것들이 여러분을 실망시키게 되거나 여러분에게서 사라지게 될 것입니다. 자손이 잘 안 태어나든가 아니면 때 이른 죽음 때문에 그렇게 될 것입니다. 주님께서 여러분을 단련시키시려는 것입니다. 이런 일이 일어나면 그 결과는 가난과 결핍, 고생과 실망, 유혹입니다. 하지만 여러분은 이렇게 노래하였습니다. "나 언제나 주님을 찬미하리

[1] *ARL* 74-75*.

라. 내 입에 늘 그분에 대한 찬양이 있으리라." 그러니 주님께서 좋은 것들을 주실 때 주님을 찬미하십시오. 그리고 그것들을 거두어 가실 때에도 주님을 찬미하십시오. 주시는 것도 그분이요 거두어 가시는 것도 그분이십니다. 그러나 주님은 당신을 찬미하는 이들에게서 당신 자신을 거두어 가시지는 않습니다.

• 아우구스티누스 『시편 상해』 34,3.[2]

평화로운 사람

언제나 주님을 찬미하는 이가 누구일까요? 행운이 타락시키지도 못하고 불운이 놀라게도 하지 못하는 그런 사람입니다. 하느님과 평화로운 관계에 있는 것이야말로 으뜸가는 참된 평화입니다. 이런 평화를 얻을 때 우리는 자신 안에 평화를 간직하게 됩니다. 그러나 하느님과 평화를 이루고자 하지 않는 사람은 자신과 더불어 평화를 간직할 수 없습니다.

• 아를의 카이사리우스 『설교집』 166,4.[3]

나의 생각

이 예언자는 불가능한 것을 약속하는 것처럼 보입니다. 어떻게 사람이 자기 입으로 늘 하느님을 찬미할 수 있단 말입니까? 그 사람이 매일의 삶과 연관된 일상의 대화를 할 때 그의 입은 하느님을 찬미하지 않습니다. 잠이 들면 그는 완전한 침묵에 잠깁니다. 또 먹고 마시는 동안 사람의 입이 어떻게 하느님을 찬미할 수 있습니까? 우리는 이 질문에 이렇게 답합니다. '내적 인간에게는 영적인 입이 있습니다. 그는 이 입으로 생명의 말씀, 곧 하늘에서 내려온 빵을 받아먹습니다'(요한 6,33 참조). 이 입에 관하여 이 예언자도 이렇게 말합니다. "저는 입을 벌리고 헐떡입니다"(시편 119,131). 주님께서도 진리의 양식을 풍부히 받아먹을 수 있도록 이 입을 크게 벌리라고 재촉하십니다. "네 입을 한껏 벌려라, 내가 채워 주리라"(시편 81,11). 따라서 한꺼번에 형성되어 영혼의 권위적인 부분에 봉인되어 있는 하느님에 관한 생각을 하느님께 대한 찬미라고 부를 수 있습니다. 그것은 영혼 안에 늘 존재하고 있기 때문에 봉인되어 있다고 말할 수 있습니다. 나아가 사도의 권고에 따르면 열심한 사람은 모든 것을 하느님의 영광을 위하여 합니다. 그래서 그가 하는 모든 행위와 말과 일은 하느님을 찬미하는 효력을 지닙니다. 의로운 이는 "먹든지 마시든지, 그리고 무슨 일을 하든지 모든 것을 하느님의 영광을 위하여"(1코린 10,31) 합니다.

• 대 바실리우스 『시편 강해』 16,1(시편 제34편).[4]

34,3 주님을 자랑하다

겸손

무엇이 언제나 주님을 찬미하도록 고무할까요? 겸손입니다. 겸손하다는 것은 무엇입니까? 자기 자신을 자랑하려 들지 않는 것입니다. 누구든지 자신을 칭송하는 자는 교만합니다. 그러나 교만하지 않은 사람은 누구나 겸손합니다.

• 아우구스티누스 『시편 상해』 34,5.[5]

34,5 주님을 찾다

마음 안에서 하느님을 찾아라

"주님을 찾았더니." 그는 넓은 땅이나 광활하고 넓게 펼쳐진 지역이 아니라 마음 안에서 주님을 찾았습니다. 우리가 마음속으로 주님의 지엄하심을 깊이 생각한다면 주님께서 어디에나 계

[2] *WSA* 3,16,25.

[3] FC 47,400*.

[4] FC 46,250*.

[5] *WSA* 3,16,26.

심을 발견하게 됩니다.

• 카시오도루스 『시편 해설』 34,5.[6]

주님을 찾아라

주님의 은총을 구하는 것과 주님을 찾는 것은 다릅니다. … 주님에게서 어떤 외적인 것을 찾지 말고 주님 자신을 찾으십시오. 주님은 여러분의 소리를 들어 주시고, 여러분이 말을 마치기도 전에 '나 여기 있다' 하고 말씀하실 것입니다(참조: 이사 65,24; 52,6).

• 아우구스티누스 『시편 상해』 34,9.[7]

하느님은 당신의 성도들을 구원하신다

의인은 평생 고난을 겪습니다. … 하지만 하느님께서는 당신의 성도들을 그들이 겪는 고난에서 구해 주십니다. 그들의 시련을 없애 주시지는 않지만 그것을 인내롭게 참을 수 있는 힘을 주십니다. "환난은 인내를 자아내고 인내는 수양을 자아낸다"(로마 5,3-4)면, 환난을 없애려 드는 사람은 수양마저 이루지 못하게 됩니다. 상대할 적수가 없다면 월계관을 쓸 일이 없듯이, 환난을 겪지도 않은 채 '시련을 이겨 낸 자'로 불릴 수는 없습니다.

• 대 바실리우스 『시편 강해』 16,4(시편 제34편).[8]

온갖 두려움에서 구원된

시편 저자는 "온갖 두려움에서"라고 말함으로써 잔존하는 장애물이 남아 있을 여지를 두지 않습니다.

• 카시오도루스 『시편 해설』 34,5.[9]

34,6 얼굴이 빛나고 부끄러움이 없다

신앙은 빛을 받는다

신앙으로 주님께 다가가는 사람은 지성적인 빛의 비추임을 받습니다.

• 키루스의 테오도레투스 『시편 주해』 34,4.[10]

다가갈 수 있는 빛

주님의 빛은 그 본질의 고유하고 전능한 특성을 고려할 때 다가갈 수 없는 것이라고 합니다. 하지만 거룩하신 하느님의 은총이 쏟아부어지면 우리는 그분께 다가갈 수 있고 복된 빛을 얻습니다.

• 카시오도루스 『시편 해설』 34,6.[11]

부끄러움이 없다

오직 교만한 자들의 얼굴만 수치로 붉어집니다. 왜 그런가요? 교만한 자들은 높고 강력해지기를 원하기 때문에 모욕이나 창피를 당할 때, 과오를 저지를 때, 또는 고통을 겪을 때 부끄러워합니다. 그러나 여러분은 두려워할 필요가 없습니다. 그저 주님께 가까이 다가가기만 하십시오. 그러면 부끄러워할 일이 없을 것입니다. 여러분의 원수가 여러분을 비웃고 세상의 눈에는 그가 더 뛰어나게 보일지 모르지만 하느님의 눈에는 여러분이 더 뛰어납니다. … 하느님의 빛이 꺼질 수 없듯이 주님께서는 당신께서 빛을 주신 이들 또한 빛을 잃게 두지 않으십니다.

• 아우구스티누스 『시편 상해』 34,10.[12]

주님의 모상으로

그러므로 우리는 하느님을 바라보며, 그분의 거룩하신 이름을 들어 높이고 찬미 찬양합시다. 주님의 이름을 계속해서 생각함으로써 주님

[6] ACW 51,327.
[7] *WSA* 3,16,30.
[8] FC 46,254*.
[9] ACW 51,327.
[10] FC 101,208.
[11] ACW 51,327.
[12] *WSA* 3,16,31-32*.

의 순수하심에 피신합시다. 주님의 영광의 모상을 바라보며 우리 영혼의 아름다움을 조각합시다. 그리하여 창조된 세상 안에서 우리가 하느님의 신성을 반영하는 거룩한 상으로 드러나게 합시다.

• 사도나 『완성에 관한 책』 2,62.[13]

34,7 주님께서 들으셨다

다윗의 소리를 들으셨다

다윗은 말합니다. '나의 경험으로부터 만민의 하느님을 신뢰하는 것을 배워라. 내가 비록 비천하고 보잘것없는 목자였지만 주님은 나에게 당신의 특별한 섭리를 베풀어 주셨고, 나를 내 원수보다 더 뛰어나게 만들어 주셨다.'

• 키루스의 테오도레투스 『시편 주해』 34,4.[14]

그리스도의 기도를 들어주셨다

마음이 순수하신 그분께 가까이 다가가십시오. 가까이 다가가서 빛을 받으십시오. 여러분의 얼굴이 가난으로 부끄러워하지 않게 하십시오. 여러분의 가난 때문에 가난하게 되시고 우리의 환난 때문에 시련을 겪으신 하늘과 땅의 주인이신 분의 부를 기억한다면 여러분은 실망할 일이 없을 것입니다. 그 가난하신 분께서 십자가 위에서 부르짖고 계시기 때문입니다. 이 가난하신 분은 누구입니까? 여러분을 십자가에서 해방시키기 위하여 부요하셨지만 가난하게 되시고, "십자가 죽음에 이르기까지 순종하신"(필리 2,8) 분이십니다. 그리스도는 소리치셨고, 주님은 들어주셨습니다. 주님은 당신의 천사들을 보내시어 그분의 몸을 지키고 돌을 치우게 하셨으며, 그분을 무덤에서 빼내게 하셨습니다.

• 소 아르노비우스 『시편 주해』 34.[15]

가난하신 분처럼 되어라

아마도 누군가는 반박할지도 모릅니다. "내가 어떻게 그분께 가까이 다가갈 수 있단 말입니까? 나는 중대한 죄과를 저지르고 무거운 죄들로 시달리고 있습니다. 역겨운 범죄들이 내 양심에서 괴성을 질러 댑니다. 그런데 내가 어찌 감히 하느님께 다가갈 수 있단 말입니까?" '어떻게'라고요? 먼저 회개로 그대 자신을 낮춘다면 아주 쉽게 그렇게 할 수 있습니다. "하지만 나는 회개하는 것이 부끄럽게 여겨져"라고 그대는 대답합니다. … 곰곰이 생각해 보십시오. 회개한다면 그대는 하느님께 가까이 다가갈 수 있게 됩니다. 그러나 수치를 당할까 두려워 회개를 미룬다면, 그대 얼굴에 그대가 받을 심판이 다 쓰여 있다는 것은 어찌 보지 못합니까? 그대의 얼굴은 하느님께 가까이 다가가지 못하는 까닭에 붉어졌고, 하느님께 가까이 다가가지 못하는 이유는 회개하지 않으려는 마음 때문입니다. "여기 가련한 사람이 부르짖자 주님께서 들으시어"라고 예언자는 증언합니다. 예언자는 어떻게 하면 하느님의 응답을 얻을 수 있는지 가르쳐 주고 있습니다. 그대가 응답을 받지 못하는 까닭은 이것입니다. 그대는 너무 부요합니다. … 가난 속에서 부르짖으십시오. 가난한 사람으로서 소리치십시오. 그러면 주님께서 들어 주실 것입니다. "하지만 내가 어떻게 가난한 사람처럼 부르짖을 수 있는가?" 그대가 비록 재산이 있다 해도 그 재산을 신뢰하지 말고, 그대를 부요하게 만드시는 그분을 소유하지 않는다면 그대는 언제나 가난할 수밖에 없다는 사실을 알고 주님께 부르짖으십시

[13] CS 101,228*.

[14] FC 101,209.

[15] CCL 25,44.

오. 주님께서 이 가난한 사람의 부르짖음을 어떻게 들어 주셨습니까? 주님께서 "모든 곤경에서 그를 구원"하셨습니다.

• 아우구스티누스 『시편 상해』 34,11.[16]

영으로 가난한

모든 가난이 다 칭송할 만한 것은 아닙니다. 오직 복음의 목적에 따라 의도적으로 실천하는 가난만이 칭송할 만합니다. 많은 이들이 그가 가진 재산으로 볼 때는 가난할지 모르지만 마음가짐은 매우 탐욕스러울 수 있습니다. 이런 가난은 그들을 구원하지 못합니다. 오히려 그들의 마음가짐이 그들을 단죄합니다. 따라서 가난하다고 해서 반드시 복된 것은 아닙니다. 세상 재물보다 그리스도의 계명을 더 귀하게 생각하는 사람이 복됩니다.

• 대 바실리우스 『시편 강해』 16,5(시편 제34편).[17]

악덕에서 가난한

"여기 [이 사람]"은 영으로 가난한 사람을 말합니다. 그는 세상의 부를 소유하지 않았을 뿐만 아니라 악덕의 부유함도 지니지 않았습니다. 이 사람은 하느님께 다가온 가난한 자이고 깨우친 자입니다. 그는 얼굴을 붉힐 일이 없으며, 주님께 부르짖으면 유익하고 적절한 응답을 얻습니다. 그는 한 가지 고통에서만 벗어난 것이 아니라 세상의 모든 어려움에서 벗어난 사람으로 드러납니다. 이런 일은 의로운 이들에게 종종 일어납니다. 그들이 혼신을 다하여 거룩한 삶을 살고, 이 세상의 무질서한 재난에서 벗어나 걱정에서 해방된 상태로 건너갈 때 일어납니다.

• 카시오도루스 『시편 해설』 34,7.[18]

모든 것이 결핍된 사람

모든 것이 결핍되었던 사람, 사람들이 실패자라고 여겼던 사람이 환난의 순간에 하느님께 간청하였습니다. 그러자 주님께서는 그의 소리를 들으셨고, 모든 곤경에서 그를 구해 주셨습니다.

• 타르수스의 디오도루스 『시편 주해』 34.[19]

34,8 주님의 천사

우세한 힘

그리스도께서는 악마가 우리의 원수들을 자극하는 것보다 더 강력하게 당신의 종들을 보호하십니다. 이 동일한 악마가 자신을 위하여 폭도들을 끌어모을지라도 그들은 쉽게 물리칠 수 있습니다. 예언자가 말한 대로 구원자께서 당신의 사람들을 우세한 원군들로 둘러싸고 계시기 때문입니다. "주님의 천사가 그분을 경외하는 이들 둘레에 진을 치고 그들을 구출해 준다." 주님의 천사가 주님을 경외하는 이들을 위험에서 빼내면, 구원자를 경외하는 이는 야만인들을 두려워할 필요가 없고, 그리스도의 계명을 지키는 이는 원수의 공격을 두려워하지 않아도 됩니다. 구원자께서 우리에게 갖추어 주신 무기는 기도와 자비와 단식입니다. 단식은 요새보다 더 확실히 우리를 보호해 주고, 자비는 약탈보다 더 쉽게 우리를 구해 주며, 기도는 화살보다 훨씬 더 먼 거리에서도 상처를 입힙니다. 화살은 가까운 거리에 있는 적수만 공격할 수 있지만 기도는 멀리 떨어진 원수에게도 상처를 입힐 수 있기 때문입니다.

• 토리노의 막시무스 『설교집』 83,1.[20]

---

[16] *WSA* 3,16,32*.
[17] FC 46,255-56.
[18] ACW 51,328.
[19] WGRW 9,105*.
[20] ACW 50,198.

34,9 맛보고 눈여겨보아라

비할 데 없는 잔치

하느님의 백성은 영적 잔치를 벌이고 순수하게 맛난 것들을 즐깁니다. 그들이 이런 음식을 찾는 것은 몸에 좋고, 이런 음식을 바라는 것은 칭찬할 만한 일입니다. 예언자도 이 음식들을 칭송하며 이렇게 말합니다. "너희는 맛보고 눈여겨보아라. 주님께서 얼마나 좋으신지!" 누구든지 마음의 미각으로 하느님의 정의와 자비의 달콤함을 맛보고, 그 달콤함 때문에 주님의 모든 규정을 지키며, 어떤 교만도 결코 줄어들게 할 수 없는 천상의 기쁨을 체험함으로써 취하게 되었다면, 그들은 영원한 것에 감탄하며 썩어 없어질 일시적인 것을 경멸하게 됩니다. 그리고 그들은 하느님의 사랑이 붙여 놓은 불 속에서 빛나게 됩니다. 냉기가 온기로 바뀌고 밤이 낮으로 변할 때와 같이, 성령께서는 신자들의 마음을 한 번 건드리심으로써 어둠을 거두어 내고 죄를 파멸시키십니다.

• 대 레오 『설교집』 50,2.[21]

믿음과 지식

우리가 주님을 맛본다면 그것은 믿음을 통하여 맛보는 것입니다. 그분이 선하신 분이라면, 우리는 그분의 선하심에 대한 지식을 통하여 그것을 맛보게 됩니다.

• 폰투스의 에바그리우스 『시편 발췌 주해』 33[34],9.[22]

주님이 얼마나 좋으신지!

생명의 몸을 맛보아라. 그러면 주님이 얼마나 좋으신지 알게 되리라. 그분의 몸을 먹고 그분의 피를 마시는 이는 자기 안에 생명을 간직하게 되며 복을 받습니다.

• 소 아르노비우스 『시편 주해』 34.[23]

하느님만을 신뢰하라

주님을 신뢰하지 않는 자는 누구나 비참한 상태에 있습니다. 그런데 주님을 신뢰하지 않는 그들은 누구입니까? 자기 자신을 신뢰하는 이들입니다. 형제자매 여러분, 때로는 이보다 더 심각한 경우도 있습니다. 생각해 보십시오. 자기 자신도 믿지 않으면서 다른 이들을 신뢰하는 이들이 있습니다. … "나는 괜찮아요. 나는 아무개의 보호를 받고 있어요." … 어떻게 이런 말을 쉽게 할 수 있습니까? 오히려 이렇게 말해야 하지 않겠습니까? "나는 하느님을 신뢰합니다. 그리고 하느님은 당신이 나에게 해를 끼치지 못하게 하실 것입니다." 그들은 다음과 같이 말하지도 않습니다. "나는 내 하느님을 신뢰합니다. 설혹 하느님께서 당신이 저의 재산에 손해를 끼치는 것을 어느 정도 허락하신다 하더라도 내 영혼을 지배할 수 있는 힘을 당신에게 주시지는 않을 것입니다."

• 아우구스티누스 『시편 상해』 34,13.[24]

직접적인 체험

꿀을 맛본 적이 없는 사람에게 꿀의 본성을 설명하고자 할 때 말보다는 그것을 직접 맛보게 하는 것이 훨씬 나은 것처럼, 하느님 말씀의 좋음도 교리를 통하여 분명하게 가르치기는 어렵습니다. 신앙의 교리를 아주 깊고 자세하게 조사해 보지 않는다면 말입니다. 주님의 선하심은 그것을 직접 체험함으로써 이해할 수 있습니다.

• 대 바실리우스 『시편 강해』 16,6(시편 제34편).[25]

---

[21] FC 93,216.
[22] PG 12,1308.
[23] CCL 25,44.
[24] *WSA* 3,16,33.
[25] FC 46,258.

하느님의 말씀으로 살아라

몸은 적절한 음식을 취하지 않으면 죽습니다. 마찬가지로 영혼도 영적 음식을 취하지 않으면 그렇게 됩니다. 왜 내가 이런 말을 하겠습니까? 성경은 필요 없고 하느님을 경외하는 것만으로 족하다고 고집하는 이들이 있기 때문입니다. 바로 이 때문에 우리는 몸에 음식이 필요한 것과 마찬가지로 영혼에도 음식, 곧 성경이 필요하다고 주장합니다.

• 히에로니무스 『시편 강해』 127[128].[26]

그리스도 안에서 모든 것을

우리는 그리스도 안에서 모든 것을 가지고 있습니다. 그러니 모든 영혼이 그분께 다가가게 하십시오. 육의 죄로 병이 들었든, 세속적 욕망의 못에 박혀 있든, 누구나 인정할 정도로 불완전한 상태에 있든, 집중적인 치료로 호전되고 있든, 또는 여러 가지 덕행에서 이미 완전해져 있든 모두 주님께 다가가게 하십시오. 모두가 주님의 권능 안에 있으며, 그리스도는 우리의 전부이십니다. 그대의 상처가 낫기를 원한다면 그분이 그대의 의사이십니다. 그대가 열로 불타듯 뜨겁다면 그분이 그대의 샘이십니다. 그대가 죄에 짓눌려 있다면 그분은 그대를 의롭게 하시는 분이십니다. 그대에게 도움이 필요하다면 그분이 그대의 힘이십니다. 그대가 죽음을 두려워한다면 그분이 그대의 생명이십니다. 그대가 하늘을 갈망한다면 그분이 그대의 길이십니다. 그대가 어둠에서 달아나고 싶다면 그분이 그대의 빛이십니다. 그대가 음식을 찾는다면 그분이 그대의 음식이십니다. "주님이 얼마나 좋으신지 맛보고 눈여겨보십시오. 주님께 피신하는 사람은 행복합니다."

• 암브로시우스 『동정』 16,99.[27]

34,10 주님을 경외하여라

아쉬움이 없다

"주님을 경외하여라, 그분의 거룩한 이들아. 그분을 경외하는 이들에게는 아쉬움이 없기" 때문입니다. 현재의 뛰어남도, 완전함도, 미래의 기쁨도, 아무것도 부족하지 않습니다.

• 소 아르노비우스 『시편 주해』 34.[28]

하느님을 경외하는 신앙

주님을 경외하기를 망설이는 이들이 많습니다. 그들은 주님을 경외하면 굶주리게 될 것이라고 생각하기 때문입니다. "속이지 말라"는 말을 그들은 들었습니다. 하지만 그들은 반대합니다. "그렇게 해서 어떻게 먹고살 수 있는가? 수세공도 성공하려면 적당히 속여야 하고, 사업도 속임수 없이는 번창할 수 없다. … 하느님을 경외하면 먹고살 만큼 충분히 가질 수가 없게 되고 말 거야." 이런 생각을 하고 있다면 우리는 의혹의 올가미에 걸려 질식당할 위험에 처해 있는 것입니다. 우리는 이 지상에서 썩어 없어질 음식을 찾으면서 하늘에서 누릴 참된 보상은 찾지 않습니다. 우리는 머리를 악마의 올가미 속에 집어넣고 있습니다. 그 매듭이 우리의 목을 조르고 있습니다. 악마는 우리를 사로잡아 악행을 저지르게 만듭니다.

• 아우구스티누스 『시편 상해』 34,14.[29]

하느님을 경외하기 위한 훈련

하느님께 대한 경외로 우리 삶을 단련하지 않는다면 우리의 육체 안에 거룩함을 얻는 것은 불

[26] FC 48,319-20.

[27] *AOV* 44-45*.

[28] CCL 25,44-45.

[29] *WSA* 3,16,34.

가능합니다. … "주님을 경외하는 이들에게는 아쉬움이 없습니다." 곧, 주님에 대한 경외심이 이 사람을 모든 이상한 행위로부터 지켜 주고 있다면 그는 어떤 덕행에 있어서도 실패하지 않습니다. 그에게는 인간 본성에 속한 선에 있어서 아무런 부족함이 없기 때문입니다. 만약 어떤 사람에게 육체의 어떤 필수적인 부분이 결여되어 있다면 그는 육체에 있어서 완전하지 못하며, 그 결여된 부분 때문에 불완전합니다. 마찬가지로 계명들 가운데 하나를 경멸하는 경향이 있는 사람은 그것이 부족한 까닭에 그 부족함으로 인하여 불완전합니다. 그러나 완전한 경외심을 가지고 경건하게 모든 것 아래로 자신을 숙이는 이는 죄를 범하지 않습니다. 그는 아무것도 경멸하지 않기 때문입니다. 그는 어떤 아쉬움도 경험하지 않을 것입니다. 모든 것 안에서 경외심을 충분히 지닐 것이기 때문입니다.

• 대 바실리우스 『시편 강해』 16,6(시편 제34편).[30]

경외심이 가져다주는 성공

하느님을 경외하고 그분께 희망을 두는 이는 실패하지 않습니다.

• 타르수스의 디오도루스 『시편 주해』 34.[31]

34,11 좋은 것 하나도 모자라지 않으리라

하느님께서 주시는 부

부자는 세상이 주는 것들에 대하여 불확실성 가운데 살지만, 하느님께서 주시는 부는 사라지는 일이 없으며 언제나 그대로 유지됩니다. 이 부는 주님을 경외하는 데서 생기는 것이기 때문입니다.

• 소 아르노비우스 『시편 주해』 34.[32]

참된 부

부란 불안정한 것입니다. 거센 바람이 불면 이랬다저랬다 바뀌는 파도와 같습니다. … 하느님은 절대적 선이시며, 그분은 당신을 찾는 이들과 늘 함께해 주실 것입니다.

• 대 바실리우스 『시편 강해』 16,7(시편 제34편).[33]

34,12 주님 경외함

올바른 두려움

이것은 공포를 조장하는 두려움이 아니라 사랑을 유발하는 두려움입니다. 인간적 두려움은 쓰라림을 내포하지만 주님을 경외함은 달콤합니다. 인간적 두려움은 우리에게 종살이를 강요하지만 하느님을 경외함은 우리를 자유로 이끌어 줍니다. 끝으로, 인간적 두려움은 우리를 소외시키는 장벽을 두려워하지만 하느님을 경외함은 하늘 나라를 열어 줍니다. 그러므로 주님을 경외함이 유익하다는 시편 저자의 주장은 옳습니다. 따라서 우리는 열렬한 마음으로 그것을 배워야 합니다.

• 카시오도루스 『시편 해설』 34,12.[34]

34,13 생명을 갈망하는 이는 누구인가?

구원을 향해 서두르다

그대는 주님도 믿지 않고 바오로도 믿지 않을 만큼 두려움이 없습니까? 아니, 믿음이 없습니까? 바오로는 그리스도를 대신하여 "그리스도가 하느님이심을 알고 맛보아라" 하고 간청합니다. 믿음이 그대를 이끌어 주고, 경험이 그대를 가르칠 것입니다. 성경은 그대를 단련시킵니다. 성경

[30] FC 46,259.
[31] WGRW 9,105.
[32] CCL 25,45.
[33] FC 46,260.
[34] ACW 51,330.

은 이렇게 말하고 있기 때문입니다. "아이들아, 와서 내 말을 들어라. 너희에게 주님 경외함을 가르쳐 주마"(12절). 또 이미 신앙을 지닌 이들에게는 이런 말을 짧게 덧붙입니다. "생명을 갈망하고 좋은 날들을 보기를 바라는 이는 누구인가?" 바로 우리입니다. 선에 헌신하며, 좋은 것들을 열렬히 바라는 우리입니다. 그러므로 멀리 떨어져 있는 이들아, 가까이 있는 자들아, 들어라. 말씀은 아무에게도 감추어져 있지 않습니다. 빛은 어디에나 있고, '모든 사람을' 비춥니다. 말씀에 대해서는 누구도 키메리오스인[35]이 아닙니다. 그러니 구원, 곧 새로 태어남을 향해 서두릅시다. 근원적인 일치에 의한 결합으로, 하나의 사랑으로 한데 모이기 위하여 다수인 우리가 서두릅시다. 선하게 됨으로써, 선하신 분을 추구함으로써 이 일치에 순응하며 따라갑시다.

• 알렉산드리아의 클레멘스 『권고』 9.[36]

좋은 날들

여러분은 매일 불평하지 않습니까? "얼마나 오래 이것을 견디어 내야 하는가? 상황이 날마다 더 안 좋아진다. 우리 부모 시대가 더 좋았지. 그때가 상황이 더 좋았어." 제발 그만하십시오. 여러분의 부모님께 물어보면 그들도 똑같이 자기들 시절에 대해 탄식할 것입니다. … 아무튼 여러분은 좋은 날들을 고대합니다. 우리 모두 함께 그런 날들을 찾아봅시다. 하지만 그런 날은 이승에는 없습니다. … 이 세상에는 언제나 나쁜 날들뿐이지만 하느님 안에는 언제나 좋은 날들만 있습니다. 아브라함은 좋은 날들을 누렸지만 오직 그의 마음 안에서만 그러하였습니다. 기근 때문에 음식을 찾아 길을 떠나야 했을 때 그 역시 나쁜 날들을 보냈습니다. 다른 사람들도 찾아나서야 했습니다. 바오로는 어떤가요? 좋은 날들을 보냈습니까? 그는 "잦은 굶주림, 추위와 헐벗음에"(2코린 11,27) 시달리지 않았던가요? 주님도 이 세상에서 좋은 날들을 보내시지 않았는데 하물며 종들은 불만을 품을 권리가 없습니다. 주님은 모욕과 상해, 십자가 등 많은 곤란을 견디어 내셨습니다.

• 아우구스티누스 『시편 상해』 34,17.[37]

34,14 네 혀는 악을 조심하여라

네 혀를 제어하라

악한 말을 하지 않도록 우리 혀를 억제합시다. 우리 혀는 신앙고백을 통하여 성화되었으니 말입니다. 성부 하느님을 찬미하는 혀를 하느님의 모상으로 창조된 인간을 저주하는 데 사용하기를 두려워합시다.

• 존자 베다 『복음서 강해』 2,6.[38]

분노와 혀

만약 … 화가 나기 시작하여 그대의 정신을 집어삼키고 마음 안에 꽉 차오른다면, 그대의 자리를 떠나지 마십시오. 그대의 자리는 인내요 지혜이며 이성이고 그대의 분노를 가라앉히는 것입니다. 그대를 적대하는 이의 완고함이 그대를 자극하고, 그의 뒤틀린 생각이 그대를 화나게 한다면, 그래서 마음을 차분하게 가라앉힐 수 없다면 적어도 혀는 억제하십시오. 이런 말씀이 있기 때문입니다. "네 혀는 악을, 네 입술은 거짓된 말을 조심하여라. 평화를 찾고, 또 추구하여라." … 우선, 마음을 가라앉히십시오. 그렇게 하지

[35] '키메리오스인'은 호메로스가 영원한 안개와 어둠의 땅에 산다고 한 신화 속의 사람들이다(『오디세이아』 제11권).

[36] ANF 2,196-97*.

[37] *WSA* 3,16,36-37.

[38] CS 111,55*.

못하겠으면 혀에 제동을 거십시오. 마지막으로, 화해하는 것을 잊지 마십시오. 이것은 세상의 웅변가들이 우리에게서 빌려 가 그들의 책에 적어 놓은 생각입니다. 그러나 이 말을 처음으로 한 사람이 그 말의 의미를 가장 잘 알고 있었다는 것은 부인하지 못할 것입니다.

• 암브로시우스 『성직자의 의무』 1,21,92.[39]

죄의 협력자

가장 흔하고 종류가 다양한 죄는 혀로 짓는 죄입니다. 화가 났습니까? 혀가 거침없이 달려 나갑니다. 음욕에 사로잡혔습니까? 모든 것에 앞서 그대에게는 일종의 뚜쟁이요 선동자인 혀가 있습니다. 혀는 곧 죄의 협력자로서 뛰어난 연기로 그대의 이웃을 굴복시킵니다. 그대의 혀는 또한 불의를 저지르는 무기가 되어, 마음에서 우러난 말이 아니라 속임수에 이끌린 말을 내뱉습니다. 혀를 통해 짓는 모든 죄를 열거할 필요가 있겠습니까? 우리의 삶은 혀로 인한 잘못으로 가득 차 있습니다. 음란한 말, 상스러운 말, 어리석은 잡담, 어울리지 않는 말, 중상과 근거 없는 험담, 거짓말과 허위 증언, 이 모든 악과 그 외에도 많은 것이 모두 혀의 작품입니다.

• 대 바실리우스 『시편 강해』 16,9(시편 제34편).[40]

혀를 단련시켜라

그러므로 우리 혀가 좋은 말을 하도록 단련시킵시다. "네 혀는 악을 조심하여라"라는 말씀이 있기 때문입니다. 하느님이 혀를 주신 것은 악한 말을 하거나 욕하거나 서로 비방하라는 것이 아니라 하느님께 찬미 노래를 부르고, "듣는 이들에게 은총을 가져다주는"(에페 4,29) 것들, 교화와 유익을 가져오는 것들을 말하라고 주신 것입니다.

• 요한 크리소스토무스 『히브리서 강해』 1,4.[41]

34,15 악을 피하고 선을 행하여라

평화로운 사람

평화로운 사람은 모든 사람과 평화를 유지하고, 이웃의 재산을 몰래 훔치지 않으며, 살인을 저지르지 않고, 결혼 생활을 잘 유지하며, 악을 말하거나 행하지 않고, 호의를 베풀며 존경을 보여 주고, 나누고, 도움을 주며, 위기와 곤란 중에 함께합니다. 이것이야말로 순수한 사랑이며 참된 우정입니다.

• 키루스의 테오도레투스 『시편 주해』 34,8.[42]

평화의 사람은 평화를 추구한다

평화의 사람은 평화를 추구하고 평화의 길을 따라가야 합니다. 자애의 결속을 알고 사랑하는 이는 불화의 악을 저지르지 않도록 혀를 억제해야 합니다. 주님은 수난에 이르자 당신께서 주신 계명들과 건전한 가르침들에 다음 말씀을 덧붙이셨습니다. "나는 너희에게 평화를 남기고 간다. 내 평화를 너희에게 준다"(요한 14,27). 주님은 당신의 평화를 우리에게 상속 재산으로 남기셨고, 모든 선물과 당신께서 약속하시는 보상이 바로 이 평화를 유지하는 것 안에 있다고 단언하셨습니다. 우리가 그리스도의 상속자라면 그리스도의 평화 안에 머묾시다. 우리가 하느님의 자녀라면 우리는 평화를 이루는 사람이 되어야 합니다. 주님께서 말씀하셨습니다. "행복하여라, 평화를 이루는 사람들! 그들은 하느님의 자녀라 불릴 것이다"(마태 5,9). 하느님의 자녀들은 평화를 이루는 사람이 되어야 하고, 마음은 온화하고, 말은 단순하며, 애정에 있어서는 조화로우며, 일

[39] NPNF 2,10,16*.

[40] FC 46,265.

[41] NPNF 1,14,368*.

[42] FC 101,210.

치의 끈 안에서 서로에게 충실해야 합니다.

• 키프리아누스 『가톨릭 교회의 일치』 24.[43]

단지 악을 삼가기만 해서는 안 된다

단지 악을 삼가기만 하는 것은 완전한 사람의 특징이 될 수 없습니다. 최근에 신앙의 기본적인 원칙들에 대한 가르침을 받은 사람이라면 악의 충동을 거부하고, 선의 실행을 추구하는 것이 옳습니다. 그들은 타락한 삶의 습관, 곧 나쁜 길에서 구출되었기 때문입니다. 사실, 악에서 완전히 돌아서지 않는다면 선을 고수하는 것은 불가능합니다. 병을 없애지 않고서 사람이 건강을 회복할 수 없고, 한기가 완전히 가시지 않은 사람이 따뜻한 상태로 있을 수 없는 것과 같은 이치입니다. 이것은 양립불가입니다. 마찬가지로, 선한 삶을 살고자 하는 이라면 악과의 모든 연관성을 끊어 버리는 것이 옳습니다. … 하지만 우리가 육체에 결합되어 있는 한 우리는 우리를 혼란시키는 많은 것들에 사로잡혀 있습니다. 그러니 이 세상의 모든 곤란에서 풀려난 상태, 곧 평화를 추구하십시오. 차분한 정신을 지니십시오. 어떤 결정에도 흔들리지 않고, 그럴듯한 말로 유혹하는 거짓 가르침에 이끌리지도 않는, 차분하고 밝은 영혼의 상태를 유지하십시오. 그러면 "사람의 모든 이해를 뛰어넘는 하느님의 평화가 여러분의 마음과 생각을 지켜 줄 것입니다"(필리 4,7).

• 대 바실리우스 『시편 강해』 16,10(시편 제34편).[44]

선한 행실

좋은 날들을 보기 위해서는 악한 짓을 삼가는 것만으로는 충분하지 않습니다. 선한 일을 하기 위해서는 헌신적인 사랑의 자극을 받아야 합니다. 덕으로 나아가는 첫째 단계는 다른 이들의 재산을 보지 않는 것이고, 둘째이자 더 높은 단계는 필요로 하는 이들을 여러분의 재산으로 돕는 것을 거부하지 않는 것입니다. 그렇게 하면 비난을 들을 일이 없고, 형제적 사랑이라는 상을 받습니다.

• 카시오도루스 『시편 해설』 34,15.[45]

이승에서 평화를 추구하라

이 세상 삶에는 진정한 평화도 고요도 없습니다. 우리는 불사불멸의 기쁨과 천사들과의 친교를 약속받았습니다. 하지만 그것을 이승에서 추구하지 않는 사람은 저승에 도착해서도 찾지 못할 것입니다.

• 아우구스티누스 『시편 상해』 34,19.[46]

34,16 주님의 눈과 귀

호의적인 눈길

하느님께서는 의인들을 돌보십니다. (여기서 "눈"은 시각만을 가리키는 것이 아니라 하느님께서 은혜와 섭리로 행하시는 것도 가리킵니다.) … 주님은 또한 의인들의 요청을 들어 주십니다. … 주님은 사악한 이들도 보고 계십니다. 하지만 선한 이들을 바라보실 때와 같은 눈길은 아닙니다. 주님의 눈길은 악인들에게 어떤 결과를 가져옵니까? "그들에 대한 기억을 세상에서 없애십니다." … 하느님께서는 악행을 저지른 이들에게는 완전히 무관심하시며 벌을 내리시지만, 의인들은 돌보시고 그들의 청원을 받아 주신다는 증거를 주십니다.

• 몹수에스티아의 테오도루스 『시편 해설』 34,16A-17B.[47]

---

[43] FC 36,119*.

[44] FC 46,266*.

[45] ACW 51,331.

[46] *WSA* 3,16,39.

[47] WGRW 5,333.

우리의 선을 위하여

“만약 그분께서 내 소리를 들으신다면 나의 곤란을 거두어 주실 것입니다. 나는 주님께 호소하지만 여전히 곤란을 겪고 있습니다.” 흔들리지 말고 그분의 길을 따라가십시오. 그대가 곤란 중에 있을 때 주님께서 듣고 계십니다. 그분은 의사이시지만 그대에게는 여전히 병에 걸린 조직들이 있습니다. 그대가 소리친다 해도 그분께서는 계속 환부를 잘라 내시며, 필요하다고 여겨지는 모든 조직을 다 잘라 내실 때까지 멈추지 않으십니다. 사실, 환자의 비명을 듣고 고름이 있는데도 상처를 내버려 두는 의사가 바로 잔인한 의사입니다. 어머니들이 아이들을 씻길 때 그들의 선을 위하여 피부를 얼마나 세게 문지르는지 생각해 보십시오. 아이들은 엄마의 손길 때문에 울지 않습니까? 아기들의 눈물을 무시한 채 계속 아기들을 문지르는 엄마가 잔인한 엄마입니까? 그들이야말로 온화한 사랑으로 가득 찬 엄마가 아닌가요? 아기들이 울어도 엄마는 문지르기를 그치지 않습니다. 우리의 하느님도 이와 같은 사랑으로 충만하신 분이십니다. 그분께서 우리의 간청을 듣지 못하시는 것처럼 보이는 것은 우리를 치유하시어 우리가 영원히 살 수 있게 하시려는 것입니다.

• 아우구스티누스 『시편 상해』 34,20.[48]

34,17 악을 행하는 자들에게 맞서시다

다른 시선

의인들에게 베풀 호의에 대해 설명한 후 시편 저자는 악인들이 받을 벌에 대해 설명합니다. … 하느님께서는 의인도 악인도 모두 보고 계시지만 그분 시선의 결과는 다르다는 사실을 알아야 합니다. 주님은 의인의 소리는 들으시지만 죄인은 멸망시키십니다. “세상에서”라는 시편 저자의 말에서 “세상”은 장차 우리가 갈 본향을 의미하며, 이 땅은 하느님을 기쁘시게 해 드리는 이들만이 차지할 수 있습니다. 악인들에 대한 “기억”은 사라질 것입니다. 의인들은 그들을 기억하지 못할 것이기 때문입니다. … 주님의 기억에서 사라지는 이들은 틀림없이 영원한 벌을 받습니다.

• 카시오도루스 『시편 해설』 34,17.[49]

34,18 의인의 울부짖음

영적 외침

의인의 외침은 영적 외침으로 마음속 깊은 곳에서 울려 나오고, 하느님 귀에까지 이릅니다. … 의인들은 시시하거나 세속적인 것, 하찮은 것은 아무것도 구하지 않았습니다. 그래서 주님께서는 그들의 소리를 들으셨고, 그들을 모든 곤경에서 구해 주셨습니다. 그들이 어떤 환난도 겪지 않게 해 주셨다기보다는 오히려 그 상황을 이겨낼 수 있게 만들어 주심으로써 그리하셨습니다.

• 대 바실리우스 『시편 강해』 16,12(시편 제34편).[50]

믿고 순종하라

“그렇지만 저의 경우는 어떠합니까? 저는 주님께 울부짖었건만 그분은 저를 구해 주시지 않으셨습니다. 그러니 저는 의인이 아니거나 그분의 가르침을 따르지 않거나, 또는 어쩌면 그분께서 저를 보실 수 없나 봅니다.” 두려워 말고 그분께서 명하시는 것을 행하십시오. 그분께서 그대를 육체적 방식으로 구해 주시지 않는다면 영적으로 구해 주실 것입니다. … 베드로가 사슬에 묶여 있을 때 천사가 그에게 와서 “빨리 일어나

---

48 *WSA* 3,16,39.

49 ACW 51,332.

50 FC 46,268.

라"고 말하였습니다. 하느님께서는 이때 베드로를 구해 주셨습니다. 하지만 베드로가 십자가형을 받았을 때는 구해 주지 않으셨습니다. … 그런데 하느님께서 정녕 그를 십자가에서 구해 주시지 않은 걸까요? … 어쩌면 하느님께서는 그 두 번째 경우에 더욱 확실하게 베드로의 외침을 들어 주신 것 아닐까요? 그때에 하느님께서 베드로를 모든 고통에서 구해 내셨기 때문입니다. 베드로가 첫 번째로 구함을 받았을 때에는 많은 고통이 여전히 그의 앞에 놓여 있었습니다. 하지만 그 두 번째 사건 때에는 하느님께서 그를 결코 고통을 겪지 않을 곳으로 보내셨습니다.

• 아우구스티누스 『시편 상해』 34,22.[51]

영원히 들어 주시다

독재자의 박해로부터 구원되었다고 볼 수 없는 순교자들에 관해서는 뭐라고 말할 수 있을까요? 그들이 하늘 나라로 인도되었을 때 그들은 정녕 구원을 받았습니다. 모든 환란이 그들로부터 확실하게 제거되었습니다. 의인들의 부르짖음을 하느님께서는 언제나 들어 주십니다. 그러나 지나가 버릴 그들의 유익 때문이 아니라 영원히 남을 그들의 유익을 위하여 들어 주십니다.

• 카시오도루스 『시편 해설』 34,18.[52]

34,19 마음이 부서진 이들에게 가까이 계시다

의도적으로 자신을 낮춤

시편 저자는 "부서진 마음"과 "뉘우치는 마음"이라는 말을 재난으로 말미암아 이런 상태로 떨어지게 된 이들이 아니라, 지향과 결심으로 이런 상태에 이른 이들을 묘사하는 말로 사용합니다. 이들은 비록 재난으로 시험을 받았지만 그것을 당연히 받아야 하는 것으로 여기며 자신을 낮추고, 올바른 공경의 자세로 하느님께 도움을 청하여 그것을 선물로 받게 되었습니다. 따라서 이로써 분명해지는 것은, 시편 저자가 이 시편의 앞부분에서 "가난한 이들은 듣고서 기뻐하여라"(3절) 하고 말할 때에도 재난으로 말미암아 어쩔 수 없이 비참하게 된 이들이나 본성적으로 이런 상태에 있게 된 이들을 말하는 것이 아니라는 것입니다. 선한 이들은 일반적으로 온화하게 생각하기를 좋아합니다. 시편 저자는 이런 이들을 두고 말하기보다는 자신의 의지와 의향에 따라 이런 상태에 이르게 된 이들을 말하고 있습니다. 이들은 자신에게 일어난 재앙을 훌륭하게 참아 내는 열성으로 두각을 나타냅니다. 그들은 도움을 구하고자 하느님을 바라봅니다. 사실 이것이 온화함입니다. 상황에 무감각한 것이 아니라, 더 큰 선을 이룰 수 있다면 피할 수 없는 상황에서 감각을 무시하고 완전한 침묵을 유지하는 것입니다.

• 몹수에스티아의 테오도루스 『시편 해설』 34,19B.[53]

뉘우치는 마음

현세의 것들을 경멸한 사람은 자신을 하느님의 말씀에 바치며, 저 위에 있는 더욱 거룩한 생각들에 정신을 쏟습니다. 그는 뉘우치는 마음을 지닌 사람이며, 그는 그 마음을 주님께서 업신여기지 않으실 희생 제물로 바칩니다. "하느님은 부서지고 꺾인 마음을 업신여기지 않으시기"(시편 51,19) 때문입니다. … 허영이 없는 이는 인간적인 것으로 교만하지 않습니다. 그는 뉘우치는 마음과 겸손한 정신을 지닌 사람입니다.

• 대 바실리우스 『시편 강해』 16,12(시편 제34편).[54]

[51] *WSA* 3,16,40.
[52] ACW 51,332.
[53] WGRW 5,335.
[54] FC 46,269*.

하느님께 다가가는 법

형제자매 여러분, 이것은 위대한 신비입니다. 하느님은 모든 것 위에 계십니다. 여러분이 자신을 들어 높인다면 그분을 만질 수 없습니다. 그러나 여러분이 자신을 낮추면 하느님께서 여러분에게 내려오십니다.

• 아우구스티누스 『시편 상해』 34,23.[55]

34,20 불행이 많을지라도

운동선수들처럼

의인에게는 고통이 어울리지 않는다고 말하는 사람은 운동선수에게 상대 선수가 어울리지 않는다고 말하는 사람입니다. 운동선수가 경기를 치르지 않으면 어떻게 월계관을 얻겠습니까?

• 대 바실리우스 『시편 강해』 16,12(시편 제34편).[56]

의인은 시련을 겪는다

그러므로 시련을 겪지 않는 사람은 의롭지 않습니다.

• 히에로니무스 『시편 주해』 34.[57]

더 큰 시련

참으로 의인은 시련을 많이 겪습니다. 한편으로는 악마가 그들을 특히 거세게 공격하기 때문이고, 또 한편으로는 사람들이 시샘하는 마음에 자주 그들을 억압하기 때문입니다. 악인들도 곤란을 겪기는 합니다. 그런데 그들은 홀로 불행을 겪습니다. 그러나 의인은 자기 자신의 불행을 겪기도 하고 애덕으로 다른 이들의 고통을 나누기도 합니다.

• 카시오도루스 『시편 해설』 34,20.[58]

하느님의 도우심

하느님께서는 그들이 고난의 원형경기장으로 내려가는 것을 허락하시지만 당신 친히 그들을 도우러 오시며, 그들을 둘러싼 고난에 굴하지 않게 만드시고, 그들의 결심을 굳게 하시고 강화시켜 주십니다.

• 키루스의 테오도레투스 『시편 주해』 34,10.[59]

시험

의인들이 지독한 불운과 가혹한 시련으로 시험받는 일이 종종 일어납니다. … 그들은 수많은 불운과 시련으로 시험을 받지만, 그것은 하느님께서 그들의 유익을 위하여 허락하신 것이며, 그분은 그들이 이 불운에서 벗어날 수 있게 해 주시고, 그들이 결국 이 재난에 굴복하게 되는 것을 허락하지 않으십니다. … 하느님께서는 의인들의 유익을 위하여 잠시 동안 시련을 허락하신 후에 그들을 구해 주시고, 그들이 시련 중에 해를 입지 않도록 지켜 주시며, 그들의 힘을 완전하게 지켜 주십니다.

• 몹수에스티아의 테오도루스 『시편 해설』 34,20-21.[60]

34,21 뼈 하나도 부러지지 않으리라

그리스도에 관한 예언

이 예언은 우리 주님 안에서 이루어졌습니다. 주님은 십자가에 처형되셨을 때 병사들이 도착하기 전에 이미 숨을 거두셨습니다. 그들은 그분께서 이미 숨을 거두신 것을 알고 그분의 다리를 꺾지 않았습니다. 그리하여 성경 말씀이 이루어졌습니다. 이 약속은 모든 그리스도인에게도 주어졌습니다.

• 아우구스티누스 『시편 상해』 34,24.[61]

---

[55] *WSA* 3,16,41.
[56] FC 46,270*.
[57] CCL 72,204.
[58] ACW 51,333*.
[59] FC 101,211.
[60] WGRW 5,335.
[61] *WSA* 3,16,41.

신앙의 뼈

여기에서 "뼈"란 신자들을 든든하게 지지해 주는 것입니다. 우리 몸에서 뼈가 든든한 지지대인 것처럼 신앙은 그리스도인의 마음을 든든하게 지탱해 줍니다. 믿음에서 생겨난 인내는 영적인 뼈대와 같습니다. 그것은 결코 부러지지 않는 뼈입니다.

• 아우구스티누스 『시편 상해』 34,24.[62]

교회의 뼈

내적 인간에게도 "뼈"가 있어야 합니다. 이 "뼈들"을 중심으로 영적인 힘들의 일치와 조화가 이루어집니다. 뼈가 그 단단함으로 살의 부드러움을 보호하듯이, 교회 안에도 자신의 항구함을 통하여 약한 이들의 허약함을 지고 갈 수 있는 사람들이 있습니다. 뼈들은 인대와 힘줄을 통해 서로에게 결합됩니다. 이처럼 하느님의 교회에서도 영적인 뼈들의 결합과 자연스러운 접합은 사랑과 평화의 결속을 통해 이루어집니다.

• 대 바실리우스 『시편 강해』 16,13(시편 제34편).[63]

34,22 악인은 죗값을 받는다

의인

이 의인이 우리 주 예수 그리스도가 아니라면 누구이겠습니까? 그분은 우리의 죄를 위하여 속죄 제물이 되신 분이 아니십니까? 그러므로 그분을 미워하는 자는 가장 비참한 죽음을 맞게 됩니다. 그분을 통하여 우리 하느님과 화해하지 않는 이는 모두 죄 중에 죽게 됩니다.

• 아우구스티누스 『시편 상해』 34,26.[64]

실패

죄인들만 그런 운명을 맞는 것이 아니라 의인에게 적대적인 이들도 불행을 만나게 될 것입니다. 시편 저자는 하느님께서 의인을 위해 보여 주실 섭리의 정도를 표현하기 위하여 이런 말을 하고 있습니다. "불행을 당한다"라는 말은 그들이 비틀거리며 걸려 넘어지고, 하느님께 벌을 받음으로써 의인에 대한 그들의 적대적인 의도가 실패로 돌아가게 될 것임을 의미합니다.

• 몹수에스티아의 테오도루스 『시편 해설』 34,22B.[65]

장례식 너머를 보라

좋은 죽음처럼 보이는 것도 여러분이 그 실상을 본다면 매우 두렵게 여겨질 수 있습니다. 겉만 본다면, 여러분은 침대에 누워 있는 사람을 보고 있습니다. 하지만 지옥으로 끌려가고 있는 그의 내적인 현실을 보십니까? … 값비싼 덮개로 드리워진 침대나 고급 의복에 싸인 시신에 대하여 묻지 마십시오. 공들여 만든 애가를 늘어놓는 조문객들이나 울고 있는 가족들에 대해서도 묻지 마십시오. 장례를 위해 시신을 내갈 때 관 앞뒤에 서는 제복 입은 하인들이나 대리석에 금박을 입힌 묘비에 대해서도 질문하지 마십시오. 만약 여러분이 이런 것들을 묻는다면, 그들은 여러분에게 거짓을 말할 것입니다. 거기에 있는 많은 이들은 작은 일들에서 죄를 지었을 뿐만 아니라 철저하게 사악하였습니다. 그러나 그들은 이처럼 사치스러운 죽음을 맞이하였습니다. 그들은 사람들이 와서 곡을 하고 유향을 바르며, 수의를 입혀 주고, 무덤까지 긴 행렬을 지을 만큼 멋지게 매장될 만한 사람으로 평가되었습니다. 여러분이 묻고 싶다면 오히려 복음에게 물으십

---

[62] *WSA* 3,16,41.

[63] FC 46,272.

[64] *WSA* 3,16,43.

[65] WGRW 5,337.

시오. 그러면 복음은 부자의 영혼이 어떤 처지에 있는지 여러분의 신앙에 드러내 보여 줄 것입니다. 부자의 영혼은 고통 속에 불타고 있으며, 살아 있는 자들의 허영이 그의 시신에 쏟아부은 영예와 장례식은 그의 영혼에 아무런 도움도 되지 못하였습니다.

• 아우구스티누스 『시편 상해』 34,25.[66]

34,23 하느님께 피신하여라

의인의 희망

이 시편이 선한 이들의 희망으로 끝나는 것은 얼마나 적절한가요. 사람들이 악한 이들의 모임을 버리고 대신 미래의 축복을 향하게 하니 말입니다.

• 카시오도루스 『시편 해설』 34,23.[67]

[66] *WSA* 3,16,42-43.

[67] ACW 51,334.

35,1-28 하느님의 도우심을 탄원하다

[원수들이] 끈덕지게 달라붙고, 피로 물든 손으로 그대를 끌어내려 죽이려 한다면, 참된 재판관은 하느님이심을 기억하며(그분 홀로 의로우시며 반면에 인간은 한계를 지니고 있기 때문입니다) 시편 제35편을 읊으십시오.

아타나시우스 『시편 해석에 관해 마르켈리누스에게 보낸 편지』 17 [OIP 67]

1 [다윗]
주님, 저와 다투는 자와 다투시고
저와 싸우는 자와 싸워 주소서.
2 둥근 방패 긴 방패 잡으시고
저를 도우러 일어나소서.
3 저를 뒤쫓는 자들에게 맞서시어
창을 빼들고 길을 막으소서.
"나는 너의 구원이다."
제 영혼에게 말씀하소서.
4 내 목숨을 노리는 자들은
수치를 당하여 부끄러워하리라.
내 불행을 꾸미는 자들은
뒤로 물러나 창피를 느끼리라.
5 그들은 바람 앞의 겨처럼 되고
주님의 천사가 그들을 몰아내리라.
6 그들의 길은 어둡고 미끄러우며
주님의 천사가 그들을 뒤쫓으리라.
7 그들이 까닭 없이 내게 몰래 그물을 치고
까닭 없이 내게 구렁을 파 놓은 탓이라네.
8 파멸이 불시에 그들을 덮치고
그들은 자기들이 몰래 쳐 놓은 그물에 걸려
파멸에 떨어지리라.
9 그러나 내 영혼은 주님 안에서 기뻐 뛰고
그분의 도우심으로 즐거워하며
10 내 모든 지체는 아뢰리라.
"주님, 누가 당신과 같습니까?
당신께서는 가련한 이를
그보다 힘센 자에게서,
가련한 이와 불쌍한 이를
약탈자에게서 구해 주십니다."
11 사악한 증인들이 일어나
제가 모르는 일을 저에게 묻습니다.⤴

12 그들이 제게 선을 악으로 갚으니
저는 외로운 홀몸입니다.
13 그러나 저는 그들이 아팠을 때
자루옷을 제 의복으로 삼고
단식으로 고행하였으며
기도로 제 가슴을 채웠습니다.①
14 저는 그들이 저의 친구인 양, 형제인 양
제가 어머니 상을 당한 양
애처롭게 몸을 구부린 채 돌아다녔습니다.
15 그러나 제가 비틀거릴 때 그들은 기뻐하며
모여들었습니다.
저를 거슬러 모여들었습니다.
저는 영문도 모르는데
저를 치고 잡아 찢기를
멈추지 않았습니다.
16 야비하게 비아냥거리며②
저를 거슬러 이를 갈았습니다.
17 주님, 언제까지 보고만 계시렵니까?
제 영혼을 그들이 꾸민 파멸에서,
제 목숨을 사자들에게서 건져 주소서.
18 저는 큰 모임에서 당신을 찬송하며
수많은 백성 가운데에서
당신을 찬양하오리다.
19 음흉한 제 원수들이 저를 두고
기뻐하지 못하게 하소서.
까닭 없이 저를 미워하는 자들이
서로 눈짓하지 못하게 하소서.
20 그들은 평화를 말하지 않을뿐더러
이 땅의 온순한 이들을 거슬러
간계를 꾸밉니다.
21 저를 거슬러 한껏 입을 벌려
"옳거니, 우리 눈으로 보았지!" 합니다.
22 당신께서 보셨습니다.
주님, 잠자코 계시지 마소서.
주님, 제게서 멀리 계시지 마소서.
23 저의 권리를 위하여 깨어 일어나소서.
저의 하느님, 저의 주님,
제 송사를 위하여 일어나소서.
24 당신의 의로움에 따라
제 권리를 되찾아 주소서, 주 저의 하느님.
그들이 저를 두고
기뻐하지 못하게 하소서.
25 "옳거니, 우리 소원대로 되었구나!"
그들이 마음속으로 말하지 못하게 하소서.
"우리가 그를 집어삼켜 버렸다!"
그들이 말하지 못하게 하소서.
26 저의 불행을 기뻐하는 자들은 모두 다
부끄러워 얼굴을 붉히게 하소서.
저를 두고 우쭐대는 자들은
수치와 모욕으로 옷 입게 하소서.
27 제 의로움을 좋아하는 이들은
환호하고 즐거워하며
언제나 말하게 하소서.
"당신 종의 평화를 좋아하시는
주님께서는 위대하시다!"
28 저의 혀도 당신의 의로움을,
당신 찬양을 날마다 전하오리다.

① 또는 '고개를 깊이 숙이고 기도하였습니다'.
② 그리스어와 비교하여 수정된 본문; 히브리어 본문은 '축제의 음식을 조롱하는 불경자처럼'.

둘러보기

시편 제35편은 해석자들에게 어려움을 안겨 주는 시편이다. 이 시편은 다윗이 겪은 일과 관련된 것일 수도 있고(테오도레투스), 후대의 예언자들, 이를테면 예레미야의 경험과 관련된 것일 수도 있다(몹수에스티아의 테오도루스). 이 시편을 해석하는 또 한 가지 방법은 우리를 위하여 기도하시는 그리스도와 연관 짓는 것이다(헤시키우스, 아우구스티누스). 우리가 이 시편으로 기도한다면, 영적인 원수들에 맞서서 기도해야 한다(소 아르노비우스).

이 시편은 원수들과 맞서 싸우기 위해 하느님께 호소하는 말로 시작한다. 여기에서 원수들은 악마와 그의 부하들로 이해할 수도 있고(카시오도루스) 사람으로 이해할 수도 있다. 만약 사람이라면, 바라는 바는 그들이 패배하여 그리스도의 종이 되는 것이다(에바그리우스). 시편 저자는 하느님께서 당신의 뜻을 펼치시도록 기도한다(카시오도루스). 그리고 징벌하는 능품천사들을 보내 달라고 청한다(위-아타나시우스). 다른 구원자는 없다. 이 말씀은 영적인 귀로 알아들어야 한다(아우구스티누스). 악인들의 소망이 하늘 저편으로 날아가 버리길 빈다(카시오도루스). 그들은 지금 무지와 음욕의 길에 서 있기 때문이다(아우구스티누스). 그 옛날처럼 그들이 추격을 받게 되기를 빈다(테오도레투스). 악마는 십자가를 자신의 승리로 잘못 판단하였다(에바그리우스). 악을 행하는 자는 모두 자신에게 해를 입힌다(아우구스티누스). 그러나 하느님께서는 당신 자신을 선물로 내어 주심으로써 우리를 축복하신다(아우구스티누스).

우리의 영적인 뼈는(카시오도루스) 우리 하느님 같으신 분이 없다는 것을 인정함으로써 튼튼해진다(몹수에스티아의 테오도루스). 사람들이 다윗을 어떤 식으로 비방하였는지 우리는 읽어 보았다(테오도레투스). 사람들은 그리스도에게도 그렇게 했다(위-아타나시우스). 열매를 맺지 못하는 영혼이 되지 말자(에바그리우스). 어떤 상황에서도 순종하자(디오도루스). 그리스도를 반대하던 자들이 이성에 의해 패배를 당했는데도(카시오도루스), 그리스도는 신성모독의 대상이 되었다(헤시키우스). 시편의 이 말씀은 특히 그리스도께서 도움을 간절히 바라는 마음을 표현하신(테오도레투스) 바로 그 순간에 그리스도의 수난에 적용된다(소 아르노비우스). 원수들은 그렇지 않은 체하지만 기만적으로 말하며(몹수에스티아의 테오도루스), 낚시 바늘에 걸린 미끼 같은 평화의 말을 건넨다(소 아르노비우스). 이 모든 것 안에서 우리는 그리스도의 인내를 본다(카시오도루스).

시편 저자는 인간의 모습을 취하신 주님께 말을 건넨다(카시오도루스). 그분은 언제나 깨어 계시며 오래도록 인내하시는 분이시다(디오도루스). 주님은 우리에게 기도의 본보기를 보여 주신다(카시오도루스). 조롱은 부끄러운 짓이다(테오도레투스). 시편 저자는 조롱하는 자가 양심의 가책을 받기를 기도한다(카시오도루스). 그리고 그들이 혼란의 세례를 받게 되기를 기도한다(에바그리우스). 그러나 우리는 주님을 찬미하는 데서 기쁨을 찾는다(카시오도루스). 마지막으로, 우리는 이 시편을 율법의 관점에서 해석하는 것과 복음에 따라 해석하는 것을 구별할 필요가 있다(테오도레투스).

35,1ㄱ 표제: 다윗의 시편

다윗의 상황

복된 다윗은 사울에게 쫓길 때 이 시편을 읊었습니다. 그는 도엑의 사악함도 언급합니다. 도엑은 아히멜렉 사제가 한 일을 사울에게 일러바쳐(1사무 20,9-19 참조) 그 끔찍한 살상이 일어나게 한 사람입니다. 다윗은 또한 그가 숨어 있는 곳을 알려 준 지프인들과 그의 또 다른 이들도 언급하고 있습니다. 이 시편의 구절들이 그것을 자세히 말해 줍니다.

• 키루스의 테오도레투스 『시편 주해』 35,1.[1]

예레미야가 겪은 일

복된 예레미야 예언자의 책을 읽는 사람은 그가 말한 것이나 그에게 일어난 일들이 이 시편에서 복된 다윗이 예고한 것과 많은 부분에서 일치하는 것을 발견할 수 있을 것입니다. 이 시편과 예레미야서를 비교해 보면 예언자의 정확성이 어느 정도인지를 알 수 있습니다. 예언자는 종종 사건이나 말을 언급할 때 매우 정확하게 진술합니다. 예를 들면 시편 본문에서 시편 저자는 "그들의 길이 어둡고 미끄러우며"(16절)라고 말합니다. 예레미야서에서 예언자는 이렇게 말합니다. "그들은 어둠 속으로 떠밀려 그곳에서 넘어지리라"(예레 23,12). 시편 본문에서 저자는 "그들은 까닭 없이 내게 몰래 그물을 치고"라고 하고, 예언자는 군중의 입장에서 이렇게 말합니다. "그가 속아 넘어가고 우리가 그보다 우세할 수 있는지 보기 위하여 그의 마음속 생각을 살피자"(예레 20,10). 또, 시편 본문에서 복된 다윗은 이렇게 말합니다. "사악한 증인들이 일어나 제가 모르는 일을 저에게 묻습니다"(11절). 예레미야서는 그 사건에 대해 설명합니다. 칼데아 군대가 예루살렘에 올라왔을 때 예레미야 예언자는 빵을 사기 위해 벤야민 땅으로 갔습니다. 그러나 이르이야라는 자가 그를 붙잡았습니다. … 그러고는 예레미야가 칼데아로 도망가려 한다고 주장하였습니다(예레 37,11-16 참조). 복된 다윗은 이런 말을 하였습니다. "그들은 제게 선을 악으로 갚았습니다"(12절). 비슷한 말을 예레미야 예언서에서도 찾을 수 있습니다. 예레미야는 자기 원수들에 대하여 하느님께 이렇게 기도하였습니다. "선을 악으로 갚아도 됩니까?"(예레 18,20). 예레미야서를 자세히 읽는 사람은 예언자에게 일어났던 일과 그가 말한 것 가운데 많은 것들이 이 시편과 유사하다는 사실을 발견하게 될 것입니다. 이렇듯 영감 받은 작품의 진리와 정확성이 말의 조화와 사건의 유사성을 통하여 입증됩니다.

• 몹수에스티아의 테오도루스 『시편 해설』 35, 서론.[2]

그리스도께서 우리를 위하여 기도하시다

이 시편에는 분명한 표제가 붙어 있습니다. 하지만 표제의 "다윗"은 영적 다윗을 가리키는 것으로 이해해야 합니다. 그분께서 종의 모습을 취하실 만큼 당신을 낮추셨을 때, 신성으로가 아니라 당신께서 취하신 육의 비천함으로 이 기도를 지으셨습니다. 그분은 자신의 고통에 대하여 기도하신 것이 아니라 고통으로 괴로워하는 이들을 위하여 기도하십니다.

• 헤시키우스 『시편 단편』 35, 서론.[3]

강인하고 바람직하신 분

이 표제는 짧고 이해하기 어렵지 않기 때문에 길게 다룰 필요는 없습니다. … 이것은 다윗을 위한 시편입니다. "다윗"이라는 이름은 '강인한' 또는 '바람직한'이라는 뜻입니다. 이 시편은 강인하고 바람직하신 분, 우리의 죽음을 정복하셨고 우리에게 생명을 약속하신 분을 위한 것입니다. … 이러한 사실을 고려할 때 우리가 이 시편에서 그분의 소리를 들으려 하는 것은 마땅합니다. 그것이 때로는 그분 지체의 소리이고, 때로는 머리이신 분의 소리라는 것을 우리는 압니다.

[1] FC 101,212.
[2] WGRW 5,349-51.
[3] PG 93,1188.

이 시편은 특히 이 세상의 시련 한가운데서 원수들을 거슬러 하느님의 도우심을 청하고 있습니다. 기도하시는 분은 틀림없이 그리스도이십니다. 왜냐하면 한때는 머리이신 분께서 시련에 시달리셨지만 지금은 그 지체가 시련에 시달리고 있기 때문입니다. 하지만 이 시련을 통하여 그분은 당신의 모든 지체에게 영원한 생명을 주십니다. 그분은 영원한 생명을 약속하시면서 우리에게 바람직한 분이 되셨습니다.

• 아우구스티누스 『시편 상해』 35,1.[4]

이 시편으로 기도하는 법

이 시편을 읽은 우리는 어떻게 해야 할까요? 만약 우리가 원수를 저주하면 복음을 저버리게 됩니다. 복음은 우리에게 원수를 저주하지 말고 축복하라고 명합니다. 우리가 복음의 명령을 따르고자 한다면 원수를 저주하는 시편들을 버려야 합니다. … 시편 저자는 해를 끼치는 자들을 심판해 달라고 말합니다. … 여러분을 적대하는 이들을 거슬러 나쁜 것들을 생각하지 않도록 조심하십시오. 믿음 안에 확고히 서서 여러분의 원수들을 위하여 기도하십시오. 그리고 이 시편의 말씀으로 기도하십시오. 피와 살로 된 인간을 거슬러 기도할 것이 아니라 날마다 우리에게 해를 끼치고 전쟁을 일으키는 공중의 영들을 거슬러 기도하십시오. 자루옷을 입고 단식으로 여러분의 영을 겸손하게 하십시오. 기도와 단식이 아니고는 그 영들을 제압할 수 없기 때문입니다. 자루옷을 입고서 어떤 기도를 해야 할까요? 여러분이 보이지 않는 원수들을 거슬러 주님의 도우심이라는 무기를 잡고 있는 동안 주님께서 여러분을 적대하는 자들과 싸워 주시기를 기도하십시오.

• 소 아르노비우스 『시편 주해』 35.[5]

35,1ㄴ 주님, 싸워 주소서

악마와 그의 부하들

이 말씀은 악마와 그의 추종자들과 관련이 있습니다. 이들을 통하여 유대인들의 옹고집이라는 악이 싹텄습니다. 주님께서 우리에게 "네 원수들을 위하여 기도하라"고 명하셨으므로, 시편의 이 말씀은 사람들을 가리키는 것일 수 없습니다. 시편 저자는 그들이 저주받게 되기를 간청합니다. 그들이 회개의 치료제를 얻을 수 없다는 것을 그 자신의 통찰력으로 알아챘기 때문입니다. 저자는 이어지는 구절들에서 사람들에 대해 말할 때는 그들이 멸망하기보다는 회개하게 해 달라고 간청합니다.

• 카시오도루스 『시편 해설』 35,1.[6]

그들을 당신의 종으로 삼으소서

전쟁에서 이긴 자는 원수들을 종으로 만듭니다. 그리스도는 세상을 이기셨습니다. 따라서 … 모두가 그분의 종이 됩니다.

• 폰투스의 에바그리우스 『시편 발췌 주해』 34[35],2.[7]

35,2 둥근 방패와 긴 방패

주님의 뜻

갑옷과 방패는 주님의 뜻 외에 다른 것이 아닙니다. 주님은 당신의 뜻으로 위험에 빠진 이를 지켜 주시고, 폭풍우로 원수를 사로잡으십니다.

• 카시오도루스 『시편 해설』 35,2.[8]

---

[4] *WSA* 3,16,45.

[5] CCL 25,46.

[6] ACW 51,336-37*.

[7] PG 12,1312.

[8] ACW 51,337.

징벌하는 천사들

시편 저자가 말하는 무기와 방패와 칼은 주님을 경외하는 이들을 돕기 위하여 하느님께서 보내시는, 징벌하는 능품천사들을 가리킵니다.

• 위-아타나시우스 『시편 해설』 35.[9]

35,3 주님께서 구원을 주신다

다른 구원자는 없다

나는 주님이신 내 하느님 외에 다른 구원을 찾지 않을 것입니다. … 여러분이 겪는 현세의 문제들과 관련하여 인간 대리자를 통하여 여러분을 돕는 분도 하느님이십니다. 그분이 여러분의 구원이시기 때문입니다. … 모든 것이 그분에게 종속되어 있고, 그분은 의심할 여지 없이 우리의 현세적 생명을 지탱하여 주십니다. 물론 각 사람마다 다른 방법으로 그렇게 하십니다. 하지만 영원한 생명은 그분께서 직접 주십니다. … 형제자매 여러분, 우리 모두 주님께 호소합시다. … 그리고 "나는 너의 구원이다" 하고 말씀하시는 그분의 소리를 들을 수 있도록 우리의 영적 귀를 열어 주시기를 간청합시다. 그분께서 말씀하시지만 우리 가운데 몇 사람은 귀가 먹어 가고 있습니다. 그래서 어려움 중에 있을 때 우리를 괴롭히는 원수들에게 귀를 기울이는 것을 더 좋아합니다.

• 아우구스티누스 『시편 상해』 35,6.[10]

35,5 바람 앞의 겨처럼

하늘 저편으로 날아간

먼지는 흙과 같은 것이나 몹시 건조하고 미세한 물질이어서 바람이 불면 제자리에 있지 못하고 공중으로 날아 올라갑니다. 마찬가지로 죄인의 욕망도 일단 진리의 영감으로 권고를 받으면 세속적 악덕에서 들어 올려지고, 주님의 도움으로 천상적 덕으로 이끌리게 됩니다. 그런 점에서 이 구절에는 악한 이들을 위한 소망이 표현되어 있습니다. 저자는 그들이 복된 자기 향상을 통하여 천상 생명에 이르게 되기를 바랍니다. … 천사는 개종한 이들이 겸손의 선물을 통하여 복된 본향에 이를 수 있도록 그들을 괴롭힙니다. 이런 괴롭힘은 사랑입니다. 이런 일이 일어나기를 바라는 이 기도에는 그것이 마치 커다란 선물인 것처럼 표현되어 있습니다.

• 카시오도루스 『시편 해설』 35,5.[11]

35,6 어둡고 미끄러운 길

무지와 음욕

어둠만으로도 사람들을 두렵게 만들기에 충분합니다. 그리고 미끄러운 바닥에서는 모두가 다 불안해합니다. 하물며 이 둘이 같이 있다면, 곧 어둡고 미끄러운 바닥이라면 어떻게 걸을 수 있겠습니까? 발 디딜 자리를 어디에서 찾겠습니까? 무지의 어둠과 음욕의 미끄러움, 이 두 가지 악은 인간에게 커다란 괴로움을 안겨 줍니다. … 시편 저자는 이 두 가지 재앙이 일어나도록 기도하는 것이 아니라 그 두 재앙이 일어날 것임을 예고하고 있습니다. 비록 그가 하느님의 성령의 힘을 입어 말하며, 청원의 형식을 취하고는 있지만, 하느님께서 그 예언을 성취하실 때와 같은 방식으로 말하고 있습니다. 왜냐하면 하느님은 정확한 판단, 선하고 정의로우며 거룩하고 평온한 판단으로 행동하시기 때문입니다. 하느님은 분노나 격렬한 질투 또는 적의를 분출하려는 충동으로 마음이 산란해지시는 일이 없습니다. 주

[9] CSCO 387,23.

[10] *WSA* 3,16,49**.

[11] ACW 51,338-39*.

님의 의향은 악을 정당하게 심판하시려는 정의일 뿐입니다.

• 아우구스티누스 『시편 상해』 35,9.[12]

과거와 같은 방식

뒤쫓는 일은 보이지 않는 천사들에게 맡기고 그들은 달아나게 하십시오. 천사가 아시리아 군대를 전멸시켰을 때, 그리고 파괴자가 이집트의 맏이들을 쳤을 때도 이런 식이었습니다.

• 키루스의 테오도레투스 『시편 주해』 35,3.[13]

35,8 그물에 걸려 파멸에 떨어지다

악마의 실수

내 생각에 이것은 십자가에 관한 말씀인 것 같습니다. 악마는 자기도 모르는 사이에 십자가 위로 떨어졌습니다. 만약 그럴 줄 알았더라면 그는 영광의 주님을 십자가에 못 박는 일은 결코 하지 않았을 것입니다.

• 폰투스의 에바그리우스 『시편 발췌 주해』 34[45],8.[14]

악행은 스스로에게 해를 입힌다

먼저 자기 자신에게 해를 입히지 않고서 행해지는 악은 없습니다.

• 아우구스티누스 『시편 상해』 35,11.[15]

35,9 주님 안에서 기뻐하라

하느님의 선물

하느님을 소유하는 것보다 더 좋은 것이 있겠습니까? 하느님은 나를 사랑하십니다. 여러분을 사랑하십니다. 보십시오, 그분께서 여러분에게 제안을 하십니다. "원하는 것은 무엇이든지 청하여라." 만약 황제가 여러분에게 "원하는 것은 무엇이든지 청하여라"라고 말한다면, 여러분은 집정관의 직책이나 귀족의 지위를 청하는 말을 잔뜩 쏟아 낼 것입니다. 얼마나 멋진 가능성들, 여러분 자신을 위해서 청할 수 있는 것들과 다른 이들에게 나누어 줄 수 있는 것들이 떠오르겠습니까! 그런데 하느님께서 여러분에게 "원하는 것은 무엇이든지 청하여라" 하고 초대하시면, 여러분은 어떤 요청을 드리겠습니까? 머리를 쥐어짜 보십시오. 탐욕을 드러내 보십시오. 할 수 있는 데까지 욕망을 펼쳐 보십시오. "원하는 것은 무엇이든지 청하여라" 하고 말씀하신 분은 그저 보통 사람이 아니라 전능하신 하느님이십니다. … 여러분은 모든 것을 만드신 그분보다 더 귀한 것, 그분보다 더 좋은 것은 아무것도 찾아 내지 못할 것입니다. 그 모든 것을 만드신 그분을 달라고 청하십시오. 그분 안에서, 그리고 그분에게서 여러분은 그분께서 만드신 모든 것을 갖게 될 것입니다. 그것들은 모두 아름답기 때문에 모두 귀합니다. 하지만 무엇이 그분보다 더 아름다운가요? 그것들은 강합니다. 하지만 무엇이 그분보다 더 강한가요? 그분께서 여러분에게 가장 주고 싶어 하시는 것은 그분 자신이십니다. 만약 여러분이 더 나은 무엇인가를 발견하였다면 그것을 청하십시오. 그러나 여러분이 다른 것을 청한다면, 그것은 그분을 모욕하는 것이며, 여러분 자신은 손해를 입게 될 것입니다. 창조주께서 여러분에게 당신 자신을 주고자 하시는데도 여러분은 그분께서 만드신 무엇인가를 그것을 만드신 분보다 더 높이 평가하고 있기 때문입니다.

• 아우구스티누스 『시편 상해』 35,12.[16]

[12] *WSA* 3,16,52.

[13] FC 101,213.

[14] PG 12,1312.

[15] *WSA* 3,16,5.

[16] *WSA* 3,16,54-55.

35,10 내 모든 뼈들

영적인 뼈

"뼈"는 영의 힘과 정신의 항구성으로 해석해야 합니다. 이것들은 과연 뼈에 비길 만합니다. 뼈가 신체를 하나로 결합시키듯이 이 두 가지는 경건한 지향을 강화시키기 때문입니다. 태만을 의미하는 살이 아니라 뼈, 곧 확고함은 아무것도 주님께 견줄 수 없다는 이 신비를 말해야만 합니다. 오직 용기 있는 마음만이 이런 찬미를 드릴 수 있기 때문입니다.

• 카시오도루스 『시편 해설』 35,10.[17]

누구도 당신과 같지 않다

시편 저자는 말합니다. '저는 누구도 당신과 같지 않다고 말하렵니다. 힘세고 강력하다고 여겨지는 누구보다 당신이 더 강하신 분이라고 저는 고백할 것입니다. 당신은 가련하고 불쌍한 이들을 구원하시고, 그들을 십중팔구 걸려 넘어지게 하는 음모에서 구해 주실 능력이 있는 분이십니다. … 보다시피 고통을 받는 자도, 구원을 받은 자도, 그분에 비하면 아무것도 아니며, 음모를 꾸미는 자들의 힘 또한 그분의 위대함을 드러낼 뿐입니다. 음모를 꾸미는 자들로부터의 구원이 더 효과적인 것으로 드러날수록 그것을 가능하게 하신 분의 힘은 더 크게 드러납니다.'

• 몹수에스티아의 테오도루스 『시편 해설』 35,10B-C.[18]

35,11 사악한 증인들

중상의 대상이 된 다윗

사울이 질투 때문에 다윗이 역모를 꾸민다고 의심하며 전쟁을 벌였을 때, 중상하는 자들은(시편 저자가 "사악한 증인들"이라 부르는 자들이지요) 다윗을 거슬러 악담을 퍼뜨리는 것을 멈추지 않았습니다. 도엑과 지프인들을 비롯하여 다른 많은 사람이 그랬습니다.

• 키루스의 테오도레투스 『시편 주해』 35,6.[19]

그리스도께서 겪으신 일

이 구절은 그리스도에 관하여 말합니다. 그분은 대사제의 법정에서 잘못된 비난과 고소를 당하였습니다. "사악한 증인들"이 들고 일어났으며, 그들은 선을 악으로 갚았고, 그분의 영혼은 홀로 남겨졌습니다. 그들은 하느님의 아들들이라 불렸지만 그분을 거슬러 사악하게 행동하였습니다.

• 위-아타나시우스 『시편 해설』 35.[20]

35,12 버림받은 영혼

열매 맺지 못하는 영혼

선한 것은 아무것도 낳지 못하고 아무에게도 선을 행하지 않는 영혼은 열매 맺지 못하는 영혼입니다.

• 폰투스의 에바그리우스 『시편 발췌 주해』 34[35],12.[21]

35,13 고개를 숙이다

순종하는 이

비록 제 기도가 하느님 마음에 들지 않는 것으로 드러나고, 제가 기도한 것이 무가치한 것이어서 저에게 되돌아왔다고 하더라도, 저는 하느님께 순종하기 위하여 제 편에서 할 수 있는 일은 모두 하였습니다.

• 타르수스의 디오도루스 『시편 주해』 35.[22]

---

17 ACW 51,340.

18 WGRW 5,361.

19 FC 101,213-14.

20 CSCO 387,23.

21 PG 12,1312.

22 WGRW 9,109.

35,16 저를 거슬러 이를 갈았습니다

이성에 의해 패배를 당한 자들이 하는 짓

이것은 이성에 의해 패배를 당하였을 때 야만인들이 하는 짓입니다. 문제의 진실을 이야기함으로써 말로 그들을 굴복시키면 그들은 인내심을 잃고 이를 갈며 소리 없는 협박으로 그들의 원의를 드러냅니다. 이 모든 것이 인간의 대단한 자만심을 지키려는 것입니다. 그래서 그의 지체들은 그들의 머리이신 분이 고통을 겪고 있음을 알면서도 그 고통을 괴로운 것으로 여기지 않습니다.

• 카시오도루스 『시편 해설』 35,16.[23]

신성모독

어떤 사람들은 '이빨의 힘'은 곧 인간의 말에 담긴 악이라고 말합니다. 그리스도께서는 성부께서 그의 신성을 모독하는 이들에 대한 증인이 되어 주시기를 원하셨습니다.

• 헤시키우스 『시편 단편』 35,16.[24]

35,17 주님, 언제까지 보고만 계시렵니까?

주님의 수난에 관한 말

이 말씀을 주님의 수난에 관한 말로 보십시오. 그러면 여러분은 내가 설명하기 시작한 것의 논리를 이끌어 낼 수 있을 것입니다. 주님의 수난은 우리를 살리기 위하여 일어난 것이기 때문입니다. 여러분이 하느님께 매달리면 매달릴수록 마귀들은 채찍질로 더욱더 여러분을 괴롭힐 것입니다. 그들은 여러분을 유혹하고 조롱하며 이를 갑니다. 여러분은 소리칩니다. '주님, 저를 굽어보시고 저들의 악한 행위로부터 제 영을 회복시켜 주소서. 제 목숨을 사자들에게서 건져 주소서. 우리의 영은 그 수와 성향에 있어서 하나입니다. 그러므로 당신께서 선의로 제 영을 회복시켜 주시고 저들의 악한 행위로부터 저를 구해 주실 때, 저는 큰 모임에서 그리고 수많은 백성 가운데서 당신을 고백하리이다. 장엄한 행렬을 소집하거나 역할을 수행함으로써가 아니라 진지한 이들 가운데서 경의를 표함으로써 당신을 찬양하리이다. 그러므로 저를 반대하고 미워하며 제멋대로 눈짓을 주고받는 저들이 승리하지 못하게 하소서.' 내가 말한 대로, 여러분을 교화하는 메시지를 허투루 넘기는 일이 전혀 없도록 이것들을 주님의 수난에 적용시켜 보십시오.

• 소 아르노비우스 『시편 주해』 35.[25]

도움을 간절히 바라다

지금 시편 저자는 고발을 하기 위해서가 아니라 도움을 간절히 바라기에 이 말을 하고 있습니다. 그는 말합니다. '당신은 언제 나타나시어 부당한 대우를 받는 이들을 도우시렵니까? … 제 영혼이 그들이 꾸미는 음모에 대한 증거가 되게 하소서.'

• 키루스의 테오도레투스 『시편 주해』 35,9.[26]

35,20 간계

낚시 고리에 매달린 떡밥 같은

마귀들은 날마다 우리에게 평화롭게 말합니다. 이 평화는 탐욕의 열매입니다. 그들은 분노로 속임수를 꾸미고 있는데, 이는 우리가 보기에 낚시 고리에 매달린 떡밥과 같은 것으로, 그것을 먹으면 죽습니다. 그들은 우리를 거슬러 입을 활짝 벌리고 있습니다. 이 시대를 사랑하는 이들은 매일 입에 담을 수 없는 범죄를 저지

---

[23] ACW 51,344.

[24] PG 93,1189.

[25] CCL 25,47.

[26] FC 101,215.

릅니다. 하지만 아무도 그것을 철저하게 비난하지 않습니다.

• 소 아르노비우스 『시편 주해』 35.[27]

겉꾸밈

그들은 평화를 가장한 말을 늘어놓지만 사실 그들의 말은 온통 분노와 악으로 가득 차 있습니다. 사실 그들의 모든 말은 평화에서 나온 말이 아닙니다. 비록 그렇게 보일지라도 말입니다. 오히려 그들의 말은 겉보기와는 달리 잔인함으로 가득 차 있습니다. 왜냐하면 그들은 계속해서 나를 거슬러 음모와 계략을 꾸미고 계획하기 때문입니다.

• 몹수에스티아의 테오도루스 『시편 해설』 35,20.[28]

35,22 제게서 멀리 계시지 마소서!

그리스도의 인내

위엄이 그지없는 그분 안에 얼마나 놀라운 인내가 있습니까! 주님은 돌아가신 후 사흘 만에 무덤에서 부활하실 수 있으셨으니 십자가에서 산 채로 내려오셔서 당신의 원수들을 난처하게 만드실 수도 있지 않았겠습니까? 하지만 폭력을 휘두르는 이들에게 그런 식으로 대응하는 것은 하느님의 능력에 어울리지 않는 일이었습니다. 예고된 모든 일이 이루어졌을 때 그들이 더욱더 얼굴을 붉히게 될 것이기 때문입니다.

• 카시오도루스 『시편 해설』 35,21.[29]

35,23 제 송사를 위하여 일어나소서

인간의 표현법

우리는 자주 인간의 표현법을 써서 주님께 "일어나소서"라고 말합니다. 사실 그분은 늘 깨어 계시고, 언제나 주의를 기울이십니다. 그분은 계속해서 모든 것을 감독하고 계시기 때문에 언제 벌을 내리실지 마음에 두고 계신다고 생각됩니다.

• 카시오도루스 『시편 해설』 35,23.[30]

오래 참음

주님께서 오래 참고 계셔서 마치 잠들어 계신 것처럼 보이기에 그는 주님께서 깨어나시어 자신을 위하여 평결을 내려 주시기를 재촉합니다.

• 타르수스의 디오도루스 『시편 주해』 35.[31]

35,24 제 권리를 되찾아 주소서

기도의 본보기

죄를 지은 일이 없으신 그분께서는 마땅히 요구하실 자격을 가지고 계셨지만 그럼에도 불구하고 주님의 자비에 따라 판단하여 주시기를 간청하십니다. 이는 그와 같은 행위를 수행할 수 없는 우리에게 기도의 본보기를 보여 주시려는 것입니다.

• 카시오도루스 『시편 해설』 35,24.[32]

35,26 수치와 모욕

조롱은 부끄러운 짓이다

자기 이웃을 비웃는 이들에게는 수치가 제격입니다. 그래서 영감 받은 저자는 거만하게 우쭐대는 자들에게 수치를 내려 달라고 청합니다.

• 키루스의 테오도레투스 『시편 주해』 35,12.[33]

양심의 가책을 받은

자신의 행위에 대해 얼굴을 붉히는 이는 그 자신의 평가에 의해 비난받습니다. 창피함의 족

[27] CCL 25,47-48.
[28] WGRW 5,379.
[29] ACW 51,346*.
[30] ACW 51,347.
[31] WGRW 9,111.
[32] ACW 51,347.
[33] FC 101,216.

쇄에 묶인 자는 스스로 내린 응징으로 괴롭힘을 당합니다.

• 카시오도루스 『시편 해설』 35,26.[34]

혼란의 세례를 받은

그리스도 안에서 세례를 받은 이들은 그리스도를 입습니다. 이것은 정의이고 지혜입니다. 사탄의 세례를 받은 이는 혼란과 수치를 옷으로 입습니다.

• 폰투스의 에바그리우스 『시편 발췌 주해』 34[35],26.[35]

35,27 주님께서는 위대하시다

믿는 이의 기쁨

박해자들은 자기의 영혼을 세속적 쾌락으로 만족시키지만, 믿는 이들은 주님께 기도하며 자기 자신이 아니라 주님을 찬미하는 데서 기쁨을 찾습니다.

• 카시오도루스 『시편 해설』 35,27.[36]

35,28 하느님의 의로움을 전하오리다

율법과 복음

이 시편은 이 말씀으로 끝납니다. 나는 이 시편을 읽는 이들이 이 의인이 기도에서 악인들이 입기 바란 해를 조금도 입지 않기를, 또한 이 기도를 자신의 원수를 거슬러 저주를 퍼붓는 기회로 삼지 말기를 간청합니다. 그리고 이 영감 받은 저자가 복음이 아니라 율법이 용인하는 삶의 방식을 채택하고 있음을 깨달으십시오. 율법은 분명하게 이웃을 사랑하고 원수를 미워하라고 말합니다. 이와 반대로 그리스도 주님께서는 이렇게 말씀하시며 완전한 덕을 보여 주셨습니다. "'네 이웃을 사랑해야 한다. 그리고 네 원수는 미워해야 한다'고 이르신 말씀을 너희는 들었다. 그러나 나는 너희에게 말한다. 너희는 원수를 사랑하여라. 그리고 너희를 박해하는 자들을 위하여 기도하여라"(마태 5,43-44). 거룩한 사도도 이와 통하는 말을 하였습니다. "저주하지 말고 축복해 주십시오"(로마 12,14). 그러므로 이 차이를 보면서 율법과 일치하는 것이 무엇인지, 그리고 은총에 일치하는 것이 무엇인지 깨달으십시오. 게다가 다윗이 이 시편을 읊은 것은 저주를 내리기 위해서가 아니었습니다. 오히려 그는 영감을 받아서 앞으로 분명히 일어나게 될 일을 예고하였습니다. 다윗은 복음이 요구하는 것에 맞갖게 자신에게 잘못한 이들에게 복수하지 않았습니다. 그 증거로 그의 말을 들어 보십시오. "주 저의 하느님, 만일 제가 그런 짓을 했다면 만일 제 손에 불의가 있다면, 만일 제가 친구에게 악을 저지르고 원수를 빈털터리 되게 강탈했다면, 원수가 저를 뒤쫓아 붙잡고 제 목숨을 땅에다 짓밟으며 제 명예가 흙먼지 속에 뒹굴게 하소서"(시편 7,4-6). 그가 이렇게 하지 않았다면 이런 말을 하지도 않았을 것입니다. 그는 자신의 말을 실천에 옮겼습니다. 행위는 말보다 더 분명합니다. 그의 원수가 두 차례나 그의 손아귀 안에 있었지만 죽이지 않았다는 사실을 기억하십시오. … 사울이 전장에서 죽자 다윗은 그를 두고 비통하게 울었습니다. 그리고 사울의 사망 소식을 전한 이가 사울을 죽인 것을 기뻐하며 자랑하자 그를 죽여 버렸습니다. 다윗이 보여 준 최고의 가치들을 도움이 되는 본보기로 삼기 위해 거룩한 다윗의 예를 자랑하고 인용하는 이들 때문에 나는 부득이하게 이 사건들을 이야기하였습니다.

• 키루스의 테오도레투스 『시편 주해』 35,13.[37]

---

[34] ACW 51,348*.
[35] PG 12,1313.
[36] ACW 51,349.
[37] FC 101,216-17*.

36,1-13 악인과 의인

악행을 하는 데 매우 열성적인 율법 위반자들을 보거든
그들의 악을 본성 탓으로 돌리지 마십시오. 이단자들이 바로 그렇게 가르칩니다.
그대는 시편 제36편을 읊으며, 그들의 죄스러운 행위의 원인은 바로 그들 자신임을 아십시오.
아타나시우스 『시편 해석에 관해 마르켈리누스에게 보낸 편지』 18 [OIP 68]

1 [지휘자에게. 주님의 종 다윗]
2 악인은 그 마음 깊은 곳에서
죄악을 즐긴다.
그의 눈에는
하느님을 무서워하는 빛이 없다.
3 그는 오히려 죄 거리를 찾아내고
미움을 일삼으려
자기 눈앞을 잘 닦아 놓았다.
4 그 입에서 나오는 말은 죄와 간계.
그는 슬기롭고 착하게 행동하기를
그만두었다.
5 그는 잠자리에서 죄를 꾸미고
좋지 않은 길에 서서
악을 물리치지 않는다.
6 주님, 당신의 자애는 하늘에 있으며
당신의 성실은 구름까지 닿습니다.
7 주님, 당신의 정의는 드높은 산줄기 같고
당신의 공정은 깊은 바닷속 같아
당신께서는 사람과 짐승을 도와주십니다.
8 하느님, 당신의 자애가 얼마나 존귀합니까!
신들과 사람들이
당신 날개 그늘에 피신합니다.
9 그들은 당신 집의 기름기로 흠뻑 취하고
당신께서는 그들에게
당신 기쁨의 강물을 마시게 하십니다.
10 정녕 당신께는 생명의 샘이 있고
당신 빛으로 저희는 빛을 봅니다.
11 당신을 아는 이들에게 당신의 자애를,
마음 바른 이들에게 당신의 의로움을
늘 베푸소서.
12 거만한 발길이 제게 닿지 않게,
악인들의 손이 저를 내쫓지 않게 하소서.
13 그러면 나쁜 짓 하는 자들은 넘어지고
쓰러져 일어서지 못하리이다.

둘러보기

죄인은 두 가지 유형이 있다(카시오도루스). 시편 제36편은 자신의 속임수가 감춰질 수 있다고 생각하는 대담한 죄인들에 대해 다룬다(몹수에스티아의 테오도루스). 사실 이런 사람은 자기 자신에게 벌을 부른다(암브로시우스). 그의 마음에는 하느님을 경외하는 자리가 없다(아우구스티누스). 따라서 죄를 미워하지도 않는다(소 아르노비우스). 그의 죄가 모든 사람 눈에 명백함에도 불구하고(테오도레투스), 그는 스스로 속고 있으며(아우구스티누스), 스스로 유죄 선고를 내리고 있다(몹수에스티아의 테오도루스). 그는 마음 깊은 곳에서(아우구스티누스) 그릇된 궁리를 한다(암브로시우스). 자유의 길에 서 있지 않고(아우구스티누스) 죄 가운데 머문다(카시오도루스). 자비는 하늘에서 찾아야 한다(암브로시우스, 카이사리우스). 주님께서는 당신의 설교자들을 파견하신다(아우구스티누스). 세상 곳곳에 당신의 진리를 쏟아부으시기 위하여 구름처럼 그들을 보내신다. 하느님의 진리는 깊고, 우리가 파악할 수 있는 것 너머에 있다(테오도레투스, 카시오도루스). 그러나 그 진리는 그리스도를 통하여 우리에게 주어졌다(소 아르노비우스). 그분의 공정은 헤아릴 수 없지만(몹수에스티아의 테오도루스) 그럼에도 불구하고 지혜롭다(오리게네스).

참된 휴식은 그리스도 안에서 찾을 수 있다(위-아타나시우스). 그분 안에서 우리는 말할 수 없는 기쁨을 발견한다(아우구스티누스). 거룩한 취함을 체험하고(암브로시우스, 카시오도루스, 요한 크리소스토무스), 목마른 자의 희망을 발견한다(아우구스티누스). 하느님에게서 풍성한 생명과 식별이 나왔고(몹수에스티아의 테오도루스), 마음을 새롭게 하는 샘이 나왔다(카이사리우스). 성경의 빛으로 우리는 빛이신 하느님을 이해한다(사도나). 그런데 여기에서 "물"과 "빛"은 특별히 그리스도를 가리키며, 그분 안에서 이 두 표상은 하나로 합쳐진다(카시오도루스). 그분 안에서 우리는 하느님을 본다(오리게네스, 에바그리우스). 시편의 말씀은 우리에게 거룩하신 삼위일체에 관해 계시한다(테오도레투스, 히에로니무스, 나지안주스의 그레고리우스, 암브로시우스). 삼위일체 교리는 성자와 성부가 동일본질이라는 정통 신앙고백의 기반이다(아타나시우스). 이 시편은 또한 우리에게 성부와 성자의 고유한 관계에 대해서도 가르쳐 준다(아우구스티누스). 우리는 하느님을 알도록 창조되었으며(몹수에스티아의 테오도루스), 바로 하느님의 자비를 통하여 그분을 알게 된다(아우구스티누스). 겸손이야말로 앞으로 나아가는 길이다(아우구스티누스). 자만은 어두운 길이며(암브로시우스), 하느님과 멀어지는 길이고(아우구스티누스), 순례를 위해 올라타기에는 튼튼하지 못한 마차다(에바그리우스). 죄인들의 손이 덕행의 뿌리에서 우리를 뽑아내지 않도록 조심하자(암브로시우스).

36,1 표제: 다윗의 시편

36,2 악인은 하느님을 두려워하지 않는다

죄인의 두 가지 유형

죄인들은 두 가지 유형이 있습니다. 첫 번째 유형은 성경을 믿지만 육의 나약함 때문에 그 계명을 실천할 수 없는 자들입니다. … 두 번째 유형은 대담하고, 바로잡기가 불가능하며, 신성을 모독하는 자들로서, 자신의 자유의지로 죄를 짓기 위한 계획을 짭니다. 그들은 모든 것을 업신여기며, 하느님은 인간사에는 관여하지 않으신다고 스스로에게 속삭입니다.

• 카시오도루스 『시편 해설』 36,2.[1]

감출 수 없다

법을 어기는 자는 그의 죄가 안에 [숨겨져 있다]고 생각합니다. 곧, 죄를 지어도 다른 사람의 눈을 피할 수 있다고 믿습니다. … 남의 시선을 피해 계략을 꾸밀 수 있다고 생각하는 것이 남을 속이는 자들의 전형적 특징입니다. 그들은 늘 그렇게 믿고 있기 때문에 아첨하는 말을 늘어놓습니다. 그들이 다른 사람의 눈을 피할 수 있다는 생각을 하지 않았다면 아닌 척하면서 남을 속이는 짓을 계속하지는 않았을 것입니다.

• 몹수에스티아의 테오도루스 『시편 해설』 36,2A.[2]

스스로 가하는 형벌

사악한 사람이 말을 할 때 그의 내적 양심은 짓눌립니다. 그의 입에서 나오는 모든 말에는 악

[1] ACW 51,350.

[2] WGRW 5,389-91.

의와 속임수가 담겨 있습니다. 그가 하는 모든 말이 속속들이 그를 찌르고 있는데 그가 자신에게 가하는 이 형벌보다 더 큰 형벌을 받는 이가 과연 있겠습니까? 뱀은 독을 다른 이에게 쏟아 붓지만 불의한 자는 독을 자기 자신에게 쏟아 냅니다. 그가 무슨 말을 내뱉든 그것은 자기 자신에게 내뱉는 것입니다.

• 암브로시우스 『열두 시편 해설』 36,6.[3]

하느님에 대한 경외심이 들어갈 자리가 없다

죄인의 안중에 있는 것은 다른 이들에 대한 두려움뿐입니다. 그는 자신의 사악한 행위를 감히 공개적으로 드러내지 못합니다. 다른 이들의 비난이나 질책을 받지 않기 위함입니다. 그는 사람들이 보지 않도록 숨습니다. 하지만 어디로 숨습니까? 자기 자신 안으로? 그는 아무도 볼 수 없는 자신의 내면 안으로 들어갑니다. 그가 속임수와 계략과 범죄를 꾸밀 때 그의 내면에서는 아무도 그를 지켜보지 않습니다. 만약 그가 하느님께서 그를 지켜보고 계신다고 생각했다면, 그는 마음속으로라도 음모를 꾸밀 수는 없었을 것입니다. 하지만 "그의 눈에는 하느님을 무서워하는 빛이 없기" 때문에 인간의 눈을 피해 자기 자신 안으로 들어가면 두려워할 대상이 아무도 없다고 생각합니다. 하지만 하느님은 그곳에도 계시지 않습니까? 물론입니다. 하지만 죄인의 생각에는 하느님에 대한 경외심이 들어갈 자리가 없습니다.

• 아우구스티누스 『시편 상해』 36,2.[4]

따라서 죄에 대한 미움도 없다

자신을 거슬러 죄를 짓는 자, 자기 죄를 발견하는 것을 미워하는 자의 눈에는 하느님을 무서워하는 빛이 없습니다. 불의한 이들이 칭송을 받듯이 그는 불의를 찬미합니다. 그는 자신의 내면 깊은 곳에서 그를 가치 있는 존재가 되게 할 선한 행위를 알려고 하지 않습니다. 선하지 않은 길로 가까이 가면 갈수록 그는 악한 일을 궁리하고, 악을 싫어하지 않게 됩니다.

• 소 아르노비우스 『시편 주해』 36.[5]

36,3 악인은 우쭐거린다

모두에게 명백한

시편 저자는 말합니다. '악인은 미혹에 빠져 하느님에 대한 두려움이 눈앞에 없기 때문에 그의 방종함은 모두가 알아볼 수 있을 정도로 명백하여 다들 질색하게 됩니다. 그는 확실히 자신을 방종함에 내맡기고 말았습니다. 그는 기꺼이 무지를 선택함으로써 자신이 한 일을 제대로 평가하거나 자기의 악한 행위를 싫어할 준비가 되어 있지 않습니다.'

• 키루스의 테오도레투스 『시편 주해』 36,2.[6]

자기기만

자신의 불의를 찾아내는 데 있어서 많은 이들이 부정직합니다. 진지하게 불의를 찾아내어 그것을 미워하려는 원의가 없이 죄를 찾으려 합니다. 결과적으로 죄를 찾는 노력에 부정직함이 자리하고 있기 때문에 죄가 드러나면 그것을 변호하려고 합니다. 일단 불의가 발견되면 그 죄의 진정한 실체가 드러날 것이고, 그러면 죄인은 그것이 정녕 나쁜 짓이라는 것을 부인할 수 없게 됩니다. "그 짓을 하지 마라." 이 말에 그들은 무엇이라고 대답할까요? 이 사람들은 죄를 찾는 시늉만 하였다가 죄를 발견한 지금 그것을 미워

---

[3] *ACTP* 40.
[4] *WSA* 3,16,73.
[5] CCL 25,48.
[6] FC 101,219.

하지 않습니다. "오, 누구나 그렇게 합니다" 하고 그들은 말합니다. "그렇게 하지 않는 사람을 어디 한 번 찾아보세요. 하느님께서 이렇게 많은 사람을 다 지옥으로 보내실 거라고 생각하세요?" 이렇게 말하지 않더라도 어찌 되었거나 그들은 반박할 것입니다. "하느님께서 정말로 이런 것을 싫어하신다면 그걸 행하는 이들을 살려 두셨겠어요?" 그대의 불의를 찾는 체할 적에 그대가 부정직하였다는 것을 모릅니까? 만약 그대가 부정직하지 않아서 솔직하게 행동하였다면, 그대는 지금쯤 그것을 발견했을 테고 그것이 얼마나 혐오스러운 것인지 알았을 것입니다. 하지만 당신은 그것을 찾아 놓고도 변명만 늘어놓고 있습니다. 바로 이것이 그대가 불의를 찾을 때에 거짓으로 그렇게 하였다는 증거입니다.

• 아우구스티누스 『시편 상해』 36,3.[7]

스스로 선고를 내린

"그의 눈에 하느님을 무서워하는 빛"(2절)이 있었다면, 그는 (모든 것을 분명히 알고 이해하고 계신 하느님의 눈을 피할 수는 없으며, 그분께는 모든 것이 드러나 있다는 사실을 깨닫고) 우리의 시선을 피할 수 있다고 생각하거나 속임수를 쓰지는 않았을 것입니다. 만약 그가 참으로 주님을 두려워하였다면, 그는 죄로부터 자신을 지키는 일에 더 큰 열성을 보였을 것입니다.

• 몹수에스티아의 테오도루스 『시편 해설』 36,3A.[8]

36,5 죄를 꾸미다

잘못된 궁리

[잠자리야말로] 진리에 대해 묵상해야 할 곳입니다. 잠자리는 우리가 우리의 죄에 대해 비통하게 울어야 하는 곳이기 때문입니다. 죄를 범하기보다는 오히려 죄에 대해 슬퍼해야 하는 곳입니다. 그래서 예언자는 "네가 마음속으로 말한 것들, 잠자리에서 뉘우쳐라"(시편 4,5 참조)라고 합니다.

• 암브로시우스 『열두 시편 해설』 35,16.[9]

우리 내면을 뜻하는 "잠자리"

여기서 "잠자리"는 우리의 마음입니다. 우리는 양심에 거리끼는 것이 있을 때 잠자리에서 뒤척거리게 됩니다. 그러나 양심이 편안하면 잠자리도 편안합니다. … 그런데 이 시편이 이야기하고 있는 사람은 악한 계획을 꾸미기 위하여 아무도 보지 못하는 잠자리로 물러갑니다. 그가 궁리하는 주제가 사악한 것이기 때문에 그는 쉴 수가 없습니다. 마음 안에서조차도 쉴 수 없습니다.

• 아우구스티누스 『시편 상해』 36,5.[10]

자유로 가는 길

사악함을 벗어 던질 수 없다면 적어도 그것을 미워하기라도 합시다. 그것을 미워하기 시작하면, 악한 행동을 저지르게 하는 은밀한 유혹에 걸려 넘어지지 않을 것입니다. … 죄와 불의를 미워하십시오. 그러면 하느님과 일치될 것이며, 하느님께서 여러분과 함께 그것을 미워하실 것입니다. 여러분은 이미 마음 안에서 하느님의 율법과 하나가 되어 있습니다. 마음 안에서 여러분은 하느님 법의 종이기 때문입니다. 육의 쾌락이 여전히 여러분 안에서 강력하게 작용하고 있어서 육욕으로 인하여 여러분이 계속 죄의 법에 사로잡혀 있다면, 여러분의 싸움이 끝날 때에 그것들은 더 이상 존재하지 않을 것임을 기억하십시오. 싸울 필요로부터 해방되는 것, 참되고 영

---

[7] *WSA* 3,16,74.
[8] WGRW 5,393.
[9] *ACTP* 45.
[10] *WSA* 3,16,74.

원한 평화를 누리는 것은 싸워서 이기는 것과는 다른 것입니다. 싸워서 지는 것과도 다르며, 싸우기를 거부하고 수인으로 끌려가는 것과도 다릅니다. 이 시편이 이야기하는 사람처럼 싸움을 하지 않는 사람들도 틀림없이 있습니다. "그는 악을 물리치지 않는다." 자신이 미워하지 않는 것과 어떻게 싸울 수 있단 말입니까? 이런 사람은 저항하지도 않고 악에 끌려갑니다. 어떤 사람들은 싸움은 시작하지만 결국 싸움에서 집니다. 자신의 힘을 믿고 성급하게 달려들기 때문입니다. 하느님의 지휘권 밑에 우리가 그분의 병사로 이름을 올리면 하느님께서는 승리를 주시는 분이 당신이심을 입증하고자 하십니다. 분명히 그들은 의로움을 단단히 부여잡는 것으로 시작하였습니다. 그러나 자만함으로써 결과적으로 나가떨어지고 맙니다. 이 사람들은 기꺼이 싸우고자 하지만 결국 집니다. 그렇다면 이 싸움에 지지 않을 사람은 누구입니까? 이렇게 말하는 사람입니다. "내 지체 안에는 다른 법이 있어 내 이성의 법과 대결하고 있음을 나는 봅니다"(로마 7,23). 이 사람을 보십시오. 그는 자신의 힘을 믿고 주제넘게 나서지 않습니다. 바로 이 때문에 그는 승리자가 될 것입니다. 그다음 구절은 뭐라고 합니까? "나는 과연 비참한 인간입니다. 누가 이 죽음에 빠진 몸에서 나를 구해 줄 수 있습니까? 우리 주 예수 그리스도를 통하여 [오직 하느님의 은총만이 나를 구할 수 있습니다]"(로마 7,24-25). 그는 그에게 싸우라고 명하신 분을 신뢰하고, 자기 지휘관의 도움을 받기 때문에 원수를 쳐부숩니다. 그러나 이 시편이 이야기하는 그 사람은 "악을 미워하지 않습니다".

• 아우구스티누스 『시편 상해』 36,6.[11]

죄에 머물며

그는 현세의 삶을 버리겠노라고 선언하는 사람들처럼 [이 세상의 삶을] 건너가는 것이 아니라, 그 안에 머물며 그것에 매몰되고 말았습니다.

• 카시오도루스 『시편 해설』 36,5.[12]

36,6 하느님 사랑의 크기

하늘에서 오는 자비

우리가 찾아야 할 자비는 하늘에서 옵니다. 우리가 거두어들여야 할 진리는 예언자들의 신탁에서 나옵니다. 그들은 구름처럼 신적 지식의 신비를 둘러싸고 있기 때문입니다. 하느님은 어둠을 가리개로 삼으십니다(시편 18,12 참조). 이는 여러분이 신비의 풍성함을 퍼붓는 소나기를 먼저 맞고, 그다음엔 천상의 이슬로 새롭게 되어 천상 빛의 광채를 바라볼 힘을 갖게 하시려는 것입니다.

• 암브로시우스 『열두 시편 해설』 36,18.[13]

땅까지 힘을 펼치는 자비

자비는 하늘에 있지만 그 힘을 땅까지 펼칩니다.

• 아를의 카이사리우스 『설교집』 25,1.[14]

하느님 말씀의 설교자들

하느님께서 인간에게 당신의 자비에 대해 선포하시지 않으셨다면 누가 그것을 알 수 있었습니까? 하느님은 당신의 자비를 어떻게 선포하셨습니까? 당신의 진리를 "구름"에게 보내심으로써 그렇게 하셨습니다. 그렇다면 이 "구름"은 무

[11] *WSA* 3,16,76-77.
[12] ACW 51,352.
[13] *ACTP* 46.
[14] FC 31,127.

엇입니까? 하느님의 말씀을 설교하는 이들입니다. … 형제자매 여러분, 진실로 이 "구름"은 진리의 말씀을 설교하는 이들입니다. 하느님께서 이 설교자들을 통하여 위협의 말씀을 하실 때는 구름을 통하여 천둥을 치시는 것입니다. 이 설교자들을 통하여 기적을 일으키실 때는 구름을 통하여 번쩍이는 번갯불을 보내시는 것입니다. 하느님은 당신의 구름을 통하여 우리를 두렵게 하시고, 이 구름을 통하여 비를 내리시어 땅을 적셔 주십니다. 하느님의 복음을 선포하는 설교자들은 하느님의 구름입니다. 그러니 자비를 희망합시다. 그리고 그 자비가 하늘에 있는 자비가 되게 합시다.

• 아우구스티누스 『시편 상해』 36,8.[15]

36,7 정의와 공정

우리의 이해를 초월하다

저들은 마치 아무도 지켜보지 않는 양 그런 일에 손을 댑니다만, 주님, 당신께서는 헤아릴 수 없는 자비와 무수한 진리, 그리고 가장 높은 산에 비길 수 있는 의로움을 지니고 계십니다. 이제 당신의 진리가 영감 받은 저자들을 통하여 인간에게 옵니다. 마치 구름을 통하여 구원의 비로 그들을 즐겁게 하시려는 듯합니다. "당신의 공정은 깊은 바닷속 같습니다." 그토록 놀라운 진리와 정의를 소유하셨으면서도 어찌하여 그리 오래 참아 주시는지 저는 알지 못합니다. 당신의 공정은 꿰뚫어 볼 수 없는 "깊은 바닷속"과 같습니다. 바다의 밑바닥을 인간이 볼 수 없는 것처럼 당신의 공정은 우리의 이해를 초월합니다.

• 키루스의 테오도레투스 『시편 주해』 36,4.[16]

하느님 공정의 깊이

심연이란 우리가 잴 수도 없고 우리 눈으로 온전히 간파할 수도 없는 물속 깊은 곳입니다. 그 누가 대양의 심연을 밝혀내거나 그 거대한 넓이를 끌어안을 수 있습니까? 마찬가지로 우리는 우리의 정신으로 하느님의 공정을 깨달을 수 없고, 이성적 설명으로 그것을 정의할 수 없습니다.

• 카시오도루스 『시편 해설』 36,7.[17]

그리스도 자신

진리는 그리스도이시며, 그분의 정의는 하느님의 산과 같고, 그분의 공정은 깊은 바닷속과 같습니다. 그분은 당신의 오심으로 사람과 짐승, 곧 유대인들과 이방인들 모두를 구원하십니다. 희망 없이 아담의 죄 안에 서 있는 이들이 그분 날개의 보호 아래, 곧 십자가에 못 박히신 그분의 활짝 편 팔 아래에서 희망을 갖게 됩니다.

• 소 아르노비우스 『시편 주해』 36.[18]

헤아릴 수 없는 공정

하느님께서 인간을 판단하시고 조사하실 때 적용하는 결정과 선고는 심연처럼 헤아릴 수 없습니다. 따라서 나의 경우처럼, 왜 하느님께서 의인이 자주 불의한 자들의 손에 고통을 받게 하시는지, 그 이유를 알아내는 것은 불가능합니다. 하느님께서는 우리가 견딜 수 없는 고통을 결코 허락하시지 않습니다. 이로써 우리에 대한 하느님의 돌봄과 섭리가 놀랍다는 것은 분명합니다. 하지만 하느님께서는 왜 우리가 완전한 평화 속에 머물도록 내버려 두지 않으시고, 불의한 자들에게 부당하게 쫓기는 시간을 우리에게 허락하시는지 나는 도무지 알 수가 없습니다. 그래서

---

[15] *WSA* 3,16,78-79.
[16] FC 101,219.
[17] ACW 51,353.
[18] CCL 25,49.

"하느님의 공정"은 어떤 "심연"보다 더 가닿을 수 없는 것이라는 생각이 듭니다.

• 몹수에스티아의 테오도루스『시편 해설』36,7B.[19]

현명한 판단

"깊은 바닷속과 같은" 하느님의 공정에 무지한 인간은 하느님에 대해 불평하는 데 익숙하여, 이렇게 말하곤 합니다. '왜 불의한 사람들과 불의한 강도들, 불경하고 사악한 자들은 이 세상에서 어떤 불운도 겪지 않고 모든 것이 그들에게 번영을 가져다주는가? 명예와 부, 권세와 건강, 튼튼한 육체마저 그들을 섬기는가? 반대로, 하느님을 섬기는 결백하고 신심 깊은 이들에게는 왜 헤아릴 수 없는 시련이 닥치는가? 그들은 힘 있는 자들이 설치는 가운데 거부당하고, 비천하며, 모욕을 당하면서 살고 있습니다. 때로는 더욱 심각한 질병이 그들의 육체를 지배합니다.' 내가 말한 대로, 무지한 자는 하느님의 공정에 무슨 질서가 있느냐고 불평합니다. 그들은 권세와 불의를 휘두르는 자들 때문에 탄식하며 이들이 더욱더 심한 벌을 받기를 원합니다. 하지만 형벌이 달라야 할 더 큰 필요성이 있습니다. 만약 형벌이 다르지 않다면 … 그 형벌은 영원히 지속될 것임이 분명합니다. 반대로 의롭고 결백한 이들에게 좋은 것들이 현시대에 주어지길 원한다면, 그 좋은 것들은 일시적인 것이며, 곧 끝나 버리고 말 것입니다. 그 상급이 미래로 연기되면 될수록 더욱더 영원한 것, 끝이 없는 것이 될 것입니다.

• 오리게네스『레위기 강해』14,4,5.[20]

36,8 하느님의 날개 그늘 아래

그리스도에 의해 새로워진

그러나 사람들은 당신의 날개 그늘 아래에서 희망합니다. 곧, 그들은 당신을 도움과 보호를 주시는 분으로 모시고 있습니다. 그래서 그들은 그리스도에 의해 영적으로 새로워지고 빛을 받을 것입니다. 그리스도는 참된 빛이시며, 당신과 함께 계신 생명의 샘이십니다.

• 위-아타나시우스『시편 해설』36.[21]

36,9 기쁨의 강물

말할 수 없는 기쁨

우리는 말할 수 없는 기쁨을 선사받았습니다. 인간적인 생각은 거의 사라지고 어떤 의미에서 신화神化되어 하느님의 집의 넘치는 풍요로움에 취합니다.

• 아우구스티누스『시편 상해』16,14.[22]

거룩한 취함

구원의 잔을 마시고 취하는 것은 좋은 일입니다. 성경의 풍요로움으로 취할 수도 있습니다. 성령이 우리 안에 불어넣어질 때 따라오는 취함도 있습니다. 우리는 사도행전에서 성령에 취하여 신령한 언어로 말했던 사람들의 이야기를 듣습니다(사도 2,4.13 참조). 그 사건의 목격자들 눈에 그들은 새 포도주를 마시고 취한 것처럼 보였습니다. 간단히 말해서, 여기서 "집"은 교회이고, 그 집의 "기름기"는 은총의 풍요로움이며, "기쁨의 강물"은 성령이십니다.

• 암브로시우스『열두 시편 해설』36,19.[23]

찬양할 만한 취함

"취하다"라는 말은 너무 많은 술을 마셔서 흠뻑 취한 이들의 죄스러운 습관에서 따온 말입니

[19] WGRW 5,399.
[20] FC 83,253-54*.
[21] CSCO 387,24.
[22] *WSA* 3,16,85.
[23] *ACTP* 47.

다. 술에 취한 이들은 움직임이 둔해지고, 정신은 고통을 받습니다. 그러나 시편의 이 구절에서 "취하다"라는 말은 선한 이들의 역할을 묘사합니다. 이 거룩한 취함은 세속적인 일에 대한 생각을 잘라 버리고 정신에서 육적인 것들을 떠나보냄으로써, 마치 술에 취한 사람처럼 자신의 행위를 지각에서 분리시키게 됩니다. … 이런 취함은 얼마나 찬양할 만한 것인가요! 모든 기도 안에서 이런 취함을 추구해야 합니다. 바로 여기에서 절제가 나오고, 여기에서부터 정신의 통합이 완전히 이루어지기 때문입니다. 이 취함은 비틀거리게 하는 혼란이나 정신적인 망상, 의식의 정지를 초래하지 않습니다. 영혼은 이런 취함으로 충만해질 때 더욱 건강해집니다. 그러니 이것을 열심히 마십시다. 우리의 입술로가 아니라 마음의 순수한 신심으로 마십시다. 우리는 이런 취함에서 일시적인 행복이 아니라 영원한 생명의 기쁨을 추구합니다.

• 카시오도루스 『시편 해설』 36,9.13.[24]

만족을 의미하는 '취함'

사랑하는 여러분, 성경에서 '취함'이라는 단어는 언제나 나쁜 의미만 지니는 것이 아니라 긍정적 의미로 사용되기도 합니다. … 다윗의 말을 들어 보십시오. "그들은 당신 집의 기름기로 흠뻑 취할 것입니다." 그들은 배부르게 될 것이라는 뜻입니다. [반면에] 술에 취하는 사람들은 결코 만족을 모릅니다. 그들은 술을 마시면 마실수록 더욱더 갈증에 타고, 방종은 그들의 목마름에 계속해서 기름을 붓는 격이 됩니다. 쾌락의 모든 찌꺼기가 사라질 무렵 목마름은 가실 수 없는 상태가 되고, 술에 취한 이 피해자들은 벼랑 끝에 이르게 됩니다.

• 요한 크리소스토무스 『창세기 강해』 29,12.[25]

목마른 자의 희망

물이 힘차게 흐르는 것을 격류라고 합니다. 하느님의 자비는 힘차게 흘러서 현세에서 그들의 희망을 하느님의 날개 그늘 아래 두는 이들을 취하게 합니다. 이 기쁨은 어떤 것일까요? 그것은 목마른 자를 취하게 하는 격류와 같습니다. 목마른 자는 누구나 여기에 희망을 두도록 하십시오. 목마른 자는 희망을 가지십시오. 취해 있는 어느 날, 그들은 희망하던 것의 실체를 보게 될 것이기 때문입니다. 그런 현실이 올 때까지 목마르게 희망을 간직하게 하십시오.

• 아우구스티누스 『시편 상해』 36,14.[26]

36,10 생명의 샘

풍성한 생명과 식별

당신은 우리에게 생명을 쏟아부어 주시며, 그 생명이 유지될 수 있도록 당신께서 우리에게 주신 온갖 다양한 것들 가운데에서 필요한 것을 풍성하게 제공하여 주십니다. … 빛이 없다면 우리는 존재하는 그 무엇도 보지 못합니다. 빛이 제거되어 어둠속에 빠져들면 우리는 가까이 있는 것조차 알아보지 못하기 때문입니다. 반면에 빛이 있으면 그것을 알아보고, 식별할 수 있게 됩니다. 따라서 다른 것들을 식별하려면 빛이 필요합니다. 반면에 빛 자체는 우리가 볼 수 있게 하기 위하여 다른 아무것도 필요로 하지 않습니다. 하지만 우리는 빛의 도움으로, 빛을 통하여, 빛 자체를 포함하여 모든 것을 볼 수 있고, 식별할 수 있습니다. … 시편 저자가 여기에서 말하려는 것은 하느님의 선물의 풍부함과 온전한 관대하심을 제시하는 것이었습니다. 그래서 특히 이 두

[24] ACW 51,354.356-57*.

[25] FC 82,206-7.

[26] *WSA* 3,16,86.

가지, 곧 빛과 그 빛을 향유하는 것에 대해 이야기합니다. (시편 저자는 하느님께서 빛으로부터 우리에게 존재를 주셨고, 또 그 존재를 유지할 수 있게 해 주신다는 것을 분명히 밝힙니다.) 하느님께서는 이 빛을 통하여 우리에게 생명의 기쁨을 전해 주십니다.

• 몹수에스티아의 테오도루스 『시편 해설』 36,10A-B.[27]

마음을 새롭게 하다

그것은 이 삶의 열기를 식혀 주고, 그 물줄기로 우리 마음의 메마름을 적셔 주는 좋은 샘입니다.

• 아를의 카이사리우스 『설교집』 170,3.[28]

성경의 빛으로

성경의 빛 없이는 우리는 빛이신 하느님이나 빛으로 가득 찬 하느님의 정의를 볼 수 없습니다. 따라서 성경을 읽으려고 애쓰는 것은 우리에게 큰 도움이 됩니다. 또 성경 읽기는 우리가 기도 안에서 빛을 받을 수 있게 해 주기 때문에 더더욱 도움이 됩니다. 성경을 읽는 수고를 들이고 영적 묵상으로 정화되어 하느님을 열렬히 사랑하게 된 영혼이라면, 기도할 때에 스스로 빛을 내는 존재가 될 것입니다. … 그의 정신은 하느님의 섭리를 묵상하려 애쓰고 기쁨으로 충만하게 됩니다. 그는 성령을 통하여 단련됨으로써 받게 된 덕행의 본보기를 영혼 속에 간직하고 있습니다. 그는 성인들의 삶의 사랑스러운 아름다움을 마치 그림을 보듯이 자기 눈앞에 그려 냅니다. 이러한 것들에 대한 독서에 몰두하는 그는 자신이 읽은 것을 두고 기뻐하며 영적으로 열렬하게 될 것입니다. 따라서 그가 바치는 성무일도의 말씀과 그의 기도의 분향은 빛을 받아 순수해지며, 그는 그것들이 그의 마음의 순수한 샘에서 흘러나오게 되도록 노력합니다.

• 사도나 『완성에 관한 책』 2,50-51.[29]

물과 빛

인간의 언어에서 "빛"과 "샘"은 다른 것입니다. 사실 이 둘은 서로 반대되는데, 샘물은 불꽃의 빛을 꺼 버리기 때문입니다. 그러나 하느님께는 이 둘이 하나입니다. 하느님께는 어떤 용어를 갖다 대어도 맞지만 한편으로는 여전히 모자라기 때문입니다. 우리는 하느님이 "빛"이시라고 말합니다. "모든 사람을 비추는 참빛이 세상에 오셨기"(요한 1,9) 때문입니다. 하느님은 "샘"이십니다. 그분은 목마르고 굶주린 이를 채워 주시는 분이시기 때문입니다. 시편의 다음 구절은 구원자에 관하여 바르게 말하고 있습니다. "당신 빛으로 저희는 빛을 봅니다." 이 "빛"은 성부와 성령의 빛입니다. 구원자의 설교를 통하여 삼위일체가 우리에게 분명해졌습니다.

• 카시오도루스 『시편 해설』 36,10.[30]

우리는 그리스도 안에서 하느님을 본다

시편 제36편에서 "우리는 당신 빛으로 빛을 보게 되리라"고 하였듯이, 그 빛은 진리를 깨달을 수 있는 이들의 모든 감각을 비추는 빛입니다. 사람들이 그 안에서 빛을 보게 되는 하느님의 빛은, 빛을 받은 사람으로 하여금 사물의 진리를 꿰뚫어 보게 하며, 진리라고 불리는(요한 14,6 참조) 하느님 자신을 깨닫게 해 주는 하느님의 능력이 아니고 무엇이겠습니까? 그러므로 "우리는 당신 빛 안에서 빛을 보게 되리라"는 말은, 당신 아들이신 당신 말씀과 당신 지혜 안에

[27] WGRW 5,405-7. [28] FC 47,421.
[29] CS 101,223. [30] ACW 51,354-55*.

서(1코린 1,24 참조), 곧 그분 안에서 아버지이신 당신을 보게 될 것이라는 뜻입니다.

• 오리게네스 『원리론』 1,1,1.[31]

피조물은 창문

샘은 생명이고, 생명은 그리스도이시므로, 샘은 그리스도이십니다. … 창조된 것을 묵상함으로써 우리는 그리스도를 보고, 그리스도를 이해함으로써 우리는 하느님을 봅니다.

• 폰투스의 에바그리우스 『시편 발췌 주해』 35[36],10.[32]

거룩한 삼위일체

여기에서 시편 저자는 거룩한 삼위일체의 신비를 분명하게 우리에게 드러내 보여 줍니다. 그는 하느님의 외아드님이신 말씀을 "생명의 샘"이라 부릅니다. 이것은 하느님께서 예레미야 예언자를 통하여 당신 자신을 직접 지칭하셨던 그 이름임을 기억하십시오. "그들은 생수의 원천인 나를 저버렸고 저 자신을 위해 저수 동굴을, 물이 고이지 못하는 갈라진 저수 동굴을 팠다"(예레 2,13). 그래서 시편 저자는 이 샘이 성부 안에 있다고 말합니다. 이는 복음서의 이 가르침과도 일치합니다. "내가 아버지 안에 있고, 아버지께서 내 안에 계시다"(요한 14,11). "당신 빛으로 저희는 빛을 봅니다." 거룩하신 성령의 빛을 받아서 우리는 하느님의 외아드님의 빛을 인식하게 됩니다. 성경은 말합니다. "성령에 힘입지 않고서는 아무도 '예수님은 주님이십니다' 할 수 없습니다"(1코린 12,3). "하느님께서는 성령을 통하여 그것들을 바로 우리에게 계시해 주셨습니다"(1코린 2,10). 우리는 이 영감 받은 말씀들을 통하여 하나의 신성 안에 계신 세 위격에 관한 정확한 지식에 이르게 되었습니다.

• 키루스의 테오도레투스 『시편 주해』 36,6.[33]

성부의 빛이신 그리스도

성부의 빛은 그리스도이십니다. 그리스도 안에서 우리는 성부의 빛 안에서 성령의 빛을 보게 됩니다.

• 히에로니무스 『시편 주해』 36.[34]

삼위일체의 빛

이제 우리는 [성부이신] 빛으로부터, [성령이신] 빛 안에서 [성자이신] 빛을 이해하며, 삼위일체이신 하느님에 관한 교리를 간결하고 단순하게 보았고 선포합니다.

• 나지안주스의 그레고리우스 『성령』(연설 31) 3.[35]

생명의 말씀

우리의 시편은 주님이시며 구원자이신 분께서 세상에 오심을 예언하고 있습니다. 구원자 주님께서는 이렇게 말씀하십니다. "아버지와 나는 하나다"(요한 10,30). 이 말씀의 의미는 이러합니다. '우리는 하나의 빛이며, 우리의 이름도 하나다. 빛 안에서 하나이며, 이름도 하나인 우리 둘은 하나다.' 삼위일체는 본질로는 하나이며, 위격의 차이로는 셋입니다. '삼위'는 위격의 차이를 나타내고, '일치'는 힘을 나타냅니다. 성부에 대해서는 이렇게 말할 수 있습니다. "당신께는 생명의 샘이 있습니다"(시편 36,10). 그분에게서 생명이 나왔는데, 그 생명은 말씀이었습니다. 예전에도 그러하였고, 언제나 그러합니다. 그래서 이렇게 말할 수 있습니다. "말씀은 하느님과 함께 계셨다"(요한 1,1). 그분을 통하여 그분 안에서 모든 것이 창조되었고(요한 1,3 참조), 그분은 모든

[31] *OFP* 7*.
[32] PG 12,1316.
[33] FC 101,220-1.
[34] CCL 72,205.
[35] LCC 3,195.

사람의 생명이십니다. 그분은 우리에게 성부를 보여 주셨습니다. 사람들의 마음을 밝혀 주시어 하느님의 엄위를 알아볼 수 있게 하셨습니다.

• 암브로시우스 『열두 시편 해설』 36,22.[36]

동일본질

니케아 공의회 때 주교들은 이 문제에 관한 아리우스파의 오류를 확인하고, 성경에서 그리스도를 영광, 샘, 시냇물, 그리고 명백한 인격적 표상으로 묘사하는 구절들을 수집하였습니다. 그리고 그들은 다음의 말씀들을 인용하였습니다. "당신 빛으로 저희는 빛을 봅니다"와 "나와 아버지는 하나다"(요한 10,30). 그다음에 그들은 더욱더 분명하게, 성자는 성부와 동일본질(homoousios)이라고 간결하게 선언하였습니다. 이것이 바로 앞에 인용된 구절들이 의미하는 바이기 때문입니다.

• 키루스의 테오도레투스 『교회사』 1,7.[37]

적절한 관계

그리스도는 … 인간이시며 하느님이십니다. 그분은 인간으로서 기도하시고, 당신께서 기도하신 바를 하느님으로서 주십니다. 여러분이 알아들어야 할 것은 그리스도께서는 모든 것을 성부께 돌리신다는 점입니다. 그것은 자신에게서 성부가 나온 것이 아니라 자신이 성부로부터 나왔다는 단일한 이유 때문입니다. 그분은 모든 것을 자신이 흘러나온 그 원천에게로 돌리십니다. 그분 또한 성부로부터 나온 샘이십니다. 그분은 "생명의 샘"이십니다. 그래서 원천이신 성부께서 샘을 낳으셨습니다. 샘이 샘을 낳은 것입니다. 샘을 낳으신 분이나 그 샘에서 나온 샘은 하나의 샘입니다. 낳으신 하느님이나 나신 하느님, 곧 성부로부터 나신 성자는 한 하느님이십니다. 성부는 성자가 아니고, 성자는 성부가 아닙니다. 성부는 성자에게서 나지 않았고, 성자가 성부로부터 나왔습니다. 하지만 여전히 성부와 성자는 하나입니다. … 그들의 분리할 수 없는 신성 때문입니다.

• 아우구스티누스 『설교집』 217,1.[38]

36,11 늘 사랑을 베푸시는 하느님

하느님을 알도록 만드셨다

그들은 원하기만 하면 하느님을 알고, 바라며, 거기에서 흘러나오는 선한 것들을 누릴 수 있도록 당신께서 만드신 이들입니다.

• 몹수에스티아의 테오도루스 『시편 해설』 36,11A.[39]

자비는 지식으로 이끈다

하느님은 그들이 당신을 알고 있기 때문에 자비를 베푸시는 것이 아니라 그들이 당신을 알 수 있도록 자비를 베푸십니다. 그분은 불경한 자들을 의롭게 하시려고 당신의 의로움을 베푸십니다. 이는 그들의 마음이 올곧기 때문이 아니라 그들의 마음을 올곧게 하시려는 것입니다. 이것을 생각하면 자만으로 떨어지지 않게 됩니다. 자만은 자신을 신뢰하고, 스스로를 자기 생명의 원천으로 삼는 데서 나오는 잘못입니다. 그 길로 가는 것은 "생명의 샘"에서 멀어지는 것입니다. 오직 이 생명의 샘만이 선한 삶인 의로움을 베풉니다. 이 샘의 변함없는 빛으로부터, 오직 이 빛에 참여함으로써 합리적인 영혼이 만들어지고 창조됩니다. 그것은 마치 빛이 되기 위해서는 불이 붙어야 하는 것과 같습니다.

• 아우구스티누스 『영과 문자』 11.[40]

---

36 *ACTP* 49*.

37 NPNF 2,3,45*.

38 *WSA* 3,6,177.

39 WGRW 5,409.

40 LCC 8,201.

36,12 거만한 발길

겸손을 통하여

겸손의 발걸음으로 숭고함에 이르는 길로 나아가십시오. 죽은 이들에게로 내려가는 것을 부끄러워하지 않으신 당신을 겸손하게 따르는 이들을 주님은 드높이십니다.

• 아우구스티누스 『거룩한 동정』 52(53).[41]

어두운 길

자만을 조심하십시오. 자만은 모든 것이 잘되고 번성할 때 그 뿌리를 내리기 때문입니다. 아담은 낙원에서 떨어졌습니다. 그 결과는 훨씬 더 파괴적이었습니다. 만약 그가 지상에서 떨어졌었더라면 그 정도는 아니었을 것입니다. 엄청난 높이에서 떨어지는 것은 절벽에서 추락하는 것이고, 평지에서 넘어지는 것은 단지 발을 헛디디는 경우입니다. 거만한 자의 발걸음은 나쁜 길로 빠집니다. 그는 자신의 머리를 잃었기 때문입니다(콜로 2,19 참조). 성경 말씀에 "지혜로운 이의 눈은 자기 머리에 있다"(코헬 2,14 칠십인역)고 하였습니다. 사람의 머리에 눈이 없다면 그의 발걸음이 그릇된 길로 가는 것이 당연하지 않습니까? 눈은 인도하고 발은 따릅니다. 여러분이 길을 가고 있는데, 어둠 속에 있다면 어떻게 길을 찾을 수 있겠습니까? 밤에는, 달이 세상의 눈이나 되는 듯이 그 빛을 보내어 길을 비춰 주지 않는 한, 쉽게 비틀거리게 됩니다. 교회가 여러분의 여정에 빛을 비추게 하십시오. "의로움의 태양"(말라 3,20)이 높은 데서 여러분을 비추게 하십시오. 그렇게 하면 여러분은 넘어질까 두려워하지 않아도 됩니다.

• 암브로시우스 『열두 시편 해설』 36,26.[42]

하느님을 떠나게 하는 교만

거만한 발길이 그분께 접근하였고, 죄인의 손이, 악마의 거만한 손이 그분을 내쫓았습니다. … 그래서 우리는 자만으로 넘어졌고, 이 사멸死滅의 상태로 떨어지게 되었습니다. 자만은 우리에게 상처를 입히지만, 겸손은 우리를 온전하게 만듭니다. 우리의 겸손하신 하느님께서는 교만으로 심각한 상처를 입은 인간을 치유하러 오셨습니다. … 시편 저자는 왜 "거만한 발길"이라고 말합니까? 인간은 교만해지면 하느님을 저버리고 떠나가 버리기 때문입니다.

• 아우구스티누스 『시편 상해』 36,17-18.[43]

튼튼하지 않은 마차

거만은 튼튼하지 않은 마차로서, 그것에 타는 이들은 금방 떨어지게 되어 있습니다. 겸손한 사람은 언제나 확고하게 서 있으며, 결코 거만한 발길이 그를 걸려 넘어지게 하지 못합니다.

• 폰투스의 에바그리우스 『악한 생각』 8,13.[44]

덕의 뿌리에서 뽑힌

죄인들의 행위로 제가 정의의 길에서 멀어지지 않게 하소서. 매우 자주 죄인들은 크게 번성하고 대단한 성공을 누립니다. 그것을 보면 우리의 충실성은 흔들리게 됩니다. 그러면 이 죄인들에게서 한 손이 몰래 빠져나와 우리를 덕의 뿌리에서 뽑아내 버립니다. 그러니 조심하고 또 조심하십시오. 하느님의 손이 당신 집에 심어 놓으신 이들을 원수의 손이 뿌리째 뽑지 못하게 하십시오.

• 암브로시우스 『열두 시편 해설』 36,27.[45]

[41] FC 27,208.
[42] *ACTP* 51*.
[43] *WSA* 3,16,87-88.
[44] *GAC* 88*.
[45] *ACTP* 51.

37,1-40 주님을 신뢰하라

악하고 방종한 자들이 비천한 이들을 적대할 때,
(이런 악행을 하는 자들은 곧 망하고 말 것이므로) 네가 비천한 이들에게
저들을 신경 쓰지도 말고 시샘하지도 말라고 권고하고 싶다면,
그들과 그대 자신을 위하여 시편 제37편을 읊으십시오.

아타나시우스『시편 해석에 관해 마르켈리누스에게 보낸 편지』18 [OIP 68]

1 [다윗]
(알렙) 너는 악을 저지르는 자들 때문에
격분하지 말고
불의를 일삼는 자들 때문에 흥분하지 마라.
2 그들은 풀처럼 삽시간에 스러지고
푸성귀처럼 시들어 버린다.
3 (베트) 주님을 신뢰하며 선을 행하고
이 땅에 살며 신의를 지켜라.
4 주님 안에서 즐거워하여라.
그분께서 네 마음이 청하는 바를 주시리라.
5 (기멜) 네 길을 주님께 맡기고
그분을 신뢰하여라.
그분께서 몸소 해 주시리라.
6 빛처럼 네 정의를 떠오르게 하시며
대낮처럼 네 공정을 밝히시리라.
7 (달렛) 주님 앞에 고요히 머물며
그분을 고대하여라.
제 길에서 성공을 거두는 자 때문에,
음모를 실행에 옮기는 사람 때문에
격분하지 마라.
8 (헤) 노여움을 그치고 성을 가라앉혀라.
격분하지 마라. 악을 저지를 뿐이다.
9 악을 저지르는 자들은 뿌리째 뽑히고
주님께 희망을 두는 이들은
땅을 차지하리니.
10 (와우) 이제 조금만 있으면
악인은 없어지리라.
그가 있던 자리를 살펴보아도
그는 이미 없으리라.
11 그러나 가난한 이들은 땅을 차지하고
큰 평화로 즐거움을 누리리라.
12 (자인) 악인이 의인을 거슬러
계교를 꾸미며
그를 향해 이를 가는구나.
13 주님께서 악인을 비웃으시니
그의 날이 다가옴을 보시기 때문이다.
14 (헤트) 악인들이 칼을 빼들고
활을 당겨
가련한 이와 불쌍한 이를 쓰러뜨리고
옳은 길 걷는 이들을 죽이려 하는구나.
15 그러나 그들의 칼은 자기들 가슴을
꿰찌르고
그들의 활은 부러지리라.
16 (테트) 의인이 가진 적은 것이
악인들의 많은 재산보다 낫다.
17 악인들의 팔은 부러지지만
의인들은 주님께서 받쳐 주신다.
18 (요드) 주님께서 흠 없는 이들의 나날을
아시니
그들의 소유는 길이길이 남으리라.⤴

19 그들은 환난 때에 부끄러운 일을
당하지 않고
기근 때에도 굶주리지 않으리라.
20 (카프) 그러나 악인들은 멸망하고
주님의 원수들은
초원의 화사함처럼 사라지리라.
연기 속에 사라지리라.
21 (라멧) 악인은 꾸기만 하고 갚지 않으나
의인은 너그럽게 베푼다.
22 그분의 복을 받은 이들은 땅을 차지하고
그분의 저주를 받은 자들은
뿌리째 뽑히리라.
23 (멤) 주님께서는 사람의 발걸음을
굳건히 하시며
그의 길을 마음에 들어 하시리라.
24 그는 비틀거려도 쓰러지지 않으리니
주님께서 그의 손을 잡아 주시기
때문이다.
25 (눈) 어리던 내가 이제 늙었는데
의인이 버림을 받음도,
그 자손이 빵을 구걸함도 보지 못하였다.
26 그는 늘 너그럽게 빌려주어
그 자손이 복을 받는다.
27 (사멕) 너는 악을 피하고 선을 행하여라.
그러면 길이 살리라.
28 주님께서는 올바른 것을 사랑하시고
당신께 충실한 이들을 버리지 않으신다.
(아인) 그들은 영원히 보호를 받지만
악인들의 자손은 뿌리째 뽑히리라.
29 의인들은 땅을 차지하여
언제까지나 그 위에 살리라.
30 (페) 의인의 입은 지혜를 자아내고
그의 혀는 올바른 것을 말한다.
31 자기 하느님의 가르침이 그의 마음에 있어
그 걸음이 흔들리지 않는다.
32 (차데) 악인은 의인을 엿보며
그를 죽이려 꾀하지만
33 주님께서는 그를 그 손에
버려두지 않으시고
심판 때에 그를 단죄하지 않으시리라.
34 (코프) 너는 주님께 바라고
그분의 길을 따라라.
그분께서 너를 들어 올려
땅을 차지하게 하시고
너는 악인들이 뿌리째 뽑힘을
즐거이 보리라.
35 (레시) 나는 악인이 폭력을 휘두르며
푸른 월계수처럼① 뻗어 감을 보았다.
36 그러나 그는 지나자마자② 이내 사라져
나 그를 찾아보았으나 눈에 띄지 않았다.
37 (쉰) 흠 없는 이를 지켜보고
올곧은 이를 살펴보아라.
평화로운 이에게는 후손이 이어지리라.
38 죄인들은 모두 멸망하고
악인들의 후손은 뿌리째 뽑히리라.
39 (타우) 의인들의 구원은 주님에게서 오고
그분께서는 곤경의 때에
그들의 피신처가 되어 주신다.
40 주님께서 그들을 도와 구하시고
악인들에게서 빼내어 구원하시니
그분께 몸을 피한 까닭이다.

① 그리스어 본문은 '레바논의 향백나무처럼'; 히브리어 본문의 의미는 확실하지 않다.
② 히브리어 본문; 그리스어, 시리아어, 히에로니무스 본문은 '내가 지나다 보니 그는'이다.

둘러보기

시편 제37편은 바람직한 행위에 관한 권고인데, 이는 다윗이 경험을 통하여 배운 것이다(테오도레투스). 우리는 모두 악한 자의 번영을 보면 유혹을 받는 전형적인 약함을 지니고 있다(디오도루스). 하지만 그들을 본받으려는 유혹은 피해야 한다(암브로시우스). 악인은 한철만 자라는 식물과 같지만 의인은 그리스도 안에 깊이 뿌리를 내린다(아우구스티누스). 우리 마음을 가꾸고(오리게네스), 주님과 한결같은 친교를 유지하자(테오도레투스). 신적인 사치를 추구하자(오리게네스). 선을 드러내어라(디오도루스). 그리고 하느님께 자신을 바쳐라(테오도레투스). 네 믿음이 의로움으로 드러나게 된다(아우구스티누스). 감추어진 심판이란 없다(암브로시우스). 하느님께서 다스리신다(테오도레투스). 하느님은 능력이 있으시며, 신뢰할 수 있다(아우구스티누스).

분노는 여러 가지 악덕의 원천이다(바실리우스). 화가 나는 것을 느끼거든 화를 가라앉히고(암브로시우스), 하느님께서 네게 약속하신 것을 기억하라(아우구스티누스). 악인은 피할 수 없는 벌을 맞게 된다(몹수에스티아의 테오도루스). 하느님께서 하시는 파괴는 총체적이고 완전하기 때문이다(에바그리우스). 우리는 초점을 다시 맞출 필요가 있다(테오도레투스). 그리고 연민과 다정함을 추구해야 한다(로마의 클레멘스). 악인의 심판뿐만 아니라 번영도 하느님의 예지에 따라 일어난다(디오도루스). 그것들은 하느님의 계획에 따라 어떤 기능을 수행한다. 그런데 그 기능은 언젠가는 끝난다(아우구스티누스). 우리는 온유한 사람이 되라는 권고를 받는다(디다케). 하느님은 온유한 이들 가운데 머무르시며(암브로시우스), 그분께서 그들의 평화가 되실 것이다(아우구스티누스). 온유한 이들은 다가올 세상을 상속받는다(카시오도루스).

악인은 의인을 공격하지만, 의인에 의해 유죄 선고를 받는다(카시오도루스). 악인의 공격은 날마다 일어난다(소 아르노비우스). 그러나 하느님께서는 우리에게 위로의 수단들을 주신다(카시오도루스). 악인의 칼은 성령의 칼과 반대된다(암브로시우스). 우리는 그들을 두려워할 필요가 없다. 그들은 성공하지 못할 것이다(몹수에스티아의 테오도루스). 사실 그들은 스스로를 해할 따름이다(아우구스티누스). 유혹하는 생각들은 분석적인 반성을 통해 물리칠 수 있다(에바그리우스). 주님은 당신의 지식으로 우리를 당신의 소유로 만드시고(디오도루스), 그분의 눈은 우리의 나날을 비추어 준다(암브로시우스). 의인은 하느님의 섭리 안에서 기쁨을 발견한다(테오도레투스). 하느님께 바라는 이들은 부끄러움을 당할 일이 없다(아우구스티누스). 그러나 악인은 금방 사라진다(암브로시우스). 그들의 삶은 허망하다(아우구스티누스).

의인은 친절을 베푸는 데 관대하며(테오도레투스), 자신이 받은 것을 감사로 되갚는다(아우구스티누스). 하느님께서 주시는 힘으로(풀겐티우스) 우리는 그리스도의 길을 따라 걸어야 한다(아우구스티누스). 하느님께서는 도움을 주시며(테오도레투스), 당신께 속한 사람을 포기하지 않으시고(암브로시우스), 그에게 늘 하늘의 빵을 주신다(오리게네스). 우리는 복음을 빌려주는 사람이 되어야 한다(암브로시우스). 우리는 악을 삼가기만 해서는 안 되며 선행을 실천하는 데까지 나아가야 한다(아우구스티누스).

사람을 파괴하는 것은 모두 망하고 만다(카시오도루스). 의인은 하느님의 말씀을 마음에 간직하며(아우구스티누스), 입에는 지혜가 있어(암브로시우스), 그 입으로 주 예수님에 관하여 말한다(암브로시우스). 그렇게 함으로써 그들은 어떻게 처신해야 하는지를 배운다(테오도레투스). 이것은 악인의 적개심을 불러일으키지만 하느님께서는 우리를 지켜 주신다(암브로시우스). 우리는 그분의 명령에 순종함으로써 기대에 찬 삶을 산다(몹수에스티아의 테오도루스). 그래서 우리는 말씀과 함께 주님을 기다린다(소 아르노비우스). 결과적으로 의인은 인생에 대한 올바른 관점을 갖게 된다(암브로시우스). 모든 것이 어떻게든 이 세상을 지나갈 것이다(카시오도루스). 의인이 구원받을 때 악인은 멸망한다(소 아르노비우스). 구원은 오직 하느님에게서 오며(암브로시우스), 하느님께 바라는 이들에게 주어진다(테오도레투스, 카시오도루스).

37,1ㄱ 표제: 다윗의 시편

경험에서 나온 권고

거룩한 다윗은 경험을 통하여 온화함이 숱한 선익을 가져온다는 것과, 불의를 일삼는 거만한 자들에게는 그들의 삶에 어울리는 비참한 종말이 닥친다는 사실을 깨달았습니다. 다윗은 이 교훈을 사울과 압살롬, 그리고 그들과 비슷한 일들을 저지른 다른 이들을 통하여 얻게 되었습니다. 그래서 그는 '인생에 닥쳐온 곤란을 좋은 마음으로 받아들이고, 악인의 번영과 성공을 축복이라 여기지 말며, 오히려 악인을 비참한 자라고 부르라'고 촉구하며 모든 이에게 권고하고 있습니다.

• 키루스의 테오도레투스 『시편 주해』 37,1.[1]

37,1ㄴ 격분하지 마라

전형적인 약함

인간인 우리는 누구나 부자들, 특히 부정직한 부자들이 번영을 누리는 것을 보면 마음이 불편해집니다. 그래서 시편 저자는 처음부터 바로 이런 권고를 합니다. 악인이 부유하다 하더라도 그들을 본받지 말며, 법을 어기는 자들이 사악함으로 부를 축적했다 하더라도 그들을 본받지 마십시오. 왜 그래서는 안 됩니까? 그들이 비록 잠깐 동안은 부유하더라도 급격히 몰락하기 … 때문입니다. 시편 저자는 적절하게 그들을 꽃에 비유합니다. 꽃은 잠시 눈을 즐겁게 하지만 열기를 견디어 내지 못하고 곧장 시들어 버립니다.

• 타르수스의 디오도루스 『시편 주해』 37.[2]

본받으려는 유혹

사기와 속임수로 부와 영예를 얻은 이들을 보고 선한 이들이 몹시 샘을 내며 그들을 본받으려 하는 일이 드물지 않게 일어납니다. 그들도 비슷한 속임수와 위법 행위로 부와 명성을 얻으려는 유혹을 받습니다. 악행과 사기를 흉내 내는 자가 되지 마십시오. 오히려 사도들의 가르침과 예언의 은총, 성인들의 덕행을 본받는 자가 되십시오. 그러면 여러분은 열매를 맺고 선행의 결실을 거두게 될 것입니다.

• 암브로시우스 『열두 시편 해설』 37,11.[3]

37,2 풀처럼 스러지다

깊은 뿌리

여러분에게는 늦어 보이는 것이 하느님께는 빠릅니다. 하느님께 순종하십시오. 그러면 그것은 여러분에게도 빠르게 보일 것입니다. 우리는 여기서 "풀"이라는 단어는 바로 다음에 나오는 "푸성귀"와 같은 의미로 받아들입니다. 풀이나 푸성귀는 뿌리가 깊지 않아 토양의 표면에 붙어 있는 하찮은 것들입니다. 이것들은 겨울에는 잘 자라다가 태양이 뜨겁게 내리쬐는 여름에는 시들어 버립니다. 현세는 여러분의 겨울입니다. 여러분의 영광은 아직 드러나지 않았습니다. 그런

---

[1] FC 101,222. [2] WGRW 9,115-16.

[3] *ACTP* 58.

데 여러분은 겨울나무처럼 애덕의 깊은 뿌리를 가지고 있습니다. 그래서 추운 날씨가 지나가고 여름(심판 날 말입니다)이 오면 풀은 말라 버리겠지만 여러분의 영광은 나무의 잎사귀들처럼 터져 나올 것입니다. "여러분은 이미 죽었다"고 바오로 사도는 말합니다. 여러분은 겨울의 나무들처럼 죽은 것 같고, 바싹 말라서 생명이 없는 것처럼 보입니다. 우리가 죽었다면 우리에게 무슨 희망이 있습니까? 우리는 우리 안에 뿌리를 간직하고 있고, 우리의 뿌리가 내려진 곳에 우리의 생명이 있습니다. 그곳에 우리의 사랑이 있기 때문입니다. 사도는 계속해서 말합니다. "여러분의 생명은 그리스도와 함께 하느님 안에 숨겨져 있습니다"(콜로 3,3). 이런 뿌리를 가진 이가 어떻게 시들어 버릴 수 있겠습니까? 그런데 봄은 언제 우리에게 옵니까? 여름은요? 언제 우리는 아름다운 잎들로 치장하게 될까요? 언제 맛있는 열매를 주렁주렁 맺을 수 있을까요? 그때는 언제일까요? 바오로의 다음 말씀을 들어 보십시오. "여러분의 생명이신 그리스도께서 나타나실 때, 여러분도 그분과 함께 영광 속에 나타날 것입니다"(콜로 3,4).

• 아우구스티누스 『시편 상해』 37,3.[4]

37,3 선을 행하며 이 땅에서 살아라

네 마음을 가꾸어라

여기에서 "땅"은 듣는 이의 마음과 영혼을 가리킵니다. 그래서 지금 우리가 바로 "이 땅"에서 살라는 명령을 듣고 있는 것입니다. 곧, 이 땅에서 멀어지지도 말고, 이리저리로, 여기저기로 달려가지도 말며, 우리 영의 경계 안에 살면서 확고하게 서 있으라는 것입니다. 그리고 이 땅을 주의 깊게 살펴보고 노아가 그랬듯이 땅을 경작하는 사람이 되어야 합니다. 그 안에 포도나무를 심고, "묵혀 둔 우리 영의 땅을 갈아엎고, 가시덤불에는 씨를 뿌리지 않기"(예레 4,3) 위하여 우리 내면에 있는 그 땅을 경작해야 합니다. 곧, 우리의 영에서 결점들을 없애고, 온화함으로 거칠고 험한 것들을 다듬으며 그리스도를 본받음으로써, 마침내 우리가 그 땅에서 나는 풍요로움으로 살 수 있게 합시다.

• 오리게네스 『시편 제36-38편 강해』 37,3.[5]

37,4 주님 안에서 즐거워하여라

하느님과 끊임없이 대화하는 이

시편 저자는 이 모든 것을 통해 하느님을 신뢰하는 것이 가져올 유익에 대해 가르치고 있습니다. '하느님을 믿고 하느님으로 사는 이는 하느님께서 주시는 좋은 것들을 누리게 되며, 하느님과 끊임없는 대화를 즐기는 사람들은 누구보다 확실히 그것을 얻게 된다'고 그는 말합니다.

• 키루스의 테오도레투스 『시편 주해』 37,2.[6]

신적인 사치

"필요한 것"이란 살기 위하여 반드시 있어야 할 것들을 말합니다. 그래서 물질적인 것에 이 표현을 적용하면, 사실 대부분의 것들은 필요하지 않고 다만 바오로가 말한 몇 가지만 필요하다고 말할 수 있습니다. "입을 것과 먹을 것이 있으면, 우리는 그것으로 만족합시다"(1티모 6,8). [그런가 하면] 부와 사치로 축적된 것들은 호화롭게 사는 이들이 누리는 풍요로움의 결과입니다. 이런 것들은 반드시 있어야 하거나 절대적으로 필요한 기본적인 것이 아니라 잉여의 것들입니다. 신적인 문제의 영역에서도 우리에게 반드

[4] *WSA* 3,16,94.
[5] SC 411,72.
[6] FC 101,222-23.

시 필요한 것들이 있습니다. 그것들은 우리에게 생명을 주고, "나는 생명이다"라고 말씀하시는 분 안에 머물게 해 줍니다. 이런 것들을 대체하는 것은 꼭 필요한 것들을 대체하는 것이라고 말할 수 있습니다. "주님 안에서 즐거워하여라. 그분께서 네 마음이 청하는 바를 주시리라." 이것은 다음의 것들을 모두 포함합니다. 곧, 호화로운 낙원과 관련된 것으로 보이는 것, 부와 영광에 관련된 것, 곧 지혜의 왼손에 들려 있는 것들을 모두 포함합니다. 성경에 "지혜의 오른손에는 장수가, 그 왼손에는 부와 영광이 들려 있다" (잠언 3,16)라는 말씀이 있는데, 지혜의 왼손이란 이 말씀에 따른 것입니다. 어떤 이는 이것들은 필요를 훨씬 넘어서는 것이라고 말할 것입니다.

• 오리게네스『요한 복음 주해』32,106.[7]

37,5 주님을 신뢰하여라

누구나 알 수 있게 선하게 되어라

선을 추구하는 데 신실하고, 악하면서 정직한 체하지 마십시오. 대신 누구나 알 수 있게 선하게 되십시오. 곧, 아무런 위장도 하지 마십시오. 그리하면 하느님께서 여러분에게 누구나 알 수 있도록 선으로 갚아 주실 것입니다.

• 타르수스의 디오도루스『시편 주해』37.[8]

너 자신을 하느님께 바쳐라

시편 저자는 말합니다. '그대 자신과 그대의 행위를 하느님께 바치시오. 그리고 그분에게서 오는 은총을 기대하십시오. 하느님 편에서는 재판관답게 공정한 판결을 내리실 것이며, 그대를 칭찬하시고, 대낮의 해처럼 모든 이에게 알려질 정도로 그대를 유명하게 만드실 것입니다.'

• 키루스의 테오도레투스『시편 주해』37,2.[9]

37,6 대낮의 빛

신앙은 의로움임이 드러날 것이다

여러분의 의로움이 지금은 감추어져 있습니다. 그것은 믿음 안에서만 현실이며, 보여 줄 수 있는 그 무엇은 아닙니다. 여러분은 여러분이 행동하도록 촉구하는 무엇인가를 믿습니다. 하지만 자기가 믿고 있는 것을 아직은 보지 못합니다. 여러분이 믿음의 대상을 보기 시작할 때 여러분의 의로움이 빛으로 인도될 것입니다. 여러분의 믿음 자체가 언제나 여러분의 의로움이었습니다. 믿음으로 사는 이는 의롭기 때문입니다.

• 아우구스티누스『시편 상해』37,6.[10]

감추어진 심판이란 없다

하느님께서는 [정의]가 빛으로 드러나게 하십니다. 하느님께서는 심판이 감추어진 채로 있는 것을 허락하지 않으십니다. 하느님께서는 여러분이 행하기로 선택한 선과 거부한 악을 드러내십니다. 하느님께서는 여러분의 공정이 빛나게 하실 뿐만 아니라 그것이 대낮의 해처럼 빛나게 하십니다.

• 암브로시우스『열두 시편 해설』37,15.[11]

37,7 인내롭게 주님을 고대하여라

하느님께서 다스리신다

사악함을 선택하고 자신의 목적에서 벗어나지 않은 채 하류로 쓸려 가는 사람을 보더라도, 아무도 세상을 장악하고 있지 않으니 걱정하거나 염려하지 마십시오.

• 키루스의 테오도레투스『시편 주해』37,3.[12]

---

[7] FC 89,362.
[8] WGRW 9,116.
[9] FC 101,223.
[10] *WSA* 3,16,96.
[11] *ACTP* 61.
[12] FC 101,223.

하느님은 언제든 주실 수 있고 신뢰할 수 있다

여러분이 [하느님께] 복종한다는 것을 어떻게 보여 줄 수 있을까요? 그분께서 명령하신 것을 행하는 것입니다. 여러분은 아직 보상을 받지 못하였습니다. 하지만 그것은 여러분이 아직 그것을 받을 수 없기 때문일 수 있습니다. 그분은 그것을 언제든 주실 수 있으시지만 여러분이 아직 그것을 받을 수 없습니다. 여러분의 일을 열심히 하고 포도밭에서 수고하십시오. 그리고 저녁이 오면 품삯을 청하십시오. 여러분을 포도밭으로 데려오신 그분은 신뢰할 수 있기 때문입니다.

• 아우구스티누스 『시편 상해』 37,8.[13]

37,8 노여움을 그쳐라

많은 악덕의 원천

이성을 현명하게 사용함으로써 분노의 쓴 뿌리를 잘라 낼 수 있다면, 여러분은 많은 악덕의 원천인 그것과 더불어 다른 많은 악덕도 없앨 수 있을 것입니다. 속임수, 의심, 불신, 악의와 배신, 성급함 같은 악덕의 잡목림 전체가 바로 이 악덕에서 나온 가지들입니다. … 분노는 영혼의 병이며, 이성 위에 덮인 어둔 안개입니다. 그것은 하느님으로부터 멀어지게 하고, 친척들 간의 결속을 잊어버리게 하며, 분쟁의 원인이 되는 재난 그 자체입니다. 그것은 우리 영혼에서 태어난 사악한 마귀이며, 뻔뻔스러운 임차인과 같이 우리 내면을 미리 점령하여 성령이 들어오실 입구를 막아 버립니다.

• 대 바실리우스 『분노하는 이들 반박』.[14]

분노를 가라앉혀라

분노는 보통 사람들뿐 아니라 지혜로운 사람들도 파괴합니다. 다윗은 현명한 이들에게 경고하며 이렇게 말합니다. "노여움을 그쳐라." 일단 불이 붙으면 그 불꽃이 그를 태우지 않고는 꺼지지 않을 것이기 때문입니다. 그는 말합니다. "성을 가라앉혀라." 이 말의 뜻은 이것입니다. '본성이 너를 붙잡고 네 감정을 자극하면, 너는 너를 화나게 한 약간의 무례함, 어떤 잘못에 대해 흥분하며 화를 내기 시작한다. 하지만 아직은 화를 멈출 수 없는 지점에 이른 것이 아니라면 바로 그때 화를 가라앉혀라. 그때 멈추지 않으면 그것이 너를 죄로 끌어들일 것이다.'

• 암브로시우스 『열두 시편 해설』 37,18.[15]

하느님의 약속을 기억하라

그리스도를 믿습니까? 그렇습니까? 그렇다면 왜 믿습니까? 그분께서 여러분에게 무엇을 약속하셨습니까? 그리스도께서 여러분에게 이 세상에서의 행복을 약속하셨다면, 그럼 가서 그분에게 불평하십시오. 믿지 않는 이가 행복한 것을 보면 불평하십시오. 그런데 사실 그분께서는 어떤 종류의 행복을 여러분에게 약속하셨습니까? 죽은 이들이 다시 살아날 때의 행복뿐입니다. 그분께서 여러분에게 이 세상에서 약속하신 것은 무엇입니까? 그분께서 몸소 겪으셨던 것뿐입니다. 그렇습니다. 그분은 여러분이 당신의 경험을 나누어 가질 것임을 약속하셨습니다. 종이며 제자인 여러분이 그것을 경멸합니까? 여러분의 주님이요 스승이신 분께서 겪으신 것을 경멸합니까? 그분께서 직접 하신 말씀이 생각나지 않습니까? "제자는 스승보다 높지 않고 종은 주인보다 높지 않다"(마태 10,24; 요한 13,16). 그분은 여러분을 위하여 고통스러운 채찍질과 모욕, 십자가

[13] *WSA* 3,16,97.

[14] FC 9,460-61.

[15] *ACTP* 64*.

와 죽음을 견디셨습니다. 의로우신 그분께서 받아 마땅하신 것이 이 가운데 무엇입니까? 죄인인 여러분이 받아 마땅하지 않은 것이 무엇입니까? 늘 조심하며, 분노로 빗나가는 일이 없도록 하십시오.

• 아우구스티누스 『시편 상해』 37,9.[16]

37,9 악인은 뽑혀 나간다

확실한 벌

자기가 원하는 것은 무엇이든지 할 수 있는 위치에 있는 사람들을 행복하다고 생각하지 마십시오. 그들이 가혹한 운명을 전혀 겪지 않는 것을 보고 여러분도 악을 행하려는 마음은 잠시라도 먹지 않도록 하십시오. "악을 저지르는 자들은 뿌리째 뽑혀 나갈 것"이기 때문입니다. 사악함의 죄가 있는 자들은 언젠가 충분한 대가를 치르고 멸망하게 될 것입니다.

• 몹수에스티아의 테오도루스 『시편 해설』 37,8B-9A.[17]

진정한 파멸

하느님에게서 잘려 나가는 것 말고는 아무것도 파괴되지 않습니다.

• 폰투스의 에바그리우스 『시편 발췌 주해』 36[37],9.[18]

초점을 다시 맞추어라

그들이 번영을 누리는 것에 관심을 두는 대신에 그들의 끝을 기다리십시오. 그러면 그들의 파멸을 보게 될 것입니다.

• 키루스의 테오도레투스 『시편 주해』 37,3.[19]

연민과 다정함

그러므로 형제들이여, 우리는 거만하고 난폭하게 자신을 지도자로 내세우는 자들을 가증스러운 시샘으로 따라 할 것이 아니라, 오히려 하느님께 순종해야 합니다. 이것이 올바르고 바람직한 것입니다. 우리를 올바른 것에서 멀어지게 하기 위하여 분쟁과 선동을 시작하는 이들의 의도에 생각 없이 우리 자신을 내맡긴다면, 우리는 보통의 해악 정도가 아니라 엄청난 위험을 초래하게 됩니다. 우리는 우리를 만드신 분의 연민과 다정함을 본받아 서로에게 선한 사람이 됩시다.

• 로마의 클레멘스 『코린토 신자들에게 보낸 첫째 편지 = 클레멘스의 첫째 편지』 14.[20]

37,10 악인은 없어지리라

하느님의 예지

악인이 부자가 되어 갈 뿐만 아니라 의인을 거슬러 음모를 꾸미기까지 합니다. 다 하느님의 허락으로 일어나는 일입니다. 그러니 그것 때문에 놀라지 마십시오. 하느님께서는 당신의 예지로 악인의 운명을 알고 [계시고] 의인의 인내를 [보고 계십니다.] … 하느님께서는 [악인의] 운명을 미리 보시고, 악인의 위협과 격분을 업신여기십니다. 하느님은 미래를 아시기 때문입니다. 그래서 많은 경우 악인들이 자기가 의인보다 더 나은 것을 얻었다고 생각하는 바로 그때에 갑작스러운 파멸이 그들을 덮칩니다. 하느님께서 예기치 않은 벌로 그들을 치시는 것입니다.

• 타르수스의 디오도루스 『시편 주해』 37.[21]

악인의 기능은 끝난다

"그가 있던 자리"란 무엇을 말합니까? 그의 기능입니다. 죄인들이 어떤 기능을 한다는 말입니까? 그렇습니다. 하느님께서는 의인들을 시험

[16] *WSA* 3,16,98.
[17] WGRW 5,421.
[18] PG 12,1317.
[19] FC 101,223.
[20] ANF 1,8**.
[21] WGRW 9,117.

하시기 위하여 이 세상에서 죄인들을 이용하십니다. 하느님께서 욥을 시험하시기 위하여 악마를 이용하셨고, 그리스도를 배반하도록 유다를 이용하신 것과 같습니다. 그러니까 죄인은 이 세상에서 어떤 역할을 맡는 것이며, 이 역할이 바로 그가 있는 "자리"입니다.

• 아우구스티누스 『시편 상해』 37,11.[22]

37,11 온유한 이들은 땅을 차지한다

온유해져라

온유해지십시오. "온유한 이들은 땅을 차지할 것"이기 때문입니다. 인내롭고, 자비하며, 악의가 없고, 유순하며, 부드럽고, 모든 점에서 그대가 들은 "말씀을 두려워하는" 이가 되십시오. 자신을 높이지 말고, 영혼이 불손해지지 않게 하십시오. 교만한 자들과 가까이하지 말며, 선하고 겸손한 이들과 어울리십시오. 하느님 없이는 아무것도 일어나지 않는다는 것을 알고 그대에게 오는 모든 곤란을 좋은 일인 양 받아들이십시오.

• 『디다케: 열두 사도들의 가르침』 3,7-10.[23]

하느님은 온유한 이들 가운데에서 쉬신다

땅을 차지하는 것은 그들의 권리입니다. 왜냐하면 하느님께서 그들 안에서 쉬시기 때문입니다. 우리는 이사야가 말한 거룩한 예언 말씀에서 이것을 확인할 수 있습니다. "가련한 이와 넋이 꺾인 이, 내 말을 떨리는 마음으로 받아들이는 이가 아니라면 내가 누구에게 가서 쉴 것인가?" (이사 66,1-2). 누가 온유한 자입니까? 쉽게 분노하지 않으며, 말싸움에 재빠르지 않은 이들입니다. 그들은 화 때문에 곤란한 일을 겪지도 않고, 격노로 미치는 일도 없고, 격렬한 잔인성으로 불타지도 않습니다. 그들은 육체 안에 사는 동안 술이나 잔치, 부요함보다는 주님의 평화를 사랑합니다. 그들은 영원한 은총을 얻기 위하여 육체의 쾌락과 기쁨을 포기하고자 합니다. 이들이 "큰 평화로 즐거움을 누릴" 사람들입니다.

• 암브로시우스 『열두 시편 해설』 37,22.[24]

하느님께서 네 평화가 되시리라

평화는 여러분의 금이요 은, 넓은 부동산이 될 것이며 또한 여러분의 생명 자체가 될 것입니다. 여러분의 하느님이 여러분의 평화가 되실 것입니다. 여러분이 무엇을 바라든지 평화는 여러분을 위한 것이 될 것입니다. 이 세상에서 금은 여러분에게 은이 될 수 없고, 술은 여러분에게 빵이 될 수 없습니다. 여러분에게 빛을 주는 것은 여러분에게 술을 줄 수 없습니다. 하지만 여러분의 하느님은 여러분에게 전부가 되실 것입니다. 여러분은 그분으로 먹고살 것입니다. 그러면, 여러분은 결코 배고플 일이 없습니다. 여러분은 그분을 마실 것입니다. 그러면 결코 다시 목마르지 않을 것입니다. 여러분은 그분의 빛을 받을 것이니, 결코 눈멀지 않을 것입니다. 여러분은 그분의 도움을 받아 약함에서 구원받을 것입니다. 그분은 여러분을 온전히, 나뉨이 없이 소유하실 것입니다. 여러분의 소유주이신 그분께서 온전하고 나뉨이 없으신 분이시기 때문입니다. 그분과 함께라면, 여러분은 아무것도 부족하지 않을 것입니다. 그분과 함께 여러분은 존재하는 모든 것을 소유하기 때문입니다. 여러분은 그것을 모두 가질 것이며, 그분은 여러분에게 있는 모든 것을 소유하실 것입니다. 여러분과 그분은 하나가 될 것이며, 여러분을 소유하신 그분께

[22] *WSA* 3,16,100.

[23] FC 1,173-74*.

[24] *ACTP* 67-68*.

서는 이 한 가지를 가지실 것이고, 그것을 전적으로 소유하실 것이기 때문입니다.

• 아우구스티누스 『시편 상해』 37,12.[25]

장차 올 세상

온유한 이들은 장차 올 예루살렘, 언제나 달콤한 축복으로 가득한 도성을 차지할 것입니다. 이 도성에 사는 이들은 장사로 먹고사는 것이 아니라 하느님 안에서 누리를 기쁨으로 살 것입니다. 살기 위하여 혼자 애쓸 필요가 없으며, 그의 복된 정신이 바라는 모든 것을 평온함 속에서 받습니다. 그곳에서 내적 눈은 복된 굶주림으로 살이 찌고, 영혼은 보는 것만으로 새로워집니다. 주님의 얼굴을 바라봄으로써 바라는 모든 것이 주어지기 때문입니다.

• 카시오도루스 『시편 해설』 37,11.[26]

37,12 악인이 계교를 꾸민다

유죄판결

악인은 선한 태도를 키워 가는 의인을 보면 자신이 죄인으로 기소된다고 생각합니다. 그래서 이를 갈고 노발대발합니다. 그래서 의인을 타락시키려 하지만 그것이 안 되니까 즉시 의인의 목숨을 빼앗으려 듭니다.

• 카시오도루스 『시편 해설』 37,12.[27]

매일

조심하십시오. 악마는 매일 여러분을 주시하고 여러분에 대해 이를 갈고 있습니다. 그러나 [다음 구절에서 말하는 대로] 주님은 그들을 비웃으십니다. 그의 날이 다가오고 있음을 아시기 때문입니다.

• 소 아르노비우스 『시편 주해』 37.[28]

위로

우리에게 계시된 위로는 참으로 놀랍습니다. 곧 끝장날 것임을 우리가 아는 무모한 자가 누리는 사치를 누가 좋아하겠습니까? 시샘으로 당황하게 되지 않으려거든 주님께서 하시는 대로 합시다. 그의 몰락은 예견된 것이니 그를 비웃읍시다. 곧, 사라질 것이 확실한 그의 재산을 불행한 것으로 여깁시다. 그런 결과가 오고 말 것임을 확실하게 믿읍시다. 그것은 진리이신 분께서 우리에게 약속하신 것이기 때문입니다. 죄인은 일시적인 행복으로 점점 거만해지지만, 조롱의 대상이 되어 떠나갈 때가 올 것입니다.

• 카시오도루스 『시편 해설』 37,13.[29]

37,14 악인들이 칼을 빼 든다

다른 칼

악인들의 "칼"은 무엇입니까? 성령의 칼에 완전히 반대되는 것입니다. … 성령의 칼은 하느님의 말씀입니다. 악인의 칼은 사악한 말입니다. … 칼이 칼집에서 나오듯이 어리석고 짜증 섞인 말이 그들의 입에서 나옵니다. 그런 말들은 삼가고 묻어 두는 편이 더 낫지 않겠습니까? 주님의 말씀도 비슷한 방식으로 칼처럼 나옵니다. 죄인의 말이 그들의 칼이라면 그들이 당기는 "활"은 그들의 정신입니다. 그들이 쏘는 화살은 독기 품은 말입니다. 우리의 화살은 하느님의 말씀이신 그리스도이십니다.

• 암브로시우스 『열두 시편 해설』 37,24.[30]

---

[25] *WSA* 3,16,101.

[26] ACW 51,362.

[27] ACW 51,363*.

[28] CCL 25,50.

[29] ACW 51,363*.

[30] *ACTP* 69.

37,15 악인의 활은 부러진다

악인은 성공하지 못한다

죄인은 의인을 거슬러 음모를 꾸미고 온갖 방법으로 그것을 실행하려고 합니다. 그런데도 그들이 벌을 받지 않는다고 이를 갈며 억울해하지 마십시오. 하느님께서는 죄인이 언젠가 고통을 당할 것이며 의인을 거슬러 그가 꾸민 음모의 해악을 스스로 입게 될 것임을 아십니다. 그래서 하느님은 죄인의 음모를 경멸하십니다.

• 몹수에스티아의 테오도루스 『시편 해설』 37,15.[31]

악인은 스스로를 해친다

여러분은 어떻게 생각합니까? 저 무뢰한의 사악함이 자신을 해하지 않은 채 여러분을 해칠 수 있을까요? 물론 아닙니다. 나쁜 의지에서 나온 악의와 증오, 그리고 여러분을 해치려고 내두르는 채찍이 먼저 그 자신의 내면을 황폐하게 만들지 않고서 여러분을 어떻게 드러나게 해칠 수 있겠습니까? 불의는 그의 영혼을 썩게 합니다. 그가 여러분에게 어떤 시도를 하든지 그것은 그에게 되돌아갈 것입니다. 그의 박해는 여러분을 정화하고 그는 죄인이 되게 합니다. 그렇다면 누가 더 손해입니까? … 분명히 의인을 박해하는 이가 훨씬 더 심각한 손상을 입고, 더 심한 상처를 입게 됩니다. 그들의 경우에 황폐해지는 것은 그들의 영혼이기 때문입니다.

• 아우구스티누스 『시편 상해』 37,3.[32]

악을 물리치는 법

원수들 가운데 하나가 그대에게 다가와 상처를 입히려고 할 때, 성경 말씀대로 "그가 자기 칼에 가슴을 꿰찔리도록" 하고 싶다면 우리가 말하는 대로 하십시오. 그가 그대에게 쏟아부은 악의적 생각들을 그대 안에서 잘 식별하십시오. 먼저, 그것을 있는 그대로 보며, 그 안에 얼마나 많은 요소들이 있는지를 보십시오. 그리고 그중에 어떤 것들이 그대의 마음을 가장 괴롭히는지를 식별하십시오. … 이렇게 주의 깊게 검토를 하다 보면 그 악의적 생각들은 무너져 사라질 것입니다. 그대의 지성이 이런 지식의 높이에까지 이르게 되면 마귀는 그대에게서 달아날 것입니다.

• 폰투스의 에바그리우스 『악한 생각』 19.[33]

37,16 적은 것이 더 낫다

더 나은 결과

현 세상의 몇몇 비종교적인 철학자들처럼 어떤 사람은 논쟁에 있어서 부자입니다. 그들은 천체의 운동과 별들의 움직임, 목성과 토성, 인간의 세대와 우상에게 바치는 제사, 기하학과 변증법에 관하여 논쟁할 수 있습니다. 따라서 이런 철학자들은 웅변술에 있어서 부자입니다. 그들은 매우 달변이지만 신앙에 있어서 가난하며, 진리에 있어서도 빈곤합니다. 반면에, 주님의 사제들은 단순한 사람들이 대부분입니다. 그들은 웅변술에서는 보잘것없지만 금욕과 덕행에 있어서는 숭고합니다. 철학자들은 많은 사람들에게 거짓말을 늘어놓지만, 사제들은 소수의 사람들에게 믿음을 설교합니다. 저자들은 매일 사제들을 잃고 있지만, 이 가난한 사제는 신자들의 수와 교회의 수를 늘려 가고 있습니다. 이 신자들이 하는 일의 질에 대하여 보고 들은 이들은 누구나 말할 것입니다. "의인이 가진 적은 것이 악인들의 많은 재산보다 낫다."

• 암브로시우스 『열두 시편 해설』 37,28.[34]

[31] WGRW 5,425.
[32] *WSA* 3,16,105.
[33] *GAC* 166.
[34] *ACTP* 72*.

37,18 주님께서 아신다

주님의 사람이 되다

시편 제1편은 "의인들의 길은 주님께서 알고 계시고"(시편 1,6)라고 말하는데, 지금 이 구절에서 "주님께서 … 아신다"라는 말도 같은 뜻입니다. 주님께서 의인들을 당신의 것으로 삼으신다는 의미이지요.

• 타르수스의 디오도루스 『시편 주해』 37.[35]

하느님의 눈

하느님의 눈은 빛입니다. 그래서 하느님께서는 당신께서 바라보시는 이들에게 빛을 주십니다. 하느님께서는 의인들의 나날을 바라보시기 때문에, 의인들의 나날들은 곧 그분은 눈입니다.

• 암브로시우스 『열두 시편 해설』 37,33.[36]

37,19 부끄러움을 당하지 않다

하느님의 섭리 안에서 느끼는 기쁨

흠 없는 삶을 살기로 선택한 이들은 섭리를 온전하게 누립니다. 비록 재난을 만나더라도 그들은 그것을 이겨 내며, 빈곤이 사방으로 퍼져 나가도 그들은 하느님에게서 충분하게 받습니다. 나아가 그들은 영원한 재산을 향유합니다.

• 키루스의 테오도레투스 『시편 주해』 37,6.[37]

부끄러움을 당하는 이

부끄러움을 당하는 이는 누구입니까? '내가 바라던 것을 찾지 못했다'고 말하는 사람입니다. … 그대는 그대의 희망이 환상이었다는 것에 부끄러움을 당하고 있습니다. 거짓말 위에 세워진 희망은 언제나 환상일 뿐이며 모든 죽을 존재는 거짓말쟁이입니다. 그대가 하느님께 희망을 둔다면 부끄러움을 당할 일이 없습니다. 누구도 속일 수 없는 분께 희망을 두었기 때문입니다. … 죄인들은 자신을 벗어나면 어디에도 쉴 곳이 없습니다. 밖은 고통뿐입니다. 하지만 그들의 양심도 그들에게 위로를 주지 못합니다. 그들은 자기 자신과 더불어 편안하지 않기 때문입니다. 나쁜 사람과 함께 사는 것이 편안할 리가 없습니다. 악한 사람들은 자신을 불쾌하게 여기면서 삽니다. 이런 사람들은 어쩔 수 없이 몹시 괴로워하는데, 괴롭히는 주체는 그들 자신입니다. 양심의 괴로움이 바로 그들이 받는 벌입니다. 그들은 원수에게서는 어디로든 달아날 수 있지만, 자기 자신에게서는 어디로 도망갈 것입니까?

• 아우구스티누스 『시편 상해』 37,9-10.[38]

37,20 악인들은 멸망한다

순식간에 사라지다

그리스인들은 영예와 칭송을 받던 사람이 실패로 인하여 아무것도 아닌 것이 되는 경우를 보여 줌으로써 이를 더욱 인상적으로 표현합니다. 그것은 확실히 강이 흘러가는 것과 같습니다. 여러분이 만약 강물이 여러분 쪽으로 흘러오기를 기다리고 있다면, 강물이 흘러온 것보다 훨씬 더 빨리 흘러간다고 생각할 것입니다. 강물은 여러분이 기다리고 있는 바로 그 순간에 벌써 여러분 앞을 획 지나가 버립니다.

• 암브로시우스 『열두 시편 해설』 37,39.[39]

---

[35] WGRW 9,118.

[36] *ACTP* 75.

[37] FC 101,224.

[38] *WSA* 3,16,110-11.

[39] *ACTP* 78.

연기처럼 사라지다

불이 타고 있는 곳에는 연기가 솟아나 피어오릅니다. 연기는 올라갈수록 소용돌이치면서 커다랗고 둥근 연기구름이 됩니다. 이 구름은 커지면 커질수록 점점 엷어집니다. 이 정도의 크기가 되면 연기구름은 더 이상 튼튼하고 견고한 무엇이 될 수 없습니다. 연기구름은 느슨하게 부풀어 마침내 공중으로 흩어져 사라져 버립니다. 보다 시피 연기구름의 최대 크기는 곧 그것의 해체를 의미한다고 할 수 있습니다. 높이 오르면 오를수록, 넓게 퍼지면 퍼질수록, 더 넓은 지역으로 뻗어 나가면 나갈수록, 그것은 점점 약해지고 엷어져서 마침내 사라져 버립니다.

• 아우구스티누스『시편 상해』37,12.[40]

37,21 의인은 너그럽게 베푼다

늘 친절을 베풀다

이처럼 사울은 거룩한 다윗이 언제나 친절히 돌보아 주었지만 친절을 친절로 되갚는 데 인색했습니다. 복된 다윗은 … 악한 이에게도 선한 이에게도 태양이 떠오르게 하시는 주님을 본받아 늘 친절을 보여 주었습니다.

• 키루스의 테오도레투스『시편 주해』37,7.[41]

감사

악인은 받기만 하고 갚지는 않습니다. 무엇을 갚아야 합니까? 감사입니다. 주는 것이 여러분에게 유익이 되기 때문에 하느님께서는 이것을 요구하십니다. 하느님께서 달리 무엇을 바라시고 요구하십니까? 죄인이 얼마나 많은 것을 받았습니까! 그러나 그는 갚지 않습니다.

• 아우구스티누스『시편 상해』37,13.[42]

37,23 하느님의 길을 걷다

힘을 주시다

하느님께서는 우리에게 새로운 마음을 주시어 우리가 당신께서 의롭다고 여기시는 길을 걷게 하십니다. 이것은 선의의 시작과 관련됩니다. 하느님은 또한 우리에게 힘을 주시어 우리가 당신의 공정을 지키고 실천하게 해 주십니다. 이것은 선행의 실천과 관련됩니다. 그러므로 우리는 선을 행하려는 의지와 선을 행할 수 있는 능력, 둘 다가 하느님에게서 온다는 것을 압니다. 다윗은 이에 전적으로 동의하며, 하느님의 관대하신 명령으로 선한 의지라는 은총이 주어진다는 것을 보여 줍니다.

• 루스페의 풀겐티우스『모니무스에게』1,8,3-9,1.[43]

그리스도의 길

일단 그리스도의 길을 따르기 시작하였으면 자신에게 부귀영화를 약속하지 마십시오. 그분은 힘든 길을 걸으셨지만 위대한 것들을 약속하셨습니다. 그분을 따르십시오. 여러분이 가야 할 길에 대해 너무 많이 생각하지 말고, 오히려 목적지에 대해 더 많이 생각하십시오. 여러분이 가는 길은 줄곧 험할 테지만 영원히 지속될 기쁨을 얻게 될 것입니다. … 하느님께서는 우리의 고생이 일시적일 뿐만 아니라 짧은 것이 되기를 원하셨습니다. 인간의 평생은 고작 며칠간 지속될 뿐입니다. 어려운 시기들 사이에 기쁜 시간들이 전혀 섞여 있지 않다 하더라도 그렇습니다. 사실은 기쁜 시기가 확실히 더 잦고, 힘든 시간들보다

[40] *WSA* 3,16,112.

[41] FC 101,225.

[42] *WSA* 3,16,113.

[43] FC 95,198.

더 오래 지속됩니다. 우리가 견디어 낼 수 있도록 어려운 시기는 [하느님의] 의도에 따라 더 짧고 드뭅니다. 어떤 사람이 평생을 고되고 쓰라린 일을 겪으며, 고통과 번민 속에서, 감옥에서, 전염병 속에서 보냈다 하더라도 그러합니다. 그가 매일, 매시간, 나아가 노년까지 평생을 굶주리고 목말라하며 살았다 하더라도 인간의 삶이 단 며칠에 불과하다는 것은 여전히 사실일 것입니다. 일단 이 모든 고생이 끝나면, 영원한 나라가 올 것이며, 끝없는 행복이 찾아오고, 천사와 같은 지위를 누리게 될 것이며, 그리스도의 상속 재산을 받고, 우리의 공동 상속자인 그리스도께서 오실 것입니다. 우리가 이 같은 큰 보상을 받는다면 그 고생이 무슨 대수입니까? … 여러분이 그리스도의 길을 선택하고 참된 그리스도인이 되면(그리스도인은 그리스도의 길을 거부하지 않고 그리스도께서 수난을 통해 걸어가신 그 길을 걸으려 하는 자입니다), 그분께서 걸으셨던 그 길이 아닌 다른 길로 나아가려 하지 마십시오. 그 길은 힘들어 보이지만 안전한 길입니다. 다른 길이 그럴듯해 보인다 하더라도 그것은 강도들이 막고 서 있는 길입니다.

• 아우구스티누스 『시편 상해』 37,16.[44]

37,24 주님께서 손을 잡아 주신다

하느님의 도움

하느님의 은총 없이 덕행의 길을 흠 없이 걷는 것은 불가능합니다. 그분께서는 이런 지향을 가진 이들과 함께 걸으십니다. 덕을 얻기 위해서는 인간의 열정과 하느님의 도움이 동시에 있어야 하기 때문입니다. 그래서 보다시피, 이 길을 걷는 이가 미끄러진다 하더라도 하느님께서 그를 도와주실 것입니다. 복된 다윗이 비틀거리며 불행에 빠질 위험에 처했을 때도 하느님의 은총이 그를 지탱해 주었습니다.

• 키루스의 테오도레투스 『시편 주해』 37,8.[45]

37,25 의인이 버림을 받음도

하느님께서 버리신 것이 아니다

이 구절을 글자 그대로 받아들인다면 그 의미는 분명합니다. 다윗은 자기 평생 의인이 버림받는 것을 결코 보지 못했다는 것입니다. 하지만 인생은 짧고, 다윗의 이 진술은 믿기지 않습니다. 권력자들로부터 박해를 받은 의인이 곧바로 사람들로부터 버림받은 경우를 우리는 수없이 보아 왔습니다. 그들이 공포와 악의 대상이 되고 있는 한 아무도 감히 그들 가까이 가려 하지 않습니다. 욥이 한 말을 기억하십시오. "내 형제들은 내게서 멀어지고 내 친구들은 남이 되어 버렸다네. 친척과 친지들은 떨어져 나가고 집안 식객들은 나를 잊었네"(욥 19,13-14). 다윗은 버림을 받았을 뿐만 아니라 친구들과 제일 가까운 집안 친족들의 공격을 받기까지 하였습니다. 그래서 그는 이렇게 말하였습니다. "제 동무들과 이웃들은 저의 재앙을 보고 물러서 있습니다"(시편 38,12). 어떻게 같은 인물이 정반대되는 진술을 할 수 있느냐고 물을 수 있습니다. 오직 다음과 같은 의미에서만 이 상황을 이해할 수 있습니다. 곧, 의인은 비록 세상의 버림을 받았다 하더라도 주님의 버림을 받은 것은 아닙니다. 잿더미에 앉아 있던 욥(욥 2,8 참조)도 주님의 버림을 받지 않았습니다. 천사들의 모임에서 주님은 직접 욥을 칭찬하셨고, 욥이 화관을 얻을 수 있도록 유혹을 받는 것만 허락하셨습니다. 하느님은 욥의 육체가 가혹한 시험을 겪게 하셨지만 그의 생명을 지

[44] *WSA* 3,16,115-16.

[45] FC 101,225-26*.

켜 주셨습니다.

• 암브로시우스 『열두 시편 해설』 37,58.[46]

의인의 빵

그들은 결코 기근에 짓눌리지 않을 것입니다. 그들의 빵은 "하늘에 계신 아버지의 뜻을 실행하는"(마태 7,21) 것이며, 그들의 영혼은 "하늘에서 내려오는 빵"(요한 6,50)으로 살기 때문입니다.

• 오리게네스 『창세기 강해』 16,3.[47]

37,26 늘 내어 주다

복음을 빌려주는 이들

이자를 받고 빌려주는 돈이 있는가 하면, 오직 친절 때문에 빌려주는 돈이 있습니다. 그런데 주님께서는 보답을 기대하십니다. 빌려준 돈은 현금으로 이자를 받고, 친절의 은총은 믿음의 성장이 이자입니다. 여러분의 믿음을 관대하게 이 방인에게 빌려주십시오. 그러면 여러분의 은총은 배가 될 것입니다. 가난한 이들처럼 빌리러 다니지 마십시오. 정말 부유한 사람처럼 행동하십시오. 빌려주고 큰 이익을 얻으십시오. 베드로도 빌려주었고, 바오로도, 복음사가 요한도 빌려주었습니다. 분명 그들은 가난하지 않았습니다. 그들이 빌려준 것은 그리스도의 돈이었습니다. 그들은 높은 이자를 물리지 않았습니다. 그러니 빌려주고, 안달하지 마십시오.

• 암브로시우스 『열두 시편 해설』 37,62.[48]

땅을 주고 하늘을 받다

돈을 빌려주는 이의 수법을 연구해 보십시오. 그는 적당히 주고 이윤을 붙여 돌려받기를 원합니다. 여러분도 그렇게 하십시오. 조금 주고, 많이 받으십시오. 여러분의 이자가 어떻게 늘어나는지 보십시오! 일시적인 부를 주고 영원한 이자를 요구하십시오. 땅을 주고 하늘을 얻으십시오.

• 아우구스티누스 『시편 상해』 37,6.[49]

37,27 악을 피하고 선을 행하여라

선한 행위를 계속하라

누군가의 옷을 훔치지 않았다고 그것으로 충분하다고 생각하지 마십시오. 다른 이의 옷을 빼앗지 않음으로써 그대는 악에서 돌아섰지만, 그 지점에서 말라 버려 불모로 남지 않도록 조심하십시오. 다른 사람들의 옷을 빼앗지 않도록 조심하는 것도 반드시 해야 하는 일이지만, 나아가 헐벗은 이를 입혀 주기도 해야 합니다. 이것이 악에서 돌아서서 선을 행하는 것입니다. "내가 그것으로 무엇을 얻는가?" 하고 묻습니까? 그대가 빌려주는 바로 그분이 이미 그대에게 줄 보상이 무엇인지 말씀하였습니다. 그분은 그대에게 영원한 생명을 주실 것입니다. 그러니 안심하고 그분께 주십시오.

• 아우구스티누스 『시편 상해』 37,8.[50]

37,28 악인들의 자손

멸망할 것

사람을 파괴하는 모든 것은 멸망합니다. 남아 있을 유일한 것들은 그가 주님의 나라에서 머물 수 있게 하는 것들입니다.

• 카시오도루스 『시편 해설』 37,28.[51]

[46] *ACTP* 89*.

[47] FC 71,218.

[48] *ACTP* 93.

[49] *WSA* 3,16,133.

[50] *WSA* 3,16,135.

[51] ACW 51,370*.

37,30 의인은 지혜와 정의를 말한다

하느님의 말씀

그의 마음속에 있는 하느님의 말씀은 사람을 올가미에서 빼내 주고, 그의 마음속에 있는 하느님의 말씀은 그가 굽은 길을 피하게 하며, 그의 마음속에 있는 하느님의 말씀은 미끄러운 곳에서 비틀거리지 않게 해 줍니다. 하느님의 말씀이 결코 그대의 마음을 떠나지 않는다면 하느님께서 그대와 함께 계십니다.

• 아우구스티누스 『시편 상해』 37,12.[52]

지혜의 입

의인은 하느님의 공정을 이야기할 때나 의롭고 지혜로 가득 찬 말을 할 때, 결코 화난 듯한 격렬한 어조로 말하지 않습니다. 쓰라린 마음으로 말하지도 않습니다. 그는 고뇌나 불만, 또는 어떤 격정에서 나온 말도 하지 않습니다. 그는 단순하게 진리를 말하고, 정직하고 올바르며, 공정한 것을 이야기합니다. 그는 개인적 감정에 따라 판단하지 않고 진리에 따라 판단합니다. 그리고 말해야 할 것과 말해서는 안 되는 것을 주의 깊게 구별합니다. 그는 다음 말씀이 말하고 있는 사람과 같습니다. "지혜로운 이들의 입술은 지식을 전한다"(잠언 15,7). 지혜로운 이가 말하는 것은 전부 건전한 일반 상식에 부합하는 것으로 보이며, 신중함의 안내를 받은 그들은 언제 침묵을 유지해야 하는지를 잘 압니다. 침묵을 지켜야 하는 일이라면 가슴속에 가두고 묻어 둡니다. 곧, 입술을 굳게 다뭅니다. 그러나 무엇인가를 말해야 하는 때는 단단히 맞물린 입술을 열어, 말해야 하는 것을 말합니다. 그러므로 "의인의 입은 지혜를 자아낸다"라는 예언자의 말은 옳습니다.

• 암브로시우스 『열두 시편 해설』 37,68.[53]

주 예수님과 이야기하라

주 예수님께 말씀드립시다. 그분은 지혜이시니까요. 그분은 말씀, 곧 하느님의 말씀이십니다. 성경은 말하지 않습니까? "하느님의 말씀께 네 입을 열어라"(잠언 31,8 참조). 그분의 말씀이 되울리게 하고, 그것을 묵상하십시오. 그러면 그대는 예수님을 호흡하게 될 것입니다. … 우리가 지혜에 관하여 말한다면, 그것은 그분에 관한 말입니다. … 우리가 진리와 생명과 구원에 관해 이야기한다면, 그 또한 그분에 관한 것입니다.

• 암브로시우스 『열두 시편 해설』 37,65.[54]

37,31 하느님의 가르침이 그의 마음에 있다

어떻게 처신해야 하는지 배우다

하느님의 말씀을 혀와 정신에 항상 담아 두고 그것에 늘 주의를 기울이라고 시편 저자는 말하였는데, 옳은 말입니다. 덕을 사랑하는 이는 이런 방법으로 어떻게 처신해야 하는지 배우며, 대담함과 확고함을 유지하면서, 그를 파멸시키려는 이들의 시도에 지지 않게 됩니다.

• 키루스의 테오도레투스 『시편 주해』 37,11.[55]

37,32 악인은 의인을 죽이려고 한다

하느님께서 우리를 굽어보신다

죄인은 입으로는 지혜를 말하고 마음으로는 지혜를 명상하는 의인을 견디지 못합니다. 죄인은 의인이 마음으로 주님의 법을 지키는 것을 보고, 의인이 죽을죄를 짓게 만들고자 전력을 다합니다. 하지만 주님께서 의인을 굽어보십니다. 우리는 죄인들이 놓은 올가미를 두려워할 필요가

[52] *WSA* 3,16,138.

[53] *ACTP* 98-99.

[54] *ACTP* 96.

[55] FC 101,227.

없습니다. 하느님께서 우리를 도우시기 때문입니다.

• 암브로시우스 『열두 시편 해설』 37,70.[56]

37,34 주님께 바라라

기대에 찬 삶

의인들은 죄인들의 공격을 받기 쉽습니다. 하지만 하느님께서는 의인이 죄인들의 선고에 완전히 넘겨지는 것을 허락하지 않으십니다. 그러므로 여러분이 환난에 떨어진다 하더라도 낙심하지 마십시오. 오히려 하느님의 명령과 계명을 지키고 그분께서 기뻐하시는 일에 주의를 기울이며, 여러분을 괴롭히는 고난 때문에 덕행에서 물러서지 말고, 하느님에게서 오는 도움을 기대하십시오. "그러면 그분께서 너를 들어 올려 땅을 차지하게 하시리라." 여러분이 이렇게 한다면, 비록 죄인들의 공격을 받기 쉽다 하더라도 그분께서 여러분을 보호하시고, 여러분이 땅을 차지할 것임을 확실하게 보장하심으로써 여러분을 드높여 주십니다. "너는 악인들이 뿌리째 뽑힘을 즐거이 보리라." 여러분은 그들의 계략에서 풀려날 뿐만 아니라 그들이 파멸하는 것을 보게 될 것입니다.

• 몹수에스티아의 테오도루스 『시편 해설』 37,34A-C.[57]

주님과 함께 기다리며

[의인의] 마음속에는 하느님의 법이 있어서 그는 길을 바꾸지 않습니다. 악마는 그를 지켜보고 모욕을 주고자 하지만, 하느님께서는 그가 심판을 받을 때 그를 버리지도 저주하지도 않으십니다. 주님께 바라며 그분의 길을 따르십시오. 그러면 여러분은 땅을 상속받고, 때가 되면 죄인들이 망하는 것을 보게 될 것입니다.

• 소 아르노비우스 『시편 주해』 37.[58]

37,35 향백나무처럼 높이 솟아오르다

관점

가장 높은 봉우리 위에 매우 높이 자란 향백나무가 있다고 합시다. 이런 나무도 바람으로 산산이 부서질 수 있습니다. 불에 타 버릴 수도 있습니다. 너무 오래되어 죽을 수도 있습니다. 이 세상의 부자들이 그러합니다. 그들은 화려하게 치장을 하고, 레바논 산처럼 세상의 빛나는 것들로 번쩍거립니다. 그들은 이 세상 권력의 지지를 받으며, 부요함과 돈으로 즐거워하며 환호합니다. 여러분에게는 부자가 무엇이나 되는 듯이 보입니다. 그러나 여러분이 이렇게 말할 때까지입니다. "건너가서 보아야겠다"(탈출 3,3). 모세가 물질적인 것들을 건너가서 정신과 영혼으로 하느님을 본 것처럼 여러분도 이 세상에서 건너가 마음의 발걸음을 하느님의 은총으로 들어 올린다면, 부자가 아무것도 아니라는 것을 알게 될 것입니다. 이 세상에서는 그들이 높고 힘 있어 보일지라도 그들은 아무것도 아닙니다.

• 암브로시우스 『열두 시편 해설』 37,77.[59]

37,36 악인은 사라져 버렸다

세상을 지나쳐 가라

세상을 지나가는 길은 두 가지입니다. 더 나은 동반자를 찾아서 세상을 버리거나, 죽어서 세상을 떠나거나 합니다. 매우 거룩한 삶을 통해 하느님께로 건너가는 사람은 권세를 휘두르는 죄인을 쳐다보지 않습니다. 그는 인간들이 자랑하는 모든 것은 무력하다는 것을 알기 때문입니다. … 죄인들에게 주어진 곳은 이 세상입

56 *ACTP* 100*.

57 WGRW 5,435-37.

58 CCL 25,51.

59 *ACTP* 103*.

니다. 여기에서 그들은 죄를 범하고, 일시적인 행복으로 부요할 뿐입니다. 그러나 결국 파멸하고 말 운명인 온 세상의 영광이 끝날 때, 세상은 죄인들이 이룬 것들과 더불어 다 무너지고 말 것입니다.

• 카시오도루스 『시편 해설』 37,36.[60]

37,38 죄인들은 멸망한다

의인이 구원될 때

하느님께서는 의인들이 시련을 당할 때 그들의 보호자이십니다. 구원이 하느님으로부터 의인에게 올 때 악인은 멸망합니다. 주님께서는 의인들을 도와주시고 해방시키시며, 죄인들에게서 빼내 주시고 구원하십니다. 그들이 우리 주 예수 그리스도께 바라기 때문입니다.

• 소 아르노비우스 『시편 주해』 37.[61]

37,39 주님으로부터 오는 구원

하느님만이

오직 하느님께만, 영원히 계시는 하느님께만 저를 맡깁니다. 죄를 용서하실 수 있는 하느님께만(마르 2,7 참조) 저는 제 구원을 의탁합니다. 그분은 환난의 때에 저의 보호자가 되실 것이며, 저를 돕고 구원하실 것입니다. 그분께서 심판을 내리실 때가 오면 저를 죄인들로부터 빼내 주실 것입니다. 제가 그분께 바랐으니 그분께서는 저를 구하실 것입니다. 저는 오직 그분만 바랐습니다. 저희가 그분과 다른 신을 함께 섬기는 것을 그분은 원하시지 않기 때문입니다. 하느님만을 섬기는 이는 해방됩니다. 찬미와 영광은 하느님의 것입니다. 그분만이 영원하십니다. 처음부터 이제와 영원히, 세세 대대에 모든 영광과 권세가 그분께 있나이다.

• 암브로시우스 『열두 시편 해설』 37,83.[62]

37,40 주님께서 의인을 도와주신다

그들이 주님을 바라기 때문에

의로움을 실천하는 이들은 … 하느님의 도움을 받고 구원을 얻을 것입니다. 그들은 오로지 하느님께만 희망을 두었기에 그들에게 악을 행하려 드는 자들을 이길 것입니다.

• 키루스의 테오도레투스 『시편 주해』 37,14.[63]

자유롭게 희망하라

이 해방의 이유는 "그들이 주님께 바랐다"[는 것입니다.] 그들이 죄를 짓지 않아서가 아니라 그들이 주님의 헌신적 사랑에 희망을 두었기 때문입니다. 이것은 주님께서 당신의 성도들에게 영원한 보상을 내리실 심판에도 적용됩니다.

• 카시오도루스 『시편 해설』 37,40.[64]

---

[60] ACW 51,374*.

[61] CCL 25,51-52.

[62] *ACTP* 106*.

[63] FC 101,228.

[64] ACW 51,376.

38,1-23 병중에 드리는 기도

주님께서 노여워하신다고 느낄 때,
이 때문에 지금 그대가 곤란을 겪고 있다고 생각한다면,
시편 제38편을 읊으면 좋을 것입니다.
아타나시우스 『시편 해석에 관해 마르켈리누스에게 보낸 편지』 15 [OIP 66]

1 [시편. 다윗. 기념으로]
2 주님, 당신 진노로 저를 꾸짖지 마소서.
당신 분노로 저를 벌하지 마소서.
3 당신의 화살들이 제게 내리쏟아지고
당신의 손이 저를 누릅니다.
4 당신의 노여움으로 제 살은 성한 데 없고
저의 죄로 제 뼈는 온전한 데 없습니다.
5 저의 죄악들이 제 머리 위로 넘쳐흐르고
무거운 짐처럼 저에게는 너무나
무겁습니다.
6 저의 미련함 때문에
제 상처는 냄새 피우며 썩어 갑니다.
7 저는 더없이 꺾이고 무너져
온종일 슬피 떠돌아다닙니다.
8 저의 허리는 염증으로 가득하고
저의 살은 성한 데 없습니다.
9 저는 쇠약해지고 더없이 으스러져
끙끙 앓는 제 심장에서
신음 소리 흘러나옵니다.
10 주님, 당신 앞에 저의 소원 펼쳐져 있고
저의 탄식 당신께 감추어져 있지
않습니다.
11 제 심장은 팔딱거리고
기운도 제게서 사라졌으며
저의 눈조차 빛을 잃었습니다.
12 제 동무들과 이웃들은
저의 재앙을 보고 물러서 있으며
제 친척들도 멀찍이 서 있습니다.
13 제 목숨을 노리는 자들은 덫을 놓고
제 불행을 꾀하는 자들은
파멸을 이야기하며
온종일 간계를 꾸미고 있습니다.
14 그러나 저는 귀머거리처럼 듣지 못하고
벙어리처럼 입을 열지 못합니다.
15 저는 듣지 못하고
입으로 대꾸도 못하는 사람이
되었습니다.
16 그러나 주님, 저는 당신께 바랍니다.
주 저의 하느님,
당신께서 대답해 주시리이다.
17 저는 생각하였습니다.
'그들이 나를 두고 기뻐하는 일이 없고
내 발이 흔들릴 때 내게 우쭐대는 일이
없었으면.'
18 저는 곧 넘어질 지경이며
저의 고통은 늘 제 앞에 있습니다.
19 정녕 저는 제 죄악을 고백하며
저의 죄 때문에 괴로워합니다.
20 제게 까닭 없이 대적하는 자들은①
기세등등하고
저를 부당하게 미워하는 자들은
그 수도 많습니다.⤴

21 선을 악으로 갚는 자들
제가 선을 추구한다고 저를 공격합니다.
22 주님, 저를 버리지 마소서.
저의 하느님, 제게서 멀리 계시지 마소서.
23 주님, 저의 구원이시여
어서 저를 도우소서.

① 수정 본문; 히브리어 본문은 '제게 대적하는 자들은 활기차며'다.

둘러보기

시편 제38편은 참회 시편으로, 네 단락으로 나뉜다(카시오도루스). 주제에서는 시편 제6편과 비슷하다(디오도루스). 시편 저자는 첫 번째 구절에서 하느님께 심판관이 아니라 의사가 되어 달라고 청한다(테오도레투스). 주님의 손이 그의 위에 있으므로(암브로시우스) 분노로 꾸짖지 마시고 말씀으로 자신을 단련시켜 달라고 청한다(암브로시우스). 주님께서는 우리 죄를 막으시기 위하여 우리에게 무거운 짐을 주셨다(아우구스티누스). 우리 머리이신 그리스도께도 그 짐을 주셨다(소 아르노비우스). 죄는 그 죄를 범한 뒤에 더 잘 이해할 수 있다(요한 크리소스토무스). 죄의 참된 본성을 볼 수 있는 눈이 있어야 한다(암브로시우스). 하느님만이 죄의 상처를 치유하실 수 있다(풀겐티우스). 하느님의 말씀이 우리 죄를 정화한다(올림푸스의 메토디우스). 우리 영혼의 향기는 희망에서 나온다(아우구스티누스).

말과 행위를 하느님으로 시작하고 끝맺는 것이 최선이다(나지안주스의 그레고리우스). 죄로 짓눌리는 것보다는 스스로 겸손해지는 것이 더 낫다(아우구스티누스). 욕망을 변화시킬 필요가 있다(테오도레투스). 진리께서는 환상을 쫓아 버리기 위해 육화하셨다(아우구스티누스). 사랑의 결핍은 마음을 침묵시킨다(아우구스티누스). 마음이 우울해지면 제대로 보지 못한다(테오도레투스). 악한 생각은 거짓된 삶으로 이어진다(아타나시우스). 악에 대적하는 것보다는 주님처럼 침묵을 지키는 편이 더 낫다(암브로시우스). 우리는 다윗처럼 인내할 필요가 있다(테오도레투스). 우리는 죄에 대해 귀가 먹고, 눈이 멀고, 벙어리가 되어야 한다(요한 카시아누스).

다윗은 주님을 신뢰하는 데 있어서 흔들리지 않았고(카시오도루스), 하느님의 법정에서 이루어질 재판에 대해서도 확신을 갖고 있었다(아우구스티누스). 원수들은 의인의 몰락을 기뻐한다(아우구스티누스). 하지만 우리는 우리의 선익을 위하여 성부께서 주시는 단련을 받아들인다(아우구스티누스, 테오도레투스). 우리에게는 우리를 구원하시는 하느님이 계신다(암브로시우스). 우리에게는 현재의 시련을 넘어서 확실한 미래의 구원이 있다(아우구스티누스).

38,1 표제: 다윗의 시편

참회 시편

이 참회자의 시편은 네 단락으로 나뉩니다. 첫째 단락은 도입부로서, 회개하는 삶은 친절한 재판관이 연민을 느끼게 만든다고 말합니다. 그다음 단락은 두 부분으로 이루어진 담화입니다. 여러 가지 벌을 받아 고통을 겪는 그의 육체와 친구들의 고발로 심한 상처를 받은 그의 영에 대해 이야기합니다. 그의 육체도, 영도 어떤 위로도 받지 못하기에 그는 온 힘을 다해 하느님께 기도합니다. 셋째 단락은 그를 구원하는 치료제가 주는 위로에 대해 이야기합니다. 여러 가지 불행 가운데에서 그가 주님께 둔 희망이 바로 이 위로라고 말합니다. 이어서 그는 온전히 헌신하는 종과 같이 매질도 견디어 낼 준비가 되어 있다고 말합니다. 왜냐하면 그는 지금까지 받은 고통보다 더한 것도 받아 마땅하다고 생각하기 때문입니다. 이어서 참회자들에게 늘 주어지는 기쁨에 찬 결론이 나옵니다. 그는 이제 모든 불행에서 해방되어 하느님을 그의 구원자로 선포합니다.

• 카시오도루스 『시편 해설』 38,1.[1]

시편 제6편과 비슷하다

시편 제38편은 주제가 시편 제6편과 비슷합니다. 시편 제6편에서 다윗이 밧 세바와 범한 죄를 고백하고 하느님께 청원을 드리는 것처럼, 여기에서도 [다윗은] 압살롬의 반역에서 비롯한 불행에서 구해 달라고 간청합니다. 압살롬의 반역으로 다윗은 엄청난 시련을 겪게 되었지만, 동시에 그는 죄를 고백하며, 진정한 회개의 상태에 이르렀다는 증거를 보여 주고 있습니다.

• 타르수스의 디오도루스 『시편 주해』 38.[2]

38,2 분노로 꾸짖지 마소서

심판관이 아니라 의사

다윗은 시편 제6편의 시작 부분에서도 똑같은 청원을 드렸습니다. 심판관이 아니라 의사의 태도로 그를 단련시켜 달라는 것과, 가혹한 방법 대신 온화한 교정 방법을 써 달라고 청합니다.

• 키루스의 테오도레투스 『시편 주해』 38,2.[3]

진노가 아니라 말씀으로

예언자는 … 자기 잘못을 인정하고, 자신의 상처를 바라보며 치유를 청합니다. 치유를 원하는 사람은 징계를 피하지 않습니다. 하지만 그는 분노로 벌을 받기보다는 하느님의 말씀으로 꾸짖음을 받기를 원합니다. 하느님의 말씀은 치유를 줍니다. 다음 시편 구절이 말하는 대로입니다. "주님께서는 당신 말씀을 보내시어 그들을 낫게 하신다"(시편 107,20). 다윗은 진노로 꾸짖음을 받기보다는 가르침으로 단련받기를 원합니다. 이것은 외과의사에게 상처에 칼을 대는 대신 연고를 발라 달라고 청하는 것과 같습니다. 그는 처방을 청하기는 하지만 칼을 청하지는 않습니다. 고통이 있기는 할 테지만 지나칠 정도는 아닙니다. 상처를 처치하면 물론 따갑기는 하겠지만 피가 흐를 정도는 아닙니다.

• 암브로시우스 『열두 시편 해설』 38,19.[4]

38,3 주님의 손

주님의 손

성경이 "주님의 손"에 관하여 언급할 때 그것은 사탄의 공격을 받는 사람이 겪게 되는 유혹을 지칭하는 것을 … 우리는 압니다. … 악마가 그에게 상처를 입힐 때 화살은 주님의 것이며, 사탄이 그를 해칠 수 있는 힘을 주신 분은 주님이십니다. … 주님께서 유혹자에게 힘을 주시는 데도 … 이유가 있습니다. 그 사람의 사랑이 유혹을 통하여 시험을 받게 하시려는 것입니다. 이런 이유로 박해가 일어납니다. 이는 믿음이 찬란히 빛나고, 덕행은 뛰어나며, 그 사람의 마음속 생

[1] ACW 51,377.

[2] WGRW 9,121*.

[3] FC 101,229.

[4] *ACTP* 117.

각이 모든 사람에게 드러날 수 있게 하기 위함입니다.

• 암브로시우스『열두 시편 해설』38,21.[5]

38,5 죄의 무게

죄인의 짐

머리를 치켜드는 것은 경솔한 행위입니다. 그렇게 하는 사람은 자신이 져야 할 짐이 없다고 생각합니다. 죄인은 자신을 치켜세우는 일이 가벼운 문제라 생각하기 때문에 그를 꺾기 위하여 무거운 짐이 주어집니다. 그가 한 일은 모두 그의 머리 위로 되돌아오고, 그가 휘두른 폭행이 그의 정수리로 떨어집니다(시편 7,17 참조).

• 아우구스티누스『시편 상해』38,8.[6]

우리의 머리이신 그리스도

"그리스도는 우리의 머리이십니다." 우리가 그분의 계명을 거스르는 무엇인가를 할 때 우리의 불의는 우리 머리 위로 되돌아오고, 우리는 무거운 짐에 짓눌리게 됩니다.

• 소 아르노비우스『시편 주해』38.[7]

38,6 곪은 상처

죄를 범한 이후에

죄가 피우는 악취에 대해 알고 싶다면, 죄를 범한 이후 여러분이 악한 욕망을 없앴을 때, 죄의 불꽃이 더 이상 혼란을 일으키지 않는 그때에 죄에 대하여 생각해 보십시오. 그러면 그대는 죄가 무엇인지를 알게 됩니다.

• 요한 크리소스토무스『요한 복음 강해』52.[8]

죄의 악취

죄는 부패물보다 더 악취를 풍깁니다. 예를 들어, 간음보다 더 불쾌감을 주는 것이 무엇이 있겠습니까? 죄를 짓는 바로 그 순간에는 이것을 알아차리지 못한다 하더라도 죄를 범한 후에는 그것이 주는 불쾌감과 그 안에 들어 있는 불순함, 그리고 죄가 가져오는 저주와 혐오를 알아차리게 됩니다. 모든 죄가 그러합니다. 죄를 범하기 전에는 쾌락을 줄 것 같지만 일단 죄를 지으면 쾌락은 끝이 나고 사라지며, 고통과 수치가 찾아옵니다. 그런데 의로움은 이와 반대입니다. 처음에는 수고스럽지만 끝은 기쁨과 휴식입니다.

• 요한 크리소스토무스『티모테오 1서 강해』2,11.[9]

볼 수 있는 눈

방탕함을 그대로 드러내는 어떤 호색한 청년이 있다고 합시다. 그는 인생을 연애하는 일로 탕진합니다. 자주색 옷과 고운 아마포 옷을 입은 그 부자처럼 그는 빈둥거리며 지냅니다. 그는 날마다 호화로운 만찬을 즐깁니다. 그의 집 앞은 포도주가 넘쳐흐르고, 마당은 꽃으로 덮여 있으며, 생선 뼈들이 흩뿌려져 있습니다. 식당엔 달콤한 향내가 배어 있습니다. 그는 자기 자신에게 대만족하고, 기분 좋은 향내를 풍기며 우쭐거립니다. … 그는 자기 영혼이 피를 흘리며 곪고 있다는 것을 모릅니다. 그는 자신의 상처가 악취를 풍긴다는 사실을 인정하지 않을 것입니다. … 하지만 거룩한 예언자 다윗은 스스로 영원한 구원의 치료제를 발견하였습니다. 그는 스스럼없이 자신의 상처에 대해 말하며, 자신의 종기가 어리석음 때문에 악취를 풍기며 곪고 있다는 것을 고

[5] *ACTP* 119*.

[6] *WSA* 3,16,152.

[7] CCL 25,52.

[8] FC 41,54.

[9] NPNF 1,13,415.

백하였기 때문입니다. … 이 세상은 자기 상처를 감추고 주님께 보여 드리지 않습니다. 자신의 종기를 볼 수 있는 눈을 가진 어리석음이 그렇지 못한 지혜보다 더 낫습니다.

• 암브로시우스 『열두 시편 해설』 38,30-31.[10]

하느님만이 도우실 수 있다

땅과 먼지가 자랑하지 않게 하십시오. 그것은 사는 동안 마음 가장 깊은 곳에 있는 생각들을 저버렸기 때문입니다. 상처를 입었다면, 본디 건강하다고 생각하는 것이 건강한 것처럼 과시하지 마십시오. "저의 미련함 때문에 제 상처는 냄새 피우며 썩어 갑니다" 하고 예언자와 함께 외치면서, 자신의 공로 때문이 아니라 거저 주어진 선물인, 거룩한 신심에서 오는 치유를 받을 수 있도록, 썩고 있는 그 상처에 관하여 상처 입은 마음의 겸손함으로 명상하십시오. 사람이 받지 않은 무엇을 가질 수 있단 말입니까? 만약 그가 받았다면, 왜 받지 않은 것처럼 자신을 내세우십니까? 하느님만이 당신께서 구원을 얻을 수단을 주시려는 이들에게 모든 것을 주실 수 있습니다. 그분만이 당신께서 주신 것을 받은 이에게서 그것을 지켜 주실 수 있습니다.

• 루스페의 풀겐티우스 『서간집』 4,4.[11]

말씀에 의한 정화

체액의 더러움과 살에 생긴 문제, 그리고 육체를 썩게 하는 모든 병은 소금으로 물리칠 수 있습니다. 마찬가지로, 모든 비이성적 취향은 거룩한 가르침을 통하여 육체에서 추방됩니다. 그리스도의 말씀, 곧 소금이 뿌려지지 않은 영혼은 악취를 풍기고 구더기가 들끓게 되는 것이 분명합니다. … 이는 다윗 임금이 산속에서 눈물을 흘리며 솔직하게 고백한 대로입니다. 그는 이렇게 외쳤습니다. "제 상처는 냄새 피우며 썩어 갑니다." 극기의 훈련으로 자신에게 소금을 뿌림으로써 육적인 욕망을 억제하지 않고 제멋대로 욕망에 굴복함으로써 간음으로 타락하게 되었기 때문이었습니다.

• 올림푸스의 메토디우스 『열 처녀의 잔치』 1,1.[12]

미래의 향기

죄가 어떻게 곪게 되는지를 알려면 영적 문제에 대한 건강한 후각을 지녀야만 합니다. 죄의 악취에 반대되는 것은 사도가 말한 "향기"입니다. "구원받을 사람들에게, 우리는 어디에서나 하느님께 피어오르는 그리스도의 향기입니다"(2코린 2,15). 그런데 이 향기는 어디에서 오는 것일까요? 희망에서 옵니다. … 우리는 이 세상에서 악취에 대해 매우 슬퍼하지만 저 세상의 향기를 이미 맡고 있습니다. 우리는 우리의 죄가 풍기는 악취를 몹시 슬퍼하지만 우리를 기다리고 있는 향기를 맡고 있습니다.

• 아우구스티누스 『시편 상해』 38,9.[13]

38,7 꺾인 마음

시작과 마침

모든 말과 행위를 시작하는 최상의 순서는 하느님으로 시작하고 하느님으로 마치는 것입니다.

• 나지안주스의 그레고리우스 『도피 변론』(연설 2) 1.[14]

너 자신을 낮추는 것이 낫다

여러분이 자신을 낮추면 들어 올려질 것입니

[10] *ACTP* 123-24.
[11] FC 95,335.
[12] ANF 6,311.
[13] *WSA* 3,16,153.
[14] NPNF 2,7,205.

다. 여러분이 교만하고 거만하다면 꺾일 것입니다. 하느님께서는 여러분을 꺾어 내리시기 위해 틀림없이 무거운 짐을 찾아내실 것이기 때문입니다. 하느님께서 사용하실 무거운 짐이란 여러분의 죄의 무게입니다. 그것이 여러분의 머리에 묶이면 여러분은 꺾일 것입니다.

• 아우구스티누스 『시편 상해』 38,10.[15]

38,8 염증으로 가득하다

욕망의 변화

그러니까 시편 저자가 하고자 하는 말은 이것입니다. '나는 내 욕망을 적절히 다루지 못하고 쓸데없이 써 버려서 그것이 이 모든 곤란의 원인이 되었습니다. … [그다음 구절에서 저자가 말하고 있듯이] 그 욕망으로부터 나는 열매를 얻었습니다. 그것은 땅에 엎드려 내 심장의 쓰라린 고통 때문에 계속 통곡하는 것입니다. 이 때문에 나는 욕망의 힘을 변화시켜 하느님의 의지를 따르게 만들었습니다. … 내가 한 번 그것을 잘못 사용하였으니 이제는 그것이 하느님의 명령을 따르는 데 도움이 되도록 쓸 것입니다.'

• 키루스의 테오도레투스 『시편 주해』 38,3-4.[16]

진리와 환상

영혼에는 기만적인 환상이 넘치도록 가득 차 있습니다. … 이 환상들은 아주 끈덕지기 때문에 기도하기 어렵게 만듭니다. 우리가 물질적인 것에 대해 생각하고 있다면, 표상들을 통하지 않고는 그렇게 할 수 없습니다. 우리가 찾지도 않은 방해하는 표상들이 자주 우리에게 몰려듭니다. 우리는 유혹을 받아 한 표상에서 또 다른 표상으로 옮겨 가거나, 이리저리로 훌쩍 날아다닙니다. 그러면 지금 생각하고 있는 것에서 벗어나 원래의 출발점으로 돌아가려 하지만 또 다른 것이 나타납니다. 잊어버린 것을 기억하려 하지만 마음에 떠오르지 않습니다. 대신에 내가 원하지 않는 다른 것이 나타납니다. 내가 잊어버린 것은 어디로 갔습니까? 왜 그 생각은 내가 더 이상 찾고 있지 않을 때 나중에서야 내 생각 속에 끼어들어 옵니까? 내가 그것을 찾고 있는 동안에는 수많은 다른 것들, 내가 청하지도 않은 것들이 대신 끼어들어 옵니다. … 이런 환상들은 벌로서 나타나는 것이며, 영혼은 진리를 잃어버렸습니다. 왜냐하면 기만적인 환상들이 영혼이 받는 벌인 것처럼 진리는 영혼이 받는 보상이기 때문입니다. 우리가 이런 환상들을 재빨리 가두고 문을 잠그면 진리가 우리에게 다가옵니다. 주님은 우리가 환상 속에 잠겨 있는 것을 보시고, 우리의 육을 취하셨습니다. 아니, 우리에게서, 인간에게서 육을 취하셨습니다. 그분은 육의 눈으로 볼 수 있도록 당신 모습을 드러내셨는데, 이는 당신께서 진리를 드러내시고자 작정하신 이들을 믿음으로 치유하시기 위함이었습니다. 그래서 일단 그들의 눈이 치유되면, 진리가 그들에게 밝아오기 시작합니다. 그분 자신이 진리이시며, 그분은 당신의 육이 우리 눈에 보이게 되었을 때 우리에게 이 진리를 약속하셨습니다. 그리하여 우리에게 믿음의 실마리가 심어졌고, 이 믿음의 보상이 진리입니다.

• 아우구스티누스 『시편 상해』 38,11.[17]

38,10 탄식

마음의 침묵

애덕의 열기가 식는 것은 마음이 침묵하는 것

[15] *WSA* 3,16,153.

[16] FC 101,230.

[17] *WSA* 3,16,154*.

입니다. 뜨겁게 타오르는 애덕은 마음이 소리를 지르는 것입니다.

• 아우구스티누스 『시편 상해』 38,14.[18]

38,11 빛을 잃다

우울과 박탈

시편 저자는 [“저의 눈이 빛을 잃었습니다”라는] 말로 두 가지를 암시하는데, 하나는 빛이 빛이 아닌 것으로 여겨질 정도가 되어 버린 심각한 우울함입니다. 다른 하나는 “내 눈의 빛”이라고 시편 저자가 옳게 말한 하느님의 돌봄이 없어진 것입니다.

• 키루스의 테오도레투스 『시편 주해』 38,4.[19]

38,13 제 목숨을 노리는 자들

악한 생각

악한 생각에 매달리는 이들은 진리가 아니라 거짓을 향합니다. 그들은 의로움이 아니라 불의를 향합니다. 그들의 혀는 거짓말하는 것을 배우기 때문입니다. 그들은 회개하기 위하여 잠시도 멈추어 서는 일 없이 악을 행하였습니다. 사악한 일을 하는 데서 내내 기쁨을 찾으며, 뒤도 돌아보지 않고 그런 일들을 찾아 달려갑니다. 그들은 이웃을 사랑하라는 계명을 발로 짓밟고, 이웃을 사랑하는 대신에 그들을 거슬러 간계를 꾸밉니다. 고대의 성인이 증언한 대로입니다. “제 목숨을 노리는 자들은 거짓을 말하며 온종일 간계를 꾸미고 있습니다.”

• 아타나시우스 『축일 서간집』 9,4.[20]

38,14 언어 장애인처럼

주님처럼 침묵하다

의인은 자신의 삶을 예수님의 삶과 같은 것이 되게 하려 합니다. 그래서 고소를 당할지라도 침묵을 지킬 것입니다. 상해를 입으면 용서할 것입니다. 자신에게 가해진 잘못을 밝히기보다는 덮어 줄 것입니다. 이런 방법으로 그는 도살장에 끌려가는 어린양처럼 결코 입을 열지 않으셨던 그분을 본받을 것입니다(예레 11,19 참조). 의인은 대답을 할 수도 있었지만 말보다는 침묵을 택하였습니다. 왜냐하면 주 예수님께서 고발당하셨을 때 침묵하셨고, 사람들이 매질할 때 등을 돌리지 않으셨기 때문입니다. … 나의 벗이여, 날카로운 힐책으로 대꾸해야 하는 소송에 넘겨졌다면 그대도 침묵하십시오. 그렇게 하는 편이 더 낫습니다. 만약 그대가 그대를 공격하는 자와 같은 어조로 대꾸하면 소란과 시끄러운 논쟁이 일어날 것입니다. 이겨 보겠다고 언쟁하는 것보다는 그대가 입은 손해를 감추는 편이 더 낫습니다. 악한 말을 할 줄 모르며 해로운 말은 해본 적이 없는 우둔한 사람이 낫습니다. 이런 우둔한 사람이야말로 행복합니다. 그는 내적으로 이렇게 말할 수 있기 때문입니다. “주님, 입을 열어 말해야 하는 것이 제 의무일 때 제게 제자의 혀를 주십시오”(이사 50,4 참조).

• 암브로시우스 『열두 시편 해설』 38,45.[21]

38,15 대꾸도 못하는 사람

다윗의 인내

역사는 이것을 더 자세히 가르쳐 줍니다. 압살롬이 자기 아버지를 거슬러 소송을 준비하고, 소송에서 진 사람들을 자기 편에 끌어들였을 때 복된 다윗은 오래 참았습니다. 시므이가 격앙된 목소리와 쳐든 손으로 그를 비난하였을 때 다

[18] *WSA* 3,16,157.

[19] FC 101,230.

[20] *ARL* 151.

[21] *ACTP* 133-34.

윗은 침묵 가운데 그 욕설을 견디어 내었습니다. 아비사이가 그 죄인에게 정의를 집행하려 하자 다윗은 다음과 같이 말하며 만류하였습니다. “주님께서 그에게 다윗을 저주하라고 명령하신 것이니 저주하게 내버려 두시오”(2사무 16,9-11).

• 키루스의 테오도레투스 『시편 주해』 38,6.[22]

귀머거리에 언어 장애인, 장님

여러분은 귀머거리에 언어 장애인, 장님처럼 살아야 합니다. 여러분이 완덕의 본보기로 올바르게 선택한 그분에 대한 관상은 옆으로 제쳐 두고, 여러분은 장님처럼 되어야 합니다. 그리고 교훈이 되지 않는다고 생각하는 것들은 어느 것도 보지 말아야 합니다. 여러분은 그런 것들을 행하는 이들의 권위나 방법에 영향을 받지 말아야 합니다. 더 나쁜 것과 여러분이 전에 비난했던 것들을 포기해야 합니다. 불순종하거나 반항하고, 남을 얕보는 사람들, 여러분이 배운 것과는 다른 것을 행하는 사람의 이야기를 들으면, 잘못을 해서도 안 되고, 그 사람을 본받아 그릇된 길로 가서도 안 됩니다. 오히려 “귀머거리처럼” 아무것도 듣지 못한 듯이 그 모든 것을 지나쳐야 합니다.

• 요한 카시아누스 『공주 수도승 규정집』 4,41.[23]

38,16 주님께 바랍니다

흔들리지 않고

가혹한 불행이 계속되는 동안 그는 신뢰를 잃지 않았습니다. 그는 슬픔을 기쁨으로 바꾸어 주실 수 있는 주님께 줄곧 희망을 두었습니다.

• 카시오도루스 『시편 해설』 38,16.[24]

하느님의 법정

시편 저자는 이 말씀으로, 지금 여러분이 불행 중에 있다면 무엇을 해야 하는지 충고하고 있습니다. … 여러분의 결백함을 여러분 자신 안에 잘 간직하십시오. 그곳에서는 누구도 여러분의 진술을 뒤집으려는 시도를 할 수 없습니다. 어쩌면 거짓 증거가 여러분에 대한 판결을 흔들 수도 있지만, 그것은 오직 인간의 법정에서만 그러합니다. 하느님 앞에서 재판이 이루어질 때 그 거짓 증거가 하느님께 무슨 힘을 보이겠습니까? 하느님께서 심판하실 때는 여러분의 양심 외에는 다른 아무 증인도 없을 것입니다. 정의로운 재판관과 여러분의 양심 사이에서 여러분은 여러분의 상황 말고는 아무것도 두려워할 필요가 없습니다. 여러분의 상황이 안 좋은 경우가 아니라면 원고를 두려워할 필요도 없습니다. 거짓 증인을 반박할 필요도, 진실한 증인을 부를 필요도 없습니다. 그저 선한 양심만 갖추었으면 이렇게 말씀드리면 됩니다. “주 저의 하느님, 당신께서 대답해 주시리이다. 주님, 저는 당신을 신뢰하였기 때문입니다.”

• 아우구스티누스 『시편 상해』 38,21.[25]

38,17 그들이 나를 두고 기뻐하지 못하게 하소서

왜 원수들이 즐거워하는가

현재의 삶의 조건에서는 발이 실수로 미끄러져 우리가 죄 속으로 미끄러져 내려가는 일이 때때로 발생합니다. 그때 우리 원수들의 사악한 혀는 바빠집니다. 우리는 그들의 반응에서 그들의 목표가 무엇이었는지를 알아차리게 됩니다. 비록 그들은 인정하려 들지 않겠지만, 그들은 조금의 친절도 보여 주지 않은 채 가혹하게 말하고,

[22] FC 101,231.

[23] NPNF 2,11,232-33*.

[24] ACW 51,384.

[25] *WSA* 3,16,162.

비난할 거리를 찾아서 기뻐합니다. "저는 말씀드렸습니다. 그들이 저를 두고 기뻐하는 일이 없게 하소서." 그렇습니다. 저는 그렇게 기도하였습니다. 하지만 어쩌면 당신께서는 저를 바로잡으시려고, "제 발이 흔들릴 때" 저들이 거리낌없이 저를 거슬러 말하도록 허락하셨나 봅니다.

• 아우구스티누스 『시편 상해』 38,22.[26]

38,18 곧 넘어질 지경이다

아버지의 훈육

아들이든 딸이든 매를 맞아야 합니다. 이것은 어디에서나 통하는 규율인데, 죄 없으신 그분도 예외가 아니었습니다.

• 아우구스티누스 『시편 상해』 38,23.[27]

당신의 처벌을 기다립니다

시편 저자는 말합니다. '제 죄를 생각하면 저는 마땅히 매를 맞아야 합니다. 그래서 저는 주시는 처벌에 저를 맡깁니다. 죄가 주는 고통에 찔린 채 저는 당신 손이 내리시는 처벌을 기다립니다.'

• 키루스의 테오도레투스 『시편 주해』 38,7.[28]

38,22 저를 버리지 마소서

구원하시는 하느님

주님, 당신은 치유하시지만 오염되지 않으시고, 도우시지만 더럽혀지지 않으십니다. 당신은 구원하시는 하느님이시기 때문입니다. 오, 주님, 당신의 것인 사람들에게서 당신 손을 거두지 마시고 그들을 치유해 주소서.

• 암브로시우스 『열두 시편 해설』 38,57.[29]

38,23 주님, 저의 구원이시여

미래의 구원

베드로 사도가 말한 대로, 이것은 예언자들이 찾고자 했던 바로 그 구원입니다. 그들은 그들이 찾던 것을 받지 못하였지만 그것에 대해 물었고, 예언하였습니다. 우리 시대에 와서, 우리는 그들이 찾던 것을 발견하였습니다. 하지만 우리 역시 그것을 받지 못했습니다. 우리 뒤에 태어날 이들도 그것을 찾기는 하지만 받지는 못할 것입니다. 그들 역시 지나갈 것입니다. 이 시간이 끝날 때 우리 모두는 성조들과 예언자들, 사도들과 … 함께 영원한 구원을 받게 될 것입니다. 하느님의 영광을 관상하고, 그분 얼굴을 마주 보며, 우리는 아무런 걱정 없이, 어떤 죄의 고통도 없이, 죄로 인한 어떤 타락도 없이 그분을 영원히 찬미할 수 있게 될 것입니다. 더 이상 하느님을 그리워하지 않아도 되며, 희망 가운데에서 기뻐하며 마지막까지 그리워했던 그분과 하나 되어, 하느님을 찬미하게 될 것입니다. 왜냐하면 우리는 하느님이 우리의 선이요 빛이며 빵과 생명이신 도성에 있게 될 것이기 때문입니다. 우리에게 좋은 것은 무엇이든지, 우리가 순례의 길을 터벅터벅 걷는 동안 놓친 것은 무엇이든 그분 안에서 다 찾게 될 것입니다.

• 아우구스티누스 『시편 상해』 38,28.[30]

[26] *WSA* 3,16,162.

[27] *WSA* 3,16,163.

[28] FC 101,231.

[29] *ACTP* 141.

[30] *WSA* 3,16,166-67.

39,1-14 죽을 운명에 대한 선언

원수가 공격을 준비할 때 그대 자신을 위해 기도하고자 한다면 …
싸움을 위해 무장을 하면서 시편 제39편의 말씀을 노래하는 것이 마땅합니다.

아타나시우스『시편 해석에 관해 마르켈리누스에게 보낸 편지』19 [OIP 68]

1 [지휘자에게. 여두툰. 시편. 다윗]
2 나는 말하였네. "내 혀로 죄짓지 않도록
나는 내 길을 지키리라.
악인이 내 앞에 있는 동안
내 입에 재갈을 물리리라."
3 나는 행복에서 멀리 떨어진 채
벙어리 되어 말없이 잠자코 있었네.
그러나 내 아픔이 솟구쳐 오르고
4 내 마음이 속에서 달아오르며
탄식으로 울화가 치밀어
내 혀로 말하였네.
5 "주님, 제 끝을 알려 주소서.
제가 살 날이 얼마인지 알려 주소서.
그러면 저 자신이 얼마나 덧없는지
알게 되리이다.
6 보소서, 당신께서는 제가 살 날들을
몇 뼘 길이로 정하시어
제 수명 당신 앞에서는
없는 것과 같습니다.
사람은 모두 한낱 입김으로 서 있을 뿐.
셀라
7 인간은 한낱 그림자로 지나가는데
부질없이 소란만 피우며 쌓아 둡니다.
누가 그것들을 거두어 갈지
알지도 못한 채.
8 그러나 이제 주님,
제가 무엇을 바라겠습니까?
저의 희망은 오직 당신께 있습니다.
9 저의 모든 죄악에서 저를 구하여 주소서.
미련한 자의 놀림감으로
저를 내주지 마소서.
10 당신께서 하신 일이기에
저는 벙어리 되어 제 입을 열지 않습니다.
11 당신의 재앙을 제게서 거두소서.
당신 손이 내리치시니
저는 시들어 갑니다.
12 당신께서는 죗값으로 인간을 벌하시어
좀 벌레처럼 그의 보배를 사그라뜨리시니①
사람은 모두 한낱 입김일 따름입니다. 셀라
13 제 기도를 들으소서, 주님.
제 부르짖음에 귀 기울이소서.
제 울음에 잠자코 계시지 마소서.
저는 당신 집에 사는 이방인,
제 조상들처럼 거류민일 따름입니다.
14 제게서 눈을 돌리소서.
제가 떠나가 없어지기 전에
생기를 되찾으리이다."

① 칠십인역은 '거미줄처럼 그의 생명을 사그라지게 하시니'다.

둘러보기

시편 제39편은 고난을 견디어 내는 법을 우리에게 가르쳐 준다(몹수에스티아의 테오도루스). 다윗은 입을 조심하여 죄짓지 않기로 굳게 결심하였다(디오도루스). 우리는 여기에서 의인의 은둔처를 발견한다(암브로시우스). 이는 대부분의 사람들과는 다른 반응이다(몹수에스티아의 테오도루스). 우리는 죄에 대해서는 귀머거리요 벙어리, 장님이 되어야 한다(요한 카시아누스). 침묵을 지키는 것은 매우 이롭다(암브로시우스). 그러나 문제가 되는 침묵과(헤시키우스) 유혹으로 인한 침묵도 있다(에바그리우스). 다윗의 마음이 속에서 달아올라 무엇 때문에 자기 마음이 달아오르는지 묻기에 이르렀다(오리게네스). 다윗은 모든 것의 진짜 결말과(암브로시우스), 참된 존재(아우구스티누스), 가장 위대한 것(디오도루스), 그리고 하느님에 대한 지식에 초점을 두었다(에바그리우스). 우리는 우리의 삶을 다윗의 삶과 겸허하게 비교해 본다(아우구스티누스, 몹수에스티아의 테오도루스). 우리의 삶은 덧없다(나지안주스의 그레고리우스). 하느님께서는 당신의 거룩한 손으로 우리 삶의 길이를 정해 두셨다(암브로시우스). 인간의 타락으로 말미암아 우리 인간의 조건은 가혹하다(아우구스티누스). 하지만 우리는 위대한 전환을 거치는 중이다(아우구스티누스).

주님은 우리의 희망이며(암브로시우스), 우리가 시련을 견딜 수 있는 힘이시다(오리게네스). 우리에게는 죄라는 문제가 있고(암브로시우스), 그래서 자비가 필요하다(카시오도루스). 고통을 허락하시는 분에게서 도움도 온다(디오도루스). 상처를 주시는 분이 치유하시는 분이시다(암브로시우스). 주님의 교정은 우리의 선익을 위한 것이다(디오도루스). 우리의 조건은 매우 취약하다(아우구스티누스). 우리의 구원이 우리의 유일한 관심사이어야 한다(몹수에스티아의 테오도루스). 죄의 용서는 죽음을 다른 관점에서 바라보게 한다(히에로니무스). 그러므로 주님께 용서를 청하자(암브로시우스). 지금이 바로 회개의 때이기 때문이다(히에로니무스).

39,1 표제: 여두툰에게, 다윗의 시편

견디어 내는 법

이 시편은 … 다른 어떤 시편보다 교훈적이며, 시련 가운데에서 견디어 내는 법에 대한 증거를 제시하는 점에서 적절한 교훈 이상의 가르침을 줍니다.

• 몹수에스티아의 테오도루스 『시편 해설』 39,1.[1]

39,2 내 길을 지키리라

죄를 짓지 않기로 결심하다

"나는 말하였네"는 '나는 결심하였네'라는 뜻입니다. 그가 의미하는 바는 이러합니다. '나는 나를 억압하는 이를 거슬러 행동으로 죄를 짓지 않을 뿐만 아니라 그를 거스르는 어떤 말도 하지 않기로 굳게 결심하였네.' 처음에는 언어 폭력이던 것이 쉽게 물리적 폭력으로 이어질 수 있기 때문에 물리적 폭력을 사용하지 않기로 결심한 사람은 언어 폭력을 저지르지 말아야 합니다.

• 타르수스의 디오도루스 『시편 주해』 39.[2]

의로운 이의 은둔처

여러분이 올바른 일을 하는데 사람들이 여러분을 방해하고 괴롭히려 한다면 그런 사람들은 가장 사악한 죄인의 종들임을 의심하지 마십시오. 그들은 모든 악행의 창시자의 종들입니다. 다윗은 예언자의 눈으로 이것을 간파하였고, 악

---

[1] WGRW 5,463.

[2] WGRW 9,125.

인의 얼굴을 알아보았습니다. 그래서 그는 침묵했습니다. 그는 악인의 뜻에 따르는 것은 그 무엇도 하고자 하지 않았습니다. 그래서 그는 침묵했습니다. 그는 마음의 평화를 해치려는 악인의 뜻을 따를 마음이 전혀 없었습니다. 그는 아무 말도 하지 않았습니다. 그는 침묵 가운데 자신의 문을 닫았습니다. 인내가 그의 앞에 놓여 있었고, 침묵이 밤새도록 그를 지켰습니다. 그래서 어떤 원수도 숨어들어 오지 못하였습니다. 그의 꽉 닫힌 입술에서는 어떤 이중적인 말도, 어떤 부주의한 말도 새어 나오지 않았습니다. 인내로운 사람이 성채를 정복한 용감한 사람보다 훨씬 더 자신을 잘 다스릴 수 있습니다(잠언 16,32 참조). 의로운 이에게는 그의 의로움이 바로 그의 은둔처이자 영원한 보호처입니다.

• 암브로시우스 『열두 시편 해설』 39,6.[3]

대부분의 사람들과 다른 반응

자기 계획이 죄인들의 손에 달렸음을 보게 되면 화가 나는 것이 당연한 일입니다. 자신의 불행 앞에서, 특히 덕을 행하고 있음에도 불구하고 악인들의 핍박을 받는 불행 앞에서 울화가 치미는 것은 당연합니다. 이런 일이 일어나면 일반적으로 사람들은 하느님께 불평하고 화를 내기 마련입니다. 그래서 복된 다윗은 말합니다. "내 혀로 죄짓지 않도록 나는 내 길을 지키리라." 이 말은 '나는 혼자 속으로만 말했습니다. 어떤 죄도 짓지 않도록 나를 지키겠다고 결심했습니다'라는 뜻입니다.

• 몹수에스티아의 테오도루스 『시편 해설』 39,2.[4]

39,3 말없이 잠자코 있었네

침묵하여라

누군가가 그대나 다른 사람을 모욕하거나 잘못 대할 때 감정에 흔들리지 마십시오. 그리고 말로 되갚아 주고 싶다면 마음속으로 시편의 이 구절을 계속 노래하면서 "벙어리 되어" 침묵하십시오.

• 요한 카시아누스 『공주 수도승 규정집』 4,41.[5]

침묵의 이로움

여러분에게 죄가 있음을 안다면 침묵하십시오. 그것을 부인함으로써 죄를 보태지 마십시오. 죄를 지은 기억이 없더라도 침묵하십시오. 여러분이 결백하면 안전합니다. 다른 사람들의 고발은 스스로 죄 없음을 아는 양심에는 어떤 죄도 못 박을 수 없습니다.

• 암브로시우스 『열두 시편 해설』 39,13.[6]

문제가 되는 침묵

그가 침묵하였을 때, 그는 선善, 곧 율법에 대한 묵상을 그만두었습니다. 율법은 선을 가르치는 교사입니다. 죄로 인한 고뇌가 다시 시작되자, 우리가 사람들을 율법에 대한 묵상에서 멀어지게 할 때처럼, 죄로 인한 상처가 더욱 심해졌습니다. 하느님의 계명에서 나오는 어떤 약도 사용하지 못해서 그 상처는 곪기 시작했습니다. 그래서 그는 침묵 속에 서 있지 않고 정신을 차렸을 때, 그의 영에 그토록 해를 끼치는 것들을 던져 버렸습니다. "내 마음이 속에서 달아올랐다"라는 말은 이것을 보여 줍니다.

• 헤시키우스 『시편 단편』 39,3.[7]

---

[3] *ACTP* 145-46*.

[4] WGRW 5,465.

[5] NPNF 2,11,233.

[6] *ACTP* 149-150.

[7] PG 93,1192.

유혹 중의 침묵

유혹 가운데 있을 때 선한 말들은 우리에게서 달아나고 영은 침묵합니다. 영혼은 그가 알아차린 유혹들에 대해서는 이야기하지만 알아차리지 못한 유혹에 대해서는 침묵합니다. 여기에서 "선"善이란 유혹을 받을 때에 사라지는 덕행과 지식을 가리킵니다.

• 폰투스의 에바그리우스『시편 발췌 주해』38[39],3.[8]

39,4 마음이 달아오르다

무엇이 너를 불타게 하는가?

복음서에는 이런 말씀이 나옵니다. 주님께서 클레오파스에게 말씀하신 후 클레오파스와 또 한 제자는 이렇게 말합니다. "주님께서 성경을 풀이해 주실 때 속에서 우리 마음이 타오르지 않았던가!"(루카 24,18.32). 여러분은 어디에서 타오를 것입니까? 주님의 말씀으로 한 번도 타오르지 않았고, 성령의 말씀으로 불이 붙은 적도 없는 여러분 안 어디에서 "불타는 숯"을 발견할 수 있겠습니까? 다윗의 이 말도 들어 보십시오. … "내 마음이 속에서 달아오르며 묵상 중에 불이 타오른다." 여러분은 어디에서 빛날 것입니까? 여러분 속 어디에서 불이 밝혀졌습니까?

• 오리게네스『레위기 강해』9,9,7.[9]

39,5 살 날

진짜 끝

그는 자신의 죽음에 대해 묻고 있는 것이 아닙니다. 죽음은 다시 부활할 사람들에게는 끝이 아닙니다. 그의 질문은 사도가 말한 그 '끝'에 관한 것입니다. "그러고는 종말입니다. 그때에 그리스도께서는 … 나라를 하느님 아버지께 넘겨드리실 것입니다"(1코린 15,24). … 악은 아무것도 아닌 것이 되어 사라지고 영원한 선이 그 자리를 차지할 것입니다. … 이것이 바로 진짜 끝입니다. 한 사람만의 종말이 아니라 모든 이의 종말입니다. 그렇다면 왜 다윗은 "제 끝"에 대해 말합니까? 다윗이 그 말을 하고 있는 순간을 생각해 보십시오. 그는 인간으로서, 또는 사람을 대표하는 자요 그들과 같은 본질을 가진 자로서 이야기하고 있습니다. 그는 만민을 대표하는 자요 만민과 닮은 자로서, 완전한 인간에게 속한 그 완전함으로 말하고 있습니다.

• 암브로시우스『열두 시편 해설』39,16.[10]

나의 날들의 참된 있음

그런데 여기에서 기도하는 이는 단순히 "제가 살 날을 알려 주소서"라고 기도하지 않고, "제가 살 날이 '있는지' 알려 주소서"라고 기도하였습니다. 이것은 무엇을 의미합니까? … 우리의 살 날은 존재를 갖고 있지 않습니다. 그것들은 도착하기 전에 거의 떠나갑니다. 도착할 때조차 가만히 서 있지 않습니다. 그날들은 서로 연결되어 있습니다. 그것들은 서로를 뒤따르지만 같이 있을 수는 없습니다. 과거의 것은 그 어느 것도 되돌릴 수 없고, 우리가 기다리는 미래는 지나갈 것입니다. 그것이 오지 않는 한 우리는 그것을 소유할 수 없습니다. 그것이 와도 붙잡아 둘 수 없습니다. … 내가 찾는 것은 단순히 '있음'일 뿐입니다. 나는 참된 '있음'을 찾습니다. … 이 '있음'은 내 주님의 신부입니다. 그곳에서는 죽음이 없고, 결함도 없으며, 날은 지나가지 않고 머뭅니다. 앞에 온 날은 어제가 아니며 뒤이어 오는 날은 내일이 아닙니다. "제가 살 날의

[8] PG 12,1388.

[9] FC 83,198*.

[10] *ACTP* 152*.

수를 알려 주소서"라는 말에서 이 "수"는 '있음의 수'입니다.

• 아우구스티누스 『시편 상해』 39,7.[11]

무엇과도 비교할 수 없이 크다

모든 소유물을 모아도, 모든 인류를 다 모아도, 또 아담에서 마지막 인간에 이르기까지 모든 인간의 수명을 다 합친다 해도, 주님, 당신의 생명의 크기가 이 모든 것보다 큽니다.

• 타르수스의 디오도루스 『시편 주해』 39.[12]

하느님에 관한 지식

이성적인 본성의 "끝"은 거룩한 삼위일체에 대한 이해입니다.

• 폰투스의 에바그리우스 『시편 발췌 주해』 38[39],5.[13]

겸허한 비교

'존재'이신 분을 내 눈으로 보고, 현재의 내가 가진, 존재가 아닌 이것들을 그분과 비교해 본다면, 내게 부족한 것이 내가 가진 것보다 훨씬 더 많다는 것을 나는 보게 될 것입니다. 그래서 나에게 있는 것 때문에 우쭐해지기보다는 내게 없는 것을 생각하여 더욱 겸허해질 것입니다.

• 아우구스티누스 『시편 상해』 39,8.[14]

39,6 몇 뼘 길이

뼘

많은 주석학자들은 "뼘"[이 손을 크게 벌린 것이라고 해서 그것]을 싸움과 연관 지어 해석하며, 어떤 주석학자들은 여기에서 더 극단적으로 나아가 동화를 지어내기도 합니다. 그러나 시편 저자는 이 말을 그런 의미로 쓴 것이 아닙니다. "뼘"이란 여인들이 옷을 짤 때 재는 길이를 말하는 것으로, 시편 저자는 여기에서 하느님께서 그의 생명을 특정한 길이로 정해 짜 놓으셨다는 뜻으로 이렇게 말한 것입니다. 곧, 하느님께서 그의 생명을 아무것도 정해지지 않은 것이나 아무런 조건 없이 그저 시간의 한계 속에 묶여 있도록 만드신 것이 아니라는 말입니다. "제 수명 당신 앞에서는 없는 것과 같습니다." 이 구절은 '저의 존재와 저의 존재를 구성하는 모든 것을 당신과 비교해 볼 때 그 모든 것이 아무것도 아닌 것으로 여겨지는 그런 방식으로 당신께서는 제 생명의 길이를 정하셨습니다'라는 뜻입니다.

• 몹수에스티아의 테오도루스 『시편 해설』 39,6A-B.[15]

덧없는 삶

형제들이여, 우리의 삶은 이렇습니다. 우리의 존재는 덧없습니다. 우리가 이 지상에서 하는 놀이 또한 그러합니다. 우리는 존재하지 않다가 태어나며, 태어나는 순간 사라지기 시작합니다. 우리는 찰나의 꿈 한 조각에 지나지 않고, 우리는 실체가 없는 환영이며, 지나가는 새의 날갯짓, 바다에 아무런 흔적도 남기지 않는 배입니다. 우리는 먼지요, 증기이며, 아침 이슬입니다. 한순간에 피었다가 한순간에 져 버리는 꽃입니다. "사람이란 그 세월 풀과 같아 들의 꽃처럼 피어나지만 … 이내 사라져 그 있던 자리조차 알아내지 못한다"(시편 103,15-16). 거룩한 다윗은 우리의 약함에 대해 아름답게 묵상하였습니다. … 그리고 한 사람의 살 날들을 "몇 뼘 길이"라고 정의합니다.

• 나지안주스의 그레고리우스
『형제 카이사리우스 추도사』(연설 7) 19.[16]

[11] *WSA* 3,16,176-78.
[12] WGRW 9,126.
[13] PG 12,1389.
[14] *WSA* 3,16,178*.
[15] WGRW 5,477-79.
[16] FC 22,19*.

하느님의 거룩한 손

우리 각자에게 할당하신 날들을 정확히 알고 계시는 하느님께서는 그 어떤 것도 잴 수 없는 것으로 생각하지 않으십니다. 그분의 지식은 만물의 크기를 다 포함합니다. 그분의 이해를 넘어서는 것은 아무것도 없습니다. 그분께는 무게를 달 수 없거나 크기를 잴 수 없거나 수를 셀 수 없는 것이 아무것도 없습니다. "하느님께서는 너희의 머리카락까지 다 세어 두셨다"(루카 12,7)고 합니다. … 우리는 하느님께서 당신의 장뼘으로 하늘을 재셨다는 말을 들었습니다(이사 40,12 참조). 장뼘이란 엄지손가락에서 새끼손가락까지의 길이로 어떤 것의 길이를 잴 때 사용하는 단위입니다. 이런 독법을 받아들이는 이들은 시편의 이 구절을 하느님께서 우리의 날들의 길이를 재 놓으셨다 또는 그 수를 세어 놓으셨다는 뜻으로 이해합니다. 그리고 그런 의미에서 우리의 수명은 짧습니다. 그러나 우리가 위에서 말했듯이, 전지하신 하느님께서는 [하늘을] 다 재어 놓으셨고 그 하늘을 훤히 아십니다. … 시편 저자, 곧 예언자의 "살 날들"은 짧지 않고 위대합니다. 하느님께서 하늘을 재신 바로 그 장뼘으로 그의 날들을 재셨기 때문입니다.

• 암브로시우스 『열두 시편 해설』 39,20-21.[17]

손상된 모습

이승의 삶은 가혹한 조건입니다. 태어나는 것은 고역의 삶 속으로 들어가는 것이 아니겠습니까? 갓 태어난 아기의 울음소리조차 그를 기다리고 있는 고역을 증언합니다. 이토록 부담스러운 잔치에 아무도 면제를 받지 못합니다. 우리는 아담이 우리를 위해 채워 놓은 잔을 마셔야 합니다. 우리는 진리의 손길로 만들어졌지만 죄 때문에 허무한 날 속으로 던져졌습니다. 우리는 하느님의 모습대로 만들어졌지만 죄를 지음으로써 그 모습은 손상되었습니다. 이 시편은 우리가 어떻게 만들어졌고, 어떤 상태로 떨어지게 되었는지를 상기시킵니다.

• 아우구스티누스 『설교집』 60,2.[18]

위대한 전환

우리의 죄와 죽을 운명, 덧없이 지나가는 계절들을 생각할 때, 우리의 신음과 고역, 땀을 떠올릴 때, 그리고 유아기에서 노년에 이르기까지 연속적으로 이어지지만 그 어떤 단계도 가만히 서 있지 못하고 모르는 새에 다음 단계로 미끄러져 버리는 인생의 단계들을 염두에 둘 때, 이 모든 것들에 대해 생각할 때 그것들 안에서 낡은 자아와 지나간 날, 오래된 노래와 옛 계약을 바라봅시다. 우리가 우리의 내적 존재를 향해 돌아서고, 우리 안에서 새로워지도록 예정된 모든 것을 향해 서서, 변화되어야 할 것들을 대체하게 될 때, 그곳에서 새로운 자아, 새로운 날, 새 노래, 새 계약을 찾고, 그곳에서 우리가 만나는 낡음이 우리를 놀라게 하지 않을 정도로 이 새로움을 극진히 사랑합시다. 우리가 달리기를 계속할 때 낡은 것들은 지나가고 새로운 것들이 나타납니다. 낡은 것들이 소멸하고 내면이 새로워질 때 이런 전환이 일어납니다. 이 일은 결국은 사라지게 될 우리의 껍데기의 자아가 본성에 진 빚을 다 갚고 죽음에 이를 때 이루어질 것입니다. 물론 이 자아도 부활 때에는 다시 새로워질 것입니다. 현재로서는 희망 안에서만 새로워질 그 모든 것이 그때에는 실제로 새롭게 될 것입니다.

• 아우구스티누스 『시편 상해』 39,9.[19]

---

[17] *ACTP* 154*.

[18] FC 11,260*.

[19] *WSA* 3,16,179.

39,8 희망은 하느님께 있다

하느님은 나의 희망

우리의 희망이요 인내는 그리스도이십니다. 그리스도는 우리의 속량이시고(에페 1,7 참조), 우리가 고대하는 분입니다. … 주님, 심판하러 오실 때 저희를 굽어보소서. 당신 자비로 저희를 살펴 주소서. … 우리의 영혼과 생명의 본질은 당신 자비의 힘 안에 있습니다. 우리는 육체적 죽음을 두려워해서는 안 됩니다. 오히려 우리 영혼을 죽이실 수도 살리실 수도 있는 분을 두려워해야 합니다(마태 10,28 참조). 우리 영혼의 본질은 덕입니다. 이 덕은 당신의 모습으로 만드신 우리 마음에 하느님께서 쏟아부어 주신 것입니다.

• 암브로시우스 『열두 시편 해설』 39,28.[20]

우리가 견딜 수 있는 힘

우리가 곤란에 굴복한다면 우리는 그분을 믿지 않는다고 말해야 합니다. 그분이야말로 우리가 견디어 낼 수 있는 힘이기 때문입니다. 우리가 약해지고 만다면 그 또한 주님을 믿는 것이 아닙니다. 주님은 우리의 힘이시기 때문입니다.

• 오리게네스 『요한 복음 주해』 19,157.[21]

39,9 죄악에서 구하여 주소서

우리 죄의 문제

그가 고백하고 있는 것은 단순히 한 가지 잘못이 아닙니다. 왜냐하면 그는 자신의 모든 죄악을 용서해 달라고 기도하기 때문입니다. 그는 하느님의 용서 없이는 아무도 구원받을 수 없음을 알고 있습니다. 우리는 죄 안에서 태어났기 때문입니다. 우리는 죄가 가져온 흠을 상속받았습니다. 인간의 조건은 죄로 기울어지기 쉬운 선천적 성향을 갖고 있습니다.

• 암브로시우스 『열두 시편 해설』 39,29.[22]

자비가 필요하다

이 거룩한 사람은 교훈적인 신심을 보여 주고 있습니다. 그럼에도 불구하고 그는 주님의 자비로 그가 지은 모든 죄악에서 구원받기를 간청하고 있습니다.

• 카시오도루스 『시편 해설』 39,9.[23]

39,10 하느님께서 하신 일

하느님의 허락과 도움

저는 이 일이 당신의 허락으로 제게 일어났다는 것을 깨달았습니다. 그래서 저는 저의 고통을 허락하신 같은 곳에서 도움도 받게 되리라는 것을 알고 더 오래 기다렸습니다.

• 타르수스의 디오도루스 『시편 주해』 39.[24]

39,11 하느님의 손이 내리치시다

하느님은 상처도 주시고 치유도 주신다

가혹하다 할 수는 없다 하더라도 그 강한 손이 내려치십니다. 하지만 재빨리 치유해 주십니다. 그 손은 상처를 줄 수 있을 만큼 강력한 동시에 치유를 줄 때에도 강력합니다. "나는 치기도 하고 고쳐 주기도 한다"(신명 32,39)라고 주님께서 말씀하신 대로입니다. … 이 주님의 손이 욥이 가진 전부를 그에게서 거두어 가셨고, 또 그것을 되돌려 주셨습니다. 사실 주님께서는 그가 전에 가졌던 것들의 두 배를 주실 정도로 욥이 가진 좋은 것들을 더 크게 늘려 주셨습니다. 다윗이 자신이 시들어 간다고 말하였다고 해서 슬퍼하지 마십시오. 사람은 시들다가도 그 전보다 더

[20] *ACTP* 158.

[21] FC 89,203.

[22] *ACTP* 159.

[23] ACW 51,393.

[24] WGRW 9,127.

강하게 일어날 수 있습니다. "주님께서는 넘어지는 이 누구나 붙드시고, 꺾인 이 누구나 일으켜 세우신다"(시편 145,14)고 쓰여 있습니다. 주님께서 바로잡아 주신 이는 누구나 덕행을 갖추고 다시 일어날 것입니다.

• 암브로시우스 『열두 시편 해설』 39,33.[25]

39,12 좀 벌레처럼

우리의 선익을 위하여

당신의 모든 벌은 사람을 바로잡고 향상시키기 위해 주어진다는 것을 저는 깨달았습니다. 당신께서는 인간에게 무심하셔서 그들이 고통을 겪도록 허락하시는 것이 아니라 그들의 영혼이 향상되기를 바라셔서 그렇게 하십니다.

• 타르수스의 디오도루스 『시편 주해』 39.[26]

무의미한 불안

시편 저자는 이제 그가 앞에서 상기시켰던 진리로 되돌아옵니다. 인간이 제아무리 많은 진보를 이루어 냈다 하더라도, "이승에서 인간이 겪는 모든 불안은 무의미하다". 왜냐하면 우리는 불확실성 가운데 살고 있기 때문입니다. 우리 가운데 누가 자신 안에 있는 선에 대해서조차 확신할 수 있습니까? 우리는 헛되이 초조해합니다. 우리 각자는 주님께서 우리를 지지하시고 보호해 주실 것임을 믿고 우리의 불안을 주님께 드려야 하고 우리를 걱정하게 만드는 것은 무엇이나 주님께 맡겨야 합니다. 이 세상에서 확실한 것은 무엇입니까? 죽음뿐입니다. … 여러분이 약간의 진전을 이루었다고 합시다. 그래서 지금 자신이 누구인지 알고 있다 하더라도 여전히 내일 어떻게 될지 모릅니다. … 여러분은 돈을 벌기 바라지만 그것이 어떤 식으로 여러분에게 올는지 알지 못합니다. 아내를 얻기를 바라지만 아내를 얻을 수 있을지 없을지도 모르고, 또 찾았다고 해도 그 아내가 어떤 사람일지 여러분은 모릅니다. 여러분은 자녀를 갖기를 바라지만 어떤 아이가 태어날지 모릅니다. 그들이 태어난다고 하더라도 그 아이들이 생존할 수 있을지도 확실하지 않습니다. 그들이 살아남는다 하더라도 그 아이들이 잘 자라날지 아니면 허약한 아이들이 될지 여러분은 알지 못합니다. 어떤 방향으로 돌아서든 모든 것이 불확실합니다. 유일하게 확실한 것은 죽음뿐입니다. 여러분이 가난하다면 과연 부자가 될 수 있을지 확실하지 않습니다. 여러분이 교육을 받지 못했다면 앞으로 교육을 받게 될지 확신할 수 없습니다. 여러분이 건강이 나쁘다면 기운을 다시 회복할 수 있을지 불확실합니다. 세상에 태어났다면 적어도 자기가 죽을 것이라는 것은 확신할 수 있습니다. 하지만 그 죽음에도 불확실성은 끼어듭니다. 우리는 자기 죽음의 날을 알지 못하기 때문입니다. 우리는 우리가 죽을 것이라는 한 가지 확실성만을 가지고, 불확실성에 둘러싸인 채 살지만 그 죽음이 언제 찾아올 것인지는 확실히 알지 못합니다. 우리가 궁극적으로 두려워해야 하는 유일한 것은 우리가 피할 가능성이 전혀 없는 바로 그것입니다. "이승에서 인간이 겪는 모든 불안은 무의미합니다."

• 아우구스티누스 『시편 상해』 39,19.[27]

우리의 한 가지 염려

우리가 염려해야 하는 것은 이것입니다. 죄로부터 구원되어 하느님과 화해하는 것입니다. 그렇게 될 때 우리는 모든 문제에서 완전히 벗어

[25] *ACTP* 161.

[26] WGRW 9,127.

[27] *WSA* 3,16,190.

날 수 있고, 다른 것들 때문에 고생하지 않게 됩니다. 그것들은 고생해 보아야 아무 쓸모가 없는 헛된 것들이며, 수고한다고 해도 어떤 결과도 낳지 못하고, 지속적인 혜택을 받을 만한 것을 주지 못합니다.

• 몹수에스티아의 테오도루스 『시편 해설』 39,12C.[28]

39,13 거류민

다른 관점

시편 저자가 말하고자 하는 것은 이것입니다. '내가 이 육체 안에 있는 한 나는 행복하지 않습니다.' 우리 가운데 누가 이렇게 말할 수 있습니까? 우리가 팔십 대라면 죽기를 두려워할 것입니다. 우리가 백 세를 넘겨 병들어 누워 있다 해도 여전히 우리는 살고 싶어 하고 형의 집행이 연기되기를 바랄 것입니다. 왜 그렇습니까? 죄가 우리 양심을 갉아먹기 때문입니다. 우리는 육체를 떠나면 그리스도께가 아니라 지옥으로 가게 될 거라고 알고 있습니다. 하지만 사도는 무엇이라고 말합니까? "나의 바람은 이 세상을 떠나 그리스도와 함께 있는 것입니다"(필리 1,23)라고 합니다. 저에게 불안으로부터의 자유를 주십시오. 죽음 이후에 저는 그리스도와 함께 있을 것이기 때문입니다. 그래서 지금도 저는 죽기를 갈망합니다. 우리의 시편 저자도 그러합니다. 그는 주님을 사랑하는 사람이기에 이렇게 외칩니다. '저의 체류가 길어지고 있으니 저는 불행한 사람입니다.'

• 히에로니무스 『시편 강해』 119[120].[29]

39,14 기쁨을 알다

저를 용서하소서

저를 용서하소서, 그리하여 제가 더 이상 순례자요 나그네가 아니게 하소서. 저를 용서하소서, 그리하여 저를 유배지에서 집으로 불러 주소서. 제가 이곳을 떠나기 전에 당신께서 저를 용서하시면 저는 더 이상 유배민도 순례자도 아닐 것입니다. 당신께서 저를 용서해 주시면 저는 더 이상 낯선 나라에 있지 않을 것입니다. 저는 당신의 성도들과 함께 한 시민이 될 것입니다. 저는 저보다 앞서서 순례자였지만 이제는 참된 시민들이 된 저의 조상들과 함께 있게 될 것입니다. 저는 하느님 집의 일원이 될 것입니다. 저는 벌을 두려워하지 않을 것이며, 우리 주 예수 그리스도를 통하여 은총을 받기에 합당하게 될 것입니다. 예수 그리스도와 함께, 주 하느님, 찬미와 영예와 영광이 언제나 당신께 있나이다. 이제와 영원히, 세세 대대로 있나이다. 아멘.

• 암브로시우스 『열두 시편 해설』 39,39.[30]

지금이 죄를 고백할 때다

제 죄를 뉘우칠 수 있도록 잠시만 시간을 주십시오. 지옥에서는 아무도 자기 죄를 고백할 수 없기 때문입니다.

• 히에로니무스 『시편 강해』 103[104].[31]

---

[28] WGRW 5,487.

[29] FC 48,311.

[30] *ACTP* 165.

[31] FC 48,229.

40,1-18 끈기 있게 기다리다

공격을 받는 동안 고통을 겪으면서
항구한 인내의 이로움을 배우고 싶다면 [시편] 제40편을 노래하십시오.
아타나시우스 『시편 해석에 관해 마르켈리누스에게 보낸 편지』 19 [OIP 68]

1 [지휘자에게. 다윗. 시편]
2 주님께 바라고 바랐더니
나에게 몸을 굽히시고
내 외치는 소리를 들으시어
3 나를 멸망의① 구덩이에서,
오물 진창에서 들어 올리셨네.
반석 위에 내 발을 세우시고
내 발걸음을 든든하게 하셨네.
4 내 입에 새로운 노래를,
우리 하느님께 드리는 찬양을 담아 주셨네.
많은 이들은 보고 두려워하며
주님을 신뢰하여라.
5 행복하여라,
주님께 신뢰를 두며
오만한 자들과
거짓된 변절자들에게 돌아서지 않는 사람!
6 주 저의 하느님
당신께서는 저희를 위하여
기적과 계획들을 많이도 행하셨으니
그 누구도 당신께 견줄 수 없습니다.
제가 알리고 말하려 해도
헤아리기에는 그것들이 너무나 많습니다.
7 당신께서는 희생과 제물을
기꺼워하지 않으시고
오히려 저의 귀를 열어 주셨습니다.②
번제물과 속죄 제물을
당신께서는 바라지 않으셨습니다.
8 그리하여 제가 아뢰었습니다.
"보소서, 제가 왔습니다.
두루마리에 저에 대하여 쓰여 있습니다.
9 저의 하느님, 저는 당신의 뜻을
즐겨 이룹니다.
제 가슴속에는 당신의 가르침이
새겨져 있습니다."
10 저는 큰 모임에서
정의를 선포합니다.
보소서, 제 입술 다물지 않음을.
주님, 당신께서는 알고 계십니다.
11 당신 정의를 제 마음속에
감추어 두지 않고
당신의 성실과 구원을 이야기하며
당신의 자애와 진실을
큰 모임에서 숨기지 않습니다.
12 주님, 당신께서는 제게 당신의 자비를
거절하지 않으시니
당신의 자애와 진실이
항상 저를 지켜 주리이다.
13 셀 수조차 없는 불행들이
저를 둘러쌌습니다.
제 죄악들이 저를 사로잡아
더 이상 볼 수도 없습니다.
제 머리카락보다도 많아
저는 용기를 잃었습니다.
14 주님, 저를 기꺼이 구하여 주소서.⤴

주님, 어서 저를 도우소서.
15 제 목숨을 잡아채려 노리는 자들은
모두 다 부끄러워하며 수치를 당하고
제 불행을 즐기는 자들은
뒤로 물러나 치욕을 느끼게 하소서.
16 "옳거니!" 하며 저를 놀려 대는 자들은
부끄러워 몸이 굳어지게 하소서.
17 그러나 당신을 찾는 이들은
모두 당신 안에서
기뻐하고 즐거워하리이다.
당신 구원을 사랑하는 이들은 항상
"주님께서는 위대하시다." 아뢰게 하소서.
18 나는 가련하고 불쌍하지만
주님께서 나를 생각해 주시네.
저의 도움, 저의 구원은 당신이시니
저의 하느님, 지체하지 마소서.

① 수정 본문; 히브리어 본문은 '격랑의'다.
② 히브리어 본문은 '저를 위하여 귀를 파 주셨습니다'다.

둘러보기

시편 제40편은 시편 제39편의 기도에 대한 응답으로 이어진다(소 아르노비우스). 다윗은 그리스도 안에서 새로워진 백성(위-아타나시우스)의 원형이다(테오도레투스). "구덩이"는 악이고, "반석"은 그리스도이다(에바그리우스, 카시오도루스). 그분은 우리를 구원하러 오신 분이시다(암브로시우스). 우리는 새로워진 이들의 노래를 부른다(에바그리우스). 그것은 하느님께서 가장 좋아하시는 노래이며(테오도레투스), 하느님을 내 뜻대로 조정하려 드는 대신 하느님을 찬미하는 노래다(아우구스티누스). 하느님은 당신을 믿는 이들에게 은총의 선물로 의로움을 주신다(아우구스티누스, 카시오도루스). 하느님 섭리의 기적은 위대하다(테오도레투스).

그리스도는 자신을 자원 제물로 바치셨다(푸아티에의 힐라리우스). 그리스도는 구약성경의 예형들을 완성하러 오셨다(카시오도루스). 그리스도를 예언하는 "두루마리"란 시편을 가리킨다(소 아르노비우스). 또는 율법서와 예언서를 가리킨다(위-아타나시우스). 시편과 율법서와 예언서는 성경 전체다(디디무스). 우리의 희생 제물은 그리스도 안에서 예시되었다. 그리스도가 참된 희생 제사이시다(테오도레투스). 그리스도는 자신의 뜻과 성부의 뜻에 따라 자신을 바치셨다(히에로니무스). 우리를 위하여 그렇게 하셨다(암브로시우스). 은총의 메시지(요한 크리소스토무스)가 선포되었으며, 세상 곳곳에서 교회는 예배 안에서 이 메시지에 응답한다(테오도레투스). 우리는 세상 안에서 진실하고 대담한 증언을 계속해야 한다(아우구스티누스). 은총 덕분에 얻게 된 의로움을 증언해야 한다(암브로시우스).

"큰 모임"이란 이스라엘 시대부터, 과거에서 현재에 이르기까지 믿는 모든 사람을 포함한다(위-아타나시우스). 그리스도 안에서 자애와 진실이 만난다(카시오도루스). 우리는 사랑과 두려움의 안내를 받는다(아우구스티누스). 우리는 아직 완전하지 않다(테오도레투스). 우리의 것은 아무것도 없다(아우구스티누스). 하지만 우리는 그리스도에게 전적으로 의존한다(요한 카시아누스). 우리는 모두 그리스도의 돌봄을 받고 있다(아우구스티누스).

40,1 표제: 다윗의 시편

기도에 대한 응답

바로 앞의 시편에서 화자는 "제가 무엇을 바라겠습니까? 저의 희망은 오직 당신께 있습니다"(시편 39,8)라고 말하였습니다. 이제 이 시편에서 그는 '끈기 있게 주님을 기다렸더니만 주님께서 [내 기도를] 들어주셨네'라고 말합니다. '내 기도를 들어주소서'라고 말했던 그가 이제는 '그분께서 나의 기도를 들어주셨네'라고 말합니다. 당신은 무엇을 기도하였습니까? 나는 하느님께서 내 생각을 비참함의 구렁에서, 욕망의 진창에서 이끌어 내시어 내 발을 반석 위에 세워 달라고 기도하였습니다. 그래서 불어오는 바람, 곧 부정한 영들에 휩쓸리지 않고 도움을 받을 수 있게 해 달라고 기도하였습니다. 그분은 내 발걸음을 인도해 주시고, 내 입에 새로운 노래를 담아 주실 것입니다. 다윗은 자신을 생각하며 노래한 것도 아니고, 파라오에게 자신의 노래를 바치지도 않습니다. 하느님 없이는 구원이 없기 때문입니다. 그래서 그는 하느님을 찬미하는 노래를 부릅니다. 우리는 하느님 안에서 힘을 얻을 것이며, 하느님께서는 우리의 원수들을 아무것도 아닌 것이 되게 하십니다.

• 소 아르노비우스『시편 주해』40.[1]

예형인 다윗

어떤 이들은 이 시편을 복된 예레미야에게 적용하고, 어떤 이들은 뛰어난 다니엘에게 적용합니다. 그들 둘 다 구덩이에 던져졌고, 이 시편의 도입부가 구덩이에 대해 언급하고 있기 때문입니다. 그들은 시편의 한 구절에 집중함으로써 이런 해석에 이르게 되었습니다. [반대로] 어떤 이들은 이 시편이 바빌론에서 유배살이하는 이들의 상황에 꼭 들어맞는다고 주장합니다. 하지만 나로서는 다윗에게 일어난 사건을 하나의 예형으로 설명하기 위해 이 시편이 쓰였다고 생각합니다. 다윗은 우리의 구원자이신 하느님에게서 부활에 대한 희망을 받은 인류 전체를 가리킵니다. 우리가 이런 식으로 이해하도록 인도하는 이는 신적 영감을 받은 바오로입니다. 그는 히브리서에서 이 시편의 구절들을 인용하고 있습니다.

• 키루스의 테오도레투스『시편 주해』40,1.[2]

새로운 백성

시편 저자는 새로운 백성의 입이 되어 이 시편을 노래합니다. 새로운 백성은 주님을 바랐던 이들로, 그들은 진창과 같이 그 안에 사로잡힌 이들을 더럽히는 죄의 깊은 구덩이에서 건져진 이들입니다. 주님은 그들의 발을 반석 위에 들어 올려 주셨습니다. "반석"은 곧 그리스도이십니다. 그리고 그들의 입에 "새로운 노래"를 담아 주셨습니다. "새로운 노래"란 셀 수 없이 많은 기적을 행하신 하느님의 복음의 찬가입니다. 그분께서 "나에게 몸을 굽히시고 나의 외치는 소리를 들어 주셨습니다".

• 위-아타나시우스『시편 해설』40.[3]

40,3 진창에서 반석으로

구덩이와 반석

불행의 "구덩이"는 악과 무지입니다. … "반석"은 그리스도에 대한 믿음입니다. 그리고 그분은 행위와 참된 가르침으로 "내 발걸음을 이끌어 주십니다".

• 폰투스의 에바그리우스『시편 발췌 주해』39[40],3.[4]

[1] CCL 25,55-56.

[2] FC 101,237.

[3] CSCO 387,25-26.

[4] PG 12,1409.

우리의 영적 반석

호수의 진흙이 더러운 냄새를 풍기고 불쾌감을 주는 것처럼 사람들의 죄도 끈적거리며 불쾌한 느낌을 줍니다. 죄는 더러운 냄새를 풍기며 우리를 무겁게 내리누르기 때문입니다. 우리가 주 그리스도의 계명에 따라 걷는다면 그분은 우리의 발을 반석 위에 놓아 주십니다. 그분은 우리의 발이 구덩이로 떨어지지 않게 하는 영적 반석이시기 때문입니다.

카시오도루스『시편 해설』40,3.[5]

구원자 그리스도

그리스도는 당신 종들의 기도를 들으셨고, 불행의 구덩이와 오물 진창에서 우리를 구해 내셨습니다. 우리는 그곳에 빠져 죽을 뻔하였습니다. 우리의 온 육신이 죄의 소용돌이에 말려들어 진창으로 빠져들고 있었습니다. 우리의 영혼은 자신을 구할 힘이 없었습니다. 우리의 죄가 너무 많고 끔찍해서 우리 영혼은 타락하고 황폐해졌습니다. 우리 죄를 용서하시려고 하늘에서 내려오신 하느님의 외아드님 주 예수님께 감사드립시다(콜로 1,12-14 참조). 그분은 이 세상의 구덩이와 진창에서, 이 땅의 진흙과 수렁에서, 죽을 운명에 처한 이 육체에서 우리를 구원하시기 위하여 오셨습니다(로마 7,24 참조). 그분은 당신의 몸으로 우리의 영혼을 회복시키셨고, 우리의 흔들리는 발걸음을 든든하게 해 주셨습니다. 하느님의 말씀으로 힘을 받고, 주님의 십자가를 통해 용서를 받은 우리는 더 이상 악의 수치와 추함 속을 걷지 않고 죄의 용서 가운데 걷고 있습니다. 그리스도 안에 뿌리를 내리고 자신을 세운(콜로 2,7 참조) 다윗은 주님께서 그의 발을 반석 위에 세워 주셨다고 선언합니다. 사도가 말한 대로입니다. "그들은 자기들을 따라오는 영적 바위에서 솟는 물을 마셨는데, 그 바위가 곧 그리스도이셨습니다"(1코린 10,4). 목마른 그들을 따라가는 저 바위가 약하고 불안정한 이들을 확고하게 세워 주게 하소서. 그 물을 찾는 이들에게는 그 물이 결코 부족하지 않게 하소서. 추락할 위험이 있는 이들에게 그 확고한 반석이 없는 일이 결코 없게 하소서.

• 암브로시우스『열두 시편 해설』40,2.[6]

40,4 새로운 노래

새로워진 이들의 노래

고삐 풀린 모든 감정에서 벗어난 우리는 새롭게 되어 새 노래를 부릅니다.

• 폰투스의 에바그리우스『시편 발췌 주해』39[40],4.[7]

하느님께서 좋아하시는 노래

나는 불경한 우상 숭배 대신에 참되신 하느님께 찬미를 드리고, 노래를 불러 드리라는 가르침을 받았습니다. 낡은 노래가 아니라 새로운 노래, 새롭게 그분의 사랑을 받게 된 이들에게 어울리는 노래를 부르라는 가르침을 받았습니다. 보다시피 나는 더 이상 조가弔歌를 부르며 청원을 드리지 않습니다. 대신에 나는 사랑받는 이의 노래를 부릅니다. 앞에서 말한 대로, 이 노래는 예형인 다윗의 고통과 그에게 주어진 은총과 연관됩니다. 그리고 이 노래는 특히 죄의 심연 속에 가라앉아 죽음에 맡겨졌지만 구원자의 육화로 구출되어 부활의 희망을 얻게 된 인류와 연관됩니다.

• 키루스의 테오도레투스『시편 주해』40,3.[8]

---

[5] ACW 51,398*.

[6] *ACTP* 166-67.

[7] PG 12,1409.

[8] FC 101,238.

조종이 아니라 찬미

찬가는 찬미의 노래입니다. 주님을 부를 때는 그분에게 무엇을 강요하기 위해서가 아니라 찬미하기 위해 부르십시오. 만약 주님께서 그대의 원수를 억압하시도록 간청하기 위하여 주님의 이름을 부르거나, 누군가의 불행을 기뻐하려는 의도로 주님을 그대 편으로 만들고자 주님의 이름을 부른다면, 그것은 주님을 그대의 악의와 공모하게 만드는 것입니다. 만약 그대가 그렇게 한다면 그것은 주님을 찬미하는 것이 아니라 그분을 그대 뜻대로 조종하려 드는 것입니다.

• 아우구스티누스『시편 상해』40,4.[9]

40,5 주님께 신뢰를 두다

믿음에 의한 의로움

이 의로운 이들은 누구입니까? 분명, 믿는 이들입니다. 그들은 의로우신 분을 믿는 믿음으로 사는 이들이기 때문입니다.

• 아우구스티누스『시편 상해』40,6.[10]

영원한 구원자

주님의 이름은 영원한 구원자이십니다. 자신의 공로가 아니라 주님의 은총으로 구원을 받는다는 것을 믿는 이들은 주님의 이름에 신뢰를 둡니다.

• 카시오도루스『시편 해설』40,5.[11]

40,6 하느님의 놀라운 기적들

하느님 섭리의 기적들

시편 저자는 이렇게 말합니다. 당신의 힘으로 행하신 기적들은 헤아릴 수도 없고 묘사할 수도 없습니다. 그와 같은 일을 할 수 있는 자는 아무도 없습니다. 당신의 창조가 위대하고 아름답지만, 당신의 섭리로 계속해서 이루어 내신 일들은 인간의 찬미를 훨씬 능가합니다. 이집트와 광야에서, 그리고 모세와 여호수아, 사무엘에게 하신 일들, 그리고 이보다 훨씬 이전의 시기에 아브라함과 이사악, 야곱과 노예였다가 고관이 된 요셉에게 행하신 당신 섭리의 업적은, 이 밖의 다른 모든 사례들을 제쳐 둔다 해도, 인간의 찬미를 훨씬 능가합니다.

• 키루스의 테오도레투스『시편 주해』40,4.[12]

40,7 희생과 제물

자원 제물

[그리스도는] 율법의 저주를 깨뜨리시기 위해 저주받은 자의 죽음을 죽으셨고, 성부 하느님께 자신을 자원 제물로 바치셨습니다. 스스로 희생 제물이 되심으로써 정기적인 제사의 중단으로 생긴 저주를 없애기 위함이었습니다. 이 희생 제사와 관련하여 시편은 이렇게 말합니다. "희생과 제물을 당신께서는 바라지 않으셨습니다. 그러나 저를 위하여 한 몸을 마련해 주셨습니다." 곧, 그분은 자신이 받은 몸을 율법에 따라 바치는 희생 제사를 거절하신 성부 하느님께 합당한 제물로 바치셨습니다. 거룩한 사도는 이 제물에 대해 이렇게 말합니다. "당신 자신을 바치실 때에 이 일을 단 한 번에 다 이루셨습니다"(히브 7,27). 이 거룩하고 완전한 제물을 바치심으로써 그분은 인류를 위한 완전한 구원을 얻어 주셨습니다.

• 푸아티에의 힐라리우스
『시편 제1-91편 강해』53[54],13.[13]

---

[9] *WSA* 3,16,199.

[10] *WSA* 3,16,201.

[11] ACW 51,399.

[12] FC 101,239.

[13] NPNF 2,9,246-47*.

40,8 두루마리에

예형의 완성

이 구절은 신구약 성경의 신비들을 포괄하고 있습니다. 희생 제사와 제물은 원래 짐승을 제물로 바쳐 주님께 경의를 표하기 위해 세워진 것이었습니다. 하지만 하느님께서는 그 후에 희생 제사와 제물을 물리치셨다고 합니다. 사제들은 이 희생 제사에서 음식을 얻었습니다. 그 전에는 주님께서 희생 제사를 받아 주셨습니다. 희생 제사는 그리스도 몸의 예형으로 존재했던 것으로 보입니다. 그러나 예고되었던 메시아, 곧 주 그리스도께서 오셔서 당신을 우리 모두를 위한 헌신적 사랑의 제물로 계시하신 후에는 희생 제사가 불필요하게 되었습니다. 진리가 완성되었기 때문에 앞서 있었던 예형이 계속 있을 필요가 없기 때문입니다. … 앞서 희생 제사라는 표상을 통해 약속되었던 그 몸은 … 그분의 오심으로 완성되었습니다.

• 카시오도루스 『시편 해설』 40,7.[14]

시편집

시편집의 처음에 저에 관하여 기록된 말씀은 이것입니다. "행복하여라! … 하는 사람." 그래서 저는 당신의 뜻을 행합니다.

• 소 아르노비우스 『시편 주해』 40.[15]

율법과 예언서

시편 저자는 그리스도를 소개하며 말합니다. '그분은 성부의 뜻으로 오셨으며, 율법과 예언서에 당신에 관하여 기록된 것들을 완성하셨습니다. 그리고 그분은 위대한 교회에서 정의를 선포하셨습니다. 이 교회는 모든 백성들 가운데에 있으며, 율법의 백성들보다 훨씬 더 뛰어납니다.'

• 위-아타나시우스 『시편 해설』 40.[16]

성경 전체

그는 신적 영감을 받은 모든 성경, 곧 율법서와 예언서 모두를 "두루마리"라고 부릅니다. 이 성경에는 우리 가운데에 계신 구원자에 대한 기억을 기록한 것도 있습니다. 이 모든 성경 말씀이 하나로 요약되어 있기 때문에 시편 저자가 그것을 ['두루마리들'이 아니라] '두루마리'라고 합니다.

• 장님 디디무스 『시편 단편』 40,8.[17]

그리스도 안에 예시된 우리의 희생 제사

사도의 권고도 시편과 비슷한 내용입니다. "그러므로 형제 여러분, 내가 하느님의 자비에 힘입어 여러분에게 권고합니다. 여러분의 몸을 하느님 마음에 드는 거룩한 산 제물로 바치십시오. 이것이 바로 여러분이 드려야 하는 합당한 예배입니다"(로마 12,1). 주님께서는 율법에 따른 의례 대신에 우리의 몸을 봉헌할 것을 요구하십니다. 시편 저자는 말합니다. "저는 당신의 은총을 바라보며, '제가 왔습니다'라는 말로 당신께 저를 바쳤습니다." 물론 복된 바오로는 이 말씀을 주 그리스도에게 적용하였습니다. 그렇게 하는 것이 올바릅니다. 그분은 우리 본성의 첫 열매이십니다. 그래서 그분은 제일 먼저 우리의 대변자가 되실 만합니다. 그리고 우리에게 알맞은 예형을 통하여 자신의 모습을 예시하시는 것도 적절합니다.

• 키루스의 테오도레투스 『시편 주해』 40,5.[18]

---

[14] ACW 51,401*.
[15] CCL 25,56.
[16] CSCO 387,26.
[17] PG 39,1354.
[18] FC 101,239-40.

40,9 당신의 뜻을 즐겨 이룹니다

그리스도의 뜻과 성부의 뜻

유대인들이 저를 이기지 못하였다는 것을 알게 하여 주십시오. 제가 고통을 겪는 것은 당신의 뜻입니다. 게다가 저는 고통을 겪기를 원하였습니다. 그래서 저는 인성 안에서 이렇게 말합니다. "저의 하느님, 저는 당신의 뜻을 즐겨 이룹니다." 제가 고통을 겪는 것은 당신의 뜻이자 저의 뜻이었습니다. 저들의 음모나 힘이 그렇게 만든 것이 아닙니다. 저와 당신이 원한 것이었습니다. 사실 당신은 당신의 목자를 치셨고, 그러자 양들이 흩어졌습니다. … 제가 고통을 겪는 것은 당신의 뜻이자 저의 뜻이기도 하였습니다. 당신께서 바라시는 것을 저도 바랐습니다.

• 히에로니무스『시편 강해』108[109].[19]

우리를 위하여

삼위일체 하느님께는 하나의 뜻과 하나의 실체만 있기 때문에 불가분의 위엄과 힘이 있습니다. 다른 소리, 곧 육의 소리가 있기는 하지만 그것 또한 하느님의 뜻에 동의합니다. … 그리스도께서는 육을 십자가에 못 박기 위하여 죽음과 십자가형을 받아들이셨습니다. 나를 위하여 그분은 스스로 싸움을 하셨고, 그리하여 그분은 나를 얻으셨습니다. 그리스도의 육은 강하고 쉽게 죄에 떨어지지 않지만 그럼에도 불구하고 내 죄를 취하셨습니다. 그분 자신은 어떤 결함도 없는 분이시지만 나의 약함과 결함을 받아 지셨습니다. … 완전하게 순결하신 분께서 우리를 순결하게 만드시기 위하여 우리의 육을 취하셨습니다. 불사불멸이신 분께서 우리를 불사불멸의 존재로 만드시기 위하여 우리의 육을 취하셨습니다.

• 암브로시우스『열두 시편 해설』40,18-19.[20]

40,10 큰 모임

은총의 메시지

시편 저자는 "저는 당신의 정의를 선포합니다"라고 말하였습니다. 이것은 무슨 뜻입니까? 그는 "저는 주었습니다"라고 하지 않고 "저는 선포합니다"라고 하였습니다. 이것은 무엇을 의미합니까? 그분이 우리 인간을 의롭게 하신 것은 올바른 행위나 고역을 통해서 이루신 것도, 물물교환이나 거래를 통해서 이루신 것도 아니었습니다. 오직 은총으로 이루신 것이었습니다. 바오로도 다음과 같이 말함으로써 이를 분명하게 드러내었습니다. "율법과 상관없이 하느님의 정의가 드러났습니다"(로마 3,21). 하느님의 정의는 수고나 고난을 통해서 오는 것이 아니라 예수 그리스도에 대한 믿음을 통하여 옵니다.

• 요한 크리소스토무스『유대인 반박』7,3,2.[21]

교회의 응답

복된 다윗은 온 세상에서 하느님의 은총으로 모이게 된 "큰 모임"에서 하느님의 정의와 영감받은 책의 진리, 감탄하올 구원과 헤아릴 수 없는 자비를 선포하기로 약속합니다. 구원된 인간의 본성은 교회에 모여 찬가를 부르며, 하느님의 의로운 심판을 선포하고, 그분의 형언할 길 없는 사랑을 이야기하며, 신적 영감으로 드러난 약속의 진리를 바라보면서 이 구원에 대한 응답을 드릴 것을 스스로 약속합니다.

• 키루스의 테오도레투스『시편 주해』40,7.[22]

대담하고 진실한 증언

시편의 이 구절은 우리가 믿는 바를 선포하기

---

[19] FC 48,266.
[20] *ACTP* 173-74.
[21] FC 68,186.
[22] FC 101,241.

를 두려움 때문에 주저해서는 안 된다고 경고합니다. 비우호적인 이교인들 사이에서, 배배 꼬이고 비열하며 상식이 없는 불신자들이요 조롱꾼들인 이들 가운데 살고 있는 그리스도인들이 있습니다. 그렇다고 하더라도 이 그리스도인들은 마음에 믿음을 간직하고 있습니다. 하지만 일단 그리스도인이라는 이유로 괴롭힘을 당하기 시작하면 그들은 마음속에 간직한 믿음을 입술로 고백하기를 두려워하고, 그들이 알고 마음에 품고 있는 것을 드러내기를 삼갑니다. 주님께서는 이런 이들을 꾸짖으십니다. "누구든지 사람들 앞에서 나를 부끄럽게 여기면, 나도 아버지 앞에서 그를 부끄럽게 여길 것이다"(마르 8,38). 다시 말해, '나는 다른 사람들 앞에서 나를 고백하는 것을 부끄러워하는 자를 인정하지 않을 것이며, 내 아버지 앞에서 그 사람을 안다고 고백하지 않을 것이다'라는 말입니다. 입술은 마음속에 있는 것을 선포해야 합니다. 이것은 두려워하지 말라는 명령입니다. 마음은 입술이 말하는 것을 간직해야 합니다. 이것은 부정직하지 말라는 명령입니다. 진리라고 알고 있는 것, 믿고 있는 바에 대해 두려움 때문에 감히 말하지 못할 때가 있습니다. 유혹을 받아 부정직해짐으로써 마음속에 있지 않은 것을 말할 때도 있습니다. 입술과 마음은 일치되어야 합니다. 하느님과의 평화를 추구한다면 여러분 자신과 화해하십시오. 입과 마음 사이에 어떤 해로운 갈등도 있어서는 안 됩니다.

• 아우구스티누스 『시편 상해』 40,16.[23]

40,11 한결같은 성실과 자애

자애와 진실

"자애"는 죄로 인해 상처 입은 인간의 본성을 거룩한 육화를 통해 구원하시는 데서 드러납니다. "진실"은 약속된 부활의 축복을 통해 그분께서 성부 오른쪽에 앉으시고, 그곳에서 산 이와 죽은 이를 심판하러 오시리라는 것에 있습니다.

• 카시오도루스 『시편 해설』 40,12.[24]

사랑과 두려움

당신의 용서에 대한 확신이 없다면 저는 감히 당신께 돌아가지 못할 것입니다. 당신의 약속에 대한 확신이 없다면 저는 계속해서 인내하지 못할 것입니다. … 저는 당신이 선하시고 의로우심을 압니다. 저는 당신이 선하시기 때문에 당신을 사랑하고, 당신이 의로우시기 때문에 당신을 두려워합니다. 사랑과 두려움은 둘 다 저의 안내자입니다.

• 아우구스티누스 『시편 상해』 40,20.[25]

40,12 저를 지켜 주시니

그리스도 덕분에 정의로운 사람

어떤 교만도 없이 자신의 정의에 대해 말할 수 있는 사람이 있습니다. … 만약 그에게 하느님께 대한 믿음이 있고, 그 믿음 때문이 자신이 의로운 사람으로 여겨질 수 있다고 그가 믿고 있다면 그러합니다(로마 4,5 참조). … 그리스도께서 오신 것은 바로 이 때문입니다. 그분은 믿음을 일으키시고, 우리에게 죄의 용서를 베푸시기 위하여 오셨습니다.

• 암브로시우스 『열두 시편 해설』 40,25.[26]

이스라엘도 포함된다

[이 구절에서] 시편 저자는 이스라엘 시대부터 하느님을 믿게 된 이들에 대해 이야기합니다.

---

[23] *WSA* 3,16,211.

[24] ACW 51,403.

[25] *WSA* 3,16,214.

[26] *ACTP* 178*.

하느님께서 당신의 자비를 그들에게서 거두지 않으시고, 그때나 지금이나 그들을 지켜 주시고 돌보신다고 고백합니다.

• 위-아타나시우스 『시편 해설』 40.[27]

40,13 불행과 죄악

아직은 완전하지 않은

불경한 자들이 일으키는 큰 파도에 시달리고 있는 하느님의 교회는 고통을 겪기는 하지만 파도에 휩쓸리지 않고, 죄와 실패 때문에 성장한다고 여기며, 구원자의 도움을 간청합니다. 하느님의 교회는 완전한 사람들에 의해 완벽하게 구성된 것이 아닙니다. 교회에는 게을러빠진 사람들이 있고, 쾌락을 좇기를 작정하고 부주의한 삶에 이끌리는 자들도 있습니다. 사람들이 완전함과 불완전함 모두를 드러내듯이 교회 역시 한 몸이기 때문에 두 가지 특징을 다 보여 줍니다.

• 키루스의 테오도레투스 『시편 주해』 40,8.[28]

40,18 가련하고 불쌍한

내 것은 아무것도 없다

내 안에는 칭송을 받을 만한 것이라고는 아무것도 없습니다. 그분께서 내 자루옷을 찢고 당신의 옷을 입혀 주시기를 빕니다. 지금 살고 있는 것은 내가 아니라 내 안에 살고 계신 그리스도이시기 때문입니다. 그리스도께서 여러분 안에 사신다면 여러분이 지닌 모든 선은 그리스도의 것이고, 여러분이 장차 지니게 될 모든 선도 그리스도의 것입니다. 여러분 자신의 것이라 할 수 있는 것이 무엇입니까? "나는 가련하고 불쌍합니다."

• 아우구스티누스 『시편 상해』 40,27.[29]

그리스도께 의존하며

사람이 자기 스스로를 지킬 수 없다는 것을 알고, 매일의 삶을 위하여 다른 이의 관대함에 의존하여 도움을 청하고, 매 순간 자기 삶과 존재를 하느님의 도우심에 내맡겨야 한다는 것을 깨닫는 것보다 더 고상하고 거룩한 가난이 있을까요? "나는 가련하고 불쌍하지만 하느님께서 나를 생각해 주시네"라고 말한 시편 저자처럼, 자신을 "하느님의 거지"라고 진실하게 고백하는 이가 바로 그런 사람입니다.

• 요한 카시아누스 『담화집』 10,11.[30]

하느님의 돌보심으로

하느님은 여러분이 존재하기도 전부터 여러분을 사랑해 오신 분이십니다. 그런데 그분께서 어떻게 여러분을 돌보시지 못하겠습니까? 여러분은 그분께서 원하셔서 세상에 존재하게 된 그 사람 아닙니까? 이제 여러분은 믿는 사람입니다. 여러분은 이미 의로움의 길을 걷고 있습니다. 그러니 그분께서 돌보아 주시지 않겠습니까? 그분은 "악인에게나 선인에게나 당신의 해가 떠오르게 하시고, 의로운 이에게나 불의한 이에게나 똑같이 비를 내려 주십니다"(마태 5,45). 여러분이 믿음에 따라 삶으로써 의인이 되었는데 그분께서 여러분을 소홀히 하시고 저버리시며 어딘가로 보내 버리시겠습니까? 천만에요. 그분은 여러분의 현재 삶 안에서 여러분을 돌보시고, 도우시며, 필요한 모든 것을 베풀어 주시고, 여러분에게 해를 끼칠 수 있는 것들을 모두 거두어 주십니다. 이 모든 것을 여러분에게 주심으로써 여러분이 견디어 낼 수 있도록 위로하

[27] CSCO 387,26.
[28] FC 101,241-42.
[29] *WSA* 3,16,220.
[30] LCC 12,243*.

십니다. 또, 여러분이 멸망하지 않도록 그 모든 것을 거두심으로써 여러분을 바로잡으십니다. 주님께서 여러분을 돌보고 계시니 걱정하지 마십시오.

• 아우구스티누스 『시편 상해』 40,27.[31]

[31] *WSA* 3,16,220*.

41,1-14 치유를 위한 기도

많은 이들이 가련하고 불쌍한 처지에 놓여 있어 그들에게 연민을 보여 주고자 한다면,
어떤 사람들의 관대함은 널리 인정해 주는 한편,
다른 이들 역시 그와 같은 자비의 행위를 하도록 촉구하며
시편 제41편을 낭송하십시오.

아타나시우스 『시편 해석에 관해 마르켈리누스에게 보낸 편지』 19 [OIP 68]

1 [지휘자에게.① 시편. 다윗]
2 행복하여라, 가련한② 이를 돌보아 주는 이!
불행의 날에 주님께서 그를 구하시리라.
3 주님께서 그를 보살피고 살려 주시어
그가 땅에서 복을 받으리라.
그를 원수들의 탐욕에 내주지 않으시리라.
4 주님께서 그를 병상에서 받쳐 주시고
그가 아플 때 모든 고통을 없애시리라.③
5 저는 아뢰었습니다.
"주님, 저에게 자비를 베푸소서.
저를 고쳐 주소서.
당신께 죄를 지었습니다."
6 제 원수들이 저에게 몹쓸 말을 합니다.
"저자가 언제 죽어 그 이름이 사라질까?"
7 찾아와서는 거짓을 이야기하며
속으로는 못된 것을 모아서
밖에 나가 이야기합니다.
8 저를 미워하는 자들이
다 함께 저를 거슬러 수군대며
저에게 해로운 일을 꾸밉니다.
9 "불운한 일이 그를 덮쳐
드러누운 저자가 다시는 일어나지 못하게
되어 버려라." 합니다.
10 제가 믿어 온 친한 벗마저,
제 빵을 먹던 그마저 발꿈치를 치켜들며
저에게 대듭니다.
11 그러나 주님, 당신께서는 자비를 베푸시어
저를 일으키소서.
제가 그들에게 앙갚음하오리다.
12 제 원수가 저를 두고 환호하지 않는다면
당신께서 저를 좋아하심을
제가 알게 되리이다.
13 당신께서는 제가 온전하도록 붙드시고
저를 당신 면전에 영원히 세워 주십니다.
14 주 이스라엘의 하느님께서는
찬미받으소서.
영원에서 영원까지!
아멘, 아멘!

① 칠십인역은 '끝까지'. ② 또는 '약한'.
③ 히브리어 본문은 '당신께서는 그의 침상을 바꾸셨습니다'다.

둘러보기

시편 제41편은 미래의 다윗에 관하여 이야기한다. 미래의 다윗은 바로 희망의 목적이요 대상인 그리스도이시다(암브로시우스, 테오도레투스). 이 시편의 첫 번째 구절은 자비로운 이들에게 자비가 주어진다는 원칙을 제시한다(키프리아누스). 가련한 이들에게 베풀어 주는 사람은 결국 자신을 이롭게 한다(발레리아누스). 그리스도인은 가난한 이들 안에 계신 그리스도를 알아보아야 한다(대 레오). 실제로 우리는 그리스도를 가난한 사람으로 생각해야 하며, 그의 가난을 이해해야 한다(암브로시우스, 테오도레투스, 니사의 그레고리우스). "불행의 날"이란 우리가 고통을 겪는 날이며, 그 때 주님께서는 기꺼이 우리를 도와주신다(디오도루스). "불행의 날"은 또한 비통한 심판의 날을 떠올리게 한다(암브로시우스).

시편 저자가 하느님의 많은 은총을 받아 행복한 것처럼(몹수에스티아의 테오도루스), 우리는 믿음으로 그리스도 안에서 행복하다(아우구스티누스). 이 시편이 말하는 "병상"은 우리의 몸을 가리킬 수 있고(막시무스), 또는 때때로 주님께서 뒤엎으시는 이 세상의 상황을 가리키는 말일 수도 있다(아우구스티누스). 하지만 주님과 함께라면 지금도, 그리고 미래에도 치유가 일어난다(헤시키우스). 우리는 우리의 병에 대해 건강한 인식을 가질 필요가 있고(카시오도루스), 자신의 죄를 진심으로 인정해야 한다(아우구스티누스). 그것이 우리가 할 수 있는 최선이며, 하느님께서는 그것으로 우리를 구원하신다(아우구스티누스). 5절의 기도를 "비록 제가 죄를 지었다 하더라도"라고 번역한다면, 이 기도는 그리스도께서 바친 것으로 생각해 볼 수 있다(테오도레투스). 우리는 의사가 자신의 일을 할 수 있게 해 드려야 한다(카이사리우스). 저주받은 군중 가운데에는 어떤 위안도 없다(카이사리우스). 그리스도의 이름은 그의 죽음으로 사라지지 않았으며, 그분께 속한 이들의 이름도 그러할 것이다(아우구스티누스).

이 시편은 그리스도에 대한 음모를 예언하고 있다(테오도레투스). 유다는 밖으로 나갔다(암브로시우스). 하지만 참으로 그리스도에게 속한 이들은 안으로 들어와 그분께 굳게 결속된다(아우구스티누스). 아무도 사도가 변절할 것이라고는 생각하지 않았을 것이다(암브로시우스). 내부의 반역자가 외부의 적보다 더 큰 위협이 된다(디오도루스). 주님께서 그리스도를 붙들어 주셨던 것처럼 우리도 그렇게 하여 주시도록 우리는 기도한다(소 아르노비우스). 그분은 참으로 부활하셨으며, 우리도 그러할 것이다. 심판이 유대인들에게 떨어졌지만 그것이 최종 선고는 아니었다(아우구스티누스). 우리는 말씀하시는 그리스도 안에서 안정된 일치를 본다(테오도레투스). 그분의 반대자들에게는 기쁨에 찬 승리가 없었다(디오도루스). 우리는 그분의 거룩한 결백함과 단순성에 감탄한다(카시오도루스). 우리는 그분이 온전히 신뢰할 수 있는 분이심을 발견한다(아우구스티누스). 우리는 회개를 통해 세워진다(소 아르노비우스). 이 시편의 마지막에 나오는 "아멘"으로 시편집의 첫 번째 책이 끝난다(암브로시우스).

41,1 표제: 다윗의 시편

희망의 목적이요 대상인 그리스도

아담 안에서 멸망했던 그는 그리스도 안에서 회복되어야 했습니다. 바로 이 때문에 이 시편의 표제에 "끝까지"라는 말이 들어 있습니다. 그리스도는 우리 모두의 희망이 향해야 하는 바로 그 "끝"이기 때문입니다. 그분은 우리가 애타게 관심을 갖는 대상이시며, 우리의 모든 갈망과 소망의 대상이십니다. 그분은 전 우주의 절정이자 완성이십니다. 그분은 모든 덕행의 총합이요, 최고봉이십니다. … 온 세상에서 오직 그분만이 우리의 죄를 당신의 몸에 받아지셨습니다. 그분은 세상의 죄를 없애신 하느님의 유일하신 어린양이십니다(요한 1,29 참조). 그분만이 당신의 피를 흘리심으로써 우리의 속박을 풀어 주셨습니다. 주님은 우리의 속박을 풀어서 그것을 당신의 십자가에 매다셨습니다. 지혜 자체이신 그분은 세상을 결박하고 있는 오래된 죄를 없애는 법을 아셨습니다. 우리의 속량이 되신 주님(1코린 1,30 참조)은 인간을 새롭게 하여 죄에서 해방시키는 방법을 알고 계셨습니다. 거룩함이신 그분께서는 우리를 은총으로 되돌아가게 하여 거룩하게 만드는 법을 알고 계셨습니다.

• 암브로시우스 『열두 시편 해설』 41,1.[1]

이 시편은 그리스도에게 적용된다

주님께서는 "성경 말씀이 이루어지도록"이라고 말씀하시며 이 시편이 다른 어떤 사람이 아니라 바로 당신께 적용된다는 것을 보여 주십니다. 이 때문에 나는 그분께 이 시편을 적용하지 않는 다른 설명은 성급하고 주제넘은 것이라고 생각합니다.

• 키루스의 테오도레투스 『시편 주해』 41,1.[2]

41,2 가련한 이를 돌보아 주는 이

자비로운 자가 자비를 입는다

스스로 자비롭지 않은 자는 하느님의 자비를 입을 수 없을 것입니다. 가난한 이의 간청에도 인간답게 처신하지 않은 자는 기도를 해도 하느님의 호의를 결코 얻지 못할 것입니다.

• 키프리아누스 『선행과 자선』 5.[3]

베푸는 자가 얻는 이득

비참한 이들을 도와줄 때마다 우리는 자기 자신에게 베푸는 것입니다. 그들을 위하여 우리의 재산을 쓰는 것이 우리의 이득이 됩니다. 미래에 얻게 될 보상에 대한 희망을 생각한다면 가난한 이들에게 주는 것은 무엇이나 이익으로 여겨집니다. 이것이 바로 예언자가 말하는 바입니다. "행복하여라, 가련한 이를 돌보아주는 이! 불행의 날에 주님께서 그를 구하시리라."

• 시미에의 발레리아누스 『강해집』 8,2.[4]

가난한 이들 안에서 그리스도를 알아보라

여러분의 재산이 '허락하는' 만큼 여러분은 "가련한 이들 안에서" 그리스도를 '알아보아야' 합니다. 우리 주님이신 그리스도께서는 가난한 이들을 입혀 주고, 돌보며, 먹여 줄 때 그것은 곧 당신께 해 준 것이라고 말씀하셨습니다. 이렇게 말씀하실 정도로 확실하게 주님께서는 가난한 이들을 우리에게 맡기셨습니다.

• 대 레오 『설교집』 6,2.[5]

그리스도의 가난을 이해하라

신앙이 먼저 오고, 자비가 뒤따릅니다. … 그러므로 그리스도의 가난, 그분의 극심한 빈곤을 이해하는 이는 행복합니다. 그리스도는 부유하시면서도 우리를 위하여 가난하게 되셨습니다(2코린 8,9 참조). 그분의 나라에서 그분은 부유하셨습니다. 그러나 육 안에서 그분은 가난하셨습니다. 가난한 이의 육을 취하셨기 때문입니다. 사실 우리는 매우 가련했었습니다. 저 뱀이 우리에

[1] *ACTP* 180.
[2] FC 101,243.
[3] FC 36,231.
[4] FC 17,352*.
[5] FC 93,35-36.

게 행한 거짓으로 덕행의 값비싼 옷을 잃고 낙원에서 쫓겨났기 때문입니다. 우리는 고향에서 쫓겨나 유배를 갔습니다. 우리는 발가벗기기까지 했습니다. 죄로 인하여 한때 우리의 몸을 감쌌던 덕행이라는 아름다운 옷을 빼앗기고 말았습니다. … 그리스도의 가난에 대해 이해하십시오. 그러면 여러분은 부유해질 수 있습니다. 그분의 약함과 고통을 이해하십시오. 그러면 여러분은 튼튼해지고 온전해집니다. 그분의 십자가를 이해하십시오. 그러면 결코 그것을 부끄러워하지 않을 것입니다. 그분의 상처를 이해하십시오. 그러면 여러분의 상처가 나을 것입니다. 그분의 죽음을 이해하십시오. 그러면 영원한 생명을 얻을 것입니다. 그분의 무덤을 이해하십시오. 그러면 부활을 발견하게 될 것입니다.

• 암브로시우스『열두 시편 해설』41,4.[6]

구유에 누이신 주님

보이는 것과 보이지 않는 것들의 주인이신 분이셨지만 그분은 머리 누일 곳도 없으셨으며, 동정녀에게서 태어나셨을 때에 몸을 누일 침상이 없어 구유에 누이셨습니다. 그래서 하느님의 영감을 받은 말씀은, 이 가난을 이해할 수 있으며 이 가난을 받아들이신 분을 힘닿는 한 찬미하려는 열정으로 가득한 이들은 행복하다고 선언합니다.

• 키루스의 테오도레투스『시편 주해』41,2.[7]

선한 본성

시편의 이 구절은 시편집의 시작 부분과는 다른 식으로 행복에 대한 정의를 내립니다. 시편 제1편에서는 악을 멀리하는 이가 행복하다고 하였는데, 여기에서는 선을 충실하게 아는 이가 행복하다고 선언합니다. 여기에서 선한 본성이란 "하느님의 외아드님"이시며, "부유하시면서도 우리를 위하여 가난하게 되신"(2코린 8,9) 분이십니다. 시편의 이 말씀은 그분의 육이 취하실 가난, 곧 복음서의 이야기들을 통해 우리에게 알려진 그 가난에 대해 예언하고 있습니다. 그리고 그 "가난"을 이해하고 알아보셨던 그분을 행복하다고 선언하고 있습니다. 그분은 "종의 모습"을 취하셨다는 점에서는 "가난"하셨지만(필리 2,7), 신적 본성과 관련해서는 복된 분이셨습니다. 이 시편의 첫 구절은 그분을 "불쌍하고 가련한 이"로 부르고 있지만 이 시편의 마지막 구절은 다음의 말씀으로 그분이 행복하다고 선언합니다. "주 이스라엘의 하느님께서는 찬미받으소서. 영원에서 영원까지! 아멘, 아멘"(14절).

• 니사의 그레고리우스『시편의 제목』2,12,157-58.[8]

불행의 날

시편 저자는 "악한 날"에 대해 말하고 있는데, 이는 그날이 본성적으로 악하다는 뜻이 아닙니다. 만약 그날이 본성적으로 악하다면 그런 날에 대한 책임은 창조주에게 돌려야 할 것입니다. 시편 저자가 말한 "악한 날"은 어떤 사람이 불행이나 고난, 고통에 휩싸이게 된 날이거나 병에 걸린 날, 또는 어떤 다른 위험에 처하게 된 날을 의미합니다. 그러니까 시편 저자가 말하고자 하는 것은 그런 불행의 날이 올 때 도움을 주시는 주님께서는 잠들지 않으신다는 것입니다.

• 타르수스의 디오도루스『시편 주해』41.[9]

[6] *ACTP* 181-82.

[7] FC 101,244.

[8] *GNTIP* 170-71.

[9] WGRW 9,131-32.

쓰라린 날

심판의 날은 혹독하여 우리는 그날을 두려워합니다. 그날이 악으로 보이지 않는 사람은 아무도 없을 것입니다. 그날은 공포로 가득 찬 날이기 때문입니다. 그날에는 우리가 공개적으로 한 일들뿐만 아니라 가장 비밀스럽게 행한 행동들까지 주님께서 심판하실 것입니다(로마 2,16 참조). 그날에 우리 각자는 자신이 행한 것과 가르친 것들을 똑똑히 보여 주어야 합니다. 그 결과 많은 이들이 단죄를 받을 것이며, 소수만이 화관을 받을 것입니다.

• 암브로시우스 『열두 시편 해설』 41,7.[10]

41,3 땅에서 복을 받으리라

많은 은총

시편 저자는 하느님께서 그에게 다양한 방법으로 주시는 은총에 대하여 이야기합니다. 하느님은 그가 위험에서 벗어나게 해 주십니다. 하느님은 그가 아무런 고통도 겪지 않도록 그를 가까이서 지켜 주십니다. 하느님은 그에게 생명을 주시고, 모든 이가 보는 앞에서 그에게 온갖 은총을 내리시어 그가 행복한 이로 드러나게 해 주십니다.

• 몹수에스티아의 테오도루스 『시편 해설』 41,3A.[11]

믿음을 통한 행복

믿는 모든 이는 그리스도의 이름으로 살며, 혼인을 한 사람이든 또는 독신이거나 동정녀이든, 다양한 삶의 길에서 그리스도의 계명을 실천합니다. 그들은 최선이자 가장 충만한 삶을 삽니다. 주님의 선물이 그런 삶을 살 수 있게 해 줍니다. 그들은 이런 삶을 살기 위하여 자기 힘에 의존하지 않으며 오히려 주님 안에서 자랑해야 함을 알고 있습니다(1코린 1,31 참조). … 그러니 "그런 법을 누가 지킬 수 있겠습니까?" 하고 나에게 묻지 마십시오. 주님께서 내 안에서 그 법을 지키십니다. 그분은 부유하셨지만 가난하게 되셨습니다. 그분은 가난한 이들에게는 가난한 이로 오셨고, 허무한 이들에게는 충만함으로 오셨습니다. 이 모든 것을 명심하는 사람은 … 그리스도의 가난을 수치스럽게 여기지 않고 오히려 그리스도의 부요함을 이해합니다. 이런 사람은 땅에서 복을 받으며, 천상의 은혜에 시선을 두어 하느님을 섬기지 말고 지상의 필요를 위해 악마를 섬기라고 우리를 설득하려 드는 원수의 손에 넘겨지는 일도 없을 것입니다.

• 아우구스티누스 『시편 상해』 41,4.[12]

41,4 하느님께서 병상에서 받쳐 주신다

침상은 곧 우리의 육체

우리의 육체는 "침상"으로 부를 만합니다. 우리의 영혼은 우리의 육체가 침상이라도 되는 듯이 그 안에 아주 편안히 머뭅니다. 거룩한 예언자는 "당신께서는 그의 병중에 그의 침상을 바꾸셨습니다"라고 하는데, 나는 그가 이런 의미로 이 말을 했을 것이라고 생각합니다. '병중에 있을 때 주님께서 침상을 바꾸어 주신 이는 행복합니다. 그 사람은 조금 전까지만 하더라도 화를 잘 내며, 간음하고 방탕하며, 온갖 죄악 때문에 허약해질 대로 허약해진 사람이었습니다. 그런데 주님께서 악에 물들었던 그의 육체를 바꾸어 놓으시자 이제 정결하고 겸손하고 온화한 사람이 되었기 때문입니다.'

• 토리노의 막시무스 『설교집』 19,3.[13]

---

[10] *ACTP* 183.

[11] WGRW 5,511.

[12] *WSA* 3,16,229-30.

[13] ACW 50,48.

하느님께서 우리의 침상을 뒤집으신다

"침상"은 세상과 관련이 있는 것을 나타냅니다. 모든 허약한 영혼은 이승에서 자신이 기댈 수 있는 세속적인 무엇인가를 찾습니다. 정신이 줄곧 하느님을 향하도록 유지하는 것은 너무 큰 힘이 드는 노력이기 때문입니다. 그런 영혼은 자신이 기댈 수 있는 그 무엇, 곧 삶의 노역을 잠시 멈추고 쉴 수 있는 자리를 세상에서 찾고자 합니다. 하지만 그것은 기껏해야 순진한 이들을 잡아끄는 매력이 될 수 있을 뿐입니다. 여기에서 나쁜 사람들의 욕망에 대해서는 말할 필요도 없습니다. … 그런데 하느님께서는 우리가 영원한 생명 안에서 사랑으로 머물기를 원하시기 때문에 이런 순수한 쾌락에도 쓰라린 요소들을 섞어 놓으셨습니다. 그래서 우리는 순수한 쾌락들 안에서도 고통을 체험합니다. 그분은 우리의 침상을 완전히 뒤집어엎으십니다. … 우리는 더 열등한 것 안에서 견디어 낸 고통으로 더 나은 것들을 사랑하도록 배웁니다. 고향을 향해 여행하는 나그네는 집 대신에 외양간과 사랑에 빠져서는 안 됩니다.

• 아우구스티누스『시편 상해』41,5.[14]

현세에서도 미래에도 치유를 받는다

주님께서 그를 도와주시기를 바랍니다. 그리고 이 예언적인 약속의 진리를 현세에서도 발견할 수 있게 되기를 바랍니다. 병마와 싸우고 있는 많은 이들이 그들의 가련하고 불쌍한 일들을 떠날 때 더 좋게 변화됩니다. 마침내 심판이 자비를 이기게 되는 미래의 어느 날이 온다면, 그리고 그때에 주님께서 당신의 풍부한 자비로 우리가 기다리던 죽음을 치워 버리시고 힘을 회복시켜 주신다면, 이 얼마나 놀라운 일이겠습니까? 틀림없이 이것은 내적 인간이 가진 영의 허약함입니다. 하지만 이 허약함에도 불구하고 그는 무엇인가를 할 수 있는 힘이나 단호한 손을 가지고 있습니다. 전에는 인생의 여정을 걷기에 튼튼하지 않았던 불구의 무릎도 치유됩니다. 그때에 가련한 이에게 주어졌던 자비는 어리석음이라는 중병에 걸리고 죄 때문에 죽음에 이르게 된 영을 치유하고 소생시킵니다. 그래서 시편 저자는 즉시 덧붙입니다. "저는 아뢰었습니다. '주님, 저에게 자비를 베푸소서. 저를 고쳐 주소서. 당신께 죄를 지었습니다.'"

• 헤시키우스『시편 단편』41,4.[15]

41,5 저를 고쳐 주소서. 당신께 죄를 지었습니다

질병에 대한 건강한 인식

모든 죄는 영혼의 병입니다. 그 병이 퍼지면 내적 인간의 건강은 손상됩니다. 의사이신 분께 호소함으로써 그는 자기 병을 깨닫게 됩니다. 그런데 만약 그가 자신의 허약함에 대해 알고 있다면 그는 건강한 이해력을 가지고 있는 셈입니다. 그런 경우에 그는 죄의 용서를 통하여 자기 영혼이 치유되기를 간절히 원합니다.

• 카시오도루스『시편 해설』41,5.[16]

스스로 죄를 인정하라

여러분이 변명만 일삼는 한 여러분의 고발자는 계속해서 여러분의 점수를 깎아내릴 것입니다. 여러분은 고발자 악마가 반드시 고통을 겪고 신음하게 되기를 원합니까? 그렇다면 듣고 배운 것을 행하고 하느님께 이렇게 말씀드리십시오. "저는 아뢰었습니다. '주님, 저에게 자비를 베푸

[14] *WSA* 3,16,230-31.

[15] PG 93,1193.

[16] ACW 51,410-11*.

소서. 저를 고쳐 주소서. 당신께 죄를 지었습니다.'" 시편 저자는 이렇게 말하고 있습니다. '제가 말씀드립니다. 악마도 행운도 아니고, 운명도 아닙니다. 바로 제가 말씀드립니다. 저는 변명하지 않습니다. 오히려 저 자신을 고발합니다. 제가 말씀드립니다. 제게 자비를 베푸시고, 제 영혼을 고쳐 주소서.'

• 아우구스티누스 『설교집』 29,3.[17]

구원하시는 분은 하느님이시다

"제가 직접 주님께 말씀드렸습니다." 시편 저자가 이렇게 말한 이유는 다음의 사실을 우리 눈앞에 제시하기 위함입니다. 곧, 죄에 대한 의지와 결정은 영혼에서 나온다는 것과, 우리는 자신을 완전히 망쳐 놓을 수 있다는 사실입니다. 동시에 하느님께서는 바로 그 때문에 잃은 자를 찾고자 하시며, 스스로에게 상처를 입힌 자를 구하시려 하신다는 것입니다.

• 아우구스티누스 『설교집』 20,1.[18]

내가 죄를 지었을지라도

그는 말합니다. '내가 바로 자발적 가난을 끌어안은 그 가련한 자이며, 세상의 죄를 없애고, 인간의 고통을 자신의 것으로 취하며, 아무런 죄도 범한 적이 없지만 자연의 첫 열매들인 인간을 위해서 기도를 바치는 하느님의 어린양입니다.' 그런데 심마쿠스는 이 구절을 "내가 당신께 죄를 지었기 때문"이라고 하지 않고, "내가 당신을 거슬러 죄를 지었다 하더라도"라고 번역하였다는 사실에 주목할 필요가 있습니다.

• 키루스의 테오도레투스 『시편 주해』 41,4.[19]

의사가 일하게 하라

여러분이 자신의 상처를 인정하기만 한다면 하느님께서 여러분을 치유해 주십니다. 여러분은 그 의사의 손에 자신을 맡기고, 인내롭게 그의 도움을 간청하십시오. 그가 그 상처를 씻든, 태우든 또는 잘라 내든 조용히 그것을 견디십시오. 여러분이 치유될 수 있다면 그런 것에는 전혀 신경 쓰지 마십시오. 그 의사에게 여러분 자신을 보이기만 하면 여러분은 치유됩니다. 여러분이 숨어 있어도 그가 보지 못하는 일은 없습니다. 다만, 죄의 고백이야말로 건강에 이르는 회복의 시작입니다.

• 아를의 카이사리우스 『설교집』 59,5.[20]

군중 가운데는 위안이 없다

죄인들은 … 잘못을 저질러 견책을 받을 때 겸손과 순종으로 그것을 받아들이지 않습니다. 많은 이들이 부끄러워하지도 않고, 뻔뻔하고 대담하게 이렇게 대답합니다. "저만 이런 일을 했습니까? 저 사람들은 비슷하거나 더 나쁜 짓을 하지 않았던가요? 큰 수도회의 성직자들조차 이런 죄를 짓지 않나요?" 비참한 이들의 무리를 자신의 위안거리로 삼다니, 불행한 영혼이여! 어마어마한 무리의 죄인들이 영원한 벌로 고문을 당하기 시작할 때 개별 죄인은 고문을 덜 당할 것 같습니까? 각자가 자기 죄라는 악에서 벗어나 다음과 같이 겸손한 고백을 외치는 것이 훨씬 더 좋지 않겠습니까? "저는 아뢰었습니다. '주님, 저에게 자비를 베푸소서. 저를 고쳐 주소서. 당신께 죄를 지었습니다.'" 잠깐의 기쁨에 이어 끝없는 벌로 고통을 겪게 될 이들을 본받지 말고 자기 영혼의 유익을 위하여, 많은 죄를 지었지만

[17] *WSA* 3,2,117.

[18] *WSA* 3,2,15.

[19] FC 101,244-45.

[20] FC 31,293.

정직하게 회개한 이들의 모범을 따라야 합니다.

• 아를의 카이사리우스 『설교집』 5,2.[21]

41,6 언제 그 이름이 사라질까?

그분의 이름은 사라지지 않는다

그분은 돌아가셨지만 그분의 이름은 사라지지 않았습니다. 사라지기는커녕 그분의 이름은 씨앗처럼 뿌려졌습니다. … 낟알이 죽어 큰 수확을 얻게 되었습니다. 우리 주 예수 그리스도께서 영광스럽게 되시자마자 훨씬 더 많은 수의 사람들이 그분을 더욱더 확고하게 믿게 되었습니다. 그러자 그분의 지체들은 그들의 머리이신 분께서 들으셨던 것과 똑같은 불평불만을 듣기 시작했습니다. 우리 주 예수 그리스도께서는 하늘의 옥좌에 앉으셨지만 그분의 지체들인 우리 안에서 여전히 고통을 겪고 계십니다. … 악마가 그리스도의 이름을 없애기 위하여 교회에 대한 박해를 일으켰기 때문입니다. … 순교자들이 죽임을 당하고 있기에 그리스도께서는 다시 수난을 겪고 계십니다. 그분께서 직접 수난을 당하시는 것이 아니라 당신의 지체들 안에서 수난을 겪으십니다. 성혈을 흘리신 것은 교회의 성장을 위해서였습니다. 성혈은 교회의 성장을 위해 강력한 효과를 지닙니다. 그리고 순교자들의 죽음이 그리스도께서 뿌린 씨에 더해졌습니다. … 그리스도인의 수가 계속해서 늘어났고, “저자가 언제 죽어서 그의 이름이 사라질까?”라고 말했던 그들의 원수들의 기대는 채워지지 않았습니다. 그런데 오늘날에도 같은 말이 들립니다. … 그들은 여전히 “저자가 언제 죽어서 그의 이름이 사라질까?” 하고 묻습니다. 당신들이 틀렸다는 사실은 두 번이나 증명되었습니다. 적어도 세 번째에는 정신을 차리십시오. … 그리스도께서는 자신의 죽음과 부활에 대해 미리 말씀하셨습니다. 또 당신 순교자들의 죽음과 그들이 받게 될 영광에 대해서도 예고하셨습니다. 당신 교회가 누릴 미래의 축복에 대해서도 예고하셨습니다. 그분께서 앞의 두 경우에서 진리로 확정된 사실을 말씀하셨다면 세 번째 경우에 대해 거짓말을 하셨겠습니까?

• 아우구스티누스 『시편 상해』 41,1.[22]

41,8 거짓과 못된 짓

그리스도에 대한 음모

사건들의 결과가 다음 사실을 증거합니다. 그들은 은밀하게 대화를 주고받으며 그 음모를 실행에 옮길 방법을 찾았습니다. 그리고 빌라도에게 이렇게 말하며 그분을 파멸시킬 협의를 만들어 내었습니다. “이자는 자신을 임금이라고 말하며, 황제에게 세금을 내지 못하게 막습니다”(루카 23,2). 이것이 예언자의 이 말이 가리키는 것입니다. “저들은 저에게 해로운 일을 꾸밉니다.” 곧, ‘저들은 저에게 법을 어겼다는 비난을 퍼붓습니다’라는 뜻이지요.

• 키루스의 테오도레투스 『시편 주해』 41,5.[23]

유다는 밖으로 나갔다

유다는 밖으로 나가서 말하였습니다. 그는 신앙을 떠났고, 사도들의 모임과 무리에서 떠났습니다. 그는 그리스도의 잔치를 떠나 사탄의 극악함으로 넘어갔습니다. 그는 성화 은총을 떠나 목을 조르는 매듭 속으로 들어갔습니다. 그는 불신자들에게 헛된 것을 말하고자 나갔습니다. 그는 안에 있던 생명의 신비를 제쳐 두고 밖으로 나갔

[21] FC 31,34*.

[22] *WSA* 3,16,225-26.

[23] FC 101,245.

습니다. 그는 성경 안에 담긴 신비를 결코 알지 못했기 때문에 떠났습니다.

• 암브로시우스 『열두 시편 해설』 41,17.[24]

안으로 들어와라

유다는 우리의 머리이신 분과 가까운 사람이었습니다. 그는 자주 와서 보았습니다. 하지만 그는 주님을 엿보았습니다. 그분을 믿기 위하여 무엇인가를 찾은 것이 아니라 그분을 배반할 근거를 찾아내기 위하여 그분을 엿보았습니다. … 보기 위하여 안으로 들어왔던 바로 그 사람은 밖으로 나가 이야기하곤 하였습니다. 그가 안에 머무르면서 진실만을 이야기했더라면! 그러면 그는 거짓을 말하기 위해 밖으로 나가지 않았을 것입니다. 그는 배신자이자 박해자입니다. 그는 밖으로 나가 이야기합니다. 여러분이 그리스도의 지체에 속한다면 안으로 들어와 머리이신 분에게 단단히 결속되십시오.

• 아우구스티누스 『시편 상해』 41,8.[25]

41,10 친한 벗

사도라면 당연히

예수님께서 유다가 당신을 배반하리라는 사실을 모르셨을 것이라고 생각하지는 마십시오. … 예수님은 당연히 알고 계셨습니다. 그 행위가 얼마나 저주받을 만한 것인지를 강조하시고자 예수님은 유다의 신의에 대해 당신이 간직하셨던 희망에 대해 말씀하십니다. … 우리가 큰 희망이나 신뢰를 두었던 이들이 우리의 희망이나 신망을 저버리면, 우리는 그들을 다른 어떤 이들보다 더욱 심하게 비난하게 됩니다. … 이것이 바로 예수님께서 당신이 희망하셨던 것에 대해 말씀하실 때 그것이 마치 당신의 권리라도 되는 듯이 말씀하신 이유입니다. 사도라면 자신의 낡은 삶의 방식을 내려놓고 새롭고 더 나은 방식을 따를 것이라고 누구나 당연히 기대하게 됩니다.

• 암브로시우스 『열두 시편 해설』 41,21-22.[26]

더욱 위험한 내부의 위협

나와 같은 식탁에 앉아 같은 음식을 나누던 이가 친밀한 관계 속에 자신의 악의를 감추면 감출수록 더욱더 위협적인 적이 될 수 있음이 입증되었습니다. 주님도 유다에게서 바로 이런 일을 당하셨습니다. 이 경우에 음모를 꾸민 이는 외부인들 가운데 누군가가 아니라 같은 식탁에 앉아 같은 빵을 나눌 만큼 아주 가까운 관계라는 인상을 주었던 사람이었습니다.

• 타르수스의 디오도루스 『시편 주해』 41.[27]

41,11 저에게 자비를 베푸소서

성자께 해 주신 것처럼 저를 붙들어 주소서

오, 주님, 당신은 성자를 죽음에서 일으키셨습니다. 그러니 저를 죄에서 일으켜 주십시오. 저를 일으켜 주십시오. 제가 저들에게 앙갚음하오리이다. 이 말씀으로 저는 제 원수들이 저를 두고 환호하지 못하도록 당신께서 저를 위하여 고통을 겪으셨다는 것을 알겠습니다. 당신께서는 저를 위하여 죽는 것도 마다하지 않으셨습니다. 당신께서 무덤에 누워 계실 때 저는 두려웠습니다. 하지만 당신께서 부활하셨기에 제 원수들은 저를 두고 환호하지 못할 것입니다. 당신은 저의 결백함을 보시고 저를 일으켜 주셨습니다. 하느님께서는 철학자들과 교사들이 아니라 농부

[24] *ACTP* 189.

[25] *WSA* 3,16,232-33.

[26] *ACTP* 192.

[27] WGRW 9,133*.

들과 어부들을 일으키셨습니다. 바로 이 농부들과 어부들이 하느님께서 보시고 영원히 확고하게 해 주신 교회를 세웠습니다. 그래서 교회는 사도들과 예언자들 안에서 말합니다.

• 소 아르노비우스 『시편 주해』 41.[28]

최종 선고가 아니다

이 기도가 언제 바쳐졌는지, 그리고 이 기도가 어떻게 응답되었는지를 살펴보십시오. 유대인들은 자기 민족의 터전을 잃지 않으려고 그리스도를 죽였습니다. 하지만 그들은 그분을 죽임으로써 나라를 잃고, 살던 곳에서 쫓겨나 흩어지게 되었습니다. 그리스도께서 죽은 이들 가운데서 일으켜지셨을 때 그들에게 시련으로 앙갚음하셨지만, 이 응징은 최종 선고가 아니라 경고로 주어진 것이었습니다.

• 아우구스티누스 『시편 상해』 41,12.[29]

41,12 이로써 제가 알게 되리이다

안정된 일치

이 모든 말씀은 그분께서 취하신 본성, 곧 수난에 참여한 본성에 대한 것이었습니다. … 그분께서 취하신 본성은 그때 이후로 모든 사악함으로부터 자유롭게 되었기 때문에 그분은 당연히 이렇게 말씀하실 수 있었습니다. "그러나 당신은 저의 결백함으로 저를 붙드시고, 저를 당신 면전에 영원히 세워 주십니다"(13절). 저는 안정된 일치를 얻었습니다. 이 결합은 분리될 수 없고, 영광은 영원합니다.

• 키루스의 테오도레투스 『시편 주해』 41,7.[30]

그들에게는 기쁨에 찬 승리가 없다

여기에서 말하시는 앙갚음은 잘못을 당한 이가 하는 복수를 말하는 것이 아닙니다. 그것은 좌절한 이들이 겪는 직접적인 절망을 말하는 것입니다. 이들은 자신들이 질투하던 이가 그토록 높은 존경을 받는 것을 보게 됨으로써 결국 스스로를 벌하게 된다는 것을 시편 저자가 보다 분명하게 제시하려 한다는 사실에 주목해야 합니다. 사실 그가 여기에서 말하고자 하는 것은 이것입니다. 주님, 저들이 저에 대하여 품고 있는 사악한 희망 안에서 환호하지 않게 하심으로써 당신께서 저를 돌보고 계심을 보여 주소서.

• 타르수스의 디오도루스 『시편 주해』 41.[31]

41,13 당신께서 저를 세워 주십니다

거룩한 결백함과 단순성

시편의 이 구절에서 그분의 거룩한 결백함과 단순성, 복된 겸손이 뚜렷하게 드러납니다. … 그분은 싸움으로 자신을 변호하려 들지 않으셨습니다. 그분은 평온한 마음으로 십자가에 다가가셨고, 차분한 정신으로 죽음을 맞이하셨습니다. 그분은 흠 없는 진리로 예언자들을 통하여 예고되었던 말씀들을 다 이루셨습니다. 그분은 당신을 박해하는 이들의 불행을 두고 슬퍼하셨으며, 십자가에 못 박히셨을 때 당신의 원수들을 위하여 연민 가득한 마음으로 기도하셨습니다. 그분은 이렇게 하심으로써 모든 신자가 그렇게 해야 한다고 명하신 것입니다. … 죽을 육체의 허약함을 내려놓으신 후 서로 구분되는 완벽한 두 본성 안에서 하느님이시며 인간이신 분께서 영원한 영광 안에 머무십니다. 그분의 이름은 "모든 이름 위에 뛰어난 이름"(필리 2,9)이며, 그

[28] CCL 25,58.

[29] *WSA* 3,16,236.

[30] FC 101,246-47.

[31] WGRW 9,134.

분의 권능이 하늘과 땅을 다스립니다.

• 카시오도루스 『시편 해설』 41,13.[32]

신뢰할 수 있는 분

하느님께서는 우리의 구원을 위하여 모든 것을 적재적소에 배치하셨습니다. 그분은 우리가 존재하기도 전에 그것을 미리 예고하셨고, 우리 시대에는 그것을 이루셨습니다. 그분이 아직 이루시지 않은 것은 장차 이루실 것입니다. 우리는 바로 이 하느님께 단단히 결합되어 있습니다. 그분은 약속을 지키시는 분이시며, 그래서 우리는 그분이 언제까지나 우리의 채무자이실 것을 믿을 수 있습니다. 그분은 그것이 예언될 당시에는 아직 주어지지 않았던 것을 이미 우리에게 주셨고, 아직 주어지지 않은 것도 그렇게 주실 것이기 때문입니다.

• 아우구스티누스 『시편 상해』 41,14.[33]

회개를 통하여 세워지다

신중한 독자는 우리가 도덕적 설명에서 신비적인 것을 끌어내더라도 불쾌히 여기지 말기 바랍니다. 바리사이들은 주님을 넘겨 주면 안전을 확보해 주겠다고 말함으로써 유다가 주님을 배반하도록 만들었습니다. 마찬가지로, 더러운 영들은 나와 같은 빵을 먹는 나의 외적 인간을 괴롭히고, 나의 탐욕을 자극하여 돈을 주겠다고 하고, 내 욕망을 부추겨 사치를 주겠다고 말합니다. 나의 외적 인간이 이 제안을 받아들이면 나는 실패하고 맙니다. 내가 실패하면 그들은 나의 외적 인간이 "스스로 목을 매달아 죽도록"(마태 27,5 참조) 이끕니다. 곧, 회개를 통하여 자신이 자유롭게 될 수 있다는 확신을 가질 수 없도록 낙담하게 만듭니다. 그러나 그분은 그들에게 이렇게 말씀하십니다. "그가 잠들었다면 다시 일어나지 않겠습니까?" … 스스로에게 해를 끼치는 짓을 멈춥시다. 그리고 각자 하느님께 올바르게 말씀드림으로써 순결하게 됩시다. '당신은 저의 결백함으로 저를 붙들어 주셨습니다. 그리고 죄 때문에 저를 당신 면전에서 쫓아내셨던 당신께서는 이제 회개를 통하여 저를 당신 앞에 영원히 세워 주소서.'

• 소 아르노비우스 『시편 주해』 41.[34]

41,14 아멘, 아멘

제1권의 끝

"아멘, 아멘." 이 말은 책의 끝에 도달했다는 뜻입니다. 시편집은 다섯 권으로 나눌 수 있습니다. 그 첫 권은 이 시편, 곧 시편 제41편에서 끝납니다. 시편 제41편이 주님의 수난 이야기로 끝나는 것은 매우 적절합니다. 40일간의 사순절이 주님의 수난으로 끝나는 것과 같습니다. 시편집 제1권은 이렇게 끝나고 시편집 제2권은 새로남의 신비로 시작됩니다.

• 암브로시우스 『열두 시편 해설』 41,37.[35]

[32] ACW 51,413-14.

[33] *WSA* 3,16,238.

[34] CCL 25,59.

[35] *ACTP* 201*.

42,1-12 하느님을 향한 그리움

그대가 하느님께 대한 열렬한 그리움 때문에 원수들의 빈정거림을 듣는다면
그것을 두려워할 것이 아니라 그런 그리움은 불사불멸의 열매를 맺는다는 것을 알고
하느님께 대한 희망으로 그대의 영혼을 위로하십시오.
그리하여 그대의 기분이 고양되고 현세의 슬픔이 조금 잦아들면
시편 제42편을 낭송하십시오.

아타나시우스 『시편 해석에 관해 마르켈리누스에게 보낸 편지』 19 [OIP 68-69]

1 [지휘자에게. 마스킬. 코라의 자손들]
2 암사슴이 시냇물을
그리워하듯
하느님, 제 영혼이 당신을
이토록 그리워합니다.
3 제 영혼이 하느님을,
제 생명의 하느님을 목말라합니다.
그 하느님의 얼굴을
언제나 가서 뵈올 수 있겠습니까?
4 사람들이 제게 온종일
"네 하느님은 어디 계시느냐?" 빈정거리니
낮에도 밤에도
제 눈물이 저의 음식이 됩니다.
5 영광스러우신 분의 초막,
하느님의 집까지
환호와 찬미 소리 드높이
축제의 무리와 함께 행진하던 일들을
되새기며
저의 영혼이 북받쳐 오릅니다.
6 내 영혼아, 어찌하여 녹아 내리며
내 안에서 신음하느냐?
하느님께 바라라. 나 그분을 다시
찬송하게 되리라, 나의 구원,
7 나의 하느님을.
제 영혼이 안에서 녹아 내리며
요르단 땅과 헤르몬과 미츠아르 산에서
당신을 생각합니다.
8 당신의 폭포 소리에 따라
너울이 너울을 부릅니다.
당신의 파도와 물결이
모두 제 위로 지나갔습니다.
9 낮 동안 주님께서
당신 자애를 베푸시면
나는 밤에 그분께 노래를,
내 생명의 하느님께 기도를 올리네.
10 내 반석이신 하느님께 말씀드렸네.
"어찌하여 저를 잊으셨습니까?
어찌하여 제가 원수의 핍박 속에
슬피 걸어가야 합니까?
11 적들이 '네 하느님은 어디 계시느냐?'
온종일 제게 빈정대면서
제 뼈들이 으스러지도록
저를 모욕합니다."
12 내 영혼아, 어찌하여 녹아 내리며
어찌하여 내 안에서 신음하느냐?
하느님께 바라라.
나 그분을 다시 찬송하게 되리라,
나의 구원, 나의 하느님을.

둘러보기

시편 제42편은 하느님을 향한 거룩한 갈망에 대해 이야기한다(아우구스티누스). 시편 저자는 하느님을 예배하기를 갈망한다(테오도레투스). 그리스도는 늘 우리를 새롭게 하는 샘이시며(카시오도루스), 우리를 변모시키신다(니사의 그레고리우스). 하느님을 위해 흘리는 눈물은 영을 살찌우는 눈물이고(에바그리우스), 미래의 빛을 그리워하는 눈물이다(요한 카시아누스). "네 하느님은 어디 계시느냐?"라는 질문에 대한 답으로 그리스도인이 우상을 가리키는 것은 상상할 수 없다(아우구스티누스). 우리의 하느님은 창조주로서 당신의 권능으로 만드신 모든 것 안에 계신다(에바그리우스). 하지만 그분의 본질은 피조물 안에 있지 않다. 그분은 모든 것을 초월하시는 분이시다(아우구스티누스).

이스라엘은 하느님의 은총이 주는 보상을 고대한다(테오도레투스). 그리고 우리는 하느님의 집에서 이루어질 영원한 잔치를 고대한다(아우구스티누스). 우리가 하느님을 찬미할 때, 죄를 슬퍼하는 마음은 기쁨이 된다(카시오도루스). 하느님은 당신의 모상을 회복시켜 주시는 분이시다(소 아르노비우스). 그러니 희망으로 굳건해져라(암브로시우스). 불안은 때때로 기준을 무엇으로 삼는가 하는 문제와 연관이 있다(아우구스티누스). 겸손 안에서 하느님을 추구하는 것은(카시오도루스) 내적 위로를 준다(에바그리우스). 심연을 부르는 심연에 대한 비유는 성부를 부르시는 성자를 생각나게 하고(소 아르노비우스), 신약성경을 예고하는 구약성경을(암브로시우스), 그리고 다른 이에게 신앙을 증거하는 사람을 생각나게 한다(아우구스티누스). 고통과 심판은, 하느님의 구원을 생각하지 않는다면 우리를 압도할 만큼 위협적이다(아우구스티누스). 하지만 하느님의 도움은 신속하게 온다(몹수에스티아의 테오도루스). 시련 중에 하느님의 말씀을 읊조릴 수 있도록 평온 가운데 하느님의 말씀을 배우자(카시오도루스). 하느님은 정녕 우리를 돕는 분이시다. 그분은 어떤 제한도 없으시며, 자유로우시다(에바그리우스). 고통을 겪는 이들은 서로 상반된 생각들을 갖게 마련이다(디오도루스). 하지만 유혹이 자라도록 허락해서는 안 된다(히에로니무스). 낙담을 멈추고(테오도레투스) 내가 받을 보상을 기억하라(오리게네스). 하느님께서 나의 개인적 구원자가 되시게 하라(몹수에스티아의 테오도루스).

42,2 하느님을 그리워하는 영혼

하느님을 그리워하며

우리 함께 이런 목마름으로 타오릅시다. 우리 같이 이해력의 샘으로 달려갑시다. 시냇물을 그리워하는 암사슴처럼 그 샘을 갈망합시다. … 성경은 정녕 "그분께는 생명의 샘이 있다"(시편 36,10)고 말합니다. 바로 이 샘을 그리워합시다. … 물이 솟는 샘을 간절히 찾읍시다. 생명의 샘이 하느님께 있고, 그 샘은 결코 마르지 않습니다. … 하느님께는 우리를 새롭게 할 수 있는 모든 것이 있습니다. 그분은 당신께 오는 모든 이를 충만하게 해 주실 수 있습니다. … 하느님께 이르는 것, 그분 앞에 서는 것, 이것이 바로 내가 목말라하는 것입니다. 순례 중에 있는 나는 목이 마르고, 달리는 중에 목도 바싹 타지만 목적지에 도착하면 완전히 만족하게 될 것입니다.

• 아우구스티누스 『시편 상해』 42,2.3.5.[1]

하느님을 예배하는 것

시편 저자는 이렇게 말합니다. '내가 그리워하

[1] *WSA* 3,16,240-43.

고 목말라하는 것은 나의 살아 계신 하느님을 예배하는 것입니다.' "하느님의 얼굴을 뵙는 것"이란 율법에 따라 하느님을 예배하는 것을 의미하며, 그런 예배는 예루살렘에서만 드릴 수 있었습니다. … 생명이 없고 움직이지도 못하는 바빌로니아인들의 우상들을 보고서 그들은 비로소 하느님을 "강하시고 살아 계신 분"으로 올바르게 부를 수 있었습니다.

• 키루스의 테오도레투스 『시편 주해』 42,2.[2]

42,3 하느님을 목말라합니다

샘이신 그리스도

주 그리스도는 물이 솟는 샘이십니다. 그 샘에서 우리를 새롭게 할 모든 것이 흘러나옵니다. 흐르는 물이 마르는 경우는 자주 있지만 물이 솟는 샘은 언제나 물을 대 줍니다. 그러므로 우리의 갈망이 결코 갈증을 경험하지 않을 거룩한 샘물로 서둘러 가라는 말을 듣는 것은 당연합니다.

• 카시오도루스 『시편 해설』 42,2.[3]

변모의 샘

덕을 맛보고 선에 대한 직접적인 경험을 통하여 그 본성을 이해하게 된 사람은 강제나 경고를 통해 악에 대한 과도한 집착에서 끌어내어 억지로 덕을 바라보게 해야 하는 그런 사람이 더 이상 아닙니다. 오히려 그는 더욱 탁월한 것을 몹시 목말라하게 됩니다. … [그는] "시냇물"을 그리워하는 암사슴보다 훨씬 더 하느님과 하나 되기를 "목말라"합니다. 이처럼 심한 갈증을 느끼다가 샘을 발견하면 그 사람은 그만큼 강하게 물에 끌리게 되고, 또 그만큼 풍부하게 물을 길어 냅니다. 이렇게 하여 원하던 것을 얻은 그 사람은 자신이 바라던 것으로 충만해집니다. 이런 충만함의 상태는 육체적 배부름이 다시 배고픔으로 이어지는 것과 같지 않습니다. 또 육체적 활동성을 저하시키는 술 취한 상태와도 다릅니다. 거룩한 샘이 어떤 사람 안에 자리 잡게 되면, 그 샘은 그 사람을 변모시키고, 그 사람에게 샘이 지닌 능력의 일부를 나누어 줍니다.

• 니사의 그레고리우스 『시편의 제목』 1,5,40-41.[4]

42,4 네 하느님은 어디 계시느냐?

영의 양식

눈물처럼 영을 살찌게 할 수 있는 것은 없습니다. 지금 우는 사람은 행복합니다. 그들은 웃게 될 것이기 때문입니다.

• 폰투스의 에바그리우스 『시편 발췌 주해』.[5]

미래의 빛을 갈망할 때

영원한 선을 관상하고 미래의 빛을 갈망할 때 나오는 눈물이 있습니다. 영혼이 전능하시며 살아 계신 하느님을 목말라할 때 기쁨과 그리움의 눈물이 터져 나오지 않을 수 없습니다.

• 요한 카시아누스 『담화집』 9,29.[6]

우상과 같지 않다

"네 하느님이 어디 계시느냐?" 이교인이 나에게 이렇게 묻는다면, 나는 그에게 "너는 어떠냐? 네 하느님은 어디 계시느냐?" 하고 되물을 수 없습니다. 이교인은 자신의 신을 가리킬 것이기 때문입니다. 그는 손가락으로 어떤 돌을 가리키며 이렇게 말할 것입니다. "보라! 나의 신은 여기에 계시다. 너의 신은 어디에 계시느냐?" 내가 그

[2] FC 101,248-49.
[3] ACW 51,416.
[4] *GNTIP* 97-98*.
[5] PG 12,1416.
[6] LCC 12,228.

돌을 비웃으면, 그 돌을 가리켰던 이교인은 당황하여 돌에서 눈을 돌려 하늘을 향할 것입니다. 그리고 어쩌면 해를 가리키며 이렇게 말할 것입니다. "보라! 나의 신이 여기에 계시다. 네 신은 어디에 계시느냐?" 그는 나의 육체적인 눈에 제시할 수 있는 무엇인가를 찾습니다. 하지만 나는 다릅니다. 내가 보여 줄 수 있는 것이 없어서가 아닙니다. 그에게는 내가 보여 줄 수 있는 것을 볼 수 있는 눈이 없기 때문입니다. 그는 내 육체의 눈이 볼 수 있도록 태양을 자기 신이라고 가리킬 수 있었습니다. 그런데 그 태양을 창조하신 분이 계시다는 사실을 어떤 눈에 가리켜 보일 수 있겠습니까?

• 아우구스티누스 『시편 상해』 42,6.[7]

창조된 모든 것 안에 계시다

하느님께서 창조주시라면, 그분은 당신이 만드신 모든 것 안에 계십니다. 그분이 가장 탁월한 지혜이시라면, 그분은 모든 거룩한 권능 안에 계십니다. … 하느님은 때로는 탁월한 이들 가운데 계시기도 하고, 때로는 큰 성취를 이룬 이들 안에 계시기도 합니다. 늘 하느님의 뜻에 따라 행동하는 것은 천사들의 일이지 결코 마귀들의 일이 아닙니다. 어떤 때는 올바르게 행동하지만 어떤 때는 그렇지 않은 것은 사람들의 일입니다.

• 폰투스의 에바그리우스 『시편 발췌 주해』 41[42],4.[8]

42,5 영혼이 북받쳐 오른다

모든 것을 초월하다

땅 위에 있는 것이든 하늘에 있는 것이든 모든 구체적인 피조물들 안에서 나는 내 하느님을 찾았지만 찾지 못하였습니다. 또 내 영혼 안에서 그분의 본질을 찾았지만 그곳에서도 하느님을 찾지 못하였습니다. 나는 여전히 하느님을 찾고자 하며, 창조된 것들을 통하여 그것들을 이해함으로써, 볼 수 없는 실재이신 하느님을 바라볼 수 있기를 갈망합니다. "나는 내 영혼을 내 위로 쏟아 내었습니다." 그래서 이제 하느님 외에는 내가 접촉할 수 있는 것이 아무것도 남지 않았습니다. 하느님의 거처는 내 영혼 위에 있기 때문입니다. 그분은 내 영혼 저 너머에 거주하시며, 그곳에서 나를 굽어보시고, 그곳에서 나를 창조하셨습니다. 그분은 그곳에서 나를 다스리시고, 나에 대해 생각하시며, 나를 일깨우시고, 부르시며, 안내하시고 이끄십니다. 그분은 그곳에서 나를 이 여정의 목적지로 이끄십니다.

• 아우구스티누스 『시편 상해』 42,8.[9]

이스라엘의 귀환

그 슬픈 사건들이 있고 난 후에 시편 저자는 기쁜 소식을 선포하며, 앞으로 있을 일들을 미리 알려 줍니다. 그들은 곧 본국으로 돌아가도 된다는 허락을 얻을 것이고, 하느님의 은총의 인도로 그들이 갈망하던 나라로 되돌아가 하느님의 집을 다시 지을 것이며, 관례대로 축일을 지내고, 축제의 소리와 영가의 가락을 듣게 될 것입니다.

• 키루스의 테오도레투스 『시편 주해』 42,3.[10]

영원한 잔치

하느님의 집에는 영원한 잔치가 벌어집니다. 그곳에서 경축하는 잔치는 지나가 버리는 것이 아닙니다. 천사들의 합창으로 축제는 영원히 계속됩니다. 하느님의 얼굴을 영원히 보는 기쁨은 결코 줄어들지 않기 때문입니다. 이 잔치는 새벽

[7] *WSA* 3,16,243-44.

[8] PG 12,1415.

[9] *WSA* 3,16,246.

[10] FC 101,249.

이나 해 질 녘에 시작되는 그런 잔치가 아닙니다.

• 아우구스티누스 『시편 상해』 42,9.[11]

기쁨과 슬픔

기쁨은 시편을 노래하게 하고 고백은 죄를 슬퍼합니다. 이 두 가지가 함께할 때 완전한 그리스도인이 이루어집니다. … 하느님을 찬미하고 자신의 죄를 뉘우치는 것보다 더 아름답고 온전한 것이 무엇이 있겠습니까?

• 카시오도루스 『시편 해설』 42,5.[12]

42,6 영혼이 녹아 내린다

기준의 문제

“제 영혼이 저를 향할 때 고통스러웠습니다.” 만약 영혼이 하느님을 향했다면 고통스럽지 않았을 것입니다. 그렇지요? 제 영혼이 저를 향할 때 고통스러웠습니다. 변하지 않는 분을 향할 때에는 새로운 힘을 얻었지만 변하기 쉬운 것을 향해 돌아섰을 때에는 혼란스러웠습니다. … 제 안에는 안정이 없기 때문에 저를 위한 어떤 희망도 제 안에는 없습니다. “제 영혼이 저를 향할 때 고통스러웠습니다.” 여러분의 영혼이 불안에서 해방되기를 바랍니까? 그렇다면 여러분의 영혼이 여러분 안에서 꾸물거리지 않게 하십시오. … 여러분 자신이 아니라 오직 하느님께만 신뢰를 두십시오. 여러분이 자기 자신을 신뢰한다면 여러분의 영혼은 자신을 향해 돌아설 것입니다. 그러면 여러분은 심각한 불안에 빠질 것입니다. 여러분 안에서는 안전을 보장해 주는 어떤 근거도 발견할 수 없기 때문입니다. 내 영혼이 나를 향할 때 불안을 느낀다면 내가 선택할 수 있는 것이라고는 겸손, 곧 영혼이 자기 자신을 신뢰하려는 마음을 겸손하게 거부하는 것 외에 달리 무엇이 있겠습니까? 자신을 보잘것없게 여기고, 들어 올려지기 위하여 스스로를 낮추는 것 외에 영혼에게 어떤 길이 열려 있겠습니까? 아무것도 자신에게 돌리지 마십시오. 그러면 하느님께서 영혼에 도움이 되는 것을 베풀어 주실 것입니다.

• 아우구스티누스 『시편 상해』 42,12.[13]

겸손히 하느님을 찾아라

교만의 꼭대기에 서서는 하느님을 찾을 수 없습니다. 오직 겸손히 낮출 때에만 하느님을 생각할 수 있습니다.

• 카시오도루스 『시편 해설』 42,7.[14]

내적 위로

나태의 마귀와 만나게 되면, 눈물을 흘리며 영혼을 둘로 나눕시다. 그리고 한 부분은 위로를 하게 하고, 다른 부분은 위로를 받게 합시다. 우리 자신 안에 좋은 희망의 씨를 뿌리고, 거룩한 다윗과 함께 시편의 이 [구절을] 노래합시다.

• 폰투스의 에바그리우스 『프락티코스』 27.[15]

42,7 나의 구원, 나의 하느님

당신의 모상을 회복시켜 주시는 분

영아, 슬퍼하지 마라. 내가 주님께 고백하고 있으니 그분께 희망을 두어라. 그분은 내 얼굴의 구원자이시다. 다시 말해, 내 하느님은 당신의 모상을 회복시켜 주시는 분이시다.

• 소 아르노비우스 『시편 주해』 42.[16]

[11] *WSA* 3,16,247.

[12] ACW 51,418.

[13] *WSA* 3,16,249-50.

[14] ACW 51,420.

[15] *GAC* 102*.

[16] CCL 25,60.

희망으로 굳건해져라

세상일이 위험하게 돌아가자 이 때문에 고통을 겪은 다윗은 말하였습니다. “내 영혼아, 어찌하여 슬퍼하며, 나를 괴롭히느냐? 하느님께 바라라. 나 그분을 다시 찬송하게 되리라. 내 얼굴의 구원, 나의 하느님을.” 그러므로 우리도 곤란을 겪고 두려움을 느낄 때 다가올 것들을 기대하며 희망으로 굳건해집시다. 위의 말씀을 구절구절 살펴봅시다. 다윗은 말합니다. “주님께 바라라. 나 주님을 찬미하게 되리라.” 그는 “내가 주님을 찬미한다”고 하지 않고, “내가 주님을 찬미하게 되리라”고 합니다. 이는 ‘내가 너울 벗은 얼굴로 하느님의 영광을 바라보며 하느님과 같은 모상으로 변모될 때에 나는 하느님을 더 잘 찬미하게 되리라’는 뜻입니다. 다윗은 자신을 위로하고 난 후에 즉시 다시 자신에게 시선을 돌리며 이렇게 말합니다. “내 영혼이 안에서 녹아 내린다.” 곧, ‘다른 이들을 굳세게 해 주어야 할 내가 지금 동요하고 있다. 나 자신에게는 그렇게 할 힘이 없으니 창조주에게서 그 힘을 받자’는 뜻입니다.

• 암브로시우스 『욥과 다윗의 탄원』 4,3,12-13.[17]

42,8 너울이 너울을 부른다

성부를 부르시는 성자

너울이 너울을 부를 때 성자께서는 땅과 강의 깊은 곳에서 성부를 부르십니다. 그러자 당신께서는 하늘의 폭포들을 여셨습니다. 성령께서 내려오실 때 성부께서는 하늘 높은 곳에서 성자께 말씀하십니다. ‘그분이 너울에서 너울로 부르시자, 주님의 영광이 저에게 옵니다.’

• 소 아르노비우스 『시편 주해』 42.[18]

신약성경을 부르는 구약성경

이 말씀을 들어 보십시오. “당신의 폭포 소리에 따라 너울이 너울을 부릅니다.” 거룩함의 완성과 은총의 충만함을 위하여 구약성경이 신약성경을 부릅니다. 은총의 목소리와 흘러넘치는 영적 충만함으로 부릅니다.

• 암브로시우스 『열두 시편 해설』 36,18.[19]

진리를 증언하는 “너울”

여기에서 “너울”이란 어떤 사람이라고 할 수 있습니다. 거룩하고 선한 삶을 사는 사람이나 큰 영적 진보를 이루어 낸 사람도 “너울”이라 할 수 있습니다. 이런 사람이 영원한 생명을 바라보며 다른 이에게 신앙, 곧 진리를 선포할 때 그는 다른 “너울”을 부르는 것입니다. 그런데 설교하는 “너울”이 하느님의 폭포 소리를 듣고 다른 “너울”을 부른다면, 그가 부른 “너울”에게 도움이 됩니다. “너울은 너울을 부른다.” 어떤 사람이 자신의 목소리만을 따르지 않고 “하느님의 폭포 소리에 따라” 다른 사람을 부른다면, 그는 그 사람을 얻을 수 있습니다.

• 아우구스티누스 『시편 상해』 42,13.[20]

고통과 심판

제가 지금 수난을 겪고 있는 가운데 물결이 저를 휩쓸고 지나갔습니다. 지금 저를 위협하는 것은 제 위에 멈추어 서 있는 당신의 심판입니다. 제가 지금 겪고 있는 모든 시련은 당신의 물결입니다. 당신의 모든 협박이 저를 바싹 뒤쫓으며, 언제든 제 머리를 부수려고 합니다. 심연인

[17] FC 65,398.

[18] CCL 25,60.

[19] *ACTP* 46-47.

[20] *WSA* 3,16,252*.

저는 파도 속에서 다른 심연을 부릅니다. 그런데 제가 부르는 다른 심연은 저를 방해하는 당신의 위협 뒤에 있습니다. 당신의 물결 속에서 저는 이미 허우적대고 있는데 당신의 위협은 훨씬 더 강하며, 저를 바싹 뒤쫓고 있습니다. 그 위협이 지금 당장 저를 덮치는 것은 아니지만 바로 제 머리 위에 멈추어 서 있습니다. 하지만 당신은 저를 해방시켜 주시는 분이시기에 저는 제 영혼에게 이렇게 말하였습니다. "하느님께 바라라. 나 그분을 다시 찬송하게 되리라. 내 얼굴의 구원이신 나의 하느님을." 저의 고난이 많으면 많을수록 당신의 자비는 더욱더 관대할 것입니다.

• 아우구스티누스 『시편 상해』 42,15.[21]

42,9 주님께서 나와 함께 계신다

신속한 도움

임박한 문제들이 너무나 많지만 당신께서는 아주 쉽게 해결책을 제시해 주실 것이라고 저는 생각하였습니다. 당신께서 낮에 우리에게 자애를 보여 주기로 하신다면, 다시 말해, 일어날 환난에서 구원하시기로 하신다면, 좋은 것들을 받은 이들이 즉시 그날 밤으로 노래하며 일어난 일들에 대해 당신께 찬미가를 드릴 만큼 신속하게 응답이 올 것입니다. 낮 동안 하느님께서 자애를 베푸시면, 밤이면 곧바로 "그분께 드리는 노래가 저와 함께" 있을 것입니다. 곧, 시편의 저자는 낮에 주신 하느님의 명령으로 밤이면 하느님께서 해 주신 좋은 일들을 노래할 수 있을 정도로 하느님의 명령이 신속하게 이행된다는 것을 말하려는 것 같습니다.

• 몹수에스티아의 테오도루스 『시편 해설』 42,9A.[22]

평온할 때 말씀을 공부하라

시련 중에 우리가 해야 할 말은 평온할 때 배워 두어야 합니다. 한가할 때 율법서의 말씀을 익혀 두면 고통 중에 있을 때 그 열매가 드러납니다.

• 카시오도루스 『시편 해설』 42,9.[23]

42,11 원수들의 빈정거림

하느님은 자유로우시다

하느님께서 어떤 장소에 계시다고 생각하는 것은 가장 큰 무지입니다. 하느님은 한곳에 계시지 않습니다. 하느님은 자유로우십니다.

• 폰투스의 에바그리우스 『시편 발췌 주해』 41[42],11.[24]

42,12 하느님께 바라라

고통 중에 있는 이들의 특징

이 모든 것을 숙고하였을 때, 놀라지 말고 하느님께 바라라는 격려를 나는 다시 받았습니다. 하느님께서는 기꺼이 나를 구원하시고 내가 다시 존경받게 해 주십니다. 절망하였다가 다시 희망하며, 생각이 이리 갔다 저리 갔다 하는 것은 고통 중에 있는 이들의 전형적 특징입니다.

• 타르수스의 디오도루스 『시편 주해』 42.[25]

유혹이 자라게 하지 마라

그대의 내면이 악과 덕 사이에서 갈팡질팡하는 낌새를 보인다면 다음과 같이 말하십시오. "내 영혼아, 어찌하여 내 안에서 신음하느냐? 하느님께 바라라. 나 그분을 다시 찬송하게 되리라. 내 얼굴의 건강이시며 내 하느님이신 분을." 악의 유혹이 그대 안에서 커지게 하지 말며, 무

[21] *WSA* 3,16,253.

[22] WGRW 5,529-31.

[23] ACW 51,421.

[24] PG 12,1419.

[25] WGRW 9,136-37*.

질서한 속삭임이 그대 마음에서 결코 힘을 얻지 않게 하십시오. 원수가 아직 보잘것없을 때 죽이십시오. 그리고 가라지를 거두게 되는 일이 없도록 악의 싹을 잘라 버리십시오.

• 히에로니무스 『서간집』 22,6.[26]

절망하지 마라

시편 저자는 말합니다. '내 영혼아, 구원에 대해 절망하지 마라. 하느님께서 너의 구원자이시다. 그분이야말로 너의 든든한 희망이시다. 그러니 절망을 멈추고 위안을 받아라.'

• 키루스의 테오도레투스 『시편 주해』 42,7.[27]

상급을 기억하라

내가 여러분에게 간절히 청하는 것은 여러분이 지금 겪고 있는 모든 시련 가운데에서 의로움 때문에 박해와 모욕을 받는 이들을 위해 하늘에 마련된 커다란 상급을 기억하고, 사람의 아들 때문에 즐거워하며 기뻐 용약하라는 것입니다(참조: 마태 5,10-12; 루카 6,23). 사도들이 그분의 이름을 위하여 모욕을 당할 수 있는 자격을 인정받았다고 기뻐하였던 것처럼 말입니다(사도 5,41 참조). 여러분의 영혼이 주춤거리고 있음을 알아차리게 되면, 그리스도 예수님께서 지니셨던 바로 그 마음을 간직하고(필리 2,5 참조), 여러분의 정신을 어지럽히려 드는 여러분의 영혼에게 이렇게 말하십시오. "내 영혼아, 어찌하여 녹아 내리며, 어찌하여 내 안에서 신음하느냐? 하느님께 바라라. 나 그분을 다시 찬송하게 되리라." 나는 우리의 영혼이 결코 동요하지 않기를 기도합니다. 더 나아가 누군가 우리를 법정에 세우거나 우리 목에 칼을 들이대더라도 사람의 모든 이해를 뛰어넘는 하느님의 평화가 우리 영혼을 지켜 주시기를(필리 4,7 참조) 기도합니다. 그리고 육체를 떠난 이들이 만물의 주님 곁에서 편안히 지내게 될 것(2코린 5,8 참조)을 생각하며 우리가 침착을 유지할 수 있도록 기도합니다. 만약 우리가 언제나 평정을 유지할 수 있을 만큼 강하지 못하다면, 적어도 영혼의 동요를 쏟아내거나 그 동요를 낯선 이들에게 드러내지는 맙시다. 그래야 우리는 "나의 하느님, 제 영혼은 제 안에서 신음합니다"라고 말씀드릴 때, 그분께 변명이라도 드릴 기회를 갖게 될 것입니다.

• 오리게네스 『순교 권면』 4.[28]

개인적 구원자

"저의 하느님은 저의 개인적 구원자이십니다." 저는 당신께서 제 요청을 틀림없이 들어주시리라는 것을 믿었습니다. 당신은 개인적으로 저의 구원이시며 저의 주님이시기 때문입니다. ("개인적 구원자"라는 말은 "저의 도움, 저의 영광"이라는 뜻입니다. 달리 말하자면, 저에게 이것을 주시는 분은 바로 당신 자신이십니다.)

• 몹수에스티아의 테오도루스 『시편 해설』 42,12C.[29]

[26] NPNF 2,6,24*.

[27] FC 101,251.

[28] *OSW* 43.

[29] WGRW 5,533.

43,1-5 하느님께 바라라

[원수들이] 끈덕지게 달라붙고, 피로 붉게 물든 손으로 그대를 끌어내려 죽이려 든다면,
하느님이 진정한 재판관이심을 기억하십시오.
(인간은 한계가 있지만 하느님만은 의로우시기 때문입니다.)
그리고 [시편] 제43편의 말씀을 읊으십시오.

아타나시우스『시편 해석에 관해 마르켈리누스에게 보낸 편지』17 [OIP 67]

1 하느님, 제 권리를 되찾아 주소서.
충실치 못한 백성을 거슬러
제 소송을 이끌어 주소서.
거짓되고 불의한 자에게서
저를 구하소서.
2 당신은 제 피신처 하느님이시건만
어찌하여 저를 버리셨습니까?
어찌하여 제가 원수의 핍박 속에
슬피 걸어가야 합니까?
3 당신의 빛과 당신의 진실을 보내소서.
그들이 저를 인도하게 하소서.
그들이 저를 당신의 거룩한 산으로,
당신의 거처로 데려가게 하소서.
4 그러면 저는 하느님의 제단으로,
제 기쁨과 즐거움이신 하느님께
나아가오리다.
하느님, 저의 하느님
비파 타며 당신을 찬송하오리다.
5 내 영혼아, 어찌하여 녹아 내리며
어찌하여 내 안에서 신음하느냐?
하느님께 바라라. 나 그분을 다시
찬송하게 되리라,
나의 구원, 나의 하느님을.

둘러보기

시편 제43편은 바로 앞의 시편과 그 취지가 유사하다(테오도레투스). 이 시편의 첫 번째 구절에서 시편 저자는 불의한 자들이 낸 소송과 자신의 소송을 구별해 달라고 하느님께 청한다(아우구스티누스). 이 시편은 믿는 이들의 소망이 불신자들의 소망과 어떻게 다른지 보여 준다(아우구스티누스). 빛과 진리는 하느님에게서 오는 믿을 만한 도움을 가리키며(디오도루스), 그 도움은 우리에게 새로움을 가져다준다(소 아르노비우스). 빛과 진리는 그리스도 안에서 하나의 실재다(아우구스티누스). 시편 저자가 받은 도움은 그리스도를 예시한다(대 레오). 하느님은 의인 안에 거처하신다(에바그리우스). 의인은 기쁨 가운데서나 고통 속에서나 하느님을 찬미한다(아우구스티누스). 이 시편은 우리 자신이 아니라 하느님께 희망을 둘 것을 상기시키는 말씀으로 끝난다(디오도루스, 테오도레투스).

43,1 하느님, 제 권리를 찾아 주소서

바로 앞의 시편과 취지가 유사하다

이 시편은 바로 앞의 시편과 취지가 비슷하여 히브리어 본문에는 표제가 따로 없습니다.

• 키루스의 테오도레투스『시편 주해』43,1.[1]

제 소송은 다름을 알아보아 주소서

누가 "하느님, 저를 심판하소서"라고 말하는 것을 들으면, 어떤 사람은 어쩌면 깜짝 놀랄지도 모릅니다. 사람들은 보통 "하느님, 저를 용서하소서. 살려 주소서"라고 말합니다. "하느님, 저를 심판하소서"라고 말씀드릴 자가 어디에 있겠습니까? 그래서 독자들은 시편의 이 구절을 읽으면 잠깐 멈칫하게 됩니다. "하느님, 저를 심판하소서"라는 말씀을 아무런 마음의 동요도 없이, 아무 두려움도 없이 노래할 수 있는 사람이 있을까요? 하지만 사람들은 여전히 믿음을 가지고 이 시편 구절을 노래합니다. 그리고 그들이 신적 영감을 받은 본문에서 배운 것을 바라는 것이 잘못되었다고 생각하지 않습니다. 비록 그들이 잘 이해하지 못했다고 하더라도 … 왜냐하면 뒤에 이어지는 구절들에서 이 심판이 무엇을 의미하는지가 드러나기 때문입니다. 이 심판은 저주의 [심판]을 말하는 것이 아니라 식별하기 위한 심판을 의미합니다. 시편 저자는 "하느님, 저를 심판하소서"라고 말하는데, 이 말은 무슨 뜻입니까? "충실치 못한 백성과 저의 소송은 다름을 식별하여 주소서." … 이 시편 저자가 말하는 "심판"은 "구별"을 의미합니다. "우리 모두 그리스도의 심판대 앞에 나설" 때에는 있는 그대로 다 드러날 수밖에 없습니다. "그래서 저마다 좋은 것이든 나쁜 것이든, 자신이 한 일에 따라 갚음을 받게 됩니다"(2코린 5,10). 선한 이들은 좋은 것들을 받고, 악한 이들은 나쁜 것들을 받는 방식으로 구별이 이루어집니다. 심판이 언제나 나쁜 것에 대해서만 내려지는 것이라면, 시편 저자가 "하느님, 저를 심판하소서"라고 말하지 않았을 것입니다.

• 아우구스티누스 『요한 복음 강해』 22,5,1-2.[2]

서로 다른 소망

하느님을 믿는 이들과 믿지 않는 이들을 구별해 봅시다. 인간의 허약성을 놓고 보면 이 둘은 동일합니다. 그러나 양심에 있어서는 구별됩니다. 인간이 겪는 노고로 치자면 이 둘은 동일합니다. 그러나 그들이 품는 소망은 서로 다릅니다. 불경한 자의 소망은 헛되이 꺼져 버립니다. 그러면 의인의 소망은 어떻게 될까요? 약속을 하신 분이 충분히 믿을 만하지 않다면 우리는 걱정하지 않을 수 없습니다. 우리의 소망의 대상은 약속하신 분이십니다. 그분은 이미 우리에게 자신을 주신 분이시니 우리에게 당신을 주실 것입니다. 그분은 죽을 존재인 우리에게 죽을 존재로서 자신을 이미 주신 분이시니, 우리가 불사의 존재가 될 때 불사의 존재인 당신을 우리에게 주실 것입니다.

• 아우구스티누스 『시편 상해』 43,2.[3]

43,3 하느님의 빛과 진실

믿을 만한 도움

당신의 믿을 만한 도움("빛"은 도움을, "진실"은 신뢰성을 나타냅니다)을 보내 주십시오. … 그리하여 당신의 믿을 만한 도움이 저를 거룩한 곳들과 당신의 거룩한 성전으로 데려가게 하소서.

• 타르수스의 디오도루스 『시편 주해』 43.[4]

새로워지다

당신의 빛을 보내시어 제 그늘을 거두어 주소서. 당신의 진리를 보내시어 제 거짓을 정복하게

[1] FC 101,252.

[2] FC 79,200-1*.

[3] *WSA* 3,16,257.

[4] WGRW 9,137.

하소서. 당신의 빛과 진리는 저를 거룩한 산으로 이끌어 당신의 성막으로 데려갑니다. 제가 가까이 다가가면 당신께서는 저를 하느님의 제단으로 이끄십니다. 늙은 저는 그곳에서 청년처럼 새로워집니다.

• 소 아르노비우스 『시편 주해』 43.[5]

한 분 그리스도

"당신의 빛"과 "당신의 진실". 여기에서 우리는 두 가지 이름을 대하지만 사실 그 둘은 하나의 실재를 나타냅니다. 하느님의 빛이 하느님의 진리가 아니라면 달리 무엇이겠습니까? 하느님의 진리가 하느님의 빛이 아니라면 달리 무엇이겠습니까? 이 둘은 한 분 그리스도이시며, 이렇게 말씀하십니다. "나는 세상의 빛이다. 나를 믿는 이는 어둠 속을 걷지 않는다. 나는 길이요 진리요 생명이다"(요한 8,12; 14,6). 그분은 빛이요 진리이십니다. 그러니 그분께서 오셔서 지금도 여전히 죄짓고 있는 이들의 소송과 저희의 소송을 구별하심으로써 저희를 구원하게 하소서. 악하고 속이는 자들로부터 그분께서 저희를 구원하게 하소서. 그분께서 밀에서 가라지를 가려내게 하소서. 왜냐하면 그분은 수확 때에 당신의 천사들을 보내시어 사람들을 걸려 넘어지게 하는 모든 것을 당신의 나라에서 골라내어 타는 불 속에 던져 넣고, 밀은 곳간에 거두어들이게 하실 것이기 때문입니다.

• 아우구스티누스 『시편 상해』 43,4.[6]

예시

빛에서 나오는 광선은 빛이 지난 다음에 오는 것이 아닙니다. 참된 빛에는 언제나 광선이 있기 마련입니다. 광선이 빛의 존재의 본질에 속하는 것과 마찬가지로 광선은 또한 빛이 지닌 빛남이라는 본질에 속합니다. 그런데 이 광선이 나오는 것을 "보낸다"고 말합니다. 그리스도도 이런 파견을 통하여 세상에 오셨습니다. 그리스도는 당신의 보이지 않는 위엄으로 모든 것을 채우는 분이십니다. 그럼에도 불구하고 그분은 당신을 모르는 이들에게로 오셨습니다. 마치 아주 멀고 상당히 동떨어진 곳에서 오신 것처럼 오셨습니다. "어둠 속을 걷던 백성이 큰 빛을 봅니다. 암흑의 땅에 사는 이들에게 빛이 비칩니다"(이사 9,1)라는 말씀대로, 그분은 오셔서 무지로 인하여 눈이 먼 상태를 없애 주셨습니다. 다윗이 "당신의 빛과 당신의 진리를 보내소서" 하고 말하였을 때처럼 하느님께서는 그 이전 시대에도 성조들과 예언자들을 비추기 위해 진리의 빛을 보내 주셨습니다. 물론 성자의 신성은 당신의 와 계심을 "여러 가지 방식과 여러 표징들을 통하여"(히브 1,1) 분명하게 드러내셨습니다. 이 모든 예시들과 기적들은 사도들이 말한 '파견'에 대한 증언입니다. "때가 차자 하느님께서 당신의 아드님을 보내시어 여인에게서 태어나 율법 아래 놓이게 하셨습니다"(갈라 4,4).

• 대 레오 『설교집』 25,3,2-4,1.[7]

의인

하느님의 "거룩한 산"은 그리스도이십니다. 그분의 성막은 의인들의 덕행들 안에 있습니다.

• 폰투스의 에바그리우스 『시편 발췌 주해』 42[43],3.[8]

---

[5] CCL 25,61.

[6] *WSA* 3,16,258-59.

[7] FC 93,101.

[8] PG 12,1421.

43,4 비파 타며 찬송하오리다

기쁨과 고통

비파를 타며 하느님을 찬송하는 것과 수금을 타며 하느님을 찬송하는 것의 차이는 무엇입니까? … 둘 다 손에 들고 손가락으로 현을 뜯는 것입니다. … 연주자가 훌륭하다면 둘 다 듣기 좋습니다. … 하지만 차이도 있습니다. 수금은 위쪽이 아치형으로 되어 있습니다. 나무로 된 오목한 울림통이 북같이 생겼습니다. 그 울림통 위에서 현을 뜯으면 공명이 생깁니다. 비파는 아랫부분에 큰 울림 구멍이 있습니다. 따라서 수금으로 연주할 때와 비파를 연주할 때의 손의 움직임이 다릅니다. 그러나 둘 다 하느님을 기쁘시게 하고 그분의 귀를 즐겁게 하는 고운 선율을 냅니다. 우리가 하느님의 명령에 순종하고, 그분의 규범을 주의 깊게 따르며, 하느님과 계명과 조화를 이루면서 무엇인가를 할 때, 그리고 그렇게 하는 것이 하나도 수고스럽게 느껴지지 않을 때, 그것이 바로 수금을 타는 것입니다. 천사들은 언제나 수금을 연주하고 있으며, 그들은 그것을 결코 수고스럽다고 느끼지 않습니다. 그런데 세상에 사는 우리는 때때로 시련을 겪고 유혹을 느끼며 장애를 만나기도 합니다. 하지만 이런 고통은 우리의 하위 부분에 해당될 따름입니다. 이 고통은 우리의 죽을 운명에 기인한 것이며, 우리의 원초적 조건에서 나오는 시련의 빚입니다. 나아가 우리에게 고통을 주는 것들은 우리 위에 있지 않습니다. 이런 경우에 우리는 비파를 연주합니다. 비파의 아름다운 소리는 아랫부분에서 나옵니다. 시편을 노래할 때 우리는 고통을 겪습니다. 말하자면, 노래하며 비파를 연주합니다. … 참고 견디어 내는 모든 인내는 하느님의 귀에 아름다운 가락으로 들립니다. 하지만 우리가 이런 시련에 굴복하고 만다면 그것은 우리의 비파를 부수는 것입니다.

• 아우구스티누스 『시편 상해』 43,5.[9]

43,5 어찌하여 녹아 내리느냐?

하느님께 바라라

나는 스스로 위로하리라. … 내 생각 때문에 스스로 불안해지지 않으리라. 대신에 저의 하느님, 저는 제가 찬미를 드려야 할 당신께 바랍니다. 당신한테만 구원에 대한 희망을 걸 수 있기 때문입니다.

• 타르수스의 디오도루스 『시편 주해』 43.[10]

격려

이 구절을 통해서 연이은 두 편의 시편이 같은 의미를 담고 있다는 것이 분명해집니다. 이 두 시편을 노래하는 이들은 더욱 굳센 희망을 갖고 절망을 물리치며, 그들에게 반드시 주어질 하느님에게서 오는 구원을 기다리도록 스스로를 격려합니다.

• 키루스의 테오도레투스 『시편 주해』 43,5.[11]

---

[9] *WSA* 3,16,260-61*.

[10] WGRW 9,138.

[11] FC 101,253.

44,1-27 승리를 위한 기도

성조들의 시대와 이집트 탈출, 그리고 광야를 지나는 여정에서 하느님께서 베푸신 은혜를 늘 기억하고, 하느님께서 이렇게 좋으신 데 비해 인간은 얼마나 배은망덕한지를 잊지 않고자 한다면, 그대에게는 시편 제44편이 있습니다.

아타나시우스 『시편 해석에 관해 마르켈리누스에게 보낸 편지』 19 [OIP 69]

1 [지휘자에게. 코라의 자손들. 마스킬]
2 하느님, 저희 귀로 들었습니다.
저희 조상들이 저희에게 이야기하였습니다.
그들 시대에 당신께서 업적을
이루셨습니다. 그 옛날에
3 당신께서 손수 이루셨습니다.
당신께서 민족들을 쫓아내시고
조상들을 심으셨으며
겨레들을 멸망시키시고
조상들을 뻗어 가게 하셨습니다.
4 정녕 저희 조상들은
자기들의 칼로 땅을 차지하지도 않았고
자기들의 팔로 승리하지도 않았습니다.
오직 당신의 오른손과 당신의 팔,
당신 얼굴의 빛이 이루어 주셨으니
당신께서 그들을 좋아하셨기 때문입니다.
5 하느님, 당신께서 바로
저의 임금님이십니다.
야곱에게 구원을 베푸소서.①
6 저희는 당신 힘으로 적들을 물리치고
저희에게 항거하는 자들을
당신 이름으로 짓밟습니다.
7 정녕 저는 제 화살을 믿지 않습니다.
제 칼이 저를 구원하지도 않습니다.
8 오직 당신께서 저희를 적들에게서
구하시고
저희를 미워하는 자들에게
망신을 주셨습니다.
9 저희가 날마다 하느님을 찬양하고
줄곧 당신 이름을 찬송합니다. 셀라
10 그러나 당신께서는 저희를 버리셨습니다.
저희를 치욕으로 덮으시고
저희 군대와 함께 출전하지 않으셨습니다.
11 당신께서 저희를 적 앞에서
물러나게 하시어
저희를 미워하는 자들이
노략질하였습니다.
12 당신께서 저희를 잡아먹힐 양들처럼
넘겨 버리시고
저희를 민족들 사이에 흩으셨습니다.
13 당신께서 당신 백성을 헐값에 파시어
그 값으로 이익을 남기지도 않으셨습니다.
14 당신께서 저희를 이웃들에게 우셋거리로,
주위 사람들에게 비웃음과 놀림거리로
내놓으셨습니다.
15 당신께서 저희를 민족들의 이야깃거리로,
겨레들의 조소 거리로② 내놓으셨습니다.
16 온종일 저의 치욕이 제 앞에 있고
창피가 제 얼굴을 덮으니
17 능욕자와 모독자의 시끄러운 소리,
원수와 복수자의 얼굴 탓입니다.
18 이 모든 것이 저희를 덮쳤습니다.⤴

그러나 저희는 당신을 잊지도 않고
당신의 계약에 불충하지도 않았습니다.
19 저희 마음은 뒤로 물러서지도 않고
저희 발걸음은 당신의 길을 벗어나지도
않았습니다.
20 그런데도 당신께서는 저희를 부수시어
승냥이들이나 사는 곳으로 만드시고
저희 위를 암흑으로 덮으셨습니다.
21 저희가 만일 저희 하느님의 이름을 잊고
낯선 신에게 저희 손을 펼쳤다면
22 하느님께서는 마음속에 숨겨진 것도
아시는데
그런 것을 알아채지 못하실 리
있겠습니까?
23 그러나 저희는 온종일 당신 때문에
살해되며 도살될 양처럼 여겨집니다.
24 깨어나소서, 주님, 어찌하여 주무십니까?
잠을 깨소서, 저희를 영영 버리지 마소서!
25 어찌하여 당신 얼굴을 감추십니까?
어찌하여 저희의 가련함과 핍박을
잊으십니까?
26 정녕 저희 영혼은
먼지 속에 쓰러져 있으며
저희 배는 땅바닥에 붙어 있습니다.
27 저희를 도우러 일어나소서.
당신 자애를 생각하시어
저희를 구원하소서.

① 히브리어 본문; 칠십인역과 시리아어 본문은 '당신은 야곱을 구원하시는 저의 임금님, 저의 하느님이십니다'다.
② 히브리어 본문은 '겨레들이 머리를 흔들 거리로'다.

둘러보기

시편 제44편은 시편 저자의 조상들이 전해 준 하느님의 업적에 대한 이야기를 회상하는 말로 시작한다(요한 크리소스토무스). 이 시편은 하느님의 의지가 하느님의 말씀으로 선포된다는 사실을 상기시킨다(프루덴티우스). 하느님께서 당신 백성을 위해 행하신 업적들은 매우 놀랍고 특별한 것이었다(요한 크리소스토무스). 이 일들은 이 백성과 하느님의 특별한 관계 때문에 일어났다(테오도레투스). 그들이 승리한 것은 자신들의 공로 덕분이 아니라 하느님의 은총 덕분이었다(암브로시우스). 그 은총은 순전한 호의로 주어진 것이었다(암브로시우스). 시편 저자가 인정하였던 것처럼 우리도 같은 하느님을 모시고 있음을 인정한다(테오도레투스). 우리는 우리의 힘이 아니라(마르티누스), 믿음으로 전진한다(베다). 찬미는 우리에게는 축복이다(에바그리우스). 주님은 의인들의 영광이시다(암브로시우스). 남은 자들의 믿음은 정복되지 않았다(암브로시우스). 잘려 나간 이들은 양들과 같았고(요한 크리소스토무스), 무가치한 이들이었다(요한 크리소스토무스). 이런 체험들을 통하여 우리는 오직 하느님만을 위하여 하느님을 예배하는 것을 배운다(아우구스티누스). 그리고 불굴의 의지를 기르는 것을 배운다(요한 크리소스토무스). 오직 하느님만이(제피리누스) 각 사람의 마음의 비밀을 아신다(아우구스티누스). 그분은 우리의 정신을 차지하고 계시기 때문이다(디오도루스). 그분의 얼굴이 감추어져 있다 하더라도 우리는 신앙으로 그분의 얼굴을 뵙는다(암브로시우스). 우리는 오직 그분의 자비로 구원을 받았고(요한 크리소스토무스), 그분을 위하여(아우구스티누스), 그리고 그분의 이름 때문에 구원을 받았다(디오도루스). 이 모든 것으로 인해 우리는 주님만을 섬기기로 결심한다(테오도레투스).

44,2 저희 귀로 들었습니다

하느님에 관한 이야기

자녀들에게 무신경하고, 그들이 괴상한 노래들을 불러 대는 것에도 무심하며, 하느님에 관한 이야기에는 아랑곳하지도 않는 여러분은 이 노래를 들어 보십시오. 옛날 사람들은 이와 같지 않았습니다. 그와 반대로 그들은 하느님의 훌륭한 업적에 관한 이야기들을 늘 전해 줌으로써 자신들의 삶을 후손들에게 전하였고, 그렇게 함으로써 이중의 이익을 얻었습니다. 그것이 한편으로는 하느님의 은총을 기억하는 좋은 기회가 되었는데, 그들은 이렇게 하느님의 은총을 기억함으로써 더 나은 존재가 되었습니다. 다른 한편, 그들의 후손들은 이 이야기들로부터 하느님에 대한 지식을 적지 않게 얻었으며, 덕을 본받기에 이르렀습니다. 알다시피, 그들 조상들의 입이 그들에게는 책이 되었고, 이 이야기들이 그들이 하는 모든 공부와 일의 특징이 되었으며, 이보다 더 마음에 들고 유익한 것은 아무것도 없었습니다. 단순한 모험담과 우화와 소설이 일반적으로 청중을 즐겁게 해 준다면, 이 이야기들은 하느님의 은혜와 권능, 지혜와 돌봄을 계시하고 청중을 즐거움으로 자극하며 전통에 더욱더 충실하도록 이끎으로써 더욱더 그러합니다. 보다시피, 사건의 현장에 있었던 목격자들이 우리가 들을 수 있도록 그 사건에 대해 전해 주었습니다. 그래서 믿음을 성장시키는 데 있어서 들음은 보는 것만큼이나 효과적입니다.

• 요한 크리소스토무스 『시편 해설』 44,2.[1]

말씀에 의한 선포

성부와 함께 머물던 그 위엄,
하느님의 창조의 수단이요,
하느님의 손이나 발설된 말로
만들어지지 않은,
그분의 영과 생각이
성부의 마음에서 발설되어
그분의 뜻을 선포하였다.

• 프루덴티우스 『그리스도의 신성』 90-93.[2]

44,3 하느님께서 손수 이루셨다

경이롭고 특이한 광경

시편 저자가 떠올리고 있는 것은 어떤 승리입니까? 어떤 성공입니까? 그는 이집트와 광야, 약속의 땅에서 일어난 사건들을 돌아보지만, 특히 약속의 땅에서 일어났던 일들을 자세히 돌아봅니다. … 그들에게는 무기가 필요 없었습니다. 함성을 지르는 것만으로 그들은 도성들을 점령하였습니다. 그들이 요르단 강을 건너서 처음 마주한 도성인 예리코를 격파할 때, 그들은 전투를 하였다기보다는 마치 춤을 추는 듯이 도성을 점령하였습니다(여호 6장 참조). 비록 그들은 무장을 갖추고 나가기는 하였으나 전투를 하기 위해서가 아니라 축제와 춤을 위해 그렇게 하였으며, 안전을 위해서가 아니라 멋지게 보이기 위하여 무기를 들었을 뿐이었습니다. 제의를 입은 레위인들이 군인들보다 앞장서서 성벽을 돌았습니다. 그것은 경이롭고 특이한 광경이었습니다. 수천 명의 병사들이 줄지어 서서, 마치 주변에 아무도 없는 듯이, 모든 것이 제 시간에 일어나도록 신호를 주는, 두려움을 자아내는 조화로운 나

[1] *CCOP* 1,233-34*.

[2] FC 52,8*.

팔 소리에 맞추어 침묵 가운데 질서 있게 행군하였습니다.

• 요한 크리소스토무스 『시편 해설』 44,3.[3]

특별한 관계

시편 저자는 말합니다. '주님, 당신께서는 가나안족을 다른 민족들과 함께 여기에서 쫓아내시고 우리 조상들이 그들이 살던 곳에 정착하게 하셨습니다. 우리 조상들이 그 민족들보다 더 강하게 된 것은 그들이 자신의 힘을 믿었거나 무기에 의존하였기 때문이 아니었습니다. 그들은 당신의 은총에 이끌려 어떤 민족들은 사로잡았고, 어떤 이들은 노예로 삼았습니다. 이는 당신께서 그들과 특별한 관계를 맺으셨기 때문이었습니다.' 이것이 바로 "당신께서 그들을 좋아하셨기 때문입니다"(4절)라는 구절의 의미입니다.

• 키루스의 테오도레투스 『시편 주해』 44,2.[4]

44,4 하느님께서 이스라엘을 좋아하셨다

그들의 공로 때문이 아니라

성조들의 상속자이며 친족인 우리 조상들은 약속의 땅에 자리 잡았습니다. 하지만 그들의 공로로 이 땅을 얻은 것은 아니었습니다. 그들을 이곳으로 이끈 이는 모세가 아니었습니다. 이는 그들이 은총이 아니라 율법 덕분에 이곳에 이르게 되었다고 생각하지 않게 하려는 것이었습니다. 율법은 우리의 공로를 따지지만 은총은 믿음을 보기 때문입니다. 사도는 다음의 말씀을 통하여 얼마나 훌륭하게 우리 조상들의 믿음을 따르고 있습니까! "심는 이나 물을 주는 이는 아무것도 아닙니다. 오로지 자라게 하시는 하느님만이 중요합니다"(1코린 3,7). 여호수아가 백성을 이끌고 들어와 그들을 약속의 땅에 살게 하였지만, 그들의 수효가 늘어나게 하신 분은 눈의 아들 여호수아가 아니라 하느님이셨습니다. 따라서 그분께 먼저 영광을 드려야 합니다.

• 암브로시우스 『열두 시편 해설』 44,12.[5]

순전한 호의

하느님께서 우리를 좋아하시는 것은 우리가 그분을 기쁘게 해 드릴 수 있는 은총을 그분께서 우리에게 주셨기 때문입니다. 성경은 이것이 순수하고 완전한 호의로 사람들에게 부여된 선물이며, 교만하게 빼앗을 수 있는 것이 아니라고 가르칩니다.

• 암브로시우스 『열두 시편 해설』 44,13.[6]

44,5 하느님께서 저의 임금님이십니다

같은 하느님

시편 저자가 하려는 말은 이것입니다. '주님, 당신은 비슷한 방법으로 다스리시고, 지배하시며, 같은 힘을 행사하시고, 당신의 본성은 변함이 없으시니, 당신은 지금도 같은 분이십니다. 당신의 말씀 한마디면 구원하시기에 충분하며, 그저 고개를 끄덕이시는 것만으로도 사람들은 즐거워합니다.'

• 키루스의 테오도레투스 『시편 주해』 44,3.[7]

44,6 적들을 물리치다

믿음으로

성경에서 뿔은 종종 믿음과 덕행의 탁월함을 나타냅니다. 바로 이 뿔로 우리는 원수를 물리쳐야 하고, 그들의 사나운 공격을 막아 내야 합니다. 그리고 주님께 다음과 같이 말씀드리며 시편

[3] *CCOP* 1,237.
[4] FC 101,255.
[5] *ACTP* 213*.
[6] *ACTP* 213*.
[7] FC 101,255.

저자인 예언자와 하나가 되어야 합니다. "당신을 통하여 우리는 원수들을 뿔로 물리칠 것입니다."

• 존자 베다 『성막과 제구』 3,11.[8]

44,7 무기를 믿지 않다

우리 자신의 힘이 아니라

보십시오. 이것이 바로 그리스도인의 참된 겸손입니다. 겸손하면 그대 자신뿐만 아니라 그대가 맡고 있는 이들도 잘 다스릴 수 있습니다. 그대의 승리를 그대 자신이 아니라 하느님께 돌리는 겸손을 통하여 그대는 모든 악덕을 이길 수 있습니다. 내 생각에 악덕이 우리에게 거의 굴복하게 된 바로 그 순간에 다시 힘을 회복하는 이유는 주님의 전사인 다윗이 주님의 전쟁을 할 때 했던 그 말을 우리가 하느님께 드리지 않기 때문입니다. "저희는 당신 힘으로 적들을 물리치고, 저희에게 항거하는 자들을 당신 이름으로 짓밟습니다." 이어서 그는 또 말하였습니다. "아무도 자기 힘으로는 승리하지 못합니다. 주님께서 그의 적들을 약하게 만들어 주셨습니다." 누군가는 나의 말에 이렇게 반박할지도 모릅니다. "우리가 하느님께 감사와 찬미를 드리지 않았습니까?" 물론 그렇게 했습니다. 하지만 문제는 언제 그렇게 했느냐입니다. 우리는 오직 말로만, 그리고 마음속으로만 감사드렸습니다. 개인적으로만 하느님께 감사드렸고, 공개적으로는 우리 자신을 들어 높였습니다. 입술로 하느님께 찬미를 드렸지만 우리 자신을 칭송할 때는 입술과 마음을 다 사용하였습니다. 이미 굴복한 원수가 다시 힘을 얻게 되는 것은 바로 이런 까닭입니다. 우리가 허영으로 짓는 죄로 원수는 힘을 얻습니다.

• 브라가의 마르티누스 『겸손 권면』 6.[9]

44,9 하느님 안에서 자랑하다

우리를 위한 축복

온종일, 곧 평생을 하느님께 찬미드리는 이는 행복합니다. 이런 이는 감정의 소요를 겪지 않고 하느님에 대한 이해로 충만합니다.

• 폰투스의 에바그리우스 『시편 발췌 주해』 43[44],9.[10]

의인의 자랑

부자는 재산의 많음을 자랑하고, 사치를 즐기는 자는 뻑적지근한 잔칫상을 자랑합니다. 불순한 자들은 밤과 어둠 속에서 자랑하고, 유력한 자들은 밤이 있는 이 세상에서 자랑합니다. 그러나 정의로운 이는 이 삶이 아니라 자신이 하는 모든 일을 통하여 찬미를 드리고자 하는 주 하느님 안에서 자랑합니다.

• 암브로시우스 『열두 시편 해설』 44,23.[11]

44,11 원수들이 노략질하였다

정복되지 않는 우리의 믿음

사람들이 어떤 이를 포로로 잡아간다고 해서 반드시 그를 정복할 수 있는 것은 아닙니다. 예를 들어 바오로를 보십시오. 그는 고통 속에서도 즐거워하였습니다(콜로 1,24 참조). 그는 사람들이 광주리에 담아 성벽에 난 창문으로 내려 주었을 때 크게 기뻐하였습니다(2코린 11,33). 거룩한 예레미야와 에제키엘, 다니엘을 보십시오. 이들은 포로로 붙잡혔고, 아시리아인들의 약탈을 당하였습니다. 하지만 그들의 믿음은 결코 포로가 되지 않았습니다. 그들은 결코 주님의 계약을 거슬러 죄를 짓지 않았습니다.

• 암브로시우스 『열두 시편 해설』 44,35.[12]

---

[8] TTH 18,147.
[9] FC 62,55-56*.
[10] PG 12,1424.
[11] *ACTP* 220.

44,12 잡아먹힐 양들처럼

양들처럼

"잡아먹힐 양들처럼"이라니 무슨 뜻입니까? 공격에 취약해진 상태, 하찮은 존재가 된 상태를 말합니다. 알다시피 새끼를 낳을 수 있는 양들은 팔릴 수 있지만 나이가 너무 많거나 새끼를 낳지 못하는 양들은 잡아먹힐 수밖에 없습니다. … 그런데 이보다 더 끔찍한 것은 여러 민족들 사이에 흩어지게 되는 것입니다. 이것이 그들 모두에게 가장 끔찍한 상황입니다. 그곳에서는 율법을 제대로 지킬 수도 없을뿐더러, 조상들의 생활양식과도 갈라서야 하기 때문입니다. 시편 저자는 그들이 한 민족 가운데로 흩어진 것이 아니라 온 사방으로 흩어졌다고 말합니다. 그래서 그들은 착취당하기 직전에 놓여 있는데, 복수를 할 힘도, 저항할 힘도 없습니다. 알다시피 양과 같은 처지란 바로 이런 운명을 말합니다.

• 요한 크리소스토무스 『시편 해설』 44,7.[13]

44,13 헐값에 팔리다

가치 없는

무가치하고 무의미한 물건은 값 없이 내어 주는 것이 우리의 관습임을 기억하십시오. 반대로 우리에게 매우 중요한 것인데 꼭 팔아야 한다면 비싼 가격에 그것을 팝니다. 그러나 중요하지 않은 것은 공짜로 주기도 합니다. … 만약 우리가 어떤 것을 헐값에 내놓는다면 그것은 가치가 없다는 뜻입니다. 우리가 중요하지 않게 생각하면 할수록 그 값은 더 떨어집니다. 바로 이것이 시편 저자가 말하려는 것입니다. 누군가가 자신의 소유물을 아무런 값도 받지 않고 내놓는 것처럼 당신께서는 저희를 값 없이 내놓으셨습니다. 당신께서는 저희를 철저하게 내치셨습니다.

• 요한 크리소스토무스 『시편 해설』 44,7.[14]

44,16 치욕과 창피

이것에서 얻은 교훈

우리의 믿음은 … 이제야 보이지 않는 것을 묵상할 준비가 된 것 같습니다. … 그들에게 일어났던 모든 재앙들, 곧 하느님의 거룩한 이들이 모든 소유를 빼앗기고, 그 생명을 잠시나마 잃게 되었던 것은 그들이 영원하신 하느님을 잠깐 동안의 이익을 위해 예배할 것이 아니라, 얼마간 그들이 겪어야만 할 모든 시련들을 견디어 냄으로써 순수한 사랑으로 하느님을 예배하는 법을 배우게 하려는 것이었습니다.

• 아우구스티누스 『시편 상해』 44,16.[15]

44,21 만일 저희가 하느님을 잊었다면

불굴의 의지

충실한 종의 표지는 어떤 대접을 받든지 주인을 섬기는 데 있어서 한결같음입니다. 시편의 이 구절은 이 말씀을 읽는 이들에게 하느님을 섬기는 척할 것이 아니라 온 마음으로 하느님을 섬기라고 가르칩니다.

• 요한 크리소스토무스 『시편 해설』 44,8.[16]

44,22 하느님께서는 마음속 숨겨진 것도 아신다

하느님만이

다른 사람이 마음속에 지닌 비밀을 성급히 판단하는 것은 죄입니다. 어떤 사람의 일이 좋게 보이는데도 그를 의심하여 야단치는 것은 부당합니다. 오직 하느님만이 사람들에게 알려지지 않은 것을 판단하시는 분이시기 때문입니다. 그분만이 "마음속에 숨겨진 것도 아십니다".

• 제피리누스 『편지』 1.[17]

---

[12] *ACTP* 226*.
[13] *CCOP* 1,245**.
[14] *CCOP* 1,245-46.
[15] *WSA* 3,16,274*.
[16] *CCOP* 1,248*.
[17] ANF 8,610*.

하느님은 아신다

하느님께서는 알고 계시는데 왜 물어보실까요? 그분께서 마음속에 숨겨진 것을 아신다면 왜 굳이 그것들에 대해 물으십니까? "하느님께서 이런 것들에 대해 묻지 않으실까?" 하느님은 그것들을 알고 계십니다. 하지만 우리를 가르치시기 위하여 그것들에 대해 물으십니다. 때때로 하느님께서는 물어보실 뿐만 아니라 어떤 문제들을 찾아내시기도 하는 것 같습니다. 그분이 그것을 우리에게 알려 주시기 때문입니다. 하느님은 여러분에게 당신의 일에 대해 말씀하시지만, 그렇다고 해서 그것이 당신 자신에 관하여 새로운 발견을 하셨다는 것을 의미하지는 않습니다.

• 아우구스티누스 『시편 상해』 44,19-20.[18]

하느님은 우리의 정신을 차지하신다

율법을 어기거나 그렇게 할 생각을 하는 이들은 주님, 당신의 눈길을 피할 수 없습니다. 당신은 우리 정신을 온전히 차지하고 계시기 때문입니다.

• 타르수스의 디오도루스 『시편 주해』 44.[19]

44,25 어찌하여 당신 얼굴을 감추십니까?

우리는 믿음으로 본다

우리는 하느님의 얼굴을 볼 수 없습니다. 그러나 하느님께서 믿음을 통하여 우리에게 당신 자신을 드러내시는 곳이 있습니다. 그곳은 하느님과 함께 있습니다. 우리가 바위 위에 서 있다면 곧, 이 육을 인식하고 믿음의 확고함 안에 서 있다면, 볼 수 있도록 허락된 만큼 우리는 보게 될 것입니다. 우리는 완전하게 보지는 못하지만 어떤 의미에서 하느님께서 남기신 빛을 들이마실 수 있습니다. 모세는 그리스도 안에 육체의 형태로 머물러 계시는 온전히 충만한 신성을 보지는 못하였습니다(콜로 2,9 참조). 그러나 모세는 그리스도의 등을 보았습니다. 인간으로서 그는 그분의 눈부신 광채를 보았고, 그분 수난의 영광을 보았으며, 그분께서 우리를 위하여 하늘 나라의 빗장을 여시는 것을 보았습니다.

• 암브로시우스 『열두 시편 해설』 44,91.[20]

44,27 당신 자애를 생각하시어

하느님의 자비만으로

그들이 이 담론을 어떻게 끝내고 있는지 보십시오. 그들의 헤아릴 수 없이 많은 선행에도 불구하고 그들은 어떤 근거로 구원받게 해 달라고 호소합니까? 자비로, 자애로, 하느님의 이름으로 구원받게 해 달라고 청합니다. 겸손하고 뉘우치는 마음을 볼 수 있습니까? 그들은 어떤 근거로 구원받기를 원합니까? 자애, 자비로 구원받기를 청합니다. 마치 선행이 없어지기나 한 것처럼, 구원을 요구할 수 있는 어떤 근거도 없는 것처럼, 숱한 곤란과 위험 속에서 자랑스러워할 수 있는 위치에 있음에도 불구하고 그들은 하느님께 모든 것을 돌립니다. 은총의 시기에 살고 있는 우리도 그들을 본받아 하느님께 영광을 돌립시다. 그분께 세세 대대로 영광이 있나이다.

• 요한 크리소스토무스 『시편 해설』 44,9.[21]

당신의 이름 때문에

"당신 자애를 생각하시어"라는 말은 '거저'라는 뜻입니다. '제 편에서는 그것을 받을 만한 어떤 근거도 없는데 오직 당신의 이름 때문에 주셨습니다. 제가 당신의 도움을 받을 만한 어떤 자격이 있어서가 아니라, 당신께서 이런 일을 하실

---

[18] *WSA* 3,16,275.
[19] WGRW 9,141.
[20] *ACTP* 255.
[21] *CCOP* 1,251.

자격이 있기 때문에 주셨습니다. 저희는 당신을 잊지 않았고, 저희의 마음이 당신에게서 돌아서지 않았으며, 저희가 다른 신들에게 손을 뻗치지 않은 것이 사실이기는 합니다. 하지만 그것조차도 당신께서 도와주시지 않았더라면 저희 힘으로는 할 수 없는 일이었습니다. 당신께서는 저희에게 말씀하시고, 격려해 주셨으며, 결코 저희를 저버리지 않으셨습니다. 만약 당신께서 도와주시지 않았다면 저희가 어떻게 그렇게 할 수 있었겠습니까? 저희가 환난을 견디어 내든지, 번영 가운데 즐거워하든지, 저희의 공로가 아니라 당신의 이름 때문에 저희를 구원해 주소서.

• 아우구스티누스 『시편 상해』 44,26.[22]

하느님의 이름을 생각하시어

시편 저자는 이렇게 말하고 있습니다. 만약 저희가 말씀드린 이 모든 것이 당신의 자비를 입기에 모자란다는 판단을 내리셨더라도 당신답게 행동하여 주십시오. 주님, 저희에게 주신 당신의 이름을 생각하시어 저희를 원수에게서 구하여 주십시오.

• 타르수스의 디오도루스 『시편 주해』 44.[23]

주님을 섬겨라

성령의 이 모든 은총은 곤란을 체험하는 이들에게 그것을 훌륭하게 견디어 내며 만민의 하느님으로부터 오는 구원을 요청하라고 이미 일찍이 가르쳐 주었습니다. 이 훌륭한 백성은 정확히 그렇게 하였습니다. 그들은 자신들의 말로 하느님을 기쁘시게 하였고, 주님의 인도로 적들을 물리쳤으며, 그들의 동료 시민들을 위하여 본디의 자유를 되찾았습니다.

• 키루스의 테오도레투스 『시편 주해』 44,10.[24]

22 *WSA* 3,16,279.

23 WGRW 9,142.

24 FC 101,258*.

45,1-18 혼인 축가

말씀이 하느님의 아드님이심을 잘 알고 있는 시편 저자는 성부의 입이 되어, "아름다운 말이 제 마음에 흘러넘칩니다"라며 시편 제45편을 노래합니다.

아타나시우스 『시편 해석에 관해 마르켈리누스에게 보낸 편지』 5 [OIP 58]

1 [지휘자에게. 나리꽃 가락으로.
코라의 자손들. 마스킬. 사랑 노래]
2 아름다운 말이 제 마음에 넘쳐흘러
임금님께 제 노래를 읊어 드립니다.
제 혀는 능숙한 서기의 붓입니다.
3 당신께서는 어떤 사람보다 수려하시며
당신의 입술은 우아함을 머금어
하느님께서 당신에게 영원히
강복하셨습니다.
4 오, 용사시여, 허리에 칼을 차소서.
당신의 엄위와 영화를 입으소서.
5 당신의 영화와 함께 나아가 이루소서,
진실과 자비와 정의를!
당신의 오른팔이 당신께 무서운 일들을⤴

가르치리이다.
6 임금님의 화살은 날카롭게
원수들의 심장을 꿰뚫고
민족들은 당신 발아래 쓰러집니다.
7 오, 하느님 같으신 분!
당신의 왕좌는①
영원무궁하며
당신의 왕홀은 공정의 홀입니다.
8 당신께서 정의를 사랑하시고
불의를 미워하시기에
하느님께서, 당신의 하느님께서
기쁨의 기름을
당신 동료들에 앞서 당신에게
부어 주셨습니다.
9 몰약과 침향과 계피로
당신 옷들이 모두 향기로우며
상아궁에서 흘러나오는 현악 소리가
당신을 즐겁게 합니다.
10 제왕의 딸들이 당신의 사랑을 받는
여인들 사이에 있으며
왕비는 오피르의 황금으로 단장하고
당신 오른쪽에 서 있습니다.
11 들어라, 딸아, 보고 네 귀를 기울여라.
네 백성과 네 아버지 집안을 잊어버려라.
12 임금님이 너의 아름다움을 열망하시리니
그분께서 너의 주인이시기 때문이다.
그분 앞에 엎드려라.
13 티로의 딸이 선물을 가져오고
백성 가운데 부자들이 네게 경배하는구나.
14 한껏 화사하게 꾸민 임금님 딸이
금실로 수놓은 옷에 싸여
안으로 드는구나.②
15 오색 옷으로 단장하여 임금님께 인도되고
처녀들이 그 뒤를 따르며
동무들이 그에게③ 안내되는구나.
16 기쁨과 즐거움으로 인도되어
그들은 왕궁으로 들어가는구나.
17 당신 아들들이 조상들의 뒤를 이으리니
당신께서 그들을
온 땅의 제후로 삼으시리이다.
18 저는 당신 이름을 세세 대대에 알리리니
백성들이 당신을 영원무궁토록
찬송하리이다.

① 또는 '당신의 왕좌는 하느님의 왕좌' 또는 '하느님, 당신의 왕좌는'으로 해석할 수 있다.
② 또는 '임금님 딸의 내면은 영광으로 가득 차고, 그녀의 옷은 금실로 수놓았다네'.
③ 히브리어 본문은 '너에게'다.

둘러보기

시편 제45편은 온전히 그리스도에게 돌릴 수 있는 시편으로(디오도루스), 그분께서 이루실 일들을 예언한다(몹수에스티아의 테오도루스). 이 시편은 독자들에게 제시된 한 가지 영적 비유로 시작된다(에우세비우스). 시편 저자는 성부께서 낳으신 말씀(암브로시우스), 창조되지 않은 말씀에 관하여 이야기한다(알렉산드리아의 알렉산더). 시편 저자는 신적 영감을 받아(요한 크리소스토무스) 어떤 장애나 오류도 없이(요한 크리소스토무스), 영원한 말씀에 관하여 쓰고 있다(아우구스티누스). 그분의 모습은 한편으로는 경멸을 받았지만 그 어떤 인간보다 뛰어나셨다(아우구스티누스). 우리에게 그분이 그러하듯이 다윗에게도 그분은 어느 누구보다 수려하셨다(나지안주스의 그레고리우스). 그분은 은총과(아우구스티누스) 강한 설득력으로 우리에게 오셨으며(디오도루스), 당신의 입술에서 흘러나오는 은총으로 재빨리 세상을 채우셨다(오리게네스). 이어서 이 시편은 그분께서 하시는 일들에 대한 비유적 서술을 통하여(요한 크리소스토무스) 우리가 그분의 힘을 엿보게 한다(테오도레투스). 십자가라는 칼과(헤시키우스) 악의 파괴자도 그런 비유적 서술들에 속한다(에바그리우스). 또한 지상의 임금이 아니라(몹수에스티아의 테오도루스), 세상의 전쟁에서 볼 수 있는 것과는 성격이 다른 승리를 거두시는 하느님을 본다(요한 크리소스토무스). 그분은 두렵고 놀라운 행위를 보여 주시며(요한 크리소스토무스), 인간과는 다른 특성을 드러내신다(몹수에스티아의 테오도루스). 그분은 잘 조준된 말씀을(바실리우스) 모든 민족들에게 건네심으로써(디오도루스) 그들이 그리스도 앞에(아우구스티누스) 굴복하게 하신다(요한 크리소스토무스).

이 시편은 계속해서 그분의 왕좌와 시작도 끝도 없는 그분의 통치에 대해 묘사한다(테오도레투스). 그분의 왕권은(요한 크리소스토무스) 일시적인 왕권이 아니다(아우구스티누스). 사실 주님의 왕권은 어떤 사람들이 생각하는 것보다 훨씬 더 오래된 것이며(바실리우스), 영원에서 나온 것이다(아타나시우스). 그분의 왕홀은 하느님의 홀이며(몹수에스티아의 테오도루스), 공정에 따른 올바른 통치다(아우구스티누스). 시편 저자는 우리에게 하느님의 도유를 받으신 하느님을 제시한다(순교자 유스티누스, 이레네우스, 아우구스티누스). 그분은 특별한 기름으로 도유되셨기에(에우세비우스, 예루살렘의 키릴루스, 바실리우스), 그분과 같은 이는 아무도 없다(요한 크리소스토무스, 히에로니무스, 소 아르노비우스). 하나의 위격이지만 두 본성을 지니신 그분은(몹수에스티아의 테오도루스) 우리를 위하여(아타나시우스, 베다), 잉태의 순간 성령으로(대 그레고리우스) 도유를 받으셨다(테오도레투스).

그분의 옷에 대한 묘사는 비물질적으로 해석해야 한다(요한 크리소스토무스). 복음에 대한 상징으로 해석해야 한다(바실리우스, 디오도루스, 몹수에스티아의 테오도루스). "왕비"는 영혼으로 이해해야 하고(바실리우스, 히에로니무스), "제왕의 딸들"은 복음의 자녀로(아우구스티누스), 곧 교회로 해석해야 한다(몹수에스티아의 테오도루스). 교회는 이전의 삶을 잊어야 한다(디오도루스). 왕비의 아름다움은 영혼의 아름다움이며(요한 크리소스토무스), 영혼의 아름다움은 하느님에게서 왔다(아우구스티누스). 이 사실은 우리가 하느님을 기쁘시게 해 드려야 하며(풀겐티우스), 더욱더 아름다워져야 함을 상기시킨다(히폴리투스). 교회의 남편은 교회를 만드신 분이시며(이레네우스), 이방인들도 그분을 예배하게 되었다(요한 크리소스토무스, 아우구스티누스). 교회는 성령의 선물로 된 옷을 입고(테오도레투스), 내면의 영광을 드러낸다(나지안주스의 그레고리우스, 몹수에스티아의 테오도루스). 교회는 교리와 실천으로 짜인 영적인 옷을 입고 있다(바실리우스). 그 옷에는 덕행이라는 황금빛 장식이 달려 있다(올림푸스의 메토디우스). 주님께서는 당신을 위하여 아들과 딸들을 만드시고(이레네우스), 그들을 세상에 사도적 제후로 파견하신다(요한 크리소스토무스). 이 시편은 주님께 드리는 찬미로 끝난다. 우리도 함께 그리스도께 찬미를 드리자(요한 크리소스토무스).

45,1 표제: 사랑 노래

솔로몬이 아니라 그리스도

이 시편은 유대인들이 주장하는 것과는 달리,

솔로몬이 아니라 주 예수님을 가리키는 것으로 보입니다. 유대인들은 강박적으로 인간적인 표현 대부분을 솔로몬에게 돌리지만, 다음 구절에 대해서는 입을 다물 수밖에 없을 것입니다. "하느님, 당신의 왕좌는 영원무궁하며, 당신의 왕홀은 공정의 홀입니다"(7절). 솔로몬은 하느님이라 불린 적도 없고, 영원히 다스리지도 않았기 때문입니다. 오직 그리스도만이 하느님으로서 우리를 위하여 인간의 조건을 취하셨고, 하느님이시며 영원한 임금이시고, 본디 그 지위를 계속 지니고 계셨습니다. 그런데 이 시편이 언급하는 내용 대부분이 인간적인 것이라 하더라도 놀랄 일은 아닙니다. 그분은 인간이 되심으로써 인간에게 주어진 모든 것을 받아들이셨기 때문입니다. 그분이 인간으로서 고통을 받아들이셨다면, 인간에게 속한 다른 것들은 더욱더 그렇게 하셨을 터이지만, 그렇다고 해도 그것은 그분의 신적 본성에 어떤 손상도 끼치지 않았습니다.

• 타르수스의 디오도루스 『시편 주해』 45.[1]

그리스도께서 이루신 일

이 시편에서 저자는 그리스도와 관련한 사건들을 예언합니다. 그분께서 당신의 가르침으로 얼마나 많은 이를 끌어들이게 될지, 그리고 그분의 오심으로 이루시게 될 모든 일을 미리 알려 줍니다. 여기에는 믿는 이들의 모임을 만드심으로써 교회를 세우시는 것도 포함됩니다. 시편 저자는 또한 그분께서 성도들에게 주실 선물인 영적 은총들과 교회 안의 성도들의 덕행에 대해서도 언급합니다.

• 몹수에스티아의 테오도루스 『시편 해설』 45,1.[2]

45,2 아름다운 말

영적 비유

그분의 신성에 관한 논쟁에서 내가 번번이 인용하는 그 경건한 말씀을 여기에 덧붙이는 게 좋을 것 같습니다. "누가 그의 세대에게 선언하겠는가?" … 이런 표현들은 오직 정신적 이미지에만 연관된 것이며, 따라서 비유의 법칙을 따릅니다. 그래서 "아름다운 말이 제 마음에 넘쳐흘러"라는 말은 최초의 말씀이 형성되고 생겨나는 것을 가리키는 것으로 설명할 수 있습니다. 그 마음은 영적인 것, 지극히 높으신 하느님 안에 존재하는 것으로 우리가 이해할 수 있는 마음입니다. 그것 외에 다른 마음을 상정하는 것은 타당하지 않습니다.

• 카이사리아의 에우세비우스 『복음의 논증』 4,15,180.[3]

성부로 인하여

성자는 성부로 인하여 사십니다. 성자는 성부에게서 나셨기 때문입니다. 성자는 성부와 하나의 본질이기 때문에 성부에게서 나셨습니다. 성자는 성부의 마음에서 나온 말씀이시고, 성부의 '속'에서 나오신 분이시며, 성부는 성자의 존재의 근원이자 뿌리이시기 때문에 성부에게서 나셨습니다.

• 암브로시우스 『신앙론』 4,10,133.[4]

피조물이 아니신 분

성부께서는 "내 마음은 아름다운 말을 쏟아 내었다"고 말씀하셨습니다. 이 말씀은 성자께서 만들어지지 않은 것들로부터 어떻게 만들어질

[1] WGRW 9,142-43.

[2] WGRW 5,555.

[3] *POG* 1,201.

[4] NPNF 2,10,279.

수 있었는지를 보여 줍니다.

• 알렉산드리아의 알렉산더
『아리우스 이단에 관한 편지』 2,3.[5]

신적 영감

영감 받은 저자들은 환시가들과 같지 않았습니다. 환시가의 경우에는 마귀가 그들의 영혼을 사로잡을 때 그들의 정신을 무력하게 하고 그들의 이성을 흐리게 하기에, 그들은 자기가 무슨 말을 하는지 이해하지도 못한 채 들은 것을 내뱉습니다. 그것은 가락을 연주할 음악가도 없는데 소리를 내는 피리와 같습니다. 그들에게 속한 어떤 철학자도 이렇게 말하며 비슷한 주장을 했습니다. "무슨 말을 하는지도 모르면서 많은 말을 하는 점쟁이들이나 환시가들처럼"(플라톤 『변명』 22C; 『메논』 99D). [반대로] 성령은 그렇게 하지 않습니다. 오히려 성령은 마음이 들은 것을 알게 합니다. 내 말은, 만약 시편 저자가 몰랐다면 그가 어떻게 "아름다운 말"을 말할 수 있었겠냐는 것입니다. 알다시피 원수이며 적수인 악마는 인간 본성에 공격을 가합니다. 이와 반대로 도움과 돌봄을 베푸는 성령은 성령을 받아들이는 이들을 목적을 공유한 자들로 여기고, 그들을 이해시키면서 그가 말해야 하는 것을 드러냅니다.

• 요한 크리소스토무스 『시편 해설』 45,1.[6]

장애물도 오류도 없는

알다시피, 자기 자신에 근거를 두고 말하는 이는 주저하며, 자신이 하고자 하는 것에 대해 두 번 생각합니다. 또, 무지와 오류, 불확실성 때문에 자신이 할 말을 만들어 내는 데 어려움을 겪습니다. 그 외에도 말을 느리게 하게 만드는 다른 요소들이 많이 있습니다. 이와 달리 그의 정신을 움직이는 것이 성령일 때에는 어떤 장애물도 없습니다.

• 요한 크리소스토무스 『시편 해설』 45,2.[7]

영원한 말씀

여러분이 하는 모든 말은 여러분 마음에서 나옵니다. 밖에서 들을 수 있게 소리로 나왔다가 사라져 버리는 말에는 다른 원천이 없습니다. 하느님께도 같은 일이 일어난다면 여러분은 놀라겠습니까? 하지만 이런 차이가 있습니다. 하느님의 말씀하심은 영원합니다. … 하느님의 말씀하심은 시작도 없고 끝도 없으며, 그분은 오직 한 가지 말씀만 하십니다. 당신께서 하신 말씀이 사라질 수 있을 때에만 그분은 다른 말씀을 하실 것입니다. 하지만 그 말씀을 하신 분이 영원히 머무시듯이 그분이 하신 말씀도 영원히 머뭅니다. 이 말씀은 일단 발설되면 결코 그 상태가 중단되지 않습니다. 그 말씀은 시작도 없고, 두 번 발설되지도 않습니다. … 그런데 왜 "나는 내 일을 말하리라"고 할까요? 이 발설된 말씀 안에 하느님의 모든 업적이 있기 때문입니다. 하느님께서 창조하시려는 것은 무엇이나 이미 말씀 안에 존재하였습니다. 말씀 안에 존재하지 않는 것은 그 어느 것도 창조된 질서 안에 존재할 수 없었습니다. 여러분의 계획에 들어 있지 않은 것이 여러분 손의 작품으로 만들어질 수 없는 것과 마찬가지입니다. 복음은 다음 말씀을 통하여 이에 대해 분명하게 말합니다. '만들어진 것은 그분의 생명 안에 살아 있었다'(요한 1,3-4 참조). 창조된 존재들은 존재하였지만 말씀 안에서 존재하였고, 그들이 아직 존재하기 전에도 그들은 말씀 안에 있었습니다. … 이 말씀에 관하여 이해한

[5] ANF 6,297.
[6] *CCOP* 1,258-59.
[7] *CCOP* 1,260.

이는 누구나 말씀하시는 분께 귀를 기울이고, 성부와 그분의 영원하신 말씀을 관상하십시오. 이 말씀 안에 미래에 존재하게 될 모든 것들이 현존합니다. 이미 지나간 것들이 여전히 그분 안에 존재하고 있는 것과 마찬가지입니다. 이것들이 바로 하느님의 업적입니다. 그분의 말씀 안에서, 외아드님 안에서, 하느님의 말씀 안에서 이루어지는 업적입니다.

• 아우구스티누스 『시편 상해』 45,5.[8]

45,3 어떤 사람보다 수려하시다

그분의 모습

그렇다면 영감 받은 다른 저자는 어째서 이렇게 말합니까? "그에게는 우리가 우러러볼 만한 풍채도 위엄도 없었으며 우리가 바랄 만한 모습도 없었다. 우리도 그를 대수롭지 않게 여겼다"(이사 53,2-3). 이 저자는 그의 기형적인 모습에 대해서 말하는 것이 아니라 그가 멸시의 대상이 되었음을 말하고 있습니다. 알다시피 그분은 일단 인간이 되시기로 작정하신 후에 품위를 손상시키는 온갖 경험을 다 하셨습니다. 그분은 왕비를 어머니로 선택하지 않으셨고, 포대기에 싸여 금침상에 누이신 것이 아니라 구유에 누이셨고, 부유한 가정이 아니라 한 목수의 가난한 집에서 자라나셨습니다. 그 후 제자들을 뽑으실 때 설교자나 철학자, 임금들이 아니라 어부와 세리들을 선택하셨습니다. 그분은 소박한 삶을 사셨습니다. 집도 없었고, 사치스러운 옷을 입거나 좋은 음식을 즐기지도 않았으며, 다른 이들에게 얻어먹었고, 모욕과 조롱을 받으셨으며, 쫓겨나시고, 쫓겨 다니셨습니다. 그분은 인간의 속임수를 멋지게 발로 짓밟으시기 위하여 이렇게 하셨습니다. 그분은 어떤 허례허식이나 상황에 자신을 맞추지 않으셨고, 추종자들이나 경호원들을 데리고 다니지도 않으셨습니다. 오히려 다른 보통 사람들처럼 때로는 혼자 다니셨습니다. 그렇기 때문에 그 저자는 이렇게 말하였습니다. "우리는 그를 보았지만 그는 풍채도 위엄도 없었다." 반면에 시편 저자는 이렇게 말합니다. "그분은 어떤 사람보다 수려하시다." 이 말은 그분의 품위와 지혜, 가르침과 기적들을 암시합니다. 그분의 아름다움을 강조하기 위하여 시편 저자는 또 이렇게 말합니다. "당신의 입술은 우아함을 머금어 …."

• 요한 크리소스토무스 『시편 해설』 45,2.[9]

그리스도는 어떤 인간보다 뛰어나시다

우리가 인간이 되신 그리스도를 다른 인간들과 마찬가지로 여기는 일이 없도록 시편은 그분이 "어떤 사람보다 수려하시다"고 말합니다. 그분은 정녕 인간이시지만 모든 인간보다 뛰어나십니다. 그분은 인간들 가운데 계시지만 그들을 초월하십니다. 그분은 인간에게서 태어나셨지만 모든 인간을 초월하십니다.

• 아우구스티누스 『시편 상해』 45,7.[10]

다윗과 우리에게

유대인들이 보기에 그분에게는 풍채도 수려함도 없었습니다. 하지만 다윗의 눈에는 그분이 이스라엘 백성의 어떤 자손보다 수려하셨습니다. 그 산 위에서 그분은 번개처럼 환하였고, 태양보다 더 눈부셨으며, 우리에게 미래의 신비를 알려 주셨습니다.

• 나지안주스의 그레고리우스 『성자』(연설 29) 19.[11]

---

[8] *WSA* 3,16,285-86.

[9] *CCOP* 1,260-61*.

[10] *WSA* 3,16,287.

[11] LCC 3,174*.

그리스도께서는 은총으로 오셨다

그분은 당신 입술에서 나오는 은총의 말씀으로, 은총의 입맞춤으로 우리에게 오셨습니다. … 만약 그분께서 당신의 입술에서 흘러나오는 이런 은총 없이 엄격한 재판관으로 오셨다면 누가 구원에 대한 희망을 가질 수 있었겠습니까? 누가 죄인이 지불해야 하는 빚에 대해 두려워하지 않을 수 있었겠습니까? 그러나 그분은 은총을 가지고 오셨으며, 하느님께 지불해야 하는 것을 요구하는 대신 당신께서 지지도 않은 빚을 갚아 주셨습니다. 죄 없는 분이 죽음의 빚을 졌습니까? 그런데 여러분이 빚진 것은 무엇입니까? 벌입니다. 그분은 여러분의 빚을 탕감해 주셨고, 당신의 것이 아닌 빚을 갚아 주셨습니다. 이것은 엄청난 은총입니다. 은총, 왜 은총입니까? 거저 주어지기 때문입니다. 감사를 드리는 것은 여러분에게 달렸습니다. 그러나 그분께 되갚으려 하지는 마십시오. 그렇게 할 수 없기 때문입니다. … 여러분이 그분께 무엇인가를 드리려 하면 그분께 받지 않은 것을 찾아야 하는데, … 여러분이 찾을 수 있는 것은 여러분의 죄뿐입니다. … 이것이 그리스도의 입술에서 흘러나온 하느님의 은총입니다. 그분께서 여러분을 만드셨습니다. 아무 대가도 받지 않고 여러분을 만드셨습니다. 그분께서 여러분에게 무엇인가를 주시려면 먼저 그것을 받을 수 있는 여러분이 있어야 했기 때문입니다. 그리고 여러분이 파멸의 길로 들어섰을 때 그분께서는 여러분을 찾으셨습니다. 여러분을 찾으신 그분은 다시 여러분을 불러들이셨습니다. 그분은 여러분이 과거에 지은 죄들을 없애 주셨고, 미래를 위해 좋은 것들을 약속하셨습니다. 그리스도님, 참으로 "당신 입술은 은총을 머금고 있습니다".

• 아우구스티누스 『시편 상해』 45,7.[12]

강한 설득력

시편 저자는 주님의 영광에 대해 이야기한 후, 이어서 그 효과에 대해 말합니다. 그분은 입술에서 나오는 말씀만으로 제자들을 끌어들이실 정도의 설득력을 가지고 계셨다는 것입니다. 그분은 지혜가 뛰어나셔서 굳이 많은 말로 설득하실 필요도 없었습니다.

• 타르수스의 디오도루스 『시편 주해』 45.[13]

세상이 재빨리 채워지다

그의 입술이 은총을 쏟아 냈다는 표상의 증거는, 그분께서 가르치신 기간은 짧았지만 세상이 그분의 가르침과 그분께서 세우신 종교로 가득 찼다는 것에 있습니다. "그분의 시대"에, 달이 없어진다고 하는 종말 때까지 지속되는 정의와 큰 평화가 일어났습니다.

• 오리게네스 『원리론』 4,1,5.[14]

45,4 엄위와 영화

주님의 권능을 일별하게 해 주는 말

시편 저자는 주님의 매력과 지혜에 대해 묘사한 다음, 그분이 당신의 적수들을 없애실 때 사용하시는 권능과 옷차림을 일별하게 해 줍니다. 시편 저자는 이를 통하여 우리에게 주님께서 지니신 힘의 불가해한 특성에 대해 가르쳐 줍니다.

• 키루스의 테오도레투스 『시편 주해』 45,4.[15]

주님께서 일하시는 방식에 대한 비유적 설명

알다시피 이 표현들은 주님께서 일하시는 방식을 나타냅니다. … 성경에는 하느님께서 화를 내신다는 표현이 나옵니다. 이것은 하느님께 그

[12] *WSA* 3,16,287-88.
[13] WGRW 9,143.
[14] *OFP* 262**.
[15] FC 101,261.

런 격정이 있음을 말하는 것이 아닙니다. 오히려 그런 표현은 하느님의 심판 행위를 나타내며, 유물론적 사고방식을 가진 이들에게 강한 인상을 남깁니다. 마찬가지로 시편의 이 구절에서 무기가 언급되는 것도 다음 사실을 암시하려는 것입니다. 결국 우리는 벌을 받을 것입니다. 그러나 우리 자신을 통해 벌을 받는 것이 아니라 다른 도구들을 통하여 벌을 받습니다. 시편 저자는 하느님의 벌하시는 능력을 나타내기 위하여 우리에게 익숙한 단어들을 사용하여 그것을 가리키고자 합니다. … 그 결과 우리는 하느님의 심판에 대한 더욱 생생한 인상을 얻게 됩니다. … 그렇다면 시편 저자는 왜 그것을 여기에서 말하고 있습니까? 시편 저자는 다소 유물론적인 용어로 하느님의 일하시는 방식을 보여 줍니다. 하느님께서는 세상에 질서를 세우셨고 전쟁을 끝내셨으며, 승전비를 세우셨습니다. 이 전쟁은 가혹하였고, 다른 어떤 전쟁보다 더 쓰라린 것이었습니다. 이 전쟁은 야만인들과 맞서 싸운 전쟁이 아니라 책략을 써서 온 세상을 멸망시키려는 마귀들과 맞서 싸운 전쟁이었습니다.

• 요한 크리소스토무스 『시편 해설』 45,5.[16]

십자가라는 칼

시편 저자는 "칼"이라는 말을 사용하였는데, 이는 십자가를 의미합니다. 십자가를 칼처럼 사용한다는 의미입니다. 주님은 두 원수들 사이에 매달리셨습니다. 곧, 악마와 죽음 사이에 매달리셨습니다. 이어서 시편 저자는 "허리"라는 말로 육을 나타내고자 합니다. 이것은 전체를 말하기 위해 부분을 언급하는 것입니다. … 시편 저자는 십자가가 육을 차려 입었다고 말합니다. 그렇게 하여 그 모습은 멋지고 아름답게 되었습니다. 이것(그분의 인간성)으로 그분은 우리의 고통을 지시고, 저것(그분의 신성)으로 그분은 고통과는 아무런 관련이 없다는 듯이 고통을 극복하십니다. 우리는 "풍채"와 "아름다움"을 '자비'로 이해할 수 있습니다. 당신의 특별한 피조물을 구원하는 것보다 하느님께 더 어울리는 일은 없기 때문입니다. 원수들을 거슬러 "활을 당기시고", 신자들을 "번성하게 하시며" 어디서나 "다스리심"으로써, 당신은 원수들을 굴복시키시고, 신자들에게 왕관을 씌워 주십니다. 이것이 재판관이요 임금이신 분께 어울리는 일이기 때문입니다.

• 헤시키우스 『시편 단편』 45,5.[17]

악의 파괴자

"칼"은 낡은 인간을 없애고 그를 그리스도 안에서 새롭게 만들어 영을 악에서 떼어 놓고, 무지에서 정신을 갈라 냅니다.

• 폰투스의 에바그리우스 『시편 발췌 주해』 44[45],4.[18]

45,5 진실을 이루소서

지상의 임금이 아니다

시편 저자가 인간을 임금으로 말하는 것이 아님이 여기에서 분명히 드러납니다. 자신 안에서 왕국이 생겨나게 할 만한 열정을 행사할 수 있거나 자기 백성에게 온유함을 가르치기 위하여 무기와 그와 유사한 것들을 사용할 수 있는 인간은 없습니다. 반대로 그는 세력을 얻는 데 관심을 기울이고, 반대자를 제거하며, 모든 면에서 원수가 그의 백성을 두려워하게 만들고자 합니다.

• 몹수에스티아의 테오도루스 『시편 해설』 45,5B.[19]

---

[16] *CCOP* 1,266-67.

[17] PG 93,1196.

[18] PG 12,1429.

[19] WGRW 5,571.

승리의 본성

알다시피 다른 모든 민족들은 성읍이나 부를 얻기 위하여, 또는 적대감이나 허영심 때문에 전쟁을 함으로써 왕권을 행사합니다. 이와 달리 하느님께서는 그런 이유들 때문이 아니라 진리를 위하여, 곧 세상에 진리를 심기 위하여, 온유함을 위하여, 곧 들짐승보다 더 야만적인 사람들을 온유하게 만드시기 위하여, 의로움을 위하여, 곧 불의의 노예가 된 이들을 의인으로 만드시기 위하여 행동하십니다. 첫째는 은총으로부터, 둘째는 선행으로 그렇게 하십니다.

• 요한 크리소스토무스 『시편 해설』 45,6.[20]

두렵고 놀라운 행위들

주님께서 이루신 것은 사실 두렵고 공포를 자아내는 것이었습니다. 죽음은 파괴되었고, 지옥은 산산이 부서졌습니다. 낙원이 열리고 하늘이 열어젖혀졌습니다. 마귀들에게는 족쇄가 채워졌고, 아래의 영역이 위의 영역과 섞이게 되었습니다. 하느님은 사람이 되셨고, 사람이 임금의 옥좌에 앉게 되었습니다. 부활의 희망이 밝아 왔으며, 기대는 죽음을 넘어 채워졌습니다. 우리는 표현할 길 없는 좋은 것들을 누리게 되었고, 그분의 오심으로 다른 모든 좋은 것이 이루어졌습니다. … [그런데] 칠십인역은 이 구절을 이렇게 옮겼습니다. "당신의 오른팔이 놀라운 방식으로 당신을 인도하리이다." 이는 이루어진 것에 대해 우리가 경탄할 뿐만 아니라 그것이 놀라운 방식으로 이루어진 사실에 대해서도 경탄하게 된다는 말입니다. 놀라운 방식이란 이것입니다. 죽음이 죽음을 통하여 파괴되었고, 저주가 저주를 통하여 벗겨지고 축복이 주어졌습니다. 우리는 먹는 것 때문에 쫓겨났었는데, 다시 먹는 것을 통해 받아들여지게 되었습니다. 여자 때문에 천국에서 쫓겨났는데, 여자를 통해서 영원한 생명을 찾았습니다. 우리를 심판받게 했던 그 수단들이 우리를 영광스럽게 하는 수단이 되었습니다.

• 요한 크리소스토무스 『시편 해설』 45,7.[21]

다른 인물

시편 저자가 이 구절에서 언급한 업적이나 그 대단함을 어떤 인간에게 돌릴 수 있었을까요? 성경은 일관되게 모든 의인은 하느님의 도움으로 힘을 얻는다고 말합니다. 그렇다면 시편 저자는 "당신의 오른팔이 놀라운 방식으로 당신을 인도하리이다"라는 이 구절을 누구를 염두에 두고 말하였을까요?

• 몹수에스티아의 테오도루스 『시편 해설』 45,7A.[22]

45,6 날카로운 화살

잘 조준된 말씀

능하신 분의 "날카로운 화살"이란 예민한 직관력을 가진 영혼을 때리고 찔러 듣는 이의 마음을 건드리는 잘 조준된 말씀을 말합니다.

• 대 바실리우스 『시편 강해』 17,6(시편 제45편).[23]

모든 민족들

시편 저자가 말하려는 바는 이것입니다. '잘 조준된 말씀은 화살처럼 듣는 이들의 마음에 가닿습니다. 그 결과 모든 민족들이 당신께 굴복하게 됩니다.' (시편 저자는 이를 말하기 위해 화살을 쏘아서 민족들을 굴복시키는 비유를 사용합니다.) 시편 저자는 또 이렇게 말합니다. 당신의 화살은 참으로 효과적이어서 제자들을 굴복시킬 뿐만 아니라 원수들에게도 이르러 그들마저 굴

[20] *CCOP* 1,270*.
[21] *CCOP* 1,270-71*.
[22] WGRW 5,575.
[23] FC 46,287.

복시킵니다.

• 타르수스의 디오도루스 『시편 주해』 45.[24]

굴복하다

이 전쟁의 성공적인 결과가 보입니까? 전에는 반역하던 이들이 굴복하는 것이 보입니까? 가르침은? 교리교육은? 알다시피 그들이 쓰러져서 주님께 굴복하게 되는 것은 그들이 받을 영광의 기초요 바탕입니다. 사실 주님께서는 그들의 어리석고 허무한 속임수에서, 마귀의 오류에서 그들을 구해 내심으로써 그들이 당신께 굴복하게 하셨습니다.

• 요한 크리소스토무스 『시편 해설』 45,7.[25]

그리스도 앞에 쓰러지다

시편은 계속해서 어디에서 이런 쓰러짐이 일어나는지 설명합니다. 그들은 "마음 안에서" 쓰러집니다. 그들이 마음 안에서 그리스도를 거슬러 자신을 들어 높였다면, 바로 그 마음 안에서 그들은 그리스도 앞에 쓰러집니다. … '그들은 당신의 원수들이었고, 당신의 화살에 상처를 입었으며, 이제 당신 앞에 쓰러졌습니다. 그래서 그들은 원수에서 친구로 변화되었습니다. 당신의 원수들은 죽었고, 이제 당신의 친구들이 삽니다.'

• 아우구스티누스 『시편 상해』 45,16.[26]

45,7 하느님의 왕좌와 왕홀

시작도 끝도 없이

이어서 시편의 예언적인 말씀은 스스로 육화하신 말씀이신 하느님의 본성에 대해 가르칩니다. … 그분은 하느님이시며, 영원한 임금이시고, 시작도 없고 끝도 없는 분이시라는 것입니다. 이것이 "영원무궁"하다는 말이 의미하는 바입니다.

• 키루스의 테오도레투스 『시편 주해』 45,5.[27]

그분의 왕권

시편 저자는 여기에서 "왕좌"라는 단어를 사용하는데, 이는 단순히 옥좌를 말한다기보다는 왕권을 의미합니다. 시편 저자는 그 "왕좌가 영원무궁하다"고 말하는데, 성경 다른 곳에서는 그 왕좌가 "들어 높여졌다"고 말합니다. "나는 높이 솟아오른 어좌에 앉아 계시는 주님을 뵈었다"(이사 6,1). 또 다른 저자는 … 영광스러운 옥좌에 앉아 계시는 분을 관상합니다(다니 7,9 참조). 반면에 다윗은 자애로운 왕좌를 제시합니다. "자비와 공정이 그분 어좌의 바탕이라네"(시편 97,2). 이 모든 말씀은 주님의 영원한 왕권을 가리킵니다("세세 대대로"라는 말은 영원함을 의미합니다). 주님의 왕권은 깊은 존경을 받고, 드높으시며 힘차고 위대합니다. 그것은 또한 시작도 없습니다. 그래서 시편 저자는 "당신의 통치는 모든 세대에 미칩니다"(시편 145,13)라고 합니다.

• 요한 크리소스토무스 『시편 해설』 45,8.[28]

일시적인 자리가 아니다

어째서 이 왕좌는 영원무궁한가요? 하느님의 것이기 때문입니다. … 오, 영원하신 하느님! 하느님의 왕좌가 일시적일 수는 없습니다.

• 아우구스티누스 『시편 상해』 45,17.[29]

[24] WGRW 9,144*.
[25] *CCOP* 1,272.
[26] *WSA* 3,16,293.
[27] FC 101,262.
[28] *CCOP* 1,274.
[29] *WSA* 3,16,294.

훨씬 더 오래되었다

이 말은 곧 '당신의 나라는 세대를 초월하며, 그 어떤 생각보다 훨씬 더 오래된 것'이라는 뜻입니다.

• 대 바실리우스 『시편 강해』 17,7(시편 제45편).[30]

영원으로부터

그분께서는 사람이 되시기 이전부터 영원하신 임금님이시며 주님이셨고, 성부의 모상이며 말씀이셨습니다.

• 아타나시우스 『아리우스파 반박 연설』 2,13.[31]

하느님의 왕홀

시편 저자는 바로 이어서 "공정의 홀"에 대해 말합니다. "공정의 홀"은 정확하고 바르게 왕권이 행사된다는 것을 가리킵니다. 그런데 이 말은 인간에게는 적용할 수 없을 것 같습니다. 적어도 이 말이 인간과 관련되어 사용된 곳은 어디에도 없습니다. 반면에 하느님께는 그 표현이 사용될 수 있습니다. 시편 저자는 다른 곳에서 하느님에 관하여 이렇게 말합니다. "주님께서는 누리를 의롭게 심판하시고, 겨레들을 올바로 다스리신다"(시편 9,9). 또 다른 곳에서는 이렇게 말합니다. "주님께서는 선하시고 바르시니"(시편 25,8). "주님의 말씀은 바르기" 때문입니다(시편 33,4).

• 몹수에스티아의 테오도루스 『시편 해설』 45,7B.[32]

공정한 통치

그것은 우리를 올바르게 인도하는 의로운 통치의 "홀"입니다. 사람들은 뒤틀리고 왜곡되었으며, 자신을 위하여 왕권을 원하였고, 자기애에 빠졌으며, 자신의 악한 길들을 애호하였습니다. 그들은 자기 의지를 하느님께 맡기는 대신에 하느님의 뜻을 자신들의 욕망에 맞게 왜곡시키려 하였습니다. … 여러분은 자신을 바로잡아 하느님의 뜻에 맞추어야지, 하느님의 뜻을 여러분 자신에게 맞추기 위해 왜곡하려 들어서는 안 됩니다. 사실 그렇게 할 수도 없습니다. 그런 노력은 헛될 뿐입니다. 그분의 뜻은 언제나 올곧기 때문입니다. 그분과 하나 되기를 바랍니까? 그렇다면 주님의 교정을 받아들이십시오. 그러면 주님의 홀, 공정한 통치의 홀이 여러분을 다스리게 될 것입니다. … 이 왕홀에 가까이 다가가십시오. 그리스도께서 여러분의 임금이 되시게 하고, 이 왕홀이 여러분을 다스리게 하십시오. 그렇지 않으면 그 왕홀이 여러분을 부수어 버릴 것이기 때문입니다. 그것은 구부릴 수 없는 쇠막대기입니다. … 그 왕홀은 어떤 사람들은 다스리고, 어떤 사람들은 부수어 버릴 것입니다. 그 왕홀은 영적인 이들은 다스리지만 육적인 이들은 부수어 버립니다. 그러니 이 왕홀에 가까이 다가가십시오.

• 아우구스티누스 『시편 상해』 45,17-18.[33]

45,8 하느님께서 당신에게 기름을 부어 주셨습니다

하느님께서 하느님의 도유를 받으시다

시편의 이 구절은 모든 것을 만드신 분[성부이신 하느님]께서 그분[예수님]이 하느님이시며 그리스도로 흠숭되어야 한다고 증언하셨다는 것을 분명하게 보여 줍니다.

• 순교자 유스티누스 『유대인 트리폰과의 대화』 63.[34]

성자도 성부도 하느님이시다

성령께서는 성자로서 도유를 받으신 분과 성부이신 도유받지 않으신 분, 두 분을 다 '하느님'

[30] FC 46,288*.
[31] NPNF 2,4,355.
[32] WGRW 5,579.
[33] *WSA* 3,16,294-95.
[34] FC 6,248.

이라는 이름으로 부르십니다.

• 이레네우스 『이단 반박』 3,6,1.[35]

하느님께서 하느님의 도유를 받으시다

하느님께서 하느님의 도유를 받으십니다. 라틴어 성경에서는 "하느님"이라는 단어가 모두 주격으로 나타나면서 반복되는 것처럼 보입니다. 하지만 그리스어 성경에서는 구분이 분명하게 드러납니다. 한 단어는 말씀을 듣는 이에게 속하고, 두 번째 단어는 말씀을 하는 분께 속합니다. … 칠십인역의 구분을 받아들여 이 구절을 이렇게 이해해야 합니다. 그리스어에서는 아주 분명하게 나타나기 때문입니다. … 하느님께서 하느님의 도유를 받으셨습니다. '기름부음받은이'라는 단어는 그리스도를 의미하는 것으로 이해하십시오. 왜냐하면 '그리스도'는 '도유'(크리스마)라는 단어에서 유래한 것으로, '그리스도'라는 이름은 '기름부음받은이'를 뜻하기 때문입니다.

• 아우구스티누스 『시편 상해』 45,19.[36]

특별한 기름

여기에 언급된 기름은 일반적인 기름도 세상에서 얻을 수 있는 기름도 아닙니다. 그것은 히브리인 사제들과 임금들에게 도유하기 위해 사용되는, 모세 율법에 규정된 기름과도 같지 않습니다. 그런 기름은 부패하기 쉬운 물질로 만들어진 것입니다.

• 카이사리아의 에우세비우스 『복음의 논증』 5,2,217.[37]

성령으로 도유된

그리스도께서는 기름이나 다른 어떤 물질적 향유로 도유를 받으신 것도 아니고, 사람의 도유를 받으신 것도 아닙니다. 그분께서 온 세상의 구원자로 임명되시기 전에 성부께서 그분을 성령으로 도유하셨습니다. … 그리스도께서는 기쁨이라는 이상적인 기름, 곧 성령으로 도유되셨습니다. 성령께서는 영적 기쁨을 만들어 내시는 분이시기에 "기쁨의 기름"으로 불리십니다. 마찬가지로, "그리스도의 동료"이자 참여자가 된 여러분도 도유를 받은 것입니다.

• 예루살렘의 키릴루스 『예비신자 교리교육』 21,2.[38]

성령을 나누어 받다

주님의 육은 그 위에 성령께서 내려오심으로써 참된 도유를 받으셨습니다. 성령은 "기쁨의 기름"으로 불립니다. 그분은 당신 동료들, 곧 그리스도의 지체인 모든 사람들에 앞서서 도유를 받으셨습니다. 그래서 그분의 동료들 또한 성령을 나누어 받게 되었습니다. 그런데 성령께서는 하느님의 아드님 위에 내려오셔서, 요한이 말한 것처럼 '그분 위에 머무셨습니다'(요한 1,32 참조).

• 대 바실리우스 『시편 강해』 17,8(시편 제45편).[39]

누구도 그분과 같을 수 없다

그리스도께서는 확실히 어디에서도 기름으로 도유를 받지 않으셨습니다. 그분은 성령으로 도유되셨습니다. 그래서 시편 저자는 누구도 그분과 같을 수 없다는 사실을 나타내기 위하여 "당신 동료들에 앞서"라고 합니다.

• 요한 크리소스토무스 『시편 해설』 45,9.[40]

샘과 방울의 차이

당신은 당신의 동료 백성들에 앞서 "기쁨의 기름"으로 도유를 받으셨습니다. 당신에게는 기름의 샘이 있다면 그들에게는 기름 몇 방울이 있

[35] ANF 1,419.
[36] *WSA* 3,16,296-97.
[37] *POG* 1,236.
[38] NPNF 2,7,149*.
[39] FC 46,289*.
[40] *CCOP* 1,276.

다 하겠습니다.

• 히에로니무스 『시편 강해』 132[133].[41]

기쁨의 기름으로 도유되다

하느님께서는 그분을 그분의 백성에 앞서 "기쁨의 기름"으로 도유하셨습니다. 그리스도께서는 인간 앞에 육화하신 완전한 모습으로 나타나셨던 것처럼 모든 그리스도인에 앞서 도유되셨습니다. 아벨에서 그리스도에 이르기까지 많은 의인이 있었지만 그들 가운데 누구도 동정녀에게서 태어나지 않았고, 이런 모습, 이런 형상을 지닌 이는 없었습니다. 하느님의 자녀들 가운데 누가 우리의 하느님 같은가요? 그분을 기쁘시게 하는 자녀인 우리는 천사들이 흠숭하고 별들이 노래하며 예언자들이 예언했던 대로 도유의 기름을 받으신 이분께 귀를 기울입시다. 요한이 두려워하던 대로 하늘이 열렸고, 성부께서 하늘에서 부르셨습니다. 그러자 성령께서 하늘에서 내려오시어 그리스도 위에 머무셨습니다. 그리스도께서는 당신의 이름을 나누어 받을, 당신과 함께할 모든 이에 앞서는 첫째이신 분이십니다.

• 소 아르노비우스 『시편 주해』 45.[42]

하나의 위격, 두 본성

시편 저자는 한편으로는 서로 다른 개념들을 정확히 진술함으로써 본성들을 구분하였습니다. ("오, 하느님, 당신의 왕좌는 영원무궁합니다"라는 말씀과 "하느님, 당신의 하느님께서 당신에게 기름을 부어 주셨습니다"라는 말씀 사이에는 큰 차이가 있습니다.) 시편 저자는 다른 한편으로는 서로 다른 두 본성을 하나의 위격으로 말함으로써 그 일치를 일별하게 해 주었습니다.

• 몹수에스티아의 테오도루스 『시편 해설』 45,8B.[43]

인간으로서 도유되신

그분은 또한 하느님이 아니라 인간으로서 거룩하신 성령 안에서 도유되셨습니다. 하느님으로서 그분은 성령과 하나이시지만 인간으로서 그분은 성령의 선물들을 일종의 도유처럼 받으십니다. 그래서 그분은 "정의를 사랑하시고 불의를 미워하셨다"고 하는데, 이것은 본성의 능력에서 나온 것이 아니라 의도적인 선택의 문제입니다. 반면에 그분은 또한 하느님으로서 "공정의 홀인 왕홀"을 쥐고 계십니다.

• 키루스의 테오도레투스 『시편 주해』 45,6.[44]

잉태의 순간에 도유되시다

그분은 당신의 동료들에 앞서 도유되셨습니다. 우리 모든 사람은 먼저 죄인이었다가 그 후에 성령의 도유를 통해 성화되기 때문입니다. 그러나 시대라는 것이 생겨나기 전부터 하느님으로 존재하시던 그분께서는 시대의 종말에 동정녀의 태에서 성령을 통하여 인간으로 잉태되셨고, 잉태되시던 그곳에서 같은 성령으로 도유되셨습니다. 그분은 먼저 잉태되신 후 나중에 도유을 받으신 것이 아니었습니다. 동정녀의 육에 성령으로 잉태되시는 것이 곧 성령으로 도유되신 것이었습니다.

• 대 그레고리우스 『서간집』 67.[45]

우리를 위하여 도유되신

시편의 이 구절은 그분이 "도유되셨다"고 말합니다. 이는 그분이 하느님이 되시기 위함이 아닙니다. 그분은 이미 그 전에도 하느님이셨기 때문입니다. 임금이 되시기 위함도 아닙니다. 거룩

[41] FC 48,335*.
[42] CCL 25,63-64.
[43] WGRW 5,579-81.
[44] FC 101,263.
[45] NPNF 2,13,83-84*.

한 신탁이 보여 주듯이, 그분은 하느님의 모습으로 존재하시면서 영원히 왕국을 소유하고 계셨기 때문입니다. 그분이 도유되셨다는 말씀은 우리를 위해 쓰인 것입니다.

• 아타나시우스 『아리우스파 반박 연설』 1,46.[46]

성령의 도유

여기에서 "… 하시기에"라는 말은 말씀 안에 이루어질 덕행이나 행위에 대한 보상을 암시하는 것이 아니라 그분께서 우리에게 오신 이유를 제시합니다. 그것은 그분께서 성령의 도유를 받으신 것이 우리를 위한 것임을 나타냅니다. 시편 저자는 "그러므로 하느님께서는 당신을 하느님이나 임금, 또는 성자나 말씀이 되게 하시려고 도유하셨습니다"라고 말하지 않았습니다. 왜냐하면 그분은 이미 그 전에도 그러하셨고, 또 영원히 그러하실 것이기 때문입니다. 시편 저자는 오히려 이렇게 말하였습니다. '당신은 하느님이시고 임금님이시기 때문입니다. 그러므로 당신은 도유되셨습니다. 당신 외에는 누구도 인간성을 성령에 일치시킬 수 없기 때문에 당신은 성부의 모상이십니다. 우리는 처음에 그 모상으로 창조되었습니다. 성령도 당신의 것입니다.' 생겨난 것들의 본성은 이것을 보증할 수 없기 때문에 천사들은 죄를 지었고, 사람들은 불순종하였습니다. 그래서 하느님이 필요하였습니다. 몸소 저주에 묶인 이들을 풀어 주시려는 하느님은 '말씀'이십니다. 만약 그분이 하찮은 존재셨다면, 그분은 여러 사람들 중의 하나로서 다른 이들처럼 우정을 나누는 '그리스도', '기름부음받은이'가 될 수 없었을 것입니다. 그러나 그분은 하느님이시며, 하느님의 아드님이시고 영원한 임금님이시며 성부의 빛이요 '말씀'으로 존재하십니다. 그러므로 그분은 사람들이 고대하던 바로 그 '그리스도'이시며, 성부께서는 당신의 거룩한 예언자들에게 내린 계시를 통하여 그분을 인간에게 알려 주셨습니다. 우리가 그분을 통하여 존재하게 된 것처럼 모든 사람은 그분 안에서 죄를 구속받았고, 그분은 만물을 통치하십니다. 그분께서 도유를 받으셨던 것은 바로 이런 이유 때문이었습니다. 시편 저자는 육화하신 말씀께서 오실 것을 미리 내다보며, 그분의 신성과 왕국을 먼저 찬미합니다. 이 신성과 왕국은 성부의 것이기도 합니다. 시편 저자는 이렇게 노래합니다. "오, 하느님, 당신의 왕좌는 영원무궁하며, 당신의 왕홀은 공정의 홀입니다." 이어서 시편 저자는 그분께서 우리에게 내려오시는 것에 대해 알려 줍니다. "하느님께서, 당신의 하느님께서 기쁨의 기름을 당신 동료들에 앞서 당신에게 부어 주셨습니다."

• 아타나시우스 『아리우스파 반박 연설』 1,49.[47]

영적 은총에 참여하는 이들

하느님, 그분의 하느님은 그분의 동료들에 앞서 기쁨의 기름을 그분에게 부어 주셨습니다. 이는 그분께서 친히 우리를 자신이 받은 도유의 동료, 곧, 영적 은총에 참여하는 이들로 삼게 하시기 위함입니다.

• 존자 베다 『복음서 강해』 1,25.[48]

도유의 은총

그분께서는 직접 당신의 동료들, … 곧 믿는 이들에게 같은 성령에 도유되는 은총을 주시겠다고 약속하셨습니다(사도 1,8 참조). … 우리가 알고 있듯이, 오래지 않아 그분은 당신께서 약속하

[46] NPNF 2,4,333*.

[47] NPNF 2,4,335**.

[48] CS 110,252.

신 대로 성령을 보내셨습니다.

• 존자 베다 『복음서 강해』 2,15.[49]

45,9 몰약으로 옷들이 향기롭다

비물질적 해석

활이나 칼, 그리고 다른 비슷한 것들에 대한 언급을 들을 때 그것을 물질적으로 해석하면 안 되는 것과 마찬가지로, 몰약과 계피에 대한 언급도 그것을 물질적으로 생각하기보다는 이성적 수준에서 생각해야 합니다.

• 요한 크리소스토무스 『시편 해설』 45,10.[50]

복음을 상징하는 것들

그리스도의 달콤한 향기에는 그분의 수난으로 인해 몰약 냄새가 납니다. 그분은 삼일 밤낮 동안 꼼짝도 하지 않은 채 무력하게 계셨던 것이 아니라 부활의 은총을 나누어 주시고자 지하 세계로 내려가셨기 때문에 침향 냄새가 납니다. … 또한 모든 피조물에 대한 사랑으로 지신 십자가의 고통 때문에 … 매우 은은하게 향기를 내는 나무껍질인 계피 냄새가 납니다. 무덤에 묻히셨기 때문에 몰약 향기가 나고, 지하세계로 내려가셨기 때문에(모든 핏방울이 아래로 흘러내렸기 때문에) 침향 향기가 나며, 육이 나무에 매달렸기 때문에 계피 향기가 나는 것입니다. … 시편 저자는 그리스도의 옷(그리스도의 옷은 설교와 교리 준비에 대한 비유입니다)에 깊게 배어 있는 이 향기 나는 식물들은 모든 건물들로부터 가져온 것들이라고 말합니다. 시편 저자는 계속해서 말합니다. 이 건물들 가운데 가장 큰 것들은 궁궐들이며, 그것들은 상아로 지어졌습니다. 내 생각에 시편 저자인 이 예언자는 세상을 위한 그리스도의 사랑의 부요함을 이 말로 가르쳐 주고자 합니다.

• 대 바실리우스 『시편 강해』 17,9(시편 제45편).[51]

그리스도의 향기

시편 저자는 수난과 수난의 영광을 둘 다 암시하기 위하여 "당신의 옷들에서 나는 몰약과 침향과 계피 향기"에 대해 말합니다. 여기에서 "몰약"은 수난을, "침향과 계피"는 수난의 빛과 향기를 나타냅니다. 시편 저자는 이런 말을 하려는 것처럼 보입니다. '주님의 수난 자체는 여러분의 성전에 영향을 미치며, 짙은 향기와 영광을 수반할 것입니다. 그 결과 수난에서 나오는 향기가 온 세상으로 퍼져 갈 것입니다.' 이는 사도가 말한 대로입니다. "구원받을 사람들에게나 멸망할 사람들에게나 우리는 하느님께 피어오르는 그리스도의 향기입니다"(2코린 2,15). 시편 저자는 또한 "몰약"을 "당신의 옷들"이라는 말과 연결시켰습니다. 이는 우리가 고통으로부터 자유로운 신성을 이해할 수 있게 하려는 것입니다.

• 몹수에스티아의 테오도루스 『시편 해설』 45,9A.[52]

미래의 교회

시편 저자는 "건물들"이라는 말로는 집들을, "상아"라는 말로는 그 집들의 화려함을 나타냅니다. 이것은 교회를 암시합니다. 따라서 시편 저자의 의도는 오늘 우리 시대에 볼 수 있는 교회들처럼, 그리스도의 죽음 후에 그분을 위해 빛나고 아름다운 교회들이 세워지리라는 것을 말하려는 것입니다.

• 타르수스의 디오도루스 『시편 주해』 45.[53]

45,10 제왕의 딸들, 황금으로 단장한 왕비

영혼을 나타내는 "왕비"

"왕비"는 신랑이신 말씀과 일치된 영혼입니

[49] CS 111,140.
[50] *CCOP* 1,272.
[51] FC 46,290-91.
[52] WGRW 5,581-83.
[53] WGRW 9,145.

다. 죄에 굴복하지 않고 그리스도의 나라에 참여한 영혼입니다. 그 영혼은 금박을 입힌 옷을 입고, 곧 다양한 영적 가르침들로 우아하고 신심 깊게 장식한 채로, 구원자의 오른편에 서 있습니다.

• 대 바실리우스 『시편 강해』 17,9(시편 제45편).[54]

하느님의 딸

"하느님의 딸"로 불리면서 외적 장식을 전혀 추구하지 않는 영혼보다 더 아름다운 것이 과연 있을까요? 그 영혼은 그리스도를 믿습니다. 이 위대한 희망을 부여받은 그 영혼은 자신의 배우자에게로 나아갑니다. 그리스도는 그의 신랑인 동시에 그의 주님이시기 때문입니다.

• 히에로니무스 『서간집』 54,3.[55]

복음의 자녀

이 "제왕"들이 복음을 설교하고 전파할 때 그들에게서 많은 영혼들이 태어났습니다. 이 모든 영혼들은 "제왕의 딸들"입니다. … "제왕의 딸들"은 또한 이 제왕들이 세운, 그리스도를 믿는 성읍들을 상징한다고 해석할 수 있습니다. … 그들은 더 이상 그 도성을 세운 이들의 명성을 드날리려고 애쓰지 않습니다. 대신 그들은 하느님을 영예롭게 하는 일에 관심을 쏟습니다. … 그들은 그들의 진짜 임금님이신 분의 호의를 입었고, 바로 그분께 영예를 드리러 왔기 때문입니다. 그리고 그들 모두로부터 한 "왕비"가 생겨났습니다.

• 아우구스티누스 『시편 상해』 45,23.[56]

교회

시편 저자는 교회가 하느님의 오른쪽에서 그분을 섬기고 있다고 말합니다. 곧, 교회는 언제나 하느님을 위해 모여 있을 것입니다. 교회는 몸과 지체가 머리에 붙어 있듯이, 계획에 따라, 그리고 재생의 은총으로 언제나 그분과 일치하여 모여 있습니다. 이는 사도가 어디에선가 말한 대로입니다. "여러분은 그리스도의 몸이고 한 사람 한 사람이 그 지체입니다"(1코린 12,27; 참조: 콜로 2,19). … 따라서 "당신 오른쪽에"라는 말은 적절한 표현입니다. 이 표현은 더 중요하게 여겨지는 지체에서 나오는 영예를 강조하기 위해 덧붙여진 것으로 보입니다. [교회는] 아름답게 장식된 옷을 입고, … 하느님께서 주시는 가장 큰 영예를 누리면서 하느님을 섬기며 서 있습니다. 교회는 자녀의 자격을 부여받고, 그리스도의 몸을 이루도록 부름 받은 한편, 가장 아름다운 장식, 곧 영적 은총의 아름다움으로 장식된 옷으로 단장하였습니다. 성도들이 이룬 놀라운 업적들은 감탄할 만한 황금 장식과 같으며, 그 장식은 교회를 이루고 있는 그리스도교 신자들을 빛나게 합니다.

• 몹수에스티아의 테오도루스 『시편 해설』 45,10A-C.[57]

45,11 네 백성을 잊어버려라

이전 삶을 잊어버려라

교회는 이교인들과 유대인들로부터 생겨났습니다. 그러니 시편 저자가 이렇게 말하는 것은 당연합니다. "네 백성과 네 아버지 집안을 잊어버려라." "네 백성과 아버지 집안"은 우상 숭배와 율법 준수를 의미합니다. 그런 것들은 잊어버리고 대신 은총에 따른 새로운 삶을 살라고 말합니다.

• 타르수스의 디오도루스 『시편 주해』 45.[58]

[54] FC 46,291*.
[55] NPNF 2,6,103*.
[56] *WSA* 3,16,300-302.
[57] WGRW 5,585*.
[58] WGRW 9,146.

45,12 아름다움

영혼의 아름다움

이 "아름다움"은 육체의 아름다움을 말하는 것이 아닙니다. 시편 저자가 그것은 주님께 대한 순종에서 나온다고 말하고 있기 때문입니다. 순종은 육체의 아름다움에서 나오지 않고 영혼의 아름다움에서 나옵니다. 시편 저자의 말에 주목하십시오. 만약 여러분이 이대로 행한다면 아름다워질 것이며, 신랑의 마음에 들 것입니다.

• 요한 크리소스토무스 『시편 해설』 45,11.[59]

하느님께서 아름답게 해 주신

이 아름다움이 하느님께서 직접 그녀 안에 만들어 주신 것이 아니고 무엇입니까? 그분은 아름다움을 열망하셨습니다. 그런데 누구의 아름다움 말인가요? 악마인 자기 아버지의 집안에 머물며 자기 백성 가운데 있는 죄인이며, 사악하고 불경한 여인의 아름다움입니까? 절대로 아닙니다. 이 신부의 아름다움은 아가에 묘사되어 있습니다. "새하얗게 씻고서 올라오는 저 여인은 누구인가?"(아가 6,10 참조). 그녀는 전에는 희지 않았지만 이제는 몸을 씻고서 새하얗게 되었습니다. 이는 주님께서 어떤 예언자를 통하여 약속하신 대로입니다. "너희의 죄가 진홍빛 같아도 눈같이 희어지리라"(이사 1,18). … 여러분이 혼인하는 임금은 하느님이십니다. 그분은 여러분에게 여러분의 몸을 주신 분이시고, 여러분을 꾸며 주신 분이시며, 여러분을 구원하시고 치유하신 분이십니다. 여러분 안에 그분을 기쁘시게 해 드릴 수 있는 무엇인가가 있다면, 그것은 모두 그분께서 주신 선물입니다.

• 아우구스티누스 『시편 상해』 45,26.[60]

그리스도를 기쁘시게 하라

인간의 눈을 즐겁게 하는 것을 추구하지 말고 그리스도의 눈을 괴롭히는 것을 찾지 마십시오. 그분께서 사랑하시는 것을 그대 안에서 보실 수 있게 하십시오. 그분께서 주셨던 것을 발견하시게 하십시오. 그분께서 기뻐하실 만한 것을 그대 안에서 알아보실 수 있게 하십시오. "임금님이 너의 아름다움을 열망하시리니." 하지만 "제왕의 딸의 모든 영광은 내면에 있습니다."

• 루스페의 풀겐티우스 『서간집』 2,25.[61]

더욱 아름답게 되어

복된 바오로 사도의 말대로 "앞에 있는 것을 향하여 내달리며"(필리 3,13) 덕행에서 진보하고 더 나은 것들에 도달함으로써, 우리는 … 영적으로 더불어 아름다워집니다. 그렇게 한다면 앞으로 우리도 이런 말을 듣게 될 것입니다. "임금님이 너의 아름다움을 열망하셨다."

• 알렉산드리아의 키릴루스

『모세오경의 격조 있는 해설』 49,21-26.[62]

너를 만드신 분

그대가 하느님을 만든 것이 아니라 하느님께서 그대를 만드셨습니다. 그렇다면 그대는 모든 것을 적절한 시간에 만드시는 창조주의 손길을 기다리는 하느님의 작품입니다. 그대에게 알맞은 때에 그대의 창조가 이루어집니다. 그대의 마음을 부드럽고 유연한 상태로 그분께 바치십시오. 그리고 창조주께서 만들어 주신 모습을 그대로 보존하십시오. 그대 안에 습기를 유지하십시오. 그렇지 않으면 딱딱하게 되어 그분의 손가락 자국을 잃게 됩니다. 그 틀을 유지해야만 그대는

[59] *CCOP* 1,280.
[60] *WSA* 3,16,304.
[61] FC 95,302.
[62] PG 69,376.

완전한 것에로 올라갈 수 있습니다. 하느님께서 그대를 만드실 때 촉촉한 진흙을 그대 안에 감추어 두셨기 때문입니다. 그분의 손길이 그대의 실체를 빚으셨습니다. 그분은 그대의 안팎을 순금과 순은으로 덮어 주실 것이며, "임금님이 너의 아름다움을 열망"하실 정도로 그대를 꾸며 주실 것입니다. … 창조는 하느님의 선하신 속성이기 때문입니다. 하지만 인간의 본성은 창조되는 것입니다. 그렇다면 그대는 그대의 것, 곧 그분에 대한 신앙과 복종을 그분께 드려야 합니다. 그래야 그분의 손길을 받아 하느님의 완벽한 작품이 될 것입니다.

• 이레네우스 『이단 반박』 4,39,2.[63]

45,13 티로 사람들

이교인들

이 영감 받은 저자는 온 세상을 직접 언급하기를 삼가며 대신 이웃 나라를 지명해 이야기합니다. 당시에 그 나라는 마귀의 요새로 불신앙의 지배를 받고 있었으며, 사치로 악명이 높았습니다. 여기에서 시편 저자는 부분으로 전체를 암시하고 있습니다.

• 요한 크리소스토무스 『시편 해설』 45,11.[64]

이민족을 상징하는 티로

티로는 예언이 성행하던 이웃 나라였습니다. 그래서 티로는 그리스도를 믿게 될 이민족들을 상징합니다.

• 아우구스티누스 『시편 상해』 45,27.[65]

45,14 금실로 수놓은 옷

성령의 선물

시편 저자는 그녀가 내적으로 덕행의 아름다움을 갖추고 성령의 여러 선물로 빛난다고 말합니다.

• 키루스의 테오도레투스 『시편 주해』 45,10.[66]

내적 영광

보이는 아름다움은 감추어져 있지 않습니다. 그러나 보이지 않는 아름다움은 하느님께만 보입니다. 제왕의 딸의 모든 영광은 내적인 것입니다. 그녀는 행동이나 관상으로 수놓은 금술이 달린 옷을 입고 있습니다.

• 나지안주스의 그레고리우스 『마태오 복음 19장 1-12절』(연설 37) 10.[67]

양심의 순결함

시편 저자는 "안으로"라는 말로 정신을 가리킵니다. 그 말은 육체적 아름다움이 아니라 영혼의 덕을 지칭할 수 있습니다. 사실 이것이 바로 신실한 이의 참된 영광이며, 양심의 순수함입니다. 이것으로 인하여 그들은 심판관의 눈에 매우 뛰어나게 보입니다.

• 몹수에스티아의 테오도루스 『시편 해설』 45,14A.[68]

가르침과 실천

영적인 옷은 가르침의 말씀과 그에 수반된 행위가 서로 엮일 때 만들어집니다. 육체적인 옷이 씨실과 날실이 서로 엮일 때 만들어지는 것과 마찬가지로, 말씀이 선행되고 이어서 그 말씀에 따른 행위가 이어지면, 말씀과 행위로 얻은 덕스러운 삶을 사는 영혼을 위한 가장 멋진 옷이 만들어집니다.

• 대 바실리우스 『시편 강해』 17,11(시편 제45편).[69]

---

[63] ANF 1,523**.
[64] *CCOP* 1,281.
[65] *WSA* 3,16,304.
[66] FC 101,265.
[67] NPNF 2,7,341.
[68] WGRW 5,591.
[69] FC 46,293-34.

덕행의 금빛 장식

많은 사람 가운데 간택된 왕비가 덕행의 금빛 장식을 단 옷을 입고 하느님 오른쪽에 서 있습니다. 임금의 사랑을 받는 왕비의 아름다움은 흠없이 복된 육입니다. 말씀이신 분께서 직접 그 육을 하늘로 데리고 올라가셔서 하느님 오른쪽으로 인도하셨습니다. 왕비는 "오색 옷으로 단장"을 하였습니다. 곧, 왕비는 불사불멸을 추구하였습니다. 시편 시인은 불사불멸을 상징적으로 황금빛 옷술이라고 표현합니다. 이 옷은 여러 색깔로 이루어졌고, 정결과 현명함, 믿음과 사랑, 인내와 같은 여러 가지 덕행으로 짜여졌습니다. 이 덕행들은 인간 육의 추함을 가려 주는 덮개처럼 인간을 금빛 장식으로 꾸며 줍니다.

• 올림푸스의 메토디우스『열 처녀의 잔치』7,8.[70]

45,17 온 땅의 제후들

아들들과 딸들을 되살리다

"죽은 이들 가운데 맏이"로 나시어 옛 선조들을 당신의 가슴에 받아들이신 주님께서 그들을 하느님의 생명으로 다시 살게 하셨습니다. 아담이 죽는 이들의 시작이 되었던 것처럼 그분은 자신을 산 이들의 시작이 되게 하셨습니다.

• 이레네우스『이단 반박』3,22,4.[71]

사도적 제후들

생각해 보십시오. 사도들은 온 세상을 두루 다니며 다른 어떤 통치자들보다 훌륭한 통치자가 되었고, 황제들보다도 강력해졌습니다. 통치자들은 살아 있는 동안에는 힘이 있지만 죽으면 더 이상 힘이 없습니다. 하지만 사도들은 죽어서도 힘을 행사합니다. 황제들의 법은 그들의 영토 안에서만 효력이 있지만 어부들의 명령은 온 세상에 미칩니다. 로마 황제는 페르시아인들을 위한 법을 제정할 수 없으며, 페르시아인들도 로마인들을 위해서는 법을 제정할 수 없습니다. 하지만 이 팔레스티나인들은 법을 페르시아인들과 로마인들, 트라키아인들과 스키티아인들, 인도인들과 무어인들, 그리고 온 세상에 전해 주었습니다. 이 법은 그들이 살아 있는 동안은 물론 죽은 후에도 효력을 유지합니다. 이 법에 굴복한 이들은 법을 저버리기보다는 차라리 목숨을 잃는 편을 택합니다.

• 요한 크리소스토무스『시편 해설』45,13.[72]

45,18 백성들이 당신을 찬송하리이다

그리스도께 찬미를 드려라

시편 저자는 시작했던 곳에서 끝마칩니다. 곧 그리스도 안에서 시작하고 마칩니다. … '당신께서는 참으로 많은 것을 성취하셨습니다. 당신께서는 통치자들을 임명하셨고, 악을 쫓아내셨습니다. 덕행을 심어 주셨고, 우리의 본성과 혼약을 맺으셨습니다. 당신께서는 이토록 놀랍고 훌륭한 일들을 수행하셨습니다. 그래서 온 세상이 당신을 찬송할 것입니다. 잠깐 동안이 아닙니다. 십 년, 이십 년, 백 년 동안이 아닙니다. 세상의 한 부분에서 찬미를 드리는 것도 아닙니다. 땅과 바다, 사람이 사는 곳이든 살지 않는 곳이든, 어디에서나 줄곧 찬미가를 부르면서 당신께서 행하신 모든 좋은 것에 대해 감사드릴 것입니다. 그러니 우리도 이 모든 좋은 것에 대해 사랑하올 그리스도께 감사를 드립시다. 그리스도를 통하여, 그리스도와 함께, 성령과 더불어, 이제와 영원히, 세세 대대에 성부께 영광이 있나이다.'

• 요한 크리소스토무스『시편 해설』45,13.[73]

---

[70] ANF 6,334*.
[71] ANF 1,455*.
[72] *CCOP* 1,283.
[73] *CCOP* 1,284.

46,1-12 하느님은 우리의 피신처

피신처를 찾아서 하느님께 달려가 그대를 에워싸고 있는 환난에서 구원되었을 때
하느님께 감사드리며, 그대에 대한 하느님의 자애를 이야기하고 싶다면
그대에게는 시편 제46편이 있습니다.
아타나시우스 『시편 해석에 관해 마르켈리누스에게 보낸 편지』 19 [OIP 69]

1 [지휘자에게. 코라의 자손들.
알 알라못. 노래]
2 하느님께서 우리의 피신처와 힘이 되시어
어려울 때마다 늘 도우셨기에①
3 우리는 두려워하지 않네,
땅이 뒤흔들린다 해도
산들이 바다 깊은 곳으로 빠져든다 해도
4 바닷물이 우짖으며 소용돌이치고
그 위력에 산들이 떤다 해도. 셀라
5 강이 있어 그 줄기들이 하느님의 도성을,
지극히 높으신 분의 거룩한 거처를
즐겁게 하네.
6 하느님께서 그 안에 계시니 흔들리지 않네.
하느님께서 동틀 녘에 구해 주시네.
7 민족들이 우짖으며 나라들이 동요하지만
그분께서 큰 소리 내시니
땅이 녹아 흐르네.
8 만군의 주님께서 우리와 함께 계시며
야곱의 하느님께서 우리의 산성②이시네.
셀라
9 와서 보아라, 주님의 업적을
세상에 놀라운 일을 이루신 그분의 업적을!
10 그분께서 세상 끝까지 전쟁을 그치게
하시고
활을 꺾고 창을 부러뜨리시며
병거를 불에 살라 버리시네.
11 "너희는 멈추고 내가 하느님임을 알아라.
나는 민족들 위에 드높이 있노라,
세상 위에 드높이 있노라!"
12 만군의 주님께서 우리와 함께 계시며
야곱의 하느님께서 우리의 산성②이시네.
셀라

① 또는 '어려운 고비마다 도우심으로 당신을 드러내셨기에'.
② 또는 '피신처'.

둘러보기

시편 제46편은 그리스도의 축복으로 보호받는 이들에 대해 말합니다. 그래서 시편 제45편과 주제에서 연결된다(테오도레투스). 우리가 궁극적으로 매달려야 할 싸움은 한 가지뿐이며, 이 싸움에서의 피신처도 한 곳뿐이다(바실리우스). 하느님께서는 함께 계셔 주심으로써 우리를 도우신다(요한 크리소스토무스). 우리의 피신처는 힘 그 자체이며(아우구스티누스), 어떤 환난에도 끄떡없다(아우구스티누스). 하느님은 우리가 부를 때 우리의 피신처가 되어 주신다(소 아르노비우스). 그리스도는 믿음을 통하여 우리 마음 안에 사신다(아우구스티누스). 그분께는 어떤 어려움도 어렵지 않다(요한 크리소스토무스). 하느님의 섭리

인 강은 모든 곳으로 뻗어 나간다(요한 크리소스토무스). 하느님의 영인 강은 하느님의 도성에 즐거움을 준다(아우구스티누스). 그 도성은 거룩한 법에 따라 다스려진다(바실리우스). 성령의 선물에 따라(에바그리우스), 풍성한 결실을 맺도록 다스려진다(테오도레투스). 하느님은 성읍 어디에든 계시며(몹수에스티아의 테오도루스), 모든 면에서 도움을 주신다(요한 크리소스토무스).

어둠의 시기에(소 아르노비우스) 하느님은 당신의 빛이 떠오르게 하시고 영원한 빛으로 도성을 비추어 주신다(바실리우스). 마찬가지로, 주님의 부활로 영적 은총의 새벽이 다가왔다(암브로시우스). 죄의 왕국을(암브로시우스) 피조물은 결코 이길 수 없으며(아우구스티누스), 오직 야곱의 하느님만이 그것을 이기실 수 있다(바실리우스). 그러니 그분께 가까이 다가가(바실리우스), 주님의 기적들을 바라보자(요한 크리소스토무스). 하느님은 평화의 원수들 위에 계신 주권자이시며(디오도루스), 그들 자신의 무기, 곧 그들의 마음의 무기로 그들과 맞서신다(에바그리우스). 그분은 우리를 새로운 무기, 곧 은총의 무기로 무장시켜 주신다(아우구스티누스). 주님만이 하느님이시며(아우구스티누스), 정화된 정신의 고요 속에서만 그분을 알 수 있다(오리게네스). 지금, 그리고 영원히 그분을 알 수 있다(베다). 이분이 바로 하느님이시며(요한 크리소스토무스), 그분은 당신 교회가 세상 곳곳으로 퍼져 나가게 하시며, 당신 백성 이스라엘에게 약속하신 미래가 실현되게 하실 것이다(아우구스티누스).

46,1 하느님은 우리의 피신처

믿는 이들을 보호해 주시다

바로 앞의 시편은 믿지 않던 민족들 가운데에서 교회가 생겨날 것이고, 그 교회는 왕비가 될 것임을 예언하였으며, 그 왕비의 아들들이 온 세상의 제후들이 되리라는 것을 보여 주었습니다. 반면에 이 시편은 신자들에 맞서서 일어나게 될 소요와 교회의 선포 초기에 일어날 혼란을 일별하게 해 줍니다. 그리고 이 시편은 박해받는 이들이 하느님께 대한 희망으로 어떤 보호를 받게 되는지, 그리고 그들 주변에서 소용돌이치는 물결을 그들이 어떻게 비웃게 될 것인지를 미리 보여 줍니다. 시편 저자는 말합니다. '튼튼한 요새가 되어 주시는 만민의 하느님께서 우리와 함께 계시니 우리는 어떤 환난이 일어나더라도 신경 쓰지 않을 것입니다.'

• 키루스의 테오도레투스 『시편 주해』 46,2.[1]

유일하게 도망쳐야 할 것과 유일한 피신처

도망갈 필요가 없는 것으로부터 달아나지 마십시오. 그럴 필요가 없는 이에게 도움을 구하지 마십시오. 여러분이 도망쳐야 할 유일한 것은 죄입니다. 악으로부터 피신하기 위해 여러분이 찾아야 할 유일한 피신처는 하느님이십니다. 제후들을 믿지 마십시오. 불확실한 부를 믿고 우쭐대지 마십시오. 육체적 힘을 자랑하지 마십시오. 인간적 영광의 빛을 추구하지 마십시오. 이 가운데 어떤 것도 여러분을 구하지 못합니다. 이 모든 것은 일시적이고 기만적입니다. 유일한 피신처는 하느님이십니다. … 하느님은 의인에게 참된 도움이십니다. 중무장한 군대를 갖춘 장군이라면 억압받는 지역에 기꺼이 도움을 제공하려 할 것입니다. 그와 마찬가지로 하느님께서는 우리의 도움이 되시며, 악마의 교활함과 맞서 싸우려는 모든 이의 편이 되어 주십니다. 하느님께서는 도움이 필요한 이들의 안전을 위하여 도움을

[1] FC 101,268.

주는 영들을 보내 주십니다.

• 대 바실리우스『시편 강해』18,1-2(시편 제46편).[2]

환난 때 함께해 주시는 주님

그분은 다가오는 환난을 막지는 않으시지만 환난이 시작되면 가까이 계시면서 우리가 굳건해질 수 있게 해 주십니다. … 주님의 도우심은 환난이 주는 고통보다 훨씬 더 큰 위로를 줍니다. 주님은 우리에게 시련이 요구하는 만큼만 도움을 주시는 것이 아니라 그보다 훨씬 더 많은 도움을 주십니다.

• 요한 크리소스토무스『시편 해설』46,1.[3]

우리의 피신처는 힘이다

어떤 피신처는 강하기만 할 뿐이어서 그곳에 피신하는 이는 안전하게 설 수 있게 되기보다는 나약해집니다. … 그런데 우리의 피신처는 다릅니다. 우리의 피선처는 "힘"입니다. 우리가 그곳으로 도망치면 우리는 안전해지고 흔들리지 않게 됩니다.

• 아우구스티누스『시편 상해』46,2.[4]

모든 환난 속에서

온갖 종류의 환난들이 일어납니다. 우리의 수입과 관련된 곤란이든, 육체적 건강과 관련된 것이든, 우리가 사랑하는 이들을 위협하는 위험이든, 우리의 삶에 반드시 필요한 어떤 것에 관한 것이든, 이 모든 환난 가운데에서 우리는 하느님께 피신해야 합니다. 우리가 겪는 환난이 무엇이든, 그리스도인이라면 우리 구원자 외에 다른 피신처가 있어서는 안 됩니다. 그분은 하느님이십니다. 우리가 그분께 피신할 때 우리는 강합니다. 어떤 그리스도인도 자신만으로는 강해질 수 없습니다. 우리의 피신처가 되시는 하느님만이 힘을 주십니다.

• 아우구스티누스『시편 상해』46,3.[5]

그분은 네 피신처가 되실 수 있다

그대가 시련과 눈물 가운데 하느님께 기도를 쏟아 놓고 있다면 안심하십시오. 하느님께서 그대의 피신처가 되시고 힘이 되어 주시기 때문입니다.

• 소 아르노비우스『시편 주해』46.[6]

46,3 우리는 두려워하지 않네

우리 마음에 계신 그리스도

그리스도께서는 믿음을 통하여 우리 각자의 마음 안에 사십니다. … 우리가 신앙을 잊어버린다면 우리의 마음은 풍랑이 이는 세상 속에서 난파하여 이리저리 떠밀려 다니는 배와 같아집니다. 그리스도께서 잠들어 계신 것처럼 보이기 때문입니다. 그러나 그분이 깨어나시면 고요해집니다.

• 아우구스티누스『시편 상해』46,5.[7]

하느님께는 모든 것이 쉽다

하느님께서는 당신이 원하실 때 모든 것을 흔들고 뒤집어엎으시며, 움직이십니다. 그분께는 모든 것이 쉽고 아무런 문제가 되지 않습니다. … 알다시피 그분의 힘은 너무나 위대하여 단순한 고갯짓만으로도 모든 것이 이루어집니다. 우리가 이런 주님을 모시고 있는데 어떻게 두려워할 수 있겠습니까?

• 요한 크리소스토무스『시편 해설』46,1.[8]

---

[2] FC 46,299-300*.
[3] *CCOP* 1,291-92.
[4] *WSA* 3,16,311.
[5] *WSA* 3,16,311.
[6] CCL 25,65.
[7] *WSA* 3,16,314.
[8] *CCOP* 1,292.

46,5 하느님의 도성에 있는 강

하느님의 섭리인 강

강이 수많은 지류들로 갈라져 주변 땅을 적시는 것처럼 하느님의 섭리는 사방으로 흐르고 방대하게 퍼져 나가며 서둘러 나아가 온 사방을 덮습니다.

• 요한 크리소스토무스 『시편 해설』 46,1.[9]

성령의 강

산들이 흔들리고 바다가 사납게 날뜁니다. 그러나 하느님께서는 이 힘찬 강물을 통하여 당신의 도성에 충실히 머무십니다. 이 강은 무엇이며, 이 강이 흘러가게 하는 힘은 무엇입니까? 그것은 성령의 넘쳐흐름입니다. … 예수님께서 부활과 승천으로 영광스럽게 되신 뒤 오순절에 성령께서 내려오시어 신자들을 충만하게 하셨습니다. 그들은 신령한 언어로 말하고 이방인들에게 복음을 선포하기 시작하였습니다. 하느님의 도성에는 기쁨이 넘쳐흘렀습니다. 하지만 바다는 요란한 소리를 내며 굽이치고 산들이 흔들렸습니다. 사람들은 어떻게 해야 하는지 서로 묻고, 이 새로운 가르침을 어떻게 없앨 것인지, 지상에서 그리스도인들을 뿌리 뽑으려면 어떻게 해야 하는지 서로 논의하였습니다. 그런데 이 모든 소동은 누구를 향한 것입니까? 하느님의 도성에 기쁨을 주는 그 강의 저항할 수 없는 힘을 거스르려는 것입니다.

• 아우구스티누스 『시편 상해』 46,8.[10]

거룩한 법에 따라 다스려지다

어떤 이들은 이 구절에 언급된 "도성"이 율법에 따라 다스려지는 기존의 공동체라고 규정합니다. 그런데 이 도성에 대한 전통적인 정의는 천상의 도시, 곧 저 위에 있는 예루살렘과 일치합니다. 왜냐하면 "하늘에 등록된 맏아들들의 모임"(히브 12,23)이 있기 때문입니다. 이 공동체는 성도들의 변하지 않는 삶의 방식 때문에 설립된 것으로, 거룩한 법에 따라 다스려집니다. 그러므로 인간으로서는 이 도성의 배치나 세부 장식에 대해 알 길이 없습니다. 그것은 "어떠한 눈도 본 적이 없고 어떠한 귀도 들은 적이 없으며 사람의 마음에도 떠오른 적이 없는 것들을 하느님께서는 당신을 사랑하는 이들을 위하여 마련해 두셨다"(1코린 2,9)고 쓰여 있기 때문입니다. 거기에는 무수한 천사들이 있고, 성도들의 모임이 있으며, 하늘에 등록된 맏아들들의 교회가 있습니다. 이에 관하여 다윗은 이렇게 말하였습니다. "하느님의 도성아, 너를 두고 영광스러운 일들이 일컬어지는구나"(시편 87,3). 하느님께서는 이사야 예언자를 통하여 이 도성에게 이런 약속을 하셨습니다. "내가 너를 영원한 영예로, 대대의 기쁨으로 만들리라. 그리고 다시는 너의 땅 안에서 폭력이라는 말이, 너의 영토 안에서 파멸과 파괴라는 말이 들리지 않으리라. 그리고 구원이 너의 성벽이 되리라"(이사 60,15.18). 그러므로 영혼의 눈을 들어 올려 하느님의 도성에 속한 것들을 추구하십시오. 그것들을 추구하되, 위에 있는 것들에 합당한 방식으로 그렇게 하십시오.

• 대 바실리우스 『시편 강해』 18,4(시편 제46편).[11]

성령의 선물들

"하느님의 도성", 곧 교회는 이성적 영입니다. 그 도성에 흐르는 강줄기들은 성령의 선물들입니다.

• 폰투스의 에바그리우스 『시편 발췌 주해』 45[46],5.[12]

---

[9] *CCOP* 1,293.
[10] *WSA* 3,16,316.
[11] FC 46,302-3*.
[12] PG 12,1433.

풍성한 결실

시편 저자가 "강"이라고 한 것은 복음 선포를 가리키며, "도성"은 하느님을 두려워하는 백성의 삶의 방식을 말합니다. 강물은 이 백성을 적셔 풍성한 결실을 맺게 합니다.

• 키루스의 테오도레투스 『시편 주해』 46,5.[13]

46,6 하느님께서 그 안에 계시다

도성 전체를 지켜 주시다

하느님은 도성의 어느 한 부분에만 계시고 다른 곳은 상관하지 않으시는 것이 아닙니다. 그분은 도성 "안에" 계시면서 도성 전체를 에워싸시고 도성의 모든 부분을 똑같이 적으로부터 지켜 주십니다.

• 몹수에스티아의 테오도루스 『시편 해설』 46,6A.[14]

모든 영역에서 도움을 주시다

지극히 높으신 하느님은 장소에 국한되지 않으시며 말로 표현될 수 없는 분이십니다. 그분이 친히 우리의 도성을 당신의 거처라 부르시며, 우리 도성의 모든 영역을 지탱하여 주십니다. 이것이 바로 "하느님께서 그 안에 계시다"라는 말의 의미입니다. 이는 하느님께서 다른 곳에서 말씀하신 대로입니다. "보라, 내가 너희와 함께 있겠다"(마태 28,20). 하느님은 이 도성을 전적으로 도와주십니다. 그래서 이 도성은 어떤 해도 입지 않을뿐더러 흔들리지도 않습니다. 그 이유는 이 도성이 가장 신속한 도움, 언제든 준비가 되어 있는 도움을 받고 있기 때문입니다. 이것이 바로 "동틀 녘"이라는 말의 의미입니다. 지체되는 일 없이 적절한 때에 늘 새롭고 풍성한 도움이 주어집니다.

• 요한 크리소스토무스 『시편 해설』 46,2.[15]

어두울 때에

이 히브리인 시인은 하느님께서 "동틀 녘"에 그 도성을 도와주실 것이라고 말합니다. 곧, 죄인들의 그림자가 강물을 건너갈 때 빛이신 하느님께서는 도성의 한가운데에 빛을 비추기 시작하시며, '주님은 우리의 힘, 우리의 도움, 야곱의 하느님'이시라고 고백하는 영을 도와주십니다.

• 소 아르노비우스 『시편 주해』 46.[16]

영원한 빛의 비추임을 받아

하느님께서는 도성 한가운데 계시기에 동틀 녘에 도성에 필요한 도움을 주시고, … 천지사방에서 땅의 끝까지 당신 섭리의 빛살을 골고루 보내 주심으로써 그 도성에 안정성을 주실 것입니다. 하느님께서는 당신의 정의를 유지하시면서 모든 이에게 선을 골고루 나누어 주십니다. … 우리가 지각할 수 있는 저 태양은 우리의 맞은편 지평선 위로 떠오를 때 우리에게 아침을 선사합니다. 그리고 "의로움의 태양"(말라 3,20)은 그것을 받아들이는 이 안에 영적인 빛을 떠오르게 하여 낮을 만드심으로써 우리 영혼 안에 이른 아침을 선사합니다. '밤에'라는 말은 우리가 무지의 때에 있음을 의미합니다. 그러므로 우리의 정신을 활짝 열어젖혀 '하느님의 영광의 밝음'을 받아들이고, 영원한 빛의 비추임을 받아 우리도 환하게 빛을 냅시다. "하느님께서 동틀 녘에 도성을 도와주시리라." … 무지와 사악함에서 나오는 어둠이 파괴되고 이른 아침이 다가오면 그들 위에 영적인 빛이 떠오를 것입니다. 그때 세상에서 길을 걷는 이들이 비틀거리지 않도록 빛이 세상에 들어왔습니다. 그분의 도움으로 새벽이 올 수

---

[13] FC 101,270.

[14] WGRW 5,609.

[15] *CCOP* 1,293*.

[16] CCL 25,65.

있는 것입니다. … 그분은 삼 일째 되는 날, 부활의 꼭두새벽에 죽음을 통해 승리를 거두셨습니다.

• 대 바실리우스 『시편 강해』 18,5(시편 제46편).[17]

그리스도의 부활로

주님은 새벽에 부활하심으로써 천상적인 놀라운 도움을 우리에게 베풀어 주셨습니다. 그분의 부활로 밤은 쫓겨났고, 대낮의 빛이 우리 위에 쏟아졌습니다. "잠자는 사람아, 깨어나라. 죽은 이들 가운데에서 일어나라. 그리스도께서 너를 비추어 주시리라"(에페 5,14)라는 성경 말씀대로입니다. … 여기에서 한 가지 신비를 생각해 보십시오. 그리스도께서는 저녁에 수난을 당하셨습니다. 옛 율법에 따르면 저녁 해거름에 어린 양을 잡습니다(신명 16,6 참조). … 주님은 이 세상의 저녁에, 빛이 사라졌을 때 죽임을 당하셨습니다(마태 27,45 참조). 그리스도께서 하늘에서 우리에게 내려오시지 않으셨다면 온 세상은 더욱 짙고 훨씬 두려운 어둠에 뒤덮여 있었을 것입니다. 영원한 빛이신 그분께서 인류를 순결한 상태로 회복시키시기 위하여 하늘에서 우리에게 내려오셨습니다. 주 예수님은 수난을 겪으셨고, 당신의 피로 우리의 죄를 용서해 주셨습니다. 깨끗한 양심의 빛이 비치고, 영적 은총의 낮이 밝아오기 시작했습니다.

• 암브로시우스 『열두 시편 해설』 46,14.[18]

46,7 나라들이 동요한다

죄의 왕국

죄는 가혹한 왕국으로 모든 죄인의 영혼에 무거운 종살이를 요구합니다. "죄를 짓는 자는 누구나 죄의 종"(요한 8,34)이라 하였습니다. 죄의 왕국은 죽음의 나라이며, 오랫동안 온 세상을 지배했습니다. … 진리가 오자 죄의 권세는 끝이 났고, 생명이 오자 죽음의 나라는 사라졌습니다. 죄의 용서가 오자 죄의 사슬은 풀렸습니다. … 우상에게 바쳐지는 제사와 죄의 유혹은 복음 선포와 가르침으로 줄어들기 시작하였습니다. 배신이 머리를 숙였고, 믿음이 민족들의 마음을 지배하기 시작하였습니다.

• 암브로시우스 『열두 시편 해설』 46,16.[19]

46,8 야곱의 하느님

피조물이 아니시다

우리가 믿는 것은 어떤 인간도, 어떤 세력가도, 어떤 천사도, 지상이나 천상의 어떤 피조물도 아닙니다. "만군의 주님께서 우리와 함께 계시며, 야곱의 하느님께서 우리의 도움이십니다." 그분은 우리에게 천사들을 보내셨고, 천사들 다음에는 당신께서 몸소 오셨습니다. 그분은 천사들의 시중을 받기 위해 오셨고, 죽을 존재인 우리를 천사와 같은 존재로 만드시기 위해 오셨습니다. 이것은 어마어마한 은총이었습니다. 하느님께서 우리와 함께 계신데 누가 우리에게 맞설 수 있겠습니까? … 그러니 안심합시다. 그리고 차분한 마음으로 주님의 빵을 먹으며 선한 양심을 키워 나갑시다.

• 아우구스티누스 『시편 상해』 46,11.[20]

하느님이 보호자이시다

시편 저자는 우리의 보호자는 어떤 다른 신이 아니고 예언자들을 통하여 우리에게 알려진 하느님 바로 그분이시라고 말합니다. [그분은] 당신의 종에게 신탁을 통해 다음과 같이 말씀하셨

---

[17] FC 46,303-04*.
[18] *ACTP* 265.
[19] *ACTP* 266.
[20] *WSA* 3,16,319.

던 야곱의 하느님이십니다. “나는 아브라함의 하느님, 이사악의 하느님, 야곱의 하느님이다” (탈출 3,6).

• 대 바실리우스 『시편 강해』 18,6(시편 제46편).[21]

46,9 보아라, 주님의 업적을

먼저, 가까이 다가와라

… 눈에 보이는 대상과의 거리가 멀면 그 대상에 대한 시각적인 인식은 흐려지고, 가까이 다가가면 그 대상에 대한 분명한 지식을 갖게 됩니다. 이는 우리가 정신을 통해 바라보는 대상들의 경우도 마찬가지입니다. 하느님께 가까이 다가가지 않는 사람은 정신의 순수한 눈으로 그분의 업적을 볼 수 없습니다. 따라서, 먼저 다가가야 합니다. “와서 보아라, 주님의 업적을.” 주님의 업적은 놀랍고 감탄할 만합니다. … 주님의 부르심을 받고 가까이 다가가서 그 명령하신 분께 결합된 이는, 십자가를 통하여 “땅에 있는 것이든 하늘에 있는 것이든” 만물을 화해시키시는 분(콜로 1,20)을 보게 될 것입니다.

• 대 바실리우스 『시편 강해』 18,7(시편 제46편).[22]

주님의 기적들

약자가 강자를, 소수가 다수를, 무력한 자가 유력한 자를 이겼습니다. 예상치도 못했던 결과가 나타났습니다. 모든 사람을 깜짝 놀라게 한 일, 세상 곳곳으로 퍼져 나간 일을 시편 저자가 “기적”이라고 부른 것은 타당합니다.

• 요한 크리소스토무스 『시편 해설』 46,2.[23]

46,10 전쟁을 그치게 하시다

주권자이신 주님

하느님은 원하신다면 언제든지 모든 원수를 파멸시키시고, 당신께서 원하시는 만큼 세상에 평화를 가져다주시는 분이십니다. … 그분은 원하신다면 언제든지 원수들이 사용하는 바로 그 무기들로 원수를 제거하시는 하느님이십니다.

• 타르수스의 디오도루스 『시편 주해』 46.[24]

마음의 무기

저자는 여기서 가장 나쁜 습관과 사악한 생각을 “활”과 “무기”, “방패”라는 말로 나타냅니다.

• 폰투스의 에바그리우스 『시편 발췌 주해』 45[46],10.[25]

새로운 무장

사실 우리에게는 아무것도 없습니다. 우리 자신을 들여다보아도 도움을 얻을 데라고는 없으며, 가지고 있던 무기들도 모두 부서지고 말았습니다. 이것을 깨닫게 되면, 그때 그 사람의 내면에서 일어났던 전쟁은 조용해집니다. … 하느님께서 이런 우리의 처지에 대한 설명을 받아들이셨다면, 그분께서 우리를 이런 무장해제된 상태로 내버려 두실까요? 절대로 아닙니다. 그분은 다른 종류의 무기로 우리를 무장시켜 주십니다. 진리와 절제, 구원과 희망, 믿음과 애덕과 같은 복음의 무기로 무장시켜 주십니다. 우리는 이 무기들을 사용하게 될 것입니다. 하지만 이 무기는 우리 자신에게서 나온 것이 아닙니다. 우리가 성령의 불로 타오르게 되면 우리가 가졌던 무기, 곧 우리 자신에게서 나왔던 무기는 불에 타 버릴 것입니다. 이에 대하여 시편은 이렇게 선언합니다. “그분은 방패를 불에 살라 버리시네.” 여러분은 여러분의 힘으로 강해지기를 열망하였지만 하느님께서는 여러분이 당신의 힘으로 강해

[21] FC 46,305.
[22] FC 46,306.
[23] *CCOP* 1,295.
[24] WGRW 9,149*.
[25] PG 12,1436.

질 수 있도록 여러분을 약하게 하셨습니다. 여러분 자신의 것이라고는 약함 말고는 아무것도 없기 때문입니다.

• 아우구스티누스 『시편 상해』 46,13.[26]

46,11 하느님께서 세상 위에 드높이 계신다

그분만이 하느님이시다

"보라, 너는 하느님이 아니고 내가 하느님이다. 내가 너를 창조하였고, 재창조하였다. 내가 너를 꼴 지었고, 이제 다시 꼴 지어 준다. 내가 너를 만들었고, 다시 만든다. 너는 너 자신을 만들 힘이 없었는데 어떻게 너 자신을 다시 만들겠다는 생각을 할 수 있느냐?"

• 아우구스티누스 『시편 상해』 46,14.[27]

순수한 정신의 고요

차분하고 정화된 정신 상태에 이르지 않고서는 결코 그분을 알 수 없습니다.

• 오리게네스 『요한 복음 주해』 19,17.[28]

영원히 알게 되다

이 세대의 수고와 시련이 끝나 우리의 빚, [곧] 우리의 잘못을 용서받게 될 때, 선택된 모든 이는 하느님의 모습을 바라보는 것만으로도 영원히 기뻐하게 될 것입니다. 그리고 우리 구원자이신 주님께서 가장 간절히 바라셨던 명령이 실현될 것입니다. "너희는 멈추고 내가 하느님임을 알아라."

• 존자 베다 『복음서 강해』 2,17.[29]

46,12 산성이신 주님

하느님은 이런 분이시다

하느님은 이런 분이십니다. 어디에서나 전능하시고, 어디에서나 드높으신 분. 하느님은 언제나 우리와 함께 계시는 분이십니다. 우리에게는 무적의 주님이 계시니 두려워하지도 동요하지도 마십시오. 비교 대상이 없으신 성부와 생기를 주시는 성령과 함께, 이제와 영원히, 세세 대대에, 주님께 모든 영예와 영광을 드림이 마땅합니다.

• 요한 크리소스토무스 『시편 해설』 46,3.[30]

이스라엘을 위한 미래

이제 영광스럽게 되신 그분은 유대 백성을 버리실까요? 사도는 유대인들에 대하여 이렇게 말하였습니다. "나는 여러분이 이 신비를 알아 스스로 슬기롭다고 여기는 일이 없기를 바랍니다. 그 신비는 이렇습니다. 이스라엘의 일부가 마음이 완고해진 상태는 다른 민족들의 수가 다 찰 때까지 이어집니다"(로마 11,25). "다른 민족들의 수가 다 찰 때까지", 산들이 우리를 지나갔고, 구름은 비를 내렸으며, 주님께서는 당신의 천둥으로 우리의 왕국들을 꺾으셨습니다. 그다음에는 어떻게 됩니까? "그다음에는 온 이스라엘이 구원을 받게 될 것입니다"(로마 11,26). 그래서 이 시편에서도 같은 순서가 유지됩니다. "나는 민족들 위에 드높이 있노라." 그다음에, "세상 위에 드높이 있노라"는 말씀이 이어집니다. 먼저 바다에서, 그다음에는 땅에서 하느님께서 드높이 계십니다. 그래서 우리 모두가 함께 다음 후렴을 노래할 수 있습니다. "만군의 주님께서 우리와 함께 계시며, 야곱의 하느님께서 우리의 도움이시네."

• 아우구스티누스 『시편 상해』 46,15.[31]

[26] *WSA* 3,16,321-22.
[27] *WSA* 3,16,322*.
[28] FC 89,170.
[29] CS 111,174.
[30] *CCOP* 1,296.
[31] *WSA* 3,16,323.

47,1-10 하느님은 존귀하시다

시편 제47편은 구원자의 승천과 …
이방인들을 부르심에 대해 알려 줍니다.
아타나시우스 『시편 해석에 관해 마르켈리누스에게 보낸 편지』 26,8 [OIP 72,60]**

1 [지휘자에게. 코라의 자손들. 시편]
2 모든 민족들아, 손뼉을 쳐라.
기뻐 소리치며 하느님께 환호하여라.
3 주님은 지극히 높으신 분이시고
경외로우신 분,
온 세상의 위대하신 임금이시다.
4 민족들을 우리 밑에,
겨레들을 우리 발아래 굴복시키셨네.
5 우리에게 골라 주셨네, 우리 상속의 땅을
당신께서 사랑하시는 야곱의 자랑을. 셀라
6 하느님께서 환호 소리와 함께 오르신다.
주님께서 나팔 소리와 함께 오르신다.
7 노래하여라, 하느님께 노래하여라.
노래하여라, 우리 임금님께 노래하여라.
8 하느님께서 온 누리의 임금이시니
찬미가①를 불러라.
9 하느님께서 민족들을 다스리신다.
하느님께서 당신의 거룩한 어좌에
앉으신다.
10 뭇 민족의 귀족들이
아브라함의 하느님 백성이 되어 모여 온다.
세상의 방패들이 하느님의 것이니
그분께서는 지극히 존귀하시어라.

① 히브리어 본문의 단어는 '마스킬'(지혜, 이해력)이다.

둘러보기

시편 제47편은 승리의 찬가라고 할 수 있다(테오도레투스). 그리스도께서는 악마와 달리 민족들로부터 즐거운 환대를 받으신다(소 아르노비우스). 이는 구원된 이들의 기쁨 때문이다(요한 크리소스토무스). 주님은 십자가로 낮아지셨지만 여전히 존귀하시다(요한 크리소스토무스). 그분은 어느 누구와도 같지 않으시다(요한 크리소스토무스, 디오도루스). 주님은 육화하심으로써 세상의 민족들이 당신의 뜻에 굴복하게 만드셨다(소 아르노비우스). 주님은 또한 당신의 사도들이 온 세상에 전파한 복음을 통하여 민족들을 굴복시키셨다(요한 크리소스토무스). 주님은 유대인들 가운데에서 믿는 이들을 불러 모으셨고(요한 크리소스토무스, 테오도레투스), 이방인들 가운데서도 믿는 이들을 부르셨다. 그러니 주님께서 내 영혼도 소유하시게 하자(오리게네스). 주님은 기쁘게 하늘에 오르셨다(베다). 한때 조롱을 당하셨던 분께서 이제는 모든 이의 찬양을 받으신다(아우구스티누스). 그러니 우리도 우리의 이해력을 통하여 올라가고(에바그리우스), 이해력을 가지고 노래하자(아우구스티누스, 카이사리우스, 니케타스). 사람들이 온 누리의 임금이라고 고백하는 분께 노래하자(디오도루스). 그리스도께서는 우리의 정신(에바그리우스)과 마음을 당신의 어좌로 삼으신다(아우구스티누스). 그 분은 뭇 민족(테오도레투스)의 모든 계층의 사람들을 다스리신다(요한 크리소스토무스).

47,1 표제: 지휘자에게. 코라의 자손들의 시편

승리의 찬가

이 시편은 모든 민족들의 구원을 예고하며, 원수들에 대한 승리를 예언합니다. 이 시편은 또 찬미가를 부르라고 모든 민족들에게 촉구하는 사도들의 무리에 대해서도 슬며시 알려 줍니다. 손뼉을 치는 행위는 승리를 나타내는 전형적 동작이고, 환호는 승리자들이 내는 소리입니다. 그런즉 이 시편이 뜻하는 바는 바로 앞의 시편과 일치합니다. 바로 앞의 시편이 혼란과 소요 후에 다가올 승리를 예고하는 것이라면, 이 시편은 승리한 이들에게 그 승리를 주신 분께 찬미가를 드리라고 권고합니다. 시편 저자는 '주님께서 여러분 모두에게 지극히 높으시고 경외로우신 임금으로 나타나셨다'고 말합니다. 주님의 이 모습은 과거에는 유대인들에게만 알려졌었지만 이제는 온 인류에게 분명하게 드러났습니다.

• 키루스의 테오도레투스『시편 주해』47,1.[1]

47,2 손뼉을 쳐라

기쁨에 찬 연회

"땅과 바다는 불행하다. 악마가 너희에게 내려갔기 때문이다"(묵시 12,12). 하늘에서 이런 소리가 들려왔을 때에 뭇 민족들이 악마가 온다는 소식에 통곡하였다면, 예수님께서 오신다는 소식에는 모두 기뻐합니다. "모든 민족들아, 손뼉을 쳐라."

• 소 아르노비우스『시편 주해』47.[2]

구속된 이들의 기쁨

전에 여러분의 손은 더럽혀졌고, 저주받았습니다. 여러분의 손은 자녀들을 살라 바치는 부정한 제사로 인하여 매일 피로 물들었었습니다. 여러분은 그 손으로 수치스러운 의식들을 거행하고, 본성의 한계를 넘어갔었습니다. 그런데 이제 그 손으로 손뼉을 칩니다. "기뻐 소리치며 하느님께 환호하여라." 저주받은 것들을 맛보았으며, 하느님을 저주하는 말을 내뱉었던 바로 그 혀로 여러분은 승리의 찬가를 외쳐 부르십시오. … 당신은 하늘 위로, 하늘 위의 하늘로 오르셨으며, 당신의 어좌에 앉으셨습니다. 그러니 "하느님께 환호하여라". 곧, 하느님께 감사를 드리고, 그분께 승리를 바치십시오. 승리의 기념물을 드리십시오. 이 싸움은 인간적인 싸움도, 육체적인 싸움도 아니며, 세상의 것을 두고 경쟁하는 것도 아닙니다. 이 싸움은 하늘과 하늘에 있는 것들을 두고 싸우는 싸움입니다. 이 전쟁을 앞장서 이끄시는 분은 주님이시며, 주님께서 승리의 한몫을 우리에게 나누어 주셨습니다.

• 요한 크리소스토무스『시편 해설』47,1-2.[3]

47,3 위대하신 임금이신 주님

낮아지셨을 때에도 존귀하시다

여러분의 주님께서 꿰찔리는 형벌, 곧 십자가형을 받으셨고, 무덤에 묻히셨으며, 지하세계로 내려가셨다는 이야기를 들을 때 낙담하거나 당혹스러워하지 마십시오. 그분은 지극히 높으신 분이시며, 본성적으로 지극히 높으신 분이십니다. 본성적으로 지극히 높은 것은 결코 바뀔 수 없으므로 더 높아질 수도 더 낮아질 수도 없습니

[1] FC 101,273**. [2] CCL 25,66.
[3] *CCOP* 1,300-1*.

다. 그래서 그분이 비천함을 입으셨다 하더라도 그분의 존귀함은 그대로 남아 있고, 나타납니다. 그분은 돌아가실 때조차도 무엇보다 죽음에 대한 당신의 지배권을 드러내셨습니다. 성경은 이렇게 말합니다. "그 빛이 어둠 속에서 비치고 있지만 어둠은 그를 이기지 못하였다"(요한 1,5). 그분의 존귀함은 비천함 가운데에서도 이런 식으로 드러났습니다. … 그때에 해는 어두워지고, 바위들이 갈라졌으며, 성전 휘장이 찢어지고 땅이 뒤흔들렸습니다. 유다는 숨을 거두고, 빌라도와 그의 아내는 두려워하였으며, 그 재판관은 수세에 몰렸습니다. 그러니 주님께서 결박되어 매질을 당하셨다는 이야기를 듣더라도 동요하지 마십시오. 오히려 결박된 순간에도 당신 권능의 증거를 보여 주시는 주님을 바라보십시오. 그분은 "누구를 찾느냐?"(요한 18,4) 하고 말씀하심으로써 그들을 뒤로 나자빠지게 만드셨습니다. 주님은 목소리와 고갯짓만으로 이토록 놀라운 일을 하시는 분이십니다. 주님이 얼마나 두려운 분이신지 알겠습니까?

• 요한 크리소스토무스『시편 해설』47,2.[4]

어느 누구와도 같지 않다

이분은 참으로 위대한 임금이시며, 세상에서 오류를 없애시는 분이십니다. 단기간에 진리를 확립하시고, 악마의 독재를 제거하시는 분이십니다. 이분은 당신의 백성들이 있기 이전에도 억압이나 허영, 또는 특정한 상황으로 인하여 임금이 되신 분이 아니라 본디 통치권을 지니신 위대한 임금이십니다. … 이분은 임금으로서의 위엄을 자기 바깥에서 얻지 않았으며, 자신의 왕권을 위해 누군가에게 의지하지도 않았고, 원하는 것은 무엇이든 하시는 위대한 임금이십니다. … 그분은 당신의 백성을 선택하실 때 그들 스스로 승복하도록 설득하셨습니다. 그래서 그들은 명령받은 바를 무시하지 않고 스스로 그분 앞에 굴복하였습니다. 보통 임금은 백성들로부터 존경받는 것을 즐깁니다. 그러나 그분은 반대로 당신의 백성을 존중하십니다. 앞의 임금이 이름뿐인 임금이라면 이분은 진짜 임금이십니다. 위대한 임금은 온 세상을 천국으로 만드시는 분이며, 야만인들이 건전한 가치를 갖게 만들고, 천사를 본받도록 그들을 설득하시는 분입니다.

• 요한 크리소스토무스『시편 해설』47,3.[5]

모든 이의 주님

주님께서는 사건들을 통해서도 당신을 드러내십니다. 주님께서는 경건한 이를 괴롭히는 이들을 물리치십니다. 주님께서는 이런 사건들을 통하여 드러나시며, 당신께서 그들의 책략보다 뛰어나시며, 원수들이 두려워해야 할 분이심을 입증하십니다. 간단히 말해서, 주님은 지상에 있는 어떤 임금과도 같지 않으신 분이십니다. 그분은 만민의 주님이시기도 하기 때문입니다.

• 타루수스의 디오도루스『시편 주해』47.[6]

47,4 민족들과 겨레들을 굴복시키시다

육화를 통하여

주님은 언제 "겨레들을 우리 발아래 굴복"시키셨습니까? 우리를 위하여 성령께서 선택하신 마리아에게서 당신의 "상속의 땅을" 선택하셨을 때입니다. 그다음에, 그분은 "환호 소리"와 "나팔 소리와 함께" 하늘로 올라가셨습니다. … 하늘 높은 데서는 하느님께 영광. 천사들이 목자들에게 말합니다. "보라, 주님께서 온 세상을 다스

[4] *CCOP* 1,301.
[5] *CCOP* 1,303*.
[6] WGRW 9,150.

리신다. 주님께서 당신의 거룩한 어좌에 앉으신다."

• 소 아르노비우스『시편 주해』47.[7]

주님은 사도들을 통하여 일하셨다

얼마나 놀라운 일입니까! 주님은 당신을 십자가형에 처한 이들을 설득하여 그들이 무릎을 꿇고 당신을 경배하게 하셨습니다. 당신을 조롱하고 모독한 이들, 우상 숭배에 빠진 이들을 가르치시어 그들이 자신의 영혼을 당신의 뜻에 굴복하게 하셨습니다. 알다시피 이런 변화는 사도들의 힘으로 된 것이 아니라 주님께서 하신 것입니다. 주님께서는 사도들의 앞장을 서서 길을 인도해 주셨고, 그들의 영을 움직이셨습니다. 모든 장애물을 없앤 그분의 말씀이 없었다면 어부나 집 짓는 자가 도대체 어떻게 세상을 그토록 바꾸어 놓을 수 있단 말입니까? 사도들은 마법사들과 독재자들, 선동정치가들과 철학자들이 먼지 알갱이처럼 꽁무니를 빼고 달아나게 하였으며, 연기처럼 흩어지게 하였습니다. 그들은 이렇게 진리의 빛을 퍼뜨렸습니다. 무기나 재력을 사용하지 않고 단순히 말로 그렇게 하였습니다. 사실 말은 단순하지 않았고, 어떤 행동보다 더 강력하였습니다. 어째서 그렇습니까? 그들은 십자가에 못 박히신 분의 이름을 불렀습니다. 그러자 죽음이 몰래 달아났고, 마귀들은 도망쳤으며, 병은 치유되었고, 일그러진 몸이 바르게 되었으며, 허약함은 사라지고, 위험은 흩어졌으며, 자연계의 요소들이 변화되었습니다. … 그들을 앞서서 장애물을 없애 주신 분은 주님이셨습니다. 그분께서 직접 문제들을 제거해 주셨고, 일이 쉽게 이루어지게 해 주셨습니다. 모든 것이 다툼과 덫, 위험으로 둘러싸였고, 든든하게 서 있을 수 있는 발판도, 자리도 없었습니다. 모든 항구가 폐쇄되었고, 집들은 문을 닫아걸었고, 모든 귀는 듣기를 멈추었습니다. 그런데도 사도들이 들어가 말하자마자 원수들의 모든 요새는 무너졌습니다. 그 결과 사도들은 그들의 영혼을 굴복시켰고, 그들이 들었던 말씀들 덕분에 헤아릴 수 없는 위험을 견디어 내었습니다.

• 요한 크리소스토무스『시편 해설』47,3-4.[8]

47,5 상속의 땅을 골라 주시다

믿는 유대인들

어떤 이들은 당황하여 확신이 없는 가운데 이렇게 말합니다. "유대인들이 오늘날에도 믿지 않는 것은 어찌 된 일입니까?" … 다음 시편 구절의 말씀을 들어 봅시다. 시편 저자는 이렇게 말합니다. "그분께서 사랑하시는 야곱의 아름다움." 나는 시편 저자가 여기에서 믿는 이들을 말하고 있다고 생각합니다. 바오로 사도도 이렇게 말하였습니다. "그렇다고 하느님의 말씀이 헛일로 돌아갔다는 것은 아닙니다. 사실 이스라엘 자손이라고 다 이스라엘 백성이 아닙니다. … 육의 자녀가 곧 하느님의 자녀가 되는 것이 아니고, 약속의 자녀라야 그분의 후손으로 여겨집니다" (로마 9,6-8; 참조: 창세 21,12). 그러므로 백성의 아름다움이란 곧 믿는 이들의 아름다움을 말한 것이라고 보는 것이 타당합니다. 아무튼 믿음을 갖게 된 이들보다 더 아름다운 것이 무엇이 있겠습니까?

• 요한 크리소스토무스『시편 해설』47,5.[9]

야곱의 아름다움

하느님께서는 임금들이 우리에게 굴복하게

[7] CCL 25,66.
[8] *CCOP* 1,303-5.
[9] *CCOP* 1,305.

하시고, 우리가 모든 민족들을 지배하게 하셨습니다. 이에 덧붙여 하느님께서는 우리에게 야곱의 아름다움과 뛰어남을 맡겨 주셨습니다. 야곱의 후손인 모든 유대인들을 맡기신 것이 아니라 "야곱의 아름다움", 곧 야곱의 뛰어난 자들, 믿음으로 장식된 이들, 지체없이 주님의 말씀을 받아들인 이들, 구원자의 달콤한 멍에에 굴복한 이들을 맡겨 주셨습니다. 알다시피 하느님께서는 그들을 "선택하셨고" "사랑하셨으며" 그들에게 사도의 권한을 맡기셨습니다.

• 키루스의 테오도레투스 『시편 주해』 47,2.[10]

나의 영혼

만약 아브라함의 후손, "그리스도이신 분"(갈라 3,16)께서 "원수들의 성읍들을 상속 재산으로"(창세 22,17) 차지하셨다 하더라도 내 도성은 차지하지 않으신다면 그것이 나에게 무슨 이익이 되겠습니까? 나의 도성, 곧 나의 영혼이 "위대하신 임금님의 도성"(마태 5,35)인데, 만약 이 도성에서 그분의 법과 규정이 지켜지지 않는다면? 그분께서 온 세상을 굴복시키시고 원수들의 도성을 차지하셨다 하더라도 그분께서 내 안에 있는 당신의 원수들을 정복하지 않으셨다면, "내 이성의 법과 대결하고, 나를 죄의 법에 사로잡히게 하는 내 지체 안에 있는 다른 법"(로마 7,23)을 파괴하지 않으셨다면, 그것이 나에게 무슨 이익이 되겠습니까? 그러므로 그리스도께서 각 사람의 영혼과 육체 안에 있는 원수들을 정복하시고, 그들을 굴복시키며, 승리하셔서 각 사람의 영혼의 도성을 차지하실 수 있도록 각자 필요한 일을 하도록 합시다.

• 오리게네스 『창세기 강해』 9,3.[11]

47,6 하느님께서 오르신다

기쁨으로 가득 찬 승천

주님은 "환호 소리와 함께" 하늘에 오르셨습니다. 제자들이 주님께서 영광 속에 들어 올려지심을 기뻐하는 가운데 하늘에 가셨기 때문입니다. 그분은 "나팔 소리와 함께" 하늘에 오르셨습니다. 천사들이 산 이들과 죽은 이들을 심판하시기 위해 주님께서 다시 오실 것을 예고하는 가운데 천상 왕국의 어좌에 오르셨기 때문입니다.

• 존자 베다 『복음서 강해』 2,15.[12]

47,7 하느님께 노래하여라

한때 그들이 조롱하였던 분

하느님에게서 멀어진 이들은 그리스도께서 인간으로 계실 때 그분을 조롱하였습니다. 하지만 여러분은 "우리의 하느님께 찬미 노래" 드리십시오. 그분은 인간이실 뿐만 아니라 하느님이시기 때문입니다. 그분은 다윗의 후손에게서 나셨지만, 또한 다윗의 주님이십니다. 그분은 하느님이시기 때문입니다. 그분은 육으로는 유대인이셨습니다. 사도가 우리에게 상기시키는 바대로 "성조들은 그리스도에게 속하고, 그리스도께서도 육으로는 바로 그들에게서 태어나셨습니다"(로마 9,5). 따라서 그리스도께서는 참으로 유대인들에게서 나오셨습니다. 그러나 오직 육으로만 그러합니다. 유대인들에게서 육의 본성을 취하신 이 그리스도는 누구입니까? "그분은 만물 위에 계시는 하느님으로서 영원히 찬미받으실 분"(로마 9,5)이십니다. 그분은 육을 취하시기 전에 하느님이셨습니다. 그분은 육 안에 계신 하느님, 육과 더불어 계신 하느님이십니다. 그분

[10] FC 101,273.
[11] FC 71,156.
[12] CS 111,142.

은 육을 취하시기 전에 하느님이셨을 뿐만 아니라 땅이 생기기 전부터 하느님이셨습니다. 육은 바로 이 땅에서 만들어졌습니다. 그분은 땅보다 먼저 만들어진 하늘이 생기기 전부터 하느님이셨습니다. 그분은 첫째 날이 생기기 전부터 하느님이셨고, 모든 천사가 있기 전부터 하느님이셨습니다. 그리스도는 하느님이십니다. "한처음에 말씀이 계셨다. 말씀은 하느님과 함께 계셨는데 말씀은 하느님이셨다. 모든 것이 그분을 통하여 생겨났고 그분 없이 생겨난 것은 하나도 없기"(요한 1,1.3) 때문입니다. 그분을 통하여 만물이 생겨났고, 그분은 만물보다 앞서 존재하셨습니다. 그러니 "우리 하느님이신 분께 찬미가를 불러라. 그분께 찬미가를 불러라".

• 아우구스티누스 『시편 상해』 47,8.[13]

47,8 찬미가를 불러라

이해로써 올라가라

적절하고 알맞게, 기쁘게 기도하십시오. 조화롭게, 그리고 이해하며 시편을 바치도록 하십시오. 그러면 높은 곳으로 날아오르는 젊은 독수리처럼 될 것입니다.

• 폰투스의 에바그리우스 『기도론』 82.[14]

이해하며 노래하라

여러분은 이방인들이었지만 그리스도인이 되도록 부름 받았습니다. 인간의 손으로 만든 신들을 섬기는 이교인들은 그 신들에게 찬미가를 바치지만 그 내용을 이해하지 못한 채 그렇게 합니다. 만약 그들이 이해하며 찬미가를 부른다면 돌들을 섬기지는 않았을 것입니다. 이성을 부여받은 인간이 이성이 없는 돌에게 노래할 때 과연 그것이 이해하고서 노래하는 것이었을까요? 형제자매 여러분, 우리는 다릅니다. 우리는 우리가 섬기는 분을 눈으로 보지 못합니다. 하지만 예배에 관해서는 우리가 옳았습니다. 우리는 눈으로 하느님을 보지 못하지만 그분에 대한 훨씬 더 높은 개념을 가지고 있습니다.

• 아우구스티누스 『시편 상해』 47,9.[15]

사탄을 좌절시키기 위해 노래하라

교회에서 우리의 목소리를 드높여 노래하고 기도합시다. 그래서 우리의 적수인 사탄이 거룩한 소리에 멍해져서 떠나게 합시다. 악마는 행위로만이 아니라 생각이나 말을 통해, 침묵을 지키거나 쓸데없는 말을 늘어놓는 이들에게 몰래 숨어듭니다. 그러나 그들이 노래하거나 기도한다면 악마는 정신이나 목소리로 하느님을 찬미하는 데 몰두하는 그들을 속일 길이 없게 됩니다.

• 아를의 카이사리우스 『설교집』 80,2.[16]

일치하여 노래하라

우리는 지성을 다하여 노래해야 합니다. 영(우리의 목소리를 의미한다)으로뿐만 아니라 정신으로도 노래해야 합니다. 분심을 일으키는 말이나 본질에서 벗어난 생각들로 우리 노력의 결실을 잃지 않도록 우리가 노래하는 바에 대해 생각해야 합니다. 우리가 부르는 노랫소리와 가락은 종교적으로 적절한 것이어야 합니다. 통속적인 노래여서는 안 되며, 참된 그리스도교 정신이 드러나야 합니다. 극적인 것이 되어서도 안 되며 우리의 죄에 대해 슬퍼하도록 내면을 움직이는 것이어야 합니다. 물론, 불협화음 없이 모두 일치하여 노래해야 합니다. 다른 사람들이 빠른 속도로 노래할 때 한 사람이 특정한 음표를 지나치게 길

[13] *WSA* 3,16,330*.
[14] *GAC* 202.
[15] *WSA* 3,16,330-31.
[16] FC 31,367.

게 빼서도 안 되며, 다른 이들이 소리를 높일 때 혼자서 낮은 소리를 내는 일이 없어야 합니다. 각자는 성가대가 함께 내는 소리에 겸손하게 자기 몫의 기여를 할 수 있어야 합니다. 헛된 과시욕이나 사람의 인정을 받기 위해 어울리지 않게 다른 사람들보다 너무 크거나 느리게 노래해서는 안 됩니다. 전례는 처음부터 끝까지, 인간을 기쁘게 하려는 목적이 아니라 하느님의 면전에서 바치듯 이루어져야 합니다.

• 레메시아나의 니케타스 『시편 송독의 유익 또는 찬가의 유익』 13.[17]

만민의 임금이신 분

시편 저자는 앞에서 "임금"에 대해 이야기하였습니다. 여기에서 저자는 계속해서 우리의 임금뿐만 아니라 "온 누리의 임금"에 대해 이야기합니다. 민족들이 세상의 어떤 지역에서 나왔든지 자신이 원하는 대로 어떤 민족은 정복당하게 하고 어떤 민족은 정복하도록 결정을 내리시는 분을 어떻게 "온 누리의 임금"으로 고백하지 않을 수 있겠습니까? "이해하며 노래하라"는 구절은 이미 이루어진 일을 인식하고 그 업적을 기억하며 노래하라는 뜻입니다.

• 타르수스의 디오도루스 『시편 주해』 47.[18]

47,9 하느님께서 당신의 거룩한 어좌에 앉으신다

그리스도의 어좌

하느님의 어좌는 그리스도이십니다. 그리스도의 어좌는 이성적 본성입니다.

• 폰투스의 에바그리우스 『시편 발췌 주해』 46[47],9.[19]

네 마음에 주님의 어좌를 마련하라

이 거룩한 "어좌"는 무엇입니까? 아마도 하늘일까요? … 그렇습니다. 그런데 여러분도 그분의 어좌가 되기를 원합니까? 그것은 여러분과 상관없는 것이라고 생각합니까? 만약 여러분의 마음에 그분을 위한 자리를 마련한다면 그분은 그곳에 오셔서 기쁘게 당신의 어좌를 두실 것입니다.

• 아우구스티누스 『시편 상해』 47,10.[20]

47,10 세상의 방패들

뭇 민족들

시편 저자는 여기에서 성조 아브라함에게 하신 하느님의 약속이 이루어졌다고 말합니다. 만민의 주님께서는 아브라함의 후손들을 통하여 그들을 축복하시겠다고 약속하셨습니다. 그에 따라서, 이 나라들과 통치자들은 그의 조상들이 섬기던 신들을 버리고 아브라함의 하느님에게로 모여듭니다. 그리고 이 하느님을 그들의 하느님이라 부릅니다.

• 키루스의 테오도레투스 『시편 주해』 47,5.[21]

모든 계층의 사람들

여기에서 시편 저자는 복음의 영향력이 어느 정도인지를 보여 줍니다. 복음은 단순한 사람들뿐만 아니라 왕관을 쓰고 옥좌에 앉아 있는 이들에게도 영향을 미칩니다.

• 요한 크리소스토무스 『시편 해설』 47,6.[22]

---

17 FC 7,74*.

18 WGRW 9,151.

19 PG 12,1437.

20 *WSA* 3,16,331.

21 FC 101,275.

22 *CCOP* 1,308.

48,1-15 시온의 아름다움

주간 둘째 날에 [감사를 드리고 싶다면] 시편 제48편을 바치십시오.

아타나시우스 『시편 해석에 관해 마르켈리누스에게 보낸 편지』 23 [OIP 70]

1 [노래. 시편. 코라의 자손들]
2 주님은 위대하시고
드높이 찬양받으실 분이시다,
우리 하느님의 도성
당신의 거룩한 산에서.
3 아름답게 솟아오른 그 산은
온 누리의 기쁨이요,
북녘의 맨 끝 시온 산은
대왕님의 도읍이라네.
4 하느님께서 그 궁궐 안에 계시며
당신을 성채로 드러내신다.
5 보라, 임금들이 모여 와
함께 들이쳤다.
6 그들은 보자마자 질겁하고
깜짝 놀라 허둥대며 달아났다.
7 거기에서 전율이 그들을 덮쳤네,
해산하는 여인의 진통처럼
8 타르시스의 배들을
들부수는 샛바람처럼.
9 우리가 들은 대로
우리가 보았네,
만군의 주님의 도성에서
우리 하느님의 도성에서.
하느님께서 이를 영원히 굳히셨네. 셀라
10 하느님, 저희가 당신 궁전에서
당신의 자애를 생각합니다.
11 하느님, 당신 이름처럼
당신을 찬양하는 소리
세상 끝까지 울려 퍼집니다.
당신의 오른손이 의로움으로 가득합니다.
12 당신의 심판으로
시온 산은 즐거워하고
유다의 딸들은 기뻐 뛰게 하소서.
13 너희는 시온을 두루 돌며
그 탑들을 세어 보아라.
14 장차 올 세대에게 일러 줄 수 있도록
그 성루를 살피고
그 궁궐들을 돌아다녀 보아라.
15 이분께서 하느님이시다.
영원무궁토록 우리의 하느님이시다.
이분께서 우리를 이끌어 주신다.
알 뭇.

둘러보기

시편 제48편은 주님의 위대하심, 한계가 없는 위대하심을 선포한다(요한 크리소스토무스). 주님의 위대하심은 우리에게 점점 더 놀라운 것으로 다가온다(암브로시우스). 언덕 위에 세워진 하느님의 도성은 주님의 위대하심을 선포하는 이들로 이루어진다(아우구스티누스). 주님은 우리를 기쁨으로 만드셨고(암브로시우스), 하느님의 존재에 뿌리를 둔 기쁨을 누리게 하셨다(에바그리우스). 주님께서는 당신의 평화를 나누어 주셨다. 전에는 불행의 원인이 되었던 장소들에도 당신의 평화를 주셨다(요한 크리소스토무스). 우리는 다른 누구에게서도 도움을 얻지 못하였다(아우구스티누스). 하느님께서는 교회의 모든 부분을 지탱해 주신다(테오도레투스). 우리는 하느님의 도움을 기억한다(요한 크리소스토무스). 주님의 왕권이 드러나면 세상의 가장 높은 곳조차 두려움으로 흔들리게 된다(소 아르노비우스). 새로 드러난 심판으로 인하여 떨게 된다(시카의 아르노비우스). 우리는 바람 같은 행운이 아니라 하느님을 신뢰한다(아우구스티누스). 우리의 힘은 그분의 은총에 있다(요한 크리소스토무스). 우리는 전에 들었던 약속을 지금 눈으로 보고 있다(암브로시우스). 그 약속이 이루어지고 있음을 본다(아우구스티누스). 그리스도는 성전이시며, 우리는 그곳에서 하느님의 은총을 관상한다(암브로시우스). 그분은 하느님의 오른손이시다(에바그리우스). 의로움은 그분 존재의 고유한 특성이다(요한 크리소스토무스). 짚 더미 같은 세상에서 주님의 밀알들을 찾으려면 우리 자신이 밀이 되어야 한다(아우구스티누스). 그분의 힘 안에서 기뻐하자(소 아르노비우스). 그분은 심판하실 때 어떤 실수도 하시지 않기 때문이다(아우구스티누스). 신앙 안에 굳건히 서자(알렉산드리아의 클레멘스). 계속해서 설교하고 노래하자(암브로시우스). 가서 교회를 튼튼하게 만들자(테오도레투스). 계속해서 하느님에 관하여 배우고(요한 크리소스토무스), 배운 것을 다음 세대에게 전하자(테오도레투스). 육화하신 분을 선포하자. 그분이 우리의 하느님이시다(아우구스티누스).

48,2 주님은 위대하시다

한계가 없다

그들은 하느님은 "위대하시다"라고 말하지만 그분이 얼마나 위대하신지에 대해서는 말하지 않습니다. 아무도 그것을 알지 못하기 때문입니다. 그래서 시편 저자는 이 말을 덧붙입니다. "그분은 드높이 찬양받으실 분이시다." 알다시피 주님의 위대하심에는 한계가 없습니다. 이 말씀은 이런 의미를 갖습니다. '그분을 찬미하고 그분께만 찬미의 노래를 바쳐야 합니다. 그 무엇과도 비교할 수 없을 정도로 그렇게 해야 합니다. 무한하고 불가해한 주님의 위대하심에 대해서도 노래해야 하고, 우리에게 넘치도록 베푸시는 그분의 사랑에 대해서도 찬미해야 합니다.'

• 요한 크리소스토무스 『시편 해설』 48,1.[1]

더욱더 놀라운

하느님은 어디에서나 위대하시고 능하신 분이시지만 우리의 제한된 정신은 그분의 신적인 힘과 은총의 위대하심을 다 담을 수 없습니다. 우리의 지식이 하느님께 가까이 가면 갈수록 그분의 위엄은 더욱더 놀라운 것으로 드러납니다.

• 암브로시우스 『열두 시편 해설』 48,3.[2]

우리의 삶으로

성경이 "도성"에 대해 이야기할 때 이 도성은 건물을 의미하는 것이 아니라 삶의 양식을 의미할 때가 많습니다. 시편 저자는 여기에서 그런 의미로 도성에 대해 말합니다. 시편 저자는 만군의 주님께서 당신의 도성에게 해 주신 일들을 통해서 그분의 위대하심이 드러났다고 말합니다. 이 도성이 전해 주는 가르침은 높고 거대한 언덕에 아름답게 솟아오른 도성처럼 빛났습니다.

• 키루스의 테오도레투스 『시편 주해』 48,1.[3]

언덕 위의 도성

이것은 산 위에 세워진 도성이기에 감추어질

[1] *CCOP* 1,312. [2] *ACTP* 272.
[3] FC 101,276.

수 없습니다. 등불은 그릇으로 가려 두기 위한 것이 아닙니다. 그것은 모두에게 드러나야 하고 어디서나 알려져야 합니다. 그런데 모든 사람이 이 도성의 시민인 것은 아닙니다. 주님을 "위대하시고 드높이 찬양받으실 분"으로 고백하는 이들만이 이 도성의 시민입니다.

• 아우구스티누스 『시편 상해』 48,2.[4]

48,3 온 누리의 기쁨

기쁜 일

참으로 주님은 위대하십니다. 생각해 보십시오. 전에는 가장 끔찍한 죄가 자라는 곳이었던 이 땅 위에 주님께서는 기쁨과 환희를 쏟아부어 주셨습니다. 한때는 슬픔과 눈물, 탄식으로 가득 찼던 땅을 기쁘게 해 주셨습니다(이사 35,10 참조). 이제 우리의 양심은 죄에서 해방되어 기뻐할 수 있습니다. 그 전에 우리는 불행하였고, 죄의 소용돌이에 빠져 익사하고 있었습니다. 그러나 이제는 그리스도의 선하심과 사랑으로 모든 잘못을 사면받았습니다.

• 암브로시우스 『열두 시편 해설』 48,4.[5]

하느님의 기쁨

기쁨은 그리스도 안에 그 뿌리를 둡니다. … 그분의 뿌리는 하느님의 말씀이며, 하느님의 말씀은 그분 안에 있습니다.

• 폰투스의 에바그리우스 『시편 발췌 주해』 47[48],3.[6]

불행의 원인

시편 저자는 왜 "북녘"을 언급하며, 그곳의 위치에 대해 묘사합니까? 그것은 야만인들이 주로 북쪽에서 공격해 왔기 때문입니다. 성경의 저자들은 종종 "북쪽"을 그런 뜻으로 언급합니다. 예를 들면, "북쪽에서부터 쏟아질 듯 기울어져 있는 끓는 냄비"(예레 1,13)와 같은 것입니다. … 주님께서 난공불락으로 만들어 주신 이 도성의 가장 취약한 부분은 북쪽입니다. 어떤 사람이 자기 몸에 대해서 말하면서, "나는 약한 부분을 더 튼튼하게 만들었다"라고 말하는 것처럼, 시편 저자도 이 구절에서 같은 것을 말하고 있습니다. "거기에서 통곡과 울부짖음이 온다." 재난의 원인이 되었던 이곳이 만족과 평온으로 가득하고, 위협과 공포, 위험이 들이닥쳤던 [그곳에서부터] 기쁨과 행복이 옵니다. 이제 더 이상 아무도 북쪽을 두려워하지 않고, 아무도 불안해하거나 의심하지 않습니다. 모두가 행복을 누리고 있습니다. 이는 하느님께서 이 도성을 만족하게 하셨기 때문입니다.

• 요한 크리소스토무스 『시편 해설』 48,1.[7]

48,4 튼튼한 성채이신 하느님

다른 도움은 없다

이것이 은총의 효과임을 강조하기 위하여 "당신께서 도성을 떠받쳐 주실 때"라는 말씀이 덧붙어 있습니다. 만약 하느님께서 그 도성을 떠받쳐 주지 않으셨다면 도성은 어떻게 되었을까요? 기초가 없는 도성은 곧바로 무너지고 말 것입니다. 그렇지 않은가요? 그 도성의 기초는 예수 그리스도이십니다. 아무도 이미 놓인 기초 외에 다른 기초를 놓을 수 없습니다. 주님께서 도성을 떠받쳐 주실 때에만 이 도성은 참으로 위대하게 되고, 그 도성 안에서 주님을 알아볼 수 있게 됩니다.

• 아우구스티누스 『시편 상해』 48,4.[8]

---

[4] *WSA* 3,16,336.
[5] *ACTP* 273.
[6] PG 12,1440.
[7] *CCOP* 1,314*.
[8] *WSA* 3,16,339*.

교회의 일치

한편으로는 온 땅과 바다를 통틀어 오직 하나의 교회가 있습니다. 그래서 우리는 세상 이 끝에서 저 끝까지 거룩하고 하나이며 보편적이고 사도로부터 이어 오는 교회를 위하여 기도합니다. 다른 한편으로 교회는 도시들과 읍내와 마을들에 퍼져 있습니다. 성경은 이 교회를 "건물"이라고 부릅니다. 각각의 도성은 많은 집들로 이루어져 있지만 하나의 도시로 불리는 것처럼, 헤아릴 수 없을 만큼 수많은 교회들이 섬들과 대륙에 퍼져 있지만 이 모든 교회들은 참된 가르침이라는 공통 요소 안에 일치되어 하나의 교회를 이룹니다. 만민의 하느님께서는 이 교회들 안에 분명하게 드러나십니다.

• 키루스의 테오도레투스 『시편 주해』 48,3.[9]

48,5 임금들이 모여 오다

하느님의 도움을 기억하며

시편 저자는 여기에서 온 사방에서 밀려오는 가혹한 전쟁과 이 전쟁에서의 유명한 승리에 대해 묘사하고 있습니다. 시편 저자는 하느님께서 이 도성을 도우려 오시며, 당신께서 도성을 돌보고 계신다는 증거를 주신다고 말합니다. 이어서 주님께서 어떻게 도성을 도와주셨는지 보여 줍니다. 셀 수 없는 나라들이 공격해 왔습니다. (시편 저자가 많은 수의 임금들이 모여 왔다고 말하는 것은 바로 이 사실을 내비칩니다.) 이것은 단순한 공격이 아니라 서로 연합하고 결탁한 공격이었습니다. 이 공격의 준비는 이상하다고 여길 정도로 급격히 진전되었습니다. 그래서 그들은 상황이 이런 식으로 전개되는 데 대해 깜짝 놀라면서 출발하였습니다. … 따라서 이 전쟁은 인간의 논리에 따라 전개된 것이 아니었음이 분명합니다. 이 싸움의 전략을 짜신 분은 하느님이셨습니다. 주님은 원수들의 영을 억누르셨을 뿐만 아니라 높은 지위에 있는 이들의 마음을 흔들고 그들 안에 말할 수 없는 공포를 불러일으키심으로써 그들의 결의를 뒤흔드셨습니다. 그것은 커다란 함대가 모여 있는데 갑자기 무서운 바람이 불어와 배들을 들부수고, 삼단노선 전함들을 가라앉히며, 모든 것을 혼란스럽게 만드는 것과 같았습니다.

• 요한 크리소스토무스 『시편 해설』 48,2.[10]

48,6 질겁하고 허둥대다

하느님께서 드러나시면

하느님께서 드러나시면 세상의 임금들은 혼란에 빠집니다.

• 소 아르노비우스 『시편 주해』 48.[11]

새롭게 계시된 심판

나는 인간의 진짜 죽음은 다음과 같은 것이라고 생각합니다. 하느님을 모르는 영혼은 타오르는 불꽃 속에서 오랫동안 괴로움을 당하며 타 버릴 것입니다. 매우 잔인한 어떤 존재들이 그들을 불꽃 속으로 던져 버릴 것입니다. 그들은 그리스도 앞에서 알려지지 않은 자들이었으며, 그리스도의 지혜를 통해서만 빛으로 나아올 수 있었습니다.

• 시카의 아르노비우스 『이교인 반박』 2,14.[12]

48,8 샛바람

행운의 바람을 믿지 마라

우리는 더 이상 우리의 항해를 신뢰하거나 세

[9] FC 101,277.

[10] *CCOP* 1,315*.

[11] CCL 25,67.

[12] ANF 6,440.

속적인 부를 준다는 유리한 조류를 믿지 말아야 합니다. 우리의 기초는 시온에 있어야 합니다. 그곳에서 우리의 안정성을 발견해야 하며, 세속적 가르침이라는 풍랑에 이러저리 밀려다녀서는 안 됩니다. 이 세상의 불확실한 행운에 대한 기대로 부풀어 올라 항해를 하는 자들은 전복되기 십상입니다. 이방인들의 자만은 "타르시스 배들을 난폭한 바람으로 들부수시는" 그리스도 앞에 굴복되고야 맙니다.

• 아우구스티누스 『시편 상해』 48,6.[13]

48,9 우리는 듣고 보았네

하느님의 은총

그렇다면 그는 무엇을 듣고 보았습니까? 하느님의 은총이 그 도성을 더욱 튼튼하고 안전하게 만들어 준다는 것을 듣고 보았습니다. 사실 이것이 그 도성의 기초요 힘입니다. 그 도성은 은총으로 난공불락의 도성이 됩니다. 그것은 인간의 협력이나 도움, 무력이나 탑, 요새가 있다고 해서 가능한 것이 아닙니다. 그게 아니라면 무엇입니까? 하느님께서 그 도성을 직접 다스리십니다. 그들이 가장 먼저 배워야 하는 것은 바로 이것이었습니다. 영감 받은 이 저자가 그들에게 계속해서 강조하는 것도 바로 이것입니다.

• 요한 크리소스토무스 『시편 해설』 48,3.[14]

듣는 것에서 보는 것으로

도성의 바깥에서 우리는 들었고, 도성의 안쪽에서 우리는 보았습니다. 하느님께서 이 도성의 영원한 빛이십니다(묵시 21,23 참조). 이 도성에는 우리가 이 세상에서 알고 있는 해가 없어도 낮이 환하고, 달도 필요하지 않습니다. 이 도성의 기초는 시간에 속한 것이 아니라 영원에 속합니다.

• 암브로시우스 『열두 시편 해설』 48,15.[15]

약속이 이루어지다

'오, 복된 교회여, 너는 한때에는 들었고, 다른 때에는 보았다.' 교회는 약속을 들었고, 이제 그 약속이 이루어진 것을 봅니다. 교회는 전에 예언에서 들은 것이 복음서에 드러나 있는 것을 지금 봅니다. 지금 실현되고 있는 모든 것은 앞서 예언되었던 것입니다. 눈을 들어 보십시오. 세상을 둘러보고, 땅 끝까지 뻗어 있는 상속의 땅을 보십시오. 약속이 얼마나 훌륭하게 이루어지고 있는지를 보십시오.

• 아우구스티누스 『시편 상해』 48,7.[16]

48,10 하느님의 성전

성전이신 그리스도

하느님의 참된 성전은 그리스도의 몸이며, 그 몸으로 우리의 모든 죄가 정화됩니다. 그리스도의 육이 하느님의 성전이며, 그 성전 안에는 죄에 물든 것이 없습니다. 오히려 그 몸은 자신을 희생 제물로 바침으로써 세상의 모든 죄를 없앱니다. 그 육은 정녕 하느님의 성전이며, 그 안에서 하느님의 모습이 빛납니다. "온전히 충만한 신성이 육신의 형태로 그리스도 안에 머무르고 있습니다"(콜로 2,9). 그리스도께서 충만함 자체이시기 때문입니다. … 시편 저자는 이 성전에서 '우리는 당신의 자애를 받았다'고 우리에게 말합니다. … 그리스도는 구원이시듯 또한 자애이십니다. 우리의 죄 때문에 당신 자신을 희생 제물로 내어 주시는 것보다 더 큰 자애는 없을 것입니다. 그분은 당신의 피로 세상을 깨끗이 씻어 내시기 위해 자신을 희생하셨습니다. 우리의 죄

[13] *WSA* 3,16,341-42.

[14] *CCOP* 1,316*.

[15] *ACTP* 279.

[16] *WSA* 3,16,342*.

를 없앨 수 있는 다른 길이 없었기 때문입니다.

• 암브로시우스 『열두 시편 해설』 48,16-17.[17]

48,11 세상 끝까지

하느님의 오른손이신 그리스도

하느님의 "오른손"은 그리스도이십니다. 그분은 의로움으로 충만하시며, 이 충만함에서 우리는 모든 것을 받습니다.

• 폰투스의 에바그리우스 『시편 발췌 주해』 47[48],11.[18]

그분 존재의 고유한 특성

열을 내는 것이 불에 속하고, 빛을 내는 것이 태양에 속하듯이, 은혜를 베푸는 역할은 그분께 속합니다. 그러나 열이나 빛이 각각 불과 태양에 속한 것보다 훨씬 더한 방식으로 그러합니다. 그래서 시편 저자는 이렇게 말합니다. "당신의 오른손이 의로움으로 가득합니다." 이는 그분의 존재가 의로움으로 충만하다는 뜻입니다.

• 요한 크리소스토무스 『시편 해설』 48,3.[19]

짚 속에 있는 밀

악인들이 너무 많아서 선한 이들을 어쩌다가 드물게 발견하게 된다는 사실을 우리는 부정할 수 없습니다. 이는 타작마당에서 밀알이 거의 안 보이는 것과 같습니다. 타작마당을 바라본 이는 누구나 곡식은 안 보이고 짚만 보인다고 생각할 것입니다. 농사 경험이 없는 구경꾼이라면 타작마당에 소를 보내고, 일꾼들이 타작하기 위해 뙤약볕 아래 땀을 흘리는 일을 시간 낭비라고 생각할 것입니다. 하지만 짚 속에 곡식이 감추어져 있기 때문에 키질을 해야 합니다. 키질을 하면 짚 더미 속에 묻혀 있던 많은 곡식이 분명하게 드러날 것입니다. 착한 사람들을 찾고 싶은가요? 여러분 자신이 착한 사람이 되면 착한 이들을 찾을 수 있을 것입니다.

• 아우구스티누스 『시편 상해』 48,9.[20]

48,12 시온이 즐거워하게 하소서

즐거워하라

시온 산이 즐거워하게 하십시오. 교회가 환호하게 하십시오. 유다의 딸들이 기뻐 뛰게 하십시오. 당신은 교회의 태에서 난 모든 영들을 심판하셨습니다. 그리하여 마귀에게는 멍에를 지우셨고, 사람들의 영혼은 자유롭게 하셨습니다. 그러니 이제 자유로운 영들이여, 어머니 시온을 에워싸십시오. 여러분은 시온을 따랐습니다. 그분의 자비를 탑들에게 알리십시오. 그들은 탑 위에서 도성을 방어하고 원수들을 막아 냅니다. 하느님의 힘을 신뢰하십시오. 그분께서 어떤 힘으로 여러분을 위해 싸우고 계시는지 생각하십시오. … 그리고 다음 세대에게 그것을 알려 주십시오.

• 아르노비우스 『시편 주해』 48.[21]

하느님은 실수하지 않으신다

하느님은 심판하실 때 실수하지 않으십니다. 여러분이 비록 태어날 때부터 세상의 악과 섞이지 않을 수 없었다 하더라도 여러분의 삶이 악과 대비되는 것이 되게 하십시오. 여러분의 입술에서 나온 간청이 위로 올라갔고, 여러분 마음의 소리가 들어졌기 때문입니다. "제 영혼을 죄인들과 함께, 제 생명을 살인자들과 함께 거두지 마소서"(시편 26,9). 하느님은 매우 숙련된 기술로

17 *ACTP* 280.

18 PG 12,1440.

19 *CCOP* 1,317.

20 *WSA* 3,16,345.

21 CCL 25,68.

키질을 하십니다. 그분은 키를 가지고 오셔서 밀 알 한 알도 불타 없어질 왕겨 더미에 떨어지지 않게 하실 것이며, 지푸라기 하나도 곳간에 저장될 곡식 속에 떨어지지 않게 하실 것입니다. 유다의 딸들아, 기뻐 춤추어라. 결코 실수하지 않으시는 하느님의 심판을 두고 기뻐하십시오. 감히 하느님을 앞질러 심판할 수 있는 권한을 차지하려 들지 마십시오. 모아들이는 것은 우리의 일이지만 모아들인 것을 가려내는 것은 그분의 일입니다.

• 아우구스티누스 『시편 상해』 48,11.[22]

48,13 시온을 두루 돌다

신앙 안에 굳건히 서라

내 생각에 이 구절이 암시하는 것은, 높은 탑이 되기 위하여, 곧 신앙과 지식 안에서 굳건히 서기 위하여 말씀을 완전하게 받아들인 이들입니다.

• 알렉산드리아의 클레멘스 『양탄자』 7,13.[23]

계속해서 설교하고 찬미하라

지혜롭게 시온을 둘러싸고, 영적으로 시온을 끌어안은 이들은 그 도성의 탑으로 올라가려 합니다. 그 탑에 이미 오른 이들은 아직 성가퀴에 오르지 못한 이들에게 그 탑에 대해 이야기해 줍니다. … 몰래 숨어 들어온 적은 언제나 탑을 주시하며 그것에 접근할 수 있는지, 또 그것을 정복할 수 있는지를 살핍니다. 사탄은 군대를 가지고 있습니다. 사탄은 이 군대로 영혼을 포위합니다. 사탄은 무력으로 성의 탑들을 차지하기 위하여 공성구를 성벽 가까이로 끌고 갑니다. 하지만 여러분은 성탑에서 설교해야 한다고 시편은 말합니다. … 중단 없이, 끝없이 설교하고 선포하십시오. 여러분의 원수는 잠들지 않습니다. 그는 먹잇감을 노리며 으르렁거리는 짐승처럼 주변을 두루 다닙니다(1베드 5,8 참조). 그러니 계속에서 주님께 찬미 노래를 부르십시오. 그분은 사자들의 이빨을 부러뜨리시고 그 턱을 박살 내실 수 있기 때문입니다.

• 암브로시우스 『열두 시편 해설』 48,22.[24]

교회를 튼튼하게 하시다

시편 저자는 이 구절에서 신적 통치 양식을 "시온"이라고 부릅니다. "시온"은 곧 세계 도처에 있는 교회입니다. "그 탑들"이란 덕행에 몰두하고, 이 지상에서 천사들의 삶의 양식을 본받으며, 탑처럼 그것을 지키는 이들을 말합니다. "건물들"이란 앞에서 우리가 말하였듯이 여러 도시와 성읍과 마을들에 퍼져 있는 교회들을 말합니다. 시편 저자는 이 건물들이 많지만 하나라고 말합니다. 그래서 성령의 은총인 이 영감 받은 말씀은 구원의 메시지를 위탁받은 이들을 재촉하여 세상 곳곳으로 나아가게 합니다. 가르침으로 탑들을 튼튼하게 하고 교회의 다른 방어력을 강화하며 더 나아가, 이미 시편 제45편을 주석할 때 말한 바와 같이, 각 교회들이 필요로 하는 도움을 베풀도록 그들을 재촉합니다. 시편 저자는 여기에서 "그 건물들을 하나하나 둘러보도록" 재촉합니다. 이는 이 교회, 저 교회를 둘러보고 각 교회에 적절한 돌봄과 양성을 제공하게 하기 위함입니다.

• 키루스의 테오도레투스 『시편 주해』 48,6.[25]

---

[22] *WSA* 3,16,346.

[23] ANF 2,547.

[24] *ACTP* 283.

[25] FC 101,279.

48,14 성의 방어를 염두에 두어라

하느님에 관해 배워라

시편 저자는 "이 도성을 보라"고 사람들에게 권고합니다. … 도성의 구조와 아름다움, 명성을 보고 도성을 이해해 보라고 권합니다. 그래서 이 도성으로부터 하느님의 권능에 대해 배우고, 그분께서 몰락한 도성을 어떻게 튼튼한 도성으로 만드셨는지를 알아 후손들에게 하느님의 권능과 하느님의 섭리가 펼쳐지는 과정, 그분의 돌보심과 영도력, 영원히 계속되는 목자로서의 보살핌을 이야기해 주라고 말합니다. 다음 세대에 들려줄 이에 관한 이야기들은 지혜에 있어서 진일보하는 기회를 주고, 하느님에 관한 더욱 정확한 지식의 기초를 제공하며, 덕행을 배우는 계기가 될 것입니다.

• 요한 크리소스토무스 『시편 해설』 48,3.[26]

전해 주어라

각 세대는 다음 세대에게 전 세대로부터 받은 것을 전해 주어야 합니다. 그렇게 하여 구원의 메시지가 온 세대에 전해지고, 모든 사람이 그분께서 우리의 하느님이시고 주님이시며, 영원히 착한 목자이심을 알게 될 것입니다. 시편 저자는 "건물들을 하나하나 살펴보라"고 말하며 목자로서의 임무를 그들에게 맡겼습니다. 이로써 그는 필연적으로 다음 사실을 깨닫게 해 주었습니다. 양들을 위하여 자기 목숨을 바칠 한 착한 목자가 있을 것입니다. 그는 그들의 영원한 목자가 될 것이며, 양들만이 아니라 그 양들의 사목자로 불리게 될 이들도 돌볼 것입니다.

• 키루스의 테오도레투스 『시편 주해』 48,7.[27]

48,15 이분께서 우리의 하느님이시다

육화하신 우리의 하느님

세상은 보이지만 세상의 창조주는 보이지 않습니다. 그리스도의 육은 만질 수 있지만 그 육 안에 계신 하느님은 쉽게 알아차릴 수 없습니다. (성모님은 아브라함의 후손이셨습니다.) 따라서 그리스도는 아브라함의 후손에게서 육의 본성을 받으셨고, 같은 육을 받은 후손들이 계속 이어졌습니다. 하지만 그들은 육의 수준에 머묾으로써 그분의 신성을 알아보지 못하였습니다. 사도이며 위대한 도성인 여러분은 탑에 올라가 설교하며 그들에게 이렇게 말하십시오. "이분이 우리의 하느님이시다." … 그분이 우리의 하느님이시라면 그분은 우리의 임금이기도 하십니다. 그분은 우리의 임금이시기에 우리를 보호하시고, 죽음에서 구해 주십니다. 그분은 우리의 임금이시기에 우리를 다스리시고, 유혹에 떨어질 위험에서 건져 주십니다. … 우리 편에서는 그분의 다스림과 그분께서 주시는 해방을 선택합시다. "이분께서 하느님이시다. 영원무궁토록 우리의 하느님이시다. 이분께서 우리를 이끌어 주신다."

• 아우구스티누스 『시편 상해』 48,15.[28]

[26] *CCOP* 1,318.

[27] FC 101,279-80.

[28] *WSA* 3,16,348-49.

49,1-21 왜 죽음을 두려워하는가?

고통받는 이들에 대해 염려하는 사람이라면
[시편의] 말씀들을 활용하십시오.
그러면 고통받는 이들을 더 잘 도울 수 있을 것이며
자신의 신앙이 확고하고 확실함도 보여 주게 될 것입니다.
아타나시우스『시편 해석에 관해 마르켈리누스에게 보낸 편지』33 [OIP 77]

1 [지휘자에게.① 코라의 자손들. 시편]
2 모든 백성들아, 이것을 들어라.
세상에 사는 모든 이들아, 귀여겨들어라.
3 천한 사람도 귀한 사람도
부유한 자도 가난한 자도 다 함께 들어라.
4 내 입이 지혜를 말하리니
내 마음의 생각은 슬기롭다.
5 나는 잠언에 귀 기울이고
비파 타며 수수께끼를 풀리라.
6 나를 뒤쫓는 자들의 악행이 나를 에워쌀 때
그 불행의 날에 내가 왜 두려워하랴?
7 자기 재산을 믿으며
재물이 많음을 자랑하는 그들.
8 사람이 사람을 결코 구원할 수 없으며②
하느님께 제 몸값을 치를 수도 없다.
9 그③ 영혼의 값이 너무나 비싸
언제나 모자란다,
10 그가 영원히 살기에는
구렁을 아니 보기에는.
11 정녕 그는 본다, 지혜로운 이들의 죽음을,
어리석은 자도 미욱한 자도
함께 사라짐을,
그들의 재산을 남들에게 남겨 둔 채로!
12 그들이 속으로는 자기 집이 영원하고④
자기 거처가 대대로 이어지리라 생각하며
땅을 제 이름 따라 부르지만
13 사람은 영화 속에 오래가지 못하여
도살되는 짐승과 같다.
14 이것이 자신을 믿는 어리석은 자들과
그들을 따르며⑤ 그 말을 좋아하는 자들의
운명이다. 셀라
15 그들은 양들처럼 저승에 버려져
죽음이 그들의 목자 되리라.
아침에는 올곧은 이들이 그들 위에
군림하고⑥
그들은 저마다 자기 처소에서
멀리 떨어진 채
그 모습이 썩어 저승으로 사라지리라.⑦
16 그러나 하느님께서는
내 영혼을 구원하시고
저승의 손에서 나를 기어이 빼내시리라.
셀라
17 누가 부자가 된다 하여도,
제집의 영광을⑧ 드높인다 하여도
불안해하지 마라.
18 죽을 때 그 모든 것을 가지고 갈 수 없으며
그의 영광도 그를 따라 내려가지 못한다.
19 그가 비록 생전에 스스로에게
“네가 잘한다고 사람들이 널 칭찬한다.”
말할지라도⤴

↱20 그들은 자기 조상들이 모인 데로 가서
영원히 빛을 보지 못하리라.

21 영화 속에 있으면서도 지각없는 사람은
도살되는 짐승과 같다.

① 칠십인역 '끝까지'.
② '사람은 자기 형제를 결코 구원할 수 없으며'로 되어 있는 이문도 있다.
③ 그리스어 본문; 히브리어 본문은 '그들의'다.
④ 히브리어 본문; 그리스어 본문은 '무덤이 그들의 영원한 집이며'다.
⑤ 히브리어 본문; 그리스어 본문은 '자기 몫에 만족하며'다.
⑥ 그리스어 본문은 '그들은 곧장 무덤으로 내려가고'다.
⑦ 히브리어 본문은 뜻이 불명확하다.
⑧ 또는 '부'(富).

둘러보기

시편 제49편은 다가올 세상을 생각해 보게 한다(바실리우스). 이 시편은 모든 백성을 초대하는 말로 시작한다(암브로시우스). 이 초대의 목소리는 그리스도께서 부르시는 소리다(소 아르노비우스). 성령으로 그들을 부르시며(바실리우스) 모든 이를 위해 마련된 은총으로 나아오도록 초대하신다(암브로시우스). 부자나 가난한 사람이나 모두 초대를 받는다(테오도레투스). 우리도 이 부르심을 들을 필요가 있다(요한 크리소스토무스). 묵상은 큰 가치를 지니며(오리게네스), 지혜의 원천이다(디오도루스). 시편 저자는 잠언을 선포한다(요한 크리소스토무스). 음악 반주와 함께 선포한다(바실리우스). 신적 영감을 받아서(테오도레투스), 선택된 악기를 연주하며(암브로시우스) 이해의 영을 받고자 한다(에바그리우스).

인생에서 두려워해야 할 것은 오직 한 가지뿐이다(요한 크리소스토무스). 그것은 하느님 심판의 날이다(테오도레투스). 이 두려운 선고는 그리스도 안에서만 피할 수 있다(아우구스티누스). 그날을 예상하면서 사람들 대부분이 믿고 있는 바는 사실 아무런 근거가 없는 추측일 뿐이다(아우구스티누스). 자신을 믿는 이가 있지만 이에 대한 근거가 없고(바실리우스), 조상들의 도움을 기대하지만 이 또한 불가능하며(테오도레투스), 다른 이들 역시 도움을 주지 못한다(디오도루스). 중개자는 오직 한 분뿐이신데(암브로시우스), 이분은 그저 인간에 지나지 않는 분이 아니시다(바실리우스). 죄는 그 무엇보다 나쁜 것이며(몹수에스티아의 테오도루스), 그래서 몸값은 아주 비싸다(요한 크리소스토무스). 그러니 영원한 생명을 얻는 일에 꾸물거리지 말자(아우구스티누스). 어리석은 생각들을 즐기지 말고(암브로시우스), 죽음이 무엇인지 이해하며(아우구스티누스), 모두가 죽는다는 사실을 명심하자(소 아르노비우스). 죄 중에 죽은 이는 이미 무덤에 사는 자다(바실리우스). 그의 모든 부와 영향력은 무덤에 들어갈 때 사라진다(테오도레투스). 그런데 우리는 그들의 영은 어디에 있게 될는지 생각해 보아야 한다(아우구스티누스). 인간들에게는 하느님의 모습이라는 영예가 주어졌지만 그들은 불명예로 떨어졌고(아우구스티누스), 자신이 본래 지녔던 위엄에 대해 무지하게 되어(바실리우스) 짐승과 같아졌다(에프렘). 생각 없는 소와 같아졌다(니네베의 이사악, 몹수에스티아의 테오도루스). 필사적으로 우리는 이 말씀들을 들어야 한다(아우구스티누스). 오로지 현세의 부에만 관심을 쏟는 것은 잘못된 것이며(아우구스티누스), 불행의 원인이 된다(몹수에스티아의 테오도루스). 그것을 피한 사람들도 자만에 떨어질 수 있다(풀겐티우스).

두 가지 종류의 죽음이 있는데(아우구스티누스), 두 번째 죽음이 첫 번째 죽음보다 훨씬 나쁘다(요한 크리소스토무스). 그것은 영혼이 지옥에서 썩는 것이다(니네베의 이사악). 그러나 그리스도 안에 우리의 구원이 있다(아우구스티누스). 그분 안에서 우리는 영혼의 부활뿐만 아니라 육체의 부활도 희망한다(요한 크리소스토무스). 하느님께서 우리를 죽음에서 빼내 주시기 때문이다(몹수에스티아의 테오도루스). 그래서 시편 저자는 가난한 이들에게 조언을 한다(테오도레투스). 하느님의 섭리를 신뢰하며(바실리우스), 신앙의 관점을 유지하라고 한다(아우구스티누스). 부유한 자들은 심판의 날에 벌거벗겨지고(디오도루스), 그들 가문의 영광은 사라진다(요한 크리소스토무스). 신앙이 없다면 그들은 완전히 허무하게 되고 만다(암브로시우스). 그들의 호화로운 장례식은 그들의 영혼이 지금 겪고 있는 일에 대해 사람들이 잘못 생각하게 만든다(아우구스티누스). 그들이 받는 칭송은 이승의 삶에 국한된 것일 뿐이다(요한 크리소스토무스). 그들은 무지의 어둠에서 지옥의 어둠으로 넘어간다(아우구스티누스).

49,1 표제: 지휘자에게

다가올 세상

이방인들 가운데서도 어떤 이들은 인간의 목적에 대하여 생각을 하고, 그 목적에 대한 다양한 견해들을 표명합니다. 어떤 이는 그 목적이 지식이라고 선언하였고, 또 어떤 이들은 실천적 활동이 목적이라고 보았습니다. 또 어떤 이들은 생명과 육체를 달리 사용할 수 있게 되는 것이라고 말했습니다. 그러나 관능을 추구하는 사람들은 그 목적이 쾌락이라고 선언하였습니다. 그러나 우리에게는 우리가 하는 모든 일의 목적이 다가올 세상에서 누릴 복된 삶입니다. 우리는 이 목표를 향하여 서둘러 달려갑니다. 하느님께서 우리를 다스리실 때 이것이 이루어질 것입니다. 이때가 될 때까지 이보다 더 나은 목적을 우리는 이성적 본성 안에서 찾지 못하였습니다. 사도는 다음 말씀을 통해 우리에게 그런 생각을 불러일으켜 주었습니다. "그러고는 종말입니다. 그때에 그리스도께서는 … 나라를 하느님 아버지께 넘겨드리실 것입니다"(1코린 15,24). 시편을 바침으로써 얻을 수 있는 모든 좋은 점은 바로 이 목적을 가리킨다고 나는 생각합니다.

• 대 바실리우스 『시편 강해』 19,1(시편 제49편).[1]

49,2 모든 백성들아, 들어라

모두를 부르셨다

이 시편의 서두에서 우리는 이방인들을 당신의 교회로 부르시는, 구원하시는 주님의 목소리를 듣습니다. 주님은 오류를 버리고 진리를 따르며 사랑과 흠숭의 의무를 다하라고 그들을 초대하십니다. 이 백성들의 마음은 세세 대대로 물려받은 뱀의 독에 물들어 있어서 죄에 이끌리는 성향을 가지고 있었습니다. 그들이 절망하여 용서받으리라는 기대를 포기하는 한 그들은 되돌아갈 수 없습니다. 하지만 주님께서는 치료제를 약속하시며, 관대함과 사랑이 넘치는 마음으로 그들에게 아무런 대가 없이 용서를 보증해 주십니다. … 아무도 예외 없이 모두가 은총으로 초대를 받았습니다. 그들은 몸값을 지불하지 않아도 죄에서 구원되어 영원한 생명의 열매를 취할 수 있습니다.

• 암브로시우스 『열두 시편 해설』 49,1-2.[2]

[1] FC 46,311*.

[2] *ACTP* 285-86.

그리스도의 목소리

그리스도의 목소리만이 부자나 가난한 이나, 귀한 사람이나 천한 사람이나 "아무 예외 없이" 모두 다 부르십니다. 이 시편의 서두가 말하듯이, 그리스도께서는 세상의 모든 살아 있는 존재들을 똑같이 초대하시며, 불행의 날에 오직 당신만이 우리가 두려워해야 할 분이심을 보여 주십니다.

• 소 아르노비우스 『시편 주해』 49.[3]

성령으로 불리운

선포를 통하여 모든 사람을 불러 모으시는 이는 위로자이신 진리의 성령이십니다. 진리의 성령께서는 예언자들과 사도들을 통해 구원받은 모든 이를 불러 모으십니다. … 이 부르심은 평화 안에 서로를 일치시키는 것으로, 관습으로 인하여 지금까지는 서로 반대하던 이들이 함께 모임으로써 사랑 안에서 서로에게 익숙해집니다.

• 대 바실리우스 『시편 강해』 19,1(시편 제49편).[4]

49,3 부유한 자도 가난한 자도

모든 이를 위한 하나의 은총

부자와 가난한 자 모두 하나의 성소로 부름받았고, 겸손과 평등을 실천하도록 초대받았습니다. 부자는 가난한 이를 무시해서는 안 되며, 가난한 이는 부자를 시기하지 말아야 합니다. 하나의 은총이 이 둘을 한데 결합시킵니다. 주님은 가난한 이들과 부자들 모두의 구원자가 되시기 위하여 부유하셨지만 가난하게 되셨습니다(2코린 8,9 참조).

• 암브로시우스 『열두 시편 해설』 49,57.[5]

부자도 가난한 자도 똑같이

모든 사람들아, 내 말을 들으십시오. 도시에 사는 이들과 지방에 사는 이들, 세련된 이들과 소박한 이들, 모두 함께, 그리고 각자 들으십시오. … 내 말을 듣고 각자 자신을 위한 열매를 거두어들이십시오. … 풍성한 부를 누리는 이들이든 빈곤에 처한 이들이든 이 권고를 똑같이 받아들이십시오. 부와 가난을 차별하지 않는 이 가르침의 말씀을 들으십시오.

• 키루스의 테오도레투스 『시편 주해』 49,3.[6]

우리도 듣자

영감 받은 저자는 지금 우리에게 말로 표현할 수 없는 위대한 진리들을 말하고 있습니다. 만약 그가 엄청나게 많은 이를 불러 모을 만한 가치가 있고, 위대하며 유명한 어떤 것을 말하려는 것이 아니었다면 자신의 말을 들으라고 세상 곳곳의 사람들을 불러 모으지도 않았을 것이며, 세상의 주목도 끌지 못했을 것입니다. … 그가 자기 말을 들으라고 온 인류를 불러 모았으므로 우리도 꼭 참여합시다. 그리고 온 인류의 옹호자인 이 시편 저자가 무엇을 말하려고 하는지 봅시다.

• 요한 크리소스토무스 『시편 해설』 49,1.[7]

49,4 지혜와 슬기

묵상의 가치

시편의 이 구절은 묵상이 지혜라고 합니다. 이 말씀이 담고 있는 메시지는 무엇일까요? 마음의 묵상이 지혜라면, 그런 마음에서는 사악한 생각이 나올 리가 없습니다. 그런 마음에는 악마에게 내어 줄 자리가 없고, 사람들을 더럽히는

[3] CCL 25,68.

[4] FC 46,312-13.

[5] *ACTP* 287.

[6] FC 101,282.

[7] *CCOP* 1,321.

것들도 없습니다.

• 오리게네스 『시편 발췌 주해』 49,4-5.[8]

지혜의 원천

모든 지혜는 성찰을 통해 얻게 되고, 그 지혜를 전파함으로써 알려지게 됩니다. 따라서 시편 저자가 말하려는 것은 자신이 지혜로운 생각에 대하여 숙고하였고, 이제 그것을 전파하고자 하니 모두들 그가 하는 말의 청자가 되어 달라는 것입니다. 사람들은 우연히 깨달음에 이르는 것이 아니라 깊은 생각과 충분한 실제적인 경험을 통하여 배움에 이르게 된다는 것을 깨닫게 하려고 저자는 "생각"에 대해 말하고 있습니다.

• 타르수스의 디오도루스 『시편 주해』 49.[9]

49,5 잠언

잠언 또는 비유의 의미

"비유" 또는 "잠언"이라는 단어는 많은 의미를 갖고 있습니다. 시편 저자가 "당신께서 저희를 민족들의 이야깃거리로, 겨레들의 조소 거리로 내놓으셨습니다"(시편 44,15)라고 말하였듯이, "비유"란 이야깃거리를 의미합니다. "비유"는 또한 수수께끼를 의미하기도 합니다. 어떤 말을 들었을 때 그 의미가 즉각적으로 드러나지 않고 그 안에 어떤 감추어진 의미가 있는 경우를 말합니다. … "비유"는 또한 빗댄 이야기를 의미할 수 있습니다. "예수님께서 또 다른 비유를 들어 그들에게 말씀하셨습니다. '하늘 나라는 자기 밭에 좋은 씨를 뿌리는 사람에 비길 수 있다'"(마태 13,24). "비유"가 비유적 표현을 의미할 수도 있습니다. "사람의 아들아, 그들에게 큰 날개가 달린 큰 독수리 한 마리의 비유를 말하여라"(에제 17,1-3). 여기에서 "독수리"는 임금을 의미합니다. "비유"는 또한 바오로의 다음 말에서 드러나는 것처럼 유형이나 비슷함을 의미할 수 있습니다. "믿음으로써, 아브라함은 시험을 받을 때에 이사악을 바쳤습니다. … 그리하여 이사악을 하나의 상징으로 돌려받은 것입니다"(히브 11,17.19). 여기에서 "상징으로 돌려받았다"라는 말은 곧 유형으로, 비슷한 것으로 돌려받았음을 의미합니다. 그렇다면 시편의 이 구절에 언급된 "비유"는 시편 저자에게 무엇을 의미하는 것이었을까요? 내 생각에는 자신이 한 말을 가리키는 것으로 보입니다. … 알다시피 비유는 들을 자격이 없는 청자들로부터 들을 자격이 있는 청자들을 골라냅니다. 들을 자격이 있는 이들은 그 의미를 발견하기 위해 한 단계 더 나아가지만 들을 자격이 없는 자들은 지나쳐 버립니다. … 시편 저자가 서두에서 말한 것을 기억합니까? 그는 온 세상을 불렀습니다. 생활양식에 어떤 차이가 있든 상관없이 그들의 본성에 주의를 기울이게 하였으며, 그들의 자만을 억누르고, 위대하고 고귀한 것을 말하겠다고 약속하였으며, 자기 말을 하는 것이 아니라 그분에게서 들은 것을 말하고, 자신이 전하는 메시지에 심오한 의미가 있음을 암시하였습니다. 이렇게 함으로써 청중이 그의 말에 더 주의를 기울이게 만들었습니다. 그리고 그는 우리에게 자신이 끊임없이 묵상하였던 영적 지혜를 가르쳐 주겠다고 약속하였습니다. 그러니 그의 말에 주의를 기울이고 지나치지 않도록 합시다. 만약 그 메시지가 지혜롭고, 비유나 수수께끼라면 깨어 있는 마음이 필요합니다.

• 요한 크리소스토무스 『시편 해설』 49,2-3.[10]

[8] PG 12,1442.1444.

[9] WGRW 9,155.

[10] *CCOP* 1,325-26*.

음악과 조화를 이룬 선포

그분은 말씀하십니다. '내가 가르치는 것은 성령에게서 온 것이며, 내가 선포하는 이것은 그 어느 것도 나의 것이 아니고 결국 인간적인 것이 아니다. 성령께서는 신비를 통해 하느님의 지혜를 우리에게 전해 주시는데, 나는 그 성령께서 말씀하시는 것에 늘 귀를 기울여 왔기 때문에 이제 그 말씀을 너에게 열어 보여 준다. 그것도 다름 아닌 현악기 연주를 통하여 그것을 열어 보여 주고자 한다.' 현악기는 목소리의 가락에 조화롭게 소리를 맞춰 주는 악기입니다. 따라서 이성적인 현악기는 특히 행위가 말씀과 조화를 이루며 이루어질 때 울리게 됩니다. 그분은 행동하고 가르치셨던 영적 현악기이십니다. 자신의 본보기를 통하여 가르침을 주는 것이 가능함을 보여 주면서 시편을 통하여 말씀을 계시하신 분은 바로 그분이셨습니다. … 그분의 삶에는 음조를 벗어나거나 조화를 이루지 않는 것은 하나도 없습니다.

• 대 바실리우스 『시편 강해』 19,2(시편 제49편).[11]

영감으로

그는 이렇게 말합니다. '내가 하는 말은 지혜로 가득 차 있다. 나는 깊이 감추어진 말씀에 귀를 기울임으로써 지혜로 가득 찬 말씀들을 배웠다. 그리고 들음을 통해 내가 배운 것들을 혀라는 기관을 통해 제시한다.' 그러니까 이런 뜻입니다. '나는 나 자신에게서 나온 말을 하지 않는다. 나는 하느님 은총의 도구다.'

• 키루스의 테오도레투스 『시편 주해』 49,4.[12]

선택된 도구

주님께서는 적절한 기관이나 알맞은 도구를 발견하시면, 그동안 닫혀 있던 주제나 문제를 열어 보이십니다(사도 9,15 참조). 적절한 기관이나 알맞은 도구를 수금이라고 해 봅시다. 바오로가 바로 그런 경우였습니다. 그는 수금의 모든 현으로 아름다운 소리를 내면서 감미로운 은총의 찬가를 연주하였습니다. 그는 성령의 은총으로 자기 내면의 현을 뜯으면서 내적으로도, 외적으로도 아름다운 가락을 연주하였습니다. … 그는 신앙과 삶이, 육체와 영혼이 조화를 이룬 훌륭한 수금이었습니다. 절제된 삶으로 찬가를 노래하는 귀한 수금이었습니다.

• 암브로시우스 『열두 시편 해설』 49,7.[13]

이해의 영

차분한 영을 지닌 이는 시편을 노래합니다. 이 시편들을 통하여 그는 가르침을 풀어 내고, 영의 차분함을 통하여 그 가르침을 이해합니다.

• 폰투스의 에바그리우스 『시편 발췌 주해』 48[49],4-5.[14]

49,6 왜 두려워하랴?

오직 한 가지 두려움

불행의 날에 두려워할 것이 아무것도 없다고 말한다면 많은 사람이 이 말씀을 매우 이상하고 신기하게 여길 수 있습니다. 그래서 시편 저자는 "불행의 날에 내가 무엇을 두려워해야 하느냐?"고 묻습니다. 오직 한 가지뿐입니다. 나의 길과 나의 삶이 법을 위반할 위험이 나를 둘러싸는 것입니다. … 이것을 두려워하는 이들은 그 외의 것은 아무것도 두려워하지 않습니다. 대신에 그들의 정신은 오직 이 유일한 두려움 때문에만 긴장하며, 세상의 좋은 것들을 조롱하고 세상의 불행을 경멸합니다. 알다시피 이런 두려움을 지닌

[11] FC 46,314-15.
[12] FC 101,282.
[13] *ACTP* 288-89.
[14] PG 12,1444.

사람은 아무것도 두렵지 않습니다. 이 두려움 외에는 두려움의 대상 가운데 최고라 할 수 있는 죽음조차도 그들에게는 두렵지 않습니다. … 오직 법에서 벗어나게 되는 것만을 두려워하며 그 외의 것들을 두려워하지 않는 사람은 천사와 같아질 것입니다. 그것을 두려워한다면 그 밖의 것은 아무것도 그것만큼 두렵지 않게 됩니다. 반대로 그것을 두려워하지 않는다면, 다른 많은 두려워할 것에 노출됩니다.

• 요한 크리소스토무스 『시편 해설』 49,3-4.[15]

두려운 날

나는 심판의 날을 두려워하고 무서워합니다. 그날 의로우신 심판관께서 각자에게 그가 한 일에 따라 되갚으실 것입니다. 그러니 이 사실을 알고 그 두려움을 눈앞에 두고 삽시다. … 왜 두려워하느냐고 나에게 묻는다면 주의 깊게 들으십시오. 그날은 "불행의 날"입니다. 성경에는 그 날에 대한 셀 수도 없는 많은 말씀이 있습니다. 내가 두려워하는 이유는 법을 거슬러 살았던 나의 삶 때문입니다. 나는 그때 곧고 좁은 길에서 벗어났었습니다.

• 키루스의 테오도레투스 『시편 주해』 49,5.[16]

두려운 선고

어떤 사람이 죽음을 두려워한다면, 그가 죽음을 피하기 위해 할 수 있는 것은 무엇일까요? 아담의 후손이 아담이 진 빚을 어떻게 갚지 않을 수 있을까요? 그럴 수만 있다면! 그런데 그 사람이 비록 아담에게서 나긴 했지만 그리스도를 따랐는지, 아담의 빚을 갚기는 해야 하지만 그리스도께서 약속하신 것을 얻기로 되어 있는지 생각해 보게 하십시오. 죽음을 두려워하는 이가 그것을 피할 길은 없습니다. 저주를 두려워하는 이는 불경한 자들이 듣게 될 다음의 선고를 듣게 될까 봐 두려워합니다. "나에게서 떠나 영원한 불 속으로 들어가라"(마태 25,41). 그런데 그에게는 이 선고를 피할 수 있는 길이 분명히 있습니다.

• 아우구스티누스 『시편 상해』 49,6.[17]

49,7 재산을 믿는 이들

주제넘음

자신의 힘을 믿거나 부유한 재산을 자랑하지 맙시다. 오히려 비천한 이들은 높아질 것이라고 약속하셨고, 거만한 자들은 저주를 받을 것이라고 경고하신 주님만을 자랑합시다. … 어떤 이들은 친구들을 믿고, 어떤 이들은 자신의 힘을 믿으며, 또 어떤 이들은 재산을 믿습니다. 이런 것들은 하느님을 신뢰하지 않는 인간이 주제넘게 믿는 것들입니다.

• 아우구스티누스 『시편 상해』 49,7-8.[18]

근거 없는 자기 확신

그가 비록 이 세상에서 매우 영향력 있는 사람처럼 보이고, 많은 재산에 둘러싸여 있다 하더라도, 이 모든 말씀은 그 모든 것을 내려놓고 하느님의 강한 손 아래 자신을 낮추라(1베드 5,6 참조)고 그를 가르칩니다. … 영혼도 스스로를 구원할 수 있을 만큼 완전하지 않습니다. … 모든 인간의 영혼은 만민의 공통된 원수가 메워 놓은 종살이라는 사악한 멍에 아래 굴복하였고, 창조주로부터 받은 자유를 빼앗긴 채 죄에 사로잡혀 있었습니다. 모든 포로는 자유를 얻으려면 몸값을 지불해야 합니다. 어떤 형제도 자기의 형제를 위하여 몸값을 지불할 수 없으며, 자기 자신의

[15] *CCOP* 1,327-28.
[16] FC 101,283.
[17] *WSA* 3,16,356*.
[18] *WSA* 3,16,357.

몸값도 지불할 수 없습니다. 몸값을 지불하는 이는 정복을 당하여 노예가 된 사람보다는 훨씬 더 나은 사람이어야 하기 때문입니다. 그런데 사실 하느님께 죄인을 위한 속죄 제물을 바칠 수 있을 만한 능력을 가진 이는 아무도 없습니다. 그 사람 역시 죄의 값을 물어야 하기 때문입니다. "모든 사람이 죄를 지어 하느님의 영광을 잃었습니다. 그러나 [우리 주님이신] 그리스도 예수님 안에서 이루어진 속량을 통하여 그분의 은총으로 거저 의롭게 됩니다"(로마 3,23-24).

• 대 바실리우스 『시편 강해』 19,3(시편 제49편).[19]

49,8 누구도 제 몸값을 치를 수 없다

조상들도 도울 수 없다

선조들이나 형제들의 덕행과 경건함이 그것을 지니지 못한 이들에게 혜택을 주지 못하고, 이승을 떠난 이후에는 돈으로 구원을 살 수 없다는 것을 이해해야 합니다. 현자는 "재산은 사람의 목숨을 보장해 준다"(잠언 13,8)고 말하였지만 알다시피 이는 현세에서만 그러합니다.

• 키루스의 테오도레투스 『시편 주해』 49,6.[20]

남도 도울 수 없다

이것만은 팔 수 없습니다. 곧, 죄는 팔 수 없습니다. 혈연관계도 아무런 도움이 되지 못합니다. 주님께서 성경의 다른 곳에서 노아와 다니엘, 욥이 다시 살아난다 하더라도 자손들을 범죄에서 구해 낼 수 없다고 말씀하신 대로입니다.

• 타르수스의 디오도루스 『시편 주해』 49.[21]

유일한 중개자

하느님이 한 분이신 것과 마찬가지로, "하느님과 사람 사이의 중개자도 한 분이시니 사람이신 그리스도 예수님이십니다"(1티모 2,5). 그분은 유일무이하신 분이십니다. 그분만이 인류를 구원하십니다. 그분은 형제애보다 더한 사랑을 보여 주십니다. 그분은 알지 못하는 이들을 위해서도 기꺼이 피를 흘리시기 때문입니다. 다른 누군가가 그분을 자신의 형제를 위해서 바칠 수는 없습니다. 그분은 우리를 죄에서 구원하시기 위하여 자신의 몸을 아끼지 않으시고 "당신 자신을 모든 사람의 몸값으로 내어 주신 분이십니다"(1티모 2,6). … 왜 그리스도께서 구원하시는 유일한 분이시냐고 묻는다면 나는 이렇게 대답합니다. 누구의 사랑도 그분의 사랑과 같지 않습니다. 오직 그분만이 당신의 보잘것없는 종들을 위하여 목숨을 내어 주시며, 아무도 그분만큼 순결하지도 완전하지도 않기 때문입니다. 우리는 모두 죄의 지배 아래 있습니다(로마 3,9 참조). 아담의 범죄로 우리 모두 타락하였습니다. 이 오래된 죄에 물들지 않은 유일하신 분 말고는 누구도 우리의 구원자로 선택될 수 없었습니다. 당연히 우리는 주 예수님을 "인간"으로 이해해야 합니다. 그분은 우리 죄를 자신의 육에 못 박고, 온 인류에 대한 고소장을 당신의 피로 씻어 내기 위하여 인간의 조건을 취하셨습니다.

• 암브로시우스 『열두 시편 해설』 49,13.[22]

인간이기만 한 것이 아니다

사람이 자기 영혼의 몸값으로 내어 놓을 수 있을 만큼 충분히 위대한 것이 무엇일까요? 모든 사람이 함께 찾아낼 만큼의 가치가 있다고 여겨지는 것은 오직 한 가지뿐입니다. 그것은 우리 영혼의 몸값으로 주어진 우리 주 예수 그리스도의 거룩하고 지극히 영예로운 피입니다. 그분

[19] FC 46,316-17*.
[20] FC 101,284*.
[21] WGRW 9,156.
[22] *ACTP* 291*.

은 우리 모두를 위하여 피를 흘리셨습니다. 그러니 우리는 엄청난 값을 치르고 속량되었습니다(1코린 6,20 참조). 그런데, 형제가 속량해 주지 않는다면 어떤 사람이 속량해 주겠습니까? 사람이 우리를 속량할 수 없다면 우리를 속량해 주는 이는 사람이 아닙니다. 그분이 우리와 함께 "죄 많은 육의 모습으로"(로마 8,3) 머무셨다고 해서 그분 안에서 신성의 힘을 알아보지 못하고 우리 주님을 인간으로만 생각하지 마십시오. 그분은 당신 자신을 위해서는 하느님께 몸값을 치를 필요가 없으셨으며, "그분은 죄를 저지르지도 않았고 그분의 입에는 아무런 거짓도 없었기"(1베드 2,22) 때문에 자신의 영혼을 속량할 필요도 없었습니다. 몸값이나 선물이 아니라(이사 52,3) 자신의 피로 사로잡힌 사람들을 풀어 주실 분이 오시지 않는 한 아무도 스스로를 속량하기에 충분하지 않습니다. … 그분은 몸값이 필요하지 않지만 스스로 속죄 제물이 되셨습니다.

• 대 바실리우스 『시편 강해』 19,4(시편 제49편).[23]

49,9 비싼 몸값

그 무엇보다 나쁜 죄

죄는 그 어떤 것보다 나쁩니다. 가장 두려워해야 하는 것도 돈이 궁해질 가능성이 아니라 죄입니다. 숱한 죄에 사로잡힌 부자가 진짜 곤란에 처하고 그 불행에서 벗어나지 못하기 때문입니다. … 제아무리 부자라도 하느님께 돈을 드려 벌에서 벗어나게 해 달라고 설득할 수는 없기 때문입니다. 그는 죄에 짓눌린 자기 영혼을 속량하는 데 성공하지 못합니다. 이처럼 죄는 그 어떤 것보다 나쁩니다. 죄에 짓눌려 있으며 그 결과 하느님 심판의 대상이 된 사람은 누구도 위험에서 벗어날 수 없기 때문입니다.

• 몹수에스티아의 테오도루스 『시편 해설』 49,6B-9.[24]

높은 몸값

부모가 자기 아이보다 집을 우선적으로 선택할 수 없듯이 하느님께서도 세상을 영혼보다 더 우선적으로 선택하시지는 않을 것입니다. … 우리 영혼의 값이 얼마나 비싼지 알고 싶습니까? 우리를 속량하시기 위하여 외아드님께서는 세상이나 인간, 땅이나 바다를 주신 것이 아니라 당신의 고귀한 피를 주셨습니다. 그래서 바오로도 이렇게 말하였습니다. "하느님께서 값을 치르고 여러분을 속량해 주셨습니다. 그러니 사람들의 노예가 되지 마십시오"(1코린 6,20 참조). 영혼의 값이 얼마나 비싼지 아시겠습니까? … 영혼의 품위가 얼마나 높아졌는지 알겠습니까? 그러니 결코 영혼을 경멸하지 말며, 노예가 되게 하지도 마십시오.

• 요한 크리소스토무스 『시편 해설』 49,5.[25]

영원한 생명을 얻어라

이와 같은 사람들은 인생이 나날의 쾌락으로 이루어진다고 생각합니다. 가난하고 궁핍한 대중 가운데 많은 이들은 확고한 신앙이 없기 때문에 그들이 현재 하고 있는 수고에 대하여 하느님께서 약속하신 것에 눈을 두지 않습니다. 그리고 부자들이 매일 잔치를 벌이고, 금과 은으로 장식하여 번쩍거리는 모습을 보면 그들은 무슨 말을 합니까? "이들만이 이야기할 만한 가치가 있는 사람들이다. 이들은 제대로 산다!" … 정말 부자만이 제대로 사는 사람이라고 생각합니까? 그렇게 살라고 하십시오. 하지만 그의 생명도 끝이 납니다. 그는 자기 영혼을 속량할 값을 내지 못하기 때문에 그의 생명은 끝이 나고, 그의 노역

[23] FC 46,318-19*.
[24] WGRW 5,637.
[25] *CCOP* 1,330*.

은 끝이 없을 것입니다. … 이곳에서 수고하며 애써야 하는 우리는 이승에서는 생명을 얻지 못할 것입니다. 그러나 이다음에는 그렇지 않을 것입니다. 그리스도께서 영원히 우리의 생명이 되실 것이기 때문입니다. 반면에 이승에서 생명을 얻고자 하는 이들은 영원히 수고하게 될 것이며, 그 끝이 올 때까지만 이승에서 생명을 누립니다.

• 아우구스티누스『시편 상해』49,10.[26]

49,11 지혜로운 이들도 죽는다

어리석은 생각

바보는 식별력이 전혀 없으며, 그의 생각은 어리석습니다. 지혜롭지 못한 자는 생각할 수는 있지만 그가 생각하는 것은 좋지 않습니다. "어리석은 자 마음속으로 '하느님은 없다' 말하네"(시편 14,1). 그는 무엇이 선인지 알고 있기 때문에 그의 악함은 비난받아 마땅합니다. 그는 선이 무엇인지 알고 있지만 마음이 악하여 불의를 저지릅니다. 그는 또한 부정직합니다. 이는 그가 정직함이 무엇인지 몰라서가 아닙니다. 그는 너무나 꼬여 있어서 정직함을 파괴하고 싶어 하기 때문입니다.

• 암브로시우스『열두 시편 해설』49,17.[27]

죽음이 무엇인지 이해하라

이 구절은 무엇을 의미합니까? 지혜로운 이들이 죽는 것을 보면서 그는 죽음이 무엇인지를 이해하지 못하리라는 것을 의미합니다. 그는 스스로에게 말합니다. '저 사람은 지혜를 따라 살던 현명한 사람이었고, 열심히 하느님을 예배하였다. 그런데 그것이 그를 죽음에서 구해 주지 못하지 않는가? 그러니 나는 살아 있는 동안에 모든 좋은 것을 최대한 누려야겠다. 이와 다른 견해를 지닌 사람들은 무력하기 때문이다. 그들은 틀림없이 무력하다. 그렇지 않다면 그들은 죽지 않았을 것이다.' 화자는 지혜로운 이가 죽는 것을 보지만 죽음이 무엇인지는 보지 못합니다.

• 아우구스티누스『시편 상해』49,11.[28]

모두가 죽을 것이다

어리석은 이들과 부자들뿐만 아니라 모든 위대하고 현명하며 솔직한 이들도 죽을 것입니다. 부자들은 궁핍한 이들에게 자비를 베푸는 것을 꺼려하지만 결국에는 그들의 부를 다른 이들에게 물려줍니다. 그들이 많은 집을 소유하였다 하더라도 무덤이 그들의 영원한 집이 될 것입니다. 불쌍한 인간. 그는 육체에 깃들어 있는 동안에 이미 죽기 시작한다는 것을 이해하지 못합니다.

• 소 아르노비우스『시편 주해』49.[29]

49,12 무덤이 그들의 집이다

무덤에 사는 자들

죄 중에 죽은 자들은 집에서 살지 못하고 무덤에서 삽니다. 그들의 영혼이 죽었기 때문입니다. … 철저하게 타락한 사람은 무덤에서 살면서 회개의 기초도 놓지 못합니다. 그의 일은 아무런 생명력이 없기 때문입니다. 그는 "겉은 아름답게 보이지만 속은 죽은 이들의 뼈와 온갖 더러운 것으로 가득 차 있는 회칠한 무덤"(마태 23,27) 같습니다. 따라서 그런 사람은 이야기할 때 하느님의 말씀을 입에 담지 않습니다. 오히려 열린 무덤이 그의 목구멍입니다.

• 대 바실리우스『시편 강해』19,6(시편 제49편).[30]

---

26 *WSA* 3,16,359-60.
27 *ACTP* 293.
28 *WSA* 3,16,360*.
29 CCL 25,69.
30 FC 46,322-23*.

무덤과 맞바꾸다

지혜뿐만 아니라 영향력과 부유함도 모두 빼앗긴 채 그들은 끝을 만나게 됩니다. 그러면 그들의 화려한 집에서 쫓겨나 무덤으로 가서 영원히 그곳에 있어야 합니다.

• 키루스의 테오도레투스 『시편 주해』 49,8.[31]

영이 어디에 머무는가?

우리가 염두에 두어야 하는 것은 악하게 산 자의 죽을 육체가 어디에 묻히느냐가 아니라 살아 있는 사람의 영이 어디에 머무는가 하는 점입니다.

• 아우구스티누스 『시편 상해』 49,15.[32]

49,13 영화도 사라진다

불명예

인간의 참된 영예는 하느님의 모상이 되는 것, 하느님과 닮게 되는 것입니다. 이 품위는 그 모습을 새겨 주신 분과의 연관성 안에서만 유지될 수 있습니다. 그래서 인간이 하느님께 결합되면 될수록 자신에게 속한 것은 덜 사랑하게 됩니다. 하지만 인간은 자신의 힘을 입증하려는 욕망을 통하여 스스로의 의지로 자기 자신 안으로, 곧 일종의 중심으로 떨어지게 됩니다. 그는 누구의 지배도 받지 않는 하느님처럼 되기를 바라기 때문에 벌로써 중심, 곧 자기 자신에게서 쫓겨나 심연, 곧 짐승들이 기뻐하는 것들 안으로 떨어집니다. 하느님과 닮음이 인간의 영예이므로, 짐승과 닮음은 그의 불명예입니다.

• 아우구스티누스 『삼위일체론』 12,11,16.[33]

참된 존귀함에 대해 무지하다

인간은 다른 어떤 피조물보다 큰 영예를 누렸지만 하느님을 따르는 것이나 창조주처럼 되는 것을 이해하지도 못하였고, 또 소홀히 하였습니다. 육의 열정의 노예가 된 그는 "지각없는 짐승과 닮아 가고, 그들처럼 되어 갑니다". 그는 발정 난 수말처럼 제 이웃의 아내를 향해 힝힝거리고(예레 5,8 참조), 먹이를 잡아 찢는 이리와 같으며(에제 22,27 참조), 숨어서 낯선 자들을 기다립니다. 또 어떤 때에는 형제를 속이려고 교활한 여우처럼 됩니다(에제 13,4 참조). 몹시 어리석고, 짐승처럼 지각이 없기에 그는 창조주의 모상에 따라 만들어진 자신의 본모습을 알지 못하고, 그에게 주어진 위대한 천성을 이해하려 들지도 않으며, 본디의 정체성과 천성에서 나오는 자신의 존귀함을 알려고 들지도 않습니다. 그는 자신의 천상적인 모습을 던져 버리고 대신에 속된 모습을 취하였다는 사실조차 염두에 두지 않습니다. 그가 죄 속에 머물러 있지 않게 하려고, 그를 위하여, "말씀이 사람이 되시어 우리 가운데 사셨습니다"(요한 1,14). 그리고 그 말씀은 "죽음에 이르기까지, 십자가 죽음에 이르기까지 순종하실"(필리 2,8) 정도로 자신을 낮추셨습니다.

• 대 바실리우스 『시편 강해』 19,8(시편 제49편).[34]

짐승처럼

다윗은 아담을 위해 울었다.
그는 어떻게 왕궁에서
짐승의 거처로 떨어지게 되었던가.
짐승으로 말미암아 그릇되더니
짐승과 같아지고 말았네.
저주의 결과로
짐승들과 함께,
그는 풀과 뿌리를 먹었네.

---

[31] FC 101,285. [32] *WSA* 3,16,364.
[33] FC 45,358*. [34] FC 46,325-26*.

그리고 짐승들의 동료가 되어
죽었네.
그를 다시
짐승들에게서 갈라놓으신 분은
찬미받으소서.

• 시리아인 에프렘 『낙원 찬가』 13,5.[35]

지각없는 소

이성적 본성에 속한 존재가 지닌 영예로운 것은 악과 선을 구별해 낼 수 있는 분별력입니다. 그 능력을 잃어버린 이들은 "지각없는 소"에 비길 수 있습니다. 그들에게는 이성적 식별 능력이 없기 때문입니다.

• 니네베의 이사악 『수덕 강해집』 47.[36]

인간에게 부여된 품위에 대한 오해

현세에서 숱한 즐거움을 누리고 있으며, 살아 있는 다른 피조물들에 비하여 많은 본성적인 장점들을 소유하고, 또 여러 가지 은사를 누리고 있음에도 불구하고, 그들은 하느님께서 그들에게 부여해 주신 품위의 위대함을 이해하지 못하였습니다. 대신에 그들은 자신들이 소유한 뛰어난 속성들에 무감각해짐으로써 지성이 없는 소와 별로 다를 바가 없게 되었습니다. … 그들은 그 모든 것을 부여해 주신 분께 감사를 드리는 일에는 거의 주의를 기울이지 않은 채 경솔한 삶을 살면서 죄 속에서 늙어 갑니다. 따라서 그들 또한 하느님께서 내리시는 엄격한 판결의 대상이 됩니다.

• 몹수에스티아의 테오도루스 『시편 해설』 49,13.[37]

이 말씀을 들어라

거만하게 다른 사람에게 질책의 말을 던지는 대신에 겸손한 영으로 책망에 맞서지 않도록 자신을 지키기 위하여 이 시편의 말씀들을 읽고 이해하십시오.

• 아우구스티누스 『영혼과 그 기원』 4,15.[38]

49,14 자신을 믿는 어리석음

잘못 생각하는 이

이 구절에서 하느님의 성령께서는 세속적이고 지상적이며 현세적인 일 외에는 아무런 관심도 갖지 않으며 이 세상 다음에 올 것에 대해서는 전혀 생각하지 않는 이들에 대하여 묘사하고 있습니다. 그들은 이 세상에서 부와 높은 신분, 그리고 일시적인 권력 외에는 행복이 없다고 평가합니다. 그들은 죽음 이후에 올 것에 대해서는 아무런 대비도 하지 않습니다. 그들이 기껏 준비하는 것이라고는 장엄한 장례식을 하고 멋지게 꾸며진 무덤에 묻힐 수 있게 하는 것, 그리고 집안의 식구들이 그의 이름을 불러 주는 것 정도입니다. 하지만 그들은 이 세상의 삶이 끝날 때 그들의 영이 어디에 있을 것인지에 관해서는 아무런 준비를 하지 않습니다. 그들은 그리스도의 경고를 무시할 만큼 어리석습니다. "어리석은 자야, 오늘 밤에 네 목숨을 되찾아 갈 것이다. 그러면 네가 마련해 둔 것은 누구 차지가 되겠느냐?"(루카 12,20). 복음서의 그 부자는 날마다 풍성한 잔치를 벌였고, 자색 옷과 고운 아마 옷을 차려입었지만 죽어서 지옥에 던져진 채 고통을 겪고 있다는 사실을 그들은 알아차리지 못합니다. 또한 그들은 가난한 자가 고통과 부스럼과 굶주림을 겪은 후 어떻게 아브라함의 품에 안겨 쉬게 되었는지를 기억하지도 않습니다. 그들은 이런 것들을 전혀 고려하지 않으며 오직 현세의

[35] *HOP* 170.
[36] *AHSIS* 226.
[37] WGRW 5,641.
[38] NPNF 1,5,360-61*.

것에만 초점을 두고, 죽음 이후의 운명에 대해 준비하는 것은 소홀히 합니다. 그들은 하늘이 거부한 그들의 이름이 지상에서 칭송받게 하는 일에만 골몰할 따름입니다.

• 아우구스티누스 『시편 상해』 49,1.[39]

고통의 원인

시편 저자는 이 구절에서 "이것"이라는 지시대명사를 사용합니다. 이 지시대명사가 가리키는 행위가 곧 그들이 겪는 불행의 원인입니다. 하느님께서 주신 좋은 것들을 부주의하게 향유함으로써 그들은 하느님의 벌을 받지 않을 수 없게 된 것입니다. … 부요함을 누렸던 조상들이 하느님에게서 심판과 마땅한 벌을 받았지만 그들의 뒤를 이은 사람들은 여전히 정신을 차리지 못하였습니다. 반대로 그들은 다른 이들의 말과 행위에 기뻐하면서 서둘러 그들을 흉내 내었고, 현세의 좋은 것들과 부에 관하여 비슷한 태도로 행동하였습니다. 그들은 덕행에는 거의 주의를 기울이지 않음으로써 조상들이 받은 심판으로도 제정신이 들지 못하였습니다.

• 몹수에스티아의 테오도루스 『시편 해설』 49,14A-B.[40]

자만의 위험

부요함을 자신의 궁극적인 행복으로 여길 정도로 부를 사랑하며, 자신의 부의 풍요함을 자랑하는 사람들. 자기 힘을 믿고 부를 경멸할 정도로 부를 조롱하며 자기 힘을 신뢰하는 사람들. 이 두 부류의 사람들 다 교만합니다. 앞의 부자는 하느님이 아니라 자신의 부를 믿기 때문이며, 후자는 부를 경멸하는 근거가 하느님이 아니라 자기 자신에게 있기 때문입니다. 전자는 사랑해서는 안 되는 것을 몹시 사랑하기 때문이고, 후자는 제대로 경멸할 수 있는 것을 제대로 경멸하지 않는 까닭입니다. 전자는 악을 잘못 행하고 있고, 후자는 선을 잘못 행하고 있습니다.

• 루스페의 풀겐티우스 『서간집』 6,7.[41]

49,15 저승에 버려져

두 종류의 죽음

"죽음이 그들의 목자가 된다"는 것이 무슨 뜻입니까? … 죽음은 육체에서 영혼이 분리되는 것이거나, 하느님에게서 영혼이 분리되는 것임을 우리는 확실하게 말할 수 있습니다. 육체에서 영혼이 분리되는 죽음을 사람들은 특히 두려워합니다. 하느님에게서 영혼이 분리되는 죽음이 진짜 죽음이건만 사람들은 그것을 두려워하지 않습니다. 영혼과 육체를 갈라놓는 죽음을 피하려다가 영혼이 하느님에게서 잘려 나가는 다른 죽음의 희생물이 되는 사람들이 많습니다.

• 아우구스티누스 『시편 상해』 49,2.[42]

죽음보다 더 나쁜 운명

그들은 양들이 도살될 때와 같은 모양으로 잘려 나가고, 갑작스럽게 죽고, 아주 간단하고 쉽게, 예기치 않게 힘들이지 않고 지옥으로 떨어집니다. 이것이 죽음입니다. 아니, 오히려 그들의 운명은 죽음보다 더 나쁩니다. 그들이 죽은 뒤 끝이 없는 죽음이 그들을 사로잡습니다. 그들을 회복시켜 줄 수 있는 아브라함 곁에는 그런 죽음이 없으며, 지옥 이외의 다른 곳에도 그런 죽음은 없습니다. 지옥이란 벌이나 심판, 완전한 파멸을 지칭합니다. 이곳에서 맞이하는 그들의 종말은 역겹고 비참합니다. 그들이 그곳에 머무는 것이야말로 그들에게 내려진 벌입니다. 이곳에

[39] *WSA* 3,16,367*.
[40] WGRW 5,643.
[41] FC 95,351.
[42] *WSA* 3,16,368*.

쉽게 떨어지는 이들에 대하여 우리는 관용적으로 말하기를, 도살장으로 가는 양처럼 끌려갔다고 합니다. 아무튼 그들은 짐승처럼 살았기 때문에 미래에 대한 어떤 희망도 없이 짐승처럼 죽습니다. 그뿐만 아니라 그들은 나쁜 결말에 이르게 됩니다. … 파멸의 지배 아래 완전히 들어가게 됩니다.

• 요한 크리소스토무스 『시편 해설』 49,9.[43]

타락

그들은 인간의 본성에 어울리는 영광에서 제외되고, 그들의 육체는 황량한 곳이 되고 맙니다. 여러분의 육체가 부패하는 슬픈 장면을 늘 기억하십시오. 여러분의 감각기관이 아무런 형체도 없이 흩어지고 여러분 육체의 구조가 해체되는 것을 언제나 생각하십시오. 여러분의 육체를 구성하는 모든 것이 어떤 식으로 지하세계의 흙이 되고 마는지 늘 생각하십시오. 이러한 파멸에 대한 생각을 기쁘게 할 수 있는 이는 행복합니다. 창조주의 놀라운 권능을 감추고 있는 신비로 충만한 그 행위를 희망하며 기다리는 이는 행복합니다.

• 니네베의 이사악 『수덕 강해집』 64.[44]

49,16 하느님께서 내 영혼을 구원하시리라

그리스도 안에서

시편 저자는 그리스도께서 이미 당신 안에서 드러내 보여 주셨던 그 구원을 염두에 두고 있습니다. 그리스도는 저승으로 내려가셨고, 하늘에 오르셨습니다. 우리가 '머리'에서 보았던 것을 그 몸 안에서도 발견합니다.

• 아우구스티누스 『시편 상해』 49,5.[45]

얼굴을 마주하여

지금 우리는 보이는 것이 아니라 믿음으로 살아갑니다. 그러나 그때에는 얼굴과 얼굴을 마주 볼 것입니다. 속량된 영혼과 더불어 육체도 좋은 몫을 받게 될 것입니다.

• 요한 크리소스토무스 『시편 해설』 49,10.[46]

죽음에서 빼낸

죽음이 이미 어떤 사람을 사로잡은 것("저승의 손에서"라는 구절의 의미)처럼 보인다 하더라도 하느님께서는 그 사람을 죽음의 한가운데서 빼내실 수 있습니다. (죽음이 어떤 사람을 사로잡았다 하더라도 하느님께서 그를 빼내시는 것은 가능하고 아주 쉬운 일입니다.)

• 몹수에스티아의 테오도루스 『시편 해설』 49,16.[47]

49,17 불안해하지 마라

가난한 자들에게 주는 조언

이어서 시편 저자는 헤어날 길 없는 가난한 삶을 살면서 부자들의 거만에 지친 이들에게 필요한 설명과 조언을 하고 있습니다. … 저들이 현재 누리고 있는 번영을 대단한 것으로 여기지 말라고 그는 말합니다. 모든 이의 눈길을 끄는 부는 오래가지 못합니다. 남을 업신여기며 자신의 부로 교만해진 이들은 머지않아 그것을 모두 남겨 놓고 죽게 될 것입니다.

• 키루스의 테오도레투스 『시편 주해』 49,11.[48]

섭리를 신뢰하라

불의한 이가 부유하게 되고 의로운 이들이 가

---

[43] *CCOP* 1,338-39.
[44] *AHSIS* 315-16.
[45] *WSA* 3,16,372.
[46] *CCOP* 1,342.
[47] WGRW 5,645.
[48] FC 101,286.

난하게 되는 것을 보거든 두려워하지 마십시오. 마치 하느님의 섭리가 인간사를 전혀 돌보지 않는 것처럼, 저 멀리 어딘가에서 신이 지켜보고 계시기는 하지만 우리의 일을 살피실 수 있을 만큼 가까운 거리에 계시지 않기나 하는 것처럼 여기고 당황하지 마십시오. 섭리가 정말 있다면 각 사람에게 필요한 것을 나누어 주어야 하고, 그래서 부를 어떻게 사용해야 하는지 아는 의로운 이가 부자가 되고, 악한 수단으로 부자가 된 악인은 가난하게 되어야 할 테기 때문입니다. … 이렇게 생각하는 이들이 많습니다. 그리고 인간사의 행운이 일관성이 없게 분배되는 것이 분명하기 때문에 세상은 하느님 섭리의 작품이 아니라고 생각하는 이들이 많습니다. 바로 이 때문에 성경은 그들에게 무지한 격정을 가라앉히라고 말합니다. … 현 세상의 일 때문에 약해지지 말고 복되고 영원한 생명을 기다리십시오. 그러면 가난과 모욕, 사치품의 결핍이 의로운 이의 선을 위하여 그에게 주어졌음을 알게 될 것입니다. 좋은 것들에 대해서도 마치 그것들이 불공정하게 분배된 것처럼 심란해하지 마십시오. 어떤 부유한 사람에게 하신 말씀을 여러분은 듣게 될 것입니다. "너는 살아 있는 동안에 좋은 것들을 받았다"(루카 16,25). 그러나 가난한 사람에게는 그가 살아 있는 동안 나쁜 것을 받았다고 말씀하셨습니다. 따라서 그 결과로 가난한 사람은 위로를 받고, 부자는 고초를 겪습니다.

• 대 바실리우스『시편 강해』19,10(시편 제49편).[49]

관점을 고수하라

어떤 동료가 부자가 되면 여러분은 왜 용기를 잃기 시작합니까? 신자가 되기로 한 결정이 잘못된 것은 아니었는지 여러분은 두려워하기 시작합니다. 신앙을 위한 여러분의 모든 노력이 헛된 것은 아닌지, 하느님께로 향했던 희망이 쓸데없는 것은 아니었는지 여러분은 의심하기 시작합니다. 어쩌면 여러분은 사기를 쳐서 다른 사람처럼 한몫을 잡아 부자가 되고, 그래서 더 이상 일하지 않아도 될 수도 있었습니다. 하지만 여러분은 하느님의 경고에 귀를 기울였고, 사기를 치지 않았으며, 그것으로 얻을 수 있는 행운에도 등을 돌렸습니다. 그런데 여러분의 동료는 사기를 쳐서 재물을 쌓아 올렸는데 아무 일도 그에게 일어나지 않았다는 사실을 여러분은 알고 있습니다. 그래서 지금 착하게 살려는 여러분의 의지가 약해지고 있습니다. 하지만 하느님의 성령께서 여러분에게 말씀하십니다. "누가 부자가 되더라도 … 불안해하지 마라." 정말로 여러분은 현세적인 것들에만 눈을 두고 더 이상은 보지 않으렵니까? 죽은 이들 가운데에서 부활하신 분께서 미래에 대해 우리에게 약속하셨습니다. 그분은 이 지상에서의 평화나 이 세상에서의 안식을 약속하지 않으셨습니다. 우리 모두는 안식을 추구하고 우리가 추구하는 것은 좋은 것입니다. 그러나 우리가 안식을 추구해야 할 곳은 이 세상의 나라가 아닙니다. 이 세상의 삶에는 평화가 없습니다. 우리가 지상에서 추구하는 것은 하늘에 마련되어 있습니다. 우리가 이 세상에서 추구하는 것은 다음 세상에서 우리에게 약속되어 있습니다.

• 아우구스티누스『시편 상해』49,6.[50]

49,18 아무것도 가지고 갈 수 없다

심판 때에는 벌거벗는다

어떤 사람이 현세에서 부자였다 하더라도 죽은 다음에도 그 때문에 그 사람이 행복하다고 보

[49] FC 46,328-29*.

[50] *WSA* 3,16,373-74*.

장할 수 없습니다. 오히려 그는 모든 재산을 뒤에 남겨 두어야 하며, 벌거벗은 채 심판관의 법정에 서야 합니다.

• 타르수스의 디오도루스 『시편 주해』 49.[51]

제집의 영광

시편 저자가 "그들의 영광을 드높인다 하여도"라고 하지 않고, "제집의 영광을 드높인다 하여도"라고 말했음에 주목하십시오. 내가 열거하는 이 모든 것, 곧 샘들과 산책로와 목욕탕과 금과 은, 말과 노새들, 양탄자와 옷들은 그 집의 영광이지 그 집에 살고 있는 사람의 영광은 아닙니다. 사실 사람의 영광은 그 사람이 가진 덕입니다. 덕은 그 사람과 함께 이 세상을 떠납니다. 반대로 집의 영광은 이 세상에 머뭅니다. 아니, 머물러 있지도 못하고 그 집 안에 사는 이에게 아무런 도움도 주지 못한 채 그 집과 함께 사라져 버립니다. 아무튼 집의 영광은 그에게 속한 것이 아닙니다.

• 요한 크리소스토무스 『시편 해설』 49,11.[52]

믿음이 없다면 허무하다

어떤 사람의 집의 영광이 드높아졌다는 말을 들을 때 불안해하지 마십시오. 그것에 대해 깊이 생각해 보십시오. 그 집이 신앙으로 채워져 있지 않다면 허무에 불과함을 여러분은 알게 될 것입니다. … 아담은 그의 파멸로 우리에게 허무를 물려주었습니다. 하지만 그리스도의 은총이 그 허무를 채워 주었습니다. 그리스도께서는 자신을 비우심으로써(필리 2,7 참조) 온전히 충만한 덕이 인간의 육 안에 살게 하셨습니다(콜로 2,9 참조).

• 암브로시우스 『열두 시편 해설』 49,23.[53]

육체적인 영광

여러분은 부자가 살고 있는 모습을 보고 있습니다. 이제 그가 죽어 가는 모습을 상상해 보십시오. 여러분은 이곳에서 그가 소유한 것을 보고 있습니다. 이제 그가 무엇을 가지고 갈 수 있겠는지 생각해 보십시오. 그가 무엇을 가지고 갑니까? 그에게는 금도 은도 땅도 종도 많습니다. 하지만 그가 죽으면 이 모든 것은 남겨지고, 그것이 누구의 차지가 될지 그는 알지 못합니다. 그가 직접 선택한 사람에게 재산을 물려준다 하더라도 그 재산이 그 사람과 함께 남아 있을지는 여전히 장담할 수 없습니다. 많은 이가 자신에게 남아 있지도 않을 재산을 획득하였으며, 다른 많은 이들은 상속받은 것들을 잃고 말았습니다. 이 모든 것이 뒤에 남겨질 것이라면 그는 무엇을 가지고 갈 수 있을까요? … 아마도 누군가는 이렇게 말할지도 모릅니다. '자기 시신을 감싼 천과 값비싼 대리석 무덤과 자기의 비석을 세우는 데에 쏟아부은 돈은 가지고 가겠지. 어쨌거나 그것은 가지고 가겠지.' 하지만 그것들조차도 가져갈 수 없다고 나는 말하겠습니다. 그는 그것들 가운데 어떤 것도 가져가지 못합니다. 죽은 사람은 매장 때 사용된 그 어떤 것도 가져갈 수 없습니다. 그 사람이 살았던 집, 곧 그 사람을 담고 있었던 낡은 그릇은 무덤에 남습니다. 우리는 몸을 집이라고 부르고, 그 집에 사는 이를 영이라 부릅니다. 영이 지옥에서 고통을 당한다면 육체가 값비싼 아마포에 싸여 계피 가지와 방향초 사이에 누워 있다 한들 무슨 소용이 있겠습니까? 차라리 주인이 유배를 떠난 집의 벽을 장식하는 것

[51] WGRW 9,159.

[52] *CCOP* 1,343-44.

[53] *ACTP* 297-98.

이 더 나을 것입니다. 그는 외국 땅에서 빈곤과 기아에 시달리며 여위어 가고, 겨우 몸을 누일 만한 좁은 자리조차 찾지 못하고 있는데, '자기 집을 이렇게 장식할 수 있었던 이는 얼마나 행운아인가!'라고 여러분은 말하고 있습니다. 이 말을 듣는 사람은 누구나 여러분이 농담을 하거나 미쳤다고 생각할 것입니다. 영혼은 고통 중에 있는데 육체를 꾸미는 것이 바로 이와 같은 짓입니다. 영에게 도움을 주고자 한다면 죽은 사람에게 가치 있는 것을 주어야 합니다. 그런데 물 한 방울을 구걸하였던 부자가 그것을 얻지 못하였다면 무엇을 줄 수 있을까요? 사실 그는 그보다 앞서 주어진 좋은 것들을 경멸하였습니다. 왜 그랬을까요? "그들이 걷는 길이 그들을 걸려 넘어지게 하는 기회"가 되기 때문입니다. 그는 현재의 삶 외에는 다른 삶이 없다고 생각하였고, 장례 때 자신의 시신을 값비싼 천으로 휘감게 하는 것 외에는 아무런 관심도 두지 않았습니다. 주님께서 경고하신 대로 그의 영혼은 그에게서 거두어졌습니다. "어리석은 자야, 오늘 밤에 네 목숨을 되찾아 갈 것이다. 그러면 네가 마련해 둔 것은 누구 차지가 되겠느냐?"(루카 12,20). 우리는 이 시편에서 이루어진 예고를 그 사람에게서 확인할 수 있습니다. "누가 부자가 된다 하여도, 제 집의 영광을 드높인다 하여도 불안해하지 마라. 죽을 때 그 모든 것을 가지고 갈 수 없으며 그의 영광도 그를 따라 내려가지 못한다."

• 아우구스티누스 『시편 상해』 49,7.[54]

49,19 칭찬을 받을지라도

이 생애에서만 지속된다

알다시피 부자들이 특별히 관심을 기울이는 대상은 이런 것입니다. 시장에서 사람들이 하는 아첨과 대중에게서 받는 관심, 공개적인 칭송과 위선으로 가득 찬 찬사, 공공 행사에서 이목을 끄는 사람이 되고, 잔치와 법정에서 환호를 받으며, 모든 사람의 입에 오르내리며, 양심적인 사람으로 생각되는 것. 하지만 머잖아 그것이 어떻게 그에게서 잘려 나가는지 주의하여 보십시오. 시편 저자가 "생전에"라고 말하고 있음을 주목하십시오. 곧, 이들의 대중적 인기와 칭송은 이 생애에서만 지속되며, 다른 모든 것들과 함께 사라지게 될 것으로, 오래가지 못하며 소멸해 버릴 것입니다. 비록 아첨꾼들이 씌워 준 것이긴 하지만, 그가 죽은 뒤에 두려움의 가면이 벗겨지면 실상이 드러납니다.

• 요한 크리소스토무스 『시편 해설』 49,11.[55]

49,20 영원히 빛을 보지 못하리라

어둠에서 어둠으로

그는 지상에 있는 동안 어둠 속에서 살았습니다. 거짓된 것들을 흡족해하고 참된 것을 가치 있게 여기지 않았습니다. 그래서 그는 이 세상을 떠나 깜깜한 지옥으로 가게 될 것입니다. 그 어둠의 고통이 그를 이승의 어두운 잠에서 불러낼 것이며, 그리고 "그는 영원히 빛을 보지 못할" 것입니다.

• 아우구스티누스 『시편 상해』 49,11.[56]

[54] *WSA* 3,16,374-75*.

[55] *CCOP* 1,344.

[56] *WSA* 3,16,378.

50,1-23 하느님의 심판

시편 제50편은 구원자의 오심에 관하여 말하고 있습니다.
그분은 하느님을 통하여 우리 가운데 오실 것이라고 합니다.
아타나시우스 『시편 해석에 관해 마르켈리누스에게 보낸 편지』 5 [OIP 58]

1 [시편. 아삽]
하느님, 주 하느님께서 말씀하시며
해 뜨는 데서 해 지는 데까지
땅을 부르시네.
2 더없이 아름다운 시온에서
하느님께서 광채와 함께 나타나시네.
3 우리 하느님께서는 잠잠히 아니 오시니
그분 앞에 불이 삼킬 듯 타오르고
그분 둘레에는 엄청난 폭풍이 이네.
4 그분께서 당신 백성을 심판하시려
저 위 하늘과 땅을 부르시네.
5 "나에게 모여라, 내게 충실한 자들아
제사로 나와 계약을 맺은 자들아!"
6 하늘이 그분의 의로움을 알리네,
하느님, 그분께서 심판자이심을. 셀라
7 "내 백성아, 들어라. 내가 말하노라.
이스라엘아, 나 너를 거슬러 증언하노라.
나는 하느님, 너의 하느님이다.
8 너의 제사 때문에
너를 벌하려는 것이 아니니
너의 번제야 늘 내 앞에 있다.
9 나는 네 집에 있는 수소도,
네 우리에 있는 숫염소도 받지 않는다.
10 숲 속의 모든 동물이며
수천 산들의 짐승이 내 것이기 때문이다.
11 나는 산의① 새들을 모두 안다.
들에서 움직이는 생물들도
내게 속한 것들이다.
12 나 비록 배고프다 하여도
네게 말하지 않으리니
누리와 그를 채운 것들이
나의 것이기 때문이다.
13 내가 황소의 고기를 먹고
숫염소의 피를 마시기라도 한단 말이냐?
14 하느님에게 찬양 제물을 바치고②
지극히 높으신 분에게
네 서원을 채워 드려라.
15 그리고 불행의 날에 나를 불러라.
나 너를 구하여 주고
너는 나를 공경하리라."
16 악인에게는 하느님께서
이렇게 말씀하신다.
"너는 어찌하여 내 계명들을 늘어놓으며
내 계약을 네 입에 올리느냐?
17 훈계를 싫어하고
내 말을 뒤로 팽개치는 너이거늘.
18 너는 도둑을 보면 함께 뛰고
간음하는 자들과 한패가 된다.
19 너는 입을 놀려 악행을 저지르고
네 입술은 간계를 엮는다.
20 너는 앉아서 네 형제를 거슬러 말하고
네 어머니의 아들에게 모욕을 준다.
21 네가 이런 짓들을 해 왔어도
잠잠히 있었더니⤴

ⓡ내가 너와 똑같은 줄로 여기는구나.
나 너를 벌하리라.
네 눈앞에 네 행실을 펼쳐 놓으리라.
22 이를 알아들어라, 하느님을 잊은 자들아.
그러지 않으면 내가 잡아 찢어도
구해 줄 자 없으리라.
23 찬양 제물을 바치는 이가
나를 공경하는 사람이니
올바른 길을 걷는 이에게
하느님의 구원을 보여 주리라."

① 히브리어 본문; 그리스어, 시리아어, 타르굼 본문은 '하늘의'다.
② 또는 '찬양을 너의 제물로 바치고'.

둘러보기

시편 제50편은 시편 제49편의 주제를 확장하며 신약의 섭리를 예고한다(테오도레투스). 이 시편은 심판하시기 위하여 온 땅을 부르시는 하느님의 말씀으로 시작된다(에우세비우스). 하느님의 아름다움은 시온에서 빛나고(요한 크리소스토무스), 육을 취하시어 공개적으로 나타나심으로써 그 절정에 이른다(에바그리우스). 하느님께서 몸소 심판하시러 오실 것이다(디오도루스). 폭풍으로 키질하시며(아우구스티누스), 구름 같은 증인들과 함께 오신다(소 아르노비우스). 주님께서는 우리 눈에 보이는 모습으로 오셨다(이레네우스). 그때엔 그분의 영광이 감추어져 있었지만 그분께서 다시 오실 때에는 그 영광이 드러날 것이다(테오도레투스). 주님은 심판 때에 모든 이를 부르신다(디오도루스). 하느님께서는 제사 바치는 것을 허락하시기는 하셨지만 당신의 백성을 더 차원 높은 이해로 이끌어 주셨다(요한 크리소스토무스). 의로움은 제사 의식에 국한된 것이 아니었으며(테오도레투스), 오히려 모든 것을 바치는 사랑을 가리킨다(아우구스티누스). 이 시편의 말씀들은 성전 파괴 때 결국 이루어질 것이며(헤시키우스), 우리는 여기에서 새로운 계약이 예언되어 있음을 본다(아우구스티누스). 하느님의 섭리는 만물에 두루 미치며(에바그리우스), 하느님 종들의 재산은 하느님의 것이다(아우구스티누스). 하느님께서는 당신의 지식을 통하여 그 모든 것을 소유하신다(아우구스티누스). 사람들이 바치는 희생 제사에서 하느님께서 바라신 것은 그들의 마음이요(테르툴리아누스), 그들의 사랑이었다(요한 크리소스토무스).

하느님께서는 천사처럼 되라고 우리를 초대하시며(헤시키우스), 하느님을 찬미하는 삶을 살라고 하신다(요한 크리소스토무스). 하느님은 아무것도 필요로 하지 않으시지만 우리의 찬미를 원하신다(로마의 클레멘스, 위-아우구스티누스). 그것은 우리를 위해서다(디오도루스). 이 제사는 은총으로 우리에게 주어진 것이며(아우구스티누스), 우리 삶 전체를 바치는 것이다(몹수에스티아의 테오도루스). 법을 아는 것만으로는 충분하지 않다(몹수에스티아의 테오도루스). 왜냐하면 속이는 자는 어쩌다가 진실을 말한다 해도 신용을 얻지 못하기 때문이다(아타나시우스). 법과 규율을 거부하는 것은(에바그리우스) 또한 이성의 거부를 수반한다(요한 크리소스토무스). 그것은 영적 강도짓이요 간음 행위다(키프리아누스). 이런 문제들에 대해서는 관용이 덕이 될 수 없다(요한 크리소스토무스). 혀로 다른 이들에게 죄를 짓는 자들은 언어적 보복을 당하게 될 것이다(요한 크리소스토무스). 남의 횡설수

설하는 말에 속지 않도록 조심해라(히에로니무스). 하느님의 침묵은 그분의 인내를 보여 주는 것이지 하느님께서 허락하신다는 뜻이 아니다(예루살렘의 키릴루스). 하느님을 잊는 것이 죄의 원인이다(테오도레투스). 그런데 하느님의 축복은 신앙으로 진리의 길을 걸으며(로마의 클레멘스), 말씀과 행위로 하느님께 찬미의 제물을 바치는 이들에게 내린다(오리게네스).

50,1ㄱ 표제: 아삽의 시편

장차 있을 심판

아삽이 지었다고 기록된 현재의 시편은 바로 앞의 시편과 마찬가지로 다가올 심판과 우리의 하느님이신 구원자의 현현을 예고합니다. 또한 이 시편은 율법에 따라 바치는 제사가 하느님께 합당하지 않음을 보여 줌으로써 새로운 계약의 도래를 예언합니다.

• 키루스의 테오도레투스 『시편 주해』 50,1.[1]

50,1ㄴ 전능하신 분께서 말씀하신다

말씀의 오심

이 구절에서 신적 섭리는 하느님께서 볼 수 있게 오시리라는 것, 곧 다름 아닌 하느님의 말씀께서 오시리라는 것을 분명하게 예고합니다. 또한 이 구절은 하느님께서 세상의 모든 나라를 부르실 것임을 강조함으로써 그분께서 오시는 이유를 밝혀 줍니다. "하느님께서는 해 뜨는 데서 해 지는 데까지 땅을 부르시네"라고 하기 때문입니다. 이 시편은 또 주님께서 나타나셔서 이방인들을 부르신 후에는 모세의 율법에 따른 외적인 예배가 거부될 것임을 알려 줍니다. 하느님의 말씀이 모든 민족들에게 전해진 뒤에는 실질적으로 어떤 예배는 중단되었습니다. 그날부터 지금까지 온 세상에 있는 모든 사람과 동서방의 모든 나라가 초대를 받았습니다. 이전의 예배는 중단되고 폐지되었으며, 모든 민족들은 모세의 율법에 따른 예배가 아니라 복음이 선포하는 새로운 계약에 따라 예배하도록 부름 받았습니다. 우리는 이 예언의 말씀들을 우리 구원자의 영광스러운 두 번째 오심에도 적용할 수 있을 것입니다.

• 카이사리아의 에우세비우스 『복음의 논증』 6,3,261-62.[2]

50,2 하느님께서 광채와 함께 나타나신다

하느님의 아름다움

사실 구약 때에도 하느님의 아름다움은 [시온]에서 분명하게 드러났습니다. 성전과 지성소, 온갖 형태의 예배와 옛 규정의 실천, 수많은 사제들과 희생 제사, 번제, 거룩한 찬가와 영가, 그리고 그것에서 유래된 모든 것들. 이 모든 것들은 그것들이 존재하기 전에 이미 그 밑그림이 다 주어졌었습니다. 그리고 그 밑그림이 현실이 되었을 때 그 시작은 시온에서 이루어졌었습니다. 십자가가 빛났던 곳도 시온이었습니다. … 부활과 승천도 그곳에서 이루어졌고, 우리 구원의 서막과 시작도 그곳에서 이루어졌습니다. 바로 그곳에서 신성한 가르침이 선포되기 시작하였습니다. 성부께서 처음 계시된 곳도 그곳이었고, 외아드님께서 알려지시고, 성령의 놀라운 은총이 주어진 곳도 그곳이었습니다. 그곳에서 사도들은 영적인 일들과 은사, 능력, 다가올 좋은 것들에 대한 약속에 관해 설교하기 시작했습니다. 영감 받은 저자는 이 모든 것을 생각하며 그것을 하느님의 원숙하심이라고 부릅니다. 알다시피 하느님의 아름다운 원숙하심은 그분의 선하심과 자애이며, 모든 사람에게 주시는 그분의

[1] FC 101,288.

[2] *POG* 2,5*.

은혜입니다.

• 요한 크리소스토무스 『시편 해설』 50,1.[3]

육의 모습으로, 공개적으로

우리의 하느님은 공개적으로 오실 것입니다. 우리의 하느님은 그리스도이십니다. 그리스도는 육의 모습으로 공개적으로 오실 것입니다. 그러므로 우리는 공개적이라는 말을 '육의 모습으로'를 의미한다고 이해합니다. 그리고 이 육은 감각을 통해 인식할 수 있습니다.

• 폰투스의 에바그리우스 『시편 발췌 주해』 49[50],3.[4]

50,3 우리 하느님께서 오신다

하느님께서 몸소 오신다

시편 저자는 마치 하느님께서 몸소 그 자리에서 심판하시는 것처럼 묘사하고 있습니다. 그는 "하느님께서는 잠잠히 오시지 않는다"고 덧붙입니다. 곧, 하느님께서는 친히 직접 조사를 하심으로써 재판관들을 심판하시기로 결정하실 것입니다. 이어서 시편 저자는 "그분 앞에는 불이 삼킬 듯 타오르고 그분 둘레에는 엄청난 폭풍이 이네"라고 말합니다. 이는 하느님께서 상벌을 주시러 오실 것이며, 제제조치들을 호위병들처럼 거느리고 오실 것인데, 이것은 끔찍한 공포의 원인이 될 것임을 말하려는 것입니다. 세상의 통치자들은 행차할 때 먼저 사자들을 앞서 보내어 소리를 외치게 함으로써 백성들이 머리를 조아리게 합니다. 이와 마찬가지로 하느님께서도 불과 강력한 폭풍을 먼저 보내시어 심판받을 이들을 두려워 떨게 만드시며 오십니다. 시편 저자가 사용한 "폭풍"이라는 단어는 지옥으로 끌어내릴 수 있는 능력을 가리킵니다.

• 타르수스의 디오도루스 『시편 주해』 50.[5]

심판의 폭풍

이 폭풍은 성도들에게서 모든 불결한 것의 흔적을, 신자들에게서 모든 거짓 꾸밈을, 하느님의 말씀을 두려워하는 독실한 이들로부터 남을 무시하거나 거만한 사람을 따로 떼어 내는 키질의 효과를 냅니다.

• 아우구스티누스 『시편 상해』 50,8.[6]

구름 같은 증인들

분명히 하느님께서는 불로 세상을 심판하시기 위하여 공개적으로 오실 것입니다. 그분 앞에서 불이 타오르고, 그분 둘레에는 강력한 폭풍이 일 것입니다. 그러면 사도들과 순교자들, 교사들, 곧 그분의 계약을 제사 위에 올려놓는 이들이 모일 것입니다. 현재의 사도들과 교사들, 조언자들이 이런 사람들이 될 것입니다. 바로 이들이 하느님의 영광을 선포하는 "하늘"들입니다. 하느님께서 심판을 시작하실 때 그들은 하느님의 의로우심과 자비하심을 선포합니다.

• 소 아르노비우스 『시편 주해』 50.[7]

하느님은 볼 수 있게 오셨다

하느님께서는 볼 수 있는 모습으로 오셨고, 육을 취하셨으며, 나무에 매달리셨습니다. 그리하여 시편이 말한 모든 것을 당신의 모습으로 요약해 주셨습니다. … 그분은 하느님의 말씀이시며, 또한 인간으로서 보이지 않는 것을 지성적 방법으로 전달해 주시고, 외적 감각으로 관찰할 수 있는 법을 제정하심으로써 모든 것이 제 질서 안에서 유지되게 하셨습니다. 그분은 보이는 것

[3] *CCOP* 1,350-51*.
[4] PG 12,1449.
[5] WGRW 9,160-61.
[6] *WSA* 3,16,388.
[7] CCL 25,70.

들과 사람들에게 속한 것들을 겉으로 드러나게 지배하십니다. 그리고 모든 것을 정당하게 심판하시며 올바른 가치를 부여하십니다. 다윗이 분명히 이것을 가리키며 말한 그대로입니다. "우리의 하느님은 공개적으로 오시며, 침묵을 지키지 않으신다." 이어서 다윗은 주님께서 하실 심판에 대해 보여 주며 이렇게 말합니다. "그분 앞에 불이 삼킬 듯 타오르고, 그분 둘레에는 엄청난 폭풍이 이네. 그분께서 당신 백성을 심판하시려 저 위 하늘과 땅을 부르시네."

• 이레네우스 『이단 반박』 5,18,3.[8]

하느님께서는 공개적으로 오신다

주님의 두 번째 오심이 첫 번째 오심과 같으리라고 생각하지 마십시오. 첫 번째 오심에서는 주님께서 당신의 고유한 위대하심을 비천함과 가난 속에 감추셨다면, 두 번째 오심에서는 당신의 주권과 왕권을 모든 이에게 분명하게 드러내실 것입니다. 더 이상 오래 참지 않으시고, 정당하게 심판하실 것입니다. 시편 저자가 말한 대로 될 것입니다. "하느님께서는 잠잠히 계시지 않네. 그분 앞에는 불이 삼킬 듯 타오르고, 그분 둘레에는 엄청난 폭풍이 이네." 복된 다니엘은 이에 관한 환시를 보았습니다. 그가 말합니다. "그분의 옥좌는 불꽃 같고 옥좌와 바퀴들은 타오르는 불 같았다. 불길이 강물처럼 뿜어 나왔다. 그분 앞에서 터져 나왔다"(다니 7,9-10).

• 키루스의 테오도레투스 『시편 주해』 50,2.[9]

50,4 하늘과 땅을 부르시네

하느님께서 모든 이를 부르신다

하느님께서는 불과 폭풍을 호위병 삼아 눈에 띄게 오셔서, 마치 심판의 증인으로 세우시려는 듯 온 세상의 모든 사람을 부르실 것입니다. 그분은 누구를 부르십니까? 저 "위", 높은 곳에서는 천상의 권능을 지닌 이들을, 아래로는 모든 "땅"을 부르셔서 그들에 대한 재판을 시작하실 것입니다.

• 타르수스의 디오도루스 『시편 주해』 50.[10]

50,8 너의 제사

왜 하느님께서는 제사를 허락하셨는가?

다른 영감 받은 저자들도 제사와 관련하여 비난을 하였습니다. 더 중요한 요소인 덕행은 무시한 채 구원에 대한 희망을 제사에 두고 있는 이들을 그들이 고발하였음을 기억하십시오. … 그런데 희생 제사에 관해서는 많은 말씀들이 있습니다. 제사에 관한 율법이 전해진 것은 하느님께서 제사를 바라시는 마음이 커서가 아니었습니다. 그것은 오히려 그들의 한계에 대한 하느님의 깊은 이해심을 보여 줍니다. … 연기와 냄새를 통해서가 아니라 흠 없는 삶으로, 육체가 아니라 정신으로 하느님을 예배해야 합니다. 그러나 이방인들이 섬기는 마귀들은 이런 것을 좋아하지 않았습니다. 그것들은 희생 제사들을 찾았습니다. 그리스의 한 시인은 "알다시피 신들의 뜻으로 우리는 이것을 얻는다"[11]라고 말할 정도로 그것이 사실임을 시사하고 있는 것으로 보입니다. 하지만 우리의 하느님은 그와 같지 않습니다. 다른 신들은 인간의 피를 목말라하며, 인간을 유혈의 죄로 이끄는 그들의 욕망 때문에 계속해서 인간에게 그것을 요구합니다. 이와 대조적으로 우리의 하느님께서는 점차적으로 그들이 짐승을 도살하지 않도록 만들고자 하셨습니다. 하느님

[8] ANF 1,547*.

[9] FC 101,289.

[10] WGRW 9,161.

[11] 호메로스 『일리아스』.

께서 희생 제사를 허락하심으로써 당신의 이해심을 발휘하셨던 것은 궁극적으로 희생 제사를 폐지하시기 위함이었습니다.

• 요한 크리소스토무스 『시편 해설』 50,4.[12]

의로움을 제사에 국한시키지 마라

주님께서는 '나는 네가 제사를 소홀히 하였다고 꾸짖지 않는다'고 말씀하십니다. '너는 계속해서 제사를 바쳐라. 내가 너에게 촉구하는 것은 의로움을 제사에 국한시키지 말라는 것이다'라는 뜻입니다.

• 키루스의 테오도레투스 『시편 주해』 50,4.[13]

모든 것을 바치는 사랑

번제란 무엇입니까? 모든 것을 불로 살라 바치는 제사입니다. 이것이 이 단어가 의미하는 바입니다. … 따라서 번제란 모든 것을 완전히 태워 바치는 제사입니다. 그런데 또 다른 종류의 불이 있습니다. 열렬하고 열심한 애덕의 불입니다. 저희의 마음이 애덕으로 불타오르게 하소서. 애덕이 그 목적을 이룰 수 있도록 저희의 모든 지체를 차지하게 하소서. 저희의 지체가 고집 센 욕망을 채우기 위해 애쓰지 말게 하소서. 하느님께 번제물을 바치고 싶은 사람은 누구나 하느님 사랑으로 온전히 불타올라야 합니다. "늘 내 앞에 있는" 번제란 이런 종류의 것입니다.

• 아우구스티누스 『시편 상해』 50,15.[14]

50,9 희생 제사가 중단되다

실현된 말씀

유대인들은 이런 일들에 대해 들었을 때 믿지 않았으며, 그런 일이 일어날 수 있다고 생각하지 않았습니다. 그런데 이제 그 말씀이 입증되었습니다. 유대인들에게는 더 이상 희생 제사를 바칠 곳이 없습니다. 성전은 파괴되었고, 제단이 무너졌으며, 제단을 관리하던 이들은 모두 끌려갔고, 율법에 따라 희생 제사를 바쳐야만 하던 도성도 파괴되었기 때문입니다.

• 헤시키우스 『시편 단편』 50,8.[15]

새 계약이 예고되다

시편 저자는 새 계약을 예고하고 있습니다. 새 계약 아래에서는 과거의 모든 희생 제사가 중단됩니다. 과거의 희생 제사는 앞으로 있게 될 특별한 희생 제사를 미리 보여 주는 역할을 하였습니다. 우리는 이 특별한 희생 제사의 피로 정화되었습니다.

• 아우구스티누스 『시편 상해』 50,16.[16]

50,10-11 모든 짐승이 하느님의 것이다

만물이 하느님의 섭리 아래 있다

창조된 모든 것은 하느님의 섭리 아래 있습니다. 참새 한 마리도 하늘에 계신 아버지 모르시게 땅에 떨어지지 않습니다.

• 폰투스의 에바그리우스 『시편 발췌 주해』 49[50],10.[17]

하느님의 재산

당신이 나의 종이라면, 당신의 모든 개인적 재산은 나에게 속합니다. 종이 스스로 번 재산도 주인의 것인데, 주님께서 종을 위해 창조하신 재산이 창조주에게 속하지 않을 리가 없습니다.

• 아우구스티누스 『시편 상해』 50,17.[18]

---

[12] *CCOP* 1,357.
[13] FC 101,290.
[14] *WSA* 3,16,396*.
[15] PG 93,1197.
[16] *WSA* 3,16,396.
[17] PG 12,1452.
[18] *WSA* 3,16,397*.

최고의 지식

하느님께서 소유하시는 방식과 인간이 소유하는 방식이 아주 다른 것처럼 하느님의 지식과 인간의 지식은 다릅니다. 여러분은 하느님께서 무엇인가를 소유하시는 방식과 같은 방식으로 그것을 가질 수 없습니다. 여러분이 소유하는 것이라 하더라도 그것은 전적으로 여러분의 능력에 달려 있지 않습니다. 여러분의 황소가 살아 있다고 하지만 그 황소가 죽고 사는 것이나 풀을 뜯거나 말거나 하는 것은 여러분이 결정할 수 있는 일이 아닙니다. 그러나 하느님께는 최고의 능력이 있으며, 최고인 동시에 그분만이 아시는 내밀한 지식이 있습니다. 우리는 이 지식이 하느님께 속한 것임을 인정해야 하고, 그 때문에 하느님을 찬미해야 합니다. … 하느님의 지식은 너무나 심오하여 창조된 것들은 창조되기도 전에 이미 설명할 수 없는 방식으로 하느님 앞에 현존하였습니다. 하느님께서는 그것을 창조하시기 전부터 그것을 소유하고 계십니다. 그런데 여러분은 그분께서 여러분에게서 무엇인가를 받으시려고 기다리신다고 생각합니까? … 미래에 존재하게 될 모든 것이 그분과 함께 있었고, 과거에 존재하였던 모든 것이 지금 그분과 함께 있습니다. 미래의 것들은 과거의 것들을 그분 앞에서 밀어내지 않는 방식으로 그분과 함께 있습니다. 하느님의 설명할 길 없는 지혜는 '말씀' 안에 계십니다. 그 '말씀' 안에 있는 지혜에 어울리는 앎의 방식으로 만물은 하느님 안에 있고, 그 모든 것은 '말씀'을 위하여 창조됩니다. … 모든 것이 그분과 함께 있고, 온 피조물이 그분과 함께 있습니다. 그러나 하느님께서 만드신 어떤 것이 하느님을 오염시키거나 하느님께서 당신의 피조물을 필요로 하게 되는 것과 같은 방식으로 함께하시는 것은 아닙니다. 여러분은 여러분이 기대어 설 수 있는 기둥을 여러분 옆에 세워 둘 수 있습니다. 여러분은 피곤하다고 느낄 때 그것에 기댑니다. 여러분은 여러분과 함께 있는 것들을 필요로 합니다. 그러나 하느님께서는 당신과 함께 있는 들판을 필요로 하지 않으십니다. 들판이 그분과 함께 있고, 땅의 사랑스러움과 아름다운 하늘, 온갖 새들이 그분과 함께 있습니다. 그분은 어디에나 계시기 때문입니다. 왜 이 모든 것들이 그분 앞에 있습니까? 그것들이 있기도 전에, 창조되기도 전에, 그 모두가 하느님께 알려져 있었기 때문입니다.

• 아우구스티누스 『시편 상해』 50,18.[19]

50,12 누리를 채운 것들은 하느님의 것

하느님께서는 그들의 마음을 원하셨다

하느님께서 아벨의 제물을 굽어보셨고, 노아가 바친 번제의 달콤한 향내를 맡으셨습니다. 그렇다고 하더라도 양의 살이나 번제물에서 나는 향내에서 그분이 무슨 기쁨을 얻으실 수 있었겠습니까? 하느님께서 그것을 호의적으로 받아들이신 것은 하느님에게서 받은 것들을 음식과 달콤한 향내를 통하여 하느님께 봉헌하려는, 당신을 경외하는 단순한 사람들의 마음 때문이었습니다. 그들은 하느님께 진심 어린 존경을 드리기 위하여 제물을 바쳤습니다. 하느님께서는 제사를 바치려는 그들의 마음을 바라신 것이었지 제물 자체를 바라신 것은 아니었습니다.

• 테르툴리아누스 『마르키온 반박』 2,22.[20]

인간의 마음을 사기 위한 수단

'내가 비록 주님이며 만물의 주인이지만 나는 네가 나를 사랑하도록 네 마음을 사기 위하여 너

---

[19] *WSA* 3,16,397-98.

[20] ANF 3,314.

로부터 나에게 속한 것을 기꺼이 받으려 한다.'

• 요한 크리소스토무스 『시편 해설』 50,4.[21]

50,14 찬양 제물

천사들처럼 되어라

천사들의 친구들처럼 되십시오. 영광 속에 있는 사람을 본받으십시오. 하늘에게 하느님의 영광을 이야기하십시오. 계속해서 하느님을 찬미하는 가운데 번제물을 바치십시오. 이 구절이 말하는 "찬양 제물"은 아마도 '덕행'을 의미할 것입니다. 우리는 덕행으로 하느님을 찬미합니다. 주님께서 사도들에게 말씀하셨습니다. "너희의 빛이 사람들 앞을 비추게 하여라"(마태 5,16). 이렇게 할 때 특별히 하느님은 찬미와 영광을 받으십니다.

• 헤시키우스 『시편 단편』 50,14.[22]

하느님을 찬미하는 삶

사실 찬미란 다름이 아니라 칭송과 영광, 축복입니다. 그러니 주님을 찬미하기 위하여 여러분의 삶이 바로 그런 것이 되게 하십시오. 그것이 완전한 제사를 바치는 것입니다.

• 요한 크리소스토무스 『시편 해설』 50,5.[23]

필요 없지만 바라신다

형제들이여, 주님께서는 아무것도 필요로 하지 않으십니다. 그분은 어느 누구에게도, 그 무엇도 바라지 않으십니다. 다만 당신께 신앙을 고백하는 것만은 바라십니다.

• 로마의 클레멘스 『코린토 신자들에게 보낸 첫째 편지 = 클레멘스의 첫째 편지』 52.[24]

하느님의 이름을 찬양하는 것

우리의 행위를 통하여 모든 이가 당신의 이름을 찬양하게 되는 것 외에는 하느님께서는 우리에게서 아무것도 바라거나 찾지 않으십니다. "하느님께 찬양 제물을 바쳐라"라는 말씀대로입니다. 이것이 하느님께서 바라시는 제사이며, 어떤 희생 제물보다 더 좋아하시는 것입니다. 하느님께서 좋아하시는 것은 정의를 위한 우리의 활동을 통하여 당신의 이름이 온 세상에서 영광을 받게 되는 것이며, 당신 종들의 행위와 업적을 통하여 당신이 참된 하느님으로 드러나는 것입니다. 그들은 하느님의 이름을 영광스럽게 하는 행동으로 실천되는 진리 안에서 하느님을 사랑합니다.

• 아우구스티누스 『그리스도인의 삶』 9.[25]

찬미는 너를 위한 것

'내가 원하는 것은 네가 내게서 받은 것에 대해 감사와 찬양을 제물로 바치며 감사하는 마음을 갖는 것이다. 이는 너의 감사한 마음이 내게 필요해서가 아니라 네가 감사하는 사람이 되기를 바라는 마음 때문이며, 내가 너에게 더 많은 은총을 베풀 수 있는 기회를 만들기 위함이다.'

• 타르수스의 디오도루스 『시편 주해』 50.[26]

아무 비용도 들지 않는 제물

이것은 거저 저희에게 주어진, 아무 비용도 들지 않은 제물입니다. 저는 제가 바쳐야만 하는 것을 사지 않았습니다. 당신께서 그것을 제게 주셨습니다. 왜냐하면 저는 그것을 결코 스스로 찾아낼 수 없었을 것이기 때문입니다. "하느님께 찬양 제물을 바쳐라." 찬양 제물을 바치는 것은

---

[21] *CCOP* 1,358**.
[22] PG 93,1197.
[23] *CCOP* 1,359.
[24] *AF* 35*.
[25] FC 16,26.
[26] WGRW 9,163.

여러분이 가진 모든 좋은 것을 주신 분께 감사를 드리는 것이며, 여러분에게서 나온 어떠한 악도 자비로 용서해 주시는 분께 감사를 드리는 것입니다. … 주님께서는 이 제물의 달콤한 향내를 맡고 기뻐하십니다.

• 아우구스티누스『시편 상해』50,21.[27]

너 자신을 바쳐라

나에게 찬양 제물을 바쳐라. 곧, 너 자신을 나에게 제물로 바쳐라. 나를 찬양하는 삶을 살고자 애쓰고, 온전히 나에게 헌신하여라. … 언제나 모든 것에 관하여 나에게 기도하여라. 모든 것을 나에게 맡기고 행하여라. "모든 것에 대해 나에게 기도하라"는 말은 네가 가진 모든 좋은 것을 내가 주었다는 것을 생각하고, 언제든지 좋은 모든 것을 나에게서 받으라는 뜻입니다. 이것을 믿지 않는다면 아무도 기도할 수 없습니다. … 이것은 그저 하는 추측이 아닙니다. 이런 태도를 가진다면, 고통 중에 부르짖을 때에도 여러분의 기도는 들어질 것이며, 여러분이 간절히 원하는 바를 얻고, 또 그 은혜로 인하여 더욱 큰 찬양을 드리는 기회를 갖게 될 것이기 때문입니다.

• 몹수에스티아의 테오도루스『시편 해설』50,14A-15.[28]

50,16 너는 어찌하여 내 계명들을 늘어놓는가?

율법으로는 충분하지 않음을 알다

네가 율법을 애써서 읽고 그 규정을 입에 올리며, 읽은 바에 주의 깊게 귀를 기울인다고 해서 그것이 다는 아니라고 시편 저자는 말하고 있습니다. '너는 율법을 알고 있으며, 그 계명들에 귀를 기울이고, 그것들을 네 입으로 말한다. 하지만 실제로는 그와 정반대되는 것을 추구하고, 네가 읽은 것이 아무런 소용이 없는 것이 되도록 만들고 있으니 나는 더욱더 너에게 반감을 품을 수밖에 없다. 내가 율법을 말하고 계명을 줄 때는 귀를 기울이면서 실천에 있어서는 나를 철저히 무시하는 것이 내게는 더더욱 모욕이 된다.'

• 몹수에스티아의 테오도루스『시편 해설』50,16.[29]

신용이 없다

속이는 자는 진실을 이야기하더라도 신용을 얻을 수 없습니다.

• 아타나시우스
『이집트와 리비아의 주교들에게 보낸 편지』3.[30]

50,17 너는 훈계를 싫어한다

단련이란 무엇인가

단련이란 감정을 절제하는 것입니다.

• 폰투스의 에바그리우스『시편 발췌 주해』49[50],17.[31]

율법과 이성을 거부하는 자

여러분은 율법의 가르침에서 무엇 하나 배우지 못한 모습만 보여 줄 뿐 아니라, 본성적으로 가지고 있는 것마저 잘라 내 버렸습니다. 무엇을 해야 하고, 무엇을 하지 말아야 하는지 따져 보는 것은 우리에게 본성적으로 주어진 능력입니다. 그런데 여러분은 그것을 거부하고, 그에 대한 어떤 성찰도 하지 않았습니다.

• 요한 크리소스토무스『시편 해설』50,7.[32]

50,18 도둑과 함께 뛰다

영적 강도짓과 간음

주님의 정의와 계약을 선포하면서 주님께서 행하신 것과 같은 것을 행하지 않는다면, 그것은

---

[27] *WSA* 3,16,400*.
[28] WGRW 5,659-61.
[29] WGRW 5,661.
[30] NPNF 2,4,224.
[31] PG 12,1452.
[32] *CCOP* 1,363.

그분의 말씀을 뒤로 팽개치고, 주님의 훈계를 경멸하며, 영적 강도짓과 간음을 저지르는 것 아니고 무엇이겠습니까? 복음의 진리로부터 우리 주님의 말씀과 행위를 훔치는 이는 거룩한 가르침을 더럽히고 망가뜨리는 것이기 때문입니다.

• 키프리아누스 『서간집』 63,18.[33]

관용과 관련된 문제

대부분의 사람들은 자신의 행위에 대하여 스스로 판단하여 심판을 내리지 않습니다. 그뿐 아니라 다른 이들의 지지를 받아 더욱 타락하기도 합니다. 만약 죄인들이 주변의 모든 이가 그를 반대하는 것을 본다면 자신이 대단한 범죄를 저질렀다는 것을 믿게 됩니다. 그런데 아무도 그들에게 분노나 못마땅함을 드러내지 않고 관용을 보이며 그들에게 힘을 보태 준다면, 그들 양심의 법정은 부패됩니다. 다수의 판단이 그들의 타락한 태도를 지지하기 때문입니다. 그렇게 된다면 그들이 범하지 않을 범죄가 무엇이겠습니까? 언제 그들이 스스로 단죄하고 비양심적인 범죄를 그만두겠습니까? 사람들이 죄를 짓는 경우에 가장 중요한 것은 스스로 단죄하는 것입니다. (알다시피 이것은 악행을 삼가는 길이 됩니다.) 그리고 비록 선을 실천하지 않더라도 선을 지지하는 것 또한 중요합니다. 어찌 되었거나 수행에 이르는 길은 자발성입니다. 그러나 이 경우는 범죄에 연루되어 있기 때문에 아주 엄격하게 매질을 하는 것이 적절합니다. 꾸짖어도 악이 이 정도로 퍼지고, 권면을 하여도 덕행을 실천하게 하는 것이 이토록 어려운데, 그것조차 하지 않는다면 무슨 일이 벌어지겠습니까?

• 요한 크리소스토무스 『시편 해설』 50,7.[34]

50,20 형제를 거슬러 말하다

언어적 복수

당신은 그 사람의 잘못으로 고통을 겪었습니다. 그런데 왜 자신을 못살게 굽니까? 복수하는 이들은 결국 칼로 자신을 벱니다. 만약 당신이 자신에게는 좋게 하면서 그 사람에게 복수하고자 한다면, 잘못한 그 사람에 대해 좋게 말하십시오. 이렇게 한다면 당신은 많은 이를 자기 편으로 끌어들이고, 자신은 큰 보상을 얻게 됩니다. 만약 당신이 그 사람에 대해 나쁘게 말한다면, 사람들은 그 말을 믿지 않을 것이며, 당신이 편견을 가지고 있다고 생각할 것입니다. 그러면 당신의 노력은 정반대 결과를 가져올 것입니다. 당신은 그의 명성을 손상시키려고 안달하지만 정반대의 일이 일어날 것입니다. 그러니까 당신이 바라는 일은 비난이 아니라 칭찬을 통하여 일어납니다. [당신이 언어적 복수를 하려 든다면] 당신에게는 나쁜 평판만 돌아가고 당신이 그의 방향으로 쏜 화살은 과녁을 크게 벗어나게 됩니다. 사실 편견은 듣는 이의 마음에 인상만 남길 뿐 당신이 한 말은 그들의 귀에 가닿지 않습니다. 사법적 절차에 따른 이의 제기 때 발생하는 일들이 여기에서도 일어납니다. 누군가가 법정에서 증거에 대한 이의 신청을 하면 소송 과정 전체가 일단 중단됩니다. 이 경우에도 똑같은 일이 일어납니다. 당신의 말이 편견으로 의심을 받으면 일은 더 이상 진척되지 않습니다. 그러니 남에 대해 나쁘게 말하지 마십시오. 그렇게 하면 당신에게 오점만 남을 뿐입니다. 진흙으로 점토와 벽돌을 만드는 대신 그를 위하여 장미와 제비꽃 등 여러 가지 꽃들로 화관을 만드십시오. 쇠

[33] FC 51,214.

[34] *CCOP* 1,364-65.

똥구리처럼 입에 똥을 물고 있지 마십시오. (이것은 헐뜯는 자들이 하는 일입니다. 고약한 냄새로 가장 피해를 보는 이는 바로 그들 자신입니다.) 대신에 벌처럼 꽃을 품고, 벌집을 만들며, 모든 이에게 친절하십시오. 모든 사람이 지독한 냄새를 피하듯이 헐뜯는 이들을 멀리합니다. 그들을, 똥을 먹고 사는 쇠똥구리같이 남의 문제로 먹고 사는 흡혈귀나 되는 것처럼 싫어합니다. 반면에, 칭찬의 말을 하는 사람과는 그들이 자기 몸의 지체나 되는 듯이, 자기 형제나 아들, 아버지나 되는 듯이 어울립니다.

• 요한 크리소스토무스 『시편 해설』 50,10.[35]

50,21 잠잠히 있었더니

막 지껄이는 혀를 조심하라

막 지껄이는 혀와 듣고 싶은 것만을 들으려 하는 귀를 조심하십시오. 남을 중상하지 말고, 중상하는 자들에게는 귀를 기울이지 마십시오. … 괜한 트집을 잡지 않도록 그대의 혀를 조심하고, 그대가 하는 말에 주의를 기울이십시오. 다른 이들을 판단하는 것은 곧 그대 자신에게 선고를 내리는 것이며, 다른 이의 잘못을 비난하면, 그 잘못에 대해 그대 역시 유죄가 된다는 것을 아십시오. "남들이 나에게 뭐라고 한 경우에는 내가 무례를 범한 것이 아니다"라는 말은 전혀 변명이 되지 않습니다. 다른 이의 말을 들으려 하지 않는 사람에게는 누구도 말하고 싶어 하지 않습니다. 돌에는 결코 화살이 박히지 않습니다. 화살은 종종 그것을 쏜 사람에게로 되돌아갑니다. 언제든 중상할 준비가 되어 있는 이들의 말은 들으려 하지 마십시오. 그래서 그대의 태도가 중상하는 자들에게 교훈이 되게 하십시오.

• 히에로니무스 『서간집』 52,14.[36]

하느님의 침묵

'나는 네가 저지른 범죄들을 알고 있지만 오랫동안 참아 왔고, 너의 회개를 기다려 왔다. 그런데 너는 나의 오랜 인내를 네가 불경을 저질러도 되는 기회로 여겼고, 네가 법을 어기는 것을 마치 내가 마음에 들어 하고, 그래서 벌을 내리지 않는 것으로 짐작하였다. … 너는 오랜 인내라고 하는 부드러운 치료제로는 치유되지 않았다. 그래서 나는 너에게 더욱 고통스러운 것을 마련할 것이며, 너를 엄한 견책으로 불타게 하겠다.' 이것은 사도의 다음 말씀과 일치합니다. "하느님의 그 큰 호의와 관용과 인내를 업신여기는 것입니까? 그분의 호의가 그대를 회개로 이끌려 한다는 것을 모릅니까? 그대는 회개할 줄 모르는 완고한 마음으로, 하느님의 의로운 재판이 이루어지는 진노와 계시의 날에 그대에게 쏟아질 진노를 쌓고 있습니다. 하느님께서는 각자에게 그 행실대로 갚으실 것입니다"(로마 2,4-6).

• 키루스의 테오도레투스 『시편 주해』 50,7.[37]

하느님께서 다시 오시리라

구원자께서 다시 오십니다. 그러나 다시 심판받기 위해 오시는 것이 아닙니다. 그분은 당신을 재판한 이들에게 심판을 내리실 것입니다. 전에 그들이 그분을 재판하였을 때 그분은 침묵을 지키셨습니다. 하지만 이제는 당신을 십자가에 매단 이들의 가당치 않은 불법행위를 지적하시며 이렇게 말씀하십니다. "네가 이런 짓들을 해 왔어도 잠잠히 있었더니." 그분은 전에 오셨을 때는 세상에 당신을 맞추고, 설득을 통해 사람들을

[35] *CCOP* 1,369-70.

[36] NPNF 2,6,95*.

[37] FC 101,292-93.

가르치셨습니다. 하지만 이번에는 그들이 원하든 원하지 않든 그분의 다스림에 복종해야만 할 것입니다.

• 예루살렘의 키릴루스『예비신자 교리교육』15,1.[38]

50,22 하느님을 잊은 자들

하느님을 망각함

시편 저자는 말합니다. '내가 하는 말 하나하나에 주의를 기울여 생각해 보십시오. 당신은 하느님을 잊었습니다. 하느님을 망각하는 것이 죄의 원천입니다. 죽음이 그대를 데려가기 전에 회개라는 치유제로 그대의 상처를 낫게 하십시오. 죽음은 사자처럼 인간을 덮치며, 아무도 그 사자의 맹렬한 공격을 막아 낼 수 없습니다.'

• 키루스의 테오도레투스『시편 주해』50,8.[39]

50,23 올바른 길을 걷는 이

올바르게 사는 이의 찬미

우리 가운데 누가 하느님께 "유익한 제사"와 "찬양 제물"을 바칠 수 있을 만큼 친절하고 사려 깊은 사람일까요? 자신의 모든 행위로 하느님을 찬미하며, "그들이 너희의 착한 행실을 보고 하늘에 계신 너희 아버지를 찬양하게 하라"(마태 5,16)고 하신 우리 주 구원자의 말씀을 실현하는 사람이라고 나는 생각합니다. 자신의 행위와 가르침, 말과 좋은 습관, 단련을 통하여 "찬양 제물"을 바치는 이 사람으로 인하여 하느님은 찬미와 찬양을 받으십니다. 이와 반대로 어떤 사람들은 "하느님의 이름이 너희 때문에 다른 민족들 가운데에서 모독을 받는다"(로마 2,24)라는 말을 듣습니다.

• 오리게네스『레위기 강해』5,7,2.[40]

믿음으로 일하다

주님을 기다리는 이들 가운데 속할 수 있도록 열심히 노력합시다. … 그렇게 되면 우리는 하느님께서 약속하신 선물을 받게 될 것입니다. 사랑하는 여러분, 그런데 어떻게 하면 그렇게 될 수 있겠습니까? 우리의 지성이 믿음을 통하여 하느님을 향해 고정되어 있다면, 우리가 하느님께서 기쁘게 받으실 만한 것들을 열렬히 추구한다면, 우리가 그분의 흠 없는 뜻에 일치하는 것들을 행한다면, 우리가 진리의 길을 따르고, 모든 탐심과 불화, 악한 행실과 속임수, 소문과 악한 말, 하느님에 대한 증오와 교만, 거만, 허영과 야망과 더불어 모든 불의함과 사악함을 우리에게서 치워 버린다면 가능할 것입니다. 하느님께서는 불의와 사악한 행위를 하는 이들을 싫어하시기 때문입니다. 하느님께서는 그런 일을 하는 사람들뿐 아니라 그런 사람들을 자랑스럽게 여기는 이들 또한 싫어하십니다.

• 로마의 클레멘스『코린토 신자들에게 보낸 첫째 편지 = 클레멘스의 첫째 편지』35.[41]

[38] LCC 4,148*.

[39] FC 101,293.

[40] FC 83,102*.

[41] ANF 1,14*.

부록

시편 1-50편 주해에 인용된 고대 그리스도교 저술가와 문헌

시편 1-50편 주해에 인용된 고대 그리스도교 문헌을 저자와 작품 제목에 따라 열거했다. 또한 디지털 검색을 위해서 그리스도교 그리스어 문헌의 데이터 뱅크인 Thesaurus Linguae Graecae(= TLG)의 디지털 참고번호와, 고대 라틴어 문헌의 데이터 뱅크인 Cetedoc Clavis(= Cl.)의 번호도 함께 실었다.

●●● 기적가 그레고리우스

『거룩한 동정 마리아에게 전한 탄생 예고에 관한 강해』
(*Homilia in annuntiationem sanctae virginis Mariae [dub.]*) TLG 2063.009

●●● 나지안주스의 그레고리우스

『거룩한 부활절』(연설 45)[*In sanctum pascha (orat. 45)*] TLG 2022.052
『거룩한 세례』(연설 40)[*In sanctum baptisma (orat. 40)*] TLG 2022.048
『도피 변론』(연설 2)[*Apologetica (orat. 2)*] TLG 2022.016
『마태오 복음 19장 1-12절』(연설 37)
[*In dictum evangelii: Cum consummasset Jesus hos sermones (orat. 37)*] TLG 2022.045
『성령』(연설 31)[*De Spiritu Sancto (orat. 31)*] TLG 2022.011
『성자』(연설 29)[*De filio (orat. 29)*] TLG 2022.009
『성자』(연설 30)[*De filio (orat. 30)*] TLG 2022.010
『신학』(연설 28)[*De theologia (orat. 28)*] TLG 2022.008
『침묵하시는 성부』(연설 16)[*In patrem tacentem (orat. 16)*] TLG 2022.029
『형제 카이사리우스 추도사』(연설 7)[*Funebris in laudem Caesarii fratris (orat. 7)*] TLG 2022.005

●●● 니사의 그레고리우스

『그리스도인의 생활양식』(*De instituto Christiano*) TLG 2017.024

『대 교리교육』(*Oratio catechetica magna*) TLG 2017.046

『동정』(*De virginitate*) TLG 2017.043

『시편의 제목』(*In inscriptiones Psalmorum*) TLG 2017.027

『에우노미우스 반박』(*Contra Eunomium*) TLG 2017.030

●●● 대 그레고리우스

『서간집』(*Registrum epistularum*) Cetedoc 1714

●●● 노바티아누스

『삼위일체론』(*De Trinitate*) Cetedoc 0071

●●● 레메시아나의 니케타스

『성령의 능력』(*De Spiritus Sancti potentia*)

『시편 송독의 유익 또는 찬가의 유익』(*De utilitate hymnorum*)

『하느님 종들의 밤샘기도』(*De vigiliis servorum Dei*)

●●● 『디다케: 열두 사도들의 가르침』(*Didache xii apostolorum*) TLG 1311.001

●●● 장님 디디무스

『시편 단편』(*Fragmenta in Psalmos [e commentario altero]*) TLG 2102.021

●●● 타르수스의 디오도루스

『시편 주해』(*Commentarius in Psalmos I-L*)

●●● 락탄티우스

『하느님의 진노』(*De ira Dei*) Cetedoc 0088

●●● 세비야의 레안데르

『동정녀 교육과 세상 경멸』(*De institutione virginum et contemptu mundi*)

●●● 대 레오

『설교집』(*Sermones XCVII/Tratatus septum et nonginta*) Cetedoc 1657

••• 브라가의 마르티누스

『겸손 권면』(*Exhortatio humilitatis*)

『허영심을 몰아냄』(*Pro repellenda jactantia*)

••• 토리노의 막시무스

『설교집』(*Collectio sermonum antiqua*) Cetedoc 0219a

••• 올림푸스의 메토디우스

『열 처녀의 잔치』(*Symposium sive Convivium decem virginum*) TLG 2959.001

••• 바바이

『키리아쿠스에게 보낸 편지』(*Martyanuta d-abahata qadise d-Idta*)

••• 대 바실리우스

『대 수덕집』(서론 4)(*Prologus 4 [prooemium in asceticum magnum]*) TLG 2040.047

『분노하는 이들 반박』(강해 10)(*Homilia adversus eos qui irascuntur*) TLG 2040.026

『시편 강해』(*Homiliae super Psalmos*) TLG 2040.018

••• 시미에의 발레리아누스

『강해집』(*Homiliae*)

••• 베네딕도

『수도 규칙』(*Regula*) Cetedoc 1852

••• 존자 베다

『복음서 강해』(*Homiliarum evangelii libri II*) Cetedoc 1367

『성막과 제구』(*De tabernaculo et vasis eius ac vestibus sacerdotum libri III*) Cetedoc 1345

••• 『사도 헌장』(*Constitutiones apostolorum*) TLG 2894.001

••• 사도나(= 마르티리우스)

『완성에 관한 책』

●●● 사제 살비아누스

『하느님의 다스림』(*De gubernatione Dei*) Cetedoc 0485

●●● 소 아르노비우스

『시편 주해』(*Commentarii in Psalmos*) Cetedoc 0242

●●● 시카의 아르노비우스

『이교인 반박』(*Adversus nationes*) Cetedoc 0093

●●● 성경강해가 아스테리우스

『시편 주해』(*Commentarii in Psalmos*) TLG 2061.001

●●● 아우구스티누스

『거룩한 동정』(*De sancta virginitate*) Cetedoc 0300
『고백록』(*Confessiones*) Cetedoc 0251
『그리스도인의 삶』(*De vita Christiana [dub.]*) Cetedoc 0730
『믿음 희망 사랑의 길잡이』(*Enchiridion de fide, spe et caritate*) Cetedoc 0295
『삼위일체론』(*De Trinitate*) Cetedoc 0329
『서간집』(*Epistulae*) Cetedoc 0262
『설교집』(*Sermones*) Cetedoc 0284
『시편 상해』(*Enarrationes in Psalmos*) Cetedoc 0283
『신국론』(*De civitate Dei*) Cetedoc 0313
『신앙과 실천』(*De fide et operibus*) Cetedoc 0294
『심플리키아누스에게』(*De diversis quaestionibus ad Simplicianum*) Cetedoc 0290
『영과 문자』(*De spiritu et littera*) Cetedoc 0343
『영혼과 그 기원』(*De natura et origine animae*) Cetedoc 0345
『요한 복음 강해』(*In Johannis evangelium tractatus*) Cetedoc 0278
『요한 서간 강해』(*In Johannis epistulam ad Parthos tractatus*) Cetedoc 0279
『율리아누스 반박』(*Contra Julianum*) Cetedoc 0351
『인간 의로움의 완성』(*De perfectione justitiae hominis*) Cetedoc 0347
『펠라기우스파 두 서간 반박』(*Contra duas epistulas Pelagianorum*) Cetedoc 0346

●●● 아타나시우스

『말씀의 육화』(*De incarnatione Verbi*) TLG 2035.002

『성 안토니우스의 생애』(*Vita sancti Antonii*) TLG 2035.047

『시편 해석에 관해 마르켈리누스에게 보낸 편지』

(*Epistula ad Marcellinum de interpretatione Psalmorum*) TLG 2035.059

『아리우스파 반박 연설』(3편)(*Orationes tres contra Arianos*) TLG 2035.042

『이교인 반박』(*Contra gentes*) TLG 2035.001

『이집트와 리비아의 주교들에게 보낸 편지』(*Epistula ad episcopos Aegypti et Libyae*) TLG 2035.041

『축일 서간집』(*Epistulae festales*) TLG 2035.014

••• 아프라하트

『논증』(*Demonstrationes*)

••• 알렉산드리아의 알렉산더

『아리우스 이단에 관한 편지』

••• 알렉산드리아의 암모니우스

『시편 단편』(*Fragmenta in Psalmos*) TLG 2724.001

••• 암브로시우스

『동정』(*De virginitate*) Cetedoc 0147

『서간집』(*Epistulae*) Cetedoc 0160

『성사론』(*De sacramentis [dub.]*) Cetedoc 0154

『성조』(*De patriarchis*) Cetedoc 0132

『성직자의 의무』(*De officiis ministrorum*) Cetedoc 0144

『신앙론』(*De fide*) Cetedoc 0150

『야곱과 행복한 삶』(*De Jacob et vita beata*) Cetedoc 0130

『열두 시편 해설』(*Explanatio Psalmorum XII*) Cetedoc 0140

『요셉』(*De Joseph*) Cetedoc 0131

『욥과 다윗의 탄원』(*De interpellatione Job et David*) Cetedoc 0134

『육일 창조』(*Exaemeron*) Cetedoc 0123

『이사악 또는 영혼』(*De Isaac vel anima*) Cetedoc 0128

『참회론』(*De paenitentia*) Cetedoc 0156

『테오도시우스의 죽음』(*De obitu Theodosii*) Cetedoc 0159

『형 사티루스의 죽음』(*De excessu fratris Satyri*) Cetedoc 0157

••• 폰투스의 에바그리우스

『기도론』(*De oratione*)	TLG 4110.024
『시편 발췌 주해』(*Selecta in Psalmos*)	TLG 2042.058
『악한 생각』(*De diversis malignis cogitationibus*)	TLG 4110.022
『여덟 악령』(*De octo spiritibus malitiae*)	TLG 4110.023
『프락티코스』(*Practicus*)	TLG 4110.001

••• 카이사리아의 에우세비우스

『교회사』(*Historia ecclesiastica*)	TLG 2018.002
『복음의 논증』(*Demonstratio evangelica*)	TLG 2018.005
『시편 주해』(*Commentaria in Psalmos*)	TLG 2018.034

••• 시리아인 에프렘

『낙원 찬가』(*Hymni de Paradiso*)
『성탄 찬미가』(*Hymni de nativitate*)
『우리 주님에 관한 설교』(*Sermo de Domino nostro*)

••• 오리게네스

『기도론』(*De oratione*)	TLG 2042.008
『레위기 강해』(*Homiliae in Leviticum*)	TLG 2042.024
『루카 복음 강해』(*Homiliae in Lucam*)	TLG 2042.016
『마태오 복음 주해』[*Commentarium in evangelium Matthaei (lib. 10-11)*]	TLG 2042.029
『마태오 복음 주해』[*Commentarium in evangelium Matthaei (lib. 10-17)*]	TLG 2042.030
『순교 권면』(*Exhortatio ad martyrium*)	TLG 2042.007
『시편 단편』(*Fragmenta in Psalmos [dub.]*)	TLG 2042.044
『시편 발췌 주해』(*Selecta in Psalmos [dub.]*)	TLG 2042.058
『시편 제36-38편 강해』(*Homiliae in Psalmos XXXVI-XXXVII-XXXVIII*)	
『요한 복음 주해』[*Commentarii in evangelium Joannis (lib. 1, 2, 4, 5, 6, 10, 13)*]	TLG 2042.005
『요한 복음 주해』[*Commentarii in evangelium Joannis (lib. 19, 20, 28, 32)*]	TLG 2042.079
『원리론』(*De principiis*)	TLG 2042.002
『창세기 강해』(*Homiliae in Genesim*)	TLG 2042.022
『켈수스 반박』(*Contra Celsum*)	TLG 2042.001
『탈출기 강해』(*Homiliae in Exodum*)	TLG 2042.023

●●● 다마스쿠스의 요한

『바를람과 요사팟의 생애』[*Vita Barlaam et Joasaph (Sp.)*] TLG 2934.066

『신앙 해설』(*Expositio fidei*) TLG 2934.004

●●● 요한 카시아누스

『공주 수도승 규정집』(*De institutis coenobiorum et de octo principalium vitiorum remediis*) Cetedoc 0513

『담화집』(*Collationes*) Cetedoc 0512

●●● 요한 크리소스토무스

『걸려 넘어진 아들에게』(*Ad eos qui scandalizati sunt*) TLG 2062.087

『비유사파 반박』(강해 8)(*Contra Anomoeos, homilia 8*) TLG 2062.016

『시편 해설』(*Expositiones in Psalmos*) TLG 2062.143

『요한 복음 강해』[*In Joannem (homiliae 1-88)*] TLG 2062.153

『유대인 반박』[*Adversus Judaeos (orationes 1-8)*] TLG 2062.021

『(입상에 관해) 안티오키아 신자들에게 행한 강해』

(*Ad populam Antiochenum homiliae [de statuis]*) TLG 2062.024

『참회에 관한 설교』(*De paenitentia homiliae 1-9*)

『창세기 강해』(*In Genesim (homiliae 1-67]*) TLG 2062.112

『코린토 2서 강해』[*In epistulam II ad Corinthios (homiliae 1-30)*] TLG 2062.157

『티모테오 1서 강해』(*In epistulam I ad Timotheum*) TLG 2062.164

『히브리서 강해』(*In epistulam ad Hebraeos*) TLG 2062.168

●●● 위-아타나시우스

『시편 해설』(*Expositio in Psalmos*) TLG 2035.061

●●● 순교자 유스티누스

『유대인 트리폰과의 대화』(*Dialogus cum Tryphone*) TLG 0645.003

●●● 이레네우스

『이단 반박』(*Adversus haereses*) Cetedoc 1154

●●● 니네베의 이사악

『수덕 강해집』

••• 제피리누스

『편지』(*Epistola Zephirini papae [sp.]*)

••• 카시오도루스

『시편 해설』(*Expositio Psalmorum*) Cetedoc 0900

••• 아를의 카이사리우스

『설교집』(*Sermones*) Cetedoc 1008

••• 로마의 칼리스투스

『갈리아의 모든 주교에게 보낸 편지』(*Epistola Papae Calixti ad omnes Galliae episcopos [dub.]*)

••• 로마의 클레멘스

『코린토 신자들에게 보낸 첫째 편지 = 클레멘스의 첫째 편지』

(*Epistula I ad Corinthios*) TLG 1271.001

••• 알렉산드리아의 클레멘스

『교육자』(*Paedagogus*) TLG 0555.002

『권고』(*Protrepticus*) TLG 0555.001

『양탄자』(*Stromata*) TLG 0555.004

••• 알렉산드리아의 키릴루스

『그리스도의 일치』(*Quod unus sit Christus*) TLG 4090.027

『모세오경의 격조 있는 해설』(창세기)(*Glaphyra in Pentateuchum*) TLG 4090.097

『서간집』(네스토리우스에게 보낸 셋째 편지)

(*Epistulae in Concilium universale Ephesenum anno 431*) TLG 5000.001

『시편 해설』(*Expositio in Psalmos*) TLG 4090.100

••• 예루살렘의 키릴루스

『교리교육 서론』(*Procatechesis*) TLG 2110.001

『신비 교리교육』(*Mystagogiae [sp.]*) TLG 2110.002

『예비신자 교리교육』(*Catecheses ad illuminandos*) TLG 2110.003

••• 키프리아누스

「가톨릭 교회의 일치」(*De ecclesiae catholicae unitate*) Cetedoc 0041

「서간집」(*Epistulae*) Cetedoc 0050

「선행과 자선」(*De opere et eleemosynis*) Cetedoc 0047

••• 테르툴리아누스

「마르키온 반박」(*Adversus Marcionem*) Cetedoc 0014

「박해에서 도피」(*De fuga in persecutione*) Cetedoc 0025

「유대인 반박」(*Adversus Judaeos*) Cetedoc 0033

••• 키루스의 테오도레투스

「교회사」(*Historia ecclesiastica*) TLG 4089.003

「시편 주해」(*Interpretatio in Psalmos*) TLG 4089.024

••• 몹수에스티아의 테오도루스

「시편 해설」(*Expositio in Psalmos*)

••• 타벤네시의 테오도루스

「교리교육」(*Catecheses*)

••• 알렉산드리아의 테오필루스

「신비로운 만찬에 관한 강해」(*In mysticam coenum*)

••• 놀라의 파울리누스

「시가집」(*Carmina*) Cetedoc 0203

••• 파코미우스

「교리교육」(*Catecheses*)

••• 페트루스 크리솔로구스

「설교집」(*Collectio Sermonum*) Cetedoc 0227+

••• 포이멘

「사부들의 금언집」(*Sententiae Patrum*)

••• 루스페의 풀겐티우스

『모니무스에게』(*Ad Monimum libri III*) Cetedoc 0814

『빅토르에게 보낸 아리우스파 파스티디오수스의 설교 반박』

(*Liber ad Victorem contra sermonem Fastidiosi Ariani*) Cetedoc 0820

『서간집』(*Epistulae*) Cetedoc 0817

『죄의 용서에 관해 에우티미우스에게』(*Ad Euthymium de remissione peccatorum libri II*) Cetedoc 0821

••• 프루덴티우스

『그리스도의 신성』(*Liber apotheosis*) Cetedoc 1439

『매일 찬가집』(*Liber cathemerinon*) Cetedoc 1438

••• 헤시키우스

『시편 단편』(*Fragmenta in Psalmos*)

••• 히에로니무스

『공현일과 시편 제28편에 관한 설교』(*Sermo de die epiphaniorum et de Psalmo XXVIII*) Cetedoc 0599

『복음사가 요한 강해』(*Homilia in Johannem evangelistam*) Cetedoc 0597

『부활 주일에 관한 강해』(*In die dominica Pascha II*) Cetedoc 0604

『서간집』(*Epistulae*) Cetedoc 0620

『시편 강해』(59편)(*Tractatus LIX in Psalmos*) Cetedoc 0592

『시편 주해』(*Commentarioli in Psalmos*) Cetedoc 0582

『펠라기우스파 반박 대화』(*Dialogi contra Pelagianos libri III*) Cetedoc 0615

••• 히폴리투스

『시편 단편』(*Fragmenta in Psalmos [Sp.]*) TLG 2115.012

『창세기 단편』(*Fragmenta in Genesim*) TLG 2115.004

••• 푸아티에의 힐라리우스

『삼위일체론』(*De Trinitate*) Cetedoc 0433

『시편 제1-91편 강해』(*Tractatus super Psalmos I-XCI*) Cetedoc 0428

교부 시대 저술가들의 시기/지역별 일람표

세기 \ 지역	브리타니아 제도	갈리아
1세기		
2세기		리옹의 이레네우스, 135년경~202년경, ♣180~199년
3세기		
4세기	파스티디우스, 4~5세기경	락탄티우스, 250년경~325년, ♣304~324년 푸아티에의 힐라리우스, 315년경~367년, ♣350~367년
5세기		술피키우스 세베루스, 360년경~420년 요한 카시아누스, 360년경~432년 레렝스의 빈켄티우스, †435년 아를의 힐라리우스, 401년경~449년 리옹의 에우케리우스, ♣420~449년 시미에의 발레리아누스, ♣422년경~449년 갈리아의 에우세비우스, 5세기경 아퀴타니아의 프로스페루스, 390년경~455년 이후 사제 살비아누스, 400년경~480년경 리에의 파우스투스, 410~495년경 마르세유의 겐나디우스, †496년 이후
6세기		아를의 카이사리우스, 470년경~543년 샬롱쉬르손의 플라비아누스, ♣580~600년
7세기	아담나누스, 624년경~704년	
8세기 이후	존자 베다, 672/73년경~735년	라바누스 마우루스, 780년경~856년 왈라프리디우스, 808~849년

* 고대의 다섯 총대주교좌
탄생은 '★', 사망은 '†', 재위/재임은 '⚜', 주 활동 시기는 '♣'로 표시하였다.

에스파냐/포르투갈	이탈리아(로마*)	북아프리카(카르타고)
	로마의 클레멘스, ⚜92년경~101년 헤르마스의 『목자』, 140년경 순교자 유스티누스, 100/10년경~165년, ♣148년경~161년 발렌티누스, 영지주의자, ♣140년경 마르키온, ♣144년, †154/60년경	
	로마의 칼리스투스, ⚜217~222년 로마의 미누키우스 펠릭스, ♣2~3세기 히폴리투스, 189년 이전~235년, ♣222~235년 로마의 노바티아누스, ♣235~258년 페타우의 빅토리누스, 230~304년	카르타고의 테르툴리아누스, 155/60년경~225/50년, ♣197년경~222년 카르타고의 키프리아누스, ♣248~258년
코르도바의 호시우스, †357년 리스본의 포타미우스, ♣350년경~360년 엘비라의 그레고리우스, ♣359~385년 바르셀로나의 파키아누스, 4세기 프루덴티우스, 349년경~405년 이후	피르미쿠스 마테르누스, ♣335년경 마리우스 빅토리누스, 280/85년경~363년경, ♣355~363년 베르첼리의 에우세비우스, ♣360년경 칼리아리의 루키페르, †375년 이전 암브로시아스테르, ♣366년경~384년 로마의 파우스티누스, ♣380년 브레시아의 필라스트리우스, ♣380년 브레시아의 가우덴티우스, ♣395년 밀라노의 암브로시우스, 330년경~397년, ♣374~397년 밀라노의 파울리누스, 늦은 4세기~이른 5세기	시카의 아르노비우스, 250년 이전~310년경
	루피누스, 345년경~411년 크로마티우스, ♣400년 아포니우스, 4~5세기 펠라기우스, 350/54년경~420/25년경 토리노의 막시무스, †408/23년 놀라의 파울리누스, 355~431년, ♣389~396년 페트루스 크리솔로구스, 380년경~450년 에클라눔의 율리아누스, 385년경~455년 이후 대 레오, ⚜440~461년 소 아르노비우스, ♣450년경	히포의 아우구스티누스, 354~430년, ♣387~430년 파울루스 오로시우스, 380년경~418년 이후 포시디우스, 370년경~437년 이후 쿠오드불트데우스, ♣430년 스케티스의 이사야스, †491년
두미움의 파스카시우스, 515년경~580년경 베자의 아프링기우스, 6세기 중엽 세비야의 레안데르, 545년경~600년경 브라가의 마르티누스, ♣568~579년	엔노디우스, 473년경~521년, ⚜513~521년 라틴인 에피파니우스, 늦은 5세기~이른 6세기 에우기피우스, 460년경~533년경 누르시아의 베네딕도, 480년경~547년 카시오도루스, 485년경~580년경 로마의 심마쿠스, ⚜498~514년 대 그레고리우스, 540년경~604년, ⚜590~604년 아그리겐툼의 그레고리우스, †592년	루쿨렌티우스, 5~6세기 루스페의 풀겐티우스, 467년경~532년 베레쿤두스, †552년 프리마시우스, ♣550~560년 헤르미아네의 파쿤두스, ♣546~568년
세비야의 이시도루스, 560년경~636년 사라고사의 브라울리오, 585년경~651년, ⚜631~651년 브라가의 프룩투오수스, †665년경	파테리우스, 6~7세기	

세기 \ 지역	이집트(알렉산드리아*)	소아시아/그리스(콘스탄티노플*)	시리아(안티오키아*)
1세기	알렉산드리아의 필론, BC 20년경~AD 50년경		
2세기	바실리데스, 2세기 『바르나바의 편지』, 130년경 테오도투스, 2세기	스미르나의 폴리카르푸스, 69년경~155년 아테나고라스, ♣176~180년, †180년경 사르데스의 멜리톤, †190년 이전 몬타누스파 신탁, 늦은 2세기	『디다케: 열두 사도들의 가르침』, 이른 2세기 안티오키아의 이그나티우스, 35년경~107/12년경 또는 105년 이전~135년경 안티오키아의 테오필루스, 늦은 2세기경
3세기	알렉산드리아의 클레멘스, 150년경~215년, ♣190~215년 사벨리우스, 2~3세기 『디오그네투스에게 보낸 편지』, 3세기경 오리게네스, 185년경~254년경, ♣200~254년경 알렉산드리아의 디오니시우스, ⚜247/48년경~264/65년	기적가 그레고리우스, 213년경~270/75년, ♣248년경~264년 올림푸스의 메토디우스, †311년경	『사도들의 가르침』, 이른 3세기
4세기	대 안토니우스, 251년경~355년 알렉산드리아의 페트루스, †311년경 아리우스, ♣320년경 알렉산드리아의 알렉산더, ♣312~328년 파코미우스, 292년경~347년 타벤네시의 테오도루스, †368년 알렉산드리아의 아타나시우스, 295년경~373년, ♣325~373년 호르시에시우스, 305년경~390년 이집트의 마카리우스, 300년경~390년경 장님 디디무스, 313년경~398년 티코니우스, 330년경~390년 암모나스, 4세기	헤라클레아의 테오도루스, ♣330년경~355년 안키라의 마르켈루스, †375년경 살라미스의 에피파니우스, 315년경~403년 대 바실리우스, ★330년경, ♣357~379년 소 마크리나, 327년경~379/80년 라오디케아의 아폴리나리스, 310~392년경 나지안주스의 그레고리우스, ★329/30년, ♣372~389년 니사의 그레고리우스, 335년경~394년 이코니움의 암필로키우스, 340/46년경~403년 이전 폰투스의 에바그리우스, 345년경~399년, ♣382~399년 키지쿠스의 에우노미우스, ♣360~394년 콘스탄티노플의 프로클루스, 390년 이전~446년 위-마카리우스, ♣390년경 레메시아나의 니케타스, 350년경~414년경	안티오키아의 에우스타티우스, ♣325년 에메사의 에우세비우스, 300년경~359년경, ⚜339년경~359년 시리아인 에프렘, 306년경~373년, ♣363~373년 아리우스파 율리아누스, 4세기경 에메사의 네메시우스, ♣늦은 4세기 타르수스의 디오도루스, †394년 이전 요한 크리소스토무스, 344/54~407년, ♣386~407년 『사도 헌장』, 375년경~400년 『디다스칼리아』, 4세기 가발라의 세베리아누스, ♣400년경 몹수에스티아의 테오도루스, 350년경~428년 베로이아의 아카키우스, 322년경~435년
5세기	알렉산드리아의 테오필루스, 345년경~412년 헬레노폴리스의 팔라디우스, 364/65~431년 이전 알렉산드리아의 키릴루스, 375~444년, ♣412~444년 암모니우스, †460년경 포이멘, 5세기 콥트인 베사, 5세기 셰누테, 350년경~466년	네스토리우스, 381년경~451년경, ⚜428~431년 셀레우키아의 바실리우스, ♣444~468년 포티케의 디아도쿠스, 400~474년 콘스탄티노플의 겐나디우스, ♣458~471년, †471년	성경강해가 아스테리우스, 늦은 4세기~이른 5세기 『단계에 관한 책』, 400년경 안키라의 닐루스, †430년경 안티오키아의 요한, †441/42년 키루스의 테오도레투스, 393년경~460년경, ♣423~460년 안티오키아의 위-빅토르, 5세기 아파메아의 요한, 5세기
6세기	올림피오도루스, 이른 6세기	카이사리아의 안드레아스, 이른 6세기 오이쿠메니우스, 6세기	마부그의 필록세누스, 440년경~523년 안티오키아의 세베루스, 465년경~538년 은수자 마르쿠스, 6세기경
7세기		고백자 막시무스, 580년경~662년	사도나(=마르티리우스), ♣635~640년
8세기 이후		크레타의 안드레아스, 660년경~740년 테오파네스, 775~845년 카시아, 805~848/67년경 카이사리아의 아레타스, 860년경~932년 이후 포티우스, 820년경~891년 신 신학자 시메온, 949년경~1022년 오리드의 테오필락투스, 1050/60년경~1125/26년	다마스쿠스의 요한, 650년경~750년

메소포타미아/페르시아	팔레스티나(예루살렘*)	장소 미상
	플라비우스 요세푸스, 37년경~101년경	
		『클레멘스의 둘째 편지』, 150년경
마니/마니캐우스, 216년경~276년		『위-클레멘스서』, 3~4세기
아프라하트, 270년경~345년, ♣337~345년 니시비스의 야코부스, ♣308~325년, †338년	카이사리아의 에우세비우스, 260/63년경~340년, ♣315년경~340년 카이사리아의 아카키우스, ⚜340~366년경 예루살렘의 키릴루스, 315년경~386년, ♣348년경	콤모디아누스, 3세기경 또는 5세기 아리우스파 막시미누스, ★360/65년 부제 에우탈리우스, 4세기경
콜브의 에즈니크, ♣430~450년	히에로니무스, 347년경~419/20년 사제 필리푸스, †455/56년 예루살렘의 헤시키우스, ♣412~450년 에우티미우스, 377~473년 페트라의 게론티우스, 395~480년경	
사루그의 야코부스, 450년경~520년경 바바이, 이른 6세기 대 바바이, 550~628년 나트파르의 아브라함, ♣6~7세기	가자의 프로코피우스, 465년경~530년 가자의 도로테우스, 525년경~560/80년경, ♣540년 스키토폴리스의 키릴루스, 525년경~557년 이후, ♣550년경	위-디오니시우스, 482~532년경, ♣500년경
니네베의 이사악, †700년경		위-콘스탄티우스, 7세기경 안드레아스, 7세기경
노老 요한, 8세기 메르브의 이쇼다드, †852년 이후	가인 코스마스, 675년경~750년 이후	

인용 저술가의 약전略傳과 익명 작품 개요

탄생은 '★', 사망은 '†', 재위/재임은 '⚜', 주 활동 시기는 '♣'로 표시하였다.

브레시아의 가우덴티우스(♣395년) 필라스트리우스의 후계자로 브레시아의 주교. 성찬에 관한 설교 21편을 저술하였고, 수많은 논고를 썼다.

『거룩한 사도들의 헌장』(☞『사도 헌장』)

게론티우스(395년경~480년경) 팔레스티나 출신의 수도승. 훗날 팔레스티나 공주수도원의 대수도원장이 되었으며, 칼케돈 공의회의 결정에 반대했다.

콘스탄티노플의 겐나디우스(♣458~471년, †471년) 콘스탄티노플의 총대주교. 수많은 주해서를 썼으며, 알렉산드리아의 키릴루스가 주장하는 그리스도론을 반대했다.

기적가 그레고리우스(213년경~270/75년, ♣248년경~264년) 네오카이사리아의 주교이자 오리게네스의 제자. 유명한『생애』다섯 편은 그를 '기적가'로 부르게 한 사건들을 전한다. 그의 가르침이 압축된 주저『오리게네스 찬양 연설』은 오리게네스를 찬양하는 내용으로, 특히 수사학이 빛난다.

나지안주스의 그레고리우스(★329/30년, ♣372~389년) 카파도키아 세 교부 가운데 한 사람. 나지안주스의 주교이자 콘스탄티노플의 주교. 니사의 그레고리우스와 대 바실리우스의 친구. 신학적 연설과 편지로 삼위일체 정통 교의뿐 아니라 그리스도의 인성을 변론한 것으로 유명하다.

니사의 그레고리우스(335년경~394년) 카파도키아 세 교부 가운데 한 사람. 니사의 주교이며 대 바실리우스의 동생. 뛰어난 독창성을 지닌 철학적 신학자.『대 교리교육』의 저자. 성부 · 성자 · 성령의 일치에서 동일본질을 내세운 것으로 유명하다.

대 그레고리우스(540년경~604년, ⚜590~604년) 590년에 교황이 되었으며, 라틴 4대 교부들 중 마지막 인물. 다작을 남긴 저술가이며 라틴 교회에서 전례 개혁을 시작했다. 그레고리우스 성사 예식서와 그레고리우스 성가도 그가 이룬 전통과 관련이 있다.

엘비라의 그레고리우스(♣359~385년) 엘비라의 주교. 오리게네스를 따라 우의적 해석 방식으로 주석한 논고 몇 편을 썼으며, 아리우스파에 대해 니케아 신앙을 변론했다.

에메사의 네메시우스(♣늦은 4세기) 시리아 지방 에메사의 주교. 주저인『인간 본성』은 신학 · 철학적 여러

문헌에 의존하였으며, 처음으로 그리스도교적 인간학을 서술했다.

네스토리우스(381년경~451년경, ♣428~431년) 콘스탄티노플의 총대주교. 신성과 인성이 그리스도의 육화로 참으로 일치되었다기보다 결합되었다고 내세운 이단의 창시자. 테오토코스(하느님의 어머니)에 관한 가르침에 반대하여 네스토리우스파 교회를 콘스탄티노플에서 분리시켰다.

로마의 노바티아누스(♣235~258년) 교황에 선출되지 못한 뒤 분열된 교회의 주교가 된 로마의 신학자. 교회를 분열시킨 것을 제외하고는 정통신학을 전개했다. 삼위일체에 관한 논고는 전형적인 서방교회의 교의를 따른다.

레메시아나의 니케타스(350년경~414년경) 세르비아 지방 레메시아나의 주교. 저서들은 성부와 성자의 동일본질과 성령의 신성을 확언한다.

안키라의 닐루스(†430년경) 수덕에 관해 다작을 남긴 저술가이자 요한 크리소스토무스의 제자. 때로 시나이의 닐루스로 잘못 알려진 그는 안키라에서 태어나 콘스탄티노플에서 교육받았다.

『단계에 관한 책』(400년경) 저자는 익명의 시리아 저술가. 강해와 대화 30편으로 이루어졌으며, 영성적 삶으로 나아가기 위한 더 깊은 단계를 다루었다.

가자의 도로테우스(525년경~560/80년경, ♣540년) 세리도스 수도원 수도승. 훗날 이 수도원의 지도자가 되었으며, 이곳에서 『여러 가르침』을 저술했다. 팔레스티나 수도 제도에 관한 작품도 썼다.

『디다케 – 열두 사도들의 가르침』(이른 2세기) 유대교 윤리와 그리스도교의 전례를 다룬 저자 미상의 이 문헌은 '생명의 길'에 관해 전반적으로 서술했다. 교부 시대에 상당한 영향을 미쳤고, 특히 예비신자 교육에 사용되었다.

장님 디디무스(313년경~398년) 알렉산드리아의 성경 주석가. 오리게네스의 영향을 많이 받았으며, 히에로니무스가 극찬한 인물이기도 하다.

포티케의 디아도쿠스(400~474년) 에피루스 베투스의 반단성설파 주교. 『우리 주 예수 그리스도의 승천에 관한 설교』는 칼케돈 공의회의 그리스도론을 통해 동방과 서방에 영향을 미쳤다. 그는 『에피루스 지방 포티케의 주교 디아도쿠스의 (신비적) 환시』의 주체이기도 하다.

『디오그네투스에게 보낸 편지』(3세기경) 이교인의 신앙과 관습을 논박하며 그리스도인의 삶과 신앙을 서술한 저자 미상의 작품. 교부학자들도 디오그네투스가 누구인지 정확히 밝혀내지 못했다.

알렉산드리아의 디오니시우스(♣247/48년경~264/65년) 알렉산드리아의 주교이자 오리게네스의 제자. 당대의 신학 논쟁에 적극적으로 관여하여, 사벨리우스주의를 반대했다. 삼신론을 주장한다는 비판에 대해 자신을 변호하였으며, 에피쿠로스주의를 그리스도교 측면에서 처음으로 논박했다. 주된 사상은 주로 초기 그리스도교 저술가들이 발췌한 글에 남아 있다.

타르수스의 디오도루스(†394년 이전) 타르수스의 주교이자 안티오키아학파의 신학자. 성경 주석서와 교의서, 호교서 등의 다양한 유형의 작품을 저술하였지만, 네스토리우스주의의 효시라는 명목으로 단죄되어 그의 작품 대부분은 단편으로만 전해 온다. 요한 크리소스토무스와 몹수에스티아의 테오도루스의 스승이다.

라바누스 마우루스(780년경~856년) 프랑크족 수도승이자 신학자, 교사. 요크의 알쿠인의 제자. 그 뒤 822년부터 842년까지 풀다 수도원의 대수도원장이었으며 848년부터 856년 죽을 때까지 마인츠의 대주교였다. 시와 강해, 교육에 관한 논고, 문법, 교의에 관한 작품과 『사물들의 본성』 또는 『우주』라는 제목이 붙은 백과사전을 저술했으며, 열왕기와 에스테르기를 포함한 성경 주해서를 썼다. 그는 기술적으로 중세의 저술가이지만 그의 작품들은 더 이른 시기의 사상을 반영한다.

락탄티우스(250년경~325년, ♣304~324년) 히에로니무스에 따르면 그는 사람을 감동시키는 힘이 있는 저술가였다. 신학적 사상보다 탁월한 수사학적 재능으로 더 유명하다. 그리스도교로 개종한 뒤 니코메디아에서 수사학 교사를 그만둔 그리스도교 호교가다. 콘스탄티누스 황제 아들의 가정 교사였으며 『거룩한 가르침』을 저술했다.

세비야의 레안데르(545년경~600년경) 라틴 교회의 저술가. 두 편의 작품만 남아 있다. 당시 에스파냐에서 역사적으로 중요한 영향력을 지닌 서고트족에게 그리스도교를 전파하는 데 큰 역할을 했다.

대 레오(✤440~461년) 로마의 주교. 『플라비아누스에게 보낸 교의서간』은 칼케돈 공의회(451년)에서 네스토리우스와 키릴루스 견해 사이의 중도 노선이 채택되는 데 기여했다.

가인(歌人) 로마누스(♣536~556년) 로마누스는 베이루트에서 멀지 않은 에메사에서 유대인으로 태어났으며, 세례를 받은 뒤 부활 교회의 부제가 되었다. 그 뒤 그는 콘스탄티노플로 이주했는데, 그가 활동한 시기에 하기아 소피아의 파괴와 재건을 보았을 것이다. 대화 유형의 시를 이용한 80편의 운율적 찬가(콘타키아, 단수 콘타키온)가 그의 이름으로 전해진다. 성경과 연관된 이 설교들은 전례 때 설교되었다기보다 노래로 불렸으며, 신학적 통찰이 담긴 구절이 많다. 대중적 단성설을 내세운 그의 그리스도론은 유스티니아누스 황제 당시 단성설파에 대한 반론이 만만치 않았음을 알려 준다.

루쿨렌티우스(5~6세기) 바오로 사도가 쓴 신약성경 일부 구절을 짧게 주해한 무명의 저술가. 그의 주석은 대개 문자적이며 히에로니무스와 아우구스티누스 등 이전 시대 저자들의 방법론을 따른다.

칼리아리의 루키페르(✝375년 이전) 아타나시우스의 신학적 견해와 니케아 신경을 강력히 지지한 칼리아리의 주교. 정통 신앙을 표방하는 주교를 인정하지 않은 콘스탄티우스 황제에 맞서다가 처음에는 팔레스티나로, 나중에는 테바이스(이집트)로 추방되었다.

아퀼레이아의 루피누스(345년경~411년) 정통 신앙의 그리스도교 사상가이자 역사가. 오리게네스 작품을 번역하고 보존하였으며, 히에로니무스와 에피파니우스가 오리게네스를 비난하자 오리게네스를 위해 변론했다. 로마와 이집트, 예루살렘(올리브산)에서 수덕 생활을 했다.

마니교도 241년경 페르시아에서 마니가 주도하여 창시한 종교의 추종자들. 그러나 이들의 가르침에는 그리스도교 여러 교파의 요소도 명백히 담겨 있다. 빛과 어둠의 왕국이 공존하며, 물질의 어둠에 사로잡혀 있는 이들 가운데에서 빛을 지닌 극소수의 영적 인간만이 구원받은 이들이라 가르치며, 자유의지와 하느님의 보편적 다스림을 부인했다(☞ 영지주의자).

안키라의 마르켈루스(✝375년경) 아리우스주의를 논박하는 작품을 썼지만 후대에, 특히 카이사리아의 에우세비우스는 그를 사벨리우스주의자로 고발했다. 서방교회는 그의 정통 신앙을 인정했으나, 동방교회는 그를 파문했다. 아타나시우스의 작품 중 일부를 마르켈루스의 저서로 보는 학자들도 있다.

은수자 마르쿠스(6세기경) 타르수스 근방의 수도승. 그리스도론에 관한 작품도 썼다.

마르키온(♣144년, †154/60년경) 이단자. 예수 그리스도의 아버지를 구약성경의 창조주 하느님과 다른 분이라고 주장하며, 구약성경 전체와 신약성경의 많은 부분을 받아들이지 않았다(☞ 영지주의자).

브라가의 마르티누스(♣568~579년) 이베리아반도 브라가의 반反아리우스파 수석 대주교. 고등교육을 받았으며, 572년에 열린 브라가 지방 교회회의의 의장직을 맡았다.

마리우스 빅토리누스(280/85년경~363년경, ♣355~363년) 아프리카 출신의 문법학자. 로마에서 수사학을 가르치고 플라톤학파의 작품들을 번역했다. 늘그막에 개종한 뒤(355년경), 아리우스파를 논박하는 저서와 바오로 서간들의 주해서를 저술했다.

이집트의 마카리우스(300년경~390년경) 사막 교부 가운데 한 사람. 아타나시우스의 견해를 지지하다가 고발되었으며, 아타나시우스의 아리우스파 후계자인 루키우스는 374년경 그를 나일강의 어느 섬으로 추방했다. 와디 나트룸에서 수도 신학에 관해 계속 가르쳤다.

소(少) 마크리나(327년경~379/80년) 대 바실리우스와 니사의 그레고리우스의 누이. 친할머니 마크리나와 구분하기 위해 '소少 마크리나'라 한다. 그녀는 동생들 가운데, 특히 자신을 스승으로 부르며, 『영혼과 부활에 관한 대화』에서는 자신의 가르침을 설명한 니사의 그레고리우스에게 큰 영향을 미쳤다.

고백자 막시무스(580년경~662년) 그리스/팔레스티나 출신의 신학자이자 수덕 생활에 관한 저술가. 614년 예루살렘에 아랍인이 침입하자 콘스탄티노플로, 그 후 아프리카로 피신했다. 구금되어 혀와 오른손이 잘리는 혹독한 고초를 겪은 뒤 흑해 근처에서 사망했다. 그는 그리스도의 인성을 사상의 중심에 두고, 하느님을 그 무엇보다 사랑하며 모든 사물에 초연할 것을 가르쳤다.

토리노의 막시무스(†408/23년) 토리노의 주교. 호노리우스와 테오도시우스 2세가 통치하던 시기에 사망했다. 그가 남긴 그리스도교 축일과 성인, 순교자들에 관한 설교는 100편이 넘는다.

아리우스파 막시미누스(360년경~365년) 일리리쿰의 아리우스파 공동체의 주교로 추정되는 인물. 로마 출신으로 히포에서 아우구스티누스와 공개적으로 토론했으며(427년 또는 428년), 아리우스의 교의를 적극적으로 변론했다. 뿐만 아니라 정통 신앙을 반박하는 논쟁서들, 예를 들면 『이단자 반박』, 『유대인 반박』, 『이교인 반박』을 저술했으며 논쟁적 내용을 그리 담고 있지 않은 『설교』 15편도 저술했다. 이 설교들은 전에는 토리노의 막시무스의 저서로 여겨졌다. 또한 그는 『복음서 봉독에 관한 강해』 24편의 저자로도 알려져 있다.

『메나이온 축일』 예수와 마리아의 생애를 찬미하는 축일 동안 부르는 찬가를 비롯하여 여러 예배 의식을 담고 있는 전통적인 전례서.

올림푸스의 메토디우스(†311년경) 올림푸스의 주교. 플라톤의 『향연』을 일부 본떠 자신의 『열 처녀의 잔치』에서 동정성을 찬양했다.

사르데스의 멜리톤(†190년 이전) 사르데스의 주교. 폴리크라테스에 따르면, 그는 유대인이었다. 그의 많은 저서 가운데 『파스카』(160~177년경)는 전례 기록으로 알려져 있다. 부활절 날짜와 관련된 논쟁에 직접 관여한 멜리톤은 유대주의에서 물려받은 관습에 따라 니산달 14일에 부활절을 지내기를 고수했다.

헤르마스의 『목자』(140년경) 환시 5편과 계명 12편, 비유 10편으로 세분된 묵시 문헌. 노예였다가 해방된 헤르마스의 작품으로, 두 번째 천사가 목자의 모습으로 나타났다고 하여 이런 제목이 붙었다. 이 작품은 매우 높은 도덕적 가치를 요구하는 것으로 평가되었으며, 초기 교회에서 예비신자들을 위한 교재로 사용되었다.

몬타누스파 신탁 몬타누스주의는 프리기아 지방 출신의 몬타누스가 2세기 중엽 이후에 일으킨 묵시·수덕과 관련한 운동이었다. 몬타누스는 황홀경을 통한 신탁으로 자신들의 계시를 선포했다. 몬타누스파 신탁은 작품으로는 남아 있지 않고, 이 운동을 논박한 저술가들의 작품, 특히 에피파니우스의 『약상자』에 단편으로 실려 있다. 몬타누스주의는 아시아 지역에서 열린 여러 교회회의 이전에 공식적으로 이단으로 단죄받았다.

로마의 미누키우스 펠릭스(♣2~3세기) 로마에서 변호사로 활동한 그리스도교 호교가. 『옥타비아누스』는 테르툴리아누스의 『호교론』과 여러 면에서 일치한다. 아프리카 출생으로 추정된다.

『바르나바의 편지』(130년경) 분명한 반유대인 어조로 구약성경을 우의적·예형론적으로 해석한 작품. 카이사리아의 에우세비우스가 친저성을 문제 삼을 때까지 신약성경의 다른 서간과 함께 '가톨릭 서간'으로 분류되었다.

바바이(이른 6세기) 『키리아쿠스에게 보낸 편지』의 저자. 니시비스의 바바이(†484년)나 대 바바이(†628년)와 혼동하면 안 된다.

대 바바이(550~628년) 베트 자브다이 지역에 수도원과 학교를 설립한 시리아 출신의 수도승. 훗날 네스토리우스 교회가 위기에 빠졌을 때 이즐라산 대수도원의 제3대 수도원장을 역임했다.

바실리데스(2세기) 알렉산드리아에서 활동한 이단자. 영혼이 육체에서 육체로 옮겨지며, 순교 때 몸을 지키고자 거짓말을 한다 해도 죄를 짓는 게 아니라고 했다.

대 바실리우스(★330년경, ♣357~379년) 카파도키아 세 교부 가운데 한 사람으로 카이사리아의 주교. 니케아 공의회에서 제기한 삼위일체 학설을 옹호했다. 행정 능력이 뛰어났으며 수도 규칙의 토대를 마련했다.

셀레우키아의 바실리우스(♣444~468년) 이사우리아 지방 셀레우키아의 주교이자 교회 저술가. 448년에 에우티케스의 단성설을 단죄한 콘스탄티노플 교회회의에 참석했다.

시미에의 발레리아누스(♣422년경~449년) 시미에의 주교. 교회 규율을 강화하려는 목적으로 리에 교회회의(439년)와 베종 교회회의(422년)에 참석했다. 교황 레오 1세와 관할권 문제로 다투는 아를의 힐라리우스를 지지했다.

발렌티누스(♣140년경) 알렉산드리아 출신의 이단자. 물질세계는 미지의 하느님의 지혜 또는 소피아가 지은 죄로 말미암아 창조되었다고 가르쳤다(☞ 영지주의자).

누르시아의 베네딕도(480년경~547년) 서방 수도 제도사에서 가장 중요한 인물. 그가 세운 많은 수도원 가운데 몬테카시노 수도원이 가장 유명하다. 그의 『수도 규칙』은 서방 수도회에 지대한 영향을 미쳤고, 이상적인 수도원의 신학적 토대를 마련하였으며, 공주 수도생활의 꼴을 갖추고 조직화하는 데 도움을 주었다.

존자 베다(672/73년경~735년) 노르툼브리아에서 태어나, 일곱 살 때 재로Jarrow에 있는 성 베드로와 바오로 베네딕도회 수도원 수도승들의 보살핌을 받았다. 또한 수도 전통을 배경으로 폭넓은 고전 교육을 받았다. 당시 현자들 가운데 한 명으로, 『앵글로족의 교회사』를 저술했다.

베레쿤두스(†552년) 아프리카 출신 그리스도교 저술가. 6세기 그리스도론 논쟁, 특히 삼두서 논쟁에 적극 관여했으며, 교회 전례 성가에 관한 주해서 9편을 우의적 해석 접근법으로 저술했다.

콥트인 베사(5세기) 콥트인 수도승. 스승 셰누테의 후임으로 수도원장이 되었다. 수많은 편지를 남겼고, 수도 교리교육과 셰누테의 전기를 저술했다.

사라고사의 브라울리오(585년경~651년, ✠631~651년) 사라고사의 주교. 서고트족 문예를 부흥시킨 저명한 저술가. 그의 『아이밀리아누스의 생애』는 문학의 백미로 꼽힌다.

페타우의 빅토리누스(230~304년) 라틴 성경 주석가. 다양한 유형의 작품을 저술했지만, 『요한 묵시록 주해』만 온존溫存되고 『마태오 복음 주해』는 일부 단편만 전해 온다. 천년왕국설을 확고히 내세우지만, 파피아스나 이레네우스의 천년왕국설보다는 덜 유물론적이다. 우의적 해석법으로 볼 때, 오리게네스의 영적 제자라 하겠다. 디오클레티아누스 황제의 박해 첫해(304년)에 사망한 듯하다.

레렝스의 빈켄티우스(†435년) 수도승. 이단적 방법론에 맞선 그의 저서는 정통 신앙의 교의적 신학 방법론에 상당한 영향을 미쳤다.

『사도 헌장』(375년경~400년) 『거룩한 사도들의 헌장』으로도 알려져 있으며, 네아폴리스의 아리우스파 주교 율리아누스의 작품으로 추정. 총 8권의 이 작품은 주로 『디다케 - 열두 사도들의 가르침』과 『사도 전승』처럼 전대 작품들에 일부 내용을 덧붙여 수록한 모음집이다. 『사도 법규』로도 불리는 제8권은 여러 원전에서 모은 법규 85개로 이루어져 있다.

사도나(♣635~640년) 마르티리우스라는 그리스어 이름으로 알려진 시리아 저술가. 한동안 베트 가르마이의 주교였다. 니시비스에서 공부하였고 그리스도론적 사상 때문에 추방되었다. 주저로는 시리아 수도 문헌의 걸작 가운데 하나로 평가되는 『완성에 관한 책』이 있다. 이 작품은 철저히 성경에 깊은 뿌리를 두고 쓰였다.

『사도들의 가르침』*Didascalia Apostolotum*(열두 사도의 가르침과 우리 구원자의 거룩한 규율)(3세기 초) 이교에서 개종한 시리아 북쪽 지역 그리스도인 공동체를 위해 저술된 교회의 법규집.

사벨리우스(2~3세기) 성부와 성자가 한 위격이라는 이단적 주장을 펼친 저술가. 그가 주장한 이단은 성부가 성자의 모습으로 십자가에서 수난했다고 내세워 '성부수난설'로도 불린다.

사제 **살비아누스**(400년경~480년경) 당시의 역사를 쓴 중요한 저술가. 로마제국이 야만인들에게 멸망한 것은 제국의 그리스도인들이 저지른, 비난할 만한 행위 때문이라고 여겼다. 『하느님의 다스림』에서 하느님의 섭리에 관한 주제를 발전시켰다.

안티오키아의 **세베루스**(465년경~538년) 522년에 안티오키아의 주교로 서품된 단성설파 신학자. 피시디아에서 태어나 알렉산드리아와 베이루트에서 공부했고, 콘스탄티노플에서 가르치다가 이집트로 추방되었다. 그리스도의 인성이 신성에 덧붙여졌다고 믿었으며, 그리스도가 신성과 인성을 함께 지녔다면 반드시 두 사람일 수밖에 없다고 주장했다.

가발라의 **세베리아누스**(♣400년경) 요한 크리소스토무스와 같은 시대 인물인 세베리아누스는 콘스탄티노플, 특히 황실에서 활동한 뛰어난 설교가였다. 요한 크리소스토무스를 고발하는 데 가담했다. 창세기에 관한 강해를 썼으며, 설교는 주로 반이단적 관심사를 드러낸다.

셰누테(350년경~466년) 이집트 아트리비스의 수도원장. 그가 세운 대규모의 수도원은 규칙이 엄하기로 유명하다. 431년 에페소 공의회에서 알렉산드리아의 키릴루스를 수행하였으며, 그곳에서 네스토리우스를 면직시키는 데 중요한 역할을 했다. 그리스어를 알았지만 콥트어로 저술 활동을 하였으며 강해와 교리교육 및 수도생활에 관한 작품, 편지, 신학 논고 두 편 등을 남겼다.

술피키우스 **세베루스**(360년경~420년경) 보르도의 귀족 가문 출신의 교회 저술가. 투르의 성 마르티누스의 친구이자 열렬한 제자로, 은둔 생활에 전념했다. 겐나디우스는 그가 사제직을 받았다고 잘라 말하지만, 사제 생활에 관해 알려진 바는 전혀 없다.

신 신학자 **시메온**(949년경~1022년) 자신이 세운 엄격한 규칙과 달리 자비심이 많은 영적 지도자로 알려졌다. 그는 향심 기도로 말미암아 신성한 빛을 느끼고 받아들이게 된다고 여겼다.

아다만티우스(이른 4세기) 『하느님에 대한 올바른 믿음에 관한 대화』에서 알렉산드리아의 오리게네스가 놀라운 저술 능력과 정신력을 보여 주었다고 해서 얻은 별명으로, '강철 같은 인물'을 뜻한다. 그러나 메토디우스와 관련되었다고 보이게 하는 삼위일체 용어와 4세기 콘스탄티누스 시대에 관한 언급은 오리게네스의 저서가 아니라는 의심이 들게 한다(☞ 오리게네스).

아담나누스(624년경~704년) 아일랜드 요냐의 수도원장으로 성 콜룸바누스의 전기를 썼다. 켈트족 교회가 로마 전례와 로마 규범에 동화되는 데 영향을 끼친 인물이다. 그가 쓴 『성지』는 존자 베다에게 영향을 주기도 했다.

카이사리아의 **아레타스**(850년경~932년 이후) 비잔틴의 학자이며 포티우스의 제자. 콘스탄티노플의 부제였으며, 901년부터 카이사리아의 대주교로 재임했다.

소 **아르노비우스**(♣450년경) 5세기에 일어난 그리스도론 논쟁에 관여했다. 단성설파 수도승과의 논전을 다룬 『세라피온과의 논쟁』을 저술하여 로마 신학과 알렉산드리아 신학과의 일치를 논증하려고 했다. 그가 『시편 주해』를 비롯하여 더 많은 작품을 저술했다고 추정하는 학자들도 있다.

시카의 **아르노비우스**(250년 이전~310년경) 북아프리카에 있는 시카 베네리아에서 활동한 수사학 교사이자 그리스도교 반대자. 생애 말기에 개종한 뒤 자신이 이전에 반대한 신앙을 변론하였다. 남아 있는 유일한 작품 『이교인 반박』은 그가 진심으로 개종했음을 입증하기를 바라는 그곳 주교의 요청으로 쓰였다고 히에로니무스는 전한다. 아마도 디오클레티아누스 황제의 박해 시기에 저술된 작품인 듯하다.

아리우스(♣320년경) 이단자. 성자는 피조물이 아니며 본성상 성부와 같다는 니케아 공의회(325년) 신경을 받아들이지 않아, 이 공의회에서 단죄되었다.

나트파르의 아브라함(♣6~7세기) 수도 운동 부흥 시기인 6~7세기에 활동한 동방교회 수도승. 그의 저서 가운데 『기도와 침묵』은 기도하는 사람의 행위를 통해 구체적으로 나타나는 기도의 중요성을 다룬다. 그의 저서는 아파메아의 요한이나 마부그의 필록세누스의 영향을 받았다고 평가된다.

성경강해가 아스테리우스(늦은 4세기~이른 5세기) 시편 제1-15편과 제18편에 관한 강해 31편의 저자라는 점 외에는 알려진 바가 없다. 이 강해들은 요약되어 요한 크리소스토무스의 이름으로 남아 있다. 아마세아의 아스테리우스로 여겨지거나, 안티오키아 또는 그 근방에서 산 소피스트 아스테리우스와 동일시되기도 한다.

히포의 아우구스티누스(354~430년, ♣387~430년) 히포의 주교이자 철학 · 성경 주석 · 신학 · 교회론적 주제로 많은 작품을 남긴 저술가. 펠라기우스파를 논박하는 작품들에서 예정과 원죄에 관한 서방 교의를 체계적으로 다루었다.

베로이아의 아카키우스(322년경~435년경) 금욕 생활로 유명한 시리아의 수도승. 378년 베로이아의 주교가 되었으며, 콘스탄티노플 공의회(381년)에 참석했다. 네스토리우스 논쟁에서 알렉산드리아의 키릴루스와 안티오키아의 요한을 중개하는 주요한 역할을 했지만 이 논쟁에는 관여하지 않았다.

카이사리아의 아카키우스(⚜340~366년경) 팔레스티나 지방의 수도인 카이사리아의 친아리우스파 주교. 카이사리아의 에우세비우스의 제자로 전기 작가이자 역사가, 위대한 학자였으며 코헬렛에 관한 작품을 저술했다.

알렉산드리아의 아타나시우스(295년경~373년, ♣325~373년) 알렉산드리아의 주교. 328년부터 알렉산드리아의 주교로 재임하였지만 여러 차례 추방되었다. 아리우스파를 논박하는 전형적인 논쟁서를 저술하였지만 동방 주교들은 대부분 그와 다른 견해를 취했다.

아테나고라스(♣176~180년, †180년경) 아테네 출신의 초기 그리스도교 철학자이자 호교가. 아테나고라스가 저술한 것이 확실한 『그리스도인을 위한 청원』은 마르쿠스 아우렐리우스 황제와 그의 아들인 콤모두스 황제에게 헌정되었으며, 그리스도인들이 신은 믿지 않고 근친상간하며 인육 식사를 한다는 대중적 비난에 대해 변론했다.

아포니우스(4~5세기) 성경 주석사에 길이 남을 『아가 해설』(405년경~415년)의 저자. 신학적으로 그리스도론 분야에서 특별히 중요한 이 『아가 해설』은 오리게네스와 위-히폴리투스의 주해서에서 영향을 받았다.

라오디케아의 아폴리나리스(310~392년경) 라오디케아의 주교. 그리스도가 인간의 정신을 지니지 않았다고 주장하여, 나지안주스의 그레고리우스와 니사의 그레고리우스, 테오도루스의 반박을 받았다.

아프라하트(270년경~345년, ♣337~345년) '페르시아의 현인' 아프라하트는 시리아어로 작품을 남긴 최초의 인물로, 아프라테스라는 그리스어 이름으로도 알려져 있다.

베자의 아프링기우스(6세기 중엽) 이베리아반도 베자의 주교이자 성경 주석가. 티코니우스의 영향을 많이 받았다. 그의 묵시록 라틴어 주해 가운데 두 부분이 남아 있다.

안드레아스(7세기경) 수도승. 고대 저술가들의 주해서를 집대성하여『성경 주해 선집』을 편찬했다.

카이사리아의 안드레아스(이른 6세기) 카파도키아 수도 카이사리아의 주교. 묵시록을 그리스어로 가장 일찍 주해한 인물 가운데 한 명이며 묵시록 저자의 영감을 변론했다.

크레타의 안드레아스(660년경~740년) 찬가, 특히 콘타키아를 대체한 유형으로 그가 창작하였다고 하는 전칙곡典則曲으로 잘 알려진 크레타의 주교. 아직도 동방교회에서 사용되는 그의 많은 전칙곡과 설교가 남아 있다. 초기 성화상 논쟁에서 그는 성화 공경을 옹호한 인물로 알려져 있다.

대 안토니우스(251년경~355년) 이집트 사막에서 은수 생활을 한 독수도승. 수도 제도의 창시자로 유명하다. 아타나시우스가 그를 수도생활의 이상적 인물로 평가하여, 훗날 그리스도교 성인전의 귀감이 되었다.

알렉산드리아의 알렉산더(♣312~328년) 알렉산드리아의 주교이자 아타나시우스의 선임자. 아리우스 논쟁 초기에 아타나시우스에게 신학적으로 상당한 영향력을 미쳤다. 자신이 바우칼리스 교회의 사제로 임명한 아리우스를 319년 파문했다. 성자는 시대가 생기기 전에 태어났으며, 성부와 성자가 거룩한 실체로 일치한다(동일본질)는 그의 학설은 마침내 니케아 공의회에서 승인되었다.

암모나스(4세기) 대 안토니우스의 제자이며 이집트의 피스피르에 있는 독수도승 거주지에 살았으며, 355년 안토니우스가 죽은 뒤 이곳 거주지의 지도자가 되었다. 그는 아타나시우스에 의해 알려지지 않은 소도시의 주교로 서임되었으며 396년 이전에 죽었다. 편지 14통과『사부들의 금언집』의 금언 11편이 그의 것으로 여겨지지만 확실하지는 않다.

암모니우스(460년경) 아리스토텔레스 작품의 주석가이자 알렉산드리아에서 교사로 활동. 알렉산드리아에서 태어나 그곳 학교의 책임자가 되었다. 플라톤 작품의 주석가로 당시 상당한 명성을 누렸지만, 오늘날 비평가들은 그의 글이 현학적이고 진부하다고 비판한다.

암브로시아스테르(♣366년경~384년) 에라스무스는, 한때 암브로시우스가 저술하였다고 여긴 작품을 암브로시아스테르가 썼다고 보았다.

밀라노의 암브로시우스(339년경~397년, ♣374~397년) 밀라노의 주교이자 아우구스티누스의 스승. 성령의 신성과 마리아의 영원한 동정성을 변론했다.

이코니움의 암필로키우스(340/46년경~403년 이전) 373년 이코니움의 주교가 되기 전에 콘스탄티노플에서 연설가로 활동. 나지안주스의 그레고리우스와 사촌간으로, 마케도니우스파와 메살리아파에 관련된 논쟁에 적극적으로 관여했다.

니시비스의 야코부스(♣308~325년, †338년) 니시비스의 주교. 325년 니케아 공의회에 참석하였으며, 아리우스를 논박하는 데 지대한 공헌을 했다.

사루그의 야코부스(450년경~520년경) 시리아 교회의 저술가. 에데사에서 공부했고, 만년에 사루그의 주교로 서품되었다. 일련의 운문 강해로 구성된 주저 때문에 '성령의 피리'라는 덧이름이 붙여졌다. 그의 신학적 견해는 불확실하지만, 중용적 단성설에 가까운 입장을 표명한 듯하다.

폰투스의 에바그리우스(345년경~399년, ♣382~399년) 늦은 4세기, 이집트와 팔레스티나 수도 영성에 철저히 동화하고 이를 독창적으로 전한 수덕 생활의 스승. 작품 속에 등장하는 오리게네스와의 관련 요소들은 제5차 세계 공의회(553년 제2차 콘스탄티노플 공의회)에서 공식적으로 단죄받았지만, 그의 문학작품은 교회 전통에 꾸준한 영향을 미쳤다.

에우기피우스(460년경~533년경) 세베리누스의 제자이며 카스트룸 루쿨라눔 수도 공동체의 제3대 수도원장. 이 수도 공동체는 야만족이 침입했을 때 노리쿰에서 피신한 이들로 이루어졌다.

에우노미우스(♣360~394년) 키지쿠스의 주교. 성부와 성자 가운데 한 분은 태어나지 않으셨고 한 분은 태어나셨기 때문에 서로 다른 본성을 지닌다고 주장했다. 바실리우스와 니사의 그레고리우스는 이 학설을 논박했다.

갈리아의 에우세비우스(5세기경) 7세기에 개정된 76편의 설교 모음집 저자. 전례력을 배경으로 윤리적 가르침에 초점을 맞춘 모음집에는 교부 시대 다른 저자들의 자료도 수록되어 있다.

베르첼리의 에우세비우스(♣360년경) 베르첼리의 주교. 니케아 공의회에서 삼위일체 교의가 서방이 주장하는 절충안으로 파기될 위험에 처하자, 이 교의를 지지했다.

에메사의 에우세비우스(300년경~359년경) 에메사의 주교. 성경 주석가이자 교의 저술가. 스승인 카이사리아의 에우세비우스를 좇아 절충주의적 아리우스파의 경향을 나타냈다.

카이사리아의 에우세비우스(260/63년경~340년, ♣315년경~340년) 카이사리아의 주교. 콘스탄티누스 황제의 추종자이자 최초의 교회사가. 복음의 진리가 이교 작품에서 예시되었다고 주장했다. 그러나 아리우스의 견해에 동조한다는 의혹을 받고 자신의 학설을 변론해야 했다.

안티오키아의 에우스타티우스(♣325년) 베로이아의 첫 주교였으며 안티오키아 주교 시절에는 니케아 공의회의 반아리우스파 지도자 중 한 명으로 활동했다. 훗날에 니케아 신학을 지지하여 트리키아로 추방되었다.

리옹의 에우케리우스(♣420~449년, ✠435년경~449년) 리옹의 주교. 귀족 가문 출신. 가족을 데리고 레렝스 수도원에 들어갔다. 어려운 성경 구절을 문자적 · 도덕적 · 영적 삼중 의미로 해석했다.

에우티미우스(377~473년) 멜리테네 출신으로 당시 상당한 영향력을 행사한 수도승. 멜리테네의 주교 오트레이우스에게 사사. 오트레이우스는 에우티미우스에게 사제품을 주고, 자기 교구의 모든 수도원을 관리하게 했다. 칼케돈 공의회(451년)가 에우티케스의 유설을 단죄했을 때, 동방 은수자 대부분이 그 교령을 받아들인 것은 에우티미우스의 권위 있는 영향력 때문이었다. 에우독시아 황후는 그의 노력으로 칼케돈의 정통 신앙으로 돌아섰다.

콜브의 에즈니크(♣430~450년) 그리스어 성경을 아르메니아어로 번역한 메스로프의 제자. 번역에 사용된 아르메니아어는 고전 아르메니아어의 전형이 되었다. 에즈니크는 주교로 아쉬티샤트 교회 회의(449년)에 참석했다.

시리아인 에프렘(306년경~373년, ♣363~373년) 주해서를 쓰고 찬가를 지은 시리아 저술가. 그가 지은 찬가들은 때로 단테 이전에 나온 그리스도교 시 가운데 가장 뛰어난 작품의 전형으로 여겨진다.

라틴인 에피파니우스(늦은 5세기~이른 6세기) 초기 교부 시대 주해가들을 중심으로 『복음서 주해』를 저술했다. 베네벤토 또는 세비야의 주교로 재임한 것 같다.

살라미스의 에피파니우스(315년경~403년) 키프로스섬 살라미스의 주교. 이단 80개를 논박하는 작품(『약상자』)을 저술하여 오리게네스를 이단자로 단죄하는 실마리를 제공했다.

엔노디우스(473년경~521년, ✤513~521년) 파비아의 주교. 편지와 시, 전기 등 여러 장르에서 다작을 남긴 저술가. 로마와 콘스탄티노플의 아카키우스 사이에 일어난 분열을 수습하고자 애썼으며, 세속 권력의 도전에 직면한 교황의 자치권을 지지했다.

영지주의자 바실리데스, 마르키온, 발렌티누스, 마니 등의 추종자들을 일컬음. 물질은 악이나 무지한 창조주가 영을 위해 만든 감옥이며, 구원은 자유의지가 아니라 은총에 의존한다고 주장했다.

알렉산드리아의 오리게네스(185년경~254년경, ♣200년경~254년경) 탁월한 성경 주석가이자 조직신학자. 영혼의 선재를 주장하고 육체의 부활을 부인하여 단죄되었다. 폭넓은 성경 주석은 본문의 영적 의미에 초점을 맞추었다.

오이쿠메니우스(6세기) 수사학자이자 철학자. 현존 최고最古의 그리스어 묵시록 주해서를 저술했다. 요한 크리소스토무스가 주해한 바오로 서간을 재강해한 작품은 아직도 남아 있다.

올림피오도루스(이른 6세기) 알렉산드리아에서 활동한 성경 주석가이자 부제. 그의 주해서들은 대부분 『성경 주해 선집』을 통해 전해지고 있다.

왈라프리두스 스트라보(808~849년) 프랑크족 수도승이자 저술가, 라바누스 마우루스의 제자. 왈라프리두스는 838년 라이케나우 수도원의 대수도원장이 되었지만, 그가 충성한 경건왕 루이의 아들 가운데 하나가 라이케나우를 침략한 840년 추방되었다가 842년 복권되고 849년 사망했다. 시집과 성경 주해서, 성인들의 생애와 전례를 역사적으로 설명한 작품들을 남겼다. 중세의 저술가에 속하지만 작품들은 중세 초기의 사상을 반영한다.

요세푸스, 플라비우스(37년경~101년경) 저명한 사제 가문 출신의 유대인 역사가. 에세네와 사두가이에 정통했지만 바리사이가 되었다. 66년에 일어난 대규모의 유대인 봉기(제1차 유대 독립 전쟁)에 참여하였으며, 예루살렘의 산헤드린(최고 의회)에서 갈릴래아 총사령관으로 선출되었다. 베스파시아누스가 승진하고 그의 아들 티투스가 황제가 되리라 예언함으로써, 베스파시아누스의 환심을 사는 약삭빠른 행동을 취했다. 베스파시아누스가 황제가 된 69년 이후에 석방되었다.

노(老) 요한(8세기경) 시리아의 저술가. 동방교회의 수도 집단에 속하였으며, 카르두(이라크 북부) 지역에 살았다. 주저로는 강해 22편과 단편으로 이루어진 편지 모음집 51편이 있다. 모음집에서 그는 신비적인 삶이란 부활의 삶을 예기하는 체험이며 세례성사와 성체성사의 열매로 서술한다.

다마스쿠스의 요한(650년경~750년) 아랍 출신의 수도승이자 신학자. 그의 작품들은 동방과 서방 교회에 지대한 영향을 미쳤다. 가장 유명한 작품은 『신앙 해설』이다.

수도승 요한 『메나이온 축일』에 나오는 전통적인 이름으로 다마스쿠스의 요한을 가리키는 것으로 생각된다(☞ 다마스쿠스의 요한).

아파메아의 요한(5세기) 의전가儀典家 요한으로도 알려진 시리아의 저술가로 영성 생활의 여러 관점에 대한 글을 썼다. 대화 형식의 저서 외에도 편지와 세례에 관한 논고, 기도와 침묵에 관한 단편 작품들이 전해 온다.

안티오키아의 요한(†441/42년) 429년부터 안티오키아의 주교로 재임. 안티오키아 인근 수도원에서 네스토리우스와 몹수에스티아의 테오도루스와 함께 교육받았다. 네스토리우스의 지지자로 알렉산드리아의 키릴루스를 단죄했지만 훗날 타협하여 연합 정식에 합의했다.

카르파투스의 요한(7~8세기경) 크레타와 로두스 사이에 자리한 카르파투스섬 출신의 주교인 요한은 680/81년에 열린 교회회의에 참석했다. 그는 '100개의 단상'(Centuria: 동방 영성에서 100개의 짧은 단락 또는 토막글로 이루어진 문학 유형) 두 편을 저술했는데, 『필로칼리아』에 수록된 『인도의 수도승들에게 보낸 권고』와 『신학적 · 영지적 단상』이 그것이다.

요한 카시아누스(360년경~432년) 『규정집』과 『담화집』을 통해 영성 생활의 본질을 다룬 이집트 수도 교부들의 가르침을 전했다. 두 작품은 서방 수도 제도를 발전시키는 데 큰 영향을 미쳤다.

요한 크리소스토무스(344/54~407년, ♣386~407년) 콘스탄티노플의 주교. 정통 신앙을 지킨 인물로 유명하며, 언변이 뛰어났고, 그리스도인의 방종을 날카롭게 비판했다.

위-디오니시우스(482~532년경, ♣500년경) 사도행전 17장 34절에 언급되는 아레오파고스 의회 의원인 디오니시우스의 이름으로 불리는 저자. 『아레오파기타 전집』(『디오니시우스 전집』)으로 알려진 작품들을 썼다. 이 저서들은, 참으로 어느 것도 하느님의 속성을 나타낼 수 없다는 점에서 신비주의적 부정신학 학파의 토대가 되었다.

위-마카리우스(♣390년경) 안티오키아에서 활동한(메소포타미아 출신의?) 상상력이 풍부한 익명의 저술가이자 수덕가. 부정확하게 편집된 그의 작품들은 이집트의 마카리우스의 저서로 여겨졌다. 그는 인간의 본성과 기도, 내적 생활에 관해 예리한 통찰력으로 삼위일체 신학을 명확히 표현했다. 그의 작품은 대략 100편의 설교와 강해에 이른다.

『위-클레멘스서』(3~4세기) 로마의 클레멘스 생애와 관련된 일련의 외경서. 마법사 시몬과 맞서는 이야기를 비롯, 로마의 클레멘스 생애에서 끌어낸 이야기들을 상상력을 동원하여 대중적 성인전 형식으로 쓴 이 작품은 그리스도교의 가르침을 설명한다. 영지주의와 유대계 그리스도인의 여러 저서를 본떠 지었을 가능성이 있다. 정확한 저술 연도 미상.

순교자 유스티누스(100/10년경~165년, ♣148년경~161년) '틀림없고 가치 있는 철학'인 그리스도교로 개종한 팔레스티나 출신의 철학자. 로마에서 활동하였으며, 그리스철학과 그리스도교 신학을 결합시키며 이교인과 유대인들의 견해를 논박하는 여러 호교서를 저술했으며 순교했다.

아리우스파 율리아누스(♣4세기 중엽) 안티오키아에서 『욥기 주해』를 저술했으며, 아에티우스와 에우노미우스의 추종자였다. 『85항의 사도 규범』과 『사도 헌장』의 일부, 위-이그나티우스의 작품들이 한때 그의 글로 여겨졌다.

에클라눔의 율리아누스(385년경~455년 이후) 416/17년에 에클라눔의 주교가 되었으나, 펠라기우스주의를 단죄하는 데 서명하지 않았다 하여 419년 면직 · 추방되었다. 추방된 율리아누스를 몹수에스티아의 테오도루스가 받아들였다. 율리아누스는 테오도루스의 안티오키아 성경 주석 방법을 따랐다. 성직에 복귀할 수는 없었지만 죽을 때까지 시칠리아에서 가르쳤다. 작품으로는 욥기와 소예언서의 일부를 다룬 주해, 몹수에스티아의 테오도루스의 시편 주해 번역, 편지 여러 통이 있다. 펠라기우스의 견해에 공감한 율리아누스는 자신의 지적 통찰력과 수사학적 교육을 아우구스티누스가 주장하는 자유의지와 욕망, 악의 자리 같은 문제를 논박하는 데 사용했다.

안티오키아의 이그나티우스(35년경~107/12년경 또는 105년 이전~135년경) 안티오키아의 주교. 안티오키아에서 처형지 로마로 압송되어 가던 길에 여러 지역교회에 보내는 편지를 썼다. 편지를 통해 이단을 경고하고, 정통 그리스도론과 성찬의 중요성, 교회 일치를 보존해야 하는 주교의 독특한 역할을 강조한다.

리옹의 이레네우스(135년경~202년경, ♣180~199년) 리옹의 주교. 영지주의 사상을 논박하는, 저명하고 영향력 있는 작품을 저술했다.

니네베의 이사악(†700년경) 시리아인 이사악이라고도 불리는 수도승 저술가. 은수 생활을 하기 전 한동안 니네베 주교로 봉직했다. 수도생활을 주제로 한 그의 글은 수많은 강해 형태로 남아 있다.

스케티스의 이사야스(†491년) 여러 수덕서의 저자. 이 저서들은 그가 죽은 뒤 『수덕집』에 수록되었다. 이 저서는 동방 그리스도교 금욕주의와 영성 발전에 많은 영향을 미쳤다.

메르브의 이쇼다드(†852년 이후) 헤다타의 네스토리우스파 주교. 시리아 교부들을 자주 인용하며 구약성경의 일부 작품과 신약성경의 많은 작품, 특히 야고보 서간과 베드로의 첫째 서간, 요한의 첫째 서간을 주해하였다.

세비야의 이시도루스(560년경~636년) 누이 플로렌티나, 형 레안데르와 풀겐티우스 등 수도승과 성직자를 여럿 배출한 집안의 막내로, 백과사전적 작품인 『어원』을 비롯하여 종교 문제뿐 아니라 세속 문제까지도 두루 다룬 박학한 저술가였다.

카시아(805년경, 848/67년경) 콘스탄티노플에 수녀원을 세운 수녀이자 시인, 찬가 작가.

카시오도루스(485년경~580년경) 서방 수도 제도의 창시자. 카시오도루스는 칼라브리아 지방에 있는 자신의 영지에 비바리움 수도원을 설립했다. 수도원의 수도승들은 종교적이고 세속적인 고전 그리스 · 라틴 문헌을 필사하였으며, 이들 문헌을 중세에 전해 주기 위해 보존했다. 작품으로는 뛰어난 가치가 있는 역사서와 그리 유용하지 않은 주해서들이 있다.

아를의 카이사리우스(470년경~543년) 사목직을 수행하는 데 따르기 마련인 어려움에 잘 대처한 아를의 유명한 주교. 남아 있는 그의 작품들 가운데 가장 중요한 작품은 다양한 청중에게 그리스도교

교의를 설교한 설교 모음집 238편이다.

로마의 **칼리스투스**(✝217~222년) 사벨리우스를 이단자로 단죄한 교황으로, 순교했음이 분명하다.

마이우마의 **코스마스**(675년경~751년경) 다마스쿠스의 요한의 양자이며 이른 8세기에 코스마스 수도승에게서 교육을 받았다. 예루살렘 근처에 있는 성 사바스 수도원에 들어갔으며, 735년 가자 근처 마이우마의 주교가 되었다. 가인歌人으로서의 그의 재능은 그리스도교 축일을 축하하며 작곡한 전칙곡典則曲으로 잘 알려져 있다. 가인 코스마스라고도 불린다.

콤모디아누스(3세기경 또는 5세기) 출생지 미상(시리아인?)의 라틴 시인. 남아 있는 두 작품은 천년왕국설과 성부수난설 경향을 보이며, 묵시록과 그리스도교 호교론에 초점을 맞추고 있다.

쿠오드불트데우스(♣430년) 카르타고의 주교이자 아우구스티누스의 친구. 구약성경의 예언이 신약성경에서 어떻게 성취되었는지 상세히 제시하려고 했다.

아퀼레이아의 **크로마티우스**(♣400년) 아퀼레이아의 주교. 루피누스와 히에로니무스의 친구로, 여러 논문과 설교를 남겼다.

로마의 **클레멘스**(✝92년경~101년) 제3대 교황. 클레멘스가 쓴 『코린토 신자들에게 보낸 첫째 편지 = 클레멘스의 첫째 편지』는 사도 시대 이후의 가장 중요한 문헌 가운데 하나로 손꼽힌다.

알렉산드리아의 **클레멘스**(150년경~215년, ♣190~215년) 이교에서 개종하였으며 수준 높은 교육을 받은 그리스도인. 알렉산드리아의 교리교육 학교 책임자였으며, 그리스도교 학문을 꽃피운 선구자다. 『권고』, 『교육자』, 『양탄자』는 당시의 사상과 교육에 맞서 그리스도교 교의를 제시한다.

『클레멘스의 둘째 편지』(150년경) 현존하는 그리스도교 설교 가운데 가장 오래된 작품으로, 저자는 코린토 출신으로 추정된다. 저자가 로마나 알렉산드리아 출신이라고 주장하는 학자들도 있다.

스키토폴리스의 **키릴루스**(525년경~557년 이후, ♣550년경) 팔레스티나의 수도승. 팔레스티나의 저명 수도승들의 생애를 그가 저술한 덕분에 5~6세기 수도생활의 진상이 정확히 알려졌으며, 6세기 중엽 오리게네스파가 처한 위기와 탄압에 대해서도 알 수 있게 되었다.

알렉산드리아의 **키릴루스**(375~444년, ♣412~444년) 알렉산드리아의 총대주교. 그리스도 두 본성의 일치를 강력히 주장하였으며, 431년에 열린 에페소 공의회에서 네스토리우스를 단죄하는 데 주도적 역할을 했다.

예루살렘의 **키릴루스**(315년경~386년, ♣348년경) 350년 이후 예루살렘의 주교로 재임했다. 『예비신자 교리교육』을 썼다.

카르타고의 **키프리아누스**(♣248~258년) 카르타고의 주교이자 순교자. 열교자들과 이단자들이 베푼 세례는 유효하지 않다고 주장했다.

테르툴리아누스(155/60년경~225/50년, ♣197년경~222년) 카르타고 출신의 뛰어난 호교가이자 논객. 서방에서 그리스도론과 삼위일체에 관한 정통 신앙의 토대를 마련했다. 그러나 모교회가 도덕적으로 느슨해졌다고 여겨 모교회를 떠나 몬타누스파에 들어갔다.

키루스의 **테오도레투스**(393년경~460년, ♣423~460년) 키루스의 주교. 그리스도론 논쟁에서 키릴루스의 적수였다. 그리스도의 위격에 관한 그의 학설은 칼케돈 공의회(451년)에서 정당성이 입증되었다. 안티오키아 주석에 바탕을 두고 성경을 쉽게 해설하였으며, 구약성경 대부분을 주해했다.

몹수에스티아의 **테오도루스**(350년경~428년) 몹수에스티아의 주교이자 문자적 의미를 강조한 안티오키아 성경 주석학파의 창시자. 후대에 네스토리우스의 효시로 여겨져 단죄되었다.

타벤네시의 **테오도루스**(†368년) 호르시에시우스가 파코미우스 수도원의 수도원장으로 활동할 당시 부원장으로 활동했다(350년경~368년). 그가 쓴 여러 통의 편지가 전해진다. 서방 그리스도교의 화해에 힘썼으나 세르디카 교회회의(343년)에서 파문되었다. 성경의 문자적 해석에 초점을 맞춘 저서들을 남겼다.

헤라클레아의 **테오도루스**(♣330년경~355년) 트라키아의 반反니케아파 주교. 동·서방 그리스도교의 화해에 힘썼으나 세르디카 교회회의(343년)에서 파문되었다. 성경의 문자적 해석에 초점을 맞춘 저서들을 남겼다.

테오도투스(발렌티누스파)(2세기) 알렉산드리아학파와 관련된 몬타누스파 인물인 듯하다. 그의 작품에서 발췌한 글들은 알렉산드리아의 클레멘스의 저서를 통해 널리 알려졌다.

테오파네스(775~845년) 찬가 작가이자 니케아의 주교(842~845년). 제7차 세계 공의회(787년 제2차 니케아 공의회)의 입장을 지지하다가 둘째 성화상 파괴 논쟁 시기에 박해를 받았다. 마르 사바 수도원의 전통에 따라 많은 찬가를 썼다.

오리드의 **테오필락투스**(1050/60년경~1125/26년) 오리드(아크리다, 현 불가리아)의 대주교. 저술 활동 초기에 구약성경의 여러 책과 묵시록을 제외한 신약성경의 모든 작품을 주해했다.

안티오키아의 **테오필루스**(늦은 2세기경) 안티오키아의 주교. 남아 있는 작품으로는 『아우톨리쿠스에게』가 유일하다. 이 작품에 그리스도교 최초의 창세기 주해가 등장하며, 삼위일체라는 용어도 처음 사용했다. 그의 호교 문학적 유산은 이레네우스와 테르툴리아누스에게 영향을 끼친 듯하다.

알렉산드리아의 **테오필루스**(†412년) 알렉산드리아의 총대주교(385~412년)였으며 그의 후계자 키릴루스의 삼촌. 그는 이교 신앙을 적극 배척했으며, 391년 세라페이온과 그곳의 도서관을 파괴하는 한편 많은 교회를 세웠다. 그는 신학적 적대자들, 특히 요한 크리소스토무스에 대한 정치적 음모로도 유명하다. 그는 요한 크리소스토무스를 총대주교로 서품했지만 궁극적으로 요한을 총대주교좌에서 물러나게 했으며, 안티오키아 그리스도인들에게 상당한 혐오의 대상이 되었지만 콥트인과 시리아인에게서는 존경받았다. 많은 설교가 남아 있지만 몇 편만 그가 쓴 것으로 여겨진다. 최후의 만찬에 관해 풀이한 『신비로운 만찬에 관한 강해』가 유명하다.

티코니우스(330년경~390년) 아우구스티누스에 영향을 미친 도나투스파 교회의 평신도 신학자이며 성경 주석가. 그의 저서 『규칙서』는 성경 해석에 관한 서방교회 최초의 입문서이다. 380년 카르타고에서 열린 도나투스파 교회회의에서 파문되었다.

두미움의 **파스카시우스**(515년경~580년경) 두미움의 수도승일 때 그리스어로 쓰인 『사막 교부들의 금언집』을 라틴어로 번역했다.

파스티디우스(4~5세기경) 『그리스도인의 삶』을 쓴 브리타니아 출신의 저술가. 펠라기우스의 작품으로 전해진 저서 몇 편을 남겼다.

리에의 파우스투스(410년경~495년경) 브리타니아 출신으로 레렝스 수도원의 유명한 수도승이자 수도원장. 457년부터 죽을 때까지 리에의 주교로 재임했다. 『성령론』에서는 마케도니우스파에 반대하여 성령의 신성을 변론하였으며, 『은총론』에서는 구원과 관련하여 자유의지와 예정에 관해 제기된 여러 단언적 관점을 중용적 입장에서 다루었다. 여러 통의 편지와 필명의 설교들이 남아 있다.

로마의 파우스티누스(♣380년) 로마의 사제이자 루키페르의 지지자. 삼위일체에 관한 논문이 있다.

파울루스 오로시우스(★380년경) 펠라기우스를 노골적으로 비판했다. 『이교인 반박 역사』는 그리스도교의 역사를 다룬 첫 작품으로 추정된다.

놀라의 파울리누스(355~431년, ♣389~396년) 로마 원로원 의원이며 저명한 라틴 시인. 밀라노의 암브로시우스와 자주 만나면서 개종하여 389년에 마침내 세례를 받았다. 부와 영향력 있는 지위를 포기하고 펜을 들어 그리스도를 섬기는 시를 썼다. 아우구스티누스와 히에로니무스, 루피누스를 비롯한 많은 사람과 편지를 주고받았다.

밀라노의 파울리누스(늦은 4세기~이른 5세기) 밀라노의 암브로시우스의 개인 비서이자 전기 작가. 펠라기우스 논쟁에 관여했다.

파코미우스(292년경~347년) 공주 수도 제도의 창시자. 탁월한 재능을 타고난 지도자이자 수도 규칙서의 저자. 그가 죽은 뒤 알렉산드리아의 아타나시우스는 그의 견해를 지지했다.

헤르미아네의 파쿤두스(♣546~568년) 아프리카의 주교. 제5차 세계 공의회에서 유스티니아누스 황제가 몹수에스티아의 테오도루스와 키루스의 테오도레투스, 에데사의 이바스를 사후에 단죄하는 것에 반대했다. 선대 신학자들의 잘못을 비난하거나 책임을 물어서는 안 된다는 취지로 『삼두서 변론』을 썼다. 그는 칼케돈 공의회 전통에 머물렀지만 그의 그리스도론은 유스티니아누스의 결정에 따라, 삼위 가운데 한 위격만 고난받으셨다는 성부수난설 정식으로 보완되었다.

바르셀로나의 파키아누스(4세기) 바르셀로나의 주교. 이교인 대중 축제뿐 아니라 노바티아누스의 분열을 논박했다.

파테리우스(6~7세기) 대 그레고리우스의 제자. 그레고리우스의 작품들을 중세 저술가들에게 전했다.

파트리키우스(†492년) 아일랜드 사도로 알려진 성인. 브리타니아에서 태어났으며, 16세에 해적에 의해 납치되어 아일랜드로 끌려갔으며 그곳에서 목자로 활동하였다. 후에 브리타니아로 돌아와 갈리아에서 교육을 받았다. 전통에 따르면 그는 432년 주교로 서임되었으며 북아일랜드로 돌아와 그곳에서 복음을 설교했다. 그의 주교좌는 아일랜드를 경유하는 대륙 선교의 전초지인 아마Armagh였다. 남아 있는 그의 두 작품은 『코로티쿠스의 군인들에게 보낸 편지』와 생애 말기에 쓰인 『고백』이다. 축일은 3월 17일.

헬레노폴리스의 팔라디우스(364/65~431년 이전, ♣399~420년) 비티니아 헬레노폴리스의 주교(400~417년).

그 뒤 갈라티아 지방 아스푸나의 주교가 되었다. 폰투스의 에바그리우스의 제자이자 오리게네스 찬양자이고 요한 크리소스토무스의 열렬한 지지자였다. 요한이 403년 주교직을 박탈당했을 때 그와 고통을 함께했다. 초기 수도 제도사를 다룬 주요 문헌『라우수스에게 바친 수도승 이야기』는 사막 생활의 영적 가치를 강조한다.『성 요한 크리소스토무스의 생애에 관한 대화』도 자신이 수년 동안 수도승으로 체험한 사막 생활의 영적 가치를 다룬 교화서다.

알렉산드리아의 페트루스(†311년경) 알렉산드리아의 주교. 알렉산드리아에서 오리게네스의 극단적인 교의에 처음으로 반응을 보였다. 페트루스는 그리스도인들이 알렉산드리아에서 박해받을 때 함께 체포되어 로마 관리들에게 참수되었다. 카이사리아의 에우세비우스는 그를 '전형적인 주교, 고결한 삶을 영위하고 성경을 열성적으로 연구한 뛰어난 주교'로 묘사했다.

페트루스 크리솔로구스(380년경~450년) 라벤나의 대주교.『설교집』에서 교황의 수위권, 은총과 그리스도인의 삶을 논했다.

펠라기우스(350/54년경~420/25년경) 아우구스티누스와 같은 시대의 인물. 그의 추종자들은, 그리스도 이전에도 전혀 죄를 짓지 않고 산 사람들이 있었으며 구원은 자유의지에 달려 있다고 주장하여 418년과 431년에 단죄되었다.

포시디우스(370년경~437년) 390/391년부터 히포에 있는 아우구스티누스의 수도 공동체의 일원이었으며, 397년 누미디아에 있는 칼라마의 주교로 서임되었다. 그는 반달족이 428년 칼라마를 침입하자 히포로 피신하였다. 430년 아우구스티누스가 죽은 뒤 칼라마로 돌아왔으나 437년 아리우스를 추종한 반달족 왕 겐세리쿠스에 의해 추방되었다. 이후 그에 관해 알려진 것은 전혀 없다. 432년과 437년 사이에『아우구스티누스의 생애』를 썼으며 여기에 아우구스티누스의 저서, 설교, 편지 목록을 곁들였다.

포이멘(5세기)『사막 사부들의 금언집』에 나오는 담화의 7분의 1은, 그리스어로 '목자'를 뜻하는 포이멘에 관한 글이다. '포이멘'이라는 용어는 초기 이집트 사막의 수덕자를 가리키는 일반 명칭이었으며, 모든 금언이 한 사람에게서 유래하였는지는 밝혀지지 않았다.

리스본의 포타미우스(♣350년경~360년) 리스본의 주교. 357년에 아리우스파의 견해에 동조하였지만 후에 가톨릭 신앙으로 되돌아왔다(359년경?). 두 시기에 쓰인 그의 작품들은 당시 광범위하게 일어난 삼위일체 논쟁과 관련이 있다.

포티우스(810/20년경~891년경) 철학 · 수학 · 신학 교수로도 활동한 비잔틴교회의 성직자. 858년 이그나티우스의 뒤를 이어 콘스탄티노플의 총대주교가 되었고, 863년 이그나티우스의 복직으로 자리에서 물러났다. 그 후 다시 이그나티우스의 후계자가 되어 878년부터 886년까지 총대주교로 활동하다가 레오 6세에 의해 면직되었다. 가장 중요한 작품『성령의 신비』에서 그는 아버지와 아들에게서 성령이 발한다는 서방의 '필리오퀘' 해석에 명백한 반대 입장을 취했다.『암필로키아』와『저서 평론』의 저자로도 유명하다.

스미르나의 폴리카르푸스(69년경~155년) 마르키온파와 발렌티누스파 같은 이단자들에 대해 격렬히 투쟁한 스미르나의 주교. 2세기 중엽 아시아 지방에서 그리스도교를 주도적으로 이끈 인물이다.

루스페의 **풀겐티우스**(467년경~532년) 루스페의 주교. 아우구스티누스의 영향을 받아 정통 신앙과 관련하여 많은 설교와 논고를 남겼다.

아퀴타니아의 **프로스페루스**(390년경~455년 이후) 평신도 수도승으로, 은총과 예정에 관한 아우구스티누스의 신학을 지지했다. 육화의 신학에 관한 교훈시를 여러 편 써서 이단자 마르키온과 이교의 부활을 반박했다.

가자의 **프로코피우스**(465년경~530년) 알렉산드리아에서 수학한 성경 주석가. 많은 신학 작품과 성경 주해서(특히 히브리어 성경)를 저술하였다. 알렉산드리아학파에 친숙한 우의적 해석이 두드러진다.

콘스탄티노플의 **프로클루스**(390년경~446년) 콘스탄티노플의 총대주교(434~446년). 그는 네스토리우스 논쟁을 다룬 『아르메니아 신자들에게 보낸 서책』에서 몹수에스티아의 테오도루스가 그리스도의 두 본성을 극단적으로 분리하였다고 생각하여 그의 그리스도론을 논박했다. 프로클루스는 "수난받은 삼위의 한 위격"이라는 정식에서 그리스도의 일치를 강조했다. 이 정식은 6세기에 스키티아 수도승들에 의해 퍼져 성부수난설 논쟁으로 이어졌다. 프로클루스는 타고난 설교가와 교회 정치가로 유명하며, 안티오키아와 로마, 알렉산드리아와 충돌을 피하면서 콘스탄티노플의 영향 범위를 넓혔다.

프루덴티우스(349년경~405년 이후) 라틴 시인이며 찬가 작가. 생애 말기에 그리스도교 저술에 헌신했다. 마르키온의 이단적 내용, 이교인의 신앙과 관습이 되살아나는 것을 논박하는, 육화 신학에 관한 교훈적인 시 여러 편을 썼다.

브라가의 **프룩투오수스**(†665년경) 군인 귀족 가문 출신인 고트족 장군의 아들. 어린 나이에 수도승이 된 후 수도원장을 거쳐, 650년 이전에 두미움의 주교, 656년에는 브라가의 수석대주교가 되었다. 루시타니아, 아스투리카, 갈리키아, 가데스섬 등에 수도 공동체를 세우는 데 공헌했다.

프리마시우스(♣550~560년) 북아프리카 하드루메툼의 주교로, 삼장 단죄에 찬성한 소수의 아프리카인들 가운데 한 명. 아우구스티누스와 티코니우스의 우의적 해석 방법을 기초로 저술한 『묵시록 주해』에서 그는 개인의 임무가 교회의 역사와 관련된다고 논변했다.

샬롱쉬르손의 **플라비아누스**(♣580~600년) 프랑스 부르고뉴 지방에 자리한 샬롱쉬르손의 주교. 그의 찬가 『주님의 만찬에서의 명령 시구』*Versus ad Mandatum in coena Domini*는 프랑스의 여러 수도원에서 성목요일 세족례 다음에 암송되었다.

피르미쿠스 마테르누스(♣335년경) 반이교인 호교가. 그리스도교로 개종하기 전 점성술에 관한 책을 저술했다(334~337년). 그러나 개종 뒤에는 『이교의 오류』에서 이교인의 신앙과 관습을 비판했다.

브레시아의 **필라스트리우스**(♣380년) 브레시아의 주교. 모든 이단을 논박하는 글을 편찬했다.

마부그의 **필록세누스**(440년경~523년) 마부그(히에라폴리스)의 주교이자 초기 시리아 정통 교회를 주도적으로 이끈 사상가. 시리아어로 쓰인 다양한 유형의 작품으로는 『그리스도인의 삶에 관한 대화 13편』과 육화에 관한 저서 몇 편, 다수의 성경 주해서가 있다.

알렉산드리아의 필론(기원전 20년경~기원후 50년경) 교부들의 구약성경 해석에 상당한 영향을 미친 유대 출신의 성경 주석가. 알렉산드리아의 부유한 가정에서 태어난 그는 예수와 같은 시기에 살았으며, 수덕 생활과 관상 생활을 했다. 따라서 랍비로 대우받기도 한 그의 성경 해석은 원문 어구에 충실한 영적 의미에 바탕을 두었다. 헬레니즘에 영향을 받았지만 필론의 신학은 철저히 유대적이다.

사제 필리푸스(✝455/56년) 겐나디우스는 필리푸스를 히에로니무스의 제자로 여긴다. 그의 저서『욥기 주해』는 불가타를 사용하는데, 이는 이 번역본을 전파하는 데 중요한 역할을 한다.

헤라클레온(♣145년경~180년) 발렌티누스의 제자이며 영지주의자 교사. 아마도 요한 복음 최초의 주해서였을 그의『요한 복음 주해』는 매우 인기 있었다. 이에 발렌티누스파 영지주의에서 개종한 암브로시우스는 신자들이 요한 복음을 더 정통 신앙에 따른 방식으로 이해할 수 있도록 오리게네스에게 이 복음서를 주석할 것을 요청하였다.

예루살렘의 헤시키우스(♣412~450년) 사제이며 성경 주석가로 성경 전체를 주해했다.

호르시에시우스(305년경~390년) 남부 이집트에서 공주 수도 제도의 지도자로 활동한 파코미우스의 둘째 후계자. 파코미우스의 첫째 후계자는 페트로니우스이다.

히에로니무스(347년경~419/20년) 탁월한 성경 주석가이며 고전 라틴어 문체의 옹호자. 라틴어 성경인 불가타의 번역자로 가장 잘 알려져 있다. 마리아의 영원한 동정성을 변론하고 오리게네스와 펠라기우스를 논박하였으며, 극단적인 수덕을 실천하도록 북돋았다.

히폴리투스(189년 이전~235년, ♣222~235년) 최근 발표된 연구에 따르면, 히폴리투스는 주로 팔레스티나를 배경으로 활동하였으며 오리게네스에게 우호적이었다고 한다.『모든 이단 반박』으로 잘 알려져 있는 그는 본디 예형론적 주석을 활용한 성경 주석가(특히 구약성경)이다.

아를의 힐라리우스(401년경~449년) 아를의 대주교이며 절충주의 펠라기우스파의 지도자로, 자신의 관할권에 있는 주교를 면직시키고 새 주교를 임명하여 교황 레오 1세의 분노를 샀다. 레오는 갈리아 교회에 대한 교황권을 내세우기 위해 아를을 대주교좌에서 주교좌로 격하시켰다.

푸아티에의 힐라리우스(315년경~367년, ♣350~367년) 푸아티에의 주교. 아리우스파에 맞서 성부와 성자가 같은 본성을 지닌 사실을 변론하였기 때문에, '서방의 아타나시우스'라고 한다.

원본 참고문헌

이 참고문헌은 독자들에게 원본의 출처를 제공한다. 그리스도교 그리스어 문헌의 데이터 뱅크인 Thesaurus Linguae Graecae(= TLG)와, 고대 라틴어 문헌의 데이터 뱅크인 Cetedoc Clavis(= Cl.)의 번호를 실었다. 이 참고문헌에 실린 편집본은 TLG와 Cetedoc 데이터 뱅크에 실린 편집본과 일부 다를 수 있다.

Alexander of Alexandria. "Epistola Alexandri de Ariana haeresi et de Arii depositione." In *Opera omnia.* Edited by J.-P. Migne. PG 18, cols. 547-82. Paris: Migne, 1857~1886. TLG 2035.003.

Ambrose. *Explanatio psalmorum xii.* In *Sancti Ambrosii opera.* Edited by Michael Petschenig. CSEL 64. Vienna, Austria: Tempsky; Leipzig, Germany: Freytag, 1919. Cl. 0140.

—. "De excessu fratris Satyri." In *Sancti Ambrosii opera.* Edited by Otto Faller. CSEL 73, pp. 207-325. Vienna, Austria: Hoelder-Pichler-Tempsky, 1895. Cl. 0157.

—. "De fide libri v." In *Sancti Ambrosii opera.* Edited by Otto Faller. CSEL 78. Vienna, Austria: Hoelder-Pichler-Tempsky, 1962. Cl. 0150.

—. "De interpellatione Job et David." In *Sancti Ambrosii opera.* Edited by Karl Schenkl. CSEL 32, pt. 2, pp. 211-96. Vienna, Austria: F. Tempsky; Leipzig, Germany: G. Freytag, 1897. Cl. 0134.

—. "De Isaac vel anima." In *Sancti Ambrosii opera.* Edited by Karl Schenkl. CSEL 32, pt. 1, pp. 639-700. Vienna, Austria: F. Tempsky; Leipzig, Germany: G. Freytag, 1897. Cl. 0128.

—. "De Jacob et vita beata." In *Sancti Ambrosii opera.* Edited by Karl Schenkl. CSEL 32, pt. 2, pp. 1-70. Vienna, Austria: F. Tempsky; Leipzig, Germany: G. Freytag, 1897. Cl. 0130.

—. "De Joseph." In *Sancti Ambrosii opera.* Edited by Karl Schenkl. CSEL 32, pt. 2, pp. 71-122. Vienna, Austria: F. Tempsky; Leipzig, Germany: G. Freytag, 1897. Cl. 0131.

—. "De obitu Theodosii." In *Sancti Ambrosii opera.* Edited by Otto Faller. CSEL 73, pp. 371-401. Vienna, Austria: Hoelder-Pichler-Tempsky, 1955. Cl. 0159.

—. *De officiis.* Edited by Maurice Testard. CCL 15. Turnhout, Belgium: Brepols, 2000. Cl. 0144

—. "De patriarchis." In *Sancti Ambrosii opera.* Edited by Karl Schenkl. CSEL 32, pt. 2, pp. 123-60. Vienna, Austria: F. Tempsky; Leipzig, Germany: G. Freytag, 1897. Cl. 0132.

—. *De paenitentia*. Edited by Roger Gryson. SC 179. Paris: Éditions du Cerf, 1971. Cl. 0156.

—. "De sacramentis [dub.]." In *Sancti Ambrosii opera*. Edited by Otto Faller. CSEL 73, pp. 13-85. Vienna, Austria: Hoelder-Pichler-Tempsky, 1955. Cl. 0154.

—. "De virginitate." In *Opere II/2: Verginità e vedovanza*. Edited by F. Gori. Opera omnia di Sant' Ambrogio 14.2, pp. 16-106. Milan: Biblioteca Ambrosiana; Rome: Città nuova, 1989. Cl. 0147.

—. "Epistulae; Epistulae extra collectionem traditae." In *Sancti Ambrosii opera*. Edited by Otto Faller and Michaela Zelzer. CSEL 82. 4 vols. Vienna, Austria: F. Tempsky; Leipzig, Germany: G. Freytag, 1968~1990. Cl. 0160.

—. "Exameron." In *Sancti Ambrosii opera*. Edited by Karl Schenkl. CSEL 32, pt. 1, pp. 1-261. Vienna, Austria: F. Tempsky; Leipzig, Germany: G. Freytag, 1897. Cl. 0123.

Ammonius of Alexandria. "Fragmenta in psalmos." In *Opera quae exstant omnia*. Edited by J.-P. Migne. PG 85, cols. 1361-64. Paris: Migne, 1864. TLG 2724.001.

Aphrahat. "Demonstrationes (IV)." In *Opera omnia*. Edited by R. Graffin. PS 1, cols. 137-82. Paris: Firmin-Didor, 1910.

Arnobius of Sicca. *Adversus nationes*. Edited by Concetto Marchesi. Corpus scriptorum Latinorum Paravianum. Aug. Taurinorum: In Aedibus I.B. Paraviae, 1953. Cl. 0093.

Arnobius the Younger. *Commentarii in psalmos*. Edited by K.-D. Daur. CCL 25. Turnhout, Belgium: Brepols, 1990. Cl. 0242.

Asterius the Homilist. *Asterii Sophistae commentariorum in psalmos quae supersunt*. Symbolae Osloenses, fasc. suppl. 16. Edited by M. Richard, Oslo: Brøgger, 1956. TLG 2061.001.

Athanasius. "Contra gentes." In *Athanasius: Contra gentes and de incarnatione*. Edited by R.W. Thomson. pp. 2-132. Oxford: Clarendon Press, 1971. TLG 2035.001.

—. "De incarnatione verbi." In *Sur l'incarnation du verbe*. Edited by C. Kannengiesser. SC 199, pp. 258-468. Paris: Éditions du Cerf, 1973. TLG 2035.002.

—. "Epistulae ad episcopos Aegypti et Libyae." In *Opera omnia*. Edited by J.-P. Migne. PG 25, cols. 537-93. Paris: Migne, 1884. TLG 2035.014.

—. "Epistula ad Marcellinum de interpretatione Psalmorum." In *Opera omnia*. Edited by J.-P. Migne. PG 27, cols. 12-45. Paris: Migne, 1857. TLG 2035.059.

—. "Epistulae festales." In *Opera omnia*. Edited by J.-P. Migne. PG 26, cols. 1351-1444. Paris: Migne, 1887. TLG 2035.014.

—. "Expositiones in Psalmos [dub.]." In *Opera omnia*. Edited by J.-P. Migne. PG 27, cols. 60-589. Paris: Migne, 1857. TLG 2035.061.

—. "Orationes tres contra Arianos." In *Opera omnia*. Edited by J.-P. Migne. PG 26, cols. 813-920. Paris: Migne, 1887. TLG 2035.042.

—. "Vita sancti Antonii." In *Opera omnia*. Edited by J.-P. Migne. PG 26, cols. 835-976. Paris: Migne, 1887. TLG 2035.047.

Augustine. "Confessionum libri tredecim." In *Sancti Augustini opera*. Edited by Lucas Verheijen. CCL 27. Turnhout, Belgium: Brepols, 1981. Cl. 0251.

—. "Contra duas epistulas pelagianorum." In *Sancti Aurelii Augustini*. Edited by Karl Franz Urba and Joseph Zycha. CSEL 60, pp. 423-570. Vienna, Austria: F. Tempsky; Leipzig, Germany: G. Freytag, 1913. Cl. 0346.

—. "Contra Julianum." In *Augustini opera omnia*. Edited by J.-P. Migne. PL 44, cols. 641-874. Paris: Migne, 1845. Cl. 0351.

—. *De civitate Dei*. In *Aurelii Augustini opera*. Edited by Bernhard Dombart and Alphons Kalb. CCL 47 and CCL 48. Turnhout, Belgium: Brepols, 1955. Cl. 0313.

—. "De diversis quaestionibus ad Simplicianum." In *Sancti Aurelii Augustini*. Edited by Almut Mutzenbecher. CCL 44. Turnhout, Belgium: Brepols, 1975. Cl. 0290.

—. "De fide et operibus." In *Sancti Aurelii Augustini opera*. Edited by Joseph Zycha. CSEL 41, pp. 35-97. Vienna, Austria: Hoelder-Pichler-Tempsky, 1900. Cl. 0294.

—. "De natura et origene animae." In *Sancti Aurelii Augustini*. Edited by Karl Franz Urba and Joseph Zycha. CSEL 60, pp. 303-419. Vienna, Austria: F. Tempsky; Leipzig, Germany: G. Freytag, 1913. Cl. 0345.

—. "De perfectione justitiae hominis." In *Sancti Aureli Augustini opera*. Edited by Karl Franz Urba and Joseph Zycha. CSEL 42, pp. 3-48. Vienna, Austria: F. Tempsky, 1902. Cl. 0347.

—. "De sancta virginitate." In *Sancti Aureli Augustini opera*. Edited by Joseph Zycha. CSEL 41, pp. 235-301. Vienna, Austria: F. Tempsky, 1900. Cl. 0300.

—. "De spiritu et littera." In *Sancti Aurelii Augustini*. Edited by Karl Franz Urba and Joseph Zycha. CSEL 60, pp. 155-229. Vienna, Austria: F. Tempsky; Leipzig, Germany: G. Freytag, 1913. Cl. 0343.

—. "De Trinitate." In *Aurelii Augustini opera*. Edited by William John Mountain. CCL 50 and 50A. Turnhout, Belgium: Brepols, 1968. Cl. 0329.

—. "De vita Christiana [dub.]." In *Augustini opera omnia*. Edited by J.-P. Migne. PL 40, cols. 1031-46. Paris: Migne, 1861.

—. *Enarrationes in Psalmos*. In *Aurelii Augustini opera*. Edited by Eligius Dekkers and John Fraipont. CCL 38, CCL 39 and CCL 40. Turnhout, Belgium: Brepols, 1956. Cl. 0283.

—. "Enchiridion de fide, spe et caritate." In *Aurelii Augustini opera*. Edited by E. Evans. CCL 46, pp. 49-114. Turnhout, Belgium: Brepols, 1969. Cl. 0295.

—. *Epistulae 31-123*. In *Sancti Aurelii Augustini*. Edited by A. Goldbacher. CSEL 34. Vienna, Austria: F. Tempsky; Leipzig, Germany: G. Freytag, 1898. Cl. 0262.

—. *Epistulae 185-270*. In *Sancti Aurelii Augustini*. Edited by A. Goldbacher. CSEL 57. Vienna, Austria: F. Tempsky; Leipzig, Germany: G. Freytag, 1911. Cl. 0262.

—. "In Johannis epistulam ad Parthos tractatus." In *Augustini opera omnia*. Edited by J.-P. Migne. PL 35, cols. 1977-2062. Paris: Migne, 1861. Cl. 0279.

—. "In Johannis evangelium tractatus." In *Aurelii Augustini opera.* Edited by R. Willems. CCL 36. Turnhout, Belgium: Brepols, 1954. Cl. 0278.

—. *Sermones*. In *Augustini opera omnia*. Edited by J.-P. Migne. PL 38 and 39. Paris: Migne, 1845. Cl. 0284.

Babai. *Martyanuta d-abahata qadise d-Idta.* Edited by Metro. Mar Yulios Çiçek. Holland: St. Ephrem the Syrian Monastery, 1985.

Basil the Great. "Homilia adversus eos qui irascuntur." In *Opera omnia.* Edited by J.-P. Migne. PG 31, cols. 353-72. Paris: Migne, 1857. TLG 2040.026.

—. "Homiliae super Psalmos." In *Opera omnia.* Edited by J.-P. Migne. PG 29, cols. 209-494. Paris: Migne, 1857. TLG 2040.018.

—. "Prologus 4 [prooemium in asceticum magnum]." In *Opera omnia.* Edited by J.-P. Migne. PG 31, cols. 889-901. Paris: Migne, 1885. TLG 2040.047.

Bede. "De tabernaculo et vasis eius ac vestibus sacerdotum libri iii." In *Bedae opera.* Edited by David Hurst. CCL 119A, pp. 5-139. Turnhout, Belgium: Brepols, 1969. Cl. 1345.

—. "Homiliarum evangelii libri ii." In *Bedae opera.* Edited by David Hurst. CCL 122, pp. 1-378. Turnhout, Belgium: Brepols, 1956. Cl. 1367.

Benedict. "Regula." In *La règle de saint Benoît.* Edited by A. de Vogüé. SC 181, pp. 412-90, and SC 182, pp. 508-674. Paris: Éditions du Cerf, 1971~1972. Cl. 1852.

Caesarius of Arles. *Sermones Caesarii Arelatensis*. Edited by Germani Morin. CCL 103 and 104. Turnhout, Belgium: Brepols, 1953. Cl. 1008.

Callistus of Rome. "Epistola Papae Calixti ad omnes Galliae episcopos [dub.]." In *Decretalium collectio*. Edited by J.-P. Migne. PG 130, cols. 131-38. Paris: Migne, 1853.

Cassian, John. *Collationes xxiv*. Edited by Michael Petschenig. CSEL 13. Vienna, Austria: F. Tempsky; Leipzig, Germany: G. Freytag, 1886. Cl. 0512.

—. "De institutis coenobiorum et de octo principalium vitiorum remediis." In *Johannis Cassiani*. Edited by Michael Petschenig. CSEL 17, pp. 1-231. Vienna, Austria: F. Tempsky; Leipzig. Germany: G. Freytag, 1888. Cl. 0513.

Cassiodorus. *Expositio psalmorum*. Edited by Mark Adriaen. CCL 97 and CCL 98. Turnhout, Belgium: Brepols, 1958. CL 0900.

Clement of Alexandria. "Paedagogus." In *Clement d'Alexandrie: Le pédagogue*. Edited by Marguerite Harl, Chantel Matray and Claude Mondésert. Introduction and notes by Henri-Irénée Marrou. SC 70, pp. 108-294, SC 108, pp. 10-242, and SC 158, pp. 12-190. Paris: Éditions du Cerf, 1960~1970. TLG 0555.002.

—. "Protrepticus." In *Clément d'Alexandrie. Le protreptique*. 2nd ed. Edited by Claude Mondsęsert. SC 2, pp. 52-193. Paris: Éditions du Cerf, 1949. TLG 0555.001.

—. "Stromata." In *Clemens Alexandrinus*. Vol. 2, 3rd ed., and vol. 3, 2nd ed. Edited by Otto Stählin, Ludwig Früchtel and Ursula Treu. GCS 52, pp. 3-518, and GCS 17, pp. 1-102. Berlin: Akademie-

Verlag, 1960~1970. TLG 0555.004. Clement of Rome. "Epistula i ad Corinthios." In *Clément de Rome: Épître aux Corinthiens*. Edited by Annie Jaubert. SC 167. Paris: Éditions du Cerf, 1971. TLG 1271.001.

Constitutiones apostolorum. See *Les constitutions apostoliques*. Edited by Marcel Metzger. SC 320, SC 329 and SC 336. Paris: Éditions du Cerf, 1985~1987. TLG 2894.001.

Cyprian. "De ecclesiae catholicae umtate." In *Sancti Cypriani episcopi opera*. Edited by Maurice Bévenot. CCL 3, pp. 249-68. Turnhout, Belgium: Brepols, 1972. Cl. 0041.

—. "De opera et eleemosynis." In *Sancti Cypriani episcopi opera*. Edited by Manlio Simonetti. CCL 3A, pp. 53-72. Turnhout, Belgium: Brepols, 1976. Cl. 0047.

Cyril of Alexandria. "Epistulae." In *Concilium Universale Ephesenum*. Edited by E. Schwartz. Berlin: Walter De Gruyter, 1927. TLG 5000.001.

—. "Expositio in Psalmos." In *Opera omma*. PG 69, cols. 717-1273. Edited by J.-P. Migne. Paris: Migne, 1864. TLG 4090.100.

—. "Glaphyra in Pentateuchum." In *Opera omnta*. PG 69, cols. 9-678. Edited by J.-P. Migne. Paris: Migne, 1864. TLG 4090.097.

—. "Quod unus sit Christus." In *Cyrille d'Alexandrie: Deux dialogues christologiques*. SC 97. Paris: Éditions du Cerf, 1964. TLG 4090.027.

Cyril of Jerusalem. "Catecheses ad illuminandos 1-18." In *Cyrilli Hierosolymorum archiepiscopi opera quae supersunt omnia*. Edited by W.C. Reischl and J. Rupp. Vol. 1, pp. 28-320, and vol. 2, pp. 2-342. Munich: Lentner, 1848 and 1860. Reprint, Hildesheim: Olms, 1967. TLG 2110.003.

—. "Mystagogiae 1-5 [Sp.]." In *Cyrille de Jérusalem: Catéchèses, mystagogigues*. 2nd ed. SC 126, pp. 82-174. Edited by Auguste Piédagnel. Paris: Éditions du Cerf, 1988. TLG 2110.002.

—. "Procatechesis." In *Cyrilli Hierosolymorum archiepiscopi opera quae supersunt omnia*. Vol. 1. Edited by W.C. Reischl and J. Rupp. Munich: Lentner, 1860. Reprint, Hildesheim: Olms, 1967. TLG 2110.001.

Didache xii apostolorum. In *La Didache. Instructions des Apôtres*, pp. 226-42. Edited by J.P. Audet. Paris: Lecoffre, 1958. TLG 1311.001.

Didymus the Blind. *Didymus der Blinde: Psalmenkommentar*. Bonn: Rudolf Habelt Verlage, 1969.

—. "Fragmenta in psalmos [e commentario altero]." In *Psalmendommentare aus der Katenenüberlieferung*, vol. l, pp. 119-375. Translated by Ekkehard Mühlenberg. Berlin: Walter de Gruyter, 1975. TLG 2102.021.

—. "Fragmenta alia in psalmos." In *Opera omnia*. PG 39, cols. 1617-22. Edited by J.-P. Migne. Paris: Migne, 1858.

Diodore of Tarsus. *Diodori Tarsensis commentarii in Psalmos*, vol. I: *Commentarius in Psalmos I-L*. Edited by Jean-Marie Oliver. CCG 6. Turnhout: Belgium: Brepols, 1980.

Ephrem the Syrian. *Hymni de nativitate*. Edited by Edmund Beck. 2 vols. CSCO 186 and CSCO 187 (Scriptores Syri 82 and 83). Louvain: Secrétariat du Corpus, 1959.

—. "Hymni de Paradiso." In *Des Heiligen Ephraem des Syrers Hymnen de Paradiso und Contra Julianum*. Edited by Edmund Beck. CSCO 174 (Scriptores Syri 78), pp. 1-66. Louvain: Imprimerie Orientaliste L. Durbecq, 1957.

—. "Sermo de Domino nostro." In *Des Heilig Ephraem Sermo de Domino Nostro*. Edited by Edmund Beck. CSCO 270 (Scriptores Syri 116). Louvain: Imprimerie Orientaliste L. Durbecq, 1966.

Eusebius of Caesarea. *Commentaria in Psalmos*. In *Opera omnia*. PG 23-24, cols. 66-1396 and 9-76. Edited by J.-P. Migne. Paris: Migne, 1857. TLG 2018.034.

—. "Commentarii in psalmos." In *Analecta sacra et classica spicilegio solesmensi*. Vol. 3. pp. 365-520. Edited by Jean Baptiste Pitra. Paris: Roger et Chernowitz, 1883.

—. "Demonstratio evangelica." In *Eusebius Werke, Band 6: Die Demonstratio evangelica*. Edited by Ivar A. Heikel. GCS 23. Leipzig: Hinrichs, 1913. TLG 2018.005.

—. "Historia ecclesiastica." In *Eusèbe de Césarée. Histoire ecclésiastique*. Edited by G. Bardy. SC 31, pp. 3-215, SC 41, pp. 4-231, and SC 55, pp. 3-120. Paris: Éditions du Cerf, 1952~1958. TLG 2018.002.

Evagrius of Pontus. "De diversis malignis cogitationibus" (under the name of Nilus of Ancyra). In *Opera omnia*. PG 79, cols. 1199-1235. Edited by J.-P. Migne. Paris: Migne, 1865. TLG 4110.022.

—. "De octo spiritibus malitiae" (under the name of Nilus of Ancyra). In *Opera omnia*. PG 79, cols. 1146-65. Edited by J.-P. Migne. Paris: Migne, 1865. TLG 4110.023.

—. "De oratione" (under the name of Nilus of Ancyra). In *Opera omnia*. PG 79, cols. 1165-2000. Edited by J.-P. Migne. Paris: Migne, 1865. TLG 4110.024.

—. "Practicus (capita centum)." In *Évagre le Pontique. Traité pratique ou le moine*, vol. 2. SC 171. Edited by A. Guillaumont and C. Guillaumont. Paris: Éditions du Cerf, 1971. TLG 4110.001.

—. "Selecta in Psalmos." (Under the name of Origen) In *Opera omnia*. PG 12, cols. 1053-1685. Edited by J.-P. Migne. Paris: Migne, 1862. TLG 2042.058.

—. "Selecta in Psalmos." In *Analecta sacra et classica spicilegio solesmensi*. Edited by Jean Baptiste Pitra. Paris: Roger et Chernowitz; Rome: P. Cuggiani, 1888~1891. Reprint, Farnsborough, England: Gregg Press, 1966.

Fulgentius of Ruspe. "Ad Euthymium de remissione peccatorum libri II." In *Opera*. Edited by John Fraipont. CCL 91A, pp. 649-707. Turnhout, Belgium: Brepols, 1968. Cl. 0821.

—. "Ad Monimum libri III." In *Opera*. Edited by John Fraipont. CCL 91, pp. 1-64. Turnhout, Belgium: Brepols, 1968. Cl. 0814.

—. *Epistulae XVIII*. In *Opera*. Edited by John Fraipont. CCL 91, pp. 189-280, 311-12, 359-44; and CCL 91A, pp. 447-57, 551-629. Turnhout, Belgium: Brepols, 1968. Cl. 0817.

—. "Liber ad Victorem contra sermonem Fastidiosi Ariani." In *Opera*. Edited by John Fraipont. CCL 91, pp. 283-308. Turnhout, Belgium: Brepols, 1968. Cl. 0820.

Gregory of Nazianzus. "Apologetica (orat. 2)." In *Opera omnia*. Edited by J.-P. Migne. PG 35, cols. 408-513. Paris: Migne, 1857. TLG 2022.016.

—. "De filio (orat. 29)." In *Gregor von Nazianz. Die fünf theologischen Reden*, pp. 128-68. Edited by Joseph Barbel. Düsseldorf, Germany: Patmos-Verlag, 1963. TLG 2022.009.

—. "De filio (orat. 30)." In *Gregor von Nazianz. Die fünf theologischen Reden*, pp. 170-216. Ediced by Joseph Barbel. Düsseldorf, Germany: Patmos-Verlag, 1963. TLG 2022.010.

—. "De spiritu sancto (orat. 31)." In *Gregor von Nazianz. Die fünf theologischen Reden*, pp. 218-76. Edited by Joseph Barbel. Düsseldorf, Germany: Patmos-Verlag, 1963. TLG 2022.011.

—. "De theologia (orat. 28)." In *Gregor von Nazianz: Die fünf theologischen Reden*, pp. 62-126. Edited by Joseph Barbel. Düsseldorf: Patmos-Verlag, 1963. TLG 2022.008.

—. "Funebris in laudem Caesarii fratris oratio (orat. 7)." In *Grégoire de Nazianze. Discours funèbres en l'honneur de sonfrére Césaire et de Basile de Césarée*, pp. 2-56. Edited by F. Boulenger. Paris: Picard, 1908. TLG 2022.005.

—. "In dictum evangelii: Cum consummasset Jesus hos sermones (orat. 37)." In *Opera omnia*. Edited by J.-P. Migne. PG 36, cols. 281-308. Paris: Migne, 1886. TLG 2022.045.

—. "In patrem tacentem (orat. 16)." In *Opera omnia*. Edited by J.-P. Migne. PG 35, cols. 933-64. Paris: Migne, 1857. TLG 2022.029.

—. "In sanctum baptisma (orat. 40)." In *Opera omnia*. PG 36, cols. 360-425. Edited by J.-P. Migne. Paris: Migne, 1858. TLG 2022.048.

—. "In sanctum pascha (orat. 45)." In *Opera omnia*. PG 36, cols. 624-64. Edited by J.-P. Migne. Paris: Migne, 1858. TLG 2022.052.

Gregory of Nyssa. "Contra Eunomium." In *Gregorii Nysseni opera*, 2 vols. Vol. 1.1, pp. 3-409, and vol. 2.2, pp. 3-311. Edited by Werner William Jaeger. Leiden: Brill, 1960. TLG 2017.030.

—. "De instituto Christiano." In *Gregorii Nysseni opera*. Vol. 8.1, pp. 40-89. Edited by Werner William Jaeger. Leiden: Brill, 1963. TLG 2017.024.

—. "De virginitate." In *Grégoire de Nysse. Traité de la virginité*. SC 119, pp. 246-560. Edited by Michel Aubineau. Paris: Éditions du Cerf, 1966. TLG 2017.043.

—. *In Inscriptiones psalmorum. Gregorii Nysseni opera*. Vol. 5. Edited by J. McDonough and Paul Alexander. Leiden: Brill, 1962.

—. "Oratio catechetica magna." In *Gregorii Nysseni opera*. Vol. 3.4, pp. 1-106. Edited by Ekkehard Mühlenberg. Leiden: Brill, 1996. TLG 2017.046.

Gregory Thaumaturgus. *Homiliae 1-2* (In annuntiattonem sanctae virginis Mariaei [dub.]). In *Opera omnia*. Edited by J.-P. Migne. PG 10, cols. 1145-1169. Paris: Migne, 1857. TLG 2063.009.

Gregory the Great. *Registrum eptstularum*. 2 vols. Edited by Dag Norberg. CCL 140 and CCL 140A. Turnhout, Belgium: Brepols, 1982. Cl. 1714.

Hesychius of Jerusalem. "Fragmenta in Psalmos." In *Opera omnia*. PG 93, cols. 1179-1340. Edited by J.-P. Migne. Paris: Migne, 1860.

Hilary of Poitiers. De *trinitate*. Edited by P. Smulders. CCL 62 and CCL 62A. Turnhout, Belgium: Brepols, 1979~1980. Cl. 0433.

—. *Tractatus super psalmos I-XCI.* Edited by Jean Doignon. CCL 61. Turnhout, Belgium: Brepols, 1997. Cl. 0428.

Hippolytus. "Fragmenta in Genesim." In *Hippolyt's kleinere exegetische und homiletische Schriften.* Edited by Hans Achelis. GCS 1.2, pp. 51-53, 55-71. Leipzig: Hinrichs, 1897. TLG 2115.004.

—. "Fragmenta in Psalmos. [Sp.]" In *Hippolyt's kleinere exegestische und homiletische Schriften.* Edited by H. Achelis. GCS 1.2, pp. 131-53. Leipzig, Germany: Hinrichs, 1897. TLG 2115.012.

—. "L'homilie d'Hippolyte sur les psaumes." In *Le dossier d'Hippolyte et de Meliton dans les florileges dogmatiques et chez les historiens moderns*, pp. 161-183. Translated by Pierre Nautin. Paris: Éditions du Cerf, 1953.

Irenaeus. "Adversus haereses, livres 1-5." In *Contre les hérésies.* Edited by Adelin Rousseau, Louis Doutreleau and Charles A. Mercier. SC 34, 100, 152-53, 210-11, 263-64 and 293-94. Paris: Éditions du Cerf, 1952~1982. Cl. 1154 f-g.

Isaac of Nineveh. *The Ascetical Homilies of Mar Isaac of Nineveh.* A facsimile reprint of the original Syriac edition published by W. Drugulin, Leipzig, 1908. Piscataway, N.J.: Gorgias Press, 2007.

Jerome. *Commentarioli in psalmos.* In *S. Hieronymi Presbyteri opera, Part 1.1.* Edited by G. Morin. CCL 72, pp. 177-245. Turnhout, Belgium: Brepols, 1959. Cl. 0582.

—. *Dialogus adversus Pelagianos.* Edited by Claudio Moreschini. CCL 80. Turnhout, Belgium: Brepols, 1990. Cl. 0615.

—. *Epistulae.* Edited by I. Hilberg. CSEL 54, CSEL 55 and CSEL 56. Vienna, Austria: F. Tempsky; Leipzig, Germany: G.F. Freytag, 1910~1918. Cl. 0620.

—. "Homilia in Johannem evangelistam (1:1-14)." In *S. Hieronymi Presbyteri opera, Part 2.* Edited by Germain Morin. CCL 78, pp. 517-23. Turnhout, Belgium: Brepols, 1958. Cl. 0597.

—. "In die dominica Paschae, II." In *S. Hieronymi Presbyteri opera, Part 2.* Edited by Germain Morin. CCL 78, pp. 548-51. Turnhout, Belgium: Brepols, 1958. Cl. 0604.

—. "Sermo de die epiphaniorum et de psalmo xxviii." In *S. Hieronymi Presbyteri opera, Part 2.* Edited by B. Capelle. CCL 78, pp. 530-32. Turnhout, Belgium: Brepols, 1958. Cl. 0599.

—. "Tractatus lix in psalmos." In *S. Hieronymi Presbyteri opera.* Edited by Germain Morin. CCL 78, pp. 3-352. Turnhout, Belgium: Brepols, 1958. Cl. 0592.

John Chrysostom. "Ad eos qui scandalizati sunt." In *Jean Chrysostome. Sur la providence de Dieu.* Ed. A.-M. Malingrey. SC 79, pp. 52-276. Paris: Éditions du Cerf, 1961. TLG 2062.087.

—. "Ad populam Antiochenum homiliae (de statuis)." In *Opera omnia.* Edited by J.-P. Migne. PG 49, cols. 15-222. Paris: Migne, 1862. TLG 2062.024.

—. "Adversus Judaeos (orationes 1-8)." In *Opera omnia.* Edited by J.-P. Migne. PG 48, cols. 843-942. Paris: Migne, 1862. TLG 2062.021.

—. "Contra Anomoeos (homilia 8): De petitione matris filiorum Zebedaei." In *Opera omnia.* Edited by J.-P. Migne. PG 48, cols. 767-78. Paris: Migne, 1862. TLG 2062.016.

—. "Expositiones in Psalmos." In *Opera omnia*. Edited by J.-P. Migne. PG 55, cols. 39-498. Paris: Migne, 1862. TLG 2062.143.

—. "In epistulam ad Hebraeos (homilae 1-34)." In *Opera omnia*. Edited by J.-P. Migne. PG 63, cols. 9-236. Paris: Migne, 1862. TLG 2062.168.

—. "In epistulam i ad Timotheum (homiliae 1-18)." In *Opera omnia*. Edited by J.-P. Migne. PG 62, cols. 501-600. Paris: Migne, 1862. TLG 2062.164.

—. "In epistulam ii ad Corinthios (homiliae 1-30)." In *Opera omnia*. Edited by J.-P. Migne. PG 61, cols. 381-610. Paris: Migne, 1862. TLG 2062.157.

—. "In Genesim (homiliae 1-67)." In *Opera omnia*. Edited by J.-P. Migne. PG 53 and PG 54, cols. 385-580. Paris: Migne, 1862. TLG 2062.112.

—. "In Joannem (homiliae 1-88)." In *Opera omnia*. Edited by J.-P. Migne. PG 59, cols. 23-482. Paris: Migne, 1862. TLG 2062.153.

John of Damascus. "Expositio fidei." In *Die Schriften des Johannes von Damaskos*. Vol. 2, pp. 3-239. Edited by Bonifatius Kotter. Patristische Texte und Studien 12. Berlin: De Gruyter, 1973. TLG 2934.004.

—. *Vita Barlaam et Joasaph* [Sp.]. Edited by G.R. Woodward and H. Mattingly. Cambridge, Mass.: Harvard University Press, 1914. Reprint, 1983. TLG 2934.066.

Justin Martyr. "Dialogus cum Tryphone." In *Die ältesten Apologeten*, pp. 90-265. Edited by E.J. Goodspeed. Göttingen: Vandenhoeck & Ruprecht, 1915. TLG 0645.003.

Lactantius. "De ira Dei." In *La colère de Dieu*. Translated and edited by Christiane Ingremeau. SC 289. Paris: Éditions du Cerf, 1982. CL 0088.

Leander of Seville. "De institutione virginum et contemptu mundi." In *El "De institutione virginum" de San Leandro de Sevilla, con diez capítulos y medio inéditos*. Edited by Angelus C. Vega. Madrid: El Escorial, 1948.

Leo the Great. *Tractatus septem et nonaginta*. Edited by Antonio Chavasse. CCL 138 and CCL 138A. Turnhout, Belgium: Brepols, 1973. CL 1657.

Martin of Braga. "Exhortatio humilitatis." In *Martini Episcopi Bracarensis Opera omnia*, pp. 74-79. Edited by Claude W. Barlow. New Haven, Conn.: Yale University Press, 1950.

—. "Pro repellenda iactania." In *Martini Episcopi Bracarensis Opera omnia*, pp. 65-69. Edited by Claude W. Barlow. New Haven, Conn.: Yale University Press, 1950.

Maximus of Turin. *Collectio sermonum antiqua*. Edited by Almut Mutzenbecher. CCL 23. Turnbout, Belgium: Brepols, 1962. CL 0219a.

Methodius. "Symposium sive Convivium decem virginum." In *Opera omnia*. Edited by J.-P. Migne. PG 18, cols. 27-220. Paris: Migne, 1857. TLG 2959.001.

Nicetas of Remesiana. "De psalmodiae bono (de utilitate hymnorum)." Edited by C. Turner. *Journal of Theological Studies* 24 (1923): 225-52.

—. "De Spiritus sancti potentia." In *Niceta of Remesiana: His Life and Works*, pp. 18-38. Edited by A.E. Burn. Cambridge: Cambridge University Press, 1905.

—. "De Vigiliis servorum Dei." In *Niceta of Remesiana: His Life and Works*, pp. 55-67. Edited by A.E. Burn. Cambridge: Cambridge University Press, 1905.

Novatian. "De Trinitate." In *Opera*. Edited by Gerardus Frederik Diercks. CCL 4, pp. 11-78. Turnbout, Belgium: Brepols, 1972. CL 0071.

Origen. "Contra Celsum." In *Origène Contre Celse*. 4 Vols. Edited by M. Borret. SC 132, 136, 147 and 150. Paris: Éditions du Cerf, 1967~1969. TLG 2042.001.

—. "Commentarii in evangelium Joannis (lib. I, 2, 4, 5, 6, 10, 13)." In *Origene. Commentaire sur saint Jean*, 3 vols. Edited by Cécil Blanc. SC 120, 157 and 222. Paris: Éditions du Cerf, 1966~1975. TLG 2042.005.

—. "Commentarii in evangelium Joannis (lib. 19, 20, 28, 32)." In *Origenes Werke*, vol. 4. Edited by Erwin Preuschen. GCS 10, pp. 298-480. Leipzig, Germany: Hinrichs, 1903. TLG 2042.079.

—. "Commentarium in evangelium Matthaei (lib. 10-17)." In *Origenes Werke*. Vol. 11. Edited by E. Klostermann. GCS 38.2, pp. 196-200. Leipzig, Germany: Teubner, 1933. TLG 2042.029 (lib. 10-11). TLG 2042.030 (lib. 12-17).

—. "De oratione." In *Origenes Werke*. Vol. 2. Edited by Paul Koetschau. GCS 3, pp. 297-403, Leipzig, Germany: Hinrichs, 1899. TLG 2042.008.

—. "De principiis." In *Origenes Werke*. Vol. 5. Edited by Paul Koetschau. GCS 22. Leipzig, Germany: Hinrichs, 1913. CL 0198 E (A). TLG 2042.002.

—. "Exhortatio ad martyrium." In *Origenes Werke*. Vol. 1. Edited by Paul Koetschau. GCS 2, pp. 3-47. Leipzig, Germany: Hinrichs, 1899. TLG 2042.007.

—. "Fragmenta in Psalmos [dub.]." In *Anelecta sacra spicilegio Solesmensi parata*. Edited by Jean Baptiste Pitra. Vol. 2, pp. 444-83, and Vol. 3, pp. 1-364. Venice: St. Lazarus Monastery, 1883. TLG 2042.044.

—. "Homiliae in Exodum." In *Origenes Werke*. Vol. 6. Edited by Willem A. Baehrens. GCS 29, pp. 217-30. Leipzig, Germany: Hinrichs, 1920. Cl. 0198. TLG 2042.023.

—. "Homiliae in Genesim." In *Origenes Werke*. Vol. 6. Edited by W.A. Baehrens. GCS (CB) 29, pp. 23-30. Leipzig, Germany: Teubner, 1920. Cl. 0198 6 (A). TLG 2042.022.

—. "Homiliae in Leviticum." In *Origenes Werke*. Vol. 6. Edited by W.A. Baehrens. GCS (CB) 29, pp. 280-507. Leipzig, Germany: Teubner, 1920. Cl. 0198 3 (A). TLG 2042.024.

—. "Homiliae in Lucam." In *Opera omnia*. Edited by J.-P. Migne. PG 13, cols. 1799-1902. Paris: Migne, 1862. TLG 2042.016.

—. *Homélies sur les Psaumes 36 à 38*. Critical text established by Emanuela Prinzivalli. Introduced, translated and edited by Henri Crouzel and Luc Bresard. SC 411. Paris: Éditions du Cerf, 1995.

—. "Selecta in Psalmos [dub.]." In *Opera omnia*. Edited by J.-P. Migne. PG 12, cols. 1053-1685. Paris: Migne, 1862. TLG 2042.058.

Pachomius. "Catecheses." In *Oeuvres de s. Pachôme et de ses disciples*. Edited by L.-Th. Lefort. CSCO 159 (Scriptores Coptica 23), pp. 1-26. Louvain: Imprimerie Orientaliste, 1956.

Paulinus of Nola. "Carmina." In *Sancti pontii meropii Paulini Nolani carmina*. Edited by W. Hartel. CSEL 30, pp. 1-3, 7-329. Vienna, Austria: F. Tempsky, 1894. Cl. 0203.

Peter Chrysologus. "Collectio sermonum." In *Opera omnia*. Edited by J.-P. Migne. PL 52, cols. 183-680. Paris: Migne, 1859. Cl. 0227+.

Poemen. "Vitae Patrum (*Sententiae Patrum*)." In *Opera omnia*. Edited by J.-P. Migne. PL 73, cols. 855-1022. Paris: Migne, 1849.

Prudentius. "Liber Apotheosis." In *Opera*. Edited by M.P. Cunningham. CCL 126, pp. 73-115. Turnholt, Belgium: Brepols, 1966. Cl. 1439.

—. "Liber cathemerinon." In *Clementis carmina*. Edited by Johan Bergman. CSEL 61, pp. 5-76. Vienna, Austria: Hoelder-Pichler-Tempsky, 1926. Cl. 1438.

Pseudo-Athanasius. *Athanasiana Syriaca*, pt. 4, *Expositio in Psalmos*. Edited by R.W. Thomson. CSCO 386-87. Louvain: Secrétariat du Corpus, 1977.

Sahdona. "Book of Perfection." In *Martyrius (Sahdona): Oeuvres spirituelles*, part 2. Edited by André de Halleux. CSCO 252 (Scriptores Syri 110). Leuven, Belgium: Secrétariat du Corpus, 1965.

Salvian the Presbyter. "De gubernatione Dei." In *Ouvres*. Vol. 2. Edited by G. Lagarrigue. SC 220, pp. 95-527. Paris: Éditions du Cerf, 1975. Cl. 0485.

Tertullian. "Adversus Judaeos." In *Tertulliani opera*. Edited by E. Kroymann. CCL 2, pp. 1339-96. Turnhout, Belgium: Brepols, 1954. Cl. 0033.

—. "Adversus Marcionem." In *Tertulliani opera*. Edited by E. Kroymann. CCL 1, pp. 437-726. Turnhout, Belgium: Brepols, 1954. Cl. 0014.

—. "De fuga in persecutione." In *Opera*. Edited by J.J. Thierry. CCL 2, pp. 1135-55. Turnhout, Belgium: Brepols, 1954. Cl. 0025.

Theodore of Mopsuestia. *Expositionis in Psalmos*. Edited by Lucas de Coninck and Maria Josepha d'Hont. CCL 88A. Turnhout, Belgium: Brepols, 1977.

Theodore of Tabennesi. "Catecheses." In *Oeuvres de s. Pachôme et de ses disciples*. Edited by L.-Th. Lefort. CSCO 159 (Scriptores Coptica 23), pp. 37-60. Louvain: Imprimerie Orientaliste, 1956.

Theodoret of Cyr. "Interpretatio in Psalmos." In *Opera omnia*. Edited by J.-P. Migne. PG 80, cols. 857-1997. Paris: Migne, 1860. TLG 4089.024.

Theophilus of Alexandria. "In mysticam coenum." In *Opera omnia*. Edited by J.-P. Migne. PG 77, cols. 1016-29. Paris: Migne, 1864.

Valerian of Cimiez. "Homiliae." In *Opera omnia*. Edited by J.-P. Migne. PL 52, cols. 691-758. Paris: Migne, 1845.

Zephyrinus. "Epistola Zephirini papae [dub.]." In *Opera omnia*. Edited by J.-P. Migne. PL 130, cols. 127-30. Paris: Migne, 1853.

영역본 참고문헌

Alexander of Alexandria. "Epistles on the Arian Heresy." In *Fathers of the Third Century*, pp. 291-302. Translated by James B.H. Hawkins. ANF 6. Edited by Alexander Roberts and James Donaldson. 10 vols. 1885-1887. Reprint, Peabody, Mass.: Hendrickson, 1994.

Ambrose. *Commentary on Twelve Psalms*. Translated by Íde M. Ní Riain. Dublin: Halcyon Press, 2000.

—. "Concerning Repentence." In *Select Works and Letters*, pp. 329-59. Translated by H. De Romestin. NPNF 10. Series 2. Edited by Philip Schaff and Henry Wace. 14 vols. 1886-1900. Reprint, Peabody, Mass.: Hendrickson, 1994.

—. "Duties of the Clergy." In *Select Works and Letters*, pp. 1-89. Translated by H. De Romestin. NPNF 10. Series 2. Edited by Philip Schaff and Henry Wace. 14 vols. 1886-1900. Reprint, Peabody, Mass.: Hendrickson, 1994.

—. "Isaac, or the Soul." In *Seven Exegetical Works*, pp.10-65. Translated by Michael P. McHugh. FC 65. Washington, D.C.: The Catholic University of America Press, 1972.

—. "Jacob and the Happy Life." In *Seven Exegetical Works*, pp. 119-84. Translated by Michael P. McHugh. FC 65. Washington, D.C.: The Catholic University of America Press, 1972.

—. "Joseph." In *Seven Exegetical Works*, pp. 189-237. Translated by Michael P. McHugh. FC 65. Washington, D.C.: The Catholic University of America Press, 1972.

—. "Letters." In *Early Latin Theolology*, pp. 182-278. Translated by S.L. Greenslade. LCC 5. Philadelphia: The Westminster Press, 1956.

—. Letters. Translated by Mary Melchior Beyenka. FC 26. Washington, D.C.: The Catholic University of America Press, 1954.

—. "On His Brother Satyrus." In *Funeral Orations by Saint Gregory Nanzianzen and Saint Ambrose*, pp. 161-259. Translated by John J. Sullivan and Martin R.P. McGuire. FC 22. Washington, D.C.: The Catholic University of America Press, 1953.

—. "On the Christian Faith." In *Select Works and Letters*, pp. 201-314. Translated by H. De Romestin. NPNF 10. Series 2. Edited by Philip Schaffand Henry Wace. 14 vols. 1886-1900. Reprint, Peabody, Mass.: Hendrickson, 1994.

—. "On the Death of Theodosius." See "On Emperor Theodosius." In *Funeral Orations by Saint Gregory Nanzianzen and Saint Ambrose*, pp. 307-32. Translated by Roy J. Deferrari. FC 22. Washington, D.C.: The Catholic University of America Press, 1953.

—. "On the Patriarchs." In *Seven Exegetical Works*, pp. 243-75. Translated by Michael P. McHugh. FC 65. Washington, D.C.: The Catholic University of America Press, 1972.

—. "On the Sacraments." In *Theological and Dogmatic Works*, pp. 269-328. Translated by Roy J. Deferrari. FC 44. Washington, D.C.: The Catholic University of America Press, 1963.

—. *On Virginity*. Translated by Daniel Callam. Toronto: Peregrina Publishing, 1996.

—. "The Prayer of Job and David." In *Seven Exegetical Works*, pp. 329-420. Translated by Michael P. McHugh. FC 65. Washington, D.C.: The Catholic University of America Press, 1972.

—. "Six Days of Creation." In *Hexamaeron, Paradise, and Cain and Abel*, pp. 3-283. Translated by John J. Savage. FC 42. Washington, D.C.: The Catholic University of America Press, 1961.

Aphrahat. "Demonstrations." In *Gregory the Great, Ephraim Syrus, Aphrahat*, pp. 345-412. Translated by James Barmby. NPNF 13. Series 2. Edited by Philip Schaff and Henry Wace. 14 vols. 1886-1900. Reprint, Peabody, Mass.: Hendrickson, 1994.

Arnobius of Sicca. "Against the Heathen." In *Gregory Thaumaturgus, Dionysius the Great, Julius Africanus, Anatolius and Minor Writers, Methodius, Arnobius*, pp. 413-539. Translated by Hamilton Bryce and Hugh Campbell. ANF 6. Edited by Alexander Roberts and James Donaldson. 10 vols. 1885-1887. Reprint, Peabody, Mass.: Hendrickson, 1994.

Athanasius. "Against the Heathen." In *Selected Works and Letters*, pp. 4-30. Translated by Archibald Robertson. NPNF 4. Series 2. Edited by Philip Schaff and Henry Wace. 14 vols. 1886-1900. Reprint, Peabody, Mass.: Hendrickson, 1994.

—. "Discourses Against the Arians." In *Select Works and Letters*, pp. 306-447 [Fourth Oration Considered Spurious]. Translated by John Henry Newman. Revised by Archibald Robertson. NPNF 4. Series 2. Edited by Philip Schaff and Henry Wace. 14 vols. 1886-1900. Reprint, Peabody, Mass.: Hendrickson, 1994.

—. "Festal Letters." In *Selected Works and Letters*, pp. 506-53. Translated by Payne Smith. Edited by Archibald Robertson. NPNF 4. Series 2. Edited by Philip Schaff and Henry Wace. 14 vols. 1886-1900. Reprint, Peabody, Mass.: Hendrickson, 1994.

—. "Festal Letters." See *The Resurrection Letters*. Translated by Henry Burgess. Revised by Payne Smith. Paraphrased and introduced by Jack N. Sparks. Nashville: Thomas Nelson, 1979.

—. "Letter to the Bishops of Egypt." In *Selected Works and Letters*, pp. 223-35. Translated by M. Atkinson. Revised by Archibald Robertson. NPNF 4. Series 2. Edited by Philip Schaffand Henry Wace. 14 vols. 1886-1900. Reprint, Peabody, Mass.: Hendrickson, 1994.

—. "Life of St. Anthony." In *The Life of Antony and the Letter to Marcellinus*, pp. 29-99. Translated by Robert C. Gregg. Classics of Western Spirituality. New York: Paulist Press, 1980.

—. "On the Incarnation." In *Christology of the Later Fathers*, pp. 55-110. Translated by Archibald Robertson. Edited by Edward Rochie Hardy. LCC 3. Philadelphia: The Westminster Press, 1954.

—. "On the Interpretation of the Psalms." In *Early Christian Spirituality*, pp. 56-77. Translated by Pamela Bright. Sources of Early Christian Thought. Philadelphia: Fortress, 1986.

Augustine. *Against Julian*. Translated by Matthew A. Schumacher. FC 35. Washington, D.C.: The Catholic University of America Press, 1957.

—. "Against Two Letters of the Pelagians." In *Anti-Pelagian Writings*, pp. 377-434. Translated by Robert Ernest Wallis. NPNF 5. Series 1. Edited by Philip Schaff. 14 vols. 1886-1889. Reprint, Peabody, Mass.: Hendrickson, 1994.

—. *City of God: Books 8-16 and Books 17-22*. Translated by Gerald G. Walsh, Daniel J. Honan and

Grace Monahan. FC 14 and FC 24. Washington, D.C.: The Catholic University of America Press, 1952~1954.

—. "Confessions." In *Confessions and Enchiridion*, pp. 31-333. LCC 7. Translated by Albert C. Outler. Philadelphia: The Westminster Press, 1955.

—. "Enchridion." In *Confessions and Enchiridion*, pp. 337-412. LCC 7. Translated by Albert C. Outler. Philadelphia: The Westminster Press, 1955.

—. *Expositions of the Psalms*. Translated by Maria Boulding. *WSA* 15-19. Part 3. Edited by John E. Rotelle. New York: New City Press, 2000~2003.

—. "Faith and Works." In *Treatises on Marriage and Other Subjects*, pp. 215-82. Translated by Marie Liguori. FC 27. Washington, D.C.: The Catholic University of America Press, 1955.

—. "Holy Virginity." In *Treatises on Marriage and Other Subjects*, pp. 135-212. Translated by John McQuade. FC 27. Washington, D.C.: The Catholic University of America Press, 1955.

—. "Homilies on 1 John." In *Augustine: Later Works*, pp. 251-348. Translated by John Burnaby. LCC 8. Philadelphia: The Westminster Press, 1955.

—. "Homilies on 1 John." In *Tractates on the Gospel of John 112-124, Tractates on the First Epistle of John*, pp.119-277. Translated by John W. Rettig. FC 92. Washington, D.C.: The Catholic University of America Press, 1995.

—. *Letters*. Translated by Wilfrid Parsons. FC 18, FC 30 and FC 32. Washington, D.C.: The Catholic University of America Press, 1953~1956.

—. "The Christian Life [dub.]." In *Treatises on Various Subjects*, pp. 3-43. Translated by Mary Sarah Muldowney. FC 16. Washington, D.C.: The Catholic University of America Press, 1952.

—. "On the Perfection of Human Righteousness." In *Anti-Pelagian Writings*, pp. 159-76. Translated by Peter Holmes. NPNF 5. Series 1. Edited by Philip Schaff. 14 vols. 1886-1889. Reprint, Peabody, Mass.: Hendrickson, 1994.

—. "On the Soul and Its Origin." In *Anti-Pelagian Writings*, pp. 315-71. Translated by Peter Holmes. NPNF 5. Series 1. Edited by Philip Schaff. 14 vols. 1886-1889. Reprint, Peabody, Mass.: Hendrickson, 1994.

—. "On the Spirit and the Letter." In *Anti-Pelagian Writings*, pp. 83-114. Translated by Peter Holmes. NPNF 5. Series 1. Edited by Philip Schaff. 14 vols. 1886-1889. Reprint, Peabody, Mass.: Hendrickson, 1994.

—. "On the Spirit and the Letter." In *Augustine: Later Works*, pp. 182-250. Translated by John Burnaby. LCC 8. Philadelphia: The Westminster Press, 1955.

—. "On the Trinity." See *The Trinity*. Translated by Stephen McKenna. FC 45. Washington, D.C.: The Catholic University of America Press, 1963.

—. "On Various Questions to Simplician." See "To Simplician." In *Augustine: Earlier Writings*, pp. 370-406. Translated by J.H.S. Burleigh. LCC 6. Philadelphia: The Westminster Press, 1953.

—. "Sermons." In *Commentary on the Lord's Sermon on the Mount with Seventeen Related Sermons*.

Translated by Denis J. Kavenaugh. FC 11. Washington, D.C.: The Catholic University of America Press, 1951.

—. "Sermons." In *Sermons on the Liturgical Seasons*. Translated by Mary Sarah Muldowney. FC 38. Washington, D.C.: The Catholic University of America Press, 1959.

—. *Sermons*. Translated by Edmund Hill. *WSA* 1-11. Part 3. Edited by John E. Rotelle. New York: New City Press, 1990~1997.

—. *Tractates on the Gospel of John 11-27*. Translated by John W. Rettig. FC 79. Washington, D.C.: The Catholic University of America Press, 1988.

Babai. "Letter to Cyriacus." In *The Syriac Fathers on Prayer and the Spiritual Life*, pp. 138-63. Translated by Sebastian Brock. CS 101. Kalamazoo, Mich.: Cistercian Publications, 1987.

Basil the Great. "Homilies on the Psalms." In *Exegetic Homilies*, pp. 151-359. Translated by Agnes Clare Way. FC 46. Washington, D.C.: The Catholic University of America Press, 1963.

—. "Homily Against Those Who Are Prone to Anger." See "Homily 10: Against Those Who Are Prone to Anger." In *Ascetical Works*, pp. 223-337. Translated by M. Monica Wagner. FC 9. New York: Fathers of the Church, 1950.

—. "The Long Rules." In *Ascetical Works*, pp. 447-461. Translated by M. Monica Wagner. FC 9. New York: Fathers of the Church, 1950.

Bede. *Homilies on the Gospels*. Translated by Lawrence T. Martin and David Hurst. CS 110 and CS 111. Kalamazoo, Mich.: Cistercian Publications, 1991.

—. *On the Tabernacle*. Translated by Arthur G. Holder. TTH 18. Liverpool: Liverpool University Press, 1994.

Benedict. "Rule of St. Benedict." In *Western Asceticism*, pp. 290-337. Translated by Owen Chadwick. LCC 12. Philadelphia: The Westminster Press, 1958.

Caesarius of Arles. *Sermons*. Translated by Mary Magdeleine Mueller. FC 31, FC 47 and FC 66. Washington, D.C.: The Catholic University of America Press, 1956~1973.

Callistus. "The Epistles [dub.]." In *Fathers of the Third and Fourth Centuries*, pp. 613-18. Translated by S.D.F. Salmond. ANF 8. Edited by Alexander Roberts and James Donaldson. 10 vols. 1885-1887. Reprint, Peabody, Mass.: Hendrickson, 1994.

Cassian, John. "Conferences." In *Western Asceticism*, pp. 190-289. Translated by Owen Chadwick. LCC 12. Philadelphia: Westminster Press, 1958.

—. *Conferences*. Translated by Colm Luibheid. The Classics of Western Spirituality. Mahwah, N.J.: Paulist Press, 1985.

—. "Institutes." In *Sulpitius Severus, Vincent of Lerins, John Cassian*, pp. 201-90. Translated by Edgar C.S. Gibson. NPNF 11. Series 2. Edited by Philip Schaffand Henry Wace. 14 vols. 1886-1900. Reprint, Peabody, Mass.: Hendrickson, 1994.

Cassiodorus. *Explanation of the Psalms*. Translated by P.G. Walsh. ACW 51, ACW 52 and ACW 53. Mahwah, N.J.: Paulist Press, 1990~1991.

Clement of Alexandria. *Christ the Educator*. Translated by Simon P. Wood. FC 23. Washington, D.C.: The Catholic University of America Press, 1954.

—. "Exhortation to the Greeks." See "Exhortation to the Heathen." In *Fathers of the Second Century: Hermas, Tatian, Athenagoras, Theophilus, and Clement of Alexandria (Entire)*, pp. 171-206. Translated by William Wilson et al. ANF 2. Edited by Alexander Roberts and James Donaldson. 10 vols. 1885-1887. Reprint, Peabody, Mass.: Hendrickson, 1994.

—. "Stromateis." In *Fathers of the Second Century: Hermas, Tatian, Athenagoras, Theophilus and Clement of Alexandria (Entire)*, pp. 299-556. Translated by William Wilson et al. ANF 2. Edited by Alexander Roberts and James Donaldson. 10 vols. 1885-1887. Reprint, Peabody, Mass.: Hendrickson, 1994.

Clement of Rome. "1 Clement." See "The Epistle to the Corinthians." In *The Apostolic Fathers, Justin Martyr, Irenaeus*, pp. 1-21. Translated by Alexander Roberts and James Donaldscm. ANF 1. Edited by Alexander Roberts and James Donaldson. 10 vols. 1885-1887. Reprint, Peabody, Mass.: Hendrickson, 1994.

—. "1 Clement." See "The Letter of the Church of Rome to the Church of Corinth, Commonly Called Clement's First Letter." In *Early Christian Fathers*, pp. 43-73. Translated by Cyril C. Richardson. LCC 1. Philadelphia: Westminster Press, 1953.

—. "1 Clement." See "The Letter of St. Clement of Rome to the Corinthians." In *The Apostolic Fathers*, pp. 9-58. Translated by Francis X. Glimm. FC 1. New York: Christian Heritage, 1947.

—. "1 Clement." See "The Epistle of S. Clement to the Corinthians." In *The Apostolic Fathers*, PP· 13-41. Translated by J.B. Lightfoot. 1891. Reprint, Grand Rapids, Mich.: Baker Book House, 1956.

"Constitutions of the Holy Apostles." In *Lactantius, Venantius, Asterius, Victorinus, Dionysius, Apostolic Teaching and Constitutions, 2 Clement, Early Liturgies*, pp. 385-508. Translated by W. Whiston. Revised by Irah Chase. ANF 7. Edited by Alexander Roberts and James Donaldson. 10 vols. 1885-1887. Reprint, Peabody, Mass.: Hendrickson, 1994.

Cyprian. *Letters 1-81*. Translated by Rose Bernard Donna. FC 51. Washington, D.C.: The Catholic University of America Press, 1964.

—. "The Unity of the Church." In *Treatises*, pp. 91-121. Translated by Roy J. Defarrari. FC 36. Washington, D.C.: The Catholic University of America Press, 1958.

—. "Works and Almsgiving." In *Treatises*, pp. 225-53. Translated by Roy J. Defarrari. FC 36. Washington, D.C.: The Catholic University of America Press, 1958.

Cyril of Alexandria. *Letters 1-50, and 51-110*. Translated by John I. McEnerney. FC 76 and FC 77. Washington, D.C.: The Catholic University of America Press, 1987.

—. *On the Unity of Christ*. Translated by John A. McGuckin. Crestwood, N.Y.: St. Vladimir's Seminary Press, 1995.

Cyril of Jerusalem. "Catechetical Lectures." In *Cyril of Jerusalem and Nemesius of Emesa*, pp. 64-199. Translated by William Telfer. LCC 4. Philadelphia: Westminster Press, 1955.

—. "Catechetical Lectures." In *St. Cyril of Jerusalem and St. Gregory Nazianzen*, pp. 1-157. Translated by Edwin Hamilton Gifford. NPNF 7. Series 2. Edited by Philip Schaff and Henry Wace. 14 vols. 1886-1900. Reprint, Peabody, Mass.: Hendrickson, 1994.

—. "Catechetical Lectures." In *The Works of Saint Cyril of Jerusalem*. Translated by Leo P. McCauley and Anthony A. Stephenson. FC 61 and FC 64. Washington, D.C.: The Catholic University of America Press, 1969~1970.

—. "Mystagogical Lectures." In *The Works of Saint Cyril of Jerusalem*, pp. 153-203. Translated by Leo P. McCauley and Anthony A. Stephenson. FC 64. Washington, D.C.: The Catholic University of America Press, 1970.

"Didache." See "Didache or Teaching of the Apostles." In *The Apostolic Fathers*, pp. 171-84. Translated by Francis X. Glimm. FC 1. New York: Christian Heritage, 1947.

Diodore of Tarsus. *Commentary on Psalms 1-51*. Translated by Robert C. Hill. WGRW 9. Atlanta: Society of Biblical Literature, 2005.

Ephrem the Syrian. "Homily on Our Lord." In *Selected Prose Works*, pp. 269-332. Translated by Edward G. Mathews and Joseph P. Amar. FC 91. Washington, D.C.: The Catholic University of America Press, 1994.

—. "Hymns on the Nativity." See "Nineteen Hymns on the Nativity of Christ in the Flesh." In *Gregory the Great, Ephraim Syrus, Aphrahat*, pp. 223-262. Translated by J.B. Morris and A. Edward Johnston. NPNF 13. Series 2. Edited by Philip Schaff and Henry Wace. 14 vols. 1886-1900. Reprint, Peabody, Mass.: Hendrickson, 1994.

—. *Hymns on Paradise*. Translated by Sebastian Brock. Crestwood, N.Y.: St. Vladimir's Seminary Press, 1998.

Eusebius of Caesarea. *Ecclesiastical History*. Translated by Roy J. Defarrari. FC 19. Washington, D.C.: The Catholic University of America Press, 1953.

—. "Ecclesiastical History." See *Eusebius, the Church History: A New Translation with Commentary*. Translated by Paul L. Maier. Grand Rapids, Mich.: Kregel Publications, 1999.

—. *The Proof of the Gospel*. Translated by W.J. Ferrar. London: SPCK, 1920. Reprint, Grand Rapids: Baker, 1981.

Evagrius of Pontus. "Chapters on Prayer." In *Evagrius of Pontus: The Greek Ascetic Corpus*, pp. 191-209. Translated by Robert E. Sinkewicz. Oxford Early Christian Studies. Oxford: Oxford University Press, 2003.

—. "Chapters on Prayer." In *Evagrius Ponticus: The Praktikos, Chapters on Prayer*, pp. 52-80. Translated by John Eudes Bamberger. CS 4. Spencer, Mass.: Cistercian Publications, 1970.

—. "On the Eight Thoughts." In *Evagrius of Pontus: The Greek Ascetic Corpus*, pp. 73-90. Translated by Robert E. Sinkewicz. Oxford Early Christian Studies. Oxford: Oxford University Press, 2003.

—. "On Thoughts." In *Evagrius of Pontus: The Greek Ascetic Corpus*, pp. 153-82. Translated by Robert E. Sinkewicz. Oxford Early Christian Studies. Oxford: Oxford University Press, 2003.

—. "Praktikos." In *Evagrius of Pontus: The Greek Ascetic Corpus*, pp. 95-114. Translated by Robert E. Sinkewicz. Oxford Early Christian Studies. Oxford: Oxford University Press, 2003.

—. "Praktikos." In *Evagrius Ponticus: The Praktikos, Chapters on Prayer*, pp. 12-42. Translated by John Eudes Bamberger. CS 4. Spencer, Mass.: Cistercian Publications, 1970.

Fulgentius of Ruspe. "Letter to Monimus." In *Selected Works*, pp. 185-275. Translated by Robert B. Eno. FC 95. Washington, D.C.: The Catholic University of America Press, 1997.

—. "Letters." In *Selected Works*, pp. 277-565. Translated by Robert B. Eno. FC 95. Washington, D.C.: The Catholic University of America Press, 1997.

—. "On the Forgiveness of Sins." In *Selected Works*, pp. 109-83. Translated by Robert B. Eno. FC 95. Washington, D.C.: The Catholic University of America Press, 1997.

—. "Book to Victor Against the Sermon of Fastidiosus the Arian." In *Selected Works*, pp. 392-423. Translated by Robert B. Eno. FC 95. Washington, D.C.: The Catholic University of America Press, 1997.

Gregory of Nazianzus. "In Defense of His Flight to Pontus, Oration 2." In *Cyril of Jerusalem and Gregory Nazianzen*, pp. 204-27. Translated by Charles Gordon Browne and James Edward Swallow. NPNF 7. Series 2. Edited by Philip Schaff and Henry Wace. 14 vols. 1886-1900. Reprint, Peabody, Mass.: Hendrickson, 1994.

—. "On His Brother St. Caesarius, Oration 7." In *Funeral Orations*, pp. 5-25. Translated by Leo P. McCauley. FC 22. Washington, D.C.: The Catholic University of America Press, 1953.

—. "On His Father's Silence, Oration 16." See "On His Father's Silence, Because of the Plague of Hail." In *Cyril of Jerusalem, Gregory Nazianzen*, pp. 247-54. Translated by Charles Gordon Browne and James Edward Swallow. NPNF 7. Series 2. Edited by Philip Schaff and Henry Wace. 14 vols. 1886-1900. Reprint, Peabody, Mass.: Hendrickson, 1994.

—. "On Holy Baptism, Oration 40." See "The Oration on Holy Baptism." In *Cyril of Jerusalem, Gregory Nazianzen*, pp. 360-77. Translated by Charles Gordon Browne and James Edward Swallow. NPNF 7. Series 2. Edited by Philip Schaff and Henry Wace. 14 vols. 1886-1900. Reprint, Peabody, Mass.: Hendrickson, 1994.

—. "On Holy Easter, Oration 45." See "The Second Oration on Easter." In *Cyril of Jerusalem, Gregory Nazianzen*, pp. 422-34. Translated by Charles Gordon Browne and James Edward Swallow. NPNF 7. Series 2. Edited by Philip Schaff and Henry Wace. 14 vols. 1886-1900. Reprint, Peabody, Mass.: Hendrickson, 1994.

—. "On the Holy Spirit, Theological Oration 5[31]." See "The Fifth Theological Oration-On the Spirit." In *Christology of the Later Fathers*, pp. 194-214. Translated by Edward R. Hardy. LCC 3. Philadelphia: Westminster Press, 1954.

—. "On the Son, Theological Oration 4[30]." See "The Fourth Theological Oration, Which is the Second Concerning the Son." In *Cyril of Jerusalem, Gregory Nazianzen*, pp. 309-18. Translated by Charles Gordon Browne and James Edward Swallow. NPNF 7. Series 2. Edited by Philip Schaff and Henry Wace. 14 vols. 1886-1900. Reprint, Peabody, Mass.: Hendrickson, 1994.

—. "On the Son, Theological Oration 3[29]." See "The Third Theological Oration-On the Son." In *Christology of the Later Fathers*, pp. 160-76. Translated by Edward R. Hardy. LCC 3. Philadelphia: Westminster Press, 1954.

—. "On the Words of the Gospel, 'When Jesus Had Finished These Sayings,' Oration 37." In *Cyril of Jerusalem, Gregory Nazianzen*, pp. 338-44. Translated by Charles Gordon Browne and James Edward Swallow. NPNF 7. Series 2. Edited by Philip Schaff and Henry Wace. 14 vols. 1886-1900. Reprint, Peabody, Mass.: Hendrickson, 1994.

—. "On Theology, Theological Oration 2[28]." See "The Second Theological Oration." In *Cyril of Jerusalem, Gregory Nazianzen*, pp. 288-301. Translated by Charles Gordon Browne and James Edward Swallow. NPNF 7. Series 2. Edited by Philip Schaff and Henry Wace. 14 vols. 1886-1900. Reprint, Peabody, Mass.: Hendrickson, 1994.

—. "On Theology, Theological Oration 2[28]." See "The Second Theological Oration-On God." In *Christology of the Later Fathers*, pp. 136-59. Translated by Edward R. Hardy. LCC 3. Philadelphia: Westminster Press, 1954.

Gregory of Nyssa. "Address on Religious Instruction." In *Christology of the Later Fathers*, pp. 268-325. Translated by Edward R. Hardy. LCC 3. Philadelphia: The Westminster Press, 1954.

—. "Against Eunomius." In *Select Writings and Letters*, pp. 33-248. Translated by H.C. Ogle. Revised by Henry Austine Wilson. NPNF 5. Series 2. Edited by Philip Schaff and Henry Wace. 14 vols. 1886-1900. Reprint, Peabody, Mass.: Hendrickson, 1994.

—. "Answer to Eunomius' Second Book." In *Select Writings and Letters*, pp. 250-314. Translated by M. Day. NPNF 5. Series 2. Edited by Philip Schaff and Henry Wace. 14 vols. 1886-1900. Reprint, Peabody, Mass.: Hendrickson, 1994.

—. "On the Christian Mode of Life." In *Ascetical Works*, pp. 127-58. Translated by Virginia Woods Callahan. FC 58. Washington, D.C.: The Catholic University of America Press, 1967.

—. *On the Inscriptions of the Psalms*. Translated by Ronald E. Heine. Oxford Early Christian Studies. Oxford: Clarendon Press, 1995.

—. "On Virginity." In *Select Writings and Letters*, pp. 343-71. Translated by William Moore and Henry Austine Wilson. NPNF 5. Series 2. Edited by Philip Schaff and Henry Wace. 14 vols. 1886-1900. Reprint, Peabody, Mass.: Hendrickson, 1994.

Gregory Thaumaturgus. "Homilies [dub.]." See "Four Homilies." In *Gregory Thaumaturgus, Dionysius the Great, Julius Africanus, Anatolius and Minor Writers, Methodius, Arnobius*, pp. 58-71. Translated by S.D.F. Salmond. ANF 6. Edited by Alexander Roberts and James Donaldson. 10 vols. 1885-1887. Reprint, Peabody, Mass.: Hendrickson, 1994.

Gregory the Great. "Letters." See "Selected Epistles of St. Gregory the Great." In *Gregory the Great, Ephraim Syrus, and Aphrahat*, pp. 1-111. Translated by James Barmby. NPNF 13. Series 2. Edited by Philip Schaff and Henry Wace. 14 vols. 1886-1900. Reprint, Peabody, Mass.: Hendrickson, 1994.

Hilary of Poitiers. "Homilies on the Psalms." In *St. Hilary of Poitiers, John of Damascus*, pp. 236-248. Translated by E.W. Watson et al. NPNF 9. Series 2. Edited by Philip Schaff and Henry Wace. 14 vols. 1886-1900. Reprint, Peabody, Mass.: Hendrickson, 1994.

—. "On the Trinity." See *The Trinity*. Translated by Stephen McKenna. FC 25. Washington, D.C.: The Catholic University of America Press, 1954.

Hippolytus. "Fragments on the Psalms." See "On the Psalms." In *Hippolytus, Cyprian, Caius, Novatian, Appendix*, pp. 199-203. Translated by S.D.F. Salmond. ANF 5. Edited by Alexander Roberts and James Donaldson. 10 vols. 1885-1887. Reprint, Peabody, Mass.: Hendrickson, 1994.

Irenaeus. "Against Heresies." In *The Apostolic Fathers with Justin Martyr and Irenaeus*, pp. 315-567. Translated by Alexander Roberts and W.H. Rambaut. ANF 1. Edited by Alexander Roberts and James Donaldson. 10 vols. 1885-1887. Reprint, Peabody, Mass.: Hendrickson, 1994.

Isaac of Nineveh. "Ascetical Homilies." In *The Ascetical Homilies of Saint Isaac the Syrian*, pp. 3-385. Translated by the Holy Transfiguration Monastery. Brookline, Mass.: Holy Transfiguration Monastery, 1984.

Jerome. "Against the Pelagians." In *Dogmatic and Polemical Works*, pp. 223-378. Translated by John N. Hritzu. FC 53. Washington, D.C.: The Catholic University of America Press, 1965.

—. "Homilies on the Psalms." In *The Homilies of St. Jerome,* Vol. 1; Vol. 2, pp. 3-117. Translated by Marie Liguori Ewald. FC 48 and FC 57. Washington, D.C.: The Catholic University of America Press, 1964~1966.

—. "Homily 87, On John 1:1-14." In *The Homilies of St. Jerome*, pp. 212-20. Translated by Marie Liguori Ewald. FC 57. Washington, D.C.: The Catholic University of America Press, 1966.

—. "Homily 94, On Easter Sunday." In *The Homilies of St. Jerome*, pp. 251-54. Translated by Marie Liguori Ewald. FC 57. Washington, D.C.: The Catholic University of America Press, 1966.

—. "Homily on the Epiphany and Psalm 28." See "Homily 89, For Epiphany." In *The Homilies of St. Jerome*, pp. 229-32. Translated by Marie Liguori Ewald. FC 57. Washington, D.C.: The Catholic University of America Press, 1966.

—. "Letters." In *Letters and Select Works*, pp. 1-295. Translated by W.H. Fremantle. NPNF 6. Series 2. Edited by Philip Schaff and Henry Wace. 14 vols. 1886-1900. Reprint, Peabody. Mass.: Hendrickson, 1994.

John Chrysostom. "Against the Anomoeans." In *On the Incomprehensible Nature of God*. Translated by Paul W. Harkins. FC 72. Washington, D.C.: The Catholic University of America Press, 1982.

—. *Commentary on the Psalms*. Vol. 1. Translated by Robert Charles Hill. Brookline, Mass: Holy Cross Orthodox Press, 1998.

—. *Discourses Against Judaizing Christians*. Translated by Paul W. Harkins. FC 68. Washington, D.C.: The Catholic University of America Press, 1977.

—. "Homilies Concerning the Statues." In *On the Priesthood, Select Homilies and Letters, and Homilies on the Statues*, pp. 331-489. Translated by W.R.W. Stephens. NPNF 9. Series 1. Edited by Philip Schaff and Henry Wace. 14 vols. 1886-1900. Reprint, Peabody, Mass.: Hendrickson, 1994.

—. "Homilies on 1 Timothy." In *Homilies on Galatians, Ephesians, Philippians, Colossians, Thessalonians, Timothy, Titus, and Philemon*, pp. 407-73. Translated by Philip Schaff. NPNF 13. Series 1. Edited by Philip Schaff and Henry Wace. 14 vols. 1886-1900. Reprint, Peabody, Mass.: Hendrickson, 1994.

—. *Homilies on Genesis 1-17, and 18-45*. Translated by Robert C. Hill. FC 74 and FC 82. Washington, D.C.: The Catholic University of America Press, 1985~1990.

—. "Homilies on the Gospel of John." See *Commentary on Saint John the Apostle and Evangelist*. Translated by Thomas Aquinas Goggin. FC 33 and FC 41. Washington, D.C.: The Catholic University of America Press, 1957~1959.

—. "Homilies on Repentance and Almsgiving." See *On Repentance and Almsgiving*. Translated by Gus George Christo. FC 96. Washington, D.C.: The Catholic University of America Press, 1998.

—. "Homilies on 2 Corinthians." In *Homilies on the Epistles of Paul to the Corinthians*, pp. 271-420. Translated by Talbot W. Chambers. NPNF 12. Series 1. Edited by Philip Schaff and Henry Wace. 14 vols. 1886-1900. Reprint, Peabody, Mass.: Hendrickson, 1994.

—. "On the Epistle to the Hebrews." In *Homilies on the Gospel of Saint John and the Epistle to the Hebrews*, pp. 363-522. Translated by Frederic Gardiner. NPNF 14. Series 1. Edited by Philip Schaff and Henry Wace. 14 vols. 1886-1900. Reprint, Peabody, Mass.: Hendrickson, 1994.

—. "On Providence." In *Divine Providence and Human Suffering*, pp. 49-53, 92-93, 130-31, 172-74. Translated by James Walsh and P.G. Walsh. MFC 17. Wilmington, Del.: Michael Glazier, 1985.

John of Damascus. *Barlaam and Joseph*. Translated by G.R. Woodward and H. Mattingly. LCL 34. Reprint, Cambridge, Mass.: Harvard University Press, 1937.

—. "Orthodox Faith." In *Writings*, pp. 165-406. Translated by Frederic H. Chase. FC 37. Washington, D.C.: The Catholic University of America Press, 1958.

Justin Martyr. "Dialogue with Trypho." In *Writings of Saint Justin Martyr*, pp. 139-366. Translated by Thomas B. Falls. FC 6. New York: Christian Heritage, 1948.

Lactantius. "Treatise on the Anger of God." In *Lactantus, Venantius, Asterius, Victorinus, Dionysius, Apostolic Teaching and Constitutions, Homily, and Liturgies*, pp. 259-80. Translated by William Fletcher. ANF 7. Edited by Alexander Roberts and James Donaldson. 10 vols. 1885-1887. Reprint, Peabody, Mass.: Hendrickson, 1994.

Leander of Seville. "The Training of Nuns." In *Iberian Fathers (Volume 1): Martin of Braga, Paschasius of Dumium, Leander of Seville*, pp. 183-228. Translated by Claude W. Barlow. FC 62. Washington, D.C.: The Catholic University of America Press, 1969.

Leo the Great. *Sermons*. Translated by Jane Patricia Freeland and Agnes Josephine Conway. FC 93. Washington, D.C.: The Catholic University of America Press, 1996.

Martin of Braga. "Driving Away Vanity." In *Iberian Fathers (Volume 1): Martin of Braga, Paschasius of Dumium, Leander of Seville*, pp. 35-41. Translated by Claude W. Barlow. FC 62. Washington, D.C.: The Catholic University of America Press, 1969.

—. "Exhortation to Humility." In *Iberian Fathers (Volume 1): Martin of Braga, Paschasius of Dumium, Leander of Seville*, pp. 51-57. Translated by Claude W. Barlow. FC 62. Washington, D.C.: The Catholic University of America Press, 1969.

Maximus of Turin. "Sermons." See *The Sermons of St. Maximus of Turin*. Translated by Boniface Ramsey. ACW 50. New York: Newman Press, 1989.

Methodius of Olympus. "Banquet of the Ten Virgins." In *Gregory Thaumaturgus, Dionysius the Great, Julius Africanus, Anatolius and Minor Writers, Methodius, Arnobius*, pp. 309-55. Translated by William R. Clark. ANF 6. Edited by Alexander Roberts and James Donaldson. 10 vols. 1885-1887. Reprint, Peabody, Mass.: Hendrickson, 1994.

Niceta of Remesiana. "Liturgical Singing." In *Niceta of Remesiana, Sulpicius Severus, Vincent of Lerins, and Prosper of Aquitaine*, pp. 65-76. Translated by Gerald G. Walsh. FC 7. Washington, D.C.: The Catholic University of America Press, 1949.

—. "The Power of the Holy Spirit." In *Niceta of Remesiana, Sulpicius Severus, Vincent of Lerins, and Prosper of Aquitaine*, pp. 23-41. Translated by Gerald G. Walsh. FC 7. Washington, D.C.: The Catholic University of America Press, 1949.

—. "Vigils of the Saints." In *Niceta of Remesiana, Sulpicius Severus, Vincent of Lerins, and Prosper of Aquitaine*, pp. 55-64. Translated by Gerald G. Walsh. FC 7. Washington, D.C.: The Catholic University of America Press, 1949.

Novation. "The Trinity." In *The Trinity, The Spectacles, Jewish Foods, In Praise of Purity, and Letters*, pp. 11-111. Translated by Russell J. DeSimone. FC 67. Washington, D.C.: The Catholic University of America Press, 1974.

Origen. "Against Celsus." In *Tertullian (IV); Minucius Felix; Commodian; Origen (I and III)*, pp. 395-669. Translated by Frederick Crombie. ANF 4. Edited by Alexander Roberts and James Donaldson. 10 vols. 1885-1887. Reprint, Peabody, Mass.: Hendrickson, 1994.

—. "Against Celsus." In *The Writings of Origen: Volume 2, Origen Contra Celsum Books 2-8*. Translated by Frederick Crombie. ANCL 23. Edinburgh: T & T Clark, 1894.

—. "Against Celsus." See *Contra Celsum*. Translated by Henry Chadwick. Cambridge: Cambridge University Press, 1953.

—. "Exhortation to Martyrdom." In *An Exhortation to Martyrdom, Prayer, and Selected Works*, pp. 41-79. Translated by Rowan A. Greer. The Classics of Western Spirituality. New York: Paulist Press, 1979.

—. "Commentary on the Gospel of Matthew." In *Gospel of Peter, Diatessaron, Testament of Abraham, Epistles of Clement, Origen, Miscellaneous Works*, pp. 413-512. Translated by John Patrick. ANF 9. Edited by Allan Menzies. 10 vols. 1885-1887. Reprint, Peabody, Mass.: Hendrickson, 1994.

—. "Commentary on the Gospel of John." See *Commentary on the Gospel According to John, Books 1-10 and 13-32*. Translated by Ronald E. Heine. FC 80 and FC 89. Washington, D.C.: The Catholic University of America Press, 1989~1993.

—. "Homilies on Exodus." In *Homilies on Genesis and Exodus*, pp. 227-387. Translated by Ronald E. Heine. FC 71. Washington, D.C.: The Catholic University of America Press, 1982.

—. "Homilies on Genesis." In *Homilies on Genesis and Exodus*, pp. 47-224. Translated by Ronald E. Heine. FC 71. Washington, D.C.: The Catholic University of America Press, 1982.

—. *Homilies on Leviticus*. Translated by Gary Wayne Barkley. FC 83. Washington, D.C.: The Catholic University of America Press, 1990.

—. "Homilies on the Gospel of Luke." See *Homilies on Luke*. Translated by Joseph T. Lienhard. FC 94. Washington, D.C.: The Catholic University of America Press, 1996.

—. *On First Principles*. Translated by G.W. Butterworth. Gloucester, Mass.: Peter Smith, 1973.

—. "On Prayer." In *An Exhortation to Martyrdom, Prayer and Selected Works*, pp. 81-170. Translated by Ronald A. Greer. The Classics of Western Spirituality. New York: Paulist Press, 1979.

Pachomius. "Instructions." In *Pachomian Koinonia: Instructions, Letters, and Other Writings of Saint Pachomius and his Disciples*, pp. 13-49. Translated by Armand Veilleux. CS 47. Kalamazoo, Mich.: Cistercian Publications, 1982.

Paulinus of Nola. *Poems*. Translated by P.G. Walsh. ACW 40. New York: Newman Press, 1975. Peter Chrysologus. Saint Peter Chrysologus: Selected Sermons and Saint Valerian: Homilies, pp. 1-282. Translated by George E. Ganss. FC 17. New York: Fathers of the Church, 1953.

Poemen. "Sayings of the Fathers." In *Western Asceticism*, pp. 33-189. Translated by Owen Chadwick. LCC 12. Philadelphia: The Westminster Press, 1958.

Prudentius. "The Divinity of Christ." In *The Poems of Prudentius*, pp. 3-40. Translated by Sister M. Clement Eagan. FC 52. Washington, D.C.: The Catholic University of America Press, 1965.

—. "Hymns for Every Day." In *The Poems of Prudentius*, pp. 3-92. Translated by M. Clement Eagan. FC 43. Washington, D.C.: The Catholic University of America Press, 1962.

Sahdona. "Book of Perfection." In *The Syriac Fathers on Prayer and the Spiritual Life*, pp. 202-37. Translated by Sebastian Brock. CS 101. Kalamazoo, Mich.: Cistercian Publications, 1987.

Salvian the Presbyter. "The Governance of God." In *The Writings of Salvian, the Presbyter*, pp. 27-232. Translated by Jeremiah F. O'Sullivan. FC 3. Reprint, Washington, D.C.: The Catholic University of America Press, 1962.

Tertullian. "Against Marcion." In *Latin Christianity: Its Founder, Tertullian*, pp. 271-475. Translated by Peter Holmes. ANF 3. Edited by Alexander Roberts and James Donaldson. 10 vols. 1885-1887. Reprint, Peabody, Mass.: Hendrickson, 1994.

—. "An Answer to the Jews." In *Latin Christianity: Its Founder, Tertullian*, pp. 151-73. Translated by S. Thelwall. ANF 3. Edited by Alexander Roberts and James Donaldson. 10 vols. 1885-1887. Reprint, Peabody, Mass.: Hendrickson, 1994.

—. "On Flight in Time of Persecution." In *Disciplinary, Moral, and Ascetical Works*, pp. 271-307. Translated by Edwin A. Quain. FC 40. Washington, D.C.: The Catholic University of America Press, 1959.

Theodore of Tabennesi. "Instructions." In *Pachomian Koinonia: Instructions, Letters, and Other Writings of Saint Pachomius and His Disciples*, pp. 91-122. Translated by Armand Veilleux. CS 47. Kalamazoo, Mich.: Cistercian Publications, 1982.

Theodore of Mopsuestia. *Commentary on the Psalms 1-81*. Translated by Robert C. Hill. WGRW 5. Atlanta: Society of Biblical Literature, 2006.

Theodoret of Cyr. *Commentary on the Psalms: Psalms 1-72*. Translated by Robert C. Hill. FC 101. Washington, D.C.: The Catholic University of America Press, 2000.

—. "Ecclesiastical History." In *Theodoret, Jerome, Gennadius, Rufinus: Historical Writings*, Etc., pp. 33-159. Translated by Blomfield Jackson. NPNF 3. Series 2. Edited by Philip Schaff and Henry Wace. 14 vols. 1886-1900. Reprint, Peabody, Mass.: Hendrickson, 1994.

Theophilus of Alexandria. "Sermon on Mystical Supper." In *The Eucharist*, pp. 148-57. Translated by Daniel J. Sheerin. MFC 7. Wilmington, Del.: Michael Glazier, 1986.

Valerian of Cimiez. "Homilies." In *Saint Peter Chrysologus: Selected Sermons and Saint Valerian: Homilies*, pp. 299-435. Translated by George E. Ganss. FC 17. New York: Fathers of the Church, 1953.

Zephyrinus. "The Epistles of Zephyrinus [dub.]." In *Fathers of the Third and Fourth Centuries*, pp. 609-12. Translated by S.D.F. Salmond. ANF 8. Edited by Alexander Roberts and James Donaldson. 10 vols. 1885-1887. Reprint, Peabody, Mass.: Hendrickson, 1994.

색인
주제

색인
성경

크레이그 A. 블레이징 Craig A. Blaising
신학박사이자 철학박사로, 미국 남침례신학대학교의 행정부총장 겸 신학교수이다. 복음주의 신학회, 국제 교부학 연합회, 북미 교부학회 회원이기도 하다. 주요 저서로는 *Dispensationalism, Israel and the Church*(1992), *Three Views on the Millennium and Beyond*(1999), *Three Views on the Rapture*(2010) 등이 있다.

카르멘 S. 하딘 Carmen S. Hardin
철학박사이자 루이빌대학교의 조교수. 번역서로는 가발라의 세베리아누스와 존자 베다의 *Commentaries on Genesis 1-3* (2010) 등이 있다.

김영선
마리아의 전교자 프란치스코회 수녀. 2012년 미국 보스턴 칼리지에서 구약성서학 박사학위를 취득하였으며, 현재 광주가톨릭대학교 교수로 일하고 있다. 저서로는 *The Temple Administration and the Levites in Chronicles*(CBQMS 51; Washington D.C.: The Catholic Biblical Association of America 2014), 『기도로 신학하기, 신학으로 기도하기』(생활성서 2015), 『마음을 치유하는 25가지 지혜』(생활성서 2017) 등이 있다.

천주교 대치동 성당 김철호 신부와 신자들이
한국교부학연구회에 이 책의 출간 재정을 지원하였음을 밝힙니다.

여기 어디에도 비할 데 없는 총서가 있습니다. 이 총서는 독실한 21세기 독자들이 알렉산드리아의 클레멘스와 장님 디디무스가 공부한 교실, 오리게네스가 공부하고 강연한 강당, 크리소스토무스와 아우구스티누스가 설교한 주교좌, 히에로니무스가 세운 베들레헴 수도원의 필사실에 다가갈 수 있도록 성경을 교회의 책으로 새롭게 만들었습니다.

조지 로리스, 로마 아우구스티누스 교부학 연구소와 그레고리오 대학교

『교부들의 성경 주해』 출간을 진심으로 기뻐합니다. 이 책은 고대 그리스도인들, 특히 하느님과 그분 말씀에 대해 자신들의 신심을 삶으로써 입증한 교회 성인들이 어떻게 성경을 해석하였는지 이해하는 데 많은 도움을 줍니다. 신앙의 선배로서 우리보다 앞서 가신 이들의 증거에 마음을 두도록 합시다.

테오도시우스 주교, 미국 동방 정교회 수석대주교

그리스도교계를 뛰어넘어 대중적이고도 학문적인 차원에서 초대 그리스도교에 대한 관심이 폭넓게 일어났습니다. … 모든 그리스도교 전통에 속해 있는 그리스도인들, 특히 성경을 공부하는 이들과 성직자들은 이 프로젝트로부터 도움을 받을 수 있습니다. 이 총서는 그리스도교 전통이 교부들의 성경 해석에 어떻게 뿌리내렸는지 가르쳐 줄 뿐 아니라 새로운 발전 방향까지 조망하게 할 것입니다.

알베르토 페레이로, 시애틀 퍼시픽 대학교 역사학 교수

『교부들의 성경 주해』는 교부 연구자에게 필요한 내용으로 가득 차 있습니다. … 성경 본문에 대한 새로운 이론들과 오늘날 해석학자들의 해석에 익숙한 우리에게 그런 정보는 헤아릴 수 없이 가치롭습니다. 우리는 초세기 교회에서 활동했던 고대 저술가들의 '새로운' 통찰을 기쁘게 받아들입니다.

H. 웨인 하우스, 트리니티 대학교 로스쿨 신학/법학 교수

시대와 관련된 속물 근성, 즉 컴퓨터 없이 작업한 선조들에게서는 배울 게 하나도 없다는 가설은 이 훌륭한 총서에서는 의미가 없습니다. 지식에는 식상해하면서도 지혜에는 굶주리는, 많은 우리 같은 이가 기꺼이 선조들과 식탁에 앉아 그들이 성경과 나눈 거룩한 대화에 귀 기울이고자 합니다. 제가 그렇습니다.

유진 H. 피터슨, 리젠트 대학 영성신학 명예교수